DROIT ET SERVICE PUBLIC

Collection « Études africaines »

dirigée par Denis Pryen et son équipe

Forte de plus de mille titres publiés à ce jour, la collection « Études africaines » fait peau neuve. Elle présentera toujours les essais généraux qui ont fait son succès, mais se déclinera désormais également par séries thématiques : droit, économie, politique, sociologie, etc.

Dernières parutions

Sylvain SHOMBA KINYAMBA, *Critique de l'université congolaise par l'université. Reculade scientifique et marchandisation des patrimoines*, 2024.
Babou DIÈNE, Modou Fatah THIAM et Mamadou Hady BA (dir.), *La littérature africaine à l'épreuve des récits de filiation. L'autofiction et le récit transpersonnel*, 2024.
Mamane HALIDOU, *Un pouvoir traditionnel à l'épreuve de l'histoire au Niger (1849-2017). La Sarauta Samna Karhe de Tibiri dans le Dallol Mawri*, 2024.
Joseph Pascal MBAHA, Armand LEKA ESSOMBA, Paul TCHAWA (dir.) *Territoires, pluralisme identitaire et coexistence communautaire en Afrique. Dynamique de conflits et imaginaires de l'espace*, 2023.
Jean-Pierre NZEZA KABU ZEX-KONGO, *Le Congolais, pire ennemi du Congo. Comment l'ancien Congo belge est-il devenu si pauvre ?* 2023.
Nouhoum DABITAO, *Géopolitique des rébellions touareg au Mali. (1960-2015)*, 2023.
Moriba TOUNKARA, *Cartographie des risques dans les institutions de microfinance de l'espace UMOA, Une contribution du professionnel comptable*, 2023.
Balla CISSÉ, *Le durcissement du régime de transition au Mali*, 2023.
Issoufou Soulé MOUCHILI NJIMOM et Fidèle MVIADAMBA MINDJEME (dir.), *Etat et développement en Afrique*, 2023.
Zacharie BAENDA FIMBO, *Résolution des différends individuels et des confits collectifs du travail. L'exemple du droit social congolais*, 2023.
Jean-Alexis MFOUTOU, *Sur les petits métiers de la rue et de la débrouille au Congo-Brazzaville, Vitalité linguistique et dynamique langagière*, 2023.
Jean-Dominique PÉNEL (dir.), *L'écriture d'Ousmane Sembène dans* Niiwam, 2023.
Lambert EKANGA LOKOKA, *L'enseignement de l'Histoire à l'école secondaire en R.R.C. Intentions d'une réforme et pratiques de terrain*, 2023.
Roger NGOUFO, Paul TCHAWA et Moïse TSAYEM DEMAZE, *Environnement tropical et développement territorial. Pour une géographie décloisonnée et appliquée*, 2023.

Gérard Martin Pekassa Ndam, Nadine Machikou Ndzesop,
Jacques Biakan et Éric Marcel Ngango Youmbi

DROIT ET SERVICE PUBLIC

Mélanges en l'honneur du professeur Étienne Charles Lekene Donfack

Volume 1

Droit constitutionnel, droits publics subjectifs
et science politique

L'Harmattan

5-7, rue de l'Ecole-Polytechnique, 75005 Paris

http://www.editions-harmattan.fr

ISBN : 978-2-14-049979-1
EAN : 9782140499791

COMITÉ D'HONNEUR

1. M. ATANGANA Clément (Président du Conseil Constitutionnel du Cameroun)
2. Pr AHADZI-NONOU Koffi (Président Honoraire de l'Université de Lomé)
3. Pr ANOUKAHA François (Doyen Honoraire de la Faculté des Sciences Juridiques et Politiques de l'Université de Dschang, Vice-président de la Commission Nationale Anti-Corruption du Cameroun)
4. Pr AYASSOR Adji Oteth (Ancien Ministre d'État chargé de l'Économie et des Finances du Togo)
5. Pr BIPOUN WOUM Joseph-Marie + (Membre du Conseil Constitutionnel du Cameroun, Ancien Ministre)
6. Pr BOUBAKARI OUMAROU (Recteur de l'Université de Garoua)
7. Pr CAPORAL-GRÉCO Stéphane (Université Jean Monnet- Bordeaux)
8. Pr DARLAN Danièle (Ancienne Présidente de la Cour Constitutionnelle de RCA)
9. Pr DIAGNE Ndèye Madjiguène Faye (Membre de la Commission Électorale Nationale Autonome du Sénégal)
10. Pr Du BOIS de GAUDUSSON Jean (Président Honoraire de l'Association Française de Droit Constitutionnel)
11. Pr DUPRAT Jean-Pierre (Professeur Émérite de l'Université de Bordeaux)
12. Pr FAME NDONGO Jacques (Ministre d'État, Ministre de l'Enseignement Supérieur du Cameroun)
13. Pr HERTZOG Robert (Professeur Émérite de l'Université de Strasbourg III)
14. Pr HOLO Théodore (Président Honoraire de la Cour Constitutionnelle du Bénin)
15. Pr JOHN-NAMBO Joseph (Ancien Conseiller d'État au Gabon)
16. Pr KANTÉ Babacar (Ancien Vice-Président du Conseil Constitutionnel du Sénégal)
17. Pr MELEDJE Djedjro Francisco (Professeur à l'Université Félix Houphouët-Boigny, ancien Doyen et ancien Secrétaire général du Conseil Constitutionnel de Côte d'Ivoire)
18. Pr MINKOA SHE Adolphe (Recteur de l'Université de Yaoundé II)
19. Pr MOUELLE KOMBI Narcisse (Ministre des Sports et de l'Éducation Physique du Cameroun)
20. Pr ONDOA Magloire (Recteur de l'Université de Douala)
21. Pr OWONA Joseph (Membre du Conseil Constitutionnel du Cameroun, Ancien Ministre, Ancien Chancelier de l'Université de Yaoundé)
22. Pr SINDJOUN Luc (Conseiller Spécial du Président de la République du Cameroun)
23. Pr TSAFACK NANFOSSO Roger P. (Recteur de l'Université de Dschang)
24. Pr YAO-N'DRÉ Paul (Président Honoraire du Conseil Constitutionnel de Côte d'Ivoire)
25. Pr YONABA Salif (Professeur à l'Université de Ouagadougou)
26. Pr NZOUANKEU Jacques Mariel (Professeur à l'Université Cheikh Anta Diop)

COMITÉ SCIENTIFIQUE

1. Pr ABA'A OYONO Jean Calvin (Université de Yaoundé II)
2. Pr ABANE ENGOLO Patrick (Université de Yaoundé II)
3. Pr ABDOUL Nasser (Université de Garoua)
4. Pr AKONO ONGBA SEDENA (Université de Yaoundé II)
5. Pr ATANGANA AMOUGOU Jean-Louis (Université de Yaoundé II)
6. Pr BEGNI BAGAGNA (Université de Douala)
7. Pr BIAKAN Jacques (Université de Yaoundé II)
8. Pr BILONG Salomon (Université de Dschang)
9. Pr BILOUNGA Steve Thiery (Université d'Ebolowa)
10. Pr BIPELE KEMFOUEDIO Jacques (Université de Dschang)
11. Pr DONTSI (Université de Yaoundé II)
12. Pr FOUMENA Gaétan Thierry (Université de Ngaoundéré)
13. Pr GNIMPIEBA TONNANG Édouard (Université de Dschang)
14. Pr GUÉSSÉLÉ ISSÉMÉ Lionel (Université de Yaoundé II)
15. Pr GUIMDO DONGMO Bernard-Raymond (Université de Yaoundé II)
16. Pr MOMO FOUMTHIM Claude (Université de Douala)
17. Pr MOUANGUE KOBILA James (Université de Douala)
18. Pr MACHIKOU-NDZESOP Nadine (Université de Yaoundé II)
19. Pr MBALLA OWONA Robert (Université de Bertoua)
20. Pr NAREY Oumarou (Université Abdou Moumouni)
21. Pr NCHIMI MEBU Jeanne-Claire (Université de Yaoundé II)
22. Pr NGANGO YOUMBI Éric Marcel (Université de Maroua)
23. Pr NGUELE ABADA Marcelin (Université de Yaoundé II)
24. Pr ONDOUA Alain Franklin (Université de Yaoundé II)
25. Pr OUEDRAOGO Séni Mahamadou (Université Thomas Sankara)
26. Pr PEKASSA NDAM Gérard Martin (Université de Yaoundé II)
27. Pr SIETCHOUA DJUITCHOKO Célestin (Université de Dschang)
28. Pr SOBZE Serge François (Université de Douala)
29. Pr TCHEUWA Jean-Claude (Université de Yaoundé II)
30. Pr SPENER Yawaga (Université de Maroua)
31. Pr WAMBA Henri (Université de Yaoundé II)

Secrétariat Scientifique :

1. Dr AFANA BINDOUGA Michel
2. Dr ASSIENE NGON Patrick
3. Dr BOUBA Wapouo
4. Dr GAYA Jean
5. Dr MEBENGA Mathieu
6. Dr NGANDO SANDJE Rodrigue
7. Dr NTAH À MATSAH Henri
8. Dr OWONA NDOUGUESSA
9. Dr WOAMBE Brice
10. M. KOUA Éric Samuel
11. M. TSOLEFACK AWAFA Érysthe

SOMMAIRE

PRÉFACE

Selon une vieille tradition universitaire, désormais établie au Cameroun, lorsqu'un éminent Professeur prend sa retraite, un hommage écrit lui est rendu par ses collègues, amis et étudiants, sous forme de « Mélanges ». Le Professeur Étienne Charles LEKENE DONFACK est indiscutablement un Maître de l'Université camerounaise, dont la renommée a largement débordé les frontières de son pays. Né le 6 novembre 1949, il est arrivé au crépuscule de sa carrière académique à la fin de l'année 2014.

De prime abord, on peut souligner une parfaite harmonie entre le thème des Mélanges en son honneur (**Droit et Service public**) et son profil d'enseignant-chercheur, de jurisconsulte, de grand commis de l'État, d'homme politique et de juge.

Après un premier centre d'intérêt tourné vers les Humanités, au Cameroun, le dédicataire parachève ses études supérieures à l'Université de Clermont I en 1979, par la soutenance d'une thèse de Doctorat d'État en Droit public. Le succès au Concours d'Agrégation du Conseil Africain et Malgache pour l'Enseignement Supérieur (CAMES), en novembre 1997 à Lomé (Togo), couronne la formation de ce publiciste très sensible à la Science politique. Ce profil est loin d'être étonnant quand l'on se rappelle qu'il était le 1er Camerounais lauréat de la Section Droit public et Science politique, alors en vigueur. L'enseignant recruté comme Assistant à l'Université de Yaoundé le 24 novembre 1975, et qui officiait jusque-là au grade de Chargé de Cours, engage la seconde phase de sa carrière universitaire. À la faveur de la réforme universitaire de 1993, il est nommé successivement Vice-doyen (1993) et Doyen (1997) de la Faculté de Sciences Juridiques et Politiques de l'Université de Douala. À l'Université de Yaoundé et dans celles nées de la réforme, cet enseignant-chercheur aura marqué de son empreinte l'enseignement du Droit des Finances Publiques.

Rapidement, le désormais membre de l'aristocratie universitaire quitte les Amphithéâtres des Universités et accède à de hautes fonctions de l'État, grâce à une nomination comme Conseiller Technique au Secrétariat Général de la Présidence de la République en 1999. Il y chapeaute la prestigieuse Division des affaires organiques, où il contribue à la rédaction de plusieurs textes législatifs et réglementaires. Avant d'y parvenir, le Professeur Étienne Charles LEKENE DONFACK gravit progressivement les marches de l'Administration publique. En rappel, il aura été tour à tour Chef service de l'enseignement et de la recherche à l'Université de Yaoundé (1984), Chargé d'études au Ministère de la Fonction Publique et du Contrôle Supérieur de l'État (1988), Conseiller Technique n° 1 au sein du même Ministère (1991), puis Chef de la Division de la Prospective, de la Recherche et de la Coopération au Ministère de l'Enseignement Supérieur (1998).

La riche expérience administrative du Doyen LEKENE DONFACK con… au renforcement de la mission d'appui au développement. Son expertise juridique se manifeste dans les domaines essentiellement constitutionnel et financier dès le début des années 1990. Il est notamment associé au Comité Technique Tripartite chargé de faire des propositions relatives à la réforme constitutionnelle, ainsi qu'au Comité de Rédaction sur les Questions Constitutionnelles, en tant que Membre représentant les pouvoirs publics, aux côtés des Professeurs Joseph OWONA (Président du Comité) et Stanislas MELONE. Il participe également, comme Membre, au Comité Technique chargé du Projet de Révision Constitutionnelle, dont la mission fut, dans le cadre du « Large débat » voulu par le Président de la République, de plancher sur le texte préparé par le Comité de Rédaction. L'expertise du Maître se manifeste également en 2001, lorsqu'il est associé aux travaux relatifs à la mise en place de la Chambre des Comptes de la Cour Suprême ; et en 2019, lors du *Grand Dialogue National*, auquel il est associé comme Vice-président de la Commission « Décentralisation ».

Enseignant, jurisconsulte, grand commis de l'État, le dédicataire s'illustre également comme homme politique. Au début des années 2000, le Professeur Étienne Charles LEKENE DONFACK quitte l'ombre du cabinet présidentiel pour la lumière ministérielle. Le Président de la République le nomme successivement Ministre de la ville en 2002, puis Ministre d'État, Ministre du développement urbain et de l'habitat en 2004. Épris du service public, et désireux de contribuer davantage à l'émergence de son pays lorsqu'il quitte le Gouvernement en septembre 2006, il se retrouve de l'autre côté du pouvoir : à l'issue des élections primaires, l'ex-Ministre d'État conduit victorieusement la liste du Rassemblement Démocratique du Peuple Camerounais (RDPC) pour les législatives 2007, dans la circonscription électorale de Dschang dans la Menoua (Région de l'Ouest). Le député LEKENE DONFACK préside la Commission de la production et des échanges à l'Assemblée Nationale, cumulativement avec l'exercice du mandat de Conseiller municipal de la Commune de Dschang.

Après la conquête du suffrage universel dans un contexte d'élections concurrentielles, le statut d'élu ne dure que le temps d'un mandat (2007-2013). Et un tournant décisif intervient dans cette riche carrière, lorsque le Professeur LEKENE DONFACK est nommé Membre du Conseil constitutionnel par le Président de la République le 7 février 2018. Il délaisse de la sorte le pouvoir législatif pour servir l'État ailleurs. Le voilà officiant désormais dans la sphère juridictionnelle.

Au-delà du profil de l'homme, l'élaboration du présent ouvrage permet de constater une mobilisation exceptionnelle de la communauté universitaire et professionnelle du Cameroun et d'Afrique. Les Mélanges sont introduits par un vibrant témoignage du Professeur Joseph OWONA (premier camerounais Agrégé de droit public et de Sciences Politiques en 1977). Les contributeurs affichent dix (10) nationalités africaines, pour quatre-vingt-quatre (84) contributions de vingt (20) Professeurs Titulaires, de vingt-deux (22) Maîtres de Conférences, de vingt-huit (28) Maîtres-Assistants et Chargés de Cours, et de quatorze (14) praticiens du droit. On peut justifier une telle adhésion par le fait que le dédicataire des Mélanges est, dans la conscience des juristes africains, fortement associé au domaine des Finances publiques grâce à son célèbre Précis « *Finances publiques camerounaises* », paru en France, aux éditions Berger Levrault, en 1987. Il faut le reconnaître, ledit ouvrage est resté une remarquable œuvre pionnière dans une discipline dont la technicité rebute plusieurs chercheurs.

Le thème de l'ouvrage en l'honneur du Professeur Étienne Charles LEKENE DONFACK, à savoir ***Droit et Service public***, couvre la globalité de l'œuvre de cet auteur prolifique. On relève une structuration rigoureuse dudit thème, et des contributions de qualité présentées en deux volumes. Le premier volume comporte quarante-deux (42) contributions rattachables au *droit constitutionnel, aux droits publics subjectifs et à la science politique* ; le second volume rassemble également quarante-deux (42) contributions qui s'inscrivent quant à elles, dans le champ *du droit administratif, des services publics et du droit public financier.*

C'est en toute logique que le volume I est organisé autour du thème « *droit constitutionnel, droits publics subjectifs et science politique* ». Faut-il le rappeler, ces centres d'intérêt occupent une place primordiale, le dédicataire ayant consacré sa brillante thèse de Doctorat d'État à ***L'expérience du fédéralisme camerounais : les causes et les enseignements d'un échec***. Les travaux majeurs du Professeur se présentent comme un élargissement de ses réflexions doctorales sur le fédéralisme, et sont d'une étonnante actualité, dans un pays où la forme unitaire de l'État est en débat. Le Cameroun vit, depuis la Constitution de 1996 (article 1er), dans un État unitaire décentralisé, mais des sons récurrents – très marginaux – du retour au fédéralisme se font entendre. Ainsi, lors du Grand Dialogue National de 2019 convoqué par le Chef de l'État et présidé par le Premier Ministre, l'idée de fédéralisme a pu bruire, malgré la non-inscription de la question de la forme de l'État à l'agenda de ces assises. Dans sa contribution, le Professeur Marcelin NGUELE ABADA souligne, à juste titre, que le débat sur la forme de l'État n'est pas clos. Une série de contributions portent sur le juge et la justice constitutionnels. Dressant le portrait du juge constitutionnel africain subsaharien, le Professeur Koffi AHADZI-NONOU estime que les compétences techniques avérées ne suffisent pas à faire de lui un bon juge ; ce dernier doit être audacieux et éviter toute complaisance à l'égard du pouvoir politique car l'édification ou la consolidation de l'État de droit est sa principale mission et raison d'être. Dans cet ordre d'idées, le Professeur Oumarou NAREY salue le juge constitutionnel protecteur des droits des acteurs politiques dans les élections nationales, même si son office est limité d'une part, par sa réserve dans l'application de ses textes de référence et, d'autre part, par l'absence ou l'insuffisance de preuve des irrégularités. Madame le Professeur Danièle DARLAN met en exergue la nécessité d'une contextualisation dans l'organisation des élections ; ainsi, l'adoption de l'approche téléologique par la Cour Constitutionnelle de Transition a permis la prise en compte du vote des réfugiés en RCA. Analysant l'autorité des décisions du juge constitutionnel en matière électorale à l'épreuve du recours individuel supranational en matière de droits fondamentaux, le Professeur Alain Didier OLINGA exhorte les instances africaines des droits de l'homme à résister à la tentation de politisation, d'être jurislateur et de se substituer d'autorité aux organes nationaux. Il invite donc à un dialogue fécond et constructif entre l'ordre constitutionnel et l'ordre international des droits de l'homme ; entre le juge africain des droits de l'homme et le juge constitutionnel, à l'effet d'éviter des crispations préjudiciables à la cause des droits de l'homme. La contribution de Madame le Professeur Delphine Édith EMMANUEL sur la légitimité des autorités de transition mérite une attention. Elle démontre que si la déconstruction de l'ordre constitutionnel conduit à l'autolégitimation des autorités de transition, ces dernières œuvrent à leur légitimation à mesure que la stabilisation de l'ordre juridique progresse. Le Professeur NGANGO YOUMBI souligne une prédominance de la problématique fédérale dans l'œuvre constitutionnelle du dédicataire, un véritable constitutionnaliste – institutionnaliste qui, sur l'organisation de l'État, adopte une posture proche de la pensée girondine en France. D'autres contributeurs se sont intéressés à l'interdiction des changements anticonstitutionnels de gouvernement, au droit constitutionnel de la nécessité, au genre en droit constitutionnel, à la théorie constitutionnelle sous le prisme des mathématiques, ou encore à l'interrogation sur l'armée comme institution démocratique.

Les travaux de Science politique ne sont point absents et abordent, notamment la problématique de la mobilisation. Madame le Professeur Nadine MACHIKOU NDZESOP développe la citoyenneté mobilisée autour de la défense de la moralité publique à travers le fil de l'argent public. À partir de cette catégorie d'action publique particulière qu'est la cause de l'argent public, l'Agrégée de Science politique conclut sur la notion de citoyenneté budgétaire. Pour le Docteur Jean de Dieu MOMO, la démobilisation politique traduit l'incompétence politique des citoyens ordinaires et favorise paradoxalement la production des logiques et dynamiques politiques ayant pour finalité de légitimer l'ordre dirigeant dans un contexte de démocratisation.

Cela étant, le champ « *droit administratif, services publics et droit public financier* » apparaît comme un incontournable, eu égard à la notoriété de juriste financier du Professeur Étienne Charles LEKENE DONFACK. Soulignons que ce dernier avait mis à profit son séjour universitaire en Auvergne pour suivre la formation d'Inspecteur des impôts à l'École Nationale des Impôts de Clermont-Ferrand, en compagnie du regretté collègue François Xavier MBOME. Les financiers proposent des études sur l'identification des gestionnaires publics, sur les acteurs de contrôle de gestion en finances publiques, sur le droit budgétaire et les politiques publiques, sur la discussion et le vote du projet de loi de finances, sur le régime financier des entreprises publiques, sur le financement de l'Union africaine entre autres. Le Docteur Mathieu MEBENGA considère la rationalité perforatrice au Cameroun comme un idéal-type des Finances publiques contemporaines, mais le réel-type de ces dernières ne peut découler que d'une évaluation qui constitue une épreuve de vérité. La matière fiscale n'est pas en reste ; le régime fiscal des organismes à but non lucratif au Cameroun constitue une innovation étudiée, de même que les prérogatives du Fisc en matière de contrôle et de redressement.

Cependant, la légitime notoriété de grand financier du Professeur ne doit pas ombrager sa dimension d'administrativiste, si l'on s'en tient à ses travaux en droit de la fonction publique. Diverses problématiques sur les services publics et la fonction publique meublent l'essentiel des contributions figurant dans les Mélanges. En s'affranchissant de ces problématiques, le Professeur François ANOUKAHA renouvelle la réflexion sur les organismes publics indépendants, commencée en 2001 au Cameroun, en y voyant une catégorie émergente d'institution administrative publique. Son collègue Jacques BIAKAN aborde, sous le prisme de la performance, la délicate et sensible question de la réforme dans le secteur des entreprises publiques au Cameroun ; il regrette que des difficultés structurelles et conjoncturelles de mise en œuvre aient fragilisé l'optimisation des résultats escomptés. Dans le même ordre d'idées, le Professeur Éleuthère MANGA ZAMBO s'intéresse au droit d'accès des administrés aux documents administratifs au Cameroun.

En définitive, le caractère pluridisciplinaire des présents ***Mélanges*** est à l'image de l'homme multidimensionnel que nous célébrons. Sous le visage de **Penseur du Droit**, le Doyen LEKENE DONFACK, qui affectionne, dans sa mise vestimentaire, le chapeau *borsalino,* est un juriste à la triple casquette de constitutionnaliste, de financier et d'administrativiste. Sa passion pour le droit public financier l'a conduit, en 2014, à cofonder, avec l'auteur de ces lignes, la *Revue Africaine de Finances Publiques (RAFiP)*, dont il assure par ailleurs la Présidence du Conseil scientifique. Son visage de **Serviteur de l'État** est patent ; il a été un instrument du service public, œuvre qu'il a accomplie avec bonheur, à travers un certain nombre de postes administratifs, de macarons ministériels, de mandats électifs, et une expertise juridique reconnue. L'hommage à cet homme particulier est mérité. Assurément !

Gérard Martin PEKASSA NDAM
Agrégé des Facultés de Droit
Professeur des Universités

ONT CONTRIBUE À CES MÉLANGES

1. **ABA'A OYONO (Jean Calvin),** *Professeur de Droit Public, Université de Yaoundé II (Cameroun)*
2. **ABANE ENGOLO (Edgard Patrick) / BEFOLO SOUGA G. (Sandrine)** *Professeur, Agrégé de Droit Public, Université de Yaoundé II (Cameroun)/ Université de Yaoundé II (Cameroun)*
3. **ABDOUL (Nasser),** *Maître de Conférences, Doyen de la Faculté des Sciences Juridiques et Politiques de l'Université de Garoua (Cameroun)*
4. **AFANA BINDOUGA (Michel),** *Docteur/PhD en Droit Privé et sciences criminelles, Diplômé de l'École Normale d'administration et de Magistrature, Administrateur civil Principal du Travail et de la Prévoyance Sociale (Cameroun)*
5. **AHADZI-NOUNOU (Koffi),** *Professeur, Agrégé de Droit Public, Président honoraire de l'Université de Lomé (Bénin)*
6. **AKEREKORO (Hilaire),** *Maître de Conférences Agrégé de Droit Public, Directeur du Centre du droit de l'État et des droits des personnes en Afrique (CEDEP), Université d'Abomey-Calavi (Bénin)*
7. **ALIYOU (Sali),** *Docteur/PhD en Droit Public, Université de Dschang (Cameroun)*
8. **AMYE ELOUMA (Lazare II),** *Docteur/PhD en Droit Public, Maître-Assistant CAMES, Chercheur au Centre d'Études Constitutionnelles, Administratives, et Financières (CERCAF), Université de Douala (Cameroun)*
9. **ANOUKAHA (François),** *Professeur, Agrégé de Droit Privé, Université de Yaoundé II (Cameroun)*
10. **ATIPO OKO (Jordelin),** *Docteur/PhD en Droit Public, Chargé de cours, Diplômé du Cycle supérieur de l'ENAM, Université Marien Gouabi (Congo)*
11. **BARRO (Alexandre),** *Doctorant en Droit Public à l'Université Jean-Moulin Lyon 3 Équipe de Droit public de Lyon (EDPL-EA 666), Centre d'Études et de Recherches Fiscales et Financières (CEREF)*
12. **BEGNI BAGAGNA,** *Maître de Conférences Agrégé de Droit Public, Université de Douala (Cameroun)*
13. **BIAKAN (Jacques),** *Professeur de Droit Public, Université de Yaoundé II (Cameroun)*
14. **BILONG (Salomon),** *Maître de Conférences de Droit Public, Université de Dschang (Cameroun)*
15. **BILOUNGA (Steve Thierry),** *Professeur de Droit Public, Directeur des Affaires Académiques et de la Coopération à l'Université d'Ebolowa, Chef du Département de Droit public à l'Université d'Ebolowa (Cameroun)*
16. **BIPELE KEMFOUEDIO (Jacques),** *Maître de Conférences, Habilité à Diriger des Recherches (HDR) en Droit Public, Université de Dschang (Cameroun)*
17. **CHOUAMO (Jean Baptiste),** *Docteur/PhD en Droit Public, Chargé de cours, Université de Douala (Cameroun)*
18. **DARLAN (Danièle),** *Professeure de Droit Public, Ancienne présidente de la Cour constitutionnelle de la République centrafricaine*
19. **DIAKHATE (Méïssa),** *Maître de Conférences Agrégé de Droit public, Université Cheikh Anta Diop de Dakar (Sénégal)*
20. **EBANG MVE (Urbain Noël),** *Maître de Conférences, Université de Yaoundé II (Cameroun)*

21. **EDJANGUE (Gaétan),** *Docteur/PhD en Droit Public,* *Chargé de cours, Université de Yaoundé II (Cameroun)*
22. **EMMANUEL (Delphine Édith),** Professeure, *Agrégé de Droit Public, Université Marien NGOUABI, Ministre de l'Enseignement supérieur, de la Recherche et de l'Innovation Technologique de la République du Congo (Congo)*
23. **ENGOUTOU (Jean-Luc),** *Docteur/PhD en Droit Public, Chargé de Cours, Maître-Assistant CAMES, Université de Yaoundé II (Cameroun)*
24. **ESAMBO KANGASHE (Jean-Louis),** *Professeur de Droit Public, Doyen de la Faculté de droit, Université Kinshasa (République Démocratique du Congo)*
25. **FANDJIP (Olivier),** *Docteur/PhD en Droit Public, Chargé de cours, Université de Dschang (Cameroun)*
26. **FERMOSE (Janvier),** *Docteur/PhD en Droit Public,* *Maître-Assistant CAMES, Université de Ngaoundéré (Cameroun)*
27. **FOZEU NOUDJOM (Joachim Léopold),** *Docteur/PhD en Droit Public, Conseil fiscal agréé CEMAC (Cameroun)*
28. **GAETAN THIERRY (Foumena),** *Maître de Conférences Agrégé en Droit Public, Université de Ngaoundéré (Cameroun)*
29. **GNIMPIEBA TONNANG (Édouard),** *Professeur de Droit Public, Chef du Département de Droit International et Communautaire, Université de Dschang (Cameroun)*
30. **GUÉSSÉLÉ ISSÉMÉ (Lionel Pierre),** *Professeur, Agrégé de Droit Public, Université de Yaoundé II (Cameroun)*
31. **GUESSELE *(Irène Ornéla),*** *Docteure/PhD en Droit public, Université Catholique d'Afrique Centrale (Cameroun)*
32. **GUIMDO (Bernard-Raymond**), *Professeur, Agrégé de Droit Public, Université de Yaoundé II (Cameroun)*
33. **HOLO (Guy-Fabrice),** *Docteur/PhD en Droit Public, Université de Paris I Panthéon-Sorbonne, Avocat au Barreau de Paris (France)*
34. **KANKEU (Joseph),** *Maître de Conférences en Droit Public, Université de Dschang, Ancien Député à l'Assemblée Nationale, ancien membre de la Commission des Finances et du Budget (Cameroun)*
35. **KELESE Georges NSHOM**, *Docteur/phD in Public Law, Lecturer, University of Dschang (Cameroun)*
36. **KEMFOUET KENGNY (Émile-Derlin),** *Docteur/PhD en Droit international de l'environnement, Chargé de cours, Université de Buéa (Cameroun), Avocat au Barreau de Paris* (France)
37. **KENHOUNG (Yanic)**, *Docteur/PhD en Sciences Politiques, Université de Dschang, Administrateur civil, Ministère des finances (Cameroun)*
38. **KENTSA (Étienne),** ***Docteur/phD en Droit Public,*** *Chargé de cours, Université de Buéa (Cameroun)*
39. **KOUAM Siméon Patrice**, *Maître de Conférences Agrégé de Droit Privé, Université de Ngaoundéré (Cameroun)*
40. **LEKENE DOUALA (Judith),** *Docteure en Médecine, Université des Montages, Pharmacienne (Cameroun)*
41. **MACHIKOU (Nadine),** *Professeure, Agrégée de Science Politique, Université de Yaoundé II (Cameroun)*
42. **MATEKE (Théodore Roméo),** *Docteur/PhD en Droit privé des affaires, Commissaire de Police (Cameroun)*
43. **MANGA ZAMBO (Éleuthère J.),** *Maître de conférences, Habilité à Diriger des Recherches (HDR) en Droit Public, Université de Yaoundé II (Cameroun)*
44. **MBALLA OWONA (Robert),** *Professeur, Agrégé de Droit Public, Doyen de la Faculté des Sciences Juridiques et Politiques de l'Université de Bertoua (Cameroun), Chef du Département de Droit Public, Coordinateur du Groupe de Recherche pour les Usages du Droit en Afrique (GERUDA)*
45. **MBEGUELE (Paul Amour Destin),** *Docteur/PhD en Sciences Politiques, Chargé de cours, Université de Maroua (Cameroun)*

46. **MEBENGA (B. Mathieu)**, *Docteur/PhD en Droit Public, Chargé de Cours, Université de Yaoundé II (Cameroun)*
47. **MENGUELE MENYENGUE (Aristide Michel),** *Maître de conférences en Sciences Politiques, Membre du Groupe de Recherche sur le Parlementarisme et la Démocratie en Afrique (GREPDA), Université de Douala (Cameroun)*
48. **MFOYOUOM (Guy Herman),** *Docteur/Ph.D en Droit public, Maître Assistant (CAMES), Université de Douala (Cameroun), Chercheur au CRED*
49. **MOMO (Jean de dieu)**, *Docteur/PhD en Sciences Politiques, Ministre Délégué auprès du Ministre de la Justice, garde des Sceaux (Cameroun)*
50. **MOMO FOUMTHIM (Claude),** *Maître de Conférences, Agrégé de Droit Public, Chef du Département de Droit public à la Faculté des Sciences Juridiques et Politiques à l'Université de Douala (Cameroun)*
51. **MONGBAT (Alassa),** *Docteur/PhD en Droit Public, Chargé de Cours, Université de Dschang (Cameroun)*
52. **MOUDOUDOU (Placide),** *Maître de Conférences, Agrégé de Droit Public, Doyen Honoraire de l'Université Marien N'gouabi de Brazzaville (Congo)*
53. **NAREY (Oumarou),** *Professeur, Agrégé de Droit Public, Université Abdou Moumouni de Niamey, Président de la Cour des Comptes, Ancien Vice-président de la Cour constitutionnelle (Niger)*
54. **NAMA MAOH (François),** *Docteur/phD en Droit Public, Chargé de cours, Université de Bertoua (Cameroun)*
55. **NDIFFO KEMETIO (Marien Ludovic),** *Docteur/PhD en Droit Public, Chargé de cours, Maître-Assistant CAMES, Université de Dschang (Cameroun)*
56. **NENEO GALDAYA**, *Docteur/phD en Droit Public, Chargé de cours, Chef du Département de Droit public Interne à la Faculté des Sciences Juridiques et Politiques de l'Université de Maroua (Cameroun)*
57. **NGAHNA MANGMADI (Ebenezer David),** *Docteur/PhD en Droit Public, Administrateur civil (Cameroun)*
58. **NGAMBO FONDJO (Pierre Vincent),** *Docteur/PhD en Sociologie, Membre de la Commission Nationale pour le Bilinguisme et le Multiculturalisme (Cameroun)*
59. **NGANBEKET (Emmanuel Latendresse),** *Docteur Ph. D. en Droit Public, Chargé de Cours, Université de Douala (Cameroun)*
60. **NGANDO SANDJE (Rodrigue)**, *Docteur/phD en Droit Public, Chargé de cours, Maitre-Assistant CAMES, Université de Ngaoundéré (Cameroun)*
61. **NGANGO YOUMBI (Éric Marcel),** *Maître de Conférences Agrégé, Vice-doyen chargé de la Recherche et de la Coopération à la Faculté des Sciences Juridiques et Politiques de l'Université de Garoua (Cameroun)*
62. **NGO TONG (Chantal Marie),** *Maître de Conférences en Sciences Politiques, Vice-doyenne chargée de la Programmation et du suivi des Activités Académiques à la Faculté des Sciences Juridiques et Politiques de l'Université de Garoua (Cameroun)*
63. **NGUENA DJOUFACK (Arsène Landry)**, *Maître De Conférences en Droit Public, Maitre-Assistant CAMES, Université de Dschang (Cameroun)*
64. **NGUELE ABADA (Marcelin),** *Professeur, Agrégé de Droit Public, Université de Yaoundé II (Cameroun)*
65. **NGUIMFACK VOUFO (Théophile),** *Docteur/phD en Droit Public, Chargé de cours, Université de Dschang (Cameroun)*
66. **NKAKE EKONGOLO (David Bienvenu),** *Docteur/phD en Droit Public, Chargé de Cours, Université de Douala (Cameroun), Chef de service du Contentieux, Université de Douala (Cameroun)*
67. **NKOU MVONDO (Prosper),** *Maître de conférences en Droit Privé, Université de Ngaoundéré (Cameroun)*
68. **NTAH À MATSAH (Henri Martin Martial),** *Docteur/phD, Habilité à Diriger des Recherches (HDR) en Droit Public, Maître-Assistant CAMES, Université de Bertoua (Cameroun)*
69. **OLINGA (Alain Didier),** *Professeur de Droit Public, Université de Yaoundé II (Cameroun)*

70. **OLOMO BELINGA née Thérèse Dieudonné BESSOMO,** *Docteur/phD en Droit Privé, Chargée de cours, Université de Yaoundé II, Chef de la Division des Affaires Juridiques du Conseil Constitutionnel (Cameroun)*
71. **OWONA MFEGUE (Kourra Félicité),** *Maître de conférences en Droit Public, Institut des Relations Internationales du Cameroun (IRIC), Université de Yaoundé II (Cameroun)*
72. **OWONA NDOUGUESSA (Franck Landry),** *Docteur/phD en Droit Public, Chargé de cours, Université de Yaoundé II (Cameroun)*
73. **PEKASSA NDAM (Gérard Martin),** *Professeur, Agrégé de Droit Public, Université de Yaoundé II (Cameroun)*
74. **SANDIO KAMGA (Armel Habib),** *Docteur/phD en Droit Public, Maître-Assistant CAMES, Chargé de Cours, Université de Yaoundé II (Cameroun)*
75. **SIETCHOUA DJUITCHOKO (Célestin),** *Professeur de Droit public, Université de Dschang (Cameroun)*
76. **SOBZE (Serges François),** *Maître de Conférences Agrégé en Droit Public, Vice-doyen chargée de la Programmation et du suivi des Activités Académiques à la Faculté des Sciences Juridiques et Politiques de l'Université de l'Université de Bertoua (Cameroun)*
77. **SUNKAM KAMDEM (Achille),** *Maître de conférences Agrégé en Droit Privé, Université de Buéa (Cameroun)*
78. **TAYO (Rodrigue Anicet),** *Magistrat, Vice-président du Tribunal Militaire de Ngaoundéré (Cameroun)*
79. **TCHAGADICK NJILLA (Yves Alain),** *Docteur/phD en Droit Public, Administrateur Civil Principal Hors Échelle, Secrétaire Permanent à la Réforme Administrative (Cameroun)*
80. **TCHATAT NYA (Raoul),** *Docteur Ph. D en Droit des Affaires et Fiscalité, Chargé de Cours, Université de Maroua (Cameroun)*
81. **TEMTIA NOUMEMBE (Suzie Esther),** *Docteure en Droit Public, Maître-Assistant CAMES, Chargée de cours, Université de Douala (Cameroun)*
82. **WANDJI K. (Jérôme Francis),** *Professeur de Droit Public, Université de Douala (Cameroun)*
83. **WANDJI KEMADJOU (Axel***), Docteur en Droit Public, Chargé de cours, Université de Dschang (Cameroun)*
84. **ZANKIA (Zulandice),** *Maître de Conférences en Droit Public, Université de Dschang (Cameroun)*

BIOGRAPHIE DU DOYEN
ÉTIENNE CHARLES LEKENE DONFACK

Prince Étienne Charles LEKENE DONFACK,
Agrégé des Facultés de Droit, Membre du Conseil Constitutionnel (mandature 2018-)

Étienne Charles LEKENE DONFACK

Prince de la chefferie de FOSSONG WENTCHENG (Dschang-Menoua)
Agrégé des Facultés de Droit
Ancien Ministre d'État
Ancien Député à l'Assemblée Nationale
Doyen Honoraire de la Faculté des Sciences Juridiques et Politiques de l'Université de Douala,
Membre du Conseil Constitutionnel

Né le 6 novembre 1949, à la chefferie FOSSONG WENTCHENG,
de Dschang, Département de la Menoua
Marié, Père d'enfants
Homme de science, Penseur, Grand technocrate,
Pédagogue, Homme politique et Jurisconsulte

I. DIPLÔMES

- Agrégation de Droit Public et Sciences Politiques à Lomé (Togo) – (12 novembre 1997- 2e de la promotion /Section Droit public et Sciences politiques)
- Doctorat d'État en Droit Public en 1979, Université de Clermont-Ferrand (France)
- Diplômé d'Études Supérieures de Droit Public (1973) à la Faculté de Droit de Clermont-Ferrand (France)
- Diplôme D'Études Supérieures de Sciences Politiques (1974) à la Faculté de Droit de Clermont-Ferrand (France)
- Licence en Droit Public (1972) à Yaoundé (Cameroun)
- Baccalauréat Série A4 (1968) au Lycée du Manengouba à Nkongsamba

II. ACTIVITÉS SCIENTIFIQUES ET PÉDAGOGIQUES

- Moniteur à la Faculté de Droit de l'Université de Clermont-Ferrand (1973)
- Recruté en qualité d'Assistant à l'Université du Cameroun (1975)
  - Travaux dirigés de droit public (Droit constitutionnel, Droit administratif, Finances publiques)
  - Chargé de cours de Finances publiques, Droit constitutionnel, Droit de la fonction publique à l'Université de Yaoundé, à l'École Nationale d'Administration et à l'École Supérieure de Police
  - Membre permanent des jurys d'entrée dans les Grandes Écoles
  - Enseignant permanent à l'Université de Douala
  - Enseignant vacataire à l'Université de Dschang
  - Direction de plusieurs Thèses de Doctorat et Mémoires
  - Présidence de plusieurs jurys de Thèses et Mémoires

III. AUTRES ACTIVITÉS SCIENTIFIQUES

Colloques / Missions

- À L'île de Gorée (Sénégal) pour la création de l'Association Africaine de Droit constitutionnel
- À l'Institut du Fédéralisme à Fribourg (Suisse) pour une activité relative à la protection des minorités dans le Fédéralisme

- Activités spécifiques d'intérêt national
- Mission de prise de contact avec les Parlementaires des États Membres pour la mise en place du Réseau des Parlementaires de l'Afrique Centrale (REPAC), à Kinshasa (RDC) et à Brazzaville (Congo) du 10 au 18 octobre 2009.

Expertises

- Expert consultant auprès de l'Organisation Internationale de la Francophonie (Paris, RDC, Burundi)
- Secrétaire du Comité de Rédaction du Statut Général de la Fonction publique
- Membre du Comité Technique de la Rédaction des Questions Constitutionnelles à la Tripartite en tant que représentant des pouvoirs publics
- Membre du Comité Consultatif chargé de la Rédaction de la Constitution de 1996
- Membre associé au Comité Technique chargé de la Rédaction du Régime Financier de l'État de 2007
- Coordonnateur de la finalisation des textes de loi et des décrets au Secrétariat général de la Présidence de la République
- Responsable de la finalisation des textes relatifs à la décentralisation au Secrétariat général à la Présidence de la République
- Vice-président de la Commission de la Décentralisation au Grand Dialogue National
- Plusieurs missions d'étude dans le cadre des activités du Conseil Constitutionnel
- Rapporteur Général de la XIVe Session de formation des Magistrats des juridictions membres de l'Association Africaine des Hautes Juridictions Francophones (AA-HJF), Porto Novo, Ersuma-OHADA, 24, 25 et 26 octobre 2022.

Préfacier

- Patrick Edgard ABANE ENGOLO (dir.), *La décentralisation : (re) présentation, financement et évolutions récentes*, Paris, L'Harmattan, 2022, 438 p.
- F. L. OWONA NDOUGUESSA, *Le bréviaire des finances publiques camerounaises : contribution à l'intelligibilité des lois du 11 juillet 2018*, Yaoundé, Afrédit (coll. « Intelligentsia »), 2020, 273 p.
- M. T. B. BESSOLO SOYA, *Droits de l'homme et gouvernance universitaire en milieu parlementaire au Cameroun*, Paris, L'Harmattan, 2013, 192 p.
- R. MBADIFFO KOUAMO et C. MBA, *Droit fiscal camerounais : le traitement des impôts et taxes selon le système comptable OHADA avec des cas corrigés*, Douala, Les Éditions B et *Co* Conseils, 2013, 355 p.
- R. MBADIFFO KOUAMO et P. ALAKA ALAKA, *Fiscalité et comptabilité : le principe d'évaluation des impôts et taxes et leur comptabilisation selon le système OHADA*, Douala, Les Éditions B et *Co* Conseils, 2013, 355 p.
- Prosper NKOU MVONDO, *Le juge camerounais*, Yaoundé, PUA, 2022, 461 p.

IV. CARRIÈRE

Carrière administrative

- Chef de service de l'Enseignement et de la Recherche à la Chancellerie de l'Université de Yaoundé (15 octobre 1984)
- Chargé d'Étude au Ministère de la Fonction Publique, de la Réforme Administrative et du Contrôle Supérieur de l'État (1 988)
- Conseiller Technique n° 1 au Ministère de la Fonction Publique et du Contrôle Supérieur de l'État

- Vice-Doyen de la Faculté des Sciences Juridiques et Politiques à l'Université de Douala (12 mars 1993)
- Chef de la Division des Enseignements et de la Recherche à la Faculté des Sciences Juridiques et Politiques de l'Université de Douala (28 avril 1993)
- Doyen de la Faculté des Sciences Juridiques et Politiques de l'Université de Douala (18 juillet 1997)
- Directeur de la Prospective, de la Recherche et de la Coopération au Ministère de l'Enseignement Supérieur (11 juillet 1998)
- Conseiller Technique au Secrétariat Général de la Présidence de la République chargé des Affaires Organiques (9 janvier 1999).

Carrière ministérielle

- Ministre de la Ville (2002-2004)
- Ministre d'État, Ministre du Développement Urbain et de l'Habitat (2004-2006).

Carrière au sein d'un groupement politique

- Affilié au Rassemblement Démocratique du Peuple Camerounais (RDPC) depuis le Congrès de Bamenda de 1985
- Premier Chargé de Mission Provincial du RDPC dans la Province de l'Ouest (M. NIAT NJIFENJI Marcel)
- Plusieurs fois Chef de la Délégation du Comité Central du RDPC dans les Communes Rurales et Urbaines de Dschang
- Membre permanent de la Délégation départementale du RDPC de la Menoua (sous la responsabilité des Ministres TESSA Paul et NKUETE Jean)
- Organisateur avec M. NIAT NJIFENJI Marcel des rencontres entre élites de l'ouest de Douala en vue du financement de la campagne présidentielle de 2004
- Coordonnateur de toutes les rencontres organisées par le Président du Sénat à Bafoussam depuis 2013
- Président de la Commission de renouvellement des organes de base du RDPC dans la MIFI (2 015)
- En congé d'office du Parti depuis le 7 février 2018 pour la période du Mandat au Conseil Constitutionnel.

Carrière parlementaire (2007-2013)

- Député, tête de liste des cinq députés de la circonscription électorale de la Menoua
- Président de la Commission de la Production et des Échanges à l'Assemblée nationale
- Président du relai des députés de la Région de l'Ouest à l'Assemblée nationale
- Député camerounais, membre du comité de pilotage chargé de la mise en place du Parlement sous-régional de l'Afrique centrale (REPAC)

Carrière locale (2007-2013)

- Conseil municipal à la Commune de Dschang
- Vice-président de la Commission de l'Économie et des Finances

Carrière juridictionnelle, depuis 7 février 2018

- Conseiller, Membre du Conseil Constitutionnel

V. PRINCIPALES PUBLICATIONS

Travaux en droit constitutionnel et en diplomatie

- *L'expérience du fédéralisme camerounais : les causes et les enseignements d'un échec,* Thèse de Doctorat, Université de Clermont I, 1979, 416 p.
- *Le processus décisionnel dans la diplomatie camerounaise,* Mémoire de droit public
- *Le Chef de l'État dans la diplomatie camerounaise,* Mémoire de Licence en droit,
- « La candidature indépendante et la liberté de suffrage en droit camerounais », *Revue de l'École Nationale d'Administration,* vol. 7, 1, 1997, pp. 15-50 ; *Revue Africaine des Sciences Juridiques,* vol. 1, 1, 2000, pp. 21-52.
- « Le renouveau de la question fédérale au Cameroun », *Penant,* n° 826, 1998, p. 30-61
- « La révision des Constitutions en Afrique », *Revue Juridique et Politique,* 1989, n° 1, pp. 45-71.
- « Chronique de jurisprudence du Conseil constitutionnel camerounais (2018 à 2020) » (avec Ngango Youmbi É et Tsolefack Awafa É), *RFDC,* 2022/1, n° 129, pp. 207-241.
- *Constitution et décentralisation : l'intérêt régional devant le juge constitutionnel,* ouvrage à paraître aux Éditions CTJ.

Travaux en Droit administratif

- « Une réforme fondamentale sous influence : le nouveau statut de la fonction publique », *Rev. Jur. Afr.,* 1 995/1, 2 et 3, pp. 51-85.
- « Réflexions sur la réforme de la fonction publique : à propos du décret n° 94/199 du 7 octobre 1994 » *Juridis info,* n° 20, 1994, pp. 22-62.
- « Les sources juridiques de la légalité d'exception en République fédérale du Cameroun », *RCD,* n° 15 et 16, 1978, pp. 13-20.

Travaux en droit public financier

- *Finances publiques camerounaises,* Paris, Berger-Levraut, 1987.
- « Essai sur deux institutions supérieures de contrôle des finances publiques en Afrique : La Cour des comptes au Burundi et le Conseil de Discipline Budgétaire et Financière au Cameroun », *Rev. Jur. Afr.,* 1 995/1, 2 et 3, pp. 135-172.
- « Constitution, chambre des comptes, comptes publics en droit public financier camerounais », *RAFiP,* n° 12, 2022, pp. 7-39.

HOMMAGE DU PROFESSEUR Joseph OWONA + ANCIEN MINISTRE, Premier agrégé de Droit Public et de Sciences Politiques du Cameroun (1977)

« ÉTIENNE CHARLES LEKENE DONFACK : UNE VIE DE JURISTE, D'ENSEIGNANT ET D'HOMME D'ÉTAT. »

Qui est Étienne Charles LEKENE DONFACK ?

J'ai toujours eu le sentiment sûr de le connaître, dès l'âge canonique de *« pee wee »* au collège François Xavier Vogt de Yaoundé, avec son frère YMELE LEKI et ses compères FAME NDONGO, aujourd'hui Ministre d'État, MBARGA MBOA, Ministre chargé des missions à la Présidence, et autres regrettés YENE OSSOMBA et NDONGO CHARLES. Avec moi, ils commencèrent leurs jeunes années dans cette institution couveuse d'élites, des Frères des Écoles Chrétiennes.

Par la suite, Sa Majesté son père, le Foo de Fossong Wentcheng et son auguste oncle Paul Tessa, qui devint plus tard Secrétaire Général de la Présidence se surprirent à me présenter ce jeune que je connaissais déjà.

Depuis lors, on fait chemin ensemble. À l'Université de Yaoundé, moi Chancelier, lui Chef de service au poste que j'avais occupé. Nous fîmes nos premières armes : rationalisation de la carrière des enseignants, lutte contre la fraude aux examens et concours, longue tournée des Universités françaises et américaines de renommée, premières leçons pénibles de préparation à l'agrégation.

Au Ministère de la Fonction Publique et du Contrôle de l'État, on élabora en liaison avec les services, le Statut Général de la Fonction Publique et plusieurs statuts spéciaux, la réforme de l'École Nationale d'Administration, la réforme des concours administratifs sans oublier l'organigramme de cet immense département ministériel.

Sa carrière de juriste peut faire pâlir plus d'un. L'Assistant de Droit constitutionnel devenu Agrégé des Facultés de Droit, se transforma en féru des Finances publiques renouvelant pour longtemps cette discipline orpheline de MANGA PHILIPPE, BENJAMIN BIDIAS et MBARGA ÉMILE. Grâce à son art d'enseignement, les Finances publiques, matière réputée ésotérique devinrent plus accessibles aux futures générations d'étudiants.

Le déroulement de la vie d'enseignant de Monsieur LEKENE DONFACK comme celle de ses collègues de l'époque ne s'opère pas dans un climat monotone. Ainsi, la fiche de travaux dirigés ayant pour thème « **le Moise**

Africain » tiré d'un Article du *Monde* consacré au présidentialisme africain faillit faire bannir toute la troupe de Droit Public (JOSEPH OWONA, ROGER GABRIEL NLEP, FRANÇOIS MBOME, LEKENE DONFACK, ANNE SAINTE CLUQUE et autres Assistants). Dans la foulée de la publication de ce support pédagogique, des extrémistes proposèrent même la suppression de l'enseignement de *« Droit constitutionnel et Institutions politiques »* du programme de l'Université. La catastrophe fut évitée de justesse grâce à la clairvoyance du Premier ministre de l'époque, qui rappela le respect des franchises universitaires en considération des libertés de pensée et d'expression dans le respect des lois et règlements de la République.

Par la suite, la carrière du prince de Fossong Wentcheng prit un envol immense. Après Doyen de Faculté, Conseiller à la Présidence de la République, il devint Ministre, Ministre d'État puis député à l'Assemblée Nationale.

Le plus surprenant c'est que cette carrière pleine et altière du prince de Fossong Wentcheng évoluait concomitamment avec ses qualités de médiateur dans les affaires de famille du natif lointain d'Akong Bikoe Mvengue.

Qui est donc Étienne Charles LEKENE DONFACK en compagnie de qui nous avons rédigé la Constitution de 1996 et que je côtoie aujourd'hui encore au Conseil Constitutionnel ?

La réponse est simple, un excellent juriste dont la thèse de Doctorat consacrée au fédéralisme camerounais reste d'actualité, un homme de qualité à l'appréciation critique et de haute volée, qui ne cesse encore de m'étonner par sa lecture lumineuse des Mélanges « **OWONA »** offerts à mon honneur.

Un conciliateur de famille, un prince au verbe osé et courageux, converti au noble service de l'État dans tous ses compartiments : Exécutif, Législatif et Juridictionnel.

Enfin, un compagnon de longue date avec qui, j'ai accompli le voyage de la vie au point qu'il est devenu le vrai frère de toujours et à jamais.

Pr Joseph OWONA

PORTRAIT DU JUGE CONSTITUTIONNEL AFRICAIN SUBSAHARIEN. ENTRE ÉTHIQUE ET POLITIQUE

Koffi AHADZI-NOUNOU

Agrégé de droit public et de science politique
Président honoraire de l'Université de Lomé

Quis custodiet ipsos custodes ? « Mais les gardiens, eux, qui les garderont » ? Cette interrogation bien connue de Juvénal, poète satyrique romain de la fin du premier siècle après Jésus-Christ, résume excellemment la délicate problématique que soulève la position centrale qu'occupe le juge constitutionnel au cœur des « démocraties constitutionnelles », forme récente et moderne de la démocratie.

Considérée comme un système politique *« fondé sur le respect d'une constitution formelle qui se trouve au sommet de la hiérarchie des normes »,* la démocratie constitutionnelle se caractérise par la garantie de la démocratie, de la suprématie de la Constitution et des droits fondamentaux ; par l'existence d'une justice constitutionnelle placée au sommet de l'ordre juridictionnel[1]. Le rôle du juge constitutionnel est donc primordial dans ce système.

À la faveur du renouveau démocratique qu'elle connaît depuis 1990, l'Afrique noire, après l'Europe et l'Amérique notamment, a consacré cette forme de gouvernement. Elle se trouve donc confrontée, à son tour, à la question portant sur la manière dont ses juges constitutionnels doivent remplir leur office afin d'honorer la confiance que le peuple a placée en eux à travers leur nomination par des autorités généralement issues du suffrage universel. Il se pose ainsi des problèmes d'ordre éthique, c'est-à-dire de comportement du juge, par rapport à la mission dont il est investi. Celle-ci n'étant pas que technique mais aussi et surtout politique, son attitude n'est pas facile à déterminer.

Les textes juridiques s'efforcent de lui baliser le chemin. Ils déterminent à cet effet les conditions techniques, mais aussi les critères moraux qu'il doit remplir pour prétendre à la fonction. Ils définissent de façon aussi précise que possible le contenu de son office. Toutefois sa personnalité et la haute conscience qu'il a de ses responsabilités demeurent déterminantes pour atteindre les nobles idéaux que sa société lui a fixés.

C'est donc dire que si son profil est clairement dessiné (I), seule sa mise à l'épreuve permettra de le juger, tant il est vrai que c'est à l'œuvre que l'on reconnaît l'artisan (II).

---

[1] Cf. ROUSSEAU (D), *Droit du contentieux constitutionnel*, Paris, LGDJ, 2013, p. 556 et suivantes.

I. LE PROFIL

La définition du profil du juge constitutionnel africain SUBSAHARIEN tient compte à la fois de critères techniques et humains.

A. Les qualités techniques

Les conditions techniques ou professionnelles exigées pour devenir juge constitutionnel varient selon les pays et le modèle de justice constitutionnelle adopté.

De façon générale, dans les États qui ont opté pour le modèle des Cours suprêmes, seuls peuvent y siéger des juristes praticiens parmi les plus expérimentés. Ainsi au Nigeria, la Constitution de 1999 dispose-t-elle en son article 231-3 : "*A person shall not be qualified to hold the office of Chief Justice of Nigeria or a Justice of the Supreme Court, unless he is qualified to practice as a legal practionner in Nigeria and has been so qualified for a period of not less fifteen years*". Au Ghana, la Constitution de 1992 dispose également : "*A person shall not be qualified for appointment as a Justice of the Supreme Court unless he is [...] of not less than fifteen years standing as a lawyer*" (article 128-4). Au Kenya, le profil professionnel des juges de la Cour suprême est précisé par la Constitution de 2010 en ces termes : "*The Chief Justice and other judges of the Supreme Court shall be appointed from among persons who have :*

a) at least fifteen years experience as a superior court judge ; or

b) at least fifteen years experience as a distinguished academic, judicial officer, legal practionner or such experience in other relevant legal field ; or

c) held the qualifications mentioned in paragraphs (a) and (b) for a period amounting, in the aggregate, to fifteen years" (article 166-3).

Ces différents exemples montrent bien que seuls des juristes de haut niveau, magistrats, avocats, universitaires ayant une expérience professionnelle avérée de quinze ans au moins peuvent faire office de juges constitutionnels dans les pays dotés de Cours suprêmes.

Le cas de l'Afrique du Sud peut être comparé aux précédents exemples, même si ce pays dispose d'une Cour constitutionnelle. En effet, conformément à l'article 167-1 de la Constitution de 1996, "*The Constitutional Court consists of the Chief Justice of South Africa, the Deputy Chief Justice and nine other judges*". La totalité des membres sont donc des juristes et plus précisément des magistrats.

En revanche dans d'autres pays ayant choisi, eux aussi, le modèle des Cours constitutionnelles, le profil des juges est plus varié. Des juristes cohabitent avec des personnalités ou titulaires d'autres qualifications professionnelles de haut niveau. Tel est le cas au Togo, notamment. Aux termes de l'article 100 de la Constitution de 1992 modifiée en 2019[2], *« la Cour constitutionnelle est composée de neuf membres [...] Deux sont désignés par le Président de la République dont un en raison de ses compétences et de son expérience professionnelle juridique et administrative. Deux sont élus par l'Assemblée Nationale [...] dont un en raison de ses compétences et de son expérience professionnelle juridique et administrative. Deux sont élus par le Sénat [...] dont un en raison de ses*

[2] La Constitution togolaise de 1992 a été révisée à plusieurs reprises dont la dernière remonte au 15 mai 2019.

compétences et de son expérience professionnelle juridique et administrative. Un magistrat ayant au moins quinze ans d'ancienneté, élu par le Conseil supérieur de la magistrature. Un avocat élu par ses pairs et ayant au moins quinze ans d'ancienneté. Un enseignant-chercheur en droit de rang A des universités publiques du Togo, élu par ses pairs et ayant au moins quinze ans d'ancienneté ». Sur neuf juges donc, six au moins, soit les deux tiers, doivent avoir des qualifications juridiques certaines.

L'expérience béninoise est quelque peu différente du Togo. En effet, l'article 115 de la Constitution de 1990[3] fixe la composition de la Cour constitutionnelle comme suit : *« trois magistrats ayant une expérience de quinze années au moins dont deux sont nommés par le Bureau de l'Assemblée Nationale et un par le Président de la République ; deux juristes de haut niveau, professeurs ou praticiens du droit, ayant une expérience de quinze années au moins, nommés l'un par le Bureau de l'Assemblée Nationale et l'autre par le Président de la République ; deux personnalités de grande réputation professionnelle nommées l'une par le Bureau de l'Assemblée Nationale et l'autre par le Président de la République »*. Comme au Togo, les juristes dominent clairement la composition de la Cour, à raison de cinq sur sept, soit un peu moins de trois quarts.

Tout en s'inscrivant dans la tradition des pays dotés d'une juridiction constitutionnelle indépendante, le Cameroun présente certaines singularités par rapport au Togo et au Bénin. En effet, l'article 51 de la Constitution de 1996 dispose que *« Les membres du Conseil Constitutionnel sont choisis parmi les personnalités de réputation professionnelle établie. Ils doivent jouir [...] d'une compétence reconnue [...] En sus des onze membres prévus ci-dessus, les anciens Présidents de la République sont, de droit, membres à vie du Conseil constitutionnel »*[4]. La qualité de juriste n'est donc pas exigée. Dans l'absolu, les membres peuvent tous avoir des qualifications professionnelles étrangères au droit. Il faut toutefois souligner que le collège nommé le 7 février 2018 par le Président Biya (article 51 de la Constitution), vingt-deux ans après la création de l'institution, est clairement dominé par les juristes, soit un total de neuf sur onze. Cinq parmi eux sont des magistrats, deux des professeurs d'université et deux administrateurs civils formés à l'École nationale d'administration et de la magistrature[5].

Cette tendance à la domination, de droit ou de fait des juridictions constitutionnelles subsahariennes par des juristes est générale. La présence de non-juristes est certes observable comme au Cameroun où deux des membres du Conseil sont respectivement des enseignants d'anthropologie et de lettres. Mais on peut affirmer qu'un tableau des juges en Afrique subsaharienne s'afficherait clairement dans une galerie de portraits d'hommes et de femmes de droit.

---

[3] Après avoir connu une longue stabilité, la Constitution béninoise a été révisée, pour une première fois, par la loi constitutionnelle n° 2019-40 du 7 novembre 2 019.

[4] V° dans le même sens la Constitution du Gabon de 1991 modifiée, article 89. Ces deux pays s'inspirent évidemment de l'exemple français que Guillaume DRAGO qualifie de *« bizarrerie »*. Cf. son manuel de *Contentieux constitutionnel français*, 3e éd., Paris, PUF, 2011, p. 184 et suivantes.

[5] V° Décret N° 2018/105 du 7 février 2018 portant nomination des membres du Conseil constitutionnel. Sur le profil professionnel des membres, v° BOBOUTOU (R-M), « Cameroun : qui sont les onze juges chargés de superviser la prochaine présidentielle », www. jeuneafrique.com///Cameroun-qui-sont-les-onze-juges-chargés-de-superviser-la-prochaine-présidentielle, consulté le 11 mars 2018.

Quelles que soient les qualités professionnelles requises, elles doivent être fondées sur des exigences d'ordre éthique.

B. Les qualités éthiques

La notion d'éthique renvoie à la morale, car étymologiquement les deux concepts *« sont les traductions, respectivement grecque et latine, du même terme signifiant mœurs »*[6]. Dans ces conditions, éthique et morale renvoient pour l'essentiel aux *« principes relatifs au bien et au mal qui permettent de qualifier et de juger les actions humaines. Ce sont souvent des lois universelles qui s'appliquent à tous les êtres humains et contraignent leur comportement comme le respect dû à la personne, l'obligation de traiter les individus de manière égale, le refus absolu de la souffrance infligée sans raison. Ces principes constituent le socle commun des cultures démocratiques libérales. Certains ont été traduits dans des lois, d'autres ont gardé leur nature propre de règles morales. Dans ce cas, ce qui les distingue des règles juridiques, est l'absence de codification et de sanction publique : le trouble de la conscience et la désapprobation sociale seuls, répriment une méconnaissance de la norme morale »*[7].

Les deux notions étant ainsi clarifiées, il importe de noter que bon nombre de textes constitutionnels ou organiques mettent un accent particulier sur le profil éthique ou moral des personnalités qui sont appelées à siéger dans les juridictions constitutionnelles des États subsahariens. Au Bénin, par exemple, *« pour être membre de la Cour constitutionnelle, outre la condition de compétence professionnelle, il faut être de bonne moralité et d'une grande probité »* (article 115, Constitution de 1990). Le Congo-Brazzaville, pour sa part, exprime les mêmes exigences éthiques en des termes plus explicites. En effet, l'article 185 de la Constitution de 2015 dispose que *« les personnalités condamnées pour forfaiture, haute trahison, parjure ou tout autre crime ne peuvent être membres de la Cour constitutionnelle »*. Le Kenya impose également les mêmes conditions morales aux termes de l'article 166-2 (c) de sa Constitution : *"Each judge of a superior court shall be appointed from among persons who [...] have a high moral character, integrity and impartiality"*[8].

Comme on l'aura constaté, les États cités en exemples ajoutent au critère moral, la probité définie par le dictionnaire *Larousse* comme la qualité de quelqu'un qui observe parfaitement les règles morales ; qui respecte scrupuleusement ses devoirs ainsi que les règlements. Le mot est donc synonyme d'honnêteté, d'incorruptibilité et d'intégrité. Il désigne une qualité qui s'intègre à la bonne moralité à laquelle font référence les textes constitutionnels cités.

Certains États tels que le Togo, le Niger, le Sénégal ne mentionnent pas expressément ces qualités morales dans leurs Constitutions. Est-ce à dire que de tels critères n'entrent pas en compte dans la désignation de leurs juges constitutionnels et que ceux-ci peuvent être exempts de vertus morales ? Pareille hypothèse paraît invraisemblable compte tenu de la délicatesse de la fonction de

---

[6] Cf. JAUNAIT (A), « Éthique, morale et déontologie » in HIRSCH (E), *Traité de bioéthique*, tome I *Fondements, principes, repères*, Éditions Erès, 2010, pp.107-120.

[7] Commission de réflexion sur l'éthique dans la magistrature, www.justice.gouv.fr> Publication> *Rapports thématiques*, p. 9, consulté le 12 mars 2018.

[8] V° dans le même sens l'article 128-4 de la Constitution du Ghana précitée. V° aussi l'article 174-1 de la Constitution sud-africaine précitée.

juge constitutionnel, voire de celle du juge tout court. Ce silence semble compensé par le serment qui est imposé aux membres de l'ensemble des juridictions constitutionnelles à leur entrée en fonction.

Au Bénin et au Togo, les juges avant leur entrée en fonction, doivent jurer *« de bien et fidèlement remplir leurs fonctions, de les exercer en toute impartialité dans le respect de la Constitution, de garder le secret des délibérations et des votes, de ne prendre aucune position sur les questions relevant de la compétence de la Cour »*[9]. Au Niger, c'est la même formule qui est reprise et complétée toutefois par la phrase : *« Puisse Dieu nous venir en aide »*[10].

En Afrique du Sud, la prestation de serment se fait dans les termes suivants : "*I [...] swear that, as a Judge of the Constitutional Court, I will be faithful to the Republic of South Africa, will uphold and protect the Constitution and the human rights entrenched in it, and will administer justice to all persons without fear, favor or prejudice in accordance with the Constitution and the law*"[11].

Les mots choisis pour la prestation de serment sont graves et significatifs : neutralité, réserve, secret des délibérations, respect et protection de la Constitution, etc. Ils définissent en fait un code constitutionnel de déontologie[12] à l'usage des Hauts juges. Ce code vient donc compléter les conditions éthiques de nomination ou y suppléer en cas de silence des textes. Sa portée juridique obligatoire est certaine et il est assorti de sanctions puisque, par exemple, au Bénin, *« tout manquement à ce serment constitue un acte de forfaiture et sera puni conformément à la législation en vigueur »*[13].

Il est complété par les dispositions constitutionnelles ou législatives relatives aux incompatibilités. Elles visent à éviter aux juges de se retrouver dans des situations de conflits d'intérêts ou de subir des pressions notamment administratives, économiques ou financières.

Ainsi au Togo, au Bénin, au Gabon, *« les fonctions de membre de la Cour constitutionnelle sont incompatibles avec l'exercice de tout mandat électif, de tout emploi public, civil ou militaire, de toute activité professionnelle ainsi que de toute fonction de représentation nationale »*[14]. De même, au Bénin, *« les juges ne peuvent, pendant la durée de leurs fonctions adhérer à un parti ou groupement politique ; le cas échéant, ils doivent justifier de leur démission du parti ou du groupement politique avant leur installation ou la poursuite de l'exercice de leurs fonctions »*[15].

L'ensemble de ces dispositions dessine un portrait professionnel et moral très exigeant du juge constitutionnel SUBSAHARIEN. Toutefois l'idéal correspond-il à la réalité ? Seule la pratique du juge peut permettre de se faire une idée exacte.

---

[9] Cf. pour le Bénin article 7 de la loi organique du 27 juin 2022 ; pour le Togo, article 3 de la loi organique N° 2019-023 du 28 décembre 2019.

[10] Cf. article 124 de la Constitution de 2011.

[11] Cf. Annexe II, Point 6 de la Constitution précitée.

[12] « La déontologie regroupe, pour les personnes exerçant certaines activités publiques ou privées, les règles juridiques et morales qu'elles ont le devoir de respecter ». Cf. *Lexique des Termes juridiques*, Paris Dalloz, 1995.

[13] Cf. article 8 de la Loi organique précitée.

[14] V° au Bénin, l'article 9 de la loi organique précitée ; au Togo, l'article 19 de la loi organique précitée ; au Gabon, l'article 12 de la loi organique modifiée du 26 septembre 1991.

[15] V° article 2 du décret N° 94 du 26 janvier 1994 portant obligations des membres de la Cour constitutionnelle.

II. LA MISE À L'ÉPREUVE

Elle révèle toute la délicatesse des fonctions de juge constitutionnel. Appelé à se prononcer sur des questions épineuses touchant souvent à la politique, il est, par principe, critiqué voire brocardé par les parties auxquelles il ne donne pas gain de cause en cas de contentieux. Par ailleurs, les solutions qu'il adopte consistent souvent en des arbitrages entre des choix aussi légitimes les uns que les autres. Il est donc difficile de porter un jugement sans nuance sur la manière dont il remplit son office.

Pour les besoins de l'analyse, on peut toutefois distinguer deux cas de figure : celui où le juge contribue courageusement à l'édification de l'État de droit et celui où il ébranle l'édifice de l'État de droit.

A. Le juge audacieux

Faire preuve d'audace c'est être courageux, hardi ou intrépide. C'est aussi quitter les sentiers battus pour montrer de l'originalité et de l'innovation. Le juge audacieux est donc celui qui se singularise dans ses décisions par ces traits de caractère. Il va de soi qu'un juge constitutionnel ne peut pas constamment être en quête de courage et d'originalité. Des affaires lui sont soumises qui n'appellent que des décisions attendues : par exemple en matière d'irrecevabilité pour saisine par des personnes non prévues par la loi. Le même juge peut aussi tantôt être audacieux tantôt réservé. Tout dépend donc des circonstances.

Ces précisions étant apportées, notre propos peut être illustré par certaines décisions du juge béninois que la doctrine a pu qualifier d'audacieuses, voire de trop audacieuses parce que dénuées de fondements juridiques. Ces décisions sont liées à une interprétation large du texte constitutionnel au point que le juge béninois a pu être accusé d'*« excès de pouvoir »*[16]. Tel est le cas de la fameuse décision *« consensus national »* de 2006[17]. Saisie de requêtes multiples, dont celles du président de la République et de six députés, aux fins de vérifier la conformité à la Constitution de 1990 d'une loi constitutionnelle votée le 23 juin 2006 par l'Assemblée nationale et portant prorogation du mandat des députés de quatre à cinq ans, la Cour constitutionnelle a annulé ladite loi comme violant *« le consensus national, principe à valeur constitutionnelle »*. Or ce principe n'est inscrit nulle part dans la Constitution ni dans aucune loi organique. Le juge l'a tout simplement tiré des *« idéaux qui ont présidé à l'adoption de la Constitution du 11 décembre 1990 »* et qui ont été dégagés par *« la Conférence des Forces Vives de la Nation de février 1990 »*. C'est de la sorte que le juge constitutionnel béninois a pu être accusé d'*« en faire trop »*[18].

Les mêmes accusations seront portées contre lui dans une autre affaire qui a donné lieu à la décision *« options fondamentales du 30 septembre 2011 »*[19]. Dans cette espèce, la Cour a été saisie par le président de la République aux fins de

---

[16] Cf. GNAMOU-PETAUTON (D), « La Cour constitutionnelle du Bénin en fait-elle trop ? » *Revue béninoise des sciences juridiques et administratives*, N° spécial, 2013 pp. 1-41 ; voir aussi SALAMI A. Ibrahim, « Le pouvoir constituant dérivé à l'épreuve de la justice constitutionnelle béninoise », *Revue togolaise des sciences juridiques,* N° 0000, Janvier-juin 2011.

[17] Décision DCC 06-074 du 8 juillet 2006

[18] Cf. GNAMOU-PETAUTON (D), article cité.

[19] Décision DCC 11-067 du 20 octobre 2011.

contrôler la constitutionnalité d'une loi organique portant conditions de recours au référendum. Elle a invalidé ladite loi en son article 6 qu'elle a déclaré *« inséparable de l'ensemble du texte de la loi »*. Cet article cite les dispositions intangibles de la Constitution ; c'est-à-dire celles qui ne peuvent faire l'objet d'une consultation référendaire ; à savoir la forme républicaine, la laïcité de l'État et l'atteinte à l'intégrité du territoire national[20]. Le législateur organique considère que ces principes se dégagent des *« options fondamentales de la Conférence Nationale de février 1990 »*. La Cour a jugé que cette énumération était incomplète et y a ajouté de son propre chef *« le mandat présidentiel de cinq ans renouvelable une seule fois »*[21], *« la limite d'âge de 40 ans au moins et 70 ans au plus pour tout candidat à l'élection présidentielle »*[22] et enfin *« le type présidentiel du régime politique du Bénin »*[23].

Ces ajouts ont été faits alors qu'aucune disposition de la Constitution ou aucun texte complémentaire ne donne aux articles intégrés dans la liste un caractère d'intangibilité. Tout comme la décision de 2006 sus-analysée, celle-ci aussi a été vivement critiquée pour défaut de base constitutionnelle.

Le juge béninois semble ainsi, à l'occasion, outrepasser ses compétences d'attribution pour faire preuve de libre inventivité et créativité, au nom de la haute idée qu'il se fait de sa mission de gardien de la Constitution de 1990. Adoptée par l'historique Conférence nationale des forces vives de la Nation tenue du 2 au 10 février 1990 à Cotonou, cette Constitution était quasiment sacralisée par la Cour constitutionnelle, et une bonne partie de l'opinion publique qui semblait considérer toute proposition de modification comme une tentative d'atteinte aux acquis de la Conférence nationale et un retour possible aux dérives antidémocratiques d'avant 1990.

Politiquement, son courage est louable, mais juridiquement il ne peut que soulever des objections fondées[24].

En fait les décisions de 2006 et de 2011 soulèvent la question épineuse du contrôle de constitutionnalité des lois portant révision constitutionnelle, autrement dit du contrôle du pouvoir constituant dérivé. L'on sait qu'en France, le Conseil constitutionnel soutenu par une bonne partie de la doctrine s'est toujours refusé à s'engager sur cette voie[25]. En Afrique subsaharienne francophone particulièrement, d'autres juridictions constitutionnelles, à l'instar de leur homologue béninoise n'hésitent pas élargir leur office à ce domaine.

On pourrait citer notamment le cas du Mali à l'époque où ce pays passait pour un modèle de transition démocratique réussi[26]. Dans une décision rendue le 12 décembre 2001[27], la Cour constitutionnelle a censuré la loi constitutionnelle du 21 juillet 2000 portant sur l'immunité du président de la République, la modification du mandat de la Cour constitutionnelle porté de 7 ans renouvelables

[20] Cf. article 156 de la Constitution de 1990.
[21] Cf. Décision ci-dessus citée.
[22] *Idem.*
[23] *Idem.*
[24] V° notamment KOKOROKO (D), « Réflexion sur la limitation jurisprudentielle du pouvoir de révision constitutionnelle au Bénin », *Constitution*, n° 3, juillet-septembre 2013, p. 329 et suivantes.
[25] Cf. ROUSSEAU (D), *op. cit.*, p. 220 et ss.
[26] Cette image fait désormais partie du passé, le Mali ayant connu trois coups d'État militaires en 2012, 2020 et 2021.
[27] Arrêt n° 01-128 du 12 décembre 2001.

une fois à 9 ans non renouvelables et sur l'exercice de certains droits fondamentaux. La Cour a d'abord jugé que cette loi, bien que déjà votée par le Parlement et destinée à être soumise au référendum, pouvait être contrôlée comme n'importe quelle loi. Elle l'a ensuite déclarée inconstitutionnelle pour des questions de forme.

L'exemple du Niger est encore plus évocateur même s'il ne s'agit pas à proprement parler d'un cas de contrôle de constitutionnalité d'une loi constitutionnelle. Le juge nigérien s'est néanmoins résolument opposé à une modification régressive de la Constitution voulue par le chef de l'État. En effet, en 2009, la Cour s'est engagée dans un véritable bras-de-fer avec le régime du Président Mamadou Tandja. Élu à la tête de son pays en 1999 pour cinq ans, puis réélu en 2004, ce dernier a voulu modifier les articles 36 et 136 de la Constitution de 1999. Le premier limitait le nombre de mandats présidentiels à deux, le second interdisait toute révision de cette disposition. Mamadou Tandja prétendait vouloir achever le programme politique sur la base duquel il avait été élu par deux fois.

Saisie par des députés de l'opposition sur cette question pour avis, la Cour constitutionnelle se prononça négativement. N'ayant pas une valeur juridique contraignante, cet avis fut ignoré par le Président qui, par décret n° 2009-178 du 5 juin 2009, convoqua le corps électoral pour un référendum le 4 août 2009. Ce décret fut de nouveau soumis par des élus de l'opposition à la Cour qui l'annula dans des termes très sentencieux : *« Le Président de la République n'a pas, de par la Constitution, compétence pour convoquer le corps électoral en vue du scrutin d'un référendum ayant pour objet et pour effet de réaliser une révision intégrale de la Constitution du 9 août 1999 en méconnaissance de la procédure exclusive du titre XII de ladite Constitution. Le décret N° 2009-178/PRN/MI-SP/D portant convocation du corps électoral vise à consacrer un véritable détournement de procédure, car il impose une procédure à peine déguisée de remise en cause d'une Constitution qu'il a, du fait de son serment, l'obligation absolue de respecter et de faire respecter. Cela apparaît clairement à travers la volonté du Président de la République de rattacher de manière abusive la révision de la Constitution à l'article 49 dont les termes sans équivoque n'offrent pas cette possibilité »*[28].

Face à cette Cour dont le courage force le respect, le Président Tandja prit la décision de la dissoudre en violation des dispositions de l'article 105 de la Constitution qui consacrent l'inamovibilité de ses membres pendant la durée de leur mandat. Une nouvelle Constitution fut adoptée, de nouvelles institutions installées ; le chef de l'État sortant fut réélu sans surprise pour un troisième mandat. Un coup d'État militaire mit cependant fin à cette dérive autocratique le 18 février 2010. Depuis lors une nouvelle Constitution adoptée la même année

[28] L'article 49 dispose : *« le Président de la République peut, après avis de l'Assemblée nationale et du Président de la Cour constitutionnelle, soumettre au référendum tout texte qui lui paraît devoir exiger la consultation directe du peuple, à l'exception de toute révision de la présente Constitution qui reste régie par la procédure prévue au titre XII ».* Le titre XII prévoit notamment que tout projet ou toute proposition de modification doit être voté(e) par trois quarts des députés pour être pris(e) en considération. Pour être définitivement adopté, le projet ou la proposition doit être voté(e) par quatre cinquièmes des députés. À défaut la modification est soumise au référendum (article 135).

limita de nouveau le nombre de mandats présidentiels à deux et ramena le Niger sur les chemins vertueux de la démocratie et de l'État de droit[29].

L'audace de certains juges constitutionnels subsahariens n'est donc pas un mythe. D'autres exemples peuvent encore être cités au Niger[30], au Tchad[31], au Kenya[32], en Afrique du Sud[33], etc. Ils se présentent en contrepoint des pays où les Cours et Conseils observent une attitude plus complaisante à l'égard du pouvoir politique.

B. Le juge déférent

La déférence, selon le dictionnaire le Petit Robert, c'est la *« considération respectueuse que l'on témoigne à quelqu'un »,* et dans le cas d'espèce à une institution ou à un pouvoir, en l'occurrence politique.

Le juge constitutionnel subsaharien chargé de veiller au bon fonctionnement des pouvoirs publics, de contrôler la constitutionnalité des lois et de protéger les droits fondamentaux des citoyens ne devrait assumer son rôle que dans le respect de la Constitution. Il ne devrait donc témoigner aucun égard particulier aux pouvoirs dont il est chargé de contrôler l'action, y compris aux autorités qui l'ont nommé dans ses fonctions. Il doit faire preuve à leur égard, selon le mot célèbre, d'un *« devoir d'ingratitude ».* Or force est de constater que, souvent, ses décisions sont prises de façon partiale en appui à certains régimes en place. Ce comportement n'est pas l'apanage de telle ou telle juridiction constitutionnelle ; tout dépend des circonstances. À l'occasion, une Cour réputée pour ses *« audaces »* peut être amenée à valider une décision manifestement irrégulière pour *« rendre service ».* Il ne s'agit donc pas de jeter l'opprobre sur quelque

---

[29] Pour plus de précisions sur cette période agitée, v° KANE (E- M), « Lecture et relecture du coup d'État du 18 février 2010 au Niger », www.institutdrp.org/contributionidrp/Niger-2011, consulté le 14 mars 2018.

[30] V° à cet égard TANKOANO AMADOU, « Conflit autour des règles normatives de la cohabitation au Niger, Éléments d'analyse juridique d'une crise politique », pols.sciencesbordeaux.fr/vol2n2/tankoano.rtf, consulté le 14 mars 2018 ; v° aussi Arrêt N° 2003-002/CC du 7 janvier 2003.

[31] Cf. Décision N° 001/CC/SG/04 du 11 juin 2004.

[32] La Cour Suprême du Kenya, dans une décision rendue le 1er septembre 2017, a ordonné d'annuler l'élection présidentielle du 8 août remportée par le Président sortant, Uhuru KENYATTA, au motif que le scrutin *« n'a pas été conduit en accord avec la Constitution ».* Cette sentence constitue une première dans le pays, et même en Afrique, car d'autres élections présidentielles très violemment contestées, notamment celle de 2012, n'ont pas été invalidées par la même Cour, www.20minutes.fr/monde/kenya-cour-suprême-annule-élection-présidentielle, consulté le 14 mars 2018.

[33] La Cour constitutionnelle sud – africaine est connue pour son activisme en matière de droits de l'Homme (interdiction de la peine de mort, accès gratuit au traitement contre le VIH-Sida, reconnaissance du mariage homosexuel, etc.). Elle joue aussi un rôle essentiel de contrepouvoir à l'Exécutif et au Législatif. Elle a ainsi contribué à la destitution du Président Jacob Zuma accusé de corruption, par deux décisions courageuses rendues le 31 mai 2016 et le 9 septembre 2017. Sur ces points, v°, notamment, « La Cour constitutionnelle, un acteur-clé du renouveau constitutionnel sud-africain », *Afrique Contemporaine*, N° 242, 2012/2, pp. 118-119 ; v° aussi ALTWEGG-BOUSSAC (M), « La condamnation constitutionnelle du Président de la République par la Cour constitutionnelle sud-africaine », *Jus Politicum*, N° 17 ; v° enfin, « Afrique du Sud, La Cour constitutionnelle prône la destitution de Jacob ZUMA ». www.lemonde.fr/afrique-du-sud-la-cour-constitutionnelle, consulté le 14 mars 2018.

institution juridictionnelle que ce soit, mais de relever des faits qui jettent le discrédit sur une partie de la justice constitutionnelle subsaharienne.

Ainsi au Niger, la Cour constitutionnelle mise en place en 2010 aux lendemains de la dissolution de la précédente Cour pose problème en ce sens qu'elle a accepté de valider le processus politique consécutif au démantèlement de certaines institutions issues de la Constitution de 1999, à savoir : l'Assemblée nationale et la Cour constitutionnelle toutes deux dissoutes. La Constitution elle-même fut abrogée. Ce processus a abouti à l'adoption d'une nouvelle Constitution par référendum ; à l'élection d'un nouveau parlement et donc à la nomination de nouveaux juges constitutionnels. Ce processus fut arrêté net par un coup d'État militaire, le 18 février 2010. Après une période transitoire de quelques mois, une Constitution fut approuvée par référendum en novembre 2010 permettant la mise en place des institutions de la VIIe République[34].

Un autre cas emblématique de déférence excessive du juge constitutionnel à l'égard du régime en place est fourni par le comportement du Conseil constitutionnel ivoirien aux lendemains du second tour de l'élection présidentielle, tenu le 28 novembre 2010. Après recensement des résultats du scrutin, le président de la Commission électorale indépendante (CEI) proclama la victoire d'Alassane Ouattara sur Laurent Gbagbo, président sortant. Au motif que les résultats avaient été annoncés hors délai, le Conseil les invalida et annonça la victoire de Laurent Gbagbo après avoir annulé les votes dans certaines circonscriptions électorales du nord, favorables à Alassane Ouattara. L'ONU, en charge de la certification du scrutin[35], confirma au contraire les résultats annoncés par la CEI. Manifestement, le Conseil composé de membres favorables au régime avait pris une mauvaise décision. Celle-ci plongea la Côte d'Ivoire dans une sanglante crise post-électorale qui fit des milliers de victimes. Cette crise prit fin le 11 avril 2011 grâce à la capture de Laurent Gbagbo par la force française Licorne agissant sous mandat de l'ONU et aux côtés de l'opération de maintien de la paix, ONUCI, déployée en Côte d'Ivoire pour contribuer à la résolution de la longue crise politique de 2002 à 2011[36].

À côté de cet exemple, celui du Burundi mérite d'être cité. En effet, la Cour constitutionnelle a été saisie le 17 avril 2015 aux fins d'interprétation des articles 96 et 302 de la Constitution du 18 mars 2005 adoptée après la signature des accords d'Arusha (28 août 2000) mettant fin à la guerre civile que le pays a connue de 1993 à 2000. L'article 96 dispose que le président est élu au suffrage universel pour un mandat de cinq ans renouvelables une fois. L'article 302 précise cependant que le premier président élu à la fin de la période de transition le serait exceptionnellement par le Parlement. C'est donc sur cette base que le Président

[34] Sur tous ces points, v° l'article précité de KANE MAMADOU (E), op.cit.

[35] Conformément à l'accord de Pretoria signé le 6 avril 2005 par les principaux protagonistes de la crise ivoirienne (2002-2011), à savoir le Président Laurent GBAGBO, l'ex-Président Henri Konan Bédié, le Premier ministre Seydou DIARRA, Alassane OUATTARA (Chef du parti Rassemblement des républicains), Guillaume SORO (ministre d'État et secrétaire général des Forces nouvelles) et le Président sud-africain, Thabo Mbéki, en sa qualité de médiateur désigné par l'Union africaine.

[36] Après l'arrestation de Laurent Gbagbo, le même Conseil constitutionnel par une décision rendue le 4 mai 2011 proclamera Alassane OUATTARA vainqueur de l'élection, se dédisant ainsi à cinq mois d'intervalle, v° DOUMBIA (S), « Le Conseil constitutionnel ivoirien, un juge électoral entre contraintes politiques et exigences constitutionnelles […] », afrilex-u-bordeaux4.fr/sites/afrilex//Le_Conseil_constitutionnel_ivoirien…, consulté le 14 mars 2018.

Pierre Nkurunziza fut désigné en 2005. Il fut réélu en 2010, cette fois-ci au suffrage universel. En 2015, il voulut se représenter de nouveau au motif que le premier mandat étant *« exceptionnel »*, ne pouvait être compté parmi les deux mandats mentionnés à l'article 96.

Saisie donc de la question par l'opposition hostile à cette interprétation, la Cour reconnut que les accords d'Arusha limitaient bien à deux le nombre de mandats présidentiels. Elle allégua cependant que la rédaction de l'article 302 a mal traduit la volonté des négociateurs de ne pas comptabiliser le premier mandat post-transition dans le nombre de mandats indiqué par l'article 96. Dès lors, la Cour décida que *« le flou entretenu à l'article 302 a ouvert la possibilité d'un troisième mandat pour le président ; que son premier mandat était un mandat spécial. En 2010, Pierre Nkurunziza est élu pour la première fois au suffrage universel »*. Dans ces conditions, il peut briguer un second mandat de cinq ans par élection au suffrage universel.

Cette décision a été évidemment critiquée par l'opposition burundaise, mais aussi par la communauté internationale et les experts juridiques de l'Union africaine. Elle a néanmoins permis à Pierre Nkurunziza de se présenter à l'élection présidentielle de 2015 qu'il a facilement remportée suite au boycott de l'opposition[37]. Le Burundi plongea alors dans une sanglante crise sous les yeux impuissants de la communauté internationale et de l'Union africaine[38].

De tels exemples peuvent être multipliés à travers toute l'Afrique subsaharienne. On peut en effet mentionner le cas de la République démocratique du Congo où la Cour constitutionnelle a proclamé Félix Tshisekedi vainqueur de l'élection présidentielle du 30 décembre 2018 en lieu et place de Martin Fayulu pourtant reconnu par la plupart des observateurs nationaux et internationaux comme véritable vainqueur du scrutin[39]. Tout aussi emblématique est l'exemple du Bénin. La nouvelle Cour constitutionnelle installée le 6 juin 2018, et réputée très proche du Président Talon, a suivi depuis lors une politique jurisprudentielle visant manifestement à affaiblir l'État de droit. Elle est ainsi revenue sur bon nombre de décisions rendues par ses prédécesseurs en adoptant des sentences affaiblissant la suprématie de la Constitution ou portant manifestement atteinte à des droits et libertés fondamentaux tels que le droit de grève[40]. Elle a par ailleurs

---

[37] Son mandat s'acheva en 2020 et un de ses fidèles lieutenants, Évariste Ndayishimiye, fut élu la même année à sa place. À noter que le Président Nkurunziza est décédé peu de temps après l'élection de son successeur.

[38] Cf. NANTULYA (P), « Le Burundi après Nkurunziza : les généraux en ordre de marche », Centre d'études stratégiques de l'Afrique, 7 juillet 2020, africacenter.org/fr/spotlight, consulté le 10 décembre 2022.

[39] THE CARTER CENTER, *Les élections présidentielles, parlementaires et provinciales harmonisées de 2018. République démocratique du Congo*, cartercenter.org, 2018.

[40] V° par exemple DCC 18-001 du 18 janvier 2018 ; DCC 18-003 du 22 janvier 2018 ; DCC 18-004 du 23 janvier 2018 ; DCC 18-126 du 21 juin 2018 ; DCC 18-131 du 21 juin 2018.

Un revirement de jurisprudence constitue une prérogative normale pour toute juridiction, y compris constitutionnelle. Toutefois, lorsque celui-ci s'inscrit dans une logique d'affaiblissement systématique, voire d'interdiction des droits, il devient un facteur d'insécurité juridique, v° notamment, ADELOUI (A-J), « Le caractère obligatoire ou facultatif du contrôle a priori en droit béninois : retour sur un revirement jurisprudentiel », article non publié, 2 019 ; v° aussi Actes du colloque sur « La Cour constitutionnelle béninoise, entre rupture et continuité » in numéro spécial de la *Revue Constitution et consolidation de l'État de droit de la démocratie et des libertés fondamentales en Afrique,* N° 001, 2 019.

pris des décisions favorisant la mise hors-la-loi de bon nombre de partis politiques ayant une audience publique bien établie[41].

Dans tous ces cas, l'éthique du juge constitutionnel est prise en défaut et les conséquences qui en résultent se révèlent hautement préjudiciables à l'édification ou à la consolidation de l'État de droit, sa principale mission et raison d'être.

Ce tableau à grands traits du juge constitutionnel subsaharien montre à quel point sa mission est délicate. Ses compétences techniques ne font pas de doute, mais cela ne suffit pas pour en faire un bon juge. S'il montre un trop grand activisme, il est accusé d'en *« faire trop »,* le gouvernement des juges n'étant pas loin. S'il se met à la remorque du pouvoir politique, il ouvre la voie toute grande à un gouvernement sans juges avec toutes les dérives inhérentes.

Il est certes la *« bouche »* de la Constitution, mais comme la langue d'Ésope, il est capable du meilleur comme du pire. Pour devenir définitivement vertueux, il devrait, comme l'allégorie de la justice l'y invite, avoir les yeux bandés ; brandir dans sa main droite une épée et tenir dans sa main gauche une balance en équilibre.

[41] V° par exemple, Décision EL 19-001 du 1er février 2019.

AU NOM DE L'ARGENT PUBLIC. MOBILISATIONS CITOYENNES POUR LA CAUSE BUDGÉTAIRE

Nadine MACHIKOU

Agrégée de science politique, Professeur des universités
(Université de Yaoundé II)

Loin des fictions normatives qui en font le traceur des droits et devoirs civils, politiques et sociaux liés à l'appartenance à une communauté donnée (fictions certes bien fondées), la citoyenneté apparaît comme une notion fatiguée parce que mise à toutes les sauces politiques et scientifiques (pour les considérations générales sur le concept, Schnapper D., 2000). Elle se vend mal dans la plupart des régimes politiques contemporains ; qu'elle soit ancrée dans des identités collectives construites ou dans des groupes d'appartenance basées sur des critères tels que l'ethnicité, la religion, la séniorité, la caste, le genre, la profession ou autres. Ces subjectivités politiques multiples sont des éléments d'une articulation spécifique entre l'individu et les institutions. Pour prometteur que soit ce « droit d'avoir des droits » selon la formule de Christian Lund, la citoyenneté est traversée par une crise aiguë lisible dans le délitement de la figure du bon citoyen distingué par son inscription active dans l'espace public (Lund C., 2013 :13). De nombreux travaux se sont d'ailleurs donnés pour mot d'ordre de restituer les termes de ce désinvestissement. C'est d'abord sur le terrain électoral qu'elle se donne à voir à travers une difficulté des citoyens à participer mais aussi à s'entendre sur les règles de la compétition politique. C'est également dans les termes d'une emprise identitaire, souligne Richard Banégas, inaugurant une sociologie pragmatique du désengagement politique articulé sur le poids de ces enjeux (Banégas R., 2012). Pour lui, la mobilisation violente de l'ethnicité et de l'autochtonie, et l'ethnicisation des luttes sociales est une des modalités de la crise de la citoyenneté. Il citera les exemples des crises électorales au Kenya (entre Kikuyu, Luo et Kalenjin), en République démocratique du Congo (entre autochtones et allogènes « radicalisés et milicianisés »), en Côte d'Ivoire (entre Forces nouvelles et Jeunes patriotes autour de l'ivoirité) ou encore les mobilisations nationalistes Ijaw et Ogoni dans la région du Delta au Nigeria (Banégas R., 2010 : 221-222). Or, prendre au sérieux ces mobilisations sociales requiert, recommande-t-il, d'abandonner des apories primordialistes et instrumentalistes de l'ethnicité lue à la fois comme puissant facteur d'intégration du groupe et ressort belligène envers les autres. Ces identités ne sont ni immuables ni immanentes et transmises intactes de génération en génération. Elles viennent s'imbriquer dans d'autres attaches et allégeances, mettant les individus en situation de multipositionnalité sociale (Banégas R., 2010 : 223). Labilité, pluralité mais aussi instrumentalité des référents identitaires, sont envisagés comme des ressources mobilisables dans la défense de causes sociales ou politiques en tant que « produits dérivés » de l'État (Bayart J.-F., 1989). Parce que construction artéfactuelle, c'est plus en tant que langage ou véhicule qui portent les causes sociales que comme ressort qu'il convient de l'envisager, détachant ainsi la substance du substantif. Il n'est pas inutile de faire l'économie des malentendus les plus grossiers qui font florès au sujet de cette donne.

Prise en tenaille par le joug identitaire, l'analyse des dynamiques de la citoyenneté l'est également quant à l'efficacité des mobilisations sociales dans un contexte post-autoritaire caractérisé par une difficulté cognitive à accepter la démocratie comme « *the only game in town* » selon les bons mots de Juan Linz (1990, : 5). Sous le règne de « l'exclusion politique de ceux qui ne leur font pas allégeance ou n'acceptent pas passivement la situation et l'inclusion dans les cercles du pouvoir ou dans leurs ramifications tentaculaires d'un certain nombre d'affidés » (Droz-Vincent P., 2004 : 945), encadrement corporatiste neutre d'intérêts réels, segmentation des demandes sociales, départicipation et dépolitisation des causes sont quelques-unes des modalités du traitement étatique de l'action collective. Ce traitement s'appuie aussi sur des instruments législatifs et réglementaires permettant de restreindre l'affirmation dans l'espace public de causes : le plus significatif au Cameroun en est l'exigence d'autorisation délivrée par l'autorité administrative pour toute réunion publique. Principe constitutif garantissant la pérennité de l'Exécutif, l'exclusion et le contrôle politique produisent une démobilisation collective, certains faisant valoir que le désengagement public en Afrique et plus spécifiquement au Cameroun est la règle et non l'exception. C'est bien la « fermeture de l'État aux acteurs collectifs extérieurs » qui restreint voire empêche l'implication dans l'action publique de ceux qui ont pu se mobiliser (Pommerolle M.E., 2008). Ce désenchantement est largement électoral, le citoyen se mettant hors-jeu notamment par l'abstention. Si l'équation *weak state, weak society* permet de caractériser opportunément les situations post-autoritaires (voir pour les détails Stark D., Bruszt L., 1 997 ; ou encore plus anciennement Migdal J. S., Kohli A., Schue V., 1994), comment se construit l'agir citoyen dans ce cadre ? Est-il possible de retracer dans les urnes ou dans la rue un renouveau citoyen qui se joue dans les espaces post-autoritaires, échappant au système de contrôle étatique, à partir d'une sociologie de la contention soucieuse de rétablir la connexion entre les mobilisations protestataires et la politique (*contentious politics* dans la grammaire de Charles Tilly) ? Oui, dans la mesure où récemment, Jean Pierre Olivier de Sardan plaidait pour que cessent les préjugés tenaces qui caractérisent, selon lui, l'analyse de la citoyenneté en Afrique. Pour ce faire, suggérait-il, il serait nécessaire de « regarder ce qui est plutôt que chercher la quelconque transposition des réalités occidentales » (Olivier de Sardan J.P., 2016 : 30). Printemps arabes tunisiens, marocain ou égyptien, mouvement « Y en a marre » au Sénégal, « Balai citoyen » au Burkinabé en 2014, mais aussi mobilisations de mineurs sud-africains ; les illustrations de cette banalité de la mobilisation protestataire sont nombreuses et la subjectivité politique que confère la citoyenneté en Afrique est alors analysée comme en réveil sous des expressions bigarrées[1].

---

[1] Outre Olivier de Sardan J.P., v° par exemple Lund C., 2013 ; Körling G., 2010 : 27-48. Sur l'articulation aux ressorts identitaires, l'autochtonie ou l'ethnicité en tant que véhicule de revendications, Geschiere P., 2009 ; Hilgers M., 2011 :143-158 ; Houston J., Appadurai A., 1996 : 187-204 ; Marie A., 1 997 ; Young C., 2007 : 241-264.

Pourtant ce dynamisme citoyen n'a que rarement été pensé en lien avec l'une des dimensions les plus redoutables du pouvoir en Afrique : celle de l'argent public dont les formats sont aussi divers que les finances publiques (impôts et taxes, cotisations sociales, subventions ou la monnaie). Révélateur privilégié de conflits et de compromis sociaux, instrument de régulation politique, ressort essentiel du lien citoyen- État à travers les prélèvements, les dépenses et plus largement la redistribution. Expression de l'affirmation de choix politiques (Bezes P., Siné A. ; 2011), traceur de la vertu politique et de qualité de la gouvernance, le rapport à l'argent public est un traceur essentiel du fonctionnement de l'État. Choukri Hmed montre comment des groupes protestataires vont œuvrer à son marquage public (Hmed C., 2011). La rencontre entre la cause de l'argent public et les groupes sociaux dominés (les travailleurs migrants en France dans les années soixante-dix) dans le cadre du financement de l'action publique se fait sous le répertoire de la grève des loyers et permet de solidifier une dénonciation de la définition et des fonctions légitimes de l'argent public, monopolisé par des hauts fonctionnaires. Cette mobilisation atteste de ce que le marquage public de l'argent et ses usages (dans le cas d'espèce en matière de financement de la politique d'immigration française) restent un réservoir important des causes budgétaires qui entendent interroger l'activité de l'État lui-même et les fondements de sa légitimité (Hmed C, 2011 : 225- 262). Les mouvements antifiscaux sont l'un des marqueurs les plus courants de l'emprise citoyenne sur l'argent public, vecteur clé interrogeant l'activité de l'État lui-même et les fondements de sa légitimité. Cette forme de politisation de l'argent public par sa constitution en un élément d'information publique, sa requalification en traceur essentiel de l'intégrité et de la performance des gouvernants et en cible de l'engagement, s'est faite à travers la mobilisation de coalitions plus ou moins stabilisées d'actions protestataires dans des contextes historiques et des configurations sociales données[2]. Dans le cas camerounais, cette (re) politisation s'est intensivement exprimée au travers d'une occurrence dramatique récente. Le 17 janvier 2023, le journaliste Arsène Salomon Mbani Zogo, plus connu sous le nom de Martinez Zogo est enlevé devant un poste de gendarmerie et sa dépouille suppliciée de manière particulièrement violente, retrouvée cinq jours plus tard. C'est l'indignation et la réprobation générale transpartisane mais aussi et surtout de toutes les forces sociales et politiques : la Fédération des éditeurs de presse, le groupement des éditeurs de presse en ligne, le Barreau, Avocats sans frontières, des organisations de la société civile, les syndicats enseignants, le Réseau parlementaire contre la justice populaire, les chefs traditionnels, etc. joignent leurs voix à celles des autorités gouvernementales pour condamner, dira le ministre de la Communication, un « crime odieux, inqualifiable et inadmissible, et qui ne peut se justifier sous aucun prétexte ». Tandis qu'une pluie d'hommages et d'appels à la justice tombe, diverses révélations puis les résultats de l'enquête d'abord administrative, par la suite judiciaire ouverte, mettent en relief les dimensions les plus insoupçonnables des itinéraires de la capture de l'État. Certains relèvent cependant que le journaliste est mort victime d'une folle insouciance, et d'une guerre de clans caractérisée par la férocité des prévaricateurs et l'ampleur des intérêts en présence. La question des détournements de fonds était au cœur de son travail, dans « Embouteillage », une

[2] Sur la notion de politisation, v° Lagroye B., 2003.

des émissions au taux d'audimat les plus élevés. Il s'était tout particulièrement investi dans la dénonciation de flux financiers opaques autour de chapitres budgétaires 94, 65 et 57 devenus le symbole de la capture financière de l'État au Cameroun, tant au regard de la répartition de ces dépenses que par la qualité de leurs bénéficiaires[3]. Cette répartition illustre l'ampleur des mésusages de l'argent public et constitue un traceur puissant d'une gouvernementalité de prédation et de redistribution (Vallée O., 2010). Ce cas n'est pas isolé ni dans le pays, ni ailleurs où le respect de la fortune publique décline gravement comme le souligne l'organisation non gouvernementale *Transparency International*, spécialisée dans la quantification et l'objectivation de la corruption et auteure de l'une des évaluations les plus sophistiquées des entreprises d'atteintes à l'argent public. Elle montre qu'en janvier 2022, l'indice de perception de la corruption révèle un recul (mieux, une stagnation) universel dans les efforts de probité de 180 États. De l'ordre du connaissable, même si le schéma d'estimation est critiqué (Louis G., 2007 : 41) à la faveur de la perception qu'en ont les acteurs du monde économique, universitaire et des analystes de risques. Il apparaît que la question de l'engagement citoyen autour de la protection de la fortune publique constitue l'un des territoires épistémiques les moins explorés (Dreyfus F., 2020) mais aussi l'une des causes dont la défense est des plus réprimées. La corrélation entre prédation de la fortune publique et respect des droits de l'homme en est l'un des marqueurs. La notion de cause renvoie avant toute chose, à un intérêt fondant une activité revendicative ou simplement de soutien pour la faire triompher la cause de l'argent public. Elle peut être définie comme l'enjeu autour duquel se structure un ensemble d'efforts concertés et organisés pour susciter l'engagement et regrouper des personnes touchées directement ou indirectement par la manière dont l'argent public circule et est dépensé. Ces personnes ont un intérêt commun de voir la cause prise en charge par les autorités publiques et mobilisent un répertoire d'actions collectives diversifié (Badie B., Hermet G., al, 2009) dans le sens « d'un agir-ensemble intentionnel, marqué par le projet explicite des protagonistes de se mobiliser de concert. Cet agir-ensemble se développe dans une logique de revendication, de défense d'un intérêt matériel ou d'une "cause" » (Neveu, 2 015).

À la croisée des apports théoriques de la sociologie politique de l'action publique et de la sociologie de l'État, la présente contribution envisage la politisation de l'argent public comme (re) qualification et traitement politique de ses usages et mésusages à travers une opération de transgression du secret ordinaire qui l'entoure et en résistance aux efforts de déqualification et de dépossession par les gouvernants. En cela, elle reconfigure les territoires de la citoyenneté. En se proposant de rendre compte de l'investissement citoyen dans l'activité pratique de défense de la cause budgétaire, ce texte s'inscrit dans l'un des enjeux les plus épineux des situations post-autoritaires, à savoir l'accès et la

---

[3] Une enquête administrative est ouverte sur une période de 12 exercices budgétaires (2010-2021) par le Chef de l'État Paul Biya en janvier 2023. Par voie de communiqué radio-presse, 756 personnes bénéficiaires de ces lignes ont été invitées à se présenter auprès d'une mission spéciale de contrôle et de vérification des services du Contrôle supérieur de l'État, cf. S.n., « Lignes 65 et 94 : révélations sur plus de 5 400 milliards de dépenses publiques réalisées entre 2010 et 2021 », v° https://www.investiraucameroun.com/gestion-publique/2110-18610-lignes-65-et-94-revelations-sur-plus-de-5-400-milliards-de-depenses-publiques-realisees-entre-2010-et-2021, consulté le 18 mai 2023.

gestion des ressources publiques, marquée par la prédation, ressort de domination politique et sociale (Ela J.-M., 1994, Zelizer V., 2005). Elle retient essentiellement la dimension normative et participative de la citoyenneté mobilisée autour de la défense de la moralité publique à travers le fil de l'argent. Au Ghana, elle prend la forme de la *Ghana Integrity Initiative*, de la *Ghana Anti-Corruption Coalition* regroupant des organisations de la société civile ou encore de nombreux médias (*MultiMedia Joy FM* ; Citi FM ou encore Peace FM) œuvrant au soutien des processus de transparence. L'émergence d'acteurs nouveaux tels que OccupyGhana et *Citizen Ghana Movement* s'est accompagné d'un renouvellement des répertoires d'action, avec par-delà la dénonciation des atteintes à l'argent public, l'activisme digital, des initiatives sur le terrain judiciaire avec des résultats souvent plus spectaculaires que substantiels (*Star Ghana Foundation, sd*). David Enweremadu a mis en relief, dans le cas du Nigeria, la manière dont ces mobilisations citoyennes inventives, portées par des acteurs diversifiés que les associations syndicats, organisations non gouvernementales, médias, organisations identitaires et religieuses, acteurs du secteur privé et ancrées dans une guerre pour la bonne gouvernance ne se sont pas soldées par un recul des atteintes à la fortune publique (Enweremadu D., 2012 ; sur le Ghana voir Mutonyi J., 2002 ; Gebeyehu N., 2 015). L'accès à l'information, l'autonomie financière, le poids des solidarités identitaires, la compétition dans l'accès aux ressources et les rivalités entre *leaders,* la répression étatique sont autant de facteurs explicatifs de leurs résultats mitigés. Ces contraintes fondent une recomposition profonde des termes de la volonté de garantir une morale de mobilisation et de gestion des finances publiques à partir des exigences de transparence ou de redevabilité ; et de garantir la légitimité du gouvernement[4] sachant que certains pans de la mobilisation de l'argent public tels que la fiscalité sont des espaces privilégiés de délégitimation de l'État (Chouala Y.A., 2009 : 10).

Ce papier suggère que cette mobilisation au nom de l'argent public s'exprimant à la fois sous la forme de résistances quant aux modalités de sa collecte et de contrôle des itinéraires de son utilisation, s'est construite dans une tension primordiale entre politisation et dépolitisation ; qualification et dequalification. Dans une démarche constructiviste, il met en lumière les traits structurels et fonctionnels de ce balancier dans différents secteurs à partir d'une grille d'analyse interrogeant la capacité d'agir, le degré d'implication et d'influence dans l'épaisseur des entreprises de protection de la fortune publique. L'étude détermine aussi la structuration des réseaux citoyens et experts de défense de la fortune publique. Déblayer ce champ en friche se fera à partir d'un matériau essentiellement qualitatif[5], pour que la notion de citoyenneté budgétaire soit

[4] L'on pourrait ici évoquer Jean-Jacques Rousseau qui parlait des citoyens en tant que « participants à l'autorité souveraine » dans le cadre d'un pacte social.

[5] Le matériau ici mobilisé est construit à partir de sources quantitatives et qualitatives permettant une analyse fonctionnelle et actorielle. Il s'agit notamment des données collectées à partir des entretiens et des *focus group* organisés autour des acteurs de la société civile. Cela a permis d'analyser les enjeux sociaux et politiques, les forces et les faiblesses des initiatives citoyennes organisées, les schémas d'interactions avec les acteurs étatiques au sein des organisations et acteurs portant la cause budgétaire. À cela s'ajoutent des fiches synthétiques d'autoévaluation à l'intention des acteurs appartenant aux différents niveaux portant sur l'autoévaluation de quelques aspects tels que les forces et les faiblesses des organisations de défense de la cause budgétaire. De nombreux entretiens semi-directifs ont permis de recueillir la parole de grandes figures de la citoyenneté budgétaire, des acteurs

admise comme étant heuristique, afin de rendre compte des modalités de gouvernance des finances publiques au Cameroun et plus largement la gouvernance du pays. Cela passe par la construction de l'argent public en tant qu'acte de transgression au regard des propriétés propres du champ politique (I) et acte dépolitisé (II).

I. LA DÉFENSE DE L'ARGENT PUBLIC COMME ACTE DE TRANSGRESSION DANS L'ÉCONOMIE DU POLITIQUE

La contemporaine montée en puissance de la transparence dans la gestion de l'argent public ne va pas de soi. Si l'argent, comme le corps, la santé, la maladie, la mort, les amours, etc. sont de l'ordre de la vie privée, les lignes de démarcation d'avec la vie publique se sont progressivement déplacées (Massis T., 2001). L'intense (re) politisation de la cause de l'argent public a réactivé son marquage citoyen se traduisant essentiellement par le contrôle de ses usages. Pourtant, elle s'inscrit dans une dynamique de temps long réglée de manière implicite et explicite par la question de la légitimité de sa collecte et de ses usages. En tant que « porte d'entrée privilégiée pour observer et comprendre le fonctionnement de l'économie du politique dont il est le médium » (Bruno Thérêt in Gayon V., Lemoine B., 2010), l'argent public sous le marquage citoyen est ontologiquement acte de transgression comme refus de consentir à la fiscalisation dont la mémoire se situe dans les luttes anticoloniales et se perpétue après les indépendances (1) comme formation d'une vertu budgétaire (2).

A. La transgression comme résistance à la fiscalisation des revenus : un marquage forgé dans l'espace colonial

Les phénomènes fiscaux restent centraux dans l'analyse des mouvements sociaux ciblant l'argent public. Questionnant de manière fondamentale la relation entre l'État, la société et l'impôt, ils donnent à penser la justice sociale, l'acceptation sociale du prélèvement fiscal, la légitimité de l'action publique, la fraude et la révolte fiscale (sur la sociologie fiscale, voir notamment Backhaus J., 2002 : 55-77 ; Leroy M., 2003 : 213-244 ; Schumpeter J., 1984 : 229-282 ; Webley P. et al., 1 991). Dans un horizon utilitariste, Downs avait montré que le citoyen a l'impôt en horreur et ne le tolère que si l'État fiscal est légitime (Downs A., 1957), sinon la taxation devient un enjeu de la mobilisation des groupes de pression et une réponse aux situations de crise (Campbell J.L., 1 993). Entre l'impôt – obligation (acte unilatéral de prélèvement par l'autorité publique) et l'impôt-contribution (acte civique et altruiste permettant au citoyen de contribuer à l'implémentation des politiques publiques même si elles ne lui profitent pas directement), se construit un contrat social fiscal dont l'une des exigences est la transparence des finances publiques et la reddition des comptes. Les conditions historiques de son enracinement dans les sociétés africaines sont remarquables. Le marquage citoyen de l'argent public s'inscrit dans une mémoire longue de luttes contre l'entreprise coloniale et tout particulièrement contre la fiscalité en tant que

publics au niveau central, local et sectoriel ; les partenaires techniques et financiers actifs dans le domaine de la gouvernance des finances publiques mais aussi les organisations internationales agissant dans la gouvernance et le renforcement de capacités des organisations de la société civile.

« ressource coloniale d'enrôlement, de sujétion et de contrôle des indigènes, exigence fondamentale de participation indigène à l'économie marchande coloniale » (Chouala Y.A., 2009 : 9). Le rapport à l'argent public par l'entrée de la fiscalité est un traceur puissant et ancien de domination (dans sa sociogenèse de l'État, Norbert Elias l'établit comme ingrédient essentiel de construction de la centralisation étatique -Elias N., 1975-) et en même temps de délégitimation de l'ordre politique. Le travail forcé et la capitation, instruments d'imposition recouvrant diverses formes d'extorsion sont la matérialisation de la soumission coloniale et des réservoirs d'alimentation de tensions sociales et d'énonciation politisée de l'ordre colonial. La collecte de l'argent public jugée illégitime devient le ressort permettant de disqualification du système colonial.

Il est fait mention d'épisodes de protestations violentes contre l'impôt de capitation. L'historiographie des résistances fiscales au Cameroun sous mandat français évoque, suite à l'arrêté du 6 juillet 1930 portant hausse du taux de capitation, principale source de financement de l'administration avec le travail forcé[6]. Par la suite, l'on assiste à une extension du paiement aux femmes jusque-là sous un régime d'exemption. Il se met dès lors en place un mouvement de désobéissance fiscale lancé par des chefs traditionnels, des fonctionnaires indigènes et des groupes de femmes. Alors que les mères d'enfants de moins de sept ans dans les circonscriptions de Kribi, Abong-Mbang, Batouri, Yokadouma en général étaient jusque-là exemptées du paiement de l'impôt de capitation, le Commissaire Théodore Paul Marchand décide qu'elles doivent désormais le payer ; et dans la circonscription de Douala, le taux passe de 25 à 30 F. La mise en place d'un Directoire des femmes révoltées vise la dénonciation de cet instrument privilégié de contrôle de la paysannerie (Guyer J., 1980 :305) et plus largement des populations colonisées à travers un répertoire d'actions protestataires, fait de lettre ouverte adressée au chef de la circonscription de Douala, Cortade, le 31 janvier 1931, refus de certains chefs de collecter, prise de siège de la circonscription, harcèlement de l'administration, distribution de tracts appelant au boycott fiscal (Moume Etia L., 1 991 ; Tanga Onana J., 2009 :126 et ss). La réponse de l'administration coloniale est d'une grande brutalité et faite d'arrestations et d'emprisonnements ; de fusillades et de menaces diverses. La répression de cette « émotion fiscale » s'accompagne de menaces de la part du commissaire français contre les fonctionnaires indigènes : *« je prendrai des sanctions contre eux, telles que retard à l'avancement, déplacement d'office, et même licenciement pour ceux qui auraient pris une part active au mouvement d'agitation dont les femmes ne sont qu'un instrument irresponsable* » (Tanga Onana J., 2009 :133). Si l'impôt par capitation (dispositif de la doctrine coloniale selon laquelle la colonie ne devait rien coûter à la métropole, en mettant à la charge des colonisés l'administration de leur territoire[7] et la juste rétribution des efforts civilisationnels du colon) est maintenu[8] en échange de la libération des personnes arrêtées, cet épisode reste un acte fondateur dans la formation du marquage citoyen de l'argent public au Cameroun. L'épisode de la protestation

---

[6] En Afrique subsaharienne francophone notamment, l'impôt de capitation et le travail forcé forment en 1925 la moitié des recettes publiques (Cogneau D., Dupraz Y., Mesplé-Somps S., 2021).

[7] Il est connu sous l'*Indirect Rule britannique comme le « Self supporting principle ».*

[8] Il sera d'ailleurs par la suite doublé d'un impôt par catégorie progressive par palier, obligatoirement payable en argent.

portée par les femmes de Douala n'est qu'une modalité de ces résistances auxquelles s'ajoutent les migrations, déplacements et fuites vers les zones peu ou moins taxées. L'exode vers les espaces du salariat, interprété par Abdou Tandjigora comme mouvement de prolétarisation, est aussi un moyen d'échapper *« à l'épreuve douloureuse des prestations [...] Les individus qui s'y prêtent, par volonté de quitter définitivement la domination française, se retrouvent, pour le cas particulier de la colonie du Sénégal, en Gambie anglaise ou en Gold Coast »* (Tandjigora A., 2007). Ces mouvements de fuites s'observent aussi vers le Cameroun britannique où la pression fiscale est réputée moins pesante, le coût de l'expansion impériale étant plus réduit. En lieu et place de l'impôt de capitation, un impôt de case est négocié avec l'appui d'acteurs politiques locaux et les politiques fiscales s'articulent autour de deux objectifs : maintenir l'ordre à un coût aussi bas que possible et encourager la production d'exportations (Gardner L., 2012). Ne pas consentir à la contribution à la mobilisation de l'argent public sous la colonie a été un mécanisme efficace de sa politisation, parfois étendu plus largement au consentement à la domination coloniale.

La résistance à la fiscalisation des revenus et du travail sera réactualisée dans le système fiscal (post) colonial fondé sur une administration disposant de ressources quasi-identiques de brutalité pour mobiliser l'argent en vue d'assurer les charges publiques. Si les conditions matérielles de construction des États sont aussi liées à leur capacité d'extraction dans une économie relativement nouvelle d'appropriation après les indépendances, elles s'accompagnent d'une culture de la peur forgée sur une vision du politique marquée par un principe d'unité (Bourmaud D., 2006) et de stabilité. Sous des formules aussi diverses que le « populisme autoritaire », le « légalisme autocratique » ou encore la « dictature démocratique » (Frankenberg G., 2020), se met en place un ordre d'impulsion ayant une apparence de légitimité et faisant du développement l'une des priorités des nouvelles élites aux affaires. En tant que trait majeur d'identification des nouveaux États indépendants, le développement est la porte de sortie des griffes coloniales et impérialistes et mobilise des moyens hypertrophiés et une démultiplication dispendieuse de l'administration organisatrice de l'économie et de la société. Pour faire vivre et durer cet « État à tout faire », « État providence », lieu d'accomplissement du bien-être matériel des sociétés et lieu de mise en forme du lien social (Bourmaud D., 2006), patrimonialisation du pouvoir, violence, théâtralisation de la vie politique assurée par un parti unique (l'Union nationale camerounaise) et dévitalisation des capacités citoyennes sont essentielles. Les espaces néopatrimoniaux étant structurés par l'arbitraire, l'exclusion politique, la désorganisation des administrations et les dysfonctionnements des systèmes fiscaux (assiette étroite, omniprésence de l'évasion, instabilité des prélèvements, poids de la taxation douanière centrée sur l'exportation, etc.) (Chambas G., 1994). Les citoyens s'engagent au nom de l'argent public à très basse intensité.

En première ligne, les acteurs confessionnels se distinguent dès les années soixante-dix comme une force de lutte contre la corruption : « Dès 1977, les évêques de la province épiscopale de Bamenda publient une lettre dénonçant les actes de corruption. Elle est suivie, en 1980, de celle de la province ecclésiastique de Garoua, puis de la lettre pastorale de la Conférence épiscopale nationale en 1990. La conférence chargera d'ailleurs les Commissions Justice et paix de lutter à l'échelle diocésaine contre ce fléau » (Machikou N., 2018 :124). À cette exception près, la reconfiguration des modes citoyens d'investissement de la cause de l'argent public, s'exprime en termes de déqualification politique ou plus précisément de dépolitisation. Au Cameroun comme dans d'autres pays où l'on assiste à une implantation rapide et généralisée de l'autoritarisme, *« les acteurs sociaux ont alors réagi soit en intensifiant les pratiques de contournement et de détournement, soit en ayant recours à diverses formes de désobéissance fiscale, soit en amplifiant les pratiques de falsification et de défection »,* Achille Mbembe le montre bien (Mbembe A., 2004). Sous l'ère développementaliste, le financement des politiques publiques par une contribution moins de gré que de force, a une fonction structurante dans les rapports sociopolitiques (Bouvier M., 2016). Le rapport citoyen aux « fruits suspendus » (Jacquemot P., Raffinot M., 2018 :243) en raison des propriétés spécifiques du champ politique notamment la violence, sera progressivement rogné, sur fond d'imprécations diverses contre l'incivisme. Si la perpétuation des dispositifs de constitution de l'argent public hérités de la colonisation s'est accompagnée « d'incohérences, contradictions et lacunes » (Yonaba S., 2012), elle se complexifie non seulement face à l'inefficacité des prélèvements (Bonmartel S., al, 2023 :77) et des structures clientélistes de la vie sociopolitique dont l'un des ressorts essentiels de l'échange est fondé sur des obligations morales, sociales et politiques matérialisées par de la redistribution. La capacité à distribuer de manière sélective dons et récompenses est essentielle pour la constitution d'un capital politique et d'une clientèle assortie, qui attend l'octroi d'argent, de postes dans l'administration, de budgets permettant la réalisation de programmes d'action publique, etc. Elle superpose voire oppose « distribution particulariste » et « distribution universaliste » pour reprendre la taxinomie de Jean-François Médard ; emportant nécessairement la question des itinéraires d'accumulation et d'affectation de l'argent public. Il en découle en partie un recul de la conflictualisation des rapports sociopolitiques autour de l'argent public. La réactivation du marquage citoyen se bâtira sur une revendication au nom de la vertu budgétaire.

B. La transgression comme vertu revendicative en contexte de corruption systémique : la formation de la cause budgétaire

C'est la généralisation de la corruption au courant des années quatre-vingt-dix (FES, Titi Nwel P., 2009) qui a été la fenêtre d'opportunité d'une remobilisation citoyenne. Ce mouvement porté par les organisations de la société civile naissant à la faveur du contexte de libéralisation politique du début de la décennie, qui fait suite à l'effondrement du mur de Berlin en 1989 et l'appel du Sommet de la Baule[9] à la démocratisation. En effet, l'adoption des lois sur les libertés publiques ont ouvert la voie à l'émergence d'associations de défense et de promotion de droits de l' homme, d'associations de développement, de corporations et de syndicats indépendants s'inscrit au confluent de plusieurs dynamiques : revendications démocratiques, crises socio-économiques graves, offre de financement des bailleurs de fonds internationaux et des organismes de

[9] Discours du Président français, François Mitterrand, lors de la 16e conférence des chefs d'État d'Afrique et de France (1990) : « Le vent de liberté qui a soufflé à l'Est devra inévitablement souffler un jour en direction du Sud [...] Il n'y a pas de développement sans démocratie et il n'y a pas de démocratie sans développement ».

coopération, émergence des médias alternatifs aux médias gouvernementaux comme porteurs de causes et d'aspirations, prise de conscience de plus en plus poussée d'organisations citoyennes de la nécessité de contrôler l'effectivité des politiques publiques ; etc.

Dans le même temps, l'agenda académique et expert sur les itinéraires d'accumulation et d'affectation de l'argent public s'est essentiellement cristallisé autour de la lutte contre la corruption, la promotion de formes de contrôle et de reddition de compte (Médard J.F., 2000 ; Cartier-Bresson J., 2000), parfois fondé une inclinaison instrumentaliste de la place l'argent dans la vie sociale et politique. L'engagement citoyen autour de l'argent public a été intensivement travaillé par le poids de l'échange économique, politique et social dont il est le moyen. Sous la forme du népotisme, du clientélisme ou du patronage, du copinage ou du tribalisme, ces échanges reposent sur des normes pratiques transgressives (Médard J.F., 2000 ; Olivier de Sardan J.P., 2 015). Cela dénote de la formation d'une vertu revendicative souvent centrée sur le processus budgétaire dans le contexte d'effondrement du pouvoir d'achat suite à la dévaluation du FCFA, de corruption systémique adossée sur de l'impunité caractérisant la fin des années quatre-vingt-dix au Cameroun. En effet en octobre 1998 et l'année d'après, le pays est classé au sommet de l'échelle de la perception de la corruption par l'organisation Transparency International[10]. Des voix s'élèvent pour relever le caractère incommensurable de la lutte, handicapée par une « pauvreté anthropologique » (FES, Eboussi Boulaga F, Zinga V., 2002), la crise de l'État patrimonial (Médard J.F., 1 998), le déficit démocratique ou encore la corruption du mouvement anti-corruption. Dans un contexte où *« ni la morale d'Aristote de l'homme parfait, achevé, s'accomplissant dans la citoyenneté, ni la vertu de pauvreté exaltée par la morale catholique [...], ni la morale de l'ascétisme intramondain des puritains »* (Ossipow W., 2010 :23) ne sont très loin de prévaloir ; les conditions de promotion de la vertu financière et budgétaire sont tenues et bénéficieront d'un vigoureux coup de pouce extérieur.

De fait, la capacité à accomplir ses devoirs vis-à-vis de l'argent public (socle de vertu) est marquée par un habillage normatif ancré dans la notion de gouvernance faite de promotion d'une horizontalisation de la poursuite de l'intérêt général animés par des pouvoirs et contre-pouvoirs au rang desquels les intérêts organisés, désétatisation organisée par ajustement structurel de pays lourdement endettés. Bien qu'elle soit très ancienne, la gouvernance s'envisage désormais « bonne » et est puissamment promue dès 1989 par l'un de ses entrepreneurs les plus zélés, la Banque mondiale, comme régime politique respectueux des droits civils et politiques, animé par une administration compétente et intègre avec l'appui participatif d'une société civile libre et active et un État dont l'intervention est minimaliste. L'économie politique de ses énoncés multilatéraux en terre africaine, analysée par Béatrice Hibou, repose sur un catéchisme de circonscription du politique professant normes libérales et recherche de la simplicité locales (Hibou B., 1 998). Cet effort de dépolitisation s'accompagne d'un soutien matériel, financier et technique aux organisations de société civile parées de nombreuses vertus : proximité avec « la base », capacité à atteindre les

[10]https://www.transparency.org/en/press/1998-corruption-perceptions-index; https://www.transparency.org/en/cpi/1999, consulté le 10 juin 2023.

communautés les plus défavorisées innovations et adaptation des modèles de programme standard aux besoins locaux ; capacité de médiateur dans le *Policy transfer* d'ingénieries institutionnelles et techniques nées ailleurs, vocation X organiser la participation citoyenne à la conception et l'implémentation de programmes publics. La cause de l'argent public va progressivement se consolider autour tant d'actions individuelles ou collectives non conventionnelles que de formes plus institutionnalisées à travers la mobilisation syndicale ou associative. Elle se matérialisera sous cette impulsion multilatérale, en un ensemble relativement disparate d'actions ayant pour cible, enjeu ou pour horizon la question de la gouvernance des ressources financières de l'État. Ceci implique à la fois le rappel d'une obligation faite aux gouvernants de produire, pour les citoyens les documents d'information budgétaire qui justifient l'usage des deniers publics mais aussi, pour ces derniers, une action en contrôle non seulement des mécanismes de collecte des recettes publiques mais aussi de l'exécution budgétaire. Cette injonction à la vertu budgétaire repose sur des pratiques bigarrées : forte implication dans les politiques sectorielles avec pour ambition d'informer les ressortissants, faire contrepoids à l'État en contrôlant ses actes, mobiliser des ressources ou appuyer l'administration, présence dans les plateformes de concertation et de pilotage des politiques, à la demande expresse d'organisations internationales telle que la Banque mondiale.

Dans un contexte d'assouplissement du cadre légal régissant les organisations de la société civile au Cameroun, l'on constate une certaine fragmentation[11], fondant un régime déclaratif, une autorisation d'ester en justice et un principe de libre administration. Ces éléments fondent et structurent les arènes délibératives et forums hybrides (Callon, Lascoumes, Barthes, 2001) où les questions de la qualité de la dépense publique, de dette, de financement des politiques publiques, etc., sont débattues. L'on voit peu à peu s'institutionnaliser ces arènes si décisives en matière d'information budgétaire et financière puisque le débat public est souvent obscurci par la complexité des circuits et l'aridité des questions budgétaires comme le rappelle Marc Leroy (Leroy M., 2007). Les citoyens, ressortissants des politiques publiques et contribuables, sont encouragés à requérir des gouvernants une information claire, transparente et régulière sur les chemins et usages de l'argent public. En tenant concomitamment les recettes et les dépenses publiques, la cause budgétaire est aussi marquée par la scissiparité. Cause éclatée, la citoyenneté budgétaire connaît une désintégration spatiale et temporelle mais dont le poids et la signification sont relativisés par leur faible perceptibilité, du fait notamment que ces causes se saisissent du budget de l'État sur les flancs. Il s'agit aussi d'un éclatement sociologique perceptible dans les figures d'acteurs en présence (le citoyen imposé, les ordres professionnels, les associations et organisations non gouvernementales, ou plus génériquement la société civile), au regard de la cause -les ressources financières ou plus largement les politiques publiques-, de mobilisations ou de formes d'actions spécifiques (Siméant J.,

[11] Une série de textes est promulguée, témoignant d'un mouvement de décompression autoritaire : loi n° 90/053 du 19 décembre 1990 portant sur la liberté d'association au Cameroun ; entrée en vigueur dans le contexte euphorique de la publication de la loi sur les libertés ; loi n° 92/006 du 14 août 1992 sur les sociétés coopératives et les Groupes d'Initiative Commune (GIC) ; loi n° 92/007 du 14 août 1992 portant Code du travail et régissant les Syndicats ; loi n° 93/015 du 22 décembre 1993 sur les groupements d'intérêt économique (GIE) et loi n° 99/014 du 20 juillet 1999 sur les ONG.

1998 : 21). Cette dispersion est productrice d'une diversification des régimes et des cibles d'engagement. En partant d'une volonté d'agir sur le plan de la gouvernance démocratique pour une amélioration du processus électoral, un grand nombre d'organisations de la société civile s'est déplacé sur des terrains tels que le suivi participatif et physico-financier des politiques publiques. La lutte contre la corruption, la protection environnementale, l'exécution du budget d'investissement public notamment en matière de construction d'infrastructures. Le répertoire privilégié sera le plaidoyer pour une plus grande transparence dans la gestion des finances publiques ou dans l'exploitation des ressources naturelles. Une certaine implication du secteur privé à travers les organisations patronales dans le *Cameroon Business Forum* est là aussi orientée vers le plaidoyer pour l'assainissement du climat des affaires. Les finances publiques sont saisies dans un grand nombre de secteurs sous le postulat d'une corrélation entre citoyenneté budgétaire et démocratie budgétaire.

Naturellement, du fait de cet éclatement, la cause ne s'inscrit pas nécessairement dans des réseaux structurés d'interdépendance d'acteurs intéressés à la gouvernance des finances publiques jusqu'à ce que la dynamique réformatrice des années 2000 y conduise. La mise en forme de la cause budgétaire atteste d'un investissement multilatéral intensif requalifiant à basse intensité la question de l'argent public comme traceur de performance politique et en soutenant les dynamiques citoyennes constituées en infrastructures de la démocratie. La quête de la vertu financière et budgétaire, largement tributaire de l'investissement des partenaires techniques et financiers du Cameroun, en particulier dans le cadre des réformes institutionnelles et de la lutte contre la pauvreté, atteint son climax dans le cadre de la fabrique et l'implémentation du nouveau régime financier de l'État. Au regard des exigences dites « basiques » en matière de gestion des finances publiques, le Cameroun se distingue par une performance en deçà de la note des pays à revenu faible et à celle des pays à revenu moyen ainsi que de la cible normative des « basics ». C'est dans ce cadre qu'il convient de situer l'avènement du nouveau régime financier de l'État le 26 décembre 2007 visant un changement structurel majeur dans la gestion des finances publiques. Il s'agit d'opérer une mutation d'un « système traditionnel » hérité du protectorat français, caractérisé par un environnement administratif axé sur le contrôle des moyens et des inputs, la régularité et une approche à dominance juridique basée sur les règles financières et administratives.

Le nouveau système met en effet les politiques publiques et la performance au centre du processus budgétaire dans le cadre d'une approche orientée vers les résultats (output et effet/impact) et la performance des politiques publiques dans une conception plus économique d'efficacité et d'efficience. Concrètement, trois défis sont avancés : d'abord réformer en profondeur l'ordonnance de 1962 qui comportait un ensemble de dispositions accumulées au fil des ans dont l'application s'était progressivement altérée et qui ne correspondent plus aux exigences internationales en matière budgétaire et comptable ; ensuite modifier le cadre législatif et réglementaire pour qu'il garantisse une meilleure déclinaison des politiques fondées sur le budget programme assorti d'indicateurs de performance, une implication plus grande des ministères sectoriels dans la formulation et la mise en œuvre des politiques publiques, un renforcement de la fonction de contrôle parlementaire des politiques publiques et un renforcement des prérogatives du

Trésor public comme caissier unique de l'État. En effet, deux décennies de réformes pour faire face à la crise économique et financière des années 1990 et dans le cadre des programmes successifs de stabilisation et d'ajustement structurel. Les problèmes identifiés étaient relatifs à l'assainissement des finances publiques ; la mise en œuvre de nouveaux outils de gestion budgétaire, comptable et informatique ; la politique fiscale et l'administration de l'impôt ; la maîtrise de la masse salariale ; le désendettement puis l'annulation de la dette extérieure et la réduction des arriérés intérieurs ; l'annulation de la dette extérieure à un niveau élevé et enfin le renforcement de certaines structures de contrôle. Sur le terrain fiscal, il s'agit d'enjeux relatifs à la politique fiscale, telles que l'introduction de la TVA en 1999, l'élargissement de l'assiette, la restructuration de la fiscalité forestière et le dysfonctionnement de l'administration de l'impôt. À cela s'ajoute la question de la modernisation de la douane avec la mise en place d'un système de gestion de la performance et une amélioration de la gouvernance qui s'est traduite par une meilleure efficience. De nouveaux outils budgétaires, comptables et informatiques avaient été mis en place notamment le Cadre de dépenses à moyen terme (CDMT). Outre la révision du code portant réglementation des marchés publics qui avait profondément modifié les procédures de passation des marchés publics avec l'introduction d'un dispositif institutionnel nouveau comportant des commissions de passation des marchés déconcentrés et spécifiques, l'institution des observateurs indépendants et une Agence de régulation des marchés publics (ARMP) chargée de veiller au respect des normes réglementaires de passation des marchés, la création des comités locaux de suivi de l'exécution du budget d'investissement public mis en place dans chaque région avec une approche participative pour le suivi et le contrôle des investissements publics dénotait de l'aménagement d'un contexte favorable à un droit de regard citoyen. Suite à l'adoption de la Déclaration de Paris (2005) et après l'atteinte du Point d'achèvement par le Cameroun (2006), les Partenaires Techniques et Financiers (PTF) conviennent avec le gouvernement en 2007 du renforcement de la participation citoyenne. Une plateforme de dialogue sur les finances publiques est instaurée en février 2007 et regroupe en plus des administrations clés, les représentants de la société civile, du secteur privé et des partenaires techniques et financiers. Sa contribution est notable puisqu'elle conduira le diagnostic Public Expenditure and Financial Accountability (PEFA), l'élaboration du plan de réforme global des finances publiques, la coordination des appuis des bailleurs et le suivi-évaluation de la réforme. Les résultats de la plateforme ouvrent à la diversification de ce mode de coordination multi acteurs et de nombreuses autres plateformes voient le jour, intégrant les OSC : comité de pilotage de la plateforme de dialogue sur les finances publiques, comité consultatif et de suivi de la gestion des ressources PPTE, comité d'orientation et de suivi du contrat désendettement et développement, comité de concertation et de mise en œuvre de la décentralisation, comité interministériel des services locaux, comité EITI, comités locaux de suivi de l'exécution du budget d'investissement, comité de suivi évaluation de la mise en œuvre du DSRP, comité technique de pilotage du programme national de bonne gouvernance, etc.

La réforme ouvre un répertoire d'actions allant du contrôle budgétaire citoyen à l'information et au reporting en passant par le contrôle de la mise en œuvre des politiques publiques tant à l'échelle nationale que locale dans un contexte de mise en œuvre progressive de la décentralisation. Que ce soit en amont (préparation du budget) et surtout en aval du processus de gestion des finances publiques (exécution, contrôle, reddition des comptes), les organisations de la société civile ont un champ d'action très important autour des *basics* mais aussi en matière d'efficience et d'effectivité des politiques publiques. En l'espèce, la mise en œuvre des orientations stratégiques consignées dans la Vision 2035 ou le Document de stratégie pour la croissance et l'emploi, leur offre des « causes » nouvelles, notamment en matière de contrôle de la performance de l'administration publique camerounaise. En tant que toile de fond de l'analyse, la réforme permet de cerner le potentiel des OSC dans l'appui à la gouvernance des finances publiques et soutient la légitimation d'un droit de regard du public sur les recettes et les dépenses de l'État et la mise en œuvre des politiques publiques à travers des outils et modes d'information du citoyen sur les processus de préparation, de suivi et de contrôle du budget pour plus de crédibilité, de transparence et de redevabilité, et plus largement la « mise en compatibilité des enjeux et des priorités des acteurs et la dérivation des principes formels vers des règles opératoires d'action publique » (Leroy M., 2007).

Le contrôle citoyen s'est fait particulièrement incisif dans le cadre de la mise en œuvre du budget d'investissement public depuis 2013. De fait, la contribution des OSC qui a permis de montrer de manière très concrète qu'il est instrument permettant d'améliorer les conditions de vie des populations et la part qu'il a dans l'implémentation des politiques publiques[12], tout en se cantonnant sur un registre d'engagement techniciste, procédural et peu aligné sur des grammaires et lignes d'interprétation politique pour dénoncer le faible taux de réalisation des projets financés. Ceci va creuser le sillon de la déqualification politique de la défense de l'argent public.

II. LA DÉFENSE DE L'ARGENT PUBLIC COMME ACTE PROGRESSIVEMENT DÉPOLITISÉ

Si par dépolitisation, l'on entend le processus d'occultation du caractère politique d'un objet, appliquée à la défense de l'argent public, elle renvoie à la mécanique à partir de laquelle la cause va se trouver dépouillée de toute signification caractère politique. Cette opération de naturalisation du social (Bourdieu P., 1982) est structurellement banalisation des atteintes, neutralisation des faits, l'individualisation des mésusages et la dénégation du politique à l'œuvre (1). Elle est également une neutralisation développementaliste nourrie par une détermination des organisations internationales œuvrant dans l'appui aux politiques de lutte contre la corruption et le soutien des OSC qui vont progressivement techniciser leur engagement, lui conférant une forme plus experte (2).

---

[12] Alors qu'en 2014, le budget avait franchi la barre de 30 % de l'enveloppe globale du budget de l'État, en 2016, il est en hausse de 22,5 % par rapport à celle débloquée en 2015 : l'enveloppe est passée à 1 525,8 milliards de FCFA contre 1 246 milliards de FCFA l'année précédente. Le BIP 2016 représente 36 % de l'enveloppe budgétaire globale (4 234,7 milliards de F).

A. Une dépolitisation structurelle par banalisation des atteintes et individualisation des mésusages

Défendre la cause de l'argent public s'inscrit dans une « structure des opportunités politiques » (Kitschelt H., 1986 : 57-85 ; Tarrow S., 1989). Classiquement, ce plaidoyer dépend comme le souligne Sydney Tarrow, du degré d'ouverture ou de fermeture des institutions politiques, de la stabilité ou non des alignements, de la présence ou non d'alliés influents pouvant soutenir la cause, l'existence de conflits ou de divisions entre les élites. Avec Charles Tilly, ces variables s'affineront avec des critères tels : la multiplicité des centres de pouvoir indépendant au sein du régime politique, le degré d'ouverture à de nouveaux acteurs, l'instabilité des alignements politiques, la disponibilité d'alliés influents pour soutenir les contestataires, la propension du régime à faciliter ou à réprimer l'expression collective des revendications, les changements décisifs dans les cinq précédents éléments (Tarrow S., 1989 ; Tarrow S., 1 995 ; Tarrow S., Tilly Charles, 2008 ; Fillieule O., Lillian M., Péchu C., 2009 : 532). Pour étriquée et contestable que puisse paraître une explication structuraliste qui n'intègre pas la marge de manœuvre des acteurs de la citoyenneté budgétaire qui co-construisent avec l'État, mais aussi la capacité ou non pour eux de percevoir les opportunités politiques pour les saisir, les conditions de formation de la cause et de succès des mobilisations tiennent largement aux propriétés du champ politique camerounais qui induisent des formes de démobilisation et de dépolitisation de la cause de l'argent public. Deux points peuvent en attester, par le bas la gestion musclée de l'engagement citoyen et par le haut, l'emprise du discours d'État, fondé sur l'espace vectoriel de « l'Opération épervier » qui sert à la fois à la banalisation de l'enjeu et l'individualisation des comportements délictueux.

Par le bas, l'on peut s'appuyer sur le parcours d'un acteur du champ, un des militants les plus actifs dans la lutte contre la corruption, Jean-Marc Bikoko est arrivé à l'argent public par l'ampleur de son engagement syndical. Président historique de la Centrale syndicale du secteur public et membre fondateur du *Cameroon Workers Forum* (CAWOF), regroupement de 11 centrales syndicales, il est un grand habitué de l'expression des routines répressives judiciaires que Marie-Emmanuelle Pommerolle avait analysées dans le cadre des mobilisations étudiantes comme déterminante dans le désengagement (Pommerolle M.E., 2007). Au nom d'un syndicalisme « libre et indépendant », il a toujours souligné le péril de la subordination de l'engagement aux partis au pouvoir et estime qu'il faut défendre radicalement les droits des agents du secteur public (Bikoko J.M., 2012). Il est arrêté dans le cadre de revendications pour le rétablissement du salaire de fonctionnaires le 28 novembre 2007[13], le 11 novembre 2010 au cours d'un sit-in organisé devant les services du Premier ministre[14], le 15 septembre 2015 ainsi X cinq collaborateurs alors qu'il anime un atelier sur le thème « Gouvernance électorale et alternance démocratique », d'abord pour « désobéissance et rébellion »[15], requalifiée en « rébellion et manifestation illégale »[16]. La trentaine

---

[13] V°https://www.fidh.org/fr/regions/afrique/cameroun/Arrestation-de-M-Jean-Marc-Bikoko, consulté le 17 juillet 2023.

[14] V° https://www.fidh.org/fr/regions/afrique/cameroun/Cameroun-Non-lieu-en-faveur, consulté le 17 juillet 2023.

[15] V°https://spcommreports.ohchr.org/TMResultsBase/DownLoadPublicCommunicationFile?gId=25851, consulté le 17 juillet 2023.

de renvois de l'audience étant interprétés par ses soutiens comme du « harcèlement judiciaire mené par les autorités camerounaises en vue de restreindre leurs activités légitimes de promotion des principes démocratiques au Cameroun en usant de la crainte d'une condamnation à des peines de prison »[17]. Cette répression s'étend à ses proches puisque son fils Séverin Brice Bikoko sera arrêté à son domicile le 16 mai 2020 par une « patrouille de routine » qui soutient que quand « ils ont des informations qu'il y a des bandits dans une zone, ils viennent les traquer »[18]. Aux arrestations s'ajoutent la tentative avortée de l'incendie de son véhicule de service le 15 décembre 2013, l'incendie criminel et volontaire par un inconnu de son domicile le 26 juin 2016[19], sa révocation de la fonction publique avec une suspension de salaire de trois 3 ans (1996 – 1999). De l'action syndicale à la défense de l'argent public, il y a un trait d'union multilatéral. C'est l'ampleur de son engagement syndical et un solide capital bâti sur des prises de position publiques et de multiples arrestations qui lui assurent la confiance des organisations internationales. Aujourd'hui, il est représentant de la société civile au comité d'orientation et de suivi (COS) du C2D, coordonnateur de la Plateforme d'information et d'action sur la dette (PFIAD), coordinateur général du Projet de suivi indépendant du C2D et coordonnateur de Tournons la page (TLP) Cameroun. Son travail jusqu'alors, permet de maintenir une forme de gravité de la cause de l'argent public, comme le montre son communiqué appelant à la mobilisation générale dès le 15 février 2023 face aux mesures unilatérales de lutte contre l'hyperinflation prises par le gouvernement. Il demande que les Camerounais s'habillent en noir tous les lundis et observent un arrêt systématique du travail pour exprimer leur indignation. Commentant cette décision dans une interview donnée à Jean-Bosco Talla (dans la Grande palabre), il réinscrit la position gouvernementale « de la stratégie de gouvernance en vigueur depuis plus de 40 ans dans notre pays. Nous nous y attendions déjà, au regard de la cacophonie qui avait été observée tout au long de la session budgétaire de novembre 2022 du fait de la pression des Institutions Financières Internationales (IFIs), et qui est responsable de la fiscalité suicidaire qui caractérise le budget 2023 du Cameroun »[20]. Le parcours de Jean-Marc Bikoko (pour qui « l'architecture du système gouvernant au Cameroun repose sur la corruption. Même les institutions prétendument créées pour y faire face ont à leur tête des gens qui ne sont pas hors de tout soupçon »[21]) ; mis en tension par rapport à celui de tant d'autres activistes qui progressivement se déportent sur un terrain plus technique et moins politique de la défense de la cause de l'argent public permet de lire l'un des chemins de la dépolitisation. L'on pourrait ici évoquer l'évolution des

---

[16] V°https://www.jeuneafrique.com/264839/societe/cameroun-lactiviste-jean-marc-bikoko-arrete-toujours-detenu-a-yaounde/, consulté le 17 juillet 2023.

[17] V°https://iwww.acatfrance.fr/actualite/harcelement-judiciaire-contre-cinq-membres-de-la-societe-civile, consulté le 17 juillet 2023.

[18] V° https://www.cameroonweb.com/CameroonHomePage/NewsArchive/Cameroun-le-fils-du-syndicaliste-Jean-Marc-Bikoko-arr-t-par-la-gendarmerie-513850, consulté le 17 juillet 2023.

[19] Communiqué de presse du Comité pour l'abolition des dettes illégitimes, v° http://www.cadtm.org/Le-CADTM-Afrique-denonce-l, consulté le 17 juillet 2023.

[20] V°https://actustime.com/hyperinflation-jean-marc-bikoko-appelle-a-la-mobilisation-generale-pour-faire-bouger-les-lignes, consulté le 17 juillet 2023.

[21] V°https://afriquexxi.info/Au-Cameroun-la-prime-aux-grands-detourneurs, consulté le 17 juillet 2023.

formes de dénonciation des termes de collecte et de gestion de la taxe routière de l'incivisme fiscal à la destruction de postes de péage routier. Institué le 7 janvier 1993, le péage routier est régulièrement la cible de dénonciations non de collectifs mais de quelques médias, qui rapportent les préoccupations citoyennes concernant la destination des fonds collectés et destinés à l'entretien des routes et menaçant de ne plus s'en acquitter sans jamais interroger les ressorts structurels de contreperformance en l'espèce : « chaque jour, on donne 500 francs à chaque poste, ça sert même à quoi ? Où va l'argent ? Seul l'État peut répondre à ces questions. Il semble par ailleurs que certains postes de péage ont été privatisés ? Est-ce normal dans un pays ? Malheureusement, les conséquences liées aux mauvaises routes qui entraînent des accidents de la route touchent le bas peuple »[22]. La dénonciation de l'impunité de ceux qui en détournent les fonds en est une autre expression : elle ne cite jamais de nom : « Regarder d'un œil complaisant les criminels à col blancs ou en blouse orange qui détournent pendant 28 ans 100 milliards de francs CFA collectés en monnaie de 500 francs, ne rien faire, et feindre d'exprimer sa compassion face aux souffrances des populations, c'est comme on dit dans la culture bantoue, tuer l'enfant de quelqu'un et être le premier au deuil, et en plus pleurer plus que tout le monde »[23]. Alors que la question récurrente de la sécurisation des taxes collectées face à l'ampleur des pertes de recettes se pose, des journaux tels que la Nouvelle Expression[24] et *Cameroon Tribune* quatre ans plus tard[25] rappellent l'engagement gouvernemental de l'automatisation des postes de péage–non tenus. Il en est aussi de même de revenus miniers où de nombreuses initiatives de la société civile ont permis de mettre par des mesures, la cartographie des pratiques illicites et des foyers de déficits d'intégrité dans la chaîne de valeur minière au Cameroun sur une période de 10 ans, relevant au passage qu'« il n'existe aucun moyen de certification de l'or prélevé auprès des exploitants, seule la déclaration du cadre d'appui et de la promotion de l'artisanal minier fait foi »[26]. Cette dénonciation médiatique s'accompagne parfois d'opérations de vandalisme. De manière récurrente, des habitants de la région du Nord-ouest se livrent à la destruction de postes de péage routier dont la taxe collectée devait servir à l'entretien de l'infrastructure mais ne l'était pas. Les épisodes de Babanki en 2003 et Santa en 2015 en sont emblématiques.

Par le haut, l'emprise du discours d'État est fondée sur l'espace vectoriel de « l'Opération épervier », dispositif judiciaire de lutte contre les atteintes à la fortune publique est un ressort de neutralisation pratique et symbolique de la dissension. Lancé en 2006 par l'une de ses victimes ultérieures, le Premier ministre Inoni Éphraïm, l'opération est un dispositif d'autorité permettant de naturaliser l'engagement ferme de l'État et d'individualiser les atteintes à l'argent

---

[22] V°https://www.camerounweb.com/CameroonHomePage/business/Routes-Quand-l-Etat-d-tourne-l-argent-du-p-age-354007, consulté le 17 juillet 2023.

[23] TSAPI (R.), « Réseau routier : les péages de la corruption », 21 mai 2021, v° https://www.camer.be/86077/30:27/cameroun-reseau-routier-les-peages-de-la-corruption-cameroon.html, consulté le 17 juillet 2023, consulté le 17 juillet 2023.

[24] V° *La Nouvelle expression,* 23 mai 2018.

[25] V° *Cameroon Tribune,* 23 juin 2022.

[26] Claude Hyepdo, Justin Chekoua, *Étude sur la cartographie des déficits d'intégrité dans la chaîne de valeur minière au Cameroun,* Yaoundé, Transparency International- Cameroon et Forêts et développement rural (FODER, décembre 2020).

public. Il s'agit là de deux mécanismes puissants de fabrique de la déqualification politique de l'enjeu. Le public vit au rythme non cadencé des affaires, à la découverte des sommes soustraites aussi ahurissantes[27] que les profils des mis en cause, se recrutant essentiellement dans la classe politique, le personnel gouvernemental et la haute fonction publique (ceux que l'opinion publique et les médias qualifient de « prisonniers de luxe » tant ce sont des Premier ministre, secrétaires généraux de la présidence de la République, ministres, présidents de conseil d'administration et directeurs généraux d'établissements et de sociétés publics, ambassadeur, etc. qui sont arrêtés). Les peines prononcées sont souvent sujettes à discussion (Mbock C.G., Assira C., Batamack H., 2 015) et les perceptions d'inefficacité de la politique de lutte contre les atteintes à l'argent public tiennent largement à la réputation des élites gouvernantes du pays notamment auprès des institutions internationales de développement. Pour eux, le Cameroun « réputé être un nid de corruption » suite aux classements de *Transparency International* (Eloka A., 2021) malgré les faits d'armes de l'Opération épervier. Ce peu de crédit est aussi interne puisque pour certains, « Ils frappent des cibles désignées à l'avance par le pouvoir et ne portent jamais le regard sur les prédateurs insolents qui méritent toutes les attentions de nos enquêteurs » (Edzoa T., 2018, p. 86). La banalisation des affaires peut se voir dans la réception sociale des arrestations et des libérations. Le 1er septembre 2022, une photo circule sur les réseaux sociaux suscitant de vifs commentaires. Elle met en scène l'ancien ministre de l'Eau et de l'énergie Basile Atangana Kouna, limogé du gouvernement le 2 mars 2018 et interdit de sortie du territoire, 6 jours plus tard, qui se lance dans une cavale au Nigeria où il est rattrapé et déféré devant le Tribunal criminel spécial pour « détournement de derniers publics en coaction », « complicité » des mêmes faits et « émigration clandestine ». Le chef d'accusation évoque aussi la mise sur pied en coaction d'une « société écran » dénommée *Aspac Cemac Sarl* qui sous-traite frauduleusement un contrat commercial d'environ 40 milliards de F CFA conclu en novembre 2009 entre la *Camwater* et l'entreprise belge *Aspac International*[28]. Après trois ans de prison et la restitution du corps du délit au Trésor public par l'accusé[29], soit un montant de 1,265 milliard de francs CFA, le 29 juillet 2022, l'abandon des poursuites est prononcé par le Tribunal criminel spécial. Alors que cette libération provoque des remous[30] dans l'opinion publique, une photo de l'intéressé et deux autres personnes devant un portrait du président Paul Biya : Jean-Pierre Amougou Bélinga depuis poursuivi

[27] L'ancien président du Tribunal criminel spécial (de 2017 à 2020) avance un chiffre de 400 milliards de FCFA en 2021 au titre des dommages et intérêts, des amendes et dépens que le Trésor public pourrait récupérer si les 96 arrêts rendus par la juridiction étaient effectivement exécutés (Ndjere E., *Recueils des arrêts de la section spécialisée de la Cour suprême,* Yaoundé, 2021).

[28] V°https://www.jeuneafrique.com/1115102/politique/cameroun-basile-atangana-kouna-bientot-libere-par-lepervier, consulté le 12 juin 2023.

[29] Dans une correspondance en date du 25 juillet 2022, le Secrétaire général de la Présidence de la République Ferdinand Ngoh Ngoh informe le ministre de la Justice, Laurent Esso, que le président a donné son accord pour un arrêt des poursuites (https://afriquexxi.info/Au-Cameroun-la-prime-aux-grands-detourneur, consulté le 17 juillet 2023).

[30] V° « La lutte contre la corruption piétine au Cameroun », DW, 3 août 2022 (https://www.dw.com/fr/basile-atangana-kouna-epervier-corruption-cameroun/a-62690754, consulté le 15 mai 2023).

dans le cadre de l'assassinat du journaliste Martinez Zogo[31] et Samuel Mvondo Ayolo le directeur du cabinet civil de la présidence camerounaise et ancien ambassadeur du Cameroun en France. Alors que sa libération avait déjà été critiquée notamment sur sa partialité[32], cette réception dans les locaux de la présidence de la République est largement relayée dans les médias avec des commentaires incendiaires : Pour Raymond Barre Mekamba, directeur du Reporter Hebdo « il est inadmissible qu'un criminel économique qui a paralysé le Cameroun en volant des milliards qui auraient pu servir à offrir de l'eau potable aux Camerounais soit reçu dans un lieu aussi symbolique que le Palais de l'Unité, à peine sorti de prison, au nom d'une loi totalement dangereuse. Quel message veut-on envoyer à la société ? »[33]. Sur le même ton, la directrice de l'ONG Nouveaux Droits de l'Homme Cameroun, Cyrille Rolande Bechon s'interroge. Je me demande quel intérêt il y avait à lui accorder une telle audience et surtout à en faire la publicité. Le concerné gagnerait à faire profil bas. « Nous sommes dans un pays où ceux qui gouvernent ne connaissent pas ce qu'on appelle la redevabilité »[34]. La décennie 2010 consacre un recul de la défense citoyenne de l'argent public, sous l'emprise d'une régulation d'État mais aussi de forces socioprofessionnelles telles que les médias, qui ont le pouvoir de mettre à distance les atteintes à l'argent public en les individualisant (Robert, 2021) et en disqualifient la mise en politique. Ce cadrage dépolitisant s'accompagne toujours d'une rhétorique de déconflictualisation dénonçant « les prévaricateurs » nommément cités, « les ennemis du Cameroun » qui rendront gorge, et non les structures en présence. La personnification des mésusages de la fortune publique et la spectacularisation permanente de la répression. La naturalisation est aussi liée à la place de l'argent de l'économie des relations sociales qui rend banale la prévarication. Alors que l'Agence nationale d'investigation financière estime par exemple que le flux financier illicite dû aux détournements de fonds publics est de 489,6 milliards de francs CFA (2016-2018), argent ensuite recyclé dans l'immobilier, l'automobile, les casinos, les fondations et autres organisations prétendument caritatives, les arrestations qui pourtant avaient visé les plus hautes personnalités de l'État se font plus rares.

L'une des explications tient structurellement à la fragilité des institutions en charge de la lutte contre les atteintes à l'argent public et la faiblesse des moyens de contrôle de l'action étatique. Elles expriment le poids néopatrimonial des limites à la défense de l'argent public donnant lieu à un affaissement permanent de la politique de lutte contre les atteintes à la fortune publique entendu par l'un des mis en cause par l'Opération épervier, Titus Edzoa, comme prétexte : « quelques arrestations sont organisées afin de faire croire à la masse de la population, naïve, que le système se corrige et s'améliore, au moins de temps en temps » (Edzoa T., 2018, p. 86). Elle sera relancée notamment par les révélations de Martinez Zogo

[31] https://www.rfi.fr/fr/en-bref/20230206-assassinat-du-journaliste-camerounais-martinez-zogo-arrestations-de-l-homme-d-affaires-jean-pierre-amougou-belinga-et-du-journaliste-bruno-bidjang, consulté le 17 mai 2023.

[32] Hamadou Habibou, président régional de la Confédération des associations des jeunes solidaires dans l'extrême-nord du pays, dénonce une politique des poursuites ne s'appliquant pas équitablement à tous et notamment à d'autres mis en cause par l'opération épervier ressortissants du Septentrion (https://www.dw.com/fr/basile-atangana-kouna-epervier-corruption-cameroun/a-62690754).

[33] V° https://afriquexxi.info/Au-Cameroun-la-prime-aux-grands-detourneurs, consulté le 18 mai 2023.

[34] Ibid.

qui finira par être assassiné (voir supra). Penser la mise en danger des activistes de la citoyenneté budgétaire, c'est d'abord se situer en rupture avec un rapport spécifique à l'État. C'est dénoncer l'accès à l'administration en tant qu'accès aux ressources pratiques et symboliques du pouvoir à travers un processus d'accaparement arbitraire de l'État et de ses ressources. La notion de « politique du ventre » qui le résume assez bien renvoie simultanément aux situations de précarité économique voire alimentaire, aux pratiques d'accumulation économique que rend possible la détention du pouvoir politique ou administratif, au marivaudage des puissants et des nantis, à la corpulence appréciée comme une qualité politique, à la réalité sociale du lignage, aux forces de l'invisible et singulièrement à la sorcellerie. En bref, c'est la politique du ventre en tant que phénomène social total (Bayart J.F., 1989). La logique en est simple : l'appareil d'État est en soi un morceau du gâteau national et un espace de coercition tenu par une catégorie spécifique d'acteurs qui tend à se constituer en classe dominante voire hégémonique (Bayart J.F., 1985). L'accumulation s'accompagne d'une démarche de redistribution que Jean-Pierre Olivier de Sardan considère comme culturellement enracinée et qui « blanchit » socialement. Cet enracinement culturel de la corruption s'inscrit dans la culture du don de cadeau, la solidarité, l'autorité prédatrice et l'accumulation redistributive détermine de manière massive la capacité à s'indigner et à lancer des alertes. Les militants de la cause de l'argent public sont eux aussi pris dans les contraintes de la distinction classique entre corruption marchande (pratiques de prédation individuelle au détriment du groupe) et corruption de proximité (pratiques ancrées dans des logiques affinitaires et visant la redistribution des ressources détournées), le poids du secret lié à la gestion de l'argent, l'obligation morale de redistribuer, un imaginaire social de l'invisible, d'où l'ambivalence entre d'un côté, la valorisation de la chose publique et d'un autre côté, les mêmes croyances, le devoir moral de redistribution qui prédispose au détournement de l'argent de l'État.

B. La dépolitisation techniciste par fourniture de prestations

Le regard de l'État sur les acteurs de la cause de l'argent public se matérialise par une surveillance, une individualisation de la répression et des stratégies de canalisation, de détournement ou de formatage de la cause autour du plaidoyer et du dialogue. Sans doute convient-il d'évoquer l'idée d'une citoyenneté distanciée parfois construite sur la donne de la passivité du citoyen démobilisé (Pommerolle M.E., 2008). Ce trait caractéristique évoque le concept d'engagement distancié proposé par Jacques Ion pour décrire les modifications profondes qui traversent les formes contemporaines de l'engagement par opposition à l'idée de crise (Ion J., 1 997 ; Ion J., Franguiadakis S., Viot P., 2005). La cause budgétaire, plus que toute autre, repose sur des citoyens affranchis au regard des modes d'implication dans une cause elle-même marquée par l'atomicité lorsqu'elle n'est pas tactiquement articulée sur des collectifs (Plateformes, Dynamiques, mouvement, etc.). Ici, comme le montrait Michel Peroni, « le collectif n'est plus un espace de totalisation de l'expérience et l'engagement doit ainsi compter avec d'autres « engagements » comme la vie privée, ce qui n'est pas sans incidence directe sur la détermination du poids de l'engagement. Ce sont par conséquent les individus eux-mêmes, en s'éprouvant en cela comme des personnes, qui seuls sont alors susceptibles de « fédérer » leur expérience ; le réseau n'est donc plus une donnée initiale, il est le résultat de l'action » (Peroni M., 2006) répressive qui créera des comportements d'évitement et une forte dépolitisation de la cause budgétaire. Ceci entraîne le plus souvent cette atomisation de la cause. Dans l'espace urbain, rapporte Christian Lund, l'on peut identifier cette nouvelle donne. Il rappelle qu'« au lieu de subjuguer et d'homogénéiser les loyautés affectives, la citoyenneté, la démocratie et la modernité demeurent en réalité en vive compétition avec une variété d'identifications sociopolitiques dans les villes. Les habitants enchaînent par conséquent les relations et les connexions, forment des associations, improvisent des cercles sociaux et tentent de gagner de l'argent, leur vie, et de donner un sens à un contexte qu'aucun participant ne peut prétendre connaître parfaitement ou maîtriser vraiment » (Lund C., 2013 : 6).

Défendre l'argent public, c'est se saisir d'un monopole élitaire dans les mécanismes de classement et de régulation économique et financière marqué par des exigences cognitives. En ce sens, la citoyenneté budgétaire porte une cause « élitaire », lorsqu'elle prend pour objet spécifique les questions de finances publiques et non plus spécifiquement l'argent public. Requérant de la compétence ou une capacité d'accès, d'analyse et d'évaluation des termes de la gouvernance des finances publiques, la cause budgétaire est une cause exclusive. Ceci tient à ce que sur les enjeux de fiscalité ou de budget, la mobilisation cognitive[35] est somme toute décisive. Le niveau de diplôme ou le métier exercé tout comme la maîtrise des dynamiques et de la grammaire administrative et technique peut faire la différence. Le jargon fiscal ou financier y est pour quelque chose et l'expertise en devient un registre d'engagement privilégié et une ressource centrale. Les espaces de défense de la cause de l'agent public confrontent les militants à des experts d'État et des fonctionnaires et consultants internationaux, rencontre donnant lieu à la formation d'une expertise spécifique à la fois technique, administrative et expérientielle. L'expertise militante en a été marquée. Les espaces partagés, notamment en matière de construction et de suivi des réformes ont renforcé la porosité des catégories : une part importante des militants proviennent d'organisations publiques et recyclent ou consolident un savoir-faire partiel mais déjà existant (c'est le cas des ingénieurs agronomes qui se spécialisent sur le suivi physico-financier des politiques publiques via les problématiques de développement) tandis que d'autres construisent dans cet espace pluriel, un capital nouveau.

Certains militants finissent par se positionner en experts grâce à un savoir situé et fondé le plus souvent sur l'expérience ou purement et simplement emprunté à des savoirs établis en finances publiques dans une logique propre au monde associatif (portée opérationnelle des savoirs). Qu'il s'agisse de fonctionnaires retraités, cadres moyens du secteur privé ayant démissionné pour créer une association, employés exerçant parallèlement une fonction, jeunes diplômés au chômage et reconvertis dans la militance comme forme d'auto-emploi, autant de figures dominantes dans le champ, la formation est décisive qu'elle soit autodidacte ou dans le cadre d'un espace plus académique et doit être envisagée dans les termes d'un processus « d'expertification » illustré par un recours à des formations pour affiner ou compléter les ressources cognitives comme l'examen

[35] V° sur cette notion Inglehart et Rabier qui soulignent le poids de la possession des compétences cognitives qui rendent possible le traitement de l'information budgétaire et financière.

de certains CV peut l'attester. De proche en proche, les profanes finissent par siéger et débattre avec les acteurs légitimes à force de maîtriser les termes et les codes de l'administration des finances publiques. La fluidité est lisible dans la multipositionnalité des acteurs du champ, entre « professionnel militant » et « profane compétent » (Epstein S., 2001 : 213 ; Lochard Y., Simonet M., 2010), et permet alors de constituer un savoir-faire spécifique, celui d'intermédiaire (*brooker*) et de passeur de rhétorique et d'épistémè autour de l'argent public, à l'intersection entre les différents mondes et systèmes profanes et professionnels, « en circulant entre des positions variées – dans des agences gouvernementales et privées, des organisations civiques, des fondations, des universités » (Freidson E., 1960 :158).

En revanche, ce continuum savoir – pouvoir, champ professionnel-engagement politique ne doit pas tromper. Le savoir n'est que très rarement mobilisé comme remise en cause de la parole des fonctionnaires des régies financières de l'État. Pierre Lascoumes l'avait déjà relevé au sujet de l'écopouvoir en mettant en évidence les logiques cohésives à l'œuvre (Lascoumes P., 1994 : 301). La cause budgétaire constitue des affinités électives entre des hauts fonctionnaires et une petite minorité d'acteurs de la société civile. C'est le cas notamment dans le cadre de la dynamique réformatrice autour du nouveau régime financier de l'État de 2007. Ce moment réformateur a permis de mettre en lumière le fait que la citoyenneté budgétaire a d'autant de chance de se consolider qu'elle reprend les discours et catégories d'État en la matière. En ce sens, la parole associative et militante sur l'argent public a plus un effet performatif que substantiel (voir sur ce point Austin J., 1970). Or, c'est par cet ancrage bureaucratique que se construit la dépolitisation de la défense de la cause budgétaire que les acteurs de la société civile œuvrent à présenter comme essentiellement un enjeu technique. Cette atténuation de la portée politique de la revendication tient au nombre réduit d'organisations constituant un trio leader dans le champ de la cause des finances publiques, ce qui garantit une forte stabilité des acteurs et structures qui la portent. La multiplication voire l'explosion du phénomène « société civile » observé dans d'autres secteurs n'est pas constatée en matière de finances publiques. En valeur relative, une densification des intervenants participe clairement d'un processus de généralisation du « problème » de la gestion des finances publiques mais beaucoup ont une capacité d'influence très limitée. En effet, la capacité à s'engager autour de la cause budgétaire est une équation fonction d'une offre et d'une demande de militantisme. S'agissant de l'offre, elle est importante mais très exigeante et sélective au regard de la technicité de l'enjeu qui discrimine et confine souvent beaucoup d'associations à une simple capacité de relais d'information. C'est d'ailleurs à ce niveau que certains fonctionnaires du ministère des Finances situent le recours et la légitimité de la société civile. En l'absence d'un accès à l'information pour documenter le plaidoyer et le *lobbying* notamment en matière de suivi du budget d'investissement public, il est difficile de créer un impact dans le secteur. Beaucoup d'organisations, tant au niveau central que local sont amenées à braver des refus d'autorisation de la part des autorités administratives pour mener leurs activités et appuyer la bonne gouvernance. L'offre fait aussi partie avec la « politique » (ou la ligne politique) de l'organisation qui peut solliciter ou décourager des mobilisations sur certaines questions en particulier en retenant le critère des modalités de revendication. Il apparaît qu'en finances publiques, la plupart des organisations préfèrent le plaidoyer à l'activisme pour préserver leur image publique et maîtriser d'une certaine manière la gestion étatique de la contestation dont ils pourraient être les cibles, ce qui resserre l'offre. Quant à la demande, elle est fortement endogène et « donors driven ». Importante mais très instable, en raison des exigences requises, elle fait que la configuration des acteurs soit fortement structurée autour de quelques organisations bien connues qui monopolisent l'espace de défense de la cause ; constituant par là même une forme de bourgeoisie fortement entretenue par la rente internationale.

Ceci a une forte incidence sur l'intrication des dynamiques du dedans (propres aux régions voire à l'État) et des dynamiques du dehors tenant notamment à des mécanismes de légitimation d'une société civile très « donors-driven ». On le sait, les stratégies de soutien des grands bailleurs de fonds multilatéraux ou bilatéraux aux OSC déterminent leur capacité. La coopération allemande contribue à une professionnalisation sélective de certains acteurs de la société civile et principalement à l'échelle locale. En même temps, le marché du *capacity* building produit une sorte de formatage et de mise en clientèle sélective de courtiers locaux. Ce formatage a une incidence nette sur la grammaire associative à la faveur de la multiplication des séminaires et de formations de renforcement de capacités. Les OSC qui maîtrisent le vocabulaire de la coopération et savent écrire de bons rapports ont un accès plus grand aux financements et peuvent se stabiliser. C'est dans cette perspective également que les défenseurs de la cause budgétaire recourent largement à des répertoires d'action largement importés. Il se lit une appropriation des enjeux largement déterminée par la faible capacité à construire à et produire un discours propre sur les finances publiques. Capteurs de financements et de discours, c'est d'ailleurs essentiellement sous ces traits que les OSC sont vus par les acteurs étatiques. Ceux-ci sont impliqués dans le domaine de la diffusion d'informations sur la réforme des finances publiques (ministère des Finances) et la légitimation de la plateforme participative pour l'implémentation du budget d'investissement public (ministère de l'Économie, de la Planification et de l'Aménagement du territoire). Telle est là, une des clés explicatives de leur faible légitimité ou capacité protestataire. Une des conséquences en est la constitution d'un mode hybride entre engagement et délivrance de services marchands. Très peu d'acteurs ne sont pas capturés par ces logiques et c'est d'ailleurs là un critère endogène de classement et de légitimité dans le champ. Au-delà de la prolifération associative, très peu d'organisations sont en capacité d'agir de manière pertinente et durable en raison de leur faible capacité de mobilisation et d'accès aux financements.

Avec les traits d'une « société civile d'experts », beaucoup d'organisations ont une faible base représentative et sont devenues des cabinets de consultants payés par des lignes budgétaires de bailleurs étrangers ou par le Gouvernement. C'est le lieu de souligner la situation sociale de la cause budgétaire qui mobilise dans une large mesure des catégories sociales éduquées et reste de ce point de vue une cause peu « populaire » tant dans ses effectifs que ses publics. Si la cause budgétaire investit progressivement celui qui l'investit pour reprendre Annie Collovald (2002), au sujet du militantisme humanitaire, c'est aussi parce qu'elle engage un rapport de force et de sens (processus de cadrage) comme l'a suggéré la théorie de la mobilisation des ressources (McCarthy J., Zald M.N., 1973 et

McCarthy J., Zald M.N., 1977 : 1212-1241). Leur lecture entrepreneuriale de la protestation fait des hérauts de la cause budgétaire des collecteurs de ressources diverses (notamment temps et argent, savoir) qu'ils réinvestissent ensuite dans l'action protestataire et inversement. Une forte concurrence provenant de l'administration sous les traits d'une « expertise des fonctionnaires » est dénoncée par certains militants qui pointent du doigt le fait que le statut de fonctionnaire (ou d'ancien fonctionnaire) est retenu par l'administration comme un critère de crédibilité. C'est ainsi que le fonctionnaire s'est constitué en courtier politico-institutionnel avec lequel doivent composer les défenseurs de la cause budgétaire. Elle renforce l'institution de coûts de transaction à toutes les échelles, auxquelles mêmes les défenseurs de la vertu budgétaire ne savent pas toujours échapper.

Cette convergence pratique et cognitive s'inscrit dans une économie morale particulière, marquée par un certain rapport au bien public exprimé dans une posture intermédiaire entre déférence à l'égard de l'administration (tout particulièrement en charge des finances publiques) et injonction à la vertu budgétaire[36]. Dans ce protocole singulier, l'intervention des acteurs internationaux du développement (c'est le cas de la délégation de l'Union européenne, la Banque mondiale, la Coopération française, la Coopération allemande (GIZ) et la Banque africaine de développement) est décisive. Elle structure la lutte contre les atteintes à la fortune publique relégitimant les politiques de l'aide souvent mises en mal par le peu de résultats en termes de développement économique, de lutte contre la misère et de réduction des inégalités, Olivier Vallée le montre très bien à travers sa suggestive proposition d'une police morale anticorruption (Vallée O., 2010). La référence à la notion d'éthos de la vertu budgétaire trouve ainsi sa raison d'être. Les racines normatives de la cause budgétaire se situent souvent dans une référence religieuse à l'intégrité pour certains militants et la prise de position forte d'organisations confessionnelles telle que les commissions diocésaines catholiques « Justice et Paix ». Les jugements moraux sur les atteintes à la vertu budgétaire ne doivent pas être détachés des conditions sociopolitiques et économiques de leur constitution. En tant que « réseau de valeurs saturées d'affects » (Daston, 1 995) autour de ce qui est acceptable et juste et ce qui est inacceptable, injuste et scandaleux, cette économie morale de défense de la cause budgétaire s'adosse sur la technicité de la cause, les mécanismes de financement des activités des organisations de la société civile, la gestion étatique de la protestation en général au Cameroun, etc. et confère une forme d'adoucissement de la revendication marquée par une déqualification politique. Le cantonnement du plaidoyer ou du lobbying à des thèmes jamais indexés sur le fonctionnement et/ou le dysfonctionnement d'un appareil politique et d'échecs de ses élites, est très fort. Il se traduit par le fait que les responsables ne sont jamais montrés du doigt, au risque pour les militants de la cause budgétaire de se voir affublés du titre peu flatteur (au regard du contexte) d'opposants et violemment réprimés. Cette dépolitisation semble même intériorisée et perçue comme une condition pour toute action. Elle fragilise les réseaux d'actions puisqu'il s'avère difficile de coaliser divers mouvements sous des bannières plus vastes que les intérêts catégoriels ou

[36] La notion d'économie morale (pour une vue d'ensemble, v° Thompson E.P., 1971 ; Scott J., 1990 ; Fassin D., 2009 ; Fassin D., et J.S., 2012 ; Daston L., 1995).

sectoriels, ce qui empêche l'émergence d'un quelconque espace protestataire autonome et pertinent. Le ton circonspect vis-à-vis des autorités publiques se donne à voir notamment en matière de le suivi du BIP pour lequel une ONG fait le constat d'une répartition des enveloppes budgétaires inéquitable d'un département ou d'une commune à l'autre, des priorités d'investissement très variables, un problème de cohérence de la planification, de la programmation, de la budgétisation et du suivi des investissements publics. Après avoir décrit tout cela, elle conclura étonnamment *« nous pensons qu'il revient désormais aux acteurs que sont les CTD, les élites, les partenaires au développement en général d'assurer le relais afin que les projets sectoriels identifiés soient mis en œuvre. Nous sommes convaincus que si chacun des 58 départements du Cameroun disposait d'un document stratégique qui rassemble les projets à mettre en œuvre pour assurer le développement, un grand pas serait franchi. L'étape suivante serait la mobilisation des ressources pour réaliser les projets identifiés, non plus selon une approche de saupoudrage, mais avec la ferme détermination d'apporter des solutions globales susceptibles de produire un impact réel sur les conditions de vie des populations. [...] En ce sens, la vision 2035 validée par le Gouvernement dans son DSCE constitue un repère fort qui interpelle chaque acteur »*[37].

Il s'agit de casser la logique de « Cols blancs, mains sales et casiers vierges », invoquée de manière provocante par Jean Bérard commentant les trouvailles de Pierre Lascoumes et Carla Nagels. Pour les auteurs, cette délinquance consiste en « transgressions de normes spécifiques liées à l'exercice d'une fonction de responsabilité publique ou privée et commise à titre individuel ou collectif par une instance dirigeante » (Lascoumes P., Nagels C., 2014 : 15).

Au total, c'est dans la multiplicité des situations sociales engageant les finances publiques que se forge une catégorie d'action publique particulière, la cause de l'argent public. La cause de l'agent public est un espace de vérité qui donne matière à penser la fécondation croisée des dynamiques de qualification et de déqualification politique de ses mésusages. Cette interfécondité confronte la défense de l'agent public à une forme d'impasse : c'est d'abord dans les termes de la mise en danger des défenseurs de la cause au nom de la nécessité de survivre physiquement ou judiciairement à son engagement. C'est aussi son poids dans l'économie du politique qui doit s'envisager comme « un lieu de pouvoir, un champ non autonome, un site d'analyse des rapports de force et des jeux de pouvoir » (Hibou B., 2011 :14). C'est enfin l'autonomie limitée que les acteurs de la cause acquièrent, étant largement « donors-driven », dépendants des appuis extérieurs. Ici, l'on peut relativiser les effets de l'empowerment que les soutiens multilatéraux à la cause de l'argent public entendaient produire. La formation soutenue de la vertu budgétaire et financière a fondé un échange néolibéral de ressources entre bailleurs et organisations de la société civil et durablement structuré des relations complexes en déséquilibre de pouvoir et en inégalité (Reith S., 2010). Cette subalternité d'un « évènement d'ordre relationnel » est déterminée par un certain rapport à l'État (Bayart J.F., 2021) et aux donateurs par le dispositif de la redevabilité opposé aux organisations de la société civile dans une œuvre de

[37] RIDEV, *Élaboration du cadre de référence des initiatives de développement. Expérience de mise en œuvre dans le département du Koung Khi*, mars 2012, p37.

défense de l'argent public confrontée à un défi global de financement. Ce défi rythme largement le cycle de vie et de mort, le dynamisme et les thématiques de certaines organisations dont la taille et l'impact sont restés très réduits. Faiblement autonomisés tant au regard des termes que de la substance de la défense de la cause de l'argent public, ces acteurs sont en quête de ressources pratiques et symboliques favorisant, en univers de rareté, une sorte de bourgeoisie de la cause de l'argent public. La cause de l'argent, quelle qu'en soit la densité, s'inscrit dans le sillage des nouveaux mouvements sociaux constitués autour de la « réappropriation de temps, d'espace et de relations dans l'existence quotidienne individuelle » (Melucci A., 1980 : 219 ; Touraine A., 1978).

UN TRYPTIQUE DE POSTURE EN OSCILLATION DANS LE DÉBAT CONTENTIEUX DE DROIT PUBLIC

Jean Calvin ABA'A OYONO

Professeur
Université de Yaoundé II

Le Droit est immergé dans la société. Sa radioscopie et son décryptage sont tributaires des considérations de logiques culturelles dont il est la résultante. L'étroitesse du lien *« de la sociologie du droit et de la juriologie,* (entendue comme la) *science du droit »*[1], émerge alors de ce postulat *ab initio*. Exhumer opportunément la pensée de Jean GOULET permet d'en saisir le sens. *« Le positivisme juridique et la sociologie juridique, [dit-il], constituent sans doute les deux conceptions dominantes du droit du XXe siècle [...] Tout attire [...] ces deux façons de l'être juridique [...] le positivisme limite sa compétence et son champ d'interprétation à la règle de droit édictée par le pouvoir politique. Le sociologue juriste, poursuivant une même activité, se fera au contraire un devoir de pousser plus loin sa recherche, la menant jusqu'à son vécu pratique, évaluant même les fréquences statistiques, jugeant des effets de la loi sur les gens et leurs comportements »*[2].

Dans ce sillage fusionnel des sciences sociales, des auteurs renchérissent que *« juristes et sociologues ouvrent une perspective alternative au positivisme juridique, lequel envisageait le Droit comme un système clos, autoréférentiel et parfaitement autonome tant à l'égard de la société que du politique... Les uns et les autres se retrouvent ainsi sur un plus petit dénominateur commun : la nature éminemment sociale du Droit »*[3]. A minima, la sociologie du droit est au service de la norme juridique, *« [...] s'impose désormais comme un lieu privilégié depuis*

[1] BARRAUD (B), « Sociologie du Droit », in *Recherche juridique* (les branches de la recherche), l'Harmattan, coll. Logiques juridiques, 2016, p. 105 et s ; lire également Michel COUTU, « La sociologie du Droit entre MAX WEBER et TALCOTT PARSON », Presses universitaires de Montréal, 2014 (généré le 30 janvier 2022), http://books.open édition.org/pum/81. Jean CARBONNIER, « La sociologie juridique et son emploi en législation », communication du 23 octobre 1967, Paris, Académie des Sciences morales et politiques, 1968, pp. 91-98, Presses universitaires de France/ « L'Année sociologique », 2007/2 vol. 57, pp.393-401 ; http://www.cairn.info/revue- l'année sociologique 2007-2- page 393. Htm, consulté le 10 octobre 2022.

[2] GOULET (J), « La vraie nature du Droit », CARBONNIER (J), « Flexible droit », 6e édition, Paris, L.G.D.J, 1988, 384 pages, *Revue générale de droit*, vol.20, numéro 4, décembre 1989.

[3] DELPEUCH (T), DUMOULIN (L), DEGALEMBERT (C), *Sociologie du Droit et de la justice*, Armand COLLIN, Paris, 2014, P. 10.

lequel s'élaborent les questionnements les plus pressants »[4]. Au chapitre de la problématique générique, figure la dialectique de la *lege lata* et de la *lege feranda* en rapport au débat contentieux de droit public du Cameroun.

De façon plus incisive jaillit un questionnement sériel : le Cameroun est-il une curiosité juridique ? Relève-t-il de la bizarrerie institutionnelle ? Véhicule-t-il l'image d'une république abîmée ne faisant guère grand cas du contentieux protecteur des droits fondamentaux des citoyens (ne) s ? Le tiraillement perpétuel observé entre la science juridique libre et le droit processuel, alors même qu'un destin en partage ou en phase de symbiose en assure la mise en cohérence, permet, assurément, d'y impulser une réponse péremptoire.

Au préalable épistémologique, on retient du droit processuel, visiblement d'essence textuelle et jurisprudentielle au besoin, qu'il restitue la panoplie des normes destinées à l'encadrement de la recevabilité des requêtes des procédures dynamiques des prétoires, intéressant aussi bien les parties à l'accès que les juges en phase d'instruction, de délibéré et de fixation de la *« chose jugée »*[5]. La science juridique, quant à elle, participe de ce mouvement de réflexion, en flux et/ou reflux du normativisme, de la production du droit positif, dont s'approprient les écrits de la doctrine, pour une large part critique, en vue de mettre en orbite un droit processuel de *lege feranda*, entièrement acquis à un idéal de distribution constructive de ce qui apparaîtrait juste[6]. La qualité de la justice recherchée par la

---

[4] BRUNELLE (D) et LAMBERSE (D), « La sociologie du Droit », *cahiers de recherche sociologique*, numéro 13, automne 1989, p. 9.

[5] Dans un mémorable arrêt de jurisprudence administrative n° 31, rendu par la Cour fédérale de justice en date du 15 novembre 1966, tiré de l'espèce EKINDI Joël, et dont le contenu épouse forcément tout autre versant du droit processuel, la Chambre administrative décline la définition suivante : *« Mais qu'est-ce qu'une procédure administrative contentieuse ? C'est dirions-nous, les modalités par lesquelles les juges peuvent être saisis, les modalités selon lesquelles les affaires sont instruites et, enfin, les modalités selon lesquelles les décisions juridictionnelles doivent intervenir et surtout les modalités selon lesquelles les affaires sont introduites »*. Ce à quoi s'attachent, du reste, toutes les lois spéciales de la procédure devant les juridictions visées.

[6] NGANGO YOUMBI (M. E) – BALLA CISSE, « Deux absurdités de la justice constitutionnelle en Afrique noire francophone », *Afrique contemporaine*, 2022/2, n° 274/ pp. 229 à 246. Dans un discours libertin qui sied au fondamental de la science du droit, libérée de toute pesanteur compromettante, le premier auteur visé se déchaîne en ces termes de dignité du libre penseur : *« Lorsqu'en 2019, dans une chronique parue au n° 5 de la revue du droit public, et respectant la liberté universitaire, l'un des auteurs de ces lignes annonça de mauvais présages pour le tout nouveau Conseil Constitutionnel camerounais, il pensait rendre un service suprême à une institution naissante qui avait moins besoin, pour ces premiers pas, de thuriféraires que de pourfendeurs. Son point de vue, exprimé avec autant d'amabilité que de fermeté, suscita malheureusement des réticences du clergé universitaire. Ce qui conforta sa réputation d' « anarchiste de la chaire » et de « polisson de la doctrine publiciste africaine », à l'image de ce que fut Georges Brassens pour la chanson française. Il offusqua même quelques bien-pensants de la doctrine, proches du pouvoir, et de préfets de la moralité académique. Ces derniers prétendaient en effet, au nom d'une illusoire orthodoxie méthodologique, que le juriste doit s'interdire de tout jugement de valeur, critique ou approbation, et se limiter à rendre compte de l'état du Droit positif. Bien plus, il devrait être un instrument du pouvoir, veillant toujours à conforter les institutions, non à les contrarier. Ce point de vue, nous le rejetons. Il nous est impossible de soutenir les systèmes qui organisent la crise du droit et causent la déconfiture des institutions. Autant d'échecs qui s'opposent au très fort besoin de justice des citoyens. De même, nous pensons que le Droit public ne doit se cantonner ni à de plates analyses ni à la simple description d'institution et de normes. Toute forme de police de la pensée s'exerçant contre le chercheur doit être combattue. Au contraire, nous encourageons une autre méthode, une sorte de « positivisme critique », qui consiste à confronter les normes et les institutions aux lignes directrices du système juridique où elles sont appelées à évoluer, pour apprécier leur cohérence, leur pertinence, notamment à l'aune des*

sociologie du droit apparaît, dès lors, à l'aune de la fonction du droit processuel et de la science du droit, celle-là étant, corrélativement, et martelons-le avec insistance, au service de celui-ci.

Le débat contentieux de droit public, lequel postule de la combinaison des litiges ainsi que des mécanismes juridictionnels de règlement, en direction des juges constitutionnels, administratif et des comptes, fonde, impulse et déclenche forcément l'impérieuse nécessité de questionner le maniement quotidien des règles de procédure au prétoire. Quel que soit le pan du tryptique sus-décrit, l'exercice même de la fonction contentieuse est, avant toute autre considération processuelle, conséquent à l'activation du droit d'accès au service public de la justice par tout(e) requérant(e)[7]. Ici et là, la matière donne lieu à un cliché de prétoire à corriger. Restaurer la pureté puis l'esthétique du droit processuel est une priorité prioritaire de la science juridique. Comment en est-on arrivé à susciter pareille problématique du droit public ?

D'abord, les exégètes en amont de la Constitution, constitués des pairs universitaires de la doctrine, telle une antienne, postulent fermement de l'impossibilité juridique du citoyen d'accéder directement à la justice constitutionnelle, ou à tout le moins ne soutiennent guère l'idée de l'ouverture directe du prétoire[8], en référence au contentieux des normes soumises au contrôle de constitutionnalité, piloté par le Conseil constitutionnel, de nos jours[9]. L'inaccessibilité à la bastille juridictionnelle est fixée en jurisprudence par « *les sages du palais des congrès* » en la matière susvisé. En regard, non point de la « *petite fenêtre* », mais du boulevard offert aux juges que masque mal le contexte

---

expériences étrangères : manière adroite pour juger de leur efficacité, pour envisager de les maintenir, de les adapter, de les abandonner ».

[7] GUIMDO DONGMO (B. R), « Le droit d'accès à la justice administrative : contribution à l'étude d'un droit fondamental », *Revue de la recherche juridique,* vol. 33, numéro 121, 2008, pp.453-498.

[8] NGUELE ABADA (M), « La réception des règles du procès équitable dans le contentieux de droit public », *Juridis périodique.* Juillet-août-septembre 2005, p. 22 ; Voir aussi, NGUELE ABADA (M), « Le contrôle de constitutionnalité des lois au Cameroun », in ONDOUA (A), (dir.), *La constitution camerounaise du 18 janvier 1996.* Bilan et perspectives, *Afrédit*, 2007, p. 72 ; voir par ailleurs, NGUELE ABADA (M), « Le recours des particuliers devant le juge constitutionnel », in OUMAROU NAREY, (dir.), *La justice constitutionnelle*, Paris, l'Harmattan, 2016, p. 331 ; également, KENFACK (P.-E.), « L'accès à la justice au Cameroun », in La dignité humaine en Afrique, *Cahiers de l'UCAC.* n° 1, 1996, p. 202 ; ESSONO OVONO (A), « La question préjudicielle de constitutionnalité dans les constitutions africaines », in AÏVO (J.-F.), *La constitution Béninoise du 11 décembre 1990.* Un modèle pour l'Afrique ? *Mélanges* en l'honneur de Maurice AHANHANZO Glélé, l'Harmattan, Études africaines, 2014, p. 527 ; BA (B.), « La convergence des offices juridictionnels en matière constitutionnelle : regards croisés entre l'Afrique et l'Amérique latine », *Afrilex*, mai 2019, p. 23 ; DONFACK SONKENG (L), « L'État de droit en Afrique », *Afrique juridique et politique,* juillet-Dec.2002, pp. 87-125 ; KAMTO (M), *Traité de droit constitutionnel et institutions politiques du Cameroun*, Presses universitaires du Cameroun, Yaoundé, 2021, p. 260 et s.

[9] GICQUEL (J), « La mise en place du Conseil constitutionnel camerounais », in *Mélanges* en l'honneur de Henri JACQUOT, Presses universitaires d'Orléans, 2006, p. 253 à 263. NGANGO YOUMBI (E), « Le nouveau Conseil constitutionnel camerounais : la grande désillusion », *RDP,* n° 5 ; 2019, pp.1379-1419 ; AKONO (C.-J.), « La récusation des juges dans le contentieux de l'élection présidentielle devant le Conseil constitutionnel au Cameroun » SOLON, *RAPD*, vol. III, n° 23, août 2020 ; C. TUEKAM TATCHUM, « Le Conseil constitutionnel camerounais, juge du contentieux des lois constitutionnelles ? », *RADSP*, vol. VIII, Spécial 2020, 2e semestre, pp.261-283 ; VOFFOU (P) et DJAYOU (L), « Révocation des membres du Conseil constitutionnel en droit camerounais : Observations sous décision n° 024/CE/CC/2018 du Conseil constitutionnel rendue le 15 octobre 2018 », *RADP*, vol. IX, n° 18, janvier- juin 2020, pp. 7-39.

sociopolitique de « *caporalisation* » de la justice suprême de l'État[10], c'est une hérésie juridique de penser puis de panser en excluant le citoyen du registre organique de la saisine directe du Conseil constitutionnel, lorsque s'élève le litige de confrontation de la norme de référence et de celle soumise au contrôle, techniquement désigné par le contrôle de constitutionnalité tout court **(I).** Ensuite, assurer cet ancrage jurisprudentiel, aussi bien à l'échelle de la Chambre administrative que devant le Tribunal administratif, en ce qui concerne les décisions passées en force de « *chose jugée* » en cet ultime cas, le principe tenant à « *l'interdiction de donner des injonctions à l'administration* », à raison du principe de la séparation des pouvoirs, relève, à l'analyse, du trompe-l'œil institutionnel **(II).** Enfin, la propension arc-boutée à l'affectation de l'examen exclusif, à la fois interne et externe, de la faute de gestion, allant de l'audit à la sanction de mise en débet au profit respectivement du Contrôle supérieur de l'État et de son instance disciplinaire, faisant le lit du conflit institutionnel ou de pouvoirs, participe, depuis des décennies, d'un hold-up ou de l'arbitraire procédural en marge de l'habilitation réaménagée mettant pourtant en orbite le nouveau juge des comptes **(III).**

I. LA PRIVATION JURISPRUDENTIELLE DE L'EXERCICE CITOYEN DU DROIT DE SAISINE DIRECTE DU CONSEIL CONSTITUTIONNEL : UNE HÉRÉSIE EN MATIÈRE DE CONTRÔLE DE CONSTITUTIONNALITÉ

La justice constitutionnelle se traduit également par l'expression « contentieux constitutionnel ». Cette correspondance terminologique tient. Dans sa clarification conceptuelle, elle s'entend de la combinaison de deux critères : **le litige d'ordre constitutionnel**, marqué distinctement par la violation de la Constitution par les textes infra-constitutionnels bien déterminés, les dysfonctionnements des institutions-organes à statut constitutionnel ou les contentieux électoraux à caractère national, puis **le mécanisme juridictionnel de règlement** y afférant[11]. Elle a pour point d'ancrage une histoire extravertie, tirée des modèles américain et européen[12]. S'en est ainsi suivi ce destin africain par le fait des constituants[13] qui,

---

[10] Lire, sous notre direction, MVOGO (D), *La constitution et l'indépendance du juge constitutionnel en droit positif camerounais,* thèse de doctorat/ PHD en droit public, Université de Yaoundé 2, 2021, 417 pages.

[11] MAUS (D), « La notion de contentieux constitutionnel sous la Ve République », *RDP*, 1980, p. 26 ; PINI (J), *Recherche sur le contentieux de constitutionnalité*, thèse de droit, Aix- Marseille 3, 1997, n° 65 ; DRAGO (G), *Contentieux constitutionnel Français*, 3e édition, Paris, PUF, 2011, p. 16.

[12] LECA (A), « Les grandes étapes du contrôle de constitutionnalité des lois dans la pensée politique européenne d'Aristote à Kelsen », *RRJ*, 1987-3 ; FAVOREU (L), « Modèle européen et modèle américain de justice constitutionnelle », *AIJC*, 1988, p. 51 ; FERNANDEZ SEGADO (F), « La faillite de la bipolarité « modèle américaine - modèle européen » en tant que critique analytique du contrôle de constitutionnalité et la recherche d'une nouvelle typologie explicative », in *Mélanges* en l'honneur de Franck MODERNE, Paris, Dalloz, 2004, pp. 1077-1116 ; ROUX (A), « Contrôle de constitutionnalité. Organisations juridictionnelles », in TROPER et D. CHAGNOLLAUD (dir.), *Traité de droit constitutionnel,* tome III, *Suprématie de la constitution*, Paris, Dalloz, 2012, pp.107-146 ; LAMBERT (E), *Le gouvernement des juges et lutte contre la législation sociale aux États-Unis. L'expérience américaine du contrôle judiciaire de la constitutionnalité des lois*, Paris, Giard, 1921, réédition, préface de MODERNE (F), Paris, Dalloz, 2005 ; TROPER (M), *Le gouvernement des juges, mode d'emploi,* Québec, PUC, 2006 ; CHAGNOLLAUD (D), *Aux origines du contrôle de*

visiblement, se sont inspirés du schéma tumultueux français maturé de 1958[14] à 2008, date de la révision constitutionnelle instituant le mécanisme de la question prioritaire de constitutionnalité du 23 juillet ayant créé l'article 61-1 et modifié l'article 62, puis entré en vigueur le 1er mars 2010. La performance recherchée dans le balisage de l'État de droit et le raffermissement de l'ouverture démocratique a connu un essor fulgurant en Afrique de l'Ouest[15] et remarquable en Afrique centrale, avec les cas du Gabon[16] et davantage cette République centrafricaine en difficulté institutionnelle[17]. En tout état de cause, l'institution

---

constitutionnalité, XVIIIe – XXe siècles, Paris, Éditions Panthéon-Assas, 2003 ; DEMONTALIVET (P), « Sur les origines grecques du contrôle de constitutionnalité des lois », in *Mélanges* offerts à P. LAUVAUX, Paris, Éditions Panthéon-Assas, 2020, p. 749-759 ; EISENMANN (C), *La justice constitutionnelle et la haute Cour constitutionnelle d'Autriche,* 1928, réédition, Paris, Economica, 1986, pp.289-291 ; VERDUSSEN (M), « La justice constitutionnelle en droit comparé : évolution des modèles », *Mélanges* en l'honneur de José WOERHLING, *Constitutionnalisme, droits et diversité, Montréal,* Éditions Thémis, 2017, pp.52-70 ; FAVOREU (L) et MASTOR (W), *Les Cours constitutionnelles*, Paris, Dalloz, « Connaissance du droit », 2011 ; ROUSSEAU (D), *La justice constitutionnelle en Europe*, 3e édition, Paris, Montchrestien, « *clefs* », 1 988 ; FROMONT (M), *La justice constitutionnelle dans le monde*, Paris, Dalloz, 1996 et du même auteur, *Justice constitutionnelle comparée*, Paris, Dalloz, 2013.

13 HOLO (T. H), « Émergence de la justice constitutionnelle », *Pouvoirs,* n° 129, 2009 ; pp.101-126 ; EDZODZOMO NKOUMOU (T. L), *L'office du juge constitutionnel en Afrique subsaharienne. Étude comparative à partir des exemples béninois, gabonais et malgache*, Thèse de doctorat en droit, Université de Lorraine, 2021, p. 46 et s.

14 *Ab initio*, en vertu du principe de la séparation des pouvoirs vue sous l'angle de la rigidité de sa conception, et « *la loi (étant) l'expression de la volonté générale »,* donc souveraine, un contrôle de constitutionnalité avait été longtemps rejeté. Lire, à ce propos, TROPER (M), *La séparation des pouvoirs et l'histoire constitutionnelle française,* 2e édition, Paris, LGDJ, 1980, pp.42-68 ; p. 165-178 ; FERRERES COMELA (V), « Est-il légitime de contrôler la constitutionnalité des lois », in TROPER (M) et CHAGNOLLAUD (D), (dir.), *Traité de droit constitutionnel, op.cit.*, pp.69-105, lire p. 71. Par la suite, et précisément le 8 juillet 1958, l'on tient des archives que DEBRE (M), pour s'en tenir à lui, qu'« *aucun organe de l'État ne doit se considérer comme souverain et par conséquent des lois contraires à la constitution doivent pouvoir être sanctionnées* ». Le Conseil constitutionnel fut alors créé à la suite de l'élaboration de la constitution du 4 octobre 1 958. *Cf.* Groupe de travail, 8 juillet 1958, documents, tome I, p. 382.

15 CONAC (G), « Le juge constitutionnel en Afrique : censeur ou pédagogue », in G. CONAC, (dir.), *Les Cours Suprêmes en Afrique,* tome II, Paris, Economica, 1989, p. 8 ; du même auteur, « Le juge et la construction de l'État de droit en Afrique francophone », in *Mélanges* en l'honneur de Guy BRAIBANT, *L'État de droit*, Paris, Dalloz, 1996, p. 106 ; MBORANTSOUO (M), *La contribution des Cours constitutionnelles à l'État de droit en Afrique*, Paris, Economica, 2007, p. 37 ; AIVO (E. J), « La Cour constitutionnelle du Bénin », *RFDC*, n° 99, 2014, pp.715-740, lire p. 717 ; BOLLE (S), « Les Cours constituantes d'Afrique », in AIVO, du BOIS de GAUDUSSON, DESOUCHES, MAILA, 2020.

16 KOMBILA (J. P), *Le constitutionnalisme du Gabon*, Libreville, PUG, 1995, p. 40 ; REMONDO (M), *Droit administratif gabonais,* Paris, LGDJ, Bibliothèque africaine et malgache, 1987, p. 133 ; du même auteur, « La Cour constitutionnelle gabonaise », *Penant*, n° 813, oct-déc. 1993, pp.275-291 ; ROSSATANGA-RIGNAULT (G), « La Cour constitutionnelle, pierre d'angle de l'État de droit au Gabon ? », *RIDC* ; n° 3, 1998, P. 272-303 ; NZEBITEGHE (J. C), *Le système gabonais de la justice constitutionnelle : l'exemple de la Cour constitutionnelle*, thèse de droit, Toulouse1, 2000 ; Cour constitutionnelle, Constitution de la République gabonaise. Textes, commentaires, doctrine, jurisprudence, Libreville, multipress, 2006, p. 238 ; ONDO (T), « Le contentieux constitutionnel au Gabon », *RRJ*, 2022-2, pp.1190-1263.

17 Il n'est pas exagéré de postuler d'une véritable leçon centrafricaine de droit du contentieux constitutionnel en direction des États voisins, exaltant politiquement l'État de droit, à l'instar du Cameroun. La décision n° 009/22 rendue par la Cour constitutionnelle de la RCA, en date du 23 septembre 2022, prescrivant, entre autres, l'inconstitutionnalité puis l'annulation subséquente des décrets des 26 août, 12 septembre, 14 septembre et 15 septembre créant ici et là, les conditions

d'une juridiction suprême chargée de garantir le respect de la norme faîtière qu'est la Constitution dans un État, induit une qualité certaine de la vie juridique, en dernière analyse, met les citoyens à l'abri des contrôles diffus, des interprétations juridiques oscillatoires qui s'entrechoquent et s'entremêlent entre les juridictions inférieures des ordres judiciaire et administratif. « *La vérité constitutionnelle* »[18] qui en résulte, ici et là, permet alors de questionner la posture manifestement pusillanime voire moribonde du Conseil constitutionnel, lequel peine à décliner sa raison d'être qui est sa fonction de juger la constitutionnalité des opérations normatrices mettant en péril les droits fondamentaux des citoyens. Des lois manifestement non conformes à la Constitution polluent pourtant l'environnement juridique, l'égalité des droits et devoirs, la sécurité juridique, relevant tous des principes constitutionnalisés. Ils sont battus en brèche par un régime législatif des personnes discriminatoire au détriment de la femme, confinée à la fidélité exclusive tandis que l'homme jouit de la latitude d'être polygame[19]. De la même manière, le tableau législatif de protection du consommateur des technologies de l'information et de la communication « *s'assombrit dans le cadre de l'expression du dispositif... qui met en évidence la faiblesse de la politique gouvernementale auprès de l'Agence Nationale des Technologies de l'Information et de la Communication* **(ANTIC)** *et la non-efficience du pouvoir de sanction de l'Agence de Régulation des Télécommunications* ***(A.R.T.)*** »[20]. Les sanctions dont les droits fondamentaux seraient hypothéqués peuvent-elles, ce faisant, se prévaloir d'un recours direct en inconstitutionnalité devant le Conseil constitutionnel ? Le dispositif constitutionnel donne une indication communément répandue.

L'état du droit susvisé est tiré de l'article 47 alinéa 3 en ces termes : « *avant leur promulgation, les lois ainsi que les traités et les accords internationaux peuvent être déférés au Conseil Constitutionnel par le Président de la République, le Président de l'Assemblée Nationale, le Président du Sénat, un tiers des députés, un tiers des sénateurs, les Présidents des exécutifs régionaux conformément aux dispositions de l'alinéa 2 ci-dessus* »[21]. En cette matière de contrôle de constitutionnalité dit a priori, la doctrine la qualifie à juste titre de « *saisine par voie d'action, qui consiste en la possibilité de saisine directe de la juridiction constitutionnelle par certains organes constitutionnels exclusivement* »[22]. Dans une symphonie « *jurisprudentielle* » jamais infirmée à ce jour, le Conseil constitutionnel, après avoir *ne varietur* excipé l'alinéa 2 de l'article 47 de la loi

---

organique et matérielle de rédaction d'un projet de nouvelle Constitution en vue de réouvrir la candidature à l'élection future du président en exercice, bloqué par le couperet de la limitation du mandat, montre à quel point il est loisible d'assurer le rôle de gardiennage de la loi fondamentale là où d'autres juges demeurent frileux. Le fait pour le président-universitaire désavoué de s'arroger, irrégulièrement, le rôle d'interprète de la Constitution, à l'effet d'assurer la mise à la retraite inconstitutionnelle de « *l'impertinente* » présidente de la Cour, constitue un bras de fer institutionnel qui illumine davantage l'indépendance de la juridiction mise sous-tutelle de l'exécutif présidentiel.

[18] ROUSSEAU (D), GAHDOUN (P. Y) et BONNET (J), *Droit du contentieux constitutionnel*, 11e édition, Paris, LGDJ, 2016, p. 23.

[19] ATANGANA MALONGUE (T), *Droits africains des personnes, Bénin, Burkina Faso, Cameroun, Centrafricain, Congo, Côte d'Ivoire, Gabon, Mali, Sénégal et Togo*, Bruylant, Bruxelles, 2022, 795 p.

[20] MOUTHIEU (M.-A.), *Le consommateur des technologies de l'information et de la communication en Afrique noire Francophone* (dir.), l'Harmattan, Paris, 2021, p. 13.

[21] L'alinéa 2 de l'article 47 en radioscopie reprend, in extenso, la désignation des mêmes autorités publiques.

[22] KAMTO (M), *Traité de droit constitutionnel et institutions politiques du Cameroun*, *op. cit.*, p. 660.

fondamentale, tranche qu'« *en l'espèce* (le requérant) *ne fait pas partie des autorités habilitées à saisir le Conseil [...] qu'il s'ensuit qu'il n'a pas qualité pour saisir le Conseil Constitutionnel et que sa requête est manifestement irrecevable* ».

Déjà en 2019, l'instance constitutionnelle, dans l'espèce Sieur EKOUDA Darius Mesmin, avait conclu au défaut de qualité pour déférer le contrôle de constitutionnalité des dispositions de l'article 322-1 de la loi n° 2016/077 du 12 juillet 2016 portant Code pénal[23]. Ensuite, en 2020, dans l'affaire *Sieur Jonathan NTI c/ président de la République et deux magistrats,* le Conseil constitutionnel, déclare le requérant irrecevable pour défaut de qualité dans un litige de violation de la liberté de culte et du droit de propriété garantis par le préambule de la Constitution[24]. Enfin, pour l'année 2021 et à propos de trois espèces, le Conseil a confirmé sa politique jurisprudentielle d'éloignement systématique du citoyen de son office[25]. L'opportunité est ce faisant offerte d'exhumer des écrits de la doctrine impliquant un conseiller constitutionnel sur cette problématique de la condition du requérant : « *toutes ces décisions appellent un bref commentaire. À la différence de ses homologues, la haute juridiction camerounaise n'est pas compétente dans la protection des droits fondamentaux des citoyens. Notre Conseil a... une compétence attributive et ne saurait étendre celle-ci de façon prétorienne, fût-il dans le domaine de la protection des droits constitutionnels du citoyen. Elle ne pourrait y parvenir qu'après une révision constitutionnelle lui attribuant expressément une telle compétence et organisant les procédures y afférentes. Si les « sages du palais des congrès » se gardent dans les cas sus-évoqués de procéder à des extensions de compétences, il faut reconnaître qu'ils ont admis implicitement de considérer l'intérêt à agir comme condition d'action devant être remplie par tout requérant... La constitution et les lois sur le Conseil Constitutionnel au Cameroun n'ont en réalité pas prévu la notion d'intérêt comme condition d'action devant le juge constitutionnel* »[26].

De toute évidence, le ver apparaît, en filigrane, dans le fruit de la sentence de doctrine. L'extension jurisprudentielle de la juridiction constitutionnelle est actée. Captée à la source même du contentieux transitoire à la mise en service du Conseil constitutionnel[27], cette audace affichée relève subrepticement que le contentieux

---

[23] Décision n° 01/SCCL/G/SG/CC du 10 janvier 2019.

[24] Décision n° 01/CT/CC du 14 octobre 2020.

[25] Décisions n° 01/CCT/CC du 7 juin 2021, Joachim TABI OWONO C. / Le Président de la République et autres, 01/SDAC/21 du 7 septembre 2021, sieur ENGOULOU VOUND (V), agissant au nom de l'association « *DECAVIE* » C. / Président de la République, Président du Sénat, Président de l'Assemblée Nationale et 02/CCT/21 du même jour, sieur Dénis Emilien ATANGANA, Président national du FDC C. / Président de la République, Président du Sénat et Président de l'Assemblée Nationale.

[26] LEKENE DONFACK (E. C), NGANGO YOUMBI (E. M) et TSOLEFACK AWAFA (E. W), « Chronique de jurisprudence du Conseil Constitutionnel Camerounais (2018 à 2020) », *RFDC*, 2020/1, n° 129, p. 207 à 241, lire p. 225.

[27] Qu'on en apprécie, cette photographie du bourgeon de jurisprudence impulsée par la Cour Suprême statuant en lieu et place du Conseil constitutionnel : la Constitution habilite le Conseil constitutionnel à proclamer les résultats de l'élection des députés à son article 48 (1), tandis que l'article 50 (1) dispose que ses « *décisions... sont insusceptibles de recours. Elles s'imposent aux pouvoirs publics et à toutes les autorités administratives, militaires et juridictionnelles, ainsi qu'à toute personne physique ou morale* ». Par conséquent, la qualité de député y est acquise. L'année 2020 tirant à sa fin, il est procédé à une modification de la loi portant règlement intérieur de la Chambre basse (Assemblée Nationale). La procédure de validation instituée en vue de consolider à nouveau la validation du mandat conféré au terme de la proclamation juridictionnelle des résultats électoraux, avait fait l'objet

constitutionnel, adossé sur le texte, est susceptible de réécriture, dès l'instant où le Conseil a la capacité d'exercer la fonction législative par parachèvement du texte du point de vue de sa conformité à la constitution[28]. La sanction de la procédure législative de validation du mandat d'un député, consacrée par la loi portant règlement intérieur de l'Assemblée nationale, était intervenue par le mécanisme d'autosaisine de la Cour suprême statuant en lieu et place du Conseil constitutionnel, alors même que l'article 47 de la Constitution, dans ses alinéas 2 et 3, est silencieux en la matière. On infère de ce qui précède que le Conseil constitutionnel n'épuise pas de façon optimale son arsenal juridique afin d'ouvrir son prétoire au citoyen, ou alors qu'il opère sélectivement la configuration juridique de sa saisine, prêtant ainsi le flanc à la critique. Une tout autre posture du raisonnement juridique est pourtant envisageable, facilitant ainsi l'inversion processuelle vers un sursaut d'orgueil jurisprudentiel garant de l'inaliénabilité de la colonne vertébrale de l'État qu'est la Constitution.

Vingt-six ans d'implémentation de la Constitution du 18 janvier 1996 offrent l'opportunité idoine de clarifier le débat sur la place du citoyen dans le processus de formation et de reformation des normes[29] constitutionnelles par le truchement contentieux. Par opposition au contrôle de constitutionnalité a priori institué par le constituant, par principe préventif, « *le contrôle* (dit) *a posteriori a lieu après*

---

d'une autosaisine de la Cour Suprême statuant en lieu et place du Conseil constitutionnel. L'extension jurisprudentielle du droit de saisine mena, pour la première fois, la dynamique contentieuse du contrôle de constitutionnalité de la loi à la déclaration d'inconstitutionnalité : *« la procédure de validation prévue par le règlement intérieur de l'Assemblée Nationale dans la loi adoptée et examinée par le Conseil apparaît comme un contrôle a posteriori de la décision du Conseil Constitutionnel déclarant élus les candidats à l'élection législative. Qu'une telle procédure en vigueur avant l'institution du Conseil Constitutionnel par la constitution du 18 janvier 1996 ne trouve plus sa raison d'être en l'état... Il en résulte en conséquence de ce qui précède que les dispositions du règlement intérieur sur la validation des mandats... ne sont pas en conformité avec les dispositions de la constitution de la République du Cameroun » ;* lire note y relative de KEUTCHA TCHAPNGA (C), *juridis périodique*, n° 53, Jan-Fév. Mars 2003, p. 61 à 66.

Cependant, et pour y expérimenter des regrets attentatoires à la construction de l'État de droit et de la démocratie pluraliste, le président de la République avait assuré la promulgation intégrale de la mouture de la loi non épurée, plutôt que de celle comportant le toilettage juridictionnel, et en violation flagrante de la Constitution qui dispose, en son article 50, alinéa 2, qu'« *une décision déclarée inconstitutionnelle ne peut être promulguée ni mise en application* ». Ce toilettage contentieux de la loi inspira alors notre contribution sur « Un air de printemps dans le Droit parlementaire du Cameroun », publiée à *Juris Périodique*, avril-mai- juin 2003, p. 12 à 35, en dépit de « L'insécurité juridique en matière constitutionnelle. Questionnement sélectif sur l'articulation et la pratique constitutionnelles au Cameroun » orchestrée par le président de la République, titre de notre contribution, publiée à propos des *Regards sur le Droit public en Afrique* (dir.), Maurice KAMTO, Stéphane DOUMBE BILE, Brusil MIRANDA METOU, Mélanges en l'honneur du Doyen Joseph-Marie BIPOUM WOUM, l'Harmattan, Paris, 2016, p. 35 à 63.

[28] ROSSATANGA- RIGNAULT (G), « Quand le juge « fait la loi » ! À propos du pouvoir normateur du juge constitutionnel Gabonais », in *Palabres Actuelles,* n° 6, « La fabrique du droit en Afrique », *Revue de la fondation Raponda Walker,* 2007, p. 167- 192 ; GAUDEMET (Y), « Quand le juge fait la loi », article disponible en ligne à l'adresse : https://www.cairn.info/revue- commentaire-2002-4-page-791.htm, consulté le 5 septembre 2022 ; Commentaire, n° 180, Hiver 2022-2023, 2022/4, pp.791-798.

[29] MEBENGA (M), « La participation du citoyen à la création du droit : l'exemple du « large débat national » sur la réforme constitutionnelle au Cameroun », in DARBON (D) et DU BOIS DE GAUDUSSON (J), (dir.), *La création du droit en Afrique*, Paris, karthala, 1997, p. 205.

qu'une loi ou un acte normatif a intégré le système juridique »[30], l'occasion pour le citoyen d'en prendre connaissance au terme de la formalité de publicité adéquate officielle ou officieuse. Le silence de la Constitution émerge manifestement de l'institution de cette modalité de saisine. Qui plus est, en consacrant expressément le type préventif de contrôle réservé aux autorités publiques ayant vent et participant au processus de fabrication de la loi, le constituant n'a jamais entendu verrouiller l'accès du citoyen à son office en mentionnant qu'« *est irrecevable d'ordre public, toute requête directement adressée au Conseil Constitutionnel par les organes autres que ceux cités aux alinéas 2 et 3 de l'article 47* ». Convoquer la formule répandue selon laquelle « *ce qui n'est explicitement interdit est implicitement permis* »[31], n'effleure guère le raisonnement. *A contrario,* c'est dans cet interstice décelé dans la Constitution que s'ouvre la voie au pouvoir normateur du juge constitutionnel. Et ce dernier dispose de la capacité à positionner le simple citoyen dans l'arène au combat juridictionnel en mobilisant au moins quatre principes de droit expressément formulés par le texte de référence au moment du contrôle contentieux.

Dans le préambule forcément intégré au « *bloc de constitutionnalité* »[32] figure déjà « *la liberté et la sécurité* (juridiques qui) *sont garanties à chaque individu [...]* ». La sécurité juridique postule de l'absence de danger susceptible de menacer le citoyen dans son être et dans son bien. Or, en ouvrant son office au citoyen, de façon directe, le Conseil constitutionnel fait droit à la sécurité constitutionnellement prescrite et garantit, par ailleurs, son essence qu'est le citoyen libre d'une république. Ensuite, « *la loi assure à tous les hommes le droit de se faire rendre justice* ». Cette allocation du constituant libéralise l'accès au prétoire que ne peut ignorer l'interprète authentique de la Constitution qu'est le juge constitutionnel. Aussi bien dans l'esprit[33] que dans la *lex lata* du constituant, l'accès au juge est forcément démocratisé. Et les renvois constitutionnels d'organisation ou d'articulation de ce principe au profit du législateur, la Constitution ne pouvant tout dicter, ne sauraient autoriser à l'échelle de la loi tout verrouillage du boulevard ainsi tracé à peine d'inconstitutionnalité. Enfin, en référence à l'article 45 de la Constitution qui a vocation à régler les questions de hiérarchie des normes, on tient de l'article 7 de la Charte africaine des droits de l'homme et des peuples, faisant aussi partie du bloc de constitutionnalité[34], les prescriptions ci-après : « *toute personne a droit à ce que sa cause soit entendue. Ce droit comprend : a. le droit de saisir les juridictions nationales compétentes de*

---

30 NGENGE (Y), « Le contrôle de constitutionnalité des lois », in *les juridictions constitutionnelles en Afrique de l'Ouest.* Analyse comparée, IDEA, Stockholm, 2016, p. 100. Lire également KANTE (B) et KWASI PREMPEH (H), « La saisine des juridictions compétentes en matière de contrôle de constitutionnalité », ouvrage précité, p. 127-134 ; *COURS CONSTITUTIONNELLES ET RÉVISIONS DE LA CONSTITUTION*, Jus Politicum - *Revue de Droit politique*, n° 18 (juillet 2017).

31 Consacré nulle part, ni par les textes encore moins par la jurisprudence, il sied d'écarter ce regard d'illettré juridique, à l'image de la formule « *qui peut le plus, peut le moins* », pour fonder la forfaiture de l'empiètement des pouvoirs, alors même que « *les règles de compétence sont d'ordre public* ».

32 « *Le préambule fait partie intégrante de la constitution* », dispose l'article 65.

33 « *Le peuple camerounais [...] affirme sa volonté inébranlable de construire la patrie [...] sur la base de l'idéal de justice [...] », relève-t-on dans le préambule.*

34 « *Les traités ou accords internationaux régulièrement approuvés ou ratifiés ont, dès leur publication, une autorité supérieure celle des lois, sous réserve pour chaque accord ou traité, de son application par l'autre partie* ».

tout acte violant les droits fondamentaux qui lui sont reconnus et garantis par les conventions, les lois, règlements et coutumes en vigueur ». A-t-on encore besoin d'assurer la démonstration selon laquelle le Conseil constitutionnel fait preuve de myopie volontaire en regard des principes susvisés ? L'ouverture du prétoire constitutionnel au citoyen, directement, n'est-il pas par ailleurs corroboré lorsque l'on relève, opportunément, que de par la Constitution, « *l'État garantit à tous les citoyens de l'un et de l'autre sexe, les droits et libertés énumérés dans le préambule de la constitution* », et que cette dernière en scelle le bétonnage en prescrivant qu'il s'agit « *des droits inaliénables et sacrés* » ? La Constitution est-elle « *un chiffon de papier* »[35] ou bien « *un ensemble de recommandations ou de souhaits qu'à de véritables normes* »[36] pour que le Conseil constitutionnel fasse entrave à la saisine directe du citoyen ? En vertu de quel principe juridique inébranlable la haute juridiction réduit-elle le particulier au statut d'observateur passif de la scène contentieuse constitutionnelle alors que parallèlement, la Constitution le protège contre l'arbitraire de quiconque en mentionnant, dans une irréprochable clarté, que « *nul ne peut être contraint de faire ce que la loi n'ordonne pas* » ? Gardien ou pyromane de la loi fondamentale, le Conseil constitutionnel endosse, en tout état de cause par son incroyable stature aphone, laissant pantois, le voile transparent d'une institution qui s'abstient de décider largement en deçà de sa compétence matérielle.

Traitant à ce propos, à l'entame du dispositif du titre VII qui lui est consacré par la Constitution, l'article 46 dispose que : « *le Conseil Constitutionnel est l'instance compétente en matière constitutionnelle. Il statue sur la constitutionnalité des lois*... ». Bien plus, on retrouve à l'article 47, alinéa 1, un paramètre détonateur qui confère une remarquable visibilité à l'institution juridictionnelle en ces termes : « *le Conseil constitutionnel statue souverainement sur la constitutionnalité des lois* ». La justice constitutionnelle est décidément l'apanage des professeurs de droit public, ces hommes de science qui s'écartent des sentiers battus tout en veillant à suggérer des pistes novatrices. On ne peut dès lors se priver de s'interroger, à l'aune de ces dispositions groupées de la Constitution. Qu'est-ce qui peut bien expliquer cette paradoxale autolimitation d'un pouvoir juridictionnel souverain à comprimer fermement le droit d'accès du citoyen, n'ayant par là même aucune raison juridique de paraître à l'image d'une justice aux ordres souterrains comme celle ordinaire, alors même que l'article 37 de la Constitution dispose, par combinaison des normes, que « *la justice est rendue sur le territoire du Cameroun au nom du peuple camerounais* » ?

L'appréciation actuelle du Conseil constitutionnel relativement à la saisine directe du citoyen rappelle étrangement ce parlement qui légifère en deçà de ses potentialités normatives et qui se traduit, en droit du contentieux constitutionnel, par le moyen tiré de l'incompétence négative. Dire d'une institution- organe, en droit public, qu'elle est souveraine, signifie qu'elle a la compétence de la compétence. Statuer souverainement comme le dicte la Constitution, est de nature à permettre au Conseil constitutionnel de consacrer le droit du citoyen à un recours juridictionnel direct et effectif. Le principe selon lequel toute personne qui

---

[35] BOURGUI (A), « L'évolution du constitutionnalisme en Afrique », *RFDC*, n° 52, 2002, pp.721-748, p. 725.

[36] PHILIP (L), « La constitutionnalisation du droit budgétaire français », in *Mélanges en l'honneur de Pierre Marie GAUDEMET*, études des finances publiques, Paris, Economica, 1984, pp. 49-71, p. 49.

s'estime lésée par une discrimination peut « *faire valoir ses droits par une juridiction* », est né dans une proche condition d'interprétation du texte[37]. L'interprétation à laquelle se livre le juge constitutionnel « *fait la normativité constitutionnelle* »[38]. À l'image de ce qui s'est produit en 1971, à propos de la liberté d'association, « *un coup d'État de droit* »[39] autorise le glissement vers le principe général de droit conforme à la Constitution. La constitutionnalité sans texte est envisageable. Il s'agit là, assurément, d'un pas décisif que devrait franchir le Conseil constitutionnel tropicalisé. C'est ce dessin du dessein qu'il urge de s'approprier. S'empêtrer dans le pas de Sisyphe, du haut de la chaire contentieuse, produit cet effet contagion qui relève, à une échelle inférieure, d'une construction baroque de certains aspects de la procédure administrative contentieuse.

II. L'IRRECEVABILITÉ SYSTÉMATIQUE DE LA DEMANDE EN DÉPLOIEMENT DU POUVOIR D'INJONCTION À L'ÉGARD DE LA PUISSANCE PUBLIQUE : UN VENTRE MOU DU CONTENTIEUX ADMINISTRATIF

Contrairement à l'option délibérée (sans que rien l'y contraigne) et injustifiée de fuite du juge constitutionnel devant la protection des droits fondamentaux, il est utile de faire observer que d'autres ordres juridictionnels en font, leur cheval de bataille. Le principe bien connu du gardiennage place le juge judiciaire en situation avant-gardiste[40]. Le droit communautaire CEMAC est à l'abordage. Dans une mémorable décision de justice en date du 31 mars 2011, mettant en lumière le problème du droit d'accès au prétoire, le caractère fondamental de cette liberté de saisine est reconnu aux ressortissants désireux d'accéder au juge communautaire, la Cour prenant même la peine à s'obliger délibérément à en assurer la garantie en évitant de faire le lit du déni de justice. Très précautionneuse, elle relève même : « *les droits fondamentaux dont le respect est... prescrit sont contenus dans les instruments internationaux que sont la déclaration universelle des droits de l'homme et la Charte africaine des droits de l'homme et des Peuples qui ont toutes été ratifiées par les États membres de la CEMAC* »[41]. On rappelle, utilement et au passage, que le préambule de la Constitution du Cameroun mentionne,

---

[37] CJCE, 15 mai 1986, n° 222/84, *Marguerite Johnston c. / Chief constable of the royal ulster constabulary*, in Grands Arrêts du droit des libertés fondamentales, Dalloz, 2e éd., 2019, n° 21.

[38] CAYLA (O), « Constitution ou norme constitutionnelle », *Cahiers du Conseil constitutionnel*, n° 8, avril, 2022, pp.1-8.

[39] CAYLA (O), « Le coup d'État de droit ? », *Le débat*, 1988, n° 100, pp. 108-133.

[40] MELCHIOR (M), « La protection des droits fondamentaux par le pouvoir judiciaire » - Rapport de la première commission du VIIe congrès international de droit européen organisé par la fédération internationale pour le droit européen, du 2 au 4 octobre 1975, l'individu et le droit européen, in *CDE*, 1976, p. 472.

[41] Cour de Justice de CEMAC, Arrêt n° 012/201, Banque Atlantique du Cameroun, COBAC, Autorité monétaire du Cameroun et Amity Bank PLC contre Arrêt n° 010/CEAC/CJ/09 du 13 novembre 2009 défendu par Messieurs Christophe SIELINOU, Raphael FUTE, Mathurin NGASSA et la compagnie d'Assurances CPA Sur l'ensemble de la question, lire Arsène Sylvestre EKO MENGUE, « L'office du juge communautaire en matière de protection des droits fondamentaux en Afrique », *RIDC*.4-2020 2, pp.887-910. NKILI MBIDA (E.P.P), *La juridictionnalisation en Afrique centrale et orientale : cas de la communauté économique et monétaire de l'Afrique centrale et la communauté d'Afrique de l'Est*, thèse de doctorat, université de Yaoundé II, 2022.

pareillement, que « *le peuple Camerounais [...] affirme son attachement aux libertés fondamentales inscrites dans la déclaration universelle des droits de l'homme, la Charte africaine des droits de l'Homme et des peuples [...]* », pour marquer l'étonnement devant le fait que le Conseil constitutionnel demeure en marge de l'action en sécurisation des droits fondamentaux.

Le juge administratif, par contre, agit remarquablement en faveur. Sélectivement, et dans une espèce, le colonel MENGUE MEYONG, le requérant, attaché de défense à l'ambassade du Cameroun en France, est victime d'une suspension de solde au taux extérieur. Dans la foulée, il est mis à la retraite et la mauvaise gestion du dossier de liquidation des droits à pension entraîne l'émission d'un ordre de recettes de près de 70 millions de francs CFA. Mandatés pour la défense de la cause, nous relevons une violation de la Constitution en ce qu'il a été inhumainement traité par la chaîne des autorités administratives qui l'ont irrégulièrement privé de ses droits les plus fondamentaux[42]. Le juge finit par relever « *que l'ordre de recettes semble avoir été émis à tort ou à tout le moins en violation des dispositions susvisées* (et) *considérant que la mise en exécution de cet ordre de recettes est de nature à porter une atteinte grave à la dignité humaine du recourant [...], qu'il échet de faire droit à sa requête* »[43]. Davantage pugnace sera l'affaire FOE Jean Marie Luc, posant la question d'un tour de passe-passe réglementaire et législatif, intervenant en violation de la Constitution. Préalablement à la décision de dire, d'une part, que « *la question de la constitutionnalité de l'article 5 de la loi, posée par le ministère public est recevable...* (et que) *l'exception d'illégalité soulevée par le sieur FOE Jean-Marie Luc est recevable... et justifiée* », la collégialité, dans une rare motivation assurant la protection de l'employeur en matière de constitutionnalité dans le paiement des cotisations sociales, retiendra l'attention ainsi qu'il suit : « *Attendant qu'en optant de restreindre la compétence du Conseil Constitutionnel, pour statuer sur la constitutionnalité des lois de manière souveraine, uniquement à celles encore exécutoires, le constituant de 1996 abandonne à la juridiction administrative le contentieux de la constitutionnalité de la promulgation et de la publication des lois et celui de leur existence ; Que lorsqu'une loi a été régulièrement promulguée et publiée, le juge administratif ne peut que constater son abrogation tacite et en écarter l'application au recours ou litige soumis à sa décision* »[44]. Le traitement contentieux du pouvoir d'injonction sera toutefois l'occasion d'observer que la posture salutaire et protectrice du juge administratif vacillera alors même que cette prérogative est consubstantielle à son office, « *ce qui est reçu par le juge et conçu par lui* »[45]. De quoi il en retourne ?

---

[42] Le préambule de la Constitution dispose : *« toute personne a droit [...] à l'intégrité morale. Elle doit être traitée en toutes circonstances avec humanité. En aucun cas, elle ne peut être soumise [...] à des traitements cruels, inhumains ou dégradants ».*

[43] Tribunal administratif du centre, MENGUE MENYONG Théophile c. /MINFI, ordonnance n° 15/OSE/CAB/PTA/YDE/2021 du 17 mars 2021.

[44] Tribunal administratif de l'Est, jugement n° 14/ADD/2022 du 16 mars 2022, FOE Jean Marie Luc (Pharmacie de Mokolo) c. / Caisse nationale de la prévoyance sociale.

[45] DARCY (G), « Avant-propos », Actes du colloque organisé sous le thème : l'office du juge, palais du Luxembourg, 29 et 30 septembre 2006, p. 11. G. DARCY pose la question de savoir *« qu'est-ce que l'office du juge et y répond ».* Lire également TROPER (M), « La question du pouvoir judiciaire en l'an III », in CAYLA et RENOUX (F. M) ZAGAME, « L'office du juge : part de souveraineté ou

Le contexte du contentieux de la responsabilité administrative suffit à situer le texte de l'analyse. Les inerties et retards constatés dans l'activité de service public ou celle de police administrative sont, au regard de la jurisprudence administrative constante, constitutives de fautes administratives, engageant nécessairement la responsabilité publique et la réparation subséquente[46]. Le comportement des agents publics est la source matérielle d'intolérables désagréments causés aux administrés. À titre illustratif, les étudiants des universités publiques ou privées subissent les défaillances de la tutelle étatique en rapport à l'arlésienne que sont les diplômes, ces derniers n'étant pas systématiquement délivrés à temps. S'ensuit alors l'impossibilité de jouir des prérogatives que confère le parchemin régulièrement acquis : perte des avancements internes pour l'impétrant travailleur, chômage et difficultés à s'inscrire au niveau d'études supérieures dans les universités étrangères, stress et divers autres préjudices matériels et/ou psychologiques.

Se pose donc la question de savoir comment vaincre cette inertie administrative préjudiciable de l'administration publique qui a pourtant, en la matière, compétence liée, et non pas un pouvoir discrétionnaire, le but légitime de l'impétrant étant de rentrer en possession du diplôme. Si la victime peut obtenir réparation pécuniaire, c'est une évidente évidence pour le spécialiste, l'état actuel de la jurisprudence administrative, confirmative du reste, ne permet en revanche pas de solliciter le juge administratif, au moyen d'une requête, qu'il oblige l'administration « *de faire* », en délivrant le diplôme : adresser des injonctions à l'administration, responsable de la délivrance de ce qui apparaît comme une quête du graal procède de l'exercice de la prérogative juridictionnelle. *« Attendu que le requérant ne peut être reçu sur ce point... et que le juge ne saurait, sans excéder son pouvoir, donner des injonctions à l'administration »*[47]. Et ce juge fonde l'irrecevabilité de la cause opposée aux requérants par l'écran ne permettant pas

puissance nulle ? », coll. *« pensée juridique »*, Paris, LGDJ, 2002, pp.117-136 ; J. NORMAND, « L'office du juge », in CADIET (L), Dictionnaire de la justice, Paris, PUF, p. 687

[46] CFJ/apr., Arrêt n° 15 du 16 mars 1967, Dame FERRIERE Marie qui révèle le *« défaut d'entretien de la voie publique »* comme la faute ; Arrêt n° 16 du même jour, ATANGANA Adalbert : faute constitutive du retard accusé par l'administration dans l'organisation de la prestation de serment d'un huissier de justice. CS/CA, jugement n° 140 du 22 juillet 2009, Ets OPTIMA : le refus administratif de payer son dû à un administré constitue une faute ; CS/CA, jugement n° 87 du 30 juin 2004, BEYINA MESSANGA Jean Baptiste : la négligence des services postaux dans l'acheminement d'un télégramme pourtant destiné à l'urgente opération d'opposition à une décision du juge social est une faute.

[47] CCA, Arrêt n° 456 du 25 février 1956, EKWALLA EDOUBE EYANGO Stéphane C. /Administration du territoire ; CFJ/apr., Arrêt n° 17 du 0 mars 1978, MEKA OYONO Gabriel C. / État du Cameroun ; CFJ/SCAY, Arrêt n° 44 du 30 avril 1968, ESSIANE AKA Jean C. / État du Cameroun oriental ; CFJ/CAY, Arrêt n° 97 du 27 janvier 1970, ELOUNDOU Martin C. / État du Cameroun Oriental ; CS/CA, jugements n° 42 du février 1979, MONTHE Robert C. / État du Cameroun, note Daniel MBARGA NYATTE, *Juris Périodique*, n° 38, avril-mai-juin 1999 pp.39-44, 18 décembre 1980, MEDOU ME MVOMO Gaston, 92 du 28 juillet 1983, TCHOUENKEU Hugo, 52 du 28 février 1985, AKONO Claude, 26 du 30 janvier 1986, BISSIER Hugo, 31 du 13 mars 1986, ONANA ABRAHAM, 95 du 7 août 1986, Mme MANTO NGOUESSE, 09 du 23 décembre 1986, NGHE BABOUGHE Thomas C. / Commune urbaine de Bafoussam, 66 du 26 mai 1988, BAMBOT Laurence, 09 du 23 novembre 1989, NGATCHOU Adolphe, CS/CA, jugement n° 14/91/92 du 26 décembre 1991, MAIGARI ALADJI AMADJODA C. / État du Cameroun et 02 du 31 décembre 1992, NGAMY Emmanuel ; 02 du 30 octobre 1997, Société camerounaise de métallurgie (SCDM), 14 du 27 juillet 2005, Dame ENDALLE MOUDIO Hélène et autres, 137 du 27 juillet 2005, KANGA MBOCK.

« *la violation du principe de la séparation entre le pouvoir judiciaire et l'administration* »[48]. La loi pénale renforce par ailleurs la prohibition des injonctions à son article 126 (b) : *« est puni de la détention de six mois à cinq ans..., le magistrat qui intime des ordres ou des défenses à des autorités administratives ou exécutives »*. Et la doctrine, dans une construction théorique jamais déconstruite, a contribué à renforcer l'axiome de jurisprudence[49].

L'irrecevabilité systématique de la demande en déploiement du pouvoir d'injonction à l'égard de l'administration, résiste pourtant mal à l'analyse juridique, le contentieux administratif se révélant encore miné par un autre ventre mou. La Constitution apparaît alors comme la clé de lecture différente. Certes, la séparation des pouvoirs exécutif et judiciaire, la juridiction administrative faisant partie de ce dernier, est prescrite par la loi fondamentale[50]. En revanche, c'est encore la Constitution qui prescrit le contrôle juridictionnel du bras séculier du pouvoir exécutif qui est l'administration, en ces termes tirés de l'article 40 : *« la Chambre administrative connaît de l'ensemble du contentieux administratif de l'État et des autres collectivités publiques »*. Dans ces conditions de combinaison des normes constitutionnelles, invoquer « *la violation de la séparation des pouvoirs* » en vue de se garder de sanctionner la puissance publique est inopérant. L'office du juge qui postule, au sens purement technique, de la fonction de juger en rapport aux attributions contentieuses de plus en plus prétoriennes, participe de la mise en œuvre du pouvoir de donner des injonctions. Et la juridiction administrative en fait l'implémentation au quotidien dans l'examen des dossiers à elle soumise. Enjoindre la puissance publique, c'est lui dire de reconstituer la carrière de l'agent public illégalement évincé ou privé des avancements, trancher que sa décision faisant grief sort de l'ordonnancement juridique par annulation. Dans le plein contentieux, pluriel par essence, en ce qu'il constitue un pavillon lié, ici et là, à la réparation pécuniaire, à la redistribution des gains électoraux, à la reformulation d'une décision, à la soumission à une obligation contractuelle ou au redressement des chiffres fiscaux, le juge administratif, usant des pouvoirs très étendus, diligente de toute évidence son pouvoir d'injonction.

Le contentieux de l'urgence accessoire est ce champ de pratique juridique qui éclaire le déploiement de la force de la chose jugée, rabattant le caquet à

---

[48] CS/CA, jugements n°s 71 du 3 février 2010, DAVIDE NJINI BORNO et 88 du 2 février 2010, Ets MOTI (BANBOYE William).

[49] OWONA (J), *Droit administratif spécial de la République du Cameroun*, EDICEF, 1985, p. 224 ; KAMDEM (J. C), Contentieux administratif, Tome I, cours polycopié, Université de Yaoundé 1988-1989 ; BINYOUM (J), Droit administratif, 2e année de licence, cours polycopié, Université de Yaoundé ; Contentieux administratif, cours polycopié, 3e année de licence, Université de Yaoundé, année académique 1991-1992 ; NGOH NGOH (F), *Les difficultés du contrôle juridictionnel de l'administration,* Mémoire de maîtrise, Université de Yaoundé, 1984, p. 1984, p. 46 ; TOUMA AVOUBANG, *L'exécution des décisions de la Cour suprême statuant en matière administrative,* Mémoire de maîtrise droit public, Université de Yaoundé, 1987, p. 24.

[50] « *Le pouvoir judiciaire... est indépendant du pouvoir exécutif...* », dispose l'article 37, alinéa 2, paragraphe 1 in fine de la Constitution. Et en rapport au lien organique entre le judiciaire et la justice administrative, l'article 37 sus-évoqué dispose que *« le pouvoir judiciaire est exercé par la Cour Suprême »*, en même temps que l'article 38, dans ses alinéas 1 et 2, prescrit : *« la Cour Suprême est la plus haute juridiction de l'État en matière judiciaire et administrative [...]* (et) *comprend une Chambre judiciaire et une chambre administrative »*. La multifonctionnalité de la Cour Suprême qui exclut, ce faisant, l'ordre juridictionnel administratif, a suscité l'heureuse formule du *« deux dans l'un juridictionnel »* de Maurice KAMTO.

l'arbitraire administratif. Le constituant habilite le législateur à édicter une loi spéciale de procédure administrative contentieuse[51]. La loi n° 022/2006 du 29 décembre 2006 fixant l'organisation et le fonctionnement des Tribunaux administratifs, tirée de cette source formelle suprême, donne pouvoir au *« Président du tribunal [...] d'ordonner le sursis à exécution »* d'un *« acte administratif »* décisoire faisant grief. Et le support en est l'ordonnance. En ordonnant, le juge unique de l'espèce donne une injonction à l'administration. De la même manière, l'article 30 lui permet d'*« ordonner, en référé, toutes les mesures utiles... »*. En matière fiscale, le recouvrement forcé de la dette fiscale contenue dans l'avis de mise en recouvrement donne lieu au blocage des comptes par transmission des avis à tiers détenteur aux banques. Au contentieux juridictionnel, lorsque le *« recours introduit est recevable »*, et que *« ledit recours est fondé, il est par conséquent ordonné la main levée du blocage des comptes à tiers détenteur »*[52]. La conséquence immédiate en est que, par cette ordonnance de référé administratif, le juge de l'urgence accessoire enjoint à la sécurisation des fonds privés que s'activait à capter le fisc. Des idées reçues finissent par hypothéquer la fluidité des contentieux. Des grains de sable enrayent la limpidité du cours du régime normatif. Le conflit institutionnel né de la compétence *rationae personae* en matière de contrôle de la faute de gestion, s'inscrit dans cette veine des dérapages et décapages dans la perception de la juridicité.

III. LA SITUATION MONOPOLISTIQUE DU CONTRÔLE DE LA FAUTE DE GESTION D'UNE CHAÎNE INSTITUTIONNELLE : UN HOLD-UP PROCÉDURAL AU DÉTRIMENT DU JUGE DES COMPTES

Le Conseil constitutionnel est décidément un caillou dans la chaussure contentieuse, plutôt que d'apparaître comme la solution imaginée, voulue et instituée par le constituant. L'article 46 *in fine* de la Constitution fait de cette instance juridictionnelle *« l'organe de régulation du fonctionnement des institutions »*. Afin que cette disposition ne prête pas à confusion, la Constitution martèle, à son article 41, alinéa 1, que *« le Conseil Constitutionnel statue souverainement sur [...] les conflits d'attribution : entre les institutions de l'État [...] »*. À la question de savoir quelle est l'institution de l'État habilitée à contrôler la faute de gestion en droit public financier, il règne un tiraillement institutionnel, source d'insécurité juridique des gestionnaires, que ne parvient toujours pas à percevoir ce "moribond" et « géant » juridictionnel. Foisonnante, saisissante, passionnante et exaltante est la littérature juridique traitant du contrôle institutionnel des finances publiques. Des problématiques variées sont discutées, ici et là[53]. Le tour complet de la matière est-il pour autant fait ? Assurément, non.

---

[51] Article 26 : *« [est] du domaine de la loi : [...] l'organisation judiciaire... »*.

[52] Tribunal administratif du Littoral, ordonnance n° 11/REF/PT/DLA/2020 du 18 septembre 2020, société SCEFL contre État du Cameroun (MINFI).

[53] BILOUNGA (S. T), *Finances publiques camerounaises*, l'Harmattan, Paris, 2020, p. 697 ; LEKENE DONFACK, *Finances publiques camerounaises,* Paris, Berger-Levrault, 1987 ; KAMTO (M), « La chose publique », *RASJ*, Vol2, N° 1, 2001, pp.9-18 ; SIECHOUA DJUICHOKO, « La reforme inachevée du contrôle juridictionnel des comptes au Cameroun », *RJP*, n° 1, 2004, pp.71-107 ; MANGA (P), *Les finances publiques au Cameroun,* Thèse de doctorat d'État, Paris, 1980 ;

Car la fluctuation des normes dans le temps finit par susciter de nouvelles interrogations, comme celle de savoir quel est l'organe habilité à contrôler puis à sanctionner les irrégularités de maniement des deniers publics, encore perçus sous la dénomination de *« faute de gestion »*. L'institution du Contrôle supérieur de l'État (CONSUPE), appuyé par son organisme disciplinaire, se dispute la scène du pouvoir contre la juridiction des comptes, créant un latent conflit institutionnel que n'offre de résorber le Conseil constitutionnel dont-on se pose corrélativement la question de savoir à quoi il sert. Si le premier organe cité agit de manière ostentatoire en monopolisation de la prérogative, le second en revanche, et sans tapage médiatique, demeure à l'ombre des feux de publicité. Il urge, dès lors, d'en démêler l'écheveau.

Le droit public, interne et communautaire, et la dimension temporelle d'aiguillon à la réflexion sont à prendre en compte. Si la mouture initiale de la Constitution de l'État Unitaire du 2 juin 1972 étant demeurée silencieuse sur le règlement de la problématique, force est de reconnaître que le législateur, par le canal de la loi n° 74/18 du 5 décembre 1974 relative au contrôle des ordonnateurs, gestionnaires et gérants des crédits publics et des entreprises d'État, modifiée par la loi n° 76/4 du 8 juillet 1976 en est la panacée juridique. Le contrôle des irrégularités de gestion est institué à l'entame de l'article 1er, en même temps que la sanction administrative infligée par *« le conseil de discipline budgétaire et comptable »,* émerge aux termes de l'article 8. Un décret n° 2008/028 du 17 janvier 2008 portant organisation et fonctionnement du *« conseil de discipline budgétaire et financière »* confirme, à son article 2, alinéa, que « *le conseil est chargé de prendre des sanctions à l'encontre... des fautes de gestion* ». On en vient déjà à constater un doublon dans l'instance disciplinaire, celle légale étant *« conseil de discipline budgétaire et comptable »* tandis que celle réglementaire revêt la dénomination de *« Conseil de Discipline Budgétaire et Financière ».* Ce sont des organes différents, l'un n'étant plus l'autre et vice versa. C'est une bizarrerie institutionnelle doublée d'un excès de pouvoir qui entache le décret réglementaire. En dépit de cette incongruité ou anomalie inexcusable, l'audit de gestion financière puis examen et sanction administrative de la faute de gestion demeurent dans le giron du CONSUPE, et de son bras répressif qu'est le conseil de discipline budgétaire pluridirectionnel, au double visage et qui égare en conjectures.

AKONO ONGBA (S), « La distinction entre la faute de gestion et le détournement de deniers publics en droit camerounais », *RASJ.*, n° 1 /2014, pp. 249-287 ; AKONO OLINGA (A), *L'apport de la performance au contrôle des finances locales au Cameroun*, Thèse droit, Université de Yaoundé II, 2020, 495p ; BILOUNGA (S. T), *La réforme du contrôle de la dépense publique au Cameroun*, Thèse de doctorat/ Ph. D en droit public, Université de Yaoundé II, 2009. p. 6 et s. ; MIMBEAU (L) et STAPENHURST (R), *Le contrôle parlementaire des finances publiques dans les pays de la francophonie*, PUL, 2019, 152p ; ENGOUTOU (J. L), NGUECHE (S) et MBALLA ELOUNDOU (A. C), « La responsabilité financière des ordonnateurs en droit public camerounais », *RFFP*, n° 157, février 2022, pp. 95-110 ; FERMOSE (J), « Le contrôle financier spécialisé en droit camerounais », *GFP*, 2021/2 N° 2, pp. 90-96 ; ABA'A OYONO (J. C), « De la faute de gestion au détournement de deniers publics : Réflexion sur la collusion des justices pénale et administrative en droit camerounais », *Annales africaines, Nouvelle série*, Faculté des sciences juridiques et politiques de l'Université Cheick Anta Diop Dakar, Vol. 2, n° 5, décembre 2016, pp. 113-152.

C'est sur ces entrefaites qu'intervient la réforme constitutionnelle de 1996 en reformation du système juridictionnel[54], qui institue, à son article 38, alinéa 1, *« une chambre des comptes »* de la Cour suprême. Aux termes de l'article 41, paragraphe 1, elle *« est compétente pour contrôler et statuer sur les comptes publics et ceux des entreprises publiques et parapubliques »*. On en vient ensuite à faire observer cette scansion de la dysharmonie ou cacophonie normatives entre la loi et la Constitution relativement à l'organe habilité à contrôler et à statuer sur la faute de gestion alléguée. En vertu du principe de la hiérarchie des normes, lorsqu'un texte juridique antérieur et inferieur qu'est la loi est contrarié par un texte postérieur et supérieur qu'est la Constitution, il en résulte que la loi est obsolète, tombe d'elle-même, est anéantie, perd de sa valeur, est périmée, est rangée au registre de ce que les Latins appelaient *« caducus »*, du verbe *« cadere »* et donc frappée de la myopathie juridique, nommée en langage technique la caducité. Et pourtant, le contrôle persiste à mener sa besogne irrégulière sur le fondement de ce qui n'est plus juridiquement existant.

Le droit communautaire concourt à régler la difficulté. La directive CEMAC n° 01/11/-UEAC-190-CM-22 du 19 décembre 2011, relative aux lois de finances, traitant du contrôle, dispose à son article 69 que *« les opérations relatives à l'exécution des lois de finances sont soumises à un triple contrôle parlementaire, administratif et juridictionnel »*. En focalisant l'analyse à cette dernière modalité instituée, il est fixé à l'article 72 que *« le contrôle juridictionnel des opérations budgétaires et comptables des administrations publiques est assurée par une Cour des comptes qui doit être créée dans chaque État membre. Cette Cour des comptes est une juridiction et ses membres ont le statut de magistrat. Elle est indépendante par rapport au Gouvernement et au Parlement, et autonome par rapport à toute autre juridiction. Elle décide seule de la publication de ses avis, décisions et rapports. Elle est l'institution supérieure de contrôle de chaque État »*. L'article 73, alinéa 4, est péremptoire : *« ... les missions de la Cour des comptes sont notamment les suivantes : contrôler la légalité financière et la conformité budgétaire de toutes les opérations de dépenses et de recettes de l'État. À ce titre, elle constate les irrégularités et fautes de gestion commises par les agents publics et fixe, le cas échéant, le montant du préjudice qui en résulte pour l'État. Elle peut en outre prononcer des sanctions »*.

En conformité avec le droit communautaire, la loi n° 2018/012 du 11 juillet 2018 portant régime financier de l'État et des autres entités publiques reconfigure l'environnement du contrôle des finances publiques. L'article 83 alinéa 1 dispose : *« les opérations relatives à l'exécution des lois des finances sont soumises à un triple contrôle : administratif, parlementaire et juridictionnel »*. Bien plus, l'article 86 alinéas 1, 2 et 3 paragraphe 4 de ladite loi, dispose : (1) *« le contrôle juridictionnel des opérations budgétaires et comptables des administrations publiques est assuré par la juridiction des comptes..., (2) les membres de cette juridiction ont le statut de magistrat. Elle est indépendante par rapport au Gouvernement et au parlement, ainsi qu'autonome dans l'exercice de ses attributions. Elle décide seule de la publication de ses avis, décisions et rapports*

[54] KAMTO (M), « Les mutations de la justice camerounaise à la lumière des développements constitutionnels de 1996 », *RASJ*, Vol 1, 2000, P. 9-20 ; ABA'A OYONO (J. C), « Les mutations de la justice à la lumière du développement constitutionnel de 1996 », Verfassungundrecht in ubersee (VRU) - Law politics in Africa, Asia in Latin America, 34- 2000, p. 196- 219.

[...], (3) elle a pour missions : d'assister le parlement dans le contrôle de l'exécution des lois de finances ; de certifier la régularité, la sincérité et la fidélité du compte général de l'État ; de juger les ordonnateurs, les contrôleurs financiers et les comptables publics dans les conditions prévues aux articles 87 et ci-dessus ; de contrôler la légalité financière et la conformité budgétaire de toutes les opérations de dépenses et de recettes de l'État. À ce titre, elle constate les irrégularités et fautes de gestion commises par les agents publics et fixe, le cas échéant, le montant du préjudice qui en résulte ».

L'article 4 du décret n° 2008/028 du 17 janvier 2008 portant organisation et fonctionnement du Conseil de discipline budgétaire et financière, fixe la composition ainsi qu'il suit : *« Président : ministre délégué à la présidence charge du Contrôle supérieur de l'État ; membres : un représentant de la présidence de la République ; un représentant des services du Premier ministre ; le ministre de la Justice garde des Sceaux ou son représentant ; le ministre chargé de l'Administration territoriale et de la Décentralisation ou son représentant ; le ministre chargé des Finances ou son représentant ; le ministre chargé de la Fonction publique et de la Réforme administrative ou son représentant ; le ministre de tutelle ou son représentant au cas où l'affaire instruite intéresse une entreprise publique ou un organisme public ou parapublic ».*

La remarque qui saute à l'œil est que l'on est en présence d'un organisme interministériel qui se rattache au pouvoir exécutif. Ses membres n'ont dont pas la qualité de magistrat. Dans ces conditions, cet organe ne peut se prévaloir d'une quelconque indépendance vis-à-vis de l'exécutif auquel il est subjugué. Au regard de l'arsenal normatif en recension, le CDBF est matériellement incompétent pour examiner et sanctionner la faute de gestion.

En rétablissement de la vérité du droit, le CONSUPE voit ses attributions d'antan amenuisées comme une peau de chagrin. Ses audits sont circonscrits au seul *« contrôle interne »,* en application symphonique des articles 71 de la directive CEMAC, puis 8 (1) de la loi de 2018[55], toute autre forme de répression disciplinaire, prospérant *de facto,* étant la manifestation patente de l'arbitraire. Une fois les *« contrôles internes »* opérés, il ne lui reste plus qu'à en informer le président de la République, à titre de hiérarchie directe et exclusive, puis, éventuellement, à saisir puis transférer le dossier à la Chambre des comptes, si les résultats de l'audit révèlent des fautes de gestion présumées. L'édiction de l'arrêté de débet, au terme des travaux du conseil de discipline, est assimilée à ce que l'on qualifie, dans le langage prosaïque, de *« hupeyes »,* traduction française de l'intimidation des esprits faibles et ignorants des procédures administratives non

---

[55] L'article 71 dispose : *« Article 71 Le contrôle administratif comprend : Le contrôle hiérarchique de l'administration sur ses agents, qui, le cas échéant, peut s'exercer dans un cadre disciplinaire ; Le contrôle interne qui regroupe l'ensemble des procédures et méthodes permettant au responsable d'un service de s'assurer du bon fonctionnement de celui-ci et notamment de la bonne maîtrise des risques ; Le contrôle exercé par les inspections et corps de contrôle, y compris celui de l'inspection des finances qui peut s'exercer sur les services budgétaires et financiers de l'ensemble des ministères ; Le contrôle financier et comptable tel que défini aux articles 61 à 63 de la présente directive ».*

Aux termes de l'article 8 (1) *« les administrations publiques et les bailleurs de fonds internationaux doivent informer le Ministre chargé des finances. Lorsqu'ils sont accordés à l'État, les financements extérieurs, y compris ceux accordés à des projets ou programme d'investissements particuliers, sont intégrés en recettes et en dépenses à son budget général ».*

contentieuses. À ce jour, c'est se laisser aller à la guillotine en prêtant le flanc aux travaux de ce conseil de discipline, qui n'a plus de raison d'être juridique, car n'ayant aucun égard à l'égard de l'évolution du droit positif en cette matière de contrôle et de sanction de la faute de gestion.

Quant à l'instance juridictionnelle, il va désormais de soi qu'elle a compétence pour initier ses propres audits susceptibles de publicité pour l'information des contribuables. Outre le rapport sur la gestion du Covid-19 en 2020, la Chambre des comptes en a élaboré près d'une dizaine moins connus. Les qualifications opérées de *« fautes de gestion »* qui en résultent donnent alors lieu à la sanction juridictionnelle par arrêt. À ce jour, aucune n'est intervenue à raison des procédures encore pendantes. Et tout esprit qui serait tenté d'arguer de l'absence d'une Cour des comptes, afin de remettre en selle la forfaiture du CONSUPE, on lui rétorque qu'il s'agit d'un vain débat au regard de la situation constitutionnelle de la justice qui fait de la Chambre des comptes, intégrée à la Cour Suprême, une juridiction indiscutable. En regard de la maxime latine *Nemo auditur suam propriam turpitudinem allegans*, il revient à l'État, au bout du compte, de répondre du débat à propos.

Sous le bénéfice des développements qui précèdent, clamer que le Cameroun est un pays de désordre juridique et de tricheries juridiques n'est point outré. Des lois qui polluent l'environnement juridique mettent déjà en mal le faible niveau de sécurité juridique prescrit par la Constitution[56]. La protection juridictionnelle de la loi fondamentale reste de l'ordre de l'abstraction eu égard à un Conseil constitutionnel qui tarde à prendre de l'envol, et se complaît dans la platitude fonctionnelle en s'autocensurant d'accomplir sa mission essentielle qu'est celle de juger. Une juridiction qui ne juge pas n'en est pas une. Une tout autre illustration du tohu-bohu ou vacarme juridique tient à l'*instrumentum* qu'est la loi. Toute loi [n° / du... fixant...] porte la signature du président de la République. Le chef de l'exécutif peut-il s'autoriser à signer en dernière page de texte de la loi alors même que l'article 26 de la Constitution indique que la loi est faite par le parlement ? La fonction de la signature, en droit public ou privé ne consiste-t-elle plus, entre autres, à identifier l'auteur compétent de l'acte ? Ce qui tiendrait ce faisant de loi est manifestement frappé d'inexistence juridique, seul l'article 28 de la Constitution déclinant les conditions dans lesquelles le président intervient dans le champ législatif par émission des ordonnances dûment ratifiées.

Les présidents des chambres parlementaires peuvent-ils émettre des décrets, ces mêmes autorités sont-elles habilitées à signer des arrêts, jugements ou ordonnances relevant du pouvoir des juridictions ? Le président de la République est-il habilité à signer les décisions de justice susvisées ? Les juges concourent-ils à la signature des lois et décisions administratives dans l'exercice de la fonction juridictionnelle ?

---

[56] La nature présidentialiste du régime politique, signe de la détention des leviers du pouvoir par l'exécutif présidentiel ne permet pas nécessairement aux autres pouvoirs constitutionnels d'assurer le contrepoids à l'État de droit et à la démocratie pluraliste. Et c'est de notoriété publique. Par contre, combien de juristes mesurent la chape de plomb qui pèse sur l'émancipation citoyenne à travers la liberticide formulation constitutionnelle ci-après : « *La liberté et la sécurité sont garanties à chaque individu dans le respect [...] de l'intérêt supérieur de l'État* ». C'est de la dictature pure et simple si l'État est dans une situation égocentrique, dans laquelle tout lui revient en jouissance alors que le citoyen est confiné dans le cimetière de la liberté.

L'insertion de la loi au journal officiel étant une opération matérielle, un fait informatif des citoyens, la promulgation en revanche, révèle un acte juridique de constatation d'achèvement régulier de la navette parlementaire. L'habilitation à promulguer les lois, conformément à l'article 8, alinéa 5 de la Constitution, se fait au moyen de l'arme juridique qu'est l'usage du pouvoir réglementaire, également classé dans son champ de prérogative, en application de l'alinéa 8 suivant et, donc, par signature du décret afférent.

Quant à la tricherie juridique, l'introuvable loi d'habilitation sert à en illustrer la démonstration. On tient de l'article 28, paragraphe 1, la disposition suivante : ***« dans les matières énumérées à l'article 26, alinéa 2 ci-dessus, le parlement peut autoriser le Président de la République, pendant un délai limité et sur des objets déterminés, à prendre des ordonnances ».*** C'est la loi d'habilitation.

Des ordonnances sont couramment émises, sans que l'on ne sache, en vertu de quelles lois d'habilitation elles procèdent. Les lois de finances contiennent, traditionnellement, une curieuse avant-dernière disposition, à l'image de l'*« ARTICLE QUATRE-VINGT CINQUIÈME »* de celle 2022/020 du 27 décembre 2022 pour l'exercice 2023 : *« le Président de la République est habilité à apporter par voie d'ordonnance des modifications aux législations financières, fiscales et douanières ».* Le temps de la loi de finances est annuel. Par contre, cette habilitation est permanente, durant ce temps, alors que la Constitution fixe une habilitation séquentielle, durée de validité forcément inférieure à l'annualité. Bien plus, pendant que le constituant parle d'ordonnance portant *« sur des objets déterminés »,* la loi de finances habilite dans un domaine *rationae materiae* générique, vague et, par conséquent, d'une extensibilité indéfinie. On y tient, doublement, une violation flagrante de la constitution, pourtant exécutoire, que n'offre d'épurer un Conseil constitutionnel n'ayant point conscience de son existence, puis cette jonglerie juridique subrepticement glissée, alors même qu'une loi portant habilitation, circonscrite à ce seul objet, suffit à régler le problème créé par sa dilution politique à la loi de finances à l'objet distinct.

Dans ces conditions de somnolence au sommet de la garantie de l'État de droit, politiquement exalté, les égos des hommes au pouvoir exécutif contribuent à dévoyer les institutions, à ravaler les citoyens au rang de la subsidiarité. Et c'est l'essor du contentieux constitutionnel qui en pâtit. Les juridictions ordinaires et classiques, que sont le judiciaire et l'administratif, peinent à se constituer en îlots de paix juridique au milieu de l'océan troublé d'une boulimie du pouvoir politique. Les bourgeons de jurisprudence protectrice des droits fondamentaux qu'on en tire ne suffisent guère à rasséréner le débat contentieux de droit public. Se pose alors la question de savoir comment s'en sortir. Les fluctuations et oscillations des positions juridiques sont fondamentalement structurelles et appellent de ce fait des solutions pérennes.

Un profond et rigoureux toilettage du droit public s'impose, en imaginant que l'autorité compétente soit acquise à l'idée de mettre sur pied un comité scientifique chargé de l'épuration du droit. Des juges intrinsèquement indépendants et techniquement compétents sont les seuls aptes à conduire l'État de droit à bon port. À l'échelle globale de la direction politique qui innerve ou impacte les cours précédents, seul le déblayage des pistes compatibles à la sincérité démocratique et juridique, dans le sens de l'abandon du trompe-l'œil des institutions-règles, offrira le bol d'air à l'émergence d'un contentieux de droit public nettement plus efficient que ce qui est servi. Embarqué indistinctement dans un bateau exclusif, le rejet ou l'accomplissement de la trilogie mène inexorablement à la perte ou à la pulvérisation de la vitrine du droit.

Impérieux apparaît cet écrit de conclusion susceptible d'être regardé comme une remise en cause des fondements de l'État fonctionnel, poussif à l'encontre des vents contraires de la dynamique juridique. Instance juridictionnelle faîtière de l'État, disant et/ou créant de façon prétorienne le pic du droit tout entier, le Conseil constitutionnel est interpellé à la mobilisation pour le rétablissement de la sécurité juridique en situation. Une virulente voire volcanique opposition scientifique aux mauvaises pratiques du droit public ira crescendo tant que durera et perdurera le statut quo ou la dégradation de la déconstruction nocive des institutions.

LE DROIT DE VOTE DES RÉFUGIÉS EN RÉPUBLIQUE CENTRAFRICAINE SOUS LA CHARTE CONSTITUTIONNELLE DE TRANSITION (2013-2016)

Danièle DARLAN

Professeure des universités,
ancienne présidente de la Cour constitutionnelle
de la République centrafricaine

La République centrafricaine connaît, depuis plus de trente ans, une instabilité politique et constitutionnelle. Le 24 mars 2013, une coalition de groupes rebelles dénommée *« coalition Seleka »* investissait Bangui et prenait le pouvoir. De nombreuses exactions ont été commises sur les populations et sur leurs biens. C'est ainsi que bon nombre de personnes, craignant pour leur vie, se sont réfugiées dans les pays voisins.

Une transition démocratique a été instituée à compter du 18 juillet 2013. Le retour à l'ordre constitutionnel a été effectif le 30 mars 2016 suite à un processus électoral difficile. La prise en compte du droit de vote des réfugiés lors de la préparation de ces élections de sortie de crise sera une étape importante du processus. Cette prise en compte n'a pas été sans difficultés d'ordre technique, mais surtout d'ordre juridique. Cette prise en compte sera effective grâce à l'action menée par la Cour constitutionnelle de transition.

Entrée en vigueur le 22 avril 1954, la Convention de Vienne de 1951 sur le statut de réfugié a défini le terme réfugié : « *Aux fins de la présente Convention, le terme « réfugié » s'appliquera à toute personne : 1. Qui a été considérée comme réfugiée en application des Arrangements du 12 mai 1926 et du 30 juin 1928, ou en application des Conventions du 28 octobre 1933 et du 10 février 1938 et du Protocole du 14 septembre 1939 ou encore en application de la Constitution de l'Organisation internationale pour les réfugiés. 2. Qui, par suite d'événements survenus avant le premier janvier 1951 et craignant avec raison d'être persécutée du fait de sa race, de sa religion, de sa nationalité, de son appartenance à un certain groupe social ou de ses opinions politiques, se trouve hors du pays dont elle a la nationalité et qui ne peut ou, du fait de cette crainte, ne veut se réclamer de la protection de ce pays ; ou qui, si elle n'a pas de nationalité et se trouve hors du pays dans lequel elle avait sa résidence habituelle à la suite de tels événements, ne peut ou, en raison de ladite crainte, ne veut y retourner.* »

Le Protocole de 1967 entré en vigueur le 4 octobre 1967 a universalisé la Convention en retirant les références géographiques et temporelles.

La Convention de l'OUA régissant les aspects propres aux problèmes des réfugiés en Afrique dispose dans son article 1 point 2 : *« Le terme réfugié s'applique également à toute personne qui, du fait d'une agression, d'une occupation extérieure, d'une domination étrangère ou d'évènements troublant gravement l'ordre public dans une partie ou dans la totalité de son pays d'origine ou du pays dont elle a la nationalité, est obligée de quitter sa résidence habituelle pour chercher refuge à un autre endroit, à l'extérieur de son pays d'origine ou du pays dont elle a la nationalité ».*

La conception africaine du réfugié a guidé les réflexions et les actions de la Cour constitutionnelle de transition dans un souci d'apaisement et de réconciliation nationale.

L'objet de cet article est de faire part de l'expérience centrafricaine en la matière et de montrer quelle a été l'intervention de la Cour constitutionnelle de transition sans laquelle très certainement, le vote des réfugiés n'aurait pas été autorisé. Le contexte national ayant été déterminant, il y a donc lieu d'en dresser les grandes lignes et de traiter ensuite de la question du vote des réfugiés.

I. L'INSTAURATION DE LA TRANSITION EN RÉPUBLIQUE CENTRAFRICAINE : LA RECHERCHE DU COMPROMIS ET DE L'INCLUSIVITÉ

A. La crise centrafricaine et la remise en cause de l'ordre constitutionnel

1) La crise centrafricaine et ses conséquences

Les causes profondes de la crise. La crise centrafricaine ne date pas d'aujourd'hui, elle a des racines profondes[1]. La République centrafricaine a obtenu son indépendance par l'accord de transfert de compétences signé avec la République française le 12 juillet 1960, intitulé *« Accord particulier portant transfert à la RCA des compétences de la Communauté »* et qui stipule que *« la République centrafricaine accède, en plein accord et amitié avec la République française, à la souveraineté internationale et à l'indépendance par le transfert des compétences de la Communauté »*. Cet accord sera suivi par les *« Accords de coopération »* du 13 août 1960 paraphés le 12 juillet 1960, suivis eux-mêmes par des accords multilatéraux conclus entre la France et les anciennes colonies, République centrafricaine, Congo et Tchad : un accord de défense, un accord sur les droits fondamentaux des nationaux, et deux autres accords conclus le 15 août 1960 dont un relatif à l'enseignement supérieur et l'autre à la coopération monétaire, économique et financière. La loi 60 152 du 26 juillet 1960 adoptée par l'assemblée législative centrafricaine a ratifié les accords de transfert de compétences et la loi 60 153 du même jour a approuvé les accords paraphés le 12 juillet 1960 et autorisé le gouvernement à les signer dès la proclamation de l'indépendance. Cette indépendance sera proclamée le 13 août 1960.

---

[1] DARLAN (D), *L'évolution constitutionnelle et juridictionnelle de la République centrafricaine à travers les textes*, l'Harmattan, série droit, 167p, 2018.

Suite à ces accords historiques, la jeune République va malheureusement et immédiatement dériver vers la dictature et instaurer le parti unique. En effet, le 12 décembre 1960, plusieurs lois sont promulguées :

- une loi instaure des mesures de déportation et d'assignation à résidence ;
- une autre loi organise la répression des actes de résistance et de désobéissance envers les autorités publiques ;
- la troisième loi porte répression des écrits subversifs ;
- la quatrième loi autorise la dissolution par décret du président de la république, des partis politiques, syndicats, associations ou organisations troublant l'ordre public.

Le parti unique sera instauré par la loi 62 365 du 28 décembre 1962 portant révision constitutionnelle.

Ainsi, en quelques mois, la nouvelle République aura basculé dans la dictature. Elle connaîtra par la suite une instabilité politique et constitutionnelle chronique marquée par 5 coups d'État et huit Constitutions à ce jour.

En effet, il n'a fallu que 6 ans après l'indépendance pour que la RCA connaisse son premier coup d'État perpétré par le chef d'État-major des armées, le colonel Jean-Bedel Bokassa dans la nuit de la Saint-Sylvestre, il renverse David Dacko ; le 1er janvier 1966 les Centrafricains se réveillaient avec un nouveau chef d'État. En 1979, l'armée française relève Bokassa du pouvoir pour y remettre David Dacko mettant ainsi fin à l'Empire instauré par Jean Bedel Bokassa en 1976. En 1982, le chef d'État-major des armées, le général André Kolingba renverse David Dacko ; en 1993, Kolingba perdra les élections suite à l'instauration du multipartisme et au retour d'exil d'Ange Félix Patassé qui sera élu démocratiquement ; en 2003 Ange Félix Patassé est renversé par l'ancien chef d'État-major parti en rébellion, le général François Bozizé, ce dernier sera renversé à son tour le 24 mars 2013 par une coalition de groupes rebelles, la coalition SELEKA.

Chaque coup d'État a entraîné une dissolution de la Constitution et des institutions, chaque président a eu sa propre Constitution.

Les conséquences de la crise endémique. Cette instabilité chronique a eu de graves répercussions sur l'État, sur les institutions et sur la société centrafricaine. Le manque de transparence dans la gestion de la chose publique, les profonds dysfonctionnements de la justice ont entraîné et instauré des divisions entre les citoyens, la pauvreté, une fracture sociale et un repli identitaire.

L'autorité de l'État s'est amenuisée au fil des ans du fait notamment de la porosité des frontières qui a permis l'intrusion sur le territoire centrafricain d'éléments étrangers hostiles qui ont fini par se constituer en rébellions. L'instabilité politique et institutionnelle a affaibli les institutions de la République qui ont fini par n'être plus que l'ombre d'elles-mêmes. La personnalisation du pouvoir a eu la fâcheuse conséquence que chaque président a voulu et obtenu sa propre Constitution. Les injustices et les discriminations ont engendré la peur mais surtout ont développé parmi les citoyens la perte de confiance en l'État protecteur, le repli identitaire, le désir de vengeance et pour finir une fracture sociale importante qui a fait le lit du développement des groupes rebelles. Tout cela a eu pour conséquences un tissu économique et social détruit, le chômage, la pauvreté et par-dessus tout, le tribalisme inoculé au sein de l'armée. Les moyens réduits mis à la disposition de l'armée, les recrutements sur une base tribale, finiront par entraîner sa dislocation à l'entrée de la coalition SELEKA dans la capitale Bangui le 24 mars 2013.

L'acte constitutionnel N° 1 du 26 mars 2013 suspend la Constitution de 2004 et entraîne la dissolution des institutions de la république. C'est le début d'une nouvelle transition faisant suite à celle de 2003 ; transition qui durera jusqu'au 30 mars 2016, jour de l'investiture du nouveau président élu.

Comment en est-on arrivé à l'instauration de cette nouvelle transition ? L'échec de l'accord de Libreville du 11 janvier 2013 aboutira à l'instauration de la transition.

2) L'échec de l'accord politique de Libreville du 11 janvier 2013

Le contenu de l'accord et les raisons de l'échec. L'*« Accord de Libreville sur la résolution de la crise politico-militaire en République centrafricaine »* a été signé le 11 janvier 2013 par la majorité présidentielle, l'opposition démocratique et les mouvements politico-militaires.

Par cet accord, les parties convenaient de ce qui suit : le président de la République, qui était fortement contesté, demeurait en fonction jusqu'au terme de son mandat ; l'accord instituait un gouvernement d'union nationale inclusif d'une durée de 12 mois éventuellement renouvelable comprenant la majorité présidentielle, l'opposition démocratique, les mouvements politico militaires non combattants, la coalition *« SELEKA »,* la société civile ; le gouvernement ne pouvait être révoqué par le Président pendant la durée de la transition et des tâches précises étaient assignées à ce gouvernement ; le Premier ministre devait être issu de l'opposition.

Il était précisé en outre que le Premier ministre et les autres membres du gouvernement ne pouvaient être candidats aux prochaines élections, l'Assemblée nationale était maintenue, mais les projets de loi devaient être adoptés en l'état par l'Assemblée nationale.

Enfin, des engagements étaient pris par les parties à l'accord, les forces de la *« SELEKA »* s'engageaient ainsi à se retirer des villes occupées et à abandonner la lutte armée, le gouvernement s'engageait à libérer toutes les personnes arrêtées en relation avec la crise sécuritaire et les milices étaient dissoutes sur toute l'étendue du territoire.

Un comité de suivi était mis en place composé des États membres de la CEEAC, et des organisations internationales partenaires, comité chargé de garantir l'application de l'accord.

Malheureusement cet accord reposait sur la bonne foi des parties et le non-respect des obligations de part et d'autre, a abouti à la prise de pouvoir par la coalition *« SELEKA »* le 24 mars 2013.

Le coup d'État du 24 mars et ses conséquences. Le 24 mars 2013 la coalition *« SELEKA »,* ayant à sa tête Michel Djotodia investissait Bangui et chassait du pouvoir le Président François Bozizé ; une nouvelle transition s'installait qui allait durer jusqu'au 30 mars 2016.

L'Acte constitutionnel n° 1 du 26 mars 2013 suspendait la Constitution de 2004 et les institutions étaient dissoutes. L'Acte constitutionnel N° 2 organisait les pouvoirs provisoires.

La CEEAC remettra en cause ces Actes et donnera les grandes lignes de l'organisation de la Transition qui durera juridiquement du 18 juillet 2013 au 30 mars 2016 sous l'empire de la Charte Constitutionnelle de Transition.

Ce coup d'État du 24 mars 2013 a eu de graves conséquences dont la plus immédiate a été très certainement la dislocation de l'armée centrafricaine. Dès l'entrée de la *« SELEKA »* dans Bangui, l'armée centrafricaine disparaissait, les éléments se fondaient dans la nature avec armes et bagages, sans oublier les éléments de la police et de la gendarmerie qui abandonnaient leurs postes par crainte pour leur vie. La République centrafricaine se retrouvait ainsi sans Constitution, sans institutions, sans armée, tant et si bien que l'on se demandait si on avait encore affaire à un État digne de ce nom. Le territoire était contrôlé par des rebelles, la population se terrait. Durant de long mois, jusqu'à ce que revienne un minimum d'ordre avec la promulgation de la Charte constitutionnelle de transition, le pays et le peuple tout entier furent livrés aux rebelles.

B. La Charte constitutionnelle de Transition : un compromis pour la paix

1) La forte implication de la CEEAC dans la résolution de la crise

La Charte constitutionnelle de transition[2] a pour cadre de référence l'accord politique de Libreville du 11 janvier 2013 et les décisions des troisième et quatrième sommets des chefs d'État et de Gouvernement de la CEEAC des 03 et 18 avril 2013. Le sommet des chefs d'État du 18 avril 2013 a précisé que : *« les accords de Libreville du 11 janvier 2013 sont et demeurent le noyau central des arrangements politiques durant la transition ».*

On relève une forte implication de la CEEAC dans la détermination du cadre et des principes de la transition.

Suite aux événements du 24 mars 2013, il a été décidé par le sommet de Ndjamena du 18 avril 2013 que, le chef d'État de la transition, le Premier ministre, les membres du Gouvernement, les membres du bureau du Conseil national de transition (CNT) ne pouvaient se présenter aux élections présidentielles et législatives qui devaient être organisées à l'issue de la transition ; ces dispositions seront reprises par la Charte constitutionnelle de transition. L'accord politique de Libreville avait également arrêté les priorités du gouvernement d'union nationale, lesquelles seront reprises par la *« Déclaration de Ndjamena »* et par la Charte constitutionnelle de transition sous la dénomination *« feuille de route de la Transition ».* Le noyau central dont fait référence le sommet des chefs d'État et de Gouvernement du 18 avril 2013 est constitué par les principes de base du fonctionnement de la transition correspondant à *« l'esprit de Libreville »* : le dialogue inclusif entre les parties et la bonne foi des parties, la volonté commune d'œuvrer pour la réconciliation nationale, l'abstention de tout recours à la force pour le règlement des différends, le recours à l'arbitrage du comité de suivi en cas de litige ou désaccord et, si nécessaire le recours à la Conférence des chefs d'État, le respect des droits de l'homme, le recours au consensus de façon prioritaire pour la prise de décision et le recours au compromis.

---

[2] Journal Officiel RCA, édition spéciale, JORCA/18 juillet 2013.

Le sommet du 18 avril 2013 a défini dans la *« Déclaration de Ndjamena »*, les grandes lignes de la transition et a notamment décidé de la fixation de la durée de la transition à 18 mois, de la tenue d'élections au cours de cette période, de l'élaboration par le CNT d'une Charte constitutionnelle de transition et d'une nouvelle Constitution. Le sommet a également décidé de revoir à la hausse le nombre des membres du CNT et de l'appellation officielle du chef d'État de la transition qui ne devait pas porter le titre de président de la République.

2) Les principales dispositions de la Charte

L'esprit de la Charte : compromis et retour à l'ordre constitutionnel. L'esprit de la Charte était basé sur le compromis et la réconciliation nationale avec comme finalité le retour à l'ordre constitutionnel dans un délai raisonnable.

L'objectif de la transition était de parvenir à un retour à l'ordre constitutionnel par l'organisation d'élections libres et transparentes.

La Charte constitutionnelle de transition était protégée par la Cour constitutionnelle et la transition, protégée par la CEEAC.

Les inéligibilités prévues à l'article 106 de la Charte qui posent comme principe que quiconque aura participé à la gestion de la transition ne pourra se présenter aux élections organisées à l'issue de la transition avaient été prévues afin d'éviter les conflits d'intérêts et favoriser le déroulement d'une transition apaisée.

Les institutions de la transition. Les institutions de la transition étaient les suivantes : le chef d'État de la transition, le Conseil national de transition, le Gouvernement de transition, la Cour constitutionnelle de transition et le Haut conseil de la communication de transition.

Selon le sommet de Ndjamena, le CNT devait assurer une *« représentation populaire répondant aux critères présidant aux découpages électoraux traditionnellement suivis dans les pays à système démocratique »*. Le nombre des conseillers a été arrêté à 135. Cet organe était composé par des représentants des préfectures (25), de la ville de Bangui (2), des partis politiques (29), de la coalition Seleka (15), des politico-militaires (1), des confessions religieuses (6), de la société civile (5), des médias et autres (7), des professions libérales (6), des organisations des jeunes (5), des réseaux des organisations des droits de l'Homme (5) du secteur informel (2), des syndicats (6), des chambres consulaires (4), de la diaspora (3).

Le CNT disposait de la plénitude du pouvoir législatif, il était aussi considéré comme le pouvoir constituant dérivé devant élaborer la nouvelle Constitution qui sera adoptée par référendum.

Le chef de l'État de la transition était élu par le CNT.

Le chef du Gouvernement, issu de l'opposition démocratique, était désigné par consensus et selon l'article 29 de la Charte « *le Chef de l'État de la transition entérine la désignation du Premier Ministre, chef du Gouvernement conformément à l'Accord de Libreville du 11 janvier 2013. Sur proposition du Premier Ministre, il nomme les membres du Gouvernement et met fin à leurs fonctions* » ;

La Cour constitutionnelle de transition protège la Charte constitutionnelle, elle dispose des attributions classiques d'une Cour constitutionnelle.

La transition allait donc se dérouler du 18 juillet 2013 au 30 mars 2016, jour de l'investiture du Président élu, qui sera Faustin Archange TOUADERA, et de la promulgation de la Constitution du 30 mars 2016.

La plus lourde conséquence de la prise de pouvoir par la coalition *« SELEKA »* a été très certainement l'impact qu'elle a eu sur les populations, les multiples crimes perpétrés, les multiples exactions commises sur le peuple centrafricain. Cette période a connu d'importants déplacements de populations et surtout un nombre important de centrafricains se sont réfugiés dans les pays voisins principalement au Tchad, au Cameroun, au Congo et en République démocratique du Congo. Lors de la préparation des élections, la question des personnes déplacées et particulièrement celle des réfugiés, feront l'objet d'âpres discussions et négociations. La Cour constitutionnelle de transition s'impliquera pleinement dans le débat et dans la recherche de solutions.

C. Les victimes expiatoires : les populations

1) Un difficile retour à l'ordre constitutionnel

La prorogation de la transition sous le contrôle de la Cour constitutionnelle de Transition. La transition devait durer 18 mois à compter du 18 juillet 2013, date de promulgation de la Charte constitutionnelle de transition ; elle durera trois ans.

En effet, elle sera prorogée trois fois du fait d'une impréparation des élections. Il était important que des élections libres et transparentes soient organisées à l'issue de la transition. La Charte constitutionnelle de transition stipulait en son article 102 : *« La durée de la Transition est de 18 mois, portée à 24 mois sur avis conforme du médiateur. En cas de nécessité, la durée de la transition peut être examinée par la conférence des Chefs d'État de la CEEAC sur proposition conjointe et motivée du Chef d'État de la Transition, du Premier Ministre et du Président du Conseil National de transition. »*

La Cour constitutionnelle de transition a eu à trois reprises à accompagner la transition vers un retour à l'ordre constitutionnel en procédant à la vérification de la conformité de la prorogation de la transition[3].

La première échéance électorale était fixée au mois de février 2015, elle ne pouvait être tenue. Afin d'éviter un vide constitutionnel, il fallait proroger la transition. Par correspondance du 22 décembre 2014, le médiateur international de la transition, le Président de la République du Congo, Denis Sassou-Nguesso a donné son accord pour une prorogation de la durée de la transition pour une période de six mois. La Cour constitutionnelle de transition a jugé cette prorogation conforme à la Charte par décision 003/15/CCT du 16 janvier 2015.

La deuxième décision est la décision 0015 du 14 août 2015. La Cour a été à nouveau saisie sur la question de la prorogation de la Constitution par le chef d'État de la transition, prorogation par décision N° 76 /CEEAC/CCEG/XVI/15 des chefs d'État de la CEEAC. Cette prorogation allait du 18 août au 30 décembre 2015, délai supplémentaire nécessaire pour la mise en œuvre du processus électoral, cette décision répondait aux exigences de l'article 102 de la Charte constitutionnelle de transition ; elle a également été déclarée conforme.

La troisième décision est la **décision 014/15 du 8 décembre 2015** ; une décision des chefs d'État de la CEEAC avait autorisé une nouvelle prorogation de

[3] Recueil des décisions de la Cour constitutionnelle de transition, RCA, 2003-2017, publié sous le haut patronage de la Cour Constitutionnelle.

la transition, allant du 1er janvier 2016 au 31 mars 2016 ; cette décision a été déclarée conforme à la Charte constitutionnelle de transition.

2) Les exactions commises sur les populations et leurs conséquences

Les multiples exactions. Les exactions commises sur les populations ont été innombrables et innommables : meurtres, assassinats, exécutions sommaires, pillage des biens, terreur au quotidien, la jungle s'était installée sous la coalition *« Seleka »* à laquelle s'ajoutera celle créée par un autre groupe rebelle né de cette situation, les anti-balaka appelés *« milices chrétiennes »* par opposition à la *« Seleka »* dont les sujets étaient majoritairement musulmans et dont les chefs étaient en grande partie des mercenaires étrangers.

Des rapports accablants établis notamment sous l'égide des Nations unies dont en particulier, le rapport Mapping[4] documentera les exactions commises et vécues au quotidien par les populations centrafricaines. Le rapport mettra en lumière également la question chronique de l'impunité.

La situation des réfugiés. Un dixième de la population avait fui le pays suite aux évènements de 2013 et diverses exactions ; ce qui représentait 460 000 personnes parmi lesquelles 190 000 électeurs soit environ 10 % du corps électoral centrafricain, dont en majorité des musulmans[5]. Les Pays de destination étaient le Cameroun, plus de la moitié des réfugiés, la République démocratique du Congo, le Tchad et la République du Congo.

Les personnes déplacées étaient au nombre de 400 000.

Lors de la préparation des élections qui se voulaient inclusives la question du vote des réfugiés et des personnes déplacées se sont posées avec acuité. La Cour constitutionnelle a dû s'impliquer dans le débat et intervenir à plusieurs niveaux.

Le code électoral en vigueur en RCA ne permettait pas le vote des personnes déplacées ni des réfugiés, ce qui était conforme aux règles, compte tenu du statut des réfugiés et de la position des personnes déplacées par rapport aux dispositions électorales classiques en usage. En ce qui concerne les personnes déplacées, des problèmes techniques qui pouvaient se régler se posaient, contrairement aux réfugiés dont la prise en compte imposait non seulement l'aménagement des dispositions techniques et légales, mais intégrait des considérations diplomatiques en raison de l'implication des pays d'accueil et du HCR.

Notre propos est d'examiner l'intervention de la Cour constitutionnelle, car celle-ci a été décisive dans la prise en compte du vote des réfugiés.

---

[4] Rapport Mapping du 29 juin 2017 RCA (2003-2015), https://www.ohchr.org.

[5] Données HCR, *https://www.ohchr.org,* consulté le 20 septembre 2022.

II. LE VOTE DES RÉFUGIÉS EN QUESTION

A. Les textes applicables et les oppositions au vote des refugiés

1) Les textes applicables

Les textes applicables en la matière étaient essentiellement la Charte constitutionnelle de transition et le Code électoral. La Charte était inclusive conformément à *« l'esprit de Libreville »,* mais le code électoral ne l'était pas.

Les dispositions de la Charte constitutionnelle de transition. Comme il a été souligné la Charte constitutionnelle de transition avait été rédigée dans un esprit d'inclusivité et de réconciliation nationale nécessaire à l'organisation d'élections inclusives et apaisées tandis que le Code électoral était conforme aux règles classiques relatives notamment à la qualité d'électeur. Ainsi, la Charte prônait dans son préambule le dialogue et l'unité nationale « *conscients que seuls la tolérance et le dialogue constituent le socle de la paix et de l'unité nationale* ». L'article 44 de la Charte qui fixait la feuille de route de la transition mettait l'accent sur la paix et la sécurité, il s'agissait notamment de : *« restaurer la paix et la sécurité des personnes et des biens* ; *préparer et organiser un référendum constitutionnel ainsi que des élections présidentielles et législatives libres, démocratiques, transparentes et régulières* ». L'article 20 de la Charte était relatif au droit de vote et disposait : *« tous les Centrafricains des deux sexes, âgés de 18 ans révolus et jouissant de leurs droits civiques, sont électeurs dans les conditions déterminées par la loi...* ***tout citoyen a le droit de vote »***

Qu'en était-il du Code électoral ?

Le Code électoral et le vote des réfugiés. La loi N° 13.003 du 13 novembre 2013 portant Code électoral de la République centrafricaine.

Il avait été adopté par le Conseil national de transition. Le chapitre II intitulé « *des conditions requises pour être électeurs* » disposait en son article 3 que : *« sont électeurs, les personnes des deux sexes, ayant la nationalité centrafricaine, âgées de 18 ans révolus au moment de l'inscription, jouissant de leurs droits civiques, et qui sont régulièrement inscrites sur la liste électorale ».*

Et l'article 5 : *« nul ne peut voter : s'il n'est inscrit sur la liste électorale de la circonscription administrative où se trouve sa résidence sauf les cas de dérogation prévus par la présente loi ; si vivant à l'étranger, il n'est détenteur d'un passeport, d'une carte nationale d'identité, d'une carte consulaire centrafricaine et s'il n'est immatriculé depuis au moins six mois à l'ambassade ou au consulat de la République centrafricaine dans le pays de sa résidence et inscrit sur la liste électorale ».*

Ces dispositions qui faisaient référence à la carte consulaire, à l'immatriculation à l'ambassade ou au consulat et à l'inscription sur la liste électorale excluaient toute possibilité de vote pour les réfugiés. Il était donc nécessaire de procéder à une révision du Code électoral pour pouvoir autoriser le vote des réfugiés. Ceci devait conduire à tout un débat préalable et à l'intervention de la Cour constitutionnelle de transition. Elle a dû faire face à l'opposition des partis politiques et à la résistance du Conseil national de transition.

2) L'opposition des partis politiques au vote des réfugiés

Un débat au sein du Cadre de concertation. Un débat s'est donc déroulé pour la révision du Code électoral sur certains points dont la question de la prise en compte du vote des réfugiés. Ce débat était conduit par le Cadre de concertation. L'article 8 du Code électoral disposait qu *il est institué un espace d'échanges d'informations et de suivi entre les différents acteurs du processus électoral dénommé « Cadre de Concertation »* et l'article 9 *prévoit que « le Cadre de Concertation est composé des représentants des pouvoirs publics, des partis politiques et de la société civile ».*

Une vive opposition à la prise en compte du vote des réfugiés s'est manifestée lors des débats et cette opposition venait des principaux partis politiques. La Cour constitutionnelle participait aux réunions du Cadre de concertation en tant qu'observateur, mais elle a dû s'impliquer dans les débats pour tenter de faire fléchir la position des partis politiques en mettant en avant les problématiques de paix et de réconciliation nationale.

Les arguments développés par les partis politiques. Les principaux arguments et inquiétudes formulés par les partis politiques étaient les suivants :

Le premier argument avancé par les partis politiques était juridique : ils ont rappelé que la Convention des Nations unies sur le statut des réfugiés interdisait aux réfugiés de participer à des activités politiques.

Le deuxième argument était une inquiétude par rapport à la transparence de l'élection : ils ont relevé que les réfugiés en âge de voter représentaient 10 % du corps électoral. Ces réfugiés étant en majorité musulmans, aussi craignaient-ils que les conditions du déroulement de ce vote, si elles n'étaient pas bien maitrisées, permettraient des fraudes en faveur du candidat musulman.

Le troisième argument touchait également à la transparence des opérations de vote : ils affirmaient que parmi les réfugiés se trouvaient de nombreux mercenaires étrangers qui détenaient des pièces d'identité centrafricaines.

Les arguments soulevés étaient importants et il fallait lever les appréhensions.

La société civile, les pouvoirs publics et la communauté internationale étaient plutôt favorables au vote des réfugiés, mais les partis politiques étant au sein du Conseil national de transition marquaient des oppositions qui allaient ressurgir au sein de cette assemblée car aucun consensus n'ayant pu être dégagé sous la férule du Cadre de concertation.

B. L'action de la Cour constitutionnelle de Transition pour la prise en compte du vote des réfugiés

La Cour constitutionnelle de transition, pour mener son action en faveur du vote des réfugiés, s'est appuyée sur les dispositions de la Charte constitutionnelle de transition, les résolutions du Conseil de sécurité des Nations unies et l'expérience menée en ce domaine par d'autres pays.

1) L'impératif d'inclusivité pour des élections de sortie de crise

La Cour constitutionnelle de transition avait pour préoccupation, dans le cadre du respect de l'esprit de compromis et de réconciliation nationale contenu dans la Charte constitutionnelle de transition, de veiller au caractère inclusif des élections car les divisions étaient nombreuses et les ressentiments minaient la société, ce d'autant qu'était né un conflit à connotation religieuse entre les *« Seleka »* et les *« Anti-balaka »*. À la chute des *« Seleka »*, on a assisté à de graves exactions commises sur les populations musulmanes et les quartiers musulmans, un amalgame étant né entre la coalition *seleka* et toute personne de religion musulmane, ce qui explique le fait que les réfugiés étaient en majorité de confession musulmane.

La Cour constitutionnelle va s'impliquer dans le débat en se basant d'une part sur les résolutions du Conseil de sécurité des Nations unies, mais particulièrement sur les dispositions de la Charte constitutionnelle de transition et sur le fait que d'autres pays en crise avaient déjà organisé le vote des réfugiés : le Mali, le Niger, la Mauritanie, le Kosovo et l'Albanie démontrant ainsi que c'était possible d'y parvenir.

Le Conseil de sécurité des Nations unies favorable au vote des réfugiés. Hormis, les dispositions et l'esprit de la Charte constitutionnelle de transition, l'impératif de l'inclusivité a été souligné à plusieurs reprises par le Conseil de sécurité des Nations unies concernant la situation en République centrafricaine.

La Résolution 2 149 du Conseil de sécurité. Par cette résolution, le Conseil appelle au vote des réfugiés centrafricains au Cameroun, en République du Congo, en République démocratique du Congo, au Soudan et au Tchad en ces termes : *« demande instamment, dans ce contexte, aux autorités de transition d'accélérer les préparatifs en vue de la tenue d'élections présidentielles et législatives libres, régulières, transparentes et ouvertes à tous au plus tard en février 2015 et d'entamer sans tarder les préparatifs et de prendre les mesures concrètes qui s'imposent à cette fin, notamment avec la mise en place d'urgence d'un cadre de conciliation comme prévu dans le communiqué du sommet de la CEEAC de janvier 2014, le lancement d'un dialogue politique ouvert à tous sur le dispositif électoral et la mise au point du cadre juridique et technique nécessaire, **et insiste également sur le fait que les déplacés et les réfugiés centrafricains doivent participer aux élections et que leur retour doit être considéré comme un objectif majeur** »* . Au point 30 de ladite résolution, il est précisé que les élections de 2015 doivent être ***« libres, régulières, transparentes et ouvertes à tous, auxquelles les femmes participeront pleinement et effectivement à tous les niveaux et dès le début, et auxquelles prendront également part les déplacés et les réfugiés centrafricains »***.

La Résolution 2217 du 28 avril 2015. Cette insistance du Conseil de sécurité concernant le vote des réfugiés centrafricains a été réitérée dans sa Résolution 2217 du 28 avril 2015 en son point 8 : *« Engage instamment les autorités de transition, ainsi que l'Autorité nationale des élections (ANE), conformément à la charte nationale de transition, à accélérer les préparatifs en vue de la tenue, à titre urgent et dès que possible, des élections présidentielles et législatives libres, honnêtes, transparentes et ouvertes à tous qui doivent en principe se tenir au mois d'août 2015 au plus tard, **en veillant à la participation pleine, effective et sur un pied d'égalité des femmes, des personnes déplacées et des réfugiés de la République centrafricaine, dont le retour devrait être un objectif important »**.*

L'imposition par la Cour constitutionnelle de transition du vote des réfugiés. La Cour a dû faire face à une opposition du Conseil national de transition au vote des réfugiés. Comme cela était prévisible, les partis politiques avaient reporté leurs oppositions et inquiétudes au sein du Conseil national de transition lors du vote du projet de Code électoral. La Cour devait procéder au contrôle de constitutionnalité du code, à cette occasion, elle a œuvré pour la modification des dispositions du code permettant le vote de réfugiés.

La Cour constitutionnelle dans sa **décision n° 002 du 16 janvier 2015** à l'occasion de l'examen de conformité de la loi portant dérogation au Code électoral s'est exprimée ainsi : *« Considérant qu'il y a lieu de signaler que l'examen de la loi portant code électoral fait apparaître, que la question du vote des citoyens centrafricains déplacés ou réfugiés du fait des évènements n'a pas été prise en compte, ceci en méconnaissance de l'article 20 alinéa 6 de la Charte constitutionnelle de Transition qui dispose que : « Tout citoyen a le droit de vote », **que cette situation doit être prise en compte »**.* Le Conseil national de transition, organe législatif, **a rejeté le 1er juillet 2015** les dispositions dérogatoires relatives au vote des réfugiés contrevenant ainsi à la décision de la Cour.

Les raisons avancées à cette opposition étaient les mêmes que celles soulevées par les partis politiques. Ceci était particulièrement grave, car la Cour avait jugé en contrôle de constitutionnalité imposant que soit modifié le code électoral pour qu'il soit conforme au droit de vote de tout citoyen tel qu'inscrit dans la Charte.

En déniant le droit de vote aux réfugiés, le législateur, violait deux dispositions de la Charte constitutionnelle de transition ; l'article 20 alinéa 6 de la Charte qui dispose *« tout citoyen a le droit de vote »* ; l'article 84 alinéa 1 de la Charte constitutionnelle de transition qui dispose : *« Les décisions de la Cour Constitutionnelle de Transition ne sont susceptibles d'aucun recours. Elles s'imposent aux pouvoirs publics, à toute autorité administrative et juridictionnelle et à toute personne physique ou morale. »*.

Entre-temps, des actions étaient menées pour dissiper les inquiétudes : négociations avec le HCR et engagements pris par celui-ci d'aider à l'organisation et de faciliter le déroulement du scrutin dans des bonnes conditions ; visites des sites de réfugiés entrepris par l'Autorité nationale des élections (ANE) ; contacts diplomatiques avec les pays d'accueil pour obtenir leur autorisation d'organiser le scrutin dans leurs pays respectifs (seule la RDC n'a pas donné son autorisation) ; coordination des actions entre le gouvernement, l'ANE, les pays d'accueil, la communauté internationale dont le HCR ; appui de la communauté internationale pour les aspects techniques et organisationnels (ex : transport du matériel électoral) et financiers. Le CNT devait finalement procéder à un nouvel examen des dispositions dérogatoires qui aboutira à l'adoption des dispositions dérogatoires permettant aux réfugiés de voter pour le scrutin référendaire et pour l'élection présidentielle. Le vote positif a été obtenu à l'arrache.

2) Les dispositions dérogatoires au code électoral autorisant le vote des réfugiés

Le 8 décembre 2015, était promulguée la loi portant code électoral de la République centrafricaine et comportant les dispositions dérogatoires tant pour les réfugiés que pour les personnes déplacées[6] ;

---

[6] RCA, Autorité Nationale des Élections, code électoral de la RCA, décembre 2015
En définitive, pour le scrutin référendaire, le taux de participation des réfugiés sera de 50 %.

L'article 3 était ainsi modifié : article 3 ancien : *« sont électeurs, les personnes des deux sexes ayant la nationalité centrafricaine, âgées de 18 ans révolus au moment de l'inscription, jouissant de leurs droits civiques, et qui sont régulièrement inscrites sur la liste électorale. »* Avec l'article 3 nouveau, un alinéa était ajouté : « *Les personnes visées à l'alinéa précédent, sous protection des organismes d'assistances aux réfugiés, peuvent prendre part au référendum et à l'élection du Président de la République* ». L'article 5 était modifié pour rajouter une *carte de réfugié* aux documents autorisés. En ce qui concerne la liste électorale, l'article 30 était complété par cette disposition *« la liste électorale du site d'accueil des réfugiés est affichée aux abords du site, dans un lieu déterminé par le pays d'accueil* ». L'article 32 relatif à l'inscription sur la liste électorale disposait : *« Les dispositions de l'alinéa précédent s'appliquent aux déplacés internes et aux réfugiés ; la personne déplacée interne qui se présente à l'enregistrement précise sa résidence habituelle et sa condition de déplacée. Le centre d'enregistrement prend bonne note et informe la personne déplacée que son lieu de vote correspondra à son lieu d'enregistrement ».*

En ce qui concerne les pièces requises pour l'enregistrement sur la liste électorale l'article 34 était complété en ces termes : « *la carte de réfugié ou tout autre document dûment établi tenant lieu de pièce d'identification* ». De l'expérience centrafricaine on peut tirer quelques enseignements : le premier enseignement est qu'il est nécessaire de prendre en compte les conditions du pays dans lequel les élections sont organisées et elles varient d'un pays à un autre. Le réalisme conduit à une adaptation du droit électoral pour permettre une plus grande participation et une inclusivité dans un pays en crise profonde qui doit retrouver l'ordre constitutionnel par le biais de ces élections. Le deuxième enseignement est que le code électoral doit être inclusif en toutes circonstances et particulièrement en période de sortie de crise et de retour à l'ordre constitutionnel. Ce code électoral doit faire l'objet de débats et aboutir à un consensus, car il est un facteur de paix sociale. Le troisième enseignement est que la Cour constitutionnelle doit s'impliquer pendant la préparation des élections pour veiller à la bonne préparation et apporter les corrections nécessaires dans le cadre de ses attributions ; elle doit être indépendante et être également une institution œuvrant pour la paix.

La participation pour le premier tour de l'élection présidentielle était très importante car elle représentait 61 % des réfugiés inscrits.

LA LÉGITIMITÉ DES AUTORITÉS DE TRANSITION

Delphine Édith EMMANUEL

Agrégée de droit public
Professeur titulaire
Université Marien NGOUABI Congo

« Le plus fort n'est jamais assez fort pour être toujours le maître s'il ne transforme sa force en droit et l'obéissance en devoir »[1]. Cette exigence énoncée en son temps par Jean Jacques Rousseau révèle tout son sens lorsqu'on examine la question de la légitimité des autorités de transition, dans le contexte singulier des changements de gouvernants opérés « hors des procédures constitutionnelles en vigueur »[2].

En effet, la déconstruction de l'ordre constitutionnel initial, qui caractérise paradoxalement les États africains engagés dans le nouveau constitutionnalisme[3] s'accompagne d'une légalité des temps extraordinaires conduisant à un régime d'exception. Elle est suivie de la novation de ces autorités de fait en autorités de transition, après observation d'un rituel marqué par l'adoption d'une constitution matérielle, d'une investiture et d'une feuille de route comportant diverses étapes devant conduire à l'établissement d'un ordre constitutionnel[4] stable.

Assurément, l'adoption d'une Constitution de transition déroge à l'archétype des textes constitutionnels qui régissent les ordres constitutionnels classiques. Leur examen soulève deux questions majeures, de nature organique et formelle.

Du point de vue organique, les petites constitutions[5] sont élaborées par des autorités qui détiennent un titre, conféré par les circonstances exceptionnelles dont on peut s'interroger sur la légalité. À défaut d'être des autorités instituées et dotées d'une habilitation conférée par la constitution en vigueur, ces autorités de fait

---

[1] ROUSSEAU (J. J), *Du contrat social*, Paris, éd. Bourgeois, 1973, I, II, "Coup d'État", *Dictionnaire Constitutionnel*, Paris, PUF, p. 240.

[2] HOURQUEBIE (F), "Néo constitutionnalisme et contenu des constitutions de transition : Quelle marge de manœuvre pour les constitutions de transition ?", *AIJC*, 30-2014, 2015, Juges constitutionnels et doctrine. Constitutions et transition, pp. 587-602.

[3] AHADZI (K. N.), *Les défis du gouvernement démocratique en Afrique subsaharienne depuis 1990*, Paris, L'Harmattan, 2020, 308 p.

[4] NAREY (0), « L'ordre constitutionnel », in *Mélanges Dédiés au Doyen Francis V. Wodié*, DF. Meledje, M. Bléou et F. Komoin (dir.), PUT, 2016, pp. 399 – 421.

[5] E. CARTIER (E), « Les petites constitutions : contribution à l'analyse du droit constitutionnel transitoire », RFDC, 2007/3, n° 71, pp. 513 – 534 et M. Zaki, « Petites constitutions et droit transitoire en Afrique », *Nouvelles Annales Africaines*, 2012, pp. 3 – 46.

détiennent des prérogatives découlant de leur maîtrise de la situation, c'est-à-dire de la situation de fait.

C'est le contrôle des moyens de coercition qui leur permet de prendre, de présider aux destinées de l'État sur le territoire auquel elles se trouvent. C'est ainsi qu'elles décident alors de l'organisation constitutionnelle de la situation de crise,[6] de l'abrogation ou de la survivance de la constitution en vigueur, couplée ou non de l'adoption d'une constitution de transition ou d'un accord de sortie de crise[7]. Assurément, ces autorités de transition exercent un pouvoir constituant originaire atypique dépourvu de tout fondement démocratique. Par conséquent, elles n'ont aucune légitimité démocratique.

Du point de vue formel, l'on observe un désordre dans la constitution, expression d'une ingénierie constitutionnelle[8] atypique marquée par la multiplication des textes nationaux ou internationaux qui font office de constitution matérielle. La multiplication des coups d'États, des insurrections et autres coups de force caractérise de nombreux États africains de tradition juridique francophone[9]. Elle justifie la présente réflexion qui porte sur la construction de la légitimité des autorités de transition, objet d'étude pour le constitutionnaliste non exclusivement réservé au politiste. Il est, en effet, intéressant de relever que les faits sont progressivement saisis par le droit et deviennent des objets de droit.

La légitimation constitue, dans ces conditions, l'objectif poursuivi et atteint au moyen des ressources offertes par le droit constitutionnel et la science politique. Par conséquent, la présente réflexion contribue à l'étude des transitions politiques qui, jusque-là avait privilégié les thématiques liées aux Chartes de transition[10], aux accords politiques de sortie de crise ou à l'office du juge constitutionnel de transition[11]. Il s'agit, par conséquent, d'expliquer la novation du statut des autorités de fait en autorités constitutionnelles de transition, détentrices d'une habilitation pour décider pour le compte du peuple.

L'examen de cette mutation est conduit au moyen de la méthode juridique, de l'exégèse et de la méthode comparative. C'est ainsi que seront analysés les déclarations, les actes politiques et juridiques produits par les autorités de transition. Et pour cela l'exégèse sera d'un grand secours ; de même que la méthode comparative mettra en évidence la convergence et la divergence des processus de transition, conduits notamment au Burkina Faso, en Guinée, au Mali et au Tchad dans le cadre du nouveau constitutionnalisme.

Nous ne manquerons pas, par ailleurs, de nous référer, le cas échéant, à des exemples historiques pertinents. En définitive, si l'absence de légitimité

---

[6] KPODAR (A) et KOKOROKO (D), « Remarques sur quelques mutations du droit constitutionnel par les crises politiques en Afrique », in *Mélanges en l'honneur du Professeur Théodore Holo*, PUT, p. 239.

[7] P. SOGLOHOUM, « Le rétablissement de l'ordre constitutionnel dans les États africains en période de crise », *Revue burkinabé de droit*, n° 52, premier semestre 2017, pp. 207 – 241.

[8] ANDZOKA (S), *L'ingénierie constitutionnelle. Solution de sortie de crise en Afrique ? Les exemples de l'Afrique du Sud, de la République démocratique du Congo, du Burundi et du Congo-Brazzaville*, Paris, L'Harmattan, 2015, 594 p.

[9] DOSSOU (R), « Flux et reflux dans le nouveau constitutionnalisme », *Revue du Conseil constit*utionnel, n °4, 2014, p. 327.

[10] PERLO (N), « Les Constitutions provisoires, une catégorie normative atypique au cœur des transitions constitutionnelles en Méditerranée », *Revue méditerranéenne de droit public*, vol. 3, 2 015.

[11] Emmanuel (D. E), « L'office du juge constitutionnel en période de transition », *Annales de l'Université de Toulouse 1* Capitole, PUT 1 Capitole, Tome, LXII/2020-2, pp. 11 – 55.

antécédente des autorités de transition les oblige à recourir, dans un premier temps à l'autolégitimation (I), dans un second temps, elles ne manquent pas de s'engager dans un processus de légitimation (II).

I. DE l'AUTOLÉGITIMATION...

La novation du statut des autorités de transition s'explique par la substitution d'une autolégitimation à la légalité et à la légitimité antécédentes[12]. Cette autolégitimation présente un caractère ambivalent : elle est à la fois juridique (A) et organique (B).

A. Les manifestations juridiques de l'autolégitimation

L'autolégitimation constitue une nécessité impérieuse pour les autorités de Transition qui se justifie par la nécessité de combler les lacunes constitutionnelles[13] provoquées par la rupture de l'ordre constitutionnel. Ce processus commence dès la rupture de l'ordre constitutionnel et se poursuit avec la construction du régime d'exception.

La crise constitutive d'un changement anticonstitutionnel du gouvernement est occasionnée par divers évènements qui emportent les régimes politiques en Afrique[14] au point où, le continent tend à être considéré comme « la terre des coups d'État »[15]. À propos, un auteur n'hésite pas à constater que « le spectacle qu'offre alors l'Afrique est celui d'un continent où les crises semblent avoir élu domicile : à tout moment des tensions, des crises ou conflits armés s'observent, ici ou là en Afrique »[16].

Malgré les mécanismes institués par certains États africains, afin de les prévenir, ceux-ci ne peuvent pas les empêcher[17]. C'est ainsi que l'on enregistre des reflux du constitutionnalisme dans les États qui les plongent dans une crise[18] récurrente.

Du fait de cette situation, la source du pouvoir ne se trouve plus dans l'urne mais dans la rue, suite à l'utilisation des moyens de coercition par l'armée. En effet, la grande muette sort de sa réserve et de sa mission traditionnelle qui consiste à assurer la sécurité et la défense du territoire contre toute menace extérieure et à veiller au respect de l'intégrité territoriale. Elle affirme, ne fût-ce que momentanément, son droit d'intervenir dans la gestion de la cité et d'agir par

---

[12] COURNARIE (P), "Légitimité de la légitimité", in Cormier Paul, Gilly Girardin (M) (dir.), *Construire la légitimité politique de l'Antiquité à nos jours*, Paris, Garnier, 2020, p. 52.

[13] JEANNENEY (J), *Les lacunes constitutionnelles*, Paris, Dalloz, 2016, 802 pages.

[14] OULD BOUBOUTT (A. S), « L'Union africaine et les changements anticonstitutionnels de gouvernement. Libres propos sur certains aspects de la Charte africaine de la démocratie, les élections et la gouvernance du 30 janvier 2007 » in *Mélanges en l'honneur de Babacar Kanté, Actualités du droit public et de la séparation des pouvoirs en Afrique*, Paris, L'Harmattan, *op. cit*, pp. 685-695.

[15] BLEOU (M), « La constitution et les crises en Afrique : la constitution jaugée », in *Mélanges en l'honneur de Babacar Kanté, Actualités du droit public et de la séparation des pouvoirs en Afrique*, *op.cit.*, p. 685.

[16] BLEOU (M), « La constitution et les crises en Afrique : la constitution jaugée », *op.cit.*, p. 59.

[17] ZORGBIBE (C. H), « L'État devant l'insurrection », *La Revue Administrative*, 1969, pp. 423-431.

[18] SINDJOUN (L), « Le gouvernement de transition : éléments pour une théorie politico-constitutionnelle de l'État en crise ou en reconstruction » in *Mélanges en l'honneur de Slobodan Milacic, Démocratie et Liberté : tension, dialogue, confrontation*, Bruxelles, Bruylant, 2008, p.

la force[19] pour un motif d'intérêt général. Et pour cela, elle mène une « révolution juridique »[20] qui conduit à l'abrogation ou à la modification des textes relatifs à la dévolution du pouvoir[21].

Durant la période concomitante au coup d'État, « le treillis » gère de façon visible la cité. Cette présence se manifeste notamment, d'une part, par la substitution des tenues militaires aux costumes civils. Ce sont diverses personnalités aux grades variables, porteuses de l'uniforme militaire, généralement celui du corps dans lequel le coup d'État est mené, qui apparaissent dans les médias afin d'annoncer le changement constitutionnel. Elles assument leur rôle dans le renversement de l'ordre constitutionnel existant. Et dans une communication bien rodée, elles informent la nation des décisions juridiques et politiques prises. Il s'agit notamment de la décision relative à l'organisation des pouvoirs publics et du sort réservé aux organes constitutionnels existants. C'est ainsi que dans l'immédiateté du changement constitutionnel, la Constitution est abrogée voire suspendue[22]. Cette décision exprime indéniablement la volonté de rupture. Elle s'accompagne généralement de l'élaboration d'instruments variables : Actes, Décisions, Déclarations ou communiqués pris afin d'éviter le vide constitutionnel dans la période s'écoulant entre la neutralisation de la Constitution et l'organisation du corpus de transition. Puis, la situation étant relativement sous contrôle, l'on passe à une phase de stabilisation durant laquelle la Constitution est parfois ressuscitée et expurgée de certaines de ses dispositions, celles-ci faisant l'objet d'une Charte complémentaire de transition. Dans d'autres circonstances, l'abrogation de la constitution est concomitante à l'adoption d'une Charte de la transition qui se substitue à elle. La communication politique comporte alors un message essentiel diffusé par les nouveaux maîtres : à savoir la disparition du régime politique et l'instauration d'un régime de transition dont l'autolégitimation s'impose.

B. Les manifestations organiques de l'autolégitimation

La demande constitutionnelle est accentuée dans les périodes de crise[23]. Elle s'accompagne de la mise en place d'un « ordre politique de l'entre-deux »[24] auquel participent les autorités de transition qui symbolisent « la fiction de l'État, … [le] cache-sexe qui dissimule la nudité du Léviathan empêtré voire évanoui »[25].

Incontestablement, la prise de pouvoir par les autorités de fait s'opère en rupture des règles de dévolution du pouvoir en vigueur dans les régimes

---

[19] SARTRE (P), « Quelle armée française ? », *Pouvoirs 125*, 2008, p. 10.

[20] CARTIER (E), *La transition constitutionnelle en France (1940-1945). La reconstruction révolutionnaire d'un ordre juridique républicain*, Paris, LGDJ, 2005, p. 11.

[21] LIET-VEAUX (G), *La continuité du droit interne : essai d'une théorie juridique des résolutions*, Paris, Sirey, 1943, 468 p.

[22] BIGAUT (C. H), « Les suspensions de la Constitution. Les régimes dérogatoires aux dispositions constitutionnelles : les suspensions provisoires de la Constitution », *Revue administrative* n° 325, 2002, pp. 47-54.

[23] EL HADJ MBODJ, « Émergence d'une culture constitutionnelle inclusive en Afrique. Expérience vécue du processus d'élaboration de la Constitution de la République démocratique du Congo du 18 février 2006 », in *Mélanges Kanté*, *op. cit.*, p. 221.

[24] SINDJOUN (L), « Le gouvernement de transition : éléments pour une théorie politico-constitutionnelle », *op. cit.*, p.

[25] *Ibidem*, p. 971.

contemporains. En effet, la légitimité du pouvoir des gouvernants dérive dorénavant de l'élection particulièrement, dans les États africains séduits, selon le Professeur Mamadou Badji, par le modèle démocratique d'inspiration occidentale[26].

Par conséquent, dans les régimes stabilisés, la légitimité du pouvoir est intrinsèquement liée à sa légalité, à la différence des régimes de transition.

La transition exprime donc la rupture mais aussi la substitution des autorités de fait aux pouvoirs publics qui non seulement remettent en cause la légitimité antérieure mais aussi, « avant toute refondation juridique formelle [...] lui substitue une autre légitimité »[27] de circonstance de type charismatique. Ainsi que nous l'enseigne Max Weber, cette légitimité de circonstance est reconnue à des individus considérés comme détenteurs de qualités exceptionnelles. Elle ne s'explique pas par leur capacité à être obéi mais de l'autojustification et surtout de l'autolégitimation, c'est-à-dire de la conviction qu'elles ont de la légitimité de leurs actes.

Durant ce « passage entre deux ordres juridiques, caractérisé par la mise en œuvre d'un processus normatif dont la fonction est de permettre la structuration de l'ordre juridique nouveau », l'on constate, l'apparition d'un interroi coopté par l'armée ou qui s'impose au sein de l'armée, pour gérer la situation, en attendant le retour à un ordre constitutionnel stable. Ce chef concentre, dans les premiers temps, tous les pouvoirs. Souverain[28], il décide de la situation exceptionnelle et est *legibus solutus*, c'est-à-dire qu'il est à la fois la source de tous les pouvoirs et le centre de décision et d'impulsion politiques. Ce qui a pour effet d'exclure toute concurrence, car la souveraineté se caractérise par l'unité, l'indivisibilité et l'inaliénabilité.

La vie politique[29] se trouve, par ailleurs, enrichie par la création de nouveaux acteurs à savoir les comités ou conseils institués à la faveur des crises politiques. Le musée des souverains des transitions africaines[30] révèle une certaine prédilection pour les comités. C'est ainsi que l'on distingue entre autres le Comité national pour le rassemblement et le développement (CNRD), en Guinée, le Comité militaire de redressement national (CMRN), en République centrafricaine, le Comité national pour le redressement de la démocratie et la restauration de l'État (CNRDRE) ou le Comité national pour le salut du peuple (CNSP), au Mali, le Comité national pour la démocratie (CND), au Burkina Faso. C'est exceptionnellement que l'on relève l'institutionnalisation de Conseil, ainsi que cela est observé au Tchad avec le Conseil militaire de Transition (CMT).

Ces diverses institutions participent directement à l'entreprise d'autolégitimation. À s'en tenir à l'étymologie, l'origine anglaise de ce mot, to *commit,* signifie confier, par conséquent, ces comités sont censés détenir un pouvoir qui leur a été confié alors que ce pouvoir a été conquis au moyen de la

---

[26] BADJI (M), « Introduction historique à l'étude des institutions publiques et privées de l'Afrique au sud du Sahara (VIIIe siècle) », Aix en Provence, *PUAM*, 2021, p. 708.
[27] *Ibidem*, p. 141.
[28] CARTIER (E), *La transition constitutionnelle en France (1940-1945)*, *op. cit.*, p. 11.
[29] SOBZE (S. F), « Vie politique et constitution en Afrique noire francophone », *Revue panafricaine des sciences juridiques comparées,* n° 19, 2022, pp. 176 – 223.
[30] Une caricature d'Honoré Daumier du XIXe siècle présente les différends souverains renversés dans l'histoire de France.

contrainte. Ainsi, le processus alchimique d'autolégitimation mis en œuvre se singularise par la transformation de la transgression de la volonté du peuple en une mission dévolue par le même peuple.

Après le franchissement de la ligne rouge constitutionnelle[31], il se produit une transmutation qui transforme l'essence même de la constitution qui n'est plus un esprit, des institutions et une pratique mais qui devient une volonté c'est-à-dire la volonté du moment qui a su s'imposer à d'autres volontés. Pour parachever, G. Burdeau, l'on pourrait soutenir le triomphe d'une certaine idée de droit. Dans ce contexte précis, la constitution devient « l'instrument formel qui encadre les idées et faits politiques »[32] et le processus constituant devient permanent, tel le mythe de Sisyphe.

L'autolégitimation est consubstantielle à la déconstruction de l'ordre constitutionnel. Elle précède la légitimation qui atteste de la stabilisation progressive de l'ordre juridique.

II. … À LA LÉGITIMATION

Partant du postulat selon lequel « la force ne fait pas le droit », les autorités de transition s'attellent, d'une part, à la construction de leur légitimité, au niveau interne (A) et à sa reconnaissance [33] par la communauté internationale, d'autre part (B).

A. La construction de la légitimité

La victoire ne suffisant pas à créer la légitimité, d'autant plus qu'elle est destructrice de la légitimité existante, les autorités de transition s'engagent dans un processus de légitimation par le haut, qu'un constitutionnaliste n'hésite pas à qualifier de « légitimité psychologique »[34] voire factuelle. Celle-ci intervient *a posteriori* afin de régulariser une situation de fait pour ne pas dire, de transformer le fait en droit. Cette stratégie présidentielle de légitimation[35] s'exécute dans le *continuum* de la crise constitutionnelle ainsi que durant la phase de stabilisation des institutions.

D'abord, la prise de pouvoir s'accompagne toujours de la justification de la rupture de l'ordre constitutionnel au moyen d'une communication politique particulière. Cette communication s'opère conformément à une forme de théâtralisation : « le pouvoir et celui qui l'exerce se donne à voir aux yeux de ceux sur qui et au nom desquels il s'exerce, entretenant ainsi sa sacralisation »[36]. Elle s'articule sur deux arguments majeurs à savoir la nécessité sociale du pouvoir ainsi

---

[31] SALAMI (I.), *La ligne rouge constitutionnelle. Analyse d'un projet de révision constitutionnelle mort-né*, www.cedaluc.org, consulté le 10 décembre 2022.

[32] SOBZE (S. F), « Vie politique et constitution… », *op. cit.*, p. 38.

[33] GIRARDIN (M), SCHWERTZEL (CH. G), « Introduction générale. Construire la légitimité politique. Remarques préliminaires », in CORMIER (P), GILLY (X), GIRARDIN (M) (dir.), *Construire la légitimité politique de l'Antiquité à nos jours*, Paris, Garnier, pp. 1222.

[34] GUEYE (B), « Crise de légitimité du pouvoir politique en Afrique subsaharienne francophone, Quel remède ? », *Civitas Europa*, n° 6, mars 2001, p. 89.

[35] *Ibidem*, p. 90.

[36] MAZEAUD (A), « La légitimité politique n'est plus ce qu'elle était. Ruptures et continuité dans le travail de légitimation politique », p. 248

que la satisfaction de l'intérêt général. C'est ainsi qu'au Burkina Faso, il s'agit de réagir à la dégradation de la situation sécuritaire due aux attaques terroristes[37] ou à la gestion inefficace de la crise sécuritaire, suite aux choix hasardeux qui ont affaibli progressivement l'État[38]. Alors qu'au Tchad, le but poursuivi est « d'assurer la défense de l'État et la lutte contre le terrorisme et les forces du mal afin d'assurer la continuité de l'État ». Cette justification est soutenue par la dénomination du Comité ou du Conseil institué.

Ensuite, la fabrique de la légitimité se poursuit avec « la civilisation » de la transition, c'est-à-dire la substitution progressive des civils aux militaires qui se déroule selon des modalités particulières. Dans un premier temps, le responsable de la junte, mué en Président de la transition, est installé par une juridiction constitutionnelle ou suprême au cours d'une cérémonie républicaine à laquelle participent des chefs d'État étrangers et les représentants des organisations internationales. Ce moment est d'autant plus décisif qu'il s'inscrit dans le processus de formalisation du fait. Cette civilisation est marquée, dans un second temps, par la disparition progressive de la tenue militaire dans l'espace public. Le polissage du régime se manifeste par le remplacement de la tenue militaire par la tenue de ville, le costume ou le boubou ; ce qui traduit nettement la volonté de rompre avec la phase d'urgence. Le paroxysme de la crise étant atteint, la tenue civile témoigne donc de la normalisation de la situation. Et durant cette période, la communication politique devient plus apaisée. Toutefois, « la civilisation » n'est pas absolue, car l'on constate la persistance du contrôle des postes clés du gouvernement par des militaires.

Enfin, le processus de légitimation comportant un volet psychique essentiel, les autorités de transition s'attellent à susciter « la servitude volontaire »[39] du peuple. Car, ainsi que le déclarait Benjamin Constant, toute autorité qui gouverne une nation doit être émanée de la volonté générale. Pour cela, elles n'hésitent pas à organiser des dialogues politiques, des concertations ou des assises nationales[40], formes contemporaines de la palabre africaine, destinées à obtenir l'adhésion du peuple. La célébration de grandes messes collectives en Guinée, au Tchad ou au Mali a de quoi surprendre. Elle est, cependant, revêtue d'une signification particulière. Ces agoras des temps modernes ne se rattachent pas, comme l'affirme un auteur contemporain, à la communication politique classique[41]. Elles révèlent plutôt la quête de légitimité démocratique des autorités de transition. Regroupant

---

[37] Lors du putsch du 24 janvier 2022 qui a conduit au pouvoir le Lieutenant-colonel Paul Henri Sandaogo Damiba.

[38] Lors de la prise de pouvoir par le Capitaine Ibrahim Traoré, le 30 septembre 2022.

[39] Labotie, cité par J.B.L., *Pouvoir*, Dictionnaire constitutionnel, p. 774. B. Constant, *Principes de politique*,

[40] Les assises nationales du Burkina Faso sont organisées le 14 octobre 2022 afin d'adopter la Charte de la transition, d'adopter l'Agenda de la transition et la Charte des valeurs refondatrices de la Nation. Ibrahim Traoré est officiellement désigné Président de la transition. En Guinée, les assises nationales se déroulent du 22 mars au 29 avril 2022 au niveau national et départemental. Au Mali, les assises nationales de la refondation ont lieu du 11 au 30 décembre 2021 aux niveaux local et national. Au Tchad, le dialogue national inclusif est précédé d'un dialogue préliminaire à Doha le 8 août 2022. Il se tient le 20 août 2022 en l'absence de certains partis d'opposition. Il se prononce notamment sur la durée de la transition et la lustration de certaines personnalités.

[41] MBODJ (F), « Représentation politique et légitimité des institutions », in Badji, O. Devaux, B. Gueye (dir.), *Droit, Politique et religion, Droit sénégalais*, n° 8, 2009, Presses de l'Université Toulouse 1 Capitole, pp. 163-181.

les forces vives de la nation dans leur diversité, les assises nationales symbolisent, grâce à la *fictio*[42] c'est-à-dire à la construction imaginaire qui a pour but de modifier le réel, le Peuple dans sa Majesté. Ce symbolisme s'apprécie non seulement d'un point de vue organique mais aussi fonctionnel. Car les actes pris par les assises nationales, qui ne manquent pas de parenté avec les conférences nationales, expriment la volonté souveraine du peuple. Cette construction paraît séduisante et fort convaincante. Elle atteste de la puissance de l'intelligence humaine célébrée en ces termes par Franz Schubert en 1824 : « Ô imagination, sublime joyau de l'homme, source inépuisable où s'abreuve l'artiste comme le savant ». Toute satisfaisante qu'elle soit, cette fiction n'est pas sans susciter certaines critiques. Il est indéniable que son principal avantage est lié au fait que selon Hans Vaihinger, elle constitue *« une démarche de l'esprit qui permet de résoudre des problèmes par lesquels aucune autre solution plus efficace n'a pu être trouvée »*. Toutefois, la fiction de légitimité démocratique utilisée dans le cadre du processus de légitimation, n'est pas sans rappeler la face noire du pavé mosaïque. Et pour cela nous nous référons à la Grèce. En effet, pour les Grecs l'imagination se présente comme Janus le Dieu des Portes, deux faces. *Metis* est l'une des deux faces. Elle constitue une forme d'intelligence qui fait appel à des tactiques, à des astuces et à des stratagèmes parfois à la malice, à la dissimulation et au mensonge. À la différence de *Thémis* qui est l'intelligence rigoureuse en lien avec le droit. Par conséquent, cette fiction ne constitue en réalité que l'un des moyens utilisés par les autorités de transition dans le cadre de leur stratégie de légitimation de leur pouvoir de fait.

En somme, l'on est tenté d'affirmer qu'une fois de plus l'histoire nous renseigne et que la fin justifie les moyens. Car si le peuple détenteur du « pouvoir premier »[43] demeure le titulaire formel de la souveraineté, ce sont en réalité les autorités de fait, muées en autorités de transition qui en deviennent les détenteurs réels.

C'est ainsi que l'on n'est guère surpris que les auteurs du coup d'État, de la révolution ou de l'insurrection soient accueillis comme des sauveurs. Et que, ces actes portant atteinte à l'ordre constitutionnel en vue de s'emparer du pouvoir soient considérés comme vertueux et recueillent le soutien de la majorité de la population[44]. Même si l'on observe parfois le refus de certains partis politiques ou d'une partie de l'opinion d'en accepter les conséquences politiques.

La construction de la légitimité au niveau interne s'accompagne nécessairement de son acceptation au niveau international.

B. L'acceptation de la légitimité

Le changement constitutionnel et politique, survenu dans un État, ne produit pas exclusivement des conséquences au niveau interne. En effet, les nouvelles

---

[42] La *fictio* est un mot latin dérive du verbe *fingo* qui signifie imaginer ou forger de toutes pièces. Voir, SALLY-ROUSSET (O), *La fiction en droit constitutionnel*, Université de Perpignan, 2021, François – NNT : 2021 PER PO 33, https://tel.archives-ouvertes fr/tel-.3 554 904, consulté le 13 octobre 2022.

[43] COHENDET (M. A), *Droit constitutionnel*, 3e édition, Paris, LGDJ, Lextenso, 2017, p. 37.

[44] GUEYE (B), « Les coups d'État en Afrique entre légalité et légitimité », *Pouvoirs* et États en Afrique francophone, BADJI (M), DEVAUX (O) et GUEYE (B) (dir.), *Droit sénégalais*, n° 9, 2010, PUT, pp. 259 – 279.

autorités sont préoccupées, dès leur arrivée au pouvoir, par le souci d'être reconnues au niveau international. Cette reconnaissance s'impose d'autant plus que les États et les organisations internationales n'hésitent pas à prononcer diverses sanctions notamment, la suspension de l'État de l'organisation internationale et les sanctions ciblées, contre les auteurs du changement anticonstitutionnel. La reconnaissance de leur légitimité figure donc dans la stratégie de légitimation des autorités de transition. Elle justifie la diplomatie intense menée en direction des États et des organisations internationales qui ne manquent pas d'adopter des positions contrastées.

Dans le cadre relationnel, les réactions suscitées par la rupture de l'ordre constitutionnel sont fonction des relations établies entre les États-Unis par des liens de solidarité, des systèmes d'alliance et un soutien inconditionnel. Aussi, l'appartenance ou la non-appartenance à ces blocs justifie le soutien assumé, implicite ou la condamnation du coup d'État. Si très souvent le soutien n'est pas toujours exprimé, tel n'est pas le cas pour le refus de reconnaissance du coup d'État ainsi que cela ressort des positions prises notamment par les États membres de l'Union européenne ainsi que les États-Unis d'Amérique.

D'une part, l'Union européenne et plusieurs États européens[45] condamnent, dans le communiqué de presse du 4 juin 2021, le coup d'État au Mali ayant conduit à la démission forcée du Président Bah N'Daw et de son Premier ministre. Ensuite, ils déclarent soutenir les initiatives de la Communauté économique des États de l'Afrique de l'Ouest (CEDEAO) et de l'Union africaine. Et ils invitent à la formation d'un gouvernement civil et inclusif, à la lustration[46] du Président, du Vice-président et du Premier ministre de transition, au respect de la période de transition de 18 mois et à la tenue de l'élection présidentielle le 27 février 2022. Enfin, ils recommandent l'application de la Charte de transition et de la feuille de route de la transition.

D'autre part, le département d'État des États-Unis d'Amérique exprime sa position sur le déroulement de la transition au Tchad, dans le communiqué de presse du 1er octobre 2022. En réaction au rapport de la Commission ad hoc du dialogue national inclusif et souverain du Tchad, publié le 28 septembre 2022, les États-Unis d'Amérique demandent la lustration des membres du Conseil militaire de transition, l'organisation d'une transition inclusive, consensuelle et pacifique avec la séparation entre le Gouvernement et le Conseil militaire de transition et la mise en place d'un gouvernement issu des élections[47].

La question de la reconnaissance de la légitimité des autorités de transition se pose aussi dans un cadre institutionnel. Elle paraît d'autant plus impérieuse que l'internationalisation du droit constitutionnel[48] participe à l'émergence de normes internationales relatives à l'interdiction des changements anticonstitutionnels de

---

[45] La Turquie, la République de Macédoine du Nord, le Monténégro, la Serbie et l'Albanie, la Bosnie-Herzégovine, l'Islande, le Liechtenstein, la Norvège, l'Ukraine et la République de Moldavie expriment leur soutien à la déclaration de l'Union Européenne.

[46] EMMANUEL (D), « La Lustration dans le constitutionnalisme africain », *Revue camerounaise de droit et de science politique, Janus,* n° 10, décembre 2020 – mai 2021, pp. 199 – 237.

[47] V° le texte https://www.state-gov/chads-national-dialogue-commission-report/, consulté le 30 décembre 2022.

[48] V° QAZBIR (H), *L'internationalisation du droit constitutionnel*, Paris, Dalloz, 2015, 526 p., A.H. Diompy, *L'internationalisation du droit constitutionnel en Afrique*, Paris, Éditions universitaires européennes, 2019, 528 p.

gouvernement. Il s'agit notamment de l'Acte constitutif de l'Union africaine, du Protocole relatif à la création d'un Conseil de paix et de sécurité (CPS) de l'Union africaine, de la Charte africaine de la démocratie, des élections et de la gouvernance du 30 janvier 2007, du Protocole relatif au mécanisme de prévention, de gestion, de règlement des conflits, de maintien de la paix et de la sécurité du 10 décembre 1999, du Protocole A/SP1/12/01 sur la démocratie et la bonne gouvernance, additionnel au protocole relatif au mécanisme de prévention, de gestion, de règlement des conflits, de maintien de la paix et de la sécurité du 21 décembre 2001, de la Déclaration de Bamako du 3 novembre 2000 et de la Déclaration d'Accra sur les changements anticonstitutionnels de gouvernement en Afrique du 17 mars 2022.

Ces normes internationales sont mises en œuvre par les organisations internationales qui, de façon générale, condamnent la rupture de l'ordre constitutionnel, refusant ainsi de le reconnaître et de conférer une quelconque légitimité aux autorités de transition. Toutefois, de façon exceptionnelle, l'on constate dans certaines circonstances, l'absence manifeste de condamnation du putsch voire une reconnaissance implicite.

La désapprobation du changement anticonstitutionnel de gouvernement s'exprime selon un *modus operandi* particulier axé sur la gradation et la complémentarité des compétences des organisations universelles, régionales et sous régionales. Effectivement, la décentralisation du système onusien de sécurité collective se traduit par l'intervention préalable de l'organisation sous régionale ou régionale, avant l'Organisation des Nations unies[49] (ONU), dans la gestion d'une crise. C'est ainsi que la situation au Tchad, au Mali, en Guinée ou au Burkina Faso suscite d'abord la réaction de la CEDEAO[50] ou de la Communauté économique des États de l'Afrique centrale (CEEAC). Ensuite, le Conseil de paix et de sécurité de l'Union africaine intervient avant qu'enfin le Conseil de sécurité ne se prononce sur le changement anticonstitutionnel.

De façon générale, ces institutions dénoncent le coup de force qu'elles qualifient de changement anticonstitutionnel de gouvernement et dont elles relèvent l'illégalité. Il s'ensuit l'adoption de diverses sanctions. Demeurant saisies de la question, elles en assurent la gestion en procédant, entre autres, à la désignation de médiateurs, d'envoyés spéciaux[51] ou de commissions d'enquête et en se prononçant sur la validité des décisions prises par les autorités de transition relatives notamment à la durée de la transition ou à la lustration des acteurs de la transition[52]. Mais, certaines organisations hésitent à censurer le changement opéré et procèdent parfois à une reconnaissance implicite. Cette situation caractérise particulièrement, l'examen de la situation du Tchad par le Conseil permanent de la Francophonie et par l'Union africaine.

---

[49] Dans le cadre de la déclaration à la presse du 7 octobre 2022, le Président du Conseil de sécurité se déclare gravement préoccupé par le coup d'État du 30 septembre 2022 au Burkina Faso. Il se félicite, cependant, des initiatives déployées par la Communauté économique des États de l'Afrique de l'Ouest (CEDEAO) et l'Union africaine. Voir le document SC/15057.

[50] V° le communiqué final du Sommet extraordinaire de la Conférence des chefs d'État et de Gouvernement de la CEDEAO sur la situation au Mali, en Guinée et au Burkina Faso du 25 mars 2022.

[51] Résolution du Conseil permanent de la francophonie des 6 et 7 juillet 2021, 115e session.

[52] Communiqué du CPS de l'Union africaine du 19 septembre 2022, document PSC/PR/COMM. 1106 (2022).

Primo, le Conseil permanent de la Francophonie adopte la résolution sur le Tchad au cours de sa 115e session tenue les 6 et 7 juillet 2021. L'interprétation de ce texte révèle la volonté de cet organe de l'OIF de ne pas sanctionner les évènements survenus au Tchad après le décès du Président Deby. En effet, alors qu'il vise la Déclaration de Bamako et s'y réfère dans le dispositif, ce texte n'en tire pas la conséquence logique, à savoir la condamnation de la succession opérée. Il déclare simplement déplorer la rupture de l'ordre constitutionnel au sens de la Déclaration de Bamako et de prendre acte des mesures adoptées par les autorités de transition. Indéniablement, les termes utilisés révèlent une certaine prudence et peuvent être considérés comme l'absence de condamnation des évènements produits au Tchad.

Secundo, le Conseil de paix et de sécurité (CPS) de l'Union africaine, après examen du rapport de la mission d'enquête de l'Union africaine au Tchad le 14 mai 2021, réitère son rejet total de tout changement anticonstitutionnel de gouvernement, mais ne dénonce pas l'illégalité du coup d'État. Tenant compte de la complexité de la situation politique et sécuritaire de ce pays, il se contente d'encadrer le déroulement pacifique et inclusif de la transition. C'est ainsi qu'il invite le Conseil militaire de transition à observer une transition de 18 mois, à instituer un organe législatif de transition et à séparer la gestion des questions sécuritaires des questions politiques[53]. Le Conseil maintient sa position de neutralité bienveillante malgré le rapport du président de la Commission de l'Union africaine qui préconise des sanctions contre le Tchad, notamment la suspension de cet État[54]. La réserve du CPS suscite, le 12 novembre 2022, la réaction du président de la Commission de l'Union africaine au moyen d'une mise au point suite à la réunion du CPS tenue le 11 novembre 2022 sur la situation au Tchad, signée de son porte-parole. Dans ce document singulier, le président de la Commission rappelle son serment de respecter les principes et décisions de l'organisation sans parti pris, la violation de ces principes et décisions par les autorités de transition et la division du CPS sur la question de la suspension du Tchad. Surtout, il précise que le CPS *« devra prendre une décision et le Président de la Commission de l'UA l'appliquera, sans état d'âme, quelle qu'elle soit ».*

Les succès[55] et insuccès de la démocratie en Afrique se manifestent notamment par la multiplication des crises au sein des États aux conséquences politiques et juridiques variables. Certaines d'entre elles emportent le régime politique en place et favorisent l'arrivée au pouvoir d'autorités de fait préoccupées par la volonté de formaliser le contrôle de l'État. Cet objectif est atteint grâce aux processus d'autolégitimation et de légitimation mis en œuvre aux niveaux national et international qui ont pour effet de transformer la situation de fait en réalité prise en compte par le droit. La question de la légitimité des autorités de transition révèle l'évolution de la pensée de Carré de Malberg qui déclarait *« Au-delà de la*

---

[53] CPS, Communiqué du 14 mai 2021 sur l'examen du rapport de la Mission d'enquête en République du Tchad, doc. PSC/BR/COMM. (CMXCVI) et le Communiqué du 19 septembre 2022 sur la mise à jour relative à la transition politique au Burkina Faso, au Tchad, en Guinée et au Mali, paragraphes 12 à 18.

[54] CPS, Communiqué de Presse du 11 novembre 2022, doc. PSC/PR/PS.1121 (2022).

[55] GUEYE (B), « La démocratie en Afrique : succès et résistances », *Pouvoirs, La démocratie en Afrique*, 2009, n° 129, pp. 5 – 26 et FALL (I. M), « La construction des régimes politiques en Afrique, insuccès et succès », Afrilex. u-bordeaux4fr 2007, consulté le 10 décembre 2022.

Constitution, il ne subsiste que du fait ». Certes, si au départ, il n'y'a que du fait, cette situation est appelée à évoluer, car à l'issue d'un processus que l'on pourrait qualifier d'alchimique, le vil métal se transforme en or.

LE POUVOIR CONSTITUANT DÉCISIF EN AFRIQUE NOIRE FRANCOPHONE

Jean-Louis ESAMBO KANGASHE

Professeur ordinaire et Doyen de la Faculté de droit,
Université de Kinshasa, République démocratique du Congo

Toute confiscation du pouvoir de faire la Constitution est prohibée. C'est un aspect du principe de souveraineté nationale : la souveraineté reconnue à la Nation revêt un caractère inaliénable. Et le pouvoir constituant est une dimension centrale de cette souveraineté. Une aliénation du pouvoir constituant au profit du petit nombre ou d'un seul, si elle se produit, est frappée d'illégitimité[1].

Le besoin, pour un État, de se doter d'une Constitution écrite remonte à l'indépendance des anciennes colonies britanniques d'Amérique. Une opinion affirme, non sans raison, que le constitutionnalisme moderne, en tant que technique de mise en place des réformes constitutionnelles, est apparu à partir de la seconde moitié du XVIIIe siècle[2]. Depuis lors, la Constitution organise le pouvoir et les modalités de son exercice. Elle fixe le statut des gouvernants[3].

En droit constitutionnel, l'habilité à rédiger une Constitution ou à la modifier est assurée par le constituant originaire ou dérivé. On admet ainsi que le souverain symbolise le pouvoir constituant originaire, alors que celui dérivé ou institué se déploie au sein d'une assemblée politique délibérante et représentative[4]. Il est également enseigné que le pouvoir constituant originaire apparaît, habituellement, dans le cadre d'un vide juridique occasionné, notamment par la naissance d'un nouvel État[5] ou le renversement d'un régime politique[6]. Dans cette dernière hypothèse, il détruit l'architecture constitutionnelle existante avant de lui substituer une autre.

Dans la pratique, ce pouvoir est détenu et exercé soit par un individu (monarque ou prince), soit par un groupe d'individus mandatés ou non par le peuple ; mais se

---

[1] BARANGER (D), *La Constitution. Sources. Interprétations. Raisonnements*, Paris, Dalloz, 2022, p. 96.

[2] HAMON (F), TROPER (M) et BURDEAU (G), *Droit constitutionnel*, Paris, 27e éd. LGDJ, 2001, p. 43.

[3] AVRIL P et GICQUEL J, *Lexique de droit constitutionnel*, Paris, PUF, Coll. Que sais-je ? 2003, p. 82.

[4] ESAMBO KANGASHE J.-L, *Le droit constitutionnel*, Louvain-la-Neuve, Académia-l'Harmattan, 2013, p. 95.

[5] Par le fait de la décolonisation, du démembrement d'un État unitaire en plusieurs États autonomes ou de fusion de deux ou plusieurs États jadis indépendants.

[6] À la suite d'une guerre, d'une révolution, d'un coup d'État ou de force avec la suspension ou l'abrogation de la Constitution en vigueur.

réclamant, quelques fois, de ce dernier ; ceux-ci décidant de prendre et d'exercer, avec son accord tacite ou express, le pouvoir d'État[7]. Élaborée par le pouvoir constituant originaire, la Constitution n'est, toutefois, pas faite pour l'éternité, elle doit s'adapter à l'évolution sans cesse changeante de la société. La révision de la Constitution vise, donc, à la conformer à l'évolution du temps. Habituellement conduite par les organes constitués[8], l'un d'eux[9] ou partagée avec les citoyens[10], l'idée de réviser la Constitution est, selon le cas, fermée ou ouverte.

Quelle que soit la formule retenue, le président de la République joue, en sa qualité d'organe constitué, un rôle non négligeable ; il imprime sa marque, en amont, lors du déclenchement du processus et, en aval, au moment de sa finalisation : c'est lui qui matérialise si souvent la réforme engagée.

Exercée sans partage, ni délégation, cette attribution est particulièrement ressentie en Afrique francophone, pour constituer un enjeu politique de taille ; faisant du président de la République le détenteur unique ou l'ultime actionneur du curseur. Aussi, plutôt que de se présenter en organe institué limité dans l'initiative, cette autorité se positionne-t-elle en institution par qui passe toute réforme constitutionnelle : la Constitution est, à ce niveau, perçue comme le texte qui traduit sa pensée politique. C'est le phénomène souvent déploré des Constitutions sur mesure, conséquence logique de la confiscation du pouvoir constituant.

De cette perception personnelle et utilitaire de la Constitution, on arrive à découvrir l'empreinte singulière du président de la République[11], pour que l'on s'interroge finalement sur ce que représente cette norme pour l'Afrique[12]. Réelle, la prépondérance présidentielle décline tout à la fois une exigence normative et l'effet dominant du pouvoir constituant.

I. LA NORMATIVITÉ DU POUVOIR CONSTITUANT

L'exercice du pouvoir constituant est, pour chaque pays, régi par les dispositions positives souvent éloignées de la réalité du pouvoir, mais apparaissant dans des circonstances de non-État ou d'absence d'un pouvoir politique suffisamment imbibé, ce pouvoir semble ne pas dépendre de la Constitution en vigueur. Il survient, en revanche, au moment de sa révision ou, pour des cas particuliers connus dans certains États africains, de la mise en place des chartes de transition[13]issues des accords politiques.

[7] ESAMBO KANGASHE (J-L), *Le droit constitutionnel*, *op.cit.*, p. 95.

[8] À l'exemple de la France, de l'Italie, de la Norvège, de la République démocratique du Congo ou de la Suède.

[9] Le Cuba et le Portugal réservent le droit d'initiative au seul pouvoir exécutif, alors que les pays comme l'Argentine, le Chili, la Colombie, l'Éthiopie, le Japon ou le Venezuela ont, dans leur histoire, encouragé l'exclusivité de l'initiative au pouvoir législatif.

[10] La Corée du Sud, l'Italie, la République démocratique du Congo, l'Uruguay et la Suisse organisent le système de partage d'initiative entre le peuple et les organes constitués.

[11] De 2011 à 2020, les pays comme le Burundi, la Côte d'Ivoire, le Gabon, la Guinée, la République démocratique du Congo et la République du Congo ou encore le Togo se sont illustrés dans des réformes constitutionnelles controversées.

[12] GONIDEC (P-F), « À quoi servent les Constitutions africaines ? Réflexion sur le constitutionnalisme africain » *Revue juridique et politique indépendante et coopération*, octobre-décembre 1988, n° 4, p. 849.

[13] Tels que le Burkina Faso, le Burundi, la Côte d'Ivoire, la Guinée, le Niger, le Mali, la République centrafricaine, la République démocratique du Congo, le Rwanda et le Tchad.

A. L'élaboration de la Constitution

Dans la recherche des explications sur l'apparition en Afrique noire francophone, du pouvoir constituant originaire, trois époques s'invitent à l'exercice : la première allant des indépendances à la décennie soixante-dix[14], la deuxième de l'avènement des partis uniques à la renaissance du pluralisme politique des années quatre-vingt-dix qui aboutit au renouveau démocratique que convoite la troisième.

À la veille ou après les indépendances, le mouvement constitutionnel s'appuyait quasiment sur l'action unilatérale de la puissance colonisatrice.

Après son retrait de la fédération du Mali[15], le Sénégal proclama son indépendance le 20 août 1960, avant l'adoption le 26 septembre 1960, d'une nouvelle Constitution[16] et l'élection de son premier président de la République[17], le 5 septembre de la même année.

Membre de la fédération de l'Afrique-occidentale française depuis 1904, la Guinée obtint une relative autonomie administrative en 1956. Rejetant la proposition de faire partie de la communauté française, elle proclama son indépendance le 2 octobre 1958, mais auparavant, elle se dota, lors du référendum du 28 septembre 1958, d'une nouvelle Constitution qui fut promulguée le 10 novembre de la même année.

Indépendant le 27 avril 1960, le Togo se dota d'une nouvelle Constitution[18] une année plus tard, soit le 14 avril 1961. Elle sera adoptée par référendum du 9 avril 1961. Objet de plusieurs modifications[19], ce texte a dû changer l'idée de droit du départ et, certainement, la nature du régime politique.

Le recours au référendum a inspiré la Côte d'Ivoire qui l'a expérimenté, pour la première fois, le 28 septembre 1958, en prélude à son autodétermination et l'adoption le 3 novembre 1960, d'une nouvelle Constitution[20]en remplacement de celle du 26 mars 1959.

C'est à la suite du référendum du 28 septembre 1958 que le Gabon accéda au statut d'un État membre de la communauté. La nouvelle entité politique se dota, le 19 février 1959, d'une Constitution qui subit le 14 novembre 1960, une profonde réforme jusqu'à être vidée de sa substance par une autre cette fois-ci portée par la loi constitutionnelle du 17 février 1961.

Au Tchad, le pouvoir constituant apparut lors du référendum du 28 septembre 1958, à l'issue de laquelle l'Assemblée territoriale adopta le statut d'État membre de la communauté. La République fut ensuite proclamée le 8 novembre 1958, et l'Assemblée territoriale transformée en Assemblée constituante. Avant son indépendance le 11 août 1960, ce pays se dota le 31 mars 1959, de sa première Constitution.

---

[14] Sur les circonstances d'élaboration des premières Constitutions africaines, lire GONIDEC P.-F, *Les droits africains. Évolution et sources*, Tome I, Paris, LGDJ, 1968, pp. 71-80.

[15] La Constitution du 24 janvier 1959 faisait du Sénégal un État membre de la fédération du Mali.

[16] Portée par la Loi constitutionnelle n° 60-45 du 26 août 1960 portant révision de la Constitution du 24 janvier 1959.

[17] Léopold SEDAR SENGHOR élu par un collège électoral constitué à cette fin.

[18] En vertu de la Loi constitutionnelle n° 61-10 du 14 avril 1961.

[19] Dont celles portées par les lois constitutionnelles du 5 mars 1963, 9 janvier 1972, 27 septembre 1992, 31 décembre 2002 et du 15 mai 2019.

[20] Promulguée par la loi n° 60-356 du 3 novembre 1960.

En perspective de son indépendance le 1er janvier 1960, le Cameroun s'est doté, sous le Gouvernement de Ahmadou Ahidjo, d'une nouvelle Constitution. Préparé par un comité consultatif composé pour la moitié des membres du parlement et, pour l'autre moitié, de personnalités nommées représentant les intérêts économiques et sociaux ainsi que les chefs coutumiers, le projet fut approuvé par référendum du 21 février 1960 et la nouvelle Constitution promulguée le 4 mars de la même année.

Le mouvement de production constitutionnelle en République centrafricaine renseigne que, c'est le 1er décembre 1958 que fut mise en place l'Assemblée territoriale de l'Oubangui-Chari qui opta pour le statut d'État membre de la communauté. Elle proclama ensuite la République centrafricaine, avant de se transformer en Assemblée constituante aux fins de l'adoption le 9 février 1959, de la première Constitution promulguée le 16 février 1959. Indépendant le 13 août 1960, ce pays entreprit de réviser le 12 décembre 1960, la Constitution qui entraîna notamment le changement du régime politique[21].

Une particularité apparue cependant dans la mise en place des premières institutions politiques congolaises des années soixante. Plutôt que de recourir à la technique du référendum, c'est plutôt l'imposition d'une Constitution[22]élaborée par la puissance colonisatrice qui fut d'usage.

Votée par le parlement belge, la nouvelle Constitution contribua, en grande partie, à la crise politique que connut le nouvel État, dès les premiers mois de l'indépendance[23]. La Loi fondamentale du 19 mai 1990 relative aux structures du Congo indique, en effet, que *le pouvoir exécutif appartient au chef de l'État*[24]. *Il nomme et révoque le premier Ministre et les Ministres*[25]*responsables devant la chambre des Représentants*[26]. *Aucun acte du chef de l'État ne peut avoir d'effet, s'il n'est contresigné par un ministre qui, par cela seul, s'en rend responsable. En aucun cas l'ordre verbal ou écrit du chef de l'État ne peut soustraire un ministre à sa responsabilité*[27]. Elle précise que « *La responsabilité solidaire du Gouvernement est mise en cause par le dépôt d'une motion de défiance*[28], *celle individuelle d'un membre du Gouvernement est mise en cause par le dépôt d'une motion de censure*[29]. *La censure d'un membre du Gouvernement entraîne sa démission. Elle n'entraîne pas nécessairement la démission de ce Gouvernement*[30]. »

Organisés dans le cadre du régime parlementaire, les rapports entre le chef de l'État et le Premier ministre chef du gouvernement, se sont révélés conflictuels en

---

[21] Au régime parlementaire institué par la Constitution du 16 février 1959 ; celle du 12 décembre 1960 lui substitue le régime présidentiel qui conduisit au présidentialisme.

[22] Avant d'accéder à l'indépendance, le 30 juin 1960, la République démocratique du Congo fut dotée de deux Lois fondamentales, l'une du 19 juin 1960 sur les structures du Congo et, l'autre du 17 juin 1960, sur les libertés publiques. Votés par le parlement belge et promulgués par le Roi des Belges, ces deux textes formaient le dispositif constitutionnel appelé à régir le pays à son indépendance.

[23] La crise a été occasionnée par la mauvaise application de la Constitution par un chef de l'État, politiquement irresponsable et un premier ministre soutenu par la majorité parlementaire.

[24] Art. 17 de la Loi fondamentale du 19 mai 1990 relative aux structures du Congo.

[25] Art. 22 de la même Loi fondamentale.

[26] Suivant les mécanismes mis en place par les articles 43 à 46 de la même Loi fondamentale.

[27] Art. 20 de la même Loi fondamentale.

[28] Art. 43, alinéa 1er de la même Loi fondamentale.

[29] Art. 45, alinéa 1er de la même Loi fondamentale.

[30] Art. 46 de la même Loi fondamentale.

raison de la guerre de tranchées[31]entre les deux titulaires de la fonction exécutive[32].

L'ingénierie constitutionnelle des années soixante-dix a fait apparaître une influence singulière du parti unique, porteur selon Ahmed Mahiou, de l'intégration nationale, de la construction d'un État fort et du développement économique et social[33].

À l'analyse, on se rend à l'évidence que dans son fonctionnement, le parti unique africain se serait donné deux orientations visiblement opposées et contradictoires : assurer le changement par une dictature révolutionnaire ; le conservatisme qui, dans bien de cas, servit de moyen d'action au parti politique a considérablement entravé l'évolution pour maintenir par la force, l'ordre ancien[34]. Dans cette configuration, la Constitution ne peut que traduire la volonté du chef du parti qui est en même temps chef de l'État.

Prenant le contrepied de l'absolutisme du parti unique, la décennie quatre-vingt-dix en sonnait le glas au profit du pluralisme politique, dont l'expérience inédite des conférences nationales souveraines fut le point de départ.

Inaugurée au Bénin le 19 février 1990, la pratique fut reprise et dupliquée avec des fortunes diverses, dans plusieurs pays d'Afrique francophone comme le Gabon[35], le Mali[36], le Niger[37], la République du Congo[38], le Tchad[39], le Togo[40]et la République du Zaïre[41]. Elle permit la mise en place des assemblées constituantes singulières[42]chargées d'élaborer les projets de Constitution à soumettre au référendum en prélude à l'organisation des scrutins à l'occasion desquels furent désignées des institutions démocratiques.

On pourrait en induire que les Constitutions de l'ère postcoloniale et celles issues des conférences nationales, ont marqué un point de mire sur l'exercice du pouvoir constituant originaire par l'acte unilatéral de la puissance colonisatrice ou une assemblée constituante dont la légitimité tenait, pour une bonne partie, aux circonstances de sa convocation. La tactique a, naturellement, débouché sur la création, pour chaque espèce concernée, d'un nouvel ordre constitutionnel.

---

[31] ESAMBO KANGASHE (J-L), *Traité de droit constitutionnel congolais*, *op.cit.*, p. 37.

[32] Deux mois seulement après l'indépendance, le chef de l'État démis, le 5 septembre 1960, le Premier ministre, chef de la majorité parlementaire, par une annonce faite à 20 heures 03. Une heure après, soit à 21 heures 05, le Premier ministre annonce, dans la même radio Léopold ville, la destitution du chef de l'État, pour haute trahison. Le pays fut plongé dans une crise politique et institutionnelle qui conduisit, notamment, à l'assassinat, le 17 janvier 1961, dans des circonstances non encore élucidées, du premier Ministre Patrice Emery LUMUMBA.

[33] MAHIOU (A), *L'avènement du parti unique en Afrique noire. L'expérience des États d'expression française*, Paris, LGDJ, Coll. Bibliothèque africaine et malgache, Droit et Sociologie, 1969, pp. 193-288.

[34] ESAMBO KANGASHE (J-L), *Le droit constitutionnel*, *op.cit.*, p. 269.

[35] Le 1er mai 1990.

[36] Le 29 juillet 1991.

[37] Le 29 juillet 1991.

[38] Le 10 juin 1991.

[39] Le 15 janvier 1993.

[40] Le 8 juillet 1 991.

[41] La République du Zaïre le 7 août 1 991.

[42] Ces assemblées constituantes étaient, certes, représentatives des forces sociales et politiques, mais revêtues du mandat populaire.

B. La révision constitutionnelle

La quasi-totalité des constitutions africaines, d'expression française, reconnaissent l'initiative de révision constitutionnelle au président de la République en partage soit avec le Gouvernement[43], l'Assemblée nationale[44], le Sénat[45]ou une portion de la population[46].

Dans la pratique, la répartition de responsabilités entre organes institués subit la métamorphose que lui impose l'attitude du président de la République. Le pouvoir constituant originaire cesse ainsi d'être le domaine réservé du *souverain délégant* pour appartenir à *l'autorité déléguée ou délégataire,* dont le rôle sur la mobilité constitutionnelle, est de plus en plus, ressenti. C'est par ses soins, en effet, que sont mises en œuvre les grandes réformes constitutionnelles.

Interprétant la Constitution à sa manière, le président de la République finit par lui donner une lecture personnelle qu'il tente d'imposer aux autres pouvoirs constitués et aux citoyens[47].

Tributaire de la personnalité de l'auteur et de sa capacité à museler les autres institutions (parlement, gouvernement et cour ou conseil constitutionnel) ou les forces politiques et sociales de l'opposition, l'entendement présidentiel de la Constitution oriente la réforme et détermine les règles de jeu[48]. Les modifications de la Constitution, en pleine compétition ou à la veille participent ainsi de la stratégie d'accaparement du pouvoir, qui n'est, du reste, pas sans conséquence.

Dans cet ordre d'idées, on rappelle qu'avant sa modification, la Constitution de la République démocratique du Congo du 18 février 2006 indique, s'agissant du mode de scrutin à l'élection du président de la République, que ce dernier est *élu à la majorité absolue des suffrages exprimés. Si celle-ci n'est pas obtenue au premier tour du scrutin, il est procédé, dans un délai de quinze jours, à un second tour. Seuls peuvent se présenter au second tour, les deux candidats qui ont recueilli le plus grand nombre des suffrages exprimés au premier tour. En cas de décès, d'empêchement ou de désistement de l'un ou l'autre de ces deux candidats, les suivants se présentent dans l'ordre de leur classement à l'issue du premier tour. Est déclaré élu au second tour, le candidat ayant recueilli la majorité des suffrages exprimés.*[49]

---

[43] Art. 28 de la Constitution centrafricaine du 30 mars 2016, 41 de la Constitution malienne du 25 décembre 1992, 18 de la Constitution gabonaise révisée, le 12 janvier 2018.

[44] Art. 58 de la Constitution béninoise du 11 décembre 1990 révisée, le 12 janvier 2018, 43 de la Constitution ivoirienne du 8 novembre 2016, 86 de la Constitution de la République du Congo du 6 novembre 2015, 49 de la Constitution nigérienne du 25 novembre 2011, 88 de la Constitution tchadienne du 4 mai 2018, 218 de la Constitution de la République démocratique du Congo du 18 février 2006 et 18 de la Constitution gabonaise révisée, le 12 janvier 2018.

[45] Art. 58 de la Constitution béninoise, 218 de la Constitution de la République démocratique du Congo du 18 février 2006.

[46] Art. 218 de la Constitution de la République démocratique du Congo du 18 février 2006.

[47] ESAMBO KANGASHE (J-L), « Les altérités de la fonction présidentielle en Afrique noire francophone », in NAREY (O) (dir.), *Droit, pouvoir et politique*, Actes de la troisième édition des journées scientifiques de droit constitutionnel de Niamey (Niger), L'Harmattan-Sénégal, 2022, pp. 79-82.

[48] *Idem*, p. 83.

[49] Art. 71 de la Constitution du 18 février 2006.

Très controversée, la révision de la Constitution du 20 janvier 2011[50]supprima notamment le deuxième tour de l'élection présidentielle[51] et permit au président de la République en fonction de la remporter, avec une majorité simple des suffrages exprimés[52].

Adoptée par référendum du 25 octobre 2015, la nouvelle Constitution de la République du Congo précise que le président de la République est élu pour un mandat de cinq ans renouvelables deux fois. Cette disposition abroge celle portée par la Constitution du 20 janvier 2002, aux termes de laquelle *le président de la République est élu pour sept ans au suffrage universel direct. Il n'est rééligible qu'une fois*. Elle autoriserait au président de la République en fonction, à commencer un nouveau mandat de cinq ans, deux fois renouvelables. Désigné le 10 décembre 2020, le candidat du Parti congolais du travail, à l'élection présidentielle du 21 mars 2021 fut sans surprise élu au premier tour avec 88, 57 % des suffrages exprimés.

La stratégie servit de référence à la réforme entreprise le 8 novembre 2016 par le régime ivoirien. Elle aurait reconnu le droit au président de la République, en exercice, de se présenter à l'élection présidentielle du 31 octobre 2020, qu'il remporta facilement.

Au Burundi, le président de la République, alors en fonction, signa le 18 mars 2018, un décret pour convoquer le 7 mai de la même année, un référendum aux fins de la modification de la Constitution, avec en toile de fond l'extirpation de la limitation du nombre et la durée des mandats présidentiels.

Bien que concluante, la réforme n'aurait pas forcément été à l'avantage de son initiateur, qui a vite fait d'annoncer son retrait de la vie politique au profit d'un dauphin désigné. Élu, le 20 mai 2020 avec 89, 7 % des suffrages exprimés, Évariste Ndahishimiye fut investi un peu plus tôt que prévu.

Pour asseoir un pouvoir présidentiel fort, l'actuel président béninois entreprit, dès l'entame de sa première mandature, de réviser la Constitution, pour ramener à un seul terme de huit ans, le mandat présidentiel. Par un vote majoritaire à l'Assemblée nationale, la réforme fut anéantie, avant d'aboutir le 7 novembre 2019, au point de raviver les tensions politiques à la veille de l'élection présidentielle du 11 avril 2021, qu'il remporta avec 86 % des suffrages exprimés.

À peine élu à la tête de son pays le 13 octobre 2019, l'actuel chef d'État tunisien entrepris d'initier une réforme constitutionnelle le 16 août 2022[53], soit deux ans avant le nouveau scrutin présidentiel[54]. Par décret n° 2022-506 du 25 mai 2022, il convoqua pour le 22 juillet de la même année, le scrutin référendaire à l'issue duquel une nouvelle Constitution, en remplacement de celle du 10 février 2014[55] a été adoptée et promulguée le 18 août 2022[56].

---

[50] Par la Loi n° 11/002 du 20 janvier 2011 portant révision de certains articles de la Constitution de la République démocratique du Congo du 18 février 2006.

[51] Organisée, le 28 novembre 2011.

[52] De 48, 9 % contre son poursuivant immédiat, qui n'obtint que 32, 3 % des suffrages exprimés.

[53] Sur la base d'un nouveau projet de Constitution soumise au référendum, le 25 août 2022.

[54] L'article 75 alinéa 1er de la Constitution de la République de Tunisie du 10 février 2014 précise que le président de la République est élu, pour cinq ans, au suffrage universel libre, secret, honnête et transparent à la majorité absolue des suffrages exprimés.

[55] Sur base de laquelle il a été porté au pouvoir et juré, conformément à l'article 76 alinéa 1er, respect et loyauté.

[56] Par décret n° 2022-691 du 18 août 2022.

En République de Guinée, l'élection présidentielle du 18 octobre 2020 a été précédée d'une réforme constitutionnelle controversée, réalisée dans un climat politique agité. S'appuyant sur la nouvelle Constitution du 7 avril 2020, le président de la République alors en fonction, s'est cru autoriser de candidater au scrutin présidentiel du 18 octobre 2020, qu'il remporta avec 59, 49 % des suffrages exprimés. Sa mauvaise gouvernance doublée de la crise sociopolitique qui a suivi son troisième mandat a fini par avoir raison d'un régime déjà solitaire.

Au Gabon, l'adoption le 29 décembre 2020, par le Congrès d'une réforme constitutionnelle, organisant l'intérim du président de la République en cas d'indisponibilité a été à la base d'une controverse politique. La nouvelle reformulation de l'article 13 de la Constitution aménage donc la gestion conjointe, sinon, collégiale de l'intérim, en cas d'indisponibilité du président de la République, par le président du Sénat, celui de l'Assemblée nationale et le ministre de la Défense nationale[57].

Par décret n° 22.348 du 26 août 2022, le président de la République centrafricaine institua un comité chargé de rédiger le projet d'une nouvelle Constitution[58] à soumettre au référendum, avant la fin de son deuxième mandat.

Saisie de six requêtes[59] poursuivant l'impossibilité d'organiser une révision constitutionnelle ou un référendum constitutionnel[60], l'avis sur cette question, annoncé par le président de la République[61] et l'inconstitutionnalité du décret n° 22.348 du 26 août 2022 portant création du Comité chargé de rédiger le projet de la nouvelle Constitution de la République centrafricaine[62] et l'annulation d'autres décrets en rapport avec ledit comité[63], la Cour constitutionnelle centrafricaine a « *affirmé sa compétence à contrôler le décret n° 22.348 du 26 août 2022*[64]*, reçu l'ensemble de requêtes à l'exception de celle introduite par Joseph BENDOUNGA, pour défaut de qualité et conclut à l'inconstitutionnalité du décret n° 22.348 du 26 août 2022 portant création du Comité chargé de rédiger le projet de Constitution de la République centrafricaine, du décret n° 22. 367 du 12 septembre 2022 entérinant la désignation des membres du Comité chargé de rédiger le projet de Constitution de la République centrafricaine, du décret n° 22.372 du 14 septembre 2022 modifiant et complétant certaines dispositions du décret n° 22. 367 du 12 septembre 2022 entérinant la désignation des membres du Comité chargé de rédiger le projet de Constitution de la*

[57] La réforme aurait été justifiée, par des critiques enregistrées sur l'éventualité de la vacance à la présidence de la République, à cause de l'incapacité physique du président de la République à exercer ses prérogatives constitutionnelles.

[58] La pratique de la création des comités d'experts a été également utilisée au Mali, par Amadou TOUMANI TOURÉ, le 7 février 2008, et au Bénin, par Boni YAYI, le 18 février 2008.

[59] Dont, quatre émanant des partis politiques, une d'un regroupement politique et une autre d'un collectif des personnalités indépendantes.

[60] Demande formulée par Crispin MBOLI-GOUMBA, président du parti politique dénommé PATRIE.

[61] Objet de la demande de Joseph BENDOUNGA, président du Parti Mouvement pour la Renaissance et l'Évolution de la Centrafrique, MDREC, en sigle.

[62] Tel que postulé par un regroupement de onze partis politiques légalement reconnus.

[63] Requête de Jean-François AKADJI-KOMBÉ, Karl BLAGUE, Ben Wilson NGASSAN, Ludovic LEDO, Sydney TCHIKAYA, Anatole Alain CONGO-SIENNE, Laurent GANDOLA, Lydie NZENGOU épouse KOUMAT-GUERET et Rosalie POUZERE.

[64] Qualifié par la défense d'acte de gouvernement, échappant à tout contrôle juridictionnel et, notamment, à tout contrôle de constitutionnalité.

République centrafricaine et du décret n° 22. 378 du 15 septembre 2022 entérinant la désignation par leurs pairs des membres du Bureau du Comité chargé de rédiger le projet de Constitution de la République centrafricaine ».

Elle précise[65] que « *La révision de la Constitution ne peut être opérée qu'après la mise en place du Sénat en application des articles 151 et 152 de la Constitution. Une loi constitutionnelle de révision de la Constitution adoptée par le Parlement ne peut à elle seule, contrevenir aux dispositions intangibles contenues dans l'article 153 de la Constitution. Le recours au référendum, pour la révision de la Constitution par le Président de la République ne peut se faire en violation du serment prêté par le Président démocratiquement élu le 30 mars 2016 et réitéré le 30 mars 2021 en application de l'article 38 de la Constitution. Les décisions de la Cour constitutionnelle ne sont susceptibles d'aucun recours, elles s'imposent aux pouvoirs publics, à toutes les autorités administratives et juridictionnelles et à toute personne physique ou morale. Tout texte déclaré inconstitutionnel est nul et de nul effet ; il ne peut être ni promulgué ni appliqué. S'il est en vigueur, il est retiré de l'ordonnancement juridique en application de l'article 106 de la Constitution. Les décisions de la Cour constitutionnelle prennent effet à compter de leur prononciation en application de l'article 19 de la Loi n° 17.004 du 15 février 2017 portant organisation et fonctionnement de la Cour constitutionnelle* ».

Signée par l'ensemble de juges composant la juridiction, cette décision n'a pas été du goût du président de la République qui, par un décret du 25 octobre 2022, démit de leurs fonctions, sa présidente et le juge Trinité Bango-Sangafio[66].

Dans un autre registre, on renseigne la privation, sur ordre du président de la République, en fonction des indemnités de souveraineté à un ancien président de la Cour constitutionnelle du Bénin[67], qui a vainement tenté de dissuader le président de la République à renoncer à l'idée de supprimer le droit de grève consacré, par ailleurs, par la Constitution[68].

Ces deux espèces démontrent à suffisance, la délicate mission du juge constitutionnel africain, lorsqu'il décide de prendre une distance vis-à-vis d'un président de la République déterminé à torpiller la Constitution pour s'éterniser au pouvoir.

II. L'EFFET DOMINANT DU POUVOIR CONSTITUANT

L'ensemble des pays africains d'expression française ont expérimenté l'intrusion du président de la République dans la mise en place des réformes constitutionnelles. Pour mieux cerner la question, il importe de distinguer la résurgence en temps normal de celui de crise.

[65] Il s'agit de la décision n° 009/CC/22 du 23 septembre 2022 sur les recours aux fins du constat de l'impossibilité d'organisation d'une révision de la Constitution ou d'un référendum constitutionnel et inconstitutionnalité de quatre décrets du président de la République portant création du Comité chargé de rédiger le projet de la nouvelle Constitution de la République centrafricaine et entérinant la désignation des membres dudit comité.

[66] En violation de l'inamovibilité de juges à la Cour constitutionnelle dont le mandant courait encore.

[67] Il s'agit du Professeur Theodore HOLO.

[68] Art. 31 de la Constitution du Bénin du 11 décembre 1990, telle que révisée par la Loi n° 2019-40 du 7 novembre 2 019.

A. L'activisme en temps normal

Le temps normal est, ici, considéré comme celui caractérisé par la pérennité constitutionnelle et la stabilité politique au cours duquel le président de la République s'active à procéder au réajustement des règles du jeu, juste pour consolider son pouvoir. D'apparence formelle, ces initiatives bouleversent fondamentalement l'ordre constitutionnel en vigueur pour justifier la stratégie de fraude constitutionnelle ou fraude à la Constitution. Celle-ci apparaît, bien souvent, au moment de la révision de la Constitution, l'autorité constituée utilisant la malice ou la ruse pour altérer l'esprit de la Constitution.

Plus qu'une violation de la Constitution, la fraude à la Constitution résulte, quelques fois, d'un abus de droit constitutionnel[69], l'auteur exerçant, certes, une prérogative constitutionnelle, mais la détourne de son objectif. Il peut, au moment de la révision constitutionnelle, recourir à deux tactiques :

La première s'appuie sur la Constitution en vigueur à laquelle on fait subir des révisions, en trompe-l'œil, juste pour chambouler l'ordre constitutionnel existant. L'élaboration d'une nouvelle Constitution, à la demande supposée des citoyens [70]peut, selon le cas, apporter l'instauration d'une *nouvelle République*.

Avec des perceptions diverses et variées, les pays comme le Burkina Faso[71], la Côte d'Ivoire[72], le Niger[73], la République du Congo[74], le Togo[75] ou la Tunisie[76] auraient expérimenté, à chaque réforme constitutionnelle importante ou renversement du régime, la succession des Républiques.

La deuxième autorise le titulaire du pouvoir de révision à compter sur une majorité parlementaire acquise et une opinion publique manipulée. Les modifications constitutionnelles réalisées au Bénin[77], en Côte d'Ivoire[78], au Gabon[79]ou en République démocratique du Congo[80]participent à cette stratégie[81].

Dans l'exercice du pouvoir constituant, on se rend bien compte que la puissance délégante semble subir l'effet dominant de l'autorité déléguée, faisant de l'exception la règle ; le régime de crise se substituant à celui normal.

---

[69] ECK, *L'abus de droit en droit constitutionnel*, Paris, L'Harmattan, Logiques juridiques, 2010.

[70] Dont les conditions sociales n'ont que, rarement, été satisfaisantes à cause des promesses non tenues des faiseurs de Constitutions.

[71] De 1960 à 2021, ce pays aurait connu cinq Républiques respectivement en 1960, 1970, 1977, 1 991 et 2021.

[72] Les Constitutions du 3 novembre 1960, 1er août 2000 et 8 novembre 2016 auraient consacré trois Républiques que connut la République de Côte d'Ivoire.

[73] De 1960 à ce jour, le Niger connut sept Républiques au total.

[74] Plus de dix décennies d'indépendances, la République du Congo serait à sa troisième République.

[75] À soixante-deux ans d'indépendance, le Togo compte quatre Républiques consacrées par les Constitutions du 1er mars 1961, 16 janvier 1963, 30 novembre 1979 et 27 septembre 1992.

[76] Indépendante le 20 mars 1956, la Tunisie aurait connu, selon une certaine opinion, trois Républiques organisées par les Constitutions du 1er juin 1959, 10 février 2014 et 18 août 2022.

[77] En vertu de la loi constitutionnelle du 7 novembre 2019 portant révision de la Constitution du 11 décembre 1990.

[78] Lors de l'adoption de la loi constitutionnelle n° 2020-348 du 19 mars 2020 modifiant la loi n °2016-886 du 8 novembre 2016 portant Constitution de la République de Côte d'Ivoire.

[79] Notamment, la révision constitutionnelle du 29 décembre 2020.

[80] Suivant la loi de révision constitutionnelle du 20 janvier 2011.

[81] Sont généralement concernés, les conditions d'éligibilité et le mode de scrutin à l'élection présidentielle, le nombre et la durée du mandant du Président de la République et la protection pénale (immunités des poursuites) à la fin du mandant, ainsi que la mainmise sur la justice.

B. L'audience en temps de crise

Situation susceptible d'entraîner le dysfonctionnement d'un système ou sa transformation dégradée, la crise apparaît habituellement sous la configuration de pathologie ou de changement soudain et rapide d'un état, une attitude ou un comportement. Rattachée à la Constitution ou à la politique, la crise rend compte d'une variété de certitudes déclinant à la fois une réalité et une façon d'être.

Rarement ou pas du tout organisée par la Constitution[82], la crise politique ou institutionnelle occupe en Afrique, une place que lui confère la réflexion sur le constitutionnalisme et l'État de droit[83]. Elle trouve habituellement des repères dans la mauvaise application de la Constitution, sa violation ou sa mise en veilleuse. Conduisant à une impasse, la solution passe par l'intervention d'une autorité investie, non pas des prérogatives juridiques classiques, mais des attitudes à déployer une ingénierie constitutionnelle au service de la gestion ou la résolution de la crise. Droit de crises ou de gestion des crises, le droit constitutionnel qui lui sert de support, doit être, avant tout, au service des normes qui régulent la vie politique[84].

Cette technique suggère donc le recours aux accords politiques comme référentiels aux mutations constitutionnelles et dicte, en même temps, les réformes destinées à la gestion de crises à l'égard desquelles le dispositif normatif paraît inefficient, inopérant ou, à tout le moins, affaibli par les contingences politiques. On peut y voir l'un des processus de sortie de crise qui, en Afrique, tendent à se multiplier au point d'appeler à une réflexion sur la nature et le rôle du droit en politique[85].

Normes de crises ou de gestion des crises[86], *ces nouvelles Constitutions* portent, en elles-mêmes, une dimension politique et philosophique du « *conventionnalisme* » pris, non pas au sens de *convention de constitution* ou *de convention constitutionnelle*, mais bien de technique d'appropriation, par le droit positif, de la volonté exprimée par les accords politiques.

Axée sur la modulation des Constitutions en vigueur, cette ingénierie constitutionnelle contient, en elle-même, un certain nombre d'engagements et principes appelés à inspirer le constituant, au moment de la formulation de certaines options fondamentales.

Quelle que soit en effet l'importance qui leur est accordée dans le processus de normalisation de la vie politique, on doit, à l'évidence, reconnaître que, dépourvus de valeur juridique, les accords politiques ne sont que des règles de conduites politiques imposables aux parties. Il se révèle que, traduits en dispositions

---

[82] À défaut d'avoir une origine constitutionnelle, la crise politique ou institutionnelle peut être imposée à la Constitution et paralyser le fonctionnement du système.

[83] Sous l'égide de l'Association béninoise de droit constitutionnel, il s'est tenu à Cotonou, au Bénin, du 19 au 20 décembre 2015, un colloque international sur *Constitution et crises constitutionnelles en Afrique*.

[84] ESAMBO KANGASHE (J), *Traité de droit constitutionnel congolais*, *op.cit.*, p. 19.

[85] Du BOIS de GAUDUSON (J), « L'accord de Linas- Marcoussis, entre droit et politique », Afrique contemporaine, n° 206, 2003/2, pp. 41-55.

[86] KPODAR A et KOKOROKO (D), « Remarques sur quelques mutations du droit constitutionnel par les crises politiques en Afrique », in *Démocratie en question, Mélanges en l'honneur du Professeur Théodore HOLO*, Presses de l'Université de Toulouse 1 Capitole, 2017, pp. 243-244.

impératives, ils acquièrent une force nécessaire et contraignante[87], devenant ainsi la norme de référence se situant en amont des réformes constitutionnelles, dont elle sert de boussole.

La référence aux accords politiques préconstituants pose, en Afrique, mais aussi ailleurs, le problème de leur légalité, en plus de la légitimité qu'ils sont bien obligés de conquérir dans les cœurs et les esprits des citoyens. Il reste que, devenu source de la *nouvelle Constitution*, l'accord politique apparaît comme un baromètre important de régulation politique ; la réforme constitutionnelle qui en découle portant *a priori* le crédit d'une certaine légalité et de stabilité politique.

Considérant par ailleurs le moment de leur apparition, les accords politiques, en plein exercice du pouvoir constituant, peuvent être distingués de ceux fondant un nouvel ordre constitutionnel, mais exclus de la normativité juridique, à cause de la proximité probable avec la convention de la Constitution[88], elle-même dérivée de la coutume constitutionnelle ; l'un et l'autre étant capables de bâtir autour d'une nouvelle norme, une autre idée de droit, à défaut d'interpréter ou de compléter celle existante.

Il importe de préciser qu'un accord politique qui fait naître une norme, lui confère la légitimité, sans laquelle l'application ne serait pas facilitée ; celui supplétif aménage le dispositif en vigueur, s'inscrivant dans la cohérence du système auquel il appartient et contribue à établir, alors que l'accord interprétatif détermine le ton applicable au texte qu'il ne modifie ni ne complète. La permanence des accords politiques, source des normes, dégage leur importance dans le nouveau ou le renouveau du constitutionnalisme africain et constitue le point d'ancrage de la régulation politique[89].

Souvent négociés avec l'appui de la communauté internationale, ils débouchent sur la modification, tacite ou expresse, de quelques dispositions du texte constitutionnel en vigueur ou la mise en place d'un autre. Il paraît ainsi aisé de distinguer les accords qui changent ou neutralisent l'ordre constitutionnel de ceux qui organisent une certaine dualité avec la loi fondamentale.

La pratique des accords, source des nouvelles constitutions, a révélé la diversité des recettes en Afrique. La République démocratique du Congo offre, à cet égard, un exemple intéressant d'un pays régi de 1992 à 2003, soit une décennie, par une succession des textes constitutionnels établis sur la base des accords politiques[90], celle centrafricaine a fait l'expérience de l'accord de Libreville, du 11 janvier 2013 qui a abrogé la constitution du 27 décembre 2004, remplacée par une Charte constitutionnelle de transition en prélude au projet de Constitution à soumettre au référendum[91]. Le Rwanda a vécu la cohabitation

---

[87] ESAMBO KANGASHE (J. L), *La constitution congolaise du 18 février 2006 à l'épreuve du constitutionnalisme. Contraintes pratiques et perspectives*, Louvain-la-Neuve, Academia-Bruylant, Coll. Bibliothèque de droit africain 7, 2010, p. 68.

[88] AVRIL (P), *Les conventions de la Constitution*, Paris, PUF, Coll. Léviathan, 1997, p. 62.

[89] KEUTCHA TCHAPNGA (C), « Droit constitutionnel et conflits politiques dans les États francophones d'Afrique noire », https://www.cairn.info/revue-francaise-de-droit-constitutionnel-2005-3-page-451.htm, point 8.

[90] Il s'agit de l'Acte portant dispositions constitutionnelles relatives à la période de transition du 4 août 1992, de l'Acte constitutionnel harmonisé relatif à la période de la transition du 2 avril 1993, de l'Acte constitutionnel de la transition du 9 avril 1994 et de la Constitution du 4 avril 2003.

[91] Organisé, le 13 décembre 2015.

difficile entre l'accord de paix d'Arusha et la Constitution du 10 juin 1991[92]. La tactique a inspiré le Burundi, lors des négociations antérieures à la signature, le 28 août 2000, de l'accord de paix et de réconciliation qui mit en veilleuse certaines dispositions constitutionnelles et exigea l'élaboration d'un nouvel Acte constitutionnel de transition ainsi que l'insertion, dans l'ordre juridique positif, de la loi n° 1/017 du 1er décembre 2000 portant adoption de l'accord d'Arusha pour la paix et la réconciliation.

Au Burkina Faso, les négociations politiques qui suivirent la démission de Blaise Compaoré aboutirent à la signature, le 14 novembre 2014, de l'accord de paix pour la gestion de la période de transition qui précise, en son préambule, que la Charte de la transition complète la Constitution du 2 juin 1991 avec laquelle elle fait corps, mais en cas de contrariété, priorité est accordée aux dispositions de la Charte. Le Conseil constitutionnel statue en cas de conflit.

La crise politique que connut la Côte d'Ivoire en 2002 servit de prétexte aux négociations à l'issue desquelles fut signé le 24 janvier 2003, l'accord de Linas-Marcoussis[93]en prélude à d'autres[94]dont l'acceptation influa sur les règles de dévolution et d'exercice du pouvoir.

Au Mali, la signature le 2 juillet 2006 à Alger, de l'accord pour la paix et la réconciliation permit d'arrêter un certain nombre de dispositions de portée nationale, mais prioritairement applicables aux régions du Nord. Un dispositif constitutionnel, législatif et réglementaire différent de celui en vigueur prévu fut organisé. Paraconstitutionnel, cet accord est considéré comme conclu sur fond du conventionnalisme de crise[95].

Portés vers la gestion des crises créées, ces accords parviennent à légitimer, sur fond d'imprévisibilité constitutionnelle, des ambitions politiques au service notamment d'une gouvernance consensuelle visant la consécration du pouvoir. Car, sans neutraliser l'ordre ancien, la formule arrive tout de même à le chambouler ; les institutions politiques mises en place appelées à succéder, dans la perspective d'une normalisation future, à celles existantes.

Qu'il s'agisse du Burundi, de la Côte d'Ivoire, du Mali, de la République centrafricaine ou du Rwanda, la pratique a été à l'origine des gouvernements de transition dont la composition reflétait prioritairement le partage du pouvoir, à la place d'une gestion orthodoxe et rationnelle de l'État.

Vu sous la double fonction normative et de gestion de crises, les accords politiques ont vocation à détendre l'ambiance politique et rétablir un minimum de confiance entre acteurs impliqués. Décrispation et consensus semblent donc être la

[92] Complété par l'accord de cessez-le-feu de la N'sele, du 29 mars 1991, tel qu'amendé, à Gbadolite, le 16 septembre de la même année et, à Arusha, le 12 juillet 1992, ainsi que d'autres protocoles d'accord relatifs à l'État de droit et au partage du pouvoir, ledit accord affirme faire partie intégrante de la Constitution de la transition, mais du fait qu'il a abrogé certaines dispositions constitutionnelles sur la dévolution et l'exercice du pouvoir, ainsi que le remplacement de quelques institutions par d'autres issues des négociations politiques, sa supériorité sur la Constitution était réelle.

[93] DUBOIS de GAUDUSON (J), « L'accord de Linas- Marcoussis, entre droit et politique », *op.cit.*, p. 50.

[94] Il s'agit, notamment, des accords d'Accra 1 et 2, celui de Pretoria ou encore de Ouagadougou sur la paix et la réconciliation en Côte d'Ivoire.

[95] KPODAR (A) et KOKOROKO (D), « Remarques sur quelques mutations du droit constitutionnel par les crises politiques en Afrique », *op.cit.*, p. 244.

finalité recherchée pour permettre à l'État de fonctionner et au pouvoir d'être exercé dans un environnement de stabilité politique.

Projetée vers une certaine duplication de rôles, entre le juridique et le politique, l'entreprise prédispose, en raison de la nouvelle perception, une certaine attache à l'État de droit proclamé dans la Constitution.

Bien qu'évidente, la démarche n'élude pourtant pas le penchant vers la rigidité constitutionnelle, invitant à relativiser toute menace à sa protection. Si un accord politique peut être à l'origine d'une réforme constitutionnelle ou des conditions nécessaires à la résorption d'une crise politique, son acceptation dans la normativité juridique reste discutable.

Rares sont, en effet, les accords politiques qui ambitionnent la rupture totale de l'ordre ancien posant du coup la question de la qualité de l'autorité appelée à l'œuvre. Il demeure que, prétextant remplacer ou modifier l'ordre existant, l'accord politique viole la procédure de mise en œuvre, empruntant bien souvent la voie de la fraude à la Constitution.

Dans ces conditions, l'expérience burkinabée renseigne qu'en cas de contrariété entre la Charte de transition et la Constitution, le Conseil constitutionnel statue, raison de plus, pour qu'on s'intéresse à la réception des accords politiques, dans le bloc de constitutionnalité.

On rappelle qu'élaborés dans des circonstances de crise ou de sortie de crise, les accords politiques peuvent comporter des clauses contraires à la Constitution, rendant leur justiciabilité possible. Essentiellement technique, ce contrôle ne porte que sur la cohérence entre la stipulation conventionnelle et la disposition constitutionnelle en vigueur. Il appartient au juge saisi de s'assurer qu'au moment de son intégration, dans le dispositif juridique positif, la stipulation conventionnelle n'énerve ni la lettre, encore moins l'esprit de la Constitution. La décision à intervenir doit, par voie de conséquence, indiquer clairement la distance prise vis-à-vis de la volonté du constituant.

Dans la mise en route du constitutionnalisme en Afrique, les accords politiques ont pu être pointés comme capables d'insuffler une nouvelle dynamique, dans la perception du droit constitutionnel. Il demeure qu'en raison de sa temporalité, le phénomène n'est pas toujours en cohérence avec la suprématie de la Constitution au point d'écorcher sa stabilité et donc, sa pérennité.

On doit, à l'évidence, reconnaître le caractère relatif de la crainte, tant la place des accords politiques dans l'ordonnancement constitutionnel africain est, en réalité, récente ; la recette n'ayant pas encore fini d'être explorée ; l'acceptation dans la pyramide normative devient une nécessité.

Institué par un accord politique, le président de la République ou celui de la transition[96]est toujours au centre de l'ingénierie constitutionnelle. Il se sert d'une Charte de transition pour préparer l'avènement d'une nouvelle Constitution[97] qu'il fait adopter, sans difficulté majeure, par un peuple déjà mis en condition ou manipulé à l'avance.

---

[96] Dans un arrêt n° 2021-02/CC/Vacances du 28 mai 2021, la Cour constitutionnelle du Mali a, après avoir constaté la vacance à la présidence de la transition, marqué la différence entre le président de la République de celui de la transition, dont la mission est de conduire, à terme, le processus de la transition.

[97] Le cas, notamment, du Burkina Faso, Mali, République démocratique du Congo ou du Tchad.

Dans ces conditions, accepter le changement des règles sur la dévolution et l'exercice du pouvoir conduirait à reconnaître au président de la République le rôle d'épicentre de toute l'architecture institutionnelle ; détenant sinon confisquant la puissance de l'autorité délégante. Une telle analyse favoriserait la transformation de l'idée de droit contenue dans la Constitution en vigueur pour lui substituer une autre construite, cette fois-ci, sur la façade de sa révision.

On pourrait également soutenir le renforcement du pouvoir de contrôle de l'autorité délégante sur l'activité du délégataire. Pareille mission ne peut être correctement jouée que par un peuple suffisamment informé de la Constitution, ses valeurs et son utilité pour exiger, en cas de méconnaissance, l'arbitrage du juge.

La tactique tendant à esquiver le constitutionnalisme ne conduit pas nécessairement au résultat attendu, la volonté de réformer peut se heurter à la résistance du juge chargé d'en vérifier la constitutionnalité, à condition que son action s'inscrive dans la durée et connaisse, avec succès une duplication ailleurs.

Le mouvement de production constitutionnelle de ces six dernières décennies révèle, en Afrique noire francophone, une évidence : en temps normal comme celui de crise : le délégataire du pouvoir s'est régulièrement substitué à l'autorité délégante.

Élaborées et/ou révisées par le président de la République, les Constitutions africaines ne peuvent exister, dans ces conditions, que sur mesure. Dès lors, au lieu de limiter ou d'encadrer le pouvoir, c'est bien le pouvoir présidentiel qui limite et encadre les textes constitutionnels.

Décisoire, son intervention dans la production constitutionnelle est apparue, au fil du temps, contreproductive à cause de la perte de rigidité de la loi fondamentale, par ailleurs, soumise à des manipulations à souhait. Le droit constitutionnel africain est permanemment en crise parce que construit sur l'idée de la consolidation du pouvoir, plutôt que sur celle de la garantie des libertés publiques et donc, de la démocratie.

Il s'observe, en même temps, que toute confiscation de l'initiative d'élaboration ou de révision constitutionnelle doit être prohibée, parce que relevant de la souveraineté nationale, dont le caractère inaliénable [98] n'autorise, ni ne tolère aucune substitution ou duplication du pouvoir institué.

Aussi, dans un monde en interconnexion des rapports sociaux, l'informatisation de la vie politique oblige à s'imposer une rationalité dans l'exercice du pouvoir constituant. Institué par la Constitution, le pouvoir constitué, ici président de la République, se doit de la respecter, en toutes circonstances. C'est le sens même du serment qu'il prête avant d'entrer en fonction.

Pas toujours mesurée, l'intrusion du délégataire dans la sphère de compétence de l'autorité délégante peut compromettre l'issue de la réforme pour que l'on s'interroge finalement sur l'utilité.

Rarement partagée, la jurisprudence africaine reste divisée sur la justiciabilité des lois de révision constitutionnelle. Pendant que certains systèmes l'encouragent[99], d'autres se résignent[100], à défaut de se montrer dubitatifs[101].

[98] BARANGER (D), *La Constitution. Sources. Interprétations. Raisonnements*, Paris, Dalloz, 2022, p. 97.
[99] Il est ainsi, notamment, de la Cour constitutionnelle du Bénin ou du Mali.
[100] Comme le Conseil constitutionnel français ou sénégalais.

Devant cette incertitude, une idée est venue de faire appel au peuple comme ultime recours[102]. L'autorité délégante est plus que jamais invitée à reprendre l'initiative, dans l'exercice du pouvoir constituant, et ne pas laisser le délégataire s'en approprier ou en abuser.

La prise de conscience est à ce point nécessaire pour éloigner le constitutionnalisme d'une simple formalité au profit de son effectivité. Il en sera ainsi lorsque la constitution sera à la portée du grand nombre. On doit également compter sur le rôle, au combien important du juge constitutionnel pour tracer, en cas de besoin, la ligne rouge à ne pas dépasser.

---

[101] À l'exemple de la Cour constitutionnelle du Congo, du Gabon, de la République centrafricaine, du Togo ou du Conseil constitutionnel camerounais ou ivoirien.

[102] BERE KAYABA (A), *Le peuple, ultime gardien de la Constitution en Afrique*, thèse pour l'obtention de grade de docteur en droit public, École doctorale des sciences juridiques, politique, économie et gestion, Université Thomas SANKARA, Ouagadougou, Burkina Faso, 23 mars 2022, pp. 148-150.

LE DROIT CONSTITUTIONNEL CONGOLAIS DE NÉCESSITÉ À L'ÉPREUVE DE LA LUTTE CONTRE LA PANDÉMIE DU CORONAVIRUS « COVID 19 »*

Placide MOUDOUDOU

Agrégé des facultés de droit, Doyen honoraire
Professeur à l'Université Marien N'gouabi de Brazzaville

Curieusement, quelques aspects me rapprochent du dédicataire : comme lui, je suis le premier agrégé en droit du Conseil africain et malgache pour l'enseignement supérieur (CAMES) de mon pays, ancien doyen de la Faculté de droit, ancien député à l'Assemblée nationale puis juge à la Cour constitutionnelle du Congo. C'est donc un réel plaisir de contribuer modestement aux présents mélanges qui perpétuent une tradition universitaire, en honorant « Un Penseur du Droit » et « Serviteur de l'État » de son rang.

La pandémie du coronavirus (COVID 19) apparue, selon les scientifiques, à Wuhan en Chine au début de l'année 2020, s'est ensuite propagée sur tous les continents, devenant « une crise sanitaire mondiale sans précédent (et) provoquant un bouleversement dans la vie normale des institutions étatiques »[1]. La maladie du coronavirus n'a pas épargné le Congo où la pandémie a été déclarée le 14 mars 2020 et l'état d'urgence sanitaire le 30 mars de la même année[2].

Depuis quelque temps, le coronavirus (COVID 19) « cause des grandes pertes en vies humaines, détruit les économies, prive de ressources les actifs. Une catastrophe humaine et sociale se développe sous nos yeux »[3]. Il n'a pas laissé indifférents les juristes[4] et, certaines juridictions constitutionnelles ont été saisies[5].

---

* Cet article est une version remaniée et corrigée parue à la revue électronique dirigée par le professeur Robert Nemedeu (LE NEMRO, Revue trimestrielle de droit économique, oct.-décembre 2020, n° 18).

[1] O. NAREY, « Le droit constitutionnel à l'épreuve de la pandémie de la COVID-19 : cas du Niger », *Universidad Nacional Autonnoma de México, Instituto de Investigacionnes Juridica*s, 2020, p. 21.

[2] Ses symptômes les plus fréquents sont : la fièvre, la toux sèche, les maux de gorge, la diarrhée, la conjonctivite, les maux de tête, la perte de l'odorat ou du goût, l'éruption cutanée ou la décoloration des doigts ou des orteils.

[3] Rapport n° 50 de la Commission des lois et des affaires administratives relatif au projet de loi habilitant le Gouvernement à édicter, par ordonnance, des mesures relevant du domaine de la loi, dans le cadre de la lutte contre la pandémie du coronavirus (COVID 19), p. 4.

[4] M.S. OUEDRAOGO et D. OUEDRAOGO, « Les élections présidentielles et législatives à l'épreuve du COVID 19 : une mise en lumière en Afrique de l'ouest francophone », *Afrilex* 2020 ; M. VERPEAUX, « Loi organique d'urgence sanitaire et question de priorité », *AJDA* 2020, p. 839 ; D. ROUSSEAU, « Quand l'urgence fait mal au droit », *AJ Coll. Territ.*, 2020, p. 169 ; J-E.

Ils s'interrogent ou répondent sur la constitutionnalité des conditions de proclamation de l'état d'urgence sanitaire au regard de la nécessité de garantir les droits et libertés fondamentaux.

En matière sanitaire, l'État est à la fois « garant », « régulateur » et « protecteur »[6]. Ainsi, l'État a prévu un dispositif juridique spécifique que la doctrine appelle « les états de nécessité »[7] ou « le droit de nécessité »[8] ou encore « le droit constitutionnel de la nécessité »[9] qui constitue, comme le dit Philippe Terneyre, « des adaptations aux circonstances de constitutionnalité »[10]. Les pouvoirs de crise ou normes exceptionnelles « constituent une réminiscence de la raison d'État. Ils sont au cœur de l'État de droit et de la démocratie pluraliste »[11].

Il faut, en réalité distinguer les deux catégories d'adaptation : la première « évoque instinctivement la violation du droit pour une cause supérieure : celle de la raison d'État ou du régime politique qui lui est consubstantiel »[12] ; tandis que la seconde, qui retient notre attention, s'entend « comme le droit, quand cela devient d'extrême urgence dans une situation exceptionnelle, d'agir d'une manière qui, tout en restant dans l'esprit des principes constitutionnels, est contraire aux règles positives formulées pour régir le fonctionnement normal des pouvoirs publics »[13].

Ce droit obéit en quelque sorte à un processus dialectique : « dans un premier temps des circonstances extraordinaires (guerres intérieures ou extérieures, troubles sociaux violents et durables, catastrophes naturelles de grande ampleur, pandémie sanitaire comme dans le cas d'espèce, etc.) se produisent ; puis, pour y faire face, une concentration, soit spontanée soit en vertu d'une législation spécifique adoptée en urgence, de pouvoirs de crise (c'est-à-dire restrictifs des libertés et des règles de procédure) entre les mains de l'organe jugé le plus apte à résoudre la crise ; enfin, *a posteriori*, une interprétation jurisprudentielle et doctrinale de ces pouvoirs et de cette législation soit pour en réduire la portée soit

---

GICQUEL, « Crise sanitaire et crise des normes », *D.* 2020, p. 719 ; O. BEAUD, C. GUERRIN-BARGUES, « L'état d'urgence sanitaire : est-il judicieux de créer un nouveau régime d'exception ? », *D.* 2020, p. 891.

[5] V° par exemple : Cour constitutionnelle du Gabon, Avis du 6 avril 2020 ; Cour constitutionnelle du Congo-Brazzaville, Décision n° 001/DCC/SVA/20 du 5 juin 2020 ; de la même juridiction, Avis n° 002/ACC/SVC/20 du 30 mars 2020 ; Cour constitutionnelle du Togo, Avis n°av.-003/20 du 8 avril 2020 ; Cour constitutionnelle de la République démocratique du Congo, Décision du 13 avril 2020 ; Cour constitutionnelle du Niger, Avis n° 8/CC du 30 mars 2020 ; Cour constitutionnelle du Niger, Arrêt n° 04/CC/MC du 15 juin 2020 ; Conseil constitutionnel français, Décision n° 2020-799 DC du 26 mars 2020.

[6] J.-M. LEMOINE DE FORGES, « L'État et la santé. L'épreuve de la postmodernité », *in Mélanges en l'honneur de Jacques Chevallier, Penser la science administrative dans la postmodernité*, Paris, LGDJ-Lextenso, 2013, p. 581 ; du même auteur, « L'intervention de l'État en matière sanitaire. Quelques repères historiques », *EDCE* 1998, n° 49, p. 489 ; J. CHEVALLIER, *L'État postmodernité*, Paris, LGDJ, 2008, 3e éd.

[7] J. GICQUEL, « Les états de nécessité », *in* L. Favoreu, *dir.*, *Droit constitutionnel et droits de l'homme*, Economica et Presses universitaires d'Aix-Marseille, 1987, pp.171 et s.

[8] F. CASTERG, « Le droit de nécessité en droit constitutionnel », *in Mélanges Gidel*, Paris, Sirey, 1961, p. 106.

[9] N. MEDE, *Les grandes décisions de la Cour constitutionnelle du Bénin*, Éditions universitaires européennes, 2012, p. 220.

[10] P. TERNEYRE, « Les adaptations aux circonstances du principe de constitutionnalité », *in* L. Favoreu, *dir.*, *Droit constitutionnel et droits de l'homme,* précité, p. 187.

[11] N. MEDE, *Les grandes décisions de la Cour constitutionnelle du Bénin*, précité, p. 220.

[12] J. GICQUEL, « Les états de nécessité », précité, p. 171.

[13] F. CASTERG, « Le droit de nécessité en droit constitutionnel », *in Mélanges Gidel*, précité, p. 106.

pour en stigmatiser les effets nocifs mais toujours pour en admettre le caractère inéluctable »[14].

Le droit de nécessité est ancien. En France, on le retrouve déjà aux 19e et XXe siècles. On peut évoquer l'état de siège[15], l'état d'urgence[16], les circonstances exceptionnelles en temps de guerre[17] et les pouvoirs de crise du président de la République prévus à l'article 16 de la Constitution française de 1958[18]. En Italie, la Cour constitutionnelle avait eu l'occasion de se prononcer sur le respect des libertés en période de mise en œuvre du droit de nécessité adopté pour lutter contre le terrorisme dans les années soixante-dix. Comme le soulignait l'ancien président de cette haute juridiction, Leopoldo Elia, la période « *d'emergenza* », à partir de 1974-1975, a donné lieu à un certain nombre de sentences moins favorables à la protection des libertés[19].

La quasi-totalité des États ont prévu des systèmes réducteurs des droits et libertés pour les périodes de crise. La Constitution congolaise du 25 octobre 2015 a prévu ce dispositif aux articles 93, à propos des pouvoirs de crise[20], et 157 sur l'état d'urgence et l'état de siège. Ainsi, la Constitution congolaise prévoit des mécanismes de nature et de portée différente destinés à faire face à des situations d'exception. Le droit constitutionnel congolais de nécessité est donc composé de l'ensemble de normes à valeur constitutionnelle permettant aux pouvoirs publics d'adapter leurs actions aux diverses situations de crise : politique, sociale, économique, sanitaire, environnementale, militaire, etc.

S'agissant de l'état d'urgence et de l'état de siège qui « se traduisent dans leur mise en œuvre par un assouplissement, pour une durée limitée, de la légalité des temps ordinaires »[21], aux termes de l'article 157 de la Constitution, « L'état d'urgence comme l'état de siège est décrété par le Président de la République en Conseil des Ministres. Le Parlement se réunit de plein droit. L'état d'urgence comme l'état de siège peut être proclamé sur toute ou une partie de la République pour une durée qui ne peut excéder vingt (20) jours. Dans les deux cas, le Président de la République informe la Nation par un message. Le Parlement se réunit de plein droit s'il n'est pas en session, pour le cas échéant, autoriser la prorogation de l'état d'urgence ou de l'état de siège au-delà de vingt jours. Lorsque, à la suite de circonstances exceptionnelles, le Parlement ne peut siéger, le Président de la République peut décider de maintenir l'état d'urgence ou de l'état

---

[14] P. TERNEYRE, « Les adaptations aux circonstances du principe de constitutionnalité », précité, p. 187.

[15] Lois françaises du 9 août 1849 et 3 avril 1878 ; Constitutions françaises de 1946 (art.7) et 1 958 (art.36).

[16] Loi française du 3 avril 1955, modifiée par l'ordonnance du 15 avril 1960.

[17] CE., 28 juin 1918, *Heyriès*, *GAJA*, 20e éd., n° 30 ; C.E., 28 février 1919, *Dame Dol et Laurent*, *GAJA*, 20e éd., n° 32.

[18] Pour le commentaire de cet article qu'on retrouve dans la plupart des constitutions des États africains, voir, F. SAINT-BONNET, « Article 16 », *in* F. LUCHAIRE, G. CONAC, X. PRETOT, *dir.*, *La constitution de la France*, Paris, Economica, 3e éd., p. 524 et s.

[19] V° son intervention au colloque d'Aix-Marseille, *Cours constitutionnelles européennes et droits fondamentaux*, Economica, 1982, p. 339.

[20] Cet article reprend l'article 16 de la Constitution française de 1958.

[21] Rapport n° 49 de la Commission des lois de l'Assemblée nationale relatif au projet de loi déterminant les conditions de mise en œuvre de l'état d'urgence et l'état de siège en République du Congo, p. 4.

de siège. Il en informe la Nation par message. Une loi détermine les conditions de mise en œuvre de l'état d'urgence ou de l'état de siège ».

Comment et de quelle manière ce droit de nécessité est-il mis en œuvre pour lutter contre la pandémie du coronavirus (COVID 19) au Congo ? Les gouvernants congolais ont-ils trouvé un équilibre entre cette lutte et la nécessaire garantie des libertés et droits fondamentaux ? Cet article 157 de la Constitution constitue-t-il effectivement et exclusivement l'instrument juridique approprié ? Sa mise en œuvre est-elle l'occasion pour les juges de sanctionner les diverses violations des droits et libertés par les autres pouvoirs publics ? Le parlement joue-t-il efficacement son rôle ? En somme, il est question d'étudier si l'avènement de la pandémie du coronavirus (COVID 19) a soit modifié soit renforcé ou encore ébranlé le fonctionnement des institutions constitutionnelles congolaises.

Pour lutter efficacement contre cette pandémie, les lois n° 20-2020 du 8 mai 2020 habilitant le Gouvernement à édicter, par ordonnance, des mesures relevant du domaine de la loi, dans le cadre de la lutte contre la pandémie de coronavirus (COVID 19)[22] et n° 21-2020 du même jour déterminant les conditions de mise en œuvre de l'état d'urgence ou de l'état de siège en République du Congo[23] ont été adoptées. L'intérêt théorique et pratique est certain dans ce type d'études : il est théoriquement intéressant de voir comment l'état d'urgence, tel que prévu par la Constitution, est-il une institution capable de protéger les congolais contre une pandémie sanitaire tout en garantissant la protection des libertés fondamentales et l'ordre public. En pratique, on constate que l'exécutif demeure, comme dans divers autres domaines, dans ses rapports avec les autres pouvoirs, le maître du jeu. Dans ces conditions, on peut dire que le droit a été malmené (I) en dépit d'une régulation juridictionnelle jugée satisfaisante (II).

I. UN DROIT CONSTITUTIONNEL DE NÉCESSITÉ MALMENÉ

De plus en plus « polycentrique »[24], « l'État l'est tout particulier dans (le domaine) de la santé »[25]. Au Congo comme dans la plupart des États, en vue de lutter efficacement contre le coronavirus (COVID 19), « la proclamation de l'état d'urgence s'est fait « à côté » du droit (et en faisant) mal au droit »[26]. Il ne pouvait, semble-t-il, en être autrement pour un « sujet qui est à la frontière du droit et de la politique »[27]. C'est pourquoi, en une telle circonstance, « l'obligation de légiférer »[28] devrait s'entendre en une « obligation de légiférer adéquatement »[29]. Montesquieu, dans *De l'Esprit des lois* distingue d'ailleurs « les lois nécessaires » des « lois inutiles » pour l'État et la société : on retrouve la même classification

---

[22] JORC du 7 au 14 mai 2020, n° 19 et 20, p. 319.
[23] JORC du 7 au 14 mai 2020, n° 19 et 20, p. 320.
[24] J. CHEVALLIER, *L'État postmodernité*, précité, p. 74.
[25] J.-M. LEMOINE DE FORGES, « L'État et la santé. L'épreuve de la postmodernité », *in Mélanges en l'honneur du professeur Jacques Chevallier*, précité, p. 587.
[26] D. ROUSSEAU, « Quand l'urgence fait mal au droit », précité, p. 169.
[27] J.-M. GARRIGOU-LAGRANGE, « L'obligation de légiférer », *in Mélanges en l'honneur de Philippe Ardant, Droit et politique à la croisée des cultures*, Paris, LGDJ, 1999, p. 306.
[28] *Ibid.*
[29] H. SIMONART, « L'obligation de légiférer adéquatement », *in Mélanges en hommage à Francis Delpérée, Itinéraires d'un constitutionnaliste*, Bruxelles, Bruylant, 2007, p. 1249.

dans les instruments juridiques congolais de lutte contre le coronavirus (COVID 19).

A. Une loi nécessaire : la loi sur l'état d'urgence et l'état de siège

Considérant que le droit de nécessité issu des années 1960 n'était plus en phase avec les réalités sociales, économiques, politiques et culturelles, les autorités congolaises ont, pour mieux lutter contre le coronavirus, procéder à une réforme législative.

1) L'ancien droit de nécessité

L'ordonnance n° 62-8 du 28 juillet 1962 modifié à l'article 17 par l'ordonnance n° 62-17 du 7 septembre 1962 énonçait tout d'abord que « lorsque les circonstances l'exigent, le maintien de l'ordre public en République du Congo pourra être assuré par les mesures prévues soit par l'état d'urgence soit par l'état de siège »[30]. Ensuite, les articles 2 à 10 (s'agissant de l'état d'urgence) et 11 à 20 (concernant l'état de siège) fixaient les conditions de leur mise en œuvre : proclamation par le chef de l'État par décret en Conseil des ministres, détermination des parties du ou des territoires concernés, fixation de leur durée avec possibilité de prorogation sur autorisation de l'Assemblée nationale, énumération des catégories de mesures restrictives des droits et libertés susceptibles d'être prises par les autorités administratives, militaires et judiciaires ainsi que des sanctions qui y sont attachées.

La vie de ce dispositif juridique peut être divisée en deux : sous le régime du parti unique (1962-1990) et pendant le renouveau démocratique du début des années 1990. Pendant la première partie de sa vie caractérisée, comme on le sait, par des « libertés publiques, quoique proclamées, (mais) reléguées aux oubliettes et le monolithisme substitué au pluralisme »[31], l'ordonnance de 1962 est demeurée inappliquée, complètement ignorée. En effet, avec bonheur, en dépit d'une vie politique agitée, avec des institutions politiques instables et une multitude de coups d'État fomentés, avortés ou réussis, les gouvernants congolais n'ont jamais appliqué ce texte alors que, parfois, les conditions de sa mise en œuvre étaient réunies[32].

Pendant la seconde partie de la vie juridique de cette ordonnance (1991-2020), il faut en réalité distinguer son sort sous la présidence Lissouba (1992-1997) et son sort sous la présidence Sassou-Nguesso (depuis 1997). Sous la première, l'ordonnance de 1962 a connu une application consécutivement aux troubles résultant de la proclamation des résultats des élections législatives anticipées de 1993. L'opposition politique, ayant perdu les élections législatives, avait érigé des barricades dans certains quartiers de Brazzaville en appelant le peuple à la

[30] V° article 1er.

[31] J. OWONA, « L'influence du constitutionnalisme soviétique en Afrique noire », *RJPIC* 1983, p. 740.

[32] Il en était ainsi, par exemple, après la chute du régime du Président Fulbert Youlou en août 1963, lors des multiples coups d'État enregistrés sous le régime du Président Marien N'gouabi (1969-1977) ; et même lors des menaces d'une invasion par des armées étrangères évoquées par le Président Yhombi-Opango, tout en constituant pourtant « des circonstances exceptionnelles » et qualifiées dans le jargon officiel de « tentatives de complot du 14 août 1978 » avaient été jugulées sans recourir à cette ordonnance.

désobéissance civile « pour défendre la démocratie ». Pour rétablir l'ordre public, le Président Lissouba décréta l'état d'urgence le 16 juillet 1993[33].

Par contre, sous la présidence de Sassou-Nguesso malgré les troubles graves et les guerres civiles[34] que le Congo a connus de 1997 à 2001 puis de 2015 à 2016, l'ordonnance de 1962 avait été allègrement ignorée, jusqu'à l'avènement de la pandémie du coronavirus.

2) La réforme législative de 2020

Le 27 avril 2020, devant la Commission des lois et des affaires administratives de l'Assemblée nationale, le ministre de la Justice rappelait que cette réforme « est une prescription expresse de la constitution »[35], pour ainsi justifier cette obligation de légiférer qui pèse sur le législateur dans un État de droit[36]. C'est bien dans ce cas que se trouvait le législateur congolais : se plier aux prescriptions de la Constitution de 2015 aux fins d'harmoniser le régime juridique de l'état d'urgence et l'état de siège avec les normes supérieures. La loi de 2020 a apporté des innovations institutionnelles et matérielles.

Sur le plan institutionnel en effet, les pouvoirs des préfets en la matière sont désormais transférés à l'autorité centrale. Alors que sous l'empire du droit antérieur les préfets pouvaient, s'agissant de l'état d'urgence, prendre « des décisions immédiatement exécutoires » comme, par exemple, ordonner une garde à vue, établir le couvre-feu, interdire toute réunion, soumettre à autorisation administrative toute circulation automobile, cette compétence relève désormais du ressort du « Gouvernement »[37].

Ensuite, les actions du ministre de l'Intérieur en la matière ne sont plus liées ou conditionnées aux « propositions des préfets » ou à leurs « défaillances »[38] : le ministre dispose désormais d'un pouvoir discrétionnaire, une réelle liberté d'action. Enfin, la pyramide et la logique administratives sont désormais rétablies et respectées : aussi bien en cas d'état d'urgence que d'état de siège, il appartient eu Gouvernement de « donner pouvoir aux autorités locales de prendre toutes les dispositions nécessaires pour faire face à la menace »[39]. Et, contrairement au régime antérieur, l'état de siège peut désormais être décrété sur une partie du territoire[40].

---

[33] Voir, I.M. FALL, *Le pouvoir exécutif dans le constitutionnalisme des États d'Afrique*, Paris, L'Harmattan, 2008, pp.17 et 133.

[34] Guerres civiles opposant les forces armées gouvernementales aux milices armées se réclamant soit du Président Lissouba déchu soit du pasteur N'toumi, soit encore de l'ancien Premier ministre Bernard Kolélas.

[35] Rapport n° 49 de la Commission des lois relatif au projet de loi déterminant les conditions de mise en œuvre de l'état d'urgence et de l'état de siège, p. 5.

[36] J.-M. GARRIGOU-LAGRANGE, « L'obligation de légiférer », *in Mélanges Philippe Ardant*, précité, p. 306.

[37] Article 8 de la loi.

[38] Articles 6 et 7 de la même loi.

[39] Article 17 de la loi.

[40] Article 10 de la loi.

Sur le plan matériel, la nouvelle loi a pris en compte l'apparition des droits nouveaux dits de la troisième génération[41] : l'état d'urgence est désormais applicable en cas d'atteintes à l'environnement et aux infrastructures[42].

B. Une loi inutile : la loi portant autorisation de légiférer par voie d'ordonnance

Il y a quelques années, M. TALL observait déjà que « l'ampleur de la législation déléguée laisse place à des supputations sur l'instrumentalisation du procédé dans le but de subordonner le Parlement et sur le caractère réellement volontaire de l'octroi de l'habilitation. L'existence de prérogatives gouvernementales dans la procédure législative tout autant que le phénomène majoritaire militent fortement en faveur de la faiblesse de manœuvre parlementaire lorsque l'urgence est invoquée par l'exécutif pour motiver la demande d'habilitation »[43].

De ce point de vue et dans ces conditions, on peut « s'interroger sur l'utilité de ces ordonnances »[44] dont l'édiction participe d'une fonction législative d'urgence permettant de surmonter les embûches de l'opposition et de déjouer les surenchères de la majorité parlementaire. Or au Congo, l'opposition parlementaire est réduite à sa plus simple représentativité (quasi inexistante) et la large majorité parlementaire est très disciplinée.

1) Une suprématie de l'exécutif confirmée

Au Congo comme dans d'autres États, de manière constante, il se dégage un déséquilibre manifeste entre l'exécutif et le législatif marqué par l'hyperpuissance du premier entraînant mécaniquement l'affaiblissement du second. Cette hyperpuissance du Gouvernement apparaît clairement dans les propos du ministre congolais de la Justice lorsqu'il était auditionné par la Commission des lois de l'Assemblée nationale le 27 avril 2020 : « le gouvernement est l'acteur principal sur le terrain des actions à mener (dans la lutte contre le coronavirus) : il lui faut donc des outils efficaces […] pour lui permettre d'agir vite »[45] ; car, poursuit-il, « nous sommes dans une situation exceptionnelle qui nécessite une certaine célérité dans l'édiction des lois »[46] pour lutter efficacement contre cette pandémie.

Le Gouvernement a donc, comme on pouvait s'y attendre, obtenu à travers la loi n° 20-2020 du 8 mai 2020, le droit de légiférer par voie d'ordonnance conformément à l'article 158 de la Constitution[47]. Concrètement, ces mesures qui

---

[41] La doctrine distingue en effet trois générations de droits : la première génération concerne les droits civils et politiques, la seconde génération contient sur les droits économiques, sociaux et culturels (apparus notamment après la seconde guerre mondiale).

[42] Article 1er.

[43] S. N. TALL, « Les ordonnances en Afrique noire francophone », *in* DOUDOU N'DOYE, *dir.*, *Mélanges africains, Constitutions et institutions publiques africaines*, Études doctrinales, Dakar, EDJA, 2008, p. 238.

[44] *Ibid.*, p. 246.

[45] Rapport n° 50 de cette commission, séance des 27 et 28 avril 2020, relatif au projet de loi habilitant le gouvernement à édicter, par ordonnance, des mesures relevant du domaine de la loi dans le cadre de la lutte contre la pandémie du coronavirus (COVID 19), pp.4 et 6.

[46] *Ibid.*

[47] Article 158 : « Le Gouvernement peut, pour exécuter son programme, demander au Parlement de voter une loi l'autorisant à prendre, par ordonnance, pendant un délai limité, des mesures qui sont

sont du domaine de la loi « sont de divers ordres et concernent l'approvisionnement en médicaments, la sécurité des personnes et des biens, l'économie et les finances, le volet social »[48]. On peut néanmoins douter que toutes ces matières énumérées relèvent de la loi ; en effet est-il certain que, par exemple, l'approvisionnement en médicaments relève du domaine législatif ? C'est donc « l'émergence du Gouvernement »[49] qui est devenu la « figure tutélaire de la communauté politique »[50]. La lutte contre le coronavirus confirme « la position subalterne du Parlement (qui est un) vassal obéissant (à) un Exécutif dominant et surpuissant »[51]. Il demeure une chambre d'enregistrement, une caisse de résonance, un gadget [52] voire « l'appendice de l'Exécutif »[53] qui, en l'espèce, a recours à d'autres instruments juridiques

2) Une volonté critiquable de recourir aux instruments infralégislatifs

En principe, la notion d'urgence est consubstantielle à une demande gouvernementale de légiférer par voie d'ordonnances « pour l'exécution de son programme », c'est-à-dire pour atteindre « les objectifs en vue desquels les ordonnances seront prises »[54]. En droit comparé, il n'est pas d'exemples où cette procédure a été déclenchée mais où le Gouvernement n'initie aucune ordonnance. Or dans le cas du Congo, force est de constater que deux ans après le vote de la loi n° 20-2020 du 8 mai 2020 habilitant le Gouvernement à édicter, par ordonnance, des mesures relevant du domaine de la loi, dans le cadre de la lutte contre la pandémie de coronavirus (COVID 19), aucune ordonnance n'a été ni édictée ni même initiée. Il s'agit, à notre connaissance, d'un cas inédit dans le constitutionnalisme africain.

Deux catégories d'instruments juridiques ont donc été choisies par le Gouvernement congolais : l'un est réglementaire et l'autre contractuel. En effet, le ministre de l'Intérieur et de la Décentralisation avait préféré édicter l'arrêté n° 5610/MID le 18 mai 2020 relatif au port du masque et au respect des autres

---

normalement du domaine de la loi. Cette autorisation est accordée à la majorité simple des membres du Parlement. La demande indique la matière dans laquelle le Gouvernement souhaite que des ordonnances soient prises. Les ordonnances sont prises en Conseil des ministres, après avis de la Cour suprême. Elles rentrent en vigueur dès leur publication mais deviennent caduques si le projet de loi de ratification n'est pas déposé au Parlement avant la date fixée par la loi d'habilitation. Lorsque la demande d'habilitation est rejetée, le président de la République peut, sur décision conforme de la Cour constitutionnelle, légiférer par ordonnance. À l'expiration du délai mentionné au présent article, les ordonnances ne peuvent plus être modifiées que par la loi dans leurs dispositions qui sont du domaine législatif ».

[48] Intervention du ministre de la Justice devant la Commission des lois, le 27 avril 2020 (Rapport n° 50, précité, p. 6).

[49] M. TROPER, « L'émergence du gouvernement », *in Mélanges Patrice Gélard, Droit constitutionnel*, Paris, Montchrestien, 1999, p. 133.

[50] L. SINDJOUN, « Le Gouvernement de transition éléments pour une théorie politico-constitutionnelle de l'État en crise ou en construction », *in Mélanges en l'honneur de Slobodan Milacic, Démocratie et liberté, tension, dialogue, confrontation,* Bruxelles, Bruylant, 2007, p. 967.

[51] X. VANDENDRIESSCHE, « Le Parlement entre déclin et modernité », *Pouvoirs*, 2001, n° 99, p. 59.

[52] C. DESOUCHES, « Les Parlements », *in* G. Conac, *dir.*, *Les institutions constitutionnelles des États d'Afrique francophone et de la République Malgache*, Paris, Economica, 1979, pp.95-138.

[53] S. N. TALL, « Les ordonnances en Afrique noire francophone », précité, p. 252.

[54] CC., français, Décision n° 76-72 DC du 12 janvier 1977, *Fouille des véhicules, GDCC*, 15e éd., n° 18.

mesures barrières. Ce texte qui aurait dû être une ordonnance[55] restreint les libertés individuelles en rendant « obligatoire le port du masque et le respect des autres mesures barrières sur l'ensemble du territoire national. Le masque doit couvrir intégralement le nez et la bouche »[56] ; cette mesure est « aussi obligatoire pour toutes les personnes à bord des véhicules automobiles, motos et moto tricycles, publics et privés, à usage personnel ou commercial »[57].

Et le nombre de personnes à bord d'un véhicule est limité selon la catégorie[58], étant entendu que « la distanciation physique doit être observée dans tout véhicule automobile qui doit, en outre, disposer d'une solution hydroalcoolique pour le nettoyage systématique des mains de chaque usager »[59]. L'article 7 de cet arrêté est consacré aux sanctions, qui sont l'amende (de 5 000 et 20 000 francs CFA selon les cas) et, éventuellement, la privation temporaire de liberté dans un commissariat de police ou de gendarmerie.

Or depuis les célèbres conclusions du Commissaire du gouvernement Romieu dans l'arrêt *Babin* du Conseil d'État français du 4 mai 1906, « on peut identifier plusieurs domaines majeurs d'intervention exclusive du législateur : régime des libertés publiques, état des personnes, détermination des infractions pénales, détermination des impôts »[60]. Il est bon de rappeler un extrait de ces conclusions : « relèvent par nature du pouvoir législatif toutes les questions relatives directement ou indirectement aux obligations à imposer aux citoyens par voie d'autorité sans aucun lien contractuel »[61]. Il fut suivi par le Conseil d'État : « est et doit être du domaine de la loi toute condition nouvelle imposée à l'exercice d'une liberté et toute organisation de l'État importante pour la garantie d'une liberté »[62]. Le doyen Hauriou parle même d'un « domaine naturel d'application »[63] des lois et règlements.

Comme le relève le Professeur Narey, « ces mesures, jugées extrêmement liberticides ou attentatoires aux droits et libertés publiques, ont soulevé parfois des questions de proportionnalité entre atteintes des droits et libertés publiques et sauvegarde de la santé publique dans un État de droit, espace au sein duquel la liberté doit être le principe et la restriction, l'exception »[64] comme aiment le répéter les Commissaires du gouvernement près du Conseil d'État français[65]. « Au regard des restrictions ainsi instaurées, la crise sanitaire est donc devenue une sorte de guillotine des droits et libertés, alors qu'une conciliation entre mesures

---

[55] On verra plus loin que la constitutionnalité de cet arrêté a été contestée devant la Cour constitutionnelle (voir B du II).

[56] Article 1er.

[57] Article 3.

[58] Article 4.

[59] Article 5.

[60] B. STIRN, *Les sources constitutionnelles du droit administratif. Introduction au droit public*, Paris, LGDJ, 2014, p. 68.

[61] ROMIEU, Concl. sur C.E., 4 mai 1906, *Babin, Rec.* 565.

[62] CE., 4 mai 1906, *Babin,* précité.

[63] M. HAURIOU, *Précis de droit administratif et de droit public*, Sirey, 1933, 12e éd. (revue et mise à jour par A. HAURIOU), rééd. Dalloz, 2002, p. 566.

[64] O. NAREY, « Le droit constitutionnel à l'épreuve de la pandémie de la COVID-19 : cas du Niger », précité, p. 23.

[65] Concl. MICHEL, sur C.E., 19 mai 1933, *Benjamin, GAJA*, 20e éd., n° 43 ; Concl. LAGRANDE sur CE., 5 février 1937, *Bujadoux, Rec.*152 ; D.1938, 3, p. 19.

préventives était possible »[66], comme l'a fait le juge administratif français : saisi d'une interdiction de manifestation, il l'a suspendue au motif que « l'interdiction de manifester n'est pas justifiée par la situation sanitaire actuelle lorsque les mesures barrières peuvent être respectées »[67].

Quant à l'instrument contractuel, par lettre du 22 juin 2020, le Premier ministre confie à une société privée[68] « le marché de dépistage des passagers et de désinfection des bagages sur les plateformes aéroportuaires de la République du Congo ». Le chef du gouvernement précise qu'il s'agit « d'un partenariat public-privé » et que « la concession accordée par le Gouvernement est exclusive ». De plus, cette société privée « assurera la totalité du financement du projet. Le montant de la prestation fournie sera fixé d'un commun accord avec le Gouvernement et sera à la charge de chaque passager ». On voit bien qu'il s'agit d'une mission de service public confiée à un organisme privé[69], si l'on considère avec René Chapus qu'« une activité constitue un service public quand elle est assurée ou assumée par une personne publique en vue d'un intérêt public »[70].

Mais une question évidente se pose : peut-on ainsi engager les finances de l'État par simple courrier, en violation des règles élémentaires régissant les finances et la comptabilité publiques ?[71] De plus, ce marché public conclu de gré à gré ne respecte pas le droit congolais des marchés publics organisé par le décret n° 2009-156 du 20 mai 2009 portant Code des marchés publics qui, en la matière, exige la mise en concurrence comme modalité de droit commun d'attribution des marchés[72].

Autre question : y aurait-il un vide juridique en la matière au Congo ? Assurément non : en réalité, le Gouvernement congolais pouvait se passer de la voie de l'habilitation législative en la matière[73]. En effet, la lutte contre le coronavirus (COVID 19) pouvait être engagée, par exemple, « sur le fondement du maintien de l'ordre public au titre de la salubrité publique comme composante de l'ordre public général »[74]. Concrètement, il s'agit du maintien de l'ordre public sanitaire[75] s'analysant en une police administrative spéciale. Le constat est

---

[66] O. NAREY, « Le droit constitutionnel à l'épreuve de la pandémie de la COVID-19 : cas du Niger », précité, p. 23.

[67] CE., Ord., 13 juin 2020, cité par O. Narey, article précité, p. 24.

[68] Une société de droit et de capitaux étrangers dénommée *Société Del Biotechnologiest*.

[69] CE., 22 février 2007, *Association du personnel relevant des établissements pour inadaptés, Rec.* 92, Concl. Verot ; CE., 6 avril 2007, *Commune d'Aix-en-Provence, Rec.*155 ; C.E., 17 février 1992, *Société Textron, Rec.*66 ; CE., 20 juillet 1990, *Ville de Melun et Association « Melun-Culture-Loisirs », Rec.*220 ; C.E., 13 mai 1938, *Caisse primaire « Aide et Protection* », GAJA, 20e éd., n° 48 ; CE. Ass., 31 juillet 1942, *Monpeurt, GAJA*, 20e éd., n° 49 ; CE. 28 juin 1963, *Narcy, Rec.*401.

[70] Ce sont elles qui sont le plus aisément reconnaissables comme des services publics (R. CHAPUS, *Droit administratif général*, Paris, Montchrestien, 2001, 15e éd., T. I, p. 579).

[71] V° A. BANGO, « Les droits de la comptabilité publique et le droit de l'OHADA dans les espaces UEMOA et CEMAC », *Annales de l'Université Marien N'gouabi, Sciences juridique et politique*, 2018, n° 2, pp.21 et s.

[72] Article 28 du Code des marchés publics.

[73] C'est d'ailleurs ce que semble dire la Cour suprême dans un avis où elle estime qu'avant que le président de la République ne décrète l'état d'urgence sanitaire le 30 mars 2020 « il n'y a pas de vide juridique en la matière » (CS., Avis n° 020 du 15 avril 2020, sur l'avant-projet de loi déterminant les conditions de mise en œuvre de l'état d'urgence et l'état de siège).

[74] ML. MOQUET-ANGER, « Intérêt général et droit de la santé publique *», in Mélanges en l'honneur de Didier Truchet, L'intérêt général*, précité, p. 389.

[75] S. RENARD, *L'ordre public sanitaire*, thèse de droit, Rennes I, 2008.

simple : « en examinant de très près le cadre juridique préexistant, l'on se rend compte qu'il est plus protecteur et mieux adapté pour contrecarrer la pandémie. En effet, on aurait dû faire une application des pouvoirs de police administrative dont disposent les autorités à différents niveaux pour prévenir les atteintes à l'ordre public sanitaire »[76].

Mais au plan politique, il était nécessaire pour les autorités congolaises de montrer à la population que le Gouvernement « s'occupe bien » de sa santé en bon père de famille et que, par ailleurs, les institutions de la République ne sont pas paralysées du fait de cette crise sanitaire.

II. UNE RÉGULATION JURIDICTIONNELLE NÉANMOINS ASSURÉE

La question est posée par le professeur Narey : avec la survenance de cette pandémie, « comment assurer le fonctionnement effectif des institutions avec des mesures barrières édictées par le gouvernement tels que la distanciation sociale, l'interdiction des rassemblements de plus de 50 personnes, le port de bavette, etc. »[77] ? C'est à celle-ci que les juridictions congolaises ont répondue dans leur fonction de régulation.

A. La régulation par voie consultative

Cette régulation par voie consultative a été l'œuvre de la Cour suprême et de la Cour constitutionnelle.

1) La régulation assurée par la Cour suprême

Prévue dans la constitution comme organe juridictionnel au sein du pouvoir judiciaire[78], la Cour suprême congolaise assure également, sur un fondement législatif, une fonction consultative à travers des avis. À l'instar du Conseil d'État français, ses « avis émaillent le travail parlementaire »[79]. La loi fait donc de la Cour suprême un conseiller des institutions de la République[80].

Comment a-t-elle exercé cette seconde fonction lors de l'élaboration du droit de nécessité lié à la lutte contre la maladie du coronavirus (COVID 19) ? Répondant à une question posée par un député sur l'absence de définition des notions d'état d'urgence et d'état de siège dans le projet de loi en examen, lors de

---

[76] O. NAREY, « Le droit constitutionnel à l'épreuve de la pandémie de la COVID-19 : cas du Niger », précité, p. 24.

[77] Ibid.

[78] Article 166 de la constitution : « Il est institué un pouvoir judiciaire exercé par la Cour suprême, les Cours d'appel et les autres juridictions nationales ».

[79] O. RENAUDIE, « Le Conseil d'État et le fait parlementaire : plaidoyer pour une évolution », *in Mélanges en l'honneur du professeur Jacques Chevallier,* précité, p. 298.

[80] Art. 6 de la loi n° 17-99 du 15 avril 1999 modifiant et complétant certaines dispositions de la loi n° 25-92 du 20 août 1992 et de la loi n° 30-94 du 18 octobre 1994 portant organisation et fonctionnement de la Cour suprême : « La Cour suprême peut être consultée par le Gouvernement sur les projets de règlement et sur toutes les questions pour lesquelles son intervention est prévue par la constitution ou la loi. La Cour suprême donne également un avis sur toutes les questions qui lui sont soumises par le Président de la République, les membres du Gouvernement et les membres du Bureau du Parlement ».

son audition par la Commission des lois et des affaires administratives de l'Assemblée nationale, le ministre de la Justice dira que « dans l'avant-projet de loi que nous avions transmis à la Cour suprême pour avis, il y avait des dispositions portant sur les définitions des notions d'état d'urgence et d'état de siège. Mais cette option n'a pas été soutenue par notre Conseil qu'est la Cour suprême. C'est ainsi que ces dispositions ont été retirées du projet de loi »[81]. En effet, dans l'avis du Haut conseil on peut lire ce qui suit : « La Cour suprême demeure d'avis que toutes les dispositions figurant dans la loi doivent avoir un contenu normatif de sorte que tout article qui ne satisfait pas à cette exigence doit être supprimé, les définitions quant à elles pouvant faire, si nécessaire, l'objet d'une annexe lexicale »[82].

Ce raisonnement de la Cour suprême est compréhensible car « la qualité du travail parlementaire (est) une exigence constitutionnelle »[83]. La loi, « acte de volonté »[84], doit effectivement avoir « un contenu normatif »[85], sinon elle « alimente l'insécurité »[86].

Dans son avis n° 024 du 27 mai 2020 sur l'avant-projet de loi autorisant la prorogation de l'état d'urgence sanitaire, la Cour suprême « est d'avis que la prorogation de l'état d'urgence est, au sein de l'État de droit, une mesure exceptionnelle qui doit être, si possible, amplement justifiée » ; ainsi, « s'agissant d'une énième prorogation, qu'il peut être utile que le Gouvernement énonce de manière claire et précise, l'ensemble des mesures dont il entend poursuivre l'exécution, pour faire face à la pandémie du coronavirus (COVID 19) ; pour en obtenir la prorogation autant de fois que nécessaire, il peut être utile que l'exposé des motifs renseigne d'avantage sur les raisons qui justifient la demande de prorogation d'une part et d'autre part, si cela est possible, sur les mesures à mettre en œuvre pendant la nouvelle période de prorogation »[87].

Mais on note que, parfois, la Cour suprême a eu une attitude plus politique que juridique. En effet, voulant justifier la réforme du régime de l'état d'urgence et de l'état de siège au Congo, elle va jusqu'à défendre clairement la politique du chef de l'État et même à répondre à une partie de la classe politique (l'opposition notamment) et à certains organismes de la société civile dans l'avis n° 020 du 15 avril 2020 : « la loi est le reflet de l'état d'esprit d'un peuple, de ses aspirations, de ses ambitions, de ses craintes à un moment donné de son histoire. C'est pour cela qu'elle ne saurait être figée ; elle doit s'adapter au temps, au contexte, à

---

[81] Rapport n° 49 relatif au projet de loi déterminant les conditions de mise en œuvre de l'état d'urgence et de l'état de siège au Congo, p. 7.

[82] CS., Avis n° 020 15 avril 2020, sur l'avant-projet de loi déterminant les conditions de mise en œuvre de l'état d'urgence et l'état de siège.

[83] B. MATHIEU, « La qualité du travail parlementaire : une exigence constitutionnelle », *in Mélanges en l'honneur de Jean Gicquel,* précité, p. 354.

[84] J.-P. DUPRAT, « De la majesté à la fonctionnalité de la loi », *in Mélanges en l'honneur de Jean du Bois de Gaudusson, Espaces du service public*, Presses universitaires de Bordeaux, 2013, T. II, p. 1031.

[85] Ibid., p. 1030. Voir également, B. MATHIEU, *La loi*, Paris, Dalloz, 1996.

[86] J.-C. SAVIGNAC, « L'insécurité juridique : mal du siècle », *in Mélanges en l'honneur de Jean du Bois de Gaudusson,* précité, p. 1364 ; M. DEBENE, « Le verbe et le chiffre : quelques observations sur la formulation des objectifs législatifs », *in Mélanges en l'honneur de Michel Bazex, Droit et économie, interférences et interactions*, Paris, Litec, 2009, p. 77.

[87] CS., Avis n° 024 du 27 mai 2020 sur l'avant-projet de loi autorisant la prorogation de l'état d'urgence sanitaire au Congo.

l'environnement politique, social et économique ; toutes ces considérations ont conduit le législateur à se réserver, avec raison, le droit de la modifier, de la compléter ou simplement de l'abroger lorsqu'elle est en déphasage total avec le contexte en évolution et en mutation permanente. Le choix (de modifier et compléter l'ordonnance de 1962) a l'avantage de porter de la manière la plus idoine, à la connaissance de toutes les populations, y compris des leaders, que lorsque le président de la République décrétait le 30 mars 2020 l'état d'urgence, il n'y avait pas de vide juridique comme beaucoup l'ont cru et stigmatisé »[88]. Trouver de tels propos dans un avis qui devrait être exclusivement juridique aux fins d'éclairer le décideur est regrettable. Heureusement que la Cour constitutionnelle, pour la même matière, n'a pas eu cette attitude.

2) La régulation assurée par la Cour constitutionnelle

Le droit parlementaire a donné l'occasion à la Cour constitutionnelle congolaise de se prononcer sur le fonctionnement d'une des chambres du Parlement[89] en période de lutte contre le COVID 19 au cours de laquelle le rassemblement de plus de cinquante personnes est interdit. En effet, la juridiction constitutionnelle fut saisie le 26 mars 2020 par le président du Sénat, sur le fondement de l'article 178 de la Constitution qui dispose : « La Cour constitutionnelle est saisie par le président de la République, le président de l'Assemblée nationale, le président du Sénat, le Premier ministre ou par un tiers des membres de chaque chambre du Parlement ».

Les faits indiquent que, dans sa requête, le président du Sénat préconise d'organiser des « séances plénières ainsi que la cérémonie de clôture de la huitième session ordinaire avec un effectif réduit de cinquante personnes, savoir : 7 membres du bureau du Sénat, les membres des bureaux des 2 groupes parlementaires, 6 présidents de commissions permanentes, le gouvernement et les collaborateurs ». Il veut donc que la Cour constitutionnelle l'éclaire sur les conséquences des décisions de l'exécutif sur le fonctionnement de la chambre haute, en l'absence d'une disposition du règlement intérieur du Sénat sur la question ; bien que l'article 207 alinéa 2 de ce règlement prévoie que « Toute disposition non prévue par le Règlement Intérieur est réglée par une décision du Président du Sénat ».

Dans sa fonction de régulation, la Cour constitutionnelle reconnaît tout d'abord que « la situation exceptionnelle engendrée par la pandémie Coronavirus (COVID 19) est de nature à compromettre le fonctionnement normal du Sénat qui comporte 72 sénateurs alors que, suivant la mesure gouvernementale, les réunions de plus de cinquante personnes sont interdites ». Elle conclut que « l'organisation, par le Sénat, des séances plénières avec un effectif réduit, dont vingt-trois sénateurs seulement, heurte l'article 70 de son Règlement intérieur et affecterait, en conséquence, la légitimité et la représentativité de ses votes et autres délibérations ». Et la Cour propose une solution qui, en pratique, ne sera d'ailleurs pas suivie par la chambre haute : « le Sénat peut recourir au mécanisme du vote

[88] CS., Avis n° 020 du 15 avril 2020, sur l'avant-projet de loi déterminant les conditions de mise en œuvre de l'état d'urgence et l'état de siège.
[89] Aux termes de l'article 107 de la constitution, « Le Parlement est composé de deux chambres : l'Assemblée Nationale et le Sénat ».

par procuration pour siéger et décider dans les conditions prescrites à l'article 70 de son Règlement intérieur »[90] qui précise que le Sénat ne peut régulièrement statuer que si la majorité de ses membres se trouve réunie.

B. La régulation par voie contentieuse

Dans la lutte contre cette pandémie, aucun texte réglementaire n'a fait l'objet d'un recours pour excès de pouvoir devant le juge administratif, bénéficiant ainsi de ce que certains auteurs qualifient de « pacte de non-saisine (fondé sur un) consensus politique »[91]. Toutefois et curieusement, un arrêté a été contesté devant la Cour constitutionnelle ! Il s'agit de l'arrêté du ministre de l'Intérieur n° 5610/MID du 18 mai 2020 relatif au port du masque et au respect des autres mesures barrières, dans le cadre de la lutte contre le COVID 19.

1) L'objet de la saisine

Par une requête du 22 mai 2020, sieur Mafoula Dave Uphrem se fondant sur l'article 180 de la Constitution[92], saisit le juge constitutionnel afin qu'il censure l'article 7 de cet arrêté qui dispose que « Tout contrevenant aux prescriptions édictées aux articles 1er, 2, 3, 4 et 5 est passible d'une amende de 5 000 francs CFA, objet d'une verbalisation, sur présentation d'une pièce d'identité avec adresse, à payer contre quittance au Trésor. Au cas où il serait dans un véhicule, celui-ci est immédiatement mis en fourrière et une amende de 2000 francs CFA est à payer dans les mêmes conditions édictées à l'article 1er. Au cas où le contrevenant ne présente pas sa pièce d'identité et n'est pas en mesure de payer, il est immédiatement conduit au commissariat de police ou à la brigade de gendarmerie, d'où sa famille est aussitôt contactée pour présenter la pièce d'identité du contrevenant ou celle de la personne qui devra s'acquitter de l'amende pour le compte du contrevenant ».

Il soutient que cette disposition, en ce qu'elle prévoit des infractions pénales, notamment des contraventions et des peines qui leur sont applicables suivant les circonstances, viole la répartition de compétences entre les pouvoirs exécutif et législatif prévue à l'article 125 de la Constitution au quatrième tiret qui énonce que « la détermination des crimes, des délits et contraventions ainsi que des peines qui leur sont applicables » est du domaine de la loi. Selon le requérant, en édictant de telles mesures, le ministre de l'Intérieur a outrepassé le domaine réglementaire et subséquemment empiété sur le domaine législatif, portant ainsi atteinte au fonctionnement régulier des institutions.

Et, M. Mafoula pense que le pouvoir exécutif aurait dû prendre une ordonnance conformément à la loi d'habilitation n° 20-2020 du 8 mai 2020. Il demande par conséquent à la Cour qui est l'organe régulateur du fonctionnement des institutions et des activités des pouvoirs publics, d'annuler l'arrêté du 18 mai 2020.

---

[90] CC., Avis n° 002-ACC-SVC/20 du 30 mars 2020.

[91] A. HAQUET, « Droit pénal constitutionnel ou droit constitutionnel pénal ? », *in Mélanges en l'honneur de Jean Gicquel,* précité, p. 234.

[92] « Tout particulier peut, soit directement, soit par la procédure de l'exception d'inconstitutionnalité invoquée devant une juridiction dans une affaire qui le concerne, saisir la Cour constitutionnelle sur la constitutionnalité des lois et traités ».

2) Le rejet de la demande

La Cour constitutionnelle rejette la demande au motif que *« l'article 175 alinéa 3 de la constitution sur lequel M. Mafoula Dave fonde sa requête donne mission à la Cour constitutionnelle [...] de réguler comme un lubrifiant institutionnel le fonctionnement des institutions étatiques ou de statuer sur des éventuels conflits de compétence entre elles, mais ne vise pas à censurer, à la demande des citoyens, les immixtions du pouvoir exécutif dans le domaine de compétence du pouvoir législatif [...] la Cour constitutionnelle est, aux termes de l'article 175 alinéa 2 de la constitution, juge de la constitutionnalité des lois, des traités et accords internationaux ; qu'ainsi, elle n'a pas de compétence générale mais une compétence d'attribution qui ne s'étend donc pas au contrôle des textes réglementaires »*[93].

Cette décision qui n'appelle pas trop de commentaires confirme une jurisprudence bien établie sur la compétence d'attribution de la Cour constitutionnelle[94] et sur l'exclusion des actes réglementaires du contrôle de constitutionnalité[95] : le constituant congolais « n'a pas voulu faire double emploi avec (la Cour suprême) qui, sur un recours, peut annuler un décret »[96].

En décrétant l'état d'urgence sanitaire en raison de la pandémie du coronavirus (COVID 19), le président de la République était loin de penser que cet acte obligerait le juge congolais en général à se prononcer sur des aspects constitutionnels d'importance majeure. La lutte contre cette pandémie confirme une tendance bien connue, « la captation des autres pouvoirs »[97] par le chef de l'exécutif et « la passivité relative des contrepouvoirs qui peinent à limiter le monarque présidentiel »[98]. La mise en œuvre du droit constitutionnel congolais de nécessité renforce donc la « monarchie »[99] « aux couleurs de la démocratie »[100]. C'est donc un leurre pour la chambre basse du Parlement congolais de dire dans le préambule de son règlement intérieur que l'Assemblée nationale « joue un rôle

---

[93] Décision n° 001/DCC/SVA/20 du 5 juin 2020.

[94] Cour const. Décision n° 004 DCC/SVA/19 du 18 avril 2019, Adikey *Lassen Walmen*

[95] Jurisprudence constante : Décision n° 096 DCC/SVA/19 du 13 septembre 2019 sur le recours en inconstitutionnalité du décret n° 2012-698 du 6 juin 2012 portant statut particulier de l'université Marien N'gouabi : Décision n° 007 DCC/SVA du 25 novembre 2019 sur le recours en inconstitutionnalité du décret n° 2009-156 du 20 mai 2009 portant Code des marchés publics ; Décision n° 004 DCC/SVA/19 du 18 avril 2019 sur le recours en inconstitutionnalité du décret n° 99-310 du 31 décembre 1999 portant création, attributions, organisation et fonctionnement du Comité national d'assistance aux réfugiés.

[96] F. LUCHAIRE, G. CONAC, X. PRETOT, *La constitution de la République française*, Paris, Economica, 3e éd., p. 1432. Pour un avis contraire, voir G. DRAGO, « Le contentieux constitutionnel des lois, contentieux d'ordre public », *in Mélanges Roland Drago,* précité, p. 9 ; C. EISENMANN, *La justice constitutionnelle et la Haute Cour constitutionnelle d'Autriche*, préf. Kelsen, Paris, 1928 (rééd. Economica-PUAM, 1986) ; F. WODIE, « Le Conseil constitutionnel de Côte d'Ivoire », *Les Nouveaux cahiers du Conseil constitutionnel*, 2013, n° 40, p. 141 ; I. D. SALAMI, « Le contrôle de constitutionnalité des actes administratifs au Bénin », précité, p. 429 ; A. LOADA, L. IBRIGA, *Droit constitutionnel et institutions politiques*, Université de Ouagadougou, PAGED, 2007, p. 129.

[97] D. GNAMOU, « La monarchisation des exécutifs en Afrique francophone », *in Mélanges en l'honneur de Théodore Holo, Démocratie en question*, Presses universitaires Toulouse I Capitole, 2017, p. 73.

[98] I*bid*., p. 84.

[99] *Ibid.*

[100] A. BOURGI, « Pluralisme et revitalisation de la vie politique en Afrique », *in Démocratie et élections dans l'espace francophone*, Bruxelles, Bruylant, 2010, pp.169 et 173.

majeur dans la vie politique nationale » ; qu'elle est le « lieu par excellence d'expression démocratique, qu'elle participe, en toutes circonstances, à la défense de toutes les causes nationales, notamment : la liberté, la paix, la sécurité des citoyens, l'unité nationale, l'intégrité du territoire, la cohésion sociale, le développement économique et social ».

LA PROTECTION DES DROITS DES ACTEURS POLITIQUES PAR LE JUGE CONSTITUTIONNEL DANS LE CADRE DES ÉLECTIONS NATIONALES

Oumarou NAREY

Agrégé des facultés de droit
Professeur titulaire de droit public
Université Abdou Moumouni de Niamey-Niger
Ancien vice-président de la Cour constitutionnelle

« *Le juge constitutionnel est protecteur des droits fondamentaux et des libertés publiques* »[1], opinait le Professeur Luc SINDJOUN. En effet, le juge constitutionnel a, entre autres, pour mission de garantir l'effectivité des droits et libertés publiques consacrés par la Constitution et les instruments juridiques régionaux et internationaux relatifs aux droits humains auxquels la loi fondamentale fait référence dans son préambule ou ses annexes[2]. Ce juge peut constater la violation des droits humains alléguée par le requérant ou, au contraire, juger que les faits qui lui sont soumis ne sont pas constitutifs de violation desdits droits.

La protection des droits politiques dont il sera question ici n'est rien d'autre que la défense de « *droits et libertés exprimés par une norme de rang élevé (Constitution ou Traité)* ... »[3]. Quant aux acteurs politiques, il s'agit non seulement des citoyens/candidats, c'est-à-dire tous ceux et celles qui, jouissant de leur droit de vote, veulent se porter candidat, dans l'État dont ils ont la nationalité. Mais les acteurs politiques désignent aussi les partis politiques[4], les groupements

---

[1] SINDJOUN, L., *Les grandes décisions de la justice constitutionnelle africaine. Droit constitutionnel jurisprudentiel et politiques constitutionnelles au prisme des systèmes politiques africains*, Bruylant, Bruxelles, 2009, p. 369.

[2] Par exemple, le préambule de la Constitution nigérienne du 25 novembre 2010 proclame l'attachement du peuple nigérien « *aux principes de la démocratie pluraliste et aux droits humains tels que définis par la Déclaration Universelle des Droits de l'Homme de 1948, le Pacte International Relatif aux Droits Civils et Politiques de 1966, le Pacte International Relatif aux Droits Économiques, Sociaux et Culturels de 1966 et la Charte Africaine des Droits de l'Homme et de Peuples de 1981* ». Quant à la Constitution béninoise du 11 décembre 1990, elle comporte, en annexe, la Charte africaine des droits de l'homme et des peuples de 1981.

[3] OLIVA, E., *Droit constitutionnel*, Paris, Sirey, 6e édition, 2009, p. 333.

[4] Aux termes de l'article 9 de la Constitution nigérienne du 25 novembre 2010 : « *Dans le cadre de la liberté d'association reconnue et garantie par la présente Constitution, les partis politiques, groupements de partis politiques, syndicats, organisations non gouvernementales et autres associations ou groupements d'associations se forment et exercent leurs activités librement, dans le*

de partis, les indépendants appelés à être candidats pendant les consultations nationales que sont les élections à la présidence de la République et les élections parlementaires.

S'agissant du juge constitutionnel, il convient de noter qu'il est incarné, d'une part, par « *une juridiction créée pour connaître spécialement et exclusivement du contentieux constitutionnel située hors de l'appareil juridictionnel ordinaire et indépendant de celui-ci comme des pouvoirs publics* »[5]. D'autre part, le juge constitutionnel peut s'identifier à une cour suprême qui « *recouvre les juridictions placées au sommet de la hiérarchie d'un ordre juridictionnel considéré, exerçant une suprématie juridique et organique sur les juridictions inférieures de cet ordre* »[6].

Le juge constitutionnel, usant de ses compétences en matière électorale, peut contribuer à la protection des droits politiques que sont l'égalité et la non-discrimination, l'universalité et l'égalité du suffrage, le secret du vote, les libertés d'opinion, d'expression et d'information, de réunion et d'association, le droit de vote, l'égal accès aux fonctions publiques électives, l'accès égal aux médias, le droit de prendre part à la direction des affaires publiques de son pays, etc. Ainsi, par deux décisions (n° 11/E/2022 et n° 13/E/2022), le Conseil constitutionnel sénégalais a jugé irrecevable la liste du parti politique Yewwi Askan Wi. Dans la première décision, le motif de l'irrecevabilité partielle est le doublon (liste incomplète), tandis que dans la seconde, le motif de l'irrecevabilité est la parité[7]. Mais il ne s'agit pas de les aborder tous à travers cette modeste réflexion ; seul un certain nombre d'entre - eux seront évoqués à la lumière de la jurisprudence constitutionnelle.

Pour assurer le respect de ces droits et libertés, la plupart des constituants de nos États ont donné une large compétence au juge constitutionnel[8]. Cette compétence recouvre à la fois les élections présidentielles et législatives. On peut dès lors se demander comment et par quels moyens le juge constitutionnel

---

respect des lois et règlements en vigueur. Les partis et groupements de partis politiques concourent à l'expression des suffrages. Les mêmes prérogatives sont reconnues à tout citoyen nigérien jouissant de ses droits civils et politiques et remplissant les conditions d'éligibilité prévues par la loi. Les partis politiques à caractère ethnique, régionaliste ou religieux sont interdits. Aucun parti ne saurait être créé dans le but de promouvoir une ethnie, une région ou une religion, sous peine des sanctions prévues par la loi. ».

[5] FAVOREU, L., *Les cours constitutionnelles*, 3e édition, PUF, Paris, 1996, p. 3 ; « La notion de cour constitutionnelle », *in Mélanges J.-F., Aubert*, 1996, p. 15.

[6] DRAGO, G., *Contentieux constitutionnel français*, 2e édition refondue, PUF, Paris, 2006, pp. 33-34.

*Le titre de cette communication a été repris par l'auteur pour tenir compte des observations faites à l'issue de la présentation, tendant à disqualifier *ipso facto* les juridictions communautaires de la gestion du contentieux électoral en Afrique francophone.

[7] V°https://senego.com/irrecevabilité-partielle-de-la-liste-nationale-de-yewwi-la-fraude-du-conseil-constitutionnel-est-confirmée_1431757.htlm, consulté le 7 juin 2022.

[8] Selon l'article 117 de la Constitution béninoise du 11 décembre 1990, la Cour constitutionnelle « *veille à la régularité de l'élection du Président de la République ; examine les réclamations, statue sur les irrégularités qu'elle aurait pu, par elle-même relever et proclame les résultats du scrutin ; statue sur la régularité du référendum et en proclame les résultats ; statue en cas de contestation, sur la régularité des élections législatives* ». De même au Niger, il ressort de l'article 121 de la Constitution du 25 novembre 2010 que la Cour constitutionnelle est la juridiction compétente en matière électorale. « *Elle contrôle la régularité, la transparence et la sincérité du référendum, des élections présidentielles et législatives. Elle est juge du contentieux électoral et proclame les résultats définitifs des élections* ».

s'acquitte-t-il de sa mission de protection des droits politiques en matière électorale ? N'est-il pas limité par les moyens dont il dispose pour connaître certaines questions liées au processus électoral, notamment les contestations des résultats ?

Pour y répondre, il convient de placer le juge constitutionnel dans les consultations nationales où il apprécie les conditions relatives à l'éligibilité des différents candidats pour déterminer ceux qui ont le droit d'accéder à un mandat électif, c'est-à-dire ceux réunissant les conditions requises pour être éligibles. La première de ces conditions est que ne peuvent être éligibles que les électeurs, c'est-à-dire les membres du corps électoral. Il en résulte que le droit de vote et celui d'éligibilité sont indissociables[9]. Mieux, le juge constitutionnel intervient pour trancher le contentieux même de l'élection. À travers ces deux moments forts, le juge constitutionnel a pour mission de faire respecter les droits-libertés des acteurs politiques, notamment la liberté de candidature, le droit à la représentativité des femmes et des minorités, l'égalité des moyens de campagne, l'accès équitable des candidats aux médias, la sanction des manquements à la sincérité du vote, etc. Mais il faut reconnaître et admettre que le juge constitutionnel montre peu d'audace, peu souvent enclin à faire respecter toutes les exigences que requiert la charge de sa mission au regard des enjeux : les élections présidentielles et législatives sont sujettes à de manœuvres frauduleuses échappant à la rigueur de son contrôle ; s'y ajoutent la frilosité et la réserve du juge dans l'application des textes et les comportements des acteurs politiques qui arguent très souvent la remise en cause totale ou partielle des résultats des élections sans en apporter la preuve, etc.

La présente réflexion mérite d'être menée parce qu'elle permet de mettre en balance le rôle du juge constitutionnel dans la protection des droits/libertés et la pratique qui le conduit à sortir de l'application des textes. Ainsi, nous nous proposons de mettre en lumière deux images du juge constitutionnel : d'une part, l'image d'un juge protecteur des droits/libertés (**I**) et, d'autre part, celle d'un juge souvent non maître de ses propres sources de référence pour faire face à la charge de sa mission de protection desdits droits (**II**).

I. UN JUGE CONSTITUTIONNEL, PROTECTEUR DES DROITS/LIBERÉS

Le juge constitutionnel protège certains droits/libertés des acteurs politiques à deux niveaux : le premier concerne la période préélectorale (**A**) et le second a trait au temps des réclamations consécutives aux opérations de vote (**B**).

A. La période préélectorale

À ce niveau, le juge constitutionnel intervient pour statuer sur les questions préélectorales et le droit d'être candidat éligible à l'élection présidentielle ou aux élections législatives. Sur le premier point, certains juges constitutionnels peuvent

[9] Conseil constitutionnel français, décisions n° 82-146 DC du 18 novembre 1982 et 92-308 DC du 9 avril 1992.

être saisis des recours pour excès de pouvoir sans recours administratif préalable[10]. C'est le cas au Niger où les partis politiques de l'opposition ont, en 2009, amené la Cour constitutionnelle à annuler le décret n° 2009-178/PRN/MI/SP/D du 5 juin 2009 portant convocation du corps électoral pour le référendum sur la Constitution de la VIe République voulu par l'ancien président de la République en vue de proroger son deuxième et dernier mandat[11]. D'autres juges veillent au respect des principes, notamment celui d'égalité dans le domaine électoral. Ainsi, en France, le Conseil constitutionnel a plusieurs fois statué sur la délimitation des circonscriptions électorales en mettant « *en lumière les disparités de représentation peu compatibles avec les dispositions combinées de l'article 6 de la Déclaration de 1789 et des articles 3 et 4 de la Constitution.* »[12]. Il a tenu à préciser à propos des élections législatives que l'Assemblée nationale « *doit être élue sur des bases essentiellement démographiques ; si le législateur peut tenir compte d'impératifs d'intérêt général susceptibles d'atténuer la portée de cette règle fondamentale, il ne saurait le faire que dans une mesure limitée [...]. La délimitation des circonscriptions ne devra procéder d'aucun arbitraire.* »[13]. De même, aux États-Unis, la Cour suprême a également statué sur la nécessité d'instaurer un découpage équitable en décidant en ces termes : « *Une fois délimitée la circonscription dans laquelle on doit élire un représentant, tous ceux qui participent à l'élection doivent disposer d'une voix de même poids [...] où qu'ils soient domiciliés à 'intérieur de la circonscription. C'est cela qu'exige la clause de l'égale protection du 14e amendement. L'égalité politique telle qu'elle a été conçue depuis la Déclaration d'indépendance [...] ne peut vouloir dire qu'une chose : une personne, une voix* »[14]. De son côté, le Conseil constitutionnel libanais a déclaré que l'élection « *ne peut être démocratique que si sa réglementation est conforme au principe d'égalité de tous les citoyens [...]. Cette uniformité se réalise lorsque chaque suffrage [possède] la même force électorale dans chaque circonscription* »[15]. Il en a déduit que « *tout découpage doit être opéré sur des bases essentiellement démographiques* »[16]. Quant à la Cour mauricienne, elle a fait application du principe d'égalité en déclarant que la fixation d'un taux élevé pour la caution requise des candidats aux élections législatives limitait indûment la possibilité pour certains de s'y présenter[17].

---

[10] L'article 3 alinéa 3 de la Constitution béninoise du 11 décembre 1990 dispose : « *Toute loi, tout texte réglementaire et tout acte administratif contraires à ces dispositions sont nuls et non avenus. En conséquence, tout citoyen a le droit de se pourvoir devant la Cour constitutionnelle contre les lois, textes présumés inconstitutionnels* ».

Aux termes de l'article 128 de la Constitution nigérienne du 25 novembre 2010, « *La Cour constitutionnelle est compétente pour statuer sur les recours pour excès de pouvoir en matière électorale, sans recours administratif préalable. Elle doit statuer dans un délai de cinq (5) jours, à compter du dépôt du recours au greffe* ».

[11] Cour constitutionnelle du Niger, arrêt n° 04/CC/ME du 12 juin 2009, disponible sur le site : www.cour-constitutionnelle-niger.org, consulté le 5 octobre 2022.

[12] HAMON, F., WIENER, C., *La justice constitutionnelle en France et à l'étranger*, LGDJ, Lextenso éditions, Paris, 2011, p. 146.

[13] *Ibid.*., p. 147.

[14] *Ibid.*

[15] *Ibid.*, p. 148.

[16] *Ibid.*

[17] *Ibid.*, p. 149.

En ce qui concerne le droit d'éligibilité, il s'agit pour le juge constitutionnel de vérifier si tous les candidats dont les dossiers lui sont parvenus remplissent les conditions prescrites par la constitution et la loi électorale pour faire valablement acte de candidature. Une fois que les conditions de forme sont satisfaites, le juge constitutionnel statue au fond et déclare les candidats éligibles ou constate purement et simplement leur inéligibilité[18]. Ainsi, en ce qui concerne le contrôle de l'éligibilité à l'élection présidentielle, la Cour constitutionnelle du Bénin a dégagé l'égalité entre les candidats dont la date de naissance complète (jour, mois et année) est renseignée à l'état civil et ceux pour lesquels il n'est mentionné que l'année de naissance (la date et le mois étant inconnus). La Cour constitutionnelle a jugé que l'article 44 de la Constitution autorise toute personne ayant atteint 40 ans au moins et 70 ans au plus « *à une date quelconque* » et « *au cours de l'année de l'élection* »[19], même postérieurement à la clôture des candidatures, à se porter candidate[20]. C'est le principe de la liberté de candidature.

D'autres juridictions constitutionnelles ont également pris fait et cause pour le principe de la liberté de candidature, c'est-à-dire l'éligibilité ou l'aptitude à être candidat[21]. Il en va ainsi du Conseil constitutionnel français qui a précisé que le législateur « *ne saurait priver un citoyen du droit d'éligibilité dont il jouit en vertu de l'article 6 de la Déclaration des droits de l'homme et du citoyen de 1789 que dans la mesure nécessaire au respect du principe d'égalité devant le suffrage et à la préservation de la liberté de l'électeur* »[22]. La Cour constitutionnelle du Niger a, au nom du principe de la liberté de candidature, usé de son pouvoir d'appréciation pour valider trois (3) candidats à l'élection présidentielle alors que des avis défavorables sur la moralité des candidats ont été émis par les services compétents[23]. La Cour suprême des États-Unis d'Amérique s'est penchée sur le droit d'éligibilité. Invalidant une loi de l'Arkansas limitant le nombre de réélections, elle a rappelé qu'un des principes de la démocratie est que « *le peuple choisit par qui il lui plaît d'être gouverné* »[24]. Ce principe ne veut nullement dire qu'il faut abuser de la confiance du peuple – surtout lorsqu'il est constitué d'une majorité silencieuse non alphabétisée – pour s'arroger éternellement le pouvoir comme c'est le cas de certains dirigeants de nos États africains.

S'agissant des élections législatives, il faut citer la jurisprudence de deux juridictions pour illustrer la défense des droits des acteurs politiques. D'abord celle du Conseil constitutionnel sénégalais ayant permis de protéger l'égalité et la non-discrimination lorsqu'il a été saisi par un groupe de députés à l'Assemblée

---

[18] Conseil constitutionnel ivoirien, Décisions n° E0001/95 du 6 octobre 1995 ; arrêt n° E0001-2000 du 6 octobre 2000 ; Décision n° CI-2009-EP-028/19-11/CC/SG du 19 novembre 2009 portant publication de la liste définitive des candidats à l'élection présidentielle, *in Recueil des décisions et avis du Conseil constitutionnel*, 1980-2012, Abidjan, novembre 2012, pp. 112-116, 117-154, 158-159.

[19] Cour constitutionnelle du Bénin, Décision DCC n° 15-156 du 16 juillet 2015.

[20] DEGBOE, D., « Les vicissitudes de la protection des droits et libertés par la Cour constitutionnelle du Bénin », *Les Annales de droit*, n° 10, 2016, p. 121.

[21] GICQUEL, J., GICQUEL, J.-E., *Droit constitutionnel et institutions politiques*, 31e édition, 2017-2018, LGDJ, Lextenso, Paris, 2017, p. 186.

[22] Conseil constitutionnel français, Décision n° 2011-628 DC du 11 avril 2011 citée par GICQUEL, J., GICQUEL, J.-E., *Droit constitutionnel et institutions politiques*, *op. cit.*, p. 187.

[23] Cour constitutionnelle du Niger, Arrêt n° 001/CC/ME du 9 janvier 2016 disponible sur www.cour-constitutionnelle-niger.org, consulté le 5 octobre 2022.

[24] Cour suprême, U.S. Term limits v. Thornton, 1 995 cité par GICQUEL, J., GICQUEL, J.-E., *Droit constitutionnel et institutions politiques*, *op.cit.*, p. 187.

nationale pour déclarer contraires à la Constitution les dispositions de la loi n° 23/2007 du 27 mars 2007 modifiant l'article L 146 du code électoral qui instituent la parité dans la liste des candidats au scrutin de représentation proportionnelle pour les élections législatives. En se fondant sur l'article 1er de la Constitution qui dispose que « *La République du Sénégal [...] assure l'égalité devant la loi de tous les citoyens sans distinction de race, de sexe, de religion [...]* », le Conseil a jugé que « *la qualité de citoyen qui ouvre le droit d'être candidat aux élections politiques, sous réserve des incapacités prévues par le code électoral, est indivisible ; que les candidats sont égaux devant le suffrage ; que les principes de valeur constitutionnelle ci-dessus rappelés s'opposent à toute division par catégories des citoyens éligibles ; que dès lors, la loi qui impose une distinction entre candidats en raison de leur sexe est contraire à la Constitution* »[25]. Il en résulte que « *toute discrimination fondée sur le sexe constitue une dérogation au principe à valeur constitutionnelle d'égal accès au pouvoir, aux emplois publics ainsi qu'à l'indivisibilité de la qualité de citoyen* »[26].

Ensuite, la jurisprudence du Conseil constitutionnel ivoirien offre deux cas de confirmation du droit d'éligibilité. Dans sa Décision n° CI-2011-EL-049/17-11/CC/SG relative à la requête de Monsieur X. tendant à l'annulation de la liste indépendante conduite par un candidat aux élections législatives de décembre 2011, dans la circonscription électorale n° 70 de Gagnoa commune, au motif que l'un des candidats figurant sur cette liste, est adjoint au maire dans ladite circonscription et est par conséquent inéligible, le Conseil constitutionnel a rejeté la requête et confirmé l'éligibilité du candidat contesté, au motif que le code électoral ne prescrit l'inéligibilité des maires et adjoints aux maires qu'en cas de démission d'office de ceux-ci pour malversations. Dans sa Décision n° CI-2011-EL-042/15-11/CC/SG relative à la requête de Monsieur Y. tendant à contester l'éligibilité d'un candidat aux élections législatives du 11 décembre 2011 dans la circonscription électorale n° 130 de Zikisso s/p au motif que celui-ci ne réside pas de façon continue en Côte d'Ivoire pendant les cinq années précédant la date des élections, le requérant soutenant que le certificat de résidence produit par le candidat est faux, et que celui-ci est chef de village dans la circonscription électorale concernée, le Conseil constitutionnel a rejeté la requête et confirmé l'éligibilité du candidat contesté, motif pris de ce que « *le requérant ne rapporte pas la preuve de ses allégations en ce qui concerne le certificat de résidence ; les articles 4 et 72 du code électoral ne visent pas le statut de chef de village dans une circonscription électorale comme cause d'inéligibilité dans cette circonscription* »[27].

---

[25] Conseil constitutionnel du Sénégal, Décision n° 97/2007 dans l'Affaire n° 1/CC/2007, en date du 27 avril 2007, *in* FALL, I. M., *Les décisions et avis du Conseil constitutionnel du Sénégal*, UCAD, CREDILA, Dakar, 2008, pp. 523-524 ; voir aussi SINDJOUN, L., *Les grandes décisions de la justice constitutionnelle africaine. Droit constitutionnel jurisprudentiel et politiques constitutionnelles au prisme des systèmes politiques africains*, *op. cit.*, pp. 430-434.

[26] SINDJOUN, L., *Les grandes décisions de la justice constitutionnelle africaine. Droit constitutionnel jurisprudentiel et politiques constitutionnelles au prisme des systèmes politiques africains*, *ibid.*, p. 432.

[27] Conseil constitutionnel ivoirien, *Rapport d'activité du Conseil constitutionnel pour la période 2011-2012*, Abidjan, 31 janvier 2013, p. 9.

Le respect du principe d'égalité et le droit d'éligibilité appellent celui d'autres droits qui doivent l'être pendant le temps des réclamations consécutives aux opérations de vote.

B. Le temps des réclamations consécutives aux opérations de vote

À ce stade, le juge constitutionnel procède à la sauvegarde des droits des candidats selon le vote effectué par les électeurs. Le juge constitutionnel peut à cet effet avoir deux attitudes : la première concerne un candidat élu à l'élection présidentielle qui peut être confirmé lorsque les irrégularités, constatées et ayant donné lieu à des annulations partielles et à des redressements, ne sont pas de nature à modifier les résultats d'ensemble[28]. L'exemple le plus illustratif nous est fourni par le Conseil constitutionnel de Côte d'Ivoire qui a validé l'élection d'un des deux candidats parce que la demande d'annulation du scrutin présentée par l'autre est considérée comme non fondée même si certaines irrégularités commises à l'occasion de cette élection sont jugées graves[29]. En effet, dans sa Décision n° E/005/95 du 27 octobre 1995, le Conseil a jugé que « *l'ouverture tardive ou la fermeture prématurée des bureaux de vote, même établie n'a pu rompre l'égalité entre les candidats et n'a donc pu altérer la sincérité des votes ; [...] qu'à l'examen de certains procès-verbaux qui lui ont été soumis, le Conseil constitutionnel a constaté : l'absence de signature des procès-verbaux par les membres de certains bureaux de vote, des indications incomplètes telles que le pourcentage des voix obtenues sans mention des voix recueillies par les candidats ; [...] que ces irrégularités sont suffisamment graves pour altérer la sincérité des votes ; qu'il échet de déclarer nuls les résultats de ces votes [...].* »[30]. Malgré ces nombreux cas de fraudes et d'irrégularités relevés, le juge constitutionnel a estimé qu'ils sont insuffisamment graves pour remettre totalement en cause l'élection du candidat ayant recueilli la majorité absolue des suffrages requis pour être élu au premier tour du scrutin ; ce qui ne semble guère emporter la conviction d'une certaine doctrine[31].

Un second exemple tiré de la jurisprudence constitutionnelle ouest africaine vient conforter le premier. Ainsi, au Niger, en 2011, le Conseil constitutionnel de transition (CCT) a proclamé, par arrêt n° 012/11/CCT/ME, le candidat ayant recueilli la majorité des suffrages pour être élu au second tour de l'élection présidentielle, bien qu'il ait annulé 287 bureaux de vote (soit 1,3 % du total) dans la totalité du pays. Dans la plupart des bureaux de vote, le scrutin a été annulé en raison des irrégularités suivantes : les procès-verbaux étaient inexploitables, sans signature de membres de bureaux de vote, ou encore absents dans les enveloppes ;

---

[28] Conseil constitutionnel ivoirien, Décision n° E/005/95 du 27 octobre 1995, *op. cit.* Sur les pouvoirs de réformation et d'annulation des résultats du juge constitutionnel français, voir MALIGNER, B., « Le Conseil constitutionnel, juge des opérations et des finances électorales », *in Les Nouveaux cahiers du Conseil constitutionnel. Dossier « Le Conseil constitutionnel, juge électoral »*, n° 41, octobre 2013, pp. 47-98.

[29] MELEDJE, D., *Les grands arrêts de la jurisprudence constitutionnelle ivoirienne*, Centre national de documentation juridique, Abidjan, 2012, p. 140.

[30] Conseil constitutionnel, *Recueil des décisions et avis du Conseil constitutionnel 1980-2012*, *op. cit.*, pp. 176-178. Voir aussi MELEDJE, D., *Les grands arrêts de la jurisprudence constitutionnelle ivoirienne*, *op. cit.*, pp. 136-138.

[31] *Ibid.*, pp. 140-148.

le total des suffrages des candidats était supérieur à celui des suffrages exprimés valables. Malgré ces irrégularités et autres cas de fraudes ayant donné lieu à des annulations partielles et à des redressements pour modifier les résultats d'ensemble, le juge constitutionnel a confirmé le candidat donné gagnant par la Commission électorale nationale indépendante (CENI)[32].

Mais la décision la plus célèbre en la matière est celle rendue par la Cour suprême des États-Unis d'Amérique en 2000 à propos du scrutin présidentiel qui a opposé M. George W. Bush junior à M. Al Gore. Le problème est né du système de votes par cartes perforées usitées en Floride, mais qui a abouti dans l'un des comtés de cet État à l'enregistrement par les machines d'un nombre anormalement élevé de votes blancs, alors que M. George Bush ne bénéficiait que d'un léger avantage sur son concurrent, M. Al Gore, dans des circonscriptions où il était pourtant, selon toutes probabilités, minoritaire. Saisie de la question, la Cour suprême de Floride a ordonné le recomptage de ces votes, mais sans avoir fixé au préalable les critères sur la base desquels ce recomptage devrait être effectué par les différentes équipes qui en étaient chargées. Suite à un recours introduit par M. George Bush, la Cour suprême des États-Unis a été saisie de l'affaire. Elle a ordonné d'abord, sur la base d'une majorité étriquée, – par cinq (5) voix contre quatre (4) – la suspension du recomptage, puis trois (3) jours plus tard, elle a, ensuite, décidé à la majorité qu'il était trop tard pour le reprendre, accordant par conséquent la victoire à M. George Bush puisque l'issue du scrutin au niveau de l'ensemble des États-Unis dépendait des résultats de la Floride. Pour décider ainsi, la Cour suprême s'est fondée sur « *[...] légalité de chacun des votes [...], l'État [de Floride] ne pouvant pas ultérieurement, par un traitement arbitraire et disparate, attribuer une valeur plus grande au vote d'une personne qu'à celui d'une autre* »[33]. Cette retentissante décision a fait l'objet de très vives critiques aussi bien de la part des juges minoritaires dans l'affaire que de la doctrine en ce sens que l'arrêt de la Cour suprême aurait méconnu « *le sens réel d'un grand nombre de votes* »[34]. Cette situation met à nu l'activisme de la Cour constitutionnelle en faveur du parti Républicain, mais elle permet de relever que « *la prise en compte réelle du principe d'égalité dépend parfois de la manière, mais aussi du moment où celle-ci est envisagée* »[35].

Par ailleurs, dans le cadre des élections législatives, le juge constitutionnel ivoirien a rendu plusieurs décisions d'annulation des résultats dans différentes circonscriptions électorales pour des raisons diverses : les décomptes de voix confus et embrouillés ayant retiré aux résultats proclamés toute crédibilité ; la violence ayant altéré la sincérité du scrutin ; l'erreur sur le bulletin de vote ayant provoqué une confusion qui, elle-même, a eu pour conséquence d'entacher la sincérité de l'ensemble du scrutin ; le nombre de voix obtenues est largement supérieur au nombre d'inscrits, au nombre de votants, et au nombre de suffrages exprimés, ce qui a affecté autant la régularité que la sincérité du scrutin ; la rupture

---

[32] Cour constitutionnelle du Niger, arrêt n° 012/11/CCT/ME du 1er avril 2011, disponible sur www.cour-constitutionnelle-niger.org, consulté le 7 octobre 2022.
[33] HAMON F., WIENER, C., *La justice constitutionnelle en France et à l'étranger*, *op. cit.*, p. 150.
[34] *Ibid.*
[35] *Ibid.*, p. 150.

d'égalité entre les candidats, la fermeture prématurée des bureaux de vote, la présomption de bourrages d'urnes, l'atteinte à la liberté de vote[36], etc.

Ces exemples sont loin de refléter tous les cas de figure qui peuvent se présenter à l'occasion de la sauvegarde des droits des acteurs politiques dans le cadre des élections présidentielles ou législatives. En effet, la lecture des décisions du juge constitutionnel en la matière montre que ce juge peut être « *complètement dépassé par la tournure que prennent les évènements* »[37] à telle enseigne qu'il perd le contrôle de ses propres sources de référence.

II. UN JUGE CONSTITUTIONNEL SOUVENT NON MAÎTRE DE SES PROPRES SOURCES DE RÉFÉRENCE

Le juge constitutionnel statue en principe sur la base de ses normes de référence et exerce son contrôle sur les actes préparatoires et les résultats des élections présidentielles et législatives. Mais il arrive que le juge constitutionnel se montre souvent très réservé, ambivalent, voire mesuré dans l'application de ses textes de référence (**A**). Cette première limite est renforcée par une seconde constituée de l'absence ou l'insuffisance de preuve de fraudes et irrégularités (**B**) que ne peuvent apporter les candidats eux-mêmes ou leurs mandataires.

A. La réserve dans l'application des textes de référence

Dans certaines circonstances particulières, le juge constitutionnel se montre extrêmement réservé ou mesuré dans l'application stricte des textes de référence à certains droits, comme le droit d'être éligible à l'élection présidentielle. En effet, le juge constitutionnel ivoirien s'est, tout d'abord, fondé sur la décision n° 2005-01 du 5 mai 2005 relative à la désignation, à titre exceptionnel, des candidats à l'élection présidentielle d'octobre 2005, pour déroger à la loi fondamentale et au code électoral pour inviter les candidats à compléter leurs dossiers dans un délai à eux imparti[38]. Ensuite, le même juge constitutionnel a encore dérogé à la Constitution et ses lois d'application et, a jugé qu'un des candidats naturalisé « *qui a rendu à la Côte d'Ivoire des services exceptionnels ou celui dont la naturalisation présente pour la Côte d'Ivoire un intérêt exceptionnel peut être relevé en tout ou partie des incapacités prévues à l'article 43 par le décret de naturalisation ; que l'article 2 du décret n° 2004-465 du 7 septembre 2004 portant naturalisation du Sieur [...] dispose : "À titre exceptionnel, l'intéressé est relevé des incapacités prévues à l'article 43 du code de la nationalité ivoirienne "* »[39]. Cette application taillée sur mesure est « *une dérogation vraiment qui n'a jamais été accordée à un candidat à l'élection à la Présidence de la République en Côte*

[36] Conseil constitutionnel de Côte d'Ivoire, *Rapport d'activité du Conseil constitutionnel pour la période 2011-2012*, *op. cit.*, pp. 11-13.
Sur les principaux griefs liés à l'organisation des élections législatives en France, voir Secrétariat général du Conseil constitutionnel, « Élections législatives de juin 2012. Bilan du contentieux devant le Conseil constitutionnel », *in Les Nouveaux cahiers du Conseil constitutionnel. Dossier « Le Conseil constitutionnel, juge électoral »*, *op. cit.*, pp. 99-149.

[37] MELEDJE, D., *Les grands arrêts de la jurisprudence constitutionnelle ivoirienne*, *op. cit.*, p. 146.

[38] *Ibid.*, Décision n° CI-2009-EP-026/28-10/CC/SG du 28 octobre 2009, pp. 548-556.

[39] *Ibid.*, Décision n° CI-2009-EP/028/19-11/CC/SG du 19 novembre 2009, pp. 557-566.

d'Ivoire »[40]. Enfin, statuant toujours sur le droit d'éligibilité, le juge constitutionnel ivoirien a fait non pas une application mais une interprétation de l'article 35 de la Constitution en vertu de laquelle le Conseil constitutionnel constate que ledit article « *renferme en réalité deux types d'éligibilités s'appliquant à deux catégories de candidats ne se trouvant pas dans la même situation juridique, à savoir, une éligibilité originelle et une éligibilité dérivée* »[41]. La première concerne les candidats qui n'ont jamais accédé à la fonction présidentielle et sont par conséquent tenus d'apporter la preuve qu'ils remplissent les conditions exigées par la loi. Quant à l'éligibilité dérivée, elle se décline en « rééligibilité », c'est-à-dire une éligibilité dont la validité ne peut être altérée que « *par un élément factuel de disqualification tel qu'un franchissement éventuel de la limite d'âge, une profonde dégradation de son état de santé, ou toute autre cause d'inéligibilité originelle* »[42]. Cette interprétation a suscité des réserves non moins importantes auprès de la doctrine[43].

Le juge constitutionnel se montre également très ambivalent dans l'appréciation des résultats entachés d'irrégularités ou de fraudes graves de nature à entacher la sincérité du scrutin et à en affecter les résultats d'ensemble. Tout d'abord, au lieu d'annuler ces résultats et ordonner la reprise de l'élection, comme ce fut, il est vrai des cas rares au Kenya, en Autriche et Haïti, le juge constitutionnel a tendance à valider l'élection présidentielle – qualifiée d'élection à enjeux multiples – en faisant fi des règles du jeu déterminées pourtant de manière concertée entre les principaux acteurs politiques. Ainsi, le Conseil constitutionnel ivoirien a, semble-t-il « *au mépris du code électoral, proclamé un élu après avoir annulé, pour des irrégularités graves, le scrutin dans les départements du centre et du nord* »[44]. Dans sa décision n° CI-2010-EP-34/03-12/CC/SG du 3 décembre 2010 portant proclamation des résultats définitifs du deuxième tour de l'élection présidentielle du 28 novembre 2010, le Conseil a, après avoir dessaisi la Commission électorale indépendante de la proclamation des résultats provisoires[45], opéré des redressements suite à un certain nombre d'annulations en se fondant notamment sur le fait que les divers griefs allégués « *ont été corroborés par les témoignages d'observateurs nationaux et internationaux qui se sont déployés dans les zones centre et nord, à l'occasion du scrutin du 28 novembre 2010, ainsi que par les enquêtes diligentées par le Conseil constitutionnel auprès des organes de l'État, tant civils que militaires* »[46]. Or, ni la Constitution, ni le code électoral ne prévoient que le Conseil puisse statuer sur le recours en se fondant, d'une part, sur de simples témoignages d'observateurs

---

[40] *Ibid.*, p. 568.

[41] Conseil constitutionnel ivoirien, Décision n° CI-2015-EP-159/09-09/CC/SG du 9 septembre 2015 portant publication de la liste définitive des candidats à l'élection du président de la République du 25 octobre 2015, pp. 41-42.

[42] *Ibid.*, pp. 42-43.

[43] KOUASSI D. B., « Côte d'Ivoire : Conseil constitutionnel, Décision n° CI-2015-EP-159/09-09/CC/SG du 9 septembre 2015 portant publication de la liste définitive des candidats à l'élection du président de la République du 25 octobre 2015 », *Civitas Europa*, n° 36, 2016/1, pp. 207-248.

[44] Conseil constitutionnel ivoirien, *Connaître le Conseil constitutionnel,* Abidjan, p. 13.

[45] Conseil constitutionnel ivoirien, Décision n° CI-2010-EP-033 BIS/02-12/CC/SG du 2 décembre 2010 portant dessaisissement de la Commission électorale indépendante, *in Recueil des décisions et avis du Conseil constitutionnel 1980-2012*, *op. cit.*, pp. 190-193.

[46] MELEDJE, D., *Les grands arrêts de la jurisprudence constitutionnelle ivoirienne*, *op. cit.*, p. 600.

nationaux et internationaux qui se sont déployés dans les zones où les irrégularités se sont produites et, d'autre part, sur des enquêtes qu'il a lui-même diligentées auprès des autorités civiles ou militaires de l'État censées être neutres dans la conduite du processus électoral.

Ensuite, la mise à l'écart des textes de référence en matière électorale a conduit le Conseil à se dédire en opérant une rectification des résultats de l'élection présidentielle du 28 novembre 2010[47]. Il a ainsi « *fait siennes les décisions du Conseil de paix et de sécurité de l'Union africaine, sur le règlement de la crise en Côte d'Ivoire* »[48] en cautionnant « *que les normes et dispositions internationales, acceptées par les organes nationaux compétents, ont une autorité supérieure à celle des lois et des décisions juridictionnelles internes, sous réserve de leur application par l'autre partie* »[49]. Ce revirement du juge constitutionnel a amené certains constitutionnalistes à se demander « *si le juge constitutionnel est au service de la Constitution ou au service du pouvoir* »[50]. Pour qu'il reste maître de son office électoral, faudrait-il encore que le besoin de preuve soit satisfait ?

B. L'absence ou l'insuffisance de preuve des irrégularités

Le juge constitutionnel est limité dans la défense des droits/libertés des acteurs politiques par l'absence ou l'insuffisance des éléments de preuve. Il en est ainsi dans plusieurs hypothèses : la première est celle où le juge constitutionnel a jugé après examen du dossier de candidature, « *que l'intéressé a produit toutes les pièces exigées par la loi, mais il ne peut rapporter la preuve de sa démission de l'Union des Sociaux-Démocrates, parti politique au sein duquel il a milité* »[51]. Ce manque de preuve a conduit le juge constitutionnel à purement et simplement rejeter la candidature de l'intéressé.

La seconde hypothèse est celle où les irrégularités alléguées ne sont pas du tout prouvées. Cet état de fait se laisse voir à travers la décision n° E 0005/95 du 27 octobre 1995 du Conseil constitutionnel ivoirien qui souligne que le requérant « *n'a produit aucune pièce au soutien de sa requête contrairement à ce que lui commande l'article 63 du Code électoral ; qu'en outre, ses dénonciations sont formulées en termes généraux ne permettant aucune vérification sérieuse ; qu'elles ne sont accompagnées d'aucun élément ni même de réserves formulées sur les procès-verbaux de dépouillement des votes par les représentants du requérant dans les circonscriptions où ils étaient ; que les quelques exemples indiqués par le candidat [...], à supposer établis, ce qui est loin d'être le cas, ne sont pas de nature à affecter le résultat d'ensemble du scrutin général ; [...] ; que Monsieur [...] ne donne aucune précision sur les bureaux de vote où les urnes ont été déménagées et le dépouillement fait discrètement, où les urnes ont été bourrées et où les réclamations de ses représentants ont été repoussées ; que le Conseil ne*

---

[47] Conseil constitutionnel ivoirien, Décision n° CI-2011-EP-036/04-05/CC/SG du 4 mai 2011, *in Recueil des décisions et avis du Conseil constitutionnel 1980-2012*, *op. cit.*, pp. 201-204.

[48] *Ibid.*, p. 203.

[49] *Ibid.*

[50] HOURQUEBIE, F., MASTOR, W., « Les cours constitutionnelles et suprêmes étrangères et les élections présidentielles », *Les Nouveaux cahiers du Conseil constitutionnel*, n° 34, 2012 cité par MELEDJE, D., *Les grands arrêts de la jurisprudence constitutionnelle ivoirienne*, *op. cit.*, p. 607.

[51] Conseil constitutionnel ivoirien, Décision n° E 0001/95 du 6 octobre 1995, *in* MELEDJE, D., *Les grands arrêts de la jurisprudence constitutionnelle ivoirienne*, *op. cit.*, p. 105.

possède aucun élément permettant d'effectuer une enquête ni d'évaluer l'ampleur des prétendues irrégularités ; que de même, les résultats qui auraient été modifiés ne font l'objet d'aucune précision ; que de même encore, il n'est pas démontré la fausseté des résultats communiqués par Monsieur [...] ni la réalité des discordances entre les pourcentages des voix des candidats. »[52]. Il s'agit là des allégations qui ne sont pas prouvées par le requérant. Mais le Conseil aurait pu mener des enquêtes pour lever tout doute sérieux, comme il l'a fait en d'autres circonstances électorales[53]. C'est ce qu'a fait le juge constitutionnel sénégalais à l'occasion des élections législatives du 24 mai 1998 lorsque la fiabilité du fichier électoral du ministère de l'Intérieur a été mise en doute par plusieurs requérants. En effet, le Conseil constitutionnel a précisé qu'il « *s'est longuement penché sur la question et, après des investigations approfondies* » est arrivé à la conclusion que « *le grief relatif aux fraudes opérées sur le fichier électoral du ministère de l'Intérieur, de nature à favoriser le parti socialiste doit être rejeté* »[54]. Ce sursis à se prononcer sur certains recours sensibles relatifs à des allégations d'irrégularités et de fraudes graves permet au juge constitutionnel d'avoir un complément d'informations utiles pour la manifestation de la vérité en la matière.

Par exemple, pour la Cour constitutionnelle du Bénin, « *les moyens de preuve qui doivent être pris en compte par la Cour dans l'appréciation de la régularité du déroulement du scrutin sont essentiellement : le procès-verbal de déroulement du scrutin, la feuille de dépouillement, les observations des membres du bureau de vote ou des délégués des candidats, les réclamations des électeurs annexés audit procès-verbal et le constat des irrégularités que la Cour aurait, par elle-même, relevées.* »[55]. Quant à la production des moyens de preuve, la Cour précise que « *[...] le constat d'huissier est inopposable à la Haute juridiction lorsqu'il est contredit par les constatations de la Cour elle-même, investie par l'article 117, 2e tiret de la Constitution du 11 décembre 1990 pour relever par elle-même les irrégularités sur le terrain* »[56].

La troisième et dernière hypothèse est celle où les irrégularités graves ayant affecté le scrutin ne sont prouvées qu'en partie. Dans ce cas, le juge recherche quelles ont été les incidences des irrégularités sur les résultats du scrutin pour ne retenir que celles qui sont susceptibles de fausser lesdits résultats, compte tenu surtout de l'écart des voix entre les candidats ou de la manœuvre qu'elles révèlent, comme ce fut le cas à l'élection aux États-Unis d'Amérique du Président George Bush junior. En effet le contrôle juridictionnel n'est pas allé jusqu'au bout alors que des doutes sérieux existent sur la sincérité et la régularité du scrutin[57]. Or, le

---

[52] Conseil constitutionnel ivoirien, Décision n° E 0005/95 du 27 octobre 1995, *in Recueil des décisions et avis du Conseil constitutionnel 1980-2012, op. cit.*, pp. 176-177.

[53] Voir observations du Professeur MELEDJE, D., « Conseil constitutionnel, affaire Dobré Badobré et Bamba Mema c/Nimaga Mamadou. Requête en annulation d'une élection législative. Décision n° E 034/95 du 29 décembre 1995 », *in Les grands arrêts de la jurisprudence constitutionnelle ivoirienne, op. cit.*, pp. 154-156.

[54] FALL, I. M. (dir.), *Les décisions et avis du Conseil constitutionnel du Sénégal, op. cit.*, pp. 239 et s., cité par MELEDJE, D., *Les grands arrêts de la jurisprudence constitutionnelle ivoirienne, op. cit.*, p. 155.

[55] Cour constitutionnelle du Bénin, *Élection présidentielle 2011. Proclamations*, Cotonou, 2011, p. 45.

[56] *Ibid.*

[57] HAMON, F., WIENER, C., *la justice constitutionnelle en France et à l'étranger, op. cit.*, p. 150.

juge confirme l'élection s'il estime que les faits allégués ne sont pas établis ou qu'ils ne sont pas de nature à modifier le résultat malgré l'existence d'une illégalité dans le déroulement de la campagne électorale ou des opérations électorales comme cela ressort de la proclamation par la Cour constitutionnelle du Bénin des résultats définitifs de l'élection présidentielle du 13 mars 2011[58].

Étant donné que les questions relatives à l'examen des conditions d'éligibilité et celles liées à l'appréciation de la régularité des opérations électorales relèvent bien souvent d'éléments de fait, il est important et utile pour le juge constitutionnel de sanctionner, par des redressements et annulations, les résultats qui sont entachés d'irrégularités avérées ; ces annulations ont pour effet d'inciter les acteurs politiques à respecter davantage les droits des uns et des autres ainsi que la légalité du scrutin, gage de sa sincérité et de sa légalité. C'est le prix à payer par le juge constitutionnel pour continuer à assurer le respect des droits et libertés constitutionnellement et conventionnellement consacrés. S'il ne le fait pas, il peut se faire « relever les bretelles » par le juge communautaire agissant dans sa sphère de protection des droits et libertés.

Ainsi, les juridictions régionales et sous régionales se fondent exclusivement sur les instruments juridiques internationaux et régionaux relatifs aux droits de l'homme que les requérants invoquent à l'appui de leur requête pour faire constater, s'il y a lieu, les violations de leurs droits et libertés liés aux élections. En effet, l'accès aux prétoires desdites juridictions d'intégration est facilité par les recours directs reconnus aux personnes physiques et morales, et à certaines institutions nationales de promotion et de défense des droits de l'homme. Ce faisant, avec la consécration des recours individuels pour violations des droits de l'homme, notamment les droits/libertés liés aux élections, il a été constaté un accroissement du nombre de saisines de la Cour de Justice de la CEDEAO et de la Cour africaine des droits de l'homme et des peuples.

Dans le cadre de la CEDEAO, depuis l'adoption du protocole additionnel A/P1/7/91 du 19 janvier 2005 relatif à la Cour de Justice de la communauté, la compétence de cette juridiction est étendue, puisqu'elle peut désormais être saisie toutes les fois qu'un cas de violation des droits de l'homme est constaté[59]. Ainsi, dans l'affaire CDP et autres c/ État du Burkina[60], la Cour de Justice de la CEDEAO « *a soigneusement évité de poser un acte qui pourrait être interprété comme un empiètement dans un champ couvert par la compétence des juridictions constitutionnelles et judiciaires seules investies de la mission de traiter le contentieux électoral : « Il est hors de question [dit-elle] qu'elle assure la police des élections que les États membres organisent ». C'était une manière de dire qu'elle évite de se prononcer sur le contentieux des élections nationales (présidentielles, législatives et référendaires) et locales qui relèvent, selon les constitutions et les lois électorales, respectivement de la compétence des juridictions constitutionnelles et des juridictions administratives. Abordant le fond, elle a fait état de son refus « de s'instituer en juge de la légalité interne des*

[58] Cour constitutionnelle du Bénin, *Élection présidentielle 2011. Proclamations*, *op. cit.*, p. 65.
[59] *Ibid.*
[60] CJ/CEDEAO, 13 juillet 2015, CDP et autres c/ État du Burkina. Pour une présentation exhaustive de la décision, voir Y. Ouédraogo, « Retour sur une décision controversée : l'arrêt de la Cour de Justice de la CEDEAO du 13 juillet 2015, CDP et autres c/ État du Burkina », *Les annales du Droit*, 10/ 2016 disponible à l'adresse : http://journals.openedition.org/add/342.

États » ou en une instance chargée de trancher les procès dont l'enjeu est l'interprétation de la loi ou de la constitution des États de la CEDEAO », ce qui la conduit à considérer « comme inappropriée devant son prétoire toute référence au droit national qu'il s'agisse de la Constitution [...] ou de normes infra constitutionnelles quelles qu'elles soient[61] ». Pourtant, « *dans la décision rendue en 2015*[62]*, elle a, après avoir exclu toute possibilité d'intervention dans le domaine des élections, indiqué qu'elle pouvait cependant être saisie par les particuliers « lorsqu'il apparaît que le processus électoral est entaché de violation des droits de l'homme, violation dont la sanction relève de sa compétence ». Partant de là, elle s'est livrée à une analyse du texte modificatif du code électoral contesté et du contexte dans lequel il doit s'appliquer, ce qui lui a permis d'une part, de relever qu'il y avait une violation du droit de libre participation aux élections et, d'autre part, de dire que les formations politiques et les citoyens qui ne peuvent se présenter aux élections du fait des modifications de la loi électorale doivent être rétablis dans leurs droits ; elle a, par la suite, condamné l'État burkinabé à lever tous les obstacles à une participation aux élections consécutifs à la modification du code électoral.* »[63]. La Cour a exprimé à nouveau, dans une décision rendue, dans l'affaire Union sociale contre l'État du Sénégal[64], sa volonté d'intervenir en matière électorale lorsqu'une violation des droits de l'homme est alléguée. Cette décision a été rendue dans un contexte très particulier. En effet, une requête avait été introduite au nom d'un parti politique qui n'avait pas pu se présenter à l'élection présidentielle qui a eu lieu au Sénégal en février 2019. Elle tendait à faire juger que la loi sénégalaise n° 2018-22 du 4 juillet 2018 portant révision du code électoral porte atteinte, avec l'instauration du système du parrainage, au droit à la libre participation aux élections. Le requérant demandait en conséquence à la Cour d'ordonner à l'État du Sénégal de lever tous les obstacles à la libre participation aux élections consécutifs à cette modification, en invoquant notamment les articles 1er (i) du Protocole de la CEDEAO sur la démocratie et la bonne gouvernance[65] et l'article 3 (11) de la Charte africaine de la démocratie, des élections et de la gouvernance[66]. Pour se déclarer compétente, la Cour a relevé que la « *recevabilité de toute candidature étant désormais conditionnée par la nouvelle loi sur le parrainage, les deux tiers des partis seront exclus de l'élection présidentielle prévue le 24 février 2019* » et qu'il « *en résulte que la violation effective des droits de l'homme est imminente* ». Les spécialistes du droit électoral nous diront certainement ce qu'ils pensent du mode et de la base de calcul de ce taux de participation des candidats présentés par les partis

---

[61] DIOUF, N., « Les relations heurtées entre juridictions constitutionnelles et juridictions communautaires : vers la désunion dans les organisations d'intégration ? », *op. cit.*

[62] CJ/CEDEAO, 13 juillet 2015, CDP et autres c/ État du Burkina préc.

[63] DIOUF, N., « Les relations heurtées entre juridictions constitutionnelles et juridictions communautaires : vers la désunion dans les organisations d'intégration ? », *op. cit.*

[64] CJ/CEDEAO, arrêt n° ECW/CCJ/JUD/10/21, Union sociale libérale c/État du Sénégal, Requête n° ECW/CCJ/APP/59/18.

[65] Aux termes de cet article, les partis politiques se créent et exercent librement leurs activités dans le cadre des lois en vigueur… Ils participent librement et sans entrave ni discrimination à tout processus électoral. La liberté d'opposition est garantie.

[66] Selon ce texte, *« Les États parties s'engagent à mettre en œuvre la présente charte conformément aux principes énoncés ci-après : le renforcement du pluralisme politique, notamment par la reconnaissance du rôle, des droits et des obligations des partis politiques légalement constitués, y compris des partis d'opposition qui doivent bénéficier d'un statut sous la loi nationale »*.

politiques. Pour notre part, nous nous bornons à relever le caractère quelque peu curieux de l'argumentation de la Cour. Au-delà de la contradiction dans les termes, la Cour parlant de violation « *effective imminente* »[67], il y a le problème du rapport au temps. Dans une décision rendue en 2021, la Cour fait comme si le scrutin de 2019 qui a conduit à l'élection d'un président de la République solennellement installé dans ses fonctions après avoir prêté serment n'avait pas encore eu lieu. Sur le fond, la solution retenue va déboucher, comme le craignaient les conseils de l'État du Sénégal, sur une appréciation, par la Cour, d'une « *décision du Conseil constitutionnel du Sénégal qui a reçu les dossiers de parrainage et a déjà statué sur leur validité* ». Pourtant cette juridiction a toujours affirmé sa volonté de ne pas s'ériger en juge d'appel ou de cassation des décisions des juridictions des États membres de la CEDEAO. Il faut dire qu'avec la réserve qui accompagne toujours la proclamation du refus de se comporter en juge d'appel ou de cassation, la Cour arrive toujours, sous le couvert de la sanction de la violation des droits de l'homme, à remettre en cause ou à se reconnaître le droit de remettre en cause, même si c'est de manière indirecte, des décisions qui, selon la Constitution des États membres, ne sont susceptibles d'aucun recours. Dans la décision rendue le 17 mai 2016[68], la Cour a d'ailleurs explicitement affirmé que si les droits de l'homme sont en cause dans une décision nationale, elle a le droit d'en tirer toutes les conséquences. Après avoir admis, dans cette décision, « *qu'elle n'apprécie pas les motifs d'une décision rendue au sein d'un État, dans la mesure où elle n'est ni juge de la légalité nationale au sens large ni juge d'appel ou de cassation, elle a assorti cette affirmation d'une réserve en se reconnaissant le droit de tirer toutes les conséquences d'une décision nationale sur le terrain des droits de l'homme* ». N'est-ce pas une manière de dire qu'il suffit qu'un recours soit fondé sur la violation d'un droit de l'homme pour que la Cour retienne sa compétence, même s'il s'agit d'un recours dirigé contre une décision rendue par une juridiction nationale, fût-elle une décision d'une juridiction constitutionnelle qui s'impose à tous[69] ?

Dans le cadre de la Cour africaine des droits de l'homme, il est aisé de constater que les affaires qui ont opposé Guillaume Kigbafori Soro et Actions pour la protection des droits de l'homme à l'État de Côte d'Ivoire par-devant la Cour ont révélé un autre usage de la norme et des moyens. Dans l'affaire, Guillaume Kigbafori Soro et autres en République de Côte d'Ivoire, la Cour ordonne, par deux fois, à la Côte d'Ivoire de surseoir à l'exécution du mandat d'arrêt émis contre le requérant (Ordonnance mesures provisoires du 22 avril 2020), ainsi qu'à tous les actes pris à son encontre et de prendre toutes les mesures nécessaires en vue de lever immédiatement tous les obstacles l'empêchant de jouir de ses droits d'élire et d'être élu, lors de l'élection présidentielle d'octobre 2020 jusqu'au prononcé de la décision au fond (Ordonnance mesures provisoires 2 du 15 septembre 2020). Or, la condamnation de sieur Guillaume Kigbafori Soro qui s'est déclaré candidat à l'élection présidentielle, le 28 avril 2020, a eu pour conséquence « *sa radiation de la liste électorale lui retirant la qualité d'électeur*

---

[67] Il paraît difficile de qualifier d'effective une violation qui n'est qu'imminente.

[68] Arrêt n° ECW/CCJ/JUD/12/16 du 17 mai 2016, aff. *n° EOW/CCJ/APP/06/15, Amadou Haya Sanogo c/ République du Mali.*

[69] DIOUF, N., « Les relations heurtées entre juridictions constitutionnelles et juridictions communautaires : vers la désunion dans les organisations d'intégration ? », *op. cit.*

devant également lui permettre d'être éligible ; l'inscription au casier judiciaire de la condamnation le rendant inapte à se porter candidat et la difficulté de recueillir les parrainages des électeurs et d'obtenir l'investiture nécessaire au dépôt de sa candidature dont la date limite était fixée au 1er septembre 2020 ». Il en résulte que la Cour ne peut ignorer les conséquences en droit de la condamnation intervenue au plan national. Par conséquent, les juridictions régionales doivent se résoudre à entretenir un dialogue[70] avec les juridictions constitutionnelles lorsqu'elles sont appelées à intervenir sur la matière électorale pour éviter tout empiètement et garantir les droits et libertés des citoyens.

[70] Sur le dialogue entre la Cour de Justice de la CEDEAO et les autres ordres judiciaires, voir SALL, A., *Le contentieux de la violation des droits de l'Homme devant la Cour de Justice de la CEDEAO*, L'Harmattan, Sénégal, 2019, pp. 213-234.

L'AUTORITÉ DES DÉCISIONS DU JUGE CONSTITUTIONNEL EN MATIÈRE ÉLECTORALE À L'ÉPREUVE DU RECOURS INDIVIDUEL SUPRANATIONAL EN MATIÈRE DE DROITS FONDAMENTAUX.
Notes exploratoires à partir de l'ordre juridique camerounais

Alain Didier OLINGA

Professeur titulaire de droit public
Enseignant à l'IRIC/ Université de Yaoundé II

Considérations introductives

Le Professeur Lekene Donfack Étienne Charles a consacré une bonne partie de ses travaux scientifiques à la question électorale[1], aux droits fondamentaux[2]. Membre du Conseil constitutionnel de son pays, il a connu et est appelé à connaître devant le prétoire de ladite institution, du contentieux des élections nationales et des consultations référendaires. Son nouvel office pourrait le mettre en devoir de suivre, plus que par le passé, l'activité jurisprudentielle des instances internationales et surtout africaines de promotion et de protection des droits fondamentaux.

Le prétexte de la présente contribution est précisément une affaire qui se situe à la confluence du droit constitutionnel et du droit international des droits fondamentaux. En effet, le 19 décembre 2018, le Pr Maurice Kamto et le *Mouvement pour la renaissance du Cameroun (MRC)* ont saisi par l'intermédiaire de leurs avocats, la Commission africaine des droits de l'homme et des peuples d'une communication[3]. Bien que le champ matériel de l'affaire, toujours pendante devant la Commission de Banjul ait été étendu à des faits relatifs aux actions de

---

[1] E.C. LEKENE DONFACK. « La candidature indépendante et la liberté de suffrage en droit camerounais ». *Revue africaine des sciences juridiques,* 2000, vol.1, pp.21-52. Voir également, du même auteur, en collaboration avec E.M. NGANGO YOUMBI et E.W. TSOLEFACK, « Chronique de jurisprudence du Conseil constitutionnel camerounais ». *Revue française de droit constitutionnel,* 2022/1, n° 129, pp. 207-241.

[2] E.C. LEKENE DONFACK, « Préface » à M.T.B. BESSOLO SOYA, *Droits de l'homme et gouvernance en milieu parlementaire au Cameroun.* Paris, l'Harmattan, 2012.

[3] Communication 718/19, *Maurice KAMTO et Mouvement pour la renaissance du Cameroun c. République du Cameroun,* requête du 19 décembre 2018.

protestation postélectorale organisées par le *MRC*[4], lesquelles ont du reste par la suite été retirées par les auteurs de la communication[5], la version initiale de celle-ci met sur la sellette des allégations de violation de la Charte africaine des droits de l'homme et des peuples, du Pacte international relatif aux droits civils et politiques, de la Charte africaine de la démocratie, des élections et de la gouvernance (CADEG)[6], y compris « les faits relatifs au contentieux devant le Conseil constitutionnel ». Parmi les très nombreuses conclusions par eux formulées, les plaignants engagent la Commission à « *recommander au Cameroun, sous la supervision des instances compétentes de l'Union Africaine ou de toute autre commission internationale indépendante à composition mixte comprenant de façon paritaire les représentants des candidats à l'élection présidentielle du 7 octobre 2018, de procéder, dans un délai de trente (30) jours à compter des constatations de la Commission africaine des droits de l'homme et des peuples, au recomptage des bulletins de vote par bureau de vote et à cet effet, ordonner qu'ELECAM produise tous les procès-verbaux et les fiches d'émargement de ces bureaux de vote dont la commission internationale où l'instance de l'Union Africaine désignée aura d'abord eu le soin d'établir l'authenticité* ». En somme, alors que les résultats définitifs de l'élection présidentielle avaient déjà été proclamés par le Conseil constitutionnel, alors que le président déclaré élu avait déjà prêté serment en date du 6 novembre 2018, les plaignants demandent à la Commission africaine de revenir sur la décision du Conseil constitutionnel proclamant les résultats de l'élection présidentielle du 7 octobre 2018 au Cameroun, et constatant l'élection de M. Paul Biya à la présidence de la République, de se substituer aux instances électorales nationales pour faire ce que les plaignants avaient en vain sollicité de ces dernières. En d'autres termes, par le recours devant un mécanisme international chargé de la garantie des droits de l'homme, les plaignants entendent remettre en cause une décision d'une instance nationale investie par le droit national du pouvoir de proclamer, de manière définitive et sans possibilité de recours, les résultats d'une élection nationale, présidentielle en l'occurrence, après avoir vidé le contentieux relatif à ladite élection.

Par le recours supranational[7], des plaignants demandent la révision de la décision de la juridiction constitutionnelle nationale ; c'est précisément cette

---

[4] *Soumissions additionnelles à la requête du 19 décembre 2018 et demande de mesures d'urgence*, en date du 8 février 2019.

[5] Observations des plaignants sur l'admissibilité de la communication et demande de mesures conservatoires. 16 juillet 2019, paragraphe 5.

[6] B. TCHIKAYA, « La Charte africaine de la démocratie, des élections et de la gouvernance ». *Annuaire français de droit international*, 2008, pp.515-528. A. D. OLINGA, « La Charte africaine de la démocratie, des élections et de la gouvernance : une présentation générale ». *Revue camerounaise d'études internationales*, 1er et 2e semestres 2013, pp.107-119. M. Wiebusch ; Chika Ch. Aniekwe ; L. Oette ; S. Vandeginste, « The African Charter on Democracy, Elections and Governance : Past, Present and Future ». *Journal of African Law*, 63, S1, 2019, pp. 9-38. A. Mbata Mangu, « African civil society and the promotion of the African Charter on Democracy, Elections and Governance ». *African Human Rights Law Journal,* 2012, 12, pp.348-372.Elvy, S-A. « Towards a new Democratic Africa : the African Charter on Democracy, Elections and Governance ». 27, *EmoryInt'l L. Rev.* 41 (2013), pp.41-116. I. Kane, « The implementation of the African Charter on Democracy, Elections and Governance ». *Africa Security Review*, 2008, vol.17.4, pp.43-63.

[7] J.-C. SOYER & M. de SALVIA, *Le recours individuel supranational, mode d'emploi.* Paris, LGDJ, 1 998.

demande dont on entend questionner la légitimité juridique, au regard de l'autorité et de la portée attachées aux énoncés décisionnels du Conseil constitutionnel. Comment, en effet, concilier l'autorité des décisions du Conseil constitutionnel ou du juge constitutionnel d'un État de manière plus large avec la possibilité de remettre en cause cette autorité en vertu de dispositions contenues dans un instrument conventionnel dûment ratifié par le même État, et devant le mécanisme institué par cet instrument, dont la compétence elle aussi a été clairement acceptée par l'État concerné ? Spécifiquement, lorsqu'il statue en matière électorale, en matière de droits fondamentaux de caractère électoral[8] ou à incidence sur lesdits droits, à l'instar du droit à un procès équitable[9], le Conseil constitutionnel peut-il exiger que ses décisions soient revêtues de la même intangibilité que celles relatives à la régulation du jeu institutionnel, au contrôle de constitutionnalité, à la recevabilité des projets ou propositions de textes législatifs, à la protection des intérêts régionaux, en excluant toute autre possibilité de recours, y compris le recours individuel supranational ? En quoi l'intervention du mécanisme international peut-elle être légitime, pertinente et efficace dans le contexte d'un processus électoral achevé ou même éventuellement en cours ? Quels dispositifs pratiques peut-on concevoir pour concilier l'autorité des décisions du Conseil constitutionnel en matière électorale avec le recours supranational ?[10] La seule formulation de ces interrogations montre que le gardien de la Constitution et régulateur du fonctionnement des institutions nationales n'est plus dans une posture de soustraction ou d'immunité vis-à-vis de tout contrôle sur tout ou une partie de son office[11]. Organe de l'État manageant des normes, il est lui-même soumis à des normes et doit pouvoir faire l'objet d'un contrôle quant à la qualité et à la régularité de son propre maniement des normes, au nom du principe de la prééminence du droit qui s'impose à tous.

I. LES DONNÉES DU PROBLÈME EN DISCUSSION

Avant tout développement additionnel, il importe de préciser les données juridiques du problème, pour autant qu'on estime qu'il peut y avoir une confrontation entre les décisions du juge constitutionnel et l'office des instances internationales des droits de l'homme. Il est possible et légitime de penser que le défendeur devant le prétoire international des droits de l'homme étant l'État, même si cela l'est sur le fondement d'une décision du juge constitutionnel, ce dernier ne sera jamais directement concerné, ni ne verra l'autorité de ses décisions telle qu'elle découle de la Constitution directement contestée ou affectée. Par ailleurs, lorsqu'il serait même appelé à examiner une requête portant sur des

---

[8] V° C.G. ANGUE. *Les droits fondamentaux électoraux. Esquisse d'une critériologie identifiante.* Thèse de doctorat/PhD en droit public, Faculté des sciences juridiques et politiques, Université de Yaoundé II, 2018.

[9] G. MALINVERNI, « Droit à un procès équitable et cours constitutionnelles ». *Revue universelle des droits de l'homme*, 1994, pp.389-395.

[10] Voir C.V. NOUAZI KEMKENG. *Le recours individuel dans les systèmes régionaux de protection des droits de l'homme : étude comparative des systèmes africain, européen et interaméricain.* Thèse de doctorat/ PhD en droit public. Université de Yaoundé II, 2016.

[11] L. BURGORGUE-LARSEN. « L'autonomie constitutionnelle'aux prises avec la Convention européenne des droits de l'homme », v° https://hal.archives-ouvertes.fr/hal-01743264, publié le 21 avril 2022, consulté le 10 septembre 2022.

questions de droits fondamentaux en matière électorale, le mécanisme international ne se transformerait nullement en instance chargée de vider le contentieux électoral national. L'effet des décisions des instances internationales des droits de l'homme sur l'office du juge constitutionnel serait nécessairement indirect, décalé dans le temps, projeté sur le futur, l'État éventuellement condamné du fait d'une décision du juge constitutionnel en matière électorale devant, seul, tirer les conséquences qui semblent devoir découler pour son ordre juridique de la sentence internationale. La question sous étude serait donc un véritable faux problème juridique. Pourtant, le juge constitutionnel ne peut manquer de voir son prestige institutionnel écorné du fait des constatations de violations des droits fondamentaux liées à son examen des questions électorales issues des instances internationales, dont le rôle est précisément de déterminer de manière toujours renouvelée la portée de certaines normes que le juge constitutionnel est appelé à manier. Il est donc pertinent de se pencher sur la question.

En s'appuyant sur le cas du Cameroun qui sert de prétexte à cette étude et sans négliger l'apport du droit comparé[12], la Constitution énonce en son article 50 alinéa 1 que *« les décisions du Conseil constitutionnel ne sont susceptibles d'aucun recours. Elles s'imposent aux pouvoirs publics et à toutes les autorités administratives, militaires et juridictionnelles, ainsi qu'à toute personne physique et morale ».* L'article 15 alinéa 3 de la loi du 21 avril 2004 portant organisation et fonctionnement du Conseil constitutionnel dit des décisions du Conseil constitutionnel qu'« elles s'imposent aux pouvoirs publics et à toutes les autorités administratives, militaires et juridictionnelles, ainsi qu'à toute personne physique et morale ». L'alinéa 4 du même article ajoute qu'« elles doivent être exécutées sans délai ». Le règlement intérieur du Conseil constitutionnel abonde globalement dans le même sens, en son article 3 alinéa 2 en ces termes : « les décisions prennent effet dès leur prononcé et ne sont susceptibles d'aucun recours »[13].

Une exégèse serrée de ces dispositions montre que trois choses sont à retenir. Premièrement, l'autorité des décisions du Conseil constitutionnel est absolue : « aucun recours » ne peut être formé contre elles, de quelque nature ou de quelque niveau que ce soit. Cette prohibition, à première vue, ne souffre d'aucune exception au plan national comme au plan international.

Deuxièmement, l'autorité *erga omnes* des décisions du Conseil constitutionnel, car elles s'imposent à tous dans l'État, notamment « aux pouvoirs publics » et à « toute personne physique ou morale ». Tous sont tenus de les respecter, de s'abstenir de les remettre en cause ou de les contester ; tous sont tenus de les mettre en œuvre ou, tout au moins, de ne pas en empêcher ou en compliquer la mise en œuvre ou l'application. Cela vaut pour *les pouvoirs publics* institués, dont les actions, démarches ou inactions sont de nature à déboucher sur la mise en cause de ces décisions. À cet égard, l'on peut se demander si le Gouvernement de la République peut accepter de rentrer dans un échange processuel, y compris à l'international, dès lors que le but déclaré et affiché de cet échange est de remettre en cause une décision du Conseil constitutionnel dont le respect s'impose à lui de manière absolue. Le président de la République, qui a juré de veiller au respect de

[12] G. DRAGO. « Vers une procédure d'exécution forcée des décisions du Conseil constitutionnel ? » in *La semaine juridique, Édition Générale*, n° 15, 12 avril 2021, Doctrine 417, pp. 726-731.
[13] Voir Conseil constitutionnel, *Décision n° 01/CC du 17 juillet 2019 portant adoption du règlement Intérieur.*

la Constitution, et à qui les décisions du Conseil constitutionnel s'imposent, peut-il, sans violer la Constitution, permettre que des agents de l'État nantis de pouvoirs par lui à cet effet, participent à un processus quasi juridictionnel ou juridictionnel à l'international dont l'objectif non équivoque (et le résultat éventuel) est d'invalider un énoncé décisionnel du Conseil constitutionnel ? Cela vaut aussi pour *toute personne physique*[14] *et morale.* Celle-ci, tenue de respecter une décision du Conseil de par la Constitution elle-même, peut-elle prétendre se soustraire à cette obligation constitutionnelle sur la base d'une habilitation conventionnelle, sans violer la Constitution ? Et comment cette « violation », à la supposer établie, peut-elle être sanctionnée ? Il n'est pas fréquent que la Constitution impose aussi explicitement et directement des obligations à la charge des citoyens. M. Kamto, personne physique et le *MRC*, personne morale de droit camerounais, tous soumis aux dispositions de l'article 50 alinéa 1 de la Constitution, peuvent-ils s'en soustraire en se fondant sur les clauses habilitantes d'instruments juridiques internationaux relatifs aux droits de l'homme dûment ratifiés par le Cameroun ?

Troisièmement, les décisions du Conseil constitutionnel sont immédiatement exécutoires, « *sans délai* ». Leurs effets sont immédiats et, s'agissant des résultats d'une consultation électorale, sauf correction d'erreurs matérielles, définitifs, intangibles, irrévocables, irréversibles.

Ces caractères attachés à l'autorité des décisions du Conseil constitutionnel ne semblent pas différer selon la matière sur laquelle il statue. En particulier, si l'on peut discuter de l'inscription du contentieux électoral dans le vaste ensemble du contentieux constitutionnel[15], il reste qu'il s'agit d'un contentieux *devant* le Conseil constitutionnel, d'un contentieux *du* Conseil constitutionnel, sanctionné par des décisions du Conseil constitutionnel dont la nature et la portée sont identiques, indépendamment de la matière saisie et gérée.

Face à ces données juridiques nationales, il faut mettre en évidence les éléments issus de l'ordre juridique international pertinent. Le Cameroun est parti à la Charte africaine des droits de l'homme et des peuples[16], au Pacte international relatif aux droits civils et politiques[17], à la Charte africaine pour la démocratie, les élections et la gouvernance[18]. Ces instruments comportent des normes substantielles dont l'applicabilité au contentieux devant le Conseil constitutionnel statuant en matière électorale peut être sollicitée, notamment les principes de base du procès équitable que l'on peut considérer comme faisant partie des principes généraux de droit reconnus par les nations civilisées. Le contentieux constitutionnel n'est pas soustrait au respect du droit à un procès équitable, surtout lorsqu'il met en jeu des droits fondamentaux, tels que les droits fondamentaux électoraux. Le Cameroun est également parti à la Convention de Vienne du 23 mai 1969 sur le droit des traités[19]. Au-delà de la clause fondamentale *pacta sunt servanda*, cet instrument énonce à son article 27 qu'« une partie ne peut invoquer

---

[14] À titre de comparaison, la Constitution française n'impose pas une obligation de se conformer aux décisions du Conseil constitutionnel aux personnes physiques.

[15] M. VERPEAUX. « Brèves considérations sur l'autorité des décisions du Conseil constitutionnel ». *Nouveaux cahiers du Conseil constitutionnel,* n° 30, janvier 2011, pp. 13-22.

[16] Ratifiée par le Cameroun le 20 juin 1989.

[17] Le Cameroun y a adhéré le 27 juin 1984.

[18] Charte ratifiée par le Cameroun le 24 août 2011.

[19] Il y a adhéré le 23 octobre 1991.

les dispositions de son droit interne comme justifiant la non-exécution d'un traité », à moins évidemment d'avoir formulé à cet égard une réserve, et que celle-ci soit compatible avec l'objet et le but du traité ratifié ou accepté.

On pourrait donc dire que, le Cameroun ayant sans réserve ratifié des instruments prévoyant la saisine par les individus de mécanismes de contrôle par eux mis en place, comme l'est la Commission de Banjul ou la Cour africaine d'Arusha, des dispositions du droit interne excluant tout recours contre les décisions d'instances nationales s'appliquent absolument dans toute leur rigueur, pour autant, que cette rigueur s'arrête au seuil de la compétence reconnue des instances internationales de contrôle. L'autorité des décisions du Conseil constitutionnel ne déborde pas la juridiction du droit national et ne peut, par elle-même en vertu d'une sorte d'extraterritorialité normative du droit constitutionnel, faire échec à la capacité individuelle internationalement consacrée de contester ses décisions devant un mécanisme international compétent reconnu par l'État. Le traité liant une partie doit être exécuté, compte non tenu d'une disposition de droit interne contraire, quelle qu'en soit la nature, quel qu'en soit le rang hiérarchique dans la pyramide nationale de la normativité, y compris une disposition de nature constitutionnelle. Un dispositif normatif national ne peut prétendre, par lui-même, exclure ou circonscrire la compétence d'un mécanisme international prévu par un instrument conventionnel auquel l'État est partie. Lorsqu'un État a ratifié sans réserve un instrument conventionnel assorti d'un mécanisme international de contrôle ou de suivi de son respect ou de son application par les États parties, le fait pour cet État d'adopter ou de maintenir une législation (au sens large du terme) mettant en place une instance juridictionnelle dont les décisions touchant à des droits garantis sont insusceptibles de recours peut être analysé de deux manières : soit qu'il y a une violation de l'instrument international du seul fait de l'adoption ou du maintien d'une telle législation ; soit que l'exclusion des recours est inopérante devant le mécanisme international de contrôle du respect des droits fondamentaux qui seraient en cause devant l'instance nationale.

Il se trouve précisément que le contentieux électoral devant le Conseil constitutionnel met en jeu des droits fondamentaux internationalement consacrés et garantis. La matière des droits fondamentaux électoraux leur étant partagée, l'interaction entre le juge constitutionnel et les instances internationales est difficilement évitable.

II. LE CONTENTIEUX ÉLECTORAL DEVANT LE CONSEIL CONSTITUTIONNEL MET EN JEU DES DROITS FONDAMENTAUX INTERNATIONALEMENT GARANTIS

Lorsqu'il statue en matière électorale, au-delà des droits procéduraux liés pour l'essentiel au droit à un procès équitable, lequel suppose l'indépendance et l'impartialité de la formation de jugement, une procédure formalisée et respectueuse notamment de l'égalité des armes, de la qualité de l'examen des éléments de preuve, le juge constitutionnel examine des droits fondamentaux d'un type particulier, en l'occurrence des droits politiques : le droit à des élections honnêtes, libres et sincères[20] ; le droit de participer à la direction des affaires publiques de son pays[21], y compris le droit de voter, d'être électeur et éligible[22] suivant les modalités fixées et précisées par la loi nationale, une loi elle-même respectueuse des éléments ou standards issus de l'ordre juridique international pertinent et applicable ; le droit de battre campagne librement, le droit au financement public égal, le droit d'accès égal aux moyens de communication publique, etc. Le juge constitutionnel ne peut se désintéresser du droit international et de la jurisprudence internationale pertinents en matière électorale, dès lors que ces moyens viendraient à être invoqués devant lui. Les éléments de l'ordre juridique international acceptés par l'État en matière électorale enrichissent l'ordre juridique électoral national dont le juge constitutionnel électoral doit tenir compte[23]. En principe, l'ordre constitutionnel incorpore les normes internationales régulièrement ratifiées par l'État, lesquelles bénéficient ce faisant d'une présomption de constitutionnalité. Le juge constitutionnel ne peut être dispensé de cette obligation de mobiliser directement le cas échéant, le droit international électoral pertinent que si l'on estime, pour des besoins de sécurité juridique dans un domaine aussi sensible pour la régulation de l'ordre social, que le constituant et le législateur font écran entre la norme juridique électorale internationale et le juge constitutionnel électoral, dont l'horizon normatif serait circonscrit à ce que mettent à sa disposition le constituant et le législateur, auxquels seuls il revient d'internaliser les dispositions internationales ou de réceptionner les énoncés jurisprudentiels internationaux, lorsque ces derniers prescrivent des modifications ou ajustements normatifs à cet égard. Il faudrait donc déterminer s'il existe, au sens propre du terme, un code électoral international[24] qui s'impose aux États. À cet égard, s'il est clair qu'il existe des principes régissant les organismes électoraux et les processus électoraux, y compris l'observation électorale

---

[20] V° R. GOY, « La garantie européenne du droit à des libres élections législatives ». *Revue du droit public*, 1986, pp.1275-1326.

[21] V° Comité des droits de l'homme, Observation Générale n° 25, Document CCPR/C/21/ Rev. 1/Add.7, 27 août 1996.

[22] La Commission africaine des droits de l'homme et des peuples estime que l'article 13 de la Charte africaine des droits de l'homme et des peuples protège « le droit d'élire et d'être élu ». Voir Affaire *Open Society Justice initiative c. Côte d'Ivoire*, février 2015, paragraphe 164 et aussi paragraphe 167.

[23] Il en est ainsi, par exemple, en matière de candidature indépendante, une question qui a retenu l'attention du Pr. LEKENE, et au sujet de laquelle la Cour africaine des droits de l'homme, dans l'affaire Mtikila contre Tanzanie, a exprimé une position non équivoque valable pour tous les États partis à la Charte africaine, au-delà de l'État défendeur. Dans son arrêt du 14 juin 2013, interprétant l'article 13-1 de la Charte de 1981, la Cour se prononce ainsi au paragraphe 109 de sa décision : « dans la mesure où ladite disposition réserve aux citoyens le droit de participer directement ou par l'intermédiaire de ses représentants à la gestion des affaires publiques, toute loi qui exige du citoyen d'être membre d'un parti politique avant de se présenter aux élections présidentielles, législatives et locales est une mesure inutile, qui porte atteinte au droit du citoyen de participer directement à la vie politique et constitue donc une violation d'un droit ». Voir A.D. Olinga. « La première décision au fond de la Cour africaine des Droits de l'Homme et des peuples (arrêt du 14 juin 2013 sur les affaires jointes Tanganyika Law Society & The Legal and Human Rights Centre c. Tanzanie et Révérend Christopher R Mtikila c. Tanzanie) ». *La Revue des droits de l'homme,* CREDOF/Paris, n° 6, 2014.

[24] Voir EODS, *Recueil des normes internationales pour les élections*. Luxembourg, Office des publications de l'Union européenne, 4e édition, 2016. Voir aussi, Th. Ondo. « L'internationalisation du droit relatif aux élections nationales : à propos d'un droit international des élections en gestation ». *Revue du droit public*, 2012, 5, pp. 1405 et ss.

internationale[25], ces principes restent à un niveau de spécificité et de détail faible. Il ne peut en être autrement, dans un domaine où les identités nationales sont fortes, au-delà des dynamiques de « convergence démocratique » à l'instar de celle institutionnalisée au niveau de la Communauté économique des États de l'Afrique de l'Ouest (CEDEAO). Peut-on considérer qu'il existe un « droit à un contrôle électoral impartial, effectif et équitable [26] » appartenant à l'individu ? À cette question, la Cour européenne de Strasbourg apporte une réponse affirmative et il est hautement prévisible, du fait de la circulation des normes et des approches interprétatives entre les systèmes de garantie des droits[27], que le système africain s'appropriera cette approche. Dans l'affaire *Mugemangango*, la Cour de Strasbourg a estimé en effet que le contentieux des élections au parlement Wallon, effectué par une structure dudit parlement suivant une procédure non formalisée dans les textes, ne pouvait être équitable et impartial. Cette position peut être de portée générale. Pour la Cour en effet, au paragraphe 122 de sa décision, *« la réclamation du requérant a été examinée par un organe qui ne présentait pas les garanties d'impartialité requises [...] et dont le pouvoir d'appréciation n'était pas circonscrit par les dispositions du droit interne à un niveau suffisant de précision [...]. Les garanties dont le requérant a bénéficié au cours de la procédure n'étaient pas non plus suffisantes dans la mesure où elles ont été mises en place de manière discrétionnaire [...]. La Cour en déduit que ses griefs n'ont pas fait l'objet d'une procédure offrant des garanties adéquates et suffisantes pour exclure l'arbitraire et en assurer un examen effectif [...] ».* Il découle de ces prises de position, qu'un contentieux électoral respectueux des exigences des droits de l'homme exige, *a minima*, un organe de qualité (impartial), un pouvoir d'appréciation circonscrit par le droit et suffisamment précis pour les protagonistes, une procédure garantissant un examen effectif des requêtes et excluant l'arbitraire. Ces prises de position sont le résultat de la mobilisation du recours supranational en matière de droits de l'homme, lequel se présente ainsi comme une voie de recours alternative en cas de frustration d'un acteur national liée à un examen jugé défectueux de sa réclamation en matière électorale.

---

[25] S.C. MENGUE ABESSOLO, *La contribution des organes de gestion des élections (OGE) et des missions d'observation électorale (MOE) à la consolidation de la démocratie électorale en Afrique*. Thèse de doctorat/PhD en relations internationales. IRIC, Université de Yaoundé II, Yaoundé, 1er juin 2022, 426p.

[26] Verdussen, M. « Le droit à un contrôle électoral impartial, effectif et équitable : l'arrêt *Mugemengango* met la Belgique au pied du mur » *Revue trimestrielle des droits de l'homme*, 2021, pp.621-642.

[27] A.D. OLINGA. « Les emprunts normatifs de la Commission africaine des Droits de l'Homme et des peuples aux systèmes européen et interaméricain de garantie des Droits de l'Homme ». *Revue trimestrielle des droits de l'homme*, 2005, n° 65, pp. 499-537 ; voir aussi A.D. OLINGA. « L'influence de la jurisprudence de Strasbourg sur l'interprétation de la Charte africaine des Droits de l'Homme par la Cour africaine des Droits de l'Homme et des peuples ». *in Les droits de l'homme à la croisée des droits. Mélanges en l'honneur de Frédéric Sudre*. Paris, Lexis Nexis, 2018, pp.525-536.

[27] A.K. DIOP. « L'influence de la jurisprudence européenne sur le système africain des droits de l'homme ». *Revue québécoise de droit international*, n° spécial, décembre 2020, pp.593-610.

III. LE RECOURS SUPRANATIONAL, UN RECOURS ALTERNATIF CONTRE LES DÉCISIONS DU JUGE CONSTITUTIONNEL EN MATIÈRE ÉLECTORALE ?

En matière électorale comme en toute autre, les décisions du juge constitutionnel sont insusceptibles de recours. La Constitution camerounaise ne semble pas connaître d'exception à cet égard. La conséquence logique *a priori* en est que les décisions du Conseil constitutionnel en matière électorale, y compris lorsque des acteurs estiment que leurs droits fondamentaux électoraux ont été gravement méconnus, et que le juge constitutionnel n'a pas offert un recours pertinent, crédible et efficace, ne peuvent être contestées. Que peut à cet égard le recours individuel supranational ? Peut-il offrir une alternative efficace, s'agissant d'un processus électoral épuisé ou en cours ? Il convient de dire d'emblée que, sous réserve des conditions posées en la matière par un instrument international[28], l'accès au prétoire international des droits de l'homme est un droit fondamental de l'individu pour la garantie de ses droits internationalement reconnus. Ce droit consacré par les instruments internationaux est-il aussi un droit constitutionnel, au-delà de l'affirmation selon laquelle certains traités relatifs aux droits de l'homme sont des « traités constitutionnels »[29], sémantiques dont la portée reste incertaine du point de vue du droit constitutionnel ? Un tel droit figure rarement de manière directe dans les Constitutions, et celle du Cameroun n'échappe pas à la règle. Il ne peut y figurer que de manière indirecte, avec par exemple l'intégration du préambule, site d'énonciation des droits et d'évocation des instruments internationaux relatifs aux droits de l'homme, dans le bloc de constitutionnalité[30]. Dès lors, le recours supranational d'origine internationale peut également avoir un statut constitutionnel indirect.

Si le recours supranational en lui-même est toujours utile, c'est en revanche l'usage que l'instance internationale saisie va en faire qui est décisif, selon que celle-ci fait preuve de prudence ou de hardiesse voire d'activisme *droits-de-l'hommiste*[31]. S'agissant d'un processus électoral épuisé, il est à craindre que l'intervention de l'instance internationale soit sans objet ou, pire, soit porteuse d'insécurité sociopolitique pour l'État concerné. L'on imagine difficilement qu'une instance internationale impose une candidature à un scrutin national ou qu'elle en invalide une autre, ou même qu'elle invalide un processus électoral ayant déjà abouti à des résultats proclamés, parce que ledit processus aura été émaillé d'irrégularités ou parce que la procédure contentieuse devant le juge électoral n'aura pas été équitable.

---

[28] À l'instar de l'article 34 paragraphe 6 du Protocole de Ouagadougou de 1998 portant création de la Cour africaine des droits de l'homme et des peuples.

[29] Terme utilisé par S.M. KIENOU. « L'incidence du droit régional africain sur le droit constitutionnel des États francophones d'Afrique de l'Ouest ». *Revue française de droit constitutionnel*, 2017/2, n° 110, p. 422.

[30] A.D. OLINGA. « L'aménagement des droits et libertés dans la Constitution camerounaise révisée ». *Revue universelle des droits de l'homme*, vol.8, n° 2, pp.283-308. Voir également F. de Paul TETANG. « La normativité des préambules des Constitutions des États africains d'expression française ». *Revue française de droit constitutionnel*, 2 015/4, n° 104, pp. 953-978.

[31] A. PELLET, « 'droits-de-l'hommisme'et droit international », *in Droits fondamentaux*, n° 1, juillet-décembre 2001, pp.167-179.

Pour un processus électoral engagé et en cours, l'éventuelle intervention d'une instance internationale, soumise qu'elle est à des contraintes temporelles et procédurales, serait porteuse de désordres au regard de l'encadrement temporel des étapes du processus électoral national encadré par des règles de nature constitutionnelle ou législative. Même le recours aux mesures provisoires[32] ou d'urgence ne saurait légitimement influencer un processus électoral national engagé ; en ce qui concerne la constitution de l'électorat, la détermination de l'éligibilité, la proclamation des résultats, ou la prestation de serment par les élus. Le recours supranational ne peut être suspensif d'un processus électoral national. Ce serait un déplacement insolite du centre de gravité de la compétence sur une question aussi sensible de souveraineté nationale, à savoir la dévolution du pouvoir politique. Ce serait également un risque d'implication de l'instance internationale dans une joute politique nationale, en fournissant aux déçus de ladite joute, des arguments solides pour leur contestation politique. L'instance internationale doit se refuser à statuer lorsque le processus électoral est totalement consommé au plan national. Dans ce cas, il faudrait reprendre ce que la Cour internationale de justice a dit dans l'arrêt du 2 décembre 1 963 en l'affaire du Cameroun septentrional, en ces termes : *« un tribunal international n'a pas simplement pour fonction de fournir une base d'action politique alors qu'aucune question juridique concernant des droits effectifs n'est en jeu [...] »,* surtout *« si les circonstances qui se sont produites depuis lors rendent toute décision judiciaire sans objet »*[33]. Bien entendu, si l'instance devait faire preuve de retenue devant les résultats d'un processus électoral achevé ou en cours, cette prudence peut être relativisée vis-à-vis des données du droit électoral en général, dont l'examen peut être sans lien avec un contentieux électoral et, donc, avec une

[32] C'est pourtant ce que la Cour africaine des droits de l'homme a effectué, en exigeant de la Côte d'Ivoire qu'elle permette à Guillaume Soro d'être candidat à l'élection présidentielle du 31 octobre 2020, alors que le Conseil constitutionnel dudit État avait déjà invalidé la candidature de l'intéressé, argument pris de ce que ce dernier était sous le coup d'un mandat d'arrêt dont la Cour africaine avait justement demandé, à travers une ordonnance en indication des mesures conservatoires en date du 22 avril 2020 le sursis à exécution, sursis à nouveau exigé par l'ordonnance du 15 septembre 2020 et étendu à tous les actes nationaux contre l'intéressé pris après la première ordonnance. Dans l'ordonnance du 22 avril 2020, au paragraphe 35, la Cour déclare que « l'exécution des mandats d'arrêt ou de dépôt contre des personnalités politiques, dont l'une d'entre elles Guillaume Kigbafori Soro s'est déjà présentée à la compétition électorale et à quelques mois seulement des échéances, risque de compromettre gravement l'exercice des libertés et des droits politiques des requérants. À cet égard, la Cour relève que le cas révèle une situation d'urgence dès lors que lesdites échéances électorales sont prévues pour se tenir dans moins de six mois de la date de la présente requête ». Par l'ordonnance du 15 septembre 2020, à quelques semaines de l'élection présidentielle pour laquelle le Conseil constitutionnel avait déjà rejeté la candidature de Guillaume Soro, la Cour persiste en affirmant au paragraphe 33 de son ordonnance « qu'il est nécessaire d'ordonner le sursis à exécution de tous les actes pris subséquemment à l'ordonnance du 22 avril 2020 et levés tous les obstacles empêchant le requérant Guillaume Kigbafori Soro de jouir de ses droits de voter et d'être élu ». La Cour a contesté même l'opportunité du mandat d'arrêt à l'encontre de Guillaume Soro (paragraphe 36 de l'ordonnance du 22 avril 2020). Ces prises de position étaient pour le moins imprudentes, en particulier celles du 15 septembre 2020, car elles donnent l'impression que la Cour tenait absolument à imposer au Gouvernement ivoirien la candidature de M. Soro, minorant même l'opportunité du mandat d'arrêt émis à l'encontre d'un acteur politique en exil. La Cour donne le sentiment de s'être prêtée complaisamment à ce qui apparaît clairement comme sa manipulation et son instrumentalisation par les demandeurs.

[33] Cour internationale de justice, *Affaire du Cameroun Septentrional (Cameroun c. Royaume-Uni) Exceptions préliminaires. Arrêt du 2 décembre 1963.* Recueil, 1963, p. 37 et p. 38.

décision du Conseil constitutionnel. Elle peut se prononcer ainsi sur la compatibilité de certains aspects du droit électoral national avec les standards juridiques électoraux internationaux. Statuant pour l'avenir, de tels énoncés peuvent avoir un impact sur le comportement de l'État. Le risque de politisation serait moins marqué que dans le cas d'une prise de position tranchée sur un processus électoral engagé ou consommé. À cet égard, même si l'on ne peut présumer ce qu'aurait été sa décision si les requérants n'avaient pas commis l'étrange maladresse de demander le report d'une audience pourtant fixée en urgence par la Cour africaine des droits de l'homme et des peuples pour examiner leur requête, il faut saluer la lucidité de cette dernière dans l'affaire *Nyamwasa et autres contre le Rwanda*. Dans leur requête introduite le 22 juillet 2015, les demandeurs sollicitaient de la Cour qu'elle ordonne au Gouvernement du Rwanda « d'abandonner le projet d'organiser un référendum le 17 et le 18 décembre 2015 dans le but de modifier l'article 101 de la Constitution, conformément aux dispositions de l'article 23 alinéa 5 de la CADEG interdisant tout amendement portant sur les mandats présidentiels ». Le référendum ayant été organisé le 17 décembre 2015, la Cour dans son ordonnance du 24 mars 2017 se refuse à statuer sur sa conformité aux engagements internationaux du Rwanda ou même à indiquer des mesures provisoires, puisque « la demande a été dépassée par les événements » (paragraphe 35 de l'Ordonnance). Dans l'affaire *Jebra Kambole contre Tanzanie*[34], le requérant estimait que le fait pour la Constitution de Tanzanie d'interdire toute contestation judiciaire de la proclamation par la Commission électorale du résultat de l'élection présidentielle constitue une violation de la Charte africaine des droits de l'homme et des peuples. Rendant une décision en dehors de tout processus électoral particulier, la Cour a fait droit à cette requête, affirmant que « l'article 41 (7) de la Constitution de l'État défendeur est contraire à l'article 7 (1) (a) de la Charte, dans la mesure où il dénie toute compétence aux juridictions pour examiner les recours exercés à l'issue d'une élection présidentielle, après la déclaration du vainqueur par la Commission électorale » (paragraphe 104, arrêt du 15 juillet 2020). Statuant de manière objective, une telle posture n'est pas susceptible de heurter de front l'autorité de la juridiction constitutionnelle.

IV. CONCILIER L'AUTORITÉ DES DÉCISIONS DU JUGE CONSTITUTIONNEL EN MATIÈRE ÉLECTORALE ET LE RECOURS SUPRANATIONAL EN MATIÈRE DE DROITS FONDAMENTAUX

Par la dynamique propre à la matière des droits de l'homme, en particulier le développement d'un ordre juridique institutionnalisé au plan international en vue de la garantie de ces droits, les interactions entre l'ordre juridique international et les ordres juridiques nationaux ont connu une profonde mutation. Les instances internationales de garantie des droits opèrent de plus en plus comme des vigiles et contrôleurs des gardiens nationaux des ordres constitutionnels que sont les

[34] Sur cette affaire, voir M. ZONGO. « L'office du juge régional africain dans la consolidation démocratique au sein des États », *in* Université de Genève, Global Studies Institute, *GSI Working paper Ph. D Law* 2021-2003, p. 14.

juridictions constitutionnelles, ou, à tout le moins, comme des canalisateurs de leurs actions. Analysant l'œuvre de la Cour africaine des droits de l'homme et des peuples dans ses rapports avec les juridictions constitutionnelles des États parties à la Charte africaine de 1981, Laurence Burgorgue-Larsen avance l'idée selon laquelle la Cour d'Arusha opère à l'image d'une *« super Cour constitutionnelle continentale »*[35]. Pour elle, *« quand les gardiens des Constitutions ne respectent pas les droits fondamentaux consacrés dans la Charte africaine et/ou leur propre jurisprudence [...], la Cour africaine devient la garante suprême des Super Marbury »*[36]. Si l'on peut, de manière générale, saluer la hardiesse d'une jeune juridiction opérant dans un environnement africain en quête d'enracinement de la démocratie[37], il importe d'organiser des rapports harmonieux et non conflictuels entre les instances africaines de gestion des droits de l'homme et les juridictions constitutionnelles, en particulier en ce qui concerne la gestion des questions électorales. À partir du moment où la CADEG a été considérée comme un instrument de protection des droits de l'homme au sens de l'article 3 du Protocole de Ouagadougou instituant la Cour africaine des droits de l'homme de 1998, dans l'affaire *Actions pour la protection des droits humains (APDH) c. Côte d'Ivoire*[38], il est clair que l'espace d'interaction entre la Cour africaine et les juridictions constitutionnelles s'est considérablement élargi, la CADEG traitant entre autres de questions hautement sensibles liées à la dévolution du pouvoir politique dans l'État, questions généralement gérées par les juridictions constitutionnelles.

La question électorale implique certes des droits et libertés fondamentaux, mais elle est une question hautement politique. Elle comporte ainsi, selon les belles formules de Vidal-Naquet et Magnon, à la fois une « charge 'politique' » et une « charge de fondamentalité »[39]. Il est à craindre que, alors que le juge constitutionnel sera généralement sensible à la charge politique du contentieux électoral[40], le juge international des droits de l'homme soit généralement tenté de privilégier la charge de fondamentalité des droits en cause. Le rapport au contexte politique national, proche pour le premier juge et plus distant a *priori* pour le second, est l'élément qui distingue l'une et l'autre instance. Pour autant, le juge international peut-il traiter de la question électorale comme d'une question ordinaire de droits fondamentaux ? La question mérite d'être posée.

---

[35] L. BURGORGUE-LARSEN. « La Cour africaine des droits de l'homme à la croisée des chemins », *Annuaire français de droit international*, 2020, p. 658.

[36] *Ibidem*.

[37] A.D. OLINGA. « L'Afrique en quête d'une technique d'enracinement de la démocratie constitutionnelle » in M. KAMTO (dir.). *L'Afrique dans un monde en mutation. Dynamiques internes ; marginalisation internationale* ? Paris, Afredit, janvier 2010, pp.165-189.

[38] Voir G. NIYUNGEKO. « The African Charter on Democracy, Elections and Governance as a Human rights Instrument ». *Journal of African law*, 63, 51 (2 019), pp.63-80 ; B. KIOKO, « The African Charter on Democracy, Elections and Governance as a justiciable instrument » *Journal of African Law*, 63, 51 (2 019), pp.39-61. Sur l'affaire *APDH contre Côte d'Ivoire*, voir S.Y. OUATTARA, « Commentaire affaire APDH c. Côte d'Ivoire, requête n° 001/2014 et requête n° 003/2017 », *in* A. SOMA & S.M. SOG ME DABIRE (dir.) *Commentaire des grands arrêts de la Cour africaine des droits de l'homme et des peuples*. Paris l'Harmattan, 2022, pp.75-85.

[39] A. VIDAL-NAQUET & X. MAGNON, « Quels juges pour quelles élections ; le chemin dyspraxique de la modélisation à la mise en œuvre pratique », *Annuaire international de justice constitutionnelle*, année 2019, p. 24.

[40] L. SINDJOUN, « Les dynamiques de la justice constitutionnelle en Afrique : histoires du chêne et du roseau », *in De l'esprit du droit africain. Mélanges en l'honneur de Paul Gérard POUGOUE*. Wolters Kluwer/ CREDIJ, 2014, pp. 669-683.

Pour concilier l'autorité constitutionnelle des décisions du Conseil constitutionnel avec l'existence du recours individuel supranational, il faut considérer que l'interdiction de remettre en cause lesdites décisions adressées aux personnes physiques et morales *cède* devant l'habilitation conventionnelle reconnue à ces dernières de contester devant une instance internationale dont la compétence est reconnue par l'État visé, les décisions portant atteinte aux droits garantis par l'instrument conventionnel liant l'État. Cela ne remet nullement en cause, de manière générale, l'autorité des décisions du Conseil constitutionnel telle que précédemment caractérisée : absolue et irrévocable, opposable *erga omnes*, immédiatement exécutoire. Les décisions du Conseil constitutionnel sont susceptibles de porter sur de nombreuses matières dans lesquelles des droits fondamentaux ne sont pas directement et principalement en jeu. Cela relativise ou exclut, selon le cas, ladite autorité lorsque le Conseil statue sur des questions, comme c'est le cas de la matière électorale, mettant en jeu des droits internationalement garantis. La dynamique positivement déstabilisatrice des droits de l'homme tient ainsi en état le statut juridique éminent et en principe intangible des actes juridictionnels des juridictions constitutionnelles. Paradoxalement, ce statut éminent et intangible des décisions de la juridiction constitutionnelle pourrait être un élément favorisant la recevabilité des requêtes devant le prétoire international des droits de l'homme. Puisque ces décisions sont insusceptibles de recours au plan national, il n'existe pas de recours internes à épuiser en cas d'insatisfaction des justiciables ou plaideurs devant la juridiction constitutionnelle.

Pour concilier l'autorité conférée aux décisions du Conseil constitutionnel avec l'habilitation reconnue aux individus de contester devant une instance internationale des droits de l'homme une décision du Conseil, plusieurs démarches concrètes peuvent être envisagées. Tout d'abord l'on peut au plan interne revoir la Constitution et la loi, à l'effet de retirer au Conseil constitutionnel le contentieux électoral pour le concentrer sur le contentieux constitutionnel proprement dit. Le contentieux électoral serait confié à une structure, éventuellement juridictionnelle, du type de Tribunal électoral national, avec une instance première et une instance d'appel. Même si la contestation du fonctionnement ou des décisions d'une telle instance n'était pas sans poser des problèmes déjà soulevés dans cette contribution, l'on ne serait pas directement confronté au problème posé par les caractères des décisions du Conseil constitutionnel. Ce dernier resterait *une instance de proclamation des résultats définitifs des élections*, sans plus opérer comme *une instance d'examen des contestations liées à la joute électorale*, pourvu bien entendu que l'acte de proclamation des résultats définitifs ne prenne pas la forme d'un acte juridictionnel, mais celui d'un « acte administratif » du Conseil constitutionnel[41].

Dans une démarche plus pragmatique visant à concilier le recours supranational avec l'autorité des décisions du Conseil constitutionnel, au regard des difficultés pratiques et politiques de modifier la Constitution et la loi, les instances internationales des droits de l'homme devraient veiller à s'en tenir à un « contrôle objectif des normes »[42] électorales nationales, en se refusant à traiter

[41] C. MONEMBOU, « Les actes non juridictionnels des juridictions constitutionnelles des États d'Afrique noire francophone. Les cas du Gabon, du Bénin, du Sénégal et du Niger », *Revue internationale de droit comparé*, 2017, 69/1, pp.177-209.

[42] L. BURGORGUE-LARSEN, *op.cit.*, p. 658.

d'un contentieux « subjectif » lié à un processus électoral engagé ou en cours. En traitant *in abstracto* du droit électoral et en refusant de traiter *in concreto* des processus électoraux, l'instance internationale des droits de l'homme contribuera à l'amélioration de la qualité du droit électoral des États, sans se laisser entraîner dans les batailles politiques arbitrées à l'occasion des élections. C'est pourquoi un contentieux objectif des normes et institutions électorales ou même constitutionnelles[43] est compréhensible. En revanche, lorsqu'une instance internationale exige que des acteurs politiques déterminés soient introduits ou réintroduits dans un processus électoral national, alors que les instances nationales en charge dudit processus, y compris les juridictions constitutionnelles, les en ont exclus, à raison ou à tort[44], elle s'implique dans une joute pour la gestion de laquelle elle manque de légitimité, même si elle peut en voir la compétence et l'expertise techniques[45]. Il en serait de même, *a fortiori*, si l'instance internationale devait se permettre de remettre en cause le résultat définitif d'une élection sur le fondement de la violation de droits fondamentaux électoraux. Même la réparation de ce qui pourrait être perçu comme la perte d'une chance d'être élu devrait être maniée avec prudence, comme l'a laissé entendre la Cour de Strasbourg en l'affaire *Mugemangango contre Belgique*, arrêt du 10 juillet 2020. Le requérant ayant, notamment, sollicité en vain le recomptage des suffrages, et estimant qu'il avait perdu une chance d'être élu, la position du juge européen a été non équivoque, au paragraphe 143 de son arrêt : *« la Cour estime qu'il ne saurait être spéculé sur ce qu'aurait été l'issue de la procédure si elle avait été accompagnée de garanties adéquates et suffisantes assurant un examen effectif du recours litigieux [...]. Partant, elle rejette la demande du requérant au titre du préjudice matériel ».* De même, dans son arrêt du 13 juin 2014 sur la réparation en l'affaire

---

[43] A. D. OLINGA, « Vers un contentieux objectif à Banjul ? L'affaire Lawyers for Human Rights contre Royaume du Swaziland devant la Commission africaine des Droits de l'Homme et des peuples ». *Revue juridique et politique des États francophones*, janvier-mars 2007, n° 1, pp.29-52.

[44] V° Cour de Justice de la CEDEAO, *Affaire CDP et autres c/ l'État du Burkina Faso*, arrêt du 13 juillet 2015. La Cour de la CEDEAO, après avoir dit que la modification du code électoral du Burkina excluant de l'éligibilité les personnalités ayant soutenu le projet de modification de la Constitution par le Président Compaoré est une violation du droit de libre participation aux élections, « ordonne en conséquence à l'État du Burkina de lever tous les obstacles à une participation aux élections consécutifs à cette modification ». Voir Y. OUEDRAOGO, « Retour sur une décision controversée : l'arrêt de la Cour de Justice de la CEDEAO du 13 juillet 2015, *CDP et autres c/ État du Burkina* ». *Les Cahiers de droit*, 10/2016, pp.197-232.

[45] Il suffit à cet égard de relever la différence des réactions de la Côte d'Ivoire face à deux décisions de la Cour africaine relatives toutes à la question électorale dans ce pays. La Côte d'Ivoire a accepté de bonne grâce dans l'ensemble la décision en l'affaire APDH mettant sur la sellette la composition de l'organisme en charge des élections, même si l'on estime que l'État a exécuté l'arrêt de la Cour de façon minimaliste, v°J.E. TIEHI, « L'exécution minimaliste de l'arrêt de la Cour africaine des droits de l'homme et des peuples dans l'affaire 'Actions pour la protection des droits humains (APDH) c. République de Côte d'Ivoire' : much and about nothing ? ». *in La Revue des droits de l'homme*, 18/2020, pp.1-27. En revanche, face à la décision de la Cour en l'affaire Soro et autres, touchant non plus à une question générale de droit électoral mais à des protagonistes précis d'un processus électoral proche ou enclenché, le même État a recouru immédiatement à l'artillerie lourde, à savoir le retrait pur et simple de sa déclaration d'acceptation de la compétence de la Cour à connaître des requêtes introduites par les individus et les organisations non gouvernementales, v° K. KOUAME & E.J. TIEHI, « Le Civexit ou le retrait par la Côte d'Ivoire de sa déclaration d'acceptation de la compétence de la Cour africaine des droits de l'homme et des peuples : un pas en avant, deux pas en arrière ». *La Revue des droits de l'homme,* n° 21/2022, pp.1-22.

n° 011/2011, *Révérend Christopher Mtikila contre Tanzanie*[46], la Cour africaine des droits de l'homme n'a pas fait droit à une demande de réparation du requérant liée à « la perte de la possibilité de participer effectivement à la gestion des affaires publiques de son pays » (paragraphe 17). L'État défendeur estimait que « la perte de toute possibilité de participer effectivement à la gestion des affaires publiques se fonde sur des facteurs politiques, sociaux, économiques très variés et imprévisibles dans l'État défendeur » (paragraphe 23). Pour la Cour, « il ne suffit pas d'établir que l'État défendeur a enfreint des dispositions de la Charte, il faut également fournir la preuve du préjudice dont le requérant demande au défendeur de fournir la compensation. En principe, une violation de la Charte ne suffit pas en elle-même pour établir un préjudice matériel » (paragraphe 31).

En réalité, les instances internationales des droits de l'homme devraient se refuser à devenir des prétoires pour les joutes électorales actives. Tout recours qui aurait directement pour objet ou pour effet d'amener l'instance internationale à se prononcer sur la validité et la sincérité d'un processus électoral, voire sur le résultat déjà proclamé d'une élection au plan national devrait être abordé avec circonspection, retenue et même réticence par cette dernière[47]. En revanche, tout

---

[46] Sur cette affaire, voir A. SOMA, « Commentaire Affaire Mtikila et autres c. République Unie de Tanzanie, requêtes n° 009/2011 et 011/2011 », *in* A. SOMA & S.M. SOG ME DABIRE (dir.) *Commentaire des grands arrêts de la Cour africaine des Droits de l'Homme et des peuples.* Paris l'Harmattan, 2022, pp.61-73.

[47] Notre conviction en faveur de cette exigence de grande prudence de l'instance internationale est confortée par l'exercice peu assuré auquel la Cour africaine des droits de l'homme s'est livrée dans l'affaire *Kouassi Kouame Patrice et Baba Sylla c. République de Côte d'Ivoire, requête n° 015/2021, arrêt du 22 septembre 2022.* Dans cette affaire, les requérants, candidats à l'élection des députés à l'Assemblée nationale du 6 mars 2021 dans la circonscription électorale de n° 53, Yamoussoukro, Commune 2, demandaient à la Cour l'annulation du scrutin dans cette circonscription, au regard selon eux des irrégularités matérielles et des violations des lois électorales, au niveau du vote et de la compilation des résultats, et de l'établissement des procès-verbaux de recensement général des votes, après avoir essuyé un rejet de leur demande d'annulation devant le Conseil constitutionnel ivoirien. La Cour se trouvait ainsi en présence d'une situation dans laquelle des résultats d'un scrutin national, validés par le Conseil constitutionnel, venaient en contestation devant son prétoire. Pour l'État défendeur (lequel avait déjà retiré sa déclaration en vertu de l'article 34 paragraphe 6 du Protocole de Ouagadougou), ainsi que cela ressort des paragraphes 108 et 122 de l'arrêt, l'action des requérants relève de « batailles politiciennes » nationales dans lesquelles la Cour devrait éviter de se laisser entraîner. S'il est clair qu'un tel argumentaire ne saurait suffire à exclure automatiquement l'office du juge africain des droits de l'homme, l'examen de l'affaire par la Cour laisse néanmoins perplexe. La Cour, en effet, entre autres éléments, affirme que « *l'État défendeur a violé le droit des requérants de contrôler les opérations de vote ainsi que le droit de leurs représentants de voter librement à l'élection du 6 mars 2021 dans la circonscription électorale n° 053 de Yamoussoukro Commune 2* » (paragraphe 103 de l'arrêt). La Cour conclut également que « *les prescriptions des lois électorales et le droit des requérants garanti aux articles 13 de la Charte et 6 du Protocole de la CEDEAO sur la démocratie ont été violés* » (paragraphe 116 de l'arrêt). Si la Cour affirme que « *le droit à la sincérité du vote n'a pas été violé* » (paragraphe 133 de l'arrêt), et cela de manière quelque peu inattendue au regard de l'ensemble des considérations du point C. de l'arrêt consacré à la question de la sincérité du scrutin, elle affirme sans équivoque dans le dispositif de l'arrêt que « *l'État défendeur a violé le droit des requérants à la transparence des élections [...] par le manquement aux exigences réglementaires sur l'authentification de certains procès-verbaux* ». Si des constats de violations des exigences légales, réglementaires et internationales doivent rester sans effet sur les résultats d'une élection déjà acquis au plan national, quelle est l'opportunité pour une instance internationale telle que la Cour de se pencher sur des questions dont le traitement et les décisions en découlant seraient sans incidence concrète quelconque sur lesdits résultats, mais qui auraient essentiellement pour effet de jeter le doute sur la sincérité de ces résultats et la légitimité des personnes déclarées élues dans une circonscription précise ? Pour finir, la Cour dans le dispositif de l'arrêt « *rejette la demande d'annulation du scrutin*

recours objectif visant l'indépendance et l'impartialité du juge constitutionnel électoral, la qualité de la norme électorale applicable ou de la norme de procédure contentieuse en matière électorale, peut être abordé plus hardiment, car non seulement son examen ne porte pas à conséquence politique immédiate, mais aussi il peut amener l'instance internationale à être un puissant ferment pour l'amélioration du système électoral national. Cela suppose que soit évacuée la question de l'épuisement préalable des voies de recours internes en la matière, condition de recevabilité devant le mécanisme international pertinent. C'est le lieu de redire qu'on peut estimer, au plan général, qu'il n'y a pas de confrontation directe possible entre le juge constitutionnel et le juge (*lato sensu)* africain ou international des droits de l'homme. Le plaideur à l'international ne remettra jamais en cause directement l'acte du juge constitutionnel, mais un acte ou un manquement de l'État à raison du comportement d'un de ses organes, à savoir la juridiction constitutionnelle, dont les décisions ne sont pour l'ordre juridique international que de « simples faits »[48]. Le recours supranational individuel est dirigé exclusivement contre l'État, pris dans sa globalité et son unicité. Par ailleurs, même concernant la matière électorale, faut-il le redire aussi, le contentieux devant le prétoire international des droits de l'homme n'est absolument pas du contentieux électoral, mais un contentieux de la légalité conventionnelle du comportement de l'État à travers celui de ses institutions chargées de la gestion de la matière électorale. C'est un contentieux objectif de la légalité conventionnelle d'un comportement au regard des droits fondamentaux et non un contentieux de l'annulation, lequel ne relève nullement des prérogatives d'une instance internationale des droits de l'homme. Reste la préoccupation initiale de cette étude : faut-il comprendre qu'en acceptant la compétence des instances internationales des droits de l'homme, le Cameroun a implicitement renoncé à l'autorité absolue et opposable *erga omnes* des décisions du Conseil Constitutionnel touchant à des droits fondamentaux, procédant ce faisant à une révision silencieuse de sa Constitution, par la neutralisation circonstancielle et spéciale d'une disposition constitutionnelle du fait de la ratification d'un dispositif conventionnel ? Le fondement juridique en général, et en particulier le fondement constitutionnel d'une telle capacité de neutralisation, même matériellement circonscrite, des effets d'une disposition constitutionnelle, reste difficile à trouver. En principe, aucun instrument conventionnel comportant une clause contraire à la Constitution ne devrait être intégré dans l'ordre juridique camerounais sans modification préalable de la Constitution. L'acceptation d'un instrument international dont le respect des clauses pourrait induire l'exclusion même circonscrite à un domaine précis de l'autorité absolue des décisions du Conseil

---

législatif du 6 mars 2021 dans la circonscription électorale n° 053 Yamoussoukro, commune 2 ». Cette décision de rejet, qui vient s'ajouter à la décision de rejet de leur demande par la Cour constitutionnelle, est source de malentendus. La Cour se considère-t-elle comme une instance de contentieux électoral surplombant les instances nationales compétentes en la matière, avec la compétence d'annuler un scrutin national si une demande d'annulation paraît fondée à ses yeux ? Le rejet opéré en l'affaire *Kouassi Kouame Patrice et Daba Sylla* l'est-il pour défaut d'éléments suffisants pour l'étayer, ce qui signifie que dans le cas inverse la Cour pourrait se permettre de prononcer une telle annulation, ou l'est-il parce que, aux yeux de la Cour, il ne lui appartient pas de prendre une décision de cette nature et de cette portée ? La Cour aurait dû, à notre avis, clarifier à cet égard les termes de son office.

[48] CPJI, *Certains intérêts allemands en Haute Silésie Polonaise (fond),* arrêt du 25 mai 1926.

constitutionnel devrait être précédée de la modification de la disposition constitutionnelle qui consacre une telle autorité, notamment en la modulant et en circonscrivant les effets. Autrement dit, que resterait-il du caractère insusceptible de recours, opposable à tous et immédiatement exécutoire des décisions de cette institution, caractère voulu et énoncé de manière impérative et absolue par la Constitution et la législation pertinente en vigueur ? On peut aussi inverser la formulation du problème : en instituant le Conseil constitutionnel en 1996 et en consacrant constitutionnellement l'autorité absolue de ses décisions, alors même qu'il avait déjà accepté le recours supranational en matière de droits fondamentaux, le Cameroun a-t-il méconnu ses obligations internationales ?

Considérations conclusives

En conclusion, il faut affirmer avec force que plus une instance juridictionnelle au plan national se trouve en position de statuer avec une autorité forte, voire absolue et incontestable attachée à ses sentences par le droit national, plus elle doit être soumise à des exigences fortes en termes de qualité organique, de transparence et de précision sur ses règles de fonctionnement et d'exemplarité dans la mobilisation de ses règles de procédure. Pour autant, dans un contexte où l'ambition de maints juristes[49] et de nombreuses organisations de la société civile africaines est d'œuvrer au « transformisme du constitutionnalisme contemporain » en Afrique[50], les instances africaines des droits de l'homme doivent résister à la tentation de faire de la politique, d'écrire la Constitution, de rédiger la loi, d'imprimer son rythme à la consolidation démocratique en Afrique[51], de se substituer d'autorité aux organes nationaux, au mépris de « la large marge d'appréciation dont disposent les États contractants pour organiser leur système électoral »[52]et au risque de se rendre coupables de ce que le juge Wojtyczek a appelé « les ingérences internationales injustifiées »[53]. De telles ingérences sont porteuses des crispations du type de celles qui ont conduit récemment le Rwanda, la Tanzanie, le Bénin et la Côte d'Ivoire à retirer leur déclaration d'acceptation de la compétence de la Cour africaine des droits de l'homme et des peuples pour

[49] A.D. NTOLO NZEKO, « La Cour africaine des droits de l'homme et des peuples et la Constitution ». *Revue française de droit constitutionnel*, 2020/1, n° 121, pp. e1 à e25.

[50] L. BURGORGUE-LARSEN, Article cité, *Annuaire français de droit international,* p. 658.

[51] A.D. OLINGA, « La promotion de la démocratie et d'un ordre constitutionnel de qualité par le système africain des droits fondamentaux : entre acquis et défis ». (2017) 1, *Annuaire africain des droits de l'homme*, pp.221-243.

[52] Cour européenne des droits de l'homme (Grande Chambre), *Affaire Mugemangango c. Belgique*, 10 juillet 2020, 310/15, paragraphe 138. Sur cette affaire, voir M. BORRES, C. ROMAINVILLE, M. VERDUSSEN, « Les cours constitutionnelles vues de Strasbourg, L'européanisation des procédures, de l'interprétation des dispositions conventionnelles et constitutionnelles, et du test de proportionnalité ». *Revue trimestrielle des droits de l'homme*, 2022/3, n° 131, pp. 565-622, spécialement p. 603. Sur la marge nationale d'appréciation, voir A.D. OLINGA & C. PICHERAL, « La théorie de la marge d'appréciation dans la jurisprudence récente de la Cour européenne des droits de l'homme », *Revue trimestrielle des droits de l'homme*, 1995, n° 24, pp. 567-604. Voir aussi l'opinion dissidente du Juge Blaise Tchikaya sous l'arrêt de la Cour africaine des droits de l'homme et des peuples *Jebra Kembole c. Tanzanie*, paragraphe 35, page 13 : « il s'agit d'un concept modérateur, qui se concilierait bien avec l'intérêt communautaire africain en ce qu'il permet, comme dans les autres continents, le pluralisme des systèmes constitutionnels ».

[53] Opinion concordante sous l'arrêt *Mugemangango c. Belgique*, paragraphe 3.

recevoir et examiner des requêtes de la part des individus et des ONG[54], en vertu de l'article 34 paragraphe 6[55] du Protocole à la Charte africaine des droits de l'homme et des peuples instituant la Cour. Il y a là, matière à un dialogue fécond et constructif entre l'ordre constitutionnel et l'ordre international des droits de l'homme, entre le juge africain des droits de l'homme et le juge constitutionnel, à l'effet d'éviter des crispations préjudiciables, en fin de compte, à la cause des droits de l'homme, lesquels sont au cœur de l'idéal du constitutionnalisme démocratique.

[54] T.G. DABY & M. WIEBUSCH, « The African Court on Human and People's Rights : mapping résistance against a young court ». *International Journal of Law in Context* (2018) 14, pp.294-313.
[55] C.V. NOUAZI KEMKENG, « La déclaration de l'article 34 (6) du Protocole de Ouagadougou dans le système africain des droits de l'homme : entre régressions continentales et progressions régionales ». *Annuaire africain des droits de l'homme,* 2018, vol.2, pp. 179-199.

LE DROIT D'ACCÈS DES ADMINISTRÉS AUX DOCUMENTS ADMINISTRATIFS AU CAMEROUN

Éleuthère J. MANGA ZAMBO

Maître de conférences,
HDR en droit public/Université de Yaoundé 2-FSJP

La transparence administrative est aujourd'hui construite et perçue comme l'envers du secret. Héritage historique, phénomène sociologique, le secret n'est en fait que le reflet du type de relation existant entre l'administration et les administrés. La première estime n'avoir de compte à rendre à quiconque et conçoit souvent les documents administratifs comme « *sa propriété personnelle* »[1]. Les seconds tout en ressentant une vive hostilité vis-à-vis du « *bon plaisir administratif* » [2] des bureaux, se résignent, contraints et forcés par cet état de choses. Cependant, la lente maturation de l'opinion qui, mieux instruite et de plus en plus sollicitée par les moyens modernes d'information et de communication[3], se sent de plus en plus concernée pour la transparence dans la marche des affaires publiques. Cette volonté d'accéder à ce qui est habituellement caché, *« de pénétrer par effraction dans le mystère d'un corps étranger »*[4], marque la fin du modèle administratif traditionnel[5]. Autant dire que le refus de l'opacité va à rebours de la profession de foi démocratique, qui naguère se résumait en une équation fort simple : « *il existe un parlement ; l'opinion est donc nécessairement informée* »[6].

Envers du secret, le « *droit de savoir* »[7] comporte deux volets : d'une part, *« un droit d'accès », liberté individuelle, donnant à chacun la possibilité de connaître les informations que l'administration possède sur lui ;* d'autre part, *« un droit à*

---

[1] L. FOUGERE, « Les secrets de l'administration », *Bull. de l'IIAP*.1967, p. 21. ; J. RIBS, « L'information des citoyens et le secret administratif », *GP*., 1973, I., p. 408 ; J.-C. BOULARD, rapport français in « Le secret et le droit », *Travaux de l'Assoc, H. Capitant*, tome XXV, 1974, p. 659.
[2] M. CROZIER, *Le phénomène bureaucratique*, Paris, le Seuil, 1963.
[3] B. LASSERRE, N. LENOIR, N. B. STIRN, *La transparence administrative*, PUF., 1987, 236 p.
[4] P. NOEL, *Le tambour de ville ou comment l'administration écoute, renseigne, informe*, La documentation française, 1982, p. 45.
[5] J. CHEVALLIER, *Les figures de l'usager*, in *psychologie et science administrative*, PUF., 1985, pp 62-63. ; R. DRAI, « Le dialogue administratif », in *la communication administration-administrés*, PUF., 1983, p. 143.
[6] E. DERIEUX, « Le droit de la communication à la lumière des droits de l'homme », *Petites Affiches*, 21 avril 2004, pp.4-11.
[7] N. MALLET-POUJOL, « Le double langage du droit à l'information », *Dalloz*, 2002. Chron. 2420-2427.

l'information, liberté collective par lequel chacun peut consulter les documents et dossiers présentant un caractère d'intérêt général »[8].

Plusieurs textes constitutifs du droit international admettent et justifient, à certaines conditions et sous certaines limites, diverses interventions des autorités nationales destinées à concrétiser l'appétence du public à l'information, à la communication ainsi qu'à la culture[9].

Des dispositions législatives et réglementaires adoptées dans cette direction sont légion sur les continents européen et américain. La Finlande en 1951, les États-Unis avec le *Freedom Information Act* en 1966, le Danemark et la Norvège en 1970, l'Autriche en 1973, les Pays Bas en 1978, l'Australie et le Canada en 1982, se sont dotés de législations permettant à ceux qui le souhaitent, d'accéder à l'information administrative[10]. La France a franchi le pas en 1978, 1979[11], 2005, 2008[12], et 2016[13]. L'Afrique n'est pas restée en marge de ce singulier mouvement de *« dé-distanciation »,*[14] de l'administration vers le public. Le Bénin[15], le Burkina-Faso[16], la Côte d'Ivoire[17], le Gabon[18], le Sénégal[19], la Tunisie[20], le

---

[8] G. BRAIBANT, « Droit d'accès et droit à l'information », *Service public et libertés-Mélanges offerts au professeur Robert-Édouard Charlier*, 1981, p. 703.

[9] Art. 15 de la Déclaration universelle des droits de l'homme (DUDH) ; art. 19 du Pacte international relatif aux droits civils et politiques ; art. 15, du Pacte relatif aux droits économiques, sociaux et culturels du 16 décembre 1966 ; préambule du Traité de l'OMPI du 20 décembre 1996 ; la Charte africaine des droits de l'homme et des peuples, la Charte africaine sur les valeurs et les principes du service public et de l'administration.

[10] E. DERIEUX, *Droit des médias, droit français, européen et international*, 5e éd., LGDJ., 2008, pp.54-56.

[11] P. Y GOUNIN et L. LALUQUE, « La réforme du droit d'accès aux documents administratifs », *AJDA*, 20 juin 2000, pp.486-487.

[12] Loi n° 78-753 du 17 juillet 1978 portant diverses mesures d'amélioration des relations entre l'administration et le public et diverses dispositions d'ordre administratif, social et fiscal (*Journal officiel* du 18 juillet 1978) ; décret n° 2005-1755 du 30 décembre 2005 relatif à la liberté d'accès aux documents administratifs et à la réutilisation des informations publiques, pris en application de la Loi n° 78-753 du 17 juillet 1978 sus-indiquée, www.legifrance.gov.jofr. ; loi n° 2008-696 relative aux archives. *www.legifrance.gov.jofr.*

[13] Loi n° 2016-1 321 du 7 octobre 2016 pour une république numérique, www.legifrance.gov.jofr.

[14] R. DRAI, « Le dialogue administratif », in *la communication administration-administrés*, PUF., 1983, p. 143.

[15] Loi organique n° 92/021 du 20 août 1992 relative à la Haute autorité de l'audiovisuel et de la communication (HAAC), décret n° 2000-616 du 7 décembre 2000 portant organisation des relations entre les services, les administrations et les usagers ; arrêté n° 17/MCPTN/DC/SG/SRH du 30 juillet 2002 portant création du bureau des relations avec les usagers du ministère de la Communication et de la Promotion des technologies nouvelles.

[16] Loi n° 051-2 015/CNT du 30 août 2015 portant droit d'accès à l'information publique et aux documents administratifs.

[17] Loi n° 2013-867 du 23 décembre 2013 relative à l'accès aux documents administratifs.

[18] Loi n° 009/2006 relative aux archives-Direction générale des archives nationales, de la Bibliothèque et de la documentation gabonaise (en ligne) consulté le 15 août 2022. Disponible sur http://w.w.w.dgab.ga /object.do, consulté le 3 mars 2023 ; P. P. MOUBELET-BOULEY, « Livre des normes des documents administratifs (Charte graphique) », version octobre 2010, 135 p.

[19] Loi n° 2006-19 du 30 juin 2006 relative aux archives et aux documents administratifs.

[20] Loi organique n° 63-2004 du 27 juillet 2004 relative à la protection des données à caractère personnel ; décret-loi n° 2011-41 relatif à l'accès aux documents administratifs, modifié et complété par le décret le décret-loi n° 2011-54 du 11 juin 2011 ; circulaire n° 25 du 5 mai 2012 portant application du décret-loi n° 2011-14 du 26 mai 2011 relatif à l'accès aux documents administratifs.

Tchad[21], et le Cameroun[22], ont chacun en ce qui le concerne, adopté d'importants textes qui s'inscrivent dans un ensemble assez large, destiné à instaurer d'une part, la transparence administrative et d'autre part, à lutter contre la circulation de faux documents administratifs.

Les instruments juridiques en vigueur dans ce sens apportent leur contribution au développement progressif et à l'enracinement d'un droit à l'information, qui serait l'illustration pour certains, de la construction d'une « *démocratie administrative* »[23], et pour d'autres, l'émergence d'une « *troisième génération des droits de l'homme* »[24], succédant à celle des droits civils et politiques et à celle des droits économiques et sociaux[25].

Fondement essentiel d'un droit nouvellement proclamé, l'information n'est pas en effet « *portable* » comme c'est le cas pour l'obligation de motivation des actes administratifs, mais « *quérable* »[26]. Elle suppose qu'une demande soit adressée à l'administration, ce d'autant qu'en vertu de l'article 189 du Code pénal camerounais *« est puni d'un emprisonnement d'un (01) mois à un (01) an, quiconque sans qualité et sans autorisation, prend copie d'un document appartenant à une administration »*.

L'administration doit faire droit à cette demande, dès lors qu'elle répond aux conditions fixées par la réglementation en vigueur. Conséquence logique, les agents publics ne peuvent plus invoquer l'obligation de discrétion professionnelle pour refuser de communiquer un document détenu par l'administration.

Sur ce point, le Statut général de la fonction publique de l'État et les statuts particuliers de certains corps de fonctionnaires, tout en rappelant que ces derniers doivent faire preuve de discrétion professionnelle pour tous les faits, informations ou documents dont ils ont connaissance dans l'exercice ou à l'occasion de

---

[21] A.Y. ALI, « L'Administration se renforce en légistique et en rédaction administrative », *Alwida Info*, 22 juillet 2022, consultable en ligne sur www.alwinhdainfo.com, consulté le 4 mars 2023.

[22] Au-delà de la valorisation du patrimoine archivistique qui aujourd'hui, emprunte les voies du numérique, des bases de données nominatives et non nominatives, plusieurs textes camerounais instituent un droit à l'information du public par le biais de la communication aux administrés des documents administratifs. Sur ce point, voir : loi n° 90/052 du 19 décembre 1990 relative à la liberté de communication sociale ; loi n° 2006/013 du 29 décembre 2006 régissant les communications électroniques ; loi n° 2010/012 du 21 décembre 2010 relative à la cybersécurité et à la cybercriminalité ; loi n° 2010/021 du 21 décembre 2010 régissant le commerce électronique au Cameroun ; loi n° 2019/024 du 24 décembre 2019 portant Code général des collectivités territoriales décentralisées ; loi n° 2000/010 du 19 décembre 2000 régissant les archives au Cameroun ; décret n° 2001/958/PM du 1er novembre 2001 fixant les modalités d'application de la loi n° 2000/010 du 19 décembre 2000 régissant les archives ; décret n° 2014/0882/PM du 30 avril 2014 portant organisation et fonctionnement des archives nationales ; décret n° 2022/800 CAB/PM du 16 septembre 2022 fixant le cadre général des opérations financières de l'État et des autres entités publiques par voie électronique.

[23] J. LEMASURIER, « Vers une démocratie administrative : du refus d'informer au droit d'être informé », *RDP.*, n° 5, p. 1239.

[24] G. BRAIBANT, « Droit d'accès et droit à l'information », *Mélanges Charlier,* 1981, p. 703 ; E. KODJO, « La Charte africaine des droits de l'homme et des peuples », *Revue universelle des droits de l'homme,* vol.1, 1989, p. 30.

[25] P. TRUDEL, « Le droit de la communication à l'épreuve de l'Europe : construction et résistance », Acte du Forum *Legipresse* du 2 octobre 2004, *Legicom*, n° 30, 2004/1. 145 p. Victoire Éditions ; Y GOUNIN et L. LALUQUE, « La réforme du droit d'accès aux documents administratifs », *AJDA*, 20 juin 2000, pp. 486-487.

[26] T. AULAGNON, D. JANICOT, « La communication entre administration et administrés », *Revue administrative* n° 165, mai-juin 1975, p. 311.

l'exercice de leurs fonctions, font réserve des cas expressément prévus par la réglementation en vigueur, notamment en matière de droit d'accès des administrés aux documents administratifs. Bien plus, ces fonctionnaires sont invités à satisfaire aux demandes d'informations du public[27].

Par le biais de directives, d'instructions générales[28] et spécifiques[29], de circulaires et notes de service, le pouvoir réglementaire intervient assez souvent dans ce domaine pour sensibiliser les responsables administratifs sur l'importance de la communication et des publications administratives. Le dispositif juridique et institutionnel dédié à cet effet est à la fois matériellement dense[30], et complexe.

Le premier élément constitutif de cette complexité est relatif à l'incomplétude et à l'éparpillement bien entendu, des instruments juridiques dédiés au droit d'accès des administrés à l'information administrative. Cet édifice juridique semble en effet, avoir été construit pierre après pierre, non sans un certain désordre. Les textes s'enchevêtrent, se recoupent et se superposent pour s'attaquer aux diverses facettes « du secret administratif ». Plutôt qu'une large baie panoramique, ce sont plusieurs fenêtres, de dimensions inégales qui ont été ouvertes sur notre univers administratif, destinées chacune à révéler un paysage déterminé de celui-ci. La méthode d'élaboration et d'adoption des instruments juridiques en vigueur dans le domaine d'étude qui nous intéresse semble également s'expliquer par des raisons contingentes ; chaque texte répondant à une exigence spécifique et, résultant parfois d'un processus autonome de maturation[31].

Le second élément de complexité à relever a trait à l'absence d'une jurisprudence administrative interne, susceptible d'imposer des solutions lisibles et adéquates dans le domaine, objet du présent effort de réflexion.

Toutes choses qui nous amèneront d'une part, à faire utilement recours à la jurisprudence administrative française et, d'autre part, à faire état à titre comparatif, de ce que prévoient certains textes africains dans ce domaine particulier de l'information et de la transparence administratives.

De toute évidence, la communauté d'inspiration du cadre juridique de cette transparence vise à rompre avec le principe suranné du secret. Il est question de donner aux administrés, des armes juridiques leur permettant d'accéder aux diverses catégories de documents et informations détenus par l'administration.

---

[27] Articles 36 alinéa 2, 40 et 41 du décret n° 94/199 du 7 octobre 1994 portant Statut général de la fonction publique de l'État, modifié et complété par le décret n° 2000/287 du 12 octobre 2000.

[28] Circulaire n° 010/ CAB/Pr du 21 novembre 2010 relative aux visas administratifs.

[29] Instructions générales n° 002 du 4 juin 1998 et n° 002 du 1er octobre 2002, relatives à l'organisation du travail gouvernemental.

[30] L'ordonnance n° 72/11/du 26 août 1972 relative à la publication des lois, ordonnances, décrets et actes réglementaires ; le décret n° 77/ du 6 janvier 1977, portant réglementation de la publication des actes au journal officiel ; instructions générales n° 002 du 4 juin 1998 relative à l'organisation du travail gouvernemental, et n° 002 du 1er octobre 2002 portant sur le même objet.

[31] Sur ces différents points, V. notamment., loi n° 2007/ 006 du 26 décembre 2006 portant régime financier de l'État, actualisée par la loi n° 2018/001 du 11 juillet 2018 de transposition de la directive communautaire n° 06/11/-UEAC-190-CM-22 relative au Code de transparence et de bonne gouvernance dans la gestion des finances publiques au Cameroun ; la loi n° 2000/15 du 19 décembre 2000 relative au financement public des partis politiques et des Campagnes électorales ; le décret n° 2011/305 du 8 octobre 2011 fixant les modalités de fonctionnement de la Commission de contrôle de l'utilisation des fonds destinés au financement public des partis politiques et des campagnes électorales au Cameroun ; le décret, n° 2005/187 du 31 mai 2005 portant organisation et fonctionnement de l'Agence nationale d'investigations financières (ANIF) ; le décret n° 2018/ 366 du 20 juin 2018 portant Code des marchés publics au Cameroun.

Ainsi, le modeste propos auquel on entend se livrer dans les lignes qui suivent tente d'apporter des éléments de réponse à cinq préoccupations. Quels sont les documents administratifs communicables ? Qui peut accéder à ces documents ? Quelles administrations ou collectivités publiques sont soumises à l'obligation de communiquer ? Quelle est la procédure à suivre pour obtenir la communication d'un document administratif ? Quelles sont les garanties procédurales en cas de refus opposé à une demande de communication ou de consultation d'un document administratif ?

Les cinq préoccupations sus-listées peuvent être regroupées autour de deux grandes articulations qui s'attellent à mettre en perspective aussi bien l'étendue **(I)** que les conditions d'exercice du droit d'accès des administrés aux documents administratifs dans notre univers juridique (**II**).

I. L'ÉTENDUE DU DROIT D'ACCÈS DES ADMINISTRÉS AUX DOCUMENTS ADMINISTRATIFS

L'intention des pouvoirs publics camerounais est d'instaurer la publicité la plus large possible des documents administratifs (**A**). Cependant, cette volonté d'ouverture a sa contrepartie inévitable. Comme dans tous les pays ou existent de telles dispositions, le souci de transparence s'accompagne d'un verrouillage de certaines informations pour lesquelles le maintien du secret se justifie pleinement ; car, les missions imparties à l'administration imposent qu'une zone irréductible de secret soit maintenue ; à telle enseigne que les limites des textes actuels ne sont, en fin de compte, que l'illustration de cette contrainte somme toute structurelle (**B**).

A. Une conception extensive du champ de la communicabilité

Cette conception s'appréhende *ratione personnae* d'une part (**1**) et, *ratione materiae* d'autre part (**2**).

1) Ratione personae

Le droit d'accès aux documents administratifs est très généreusement distribué puisque toute personne peut en bénéficier, du moins, lorsqu'il s'agit d'informations non nominatives. Cette expression très générale est révélatrice du souci de ne créer aucune discrimination. Cette formule on ne peut plus générale, a l'avantage de désigner aussi bien les nationaux, que les étrangers, les personnes physiques que les personnes morales, les administrés que les agents publics.

2) Ratione materiae

Les textes en vigueur optent ici pour une approche conceptuelle qui permet de donner une définition générique du document administratif communicable, laquelle repose sur trois critères :

- Formellement d'abord, il peut s'agir d'écrits, d'enregistrements sonores ou visuels ou encore de traitements automatisés d'informations non nominatives.
- Matériellement ensuite, constituent des documents administratifs tous dossiers, rapports, études, comptes rendus, procès-verbaux, données statistiques,

directives, instructions, circulaires, décisions et avis[32], notes et réponses ministérielles, qui comportent une interprétation du droit positif ou une description des procédures administratives.

- Du point de vue de son origine enfin, le document peut émaner de l'État, des collectivités territoriales décentralisées, des établissements publics, des entreprises publiques et tous autres organismes, fussent-ils de droit privé, chargés d'une mission de service public.

Toutefois, certains documents se trouvent exclus du champ de la communicabilité. Sont évidemment implicitement exclus, les documents n'ayant aucun caractère administratif. Il en va ainsi de ceux relatifs à la fonction juridictionnelle, qu'il s'agisse des juridictions judiciaires ou administratives.

Bien qu'émanant de l'administration, certains documents échappent à la communicabilité dès lors qu'ils relèvent d'un texte particulier : c'est le cas des archives publiques régies par les dispositions de la loi n° 2000/010 du 19 décembre 2000[33], laquelle prévoit des modalités particulières de consultation sur place ou à distance, aux frais de la personne qui en fait la demande. Cette loi institue par ailleurs, un régime juridique différent entre les archives publiques et les archives privées, lequel est assorti de sanctions pénales. La loi opère enfin, une classification des archives publiques en trois catégories : les archives courantes, les archives intermédiaires et les archives historiques.

La première catégorie concerne l'ensemble des pièces de toute nature que tout corps administratif, toute personne physique ou morale a automatiquement et organiquement réuni en raison même de ses fonctions ou de son activité[34]. Il s'agit ici, de documents d'utilisation fréquente pour l'activité des administrations, des services, des établissements ou organismes publics qui les ont reçus et les conservent.

La deuxième catégorie regroupe les documents qui, n'étant plus considérés comme archives courantes, ne peuvent encore faire, en raison de leur intérêt administratif ou de leur utilité épisodique, l'objet d'élimination.

Enfin, la troisième catégorie renferme les documents qui, au terme d'une utilisation courante ou épisodique, sont conservés en raison de leur intérêt historique. Ici, on retrouve les minutes et répertoires des officiers publics ou ministériels.

Si l'on perçoit aujourd'hui une certaine évolution dans le domaine qui fait l'objet de la présente contribution, il faut bien reconnaître que les administrés qui usent de leur droit d'accès aux documents administratifs, le font généralement pour des considérations personnelles, patrimoniales, ou à des fins de recherche.

Toutefois, les aspirations réelles du public vont au-delà de la communicabilité des documents d'ordre général. Ces dernières ont également trait aux « informations nominatives » conservées dans des supports numériques.

---

[32] Articles 4 alinéa 3 et, 36 de la Loi n° 2004/004 du 21 avril 2004 portant organisation et fonctionnement du Conseil constitutionnel.

[33] Article 23 de la Loi n° 2000/010 du 19 décembre 2000 régissant les archives au Cameroun ; S. MBAMI NGASSA, « Les Archives au Cameroun », Mémoire présenté en vue de l'obtention de bibliothécaire, *École Nationale supérieure des Bibliothécaires*, 14e promotion, 1978, 47p.

[34] J.-J. VALETTE, « Le rôle des archives dans l'administration et la politique de planification dans les pays en développement », *Paris, Unesco*, 1972, p. 3. ; D. MVONDO, « L'archiviste face aux défis de l'archivage au Cameroun : Une implication sur l'archivisme au Cameroun et ses implications politiques », *Cursus.edu.* déc. 2018, art. préc., p. 6.

Si les instruments juridiques analysés sont peu diserts, la notion « d'informations nominatives », le recours à la doctrine[35] et à la jurisprudence du Conseil d'État français permettent de comprendre ce qu'il faut entendre par cette expression. Pour la Haute juridiction administrative française, ont ce caractère, « *les documents qui portent une appréciation ou un jugement de valeur sur une personne nommément désignée* »[36].

Entrent donc dans cette catégorie, toutes les informations à caractère personnel, par exemple, les dossiers individuels, les actes de carrière, les bulletins de solde etc.

L'accès est ici exclusivement réservé à la personne « concernée », expression qui peut donner lieu à des appréciations délicates. Cela signifie par conséquent, que les tiers n'ont aucun droit à prendre connaissance de ce genre d'informations[37].

Le Conseil d'État l'a récemment rappelé en refusant à une personne ayant participé à un concours, la possibilité de se faire communiquer, outre les notes qui lui avaient été attribuées, celles obtenues par les autres candidats[38]. Et il est, de jurisprudence constatée que les agents publics ont le droit d'obtenir la communication de leur dossier disciplinaire[39].

Dès lors qu'ils sont concernés, ceux qui réclament la communication d'un document entrant dans cette catégorie ne peuvent se voir opposer aucun motif tiré « *du secret de la vie privée* »[40]. Toutefois, « *le risque d'atteinte à la vie privée doit s'apprécier au regard du contenu du document faisant l'objet d'une demande de communication [...] car, les motifs pour lesquels une personne demande la communication sont en effet sans incidence sur sa communicabilité* »[41].

Pour autant, les informations à caractère médical ne peuvent être communiquées à un tiers que par l'intermédiaire d'un médecin qu'il désigne à cet effet, car en fait, le médecin et son patient sont liés par un contrat tacite[42].

Pour ce qui est des collectivités territoriales décentralisées par exemple, l'article 40 alinéa 2 de la loi n° 2019/ 024 du 24 décembre 2019 portant Code général des collectivités territoriales décentralisées, indique dans le cadre de la participation citoyenne à l'action communale et régionale, que tout habitant ou contribuable d'une collectivité territoriale peut, « *à ses frais, demander*

---

[35] J. LEMASURIER, « Vers une démocratie administrative : du refus d'informer au droit d'être informé », *RDP.*, 1980, p. 1239 ; H. MAISI, « Une nouvelle liberté publique : la liberté d'accès aux documents administratifs », *Mélanges Charlier*, 1981, p. 831. V, J. LAVEISSIERE, « Le droit à l'information à l'épreuve du contentieux. À propos de l'accès aux documents administratifs », *D.*, 1987, chron, p. 275.

[36] CE., 20 janvier 1988, Mme Turroque, *Dr Adm.*, 1988, n° 85, p. 86.

[37] CE., 30 mai 1986, Mmes Godard et Égron, *RDP.*, 1987, p. 809.

[38] CE., 20 janvier 1988, Mme Turroque, pré

[39] CE., sect., 24 juin 1949, Nègre, *D.*1949, p. 304, note J.G., s.1 950,3.67. ; J-M. BRETON, « La protection fonctionnelle des agents de l'administration », *AJ.*, 1991, p. 711.

[40] CE., 11 juillet 1988, Coiffier, *AJ.*, 1989, p. 48, concl. S. DAEL.

[41] M. KORDEVA, « Le droit d'accès aux documents administratifs entre transparence et secret », Note sous C.E., 8 novembre 2017, Église de scientologie Celebrity Center, req., n° 375704, Rec. *Revue générale du droit*, mars 2018, pp.1-10.

[42] A.D. TJOUEN, « Le médecin et son patient : L'obligation de se taire », *Revue africaine des sciences juridiques*, Vol. 1, n° 1, 2000, p. 70. ; Cass., Civ, 20 mai 1936, Nicolas c/Époux Mercier, *Grands arrêts de la jurisprudence civ.* 7e éd. n° 98, p. 350, S. 1 937.I.131 note Breton. Cette jurisprudence est restée constante. V. Cass., Civ.30.10, 1962, *D.*1963, note Esmein. V. J-M. NONGA, « Le secret médical », Mémoire de maîtrise en droit privé, Université de Yaoundé, 1990-1991, 98 p.

communication ou prendre copie totale ou partielle des procès-verbaux des organes délibérants, des budgets, projets et rapports annuels de performance, plan de développement, comptes et arrêtés. Ces documents sont publiés sur le site électronique de la Collectivité et déposée à son siège ou ils peuvent être consultés ».

À ces quelques éléments constitutifs des documents administratifs communicables, s'ajoutent deux précisions.

- La première concerne la nature du document. Ici, la doctrine s'accorde pour considérer que les divers rapports, études et dossiers, avis et procès-verbaux de réunions ; autrement dit, les « *documents préparatoires* » ne sont communicables qu'après l'achèvement de la procédure d'élaboration, cela afin de *« permettre aux administrations de prendre leurs décisions dans le calme et la réflexion et leur laisser le droit de modifier ou d'abandonner leurs projets souverainement* »[43]. Le Conseil d'État français s'en tient, quant à lui, au concept plus large de « *document achevé* », ce qui comprend outre les documents préparatoires, les ébauches et les esquisses, projets, notes encore informelles, comptes rendus d'échanges de vues et, dans l'ensemble, les « *états partiels ou provisoires d'un document tant qu'il est en cours d'élaboration* »[44]. Quelle que soit l'approche retenue, cette catégorie de documents n'est véritablement pas exclue de la communication. Celle-ci se trouve simplement « différée » jusqu'à l'intervention de la décision finale d'élaboration du document.

- La seconde précision concerne l'origine du document.

Sur ce point, le Conseil d'État ouvre largement le champ de la communicabilité des documents administratifs en y associant une exigence d'ordre fonctionnel. Pour lui, le document doit non seulement remplir la condition de provenance mais également correspondre, au sein de l'organisme considéré, à des relations ou à une activité de service public[45].

L'article 2 alinéa 1 de la loi camerounaise du 19 décembre 2000 régissant les archives abonde dans ce sens[46]. Plus prolixe et plus détaillée que le texte camerounais, la circulaire tunisienne n° 25 du 5 mai 2012 portant application du décret-loi n° 2011-14 du 26 mai 2011 relatif à l'accès aux documents administratifs[47], opère une distinction entre les documents de *tous les organismes publics* et ceux émanant *des organismes administratifs spécialisés*.

Dans le premier cas, chaque organisme doit publier :

- Les missions essentielles qui lui sont dévolues, sa structure organisationnelle, l'adresse de son siège social, les sièges des services placés sous sa tutelle, leurs

---

[43] J. LEMASURIER, art. préc, p. 1240.

[44] C.E., sect., 26 juillet 1985, Amadou, *Leb*, p. 243 ; *AJDA*., 1985, p. 742, obs. J. MOREAU, note L.V. FERNANDEZ, *Rev. fr. adm*., 1986, p. 179. concl. P.A. JEANNENEY (à propos d'un dossier locatif relatif à un appartement faisant partie du domaine privé de la ville de Paris).

[45] C.E., sect., 11 février 1983, ministre de l'Urbanisme c/ Association « Atelier libre d'urbanisme de la région lyonnaise », *Leb*, p. 56, *AJDA*., 1983, p. 432 et chron. jurispr., p. 408, *Revue. administrative*., 1983, p. 473, Chron., B. PACTEAU.

[46] Aux termes de cet article, « les documents, quels qu'en soit leur date, leur forme et leur support matériel, sont ceux produits ou reçus par toute personne physique ou morale, et par tout service ou organisme public, dans l'exercice de leurs activités ».

[47] Circulaire n° 25 du 5 mai 2012 portant application du décret-loi n° 2011-14 du 26 mai 2011 relatif à l'accès aux documents administratifs. Consultable sur *ww.commune-tunis.gov.tn* (consulté le 12 août 2022).

numéros de téléphone, leurs adresses électroniques, ainsi qu'une liste nominative des directeurs des services et leurs tâches respectives.

- Les décisions et les politiques publiques qui touchent le public en relation avec l'activité de l'organisme, tels que les contrats programmes, les plans de développement et les plans sectoriels, les procédures suivies par l'organisme en vue de prendre une décision concernant des services liés à ses tâches, ses attributions et les mécanismes de contrôle du respect de ces procédures.

- Un guide pour aider les usagers de l'organisme public, comprenant les procédures et les délais de demande de documents administratifs.

Dans le second cas, en ce qui concerne *les organismes administratifs spécialisés*, en plus des documents sus-indiqués, chaque organisme public spécialisé dans le secteur économique financier, social, ou statistique doit publier régulièrement :

- Les données statistiques, économiques et sociales y compris les enquêtes statistiques désagrégées ;

- Toute information sur les finances publiques y compris les informations macroéconomiques, les informations sur la dette publique et sur les actifs et les passifs de l'État, les prévisions et les informations sur les dépenses à moyen terme, toute information sur l'évaluation des dépenses et la gestion des finances publiques et les informations détaillées sur le budget, aux niveaux central, régional et local ;

- Les informations disponibles sur les services et les programmes sociaux, notamment, dans les secteurs de l'emploi, de l'éducation, de la formation, de la sécurité et la couverture sociale et la santé.

En tout état de cause, les documents administratifs sus-listés doivent être disponibles sous une forme facilement accessible au public.

Autant dire qu'en allant vers le public pour l'éclairer sur ses objectifs et ses intentions, l'administration se « publicise davantage »[48]. Elle accepte de lever le voile sur les ressorts traditionnellement cachés de sa vie privée. Cependant, cette transparence ne saurait aller jusqu'à faire de l'administration cette maison de verre qui expose aux yeux de tous, les dessous de son intimité. Un large survol, même furtif du droit positif permet en effet, d'énumérer quelques hypothèses dans lesquelles l'administration peut s'opposer à la consultation ou à la communication d'un document qui lui est demandé.

Mais au-delà des textes, on observe au plan pratique, que l'information donnée et sa divulgation dépendent du bon vouloir de l'administration. Dit autrement, le droit d'accès des administrés aux documents administratifs ne franchit par les bornes de la protection d'intérêts publics majeurs.

B. Une conception cerclée par la protection d'intérêts publics majeurs

C'est d'abord en vertu des textes (**1**), puis dans la pratique administrative qu'il est possible de faire ressortir les butoirs auxquels se heurte le droit d'accès des administrés aux documents administratifs (**2**).

---

[48] P. SADRAN, « Le miroir sans fin : Réflexions sur la communication entre l'administration et les administrés », *Mélanges* ELLUL, PUF., 1983, p. 797.

1) En vertu des textes

Les frontières de la transparence sont délimitées par des bornes dès lors que l'information sollicitée pourrait nuire à la protection d'intérêts jugés fondamentaux. L'application de cette exception est rendue délicate par l'absence d'un recensement exhaustif de ces « secrets protégés » :

-Le droit à la communication des documents administratifs cède d'abord devant deux impératifs majeurs : le secret de la défense nationale, le secret de la politique extérieure, ensuite, qui justifie la non-divulgation d'informations concernant l'action menée par le Gouvernement sur le plan diplomatique[49] ;

-Viennent ensuite, les documents dont la consultation ou la communication porterait atteinte « au crédit public, à la sûreté de l'État et à la sécurité publique » ;

-Autre exception importante : l'accès à l'information administrative ne doit pas nuire au déroulement des procédures engagées devant les juridictions ou d'opérations préliminaires à de telles procédures, sauf autorisation donnée par l'autorité compétente. Sur ce point, la jurisprudence précise « *qu'il ne suffit pas qu'une procédure ait été engagée devant les tribunaux ou soit sur le point de l'être. Il faut que la communication du document porte atteinte au déroulement de cette procédure, soit en défavorisant une partie au procès par rapport à une autre, soit en empiétant sur le débat juridictionnel* »[50]. Le secret ne se justifie pas seulement pour des raisons d'intérêt général ou du bon fonctionnement du service public de la justice. Il s'impose dans certains cas afin de préserver les droits des particuliers.

- Sont également exclus de façon générale, tous les documents dont la consultation ou la communication porterait atteinte à un « secret protégé par la loi »[51]. Il s'agit ici, de documents protégés par la législation relative à la protection des données à caractère personnel, de celles relatives à la protection de la propriété littéraire et artistique[52], de documents confiés à l'administration à titre confidentiel, ou encore des informations liées au secret des affaires.

Pour ce qui est de ces derniers, en cas de litige, il appartient au juge d'assurer un juste équilibre entre le droit à l'information administrative et le secret des affaires qui, dans leurs principes, apparaissent opposés. En effet, dans un jugement du 15 octobre 2020[53] relatif à un litige opposant le journal le Monde à la Commission d'accès aux documents administratifs (CADA)[54], le Tribunal administratif de Paris a dû déterminer ce qui, du droit d'accès aux documents administratifs ou du secret des affaires devait l'emporter sur l'autre. Pour déterminer ce qui, du droit d'accès ou du secret des affaires devait l'emporter, il a

---

[49] G. PAMBOU TCHIVOUNDA, *La conférence au sommet : contribution à l'étude des institutions des relations internationales*, Paris, LGDJ, 1 980., p. 34.

[50] CE., 16 novembre 1984, Mesmin, *Leb*, p. 376 ; *AJDA.*, 1985, p. 291 et chron. de jurispr., p. 256, Gaz. *Pal.*, 1985, II, p. 6ll, note X. PRETOT.

[51] Art. 25 alinéa 2 de la loi préc.

[52] Loi n° 2000/011 du 19 décembre 2000 relative au droit d'auteur et aux droits voisins. Décret n° 2015/3979/PM du 25 décembre 2015 fixant les modalités d'application de la loi n° 2000/011 du 19 décembre 2000 relative au droit d'auteur et aux droits voisins, modifiée et complétée par le décret n° 2016/4281 du 21 septembre 2016.

[53] CE., 11 mars 1955, Secrétaire d'État à la guerre c/ Coulon, *Leb*, p. 149 ; *D.*, 1995, J. p. 555, note J. de SOTO et J. LEAUTE, *RDP*. 1955, p. 995, concl. GREVISSE.

[54] J-P. LECLERC, « Le rôle de la Commission d'accès aux documents administratifs », *Revue française d'administration publique*, 2011/1-2 (n°s 137-138), pp.171-179.

examiné le statut des produits dont l'information était sollicitée par le journal le Monde pour faire prévaloir le droit d'accès à l'information. En revanche, à l'égard de certains autres de ces documents, le juge a fait valoir le secret des affaires, notamment « *le secret des stratégies commerciales et industrielles des entreprises* »[55].

Le moyen pour le juge administratif de vérifier le bien-fondé des assertions de l'administration en ce qui concerne notamment l'argument du secret est donc de « *convier l'autorité responsable à lui fournir [...] toutes les indications susceptibles de lui permettre, sans porter aucune atteinte, directe ou indirecte, aux secrets garantis par la loi, de se prononcer en pleine connaissance de cause* »[56]. Et, en cas de refus, il serait en mesure de *« joindre cet élément de décision, en vue du jugement à rendre, à l'ensemble des données fournies par le dossier, pour formuler sa conviction sur les points en litige* »[57].

2) Sur le plan pratique

La transparence se heurte à des résistances administratives ; à la rémanence du modèle administratif traditionnel qui reste inscrit dans les représentations et les comportements individuels des agents publics commis à la communication ou à la transmission des documents administratifs.

Ici, la communication d'un document administratif à un administré est généralement perçue, mieux comme une « corvée »[58] dont il faut s'acquitter pour l'agent public, au pire comme une source de complication, un facteur de tension et un risque.

Tiraillé entre deux modèles de référence celui d'une administration bureaucratique et celui d'une administration transparente, l'agent public vit cette contradiction de manière pénible.

Le principe hiérarchique demeure ici, la clé de voûte de l'organisation administrative des services. Méfiance et suspicion sont de mise.

Du côté de l'agent public, la demande de communication d'un document est perçue comme un moyen pour le demandeur de collecter des informations pour un différend qui l'oppose ou pourrait l'opposer à l'administration.

Du côté des administrés, la viscosité des comportements individuels des agents publics ne contribue pas à la libre circulation des informations administratives. Imposant que toute information transite par le supérieur hiérarchique, cet « *écran protecteur* »[59] interdit tout accès direct à l'information[60]. Qui plus est, les possibilités ouvertes par les textes font l'objet d'un usage socialement sélectif. En d'autres termes, les demandes de communication de documents émanent

---

[55] T. A Paris, 5e sect. 2e ch., 15 octobre 2020, n° 1822236/5-2.

[56] *Ibid.*

[57] *Ibid.*

[58] D. MVONDO, « L'archiviste face aux défis de l'archivage au Cameroun : Une implication sur l'archivisme au Cameroun et ses implications politiques », *Cursus.edu.* déc. 2018, p 2. ; O. Beau, « Les archives saisies par le droit », *Genèses*, n° 1, 1990, pp.131-143.

[59] P. Di MALTA, « Les renseignements administratifs », *D.*,1964, chron. p. 225.

[60] J.-B. MONTY, « Les barrières de l'accès aux documents administratifs au ministère de l'Économie, de la Planification et de l'Aménagement du territoire du Cameroun », Comma (en ligne), 2019, vol. 2017, n° 2, pp. 27-34.

généralement de cercles limités de citoyens initiés, familiers de l'administration et de ses procédures.

Toutes choses qui permettent alors de comprendre les conditions particulières auxquelles est soumis l'exercice du droit d'accès des administrés aux documents administratifs.

II. LES CONDITIONS D'EXERCICE DU DROIT D'ACCÈS DES ADMINISTRÉS AUX DOCUMENTS ADMINISTRATIFS

L'effectivité de la transparence administrative dépend de la manière dont les divers bénéficiaires peuvent se réclamer de celle-ci pour la mettre en œuvre concrètement. De ce point de vue, le droit à communication présente deux caractéristiques essentielles : tout d'abord, il suppose que l'utilisateur soit en mesure de désigner clairement le document qu'il recherche (**A**) ; ensuite, il implique de la part de l'administration ou de l'organisme sollicité une prestation spécifique. Toutefois, les textes actuels sur la communication des documents administratifs sont muets sur les garanties procédurales offertes aux administrés qui rencontreraient des difficultés d'obtention ou de consultation desdits documents (**B**).

A. La formalité substantielle : le repérage de l'information

Pour pouvoir utilement demander communication de documents administratifs, il faut en connaître l'existence et être en mesure de les identifier avec le maximum d'exactitude.

Cela est d'autant plus important qu'il est requis, de celui qui demande à faire usage de son droit d'accès à un document, qu'il désigne avec suffisamment de précision[61], les documents dont il souhaite obtenir communication (**1**). Ce document doit préexister à la demande (sauf cas prévus par un texte, on ne peut exiger de l'administration qu'elle crée un document).

Il est par conséquent imposé à l'administration et aux organismes publics des obligations de publication ou de signalisation par inscription dans un répertoire ou un recueil de textes facilement accessible au public (**2**).

1) La nature et l'origine du document

Les informations relatives à la nature et à l'origine d'un document administratif incombent à l'administration. Cette obligation est notamment mise en exergue par la Charte africaine sur les valeurs et principes du service public et de l'administration publique.

En vertu de cet instrument juridique,[62] l'administration doit mettre à la disposition des usagers, des informations sur les procédures et formalités afférentes aux prestations de service public. Elle doit informer les usagers de toute

---

[61] C'est la raison pour laquelle le juge administratif rejette toute demande de document formulée de manière trop générale. CE., 9 mars 1983, SOS Défense, *AJDA.*, 1986, p. 431.

[62] Art. 6 et suiv. de la Charte, adoptée par la seizième session ordinaire de la Conférence de l'Union Africaine, *Assembly /AU/ Dec. 337 (XVI),* Doc Ex. CL/645/ (XVIII), entrée en vigueur le 23 juillet 2016.

décision « *les concernant et indiquer les motifs ainsi que les voies de recours dont ils disposent en cas de contestation* ». Elle doit établir des systèmes et procédures effectifs de communication en vue d'assurer l'information du public sur les prestations de service, afin « *d'améliorer l'accès des usagers à l'information et de recueillir leurs opinions, suggestions et doléances* ». Elle doit enfin, s'assurer que les procédures et les documents administratifs sont présentés et rédigés dans un langage accessible à tous.

La réalisation de ce double objectif est conditionnée par la disponibilité et l'accessibilité de la norme juridique. Cette forme de communication qui rentre dans le cadre de la modernisation du service public, se donne pour objectif de faciliter l'introduction de systèmes et procédures novatrices pour l'exécution des prestations de service public.

La communication est justifiée d'autant que, comme le dit l'adage, « *nul n'est censé ignorer la loi* ». Encore faudrait-il que la loi soit diffusée et rendue accessible à tous.

Pour ce qui est des marchés publics par exemple, le décret n° 2018/366 du 20 juin 2018 portant Code des marchés publics indique que les avis d'appel d'offres sont publiés dans le journal des marchés publics de l'organisme chargé de la régulation des marchés publics qui dispose d'un délai de vingt-quatre heures à compter de la date de réception pour le publier. Les publications dans les autres organes de presse à grand tirage et les autres moyens de publicité, tels que les communiqués radio, la presse disponible en kiosque, la presse spécialisée ou les voies d'affichage ne peuvent être utilisés qu'en sus[63].

Dans le domaine des télécommunications, la loi n° 2010/013 du 21 décembre 2010 régissant les communications électroniques au Cameroun précise que les conventions de concession, les licences, les agréments et les autorisations d'exploitation des réseaux sont publiés dans un journal d'annonces légales ainsi que le cas échéant, les cahiers des charges qui leur sont annexés[64].

Pour ce qui est du régime foncier et domanial, arrêtés, circulaires et instructions s'attellent à rationaliser le fonctionnement des commissions consultatives chargées des formalités préalables, concomitantes et postérieures à l'immatriculation des parcelles de terrain. Ici, il est indiqué de manière récurrente que toute descente sur le terrain d'une commission consultative d'immatriculation d'une parcelle de terrain « *doit être précédée d'une publicité adéquate, par tout moyen pertinent d'information, notamment par voie d'affichage au lieu de situation de l'immeuble. Toutes les parties prenantes aux travaux de la commission doivent être formellement convoquées* »[65].

---

[63] Art. 88 du décret n° 2018/366 du 20 juin 2018 portant Code des marchés publics au Cameroun. ; V également le Système intégré de gestion ouvert et multiplateforme des marchés publics, publié le 18 janvier 2022, *support@ armp.cm. Plateforme, pridesoft@armp.cm, consulté le 12 janvier 2023.*

[64] Art. 20 alinéa 2 de la loi n° 2010/013 du 21 décembre 2010 régissant les communications électroniques au Cameroun.

[65] Instructions n° 000006/Y18/MINDAF/D300 du 29 décembre 2005, relative au fonctionnement des Commissions consultatives et n° 000007/Y.18/MINDAF/D300 du 29 décembre 2005, relative au fonctionnement de la Conservation foncière, *Recueil des textes du ministère des Domaines et des Affaires foncières*, Yaoundé, janvier 2008, 236 p.

2) L'accessibilité aux documents

De préférence à la publication et à la consultation sur place, ou en complément de celles-ci, toute personne peut solliciter, une copie ou un exemplaire d'un document administratif. Cette copie devra lui être délivrée[66]. Toute demande comporte obligatoirement, s'il s'agit d'une personne physique, son nom, prénom et adresse, et s'il s'agit d'une personne morale, la dénomination et le siège social.

Mais le problème qui se pose ici, est d'ordre matériel et pratique. Il faut en effet, que la demande indique de façon précise, le document dont la communication est sollicitée. Sans exiger un niveau de précision trop élevé, il faut à tout le moins, que le demandeur soit en mesure d'en donner une description simple et d'indiquer le service qui pourrait détenir ce document.

Cependant dans les faits, l'identification d'un document n'est pas toujours aisée. Un administré peut avoir une connaissance de l'existence d'un document sans pouvoir en donner une description suffisante pour rendre immédiatement recevable sa demande. Dans ces situations approximatives, les services ou organismes sollicités doivent alors faire un certain effort d'identification.

Cet effort doit évidemment rester dans des limites raisonnables. Mais, il ne faudrait pas que sous le prétexte que les demandes d'accès sont parfois imprécises, le droit à l'information consacré par les textes se voie progressivement privé de son contenu.

Il faut ici, ajouter deux séries d'observations.

- D'abord, le problème très particulier des demandes présentées dans le cadre de travaux de recherche. Leurs conséquences sur le plan matériel sont parfois très lourdes. Les recherches présentent très souvent un caractère systématique, portant sur des séries de documents la plupart du temps dispersés et insuffisamment archivés.

De telles demandes exigent des dépouillements nombreux et donc un travail d'identification et de manipulation important pour les services d'archives. La loi sur les archives ne doit pas servir de base juridique à ce type de demande. Certes un chercheur qui se heurterait à un refus d'accès pourrait s'efforcer de le surmonter sur le terrain de la loi sus-indiquée. Toutefois il y aurait un véritable détournement de procédure à vouloir contraindre une administration ou un organisme, par le biais de ce texte de loi, à prendre en charge des travaux préparatoires à des recherches, même si la loi précise que les frais de reproduction d'un document sont à la charge du demandeur[67].

Font l'objet de publication régulière comme nous l'avons indiqué plus haut, les directives, instructions, circulaires, notes et réponses ministérielles qui comportent une interprétation du droit positif ou une description des procédures administratives. Cette obligation de publication s'impose somme toute aux administrations centrales de l'État, aux autorités administratives agissant dans le ressort territorial d'une région, d'un département, aux élus locaux dans le cadre de

---

[66] Art. 23 alinéa 1 de la loi n° 2000/010 du 19 décembre 2000 régissant les archives au Cameroun préc. Art.15 du décret n° 2001/958/PM du 1er novembre 2001 fixant les modalités d'application de la loi n° 2000/010 du 19 décembre 2000 régissant les archives. Décret n° 2014/0882 du 30 avril 2014 portant organisation et fonctionnement des Archives nationales, *Recueil des textes juridiques du ministère des Arts et de la Culture*, Yaoundé, 2016, 307 p.

[67] Art. 24 alinéa 2 de la loi n° 2000/010 du 19 décembre 2000 régissant les archives au Cameroun préc.

la décentralisation, aux établissements publics et aux organismes chargés de la gestion d'un service public. Elle est donc très large. Encore faudra-t-il que les administrés puissent être informés de cette publication et puissent y accéder facilement.

B. La prestation attendue de l'administration : la communication ou la consultation

La prestation sollicitée de l'administration est spécifiquement déterminée (**1**), mais elle est insuffisamment assortie de garanties au profit des administrés auxquels pourraient être refusées la communication ou la consultation d'un document administratif (**2**).

1) Une prestation spécifiquement déterminée

L'accès aux documents administratifs peut s'exercer soit sur consultation gratuite sur place, soit par la délivrance de copies à la personne qui en fait la demande. Dans les deux cas, des restrictions peuvent être apportées pour des raisons de préservation du document. En particulier, on ne peut demander la délivrance d'une photocopie que sous réserve que la reproduction ne nuise pas à la conservation de celui-ci.

Contrairement à une opinion très répandue, le droit à communication d'un document n'entraîne pas un « *droit à photocopie* »[68]. Simplement, l'appréciation des risques possibles de détérioration n'est en rien discrétionnaire et se fait, comme l'a rappelé le Conseil d'État sous le contrôle du juge[69].

La prestation attendue de l'administration se limite à la communication du ou des documents réclamés. Cela comporte deux conséquences importantes.

- D'une part, la demande de consultation doit être présentée en termes précis, c'est-à-dire qu'elle doit désigner avec suffisamment de précision, le ou les documents dont la communication est souhaitée. Pour le Conseil d'État, la consultation « *n'a pas pour objet ou pour effet de charger le service compétent de procéder à des recherches en vue de fournir au demandeur une documentation sur un sujet donné* »[70].

- D'autre part, « *droit à communication* »[71] ne signifie pas « *droit au renseignement* »[72]. Sur ce point, l'expérience prouve qu'une certaine confusion règne dans l'esprit du public. Les fonctionnaires eux-mêmes ne font pas toujours bien la différence et certains, tout en communiquant l'information sollicitée, se croient obligés de renseigner leurs interlocuteurs. Or, tel n'est pas l'objectif du droit d'accès aux documents administratifs. Celui-ci impose à l'administration de communiquer des documents et non de fournir, oralement ou par écrit, des renseignements au public. C'est ce qu'a très clairement rappelé le Conseil d'État dans une affaire où le requérant, copropriétaire d'un immeuble s'était adressé sans

---

[68] M. GAUDEMET, « Diffusion des données publiques : un cadre juridique en formation », *Legipresse*, avril 1997, n° 140.II., pp. 44-46.

[69] CE., 9 mars 1983, « S.O.S. Défense », *AJDA*.1986, préc.

[70] CE., 27 juin 1986, « Association S.O.S. Défense », *Leb (T)*, p. 536 ; *Rev. Fr Dr Ad.*1987, p. 465, note J. B AUBY.

[71] B. LASSERRE, « Une administration plus transparente », *EDCE* 1983-1984, pp.99-101.

[72] P. ZEMOR, *La communication publique*, PUF. coll. « Que sais-je ? », 3e éd. 2005, 127 p.

succès à la compagnie générale des eaux, afin de connaître l'identité de la personne qui avait assuré, au nom de la copropriété, le règlement de certaines factures d'eau[73].

Ainsi conçu, ce droit d'accès se double d'un droit de réponse. En effet, toute personne a le droit de connaître les informations contenues dans un document administratif dont les conclusions lui sont opposées (par exemple : un rapport de contrôle, d'audit ou d'enquête). Mais en plus du droit à communication[74], elle peut si elle le souhaite, faire consigner ses observations en annexe dudit document.

Présentement, il s'agit ici de la mise en œuvre de la procédure contradictoire. On notera que cette dernière a une singulière portée, dans la mesure où elle permet de répliquer aux allégations de l'administration, d'exiger parfois des rectifications ou suppressions et, *in fine*, elle induit un droit de réponse.

2) Une prestation insuffisamment assortie de garanties en cas de difficultés

Le législateur camerounais est resté peu disert sur l'existence de garanties procédurales relatives au droit d'accès des administrés aux documents administratifs. Il n'a pas cru devoir régler le problème de la contestation du refus opposé à une demande de communication ou de consultation d'un document.

Sur cette problématique, l'article 25 alinéa 1 de la loi sur les archives nationales dispose que *« le refus opposé à une demande de communication de document doit être motivé »*[75] sans autre précision.

En revanche, le législateur français a pris soin de préciser sur ce point que « *la contestation d'un refus de communication d'un document administratif, dès lors qu'il a donné lieu à une notification au demandeur, doit d'abord être portée pour avis, devant la Commission d'accès aux documents administratifs* » (CADA)[76]. Ce *« n'est que dans un second temps, que le juge administratif pourra en être saisi »*[77]. Pour le juge administratif français, *« la saisine pour avis de la Commission est un préalable obligatoire à l'exercice d'un recours contentieux »*[78].

Soucieux tout à la fois de préciser et de raccourcir les délais de la procédure, l'article 19 du décret français du 30 décembre 2005[79], qui précise les modalités d'application de la loi sus-indiquée, dispose que : « *la Commission notifie son avis à l'intéressé et à l'autorité mise en cause dans un délai d'un mois à compter de*

[73] CE., 30 septembre 1987, Compagnie générale des eaux, *RDP.*, 1988, p. 566.

[74] H. MAISI, « La diffusion de données publiques ou le service public face au marché de l'information », *AJDA*, 1994, pp. 355-363.

[75] Art. 25 alinéa 1 de la loi régissant les archives au Cameroun préc.

[76] B. LASSERRE, « La Commission d'accès aux documents administratifs », *EDCE.*, n° 33,1981-1982, pp.49-69 ; J. LAVEISSIERE, « La communication administration-administrés. Imperfections présentes et perspectives d'avenir du droit à l'information », in *l'État et les corporatismes*, Travaux de la Mission sur la modernisation de l'État, PUF., 1988, p. 181. ; J.-P. LECLERC, « Le rôle de la Commission d'accès aux documents administratifs », *Revue française d'administration publique*, 2011/1-2 (n° 137-138), pp.171-179.

[77] Article 25 de la loi du 17 juillet 1978 préc.

[78] TA. Marseille, 4 juillet 1980, Commune de Longuesse, *AJDA*, 1981, p. 203 ; TA. Paris, 3 octobre 1980, *AJDA.*, 1981, p. 151.

[79] Décret n° 2005-1755 du 30 décembre 2005 relatif à la liberté d'accès aux documents administratifs et à la réutilisation des informations publiques, pris en application de la loi n° 78-753 du 17 juillet 1978 portant diverses mesures d'amélioration des relations entre l'administration et le public et diverses dispositions d'ordre administratif, social et fiscal (*Journal officiel* du 18 juillet 1978) www.legifrance.gov.fr, consulté le 7 août 2022.

l'enregistrement de la demande ». Il ajoute que cette autorité « informe la Commission, dans le délai d'un mois qui suit la réception de cet avis, de la suite qu'elle entend donner à la demande ». Il y est encore fait mention de ce que « *le silence gardé par l'autorité mise en cause plus de deux mois à compter de l'enregistrement de la demande de l'intéressé par la Commission vaut confirmation de la demande de refus* ». Saisi d'un tel refus de communication, « *le juge administratif doit statuer dans un délai de six mois* »[80]. Ce n'est qu'après un tel jugement, éventuellement prolongé du délai de la procédure d'appel, et à condition que la décision juridictionnelle soit en ce sens qu'il sera enfin possible d'obtenir communication du document sollicité.

C'est également avec une certaine minutie que le législateur tunisien a organisé le refus opposé à une demande de communication de documents administratifs. En vertu des articles 11 et 19 du décret-loi n° 2011-41 du 26 mai 2011 relatif à l'accès aux documents administratifs, il est notamment prévu « *qu'en cas de rejet d'une demande de document administratif, le demandeur peut, dans les trente (30) jours qui suivent la décision de refus, faire appel auprès du chef de l'organisme détenteur du ou des documents demandés qui doit lui répondre dans les dix (10) jours à compter de la date de réception de sa demande en appel* ». Le demandeur qui n'est pas satisfait de la décision du chef de l'organisme public concerné « *peut faire appel devant le tribunal administratif dans un délai de trente (30) jours* ». Le tribunal administratif « *statue en référé sur le recours du demandeur, si la demande d'accès aux documents administratifs peut avoir des conséquences sur la protection de la vie ou de la liberté d'une personne, l'organisme public concerné doit faire preuve de diligence afin de répondre d'urgence et sans retard et, dans un délai ne dépassant pas deux jours (02) ouvrables* ».

Pour ceux des documents dont la publication ne s'impose pas à l'administration ou aux diverses institutions chargées de la gestion d'un service public, ou que celles-ci n'ont pas pris l'initiative de publier, de façon volontaire, le texte tunisien prévoit que « *l'accès aux documents administratifs s'exerce au choix du demandeur et dans la limite des possibilités techniques de l'administration ; par consultation, par délivrance d'une copie ou par courrier électronique* ».

Pour le suivi de l'application de cette procédure, le législateur tunisien impose à chaque organisme public l'obligation d'adresser aux services compétents du Premier ministre au cours du premier trimestre de l'année suivante, « *un rapport annuel sur les activités liées à l'accès aux documents administratifs le concernant. Ce rapport est publié aux sites web des organismes publics concernés* »[81].

La transparence et l'efficience sont des thématiques de saison de l'action administrative. Le poids des mots et la force des idées font leur chemin. Ce flot de lumière qui déferle sur notre univers juridique constitue certainement un progrès pour la démocratie et la construction de l'État de droit, car en se fixant pour objectif de rompre avec la règle du secret administratif, les pouvoirs publics s'attellent à construire une administration moderne. Toutefois, l'analyse qui précède montre le nombre de difficultés d'ordre juridique et pratique que soulève l'effectivité du droit d'accès des administrés aux documents administratifs. Toutes

[80] Art. 7 alinéa 3 de la loi du 17 juillet 1978 préc.
[81] Articles 21 et 22 du décret-loi préc.

les incertitudes n'ont pas encore été dissipées. Autant dire qu'en termes de perspectives, l'enjeu essentiel des prochaines années sur le triangle national reste de donner une lisibilité au dispositif juridique dédié à ce droit. /-

LA CONSTITUTION CAMEROUNAISE

Jérôme Francis WANDJI K.

Professeur (titulaire) de droit public à l'Université de Douala
Professeur associé à l'Université de Nantes
Membre du Laboratoire DCS, Université de Nantes

Au regard de la poli-sphère, il n'y a pas d'État sans Constitution parce qu'il ne peut exister d'État sans organisation, faute de quoi le corps politique serait une collection d'individus qui sombrerait rapidement dans l'anarchie. Mais l'État dont il s'agit ici est un État dit moderne, celui apparu en Occident entre le 16e s[1] et le 18e s[2], notamment *« en France et en Angleterre en se différenciant de la société religieuse et de son droit, et de la société féodale et de son droit »*[3], et qui existe en Afrique par suite de la décolonisation, mieux de la conquête par les Africains de leur droit à disposer d'eux-mêmes et de leurs ressources. Dans ce contexte, la naissance de l'État sur le continent mère de l'humanité a coïncidé avec l'établissement de sa première Constitution écrite, c'est-à-dire avec l'apparition du statut qui, pour la première fois a donné aux collectivités coloniales ou sous-tutelle des organes de pouvoir politique faisant ainsi de chacune d'elles, une personne étatique.

L'appréhension de cet État nouveau donne à voir qu'il répond à deux définitions, l'une philosophique (celle des constructivistes, théoriciens du contrat social : Hobbes, Locke et Rousseau[4]), l'autre juridique. En effet l'État en Afrique procède au moins dans sa création d'une démarche rationnelle, expressive d'un désir commun de liberté ou d'autodétermination de la population. Cet objectif légitime a présidé à la création des mouvements de libération nationale, à la lutte non violente voire aux guerres contre l'occupant tout particulièrement au Cameroun ou en Algérie[5]. Au-delà sur le plan juridique, d'évidence aujourd'hui, l'État en Afrique est une personne morale de droit public en tant que collectivité

[1] Une partie de la doctrine date l'existence de l'État moderne au tournant du 16e s. avec J. BODIN, *les Six Livres de la République*, écrit en 1576.

[2] Jusqu'au 18e s en Occident voire 19e s en Afrique, le pouvoir politique était régi par les coutumes. *Cf.* F. BAUDE, *Droit constitutionnel,* Vanves, Foucher, 2011, p. 22 ; E. KATTE KWAYEB, *Les institutions de droit public du pays bamiléké,* Paris, LGDJ, 1960.

[3] H. PORTELLI, *Droit constitutionnel*, Paris, Dalloz, 2003, p. 7

[4] T. HOBBES, *Léviathan, traité de la matière, de la forme et du pouvoir de la République ecclésiastique et civile,* Québec, édition électronique, 2004, pp. 5-12 ; J. LOCKE, *Traité du gouvernement civil (1 690),* Québec, Édition électronique à partir de la traduction française de David Mazel en 1795, p. 17 et s. ; J-J. ROUSSEAU, *Du contrat social,* Paris, Garnier-Flammarion, 1996, 187 p.

[5] P.-F GONIDEC, *Les systèmes politiques africains*, Paris, LGDJ, 1971, p. 65 et s.

humaine fixée dans un cadre territorial déterminé sur lequel s'exerce un pouvoir souverain[6]. Cette définition pour le moins équivoque laisse apparaître trois éléments qui caractérisent l'État aussi bien en droit interne qu'en droit international : un territoire, une population et un pouvoir suprême[7].

C'est en les réunissant que le Cameroun accède à la souveraineté internationale au début des années 1960[8]. La Constitution du 4 mars 1960 qui est son premier statut se pose alors en acte fondateur de l'État nouveau, c'est – à - dire celui par lequel le souverain en l'occurrence la population du territoire alors sous tutelle des Nations unies[9], directement par référendum a constitué la société coloniale libérée, en État[10]. Mais une Constitution est bien plus qu'un acte de naissance d'un État. Elle est avant tout aujourd'hui à la fois le cadre juridique de l'État et l'instrument de limitation du pouvoir politique en ce qu'elle organise les structures et les institutions supérieures de l'État autant que les rapports harmonieux entre les gouvernants et les gouvernés. La Constitution le fait par l'adoption d'un système de poids et contrepoids organisé autour du principe de la séparation des pouvoirs et l'institution d'un organe juridictionnel de contrôle de cette séparation, dénommé Cour ou Conseil constitutionnel[11]. Cet organe a fait son entrée dans l'environnement juridique africain au début des années 1990 par suite des processus de démocratisation en Afrique[12].

Toutefois contrairement aux États-Unis toujours régis par la même Constitution, (celle du 17 septembre 1787[13], la plus vieille au monde par ailleurs[14] depuis sa Déclaration d'indépendance le 4 juillet 1776), le Cameroun a connu plusieurs constitutions successives dont les mécanismes d'adoption ou de révision montrent qu'il s'agit de constitutions formelles[15]. Ces changements constitutionnels doivent surtout être regardés comme des évolutions de la loi fondamentale camerounaise et sont liés à la question de la structuration et de l'organisation de l'État. Dans ce sens, la première Constitution, celle du 4 mars 1960 est remplacée par la Constitution du 1er sept 1 961 pour tenir compte de la

[6] B. DELAUNAY, *L'indispensable du droit constitutionnel*, Studyrama, 2004, p. 22 et s.

[7] CH. DEBBASCH et *al.*, *Droit constitutionnel et institutions politiques*, Paris, Economica, 2001, p. 19.

[8] A. NDAM NJOYA, *Le Cameroun dans les relations internationales*, Paris, LGDJ, 1976, p. 156 et s.

[9] M.Z. NJEUMA (s/d), *Histoire du Cameroun (XIXe s.- début XXe s.)*, Paris, L'Harmattan, 1989, p. 253 et s.

[10] J. F WANDJI K, *L'évolution politico-constitutionnelle du Cameroun et l'élite politique* (1884-1982), Lille, ANRT, 2001.

[11] Cf. L. FAVOREU, Les cours constitutionnelles, Paris, LGDJ, 1986 ; J.-F. WANDJI K, *La justice constitutionnelle au Cameroun*, Paris, Menaibuc, 2 015.

[12] Cf. H ROUSSILLON (s/d), *Les nouvelles constitutions africaines : la transition démocratique*, Presses universitaires de Toulouse, 1 993 ; F.-X MBOME, « Les transitions démocratiques en Afrique : l'exemple du Cameroun », *in Juridis Périodique*, n° 41, janv.-fév. Mars 2000. pp. 1-21.

[13] CH. DEBBASCH et *al.*, *Droit constitutionnel et institutions politiques, op. cit.*, p. 327.

[14] Constitution augmentée cependant par plusieurs dizaines d'amendements qui sont autant de révisions constitutionnelles. Ces amendements présentent la particularité de se trouver après le texte constitutionnel et à la suite les uns des autres, dans l'ordre chronologique. *Cf.* CH. DEBBASCH et *al.*, *op. cit.*, p. 327.

[15] M. KAMTO, *Traité de droit constitutionnel et institutions politiques du Cameroun*, Yaoundé, Presses universitaires du Cameroun, 2021.

structuration fédérale de l'État[16]. En conséquence de la réunification ou d'une structuration unitaire de l'État, il est adopté par référendum la Constitution le 2 juin 1972. Celle-ci va s'inscrire dans le temps, mais fera l'objet de révisions de circonstance à la fois sémantiques[17] et organiques touchant à l'organisation de l'exécutif[18] (sans grande conséquence toutefois sur le fonctionnement à la tête de l'État) jusqu'à la réforme constitutionnelle du 18 janvier 1996 qui a fait naître une controverse toujours d'actualité sur la question de savoir s'il s'agissait d'une révision de l'existant ou d'une nouvelle Constitution[19]. Dans tous les cas, la réforme de 1996 est innovante et puise sa genèse dans la fin de la guerre froide[20] (guerre idéologique qui tolérait les violations de droits de l'homme) mais plus encore dans les manifestations de la rue camerounaise au début des années 1990 en faveur notamment du pluralisme politique[21] et contre les présidences à vie en conséquence du parti unique[22] identifié (à tort ou à raison) comme causes politiques de l'accentuation du sous-développement du Cameroun et plus généralement de l'Afrique subsaharienne. La réforme constitutionnelle engendrée par ce besoin de changement marque une rupture dans l'approche politique et juridique de l'État. Cette rupture se traduit par l'affirmation implicite d'un objectif : le constituant de 1996 entend désormais arrimer le pays au train de l'État de droit, notamment par la constitutionnalisation du préambule, référentiel des droits de l'homme et la création d'une institution de garantie du respect du texte constitutionnel[23] afin de protéger le principe de la séparation du pouvoir, l'exercice des libertés et droits fondamentaux et le principe de la hiérarchie des normes du système juridique camerounais au sommet duquel se trouve la Constitution. C'est la position de celle-ci au sommet de ce système juridique qui lui doit d'être qualifiée de « *norme fondamentale* »[24]. Ce faisant, elle est la première et la source des normes du système juridique camerounais, et en cela, le critère de juridicité des phénomènes et de validité des autres normes du système juridique. Autrement dit, c'est la Constitution camerounaise qui attribue la qualité de norme juridique aux règles d'organisation de la société, et sans ladite

---

[16] M. ABOYA E., « Le parlementarisme sous tutelle de l'État fédéral (1961-1972) : une construction politique par le droit de l'État unitaire du Cameroun », *Revue française de droit constitutionnel*, 2014/1, n° 97, pp. e1-e29.

[17] Passage de la République unie à la République du Cameroun.

[18] Institution du Premier ministre par la loi du 9 mai 1975 ; Premier ministre-successeur constitutionnel du chef de l'État par loi du 29 juin 1979 ; suppression de ladite fonction par la loi du 4 février 1984, puis réintroduction de la fonction par la loi n° 91/001 du 23 avril 1991.

[19] Lire tout particulièrement F.-X MBOME, « Constitution du 2 juin révisée ou nouvelle Constitution », *in* S. MÉLONÉ, A. MIKOA SHE, L. SINDJOUN, *La réforme constitutionnelle du 18 janvier 1996 au Cameroun. Aspects juridiques et politiques*, Yaoundé, Fondation Friedrich Ebert, 1996, pp.16-33 ; M. KAMTO, « Révision constitutionnelle ou écriture d'une nouvelle constitution ? », *in Lex Lata*, n° 023-024, février-mars 1996, pp.17-20 ; A.D. OLINGA, *La Constitution de la République du Cameroun*, Yaoundé, Presses de l'UCAC, 2e éd. 2013.

[20] Chute du mur de Berlin en 1989 et discours de La Baule de F. Mitterrand faisant état d'une conditionnalité démocratique à l'aide au développement. Lire P. AKINDES, *les mirages de la démocratie en Afrique subsaharienne francophone*, Dakar, Codesria, 1 995.

[21] *Cf.* S. MÉLONÉ, A. MIKOA SHE, L. SINDJOUN, *op. cit.*

[22] A. MAHOUI, *L'avènement du parti unique en Afrique noire : l'expérience des États d'expression française*, Paris, LGDJ, 1969

[23] E. C. LEKENE DONFACK et *al*, « Chronique de jurisprudence du Conseil constitutionnel camerounais (2018-2020) », *in Revue française de droit constitutionnel*, 2022/1, n° 129, pp.207-241.

[24] H. KELSEN, *Théorie pure du droit*, Paris, Dalloz, 1962.

Constitution, ces règles ne pourraient être considérées comme appartenant au système juridique. À titre d'exemple, c'est la Constitution qui détermine à l'article 26 le domaine de la loi, de même que la place et la valeur juridique d'une convention internationale au sein de la pyramide juridique (article 45). C'est encore la Constitution (à l'article 27) qui circonscrit le pouvoir réglementaire et l'attribue à l'exécutif. On dispose donc d'un critère normativement déterminé permettant d'identifier d'autres normes du système juridique camerounais. Mais au regard de son contenu, la Constitution camerounaise est bien plus qu'un sous-ensemble de normes de notre système juridique. La question n'est donc pas seulement celle de la force juridique que le constituant a donnée à la Constitution, mais celle de savoir jusqu'à quel point le politique et la politique de l'État y sont normés ou saisis. Autrement dit, à l'analyse du contenu de la Constitution camerounaise, quels seraient son sens et son utilité affichés, ceux que le constituant lui a donnés[25] ?

À lire la loi fondamentale, une ligne directrice se dégage : elle est construite autour de deux piliers, le peuple et l'individu. Le peuple est d'ailleurs une constante des constitutions successives : la Constitution s'est toujours posée en instrument de cohésion politique de la société camerounaise. Aussi depuis 1960 l'État a-t-il une forme politique adaptée à notre histoire : une république une et indivisible ; le choix de la forme républicaine vient rappeler notre liberté chèrement acquise, et les caractères un et indivisible de cette république rappellent aussi bien la fragilité de son socle sociologique que le destin lié de l'ensemble des Camerounais. Mais le contenu de la Constitution montre l'adaptation du constituant aux nouveaux besoins et aspirations de la société camerounaise (démocratie et lutte contre la pauvreté générée par la crise économique, lutte contre la corruption systémique) et qui sont les exigences de l'État de droit[26]. En effet, notre Constitution contient les éléments devant concourir à la société camerounaise souhaitable, une société de *« bien-être pour tous »* les Camerounais[27], un idéal de société rappelé avec force et vigueur pendant la Tripartite (Gouvernement, opposition, société civile)[28] : respect des droits fondamentaux, nouvelle orientation idéologique du pouvoir politique avec la fin du monopartisme et rôle actif de l'État dans la satisfaction des besoins de sa population, notamment par une redistribution équitable de la richesse nationale, d'où la constitutionnalisation du préambule et notamment de la Déclaration universelle des droits de l'homme du 10 décembre 1948 (DUDH) et de Charte africaine des droits de l'homme et des peuples du 27 juin 1982. Le constituant vient ainsi rappeler au politique que les normes inférieures à la Constitution doivent être faites par les institutions étatiques dans le respect non seulement du principe de la séparation, mais aussi concourir à l'idéal de société camerounaise,

---

[25] Et non pas son utilité dissimulée, celle qui montre une normativité instrumentalisée susceptible de faire de la Constitution, l'instrument de pérennité d'un homme ou d'une oligarchie au pouvoir. Lire J.F. WANDJI K, « Les zones d'ombre du constitutionnalisme en Afrique », *in Politeia*, n° 12, 2007, pp. 435-474.

[26] Sur l'État de droit, J. CHEVALLIER, *l'État de droit*, Paris, Montchrestien, 1994 ; en Afrique, lire J.F. WANDJI K, « L'État de droit en Afrique : l'arlésienne ? », *in Revue de la recherche juridique Droit prospectif (RRJ)*, 2013/2, pp.1001-1036.

[27] *Cf.* Préambule de la Constitution

[28] F.-X MBOMÉ « Constitution du 2 juin révisée ou nouvelle Constitution », *in* S. MÉLONÉ, A. MIKOA SHE, L. SINDJOUN, *op. cit.*, p. 17

celle respectueuse de l'ensemble des droits constitutionnels des Camerounais notamment politiques et socio-économiques. En cela, la Constitution camerounaise ajoute une dimension individuelle à la dimension collective déjà rappelée. Aussi peut-elle s'appréhender non seulement comme une Constitution de protection de la collectivité nationale ou de la cohésion sociopolitique de l'État (I), mais aussi comme une Constitution de protection des libertés individuelles (II).

I. UNE CONSTITUTION DE COHÉSION SOCIOPOLITIQUE DE L'ÉTAT : LA DÉTERMINATION CLAIRE DES PRINCIPES PROTECTEURS DE LA COLLECTIVITÉ NATIONALE

La Constitution camerounaise (hier et aujourd'hui) contient des dispositions en faveur d'une forme politique de l'État. Ainsi à l'article premier, le Cameroun est une *« République »* que le pouvoir politique se doit de maintenir *« une » et « indivisible »*. Il s'agit alors de principes structurels visant à protéger l'État contre la tentation d'appropriation d'un membre (proclamation d'un empire ou d'une royauté) ou d'un groupe de membres de sa société voire contre les autres États. La forme républicaine a été choisie parce qu'elle est une instance régulatrice susceptible non seulement de faire émerger l'esprit public mais aussi de faire coexister de manière harmonieuse la sphère privée, le « je », et la sphère publique, le « nous », notamment en protégeant le bien commun, la souveraineté nationale, contre toute velléité personnelle ou oligarchique d'exercice du pouvoir politique (A). Quant aux monèmes unité et indivisibilité, leur choix est dicté par la volonté du constituant d'assurer la protection des frontières nationales héritées de la période coloniale contre toute tentation communautariste ou séparatiste d'un groupe d'individus de la société camerounaise et même contre toute visée expansionniste des autres États (B).

A. La protection de la souveraineté du peuple camerounais par le choix de la forme républicaine de l'État

Un recours à l'histoire du droit nous renseigne que la naissance de la république revendiquée par les révolutionnaires (américains puis français) est une réaction à la souveraineté royale ou au pouvoir de droit divin[29] afin de mettre fin aux excès de la monarchie, notamment l'inexistence d'un esprit public et d'un droit commun à tous du fait de l'organisation de la société suivant le principe hiérarchique, débouchant ainsi sur des privilèges de classes au profit d'une catégorie de la population (Clergé et Noblesse) au détriment des autres (le Tiers État)[30]. La nouvelle forme politique revendiquée par les révolutionnaires met en avant la souveraineté du peuple[31] et la protection des *« droits naturels »*[32] des

---

[29] J. BARNI, *Les principes et mœurs de la République*, Publication de l'union républicaine de la Somme, n° 2, 1872, p. 6 et s.
[30] J.-J. CHEVALLIER, G. CONAC, *Histoire des institutions et des régimes politiques de la France de 1789 à nos jours*, Paris, Dalloz, 1991, pp. 5-11 et 22-26.
[31] *Cf.* Art. 3, *Déclaration française des droits de l'homme et du citoyen du 26 août 1789.*
[32] *Cf.* Art. 5 de la *Déclaration des droits de l'État de Virginie du 12 juin 1776* ; préambule de la *Déclaration des droits de l'État de Massachusetts du 2 mars 1780* ; art. 1er de la *Déclaration française des droits de l'homme et du citoyen.*

individus, à savoir la liberté et l'égalité de tous en droits ; en d'autres termes, la mise en œuvre d'un droit commun à tous lié à la seule condition humaine.[33].

Cette approche respectueuse des droits individuels explique qu'au sortir de la colonisation, par définition un régime de privation des libertés, les États d'Afrique aient adopté la forme républicaine[34]. Ce faisant, le constituant camerounais a rejeté toute forme monarchique du pouvoir en droit et en fait, en indiquant que le pouvoir politique procède de tous et que l'État est la chose de tous les Camerounais[35]. De ce fait, l'État doit protéger chaque Camerounais de la même manière et être animé par tous.

Il en est ainsi parce que l'affirmation constitutionnelle de la république emporte deux conséquences : la première, c'est qu'elle implique un esprit particulier qu'il faut maintenir, voire développer : l'esprit public[36] ; celui-ci se traduit par la mise en avant de la qualité d'organe de l'État des différents pouvoirs en vue de sauvegarder l'idée d'intérêt général que la création de l'État a engendré. La qualité d'organes de l'État vise alors à rappeler l'exclusion et le dépassement de la conception patrimoniale du pouvoir propre aux sociétés féodales (aristocratiques ou traditionnelles) qui composent encore par endroits (au Nord et à l'Ouest) l'espace national ou étatique. La qualité d'organe de l'État vise aussi à rappeler à ceux en charge de diriger l'État qu'ils remplissent une fonction d'intérêt général, qu'ils n'exercent pas un pouvoir propre, mais une compétence pour le bien commun. La seconde conséquence de l'adoption de la forme républicaine, c'est qu'elle met en avant les valeurs de liberté et d'égalité de tous en faisant émerger une identité juridique commune, fédérative de l'ensemble des ethnies du territoire : la citoyenneté camerounaise ; à son tour celle-ci fait émerger la notion de peuple camerounais parce qu'elle donne à chacun la plénitude d'exercice des droits individuels. La citoyenneté camerounaise a, pour ainsi dire, une fonction inclusive d'une population différenciée culturellement ou sociologiquement parce qu'elle exprime notre appartenance à une communauté supérieure, la communauté nationale : le peuple camerounais. Il en résulte l'interdiction de toute discrimination entre Camerounais fondée sur leur origine, ethnie, sexe, religion, opinion, fortune ou degré d'instruction. L'État étant devenu à l'indépendance la propriété de tous, il lui a été assigné le devoir impérieux de respecter et faire respecter une égalité dans le traitement des individus de sa société.

Une telle égalité se traduit par la reconnaissance à chacun de la plénitude d'exercice des droits individuels non seulement dans l'espace public, mais aussi privé et professionnel ; cette plénitude de droits individuels inclut ainsi l'exercice de droits politiques notamment l'égal accès aux emplois et charges publics sans autre distinction que celle du talent (*cf.* Préambule) (les revendications démocratiques au début des années 1990 s'y sont fondées) ; cette plénitude

---

[33] Lire avantageusement J.F. WANDJI K., « La Déclaration française des droits de l'homme et du citoyen du 26 août 1789 et l'État en Afrique », *in Revue française de droit constitutionnel*, 2014/3, n° 99, pp. e1-e28

[34] À l'exception du Maroc qui est une *« monarchie constitutionnelle ». Cf.* Art. 1er Constitution du 29 juillet 2011

[35] Pendant que la démocratie désigne la forme du gouvernement, au sens de pouvoir politique et non d'institution de l'exécutif et implique aujourd'hui plus exactement le règne de la majorité d'un temps et/ou d'un homme élu censé l'incarner mais dans le respect du droit notamment de la minorité ou de l'opposition.

[36] M. SADOUN, « République et démocratie », *in Pouvoirs*, n° 94, Paris, Seuil, 2000, p. 7

concerne aussi l'exercice de droits civils, économiques et socioculturels tels par exemple, le droit de propriété ou d'acquisition d'une portion du territoire pour un usage privé en tout point du territoire, d'en jouir ou d'en disposer, la liberté de s'établir en tout point de son choix sur toute l'étendue du territoire national. Il est par cela admis un droit du sol du fait d'une communauté du sol (préambule de la Constitution) parce que la république est une et que le constituant la veut toujours indivisible.

B. Le choix d'affecter la forme républicaine de l'État des caractères d'unité et d'indivisibilité

En règle générale, l'unité et l'indivisibilité de l'État sont traditionnellement protégées par des dispositions constitutionnelles relatives à la préservation de l'intégrité du territoire national. En effet, cette notion s'oppose à toute cession, abandon, aliénation ou annexion du territoire de l'État, tous considérés comme des périls graves menaçant la vie de la Nation et exigeant de la part des pouvoirs publics des mesures exceptionnelles pour y remédier[37]. On peut dès lors se demander s'il n'est pas redondant d'inscrire dans la Constitution camerounaise les principes d'unité et d'indivisibilité de la république qui plus est, sont côte à côte. Il n'en est rien, car contrairement à la notion d'intégrité territoriale qui est une notion exclusivement juridique, les principes d'unité et d'indivisibilité sont affectés dans notre contexte d'un fort coefficient historique et politique qui les rend indissociables ou interdépendants dans la sauvegarde de l'État du Cameroun et nécessite dès lors leur inscription dans la Constitution. Cette interdépendance vient de ce que l'unité tend à préserver l'indivisibilité de l'État et l'indivisibilité tend à assurer l'unité de l'État. L'une et l'autre rappellent alors nos contraintes socioculturelles héritées de notre histoire coloniale, celles d'une identité multiple de populations différenciées au sein d'un même État[38] de nature à susciter des mouvements centrifuges. Les frontières de l'État du Cameroun sont liées en effet aux rivalités entre puissances coloniales (Allemagne, France et Grande-Bretagne) dans la quête de matières premières pour le développement de leur économie. De ce fait, elles ont ignoré dans le tracé de ce qu'elles ont appelé abusivement des territoires sans maîtres, les liens ethniques ou nationaux. L'indépendance des colonies et territoires sous tutelle suivant le principe du droit des peuples à disposer d'eux-mêmes[39] et non des nationalités,[40] a donné à l'État du Cameroun une communauté nationale composite sur les plans sociopolitique et culturel. Aussi pour maintenir la cohésion d'un État ne correspondant pas à une nation mais à plusieurs petits pays, est-il apparu nécessaire de mettre un accent sur les principes d'unité et d'indivisibilité de l'État. Le constituant marque ainsi son opposition à toute tentation séparatiste d'un groupe spécifique de la société

---

[37] Art. 9, Constitution camerounaise ; art. 93, Constitution algérienne, art.68 et 101, Constitution béninoise ; art. 84, Constitution du Congo ; art.25, Constitution gabonaise ; art.59, Constitution marocaine ; art.52, Constitution sénégalaise, etc.

[38] Plus de 250 langues et cultures primaires. Lire M. KAMTO, *Traité de droit constitutionnel et institutions politiques du Cameroun, op. cit,* pp. 85-93.

[39] Dont le corollaire est l'intangibilité des frontières héritées de la colonisation.

[40] Principe selon lequel toute nation doit correspondre à un État. *« Ce principe servira à l'apparition de nombreux États en Europe, durant le XIX siècle et à l'issue de la Première guerre mondiale » cf.* E. SIMONIAN-GINEST, *Le droit constitutionnel en schémas*, Paris, Ellipses, 2012, p. 12.

camerounaise : aucune partie du territoire n'a la faculté de quitter la république même si cette partie abrite une communauté sociologiquement homogène[41].

L'inscription côte à côte des principes d'unité et d'indivisibilité rappelle, certes le défaut d'une nation au sens matériel (construit sur des critères objectifs ou raciaux) ou la coexistence de plusieurs petites nations ou petits pays au sein de l'État, mais aussi la nécessité de construire un socle nouveau à l'unité pour préserver l'indivisibilité de la République. Il s'agit alors de forger une identité nationale commune autrement que sur des critères matériels ou ethniques, sur ceux susceptibles de mettre d'accord la multitude de groupes ethniques constituant la société de l'État, de créer un sentiment d'attachement mutuel entre les Camerounais ou de vouloir vivre ensemble.

Le souvenir des luttes pour l'indépendance, l'histoire partagée de la lutte contre l'occupant ont fait naître une âme, un sentiment de dépendance des uns aux autres et animent encore aujourd'hui le vouloir vivre collectif ; cette lutte commune a été par ailleurs déterminante dans le choix des symboles de l'État dont la fonction mobilisatrice de la population autour de l'État du Cameroun doit être rapportée ici, lesdits symboles nous donnant en partage le même présent et nous projetant dans un avenir commun. Le premier d'entre eux est l'hymne national qui non seulement rappelle notre histoire commune mais constitue également des paroles de ralliement à la cause nationale *« O Cameroun, berceau de nos ancêtres [...] Tu es notre seul et vrai bonheur »*[42], *« le symbole des aspirations d'un peuple cherchant à créer une Nation »*[43]. Il y a ensuite la devise de la république : *paix-travail-patrie*, qui symbolise notre attachement aux valeurs de coexistence harmonieuse et de progrès sociopolitique et économique par le travail de chacun et de tous. Enfin la Constitution détermine un emblème national d'unité : il s'agit d'un drapeau vert, rouge, jaune, à trois bandes verticales d'égales dimensions, frappé d'une étoile d'or au centre de la bande rouge. Cette étoile symbolise non seulement notre unité territoriale retrouvée en 1961, mais aussi l'unité politique qu'il faut préserver. Les conflits et tensions postélectoraux (élection présidentielle) en 1992 et 2018, la banalisation d'un communautarisme agressif liés à la confusion entre opposition politique et confrontation tribale, la crise anglophone depuis 2016 aux allures de guerre civile[44], ont montré la fragilité de cette unité nationale et la nécessité d'adopter des politiques publiques inclusives en vue de préserver l'indivisibilité de l'État.

L'interdépendance des principes d'unité et d'indivisibilité dans la sauvegarde de l'État s'observe aussi dans la construction des ordres politique, institutionnel et juridique. Dans l'ordre politique, cette interdépendance dans la sauvegarde de l'État se matérialise par l'existence d'un centre unique du pouvoir politique traduite par l'existence d'une capitale politique corrélée à deux éléments complémentaires : le choix abstrait du détenteur de la souveraineté d'une part, la

[41] Sauf si son existence en tant que groupe est mise en péril et que sa coexistence avec les autres est rendue impossible par des traitements inhumains à l'échelle collective de la part de l'État pour des considérations ethniques ou religieuses d'où l'indépendance du Soudan du Sud le 9 juillet 2009.

[42] *Cf.* Hymne national du Cameroun

[43] Cf. *L'encyclopédie de la République unie du Cameroun*, Les nouvelles éditions africaines, 1981, p. 3

[44] J. F WANDJI K, « La forme de l'État du Cameroun et la problématique du vouloir vivre collectif entre anglophone et francophone », *in Solon*, Vol. III, n° 27, juillet 2022, pp.213-261.

primauté des institutions nationales et de l'ordre juridique national d'autre part. S'agissant du choix abstrait de la souveraineté, les principes d'unité et d'indivisibilité ont amené le constituant à préférer la *« souveraineté nationale »*[45] à la souveraineté populaire. Ce choix indique que la souveraineté n'appartient pas à chaque membre de la société de l'État ni à une fraction politique ou sociologique de ses membres, mais à un tout indivisible, à savoir le *« peuple camerounais »* ; un tel choix de souveraineté par le constituant exclut de la représentation nationale le mandat impératif[46] susceptible d'être interprété à tort (pour les élections parlementaires qui nécessitent un découpage territorial) comme l'expression d'un particularisme sociologique à même d'engendrer un exclusivisme, et par cela, présider à l'éclatement de l'État en communautarisme. Les parlementaires sont par conséquent suivant le principe d'une république une et indivisible, les représentants de tout le peuple camerounais et non pas seulement des circonscriptions électorales qui les ont élus. De même, le président de la République bien qu'élu à la majorité simple des suffrages exprimés, est l'élu de la Nation tout entière et incarne l'unité nationale[47].

Les principes d'unité et d'indivisibilité assurent aussi la primauté des institutions nationales et de l'ordre juridique national. En effet, ils n'excluent pas l'existence de plusieurs ordres institutionnels et juridiques au sein de l'État. On note en effet dans notre environnement institutionnel, l'existence de deux ordres institutionnels : national et local[48] ; il ne s'agit en réalité que de l'expression de la diversité sociologique dans l'unité, car l'ordre institutionnel local n'est pas concurrent de l'ordre national et les institutions locales ne disposent pas d'un droit de sécession.

Ces deux ordres institutionnels produisent deux ordres juridiques, mais l'unité et l'indivisibilité de l'État font en sorte qu'il s'agit de deux ordres juridiques hiérarchisés avec au-dessus l'ordre juridique national, les ordres juridiques locaux lui étant subordonnés. Et pour cause, le pouvoir normatif initial appartient exclusivement aux autorités centrales, l'autorité de l'État est exercée en l'occurrence par le chef de l'État et le Parlement[49] malgré l'autonomie accordée aux autorités locales ; elles ne sont que des autorités subordonnées ; elles n'émettent des normes juridiques (règlement) qu'en vertu d'une habilitation ou d'une délégation de pouvoir prévue par la Constitution[50] et cette délégation ne peut être générale et ne peut porter sur une compétence réservée exclusivement à une autorité de l'État telles par exemple les relations internationales de l'État[51] ; qui plus est, la délégation de pouvoir ne peut être absolue ou incontrôlée du fait de l'indivisibilité de l'État, l'autorité étatique centrale ayant toujours la faculté d'anéantir notamment par la voie juridictionnelle une norme juridique édictée par une autorité locale qui ne respecte pas la répartition des compétences déterminées par la Constitution[52] dans laquelle se trouvent aussi formulés les principaux points

---

[45] Art.2, Constitution.
[46] Art.15 (3), Constitution : « *[...] tout mandat impératif est nul [...]* ».
[47] Art. 5, Constitution.
[48] Loi n° 2019/024 du 24 décembre 2019 portant Code général de la décentralisation.
[49] Art. 4, Constitution.
[50] Art. 26 (1) c3, Constitution : *« Sont du domaine de la loi [...] l'organisation le fonctionnement et la détermination des compétences et des ressources des collectivités territoriales décentralisées [...] »*.
[51] Art. 8 (4) et 43, Constitution.
[52] Art. 26 et 27, titre X (Des collectivités territoriales décentralisées) de la Constitution.

d'ancrages idéologiques protecteurs de l'individu en l'occurrence de ses droits et libertés.

II. UNE CONSTITUTION DE PROTECTION DES LIBERTéS INDIVIDUELLES À TRAVERS LE CHOIX DE PRINCIPES IDÉOLOGIQUES GÉNÉRAUX

Les principes idéologiques de l'État camerounais apparaissent dès le préambule de la Constitution où sont inscrits les intentions ou les motifs ayant guidé le constituant et qui montrent son engagement pour des valeurs de solidarité, celles devant guider l'action de l'État. Ainsi au premier paragraphe, le constituant affirme la *« volonté inébranlable [du peuple camerounais] de construire la patrie camerounaise sur la base de l'idéal de fraternité, de justice et de progrès ».* Il affirme également le « *droit au développement* » du peuple camerounais (*préambule, § 3*) et sa volonté de consacrer tous ses efforts pour le réaliser notamment en exploitant *« les richesses naturelles afin d'assurer le bien-être de tous en relevant le niveau de vie des populations sans aucune discrimination » (préambule, § 3).*

Ces motifs trouvent une portée normative d'une part, par la constitutionnalisation du préambule, et d'autre part, par leur ancrage à l'article 1er, qui consacre l'État camerounais en tant que république laïque, démocratique et sociale. Il s'agit alors d'impératifs constitutionnels issus de son histoire politique, destinés à guider les pouvoirs publics dans la mise en œuvre de la Constitution, dans l'adoption de la législation et dans la formulation des politiques publiques. Concrètement, lesdits impératifs ont été choisis pour présider à la création, à la protection et à la mise en œuvre des droits individuels. Ils assignent donc à l'État une manière d'être et d'agir, et en même temps ils posent une limite à l'action dudit État. Considérés de manière globale, ces principes idéologiques sont le rempart de l'individu contre toute action déviante de l'État

Le principe de laïcité de l'État est le premier cité à l'art. 1er peut-être parce qu'il est un principe de nature à permettre une coexistence pacifique au sein de l'État dans la mesure où il vise à contraindre ce dernier à protéger l'ensemble des croyances par la garantie des droits individuels qu'il (principe de laïcité) engendre (liberté de croyance, liberté de croire ou de ne pas croire) (A). Quant à la démocratie, ce choix indique que l'État doit avoir une forme de gouvernement conforme au respect des libertés politiques individuelles. La Constitution assigne ainsi à l'État l'obligation de protéger la sphère publique de l'individu ou sa liberté de participation à la vie politique (B). Enfin le caractère social affirmé de la république met à la charge de l'État un devoir de justice sociale. Par cela, la Constitution entend amener l'État à protéger et mettre en œuvre les droits sociaux des Camerounais (C).

A. La reconnaissance d'un État laïc en vue de l'égalité entre Camerounais

L'affirmation de la laïcité de l'État au préambule et à l'article premier de la Constitution montre qu'il s'agit d'un principe primordial de l'organisation et du fonctionnement de la République du Cameroun. Le choix constitutionnel de la laïcité de l'État est une réponse à la pluralité des croyances de la société camerounaise avec une population oscillant notamment entre animistes, chrétiens et musulmans. L'objectif du constituant sur le plan juridique est de construire une citoyenneté égalitaire et sur le plan sociopolitique d'assurer une coexistence spirituelle pacifique entre les Camerounais, à tout le moins d'éviter des conflits confessionnels ayant débouché par endroits à une guerre de sécession à l'exemple du Soudan. L'existence d'une religion d'État et le choix d'imposer aux chrétiens et animistes les préceptes islamiques (la charia) sont à l'origine de la partition du Soudan avec la création récente le 9 juillet 2011 de la République du Soudan du Sud en majorité animiste et chrétien contrairement au Nord musulman. On est loin toutefois de cette perspective conflictuelle au Cameroun du fait du choix de la laïcité comme un principe fondamental de l'État ; il en est ainsi parce que la laïcité est par définition, un principe de relations objectives entre le temporel et le spirituel, une caractéristique essentielle de l'espace public émancipé de tout contrôle particulariste notamment religieux susceptible d'entraver la construction d'une citoyenneté égalitaire[53], ce qui emporte des conséquences aussi bien dans l'ordre politique que juridique.

Dans l'ordre politique, d'abord sous l'angle structurel, (celui de l'organisation de l'État), la laïcité signifie séparation de l'État et de l'institution religieuse ; ensuite dans la vie politique, la laïcité signifie indépendance du politique vis-à-vis du religieux. Enfin dans l'ordre juridique, la laïcité signifie *« neutralité »* de l'État vis-à-vis de l'ensemble des croyances[54]. Ce faisant, le principe de laïcité pose des limites aux religions dans le champ politique. On lui doit alors l'interdiction faite à toutes les religions de s'arroger le pouvoir politique voire de s'immiscer dans les affaires de l'État au risque de subordonner ou instrumentaliser le politique. Concrètement, il est interdit à quelque confession que ce soit de créer ou promouvoir un parti politique, de même qu'un parti politique ne doit pas s'identifier ni dans la forme, ni dans l'action ou d'une autre manière quelconque à une religion[55], la victoire d'un tel parti politique à une consultation électorale nationale pouvant servir de base à la discrimination entre les citoyens. Dans le même ordre d'idées, le principe de laïcité interdit de créer un parti politique dans le but de promouvoir une religion au risque de rompre, en cas d'accession au pouvoir, l'égalité entre les différentes croyances. En d'autres termes, il est posé de manière péremptoire l'interdiction de partis politiques religieux qui pourraient aboutir à la tutelle de l'institution religieuse sur les institutions ou les organes supérieurs de l'État avec des conséquences néfastes dans l'ordre juridique.

Dans l'ordre juridique, d'abord sur un plan général, la laïcité débouche sur cette règle fondamentale que la loi ne saurait être la traduction juridique des préceptes d'une religion mais l'expression juridique de la volonté générale dans le respect du droit. Autrement dit, la laïcité proscrit la tutelle d'une confession sur le corpus juridique positif qui fonde l'égalité entre toutes les croyances. Ensuite sur un plan individuel, l'affirmation constitutionnelle de la laïcité met à la charge de l'État l'obligation d'assurer aussi bien le respect de la liberté de croyance que l'égalité entre les adeptes de toutes les croyances. D'une part, elle oblige l'État à garantir le respect des droits individuels qu'elle engendre : la liberté de

---

[53] O. DUHAMEL, Y. MENY, *Dictionnaire constitutionnel*, Paris, PUF, 1992, p. 561

[54] Préambule de la Constitution

[55] Art. 9 de la loi n° 90/056 du 19 décembre 1990 portant création des partis politiques.

conscience, de religion (le droit d'embrasser la religion de son choix), la liberté de culte (exprimer ses convictions religieuses en groupe, parmi les siens) et le droit de croire ou de ne pas croire ; l'athéisme étant une forme de croyance (*cf.* Préambule). Croyants et athées se retrouvent situés sur le même plan. D'autre part, quant à l'égalité entre toutes les croyances, la laïcité oblige l'État à garantir l'égalité de traitement entre disciples des différentes confessions qui composent l'espace national. Les Camerounais sont ainsi tous égaux devant la loi, dans l'accès aux emplois et charges publics quelles que soit la religion ou la croyance des uns et des autres[56], montrant en cela que les convictions religieuses des individus ne doivent pas être prises en compte pour déterminer la mesure de leurs droits, de leurs libertés et de leurs contributions à l'intérêt général. Faire autrement serait de la discrimination, une attitude susceptible de porter un coup non seulement à la démocratie mais à la cohésion sociale.

B. La consécration de la démocratie comme forme de gouvernement conforme au respect des libertés politiques individuelles

L'affirmation constitutionnelle du principe démocratique n'est pas une nouveauté du constituant de 1996, mais elle a une résonance particulière du fait de l'existence du parti unique pendant plusieurs décennies ; une existence qui annihilait l'intervention du citoyen dans le choix des gouvernants. En 1996, la réaffirmation du constituant indique la forme de gouvernement à adopter désormais au Cameroun. La démocratie est ainsi envisagée non pas comme une fin en soi, mais comme le moyen politique de développement du pays. Et pour qu'il en soit ainsi, l'individu est situé au centre de cette forme de gouvernement, appelé à y jouer un rôle actif en concourant par son suffrage à sa dévolution mais aussi à son terme. Il s'agit alors de mettre hors la loi les présidences à vie en rappelant aux détenteurs du pouvoir politique non seulement leurs qualités de locataires au service exclusif de l'intérêt général, mais aussi d'obliger lesdits locataires au respect des libertés politiques reconnues aux Camerounais. L'orientation démocratique de l'État n'autorise en effet à sa tête qu'un pouvoir issu d'élections pluralistes, transparentes et honnêtes[57] afin de faire accéder à la magistrature suprême le candidat ayant le meilleur programme politique ou le meilleur projet de société. La Constitution assigne de ce fait à l'État l'obligation de protéger la sphère publique de l'individu ou sa liberté-participation à la vie politique.

Toutefois, la démocratie dont il est question est certes l'expression des libertés politiques mais davantage le règne de la majorité d'un temps dans le respect de la minorité ou de l'opposition. Celle-ci désigne tous les groupes politiques qui ont la possibilité de manifester des idées et des propositions différentes de celles du Gouvernement dans un cadre légal, à l'intérieur du Parlement (opposition parlementaire) ou en dehors (opposition extraparlementaire) dans l'intention de conquérir le pouvoir. Depuis 1990[58], le droit de s'opposer à la politique du Gouvernement par des voies légales et de proposer des solutions alternatives a été reconnu. L'opposition a une telle importance aujourd'hui pour deux raisons au moins : d'une part, *« elle assure une information contradictoire à la fois sur les*

---

[56] *Cf.* Préambule de la Constitution.

[57] Art. 25, Pacte international relatif aux droits civils et politiques (PIDCP) du 19 décembre 1966.

[58] Loi n° 90/056 du 19 décembre 1990 portant création des partis politiques.

décisions et les intentions des gouvernants du pays, et sur les sentiments des gouvernés à l'égard des gouvernants »[59] *;* d'autre part, elle représente une alternative au Gouvernement en place en introduisant la possibilité d'une alternance démocratique, ce qui a le mérite d'éviter les crises de succession ou les successions inconstitutionnelles à la tête de l'État.

Mais il ne pourrait en être ainsi que si la démocratie était située au-delà du stade d'une simple affirmation de principe. Aussi le constituant camerounais a-t-il pris soin de protéger les deux principes sur lesquels elle repose, à savoir la séparation des pouvoirs et l'exercice des libertés politiques par l'institution d'un Conseil constitutionnel ; depuis 1996, il est la garantie juridictionnelle de la démocratie en tant que juge constitutionnel et juge électoral.[60]

Le Conseil constitutionnel intervient comme juge électoral, à l'occasion des élections nationales (présidentielles et parlementaires) en vue de faire respecter la sincérité du vote et donc l'exercice des droits politiques des citoyens ; il n'y a qu'à voir un contentieux postélectoral de plus en plus intéressant même si à l'occasion du contentieux relatif à l'élection présidentielle d'octobre 2018[61], la démarche du Conseil constitutionnel a été extrêmement prudente dans l'interprétation de l'étendue de ses attributions[62] malgré « *sa compétence sur ses compétences »*[63].

En tant que juge constitutionnel, le Conseil constitutionnel protège la séparation des pouvoirs[64] et en cette occurrence, il est chargé de maintenir chaque pouvoir[65] dans les limites de ces compétences déterminées par la Constitution. Dès lors, le parti unique (l'Union nationale camerounaise UNC, puis le Rassemblement démocratique du peuple camerounais, RDPC), parti de soutien du président de la République[66] qui annihilait l'opérationnalisation du principe de la séparation des pouvoirs et l'exercice des libertés politiques a été remplacé par un multipartisme intégral[67].

Cependant l'unité du pouvoir politique peut se reconstruire non plus brutalement comme avec le parti unique, mais subtilement par la grâce de la logique ou du fait majoritaire attribuant au parti politique ou à une coalition de partis sortis vainqueurs des urnes et à son chef la maîtrise du pouvoir normatif ; c'est le cas depuis l'avènement du multipartisme en 1992 avec le RDPC[68] de sorte

---

[59] C. DEBBASCH, J.-M. PONTIER et *al., op.cit.*, p. 112.

[60] Titre VII, art. 47 et 48 de la Constitution et loi n° 2004/004 du 21 avril 2004 portant organisation et fonctionnement du Conseil constitutionnel.

[61] E. C. LEKENE DONFACK et *al.*, « Chronique de jurisprudence du Conseil constitutionnel camerounais (2018-2020) », *in Revue française de droit constitutionnel*, Paris, PUF, 2022/1, n° 129, pp.207-241.

[62] Décision n° 024/CE/CC/2018, *Kamto Maurice c/ Conseil constitutionnel.*

[63] *Cf.* J.-F. WANDJI K, *Cameroun : le juge constitutionnel, juge ordinaire dans le contentieux électoral et non juge,* Document inédit, 18 octobre 2018.

[64] Art. 46 et 47 de la Constitution.

[65] Objet des titres I (pouvoir exécutif), II (pouvoir législatif), et III (pouvoir judiciaire) de la Constitution.

[66] B. TRAORE, « Les partis politiques », *in Encyclopédie juridique de l'Afrique*, T11, Abidjan, Dakar, Lomé, Les Nouvelles éditions africaines, 1985, pp.32-36 ; J. F WANDJI K, « Les différents aspects de la légitimité présidentielle au Cameroun hier et aujourd'hui », *in Annales de la faculté des sciences juridiques et politiques,* Université de Dschang, T10, 2006, pp.49-70.

[67] 328 partis politiques au 25 mai 2021 *cf. Cameroon Tribune* du 25 mai 2012 https// www. cameroon-tribune.com, consulté le 30 décembre 2022.

[68] N. MOUELLE KOMBI, *La démocratie dans la réalité camerounaise. Libertés, légitimité et modernité politique sous Paul Biya*, Paris, Dianoïa, 2013.

qu'en pratique, ce n'est plus une séparation juridique qui limite le pouvoir mais l'existence d'une opposition politique. En effet, la Constitution lui donne la possibilité de saisir le Conseil constitutionnel, bien que ce droit soit encore limité par le nombre important de parlementaires requis pour déclencher la procédure[69]. C'est toutefois un mécanisme de sanction juridique de la majorité parlementaire afin de subordonner les représentants du peuple à la Constitution, et faire en sorte que la loi votée soit l'expression de la volonté générale dans le respect de la Constitution. Le légicentrisme s'en trouve ainsi écarté, du moins en théorie, au bénéfice de l'État de droit grâce au droit de créer un parti politique et l'existence d'une opposition au Gouvernement ; celui-ci n'est apte à présider aux destinées du pays que tant que le citoyen le permet au regard notamment de son bilan qui doit forcément inclure le respect du caractère social de l'État du Cameroun.

C. Le choix d'un État social en vue de promouvoir l'épanouissement individuel

Suivant la Constitution, l'État est social au Cameroun (art.1er). Par ce choix, le constituant indique ce que la population camerounaise est en droit d'attendre des gouvernants, à savoir lui apporter bien-être et justice sociale, objectifs politiques rappelés au préambule. C'est pourquoi, la Constitution reconnaît aux Camerounais des droits-créances sur l'État non seulement en énumérant un certain nombre au préambule (droit à l'éducation, droit de travailler) mais surtout en intégrant la Déclaration universelle des droits de l'homme (DUDH) du 10 décembre 1948 et la Charte africaine des droits de l'homme et des peuples du 27 juin 1981 au bloc de constitutionnalité. Cette constitutionnalisation est renforcée par la ratification du Pacte international relatif aux droits économiques, sociaux et culturels (PIDESC) du 16 décembre 1996, texte additionnel à la DUDH.

Dans cette dernière, on y trouve énumérés les droits sociaux dont peuvent bénéficier les individus : il s'agit du droit au travail et du droit aux conditions de travail justes et favorables (art.23, DUDH), du droit à la sécurité sociale (art.22), du droit à un niveau de vie suffisant ou au minimum vital (art.25), du droit à la santé (art. 25) et du droit à l'éducation (art. 26). Il s'agit pour l'État de les respecter, les faire respecter et surtout de les mettre en œuvre, car en tant que droit créance, les individus ne peuvent jouir des droits sociaux sans une action positive de l'État. Les droits sociaux n'existent donc pas naturellement et c'est l'intervention de l'État qui leur permet d'exister. Une abstention de l'État serait alors préjudiciable aux citoyens. L'État se doit donc d'agir d'une part, pour humaniser les relations économiques en accordant une protection aux Camerounais dans leurs conditions de travailleurs (sécurité sociale, repos, loisirs, etc.), d'autre part pour les protéger dans leur vie de tous les jours en leur permettant d'avoir accès au minimum vital. Concrètement, il s'agit pour l'État notamment dans le cadre des politiques publiques de mettre en place les conditions propices à la création et à la protection des emplois (incitation fiscale par ex.), au respect de la vie au travail (droit du travail, repos, loisirs, etc.), au respect du droit à la sécurité sociale. Il s'agit alors des modes d'encadrement social de l'économie nouvelle afin de remédier aux excès de la liberté du marché susceptibles de nuire à la cohésion sociale. Il s'agit aussi pour l'État de lutter contre les inégalités en

[69] Un tiers des députés ou un tiers des sénateurs. *Cf.* Art. 47 al.2 et 48 al.3, Constitution.

protégeant les plus faibles (les pauvres et les personnes vulnérables, à savoir les femmes, les enfants, les personnes âgées et les personnes handicapées) par l'accès aux services sociaux de base, à la santé, à l'éducation[70], etc.

La volonté politique est fondamentale dans cette lutte ; elle interpelle avant tout le président de la République au regard de ses missions définies par la Constitution (aux articles 5 et 8)[71] et qui font de lui, à la fois le concepteur de la politique de la nation, le protecteur ou gardien de la Constitution[72] et notamment des droits individuels, l'arbitre du fonctionnement régulier des pouvoirs publics[73] et le garant de la souveraineté interne et internationale[74] du Cameroun. Ainsi en tant que concepteur, le président de la République a la charge de définir la politique de la nation. Cependant il doit compter ici avec le Parlement qui a compétence pour programmer les objectifs de l'action économique et sociale puisqu'il lui appartient d'autoriser et déterminer les moyens de la politique du président de la République à travers notamment l'adoption du budget de l'État, la création des impôts et taxes ainsi que la détermination de leurs assiettes et taux, et des modalités de leur recouvrement. C'est aussi au Parlement qu'il revient de déterminer le régime domanial, foncier et minier et des ressources naturelles dont le Cameroun est doté[75]. Mais en tant qu'élu de la nation tout entière, l'incarnation de l'unité nationale et le garant du fonctionnement régulier des institutions, le chef de l'État dispose de moyens de droit pour intervenir dans le travail parlementaire de sorte à l'orienter dans le sens qu'il souhaite pour la mise en œuvre de sa politique[76].

On peut dès lors se poser la question de savoir si l'exécutif et le Parlement depuis 1996, se sont suffisamment accordés pour créer les conditions rendant effectifs les droits sociaux tant des Camerounais rencontrent dans la quotidienneté de leur existence des difficultés d'accès à l'eau potable, l'électricité, au transport, à manger à leur faim, à se soigner voire étudier pour acquérir les savoir-faire. À cette question, une réponse nuancée s'impose, car si la mise en œuvre des droits sociaux dépend de la volonté politique, elle est également tributaire des moyens matériels de l'État, eux-mêmes liés à la vitalité de l'économie nationale. Aussi

---

[70] J.-F. WANDJI K, « Le droit à l'éducation, vecteur de bonheur ou de bien-être au Cameroun ? », *in Janus,* n° 9, décembre 2020-Mai 2021, pp.89-104

[71] J. F WANDJI K, « Le Gouvernement en Afrique : le Cameroun sous le renouveau », *in Solon*, vol.3, n° 7, 2013, pp.126-150.

[72] En tant que gardien de la Constitution, il doit veiller à son respect. C'est à ce titre qu'il a la possibilité de saisir le conseil constitutionnel (art.47, al.2) et qu'il peut refuser de promulguer une loi contraire à la Constitution

[73] C'est à cet effet, qu'il peut nommer un nouveau Premier ministre (art.20) ou procéder à la dissolution de l'Assemblée nationale (art.8.2)

[74] C'est pourquoi il accrédite les ambassadeurs et les envoyés extraordinaires auprès des États étrangers et que ces derniers sont accrédités auprès de lui (art.8.1).

[75] Art.26, Constitution.

[76] Le président de la République dispose de l'initiative de lois (art.25) et du pouvoir de promulgation desdites lois auxquelles il peut s'opposer en demandant une seconde lecture. Qui plus est, il a le pouvoir de décider du temps du travail parlementaire et de la manière de procéder pour examiner un texte dont il a l'initiative. Il peut donc décider de la réunion des chambres du Parlement en Congrès pour se prononcer sur un projet ou une proposition de révision constitutionnelle. Il lui appartient aussi de convoquer les sessions extraordinaires du parlement (art.14.al.4). Il peut être entendu à sa demande par l'Assemblée nationale ou le Sénat ou même par les deux chambres réunies en Congrès. Il peut en outre leur adresser des messages.

doit-on se poser une autre question : l'État a-t-il seulement aujourd'hui la capacité d'offrir des subventions ou des moyens financiers suffisants au développement de l'agriculture, des centrales de production d'eau et d'électricité, des hôpitaux, du service public de l'éducation et de la formation professionnelle, des établissements privés d'enseignements, etc. ?

On constate en tout cas que l'action de l'État dans la mise œuvre des droits sociaux ou du bien-être des Camerounais rencontre un obstacle et non des moindres : son niveau de développement économique relativement bas qui réduit le rendement fiscal ; outre la lutte contre l'incivisme fiscal et le développement d'activités se déroulant hors du contrôle de l'État, de profonds changements sont alors à apporter à la structure économique notamment à la production (minière, industrielle et agricole) pour permettre de produire plus des biens exportables et ainsi moins importer des biens afin d'avoir moins de déficit avec plus de croissance économique de nature à créer plus de richesses nationales. Il n'y a donc pas lieu de se laisser submerger par un pessimisme que la vie de plus en plus chère suscite, car les droits sociaux contenus dans la Constitution sont à la vérité des droits à conditionnalité économique, dont la réalisation ne peut être que progressive et de ce point de vue, ils sont des objectifs à atteindre pour les uns à court terme et pour les autres à moyen et long terme.

LA BONNE ADMINISTRATION DE LA JUSTICE DEVANT LE CONSEIL CONSTITUTIONNEL CAMEROUNAIS : Pas décisif ou rocher de Sisyphe[1] ?

Jacques BIPELE KEMFOUEDIO

Habilité à diriger des recherches (HDR) en droit public
Maître de conférences, Université de Dschang, Cameroun

Mener une réflexion sur la bonne administration de la justice devant le Conseil constitutionnel, dont l'illustre dédicataire des présents mélanges est membre, peut relever d'une audace, certes non condamnable. Notion juridique en construction, concept apathique et à contenu presque non déterminé, la bonne administration de la justice exerce une force d'attraction avérée dans les milieux d'affaires, les milieux politiques, socioculturels et dans la société entière[2] surtout à l'occasion des élections nationales[3]. En tant qu'axiome, elle a tendance au regard des vertus qu'elle affiche, au profit des justiciables et de la nation, à devenir un élément référentiel de la modernité des institutions judiciaires. À cet effet, elle présente tous les atouts pour être un indicateur essentiel dans l'évaluation de la justice telle que celle-ci est rendue au Cameroun par le Conseil constitutionnel. Au-delà de son actualité, la bonne administration de la justice, reconnue par le Conseil constitutionnel français comme un objectif de valeur constitutionnelle[4], ne fait pas l'unanimité dans son cadre définitionnel.

En déficit d'une définition textuelle et jurisprudentielle de la bonne administration de la justice, la doctrine a essayé de clarifier cette notion aux contours évanescents. Pour le Professeur Jacques ROBERT, la bonne administration de la justice est « *l'ensemble des critères et conditions que doit*

---

[1] Empruntée à la mythologie grecque, l'expression « *rocher de Sisyphe* », bien ancrée dans la langue française, est une métaphore qui symbolise un travail difficile, parfois interminable ou toujours prêt à être recommencé.

[2] Voir journées d'études organisées à l'Université de Ngaoundéré, les 27 et 28 novembre 2020, sur le thème « La bonne administration de la justice : Réflexion à la lumière de la justice camerounaise et de la justice internationale », inédit.

[3] Les élections nationales qui mobilisent la société dans son ensemble sont l'élection présidentielle, les élections parlementaires et les consultations référendaires.

[4] Voir Conseil constitutionnel français, décision n° 2009-595 DC du 3 décembre 2009, *loi organique relative à l'application de l'article 61-1 de la constitution.*

remplir une justice pour être bien administrée »[5]. Si l'on s'en tient à cet auteur, la bonne administration de la justice suppose, d'une part, une justice accessible, sereine et efficace et, d'autre part, un juge adapté à ses fonctions, indépendant, impartial, transparent et conscient de ce qu'il juge au nom du peuple[6]. Selon *le Vocabulaire juridique*, la bonne administration de la justice est « *celle qui doit guider le juge dans la recherche des meilleures solutions à donner à des problèmes de procédures et de compétences afin que soient jugées dans le temps raisonnable qui convient les affaires et les questions qui vont ensemble* »[7]. Au regard des différentes approches, la bonne administration de la justice renvoie, à notre sens, à la consécration et à l'application des règles juridiques qui concourent à la mise en place d'une justice de qualité[8]. Réduite à la dimension constitutionnelle, la bonne administration de la justice intègre à cet effet le droit d'accès à un juge constitutionnel indépendant, le traitement impartial des demandes des justiciables, le respect des droits de la défense, le droit à une information, le droit de s'exprimer librement, le droit à un délai raisonnable dans la prise des décisions, la pertinence et l'exécution des décisions rendues par le juge.

Au regard de ce contenu, qui guidera la présente réflexion, il y a lieu de noter que le culte de la bonne administration de la justice au sein du Conseil constitutionnel peut aujourd'hui aisément se justifier. D'abord, la pratique efficace de la bonne administration de la justice devant le Conseil constitutionnel est un élément de sécurité juridique des justiciables et un identifiant qui permet de légitimer ou non le pouvoir politique. Ensuite, le principe de la bonne administration de la justice au sein du Conseil constitutionnel, garant de la conformité à la Constitution des lois, des règlements intérieurs du parlement, des traités et accords internationaux[9], régulateur du processus électoral[10] et du fonctionnement des institutions[11], rend compte du progrès intervenu dans le rôle de juger. Enfin, le dogme de la bonne administration de la justice témoigne de l'intérêt qu'il y a à faire passer la justice constitutionnelle d'une « *grande désillusion* »[12] à une réalité vécue et expérimentée au quotidien par l'ensemble des citoyens[13]. C'est pour cette raison que la bonne administration de la justice reste au centre des préoccupations des États africains depuis la décennie 90. Les réformes opérées dans le domaine judiciaire dès cette époque sont une preuve

---

[5] ROBERT (J), « La bonne administration de la justice », *AJDA*, 1995, numéro spécial du cinquantenaire, *Le droit administratif, des principes fondateurs à l'effectivité de la règle : bilan et perspectives d'un droit en mutation*, pp. 117 et ss.

[6] *Ibid.*, p. 118.

[7] CORNU (G), Association CAPITANT (H), *Vocabulaire juridique*, 10e édition, Paris, PUF, 2014, p. 840.

[8] Lire sur la question SAUVE (J. M), « La qualité de la justice administrative », *Revue française d'administration publique*, n° 159, 2016/3, pp. 667 - 674.

[9] Cf. articles 19 à 29 de la loi n° 2004/004 du 21 avril 2004 portant organisation et fonctionnement du Conseil constitutionnel modifiée et complétée par la loi n° 2012/015 du 21 décembre 2012.

[10] Cf. article 30 de la loi 2004/004 du 21 avril 2004 suscitée.

[11] Cf. articles 40 à 54 de la loi 2004/004 du 21 avril 2004 suscitée.

[12] NGANGO YOUMBI (E), « Le nouveau Conseil constitutionnel camerounais : la grande désillusion », *RDP*, n° 5, 2019, pp. 1379 – 1419.

[13] V° journées d'études organisées à l'Université de Ngaoundéré, les 27 et 28 novembre 2020, *op. cit.*

irréfutable[14]. En effet, face aux maux dont souffraient les juridictions étatiques[15], la bonne administration de la justice est devenue une réponse prescrite en Afrique par les bailleurs de fonds. Cela ne pouvait en être autrement car, bien administrée, la justice est un vecteur de consolidation de la démocratie, de l'État de droit ainsi qu'un élément efficace d'apaisement du climat social. Les pouvoirs publics camerounais en sont conscients. C'est pourquoi la poursuite de la rénovation de la justice constitutionnelle, à travers la mise en place d'un règlement intérieur du Conseil constitutionnel au Cameroun en 2019[16], traduit la volonté de poursuivre l'objectif de bonne administration de la justice et la place croissante du processus managérial de ce service public de la justice.

L'étude sur la bonne administration de la justice devant le Conseil constitutionnel camerounais connaît de nos jours un regain de considération. Elle reste digne d'intérêt à la fois théorique et pratique. Théoriquement, au Cameroun, les auteurs se sont intéressés très rarement à cette question qui charrie et alimente la démocratie et l'État de droit[17]. Il s'agit d'une contribution nouvelle dirigée vers un champ de recherche en cours de déblaiement et qui mérite, à travers cette étude, d'être davantage défriché. Pratiquement, les débats sur le Conseil constitutionnel, qui a été créé au Cameroun à la faveur de la constitution du 18 janvier 1996[18] et dont le fonctionnement effectif a vu le jour en 2018 avec la nomination des premiers membres[19], demeurent d'actualité et permettent de porter un regard sur la

---

[14] Lire à propos, M. KAMTO (M), « Les mutations de la justice camerounaise à la lumière des développements constitutionnels de 1996 », *Revue africaine des sciences juridiques,* Vol. 1, n° 1, 2000, pp. 09 – 20 ; ABA'A OYONO (J. C), « Les mutations de la justice à la lumière du développement constitutionnel de 1996 », *Afrilex*, 2000-2001, afrilex.u-bordeaux.fr, http : afrilex.u-bordeaux.fr, consulté le 21 décembre 2022.

[15] Parmi ces maux, on peut citer le laxisme, le népotisme, la lenteur judiciaire, le clientélisme, la dépendance du juge envers le pouvoir exécutif, le difficile accès au juge, l'exécution laborieuse des décisions du juge, etc.

[16] Cf. décision n° 1/CC/ du 17 juillet 2019 portant adoption du règlement intérieur du Conseil constitutionnel.

[17] Néanmoins, certains auteurs ont consacré leur plume sur l'étude du Conseil constitutionnel : WANDJI (J. F), « Le juge constitutionnel, juge ordinaire dans le contentieux électoral et non juge spécial », inédit ; NGANGO YOUMBI (E), « Le nouveau Conseil constitutionnel camerounais : la grande désillusion », *op. cit,* pp. 1379 – 1419 ; TUEKAM TATCHUM (C), « Le Conseil constitutionnel camerounais, juge du contentieux des lois constitutionnelles ? », *RADSP*, Vol. XIII, n° spécial, 2020, 2e semestre, pp. 261 – 283 ; VOUFFO (P) et DJAYOU LEWE (I), « Récusation des juges constitutionnels - Suspicion légitime vis-à-vis du Conseil constitutionnel en matière électorale - Révocation des membres du Conseil constitutionnel en droit camerounais : observation sous décision n° 024/CE/CC/2018 du Conseil constitutionnel rendue le 15 octobre 2018 », *RADP*, Vol. IX, n° 18, janvier - juin 2020, pp. 05 – 33 ; LEKENE DONFACK (E. C), NGANGO YOUMBI (E. M), TSOLEFACK AWAFA (E. W), « Chronique de jurisprudence du Conseil constitutionnel camerounais (2018 à 2020) », *Revue française de droit constitutionnel*, n° 129, 2022/1, pp. 207 – 241. D'autres se sont penchés sur la bonne administration de la justice : v° journées d'études organisées à l'Université de Ngaoundéré, les 27 et 28 novembre 2020, sur le thème « La bonne administration de la justice : Réflexion à la lumière de la justice camerounaise et de la justice internationale », inédit ; NGUIMFACK VOUFO (T), « La bonne administration de la justice dans la fonction juridictionnelle de la Chambre des comptes de la Cour suprême au Cameroun », *RAFIP*, n° 11, 1er semestre 2022, pp. 139 – 163 ; P. VOUFFO, « La bonne administration de la justice au Cameroun : la part du juge », *Revue d'études sur les institutions et le développement*, Vol. 7, numéro 1, 2022, pp. 152 – 200.

[18] Cf. titre VII de la constitution camerounaise consacré au Conseil constitutionnel (articles 46 – 52).

[19] Cf. décret n° 2018/105 du 7 février 2018 portant nomination des membres du Conseil constitutionnel.

bonne administration de la justice telle qu'elle est perçue et appliquée devant le juge constitutionnel camerounais.

Suivant cette logique, on peut alors se poser la question de savoir si la bonne administration de la justice, dans son contenu et ses exigences, bénéficie ou non d'un progrès réel devant le Conseil constitutionnel camerounais. La réponse à cette préoccupation repose sur des éléments de droit et de fait découlant de la pratique judiciaire devant cette institution. À la vérité, en dépit des efforts déployés par les pouvoirs publics, la bonne administration de la justice devant le Conseil constitutionnel reste encore limitée. Cette limitation résulte de ce qu'elle oscille entre pas décisif et rocher de Sisyphe, c'est-à-dire entre succès et insuccès.

La présente réflexion se propose de faire l'inventaire de la situation en exposant les avancées de la bonne administration de la justice devant le Conseil constitutionnel camerounais cinq ans après le fonctionnement de cette institution, en décelant les limites et en envisageant les solutions pour une justice constitutionnelle de qualité et de performance. Sur la base du positivisme juridique[20] et à la lumière des techniques de recherche appropriées[21], deux axes majeurs méritent d'être explorés pour atteindre l'objectif de cette étude. Ainsi, au Cameroun, si, d'un côté, on assiste à une bonne administration de la justice actionnée devant le Conseil constitutionnel (I), de l'autre, on note que cette bonne administration de la justice y demeure lacunaire (II).

I. UNE BONNE ADMINISTRATION DE LA JUSTICE ACTIONÉE

À l'analyse du droit positif camerounais, la bonne administration de la justice demeure un impératif. On la décèle à travers la mise en place de la garantie des règles du procès équitable devant le juge constitutionnel (A) et l'affirmation de l'autorité de ses décisions (B).

A. La garantie des règles du procès équitable devant le juge constitutionnel

Dans un État moderne, tout citoyen a droit à ce que sa cause soit entendue conformément aux règles du procès équitable[22]. Dans un souci de la bonne administration de la justice, on note devant le Conseil constitutionnel camerounais la préservation de ces règles sous l'angle organique (1) ainsi que leur sauvegarde sous l'angle fonctionnel (2).

---

[20] Principalement, le positivisme juridique intègre la dogmatique et la casuistique. À ces deux éléments s'ajoute le recours au droit comparé.

[21] Deux techniques seront convoquées ici, à savoir la technique documentaire et la technique de l'enquête.

[22] Sur les règles du procès équitable, lire NGUELE ABADA (M), « La réception des règles du procès équitable dans le contentieux du droit public », *Juridis périodique n° 63*, juillet – août – septembre 2005, pp. 19 – 33 ; S. NGONO, « L'application des règles internationales du procès équitable par le juge judiciaire », *Juridis périodique n° 63*, juillet – août – septembre 2005, pp. 34 – 45 ; GUINCHARD (S), CHAINAIS (C) et autres, *Droit processuel : droit commun et droit comparé du procès équitable*, 5e édition, Paris, Dalloz, 2009, pp. 443 et ss ; GNIMPIEBA TONNANG (E) et FANDJIP (O), « La Cour de Justice de la CEMAC et les règles du procès équitable », *Revue Penant*, n° 872, juillet – septembre 2010, pp. 329 – 356.

1) La préservation des règles du procès équitable sous l'angle organique

Analysées sous l'angle organique, les règles du procès équitable en vue de la consolidation de la bonne administration de la justice devant le Conseil constitutionnel reposent à la fois sur l'indépendance du juge, son impartialité et l'autonomie de cette institution.

L'indépendance de la justice signifie que le juge ne doit recevoir d'ordres de personne de nature à influencer sa décision. Suivant cette logique, le juge ne doit faire l'objet d'aucune pression de quelle que nature que ce soit dans l'exercice de ses fonctions. Toute immixtion dans le jugement des affaires pendantes devant le Conseil constitutionnel est interdite[23]. Le droit à un tribunal indépendant, principe de l'État de droit[24], implique le droit de recourir à un juge qui statue par lui-même et qui n'abdique pas son pouvoir de juger au profit d'une autre autorité. L'indépendance du juge constitutionnel s'entend ainsi comme le pouvoir, et même le devoir, du juge constitutionnel de décider librement, cette liberté étant celle d'apprécier sans contrainte les faits qui lui sont soumis et d'interpréter sans entraves la norme qu'il est tenu d'appliquer en l'espèce. Elle entend rendre le juge constitutionnel camerounais inaccessible à toute ingérence ou pression interne et externe. Afin de mieux remplir leurs missions, l'institution judiciaire en général et le Conseil constitutionnel en particulier devraient être facilement accessibles et indépendants de tout pouvoir extérieur. Il s'agit non seulement de l'indépendance par rapport aux pouvoirs exécutif et législatif [25] mais aussi de l'indépendance à l'égard des parties au procès et de tous les pouvoirs de fait tels que groupes de pression, médias, opinion publique, etc.[26]. Cette indépendance est facilitée par le principe de la séparation des pouvoirs[27]. Elle est renforcée par les incompatibilités[28] et interdictions[29] consacrées. Dans tous les cas, « *les membres du Conseil constitutionnel doivent s'abstenir de tout ce qui pourrait compromettre*

---

[23] On peut se référer à propos à l'article 3 (3e paragraphe) de la loi béninoise n° 2001-37 du 27 août 2002 portant organisation judiciaire.

[24] CHEVALLIER (J), *L'État de droit*, 4e édition, Paris, Montchrestien, 2003, pp. 66 et ss.

[25] Pour MONTESQUIEU dans *De l'esprit des lois*, « *point de puissance de juger si cette fonction est confondue avec le législatif ou l'exécutif* ».

[26] Lire, GUINCHARD (S), CHAINAIS (C) et autres, *Droit processuel : droit commun et droit comparé du procès équitable*, 11e édition, Paris, Dalloz, 2021, pp. 745 et ss.

[27] Lire sur la question, HOURQUEBIE (F), « L'indépendance de la justice dans les États francophones », *Cahiers de la justice*, n° 2, 2012/2, pp. 41 – 61.

[28] Aux termes de l'article 24 du règlement intérieur du Conseil, « *les fonctions de membre du Conseil sont incompatibles avec la qualité de membre du gouvernement ; la qualité de membre du Conseil économique et social ; la qualité de membre de la Cour suprême, l'exercice de tout mandat électif ou de tout autre emploi public, civil ou militaire ; toute autre activité professionnelle privée pouvant affecter son honorabilité, son impartialité, son intégrité, sa neutralité ou son honnêteté intellectuelle* ».

[29] Pour l'article 26 du règlement intérieur du Conseil, « *les membres du Conseil constitutionnel s'interdisent de : --prendre des positions publiques ou de donner des consultations sur des questions ayant fait ou étant susceptibles de faire l'objet de décisions de la part du Conseil constitutionnel ; - de plaider ou de participer à un arbitrage ; - d'occuper au sein d'un parti ou d'une formation politique, d'une association partisane ou syndicale, tout poste de responsabilité ou de direction et, de façon plus générale, de faire apparaître de quelque manière que ce soit leur appartenance politique ou syndicale ;- d'exciper ou de laisser user de leur qualité dans les entreprises industrielles, commerciales ou dans l'exercice des professions libérales, et de façon générale, d'user de leur titre pour des motifs autres que ceux relatifs à l'exercice de leur mandat* ».

l'indépendance et la dignité de leur fonction »[30]. Dans le but d'assurer leur indépendance et de les protéger contre les plaintes parfois fantaisistes, des immunités[31] et privilèges leur sont accordés. À cela, il faut ajouter le caractère inamovible de ses membres[32]. Ce caractère inamovible fonde la sérénité et l'efficacité opérationnelle des membres du Conseil dans l'exercice de leurs fonctions. À ce stade, on peut noter les efforts du Conseil à l'effet de consolider cette indépendance qui reste un élément important de la bonne administration de la justice et un préalable obligé à l'impartialité de ses membres[33].

S'agissant de l'impartialité, elle est l'une des obligations qui pèsent sur le juge constitutionnel camerounais. Elle est prescrite à l'article 3 alinéa 2 de la loi n° 2004/005 du 21 avril 2004 fixant le statut des membres du Conseil constitutionnel camerounais[34]. Cette impartialité se décline sous un double angle : d'une part, le Conseil doit être subjectivement neutre, c'est-à-dire qu'aucun de ses membres ne doit adopter des comportements partisans ou des préjugés. Le juge doit ainsi agir selon la loi et sa conscience, en tenant la balance égale entre accusation et défense, en n'avantageant aucune partie au détriment d'une autre. D'autre part, le Conseil doit être objectivement impartial, c'est-à-dire qu'il doit offrir des garanties suffisantes pour exclure à cet égard tout doute légitime. Ce qui conduit directement à l'ingratitude du juge à l'égard de tous, y compris ses bienfaiteurs, lorsqu'il est dans l'exercice de ses fonctions. Sur ce point, un auteur averti exhorte le juge constitutionnel une fois nommé d'être définitivement et juridiquement coupé de son bienfaiteur[35] afin de demeurer impartial. L'impartialité du juge reste une exigence de la bonne administration de la justice[36] devant le Conseil constitutionnel camerounais.

À côté de l'indépendance et de l'impartialité, les règles du procès équitable sur le plan organique sont renforcées par une certaine autonomie du Conseil constitutionnel. En effet, les faisceaux d'éléments rassemblés et les mécanismes de fonctionnement de cette institution au Cameroun laissent envisager une autonomie étendue et renforcée[37] tant sur le plan administratif que financier. Sur le plan administratif, l'autonomie du Conseil est acquise et se consolide par le recrutement de son personnel en dehors des personnalités nommées qui y sont en position de détachement s'agissant des membres du Conseil constitutionnel[38] ou

---

[30] Voir article 26 du règlement intérieur du Conseil constitutionnel suscité.

[31] Ces immunités figurent aux articles 31 et 32 du règlement intérieur du Conseil constitutionnel suscité.

[32] Cf. article 9 de la loi n° 2004/005 du 21 avril 2004 fixant le statut des membres du Conseil constitutionnel. Ce caractère inamovible est réitéré à l'article 1er de la loi 2012/016 du 21 décembre 2012 modifiant et complétant certaines dispositions de la loi n° 2004/005 du 21 décembre 2012.

[33] Voir PERLO (N), « Les premières récusations du Conseil constitutionnel : réponses et nouveaux questionnements sur un instrument à double tranchant », *AIJC*, n° 27, 2011 – 2012, pp. 62 ss.

[34] D'après cet article, les membres du Conseil constitutionnel au cours de leur prestation de serment jurent de bien et fidèlement remplir leurs fonctions, « *de les exercer en toute impartialité dans le respect de la constitution* ».

[35] AÏVO (F. J), *Le juge constitutionnel et l'État de droit en Afrique. L'exemple du modèle béninois*, Paris, l'Harmattan, 2006, p. 144.

[36] V° VOUFFO (P), « La bonne administration de la justice au Cameroun : la part du juge », *op. cit*, p. 173 et ss.

[37] V° DIAKHATE (M), « Les ambiguïtés de la juridiction constitutionnelle dans les États de l'Afrique noire francophone », *Revue de droit public et de la science politique en France et à l'Étranger,* n° 3, 2015, p. 785.

[38] Cf. article 8 alinéa 2 de la loi n° 2004/005 du 21 avril 2004 fixant le statut des membres du Conseil.

mises à disposition s'agissant des autres personnels[39], la gestion de leur carrière et la libre administration de l'institution. Sur le plan financier, cette autonomie passe par la libre élaboration du budget par les services compétents, son inscription dans la loi de finances de l'État[40] sans aucune défense devant le parlement, sa libre gestion par le président du Conseil qui en est l'ordonnateur[41]. Il s'agit sur le plan juridique d'une autonomie, certes avec contrôle, mais sans tutelle. Une telle situation est favorable à la bonne administration de la justice. Tout compte fait, l'indépendance, l'impartialité et l'autonomie du Conseil sont un ensemble d'exigences qui participent d'une bonne administration de la justice. Elles restent favorables à la sauvegarde des règles du procès équitable perçue sous l'angle fonctionnel.

2) La sauvegarde des règles du procès équitable sous l'angle fonctionnel

Sur le plan fonctionnel, les règles du procès équitable, qui contribuent à la consolidation de la bonne administration de la justice, passent, entre autres, par la régulation des compétences[42] du juge constitutionnel. Cette compétence trouve son assise juridique dans la loi constitutionnelle du 18 janvier 1996 modifiée et complétée le 14 avril 2008[43], la loi 2004/004 du 21 avril 2004 modifiée et complétée par la loi 2012/015[44], le code électoral du 19 avril 2012 avec ses modifications subséquentes[45] ainsi que le règlement intérieur du Conseil du 17 juillet 2019[46]. En application stricte du contenu de ces textes, le Conseil constitutionnel est compétent pour statuer sur la constitutionnalité des lois, des traités et accords internationaux, les règlements intérieurs de l'Assemblée nationale et du Sénat avant leur mise en application, quant à leur conformité à la constitution. Il statue aussi sur les conflits d'attribution entre les institutions de l'État, entre l'État et les régions, entre les régions. Il veille à la régularité de l'élection présidentielle, des élections parlementaires, des consultations référendaires et en proclame les résultats. Il émet des avis sur les matières relevant de sa compétence. Ces règles de compétence matérielle sont d'ordre public et leur respect strict par le Conseil relève de la bonne administration de la justice. À la vérité, le Conseil constitutionnel camerounais a une compétence attributive qui ne lui permet pas d'aller au-delà de ce qu'autorisent les textes.

---

[39] Cf. article 28 du décret n° 2018/104 du 7 février 2018 portant organisation et fonctionnement du Secrétariat général du Conseil constitutionnel camerounais.

[40] Cf. article 18 alinéa 1 de la loi 2004/004 du 21 avril 2004 modifiée et complétée en 2012 suscitée.

[41] Cf. article 18 alinéa 2 de la loi 2004/004 du 21 avril 2004 modifiée et complétée en 2012 suscitée.

[42] Voir NGUIMFACK VOUFO (T), « La bonne administration de la justice dans la fonction juridictionnelle de la Chambre des comptes de la Cour suprême au Cameroun », *op. cit*, pp. 144 et ss.

[43] Cf. articles 46, 47 et 48 de la loi constitutionnelle du 18 janvier 1996 modifiée et complétée le 14 avril 2008.

[44] Cf. article 3 de la loi 2004/004 du 21 avril 2004 suscitée modifiée et complétée par la loi du 21 décembre 2012.

[45] Cf. articles 129, 131, 132, 137, 168, 194, 212 et 239 de la loi n° 2012/001 du 19 avril 2012 portant code électoral, modifiée et complétée par la loi n° 2012/017 du 21 décembre 2012 et par celle n° 2019/005 du 25 avril 2019.

[46] Cf. articles 2, 66, 80, 90, 91, 92, 96, 97 et 100 de la décision n° 01/CC du 17 juillet 2019 portant adoption du règlement intérieur du Conseil constitutionnel.

À la compétence attributive, le Conseil constitutionnel camerounais associe la compétence complétive[47]. Il a exprimé un tel pouvoir dans les affaires *sieurs Ahmadou AHIDJO*[48] et *Aboubakar KAMALDINE*[49] dans lesquelles il affirme qu'en contentieux préélectoral, il ne peut être saisi que sur la base de la décision de rejet ou d'acceptation des candidatures publiées par ELECAM qui est l'institution en charge de l'organisation des élections. Néanmoins, la compétence attributive ou complétive du Conseil est limitée. Sans ambages, le juge constitutionnel camerounais, animé par un souci de la bonne administration de la justice, affirme son incompétence à l'égard des actes des autorités administratives,[50] législatives[51] et judiciaires.[52] Il en est de même en matière de suspension de l'organe en charge de l'organisation des élections (ELECAM), de la suspension d'un parti politique ou de son équipe dirigeante[53]. Il refuse aussi d'examiner au fond, en se déclarant incompétent, en matière d'élections locales[54] ou de s'immiscer dans le fonctionnement interne des partis politiques à l'effet d'investir les candidats[55]. Cette attitude marque un pas décisif dans la marche de la bonne administration de la justice devant le Conseil constitutionnel camerounais.

À côté du contrôle des règles de compétence, le Conseil constitutionnel accorde une importance capitale à la vérification des conditions de saisine par le requérant. Ces conditions sont liées à la personne du requérant et plus précisément à sa qualité, aux délais et aux formalités substantielles de la requête à savoir faits et moyens. Il s'agit des conditions cumulatives dont l'inobservation d'une seule entraîne l'irrecevabilité de la requête. Le juge l'a rappelé dans les espèces *dame DOUVAOUISSA Aissa Hamadi contre ELECAM, MINAT, RDPC, FSNC*[56] et

---

[47] Lire sur la question, LEKENE DONFACK (E. C), NGANGO YOUMBI (E. M), TSOLEFACK AWAFA (E. W), « Chronique de jurisprudence du Conseil constitutionnel camerounais (2018 à 2020) », *op. cit.*, pp. 211 – 212.

[48] Décision n° 04/CE/CC/2018 du 15 mars 2018, *sieur Ahmadou AHIDJO contre RDPC et ELECAM.*

[49] Décision n° 11/G/SRCER/CC/2018 du 17 août 2018, *sieur ABOUBAKAR KAMALDINE contre ELECAM.*

[50] Dans *la troisième affaire KISOB Bertin*, le juge se déclare incompétent à contrôler le décret n° 2018/391 du 9 juillet 2018 portant convocation du corps électoral en vue de l'élection du président de la République. Voir décision n° 23/CE/CC/2018 du 13 septembre 2018, *sieur KISOB Bertin.*

[51] Dans l'affaire *sieur Vincent – Sosthène FOUDA ESSOMBA contre ELECAM*, le demandeur avait sollicité du Conseil constitutionnel de constater l'imperfection d'une loi et de la corriger. Vidant sa saisine dans cette affaire, le juge constitutionnel camerounais de façon pédagogique rappelle dans sa décision que la modification d'une loi électorale ne relève pas de sa compétence. Voir décision n° 13/CE/CC/2018 du 17 août 2018.

[52] Dans *l'affaire KAMTO Maurice contre ELECAM, RDPC, UDC, FPD, ADD, MCNC, PURS*, le Conseil rappelle qu'il est incompétent pour contrôler des décisions des juges de l'ordre judiciaire dont la contestation doit être faite par l'exercice des voies de recours autorisées par la loi (décision n° 029/G/SRCER/CC/2018 du 17 octobre 2018).

[53] Une telle incompétence est administrée dans une autre *affaire Sieur KISOB Bertin*, objet de la décision n° 26/CE/CC/2018 du 17 août 2018.

[54] Dans l'affaire *sieur NDOUP Prévost contre RDPC, MINAT et ELECAM,* le juge constitutionnel a affirmé son incompétence à annuler la liste du RDPC aux élections municipales dans la commune de Yoko. Voir décision n° 27/SR/CER/G/SG/CC du 19 décembre 2019.

[55] Dans une jurisprudence demeurée constante, le Conseil observe qu'il ne peut s'immiscer dans le fonctionnement interne d'un parti politique, les contestations relatives à l'investiture relevant de la gestion interne de chaque parti politique et ne pouvant dès lors être soumises à sa sanction. Cette leçon a été véhiculée dans les affaires sieurs *SAKI Lamine* (décision n° 01/CE/CC/2018 du 15 mars 2018), *Ahmadou AHIDJO* (décision n° 04/CE/CC/2018 du 15 mars 2018), *BALEGUET NKOT Pierre, BAPOT LIPOT et Dame NGO GOUET* (décision n° 32/SR/CER/G/SG/CC du 19 décembre 2019).

[56] Voir décision n° 10/SRCER/G/CC/20 du 24 février 2020.

dame ZOUBAÏNATOU Salihou épse MOHAMADOU BASSIROU, Messieurs KOULAGNA Abdou et HAMADOU Ali Bachir (RDPC) contre UNDP, UNIVERS, ELECAM, MINAT[57].

Concernant la qualité pour agir devant le Conseil, le juge, dans une démarche pédagogique, opère le *distinguo* entre la qualité en matière électorale[58], arbitrale, consultative, et en matière de contrôle de constitutionnalité[59]. En toute matière, le défaut de cette qualité est cause d'irrecevabilité et la haute institution en a décidé ainsi, en application des textes, dans plusieurs espèces[60]. Aux conditions de saisine liées à la personne du requérant, s'ajoutent celles attachées aux délais. Le respect de ces délais touche essentiellement le contentieux préélectoral ou électoral. Le Conseil sur ce point exige que les requêtes soient soigneusement introduites dans les délais prescrits par les textes[61] faute de quoi, il ne saurait statuer au fond. Ces délais impératifs ne sont pas francs. Il sanctionne ainsi d'irrecevabilité toute requête prématurée[62] ou tardive[63]. Ces agissements du juge constitutionnel marquent un pas de plus dans la consolidation de la bonne administration de la justice. De même, marque un pas décisif, le contrôle qu'exerce le juge sur le respect par les justiciables des éléments substantiels de la requête. En application de la loi, le Conseil chaque fois veille à ce que toute requête recevable contienne impérativement l'adresse du requérant, les moyens de fait et de droit exigé par les articles 19 alinéa 2, 49, 55 alinéa 1 de la loi 2004/004 suscitée ou 130 alinéa 4 et 133 alinéa 3 du code électoral[64]. Le Conseil sanctionne d'irrecevabilité dans diverses espèces les requêtes n'obéissant pas à ces prescriptions[65] ou n'ayant pas formulé un chef de demande[66].

---

[57] Voir décision n° 018/SRCER/G/CC/20 du 24 février 2020.

[58] En matière électorale, et conformément aux dispositions des articles 43 de la constitution, 44 et 45 de la loi 2004/004 du 21 avril 2004 modifiée et complétée le 21 décembre 2012, 129 du code électoral en vigueur, ont qualité pour saisir le juge électoral, tout candidat, tout parti politique ayant pris part à l'élection (dans la circonscription concernée) ou toute personne ayant la qualité d'agent du gouvernement pour ladite élection.

[59] S'agissant du contrôle de constitutionnalité et d'autres matières, l'auguste institution, en se fondant sur les textes en vigueur, a rappelé à maintes reprises que sa saisine reste strictement limitée au président de la République, au président de l'Assemblée nationale, à celui du Sénat, à un tiers des députés, un tiers des sénateurs et aux présidents des exécutifs régionaux lorsque les intérêts de leur région sont mis en cause. Le juge a rappelé la liste de ces personnalités dans *l'affaire sieur MBA Gibson*, objet de la décision n° 01/SCA/G/SG/CC du 27 février 2019, avant de conclure que le requérant n'en fait pas partie.

[60] V° affaires *sieur EKOUDA Darius Mesmin*, décision n° 01/SCCL/G/SG/CC du 10 janvier 2019 ; *sieur MBA Gibson*, décision n° 01/SCA/G/SG/CC du 27 février 2019 ; *Union générale des travailleurs du Cameroun*, décision n° 01/CC/SG//G/SDAC du 9 juillet 2020 ; *sieur Jonathan NTI contre président de la République et autres*, décision n° 01/CC/CT du 14 octobre 2020, etc.

[61] Dans le contentieux préélectoral, ce délai est de deux (02) jours à compter de la date de publication des listes (article 120 du code électoral). En contentieux électoral, ce délai est de soixante-douze (72) heures à compter de la date du scrutin (article 133 du code électoral).

[62] L'affaire *sieur KAMDEM Honoré contre sieur KETCHANGA Célestin et RDPC* est une parfaite illustration (voir décision n° 01/SRCER/G/SG/CC du 19 décembre 2019).

[63] À titre illustratif, on peut citer *l'affaire dame MASSU TALOM Joséphine (suppléante SDF de la Mifi) contre SDF, ELECAM, MINAT* (décision n° 25/SR/CER/G/SG/CC du 19 décembre 2019) ; *sieur WANTOU SIANTOU Lucien (RDPC) contre ELECAM, MINAT, UMS* (décision n° 02/CC/SRCER du 24 février 2020), etc.

[64] Selon le contenu de ces dispositions, « *sous peine d'irrecevabilité, la requête doit préciser les faits et moyens allégués* ». Ces moyens doivent viser un texte de droit ou un principe général de droit.

[65] V° décision n° 02/CE/CC/2018 du 15 mars 2018, *sieur EGONO Valentin (UCDI) contre ELECAM, RDPC et autres partis politiques en compétition* ; décision n° 15/CE/CC/2018 du 17 août 2018, *dame*

Régulièrement saisi d'une requête datée, motivée en fait ainsi qu'en droit, et signée de son auteur, le Conseil constitutionnel statue en respect des droits de la défense[67], à savoir, droit d'assistance par un avocat[68], respect du principe du contradictoire[69], sauf cas des requêtes manifestement irrecevables[70], etc. L'instruction est faite conformément aux exigences des articles 60 et 61 de la loi 2004/004 du 21 avril 2004 modifiée et complétée par la loi du 21 décembre 2012 suscitée. Au cours de cette instruction, le Conseil constitutionnel peut ordonner la jonction de plusieurs instances pendantes devant lui s'il existe entre elles un lien tel qu'il soit de l'intérêt d'une bonne administration de la justice de les faire instruire ou juger ensemble. Le juge en a décidé ainsi dans *l'affaire sieurs Éric NADJI, KARAMOKO SOULEYMANE, AWILY BOUBA Bienvenue, BANANG Barthélémy Contre ELECAM, MINAT*[71]. Il peut aussi ordonner toutes autres mesures d'instruction[72] nécessaires pour la manifestation de la vérité à savoir transport judiciaire, commission d'un expert, etc. Après débats qui ne sont pas publics, sauf en matière électorale et référendaire[73], et au terme de la mission d'instruction, le conseiller-rapporteur exprime son point de vue dans un rapport dans lequel il expose le contenu de la requête, l'analyse des moyens soulevés et les points à trancher. Ce rapport est suivi d'un projet de décision qui, après débats et observations, sera amendé au besoin et rendu par le Conseil.

Les décisions rendues par le Conseil, qu'elles soient sous forme de mesures d'instruction ou au fond, doivent être pertinemment et suffisamment motivées en fait et en droit pour emporter l'adhésion des justiciables[74]. Il en est de même des avis. Cette motivation est, non seulement une composante du droit à un procès

---

ZEB Amvene Géneviève contre ELECAM ; décision n° 028/CE/CC/2018 du 17 octobre 2018, *LIBII NGUE NGUE Cabral (Union nationale pour l'intégration vers la solidarité -UNIVERS) contre ELECAM, RDPC, ADD, PURS, FDP, UDC, UCNC* ; décision n° 029/G/SRCER/CC/2018 du 17 octobre 2018, *sieur KAMTO Maurice.*

[66] Voir décision n° 15/CE/CC/2018 du 17 août 2018, *dame ZEB Amvene Géneviève contre ELECAM* ; décision n° 03/SR/CER du 24 février 2020, *sieur TOUELI Angelo (PCRN) contre ELECAM, MINAT et RDPC.*

[67] Sur la question, lire J-L. DEBRE, « Le Conseil constitutionnel et les droits de la défense », Discours prononcé à la rentrée du barreau de Paris, Théâtre du châtelet, 4 décembre 2009.

[68] Aux termes de l'article 58 de la loi n° 2004/004 du 21 avril 2004 portant organisation et fonctionnement du Conseil constitutionnel, modifiée et complétée par la loi 2012/015 du 21 décembre 2012, « *les parties peuvent se faire assister par un Conseil de leur choix* ».

[69] Le respect de ce principe passe par la communication de la requête à la partie adverse, l'échange entre les parties des écritures et pièces. Cf. article 55 alinéa 2 de la décision n° 01/CC du 17 juillet 2019 portant adoption du règlement intérieur du Conseil constitutionnel.

[70] Aux termes de l'article 59 alinéa 1 de la loi n° 2004/004 du 21 avril 2004 susvisée, *« lorsque la requête est manifestement irrecevable, le Conseil constitutionnel statue par décision motivée sans instruction contradictoire préalable* ». Cela a été appliqué dans les affaires *sieur Ahmadou AHIDJO*, décision n° 04/CE/CC/2018 du 15 mars 2018 ; sieur DIBAMOU André Marie, décision n° 01/CC/SDA du 28 avril 2022, etc.

[71] Pour le Conseil, « *attendu que les recours sus-indiqués présentent un lien de connexité entre eux ; qu'il y a lieu, pour une bonne administration de la justice, de les joindre pour statuer sur l'ensemble par une seule et même décision* ». Voir Conseil constitutionnel, décision n° 17/SRCER/G/SG/CC du 19 décembre 2019.

[72] Cf. article 60 de la loi 2004/004 du 21 avril 2004 suscitée.

[73] Voir article 64 de la loi n° 2004/004 du 21 avril 2004 suscitée, modifiée et complétée le 21 décembre 2012.

[74] Cf. article 4 alinéa 1 de la loi n° 2004/004 du 21 avril 2004 modifiée et complétée par celle du 21 décembre 2012. V° aussi l'article 3 (1) du règlement intérieur du Conseil constitutionnel susvisé.

équitable, mais également une exigence déontologique. Allant dans ce sens, l'obligation de motivation des décisions qui pèse sur le juge constitutionnel[75] reste un critère fondamental de la bonne administration de la justice. Elle permet de rendre une justice substantielle de qualité. Ces décisions motivées sont rendues publiquement en toute matière[76].

Dans tous les cas, toutes les décisions rendues sont publiées au journal officiel en français et en anglais[77]. Il en est également des avis émis par cette institution. De même, ces décisions sont notifiées à la Chambre parlementaire concernée, à l'autorité ou à la partie ayant saisi le Conseil. Une telle diligence participe de la bonne administration de la justice. Mais, quelle que soit la nature de l'affaire, la décision à intervenir doit être rendue dans un bref délai, car le temps est un bien précieux et le délai raisonnable, un fruit gorgé de promesses[78]. En matière de contrôle de constitutionnalité, par exemple, et aux termes des dispositions de l'article 19 alinéa 4 de la loi n° 2004/004 du 21 avril 2004 portant organisation et fonctionnement du Conseil, *« le Conseil constitutionnel doit se prononcer dans un délai de quinze (15) jours. Toutefois, à la demande du président de la République, ce délai peut être ramené à huit (08) jours »*. Ce délai raisonnable est aussi reconnu dans le contentieux préélectoral et électoral. En effet, « *en cas de contestations ou de réclamations relatives au rejet ou à l'acceptation des candidatures, ainsi que celles relatives à la couleur, au siège ou au symbole adoptés par un candidat, le Conseil constitutionnel saisi statue dans un délai maximum de dix (10) jours suivant le dépôt de la requête* »[79]. Pour le contentieux électoral couplé à la proclamation des résultats, ce délai est de quinze (15) jours s'agissant de l'élection présidentielle[80], des élections sénatoriales[81] et des consultations référendaires[82]. Il est de vingt (20) jours pour l'élection des députés à l'Assemblée nationale[83]. En s'appuyant sur une jurisprudence abondante, on constate que la haute juridiction depuis le début de ses activités en 2018 a déployé des efforts appréciables pour se soumettre à ces exigences légales tant en matière de contrôle de constitutionnalité, en matière électorale qu'en d'autres matières[84].

---

[75] SOBZE (S.-F.), « L'obligation de motivation des décisions des juridictions constitutionnelles en Afrique noire », *Revue burkinabé de droit*, n° 59, 1er semestre 2020, pp. 91 – 137.

[76] Cf. article 64 *in fine* de la loi 2004/004 du 21 avril 2004 modifiée et complétée le 21 décembre 2012.

[77] Voir article 3 alinéa 3 du règlement intérieur du Conseil constitutionnel.

[78] Lire à propos, ABIKHZER (F), « Le délai raisonnable dans le contentieux administratif : un fruit parvenu à maturité ? », *Actualité juridique Droit administratif*, n° 18, 2005, pp. 985 – 997.

[79] Cf. article 131 de la loi 2012/001 du 19 avril 2012 portant code électoral, modifiée et complétée par la loi n° 2012/017 du 21 décembre 2012 et celle n° 2019/005 du 25 avril 2019.

[80] Article 137 du code électoral suscité.

[81] Article 240 du code électoral suscité.

[82] Article 212 du code électoral suscité.

[83] Article 168 du code électoral suscité.

[84] À titre illustratif, saisi le 27 mai 2022 dans l'affaire *sieur DIBAMOU André Marie contre président de la République et autres*, relative à la demande en rectification de 45 erreurs matérielles dans la décision n° 01 /CC/SDA du 28 avril 2022, le Conseil constitutionnel a vidé sa saisine le 6 juin de la même année, soit dans une durée de dix jours (voir décision n° 4/CC/SDA du 6 juin 2022, rôles 25 et 26). Dans l'affaire *Dame ZOUBAÎNATOU Salihou épouse MOHAMADOU BASSIROU et autres contre UNDP, UNIVERS, ELECAM et MINAT* relative à l'annulation partielle des opérations électorales dans les arrondissements de Ngaoundéré 1er, 2e, 3e et de Nyambaka, saisi le 12 février 2020, le Conseil constitutionnel a rendu sa décision le 24 février de la même année soit environ douze (12) jours après la requête introductive d'instance (voir décision n° 018/SRCER/G/20 du 24 février

Rendre justice dans un délai court est un précieux atout qui permet aux justiciables de protéger rapidement leurs droits. Il s'agit d'un pas décisif que fait le Conseil Constitutionnel dans le cadre de la bonne administration de la justice[85]. Cette bonne administration repose aussi, entre autres, sur l'affirmation de l'autorité des décisions rendues.

B. L'affirmation de l'autorité des décisions du juge constitutionnel

L'autorité des décisions du Conseil constitutionnel tient son fondement juridique des dispositions de l'article 50 de la loi constitutionnelle n° 96/06 du 18 janvier 1996 modifiée et complétée par la loi n° 2008/001 du 14 avril 2008[86]. À l'analyse de ces dispositions réitérées par la loi organique de 2004/004 modifiée et complétée en 2012[87] suscitée et le règlement intérieur de la haute juridiction du 17 juillet 2019[88], on note que l'autorité des décisions du Conseil, qui renforce l'autorité du juge, repose à la fois sur l'absence des voies de recours contre lesdites décisions (1) et leur effet *erga omnes* (2).

1) L'absence des voies de recours contre les décisions rendues

En matière de contrôle de constitutionnalité, d'opérations électorales, de résultats des élections et consultations référendaires, bref, en toute matière relevant de la compétence du juge constitutionnel, les décisions rendues par la haute juridiction restent sacrées. Pour le constituant camerounais, « *les décisions du Conseil constitutionnel ne sont susceptibles d'aucun recours* »[89]. Ce caractère définitif des décisions du Conseil consolide les pouvoirs du juge constitutionnel, l'invite à une prise de conscience accentuée et à plus de professionnalisme dans l'exercice de ses fonctions. Cette invite à l'endroit du juge concourt au raffermissement de la bonne administration de la justice, car l'absence des voies de recours oblige le juge à s'entourer de toutes les garanties pour éluder les erreurs judiciaires afin de rendre une justice saine et qualitative. Ce caractère définitif des décisions du juge constitutionnel ne permet pas d'exercer devant une autre instance une quelconque voie de recours à l'instar de l'appel ou du recours en cassation. Il ne permet non plus d'exercer devant cette instance qui a rendu la

---

2020). Dans la même veine, saisi le 14 février 2020 dans l'affaire *Hon. MBAH NDAM Joseph NJANG contre Elections Cameroon (ELECAM), CPDM, MINAT,* relative à la demande additionnelle, le juge constitutionnel a tranché cette cause le 25 février de la même année soit onze (11) jours après sa saisine (voir Ruling n° 028/SRCER/G/SG/CC/2020 of 25 february 2020). Dans l'affaire sieur ABOUBAKAR KAMALDINE C/ Elections Cameroon (ELECAM) relative à la validation de sa candidature à l'élection présidentielle du 7 octobre 2018, le Conseil constitutionnel, saisi le 7 août 2018, a vidé sa saisine le 17 août de la même année, soit dix (10) jours après le dépôt de sa requête au greffe du Conseil (voir décision n° 011/G/SRCER/CC/2008 du 17 août 2018).

[85] SHELA (A.A.A), *Le délai raisonnable de jugement : une part indissociable de la justice, vers une réforme du Conseil d'État égyptien, à la lumière de l'expérience de la juridiction administrative française*, Mémoire de master en administration publique, Université de Strasbourg, Année 2013-2014, pp. 17 et ss.

[86] Selon cet article, « *les décisions du Conseil constitutionnel ne sont susceptibles d'aucun recours. Elles s'imposent aux pouvoirs publics et à toutes les autorités administratives, militaires et juridictionnelles, ainsi qu'à toute personne physique ou morale* ».

[87] Article 4 alinéa 2.

[88] Article 3 alinéa 2.

[89] Cf. article 50 de la constitution camerounaise du 18 janvier 1996 révisée le 14 avril 2008.

décision une voie de recours à l'exemple d'une opposition ou tierce-opposition. Le juge constitutionnel, restant collé aux textes, est à ce point vigilant et imperturbable puisqu'il n'admet pas, même sous le prétexte d'un recours en rectificatif de l'erreur matérielle, de réexaminer le fond d'un litige déjà tranché par lui. Il l'a clairement rappelé dans *l'affaire sieur Olivier BILE, agissant au nom des « Libérateurs » contre président de la République, président du Sénat et président de l'Assemblée nationale*[90]. Il affirme à cet effet « *que dans le cas d'espèce, le requérant n'indique pas les éléments constitutifs de l'erreur matérielle en lien avec la décision attaquée ; que sa démarche, comme il le reconnaît lui-même dans sa requête, tend plutôt à amener le Conseil constitutionnel, dont les décisions sont sans recours, à un nouvel examen de la cause ; qu'il s'ensuit qu'elle n'est pas fondée et qu'il échet de la rejeter* »[91]. Le Conseil a réitéré quelques semaines après cette position dans *l'affaire sieur DIBAMOU André Marie contre président de la République et autres*[92]. Il souligne dans cette espèce que le requérant « *n'ayant pas ainsi rapporté la preuve des erreurs matérielles à lever, il y a lieu de rejeter sa requête comme non justifiée* »[93]. Cette attitude du juge, en phase avec le droit positif, est conforme aux exigences de la bonne administration de la justice. Quoi qu'il en soit, le principe est connu : les décisions du Conseil constitutionnel en toute matière sont insusceptibles de recours.

Néanmoins, animé toujours par le souci d'une bonne administration de la justice, le Conseil constitutionnel camerounais, à la suite du législateur de 2004[94], relève dans son règlement intérieur la possibilité pour lui de corriger les erreurs matérielles contenues dans sa décision. Cette démarche corrective peut se faire d'office ou à la demande de toute partie ayant intérêt. Aux termes de l'article 45 de ce texte, « *si le Conseil constate qu'une de ses décisions est entachée d'une erreur matérielle, il peut la rectifier d'office et procéder à tous les amendements jugés nécessaires* ». De même, « *toute partie intéressée peut saisir le Conseil d'une demande en rectification d'erreurs matérielles d'une décision* »[95]. Mais, il s'agit seulement des erreurs de forme ou des erreurs matérielles, a-t-il souligné dans *l'affaire sieur Olivier BILE*[96]. Le Conseil, dans une démarche éducatrice, a retenu dans cette affaire une définition restrictive de l'erreur matérielle : « *Attendu que l'erreur matérielle s'entend comme des omissions ou incorrections susceptibles d'affecter la forme et non le fond d'une décision* »[97]. Cette définition est réitérée dans l'affaire *sieur DIBAMOU André Marie* avec plus de précision : « *Qu'en clair, une faute d'orthographe, de grammaire ou de style ne saurait constituer une erreur matérielle susceptible de créer une ambiguïté dans la compréhension de la décision entreprise* »[98]. Suivant ce raisonnement, toute velléité tendant à toucher le fond de la décision est irrecevable ou rejetée comme

---

[90] Décision n° 02/CC/CCT du 17 mai 2022.

[91] Décision n° 02/CC/CCT du 17 mai 2022, rôle 8.

[92] Décision n° 4/CC/SDA du 6 juin 2022.

[93] Décision n° 4/CC/SDA du 6 juin 2022, rôle 26.

[94] Selon l'article 16 (1) de la loi 2004/004 suscitée, « *toute partie intéressée peut saisir le Conseil constitutionnel d'une demande en rectificatif d'erreur matérielle d'une décision* ».

[95] Article 46 alinéa 1 de la décision n° 1/CC du 17 juillet 2019 suscitée.

[96] Décision n° 2/CC/CCT/CC du 4 mai 2022, *Sieur Olivier BILE, agissant au nom des « Libérateurs » contre président de la République, président du Sénat, président de l'Assemblée nationale.*

[97] Décision n° 2/CC/CCT/CC du 4 mai 2022, Rôle 8.

[98] Décision n° 4/CC/SDA du 6 juin 2022, Rôles 25 et 26.

en atteste le juge dans les espèces ci-dessus évoquées[99]. Cette possibilité de correction des erreurs matérielles, qu'offrent la loi organique n° 2004/004 suscitée et le règlement intérieur du Conseil peut s'assimiler à une voie de recours extraordinaire en vigueur dans le droit commun processuel[100]. La demande y relative doit être introduite sous les mêmes formes que la requête introductive d'instance[101]. Cette possibilité de correction des erreurs est une manifestation de la bonne administration de la justice devant le Conseil constitutionnel.

Malgré tout, le principe est connu dans le fond : les décisions rendues par le Conseil sont assimilables aux sentences divines qui n'admettent aucune voie de recours. Au regard du droit positif, elles sont sanctifiées et marquées du sceau de l'indiscutabilité[102]. De ce fait, elles doivent être religieusement et obligatoirement exécutées sans délai, ni débats. D'ailleurs, ces décisions s'imposent à l'égard de tous.

2) La force erga omnes des décisions rendues

La force *erga omnes* des décisions du juge constitutionnel renvoie dans le cadre de cette étude, à l'opposition des décisions du juge à l'égard de tous. Concrètement, il s'agit de l'exécution ou du respect par tous des décisions du Conseil. Dès l'introduction de cette étude, il a été affirmé que l'exécution d'une décision de justice fait partie intégrante de la bonne administration de la justice. À cet effet, le juge doit avoir un regard et une idée sur les suites réservées à ses décisions. Ce qui lui permet de construire son autorité et de prendre des garanties nécessaires pour l'exécution des décisions rendues. Le droit béninois sur ce point est bien avancé. En effet, au Bénin, il est permis à la Cour constitutionnelle d'assurer le suivi de l'exécution de ses décisions et d'adresser chaque année un rapport détaillé d'activités au président de la République et aux présidents des chambres parlementaires. À cette occasion, la Cour peut appeler l'attention des pouvoirs publics sur la portée de ses décisions et avis. Elle peut aussi faire toute suggestion qu'elle juge utile à la consolidation de la démocratie et de l'État de droit. Elle n'hésite pas à user de son pouvoir d'injonction[103]. Cette expérience béninoise peut être partagée par le Cameroun dans l'intérêt de la bonne administration de la justice. Si, dans l'ensemble, on constate une soumission

---

[99] Il s'agit des affaires *sieur Olivier BILE et sieur DIBAMOU André Marie*. Dans ces deux espèces dont les références sont ci-dessus données, l'erreur matérielle concerne la forme d'une décision et non le fond.

[100] Lire sur la question, ODENT (B), TRUCHET (D), « La décision juridictionnelle et les voies de recours », *in La justice administrative,* 2008, pp. 83 – 106.

[101] Article 46 alinéa 2 de la décision n° 1/CC du 17 juillet 2019 suscitée.

[102] Voir MEUNIER (J), « Le Conseil constitutionnel et l'autorité de ses décisions *», in L'architecture du droit, Mélanges en l'honneur de Michel TROPER*, Études coordonnées par DE BECHILLON (B), CHAMPEIL-DESPLATS (V), BRUNET (P), MILLARD (E), Paris, Economica, 2006, p. 694 ; VERPEAUX (M) et MATHIEU (B), (sous la dir.), *L'autorité des décisions du Conseil constitutionnel,* Paris, Dalloz, 2010, pp. 28 et ss ; Conseil constitutionnel, « L'autorité des décisions du Conseil constitutionnel », *Les nouveaux cahiers du Conseil constitutionnel*, Dalloz, n° 30, 2011, pp. 13 – 86 ; ONDO (T), « L'autorité des décisions des juridictions constitutionnelles en Afrique noire francophone », *Revue juridique et politique des États francophones*, n° 4, octobre – décembre 2012, pp. 453 – 467.

[103] SINDJOUN (L), *Les grandes décisions de la justice constitutionnelle africaine*, Bruxelles, Bruylant, 2009, pp. 348 – 352 ; ONDO (T), « L'autorité des décisions des juridictions constitutionnelles en Afrique noire francophone », *op. cit.*, pp. 463 et ss.

religieuse des différentes autorités aux décisions du juge constitutionnel camerounais depuis son fonctionnement en 2018, il n'en demeure pas moins que le Conseil doit assurer le suivi de leur exécution et tirer toutes les conséquences de droit. Dans l'intérêt d'une bonne administration de la justice, le juge constitutionnel n'hésitera point, si besoin est, de rappeler aux pouvoirs publics que la souveraineté s'exerce dans le respect de la constitution et de ses décisions par tous.

Aux termes de l'article 50 de la constitution camerounaise suscitée, les décisions du Conseil constitutionnel « *s'imposent aux pouvoirs publics et à toutes les autorités administratives, militaires et juridictionnelles, ainsi qu'à toute personne physique ou morale* ». Pour l'article 4 alinéa 2 de la loi 2004/004 repris par l'article 3 alinéa 2 du règlement intérieur du Conseil, *« les décisions prennent effet dès leur prononcé…* ». Ainsi, aussitôt rendues, les décisions du Conseil constitutionnel bénéficient de l'autorité de la chose jugée. À cet effet, elles doivent être reçues par tous avec la force de la vérité et produire tous les effets qui y sont attachés. À propos, Gaston JèZE soulignait avec pertinence que « *lorsqu'un juge a fait régulièrement une constatation avec force de vérité légale, il importe pour la paix sociale que tout le monde s'incline devant cette constatation : non seulement les particuliers en cause, mais encore les tiers, les autorités publiques, les tribunaux de tous ordres, les agents administratifs* »[104]. Assorties d'une force obligatoire, les décisions du Conseil constitutionnel s'imposent à l'ensemble des pouvoirs publics, comme à ceux qui les contrôlent. Elles s'imposent également aux personnes privées qui doivent scrupuleusement les respecter. Elles doivent sans aucune forme de procès être exécutées sans délai[105]. Le respect réservé à ces décisions du Conseil constitutionnel est ainsi immédiat, direct et obligatoire. Il revient au juge camerounais de rappeler ce caractère obligatoire issu des textes dans sa décision. Ce qui constituerait une sorte d'injonction.

On comprend dès lors que l'autorité attachée aux décisions du juge constitutionnel est en principe absolue et contraignante. Cette autorité augmente la légitimité du Conseil constitutionnel et confirme sa place importante, en tant que contre-pouvoir, dans la construction d'un véritable État de droit démocratique[106]. On en conclut à la prééminence du Conseil constitutionnel camerounais pour tout ce qui concerne l'interprétation de la constitution, la régulation des institutions, le contentieux constitutionnel ainsi que le contentieux des élections nationales et consultations référendaires. La reconnaissance de cette autorité des décisions du Conseil constitue un pas décisif dans la consolidation de la bonne administration de la justice car, juger c'est bien, mais exécuter la décision qui en découle c'est mieux. Ainsi, l'autorité affirmée des décisions constitue l'un des angles vivants de la bonne administration de la justice devant le Conseil constitutionnel camerounais. Mais, en dépit des efforts fournis dans la consolidation de cette unité de mesure des États modernes qu'est la bonne administration de la justice, on note tout de même qu'elle demeure lacunaire sur certains aspects.

---

[104] JèZE (G), « De la force de vérité légale attachée par la loi à l'acte juridictionnel », *RDP*, 1913, pp. 437 et ss.

[105] Cf. article 15 alinéa 4 de la loi n° 2004/004 du 21 avril 2004 suscitée.

[106] V° ONDO (T), « L'autorité des décisions des juridictions constitutionnelles en Afrique… », *op. cit.*, p. 465.

II. UNE BONNE ADMINISTRATION DE LA JUSTICE ENCORE LACUNAIRE

À l'analyse du droit en vigueur au Cameroun, on aperçoit très vite que la bonne administration de la justice devant le Conseil constitutionnel, vectrice de la consolidation de la démocratie et de l'État de droit, somnole encore sur certains éléments. Cela est vérifié par la persistance des difficultés d'accès au juge constitutionnel (A) et le maintien des limites liées à ses décisions (B).

A. La persistance des difficultés d'accès au juge constitutionnel

Droit fondamental logé dans la constitution ainsi que dans les instruments internationaux dûment ratifiés, le droit d'accès au juge constitutionnel connaît des limites au Cameroun. Le recours à ce juge sapiential est affaibli tantôt par la restriction de sa saisine directe (1), tantôt par la carence de sa saisine indirecte (2).

1) La restriction de la saisine directe du juge constitutionnel

La saisine directe du juge constitutionnel par le recours intenté par une personne physique ou morale relève de ce qu'on appelle en droit processuel le recours par voie d'action directe. Il s'agit de la saisine du juge constitutionnel par toute personne, en dehors de tout procès en cours devant le juge ordinaire, à l'effet de faire contrôler la constitutionnalité, d'assurer la régulation du fonctionnement des institutions ou à l'effet de régler un contentieux lié aux élections nationales ou consultations référendaires. La restriction de la saisine directe du juge au Cameroun est observée en toute matière en général et particulièrement dans le domaine du contrôle de la constitutionnalité et en matière électorale.

L'analyse du droit positif camerounais fait état, en matière de contrôle de la constitutionnalité, d'une saisine élitiste au lieu d'une saisine démocratique. Aux termes de l'article 47 (2) de la constitution camerounaise en vigueur, « *le Conseil constitutionnel (en matière de contrôle de la constitutionnalité) est saisi par le président de la République, le président de l'Assemblée nationale, le président du Sénat, un tiers des députés ou un tiers des sénateurs. Les présidents des exécutifs régionaux peuvent saisir le Conseil constitutionnel lorsque les intérêts de leur région sont en cause* ». À la lumière de ces dispositions reprises par la loi organique de 2004/004[107] suscitée et le règlement intérieur du Conseil[108], il n'est donc pas possible en matière de contrôle de constitutionnalité pour d'autres personnes de mettre l'action en mouvement devant le Conseil constitutionnel. C'est au regard de ces dispositions juridiques que la saisine de cette institution est qualifiée de préférentielle ou d'élitiste[109]. Le juge constitutionnel camerounais l'a

[107] Cf. article 31 de la loi en question.

[108] Cf. article 70 de la décision y relative.

[109] La saisine est dite préférentielle ou élitiste lorsque le droit de saisir la juridiction constitutionnelle est exclusivement reconnu à un nombre restreint de personnalités ou groupes de personnes qui sont généralement des autorités publiques de nature politique. V° D. J. ZAMBO ZAMBO, « Protection des droits fondamentaux et droit à la *jurisdictio* constitutionnelle au Cameroun : continuité et rupture », *La Revue des droits de l'homme*, en ligne, n° 15, 2019, mis en ligne le 10 janvier 2019, consulté le 10 décembre 2020. URL : http://journals.openedition.org/revdh/5847 ; DOI : https://doi.org/10.4000/revdh.5847.

affirmé dans plusieurs espèces : *EKOUDA Darius Mesmin*[110], *ENGOULOU VOUNDI Vincent (président de l'Association « DECAVIE »)*[111], *DIBAMOU André Marie*[112]. De manière claire, le juge constitutionnel dans ces différentes affaires a toujours précisé : « *bien que l'accès à la justice soit un droit fondamental, il n'en reste pas moins que la constitution en son article 47 alinéa 2 a arrêté, d'une manière limitative, la liste des autorités habilitées à saisir le Conseil ; qu'il s'ensuit que le requérant, ne faisant pas partie de la susdite liste, n'a pas qualité pour rester devant le Conseil et par conséquent, sa requête est manifestement irrecevable* ».

Cette restriction de la saisine est aussi observée en matière électorale. En effet, en compulsant les lignes de l'article 48 de la constitution camerounaise du 18 janvier 1996 révisée le 14 avril 2008, il en ressort que « *1. le Conseil constitutionnel veille à la régularité de l'élection présidentielle, des élections parlementaires, des consultations référendaires. Il en proclame les résultats. 2. En cas de contestation sur la régularité de l'une des élections prévues à l'alinéa 1 ci-dessus, le Conseil constitutionnel peut être saisi par tout candidat, tout parti politique ayant pris part à l'élection dans la circonscription concernée ou toute personne ayant la qualité d'agent du gouvernement pour cette élection* ». En cette matière, au Cameroun, contrairement au Gabon ou Bénin[113], le droit de saisine est refusé aux électeurs. Cette saisine restreinte, tant en matière de contrôle de constitutionnalité, en matière de régulation du fonctionnement des institutions, qu'en matière d'élections nationales et consultations référendaires, n'est pas favorable à la consolidation de la bonne administration de la justice et conséquemment à l'affermissement de la démocratie et de l'État de droit.

Suivant ce rétrécissement de la saisine du juge constitutionnel en toute matière relevant de sa compétence, on peut déduire que le Cameroun a opté pour un paramétrage a minima. Une telle situation est en dissonance avec le discours officiel magnifiant la bonne administration de la justice devant le Conseil constitutionnel. C'est pourquoi, il est souhaitable de consacrer au Cameroun une saisine démocratique ou ouverte du Conseil constitutionnel tant en matière de contrôle de la constitutionnalité, en matière électorale qu'en d'autres matières. Cette position, protectrice des droits fondamentaux, est adoptée en Afrique noire francophone par le Bénin[114] et le Gabon[115] qui font figure de modèle et en Europe

[110] Décision n° 01/SCCL/G/SG/CC du 10 janvier 2019.

[111] Décision n° 04/CC/CCT du 28 décembre 2021.

[112] Décision n° 05/CC/SDA du 6 juin 2022.

[113] Dans ces deux pays, la Cour constitutionnelle est saisie, en cas de contestation sur la validité d'une élection, par tout électeur, tout candidat, tout parti politique ou délégué du gouvernement dans les conditions prévues par la loi organique sur la Cour constitutionnelle.

[114] L'article 122 de la constitution béninoise du 11 décembre 1990 dispose : « *tout citoyen peut saisir la Cour constitutionnelle sur la constitutionnalité des lois, soit directement, soit par la procédure de l'exception d'inconstitutionnalité...* ».

[115] Aux termes de l'article 84 (nouveau) de la constitution de 1991 révisée une fois de plus le 11 janvier 2021, « *la Cour constitutionnelle statue obligatoirement sur... la constitutionnalité des lois organiques et des lois avant leur promulgation, des ordonnances ainsi que des actes réglementaires censés porter atteinte aux droits fondamentaux de la personne et aux libertés publiques, après leur publication* ». Ces dispositions sont complétées par celles de l'article 85 (nouveau) toujours issues de la révision constitutionnelle de janvier 2021. Selon le deuxième paragraphe de cet article, « *les autres catégories de loi, les ordonnances ainsi que les actes réglementaires censés porter atteinte aux droits fondamentaux de la personne et aux libertés publiques peuvent être déférés à la Cour*

par l'Allemagne[116], l'Espagne[117], la Belgique[118] ou encore l'Autriche[119]. Ce pas décisif, encore attendu au Cameroun, permet au simple électeur, au simple citoyen ou à la personne morale privée de devenir, à travers la saisine directe, un acteur principal du renforcement de la bonne administration de la justice devant le juge constitutionnel et un vecteur de l'affermissement de l'État de droit. Mais, en attendant, la situation camerounaise n'est pas glorieuse en matière de saisine du juge constitutionnel par voie de citation directe. On constate dès lors en cette matière qu'à côté de la limitation de la saisine directe a *priori* aux seules élites politiques, le droit camerounais exclut le recours direct abstrait *a posteriori* par les instances politiques, les recours individuels par voie d'action directe en matière de contrôle de la constitutionnalité, le recours des électeurs lors des élections nationales et les recours incidents par renvoi préjudiciel des juridictions ordinaires. Cette saisine élitiste et cette exclusion des recours suscités sont des facteurs de la léthargie de la bonne administration de la justice devant le Conseil constitutionnel. Aussi, à une saisine directe restreinte du juge constitutionnel s'est greffée la carence de sa saisine indirecte.

2) La carence de la saisine indirecte du juge constitutionnel

La saisine indirecte du juge constitutionnel fait ici référence à la saisine par voie d'exception préjudicielle. Cette exception soulève devant le juge une question dont la réponse ne relève pas de sa compétence. La question préjudicielle de constitutionnalité peut se définir comme un acte de procédure par lequel un justiciable, au cours d'une instance, demande au juge constitutionnel, par l'intermédiaire d'un juge ordinaire, de vérifier la constitutionnalité d'une loi ou d'un autre texte juridique qu'on veut lui appliquer[120]. Cette question posée par le justiciable devant une juridiction ordinaire l'oblige à surseoir son instruction en attendant que le juge constitutionnel saisi se prononce sur l'inconstitutionnalité présumée de la loi ou du texte contesté(e). Le contrôle de la constitutionnalité par voie d'exception est ainsi une autre technique fétichisée de protection des droits fondamentaux par le juge constitutionnel. Ce type de contrôle est malheureusement inexistant en droit camerounais. Ce qui marque non seulement les limites de la protection des droits fondamentaux par le juge de la constitution mais augure aussi le piétinement de la bonne administration de la justice devant le

---

constitutionnelle [...] par tout citoyen ou toute personne morale lésée par la loi, l'ordonnance ou l'acte réglementaire querellé(e) ». Lire l'article 86 qui consacre aussi la saisine indirecte du juge constitutionnel.

[116] DITTMANN (A), « Le recours constitutionnel en droit allemand », *Cahiers du Conseil constitutionnel*, n° 10, (Dossier : L'accès des personnes à la justice constitutionnelle), mai 2001, conseil-constitutionnel.fr/nouveau, consulté le 29 décembre 2022.

[117] RUIZ MIGUEL (C), « L'*amparo* constitutionnel en Espagne : droit et politique », *Cahiers du Conseil constitutionnel*, n° 10, *op. cit*, consulté le 29 décembre 2022.

[118] BEHRENDT (C), *Recours des particuliers devant les plus hautes juridictions*, Bruxelles, Unité bibliothèque de droit comparé, octobre 2017, pp. 10 et ss.

[119] KUCSKO-STADLMAYER (G), « Les recours individuels devant la Cour constitutionnelle en droit constitutionnel autrichien », *Cahiers du Conseil constitutionnel*, n° 10, *op. cit.*, consulté le 29 décembre 2022.

[120] ESSONO OVONO (A), « La question préjudicielle de constitutionnalité dans les constitutions africaines », *in La constitution béninoise du 11 décembre 1990 : un modèle pour l'Afrique ? Mélanges en l'honneur de Maurice AHANHANZO-GLELE,* Études coordonnées par AIVO (F-J), Paris, L'Harmattan, 2014, p. 526.

Conseil constitutionnel. Si, par exemple au Bénin et au Gabon, « *tout justiciable peut, à l'occasion d'un procès devant un tribunal ordinaire, soulever une exception d'inconstitutionnalité à l'encontre d'une loi, d'une ordonnance ou d'un acte administratif qui méconnaîtrait ses droits fondamentaux* »[121], au Cameroun, ce couloir lui est hermétiquement fermé. Il n'a pas la possibilité de soulever devant le juge ordinaire au cours d'un procès une exception d'inconstitutionnalité et d'obtenir la saisine indirecte du juge constitutionnel comme c'est désormais le cas en France à travers la question prioritaire de constitutionnalité (QPC)[122]. En optant pour l'absence de contrôle de la constitutionnalité par voie d'exception, le constituant et le législateur camerounais ont ainsi mis en place un système inefficace pour garantir la suprématie de la constitution et protéger les droits fondamentaux[123]. Un tel système contribue plutôt à la fécondité et à l'application des textes inconstitutionnels. L'inexistence de la saisine du Conseil constitutionnel par voie indirecte n'est ainsi pas favorable au progrès d'une bonne administration de la justice. Sur cet aspect, la situation est assimilable au rocher de Sisyphe.

Véritable contre-pouvoir[124] aussi bien pour le parlement que pour le pouvoir exécutif, souvent tentés d'abuser de leurs pouvoirs respectifs au sens du doyen VEDEL[125], le juge constitutionnel camerounais a été érigé en « *gardien de la sacralité et de l'inviolabilité du ''temple constitutionnel* »[126]. Seulement, la restriction de sa saisine directe et l'absence de sa saisine indirecte dans ce pays méritent d'être déplorées, car il est évident qu'outre le faible affermissement de la protection des droits fondamentaux, elles renforcent le discrédit de la justice constitutionnelle, d'une part, et lui confèrent, d'autre part, une inertie surtout en matière de contrôle de la constitutionnalité. Perçu sous cet angle, il y a lieu de noter que la bonne administration de la justice au sein du Conseil constitutionnel camerounais n'a pas toujours eu fortune diverse. Sa magnificence est reléguée au second plan. Le pas décisif de la bonne administration à ce stade est substitué par les pas de Sisyphe. Cette situation peu glorieuse, qui entache la bonne administration de la justice, est accentuée par le maintien des limites liées aux décisions du juge constitutionnel.

B. Le maintien des limites liées aux décisions du juge constitutionnel

En examinant l'appropriation des principes de la bonne administration de la justice par le Conseil constitutionnel camerounais, il y a lieu de relever que

[121] Cf. article 86 de la constitution de 1991 révisée.

[122] Selon l'article 61-1 issu de la révision constitutionnelle du 23 juillet 2008 en France, « *lorsque, à l'occasion d'une instance en cours devant une juridiction, il est soutenu qu'une disposition législative porte atteinte aux droits et libertés que la constitution garantit, le Conseil constitutionnel peut être saisi de cette question sur le renvoi du Conseil d'État ou de la Cour de cassation qui se prononce dans un délai déterminé* ».

[123] Sur cette question en Afrique, v° ESSONO OVONO (A), « La question préjudicielle de constitutionnalité dans les constitutions africaines », *op. cit*, pp. 525-533.

[124] HOURQUEBIE (F), *Sur l'émergence du contre-pouvoir juridictionnel sous la Ve République*, Bruxelles, Bruylant, 2004, pp. 64 et ss ; du même auteur, « La constitution du Bénin et la théorie des contre-pouvoirs », *in La constitution béninoise du 11 décembre 1990 : un modèle pour l'Afrique ? op. cit*, pp. 367 – 379.

[125] VEDEL (G), « L'excès de pouvoir législatif et excès de pouvoir administratif », *Cahiers du Conseil constitutionnel, n° 2*, 1997, pp. 77-91.

[126] AÏVO (G), « Les recours individuels devant le juge constitutionnel béninois », *op. cit*, pp. 539.

certaines limites, qui la caractérisent, reposent sur l'insuffisante motivation des décisions du juge (1) et la faible garantie d'exécution desdites décisions par les pouvoirs publics (2).

1) L'insuffisante motivation des décisions du juge

La motivation doit être entendue comme la recension des éléments qui étayent le raisonnement et permettent d'aboutir à la décision[127]. Il s'agit de puiser dans le corps des faits et du droit ce qui justifie la décision. La motivation d'une décision de justice est une charge qui pèse sur le juge. Le Conseil constitutionnel ne s'est pas soustrait de cette tradition dont les fondements figurent dans les textes le régissant. En référence à l'article 4 alinéa 1 de la loi n° 2004/004 du 21 avril 2004 modifiée et complétée par la loi n° 2012/015 suscitée, « *les décisions et avis du Conseil constitutionnel sont motivés* ». Ces dispositions sont reprises par l'article 3 alinéa 1 du règlement intérieur du Conseil. Il s'agit de la motivation en fait et en droit.

Seulement, à l'examen des décisions et avis du Conseil constitutionnel camerounais, la motivation par les textes supranationaux et d'autres instruments juridiques, en dehors de la loi et parfois de la constitution, apparaît comme l'angle mort du Conseil. Cette institution a tendance à ranger les instruments internationaux dûment ratifiés par le Cameroun dans les oubliettes, bien que parfois invoqués par les justiciables[128]. Ainsi, le juge constitutionnel camerounais n'accueille pas favorablement les textes supranationaux comme sources de motivation de ses décisions. Il leur réserve une réticence inquiétante qui s'inscrit en marge des canons de la bonne administration de la justice.

De même, bien qu'érigé en gardien de la constitution[129], le Conseil au Cameroun convoque très rarement ou presque pas du tout la constitution pour motiver ses décisions en matière électorale. On peut regretter, en cette matière, la préférence donnée dans sa jurisprudence à l'application des articles 129 ou 132 du code électoral, et subsidiairement des articles 44 et 45 de la loi 2004/004 suscitée, comme sources textuelles de motivation, au détriment de l'article 43 de la constitution, alors que ces dispositions législatives sont inconstitutionnelles. En effet, alors que le législateur élargit le champ de saisine du Conseil à travers l'expression « *[...] tout candidat, tout parti politique ayant pris part à l'élection [...] », le constituant restreint ce champ en parlant de « [...] tout candidat, tout parti politique ayant pris part à l'élection* ***dans la circonscription concernée*** *[...] ».* Ainsi, le constituant ne permet pas, par exemple, à un candidat ou à un parti politique ayant pris part à l'élection des députés dans la circonscription électorale de la Menoua d'attaquer ladite élection dans la circonscription électorale du Mfoundi, du Mbéré, de la Lekié, etc., ou encore à un candidat ou un parti

[127] BELLOUBET (N), « La motivation des décisions du Conseil constitutionnel : justifier et reformer », *Les nouveaux cahiers du Conseil constitutionnel*, n° 55-56, 2017/2 - 3, p. 5.

[128] Dans l'affaire *KAMTO Maurice contre Conseil constitutionnel,* par exemple, c'est en vain que sieur KAMTO et ses avocats ont sollicité lors de la plaidoirie l'application des normes supranationales relatives à l'impartialité de certains juges et conséquemment à leur récusation. Voir décision n° 024/CE/CC/2018 du 16 octobre 2018, *KAMTO Maurice contre Conseil constitutionnel.*

[129] Lire, à propos, BLACHER (P), PROTIERE (G), « Le Conseil constitutionnel, gardien de la constitution face aux directives communautaires », *Revue française de droit constitutionnel*, n° 69, 2007/1, pp. 123 – 144.

politique ayant pris part aux élections sénatoriales dans la circonscription électorale du Centre de saisir le Conseil constitutionnel pour contester le processus électoral dans les régions du Nord, Sud, Littoral, etc. Par contre, le législateur le permet et c'est cette position inconstitutionnelle du législateur qu'applique curieusement et contre toute attente le Conseil constitutionnel. Cette boîte de pandore ouverte par le législateur et soigneusement exploitée par le Conseil constitutionnel dans toutes ses décisions rendues en matière électorale est condamnable, car hermétiquement fermée par le constituant qui n'autorise pas un candidat ou un parti politique à contester les élections dans une circonscription alors qu'il n'y a pas pris part.

Outre l'élargissement inconstitutionnel du champ de saisine, l'intérêt pour agir, qui ressort en filigrane des dispositions constitutionnelles de l'article 43, est aussi sacrifié du fait de l'inapplication en matière électorale de la constitution par cette institution. En appliquant la loi au détriment de la constitution, l'intérêt pour agir est désormais balayé d'un revers de la main et relégué à tort au second plan par le serviteur de la constitution. Il l'a affirmé dans le cas *dame DOUVAOUISSA AISSA HAMADI contre ELECAM, MINAT, RDPC, FSNC*[130] et dans *l'affaire dame ZOUBAÏNATOU Salihou épse MOHAMADOU BASSIROU, Messieurs KOULAGNA ABDOU et Hamadou Ali BACHIR (RDPC) contre UNDP, UNIVERS, ELECAM, MINAT*[131]. Pour le Conseil, « *il résulte de l'ensemble de ces textes (articles 45 de la loi n° 2004/004, 132, 133 et 168 du code électoral) que la recevabilité de la requête obéit à trois conditions seulement, en l'occurrence, avoir la qualité de la part du requérant, intervenir dans les délais prescrits et préciser les faits et les moyens de droit allégués* »[132]. En décidant ainsi, le Conseil méconnait à tort l'obligation faite au requérant de mentionner impérativement son adresse dans la requête et d'apporter la preuve de l'intérêt pour agir. Pourtant, en 2018 dans *l'affaire MGBAMINE MGBAMINE Zacharie,* le même Conseil avait affirmé que l'intérêt doit être personnel, certain, direct, légitime, actuel, précis et en relation étroite avec les élections concernées. Il avait ainsi déclaré la requête irrecevable pour défaut d'intérêt pour agir de son auteur[133]. En vertu de cette contradiction, on peut déduire que face à certaines questions de droit, le Conseil constitutionnel camerounais hésite et vacille. Cette attitude dévalorisante du Conseil n'est pas conforme aux canons de la bonne administration de la justice.

Mais, il ne s'agit pas de la seule limite qui affecte les décisions du Conseil constitutionnel. Cette institution fait aussi de la jurisprudence, qui aurait pu être une boussole sur le terrain de la motivation des décisions, le parent pauvre. Il en est de même des principes généraux de droit et de la doctrine qui, dans certaines circonstances, peuvent éclairer le raisonnement du juge. Sur cent vingt (120) décisions rendues au 31 décembre 2022 par le Conseil[134], une seule décision convoque la jurisprudence antérieure comme source de motivation[135] ; aucune ne renvoie, ni au droit supranational, ni aux principes généraux de droit, ni à la

[130] Décision n° 10/SRCER/G/CC/20 du 24 février 2020.
[131] Décision n° 018/SRCER/G/CC/20 du 24 février 2020.
[132] Décision n° 018/SRCER/G/20 du 24 février 2020.
[133] Décision n° 03/CE/CC/2018 du 15 mars 2018, *MGBAMINE MGBAMINE Zacharie.*
[134] Sources : archives du Conseil constitutionnel.
[135] Il s'agit de la décision n° 04/CC/SDA/CC du 27 mai 2022, *sieur DIBAMOU André Marie contre Président de la République et autres*, suscitée.

doctrine éclairée. Du coup, l'analyse des décisions du Conseil constitutionnel camerounais sous l'angle de la motivation fait noter une tonalité générale qui consiste plus souvent à mettre en évidence leur insuffisante argumentation[136] et à relever le recours à des critères parfois obscurs[137] conduisant à des résultats aléatoires dont la cohérence n'est pas toujours évidente[138]. Dès lors, on assiste au Cameroun parfois à des motivations fébriles et sommaires[139] ne reflétant pas les standards de la bonne administration de la justice. Cette administration de la justice n'a toujours donc pas bonne presse au Cameroun. Au niveau du Conseil constitutionnel, elle est parfois tourmentée par des pratiques agaçantes qui vident ce principe d'une dose de sa substance. D'ailleurs, le constat qui se dégage de l'analyse des décisions du juge constitutionnel camerounais statuant surtout en matière électorale est qu'elles sont très souvent longitudinales puisqu'elles incluent entièrement le rapport du conseiller- rapporteur et les mémoires quelquefois très longilignes et impertinents des parties ; ce qui laisse peu de place et parfois moins d'attention à la motivation proprement dite[140]. Sur une décision qui compte une vingtaine à une trentaine de pages, voire plus, c'est à peine qu'une page est réservée à la motivation du juge. Or, la motivation pertinente, complète et suffisante des décisions de justice reste une obligation qui pèse sur le juge constitutionnel camerounais[141]. Le Conseil doit mettre de manière claire à la disposition des justiciables des motifs ou raisons de fait et de droit l'ayant conduit à la prise de décision. En omettant de faire recours principalement ou régulièrement à la constitution, aux normes supranationales en vigueur au Cameroun, à la jurisprudence antérieure, aux principes généraux de droit et parfois à la doctrine éclairée pour motiver ses décisions et avis, le Conseil constitutionnel n'a pas su saisir l'un des points proéminents de la bonne administration de la justice.

Pourtant, la motivation apparaît comme un impératif qui pousse le juge constitutionnel camerounais à une réflexion constante vers l'amélioration[142]. Elle doit se baser sur les critères solides, limpides et pertinents d'intelligibilité et de clarté qui sont par ailleurs des gages de la crédibilité de l'office du juge et de la confiance placée en la justice constitutionnelle par les citoyens. L'objectif final est de motiver tel que les parties de bonne foi en fin de compte acceptent la décision comme le reflet du droit, de la vérité et de la justice. La motivation devient de ce fait un instrument de préservation de la paix sociale. Pour cette raison, la qualité de la motivation, qui est une donnée essentielle de la bonne administration de la justice, doit être une préoccupation permanente du rédacteur de la décision. Mais,

---

[136] SABETE (W), « De l'insuffisante argumentation des décisions du Conseil constitutionnel », *AJDA*, 2011, p. 885.

[137] Lire TETANG (F. P), « À propos de la qualité des décisions du Conseil constitutionnel (Réflexions à la lumière de la jurisprudence récente) », *RFDC*, n° 108, 2016, pp. E1 à E36.

[138] GINOCCHI (D), « Le contrôle de la LOPPSI par le Conseil constitutionnel », *AJDA*, 2011, p. 1097.

[139] Lire TETANG (F. P), « À propos de la qualité des décisions du Conseil… », *op. cit.*, pp. E1 et ss.

[140] Sur ce point, on peut lire MOMO (C), « La rédaction de la décision de justice administrative au Cameroun », *Juridis périodique, n° 122*, avril - mai - juin 2020, p. 139.

[141] SOBZE (S. F), « L'obligation de motivation des décisions des juridictions constitutionnelles en Afrique noire », *Revue burkinabé de droit*, n° 59, 1er semestre 2020, pp. 91 et ss.

[142] On peut à cet effet se référer à BELLOUBET (N), « La motivation des décisions du Conseil constitutionnel : justifier et reformer », *Les Nouveaux cahiers du Conseil constitutionnel*, n° 55 – 56, 2017/2-3, p. 5.

en attendant la situation actuelle en cette matière, au Cameroun, est caractérisée de temps en temps par les limites de motivation des décisions. Cette insuffisance n'est pas le seul facteur qui affecte la bonne administration de la justice devant le Conseil constitutionnel. À côté d'elle, existe la faible garantie d'exécution des décisions rendues.

2) La faible garantie d'exécution des décisions du juge

Il convient de rappeler que la bonne administration de la justice devant le Conseil constitutionnel intègre en principe, comme il a déjà été démontré précédemment, les garanties prises par le juge en vue de l'exécution des décisions rendues. Malheureusement, au Cameroun, ces garanties sont encore faibles. En effet, si le Conseil constitutionnel est compétent pour sanctionner toute violation de la constitution par une loi ou un instrument international, assurer la régularité du processus électoral et des consultations référendaires, réguler le fonctionnement des institutions et émettre des avis, il reste incompétent pour prendre des mesures efficaces à l'effet de faire exécuter ses décisions. Ainsi, le respect de l'autorité desdites décisions peut se heurter à la politisation de la juridiction en question[143] et à la tentative à faire prévaloir la garantie politique de la constitution sur la garantie juridictionnelle[144]. En plus, cette autorité des décisions est amoindrie par la contingence de la chose interprétée dont la portée peut être mise en cause par le pouvoir constituant souverain[145]. À tout cela, il faut associer l'absence des voies d'exécution forcée à l'encontre des pouvoirs publics ainsi que l'allégeance faite au principe de la séparation des pouvoirs[146]. Certes, il est dit que « *les décisions du Conseil constitutionnel ne sont susceptibles d'aucun recours. Elles s'imposent aux pouvoirs publics, à toutes les personnes physiques et morales* »[147]. En plus, si le Conseil constitutionnel déclare la loi ou l'instrument international incriminé(e) contraire à la constitution, ces normes n'entreraient en vigueur qu'après satisfaction de leur conformité à la constitution s'agissant de la loi ou qu'après révision de la constitution s'agissant des traités et conventions internationales. À l'analyse, il est évident que les pouvoirs publics ainsi que les personnes physiques et morales ont l'obligation de respecter les décisions rendues par la haute juridiction en les exécutant ou en les faisant exécuter. Seulement, aucune sanction n'est prévue en cas de non-exécution. Le constituant a juste fait une simple déclaration relevant du droit mou sans toutefois la rendre contraignante à travers une sanction. On ne peut donc pas se réjouir à ce stade d'un devoir bien accompli en faveur d'une bonne administration de la justice, car le Conseil constitutionnel

[143] Cette politisation s'explique par le fait que malgré une certaine juridictionnalisation, le Conseil constitutionnel au Cameroun n'est qu'une institution d'État, reconnue par la Constitution et assujettie au pouvoir politique au point d'en être totalement asservie. D'ailleurs, c'est ce pouvoir politique qui procède à la désignation du président et des membres du Conseil. Sur la question, lire SOMA (A), « Le statut du juge constitutionnel africain », *in La constitution béninoise du 11 décembre 1990 : un modèle pour l'Afrique ? op. cit*, pp. 541 et ss.

[144] Lire ADOUKI (D. E), « Contribution à l'étude de l'autorité des décisions du juge constitutionnel en Afrique », *Revue française de droit constitutionnel*, n° 95, 2013/3, pp. 627 et ss.

[145] *Ibid.*, pp. 632 et ss.

[146] V° sur cette question, NAREY (O), « La participation du citoyen à la protection de la constitution : cas de la constitution du 11 décembre 1990 », *in La constitution béninoise du 11 décembre 1990..., op. cit*, pp. 637 et ss.

[147] Cf. article 92 de la constitution gabonaise du 26 mars 1991.

camerounais, en dehors de simples affirmations, n'a pas des moyens juridiques pour faire suivre l'exécution de ses décisions ou faire toutes suggestions nécessaires à cette fin comme c'est le cas au Bénin. Il n'a non plus de moyens d'assortir ses décisions d'injonction ou d'astreinte à l'égard des pouvoirs publics comme le fait le juge de l'administration en France[148] ou au Gabon, par exemple.

Comme on peut l'apercevoir, au Cameroun, le chef et les membres de l'exécutif[149], les autorités indépendantes, le constituant ou le législateur[150], qui ne sont pas d'accord avec la décision du Conseil constitutionnel, peuvent tenter de s'opposer en lui réservant une sorte de « *résistance silencieuse* », laquelle se manifeste, soit par une inertie ou une indifférence à l'égard de la décision rendue, soit par des tentatives de contournement de son exécution[151]. Une telle situation s'est déjà produite au Cameroun et rien n'exclut qu'elle se reproduit si des précautions ne sont pas prises. En effet, face au projet de loi de 2002 portant réforme du règlement intérieur de l'Assemblée nationale, la Cour suprême siégeant comme Conseil constitutionnel avait déclaré inconstitutionnelles certaines dispositions de ce règlement adoptées par l'Assemblée nationale. Il s'agit des dispositions sur la validation du mandat des députés contenues dans l'article 3 alinéas 2, 3, 4, 5 et 6, les articles 4 (nouveau), 5 (nouveau), 6 (nouveau), 7 (nouveau) et 10 *in fine*[152]. Malgré cette décision suprême de la haute juridiction, le président de la République a cru devoir retourner ce texte à l'Assemblée nationale pour une seconde lecture dans le sens de sa conformité à la constitution. Il a promulgué ledit règlement intérieur dans l'intégralité au mépris de cette décision, mettant ainsi en vigueur une loi déclarée partiellement inconstitutionnelle[153]. Pourtant, la saisine du Conseil constitutionnel aux fins de contrôle de la constitutionnalité du règlement intérieur de la Chambre est une cause de suspension du délai de promulgation[154]. Ce cas d'excès de pouvoir législatif[155]

---

[148] Le pouvoir d'injonction du juge administratif pour l'exécution des décisions de justice en France tient son fondement de la loi du 8 février 1995. Allant dans ce sens, l'article L. 8-2 du code des tribunaux administratifs et des cours administratives d'appel donne à ces juridictions les moyens juridiques d'enjoindre à l'administration d'appliquer les décisions de justice. L'article L.8.4 envisage qu'en cas d'inexécution d'un jugement ou d'un arrêt définitif, la partie intéressée pourrait demander au tribunal administratif ou à la cour administrative d'appel qui a rendu la décision d'en assurer l'exécution. La juridiction saisie peut définir les mesures d'exécution, fixer un délai d'exécution et prononcer une astreinte. Cette astreinte tient son fondement de la loi n° 80-539 du 16 juillet 1980. Voir GOURDOU (J), « Les nouveaux pouvoirs du juge administratif en matière d'injonction et d'astreinte (premières applications de la loi du 8 février 1995) », *RFDA*, 1996, pp. 333 et ss ; MARIE (C), *Les injonctions du juge*, Actes du 24e colloque des instituts judiciaires des 23 et 24 mars 2007, Bruxelles, Bruylant, 2009, 158 p ; LAFAIX (J. F), « L'injonction au principal : une simplification de l'exécution ? », *Civitas Europa, n° 39*, 2017, pp. 109 – 128 ;

[149] En cas d'inconstitutionnalité de l'ordonnance ou de l'acte réglementaire.

[150] En cas d'inconstitutionnalité de la loi.

[151] PASSAGLIA (P), « Le régime de l'exécution des décisions. Une faiblesse (apparente) de la Cour constitutionnelle italienne », *Jus politicum*, n° 22, juillet 2019, p. 240.

[152] Cour suprême, décision n° 001/CC/02-03 du 28 novembre 2002.

[153] KEUTCHA TCHAPNGA (C), « Règlement intérieur de l'Assemblée Nationale - procédure de validation - inconstitutionnalité, CS, Décision n° 001/CC/02-03 du 28 novembre 2002 », *Juridis Périodique*, n° 53, janvier – février – mars 2003, pp. 61 – 66.

[154] Article 22 de la loi n° 2004/004 du 21 avril 2004 modifiée et complétée le 21 décembre 2012 suscitée.

[155] VEDEL (G), « Excès de pouvoir législatif et excès de pouvoir administratif (I) », *Cahiers du Conseil constitutionnel, n° 1*, 1996, pp. 57 – 63 ; du même auteur, « Excès de pouvoir législatif et excès de pouvoir administratif (II) », *Cahiers du Conseil constitutionnel, n° 2*, 1997, pp. 77 – 91.

sanctionné par le juge, mais non respecté à l'épreuve des faits par les autorités destinataires, n'est pas une spécificité camerounaise.

Au Gabon par exemple, face à la loi organique n° 3/93 du 11 mars 1993 relative à l'élection des députés, laquelle loi prévoit la vacance du siège du député en cas de démission ou d'exclusion de son parti, la Cour constitutionnelle a censuré cette loi par rapport à la constitution. Elle a déclaré qu'au regard de la constitution qui proscrit tout mandat impératif, « *le parlementaire jouit juridiquement d'une indépendance absolue tant à l'égard de ses électeurs qu'à l'égard de son parti* »[156]. En présence de cette décision, au lieu de l'exécuter, les pouvoirs publics gabonais lui ont opposé une résistance et l'ont contournée à travers la révision constitutionnelle du 29 septembre 1995 en modifiant l'article 39 alinéa 2 de la constitution et en instituant la vacance du siège de député dans l'hypothèse de la démission ou de l'exclusion de son parti. Au Bénin, par décision DCC 99-029 du 17 mars 1999, la Cour constitutionnelle a déclaré contraire à la constitution pour violation des droits de la défense, le décret n° 99-026 du 22 janvier 1999 relevant un citoyen de ses fonctions de directeur de la télévision nationale. Cette décision ne sera jamais exécutée parce que le gouvernement n'a rien entrepris allant dans le sens de la réintégration de l'intéressé dans ses fonctions. En Italie, la Cour constitutionnelle, par une décision de 2005[157], a constaté que son interprétation « *constitutionnellement orientée* » avait été rejetée par la Cour de cassation dans *l'affaire PEZZELLA*[158]. Face à ce cas, la Cour constitutionnelle italienne n'avait pas des moyens juridiques d'enjoindre à la juridiction ordinaire d'appliquer la décision par elle rendue.

Ces exemples, qui peuvent se multiplier, viennent montrer à quel point le juge constitutionnel ne dispose d'aucun moyen coercitif pour faire fléchir l'administration, le parlement ou le juge ordinaire face à l'autorité de la chose jugée de ses décisions ou à l'autorité de la chose interprétée[159]. On comprend dès lors que les garanties en vue de l'exécution des décisions du juge constitutionnel ne sont pas suffisantes. La bonne administration de la justice à ce sujet prend un coup. C'est pourquoi, la détermination d'une autorité réelle des décisions rendues par le Conseil constitutionnel camerounais s'impose comme l'une des exigences du nouveau constitutionnalisme[160]. À cet effet, la constitution nigérienne du 25 novembre 2011, qui réprime sur la base de l'article 134 (2e paragraphe) tout jet de discrédit sur les décisions de la Cour constitutionnelle, peut servir de source d'inspiration[161]. Il en est de même de l'article 142 alinéa 2 de ce même texte, qui assimile désormais le refus d'obtempérer à une décision de la Cour constitutionnelle par le président de la République à la haute trahison. Or, au

---

[156] Décision n° 15/CC du 18 août 1994.

[157] Cour constitutionnelle italienne, arrêté n° 299 du 22 juillet 2005.

[158] Voir Cour de cassation, Sections pénales unies, arrêté du 31 mars 2004, PEZZELLA.

[159] En vertu du principe de l'autorité de la chose jugée ou de la chose interprétée, ce qui a été jugé ou interprété ne peut l'être à nouveau ; ce qui a été jugé ou interprété ne peut être contredit ; ce qui a été jugé ou interprété doit être exécuté ou respecté.

[160] ADOUKI (D. E), « Contribution à l'étude de l'autorité des décisions du juge constitutionnel... », *op. cit*, p. 612.

[161] Aux termes de cet article, « *tout jet de discrédit sur les arrêts de la Cour (constitutionnelle) est sanctionné conformément aux lois en vigueur* ».

Niger, *« lorsque le Président de la République est reconnu coupable du crime de haute trahison, il est déchu de ses fonctions »*[162].

Il y a lieu dès lors de remettre l'autorité des décisions du Conseil constitutionnel camerounais sur la table des débats et de proposer des sanctions en cas d'inexécution desdites décisions. Une telle attitude permettra de quitter le rocher de Sisyphe pour le pas décisif.

Au terme de cette analyse, on constate que la bonne administration de la justice devant le Conseil constitutionnel reste un processus en construction. Elle navigue pour l'instant entre succès et insuccès c'est-à-dire entre pas décisif et rocher de Sisyphe. Bien que mise en mouvement, la bonne administration de la justice devant cette instance nécessite encore d'être améliorée. Cela recommande de revêtir constamment cette institution de ses habits de célérité, d'objectivité, de dignité, de noblesse et de la doter d'un accès plus ouvert tant directement[163] qu'indirectement[164]. Le juge constitutionnel camerounais doit incarner aussi l'audace positive c'est-à-dire une audace constructive qui l'extirpe des carcans de la dépendance et de la partialité. D'ailleurs de nos jours, le meilleur juge est celui qui, en rapport, d'une part, avec le droit national et supranational en vigueur et, d'autre part, avec sa conscience[165], instruit les procédures de manière équitable et efficace, affiche une ingratitude à l'égard de son bienfaiteur qui l'a nommé[166] et légitime sa décision à travers une motivation de qualité qui facilitera son exécution[167]. Cette justice de performance est vectrice de la consolidation de la démocratie et de l'État de droit. Le Conseil constitutionnel camerounais, dans un souci de renforcement de la bonne administration de la justice, devrait toujours se souvenir de cet avertissement de Paul ROUBIER : *« Les hommes ont une foi ardente dans l'existence de la justice, et leur cœur ne se résignera jamais à un divorce entre ce qui est juste et ce qui est juridique »*[168].

---

[162] Article 142, 3e paragraphe, de la constitution nigérienne du 25 novembre 2011.

[163] Sur cette saisine directe du juge constitutionnel, lire AÏVO (G), « Les recours individuels devant le juge constitutionnel béninois », *in La constitution béninoise du 11 décembre 1990 : un modèle pour l'Afrique ? op. cit.*, pp. 535 – 565 ; ARRETO (M. C), « Les recours individuels directs devant la juridiction constitutionnelle (Allemagne, Autriche, Belgique, Espagne). Contribution à une approche processuelle du contentieux constitutionnel », *Revue générale du droit on ligne*, 2019, numéro 49720, www.revuegeneraledudroit.eu/?p=49720, consulté le 21 décembre 2022.

[164] Il s'agit du recours par le biais d'une question préjudicielle. Voir ALVES DAS CHAGAS (C), « L'accès indirect des citoyens aux Cours constitutionnelles en Allemagne, Brésil et France », *Revue d'Investigation constitutionnelle*, n° 6, mai – août 2019, https://dol.org/10.5380/rinc.v6i2.56881 consulté le 21 décembre 2022.

[165] Lire à cet effet, AKAM AKAM (A), qui invite le juge dans son office à toujours se déférer à la loi et à se référer à sa conscience *in* « La loi et la conscience dans l'office du juge », *Revue de l'ERSUMA : Droit des affaires – Pratique professionnelle,* n° 1, juin 2012, pp. 506 et ss.

[166] Sur ce point, un auteur averti exhorte le juge constitutionnel une fois nommé d'être définitivement et juridiquement coupé de son bienfaiteur. AÏVO (F. J), *Le juge constitutionnel et l'État de droit en Afrique. L'exemple du modèle béninois*, Paris, l'Harmattan, 2006, p. 144.

[167] SOBZE (S. F), « L'obligation de motivation des décisions des juridictions constitutionnelles en Afrique noire », *op.cit*, pp. 91 et ss ; BELLOUBET (N), « La motivation des décisions du Conseil constitutionnel : justifier et reformer », *Les Nouveaux Cahiers du Conseil constitutionnel*, n° 55 – 56, 2017/2-3, p. 5.

[168] ROUBIER (P), *Théorie générale du droit*, Paris, Sirey, 1951, n° 24.

LES CONTRAINTES DE LA PROTECTION DES DROITS FONDAMENTAUX DANS L'ESPACE NUMÉRIQUE DANS LES ÉTATS D'AFRIQUE NOIRE FRANCOPHONE

Urbain Noël EBANG MVE

Maître de conférences
Université de Yaoundé II – Cameroun

L'ère contemporaine est celle du numérique. L'humanité est de gré, et même de force entrée dans un monde numérisé. Cet impérialisme se justifie par les apports considérables de ce phénomène à l'amélioration des conditions de l'existence humaine. Au niveau politique et idéologique, l'apport du numérique se perçoit sur la démocratie qu'il revitalise[1]. Les enjeux *« sont aussi vastes que la vie démocratique elle-même, et s'inscrivent également dans des évolutions sociopolitiques de plus grande ampleur, qui rendent difficile d'isoler le « facteur numérique » dans la marche des sociétés »*[2]. La pandémie du COVID-19 qui sévit dans le monde depuis 2019[3] a accéléré le processus de numérisation sociale en présentant les éléments tels que le télétravail, les visioconférences comme des solutions de continuité de l'État face aux mesures de confinement appliquées. Il faut pourtant observer que le numérique et ses dérivés ne proviennent pas de l'État ou des entités publiques de manière générale. Ils sont portés par l'initiative privée et prennent une ampleur qui tend à bousculer les fondements et à bousculer l'existence de l'État.

La transformation de la démocratie, l'amélioration des conditions de vie de l'homme sont des éléments qui captivent l'attention des individus et transfèrent lentement, mais progressivement la légitimité et la souveraineté de l'État aux géants du numérique[4]. Toutefois, l'État *« ne semble pas prêt à renoncer à toute affirmation souverainiste et fait même aujourd'hui du défi numérique une priorité à relever. Loin de subir, il entend au contraire porter la révolution numérique »*[5]. Cette riposte de l'État est bienveillante, car il y va de sa survie et surtout de sa

---

[1] LOVELUCK (B), « La démocratie au prisme du numérique », TROUDE-CHASTENET (P), *Penser et panser la démocratie*, Classiques Garnier, 2017, p. 145.
[2] *Ibid.*
[3] Déclaré en fin 2019 en chine, le Covid-19 a fini par se répandre dans le monde. Depuis lors, l'on observe une mutation de la maladie en des vagues toujours plus mortelles.
[4] CLAMOUR (P. P), DE LEERSNYDER (J. M), « Les GAFA : maîtres de la planète numérique ? », *Défense*, n° 187 - juillet - août 2017, pp. 72-73.
[5] Martin (M), « La République numérique en débat au parlement : le projet de commissariat à la souveraineté numérique », *Les Nouveaux Cahiers du Conseil constitutionnel*, 2017/4 N° 57, p. 107.

sécurité, cette dernière se présentant comme un objectif de la souveraineté[6]. Du point de vue constitutionnel, la souveraineté est une condition de l'existence de l'État. Consubstantielle à l'État, la notion de souveraineté est employée *« afin de désigner de nombreuses situations politiques ou juridiques relatives, notamment, à la légitimité du pouvoir, à l'exercice de certaines prérogatives ou à la définition de l'État »*[7]. C'est au nom de cette souveraineté que l'État exerce sa puissance sur les citoyens et qu'il utilise cette puissance pour les protéger. Ainsi, la souveraineté devient à la fois *« créatrice, fondatrice et justificatrice du pouvoir »*[8].

La protection est l'une des missions essentielles de l'État. C'est principalement, voire exclusivement *« pour la protection et pour la défense qu'il a été imaginé »*[9]. Cette protection doit être constante. Elle se réalise contre toute sorte d'attaques matérielles ou immatérielles, internes ou externes. Dans son contenu, la protection porte sur les droits fondamentaux qui sont des droits indispensables de la qualité d'Homme. Le lien avec le numérique est explicite. Ce lien repose sur la capacité du numérique à constituer un nouvel espace d'existence. Le numérique créé un nouvel espace d'expression de l'humanité. Considéré comme virtuel en raison du fait qu'il ne met pas les individus en contact physique, l'espace numérique ne participe pas moins à construire une réalité qui a tendance à prendre le dessus sur la réalité matérielle. L'État est interpellé comme par le passé, et pour les autres champs d'expression des droits humains, à *« ne pas créer les conditions d'impunité à toutes les manifestations de puissance permises par les nouvelles technologies numériques et à tous les périls qui sont susceptibles d'en découler pour les libertés humaines »* [10]et pour les droits fondamentaux qui sont à la mode à l'ère contemporaine.

Historiquement, la notion de droits fondamentaux est née en réponse aux atrocités contre les droits de l'homme dont les deux guerres mondiales ont révélé l'image funeste. Elle prend surtout le pas sur la notion de libertés publiques aménagée par la loi pendant le règne du légicentrisme[11]. Le réveil du constitutionnalisme auquel l'on a assisté au milieu du siècle précédent a opéré un basculement idéologique profond des droits de l'homme. Tout est parti de la loi fondamentale allemande du 23 mai 1949 qui marqua *« l'avènement du concept de droits fondamentaux »*[12]. Toutefois, il faut préciser que les jalons de la notion avaient déjà été posés quelques années plutôt par la Charte des Nations unies[13] et par la Déclaration universelle des droits de l'homme[14]. La constitution allemande

---

[6] COTTE (B), « Sécurité et souveraineté », *RFDA*, 2012, p. 1102.

[7] BARRAUD (B), « Souveraineté de l'État et puissance de l'État », *Revue de la recherche juridique – Droit prospectif*, 2017-1, n° 165.

[8] RIGAUDIERE (A), « L'invention de la souveraineté », *Pouvoirs* – 67, 1993, p. 5.

[9] HOBBES (T), *Léviathan ou La matière, la forme et la puissance d'un état ecclésiastique et civil*, Traduction française en partie double d'après les textes anglais et latin originaux, par R. Anthony, tome I, *De l'homme*, Paris, Marcel Giard & Cie, 1921, p. 6.

[10] HENOCQUE (B), CONTE (B), « Introduction. Opportunités et menaces juridiques liées aux technologies numériques », *Les Cahiers du numérique*, 2014/2 Vol. 10, p. 9.

[11] Le légicentrisme est cette théorie qui a longtemps prévalu en occident et qui confère à la loi un pouvoir suprême au-dessus de tous les autres actes juridiques y compris la constitution.

[12] NIVERT (N), *Intérêt général et droits fondamentaux*, thèse de doctorat en droit, Université de la Réunion, 2012, p. 46.

[13] Préambule de la charte des Nations unies du 26 juin 1945.

[14] La DUDH adoptée en 1948 dispose dans son préambule que : *« les États Membres se sont engagés à assurer, en coopération avec l'Organisation des Nations Unies, le respect universel et effectif des*

va affiner la notion de droits fondamentaux, en lui attribuant un contenu précis. On pourra ainsi percevoir une nette différence entre ces droits et les anciennes libertés publiques. Pour marquer clairement la distinction, *« les promoteurs des « droits fondamentaux » les identifient à leur niveau constitutionnel, souvent étendu au niveau international, de reconnaissance et de garantie. À l'inverse les « libertés publiques » ne renverraient qu'à un régime légal »*[15].

Dans le système juridique français qui influence les droits africains, toute l'histoire du droit public *« est intimement liée aux libertés publiques, tandis que les évolutions récentes qui le caractérisent démontrent qu'il est aujourd'hui arrimé, qu'on le veuille ou non, à la notion de droit fondamental et/ou de liberté(s) fondamentale(s) »*[16]. Le constitutionnalisme a sonné le glas des libertés publiques au profit des droits fondamentaux, aidé en cela par l'activité du juge constitutionnel puisque *« le concept a trouvé grâce aux yeux du Conseil constitutionnel. Celui-ci voit manifestement dans l'adjectif fondamental un allié sérieux, un outil précieux car multifonctionnel »*[17]. La méthodologie du juge constitutionnel se voit ainsi garnir d'un nouvel instrument. L'adjectif fondamental peut ainsi *« servir à justifier ou appuyer le caractère constitutionnel d'un droit. Parfois, il permettra de ménager au droit nanti du qualificatif un statut privilégié au sein des normes de valeur constitutionnelle »*[18]. En dehors de toute considération idéologique, il ressort que la *fondamentalité* d'un droit se traduit du point de vue formel par sa place dans la hiérarchie des normes. La consécration suprême par la constitution elle-même norme fondamentale confère une dignité particulière aux droits en cause. La posture idéologique confirme ce postulat en rangeant dans la catégorie des droits fondamentaux les droits consubstantiels à l'existence aussi bien de la personne physique que de la personne morale[19].

L'Afrique noire francophone n'est pas en marge de l'influence de la notion de droits fondamentaux qui a du reste envahi toutes les sociétés. La consécration et la protection de ces droits sont devenues des exigences du respect de l'État de droit[20] auquel les États se sont globalement soumis[21]. La notion est présente dans les principaux instruments juridiques relatifs aux droits de l'homme. C'est le cas avec la Charte africaine des droits de l'homme et des peuples qui fait référence par deux fois à la notion[22]. L'appréhension de la notion dans les constitutions est fluctuante.

---

droits de l'homme et des libertés fondamentales ». Le texte fait une distinction entre les droits de l'homme et les libertés fondamentales, une distinction qui ne peut permettre du point de vue du contenu permettre de faire la différence entre les deux car la liberté est contenue dans le droit.

[15] CHAMPEIL-DESPLATS (V), « Des libertés publiques aux droits fondamentaux », *Jus Politicum* - n° 5 – 2010, p. 9.

[16] BURGORGUE-LARSEN (L), « Les concepts de liberté publique et de droit fondamental », in AUBY (J. B), *l'influence du droit européen sur les catégories du droit public*, DALLOZ, p. 389.

[17] RAYNAUD (J), *Les atteintes aux droits fondamentaux dans les actes juridiques privés,* Thèse de doctorat en droit, Université de Limoges, 2001, p. 9.

[18] *Ibid.*

[19] C'est la grande particularité des droits fondamentaux d'être applicables aux Hommes et aux personnes morales.

[20] MOCKLE (D), « Mondialisation et État de droit », *Les Cahiers de droit*, vol *41, n° 2,* 2000, p. 254. V. également A. Rainer, « L'État de droit comme fondement du constitutionnalisme européen », *Revue française de droit constitutionnel*, 2014/4 N° 100, p. 769.

[21] YOMBI (S. M), « L'État de droit dans le renouveau démocratique en Afrique noire francophone », *Revue RRC*, n° 002 / octobre 2019, p. 8.

[22] La première évocation de la notion est faite dans le préambule ou les États reconnaissent que *« les droits fondamentaux de l'être humain sont fondés sur les attributs de la personne »,* et la seconde fois

Certaines constitutions sont explicites et consacrent des titres relatifs aux droits fondamentaux. C'est le cas du Burkina Faso[23] et du Tchad[24]. D'autres les évoquent dans des dispositions[25] ou dans les préambules[26]. D'autres États ont adopté des formulations particulières, c'est le cas du Niger et du Cameroun. Au Niger la formulation ne pose pas de problème. Le constituant parle de *« droits humains fondamentaux »*[27].

Au Cameroun, les choses sont relativement différentes. L'expression « droits fondamentaux » n'est pas explicitement consacrée. À celle-ci, le constituant a préféré la notion de *libertés fondamentales*[28]. Cela n'a pas fondamentalement une différence sur le contenu et sur la valeur des libertés en cause, car elles sont élevées à la dignité suprême et renvoient aux différents droits consacrés dans les conventions internationales comme étant des droits fondamentaux. L'on peut donc supputer que droits fondamentaux et libertés fondamentales renvoient aux mêmes réalités pour le constituant camerounais, l'essentiel étant de marquer clairement la *fondamentalité* de la liberté ou du droit concerné. Au final, la *fondamentalité* du droit repose sur la valeur de la norme qui la consacre. Cette valeur confère à ce droit une importance dans l'affirmation de l'existence humaine et pour l'organisation sociale[29]. La *fondamentalité* induit en conséquence de tout cela la nécessité d'une protection particulière des droits.

Parce que les droits fondamentaux *« désignent les droits inhérents à la personne érigeant des privilèges ou des prérogatives qui procurent à celui-ci sa dignité irremplaçable »*[30], ils doivent faire l'objet d'une protection qui empêche et sanctionne les violations provenant du législateur, de l'exécutif de même que celles de toute autre personne. C'est la raison pour laquelle ces droits sont ceux qui bénéficient de la protection de la norme suprême[31]. À cet effet, *la question de la protection des droits fondamentaux ressortit d'abord à la compétence du juge constitutionnel, protecteur du « bloc de constitutionnalité »*[32]. Cette protection est renforcée par les garanties de neutralité et d'indépendance accordées à la justice constitutionnelle. Seulement, cette construction théorique peut être relativisée car

---

dans le dispositif, l'article 7 qui consacre *« le droit de saisir les juridictions nationales compétentes de tout acte violant les droits fondamentaux »*.

[23] Titre I de la constitution du Burkina Faso.

[24] Titre II de la constitution du Tchad.

[25] Article 14 de la constitution du Togo, article 114 de la constitution du Bénin.

[26] Préambule de la constitution de la République centrafricaine.

[27] Article 158 de la constitution du Niger.

[28] Voir préambule dans lequel le peuple *« Affirme son attachement aux libertés fondamentales inscrites dans la déclaration universelle des droits de l'homme, la Charte des Nations unies, la Charte africaine des droits de l'homme et des peuples et toutes les conventions internationales y relatives et dûment ratifiées »*.

[29] L'on pense ici à la justification des droits fondamentaux des personnes morales. Voir K.H. Koki, *Les droits fondamentaux des personnes morales dans la convention européenne des droits de l'homme*, thèse de doctorat en droit, Université de La Rochelle, 2011, 555p.

[30] KABORÉ (J. P), « L'autorité des pouvoirs constituants en matière de droits fondamentaux », *Revue CAMES/SJP*, n° 001/2016, p. 222.

[31] REMEDEM (A), *La protection des droits fondamentaux par la Cour de Justice de l'Union européenne*, thèse de doctorat en droit, Université d'Auvergne Clermont 1, 2013, p. 5.

[32] ZAMBO ZAMBO (D. J.), « Protection des droits fondamentaux et droit à la juridiction constitutionnelle au Cameroun : continuité et ruptures », *La Revue des droits de l'homme* [En ligne], 15 | 2019, mis en ligne le 10 janvier 2019, consulté le 15 janvier 2019. URL : http :// journals.openedition.org/revdh/5847.

dans certains États, la création de la justice constitutionnelle n'a pas empêché la prolifération des violations des droits fondamentaux. Le fait est qu'en Afrique, comme le dit la doctrine, l'analyse juridique *« ne saurait se limiter au premier degré, à l'énoncé du droit. Le degré de réalisation dans les pratiques sociales, des règles énoncées par le droit devrait être un indicateur à prendre en compte »*[33]. Ce degré de réalisation dépend des mécanismes d'opérationnalisation consacrés dans les textes. L'hibernation de l'action de la justice constitutionnelle relative à la protection des droits fondamentaux que l'on observe en Afrique[34], relève aussi du fait que certains États n'ont pas autorisé la saisine directe du juge constitutionnel par les individus. L'option privilégiée est celle de confier la protection des droits et libertés au juge ordinaire[35] avec comme conséquence la relativisation de la valeur de ces droits.

C'est donc dans un environnement juridique caractérisé par l'impertinence du régime de la protection des droits fondamentaux que se pose la question de la protection de ces droits dans l'espace numérique. Encore appelé cyberespace, l'espace numérique est le nouvel espace d'expression des droits fondamentaux. Ses effets positifs n'ont pas permis d'éveiller très tôt l'attention sur ses dérives. Ce n'est qu'au début des années 2010[36] que les États se sont engagés dans la réglementation du phénomène en adoptant des lois sur la cybercriminalité[37], les communications électroniques[38], et le commerce électronique[39]. Cet encadrement éparpillé ne prend pas en compte de manière suffisante l'influence du numérique sur tout le système juridique[40]. Cela a sans doute un impact sur le rendement des mécanismes de protection et au final sur la considération des droits fondamentaux dans cet espace ou dans cette république, la république du numérique.

La question de la protection des droits fondamentaux dans l'espace numérique est tout aussi importante que celle de l'influence du numérique sur la société, les deux étant liées par le droit pris comme centre d'intérêt. La promotion des transformations structurelles qu'il porte doit être suivie par l'impératif de protection des droits de l'homme *« qui sont un véritable garde-fou contre les dérives découlant des innovations technologiques, des mutations économiques, de l'inflation législative et de la multiplicité des organes de contrôle »*[41]. Malgré le fait que l'expansion du numérique suite au développement ubiquitaire du réseau

---

[33] KEUDJEU DE KEUDJEU (J. R), « L'effectivité de la protection des droits fondamentaux en Afrique subsaharienne francophone », *Revue CAMES/SJP*, n° 001/2017, p. 100.

[34] Certains États comme le Bénin se distinguent avec une constitution qui favorise l'action de la juridiction constitutionnelle dans ses différentes prérogatives.

[35] HOLO (T), « Émergence de la justice constitutionnelle », *Pouvoirs,* 2009/2 - N° 129, p. 108.

[36] En cela, le Cameroun peut être considéré comme pionnier, car c'est bien des années plus tard que les autres États se sont engagés dans *la legifération* du numérique : voir la loi n° 2017-20 portant code du numérique en République du Bénin, loi n° 27-2020 du 5 juin 2020 portant lutte contre la cybercriminalité au Congo

[37] Loi n° 2010/012 du 21 décembre 2010 relative à la cybersécurite et à la cybercriminalité au Cameroun, loi n° 2019-33 du 3 juillet 2019, portant répression de la cybercriminalité au Niger.

[38] Loi n° 2010/013 du 21 décembre 2010 régissant les communications électroniques au Cameroun.

[39] Loi n° 2010/021 du 21 décembre 2010 régissant le commerce électronique au Cameroun.

[40] Ailleurs comme en France, les pouvoirs publics ont pris conscience de cette influence en adoptant la loi n° 2016-1 321 du 7 octobre 2016 pour une République numérique qui apportent des modifications sur l'ensemble des codes et lois existantes en intégrants les éléments du numérique.

[41] LELOUP-VELAY (M), *L'assurance face aux droits fondamentaux de la personne humaine*, thèse de doctorat en droit, Université Paris-Dauphine, 2017, p. 1.

internet ait bousculé depuis une décennie l'autorité souveraine des États en multipliant les sources et les formes de normativité dans le cyberespace[42], les États essayent de résister en affirmant leur souveraineté. Tout est mis en œuvre pour assurer la protection des droits fondamentaux dans l'espace numérique. Cette protection se révèle pourtant être mitigée au regard de la montée en puissance de la criminalité traditionnelle qui prend appui sur le numérique, et par le développement d'une criminalité particulière, la cybercriminalité. Elle fait face à des contraintes dont le poids semble être surplombé par les mécanismes consacrés par les États. La consistance de ces contraintes est l'angle la plus à même de faciliter l'appréhension des limites de la protection des droits. Ces contraintes sont exprimées par un élargissement de l'expression des droits fondamentaux incitant aux manifestations des dérives (I), et par un assouplissement du système de répression excitant la pérennisation des dérives (II).

I. UN ÉLARGISSEMENT DE L'EXPRESSION DES DROITS FONDAMENTAUX INCITANT AUX MANIFESTATIONS DES DÉRIVES

Que serions-nous aujourd'hui sans le numérique ? Pour les jeunes générations de l'époque actuelle, il est impossible de concevoir la vie en dehors du numérique. Il permet une intégration à ceux qui se considéraient comme des exclus. L'inquiétude et surtout la question de protection naissent de l'observation du renversement des bases de l'équilibre social qui se déroule dans cet espace. On y observe la construction d'un espace public libertaire (A) et la déconstruction des limites à l'exercice des droits fondamentaux (B).

A. La construction d'un espace public libertaire

Cyberespace, espace numérique, république numérique sont autant d'expressions pour désigner une même réalité, celle d'un espace public virtuel. Parce qu'il est virtuel, il est porté par la relativisation de sa maîtrise. Le virtuel se distingue en effet du réel par l'impossibilité de le maîtriser, de le contenir. Tel est en principe le cas de l'espace numérique qui se présente comme un espace public libertaire. C'est un espace où il y a plus de liberté, trop de liberté pourrait-on dire. Cette liberté est principalement celle de l'information et de ses substituts[43]. L'excessivité se traduit par la libéralisation absolue de l'accès à l'information (1) et par la libération du contenu de l'information (2).

1) La libéralisation absolue de l'accès à l'information

Le cyberespace est un espace de l'information. La société moderne est elle-même devenue une société de l'information. L'information permet à l'homme de concevoir sa pensée, d'exister selon la célèbre formule du philosophe René

---

[42] MARTIN (V), « La République numérique en débat au parlement : le projet de commissariat à la souveraineté numérique », *Les Nouveaux Cahiers du Conseil constitutionnel*, 2017/4 N° 57, p. 109.

[43] L'information est en effet le fondement des libertés de communication, d'expression, de pensée, de presse…

DESCARTES[44], mais aussi et surtout d'exprimer cette pensée. Le cyberespace constitue un espace de liberté, une liberté sur l'information nécessaire à l'expression de l'humanité. L'espace de navigation qu'il construit *« rend possible la liberté d'expression et la liberté de communication sans frontière ainsi que la libre circulation des idées et des informations sans considération de limites territoriales »*[45].

L'engouement pour le numérique n'a d'égal que ses bienfaits par rapport aux médias traditionnels. Les médias traditionnels, radio, télévision et presse écrite sont constamment accusés de partialité et de manipulation de l'information. Dans les moments de crise, leurs partis pris sont exposés par leurs positions recouvertes par la notion de ligne éditoriale. La ligne éditoriale est la manifestation de la partialité de ces médias. L'émergence des sources d'information alternatives favorisée par le numérique a considérablement effrité la considération pour ces médias qui ont eux aussi migré vers le numérique. Les réseaux sociaux sont le cheval de proue de cette transformation. Leur usage s'est généralisé à toutes les catégories de la population ou d'acteurs publics ou privés aussi bien sur le mode professionnel, amical ou convivial[46]. Tout le monde ou presque a une existence sur les réseaux sociaux. Cette existence se manifeste par la liberté de consommer l'information et par la liberté de la produire.

Les réseaux sociaux et internet semblent ne pas avoir de ligne éditoriale en dehors de celle de la liberté, celle de plus de liberté. Ils induisent une liberté sans contrôle, une liberté illimitée. Pourtant, la liberté ne saurait exister sans limite. La question des limites de la liberté sur les réseaux sociaux est une question essentielle. En effet, *« parce qu'il n'existe aucun droit qui puisse s'exercer sans limite, aucune liberté qui soit absolue, s'interroger sur les limites de la liberté revient en fait à reposer dans son ensemble la question de la liberté et de ses conditions d'exercice »*[47]. Ces limites ne font pas partie de la logique et de l'essence des réseaux sociaux. En valorisant le principe de liberté, de transparence et de neutralité, les réseaux emportent les vices de déconstruction de l'idéal d'une société apaisée. Ils déconstruisent tous les secrets qui sont à la base de l'équilibre de l'État et du respect des droits de l'Homme.

Pendant longtemps le secret a été *« le mode naturel de gestion des affaires publiques »*[48]. Il se justifiait par le souci d'assurer une protection de l'administration et des individus. Il était constitué de l'interdiction de divulguer certaines informations relatives au fonctionnement de l'État et celles concernant le statut des individus. Malgré les avancées portées par l'ouverture démocratique qui ont imposé la transparence, bien que cette transparence soit *« un idéal de pureté et de vérité, la promesse d'une connaissance immédiate de la chose publique, sans*

---

[44] Dans son ouvrage sur le discours sur la méthode l'auteur affirmait que *« je pense donc je suis »*

[45] VIEIRA (J), « Droit de l'Union européenne et démocratie numérique : clés pour l'éco-citoyenneté », *Les Cahiers du numérique*, 2014/2 Vol. 10, p. 42.

[46] OBERDORFF (H), « La République numérique, un nouvel espace pour de nouveaux droits », *RDP*, n° 3, 2018, p. 665

[47] LOCHAK (D), « Les bornes de la liberté », *Pouvoirs* – 84, 1998, p. 15.

[48] WARUSFEL (B), « Les secrets protégés par la loi, limites à la transparence », *Revue générale nucléaire*, 2003, n° 1, janvier-février, p. 62. V. également CHEVALLIER (J), « Les pratiques administratives », in *transparence et secret,* actes du colloque pour la XXVe anniversaire de la loi du 17 juillet 1978 sur l'accès aux documents administratifs, IFSA/CADA, la documentation française, 2003, p. 83.

filtre ni intermédiaire »[49], celle-ci doit être conciliée avec le secret. De ce fait, quelle *« que soit l'appréciation que l'on peut porter sur la portée et la valeur juridique du supposé "principe de transparence", il est clair que l'application de celui-ci trouve toujours sa limite dans le respect des secrets dont la loi organise la protection »*[50]. La loi, et plus globalement le système juridique pérennise le secret en distinguant les domaines sur lesquels il doit être appliqué. C'est ainsi que sont consacrés les notions de secret des délibérations[51], le huis clos des audiences des tribunaux[52] ou encore le secret du suffrage[53]. L'existence de ces secrets est primordiale dans une société marquée par le libéralisme à outrance et l'individualisme. Leur maintien et leur consolidation constituent le *« plus grand bien de la démocratie »*[54]. Le maintien de ces secrets doit faire face à la montée en puissance de la démocratie de l'information qui impose plus de transparence au profit des citoyens qui doivent jouir d'une *« information large, régulière et approfondie »*[55]. Cela se présente comme un horizon incontournable de la nouvelle société de telle sorte que les deux termes doivent être nécessairement conciliés. Ainsi, *« il apparaît, au total, de plus en plus clair que transparence et secret, notamment de l'action publique, loin de s'opposer de façon irréconciliable, doivent faire l'objet d'un dosage et d'une articulation »*[56]. Le numérique ne participe pas de la recherche de cette conciliation entre secret et transparence.

Le numérique fait l'apologie d'une transparence sans limite. Il brise les barrières légales de capacité, de licence et d'autorisation qui sont autant de garde-fous contre l'absolutisme et qui ont pour but de responsabiliser les sujets de droit dans leurs actions. Dans l'espace numérique il n'est pas pris en compte les notions d'informations sensibles, d'informations secrètes. Il n'est pas pris en considération la correspondance entre informations et capacité à les comprendre. L'espace numérique est en réalité un réceptacle. Il n'a pas de frontière, pas de barrière de race ou de culture, il ne fait pas de distinction de classes sociales ou de niveau intellectuel. Bref, il ne s'agit pas d'un espace de hiérarchisation sociale. C'est un espace de globalisation dont l'extrême liberté reconstitue l'État de nature dont l'État de droit considéré comme le *« dénominateur commun de tous les États modernes qui se réclament de l'idéologie démocratique »*[57] est censé avoir fait disparaître les derniers vestiges. Il s'y développe le règne de l'absolutisme informationnel.

La libéralisation absolue de l'accès à l'information conduit à porter dans l'espace numérique tous types d'informations et de les rendre accessibles à tout le monde. Du point de vue de l'État, cette libéralisation est un danger contre son

---

[49] PUYDEBOIS (G), *La transparence de la vie publique en France,* thèse de doctorat en droit, Université de Bordeaux, 2019, p. 15.

[50] WARUSFEL (B), *op.cit.,* p. 62

[51] Article 22 du décret n° 94/199 du 7 octobre 1994 portant Statut général de la fonction publique de l'État modifié et complété par le décret n° 2000/287 du 12 octobre 2000.

[52] Article 48 alinéa 2 de la loi n° 2006/022 du 29 décembre 2006 fixant l'organisation et le fonctionnement des tribunaux administratifs.

[53] Article 2 alinéa 1 de la loi n° 2012/001 du 19 avril 2012 portant code électoral.

[54] BELORGEY (J. M), « l'État entre transparence et secret », *Pouvoirs* – 97, 2001, p. 28.

[55] Article 3 alinéa 2 de la loi n° 2018/011 du 11 juillet 2018 portant code de transparence et de bonne gouvernance dans la gestion des finances publiques au Cameroun.

[56] *Ibid.*, p. 26.

[57] YOMBI (S. M), « L'État de droit dans le renouveau démocratique en Afrique noire francophone », *Revue RRC*, n° 002 / octobre 2019, p. 1.

principal droit fondamental qui est le droit à la sûreté. La sûreté est une condition d'existence de la société tout entière. Sur les réseaux internet, il faut pourtant observer la divulgation des informations sensibles parfois frappées du sceau de confidentialité. Cette situation qui ne cesse d'empirer a amené le Premier ministre à faire un rappel à l'ordre aux agents de l'État sur le respect du secret professionnel, le respect de la confidentialité de certains documents administratifs[58]. Il relevait alors : *« Il m'a été donné de constater qu'au mépris des lois et règlements en vigueur, les documents et informations confidentiels des institutions de l'État et des organismes du secteur public sont régulièrement divulgués auprès d'un public non autorisé ».* Cela permet de comprendre que dans un État tout le monde n'est pas autorisé à prendre connaissance d'un certain type d'information. En brisant cette barrière, l'espace numérique expose la société à des dangers, tout comme la libération du contenu de l'information qu'il permet.

2) La libération obtuse du contenu de l'information

En facilitant l'accès à son espace qui est un espace d'informations, le numérique se doit d'abreuver ses membres ou ses sujets afin de continuellement capter l'attention. Il le fait en constituant une masse importante d'informations sur tous les domaines possibles. Les domaines qui nous intéressent ici sont ceux qui ont une incidence sur les droits fondamentaux.

Dans les réseaux sociaux, les informations qui attirent le plus d'attention sont celles des personnalités politiques, publiques et les institutions. Ces différentes personnes utilisent ces réseaux à des fins d'augmentation de la visibilité, d'élargissement de leur champ d'action, à des fins publicitaires, politiques et bien d'autres encore. Seulement, dans ces réseaux il n'existe pas de différence entre ce qui relève de la vie privée et celle publique, il n'est pas pris en compte le respect de la dignité humaine. Autrement dit, l'espace numérique opère une libération du contenu de l'information qui expose les individus. Cette libération qui signifie l'anéantissement des codes et toutes les restrictions est équivoque dans la mesure où elle est certes une exigence de la transparence et de la bonne gouvernance, mais est préjudiciable aux droits de l'homme.

Relativement au contenu des informations mises à la disposition d'un public non averti, le Premier ministre du Cameroun relève pour le condamner la diffusion récurrente sur les *« réseaux sociaux » ou autres moyens de communication de masse, de documents présentant un caractère sensible et souvent revêtus de la mention « CONFIDENTIEL », « SECRET » ou « TRÈS SECRET », selon les cas* [59]. Il ressort que toute information n'est pas disposée à être portée à l'attention d'un public, ou divulguée à tout moment. Cela se justifie surtout par l'absence de recul et de maîtrise dont font montre l'opinion et pire encore l'opinion de l'espace numérique qui se caractérise par une indifférence face à ce qui est sacré réservé, confidentiel et sensible. L'espace numérique se présente à tous égards comme un espace de banalisation, un espace d'émotion et du sensationnel, un espace du « *BUZZ* ». C'est pour cette raison qu'il prête facilement le flanc au développement

[58] Circulaire n° 003/CAB/PM du 28 mars 2018 relative à la gestion des documents et données confidentiels de l'État et des organismes du secteur public.
[59] Circulaire n° 003/CAB/PM du 28 mars 2018 relative à la gestion des documents et données confidentiels de l'État et des organismes du secteur public.

de la criminalité ordinaire à travers les différentes atteintes aux droits des individus ainsi qu'au développement d'une forme particulière de criminalité : la cybercriminalité. Cette cybercriminalité se nourrit des informations officielles et personnelles non filtrées postées sur les divers réseaux, bénéficiant de l'expansion de cet espace qui repose sur *« la mise en valeur » de nos vies privées et grâce à l'engouement des internautes*[60]. Au final, par la violation de toutes les barrières entourant l'information, l'espace numérique participe à la déconstruction des limites relatives à l'exercice des droits fondamentaux.

B. La déconstruction des limites à l'exercice des droits fondamentaux

Trop de liberté tue la liberté. Une liberté qui s'exprime dans l'absolue n'est plus liberté, elle devient une oppression. Le propre de la liberté est la mesure, la tempérance et l'équilibre. La limite constitue l'élément qui donne sens à la liberté, en permettant à chacun d'exercer paisiblement la sienne dans le respect d'autrui. C'est cet équilibre, cette équité qui oppose à la liberté de chacun des limites qui sont bafouées dans l'espace numérique. Il s'agit de l'ordre public, des bonnes mœurs et de la liberté d'autrui.

1) La répudiation de l'ordre public

Ces dernières années, l'on a assisté à une évolution considérable de la notion d'ordre public. Elle a suivi les grands courants de l'évolution sociale en essayant toujours de s'adapter afin de conserver son essence qui est celle de la protection de la liberté.

L'ordre public a pendant longtemps été perçu de manière stricte comme une atteinte à la liberté. Il y avait sans doute des moyens de justifier cette considération au regard de ce que l'ordre public empêche l'exercice des libertés à travers ses restrictions. Seulement, cette vision était parcellaire, car elle ne se projetait pas sur la finalité des restrictions posées, celle de la protection des libertés. L'ordre public permet de *« se prémunir d'un péril encore plus grand : celui du désordre »*[61]. C'est pour cette raison qu'il étend son emprise dans tous les pans de la société. Il existe de ce fait un ordre public économique[62], un ordre public immatériel[63], un ordre public sanitaire[64] renforcé dans son contenu par la pandémie actuelle du Covid-19[65]. Cette extension de la notion d'ordre public dans divers domaines manifeste une volonté d'assurer le bon ordre dans tous les espaces ou les hommes sont en relation, de conserver le droit pour chacun d'exprimer sa liberté

---

[60] BAILLY (E), DAOUD (E), « Cybercriminalité et réseaux sociaux : la réponse pénale », *AJ Pénal,* 2012, p. 252.

[61] BREILLAT (J), « Ordre Public, ordre social, ordre politique : quelles interactions ? », *in* REDOR (J. M) (dir.), *L'ordre public : Ordre public ou ordres publics ? Ordre public et droits fondamentaux*, Actes du colloque de Caen, 11 et 12 mai 2000, Bruylant (Bruxelles), 2001, p. 247.

[62] V° PEZ (T), « L'ordre public économique », *Les Nouveaux Cahiers du Conseil constitutionnel*, 2 015/4 N° 49, pp. 43-57.

[63] DELVOLVE (P), « L'ordre public immatériel », *RFDA*, 2015, p. 890.

[64] RENARD (S), *L'ordre public sanitaire (Étude de droit public interne)*, thèse de doctorat en droit, Université de Rennes I, 2008, 729 p, voir également, AMOUSSOU (V. L), *L'ordre public sanitaire en Afrique francophone*, thèse de doctorat en droit, Université de Bordeaux, 2017, 433p.

[65] VILLENEUVE (P), « Covid-19 et ordre public sanitaire », *JCP / La Semaine Juridique* – édition administrations et collectivités territoriales n° 12. 23 mars 2020, pp. 5-7.

normalement, car *« les libertés ne sauraient prospérer sans la sauvegarde de l'ordre public qui, lui-même, a pour seul objet de protéger les libertés »*[66].

Du point de vue de son contenu, l'ordre public est classiquement constitué de la tranquillité publique, de la sécurité publique et de la salubrité publique. À cette trilogie, s'est ajouté un quatrième élément parfois passé inaperçu à savoir la moralité publique[67], ou encore la dignité humaine[68] plus communément considérée. Ces éléments sont autant de mécanismes dont dispose l'État pour assurer le bon ordre. La question de leurs transpositions dans l'espace numérique se pose. La création d'un nouvel espace d'expression des droits fondamentaux par le numérique emporte celle du prolongement de l'ordre public en théorie : La réalité est toute autre.

Théoriquement, le cyberespace n'est pas ou ne devrait pas être un espace de non droit qui échappe à la souveraineté des États. Il faut pourtant constater que c'est dans ce sens qu'il est fondé. Le cyberespace est par définition un espace transfrontière qui se joue par *« les moyens de l'évolution des repères territoriaux d'un ordre juridique qui a pourtant besoin de se fixer selon des repères géodésiques »*[69]. Il rend inopérant toute tentative de maintien de l'ordre public face aux multiples dérives qui s'y déroulent. Cet espace est devenu le centre de préparation des actes de troubles à l'ordre public. L'on peut ainsi observer sous le motif de la liberté d'expression le développement des discours haineux et raciaux, l'apologie du terrorisme et surtout l'accélération du tribalisme. Les réseaux sociaux sont le terrain privilégié de ces troubles à l'ordre public. En permettant la constitution des gigantesques bases de données sur les personnes[70] et les institutions, ils offrent aux partisans des actes criminels des moyens de construire une cybercriminalité qui se pérennise. Chaque fait d'actualité est une occasion de consolider le discours tribal dans un Cameroun constitué de plus de 200 ethnies et ou la cohésion sociale est fragile. Il y a la une situation grave *« dont les politiques ont à se préoccuper d'urgence, eux dont le rôle n'est certainement pas d'attiser les violences, même verbales, avant que tout cela ne finisse par tourner au drame »*[71]. Le drame est à craindre si rien n'est fait. Il ne s'agit plus de se limiter aux discours appelant à la retenue et à la promotion du vouloir vivre ensemble dans un espace faisant la promotion de l'individualisme et du repli identitaire.

---

[66] GERVIER (P), *La limitation des droits fondamentaux constitutionnels par l'ordre public*, thèse de doctorat en droit, Université Montesquieu – Bordeaux IV, 2013, p. 13.

[67] LELEU (T), « La dignité de la personne humaine comme fondement des mesures de police administrative », *RFDA* 2015, p. 884.

[68] FRYDMAN (P), « Les vingt ans de l'arrêt Commune de Morsang-sur-Orge - À propos de la dignité de la personne humaine. Propos conclusifs », *RFDA*, 2 015 p. 1100, v. également EDELMAN (B), « La dignité de la personne humaine, un concept nouveau », Recueil Dalloz, 1997, chroniques, p. 194.

[69] LEMAIRE (V), *Le droit public numérique à travers ses concepts : émergence et transformation d'une terminologie juridique,* thèse de droit public, Université Paris 1 – Panthéon Sorbonne, 2019, p. 142.

[70] D. FAYON, « Les réseaux sociaux menacent-ils nos libertés individuelles ? », *Terminal* [En ligne], 108-109 | 2011, mis en ligne le 22 avril 2016, consulté le 5 avril 2021. URL : http://journals.openedition.org/terminal/1315 ; DOI : https://doi.org/10.4000/terminal.1315.

[71] GOHIN (O), « Liberté d'expression, liberté de réunion, police administrative et ordre public : l'affaire Dieudonné », Note sous Tribunal administratif de Nantes, ordonnance, 9 janvier 2014, Société les Productions de la Plume et M. Dieudonné M'Bala M'Bala, n° 1400110 ; Conseil d'État, ordonnance, 9 janvier 2014, ministre de l'Intérieur c. Société les Productions de la Plume et M. Dieudonné M'Bala M'Bala, n° 374508, Lebon ; AJDA 2014. 79 ; *ibid.* 129, tribune B. Seiller ; D. 2014. 155, point de vue R. Piastra ; *ibid.* 200, entretien MAUS (D), *RFDA,* 2014, p. 87.

2) La détérioration des bonnes mœurs

Difficile de ne pas être outragé par l'utilisation qui est faite des réseaux sociaux et du numérique en Afrique et au Cameroun. Combien sommes-nous impuissants de voir les atteintes aux bonnes mœurs se perpétuer ?

Du point de vue juridique, la notion de bonnes mœurs est fluctuante et complexe. Elle est pourtant dans le contexte africain étroitement liée aux droits fondamentaux. Jamais définie, la notion de bonnes mœurs est consacrée en droit comme une limite à l'exercice des libertés et par conséquent comme un instrument de protection des droits. Tout d'abord, le droit est mis à contribution comme moyen de promotion des bonnes mœurs, comme instrument de censure ou de répression des mauvaises mœurs. D'un autre côté, ce droit s'abstient de définir l'objet qu'il prétend régir[72]. Dans leur assertion littéraire, les mœurs renvoient aux habitudes considérées par rapport au bien ou au mal dans la conduite de la vie. C'est plus spécifiquement les usages et coutumes d'un pays, ou d'un peuple bénéficiant d'une valorisation collective. La notion de bonnes mœurs fait donc référence à une appréciation de certains usages et coutumes. Cela relève bien évidemment d'un subjectivisme qui peut varier au fil des époques et des contingences sociales.

Les bonnes mœurs font appel à la morale. Elles relativisent les postulats scientifiques qui opèrent une distinction entre le droit et la morale. Hans Kelsen, théoricien de cette distinction affirme qu'*« une norme juridique peut être considérée comme valable alors même qu'elle contredit à l'ordre moral »*[73]. Les textes juridiques n'épousent pas cette logique en posant le respect de la morale comme une limite à l'exercice des droits consacrés. C'est le cas de la Déclaration universelle des droits de l'homme[74] et de la Charte africaine des droits de l'homme[75]. Les bonnes mœurs, autre appellation de la morale sont instituées pour protéger principalement les droits fondamentaux de la collectivité. La Constitution dispose que *« Nul ne peut être inquiété en raison de ses origines, de ses opinions ou croyances en matière religieuse, philosophique ou politique sous réserve du respect de l'ordre public et des bonnes mœurs »*[76]. Ainsi, l'expression des divers droits et libertés dans l'espace numérique ne doit pas porter atteinte aux bonnes mœurs. La première difficulté réside dans l'indétermination du contenu de la notion. Juridiquement, on dira qu'il appartient à l'État de définir son contenu. Seulement en Afrique et au Cameroun, il existe une distance entre le droit de l'État et le droit des communautés qui est le fruit des cultures et traditions. À cet effet, il y a toujours un conflit entre les mœurs produites par les règles de l'État et les mœurs issues des traditions communautaires et villageoises. Comment apprécier la violation des bonnes mœurs dans l'espace numérique si l'État oppose ses bonnes mœurs à celles des communautés ? La Charte africaine est pourtant claire, *« la promotion et la protection de la morale et des valeurs traditionnelles*

---

[72] LOCHAK (D), « Le droit à l'épreuve des bonnes mœurs puissance et impuissance de la norme juridique », May 1993, Amiens, France, p. 16.

[73] KELSEN (K), *Théorie pure du droit,* traduction française de la 2é édition de la « Reine Rechtslehre », Paris, Dalloz, 1962, p. 93.

[74] Article 29 alinéa 2 de la Déclaration universelle des droits de l'homme.

[75] Article 27 alinéa 2 de la Charte africaine des droits de l'homme et des peuples.

[76] 13e point du préambule de la constitution.

reconnues par la Communauté constituent un devoir de l'État dans le cadre de la sauvegarde des droits de l'homme »[77].

Dans l'espace public, chacun fait la promotion de sa culture, de ses traditions. Cet espace permet de se rendre compte qu'il y a une grande ignorance des cultures locales aussi bien des gouvernants que de l'ensemble de la population. De ce fait, les individus se présentent et s'identifient non plus selon les valeurs de la république, mais selon les valeurs traditionnelles. On aura donc sur l'espace numérique des bonnes mœurs de l'État et celles des communautés. Les unes comme les autres ne manquent pas d'être ébranlées. Les images de promotion des pratiques d'excision des jeunes filles, des mariages précoces, l'utilisation des enfants dans les spots publicitaires sont autant d'informations qu'il devient difficile pour l'internaute d'apprécier sur le plan des valeurs et des mœurs. Que dire de ces pages qui publient des vidéos de sexualité entre mineures devenues banales, des pages de promotion de la vie facile au moyen des *« porte-monnaie magiques »* pouvant produire l'argent à profusion et sans le moindre effort, les sites de jeux de hasard qui ne relèvent pas des mœurs africaines. C'est effectivement là le fond du numérique, une liberté d'expression absolue qui peut être comprise en comprenant la philosophie de l'action de ces espaces numériques. Le numérique est en réalité un instrument de domination et de pérennisation de la culture occidentale, celle américaine précisément. Cette culture qui a entre autres fondements, une liberté d'expression à laquelle on ne reconnaît presque aucune exception[78]. Les enjeux sont donc énormes pour l'existence de l'État et de ses différentes communautés. Le numérique doit devenir un sujet politique[79] majeur.

La détérioration des bonnes mœurs se manifeste aussi par la désacralisation des traditions africaines. Le propre des traditions africaines est de conserver une bonne part de mystère dont la découverte n'est pas permise à tout le monde. Loin d'avoir une appréciation morale de la chose, il convient de dire que c'est un élément de l'identité de nos communautés. La perte de cette identité effrite les fondements des communautés et les expose à l'influence extérieure. C'est globalement ce que subissent les communautés africaines avec l'avènement du numérique. La protection des cultures et traditions, le caractère sacré de certains rites dont la préservation participe à la protection des mœurs traditionnelles tombe en lambeau. C'est en fin de compte la disparition des fondements traditionnels de l'État africain qui est amorcé, car *« le pouvoir traditionnel participe à la structure administrative et politique de l'État. Il n'est pas un pouvoir à côté de l'État mais plutôt, il est un pouvoir d'État »*[80]. La violation des droits fondamentaux des communautés traditionnelles dans l'espace numérique est une réalité inquiétante, tout comme la violation de la liberté d'autrui.

---

[77] Article 17 alinéa 3 de la Charte africaine des droits de l'homme et des peuples.

[78] WEISS (M. A), « Liberté d'expression sur les réseaux sociaux regards croisés États-Unis/Europe », *Documentaliste-Sciences de l'Information,* 2014/3 Vol. 51, p. 20.

[79] BENHAMOU (B), « Les dimensions internationales de la souveraineté numérique », *Les Nouveaux Cahiers du Conseil constitutionnel*, 2017/4, n° 57, p. 91.

[80] MAMBI TUNGA-BAU (H), *Pouvoir traditionnel et pouvoir d'État en République démocratique du Congo. Esquisse d'une théorie d'hybridation des pouvoirs politiques,* Kinshasa, MEDIASPAUL, 2010, p. 17.

3) La violation de la liberté d'autrui

Les études philosophiques ont grandement nourri l'appréhension juridique de la liberté et du droit. À partir d'elles, on a pu comprendre qu'il était impossible que la liberté soit absolue. La paix et l'équilibre dans la société nécessitent que chacun exerce sa liberté sans porter atteinte à celle d'autrui. L'anarchie ne saurait constituer le principe de base de l'organisation de l'ordre social[81]. L'exercice de la liberté doit donc s'opérer dans le respect des libertés établies par la loi quel que soit le lieu.

La Déclaration universelle des droits de l'homme dispose que *« dans l'exercice de ses droits et dans la jouissance de ses libertés, chacun n'est soumis qu'aux limitations établies par la loi exclusivement en vue d'assurer la reconnaissance et le respect des droits et libertés d'autrui »*[82]. Les textes africains ont adopté la même logique. La Charte africaine dispose dans ce sens que *« les droits et les libertés de chaque personne s'exercent dans le respect du droit d'autrui »*[83]. La Constitution camerounaise consacre également ce principe en affirmant que *« la liberté et la sécurité sont garanties à chaque individu dans le respect des droits d'autrui »*[84]. Cette présentation des principaux textes nationaux et internationaux érige la préservation de la liberté d'autrui comme un principe fondamental. Peut-on transposer ce principe dans un espace non prévu par la réglementation lors de son élaboration ? Même si le régime des droits fondamentaux a été pensé pour un environnement physique, il doit être étendu à toutes les sphères d'exercice des droits. Le principe de respect des droits d'autrui est valable dès lors que les individus sont mis en relation. Toutefois, la réalité dans l'espace numérique rame à contrecourant de cet idéal.

La violation de la liberté d'autrui dans l'espace numérique est une constante. Elle se nourrit de deux principaux éléments : il s'agit de l'intrusion dans la vie privée des individus et des atteintes à la dignité humaine. S'agissant de l'intrusion dans la vie privée des individus, elle puise sa consistance dans la divulgation des éléments de la vie privée. Les réseaux numériques *« ont décuplé le nombre de données personnelles collectées et les risques d'atteintes à la vie privée des personnes »*[85]

La publication des données personnelles est de plus en plus une condition contraignante d'accès aux réseaux. Les différents réseaux exigent de fournir certaines informations personnelles pour avoir accès à leurs contenus. En effet, *« l'environnement actuel se caractérise à la fois par la dissémination toujours plus importante des données personnelles et par la capacité croissante d'un certain nombre d'acteurs, privés ou étatiques, à regrouper les données concernant un même individu »*[86]. Le danger de la manipulation de ces données est la possibilité de conduire à des fichages en dehors de toute autorisation judiciaire, au contrôle de l'identité des individus à des fins commerciales et publicitaires. La

---

[81] BUCHANAN (JM), *Les limites de la liberté. Entre l'anarchie et le Léviathan*, Paris, Éditions Litec, 1992, p. 5.

[82] Article 29 alinéa 2 de la Déclaration universelle des droits de l'Homme.

[83] Article 27 alinéa 2 de la Charte africaine des droits de l'homme et des peuples.

[84] Point 3 du préambule de la Constitution du Cameroun.

[85] VERGNOLLE (S), *L'effectivité de la protection des personnes par le droit des données à caractère personnel,* thèse de doctorat en droit, Université Paris II Panthéon-Assas, 2020, p. 1.

[86] CYTERMANN (L), « La loi informatique et libertés est-elle dépassée ? », *RFDA,* 2015, p. 99.

protection de ces données est exigée dans toutes les législations sans pour autant empêcher les violations.

Les réglementations consacrent l'obligation de protection des données personnelles. Au Bénin par exemple, la loi dispose que l'informatique *« ne doit pas porter atteinte à l'identité humaine, à la vie privée de l'individu, aux droits de l'homme, aux libertés publiques, individuelles ou collectives »*[87]. Il en est de même au Gabon[88]. Ces interdictions semblent être de simples slogans que tout autre chose. Les violations se développent à un rythme considérable, affichant une impuissance de l'État. L'inefficacité de la législation tire sa source de la complexité des systèmes numériques mais aussi du caractère inapproprié de l'approche hétéroclite manifestée par les pouvoirs publics. Il s'agit d'un domaine où *« Si vous ne comprenez pas les enjeux, si vous ne « veillez » pas, au sens du « veilleur technologique », à affûter votre connaissance dans ces domaines, vous vous contraignez tout simplement, non pas l'obsolescence de votre réflexion mais à l'inadéquation de votre réflexion face à la régulation au niveau mondial »*[89]. Le régime des données personnelles dans l'espace numérique est extraordinairement fluctuant. Si les données collectées le sont au su de la personne concernée, *« d'autres sont collectées à son insu. C'est ainsi que lors de chaque accès à l'internet, l'utilisateur laisse des traces qui peuvent être interceptées par les spécialistes »*[90]. Les réflexions sur la protection de ces données sont un peu plus avancées ailleurs. C'est le cas dans l'Union européenne qui pourrait influencer les politiques africaines. Dans les pays européens, il est établi un délégué à la protection des données personnelles désigné d'office pour les organismes publics qui sont au centre du *« dispositif visant à apprécier la portée éventuelle d'un traitement de données à caractère personnel »*[91].

Le Cameroun est en retard, car son système de protection est très relatif. Il consacre de manière évasive l'obligation pour les exploitants[92] des systèmes d'information de mettre en place des mécanismes techniques *« pour faire face aux atteintes préjudiciables à la disponibilité permanente des systèmes, à leur intégrité, à leur authentification, à leur non-répudiation par des utilisateurs tiers, à la confidentialité des données »*[93]. La prolifération des comptes piratés des abonnés sur le réseau internet, la manipulation des comptes financiers sur les services de transactions financières par téléphone sont autant d'éléments qui démontrent la facilité à manipuler les données personnelles des citoyens.

La vie privée est le second champ d'expérimentation de toute sorte de violation. Les atteintes à la vie privée sont indéniables dans l'espace numérique.

---

[87] Article 2 de la Loi n° 2009-09 portant protection des données à caractère personnel en République du Bénin.

[88] Article 3 de la Loi n° 001/2011 relative à la protection des données à caractère personnel au Gabon.

[89] BENHAMOU (B), « Les dimensions internationales de la souveraineté numérique », *op.cit.*, p. 88.

[90] ELLOUMI (A), « La protection des données à caractère personnel sur l'internet », *R.J.L*, 2010, n° 2, p. 12.

[91] LANNA (M), « Données publiques et protection des données personnelles : le cadre européen », *Revue française d'administration publique*, 2018/3 N° 167, p. 505.

[92] La première difficulté commence par la non-clarification des concepts. Dans la loi, on observe l'utilisation des notions d'exploitants, d'opérateurs et de fournisseurs de contenu sans une définition de leurs contenus. Cela pose un problème dans la détermination des responsabilités.

[93] Article 26 alinéa 2 de la loi n° 2010/012 du 21 décembre 2010 relative à la cybersécurité et à la cybercriminalité au Cameroun.

Sur le réseau téléphonique, ces atteintes sont le produit des actes des opérateurs et du comportement des abonnés. L'engouement pour les services téléphoniques rend difficilement perceptibles les atteintes à la vie privée des individus. Un cas retient notre attention, celui de l'inscription des abonnés dans des services contre leurs grés. Les abonnés sont généralement surpris de se voir inscrits dans des services de conseils gratuits, des conseils sur la spiritualité qui ne cadre pas avec leurs croyances. Il y a là, une atteinte grave à la vie privée des individus. Les atteintes ont un lien très étroit avec la dignité des individus. Ils s'expriment avec une plus grande acuité sur les réseaux sociaux. Là-bas, *« des éléments considérés comme faisant partie de la vie privée, voire intime, deviennent, par conséquent, publics et accessibles à d'innombrables individus »*[94]. Des images et vidéos toutes aussi choquantes les unes que les autres sont portées à l'attention du public : les dépouilles des individus[95], les données médicales des malades, les comptes rendus d'audiences parfois déclarées à huis clos, les comptes rendus des interrogatoires de police et des instructions des affaires judiciaires sont autant de dérives. Dans cet espace numérique, l'individu n'est plus maître de lui-même, maître de décider de ce qu'il peut rendre accessible aux autres. Il n'a plus droit au respect de sa vie privée, un droit qui *« peut se concevoir comme une protection de la faculté d'autonomisation d'un individu, auquel on accorde ensuite un périmètre décisionnel identifié »*[96]. Tout ceci finit par construire dans la conscience collective qu'il n'y a plus de frontière entre la vie privée et la vie publique. Le régime de la répression ne parvient pas à rétablir cette distinction essentielle.

II. UN ASSOUPLISSEMENT DU SYSTÈME DE RÉPRESSION EXCITANT LA PÉRENNISATION DES DÉRIVES

Dans le contexte africain, la répression est un instrument pédagogique efficace. L'ineffectivité de tous les principes et règles juridiques repose sur l'inapplication de la sanction par les autorités investies de cette compétence[97]. Les dérives aux droits fondamentaux dans l'espace numérique ont mis à profit cette attitude condamnable. Elles se pérennisent en prenant appui sur la consécration des principes de prévention insuffisants (A) et sur la promotion d'un régime de sanctions inopérant (B) dans l'encadrement du numérique.

A. La consécration des principes de prévention insuffisants

Un système de répression efficace repose sur un système de prévention valide. À ce propos, les principes de prévention contre les dérives dans l'espace numérique sont insuffisants du fait de la malléabilité de l'identification (1) et de la flexibilité du principe de la responsabilité (2).

---

[94] VALLET (C), « Le dévoilement de la vie privée sur les sites de réseau social. Des changements significatifs », *Droit et société*, 2012/1 N° 80, p. 165.

[95] C'est le cas récemment de la divulgation sur les réseaux sociaux des images de la dépouille du cardinal Christian TUMI.

[96] JAMMET (A), *La prise en compte de la vie privée dans l'innovation technologique,* thèse de doctorat en droit, Université Lille Nord de France, 2018, p. 40.

[97] LEROY (Y), « La notion d'effectivité du droit », *Droit et société,* 2011/3 N° 79, p. 717.

1) La malléabilité du principe de l'identification

La malléabilité est le caractère de ce qui est malléable, c'est-à-dire ce qu'on peut forger, battre, étendre. Dans son sens figuré, la notion renvoie au caractère souple et docile. Adossée au principe de l'identification, elle traduit le caractère relatif de cette identification.

L'identification est un principe fondamental dans toute société. Elle permet d'attribuer un statut à une personne ou à une chose. L'attribution des droits et obligations à une personne est précédée par la déclinaison de son identité. C'est ainsi qu'à sa naissance l'individu se fait établir un acte de naissance qui est sa première pièce d'identification. Au fil de son existence, et face à l'évolution de ses données, il se fera établir d'autres actes d'identification, carte nationale d'identité, passeport, actes de mariage, carte professionnelle. Dans la vie courante, il est difficile d'accéder dans un service sans se faire identifier. Ailleurs ou cela est strictement respecté, cette identification facilite le travail des forces de l'ordre et de la justice en cas d'infraction.

Ces exigences si solidement ancrées dans les ordres juridiques sont relativisées dans l'espace numérique. C'est un espace qui *« fait sens vers un dépassement de la forme nationale du droit »*[98]en rendant très fluctuantes les contraintes à l'identification des abonnés. L'orientation des contraintes étatiques à l'identification semble être uniquement portée vers les communications électroniques par téléphone. La plupart des législations disposent que *« les opérateurs et exploitants des réseaux de communication électronique ouverts au public, ainsi que les fournisseurs de services sont tenus au moment de toute souscription, de procéder à l'identification des abonnés et des terminaux »*[99]. Le décret d'application de cette disposition apporte une précision très restrictive à son champ d'application. L'identification ne concerne que les opérateurs de téléphonie mobile[100]. Cette identification est contraignante dans son contenu. Elle consacre une convergence de la présence physique lors de la souscription avec la présentation des pièces officielles d'identité[101]. Tout est différent dans l'autre dimension de l'espace numérique que constituent les réseaux sociaux.

Au regard de l'extrême libéralisme qui les caractérise, les principes d'identification sont difficilement applicables aux réseaux sociaux. Il existe certes toujours une procédure d'identification donnant accès aux services, mais cette identification obligatoire n'a pas, suivant le fonctionnement de ces réseaux, l'obligation d'être conforme aux identifiants officiels. Dans ces réseaux l'identification est libre. Chacun peut adopter le nom qu'il veut, le genre qu'il souhaite, adopter la nationalité de son choix. Les individus restent *« cachés derrière des catégories qui les décrivent et ne se dévoilent réellement qu'au cas par cas dans l'interaction avec la personne de leur choix »*[102]. Habités par la

[98] ROUSSEAU (D), « Le numérique, nouvel objet du droit constitutionnel », *Les Nouveaux Cahiers du Conseil constitutionnel*, 2017/4 N° 57, p. 9.

[99] Article 55 alinéa 1 de la loi n° 2010/013 du 21 décembre 2010 régissant les communications électroniques au Cameroun.

[100] Article 4 du décret n° 2015/3759 du 3 septembre 2015 fixant les modalités d'identification des abonnés et des équipements terminaux des réseaux de communications électroniques.

[101] Il s'agit de la carte nationale d'identité pour les nationaux, le titre de séjour pour les étrangers.

[102] NISRINE ZAMMAR, *Réseaux sociaux numériques. Essai de catégorisation et de cartographie des controverses,* thèse de doctorat en informatique, université de Rennes 2, 2012, p. 218.

crainte de dévoiler directement son identité dans un environnement dont on sait ouvert à la liberté absolue, les abonnés procèdent par prudence. Ils *« se sélectionnent les uns les autres à travers une fiche critérielle découverte à l'aide d'un moteur de recherche, avant de dévoiler progressivement leurs identités »*[103].

La malléabilité de l'identification est un danger pour les droits fondamentaux. Elle rend difficile l'identification des coupables de violation de ces droits. Sur le plan philosophique elle peut avoir comme justification la détérioration des barrières qui conduisent à la mort de la liberté d'expression et de pensée comme le dit le philosophe que *« qui dit liberté de penser, dit liberté de se tromper, d'élaborer puis d'exprimer des opinions fausses, voire perverses et dangereuses »*[104]. Seulement, l'ordre social est très précieux et hautement sensible pour attendre que les gens puissent se tromper, exprimer des opinions perverses et dangereuses avant de les corriger. Le numérique a une trop grande influence sur la société, lui dont les *« effets modifient les mœurs et génèrent de nouvelles pratiques »*[105]

Le président Jean-Marc SAUVÉ exprime clairement les dangers de ces technologies lorsqu'il affirme qu'elles *« augmentent le risque de diffusion de contenus illicites, tels que ceux incitant à la haine raciale, à la discrimination, à la violence ou à la criminalité »*[106]. Les catégories vulnérables sont principalement affectées, en particulier les jeunes enfants ou les adolescents, destinataires de contenus sensibles susceptibles d'avoir un impact négatif sur leur santé, leur sécurité ou leur développement personnel[107].

Portés par un libéralisme à outrance, les réseaux sociaux semblent présenter les contraintes de l'identification comme une atteinte à la liberté. Une telle logique ne saurait prospérer, car le législateur a clairement affirmé que *« l'État reconnaît et martèle que l'accès à internet et aux réseaux de communication électronique est un droit fondamental de l'homme »*[108]. En absence d'identification, il est difficile de mettre en œuvre une répression efficace. Cette faiblesse n'est pas sans conséquence sur l'évolution des dérives dans une Afrique qui est devenue *« un terrain d'action important pour la cybercriminalité qui a pris de l'ampleur sur le continent »*[109]. Dans les réseaux sociaux, on peut observer le développement de la fausse identité (encore appelée *« faux profil »*) utilisée pour distiller la fausse information en toute impunité et porter atteinte à la réputation des individus ou des institutions. Que dire de ces *« lanceurs d'alerte »*, de ces *« influenceurs »* et autres *« activistes politiques »* qui usent du populisme et du sensationnel en exposant les personnalités et institutions parfois sur des faits infondés. La cohésion sociale et la

---

[103] *Ibid.*

[104] DUITS (E. J), « faut-il tuer la liberté d'expression ? », *Le Philosophoire*, 2002/1 N° 16, p. 17.

[105] CASSAR (B), *La transformation numérique du monde du droit*, thèse de doctorat en droit, Université de Strasbourg, 2020, p. 2.

[106] SAUVÉ (JM), « La protection des droits fondamentaux à l'ère du numérique », intervention lors de la remise des prix de thèse de la Fondation Varenne le 12 décembre 2017.

[107] *Ibid.*

[108] Article 3 de la loi n° 2017-803 du 7 décembre 2017 d'orientation de la société de l'information en Côte d'Ivoire.

[109] MAOMRA (J. J), N'GUESSAN (J), « La régulation des usages des TIC en Côte d'Ivoire : entre identification et craintes de profilage des populations », http://journals.openedition.org/terminal/1468 ; DOI : https://doi.org/10.4000/terminal.1468, consulté le 12 décembre 2022.

légitimité des gouvernants sont mises à l'épreuve. La perméabilité de l'espace numérique a surtout prêté le flanc à la mutation des procédés de propagande et de recrutement des entreprises de terreur de tous genres. Des mouvements militants et religieux *« à caractère extrémiste ont su y trouver des avantages pratiques à même de faire avancer leurs causes et leurs agendas idéologiques »*[110].

2) La flexibilité du principe de la responsabilité

La responsabilité est l'*« obligation de répondre d'un dommage devant la justice et d'en assumer les conséquences civiles, pénales, disciplinaires »*[111]. Qui peut donc répondre des actes de violation des droits fondamentaux dans l'espace numérique ?

Alors que l'on pourrait penser qu'il revient à l'auteur du dommage de le réparer, les violations dans l'espace numérique opposent un régime de responsabilité variant suivant les particularités de cet espace. Au regard du fait que la réglementation du numérique au Cameroun concerne principalement les communications électroniques par téléphone, deux systèmes de responsabilités sont consacrés. Le premier concerne la responsabilité individuelle et le second la responsabilité des opérateurs et exploitants.

Pour ce qui est de la responsabilité individuelle, elle est conforme aux principes établis. Elle repose sur le fait que *« Tout fait quelconque de l'homme, qui cause à autrui un dommage, oblige celui par qui la faute est arrivée, à la réparer »*[112]. Les lois sur le numérique punissent par exemple d'un emprisonnement de cinq (05) à dix (10) ans et d'une amende de 5 000 000 (cinq millions) à 10 000 000 (dix millions) FCFA ou de l'une de ces deux peines seulement, celui qui confectionne, transporte, diffuse, par voie de communication électronique ou d'un système d'information, un message à caractère pornographique enfantine, ou de nature à porter gravement atteinte à la dignité d'un enfant[113]. En ce qui concerne la responsabilité des exploitants, elle est celle qui pose problème. La loi dispose que *« les exploitants des systèmes d'information informent les utilisateurs de l'interdiction faite d'utiliser le réseau de communication électronique pour diffuser des contenus illicites ou tout autre acte qui peut entamer la sécurité des réseaux ou des systèmes d'information »*[114]. Elle dispose plus loin que *« le fournisseur de contenus est responsable des contenus véhiculés par son système d'information, notamment lorsque ces contenus portent atteinte à la dignité humaine, à l'honneur et à la vie privée »*[115]. En dehors de l'absence de la clarification de la distinction entre fournisseur et exploitant, l'on observe qu'il y a une variation des obligations à la charge de ces derniers. Alors même que l'on pourrait pencher vers la responsabilité du fournisseur sur les contenus véhiculés par son système, la question du contenu de cette responsabilité

[110] DUCOL (B), *Devenir djihadiste à l'ère numérique. Une approche processuelle et situationnelle de l'engagement djihadiste au regard du Web*, thèse de doctorat en science politique, université de Laval, 2015, p. 3.
[111] CORNU (G), *Vocabulaire Juridique*, Paris, PUF, 12é édition, 2018, p 1 937.
[112] Article 1382 du Code civil.
[113] Article 76 de la loi n° 2010/012 du 21 décembre 2010 relative à la cybersécurité et à la cybercriminalité au Cameroun.
[114] Article 28 alinéa 1 de la loi n° 2010/012 du 21 décembre 2010.
[115] Article 43 de la loi n° 2010/012 du 21 décembre.

et de sa mise en œuvre demeure. Peut-il suspendre l'utilisateur coupable de diffusion de contenus portant atteinte à la dignité humaine en dehors d'une autorisation du régulateur ou du juge ? La question vaut tout son pesant, car l'enjeu est celui des limites à un droit fondamental.

Cette question ne cesse d'alimenter les réflexions et les batailles judiciaires en ce qui concerne les réseaux sociaux dans les pays occidentaux. Les géants du net sont constamment attaqués sur le fait d'être responsables de la diffusion sur leurs réseaux des images et vidéos de promotion du terrorisme, de promotion de la haine raciale, de l'antisémitisme, de la xénophobie et autres violations des droits de l'homme. Les réglementations sont orientées vers plus de protection et vers le renforcement des contrôles des communications par une collaboration entre les États et les géants du net. Le risque pour les droits fondamentaux existe, car une surveillance étendue des communications aux secrets des correspondances, aux secrets des échanges entre avocat et client, secret médical, secret des sources des journalistes[116]. Toutefois, l'absence de surveillance causerait plus de mal aux droits et libertés.

B. La promotion d'un régime de sanction inopérant

L'inefficacité de la protection des droits fondamentaux dans l'espace numérique se consolide par un régime de sanction inopérant. Cette inefficacité est le fait de la transversalité des infractions (1) et de la fugacité des effets de la réparation (2).

1) La transversalité des infractions

Pour sanctionner efficacement une infraction, il faut bien l'appréhender. L'appréhender signifie ici maîtriser tous ses contours et surtout que l'infraction rentre dans le sacro-saint principe de la légalité des délits et des peines. Ce principe cardinal en matière criminelle signifie qu'*« un texte est exigé pour définir en des termes généraux et par avance l'incrimination et la sanction encourue »*[117]. En d'autres termes, il n'y a pas d'incrimination sans texte, ni de peine sans texte[118]. Alors que l'on vivait déjà les violations des droits fondamentaux dans l'espace numérique du fait qu'il « *rend possible la liberté d'expression et la liberté de communication sans frontières ainsi que la libre circulation des idées et des informations sans considération de limites territoriales* »[119], il manquait des textes instaurant un régime répressif adapté.

Deux mouvements juridiques ont attiré l'attention du juriste sur l'incrimination des dérives dans l'espace numérique. Le premier mouvement est l'adoption au Cameroun d'un ensemble de lois sur le numérique au courant de l'année 2010. Le texte le plus important à ce sujet est celui sur la cybersécurité et la cybercriminalité. Il définit la cybercriminalité comme un *« ensemble des infractions s'effectuant à travers le cyberespace par des moyens autres que ceux*

---

[116] Conseil d'État, *Le numérique et les droits fondamentaux*, étude annuelle 2014, p. 207.

[117] RENOUT (H), FOURMENT (F), *Droit pénal général,* Larcier, collection paradigme, 18e édition, 2013, p. 29.

[118] PIN (X), *Droit pénal général*, Paris, Dalloz, 10e édition, 2018, p. 23.

[119] VIEIRA (J), « Droit de l'Union européenne et démocratie numérique : clés pour l'éco-citoyenneté », *Les Cahiers du numérique*, 2014/2, Vol. 10, p. 42.

habituellement mis en œuvre, et de manière complémentaire à la criminalité classique »[120]. Cette définition est insuffisante à pouvoir combattre le phénomène de la cybercriminalité. La non-définition du cyberespace est la principale défaillance. De plus, cette loi a réservé tout un chapitre aux infractions et aux sanctions. Il faut malheureusement constater qu'elle a une approche très restrictive des infractions qui peuvent se développer dans le cyberespace. Elle s'appesantit abondamment sur les infractions qui touchent les mineurs[121], certainement au regard de leurs vulnérabilités.

Le second mouvement est l'adoption d'un nouveau Code pénal en 2016[122]. Logiquement, l'on se serait attendu que ce texte pérennise et consolide la pénalisation de l'utilisation du cyberespace engagé par les lois de 2010. Le texte est resté muet. Aucune référence aux infractions et aux sanctions sur les comportements déviants du numérique. À partir de ces grands silences, on peut donc observer une transversalité des infractions. En d'autres termes, les infractions, les atteintes aux droits fondamentaux dans l'espace numérique traversent les filets de la législation. Les droits fondamentaux des individus et des institutions sont voués aux gémonies. Cela traduit surtout une insuffisance dans les politiques de protection mises en place. Pourtant, *« le cyberespace, comme tout espace ou territoire, est source de conflictualité. Celle-ci peut se matérialiser par un développement de la criminalité qui peut aller jusqu'à concerner la souveraineté et la défense des États »*[123]. L'État du Cameroun et les autres États africains subissent les atteintes à leurs sûretés par le biais des informations dénigrantes sur les institutions, sur les autorités au quotidien. Le régime pénal classique est inadapté à réprimer ces actes.

En dehors des infractions particulières telles que les attaques contre les sites web gouvernementaux ; usurpations d'identités sur les réseaux sociaux ; fraudes à la carte bancaire ; scamming ; fraude à la SIMBOX[124], les infractions classiques ont pris d'assaut l'espace numérique. C'est le cas de la propagation de fausses nouvelles. C'est le fait d'émettre ou de propager des nouvelles mensongères lorsque ces nouvelles sont susceptibles de nuire aux autorités publiques et à la cohésion nationale[125]. La loi pénale n'a pas fait preuve de précision telle qu'il est exigé en matière pénale en définissant les contours de l'expression des fausses nouvelles. L'espace numérique est-il concerné ? Impossible d'être péremptoire sur une réponse. Toutefois, l'expérience étrangère permet d'affirmer le contraire. En France par exemple, face à la prolifération des usurpations d'identités dans le cyberespace, le législateur a dû introduire dans le Code pénal un délit spécifique d'usurpation d'identité s'étendant aux réseaux numériques, une nouvelle incrimination qui *« comble un vide juridique en permettant de répondre à des actes malveillants qui ne pouvaient jusque-là tomber sous le coup d'aucune*

---

[120] Article 4 de la loi n° 2010/012 du 21 décembre 2010 relative à la cybersécurité et à la cybercriminalité au Cameroun.

[121] Voir les articles 80 à 82 de la loi n° 2010/012 du 21 décembre 2010.

[122] Loi n° 2016/007 du 12 juillet 2016 portant Code pénal.

[123] ROBIN (J. N), *La matière pénale à l'épreuve du numérique,* thèse de doctorat en droit, Université de Rennes 1, 2017, p. 80.

[124] ANTIC, *Rapport sur la cybercriminalité et la cybersécurité au Cameroun de 2015 à 2017*, p. 3.

[125] Article 113 de la loi n° 2016/007 du 12 juillet 2016 portant Code pénal.

qualification pénale »[126]. Le Mali fait partir des rares États ayant consacré cette infraction. L'utilisation de l'identité numérique d'un tiers ou d'une ou plusieurs données permettant de l'identifier en vue de troubler sa tranquillité ou celle d'autrui ou de porter atteinte à son honneur, à sa considération ou à ses intérêts[127] est une infraction lourdement sanctionnée. Les droits fondamentaux sont trop importants et très fragiles dans une Afrique en pleine construction pour être aussi banalisés dans le cyberespace. Les conditions d'existence et d'expression des libertés engendrées par ce *« cyberespace appellent une révision des paradigmes à partir desquels le droit est généralement envisagé »*[128].

Les États qui ont emboîté le pas au Cameroun ont adopté des législations relativement plus précises. En Côte d'Ivoire, on peut observer la prise en compte des infractions spécifiques. C'est le cas de la négation ou de l'approbation des actes de génocides par le biais de système d'information[129]. Le plus intéressant relativement aux prérogatives administratives en matière de protection de l'ordre public est la consécration de l'infraction de trouble à l'ordre public et atteinte à la dignité humaine par la diffusion de certaines données sur un système d'information[130]. Au Togo, le législateur considère le fait d'utiliser les technologies de l'information et de la communication en vue de commettre des infractions de droit commun comme une circonstance aggravante avec pour conséquence la possibilité d'un doublement des peines prévues au Code pénal[131].

2) La fugacité des effets de la réparation

Le système de répression des atteintes aux droits fondamentaux dans l'espace numérique mis en place au Cameroun est insuffisant à réduire et à mettre fin aux dérives. Il n'apporte pas une réparation conséquente au degré des violations. Cette réparation à des effets fugaces c'est-à-dire qui disparaissent rapidement.

Les fugacités de la réparation concernent les atteintes contre les droits fondamentaux des individus de même que celles des institutions. S'agissant des individus, la loi dispose que *« Toute personne victime d'une diffamation au moyen d'un service de communication électronique, dispose d'un droit de réponse et peut en exiger la rectification ».* Elle renchérit en affirmant que *« Les conditions d'insertion du droit de réponse sont celles prévues par les textes en vigueur »*[132]. Le régime du droit de réponse est donc celui établi par la loi sur la communication sociale. S'agissant de la communication par audiovisuel qui est le média classique de grande écoute, le droit de réponse entendu comme la rectification d'une information qui a circulé lors d'une émission, *« doit être diffusé–dans les conditions techniques et d'audience équivalentes à celles de l'émission qui l'a*

[126] BAILLY (E), DAOUD (E), « Cybercriminalité et réseaux sociaux : la réponse pénale », *op.cit.*, p. 256.

[127] Article 58 de la loi n° 2019-056/du 5 décembre 2019 portant répression de la cybercriminalité.

[128] TRUDEL (P), *« Quel droit et quelle régulation dans le cyberespace ? », Sociologie et sociétés*, vol. xxxii.2, p. 190.

[129] Article 61 de la loi n° 2013-451 du 19 juin 2013 relative à la lutte contre la cybercriminalité en Côte d'Ivoire.

[130] Article 62 op.cit.

[131] Article 20 de loi n° 2018 - 026 du 7 décembre 2018 sur la cybersécurité et la lutte contre la cybercriminalité.

[132] Article 39 de la loi n° 2010/012 du 21 décembre 2010 relative à la cybersécurité et à la cybercriminalité au Cameroun.

provoquée »[133]. Il est pourtant difficile d'assimiler les infractions de diffamation aussi simplement comme un délit de presse. La réparation par le droit de réponse ne permet pas de corriger le préjudice. Les effets sont très limités. Les réseaux sociaux ont la particularité de permettre un partage rapide des informations. Une diffamation qui a été commise dans l'espace numérique sera difficilement corrigeable à cause de la facilité à passer du virtuel au réel. Les internautes africains et camerounais n'ont pas une présence continuelle sur les réseaux sociaux. Le coût d'utilisation ne le permet sûrement pas. Dès lors, il faut parfois attendre quelques jours ou quelques semaines pour qu'une personne qui avait eu contact avec une information de diffamation puisse être présente au moment où il y aurait un droit de réponse. Le droit de réponse tel qu'il a été pensé pour les médias traditionnels n'aura pas un effet consistant.

La réparation des atteintes contre les institutions souffre des mêmes maux. L'État est le principal concerné. Le droit camerounais est muet concernant cette réparation des atteintes à la sûreté de l'État et autres violations des droits fondamentaux de l'État dans le cyberespace. Le droit congolais peut servir de modèle en la matière. La loi dispose là-bas qu' *« en cas de condamnation pour une infraction commise par le biais des technologies de l'information et de la communication, la juridiction peut prononcer à titre de peines complémentaires l'interdiction d'émettre des messages de communication numérique, l'interdiction, à titre provisoire ou définitif, de l'accès au site ayant servi à commettre l'infraction, ou l'injonction d'en couper l'accès par tous moyens techniques disponibles ou même en interdire l'hébergement »*[134]. Il existe donc dans cette législation le principe des peines complémentaires lorsque l'infraction est commise dans le cyberespace. Cela se justifie par le caractère grave des infractions du cyberespace. Les violations comme les atteintes à la sûreté de l'État sont particulièrement nourries, elles qui *« évoquent dans le Code pénal les infractions ayant pour but de "compromettre l'existence de la nation ou d'en modifier la structure constitutionnelle", et tendent, en définitive, à protéger l'ordre constitutionnel »*[135]. Une violation des droits commise dans l'espace réel n'a pas le même impact que celle similaire commise dans le cyberespace. La capacité de propension se décuple et la réparation devient difficile voire impossible.

Les difficultés de la réparation amènent à repenser la régulation de l'espace numérique. Le régime répressif doit recouvrir tous les pans de la responsabilité au regard de la diversité des préjudices engendrés. Cette logique est pour le moment absente de la législation et ne permet pas d'avoir des sanctions exemplaires. La réforme doit être orientée dans le sens de la globalisation. À l'occasion d'une même atteinte au droit relatif aux technologies numériques comme la violation du secret médical par la divulgation des données dans le cyberespace, *« le fautif peut être poursuivi déontologiquement par l'Ordre des médecins, indépendamment des poursuites pénales pouvant être engagées par ailleurs par voie d'intervention du Parquet et/ou par voie d'action de la victime agissant en tant que partie civile, pour réparer des préjudices de nature sociétale, psychosociale ou*

---

[133] Article 57 alinéa 2 de la loi n° 90/052 du19 décembre 1990 sur la liberté de communication sociale.

[134] Article 82 de la loi n° 27-2020 du 5 juin 2020 portant lutte contre la cybercriminalité au Congo.

[135] ENGUELEGUELE (S), « La sûreté de l'État dans le débat politique analyse thématique de deux discours parlementaires », CUHAPP, *La politique ailleurs*, PUF, 1998, p. 387.

économique »[136]. L'exemplarité de la sanction doit être à la mesure de la gravité de l'infraction. Toutefois, un accent doit être mis sur l'éducation qui est un préalable indispensable. Le comportement des internautes camerounais sur le cyberespace démontre un manque de maturité. L'on pourrait même dire qu'ils n'étaient pas encore prêts à autant de liberté. La liberté n'a de sens que si on en fait bon usage. Dans le cas contraire elle devient servitude.

La liberté doit évoluer avec le niveau de conscience et de maturité afin de ne pas être une arme incontrôlable. Précieuse pour l'homme rationnel, elle n'est que futilité pour l'insensé. Il est malheureusement impossible de faire machine arrière en resocialisant suffisamment les individus. Il faut tout faire en même temps, éduquer les populations sur les dangers de la cybercriminalité et sanctionner toutes les dérives. L'éducation doit être une éducation à la citoyenneté numérique[137]et à la sociabilité du web 2.0 inséparable d'une culture juridique, l'aspect juridique étant très important, car *« dessinant les contours de l'acceptable et de l'inacceptable dans le cadre de cette nouvelle culture du lien social »*[138]. Le fort taux de croissance de la cybercriminalité parmi toutes les formes de délinquance[139] renforce l'urgence de l'action. L'éducation à la précaution quant aux données personnelles à mettre au contact du public est primordiale. L'État en ce qui le concerne, a l'obligation de mettre en place un système de protection rigoureux afin d'empêcher que les marchands du temple ne banalisent le commerce des informations[140] personnelles des abonnés. L'action doit être consensuelle et doit converger non pas vers un rejet du numérique ou une sclérose du régime des libertés, mais doit consister en la recherche d'une rationalisation de l'utilisation du numérique. Elle requiert *« d'agir, d'éduquer, de dialoguer et ainsi de transformer à la fois le cyberespace et le monde réel. Plus nous agissons dans le cybermonde, plus nous le modifions »*[141].

La sensibilité et la spécificité des droits fondamentaux ne sont plus à démontrer. L'histoire cruelle et barbare de l'esclavage et de la traite négrière, des révolutions, des deux guerres mondiales et des massacres de la shoah et autre extermination des communautés ont permis d'élever les droits de l'homme en dignité. Ils ont acquis un caractère fondamental relatif à leur importance traduit par un encadrement par les normes suprêmes. Le besoin de protection s'est donc posé afin de conserver leurs essences. L'espace numérique ou cyberespace s'est

---

[136] HENOCQUE (B), CONTE (B), *op.cit.*, p. 12.

[137] La citoyenneté numérique est une notion en construction dans le domaine de la protection des abonnées des réseaux numériques. Elle *« apparaît comme étant un moyen efficient de lutter contre le phénomène des fausses Informations sans porter atteinte aux droits et libertés »,* V. Gazagne-Jammes, « La citoyenneté numérique à l'épreuve des fausses informations », *La Revue des droits de l'homme* [En ligne], 17 | 2020, mis en ligne le 10 janvier 2020, consulté le 9 juillet 2020. URL : http://journals.openedition.org/revdh/7908 ; DOI : https://doi.org/10.4000/revdh.7908.

[138] HENOCQUE (B), « Réseaux sociaux, responsabilité juridique et éducation aux médias », *Les Cahiers du numérique,* 2014/2 Vol. 10, p. 65.

[139] BOOS (R), *La lutte contre la cybercriminalité au regard de l'action des États*, thèse doctorat en droit, Université de Lorraine, 2016, p. 44.

[140] TIJARDOVIC (S), « La protection juridique des données personnelles. Vers une nécessaire adaptation de la norme juridique aux évolutions du monde numérique », *Les Cahiers du numérique*, 2003/3 Vol. 4, p. 186.

[141] ALAVA (S), « Internet est-il un espace de radicalisation ? », http://journals.openedition.org/terminal/3347 ; DOI : https://doi.org/10.4000/terminal.3347, consulté le 9 janvier 2022.

construit comme nouvel espace d'expression de ces droits. Il a apporté plus de libertés à tel point qu'il expose les droits à des violations soulevant le problème de la protection de ces droits dans ce nouvel espace. Cette protection qui existe en théorie et s'avère inefficace en pratique. La prolifération des dérives le démontre à suffisance.

L'ACCÈS À LA JUSTICE EN MATIÈRE ENVIRONNEMENTALE. Sémiologie d'un service public ringard en Afrique

Nasser ABDOUL

Maître de conférences
Doyen de la Faculté des sciences juridiques et politiques
de l'Université de Garoua (Cameroun)

Prolégomènes

« Droit et Service Public » est le titre retenu pour rendre hommage au Professeur Étienne Charles LEKENE DONFACK. Cet hommage qui lui est rendu, à titre anthume, a fait l'objet d'un ouvrage qui rassemble des articles rédigés par ses collègues et amis, collaborateurs et ses disciples en guise de reconnaissance pour les uns et de magnificence pour les autres. C'est une tradition universitaire séculaire à laquelle se sont livrés aujourd'hui les auteurs de ces Mélanges. Sous d'autres cieux, on parlerait de *Liber Amicorum* ou de *Festschrift*, et qu'importe du moment où l'objet et la finalité sont connus : la personne et l'œuvre du Professeur LEKENE DONFACK.

Cependant, si rendre hommage est une activité agréable et attrayante, ce n'est point une évidence ici ; du moins en ce qui me concerne. Car, la posture et la carrure du dédicataire de cet ouvrage, la variété et la diversité de son parcours (l'universitaire aux parures administratives, politiques et juridictionnelles) rendaient *a priori* difficile sous l'angle épistémologique toute tentative d'élaboration scientifique d'un travail à même de rendre compte du mérite intrinsèque de la personne et de la profondeur de son œuvre. Le choix du titre « Droit et Service Public », et ce n'est pas une faiblesse de le reconnaître, m'a davantage découragé tant il est vaste, complexe et inépuisable. Le Doyen Léon DUGUIT le sait mieux que quiconque. Comment donc allier cette double complexité pour en faire un article et au final un ouvrage en l'honneur du tout premier doyen de la Faculté des sciences juridiques et politiques de l'Université de Douala (celle-là même qui me décernera tous mes diplômes universitaires) ?

Occupant aujourd'hui la même fonction et dans le même contexte que le Professeur LEKENE en 1997 à l'Université de Douala (tout premier doyen), et ayant toujours à l'esprit le rôle qu'il a joué dans ma carrière, je ne pouvais me dérober sous quelque prétexte que ce soit quant à la contribution à ces Mélanges. De ce constat, jaillit en moi une « lumière » qui me fît comprendre le choix de la thématique et le lien avec son dédicataire. Le Professeur LEKENE DONFACK a un dénominateur commun avec Léon DUGUIT : Prince, Doyen, Lauréat,

Conseiller municipal sont là quelques qualificatifs applicables indistinctement à ces deux éminents juristes publicistes. La différence est que le Professeur LEKENE a encore du chemin à faire dans un environnement bien distinct de celui de DUGUIT. Et c'est la raison pour laquelle j'ai opté, pour une étude sur l'environnement et la justice en tant que service public régalien.

Introduction

L'Afrique est beaucoup plus connue pour ses problèmes que pour ses richesses. Ceci peut paraître *a priori* comme un paradoxe. Pourtant, il s'agit d'une réalité certaine pour ne pas dire incontestable. Car, autant les richesses de l'Afrique sont multiples et variées, autant ses problèmes sont innombrables. Parmi la panoplie des problèmes y répertoriés, deux retiennent particulièrement l'attention. Il s'agit en l'occurrence de l'environnement d'une part, et de la justice, de l'autre.

L'environnement est en lui-même un problème, en raison notamment de la complexité qui l'enveloppe de bout en bout. Insaisissable et parfois même incompréhensible du point de vue de son acception, cette notion est vague et dans une certaine mesure fuyante. À ce sujet, l'on dirait volontiers que l'environnement renverrait à tout ou plutôt à rien. Ce qui fait penser à nouveau à un paradoxe. Juxtaposé à l'Afrique, c'est-à-dire vu d'elle et appréhendée à partir d'elle, l'environnement pose des problèmes cruciaux.

Pour ce qui est du second problème à savoir la justice, il serait aberrant d'affirmer que, en elle-même, elle constitue un problème. Malheureusement, c'est l'impression d'une grande opinion en Afrique. S'il en est ainsi, c'est parce que dans ce continent, la justice ne joue plus effectivement son rôle ; sa mission n'est pas assez bien accomplie. On dirait plutôt que la justice est ainsi considérée en Afrique parce qu'elle y connaît de nombreuses difficultés.

Mis en commun, l'environnement, la justice et l'Afrique constituent une trilogie problématique dont le nœud gordien serait à n'en point douter l'accès à la justice en matière environnementale dans les États d'Afrique subsaharienne plus précisément. Cette réflexion qui vise à mettre en exergue les problèmes qui jonchent l'accès à la justice dans un domaine aussi complexe que l'environnement et dans un environnement aussi difficile que l'Afrique entend proposer des pistes de réponses y relatives.

I. LES OBSTACLES LIÉS À L'ACCÈS À LA JUSTICE ENVIRONNEMENTALE EN AFRIQUE

La problématique de l'accès à la justice dans les États africains est déjà délicate. Les difficultés sont évidemment accrues quand on se situe dans le domaine environnemental. Curieusement, l'Afrique est considérée comme l'un des continents où l'environnement se trouve à l'état naturel. En effet, l'environnement africain est encore exempt de nombreuses pollutions ou tout au moins, beaucoup de ses secteurs[1] échappent encore – mais on ne sait pas pour combien de temps – aux effets néfastes des multiples pollutions[2].

De ce fait, en vue de préserver l'environnement africain[3], le droit de l'environnement qui est constitué de règles juridiques relatives à la protection de l'environnement, comporte également celles relatives à l'accès à la justice dans ce domaine. Seulement, pour accéder à la justice en Afrique pour des problèmes environnementaux, de nombreux obstacles subsistent. Certains sont propres aux États africains et relèveraient des questions institutionnelles (A), d'autre part contre sont inhérents à l'environnement (B).

A. Les problèmes institutionnels

L'Afrique d'aujourd'hui n'est pas celle d'hier[4]. Caractérisée par un espace dématérialisé sur lequel se côtoient des peuples n'ayant aucune considération des frontières, l'Afrique est appréhendée de nos jours comme un continent constitué de plusieurs États[5]. Cependant, qui dit État dit institution. Que ce soit en droit international ou en droit interne, l'État est défini comme une institution, c'est-à-dire une personne morale de droit public.

Dès lors, la personne morale étant une entité abstraite[6], elle doit être nécessairement animée et conduite par des personnes physiques.

Or, les Africains, épris de leurs traditions et cultures, ne connaissent qu'une seule et unique catégorie de personnes : les personnes physiques. Appréhender une autre catégorie, de surcroît abstraite, non palpable, relèverait du cartésianisme. C'est ce qui expliquerait les difficultés liées à l'appréhension des administrations africaines. Pourtant, les Africains restent attachés à l'environnement tant pour sa défense à travers les États (1) que pour sa protection au niveau des juridictions (2).

1) Les États africains et la défense de l'environnement

Les États africains connaissent déjà de nombreuses difficultés sur le plan institutionnel. Ces difficultés sont évidemment plus ressenties lorsqu'il s'agit de mettre en place une politique et des institutions en charge de la défense de l'environnement.

Pendant longtemps, les Africains ont eu une relation particulière avec la nature. Ils vivent en symbiose avec elle. Ils doivent à la nature et attendent en retour beaucoup d'elle. La communication entre les Africains et la nature relève d'un mystère dont seuls les initiés pourraient en donner une explication. Cette intime relation est matérialisée par l'existence des règles[7] relatives au respect de l'environnement. Et c'est ainsi qu'il était interdit de tuer tel ou tel animal ou de

---

[1] Faune, flore, eaux, forêts, etc.

[2] Pollutions ; atmosphérique, tellurique, marine, etc.

[3] M. KAMTO, *Droit de l'environnement en Afrique*, EDICEF, Paris, 1999.

[4] L'Afrique d'hier était celle d'avant l'arrivée des Occidentaux. En ce sens, elle est entendue comme un ensemble de peuplades diversement réparties sur des espaces non délimités par des frontières au sens juridique du terme.

[5] Depuis l'éclatement du Soudan en deux États distincts et donc de l'accession du Sud Soudan à la souveraineté internationale, le nombre des États sur le continent africain est passé à cinquante-quatre.

[6] N'étant pas une personne physique et ne possédant ni corps ni âme et moins encore une raison, toute personne morale est nécessairement animée par des personnes physiques.

[7] Il s'agit des règles non juridiques (traditionnelles ou cultuelles).

couper tel arbre[8] ou encore de verser des déchets dans des rivières, etc. La violation de ces règles entraînait *ipso facto* une sanction variable, selon la volonté de la nature elle-même. Dans la plupart des cas, un mauvais sort s'abattait sur le contrevenant ou à défaut atteignait un ou plusieurs membres de sa famille. Il s'agit là d'une manifestation de la justice naturelle qui est tout aussi efficace que la justice étatique.

Depuis que l'Afrique s'est constituée en États souverains et indépendants, la mise en place des institutions est devenue inéluctable. À cette époque, la question qui s'était posée avec beaucoup d'acuité était celle de savoir s'il fallait continuer avec les institutions établies par les puissances coloniales jugées inadaptées ou mettre en place de nouvelles structures devant répondre aux attentes spécifiques des Africains. Cette tergiversation s'est soldée par le remplacement progressif des institutions existantes.

Cette situation a révélé la difficulté et la complexité de la réalité africaine qui est sous-tendue par une culture traditionaliste basée sur la coutume et des pratiques non structurées. Du coup, celles-ci ont eu du mal à s'accommoder des institutions, personnes morales distinctes des personnes physiques. Dans tous les cas, cette option a prévalu dans toute l'Afrique où l'on a affaire à des institutions. Celles-ci incarneront dorénavant le pouvoir étatique abstrait, impersonnel et transcendantal en lieu et place du pouvoir traditionnel qui est personnel et intertemporel.

Dès lors, les questions liées à la justice et à l'environnement sont désormais gérées par l'État qui est censé avoir confié cet aspect à une structure créée à cet effet. Or, en Afrique, pendant longtemps, l'environnement a toujours été une affaire entre l'homme[9] et la nature[10]. Le changement de paradigme qui a consisté à confier le pouvoir et l'autorité à des institutions, a eu pour conséquence que les questions d'environnement n'étaient pas prises en compte par les jeunes États africains qui avaient une autre appréhension de la fonction et du rôle des institutions étatiques. C'est progressivement que les préoccupations écologiques sont apparues au niveau des États africains tantôt comme un phénomène de mode, tantôt comme « l'expression d'une conscience retardataire sur les progrès de l'humanité »[11].

En tout état de cause, il convient de relever que l'Afrique s'est souciée de la protection de l'environnement dès son adolescence. En effet, la jeune organisation africaine de l'époque[12] a élaboré sous son initiative et adopté sous son égide une convention[13] à dimension continentale ayant regroupé les États africains autour de la protection de la nature et de ses ressources. Il s'agit là d'une résurgence de la problématique du mystérieux rapport de l'Africain à la nature jadis considérée en dehors des États. L'avènement de ces derniers a donné lieu à la mise en place d'une justice dont la fonction a pendant longtemps été en marge de la protection de l'environnement.

---

[8] En Afrique, certains animaux ou végétaux sont considérés comme des protecteurs de clans. Ici plus qu'ailleurs, les totems sont une incarnation des ancêtres.

[9] L'Africain considéré individuellement ou en tant que peuple.

[10] L'environnement de l'homme et tout ce qui l'entoure y compris lui-même ; car « l'homme est à la fois créateur et créature de son environnement », Déclaration de Stockholm du 16 juin 1972.

[11] M. KAMTO, *Op. Cit.*, p. 15.

[12] Organisation de l'unité africaine (OUA) créée le 25 mai 1963 à Addis Abeba en Éthiopie.

[13] Convention d'Alger de 1968 précitée.

2) La justice africaine et la protection de l'environnement

Un autre problème institutionnel en Afrique réside au niveau des institutions en charge de la justice. L'idée de justice qu'ont les Africains n'est pas forcément la même que celle instituée par les Occidentaux ayant pendant longtemps occupé les territoires africains.

Cependant, au-delà du problème idéel, la mise en place et surtout le fonctionnement des institutions posent un sérieux problème en Afrique. Outre le fait que, à l'origine, les peuples de cette partie du monde s'accommodaient mal des structures érigées en personnes morales distinctes des personnes physiques, la conception de la justice en Afrique n'est pas tout à fait la même que celle héritée de la colonisation. Du coup, se pose le problème de sa mise en œuvre effective. Cette situation est généralement la conséquence de la non-reconnaissance d'une idée ou d'une valeur imposée. Or, un acte ou un fait imposé ne produira ses effets que sous le coup de la contrainte étatique.

Appliquée à l'environnement, la justice a pour fonction de sanctionner soit en punissant les contrevenants à loi environnementale, soit en condamnant les responsables à réparer les dommages causés du fait de leurs actions ou de leur inaction[14]. Or, en tant que domaine nouveau, la protection juridique de l'environnement[15] a d'abord tourné autour de l'émergence des concepts et des principes environnementaux[16] avant de s'appesantir autour de la consolidation des règles juridiques y relatives. Sur le plan institutionnel, les avancées ne sont pas de mise quoique l'on assiste de plus en plus à un foisonnement institutionnel dans ce domaine.

Certes, des institutions de plus en plus nombreuses font leur apparition en matière environnementale[17]. Toutefois, pour ce qui est des institutions en charge d'assurer la justice environnementale, elles sont quasi inexistantes au niveau des États en général et des États africains en particulier. Et même, au niveau international, les États ont essayé de mettre en place des instances juridictionnelles spécialisées pour connaître des questions environnementales, mais celles-ci ont montré leurs limites quant à la réalité internationale[18].

S'agissant spécifiquement de l'Afrique, il y a lieu de souligner que les institutions judiciaires dans ses différents États sont inefficaces, du fait notamment de la corruption, de la prévarication et surtout de l'incompétence de son personnel.

---

[14] Pour l'analyse de la requête déposée contre l'État français le 14 mars 2019 devant le Tribunal Administratif de Paris, voir https://laffairedusiecle.net/wp-content/uploads/2019/03/ADS-Brief-juridique-140319.pdf (consulté le 16 mars 2019).

[15] Droit de l'environnement avec une dimension nationale et une dimension internationale (universelle ou régionale).

[16] Sur les principes environnementaux, voir notamment KAMTO (M), « Les nouveaux principes du droit international de l'environnement » *in Revue juridique de l'environnement,* N° 1, 1993, pp. 11-21 ; De SADDELEER (N), « Les principes comme instruments d'une plus grande cohérence et d'une effectivité accrue du droit de l'environnement » *in Quel avenir pour le Droit de l'environnement ?* Bruylant, Bruxelles, 1996, pp. 239-259.

[17] V° S. DOUMBÉ-BILLÉ, « Les secrétariats des conventions internationales » *in Claude Impériali, dir., L'effectivité du droit international de l'environnement. Contrôle de la mise en œuvre des conventions internationales,* Paris, Economica, 1998, pp. 57-78.

[18] La Chambre spéciale pour l'environnement de la Cour internationale de justice créée au lendemain de la Conférence de Rio de 1992 ne fonctionne pas à ce jour. Sur cette Chambre, voir R. RANJEVA, « L'environnement, la Cour internationale de justice et sa chambre spéciale pour les questions d'environnement » *in Annuaire français de droit international,* 1994, pp. 433-441.

De telles institutions ne pourront évidemment pas jouer le rôle et la fonction qui leur sont dévolus eu égard aux nombreux dysfonctionnements qui les caractérisent. Par voie de conséquence, la justice ne serait pas rendue dans bien des cas.

Sur le plan environnemental, les choses sont encore plus complexes. Car, il s'agit bien de rendre justice en matière environnementale. À ce niveau, aucune institution judiciaire spécifique à ce domaine nouveau n'existe à ce jour au niveau des États africains. Et même, les institutions existantes n'ont pas suffisamment intégré cette nouvelle donne qu'est l'environnement qui soulève des problèmes spécifiques.

B. Les problèmes inhérents à l'environnement

Une autre difficulté qui freine ou complique l'accès à la justice en matière d'environnement est inhérente à l'environnement lui-même. Le problème que pose l'environnement réside d'abord dans son acception. On a du mal à l'appréhender juridiquement. Ce qui pose dans un premier temps la question de son statut (1) qui, à bien des égards, a des conséquences sur la justiciabilité des dommages environnementaux (2).

1) Le statut de l'environnement

À la question de savoir ce qu'est l'environnement, l'on est tenté de répondre tout de suite qu'il est tout et rien en même temps. Il est tout en ce sens qu'il est constitué à la fois des éléments naturels et des éléments artificiels, des éléments biotiques et des éléments abiotiques, mais également des interactions entre ces divers éléments.

Le terme « environnement » a fait l'objet de plusieurs tentatives de définitions. Seulement, la richesse, tout comme la complexité de cette notion, rend sa définition particulièrement difficile. La définition physique ne pose en réalité pas autant de difficultés que la définition juridique. Le dictionnaire de la langue française le définit tout simplement comme étant l'« ensemble des éléments naturels et artificiels qui entourent un individu ou une espèce »[19]. Les définitions lexicales vont dans le même ordre d'idées en définissant l'environnement tantôt comme un « [e] nsemble des composantes d'un milieu déterminé que la législation de protection désigne *a contrario* par référence à la commodité du voisinage, à la santé, la sécurité et la salubrité publique, à l'agriculture et à la nature, enfin à la conservation des sites et monuments »[20], tantôt comme un « [e]nsemble des conditions matérielles et sociales spontanément distribuées autour d'un organisme »[21].

Le Lexique des termes juridiques semble manier ce concept avec prudence puisqu'il le qualifie de « [m]ot très souvent employé, dépourvu d'un contenu juridique précis. Le terme fait image pour désigner le milieu naturel, urbain,

[19] Larousse pratique, *Dictionnaire du français au quotidien*, Larousse, Paris, 2003, p. 538.
[20] G. CORNU, *Vocabulaire juridique*, 8e éd., « Quadrige », PUF, Paris, 2007, p. 365.
[21] M. GRAWITZ, *Lexique des sciences sociales*, 8e édition, Dalloz, Paris, 2004, p. 152.

industriel (parfois aussi économique, social et politique) au sein duquel vivent les hommes »[22].

Du côté de la jurisprudence, il faut relever que la Cour internationale de justice, dans son avis consultatif sur la licéité de la menace ou de l'emploi d'armes nucléaires, souligne que « l'environnement n'est pas une abstraction, mais bien l'espace où vivent les êtres humains et dont dépend la qualité de leur vie et de leur santé, y compris pour les générations à venir »[23]. À cet égard, on comprend bien l'embarras de la Cour internationale de justice qui définit l'environnement par ce qu'il n'est pas avant de dire ce qu'il pourrait être.

Cette insaisissabilité de l'environnement et l'absence d'une définition juridique satisfaisante, à défaut d'être concordante, induisent sur le statut de l'environnement. Sur cet aspect, l'environnement est encore considéré et traité comme un objet de droit. En dépit de nombreuses et récurrentes revendications des environnementalistes, l'environnement n'est pas passé au stade de sujet de droit. En effet, la préoccupation de la doctrine à l'égard du statut de l'environnement et par voie de conséquence du droit d'accès à la justice en matière environnementale, est ancienne. Plutôt que de reconnaître un droit de la Nature de se défendre en justice, le droit positif s'est orienté vers la reconnaissance d'un droit de l'Homme d'accéder à la justice en cas d'atteinte à l'environnement. Au-delà du débat initial et récurrent sur la nature, objet ou sujet de droit, la problématique d'accès à la justice dans ce domaine induit la question de la justiciabilité des dommages environnementaux.

2) La justiciabilité des dommages environnementaux

Les juridictions ayant pour mission de rendre justice sont particulièrement sollicitées pour se prononcer sur la réparation des dommages. Cette réparation s'inscrit généralement dans le cadre des contentieux de type civil.

Le dommage environnemental, connu également sous les appellations de dommage écologique ou dommage à la nature, est particulièrement complexe. Cette complexité le rend insaisissable. En Afrique, aucun débat juridique n'a malheureusement jamais été soulevé sur la question de la détermination du dommage environnemental, ni dans le cadre de la Convention d'Alger du 15 septembre 1968 devenue Convention de Maputo sur la conservation de la nature et des ressources naturelles, ni dans la Convention de Bamako du 30 janvier 1991, ni même dans le cadre des législations des États Parties. Cela explique le vide qui existe en matière de responsabilité civile et de réparation du préjudice écologique dans cette région du monde.

En effet, le dommage environnemental est difficile à appréhender tant du point de vue de sa qualification que de sa quantification. Dans la plupart des cas, c'est un dommage irréversible. La notion d'irréversibilité renvoie en effet à ce qui ne peut revenir en arrière, à ce qui est définitif. En matière de réparation, cette notion est très importante. Car, quand un dommage est causé, il doit être réparé, c'est-à-

---

[22] R. GUILLIEN et J. VINCENT (dir.), *Lexique des termes juridiques*, 14e éd., Dalloz, Paris, 2004, p. 250.

[23] CIJ, *Avis consultatif du 8 juillet 1996 relatif à la Licéité de la menace ou de l'emploi d'armes nucléaires*. Rec. 1996, p. 241-242. Cette jurisprudence a été confirmée par la CIJ en 1997, 2006 et 2008, respectivement dans les affaires *Gabcikovo-Nagymaros, Usines de pâte à papier sur le fleuve Uruguay et Epandages aériens d'herbicides toxiques.*

dire remis en l'état où il se trouvait avant sa dégradation. D'ailleurs, c'est dans ce sens que la *restitutio in integrum* est considérée comme la meilleure modalité de réparation de dommage.

En matière d'environnement plus qu'ailleurs, la notion d'irréversibilité emporte des conséquences graves. Ici, le mot est synonyme de destruction définitive d'une ressource naturelle et de façon plus précise d'un élément de l'environnement. L'irréversibilité peut viser une ressource vivante qui ne se renouvellera plus[24] ou des évolutions menaçant la planète tout entière[25]. C'est ce qui a suscité la prise en compte de cette notion dans le droit international de l'environnement. Dès son origine, le droit international de l'environnement a mis en avant la notion d'irréversibilité. Le tout premier texte intervenu dans ce domaine, à savoir la Déclaration de Stockholm de 1972, évoque dans son préambule « la destruction et l'épuisement de ressources irremplaçables »[26]. L'on peut y lire également que « Nous pouvons par ignorance ou par négligence, causer des dommages considérables et irréversibles à l'environnement terrestre dont dépendent notre vie et notre bien-être »[27]. Cette mise en avant sera réitérée dans la Déclaration de Rio de 1992 adoptée lors de la seconde Conférence des Nations unies sur l'environnement et dont le Principe 15 parle de « risque de dommages graves et irréversibles »[28].

En plus de ces difficultés, il convient de mentionner le caractère extensible du dommage environnemental. Il s'étend dans l'espace ignorant les frontières étatiques, mais aussi dans le temps, prenant tout son temps pour se manifester. C'est en ce sens qu'on dit du dommage environnemental qu'il est diffus et différé. Le dommage environnemental se caractérisant ainsi par sa capacité à se mouvoir non seulement dans l'espace mais aussi dans le temps, son caractère à la fois diffus et différé ne facilite guère son appréciation. Tout au contraire, il constitue un obstacle à la mise en œuvre des règles juridiques en matière de responsabilité et de réparation et donc d'accès à la justice dans ce domaine.

D'un côté, cette situation laisse la victime impuissante devant le dommage qu'elle a subi à la suite d'une pollution transfrontalière. Cette impuissance se traduit par l'ignorance de l'auteur du fait dommageable, soit parce qu'il se trouve à une distance très lointaine[29], soit parce que le temps s'est suffisamment écoulé entre la production du fait et la réalisation du dommage[30].

De l'autre côté, l'extension du dommage écologique constitue une difficulté à la réparation en ce sens qu'elle empêche cette fois-ci l'identification de la victime. Pour les mêmes causes sus-évoquées, le caractère extensible du dommage dans le

---

[24] Disparition d'une espèce de faune ou de flore par exemple. Sur ces espèces menacées d'extinction, voir la convention CITES du 3 mars 1973.

[25] Cas du réchauffement climatique. Sur cette question, voir également la Convention sur les changements climatiques du 9 mai 1992 et l'accord de Paris sur le climat approuvé par 195 délégations le 12 décembre 2015 et entré en vigueur le 4 novembre 2016.

[26] Point 3 du préambule de la Déclaration de Stockholm de 1972.

[27] Point 6 du préambule de la Déclaration de Stockholm de 1972.

[28] Ici, la notion d'irréversibilité est contenue dans le principe de précaution. En raison de ses conséquences, il faut agir en amont, prendre des mesures de précaution afin d'éviter l'irréversibilité.

[29] Allusion à l'extension spatiale. La très longue distance qui sépare le fait à l'origine de la pollution et le dommage réalisé, est souvent à l'origine d'une opacité qui empêche d'identifier le responsable.

[30] Allusion à l'extension temporelle. Celle-ci constitue également un obstacle à l'identification du responsable ainsi que de la victime.

temps et dans l'espace ne facilite pas la mise en jeu de la responsabilité dans le domaine de la protection de l'environnement et du coup sa justiciabilité devant les juridictions. Quoi qu'il en soit, il importe de prendre en compte l'environnement au niveau des instances juridictionnelles africaines.

II. L'IMPÉRATIVITÉ D'UNE PRISE EN COMPTE DE L'ENVIRONNEMENT DANS LA RÉALISATION DE LA JUSTICE EN AFRIQUE

Les obstacles qui empêchent l'accès à la justice en matière environnementale sont nombreux et variés. Cependant, ils doivent être surmontés si l'on veut bien faire sauter les verrous qui freinent cet accès. Cela se passera nécessairement à travers une double direction à savoir d'une part le développement des règles juridiques environnementales (A) et, d'autre part, la mise à niveau des institutions judiciaires africaines (B).

A. Le développement du droit de l'environnement en Afrique

L'Afrique est considérée comme un continent en retard à tous les niveaux[31]. Mais, aussi paradoxal que cela puisse paraître, elle ne l'est pas en matière de protection de l'environnement ou à tout le moins au niveau de l'émergence des règles juridiques relatives à la sauvegarde de l'environnement. Car, c'est quelques années seulement après les indépendances des États africains que ces derniers ont conclus, sous l'égide de la très jeune organisation africaine de l'époque[32], une convention internationale sur la sauvegarde de la nature et de ses ressources[33]. Cet important point de départ du droit de l'environnement en Afrique[34] a certes connu des avancées au niveau de l'Union africaine (1), mais mérite des efforts supplémentaires au niveau des États (2).

1) Les avancées au niveau continental

L'adoption d'une convention par des États, huit ans seulement après avoir accédé à l'indépendance[35] et cinq ans seulement après la naissance de l'OUA[36] était une prouesse. Que cela vienne des États africains où les peuples étaient qualifiés de « barbares » ou de « non civilisés » était encore plus agréablement surprenant. Il convient de préciser à cet égard que même la Charte des Nations unies de 1945 contient de nos jours encore des dispositions y relatives[37]. Mais la question qui, pendant longtemps taraudait les esprits, était celle de savoir la motivation réelle ayant conduit les États africains et donc l'Organisation de l'unité africaine (OUA) à élaborer une telle convention au moment même où beaucoup

[31] Sur le plan économique, social, éducatif, etc.
[32] Organisation de l'unité africaine (OUA) créée le 25 mai 1963 à Addis Abeba en Éthiopie.
[33] Convention adoptée à Alger le 15 septembre 1968.
[34] M. KAMTO, *Droit de l'environnement en Afrique*, *op. cit.*
[35] La plupart de ces États avaient accédé à l'indépendance en 1960.
[36] La Convention d'Alger avait été adoptée sous l'égide de l'OUA créée le 25 mai 1963.
[37] Voir l'article 38 alinéa 1 du Statut de la Cour internationale de justice annexée à la Charte des Nations unies qui parle de « nations civilisées ». On sous-entend donc qu'il existe des nations non civilisées.

d'États dits « civilisés »[38] n'avaient pas encore pris conscience des enjeux de la sauvegarde de l'environnement, et à une époque où on n'était pas encore entré dans l'« ère écologique »[39].

Certains diront que l'Afrique s'est vite empressée d'adopter la Convention d'Alger sur la conservation de la nature et des ressources naturelles, en raison notamment d'une part du potentiel dont elle regorge en ressources naturelles et d'autre part de la volonté de soustraire celles-ci à l'industrialisation galopante des États occidentaux, véritable gouffre à ressources naturelles[40].

D'autres pensent plutôt qu'il s'agit là d'une « prise de conscience des préoccupations environnementales… perceptible dès l'accession de la plupart des États du continent à l'indépendance. Elle se manifeste soit par l'adhésion des États en question à des conventions antérieures en matière de protection de l'environnement, soit par l'adoption de nouvelles conventions en la matière dont la plus importante est incontestablement la Convention d'Alger de 1968 sur la conservation de la nature et des ressources naturelles »[41].

Quoi qu'il en soit, il y a lieu de reconnaître que l'Afrique, dans le cadre de son organisation interétatique, est soucieuse de la protection de l'environnement dès sa tumultueuse naissance et à peine sortie de son adolescence.

Ce souci de protéger l'environnement par le droit, regroupant plusieurs entités de surcroît souveraines, a fait son chemin en Afrique. À la suite de la Convention d'Alger, l'Afrique a adopté une importante convention dans le domaine de la protection de l'environnement. N'ayant pas été satisfaite par les dispositions de la Convention de Bâle sur le mouvement transfrontière des déchets dangereux, l'Afrique s'est résolue à élaborer sa propre convention en la matière : la Convention sur l'interdiction d'importer en Afrique des déchets dangereux et sur le contrôle des mouvements transfrontières et la gestion des déchets dangereux produits en Afrique, adoptée le 30 janvier 1991 à Bamako au Mali[42].

Au lendemain de la mise sur pied de l'Union africaine (UA)[43] en lieu et place de l'OUA, cette nouvelle organisation est restée dans la même dynamique que son prédécesseur pour ce qui est de la protection de l'environnement. En effet, ayant constaté des limites à la Convention d'Alger de 1968 et tenant dûment compte des évolutions scientifiques et notamment du développement spectaculaire du droit de l'environnement aussi bien au niveau des États qu'au niveau international, l'Union

---

[38] À ce jour encore, beaucoup de ces États manifestent une réticence à adhérer aux conventions environnementales et notamment les États-Unis, la Chine ou la Russie qui privilégient les intérêts commerciaux et industriels au détriment des enjeux environnementaux.

[39] A. C. KISS, *Droit international de l'environnement*, 1re édition, Pedone, Paris, 1989, p. 6. Voir également, S. DOUMBÉ-BILLÉ, « La genèse de l'ère écologique », in J. FROMAGEAU et M. CORNU (éd.), *La genèse du droit de l'environnement*, L'Harmattan, Coll. Droit du patrimoine culturel et naturel, 2001, Vol. 1, Fondements et enjeux internationaux, pp. 165-184.

[40] Il s'agit entre autres du bois, du fer, du pétrole, du diamant, de l'or, etc.

[41] M. KAMTO, *ouvrage précité*, p. 15.

[42] Sur cette Convention, voir F. OUGUERGOUZ, « La Convention de Bamako sur l'interdiction d'importer en Afrique des déchets dangereux et sur le contrôle des mouvements transfrontaliers et la question des déchets dangereux produits en Afrique », *in Annuaire français de droit international*, 1992, pp. 871-884.

[43] L'Union africaine (UA) qui a succédé à l'OUA a été instituée le 9 juillet 2002 à Durban en Afrique du Sud en application de la Déclaration de Syrte (Libye) du 9 septembre 1999.

africaine a adopté, en date du 11 juillet 2003, à Maputo au Mozambique, une nouvelle convention sur la conservation de la nature et des ressources naturelles[44].

Sur le plan international supra africain, les États d'Afrique qui étaient bien méfiants à la première Conférence des Nations unies sur la protection de l'environnement humain tenue du 05 au 16 juin 1972 à Stockholm en Suède, sont aujourd'hui entrés « de plain-pied dans la dynamique environnementaliste qui véhicule un nouvel art de vivre à travers les notions de gestion écologiquement rationnelle et de développement durable »[45]. L'institution du siège du Programme des Nations unies pour l'environnement (PNUE) aujourd'hui ONU Environnement, en Afrique[46] et le rôle joué par l'Afrique lors des deux dernières conférences de Rio[47] témoignent des avancées de la protection juridique de l'environnement en Afrique tant sur le plan normatif que sur le plan institutionnel. Néanmoins, des efforts restent à fournir quant à la mise en œuvre effective des engagements par des États africains.

2) Les efforts au niveau national

Le travail fait au niveau de l'Organisation africaine doit être matérialisé au niveau des États membres de ladite organisation. Et comme le souligne KONRAD Von Moltke : « l'effectivité des accords internationaux sur l'environnement demeure un des principaux défis posés à la gouvernance mondiale. S'ils se conformaient aux processus classiques de régulation, fondés sur la somme des intérêts particuliers d'États souverains, les accords internationaux sur l'environnement seraient peu nombreux et surtout peu efficaces »[48]. Cette assertion montre à suffisance que l'effectivité et l'efficacité des conventions internationales conclues à l'échelle régionale ou universelle dépendent de l'implication et de la volonté des États souverains à les mettre en œuvre.

Afin de favoriser le contentieux environnemental devant les juridictions nationales ou internationales, les États ont un rôle primordial à jouer. S'il s'agit des juridictions internationales, ce sont les États qui accepteront les règles élaborées à travers les mécanismes d'adhésion et de ratification des conventions internationales. S'il s'agit par contre des juridictions nationales, leur rôle est encore plus accru. Car, c'est de leur volonté politique que les juridictions nationales procèdent ainsi que les règles qui s'y appliqueront et les procédures à suivre devant celles-ci.

En Afrique où les peuples se sentent liés à la nature, ils doivent à cette dernière du respect. D'autres lui vouent même un culte[49]. De ce fait, les peuples africains sont enclins à défendre l'environnement et à contester toute atteinte à celui. Or, pour pouvoir contester juridiquement, il faut disposer d'une action que l'on intentera en justice ; c'est-à-dire devant une juridiction compétente. Pour cela, les

---

[44] Sur cette Convention, v° S. DOUMBÉ-BILLÉ « La nouvelle Convention africaine de Maputo sur la conservation de la nature et des ressources naturelles », *in Revue juridique de l'environnement*, n° 1, 2005, pp. 5-17 ; voir également M. A. MEKOUAR, « La Convention africaine : petite histoire d'une grande rénovation », *in Environmental Policy and Law*, N° 34/1, 2004, pp. 43 et s.

[45] M. KAMTO, *ouvrage précité.* p. 16.

[46] Le siège du PNUE se trouve à Nairobi au Kenya.

[47] Première Conférence de Rio de Janeiro (Brésil) tenue du 3 au 14 juin 1992 et la deuxième, dénommée Rio + 20, qui a eu lieu du 20 au 22 juin 2012 dans la même ville.

[48] S. MALJEAN-DUBOIS, « La mise en œuvre du droit international de l'environnement », *in Gouvernance mondiale, Les notes de l'IDDRI, n° 4*, 2003, p. 5.

[49] Dans certaines tribus, les cours d'eau, les animaux, les végétaux sont vénérés.

États se doivent de mettre en place, outre les règles matérielles relatives au statut de l'environnement, aux différentes atteintes dont il peut subir, mais aussi et surtout les instances aptes à appliquer ces règles et qui seront appelées à sanctionner les atteintes à l'environnement.

En effet, l'action en justice est une action mise à la disposition des justiciables en vue de faire constater par une juridiction la violation de leurs droits ou de les sanctionner pour violation d'une règle de droit. Or, en matière environnementale, l'action en justice est limitée aux seuls dommages que les personnes subiraient directement du fait d'atteinte à l'environnement. Dans ce cas, l'acte dommageable cause un préjudice à la personne ou à ses biens. L'action qui peut être intentée au civil ou au pénal[50], selon le cas, est fondée sur l'existence d'un préjudice causé soit directement à la personne, soit à ses biens.

Or, une telle action ne pourra engager la responsabilité des auteurs des faits dommageables que si ceux-ci touchent aux intérêts des personnes physiques ou morales. Dans pareilles circonstances, les dommages causés à l'environnement[51], sans conséquence préjudiciable aux personnes, n'ouvrent pas droit à des actions en réparation de la part des personnes. La plupart des législations nationales réservent ce droit à des associations et Organisations non gouvernementales (ONG) de défense de l'environnement. C'est dans ce sens que la loi camerounaise relative à la gestion de l'environnement dispose que : « Les communautés de base et les associations agréées contribuant à toute action des organismes publics et parapublics ayant pour objet la protection de l'environnement, peuvent exercer les droits reconnus à la partie civile en ce qui concerne les faits constituant une infraction aux dispositions de la présente loi et de ses textes d'application, et causant un préjudice direct ou indirect aux intérêts collectifs qu'elles ont pour objet de défendre »[52].

Cette position limite d'une façon ou d'une autre, l'accès à la justice en matière environnementale. Au regard de cette limite, il importe de renforcer les instances judiciaires sur la nécessité de connaître des actions relatives au contentieux environnemental.

B. La mise à niveau de la justice environnementale en Afrique

En l'absence d'une juridiction spécialisée pour connaître du contentieux environnemental tant au niveau national qu'international[53], il est impératif de renforcer davantage les juridictions existantes. À cet effet, les États se doivent, au niveau national, d'étendre les compétences de ces juridictions afin qu'elles puissent connaître des questions environnementales. Au niveau international africain, ces mêmes États doivent coopérer diligemment dans le cadre de l'Union africaine, pour que les

[50] Sur l'aspect pénal du droit de l'environnement, voir entre autres D. GUIHAL, *Droit répressif de l'environnement*, Economica, 3e édition, Paris, 2008, 851 p. ; R. NERAC-CROISIER, *Sauvegarde de l'environnement et droit pénal,* Coll. Sciences Criminelles, L'Harmattan, Paris, 2005, 373 p. ; M. FAURE, *La protection de l'environnement par le droit pénal : Une perspective économique ? Acteurs et outils du droit de l'environnement, Rotterdam Institute of Law and Economics, Anthemis*, 2010, pp. 135-166.

[51] L'environnement en tant qu'objet : on parle de l'environnement *per se*.

[52] L'Article 8 alinéa 2 de la loi camerounaise n° 96/12 du 5 août 1996.

[53] Au niveau international, la Cour internationale de justice avait créé une Chambre spécialisée pour connaître des litiges environnementaux. Sur cette Chambre, voir entre autres, R. RANJEVA, article précité.

juridictions communautaires connaissent également des atteintes à l'environnement. Pour y arriver, il faudra nécessairement procéder à la diversification des compétences juridictionnelles (1) mais aussi et surtout à la spécialisation des magistrats (2).

1) La diversification des compétences

La diversification des compétences juridictionnelles est le gage d'une bonne justice. Elle permet d'éclairer les zones d'ombre qui obstruent la saisine des juridictions. Cette diversification consiste en la reconnaissance d'une compétence à une juridiction en vue de connaître une affaire. Cette diversification des compétences donne lieu tantôt à une spécialisation stricte de la juridiction créée[54] tantôt à une spécialisation variée des juridictions existantes[55].

En matière de protection de l'environnement en Afrique et notamment d'accès à la justice dans ce domaine, il conviendra de distinguer les deux situations sus-évoquées. Dans le premier cas, c'est-à-dire celui de la spécialisation stricte d'une juridiction, un tribunal ou une Cour sera mis en place en vue de connaître spécifiquement et exclusivement le contentieux environnemental. En pareille circonstance et au regard de la compétence exclusive d'une telle juridiction, celle-ci sera plus indiquée à traiter les questions environnementales qui, dans la plupart des cas et contrairement aux autres affaires, sont techniques et nécessitent davantage des connaissances scientifiques[56] que juridiques.

Pour ce qui est de la deuxième situation, la diversification des compétences renverrait à davantage de spécialisation au profit d'une juridiction existante. Il s'agit en d'autres termes d'un élargissement de la compétence de cette dernière en plus de ses compétences originelles. Cela pourra se faire soit par la création d'une section en charge de la nouvelle matière ou même d'une chambre spéciale à l'image de ce qui a été fait par la Cour internationale de justice[57]. Ici, les juridictions existantes se verront reconnaître une compétence pour connaître de manière spécifique, en sus des compétences qui leur sont dévolues au départ, des questions environnementales. Cette extension de compétence contribuera ainsi à la redynamisation des instances judiciaires. Car, les juridictions veillent régulièrement, mais pas toujours à ce qu'elles connaissent des affaires qui relèveraient de leurs compétences, de toutes leurs compétences. Pour cela, elles seront plus enclines à recevoir les actions intentées devant elles et à les traiter effectivement. Ceci est important ne serait-ce que pour faire le bilan de leurs activités dans les divers domaines qui leur sont confiés.

Cependant, la diversification des compétences juridictionnelles à elle seule ne suffirait pas pour rendre effective la saisine du juge pour les questions

---

[54] C'est le cas par exemple du Tribunal international du droit de la mer, de la Cour africaine des droits de l'homme et des peuples ou encore du Tribunal criminel spécial camerounais qui ne connaît que des détournements de deniers publics d'une grande ampleur (au minimum 50 millions F CFA conformément à l'article 2 de la loi n° 2011/028 du 14 décembre 2011).

[55] Cas des juridictions de droit commun qui siègent en matière civile, en matière criminelle, en matière correctionnelle, en matière sociale (conflits de travail).

[56] Sur cet aspect, voir S. GUTWIRTH, « Science et droit de l'environnement : quel dialogue ? », *in Quel avenir pour le droit de l'environnement ?* Bruylant, Bruxelles, 1996, pp. 21-42.

[57] Voir R. RANJEVA, « L'environnement, la Cour internationale de justice et sa Chambre spéciale pour les questions d'environnement » *in Annuaire français de droit international*, 1994, pp. 433-441 ; A. ASSEMBONI-OGUNJIMI, « La Cour internationale de justice et le droit international de l'environnement », *in Afrilex*, 2016, pp. 1-37.

environnementales. Elle serait même vaine si elle n'est pas complétée par une spécialisation des magistrats en charge du contentieux environnemental.

2) La spécialisation des magistrats

La spécialisation des magistrats est un autre facteur déterminant dans la saisine des juridictions. Car, il ne suffit pas de conférer des compétences aux juridictions, faudra-t-il encore que ceux qui les animent soient à même de comprendre, outre les mécanismes procéduraux, mais aussi et surtout les enjeux liés à la résolution des litiges dans tel ou tel autre domaine. Le domaine de l'environnement est particulièrement complexe. Sa dégradation a des conséquences non seulement sur sa qualité et la pérennité des espèces animales et/ou végétales, mais pour l'humanité tout entière. De même, les interactions entre les différents éléments constitutifs de l'environnement sont tellement prégnantes qu'on ne peut protéger les espèces sans les espaces ou encore protéger l'homme sans protéger le climat, l'air, les eaux, etc.

Cependant, pour connaître toutes ces implications et conséquences, il ne suffit pas d'être magistrat, c'est-à-dire une personne chargée de dire le droit et d'appliquer les règles juridiques aux faits qui lui sont soumis. La limitation des juges à une telle tâche les rendrait mécaniques. En l'espèce, ils ne seront pas en mesure d'apprécier les conséquences dommageables des faits illicites ou même licites. Il convient de signaler, relativement aux conséquences dommageables des faits licites, que le droit de l'environnement national ou international est un domaine fertile à la responsabilité sans faute ou responsabilité pour fait licite. À cet égard, la Commission du droit international (CDI) des Nations unies a même adopté un Projet d'articles sur ce sujet et dont l'intitulé est révélateur à plus d'un titre : « Responsabilité pour les conséquences préjudiciables découlant d'activités qui ne sont pas interdites par le droit international »[58].

Or, la mécanique juridique voudrait par exemple qu'en matière de responsabilité civile, il y ait, conformément au triptyque posé par le Code civil[59], impérativement trois éléments cumulatifs à savoir : la faute en amont, le dommage en aval et le lien de causalité au milieu reliant les deux.

Par ailleurs, la nécessité de spécialiser les juges de manière générale mais surtout de manière spécifique aux questions juridiques environnementales s'explique par le fait qu'un juge spécialisé, maîtrisant mieux les tenants et les aboutissants d'un domaine quelconque, est plus sensible à ce domaine. Du coup, il ne sera pas réticent à recevoir les actions visant à réparer les dommages causés à l'environnement, à ses différents éléments, aux personnes ou à leurs biens ayant subi des dommages en rapport avec l'environnement ou encore à réprimer les actions y relatives et sanctionner les auteurs des violations graves du droit de l'environnement.

Dès lors, la spécialisation des magistrats dans un domaine aussi complexe que l'environnement s'avère plus que jamais nécessaire. Car, la complexité du contentieux décourage beaucoup de personnes de saisir le juge pour trancher les litiges. À l'image du dommage environnemental, le contentieux environnemental prend beaucoup de

[58] Pour plus de développements sur ce sujet, v° J. BARBOZA, « La responsabilité causale à la Commission du droit international », *AFDI*, 1988, pp. 513-522 ; C.G. CAUBET, « Le droit international en quête d'une responsabilité pour les dommages résultant d'activités qu'il n'interdit pas », *RGDIP*, 1988, pp. 99-120.

[59] Article 1382 et suivants.

temps pour connaître une issue qui, dans la plupart des cas, se solde par une décision juridiquement non satisfaisante[60]. Dans la plupart des cas, les enjeux économiques l'emportent sur la nécessité environnementale. Cette situation peut s'expliquer par le fait que les juges sont plus renseignés sur les enjeux du développement économique que sur ceux liés à la protection de l'environnement.

Pour résoudre ces problèmes, notamment celui de la prégnance de l'économie sur l'environnement et celui relatif à l'accès au juge pour des questions purement écologiques, il paraît important et urgent de spécialiser non seulement les juges mais tous les magistrats en général sur les problématiques environnementales. Car, le contentieux environnemental n'est pas que civil ; il est aussi pénal[61]. De même, il ne se limite pas au niveau national mais comporte également une dimension internationale. D'ailleurs, ne dit-on pas que l'environnement n'a pas de frontière ?

L'étude du droit d'accès à la justice en matière d'environnement soulève quelques interrogations. En premier lieu, il s'agit de cerner la notion même d'accès à la justice ainsi que son étendue, alors que de nombreuses décisions ont étendu les exigences liées à ce droit au-delà de la seule question de la recevabilité des recours, renouvelant ainsi profondément la thématique. Cette thématique soulève ensuite la question de l'état de l'accès à la justice en matière d'environnement, notamment en Afrique. Une cartographie des obstacles de l'accès à la justice en matière d'environnement en Afrique est ainsi dressée.

Outre les longs retards, les frais élevés, la complexité des procédures légales, le manque de conseils juridiques, la corruption comme entraves majeures aux citoyens à la résolution de leurs problèmes devant les juridictions, il y a d'autres obstacles inhérents à l'environnement lui-même. C'est le cas notamment de la difficile appréhension sur le plan juridique, de ce qu'est l'environnement mais aussi et surtout des difficultés liées à la justiciabilité du dommage environnemental due notamment aux multiples complexités qui l'enveloppent.

Pour faire face à ces obstacles, l'Afrique[62] doit prendre en compte un certain nombre de facteurs en vue de la protection de son environnement. Cela passera impérativement par le développement des règles juridiques relatives à la protection de l'environnement et celles relatives à la procédure devant les juridictions. Ces règles devant déterminer et élargir les compétences des Cours et tribunaux en matière environnementale ne seront efficaces et effectives que si les magistrats, principaux acteurs du procès, sont à mesure d'appréhender les enjeux liés à la protection de l'environnement dans les États africains. À cet égard, une spécialisation du personnel de la magistrature, ou à tout le moins le renforcement de leurs capacités en matière environnementale est plus que jamais nécessaire.

En général, la qualité et l'ampleur de l'accès à la justice sont moins bonnes dans les pays les moins démocratiques (Afrique) et dans des situations post-conflictuelles. Mais même la plupart des pays qui affichent les meilleures performances dans ce domaine ont encore beaucoup de chemin à faire avant de

[60] C'est le cas par exemple des affaires Gabcikovo-Nagymaros, Usine de pâtes à papier, Épandages aériens d'herbicides toxiques tranchées par la Cour internationale de justice.
[61] Le parquet doit être aussi concerné.
[62] L'Afrique dans toutes ses dimensions : au niveau continental (Union africaine) et au niveau de chaque État.

pouvoir prétendre répondre à l'appel de l'Objectif du développement durable qui vise « l'accès à la justice pour tous »[63].

[63] Objectif n° 16 des Nations unies.

LA DÉSIGNATION DES JUGES CONSTITUTIONNELS EN AFRIQUE NOIRE FRANCOPHONE

Gaétan Thierry FOUMENA

Agrégé des facultés de droit
Université de Ngaoundéré, Cameroun

La question de la désignation des juges devant siéger au sein de l'organe spécifiquement en charge du contentieux constitutionnel, soulevée dès l'apparition du modèle européen de justice constitutionnelle[1] demeure d'actualité. Elle est étroitement liée à la composition[2] de cette haute juridiction dans les États l'ayant retenue, y compris ceux d'Afrique noire francophone. En effet, l'institution du modèle kelsénien de juridiction spécialisée, indépendante et non rattachée au pouvoir judiciaire, depuis les années 1990[3], dans la douleur de l'enfantement démocratique[4], a contribué à la transformation du paysage politique et institutionnel. Cette donne marque une rupture avec le passé[5] où il existait un embryon de justice constitutionnelle étouffé par le présidentialisme négro-africain[6]. Le nouveau constitutionnalisme africain prend corps au travers de l'irruption du constitutionnalisme dans le débat politique et la consécration de la

---

[1] EISENMANN (C), *La justice constitutionnelle et la Haute Cour constitutionnelle d'Autriche*, éd. 1928, pp. 175-177, réédition, Paris, Economica, 1986.

[22] HOURQUEBIE (F), « La composition du Conseil constitutionnel, un exotisme bien français », *in*, *Mélanges dédiés au Doyen Francis V. Wodié*, Presses universitaires de Toulouse, 2016, pp. 239-248, GENEVOIS (B), « La composition du Conseil constitutionnel », *Revue de droit d'Assas*, n° 5, février 2012, pp.89-95 ; Bourdon (Julien), « Trois faiblesses de la composition du Conseil constitutionnel », *Revue de droit d'Assas*, n° 5, *ibid.*, PP.110-114 ; de BECHILLON (D), « Appel au calme (sur la composition du Conseil constitutionnel) », *Revue de droit d'Assas*, n° 5, *ibid.*, pp. 115-118 ; WATTMAN (P), « Sur la composition du Conseil constitutionnel », *Jus Politicum*, n° 5 – 2010, pp.1-34.

[3] AHADZI-NONOU (K), « Constitution, démocratie et pouvoir en Afrique », *in*, *La constitution béninoise du 11 décembre 1990 : un modèle pour l'Afrique ? Mélanges en l'honneur de Maurice Ahanhanzo – Glélé,* Paris, L'Harmattan, 2014, p. 67.

[4] KPODAR (A), « Quand les colloques nous font nous rencontrer !!! Certaines idées fortuites sur le juge constitutionnel et le pouvoir politique en Afrique », *in*, *Actualités du droit public et de la science politique en Afrique*, *Mélanges en l'honneur de Babacar Kanté*, L'harmattan – Sénégal, 2017, p. 285.

[5] ATANGANA AMOUGOU (J-L), « La constitutionnalisation du droit en Afrique : l'exemple de la création du Conseil constitutionnel Camerounais », *in*, *Annuaire international de justice constitutionnelle*, XIX, Paris, Economica, 2003, pp. 47- 48.

[6] HOLO (T), « Émergence de la justice constitutionnelle », *in*, *La démocratie en Afrique*, *Pouvoirs*, n° 129, 2009, p. 102. V. également : MODERNE (F), « Les juridictions constitutionnelles en Afrique », *in*, CONAC (G), (dir.), *Les Cours Suprêmes en Afrique, tome III : La jurisprudence*, Paris, Economica, 1989, pp. 4-5. ;

justice constitutionnelle[7]. Celle-ci, conçue comme instrument destiné à assurer par en haut la cohérence interne du système étatique[8], doit garantir la légitimité des autorités politiques tant au moment d'accéder au pouvoir que pendant son exercice. En un mot, elle doit contribuer à la stabilisation et la pacification de l'espace social, conditions nécessaires à l'épanouissement d'une vraie démocratie[9].

L'espoir né de l'impératif de *« juridicisation »* du débat politique va conduire à un foisonnement de juridictions constitutionnelles[10]. Ces dernières, face à la faiblesse des contrôles politiques, sont érigées en véritable contre-pouvoir structurel aux pouvoirs concurrents[11]. Si la nature juridictionnelle[12] de ces organes est admise et rend inutile tout débat non seulement y afférant, mais également relatif à leur bien-fondé[13], la satisfaction des attentes des acteurs politiques et de l'ensemble du corps social demeure une préoccupation fondamentale. En effet, la justice constitutionnelle, phénomène de portée quasi universelle[14], désigne une activité ou une fonction exercée en la forme juridictionnelle par un organe indépendant ayant le caractère de juridiction[15]. Aucune Constitution ne serait réellement démocratique et ne resterait qu'un simple programme politique[16], si la justice constitutionnelle qu'elle consacre n'assure pas le règne de l'État de droit et la démocratie constitutionnelle[17]. En cela, elle ne susciterait pas une large adhésion au sein de la société. Le Doyen Favoreu précise d'ailleurs qu'*« il n'y a pas de droit constitutionnel au sens moderne de l'expression sans juge constitutionnel. Et il faut entendre par juge constitutionnel [...] tout juge dont non seulement l'existence mais aussi la composition et les attributions sont prévues et*

---

[7] BOURGI (A), « L'évolution du constitutionnalisme en Afrique : Du formalisme à l'effectivité », *Revue française de droit constitutionnel,* n° 52, 2004/4, p. 723. V. également, NGUELE ABADA (M), « La naissance d'un contre-pouvoir : Réflexions sur la loi portant organisation et fonctionnement du Conseil constitutionnel camerounais », *R.R.J.*, 2005-4 (II), pp. 2466-2467.

[8] EISENMANN (C), *La justice constitutionnelle et la Haute Cour Constitutionnelle d'Autriche, op.cit.,* P. 23.

[9] KANTÉ (B), « La justice constitutionnelle à l'épreuve de la transition démocratique en Afrique », in, Narey (Oumarou), (dir), *La justice constitutionnelle*, Paris l'Harmattan, 2016, pp. 23-31.

[10] KANTÉ (B), « Les juridictions constitutionnelles et la régulation des systèmes politiques en Afrique », *in, Constitutions et pouvoirs, Mélanges en l'honneur de Jean Gicquel*, Paris, Montchrestien, 2008, p. 265.

[11] HOURQUEBIE (F), « La Constitution du Bénin et la théorie des contre-pouvoirs », *in, La constitution béninoise du 11 décembre 1990 : un modèle pour l'Afrique ? Mélanges en l'honneur de Maurice Ahanhanzo – Glélé, op.cit.* p. 376.

[12] LUCHAIRE (F), « Le Conseil constitutionnel est-il une juridiction ? », *RDP*, jan-fév., 1979, pp. 27-52. ; ROUSSILLON (H), *Le Conseil constitutionnel*, Paris, Dalloz, coll. Connaissance du droit 2008, pp. 7-8.

[13] FAVOREU (L), « Brèves réflexions sur la justice constitutionnelle en Afrique », *in*, CONAC (G), (dir.), *Les Cours suprêmes en Afrique, tome III : La jurisprudence*, *op.cit*., p. 40.

[14] CAPPELETTI (M), « Nécessité et légitimité de la justice constitutionnelle », *RIDC*, n° 2, avril-juin 1981, p. 628.

[15] FROMONT (M), *La justice constitutionnelle dans le monde*, Paris, Dalloz, coll. Connaissance du droit, 1996, p. 2.

[16] EISENMANN (C), *La justice constitutionnelle et la Haute Cour constitutionnelle d'Autriche, op.cit*., p. 22.

[17] FAVOREU (L), « La modernité des vues de Charles Eisenmann sur la justice constitutionnelle », *in,* Amselek (Paul), *La pensée de Charles Eisenmann*, Paris, Economica, 1986, p. 92.

garanties par la Constitution, et dont les décisions ne peuvent être remises en cause que par le pouvoir constituant »[18]

La justice constitutionnelle n'est véritablement acceptée que si sa composition donne le sentiment aux principales forces politiques et, parfois, aux composantes de la population que l'on peut lui faire confiance. En clair, les contrôlés doivent avoir confiance en leurs contrôleurs[19]. D'autant plus que l'on tend à évaluer la juridiction constitutionnelle à la lumière du recrutement et de la compétence des juges qui la forment[20]. La désignation des autorités censées arbitrer le jeu politique devient ainsi fondamentale ; il faut à travers elle, éviter que les personnalités choisies soient en perte de repères[21], au point de devenir l'objet du jeu politique. Si la composition d'une juridiction constitutionnelle est perçue comme un *« facteur crucial de la légitimité et de la crédibilité de l'institution »*[22], la désignation est déterminante dans le passage d'*« une justice constitutionnelle de façade à une justice constitutionnelle de plein exercice »*[23], afin que la politique soit désormais saisie par le droit[24]. La consécration constitutionnelle des liens démocratie-justice impliquant, la constitutionnalisation de la composition de la juridiction constitutionnelle en raison de sa nature spécifique[25] permet de mettre la désignation des juges constitutionnels en relief. Ces derniers, bien qu'étant l'expression du pouvoir juridictionnel[26], ont un rôle politique[27] qui leur permet d'assurer la stabilité des régimes politiques africains par une garantie du fonctionnement normal des institutions[28]. Cela fait dire à certains, et à juste titre, que la question de la désignation des juges constitutionnels est *« un sujet mi politique mi juridique »*[29]

Le concept de désignation, généralement mis en relation avec celui de composition en termes de tautologie ou de distinction, pourrait mener à des

---

[18] FAVOREU (L), « Le droit constitutionnel, droit de la Constitution et Constitution du droit », *in*, FAVOREU (L), *La Constitution et son juge*, Paris, Economica, 2014, p. 22.

[19] FAVOREU (L), GAÏA (P), GHEVONTHIAN (R), MESTRE (J-L), PFERSMANN (O), ROUX (A), SCOFFONI (G), *Droit constitutionnel*, Paris, Dalloz, 2003, p. 225.

[20] HOURQUEBIE (F), « La composition du Conseil constitutionnel, un exotisme bien français », *op.cit.*, p. 243.

[21] KANTÉ (B), « Les juridictions constitutionnelles et la régulation des systèmes politiques en Afrique », *op.cit.*, p. 269.

[22] GERHOLD (M), « L'impartialité du juge constitutionnel », *AJDA*, 2022, p. 392.

[23] MAIDOKA (A), « Justice constitutionnelle et démocratisation au Niger », *in*, NAREY (O), (dir.), *La justice constitutionnelle, op.cit.* pp. 77-78.

[24] AHADZI-NONOU (K), « Constitution, démocratie et pouvoir en Afrique », *op.cit.*, p. 67. V. également, FAVOREU (L), *La politique saisie par le droit. Alternances, cohabitation et Conseil constitutionnel*, Paris, Economica, 1988, 153 p.

[25] HOURQUEBIE (F), « Justice et démocratie, question de légitimité et de constitution », *in*, BIOY (X) et HOURQUEBIE (F), (dir.), *Constitutions, justice et démocratie*, Paris, l'Harmattan, 2010, P. 9 et p. 23.

[26] RENOUX (T), « La « doctrine Gicquel » : le Conseil constitutionnel, expression du pouvoir juridictionnel », in, *Constitutions et pouvoirs, Mélanges en l'honneur de Jean Gicquel, op.cit.*, p. 439.

[27] KANTÉ (B), « Les juridictions constitutionnelles et la régulation des systèmes politiques en Afrique », *op.cit.*, p. 273. ; DENQUIN (J-M), « Justice constitutionnelle et justice politique », in Grewe (Constance), Jouanjan (Olivier), Maulin (Éric), WATTMAN (P), *La notion de « justice constitutionnelle »*, coll. Thèmes et commentaires, Paris, Dalloz, 2005, p. 84.

[28] KANTÉ (B), « Les juridictions constitutionnelles et la régulation des systèmes politiques en Afrique », *op.cit.*, p. 266.

[29] GERHOLD (M), « L'impartialité du juge constitutionnel », *op.cit.*, p. 392.

conceptions et interprétations divergentes[30]. Les deux termes sont davantage envisagés dans une perspective synonymique aussi bien dans le langage courant[31], qu'en droit[32]. L'on note également une assimilation de la désignation à la nomination à travers l'usage indifférencié par certains, des deux concepts[33]. La désignation dans la présente étude revêt une double signification. D'une part, elle se rapporte à la nomination ; dans ce cas, elle se limite, se résume à elle et traduit une autonomie de décision de la part de l'organe investi de ce pouvoir[34]. D'autre part, la désignation est un processus, ou une opération par laquelle un juge constitutionnel est recruté. Elle englobe la nomination, perçue comme un acte juridique qui la parachève. Cela s'observe aux États-Unis d'Amérique où, dans le processus de désignation d'un juge à la Cour suprême, le président de la République, après avoir opéré un choix confirmé par le Sénat procède à la nomination dudit juge[35].

Le juge constitutionnel quant à lui désigne l'individu membre d'une juridiction constitutionnelle[36] ; c'est le juge officiant exclusivement à la juridiction constitutionnelle[37], à la faveur d'une désignation[38]. Il n'est pas envisagé au sens de la juridiction constitutionnelle[39], mais renvoie plutôt à la personnalité qui siège au sein de l'institution en charge du *« service public de la justice constitutionnelle »*[40], en Afrique francophone subsaharienne. Cet espace est retenu pour la présente étude dans la mesure où, les États d'Afrique francophone sont unis par de comparables traditions et civilisations juridiques modernes d'inspiration française[41]. Le nouveau constitutionnalisme qui émerge depuis les années 1990, rend nécessaire l'étude du nouvel édifice institutionnel garant de l'équilibre des pouvoirs et de l'État de droit[42], largement inspiré de l'*« ingénierie constitutionnelle française ou européenne »*[43].

Le juge constitutionnel, en raison du contexte de son intervention, et au regard de la dimension politique inhérente à sa fonction, est appelé à trancher des

---

30 ATANGANA AMOUGOU (J-L), « La constitutionnalisation du droit en Afrique : l'exemple de la création du Conseil constitutionnel Camerounais », *op.cit.*, pp. 51-52.

31 *Le Nouveau Petit Robert*, 2002, P. 715.

32 CORNU (G), (dir.), *Vocabulaire juridique*, Paris, P.U.F, 2009, P. 613.

33 DRAGO (G), *Contentieux constitutionnel français*, Paris, P.U.F, 1998, pp. 164 et s.

34 ATANGANA AMOUGOU (J-L), « La constitutionnalisation du droit en Afrique : l'exemple de la création du Conseil constitutionnel Camerounais », *op.cit.*, p. 52.

35 BRIARD (F-H), « La nomination des membres de la Cour suprême des États -Unis », *Les Nouveaux Cahiers du Conseil constitutionnel*, n° 58- 2018, P. 59.

36 SOMA (A), « Le statut du juge constitutionnel africain », *in*, *La constitution béninoise du 11 décembre 1990 : un modèle pour l'Afrique ? Mélanges en l'honneur de Maurice Ahanhanzo-Glélé*, *op.cit.* p. 451.

37 CASTERA (P), *Les professeurs de droit membres du Conseil constitutionnel*, thèse de doctorat en droit public, Université de Bordeaux, 2015, p. 43.

38 FAVOREU (L), « Les juges constitutionnels », *AIJC* IV-1988, pp. 141-155. Reproduit in, FAVOREU (L), *La Constitution et son juge*, Paris, Economica, 2014, p. 166.

39 FAVOREU (L), « Juridiction constitutionnelle », *in*, DUHAMEL (O) et MENY (Y), (dir.), *Dictionnaire constitutionnel*, Paris, PUF, 1992, p. 547.

40 SOMA (A), « Le statut du juge constitutionnel africain », *op.cit.*, p. 452.

41 *Ibid.*, P. 453.

42 BOURGI (A), « L'évolution du constitutionnalisme en Afrique : Du formalisme à l'effectivité », *op.cit.*, p. 721.

43 FAVOREU (L), « Brèves réflexions sur la justice constitutionnelle en Afrique », *in*, CONAC (G), (dir.), *Les Cours suprêmes en Afrique, tome III : La jurisprudence*, *op.cit.*, p. 40.

questions d'intérêt partisan[44]. Bien qu'il se comporte aujourd'hui structurellement comme un contre-pouvoir[45], il demeure l'objet de suspicions en raison de son mode de désignation qui, pour certains, est sujet à connotation politique et de coloration partisane[46]. D'autant plus qu'avant les transitions démocratiques, le président de la République avait la maîtrise de la désignation des juges constitutionnels[47]. Sa légitimité est par conséquent remise en question. De plus, le contexte actuel, tel que le souligne le Doyen Favoreu, est celui où, *« les individus ne font plus confiance aux majorités même si celles-ci sont issues d'un processus pleinement démocratique : ils souhaitent que les décisions de celles-ci soient contrôlées afin de vérifier qu'il n'a pas été porté atteinte aux droits fondamentaux »*[48]

Le juge constitutionnel, dont les décisions mettent en cause les actes des autorités les plus élevés de l'État, notamment les lois du parlement qui sont considérées comme exprimant la volonté générale[49] a été contesté. L'on considérait que des autorités désignées le plus souvent sur des critères politiques mettent en échec la volonté du parlement, le suffrage universel étant le seul principe de légitimité des règles[50]. Cette question s'est posée en Afrique, en rapport avec le contrôle de constitutionnalité des lois[51] où, l'on s'est demandé si le juge nommé est mieux placé pour apprécier l'intérêt général que les élus de la nation[52]. Il est désormais acquis que la légitimité de la justice découle de la théorie de la représentation qui permet de transférer la légitimité du souverain peuple constituant, à la justice, pouvoir constitué[53]. En cela, celle du juge constitutionnel tient aux fonctions qu'il assume[54]. La légitimité dans ce cas a une résonance juridique et implique la conformité à une norme[55] ; elle a une dimension non seulement démocratique, mais également fonctionnelle et est établie en Afrique.

La légitimité renvoie par ailleurs à l'acceptation par l'ensemble des gouvernés d'un pouvoir dont ils reconnaissent l'autorité[56]. Elle désigne relativement à la justice constitutionnelle, la confiance élevée des acteurs politiques sur les juges

---

[44] SY (D), « Les fonctions de la justice constitutionnelle en Afrique », *in*, NAREY (O), (dir), *La justice constitutionnelle, op.cit.* pp. 55-60.

[45] HOURQUEBIE (F), « La constitution du Bénin et la théorie des contre-pouvoirs », *op.cit.*, p. 371.

[46] SOMA (A), « Le statut du juge constitutionnel africain », *op.cit.*, p. 466.

[47] KONTCHOU-KOUOMEGNI (A), « Vers un nouveau modèle de contrôle de la constitutionnalité des lois au Cameroun », *in*, CONAC (G), (dir.), *Les Cours suprêmes en Afrique, tome III : La jurisprudence*, *op.cit.*, p. 50.

[48] FAVOREU (L), « Le droit constitutionnel, droit de la Constitution et Constitution du droit », *op.cit.*, p. 18.

[49] FAVOREU (L), « La légitimité du juge constitutionnel », *RIDC*, vol. 46, n° 2, avril-juin 1994, p. 571

[50] Rousseau (Dominique), « Pour ou contre la légitimation du pouvoir du juge constitutionnel ? », *Revue administrative*, n° 301, 1998, p. 198 et p. 201.

[51] ZAKI (M), « Le juge, la loi et l'architecture des pouvoirs », *in*, *Mélanges dédiés au Doyen Francis V. Wodié*, *op.cit.*, p. 551.

[52] GNAMOU (D), « La Cour constitutionnelle du Bénin en fait-elle un peu trop ? », *in*, *La constitution béninoise du 11 décembre 1990 : un modèle pour l'Afrique ? Mélanges en l'honneur de Maurice Ahanhanzo – Glélé*, *op.cit.* p 451.

[53] HOURQUEBIE (F), « Justice et démocratie, question de légitimité et de constitution », *op.cit.*, p. 15.

[54] FAVOREU (L), « La légitimité du juge constitutionnel », *op.cit.*, p. 567.

[55] RIVERO (J), « Consensus et légitimité », *Pouvoirs*, n° 5, 1978, pp. 58-61.

[56] MELEDJE DJEDJRO (F), *Droit constitutionnel*, éd. ABC, Abidjan, 2014, p. 79.

constitutionnels gardiens de la démocratie[57]. Elle a dans ce cas, une dimension sociale. Dans cette perspective, la légitimité des juges constitutionnels est conditionnée par la composition de la juridiction constitutionnelle ; elle est fonction du mode de désignation des juges constitutionnels[58].

La thèse de la légitimité incertaine, en termes de crédibilité du juge constitutionnel en Afrique francophone est soutenue[59]. En effet, des dénonciations et critiques continuent d'être formulées à l'endroit des juges constitutionnels, à l'ère où l'on souhaite : *« une justice constitutionnelle indépendante suffisamment active, dynamique et créatrice rendant des décisions de qualité pour assurer la préservation de l'équilibre du système politique et contribuer grandement à la démocratie »*[60]. En clair, les juges constitutionnels devraient participer à *« la transformation de la démocratie qui passe d'une démocratie parlementaire à une démocratie constitutionnelle »*[61].

La désignation[62] indépendamment des modes et techniques utilisés est donc l'une des données fondamentales à l'aune desquelles le juge peut, soit, être présenté sous le cliché du maître du jeu politique[63] ; soit être assimilé à un outil de validation, de réalisation ou de légitimation d'une certaine méthode de gestion du pouvoir d'État par les autorités politiques. En un mot, un juge autant politisé, qu'instrumentalisé[64]. Cela remet au goût du jour, la complexité de la désignation des juges constitutionnels dont Charles Eisenmann se préoccupait déjà lorsqu'il affirmait : *« le recrutement d'une juridiction investie d'une si haute mission et de pouvoirs si considérables pose évidemment un délicat problème. Celle-ci étant appelée à jouer dans une certaine mesure le rôle d'arbitre entre les partis et assurer le règne du droit jusque dans le domaine politique, ses membres ont à se*

---

[57] ISSA ABDOURHAMANE (B), *Les Cours constitutionnelles dans le processus de démocratisation en Afrique : analyse comparative à partir des exemples du Bénin, de la Côte d'Ivoire, et du Niger*, thèse de doctorat en droit, Université Montesquieu, Bordeaux IV, 2002, p. 335.

[58] FAVOREU (L), « La légitimité du juge constitutionnel », *op.cit.*, pp. 570-571.

[59] DIALLO (I), « La légitimité du juge constitutionnel africain », *Revue Cames/* S.J.P n° 1/ 2015, p. 156.

[60] SY (D), « Les fonctions de la justice constitutionnelle en Afrique », *in*, NAREY (Oumarou), (dir.), *La justice constitutionnelle, op.cit.* pp. 57. ; MEDE (N), « La fonction de régulation des juridictions constitutionnelles en Afrique », *AIJC*, 2007, p. 61.

[61] SY (D), « Les fonctions de la justice constitutionnelle en Afrique », *in*, NAREY (O), (dir.), *La justice constitutionnelle, op.cit.* pp. 57.

[62] Les premières désignations de juges constitutionnels en France ont été vivement critiquées. Charles Eisenmann, dans un article paru dans les colonnes du *Monde* du 5 mars 1959 intitulé « Palindromes ou stupeur ? », avait relevé dans ces désignations « l'esprit de faveur, d'amitié, de complaisance, plus difficile à tuer que les malformations constitutionnelles à redresser ». (V. CAMBY (J-P), « La nomination des membres du Conseil constitutionnel, ou la liberté de choisir », *RDP*, n° 6, 1999, p. 1573.). Dans la même optique, François Mitterrand affirme dans *Le coup d'État permanent* que « le Conseil constitutionnel a réussi la gageure d'ajouter au discrédit des institutions dont leurs promoteurs assuraient qu'il serait le fleuron » (V. WATTMAN (P), « Sur la composition du Conseil constitutionnel », *op.cit.*, p. 5).

Louis Favoreu quelques années après, a soutenu que les juges constitutionnels français ne méritaient pas cet excès d'indignité et qu'il fallait largement relativiser les appréciations formulées au début de la Ve République. V. « Le Conseil constitutionnel, régulateur de l'activité normative des pouvoirs publics », *RDP*, 1967, pp. 5-120.

[63] SOMA (A), « Le statut du juge constitutionnel africain », *op.cit.*, P. 457.

[64] *Ibid.*, p. 465.

prononcer sur des questions plus brûlantes »[65]. Cette préoccupation demeure dans la mesure où le professeur Patrick Wachsmann indique que *« la rigueur devant présider au choix des juges constitutionnels est souvent oubliée »*[66].

L'on est conduit à s'intéresser au recrutement des juges constitutionnels comme objet d'étude et se poser la question suivante : qu'est-ce-qui caractérise la désignation des juges constitutionnels en Afrique francophone subsaharienne ?

La désignation se caractérise par son aménagement qui a une incidence sur les juges constitutionnels, aussi bien au plan organique que fonctionnel. Cet aménagement se traduit par une absence d'unicité des modes de désignation, laquelle pourrait faire penser à une attitude des juges constitutionnels, en fonction du processus de désignation dont ils sont issus. Mais, ceux-ci, sur le plan statutaire bénéficient des mêmes prérogatives et garanties. Dans l'exercice de leur mission, ils sont portés vers leur affirmation en tant que *« véritables pivots de la régulation du pouvoir majoritaire et présidentiel »*[67]. L'on est parvenu à cette hypothèse au moyen d'une démarche intégrant les dimensions théorique et pratique[68]. Celles-ci sont considérées comme *« les deux piliers indispensables pour toute analyse perspicace du droit constitutionnel africain, ainsi que pour le développement du constitutionnalisme dans toute l'Afrique »*[69]. Cette approche se justifie par l'écart souvent considérable entre la réalité politique et la lettre de la Constitution. C'est pourquoi il convient d'apprécier le renouveau constitutionnel en Afrique à l'aune de la théorie et la pratique[70]. L'étude de la désignation des juges constitutionnels se fera non seulement à l'aune des normes textuelles et jurisprudentielles qui l'encadrent, mais également, à la lumière de la pratique subséquente. Rendre compte de cette désignation conduit d'une part, à présenter son ambivalence **(I)** et d'autre part, à mettre en relief son incidence sur les juges constitutionnels **(II).**

I. L'AMBIVALENCE DE LA DÉSIGNATION DES JUGES CONSTITUTIONNELS

La juridiction constitutionnelle en Afrique noire francophone, indépendamment de sa dénomination (Conseil constitutionnel ou Cour constitutionnelle)[71], devrait être régie par un mode de désignation des juges

---

[65] EISENMANN (C), *La justice constitutionnelle et la Haute Cour constitutionnelle d'Autriche, op.cit.*, p. 175.

[66] WATTMAN (P), « Le cru 2022 des nominations au Conseil constitutionnel : en dessous du médiocre », *jp blog, jus politicum.com, consulté le 6 mars 2022.*

[67] HOURQUEBIE (F), « La constitution du Bénin et la théorie des contre-pouvoirs », *op.cit.*, p. 376.

[68] Mme le professeur Marie-Anne Cohendet relève l'importance de la pratique lorsqu'elle écrit : « n'amputons pas notre activité de tout ce qui fait son intérêt pratique au motif que nous risquerions de perdre la prétendue pureté de notre prétendue science en observant et en critiquant la réalité. », V. « La classification des régimes, un outil pertinent dans une conception instrumentale du droit constitutionnel », *in, L'architecture du droit, Mélanges en l'honneur de Michel Troper*, Paris, Economica, 2006, p. 300.

[69] SOMA (A), « Le statut du juge constitutionnel africain », *op.cit.*, p. 480.

[70] MOMO (C), « Qui est le gardien de la Constitution en Afrique ? », *Solon Revue africaine de parlementarisme et de démocratie*, vol. III, n° 14, septembre 2016, pp. 11-12.

[71] Le Professeur Babacar Kanté, soutient l'idée d'une différence entre les Conseils constitutionnels et les Cours constitutionnelles. Selon lui, les Cours sont généralement dotées de prérogatives plus étendues alors que les Conseils ont, ou mettent généralement en œuvre des pouvoirs moins substantiels. (V. « Les juridictions constitutionnelles et la régulation des systèmes politiques en

reflétant les équilibres fixés par la Constitution[72]. Si la composition du Conseil constitutionnel français a inspiré certains pays africains de l'espace francophone[73], les modes de désignation des juges constitutionnels ne sont pas identiques dans cet espace. Ils sont diversement aménagés tant sur le plan des critères que des modalités qui les déterminent. En clair, la désignation des juges constitutionnels est ambivalente. Cela tient au fait que l'Afrique noire francophone, bien que caractérisée par une propension à l'unité d'approche d'institutions et de normes, est plutôt marquée du sceau de la diversité. Cette dernière s'explique par la recherche par des ordres constitutionnels du meilleur équilibre et leur adaptation la plus étroite aux réalités nationales[74]. L'identité des situations politiques et sociales n'appelle pas toujours l'adoption de modèles institutionnels uniformes[75]. De plus, relativement à la composition de la juridiction constitutionnelle, Hans Kelsen affirme qu' *« on ne peut pas proposer une solution pour toutes les Constitutions possibles »*[76]. S'il est acquis que les règles de recrutement des juges constitutionnels sont d'une importance certaine[77], l'on note le caractère rigide **(A)** et flexible **(B)** de la désignation des juges constitutionnels qui présente une réelle hétérogénéité[78]. Cette désignation intègre les exigences de *« pluralisme, représentativité, complémentarité »*[79].

A. Un processus de désignation rigide

L'objectif de concrétisation des idées relatives à *« la démocratie impliquée par la justice »*[80] et à la « démocratie appliquée à la justice »[81], pourrait servir à justifier l'aménagement d'un processus de désignation rigide de certains juges constitutionnels africains. Dans certains pays sortant de période de dictature ou de régime totalitaire, la légitimité de la juridiction constitutionnelle peut être remise en cause si la composition de celle-ci[82] n'est pas corsetée. Sous cet aspect, le mode de désignation des juges constitutionnels participe à la légitimité démocratique dont jouit la juridiction constitutionnelle[83]. Car le mieux que l'on puisse atteindre

---

Afrique », *op.cit.*, p. 266.). La dénomination ne saurait être caractéristique de l'aptitude d'une juridiction à remplir efficacement la mission qui lui incombe ou de répondre aux attentes des justiciables. La juridiction constitutionnelle dans la présente étude renvoie à la fois au Conseil constitutionnel et à la Cour constitutionnelle établis en Afrique francophone subsaharienne.

[72] GENEVOIS (B), « La composition du Conseil constitutionnel », *op.cit.*, p. 90.

[73] HOURQUEBIE (Fabrice), « La composition du Conseil constitutionnel, un exotisme bien français », *op.cit.*, p. 239.

[74] CABANIS (A), « Les Cours et les Conseils constitutionnels, régulateurs de la nouvelle gouvernance en Afrique », *in, Mélanges dédiés au Doyen Francis V. Wodié*, *op.cit.*, p. 99.

[75] DE GAUDUSSON (J. B), « Les tabous du constitutionnalisme en Afrique, Introduction thématique », *in, Afrique contemporaine*, n° 242, 2012/2, p. 57 et 58.

[76] KELSEN (H), « La garantie juridictionnelle de la constitution », *RDP*, 1928, p. 226.

[77] GREWE (C) et RUIZ-FABRI (H), *Droits constitutionnels européens*, Paris, PUF, 1995, p. 75.

[78] Certains États optent soit, pour une désignation rigide, soit, pour une désignation flexible. D'autres combinent rigidité et flexibilité.

[79] FAVOREU (L), « La légitimité du juge constitutionnel », *op. cit.*, p. 575.

[80] HOURQUEBIE (F), « Justice et démocratie, question de légitimité et de constitution », *op.cit*, p. 12.

[81] *Ibid.*

[82] FAVOREU (L), « La légitimité du juge constitutionnel », *op.cit.*, p. 575.

[83] ATANGANA AMOUGOU (Jean-Louis), « La Cour constitutionnelle béninoise : un modèle de justice constitutionnelle pour l'Afrique ? », *in*, *La Constitution béninoise du 11 décembre 1990 : un modèle pour l'Afrique ? Mélanges en l'honneur de Maurice Ahanhanzo-Glélé, op.cit.* p. 650.

est, un système qui exige un consensus des acteurs politiques, et l'adhésion de plusieurs tendances[84]. Cela s'observe dans les dispositions constitutionnelles et textes subséquents qui encadrent la juridiction constitutionnelle. La désignation des juges constitutionnels est donc rigide, en raison du caractère spécial de son aménagement juridique. D'une part, des critères de sélection sont spécifiés **(1)** ; d'autre part, la procédure définissant les étapes de la désignation est déterminée **(2)**.

1) La spécification des critères de sélection

La Constitution précise les critères sur la base desquels les juges constitutionnels doivent être choisis. Ces critères se rapportent à : l'âge, le genre, le diplôme, la qualification professionnelle, l'expérience professionnelle et l'intégrité morale. Ils visent ainsi à encadrer le pouvoir des autorités de nomination[85].

Le diplôme requis apparaît comme étant un élément important dans la sélection et le recrutement des juges constitutionnels. Le constituant et le législateur prennent soin de préciser le diplôme qu'un candidat à ladite fonction doit avoir. Cette exigence est rattachée à la qualification professionnelle d'enseignant d'université, précisément de droit. À cet égard, en plus d'être enseignant – chercheur, il faut être titulaire d'un doctorat en droit public[86] ou être professeur de droit[87]. Le diplôme de troisième cycle en droit public, est également exigé au représentant des associations de défense des droits de l'homme et de promotion de la démocratie[88]. L'on admet que les personnalités à prendre en compte à côté des juristes composant cette institution, soient issues des groupes représentant le

[84] DENQUIN (J-M), « Justice constitutionnelle et justice politique », *op.cit.*, p. 80.

[85] CAMBY (J-P), « La nomination des membres du conseil constitutionnel, ou la liberté de choisir », *op.cit.*, p. 1575.

[86] Article 2 de la loi n° 2012-35 du 19 juin 2012 déterminant l'organisation, le fonctionnement de la Cour constitutionnelle et la procédure suivie devant elle au Niger ; article 99 Constitution de la République centrafricaine du 30 mars 2016. L'on présume que l'enseignant visé dans ce cas peut ne pas avoir le grade de professeur.

[87] Article 89 de la loi n° 001/2018 du 12 janvier 2018 portant révision de la Constitution gabonaise ; article 4 de la loi organique n° 2016 – 23 du 14 juillet 2016 relative au Conseil constitutionnel sénégalais ; article 1er loi n° 97-010 du 11 février 1997 portant loi organique déterminant les règles d'organisation et de fonctionnement de la Cour constitutionnelle ainsi que la procédure suivie devant elle au Mali, modifiée par la loi n° 02-011 du 5 mars 2002. S'agissant du Mali qui traverse une période de transition, la Constitution et les normes subséquentes ont été maintenues en vigueur étant entendu que le Titre I de la Charte de transition du 12 septembre 2020 dispose qu'elle complète la Constitution du 25 février 1992. Cela fut réaffirmé par la Cour constitutionnelle dans son arrêt n° 2021-02/CC/VACANCE du 28 mai 2021.

Le cas du Burkina Faso doit également être relevé. En effet, la Charte de la transition du 1er mars 2022, faisant suite au coup d'État des 23 et 24 janvier 2022, a maintenu le Conseil constitutionnel en vigueur, sa composition également ; dans la mesure où, l'article 11 de ladite charte dispose que l'empêchement absolu du président de la transition est constaté par le Président du Conseil constitutionnel. Cette haute juridiction a d'ailleurs rendu la décision n° 2022-004/CC sur la dévolution des fonctions de président du Faso. À travers cette décision, elle constate la démission de l'ancien président de la République par lettre du 24 janvier 2002 et affirme que Monsieur Paul Henri Sandaogo DAMIBA Lieutenant-colonel des forces armées nationales est président du Faso à compter de la date de démission de Monsieur Roch Christian Marc KABORÉ.

[88] Article 2 de la loi n° 2012-35 du 19 juin 2012 déterminant l'organisation, le fonctionnement de la Cour constitutionnelle et la procédure suivie devant elle au Niger.

peuple saisi dans sa diversité[89]. Mais, l'objectif affiché d'ériger les juridictions constitutionnelles en *« instances représentatives de la société civile »*[90], est en corrélation avec la nécessité de retenir un représentant ayant des aptitudes et prédispositions pour la fonction convoitée.

Les personnalités relevant des professions d'avocat et de magistrat[91], censés avoir obtenu une formation en droit, sont également éligibles à la fonction de juge constitutionnel. Au Burkina Faso, seuls trois juges parmi les neuf qui siègent au sein de la juridiction constitutionnelle font l'objet d'une précision de la profession par eux exercée lors de leur désignation par le président de la République, sur proposition du ministre de la Justice ; notamment celle de magistrat. Cela ressort de l'article 10 du règlement intérieur du Conseil constitutionnel du 6 mai 2008. Au Sénégal, le magistrat appelé à devenir juge constitutionnel doit surtout avoir exercé d'importantes fonctions, ou avoir été placé à un niveau de responsabilité élevé au sein de la juridiction d'appel ou de cassation de l'ordre judiciaire[92]. C'est la condition *sine qua non* que doit remplir tout magistrat susceptible d'être désigné comme membre de la juridiction constitutionnelle.

Le constituant béninois quant à lui a, à travers l'expression « juriste de haut niveau », élaboré une catégorie de juge constitutionnel, qui est contenue dans l'article 115 de la loi fondamentale. En effet, cette disposition constitutionnelle opère ladite consécration en ces termes : *« La Cour constitutionnelle comprend : [...] deux juristes de haut niveau, professeurs ou praticiens du droit »*[93]. Ceux qui appartiennent à cette catégorie ont en commun une formation de juriste quoique ces juristes de haut niveau soient distingués en deux sous-catégories : celle de théoricien d'une part et celle de praticien d'autre part. Mais cela n'a pas servi à préciser le sens d'une expression qui, à l'occasion de la désignation d'un juge constitutionnel devrait être clarifiée. Certains ont d'ailleurs soutenu l'idée du *« silence de la Constitution au sujet de ladite notion »*[94], en raison d'une absence d'un contenu convenu. Cette notion a dû être reprécisée plus d'une fois par la haute juridiction parfois avec des fortunes diverses.

---

89 MEDE (N), « La fonction de régulation des juridictions constitutionnelles en Afrique francophone », *op.cit.*, p. 61. Selon cet auteur, la tendance perceptible à la régulation politique induit une reconsidération de la composition des juridictions constitutionnelles, intégrant les membres de la société civile dans le but de conférer à celles-ci un surcroît de légitimité.

90 Cabanis (André), « Les Cours et les Conseils constitutionnels, régulateurs de la nouvelle gouvernance en Afrique », *in, Mélanges dédiés au Doyen Francis V. Wodié*, *op.cit.*, p. 100.

91 Article 89 de la loi n° 001/2018 du 12 janvier 2018 portant révision de la Constitution gabonaise ; article 1er loi n° 97-010 du 11 février 1997 portant Loi organique déterminant les règles d'organisation et de fonctionnement de la Cour constitutionnelle ainsi que la procédure suivie devant elle au Mali, modifiée par la loi n° 02-011 du 5 mars 2002 ; article 5 de la loi organique n° 13/026 du 15 octobre 2013 portant organisation et fonctionnement de la Cour constitutionnelle de la République démocratique du Congo ; article 1er Ordonnance n° 2001-003 du 18 novembre 2001 portant loi organique relative à la Haute Cour constitutionnelle de Madagascar.

92 Notamment celles de : premier président de la Cour suprême, procureur général près la Cour suprême, président de chambre à la Cour suprême, premier avocat général à la Cour suprême, président de Cour d'appel et de procureur général près une Cour d'appel, v° article 4 de la loi organique n° 2016 – 23 du 14 juillet 2016 relative au Conseil constitutionnel.

93 Loi n° 90-32 du 11 décembre 1990 portant Constitution de la République du Bénin.

94 ADANDEDJAN (A), « La notion de juriste de haut niveau », *in*, AKEREKORO (H), (dir.), *Les silences de la Constitution béninoise du 11 décembre 1990*, Les éditions CeDEP, Université d'Abomey-Calavi, 2018, p. 9.

Dans la décision 8- DC du 16 juin 1992, la Cour constitutionnelle, statuant sur une affaire dans laquelle la qualité de juriste de haut niveau avait été déniée à M. *Bruno AHLONSOU*, au prétexte qu'il n'est ni professeur, ni praticien du droit, la lui a reconnue[95]. Un *« praticien du droit »* à en croire certains, est toute personne dont l'expérience professionnelle a été acquise dans un ou plusieurs secteurs où le droit est appliqué de manière plus ou moins intense dans le traitement des dossiers[96]. Il n'existe pas de catégorie magistrat praticien du droit. La haute juridiction à cet égard, a indiqué qu'un magistrat peut aussi être désigné en qualité de juriste de haut niveau (en tant que praticien du droit) pour siéger à la Cour constitutionnelle. Mais il ne peut pas bénéficier de la qualité de magistrat au premier mandat et de celle de juriste de haut niveau (praticien du droit) lors du renouvellement du mandat. Elle affirme : *« la nomination de Madame POGNON le 22 mai 1998 constitue un renouvellement de mandat, qu'en tant que telle, cette nomination ne peut intervenir qu'en la qualité de magistrat qu'elle avait à sa première nomination le 10 février 1992 »*, la Cour a conclu que *« dès lors, la nomination par le Bureau de l'Assemblée nationale le 22 mai 1998 de Madame POGNON en qualité de juriste doit être déclarée contraire à la Constitution »*[97].

La décision DCC 03-092 du 4 juin 2003[98] relative à la désignation de Monsieur *Christophe KOUOGNIAZONDE* par le président de la République, a été une occasion de plus pour le juge constitutionnel de se prononcer sur la notion de juriste de haut niveau. Il s'est fondé sur la Loi organique sur la Cour constitutionnelle qui, en son article premier[99], exige la production par un juge pressenti de son *curriculum vitæ*. Son entendement de ladite notion en découle au regard de ses propos ci-après : *« l'analyse du curriculum vitæ de Monsieur Christophe KOUOGNIAZONDE révèle qu'il remplit les conditions requises pour être juriste de haut niveau ». Le souci manifesté par la Cour constitutionnelle de préciser la notion, dont la « clarification jurisprudentielle inachevée »*[100] était dénoncée, s'observe dans sa décision DCC du 18-044 du 20 février 2018. Elle affirme : *« La qualité de juriste de haut niveau de Madame DANDI GNAMOU qui est professeur de droit de rang magistral, praticien du droit, et donc juriste de haut niveau, et dont l'expérience professionnelle en cette qualité remonte à 2001 [...] jusqu'au jour de sa nomination en qualité d'assistant, de maître-assistant et de maître de conférences, [...] que dès lors il échet pour la Cour de dire et juger que la nomination de Madame DANDI GNAMOU [...] n'est pas contraire à la Constitution »*.

---

95 La Cour affirme : *« le sieur Bruno AHLONSOU est un juriste de haut niveau qui jouit d'une expérience tant dans le domaine judiciaire que dans le secteur des assurances [...] en ce qu'il a été magistrat, puis responsable du Département technique des règlements et contentieux dans diverses sociétés d'assurances »*, v° *Recueil des décisions et avis*, 1 991,1992, 1993, p. 48.

96 BADET (S-G), *Contrôle intra normatif et contrôle ultra-normatif de constitutionnalité : contribution à l'identification des sous catégories du modèle kelsénien de justice constitutionnelle à partir des systèmes belge et béninois*, thèse de doctorat en droit, Université catholique de Louvain, 2011-2012, p. 433.

97 *Ibid.*

98 ADANDEDJAN (A), « La notion de juriste de haut niveau », *op.cit.*, p. 10.

99 Loi n° 91-009 du 4 mars 1 991 portant Loi organique sur la Cour constitutionnelle modifiée par la loi du 31 mai 2001.

100 *Ibid.*

Il a été reproché à la Cour constitutionnelle de reconnaître les titres de professeur et de praticien du droit à Madame *DANDI GNAMOU*, et partant, de ne pas faire de distinction entre le professeur de droit et le praticien du droit[101]. La confusion qui semble avoir été faite est sans conséquence sur la détermination de la qualité de professeur, permettant de conclure au juriste de haut niveau. L'argumentaire de la haute juridiction a été axé sur le parcours académique de la concernée, et l'expérience acquise en tant qu'enseignante[102]. De plus, l'intéressée n'a pas été retenue pour un premier mandat sur la base de l'un des deux titres et, ne sollicite pas un nouveau mandat en usant d'un titre différent de celui, à la faveur duquel, elle fut d'abord désignée. Elle n'est pas dans la situation au sujet de laquelle la Cour constitutionnelle s'est antérieurement prononcée.

L'on en déduit que la détermination de la qualité de juriste de haut niveau se fait sur la base du *curriculum vitæ,* produit par le candidat à la fonction de juge constitutionnel. L'étude dudit document permet d'analyser le parcours et l'expérience du candidat afin de dire s'il peut être considéré comme un juriste de haut niveau ou pas. En l'absence d'une clarification de cette notion incontournable dans le processus de désignation des juges constitutionnels au Bénin, l'effort de la haute juridiction de veiller au recrutement de juristes hautement qualifiés et expérimentés[103], est perceptible. Si une place adéquate doit être réservée aux juristes de profession[104], ils doivent être des juristes de haut niveau, qu'ils soient professeurs ou praticiens.

La présence d'un professeur de droit dans une juridiction constitutionnelle est indispensable. Elle confère à ladite juridiction une présomption de compétence[105]. En effet, le professeur de droit veille à une bonne argumentation juridique, dépouillée de raisonnement tenant à l'opportunité politique, dans l'élaboration des décisions de la haute juridiction[106]. Sa participation à l'œuvre jurisprudentielle de cette institution est substantielle[107]. C'est pourquoi en France, les professeurs de droit sont considérés comme des *« auxiliaires permanents du Conseil constitutionnel »*[108] ; surtout lorsqu'ils n'y siègent pas. Le travail des juges constitutionnels est facilité grâce à leur expertise. Les professeurs de droit sont, dans le cadre de la pratique de l'audition d'experts adoptée depuis 2007, lors de la préparation des décisions d'une certaine complexité technique, les plus sollicités[109]. Le juriste praticien quant à lui, pourrait mettre à contribution l'expérience acquise dans un cabinet d'avocat, une société commerciale, un

---

[101] *Ibid.*, p. 11.

[102] « L'expérience professionnelle en cette qualité remonte à 2001, année où elle a été recrutée sur la base de son diplôme d'études approfondies (Bac + 5) pour compter du 1er octobre 2001 en qualité de moniteur d'enseignement supérieur en droit public à l'Université Paris Sud XI pour assurer ses fonctions à la Faculté Jean Monnet. Qu'ensuite, sans discontinuité, elle a servi en qualité d'attachée temporaire d'enseignement et de recherche dans la même université jusqu'en 2007, puis à l'Université d'Abomey-Calavi de 2007 jusqu'au jour de sa nomination successivement en qualité d'assistant, maître-assistant et de maître de conférences », V. décision DCC 18-044 du 20 février 2018.

[103] SALAMI (I-D), GANDONOU (D-M), *Droit constitutionnel et institutions du Bénin*, Cotonou, éd. CeDAT, 2014, p. 347. ;

[104] *Ibid.*

[105] SCHNAPPER (D), *Une sociologue au Conseil constitutionnel*, Paris, Gallimard, 2001, p. 279.

[106] CASTERA (P), *Les professeurs de droit membres du Conseil constitutionnel*, *op.cit.*, p. 276.

[107] *Ibid.*, pp. 377-381.

[108] *Ibid.*, p. 28.

[109] *Ibid.*, p. 35.

service public, une association humanitaire, une union syndicale ou une organisation internationale[110].

Les personnalités susceptibles de devenir des juges constitutionnels doivent indépendamment de leur profession dans le domaine du droit, avoir une expérience professionnelle dont la durée varie selon les États. La sagesse qui est une vertu morale, est fille de l'expérience. Le choix des membres de la juridiction constitutionnelle doit se faire à l'intérieur d'un cercle de personnalités expérimentées ; le diplôme dans ce cas n'est pas l'expérience : il la précède[111]. L'important est que les candidats aient exercé leur profession pendant une durée dont le minimum est fixé par le constituant : 10 ans[112], 15 ans[113], 20 ans[114]. Ils doivent également remplir la condition tenant à l'intégrité morale. Celle-ci est relative aux considérations éthiques[115] qui sous-tendent leur désignation. En effet, dans la quête d'un bon juge constitutionnel, les aptitudes morales doivent être plus recherchées que la maîtrise du contentieux constitutionnel, susceptible d'être rapidement acquise par un travail opiniâtre[116]. Le constituant conscient de l'importance de l'intégrité morale en fait un critère fondamental de recrutement[117], au point d'exiger une liste de documents et pièces sur la base desquels la moralité des candidats à la fonction de juge constitutionnel serait déterminée par des services compétents[118].

L'âge et le genre sont en outre, des données prises en compte dans la désignation des juges constitutionnels. S'agissant de l'âge, plus il est avancé et surtout combiné avec une riche expérience professionnelle, mieux cela vaut. Loin d'être un handicap, il est un atout pour l'exercice des fonctions de juge constitutionnel[119]. En d'autres termes, la sérénité de l'âge des personnalités

---

[110] VERDUSSEN (M), *Les douze juges : la légitimité de la Cour constitutionnelle*, Bruxelles, Éditions LABOR, 2004, p. 55.

[111] SAINT-BONNET (F), « L'ironie du sort », *Revue de droit d'Assas*, n° 5, op.cit., p. 101.

[112] Article 2 de la loi organique n° 2012-35 du 19 juin 2012 déterminant l'organisation, le fonctionnement de la Cour constitutionnelle et la procédure suivie devant elle au Niger, article 99 Constitution de la République centrafricaine du 30 mars 2016.

[113] Article 115 de la loi n° 90-32 du 11 décembre 1990 portant Constitution de la République du Bénin, article 89 de la loi n° 001/2018 du 12 janvier 2018 portant révision de la Constitution gabonaise, article 1er loi n° 97-010 du 11 février 1997 portant loi organique déterminant les règles d'organisation et de fonctionnement de la Cour constitutionnelle ainsi que la procédure suivie devant elle au Mali, modifiée par la loi n° 02-011 du 5 mars 2002.

[114] Article 4 de la loi organique n° 2016 – 23 du 14 juillet 2016 relative au Conseil constitutionnel sénégalais.

[115] CABANIS (A), « Les Cours et les Conseils constitutionnels, régulateurs de la nouvelle gouvernance en Afrique », *in, Mélanges dédiés au Doyen Francis V. Wodié*, *op.cit.*, p. 100.

[116] SAINT-BONNET (F), « L'ironie du sort », *Revue de droit d'Assas*, n° 5, *op.cit.*, p. 101.

[117] Article 1er loi n° 97-010 du 11 février 1997 portant loi organique déterminant les règles d'organisation et de fonctionnement de la Cour constitutionnelle ainsi que la procédure suivie devant elle au Mali, modifiée par la loi n° 02-011 du 5 mars 2002.

[118] « Les candidats à la Cour constitutionnelle doivent jouir d'une bonne moralité attestée par les services compétents et produire avant leur élection et nomination : -un curriculum vitæ qui permet de juger de leurs qualifications et expériences professionnelles, accompagné de tous les documents probants ; -un extrait du casier judiciaire ; -un certificat médical ; -un certificat de nationalité nigérienne », article 2 de la loi n° 2012-35 du 19 juin 2012 déterminant l'organisation, le fonctionnement de la Cour constitutionnelle et la procédure suivie devant elle au Niger.

[119] GENEVOIS (B), « La composition du Conseil constitutionnel », *op.cit.*, p. 91.

désignées prive la lecture partisane de toute pertinence[120]. Le Doyen Vedel[121] est de cet avis ; selon lui, le fait pour un juge constitutionnel d'avoir un âge respectable au terme de son mandat est un gage d'indépendance d'esprit dès lors qu'il n'a pas à se soucier de la suite de sa carrière. De plus, par ce qu'ils sont dénommés *« les sages »,* un âge avancé renforce la crédibilité des juges constitutionnels[122]. Mais l'on ne peut s'empêcher de penser qu'il pourrait être une cause de remise en cause de la juridiction constitutionnelle. L'introduction du critère d'âge minimum dans le bloc de constitutionnalité en fait une condition[123] *sine qua non* de recrutement. C'est également une obligation à laquelle le ou les organes et autorités de désignation sont astreints. Cet âge qui varie d'un État à un autre, est bas, comme en Mauritanie où il est de 35 ans[124], 40 ans au Niger[125], 45 ans en Guinée[126] et relativement élevé tel qu'on le note au Gabon, car fixé à 50 ans[127].

Pour ce qui est du genre, si sa prise en compte dans certains États n'est pas l'objet d'une consécration constitutionnelle[128], dans d'autres, il est formellement érigé par le constituant au rang de critère fondamental dans la désignation des juges constitutionnels. C'est ainsi qu'en République centrafricaine[129], le genre est obligatoirement pris en compte dans le processus de sélection, au sein des corps de profession par les autorités et organes de désignation. Au-delà de la simple prise en compte du genre, l'on note une exigence de parité.

2) La détermination de la procédure de désignation

La procédure se rapporte aux actes successivement accomplis dans le processus de désignation des juges constitutionnels. Elle relève de la désignation mixte qui combine élection et nomination dans le recrutement des *« sages »* devant siéger au sein de la juridiction constitutionnelle. L'élection est envisagée d'une part comme acte de désignation en marge de la nomination, et d'autre part, comme une étape de la désignation.

---

[120] ROUSSEAU (Dominique), *Sur le Conseil constitutionnel : la doctrine de Badinter et la démocratie*, Paris, éd. Descartes et Cie, 1997, p. 42.

[121] *Ibid.*, p. 92.

[122] FAVOREU (L), « La légitimité du juge constitutionnel », *op. cit.*, p. 574.

[123] NTAH A MATSAH (H-M-M), « La condition d'âge dans les États d'Afrique noire francophone : les cas béninois et camerounais », *Revue burkinabé de droit*, n° 52, 1er semestre 2017, p. 56.

[124] Article 10 de la loi constitutionnelle n° 2012- 015 du 20 mars 2012 portant révision de la Constitution de 2 juillet 1991 de Mauritanie.

[125] Article 121 de la Constitution du 25 novembre 2010.

[126] Article 2 de la loi L/2011-2006/CNT du 10 mars 2011 portant création organisation et fonctionnement de Cour constitutionnelle. Cette condition pourrait ne plus être respectée. En effet, selon l'article 79 de la Charte de transition du 27 septembre 2021, les attributions de la Cour constitutionnelle sont transférées à la Cour suprême durant la période de transition. De plus, la loi organique devant déterminer l'organisation et le fonctionnement pourrait fixer un autre âge ou alors ne pas mentionner cette condition.

[127] Article 89 de la loi n° 001/2018 du 12 janvier 2018 portant révision de la Constitution gabonaise.

[128] BADET (S-G), *Contrôle intra normatif et contrôle ultra-normatif de constitutionnalité : contribution à l'identification des sous catégories du modèle kelsénien de justice constitutionnelle à partir des systèmes belge et béninois, op.cit.*, p. 430.

[129] Article 99 de la Constitution de la République centrafricaine du 30 mars 2016.

En tant qu'acte de désignation, l'élection se traduit par le choix du juge constitutionnel au sein d'un organe institutionnel par ses pairs. Le Togo[130] offre une illustration topique. Parmi les neuf membres qui composent la juridiction constitutionnelle, en dehors des trois nommés ou désignés par le président de la République, trois sont élus par l'Assemblée nationale à la majorité des deux tiers de ses membres ; trois autres sont élus par le Sénat à la majorité des deux tiers de ses membres. L'élection dans ce cas vaut la désignation, car le résultat qui en est issu ne fait pas l'objet d'une validation ultérieure, afin que le juge constitutionnel élu ou désigné soit considéré comme tel. L'élection valant désignation s'observe également dans la désignation du président de la juridiction constitutionnelle dans certains États ; notamment le Bénin[131], le Niger où l'élection s'étend au vice-président de la haute juridiction[132] et le Mali[133]. Ce mode de désignation a cours parallèlement à la nomination qui, dans le cas béninois est une compétence exercée par le bureau de l'Assemblée nationale et le président la République[134]. Il en est de même du Mali où, en plus du président de la République et le président de l'Assemblée nationale, le Conseil supérieur de la magistrature est également compétent pour désigner des juges constitutionnels[135]. Le Gabon[136] correspond à ce modèle, bien que les dispositions constitutionnelles y afférentes ne comportent pas le mot élection. Il est évident que la nomination dont l'Assemblée nationale, le Sénat et le Conseil supérieur de la magistrature sont compétents devrait se faire au moyen du procédé électif. D'autant plus que la Constitution n'a pas érigé les bureaux de ces institutions en instances de nomination.

En outre, l'élection est une étape de la désignation lorsqu'un acte de nomination parachève le processus de recrutement des juges constitutionnels. Cet acte a également pour objet d'entériner l'élection l'ayant précédé. C'est le cas de Madagascar où les choix opérés par L'Assemblée nationale, le Sénat et le Conseil supérieur de la magistrature à travers le procédé électif sont constatés par décret du président de la République[137]. Il en est de même en République démocratique du Congo où le président de la Cour constitutionnelle, après avoir été élu par ses pairs est investi par ordonnance du président de la République[138]. En République centrafricaine, l'élection de juges constitutionnels par leurs pairs est entérinée par décret du président de la République[139] ; la Guinée s'inscrit dans une perspective analogue[140].

[130] Constitution du 14 octobre 1992 révisée par la loi n° 2002 – 029 du 31 décembre 2002.

[131] Article 116 de la loi n° 90-32 du 11 décembre 1990 portant Constitution de la République du Bénin

[132] Article 6 de la loi organique n° 2012-35 du 19 juin 2012 déterminant l'organisation, le fonctionnement de la Cour constitutionnelle et la procédure suivie devant elle au Niger.

[133] Article 92 de la Constitution du 25 février 1992.

[134] Quatre juges constitutionnels sont nommés par le bureau de l'Assemblée nationale et trois par le président de la République. V. Article 115 de la loi n° 90-32 du 11 décembre 1990 portant Constitution de la République du Bénin.

[135] Article 91 de la Constitution du 25 février 1992.

[136] Article 89 de la loi n° 001/2018 du 12 janvier 2018 portant révision de la Constitution gabonaise.

[137] Article 1 de l'ordonnance n° 2001-003 du 18 novembre 2001 portant loi organique relative à la Haute Cour constitutionnelle.

[138] Article 158 de la Constitution du 18 février 2006.

[139] Article 99 de la Constitution du 30 mars 2016.

[140] Articles 2 et 3 de la loi L/2011-2006/CNT du 10 mars 2011 portant création organisation et fonctionnement de Cour constitutionnelle.

Ce mode de désignation conduit, au regard du silence de la Constitution, à s'interroger sur les éventuels conflits susceptibles d'avoir lieu. En effet, le président de la République pourrait tarder à entériner l'élection d'un juge constitutionnel ou se refuser de nommer celui ayant été choisi par ses pairs. S'il est évident qu'il s'agit du non-respect d'une obligation constitutionnelle, aucune disposition de la loi fondamentale ou des textes y afférents ne précise les dispositions devant être prises le cas échéant. Si la saisine de la juridiction constitutionnelle est la solution idoine, l'on pourrait assister à un blocage institutionnel. Ce serait davantage le cas si la juridiction constitutionnelle n'est pas encore mise sur pied dans un contexte de sa création. Certainement devrait-on assister à des arrangements politiques permettant de résoudre un problème éminemment juridique relatif à l'exercice d'une compétence liée fixée par la Constitution. Il est souhaitable que ce vide soit comblé afin d'éviter de tels dysfonctionnements. La rigidité de la désignation des juges constitutionnels se traduisant par la détermination de critères et d'une procédure précise, ne rend pas compte de ce processus dans son entièreté. Celui-ci se matérialise également par une désignation flexible.

B. Un processus de désignation flexible

Les juges constitutionnels sont désignés sur la base de mécanismes souples. Cette souplesse, traduite par des modalités substantielles et formelles non rigoureusement réglementées, permet de rendre compte de la flexibilité aménagée par le constituant. L'idée d'une marge de manœuvre étendue en raison de l'absence de critères de choix s'imposant aux organes de désignation (1) est jumelée à une désignation d'office, consacrée par le constituant (2).

1) L'absence de contraintes objectives

Les règles de désignation des juges constitutionnels dans un contexte de flexibilité ne soumettent les organes ou autorités compétentes, à aucune contrainte liée au choix, ni à sortir lesdits choix à une discussion publique[141]. Le constituant leur laisse une marge de manœuvre étendue après avoir indiqué celui ou ceux devant procéder à ladite désignation. Celle – ci se rapporte au système simple, qui ne fait pas appel au procédé électif. La désignation peut se résumer à l'acte de nomination généralement pris par une seule autorité, en dehors de choix préalablement opérés avec le concours d'autres organes. Le Sénégal est illustratif à cet égard. En effet, l'article 89 bis de la Constitution[142] dispose que les membres du Conseil constitutionnel sont nommés par décret du président de la République. Cela traduit l'idée d'une désignation par une seule autorité politique qui ne requiert aucun avis[143], et est considérée comme étant déterminante dans l'existence du juge constitutionnel[144], en raison de son caractère discrétionnaire[145].

---

[141] WATTMAN (P), « Sur la composition du Conseil constitutionnel », *op.cit.*, p. 8.
[142] Loi constitutionnelle n° 2016-10 du 5 avril 2016 portant révision de la Constitution.
[143] YANKHOBA NDIAYE (I), « Le Conseil constitutionnel sénégalais », *Les Nouveaux Cahiers du Conseil constitutionnel*, 2014-4, p. 78.
[144] SOMA (A), « Le statut du juge constitutionnel africain », *op.cit.*, p. 457.
[145] HOURQUEBIE (F), « La composition du Conseil constitutionnel, un exotisme bien français », *op.cit.*, p. 241.

Au Burkina Faso, la désignation est une compétence exercée par le président de la République et le président de l'Assemblée nationale. L'article 7 du règlement intérieur du Conseil constitutionnel du 6 mai 2008, dispose que le président de la République nomme le président de la haute juridiction. Cette nomination est discrétionnairement opérée. L'article 10 quant à lui, précise qu'en dehors de son président[146], le Conseil constitutionnel comprend 03 personnalités nommées par le président de la République et 03 personnalités nommées par le président de l'Assemblée nationale. Le profil, la compétence des personnalités susceptibles d'être nommées ne sont pas précisés.

La désignation se rapporte également à un acte pris par une autorité à la suite d'une sélection, opérée avec le concours d'autres organes et dépouillée de quelconques contraintes de choix. Elle est appliquée au Cameroun où, le président de la République nomme des juges constitutionnels désignés par lui-même, le président de l'Assemblée nationale après avis du bureau, le président du Sénat après avis du bureau et le Conseil supérieur de la magistrature[147]. Il en est de même en Côte d'Ivoire où, le président de la République nomme les juges constitutionnels désignés par lui-même, le président de l'Assemblée nationale et le président du Sénat[148].

La liberté complète de choix traduite par l'absence de critères objectifs requis se déduit du caractère général des dispositions constitutionnelles ; elles se limitent à indiquer que les juges constitutionnels sont choisis parmi les personnalités de réputation professionnelle établie, jouissant d'une grande intégrité morale et d'une compétence établie[149]. Le constituant ivoirien fait un effort limité de précision, en prescrivant un recrutement de personnalités reconnues pour leur compétence et leur expertise avérées en matière juridique ou administrative[150]. Non seulement il existe une panoplie de métiers dans le domaine du droit, mais également, la personnalité de réputation établie issue de l'administration peut avoir une formation autre que celle de juriste.

Dans la même optique, la constitution gabonaise précise en son article 89 que les juges constitutionnels *« sont choisis parmi [...] les personnalités ayant honoré le service de l'État »*[151]. Cela est justifié par le fait que ces personnalités, à condition qu'elles soient minoritaires[152], pourraient être utiles à la juridiction

[146] Le président du Conseil constitutionnel est nommé par décret du président de la République tel que prévu par l'article 7 du Règlement intérieur de ladite institution. Le problème de sa désignation se pose en ce moment, en raison, non seulement de la transition qui a cours, mais également du décès survenu le 19 février 2022 de KASSOUM KAMBOU Président du Conseil constitutionnel peu, avant l'avènement de la transition. Si le doyen d'âge expédie les affaires courantes jusqu'à l'entrée en fonction du nouveau président, ainsi que dispose l'article 9 du Règlement intérieur, le président du Conseil de transition qui assure les fonctions de chef de l'État devrait procéder à la nomination du président du Conseil constitutionnel.

[147] Article 51 alinéa 2 de la loi n° 96/06 du 18 janvier 1996 portant révision de la Constitution du 2 juin 1972 et modifiée par la loi n° 2008/001 du 14 avril 2008.

[148] Articles 128 et 130 de la loi n° 2016-886 du 8 novembre 2016 portant Constitution de la République de Côte d'Ivoire.

[149] Article 51 alinéa 2 de la loi camerounaise n° 96/06 du 18 janvier 1996 portant révision de la Constitution du 2 juin 1972 et modifiée par la loi n° 2008/001 du 14 avril 2008.

[150] Article 129 de la loi n° 2016-886 du 8 novembre 2016 portant Constitution de la République de Côte d'Ivoire.

[151] Loi n° 001/2018 du 12 janvier 2018 portant révision de la Constitution gabonaise.

[152] GENEVOIS (B), « La composition du Conseil constitutionnel », *op.cit.*, p. 90.

constitutionnelle ; celle-ci pouvant être saisie, pour des problèmes touchant à n'importe quel domaine de la vie économique, politique ou sociale[153].

Toutefois, la juridiction constitutionnelle formée selon ce mode de désignation s'expose à un *« procès en illégitimité »*[154], dont elle pourrait être l'objet. Ce procès résulterait de la politisation de juges nommés discrétionnairement et relevant d'un choix d'amis politiques[155]. Monsieur le professeur Patrick WATTMAN, relativement à la France, relève que *« les facteurs politiques sont déterminants, tandis que l'aptitude réelle à exercer les fonctions de juge de la constitutionnalité est tenue pour secondaire »*[156]. Les autorités de désignation n'étant soumises à aucune restriction de choix[157] seraient guidées par des *« arrière-pensées stratégiques [et] le compagnonnage politique »*[158]. Il leur serait reproché de désigner *« qui [elles] veulent, et [ne jamais se priver] d'exercer ce pouvoir avec une désinvolture coupable »*[159]. D'autant plus que, non seulement comme c'est le cas en France, les actes de désignation des juges constitutionnels sont des actes de gouvernement[160], mais également, la juridiction constitutionnelle n'est pas compétente pour statuer sur la désignation des juges constitutionnels. Il paraît peu probable que dans le silence des textes, elle peut s'arroger un tel pouvoir[161] ; bien que le juge constitutionnel béninois se soit prononcé sur la désignation des juges constitutionnels en rapport avec sa dimension rigide. La révision constitutionnelle du 23 juillet 2008, consacrant à la France l'obligation de recueillir l'avis des commissions parlementaires dans le cadre des nominations présidentielles, pourrait inspirer l'Afrique noire francophone. Elle vise à légèrement conditionner la liberté de choix et canaliser la *« politique de désignation des juges constitutionnels »*[162], bien que certains continuent de

---

[153] BADET (S-G), *Contrôle intra normatif et contrôle ultra-normatif de constitutionnalité : contribution à l'identification des sous catégories du modèle kelsénien de justice constitutionnelle à partir des systèmes belge et béninois, op.cit.*, P. 430.

[154] HOURQUEBIE (F), « La composition du Conseil constitutionnel, un exotisme bien français », *op.cit.*, p. 240.

[155] *Ibid.*, V. également, CASSIA (P), CLAY (T), « Le Conseil constitutionnel se meurt, vive la Cour constitutionnelle ! », *Revue de droit d'Assas*, n° 5, *op.cit.*, p. 109.

[156] WATTMAN (P), « Le cru 2022 des nominations au Conseil constitutionnel : en dessous du médiocre », op.cit.

[157] CAMBY (J-P), « La nomination des membres du conseil constitutionnel, ou la liberté de choisir », *op.cit.*, p. 1574.

[158] HOURQUEBIE (F), *op.cit.*, p. 240.

[159] BEAUD (O) et WATTMAN (P), « La QPC et le procès Chirac ou les impasses de la composition du Conseil Constitutionnel », *Revue de droit d'Assas*, n° 5, *op.cit.*, p. 114.
L'année 2022 selon le professeur Patrick Wachsmann ne sera pas une année de rupture, étant entendu que la rigueur devant présider au choix des personnes devant siéger au Conseil constitutionnel français n'a pas été prise en compte par les trois autorités chargées des nominations. En clair, l'éminent auteur précise que « Jacqueline Gourault, ministre actuellement en exercice, n'a pas la moindre compétence juridique. Véronique Malbec, magistrate de l'ordre judiciaire, a naguère exercé un pouvoir hiérarchique sur le procureur ayant classé sans suite une plainte visant la personne même qui se propose de la nommer » à savoir Richard Ferrand. V. WATTMAN (P), « Le cru 2022 des nominations au Conseil constitutionnel : en dessous du médiocre », *op.cit.*

[160] CE. *Mme Ba* 9 avril 1999, V. CAMBY (J-P), « La nomination des membres du conseil constitutionnel, ou la liberté de choisir », *op.cit.*, p. 1576.

[161] *Ibid.*, p. 1580.

[162] VINCENT (B), « Les membres de droit au Conseil constitutionnel, une singularité française », *www. umk.ro*, p. 1, consulté le 7 décembre 2018.

soutenir l'idée d'une *« quasi-inexistence du contrôle parlementaire en la matière »*[163].

L'élargissement de la marge de manœuvre des autorités en charge de la désignation des juges constitutionnels[164] par le constituant, ne doit pas faire oublier que les fonctions de membre d'une juridiction constitutionnelle sont juridictionnelles, et nécessitent des aptitudes particulières[165]. Pour certains, *« l'absence de clause de compétence avec niveau juridique requis permet de jouer la carte de la diversification des parcours et des expériences tellement nécessaires dans un contexte de constitutionnalisation tentaculaire des diverses branches du droit »*[166]. Si *Hans KELSEN* admettait qu'il pût avoir au sein de la juridiction constitutionnelle des non-spécialistes aux côtés des spécialistes, il insistait davantage qu'il est fait une place adéquate à des juristes de formation[167]. Un équilibre satisfaisant entre les diverses expériences doit être trouvé pour assurer à la juridiction constitutionnelle le maximum de crédibilité[168]. Étant entendu que *« toute institution devrait simplement et physiquement être un miroir sociologique et biologique de la société »*[169]. En clair, l'alchimie parfaite pour la composition d'une juridiction constitutionnelle dans un contexte de désignation flexible doit, comme le rappelait *François LUCHAIRE* s'établir autour de trois critères : une majorité de juristes, des personnalités incontestables et un certain mélange de générations[170]. En cela, la juridiction constitutionnelle refléterait tous les éléments de la diversité sociale[171]. La désignation effectuée au Cameroun[172] semble se rapprocher de cet idéal. C'est également le cas en France où, depuis 1959, des juges constitutionnels juristes et non juristes, hommes, femmes politiques et des personnalités non issues du paysage politique ont siégé au Conseil constitutionnel[173]. Parmi eux se trouvent des juges atypiques avec qui ils doivent

---

163 WATTMAN (P), « Le cru 2022 des nominations au Conseil constitutionnel : en dessous du médiocre », *op.cit.*

164 CABANIS (A) ET MARTIN (M-L), *Le Constitutionnalisme de la troisième vague en Afrique francophone*, Louvain-La-Neuve, Bruylant-Academia, coll. Publications de l'Institut Universitaire André Rycmans, n° 4, 2012, p. 141.

165 WATTMAN (P), « Sur la composition du Conseil constitutionnel », *op.cit.*, p. 18.

166 HOURQUEBIE (F), « La composition du Conseil constitutionnel, un exotisme bien français », *op.cit.*, p. 240.

167 KELSEN (H), « La garantie juridictionnelle de la constitution », *op.cit.*, p. 227.

168 FAVOREU (L), « La légitimité du juge constitutionnel », *op.cit.*, p. 578.

169 LE POURHIET (Anne-Marie), « Pas de changement important à apporter, mais… », *Revue de droit d'Assas*, n° 5, *op.cit.*, p. 104.

170 V. HOURQUEBIE (F), *op.cit.*, p. 242.

171 CABANIS (A), « Les Cours et les Conseils constitutionnels, régulateurs de la nouvelle gouvernance en Afrique » *op.cit.*, p. 100.

172 Décret n° 2018/ 105/du 7 février 2018 portant nomination des membres du Conseil constitutionnel :

- Magistrats : *ATANGANA clément, ARREY Florence Rita, ESSOMBE Emile, FOUMAN AKAM Jean*
- Professeurs de droit : *BIPOUN WOUM Joseph-Marie, LEKENE DONFACK Charles Étienne, Joseph OWONA en remplacement de FOUMAN AKAM jean décédé.*
- Administrateurs civils et diplomates : *BONDE Emmanuel, Ahmadou TIDJANI, Bah Oumarou SANDA*
- Anthropologue : *Paul NCHOJI NKWI*
- Ancien parlementaire : *Jean-Baptiste BASKOUDA.*

173 CARCASSONE (G), « Les membres du Conseil constitutionnel : 1959-2008 », Cahiers *du Conseil constitutionnel, hors-série 2009 (25 ans de délibérations)* – 30 janvier 2009, w.w.w. Conseil Constitutionnel.fr, pp. 1-4. Consulté le 15 décembre 2017.

connaître du contentieux constitutionnel : les membres de droit. L'Afrique noire francophone s'inscrit dans la même perspective.

2) La consécration d'une désignation d'office

La Constitution, en octroyant aux anciens présidents de la République la *« qualité perpétuelle »*[174] de juges constitutionnels procède à une désignation d'office. Celle-ci, instituée au Cameroun[175], au Gabon[176] et en Côte d'Ivoire[177] se distingue du processus de désignation aménagé pour le recrutement des autres juges constitutionnels. La catégorie de membre de droit et à vie de la juridiction constitutionnelle qualifiée d'*« exception »*[178] ou de *« singularité »* [179] française, doit son existence à des raisons conjoncturelles tenant au sort réservé aux anciens Présidents de la Quatrième République : *René COTY* et *Vincent AURIOL*. Il s'agissait non seulement de créer en leur faveur les conditions d'une belle retraite, mais également de les neutraliser, les empêcher de jouer un rôle politique actif[180], en s'assurant de manière élégante de leur silence politique[181]. L'on pourrait, relativement à la reprise par le constituant africain de cette règle, penser que ce mimétisme est fondé sur les mêmes motivations, bien qu'un ancien président de la République n'ait pas encore pris fonction en qualité de juge constitutionnel. Toujours est-il que la consécration constitutionnelle de la catégorie de membre à vie de la juridiction constitutionnelle n'est pas sans implications.

En effet, dès la prestation de serment du président élu[182], l'ancien président de la République devenu automatiquement juge constitutionnel peut siéger aux côtés des autres juges, à moins qu'il ne renonce expressément à le faire[183]. Il est soumis au même régime qu'eux, en raison du silence de la Constitution sur des éventuelles spécificités le concernant. La spécificité potentielle est le remplacement du juge constitutionnel nommé en cas de décès ou d'exercice d'une fonction incompatible avec sa qualité ; le membre de droit quant à lui pourrait être empêché[184] fut-ce temporairement de siéger à la juridiction constitutionnelle[185]. Cela suppose qu'il doit observer les obligations par lesquelles les juges constitutionnels sont tenus. Notamment l'obligation de réserve qui lui interdit de

---

174 BADINTER (R), « Une exception française : les anciens présidents de la République au Conseil constitutionnel », *in*, *Renouveau du droit constitutionnel, Mélanges en l'honneur de Louis FAVOREU*, Paris, Dalloz, 2007, p. 515.

175 Article 51 alinéa 2 de la loi n° 96/06 du 18 janvier 1996 portant révision de la Constitution du 2 juin 1972 et modifiée par la loi n° 2008/001 du 14 avril 2008.

176 Article 89 de la loi n° 001/2018 du 12 janvier 2018 portant révision de la Constitution gabonaise.

177 Article 128 de la loi n° 2016-886 du 8 novembre 2016 portant Constitution de la République de Côte d'Ivoire.

178 BADINTER (R), *op.cit.*, p. 512.

179 VINCENT (B), « Les membres de droit au Conseil constitutionnel, une singularité française », *op.cit.*, p. 1.

180 WATTMAN (P), « Sur la composition du Conseil constitutionnel », *op.cit.*, p. 26.

181 VINCENT (B), « Les membres de droit au Conseil constitutionnel, une singularité française », *op.cit.*, p. 2.

182 WODIE (F), « Le Conseil constitutionnel de Côte d'Ivoire », *Les nouveaux cahiers du Conseil constitutionnel*, 2013/3, n° 40, p. 138.

183 Article 128 de la loi n° 2016-886 du 8 novembre 2016 portant Constitution de la République de Côte d'Ivoire.

184 BADINTER (R), *op.cit.*, p. 516.

185 WATTMAN (P), « Sur la composition du Conseil constitutionnel », *op.cit.*, p. 27.

s'exprimer sur les affaires soumises au Conseil constitutionnel et le respect des incompatibilités politiques qui lui imposent de se placer hors du champ politique.

L'expérience de la Ve République en France démontre que l'obligation de réserve est tempérée par les anciens présidents de la République. Le Président *Vincent AURIOL* en 1960 puis en 1962 et le Président *René COTY* se sont publiquement opposés à la décision du Général de GAULLE de recourir au référendum prévu par l'article 11 de la Constitution du 4 octobre 1958, pour modifier les conditions d'élection du président de la République[186]. Le Président *Valéry Giscard d'ESTAING* dans une perspective analogue, estimait que les anciens présidents de la République ne sont pas tenus de la même obligation de réserve que les membres nommés[187]. C'est pourquoi en 2007, lors de la campagne électorale pour les présidentielles, il a ouvertement soutenu la candidature de *Nicolas SARKOZY* ; les membres du Conseil constitutionnel se sont déclarés *« unanimement ému [s] de son attitude »*[188]. S'agissant de la question de l'activité politique de l'ancien président de la République, celui-ci ne peut échapper à l'engagement politique qui lui a permis d'accéder à ces fonctions et qui a constamment marqué leur exercice[189] ; d'où *« l'ambivalence intrinsèque de la fonction de membre de droit »*[190].

L'on est enclin à penser que les conséquences ci-dessus présentées pourraient se produire en Afrique noire francophone en raison de la place centrale du président de la République dans le jeu politique. En tant que figure de proue de l'exécutif et pivot de la majorité parlementaire, il est le maître du processus législatif et oriente la conduite de l'État. Il ne peut, à l'expiration de son mandat s'empêcher de prendre ouvertement position relativement aux choix de son successeur. En clair, l'acteur politique peut prendre le dessus sur le membre de droit ; car, il perdrait difficilement ses réflexes d'homme politique et conserverait une capacité d'intervention politique. Cela entraînerait une confusion des genres[191].

Si la présence des anciens présidents de la République au sein de la juridiction constitutionnelle *« n'était pas à l'origine sérieusement contestable »*[192], sa pertinence est aujourd'hui remise question par la majorité de la doctrine, malgré la position marginale des politiques qui lui est favorable. Selon *Guy CARCASSONNE*, *« les anciens présidents de la République n'ont rien à faire là. Loin d'enrichir substantiellement le Conseil, ils peuvent lui être à charge »*[193]. L'auteur relève *« l'incongruité de leur existence »*[194], qui ne peut justifier leur présence dans une institution qui veut présenter le visage d'une authentique

---

[186] BADINTER (R), « Une exception française : les anciens présidents de la République au Conseil constitutionnel », *op.cit.*, p. 517. Quelques semaines plus tard Vincent Auriol a annoncé sa décision de ne plus siéger au Conseil constitutionnel, ne voulant rester « ni impuissant, ni muet »

[187] *Ibid.*

[188] VINCENT (B), « Les membres de droit au Conseil constitutionnel, une singularité française », *op.cit.*, p. 5.

[189] WATTMAN (P), « Sur la composition du Conseil constitutionnel », *op.cit.*, p. 27.

[190] VINCENT (B), « Les membres de droit au Conseil constitutionnel, une singularité française », *op.cit.*, p. 4.

[191] *Ibid.*, p. 5.

[192] GENEVOIS (B), « La composition du Conseil constitutionnel », *op.cit.*, p. 90.

[193] CARCASSONE (G), « Gare au faux bon sens », *Revue de droit d'Assas*, n° 5, *op.cit.*, p. 98.

[194] CARCASSONE (G), « Les membres du Conseil constitutionnel : 1959-2008 », *op.cit.*, p. 4.

juridiction[195]. Il est suivi par d'autres qui adoptent un ton acerbe ; pour eux, *« il n'y a vraiment plus à tergiverser les anciens présidents de la République n'ont rien à faire au Conseil constitutionnel ; l'expérience de ces dernières années a trop montré ce que l'on redoutait depuis longtemps : la seule et désinvolte recherche d'un confortable complément de retraite en forme de jeton d'absence »*[196]. La seule fonction à vie figurant dans les institutions de la République[197] est également considérée comme un retour à la République des grands notables plutôt qu'une avancée démocratique[198].

En revanche les politiques se posent en défenseurs de la qualité de juge constitutionnel reconnue aux anciens présidents de la République par la Constitution. Le Président *Nicolas SARKOZY*, reconnaît qu'il est de ceux *« qui se sont battus pour que les anciens présidents de la République continuent à siéger au Conseil constitutionnel »*[199]. Pour lui, *« c'est une richesse pour le Conseil de voir d'anciens présidents y siéger pour apporter leur vision de praticiens des institutions »*[200]. Cette réticence explique l'échec non seulement des propositions du rapport Vedel de 1993, mais également de la proposition de loi constitutionnelle déposée en 2005 par le sénateur *Patrice GÉLARD* en faveur de la suppression de la catégorie de membre de droit du Conseil constitutionnel[201]. Un projet de loi allant dans le même sens a été envisagé par l'actuel président français Monsieur Emmanuel MACRON.

L'exemple français renseigne à bien des égards sur la complexité que pourrait présenter la mutation d'un ancien président de la République en juge constitutionnel en Afrique francophone. Cette singularité qui, pour certains, présente une utilité politique et pour d'autres, est dénuée de pertinence, serait une source de conflits pouvant entraîner la remise en cause de la légitimité de la justice constitutionnelle, et partant, saper les fondements du nouveau constitutionnalisme africain. L'on formule le vœu d'une juridiction constitutionnelle mêlant harmonie du point de vue de sa composition et synergie dans l'exercice de la fonction juridictionnelle. L'ambivalence de la désignation des juges constitutionnels se traduit par son caractère flexible et rigide. L'on pourrait y voir, la recherche d'un compromis entre la volonté d'obtenir une composition diversifiée et indépendante de la juridiction constitutionnelle, et le souci de garantir une certaine prééminence à l'exécutif, par la forte promotion de membres directement choisis par le chef de l'État[202]. Cette considération aussi pertinente paraît-elle, doit être vérifiée à l'aune de l'effet que pourrait produire la désignation sur les juges constitutionnels.

---

[195] HOURQUEBIE (F), « La composition du Conseil constitutionnel, un exotisme bien français », *op.cit.*, p. 239.

[196] LE POURHIET (A-M), « Pas de changement important à apporter, mais… », *op.cit.*, p. 104. ; V. également, DE BECHILLON (D), « Appel au calme (sur la composition du Conseil constitutionnel) », *Revue de droit d'Assas*, n° 5, *op.cit.*, p. 115.

[197] BADINTER (R), « Une exception française : les anciens présidents de la république au Conseil constitutionnel », *op.cit.*, p. 514.

[198] *Ibid.* p. 22.

[199] GENEVOIS (B), « La composition du Conseil constitutionnel », *op.cit.*, p. 93.

[200] *Ibid.*

[201] VINCENT (B), « Les membres de droit au Conseil constitutionnel, une singularité française », *op.cit.*, p. 7.

[202] Cabanis (André) et Martin (Michel-Louis), *Le Constitutionnalisme de la troisième vague en Afrique francophone*, *op.cit.*, p. 144.

II. L'INCIDENCE DE LA DÉSIGNATION SUR LES JUGES CONSTITUTIONNELS

La désignation, au-delà de l'aspect formel, est un indicateur fondamental dans l'analyse de la justice constitutionnelle. Son utilité est mise en exergue dans la détermination de la légitimité démocratique de la juridiction constitutionnelle, en raison de la participation des autorités politiques à sa composition[203]. Or, la légitimité n'est pas qu'une question de mode de désignation, mais également une question de qualité d'ensemble de l'institution, d'efficacité[204]. S'il est admis qu'une institution ne vaut que par les Hommes qui la composent[205], la juridiction constitutionnelle en Afrique francophone, ne vaut que par sa capacité à se préoccuper de l'objectif pour lequel elle a été créée, qui est de sanctionner l'arbitraire éventuel des hommes politiques, en usant des prérogatives qui lui sont attribuées[206]. Son activité, au-delà des personnalités de haut niveau et d'expérience qui la composent devrait être approuvée, aussi bien sur le plan de l'opportunité que de la technique juridique[207]. C'est dire que la désignation influe sur le juge constitutionnel tant au niveau de son statut **(A)** que de son office **(B).**

A. L'autonomisation statutaire des juges constitutionnels

« La justice constitutionnelle c'est d'abord des juges constitutionnels »[208]. Leur condition sur le plan juridique peut être appréhendée à l'aune de la désignation dont ils procèdent. En effet, la justice, thème à forte connotation idéologique et politique, est souvent abordée à partir de présupposés et d'*a priori* se référant à des modèles théoriques et idéaux[209]. Analyser l'incidence de la désignation sur les juges constitutionnels du point de vue de leur statut, commande que l'on se fonde sur le substrat idéologique du nouveau constitutionnalisme africain ; lequel assigne au juge la noble mission de cultiver l'amour de la liberté et œuvrer pour l'intérêt de la république, le progrès de l'État de droit et la démocratie. Le cadre constitutionnel confère des garanties d'indépendance aux juges constitutionnels **(1),** rendant ainsi inopérante toute velléité de remise en cause de l'institution qu'ils incarnent, ou sa composition **(2).**

---

[203] ATANGANA AMOUGOU (J-L), « La Cour constitutionnelle béninoise : un modèle de justice constitutionnelle pour l'Afrique ? », in, *La constitution béninoise du 11 décembre 1990 : un modèle pour l'Afrique ? Mélanges en l'honneur de Maurice Ahanhanzo – Glélé, op.cit.* p. 650.

[204] HOURQUEBIE (F), « La composition du Conseil constitutionnel, un exotisme bien français », *op.cit.*, p. 239.

[205] ROUSSILLON (H), *Le Conseil constitutionnel*, Paris, Dalloz, Coll. Connaissance du droit, 2008, p. 13.

[206] FALL (A-B), « Le juge constitutionnel béninois, avant-garde du constitutionnalisme africain ? », *in, La constitution béninoise du 11 décembre 1990 : un modèle pour l'Afrique ? Mélanges en l'honneur de Maurice AHANHANZO – Glélé, op.cit.* p. 718.

[207] CABANIS (A), « Les Cours et les Conseils constitutionnels, régulateurs de la nouvelle gouvernance en Afrique », *in, Mélanges dédiés au Doyen Francis V. WODIE, op.cit.*, p. 109.

[208] ROUSSEAU (D), *La justice constitutionnelle en Europe*, Paris, Montchrestien, coll. Clefs/politique, 2e éd., 1996, p. 49.

[209] DE GAUDUSSON (J-B), « Le statut de la justice dans les États d'Afrique francophone », *in, Afrique contemporaine*, n° 156, 4/1990, p. 6.

1) L'institution de l'indépendance des juges constitutionnels

Les règles relatives à la composition des juridictions constitutionnelles s'insèrent dans un cadre juridique d'ensemble destiné à assurer l'indépendance et l'impartialité des juges constitutionnels[210]. Cela explique que la détermination de bonnes ou mauvaises modalités de désignation des juges constitutionnels se fasse sous l'angle de l'indépendance qui leur est accordée[211]. L'indépendance est entendue ici comme le fait qu'une institution ne soit pas liée à une ou d'autre part un rapport de dépendance qui peut être la condition même de son existence ou de sa possibilité d'agir[212]. Selon *Charles EISENMANN*, cette qualité juridique ne tient pas tant au mode de nomination qu'au statut des juges une fois nommés : ce qui importe, même s'ils sont désignés par un organe politique, Parlement ou chef de l'État, c'est qu'ils échappent à toute influence de l'autorité qui les a choisis, qu'ils n'aient plus rien à craindre ni à attendre d'elle[213]. Il s'agit donc d'une qualité nécessaire aux juges constitutionnels pour l'exercice de l'ensemble de leurs attributions[214].

En Afrique noire francophone, l'indépendance des juges constitutionnels est consacrée *expressis verbis* par les textes constitutionnels[215]. Cette indépendance en plus d'être un attribut[216], est une obligation à laquelle le juge s'astreint dès sa prestation de serment[217] qui marque le rite d'investiture. Loin d'être une simple formalité sans valeur tant du point de vue coercitif que préventif, le serment[218] représente la souscription par le juge d'un certain nombre de prescriptions, de

---

210 GENEVOIS (B), « La composition du Conseil constitutionnel », *op.cit.*, p. 90.

211 CAMBY (J-P), « La nomination des membres du Conseil constitutionnel, ou la liberté de choisir », *op.cit.*, p. 1575.

212 THOMAS (J), *L'indépendance du Conseil constitutionnel*, Paris, LGDJ, Coll. des thèses, 2010, p. 19.

213 EISENMANN (C), *La justice constitutionnelle et la haute Cour constitutionnelle d'Autriche*, *op.cit.*, pp. 176-177.

214 THOMAS (J), *L'indépendance du Conseil constitutionnel*, *op.cit.*, p. 26 ; v° également, ISSA ABDOURHAMANE (B), *Les Cours constitutionnelles dans le processus de démocratisation en Afrique : analyse comparative à partir des exemples du Bénin, de la Côte d'Ivoire, et du Niger*, *op.cit.*, p. 316.

215 Article 51 alinéa 2 de la loi n° 96/06 du 18 janvier 1996 portant révision de la Constitution du 2 juin 1972 et modifiée par la loi n° 2008/001 du 14 avril 2008 ; article 126 de la loi n° 2016-886 du 8 novembre 2016 portant Constitution de la République de Côte d'Ivoire

216 ZAKI (M), « Le juge, la loi et l'architecture des pouvoirs », in, *Mélanges dédiés au Doyen Francis V. Wodié*, *op.cit.*, p. 558.

217 Article 3 de la loi n° 2004/005 du 21 avril 2004 fixant le statut des membres du Conseil constitutionnel au Cameroun ; article 12 de l'ordonnance n° 2001-003 portant loi organique relative à la Haute Cour constitutionnelle à Madagascar, article 3 de la loi organique n° 2004-004 du 23 octobre 2015 sur la Cour constitutionnelle du Togo, article 2 de la loi n° 97-010 du 11 février 1997 portant loi organique déterminant les règles d'organisation et de fonctionnement de la Cour constitutionnelle ainsi que la procédure suivie devant elle au Mali, modifiée par la loi n° 02-011 du 5 mars 2002 ; article 7 de la loi organique n° 2016-23 du 14 juillet 2016 relative au Conseil constitutionnel du Sénégal, article 4 et article 6 de la loi organique n° 2012-35 du 19 juin 2012 déterminant l'organisation, le fonctionnement de la Cour constitutionnelle et la procédure suivie devant elle au Niger ; article 130 de la loi n° 2016-886 du 8 novembre 2016 portant Constitution de la République de Côte d'Ivoire ; etc.

217 Article 92 de la Constitution du 25 février 1992.

218 Les textes qui confèrent la qualité de juge constitutionnel aux anciens présidents de la République sont silencieux relativement à leur obligation ou pas de prêter serment. L'on peut mentionner le cas de la France où ils sont dispensés de cette condition *sine qua non* pour entrer en fonction. V. Badinter (Robert), « Une exception française… », *op.cit.*, p. 516.

devoirs et d'exigences liés à la mission qui lui incombe[219]. En cela, il correspond à une conscience aiguë de la nécessité de consacrer la primauté du droit sur la politique[220]. Le rite d'investiture ou rite de passage pour celui qui entre à la juridiction constitutionnelle joue un rôle fondamental dans l'acquisition de l'indépendance : il rompt le cercle des intérêts antérieurement constitués, fait prendre en charge l'histoire et les intérêts de la juridiction constitutionnelle par le nouvel élu, assigne une nouvelle représentation de soi qui oblige à s'y conformer, investit au sens militaire du terme la personne, la vide de sa substance et la remplit du rôle du juge[221].

Dès cet instant, le juge constitutionnel est investi d'un *« devoir d'ingratitude »*[222] qui ne doit pas se transformer en devoir de reconnaissance[223] ; autrement dit, *« ne plus rien avoir à craindre ni à attendre de l'autorité »*[224] de désignation et ne présenter aucune vulnérabilité aux pressions d'où qu'elles viennent[225] ; surpasser des influences politiques ayant justifié sa désignation[226]. Les propos tenus par la Cour constitutionnelle béninoise matérialisent cet affranchissement du juge constitutionnel ; elle *« affirme avec force qu'elle continuera, en toute indépendance et dans la sérénité, à assumer pleinement, dans son domaine de compétence, la mission que le peuple souverain à travers la Constitution, lui a confiée »*[227]. Il s'agit d'un élément de rupture avec la justice constitutionnelle antérieure ou celle qui prévalait[228] avant l'avènement du nouveau constitutionnalisme.

L'indépendance des juges constitutionnels est protégée[229] au moyen du régime des privilèges, irrévocabilité, inamovibilité, incompatibilité, inviolabilité et la durée du mandat. L'irrévocabilité se rapporte à l'absence de destitution d'un

---

[219] BOUMAKANI (B), « Le serment constitutionnel du chef de l'État en Afrique francophone », *in, Démocratie en question ? Mélanges en l'honneur du professeur Théodore HOLO*, Presses universitaires de Toulouse, 2017, p. 51. V. également NAREY (O), « Le serment en droit constitutionnel », *Revue Solon*, vol. II, n° 11, déc. 2015, pp. 7-46.

[220] FALL (A-B), « Le juge constitutionnel béninois, avant-garde du constitutionnalisme africain ? », *op.cit.*, p. 721.

[221] ROUSSEAU (D), *Sur le Conseil constitutionnel : la doctrine de Badinter et la démocratie, op.cit.*, P. 37.

[222] Expression du Président Robert Badinter relayée par le Doyen VEDEL. V. GENEVOIS (B), « La composition du Conseil constitutionnel », *op.cit.*, p. 92.

[223] KPODAR (A), « Quand les colloques nous font nous rencontrer !!! Certaines idées fortuites sur le juge constitutionnel et le pouvoir politique en Afrique », *in, Actualités du droit public et de la science politique en Afrique, Mélanges en l'honneur de Babacar KANTÉ, op.cit.*, p. 293.

[224] GICQUEL (J), « La mise en place du Conseil constitutionnel camerounais », *in, Mélanges en l'honneur de Henri JACQUOT*, Presses universitaires d'Orléans, 2006, pp. 253-263.

[225] CABANIS (A) et MARTIN (M-L), *Le Constitutionnalisme de la troisième vague en Afrique francophone, op.cit.*, p. 139.

[226] BEAUD (O) ET WATTMAN (P), « La QPC et le procès Chirac ou les impasses de la composition de Conseil constitutionnel », *op.cit.*, p. 114.

[227] Communiqué du 29 mars 1996, à l'occasion de l'élection présidentielle, dénonçant le comportement du Président sortant Nicéphore Soglo. V. SINDJOUN (L), *Les grandes décisions de la justice constitutionnelle africaine*, Bruxelles, Bruylant, 2009, pp. 346-347.

[228] GONIDEC (P-F), « La place des juridictions dans l'appareil d'État », *in, Encyclopédie juridique de l'Afrique*, Les nouvelles éditions africaines, tome I, 1982, pp. 233-235.

[229] NGUELE ABADA (M), « L'indépendance des juridictions constitutionnelles dans le constitutionnalisme des États francophones postguerre froide : l'exemple du Conseil constitutionnel camerounais », *Palabres actuelles, Revue de la fondation Reponda – Walker*, n° 4, 2010, pp. 47-90.

membre de la juridiction constitutionnelle par l'autorité de désignation[230]. Elle lui est opposable dans la mesure où, l'autorité de désignation pourrait attendre du juge constitutionnel qu'il délibère dans le sens de ses opinions politiques[231]. L'inamovibilité désigne l'impossibilité de déplacer le juge constitutionnel pour une autre institution, y compris par le biais d'une nomination sans son accord[232]. La durée du mandat du juge constitutionnel quant à elle est un élément déterminant de son indépendance. À cet égard, *Charles EISENMANN* estime que la meilleure garantie d'indépendance est la nomination à vie[233]. À défaut de reprendre cette mesure, le constituant opte en Afrique pour une durée et le caractère renouvelable ou pas qui varient d'un État à un autre[234]. Les États[235] dans lesquels le mandat des juges constitutionnels est éventuellement renouvelable, ou ne fait l'objet d'aucune précision quant à son renouvellement, sont taxés de consacrer l'altération de l'indépendance de la juridiction constitutionnelle[236]. Cette altération traduirait la volonté d'assujettir la juridiction constitutionnelle aux autorités de désignation, à travers la dépendance de ses membres[237]. Le renouvellement a trait dans ce cas à un jugement de valeur du juge constitutionnel, qui sera enclin à plaire et le faire savoir à qui de droit[238]. La fragilisation des juges constitutionnels peut être inférée des dispositions textuelles consacrant l'incertitude autour du renouvellement de leur mandat. Cependant, il convient de relever que ceux-ci, au regard des garanties d'indépendance à eux conférées par les textes, et de leur indispensable contribution attendue dans la construction de l'État de droit et la démocratie, devraient fondamentalement *« avoir la nuque raide en matière de droit et de justice »*[239].

En tout état de cause, le fait de mettre le juge à l'abri du besoin, de poursuites judiciaires et lui interdire toute activité incompatible avec l'exercice de ses fonctions[240], traduit l'idée de l'édiction de règles de désignation et de composition

---

[230] CAMBY (J-P), « La nomination des membres du Conseil constitutionnel, ou la liberté de choisir », *op.cit.*, p. 1580.

[231] DIALLO (I), « La légitimité du juge constitutionnel africain », *op.cit.*, p. 168.

[232] ATANGANA AMOUGOU (J-L), « La constitutionnalisation de droit en Afrique : l'exemple de la création du Conseil Constitutionnel Camerounais », *op.cit.*, p. 54.

[233] EISENMANN (C), *La justice constitutionnelle et la Haute Cour constitutionnelle d'Autriche*, *op.cit.*, p. 177.

[234] - Côte d'Ivoire et Niger : 6 ans non renouvelable
- Bénin : 5ans non renouvelable ;
- Guinée, Gabon, Centrafricain, République démocratique du Congo et Mauritanie : 9 ans non renouvelable ;
- Madagascar et Togo : 7 ans sans précision de renouvellement ;
- Cameroun : 6 ans éventuellement renouvelables ;

[235] Cameroun, Togo, Madagascar.

[236] MOUANGUE KOBILA (J), « Peut-on parler d'un reflux du constitutionnalisme au Cameroun ? », *Revue africaine des sciences juridiques*, Vol. 6, n° 1, 2009, p. 289. V. également, ISSA ABDOURHAMANE (Boubacar), *Les Cours constitutionnelles dans le processus de démocratisation en Afrique : analyse comparative à partir des exemples du Bénin, de la Côte d'Ivoire, et du Niger*, *op.cit.*, p. 320.

[237] *Ibid.*, p. 290.

[238] GICQUEL (J), « La mise en place du Conseil constitutionnel camerounais », *op.cit.*, p. 260.

[239] Propos tenus par le président Robert BADINTER, V. ROUSSEAU (Dominique), *Sur le Conseil constitutionnel : la doctrine de Badinter et la démocratie, op.cit.*, p. 36.

[240] Articles 8 à 13 de la loi n° 2004/005 du 21 avril 2004 fixant le statut des membres du Conseil constitutionnel au Cameroun ; article 3 de la loi organique n° 2004-004 du 23 octobre 2015 sur la Cour constitutionnelle du Togo, article 15 et s. ; article 8 de la loi n° 97-010 du 11 février 1997

de la juridiction constitutionnelle, destinées à assurer l'indépendance des juges[241]. Ce cadre normatif crée des conditions d'une confiance suffisante du peuple en l'intelligence, l'aptitude, l'objectivité et l'intégrité de ceux qui vont avoir pour office de juger ses lois[242]. La consécration textuelle de l'indépendance du juge constitutionnel, renforcée par ses prises de position fermes, traduit corrélativement la minoration des critiques et contestations. Celles-ci, entretenues à une dimension inférieure tendent à remettre en question la légitimité des juges constitutionnels[243].

2) Des critiques et récusations des juges constitutionnels inopérantes ?

Les importantes responsabilités désormais dévolues aux juges constitutionnels par le constituant en Afrique[244] en font des individus transformés dès leur entrée au sein de la haute juridiction après leur désignation. Ils évoluent dans un nouvel environnement qui leur impose de forger une nouvelle personnalité et une éthique[245], gages du renforcement de leur légitimité. Les procès d'intention et les suspicions s'avèrent de ce fait, inopportuns. En effet, il est clair que le juge constitutionnel est appelé à *« trancher des questions constitutionnelles d'une complexité croissante dans leur diversité »*[246]. Cela suppose qu'il traite des questions où droit et politique se rejoignent[247] en raison de la dimension politique inhérente à sa fonction[248]. On ne saurait de prime abord l'accuser de collusion avec le pouvoir politique même si sa désignation, lorsqu'elle est la résultante du pouvoir discrétionnaire de l'autorité de nomination peut prêter le flanc à d'éventuelles suspicions. Soutenir *a priori* l'idée de sa dépendance serait *« instruire un faux procès »*[249]. Les juges constitutionnels, en plus de leur « impartialité structurelle »[250], sont guidés par l'*« effet Beckett »*[251], entendu comme le processus d'identification à l'institution qui conduit à rompre avec les

---

portant loi organique déterminant les règles d'organisation et de fonctionnement de la Cour constitutionnelle ainsi que la procédure suivie devant elle au Mali, modifiée par la loi n° 02-011 du 5 mars 2002 ; article 6 de la loi organique n° 2016-23 du 14 juillet 2016 relative au Conseil constitutionnel du Sénégal, article 4 Article 8 de la loi organique n° 2012-35 du 19 juin 2012 déterminant l'organisation, le fonctionnement de la Cour constitutionnelle et la procédure suivie devant elle au Niger ; article 131 de la loi n° 2016-886 du 8 novembre 2016 portant Constitution de la République de Côte d'Ivoire ; etc.

[241] GENEVOIS (B), « La composition du Conseil constitutionnel », *op.cit.*, p. 90.

[242] DE BECHILLON (D), « Appel au calme (sur la composition du Conseil constitutionnel) », *op.cit.*, p. 117.

[243] DIALLO (I), « La légitimité du juge constitutionnel africain », *op.cit.*, p. 168.

[244] BOURGI (A), « L'évolution du constitutionnalisme en Afrique : Du formalisme à l'effectivité », *op.cit.*, p. 737.

[245] KPODAR (A), « Quand les colloques nous font nous rencontrer !!! Certaines idées fortuites sur le juge constitutionnel et le pouvoir politique en Afrique », *op.cit.*, p. 289.

[246] WATTMAN (P), « Le cru 2022 des nominations au Conseil constitutionnel : en dessous du médiocre », *op.cit.*

[247] FAVOREU (L), « La légitimité du juge constitutionnel », *op.cit*, p. 571.

[248] SY (D), « Les fonctions de la justice constitutionnelle en Afrique », *op.cit.*, p. 55.

[249] DE GAUDUSSON (J-B), « Le statut de la justice dans les États d'Afrique francophone », *in*, *Afrique contemporaine*, *op.cit.*, p. 6.

[250] GERHOLD (M), « L'impartialité du juge constitutionnel », *op.cit.*

[251] CHEVALLIER (J), « Le juge constitutionnel et l'effet Beckett », *in*, *Renouveau du droit constitutionnel, Mélanges en l'honneur de Louis Favoreu, op.cit.*, p. 86.

allégeances antérieures. On ne saurait donc faire des conditions de désignation une valeur prédictive de l'attitude adoptée en tant que juge constitutionnel[252].

Toutefois, des critiques sont formulées à l'endroit du juge constitutionnel. Il est taxé *« d'acteur politique qui rend des décisions politiques »*[253], au point d'être traité de *« valet du pouvoir politique »*[254]. Il arrive également, comme c'est le cas en Allemagne, que le juge constitutionnel lui-même soit à l'origine de critiques, lorsqu'il prend part à un dîner en compagnie des membres du Gouvernement fédéral[255].

Si l'intervention du pouvoir politique dans sa désignation est un élément indispensable pour son entrée en fonction, la difficulté selon les tenants de la critique, est de veiller à ce que cette désignation isole complètement le juge constitutionnel de toute influence ou manipulation du pouvoir politique en aval[256]. Ainsi, lorsqu'on doit sa nomination à un parti, à un camp, celui-ci ne se retire pas ; il demeure tout au long de l'exercice des fonctions, avec plus ou moins de prégnance[257]. C'est fort de cela que Monsieur *Maurice KAMTO*, candidat à l'élection présidentielle au Cameroun du 7 octobre 2018, a formulé une demande de récusation contre les membres du Conseil constitutionnel ci-après : M. *Emmanuel BONDE*, M. *Ahmadou TIDJANI*, M. *ATANGANA Clément*, M. *Jean Baptiste BASKOUDA*, M. *Jean FOUMAN AKAM*, M. *BIPOUN WOUM Joseph Marie*. Il a sollicité le renvoi à une autre juridiction du contentieux post-électoral, qu'il a déféré devant le Conseil constitutionnel pour suspicion légitime à l'égard des juges susdésignés. Il entendait agir à l'image de l'optique allemande de la possibilité d'une récusation pour « préoccupation de partialité »[258].

Selon lui, les membres du Conseil constitutionnel concernés avaient des affinités avec le parti politique *RDPC*[259] au pouvoir, outre le fait que certains d'entre - eux exerçaient des emplois incompatibles avec leur statut de membre du Conseil, en violation des obligations que ce statut leur impose. Ils devaient être considérés comme inaptes, parce que ni indépendants, ni impartiaux, à veiller à la régularité, à la sincérité et à la transparence de l'élection présidentielle du 7 octobre 2018. Par conséquent, sauf départ volontaire de ces juges récusés, l'autorité de désignation devait être saisie afin de procéder à leur remplacement conformément à l'article 51 alinéa 3 de la Constitution.

La haute juridiction[260], ayant constaté que sieur *KAMTO* n'a cité aucune disposition textuelle l'autorisant à récuser un juge constitutionnel, pour le débouter, a réaffirmé sa compétence de juge de la régularité de la désignation ou de la cessation des fonctions de l'un de ses membres, d'office ou à la demande de

---

[252] *Ibid.*
[253] GNAMOU, (D) « La Cour constitutionnelle du Bénin en fait-elle trop ? », *op.cit.*, p. 715.
[254] SOMA (A), « Le statut du juge constitutionnel africain », *op.cit.*, p. 468.
[255] GERHOLD (M), « L'impartialité du juge constitutionnel », *op.cit.*
[256] BOCKENFORDE (M), « La composition des juridictions compétentes en matière constitutionnelles », in, BOCKENFORDE (M), KANTE (B), NGENGE (Y), KWASI PREMPEH (H), (dir), *Les juridictions constitutionnelles en Afrique de l'ouest, analyse comparée*, Stockholm, Ressources d'IDEA international sur les processus d'élaboration constitutionnelle, Fondation Hanns Seidel, 2016, p. 81.
[257] CARCASSONNE (G), « Gare au faux bon sens », *op.cit.*, p. 97.
[258] GERHOLD (M), « L'impartialité du juge constitutionnel », *op.cit.*
[259] Rassemblement démocratique du peuple camerounais.
[260] Décision n° 024/CE/CC/2018 du16 octobre 2018, Affaire : *KAMTO Maurice* contre le Conseil constitutionnel.

l'autorité de nomination[261]. Elle n'a pas abordé l'objet de sa récusation, bien qu'elle ait affirmé sa compétence en statuant sur le contentieux électoral que sieur *KAMTO* aurait voulu qu'elle fût dessaisie. Cela lui aurait permis, dans le processus de renforcement de sa légitimité, de montrer qu'en accédant à cette dignité, elle s'est déprise de toute sensibilité partisane pour ne prendre en considération que l'intérêt de la république et le progrès de l'État de droit.

Il a également été indiqué que la succession entre les professeurs *Paul Yao N'DRÉ* et *Francis WODIÉ* à la présidence du Conseil constitutionnel ivoirien, malgré la démission par la suite du Président WODIÉ, n'était que le remplacement d'un proche du Président de la République sortant *Laurent GBAGBO*, par un proche du Président de la République entrant *Alassane Dramane OUATTARA*[262]. L'on a ainsi conclu aux *« pouvoirs du juge constitutionnel mis à contribution par l'autorité politique afin de s'offrir l'onction nécessaire pour un agenda politique dont la légitimité démocratique est problématique »*[263]. Les décisions du juge constitutionnel ivoirien proclamant deux candidats élus, notamment *Laurent GBAGBO* et *Alassane Dramane OUATTARA*[264], l'interprétation par le juge constitutionnel de la loi constitutionnelle du 11 avril 2000 en faveur d'un nouveau mandat présidentiel de *Blaise COMPAORÉ* au Burkina Faso, la validation de la candidature d'*Abdoulaye WADE* par le juge constitutionnel sénégalais en 2012[265], servent à exemplifier cette prise de position.

Il convient de relever que si le cas ivoirien semble justifier la thèse de soumission du juge constitutionnel au pouvoir politique, celui-ci a davantage contribué à la stabilisation et la pacification de l'espace social et de la vie politique[266]. Le juge, dans les cas burkinabé et sénégalais a joué son rôle d'interprète authentique de la Constitution. Il n'a d'ailleurs pas le pouvoir de dernier mot, étant donné qu'une révision constitutionnelle peut remettre en cause le produit de son interprétation[267]. En tout état de cause, le juge constitutionnel, dès sa désignation, possède des garanties statutaires de son indépendance. Sa mission ne peut être considérée comme dévoyée du seul fait de sa supposée proximité antérieure avec l'autorité de désignation. Le cas de la dissolution de la Cour constitutionnelle par le Président *Mamadou TANDJA* en 2009 au Niger[268] permet d'illustrer la non-soumission du juge constitutionnel à l'autorité de désignation, même si l'on peut déplorer l'atteinte à son inamovibilité et son irrévocabilité. Cette juridiction a été dissoute par le président de la République le 29 juin 2009 pour avoir émis un avis contre le projet présidentiel de révision de la Constitution et pour avoir déclaré l'adoption dudit projet contraire à la Constitution[269]. Cette dissolution, à bien des égards un cas isolé, renseigne sur l'office du juge constitutionnel qui n'est pas orienté par l'autorité de désignation.

---

[261] Article 18 de la loi n° 2004/005 du 21 avril 2004 portant Statut des membres du Conseil constitutionnel modifiée par celle n° 2012/016 du 21 décembre 2012.
[262] SOMA (A), « Le statut du juge constitutionnel africain », *op.cit.*, p. 466.
[263] *Ibid.*, p. 467.
[264] *Ibid.*
[265] *Ibid.*
[266] FAVOREU (L), « La légitimité du juge constitutionnel », *op.cit*, p. 567.
[267] ROUSSEAU (D), « Pour ou contre la limitation du pouvoir du juge constitutionnel ? », *op.cit.*, p. 199.
[268] SOMA (A), « Le statut du juge constitutionnel africain », *op.cit.*, p. 462.
[269] *Ibid.*, pp. 461-462.

B. Le libre exercice par les juges constitutionnels de leur office

Une institution dépend toujours de la personnalité des hommes qui l'incarnent et la font vivre. La juridiction constitutionnelle ne fait pas exception, surtout en raison de la désignation jugée politique de ses membres[270] laquelle peut influer ou pas sur l'exercice de son office. La notion d'office du juge désigne les fonctions, la ou les missions dont le juge est investi, les divers aspects du rôle qui est le sien dans l'ordonnancement juridique[271]. L'office du juge constitutionnel s'inscrit dans cette perspective. Il se rapporte à l'étendue et au mode d'exercice des pouvoirs dont le juge constitutionnel est investi en vue de la réalisation de ses missions[272]. En plus de l'indépendance statutaire, les juges constitutionnels doivent jouir de la confiance des acteurs politiques[273]. En effet, même si l'Afrique est saisie par le constitutionnalisme, il subsiste des doutes sur son effectivité, son efficacité et sa solidité[274]. L'office du juge constitutionnel s'avère déterminant, car il doit œuvrer pour éviter la ruine du constitutionnalisme[275]. Indépendamment du mode de désignation dont ils procèdent, les juges constitutionnels, non seulement s'attellent à un devoir d'impartialité dans le cadre des causes qui leur sont soumises **(1)**, mais également consolident leur autorité **(2)**.

1) L'examen impartial des recours par les juges constitutionnels

Les juges constitutionnels sont mus par l'impératif d'examen des affaires qui leur sont soumises avec impartialité. Celle-ci étant un élément consubstantiel à la justice et l'un des attributs du procès équitable[276]. Dans le cadre de la justice constitutionnelle, le juge, élevé au-dessus des passions humaines, voit plus juste et plus loin que les politiciens partiaux, préoccupés par leurs intérêts immédiats, obligés de tenir compte des passions de l'électeur et par conséquent condamnés à une démarche démagogique et opportuniste[277]. Il ne peut, du fait de sa désignation, se transformer en serviteur docile des autorités politiques au point de devenir une menace pour l'ordre constitutionnel[278]. Aucun doute ne doit subsister quant à l'objectivité des décisions qu'il rend[279]. Ainsi dans un procès constitutionnel[280], un désaveu pénible peut en toute impartialité, cingler un camp qui avait pourtant nommé pratiquement tous les juges constitutionnels ou la majorité d'entre -

---

[270] ROUSSEAU (D), *Droit du contentieux constitutionnel*, 6e éd., Paris, Montchrestien, 2001, p. 37.

[271] NORMAND (J), « office du juge », *in*, CADIET (L), (dir), *Dictionnaire de la justice*, Paris, PUF, 2004, p. 925.

[272] SENAC (C-E), *L'office du juge constitutionnel*, Paris, LGDJ, 2015, p. 29.

[273] MOUANGUE KOBILA (J), « Peut-on parler d'un reflux du constitutionnalisme au Cameroun ? », *op.cit.*, p. 272.

[274] DE GAUDUSSON (J-B), « Les tabous du constitutionnalisme en Afrique, Introduction thématique », *op.cit.*, p. 56.

[275] DE GAUDUSSON (J-B), « Constitution sans culture constitutionnelle n'est que ruine du constitutionnalisme. Poursuite d'un dialogue sur quinze années de « transition » en Afrique et en Europe », *in, Démocratie et liberté : tension, dialogue, confrontation, Mélanges en l'honneur de Slobodan Milacic*, Bruxelles, Bruylant, 2008, pp. 333-348.

[276] FRICERO (N), « Impartialité », *in*, CADIET (L), (dir), *Dictionnaire de la justice*, Paris, PUF, 2004, p. 607.

[277] DENQUIN (J-M), « Justice constitutionnelle et justice politique », *op.cit.*, p. 83.

[278] NAREY (O), « L'ordre constitutionnel », *in, Mélanges dédiés au Doyen Francis V. Wodié*, *op.cit.*, p. 412.

[279] CASTERA (P), *Les professeurs de droit membres du Conseil constitutionnel*, *op.cit.*, p. 500.

[280] JAN (P), *Le procès constitutionnel*, Paris, LGDJ, 2e éd., 2010, 233 p.

eux[281] : la Cour constitutionnelle du Mali offre une illustration à cet égard. En donnant suite à une requête introduite par les partis d'opposition qui lui semblait fondée, elle a annulé le scrutin législatif d'avril 1997[282]. Elle a également fait preuve d'impartialité lors du scrutin présidentiel de 2002 au premier et au second tour, qui a finalement porté au pouvoir *Amadou TOUMANI TOURÉ*. Les juges constitutionnels de ce fait, prennent « l'habit du sage apolitique et neutre fondant ses sentences sur la seule objectivité du droit »[283].

La présence à la juridiction constitutionnelle des anciens présidents de la République, ayant la qualité de membre à vie, peut conduire à s'interroger sur l'impartialité attendue de cette juridiction. D'aucuns y voient un réel problème pour le strict respect des règles du procès équitable[284], étant donné qu'il pourrait se prononcer sur la constitutionnalité d'une loi en vertu de laquelle il est poursuivi, comme dans l'affaire *CHIRAC*[285]. Si la solution de la mise en congé, déjà mobilisée dans le cadre de l'affaire *Roland DUMAS* a été retenue, elle ne pourrait rassurer l'opinion publique. Cela renforce l'idée de suppression de cette catégorie de juge constitutionnel.

2) L'affirmation par les juges constitutionnels de leur autorité

Les juges constitutionnels sont des garants de la souveraineté constituante du peuple souverain contre les abus possibles des représentants[286]. En cela, dès leur désignation, ils s'attellent à faire respecter au moyen de leurs attributions statutaires, les dispositions constitutionnelles limitant les pouvoirs des différentes institutions de l'État[287]. Ils affirment ainsi leur autorité dans l'exercice des attributions contentieuses et non contentieuses[288] ; pour certains, ils s'érigent nonobstant leur mode de désignation en *« maîtres souverains dans une République des juges »*[289]. Cette prise de position doit être relativisée dans la mesure où, les juges constitutionnels sont mus par une volonté d'autolimitation qui est le produit de contraintes pesant sur eux. En raison de ces contraintes, ils adoptent [et pas de manière arbitraire] telle solution ou tel comportement en raison de la configuration du système juridique dans lequel ils opèrent[290]. C'est dire que les juges constitutionnels gardent à l'esprit les contraintes qui pèsent sur eux, lorsqu'ils font preuve de fermeté face au désir des acteurs politiques de contourner les prescriptions constitutionnelles[291]. Ces contraintes ne sont pas liées aux

---

281 CARCASSONE (G), « Gare au faux bon sens », *op.cit.*, p. 97.

282 BOURGI (A), « L'évolution du constitutionnalisme en Afrique : Du formalisme à l'effectivité », *op.cit.*, p. 743.

283 ROUSSEAU (D), *Sur le Conseil constitutionnel : la doctrine de Badinter et la démocratie, op.cit.*, p. 37.

284 GENEVOIS (B), « La composition du Conseil constitutionnel », *op.cit.*, p. 92.

285 BEAUD (O) et WATTMAN (P), « La QPC et le procès Chirac ou les impasses de la composition de Conseil constitutionnel », *op.cit.*, pp. 113-114.

286 CHEVALLIER (J), « Le juge constitutionnel et l'effet Beckett », *op.cit.*, p. 83.

287 SOMA (A), « Le statut du juge constitutionnel africain », *op.cit.*, p. 477.

288 JAN (P), *Le procès constitutionnel*, *op.cit.*, pp. 26 et 30.

289 ROUSSEAU (D), *Sur le Conseil constitutionnel : la doctrine de Badinter et la démocratie, op.cit.*, p. 9.

290 TROPER (M), CHAMPEIL-DESPLATS (V), GRZEGORCZYK (C), *Théorie des contraintes juridiques*, Bruylant, LGDJ, 2005, pp. 11-12.

291 NAREY (O), « L'ordre constitutionnel », *in, Mélanges dédiés au Doyen Francis V. Wodié*, *op.cit.*, p. 412.

circonstances et modalités de leur désignation, mais à leur rôle de *« rouage fondamental au sein du système de pouvoirs et de contre-pouvoirs »*[292].

Les juges constitutionnels en véritables promoteurs d'un nouvel ordre démocratique[293] et au-delà de l'autorité absolue attachée à leurs décisions[294], sont offensifs dans la rationalisation du pouvoir. C'est ainsi qu'à Madagascar en fin 1996, la Haute Cour constitutionnelle a procédé à la destitution du Président de la République en fonction, M. *Albert ZAFY*, et supervisé la tenue de nouvelles élections présidentielles ayant conduit à l'alternance à la tête de l'État[295]. De même, au Bénin en 1996, la Cour constitutionnelle a obligé le Président *Mathieu KÉRÉKOU* à prêter serment une seconde fois dans le strict respect du libellé de l'article 53 de la Constitution[296]. Elle a sanctionné le non-respect de la chose jugée dans deux espèces. D'une part, la Cour constitutionnelle béninoise[297] a décidé que le gouvernement et l'Assemblée nationale ont violé l'autorité de chose jugée attachée à sa décision DCC 05-121 du 4 octobre 2005. D'autre part, elle a décidé que l'Assemblée nationale a violé la constitution en rejetant la mise en conformité de la loi n° 2005 – 26 du 3 janvier 2005 portant règles particulières pour l'élection du président de la République par rapport à sa décision du 27 juillet 2005. Cette décision avait déclaré non conformes à la Constitution et certaines dispositions de la loi du 3 janvier 2005[298].

La Cour constitutionnelle gabonaise quant à elle, a exercé son autorité dans le cadre de l'exercice de sa fonction consultative. À travers le communiqué du 13 mars 2019[299], les juges constitutionnels ont dénoncé les critiques acerbes, virulentes et outrageantes à l'endroit de la juridiction au sein de laquelle ils siègent. Ils ont également dénoncé les critiques formulées à l'endroit de son président, accusé de refuser de constater la vacance de la présidence de la République, d'avoir modifié la constitution et d'exercer le pouvoir exécutif en violation du principe de la séparation des pouvoirs. Ils ont justifié l'interprétation qu'ils ont faite des articles 13 et 16 de la Constitution en tant que régulateurs du fonctionnement des institutions et de l'activité des pouvoirs publics, pour combler la lacune tenant à l'empêchement temporaire du président de la République afin de permettre la continuité de l'État[300].

---

[292] ZAKI (M), « Le juge, la loi et l'architecture des pouvoirs », *op.cit.*, p. 559.

[293] FRANÇOIS (B), « Justice constitutionnelle et démocratie constitutionnelle, critique du discours constitutionnaliste européen », *in*, *Droit et politique, Centre universitaire de recherches administratives et politiques de Picardie*, Paris, PUF, 1993, pp. 60-61.

[294] DELPEREE (F), « Le Conseil constitutionnel : état des lieux », *Pouvoirs*, n° 105, 2003, p. 12.

[295] DIALLO (I), « La légitimité du juge constitutionnel africain », *op.cit.*, p. 163.

[296] *Ibid.*, p. 162.

[297] DCC/05-132 du 26 octobre 2005. Dans cette affaire, la Cour constitutionnelle avait été saisie par deux requêtes identiques relatives à la lenteur non seulement de l'Assemblée nationale pour organiser l'élection de M. *Athanase DOSSA LAWOGNI – AKOGOU* au sein de la Commission électorale nationale en lieu et place de M. *DAGBO Denis Ogoubiyi*, mais également du gouvernement à prendre un décret nommant M. *Athanase DOSSA LAWOGNI – AKOGOU* au secrétariat administratif permanent de la Commission électorale nationale en lieu et place de *Dagbo Denis Ogoubiyi* conformément à sa décision du 4 octobre 2005 ayant invalidé le mandat de celui-ci au profit de celui-là. V. SINDJOUN (L), *Les grandes décisions de la justice constitutionnelle africaine*, *op.cit.*, pp. 351-352.

[298] SINDJOUN (L), *Les grandes décisions de la justice constitutionnelle africaine*, *op.cit.*, pp. 355.

[299] *www. Gabonreview.com*, consulté le 15 mars 2019.

[300] Décision n° 219/CC du 14 novembre 2018 relative à la requête du Premier ministre tendant à l'interprétation des dispositions des articles 13 et 16 de la Constitution.

Toutefois, il arrive que l'autorité du juge constitutionnel s'exerce dans un sens contraire aux valeurs et idéaux du constitutionnalisme, au regard de ses prises de position sujettes à caution lors du contentieux électoral, mais surtout en période de transition postcoup d'État. En pareille circonstance, l'aptitude du juge constitutionnel à se poser en garant de l'État de droit et de la démocratie devient une vue de l'esprit. Les exemples du Mali et du Burkina Faso sont illustratifs à cet égard. S'agissant du Mali, la Cour constitutionnelle dans son arrêt n° 2021-02/CC/VACANCE du 28 mai 2021, a entendu éviter la paralysie et le dysfonctionnement des organes de la transition, suite à la démission de Bah N'daw, Président de la Transition et la dissolution du gouvernement. Sans revenir sur les circonstances peu orthodoxes et de ladite démission, elle a affirmé que le Colonel Assimi Goïta, Vice-président de la Transition exerce les fonctions, attributs et prérogatives de président de la Transition pour conduire le processus de transition à son terme. La Cour constitutionnelle légitime ainsi l'exercice du pouvoir exécutif par un militaire en rupture avec les principes démocratiques.

Pour ce qui est du Burkina Faso, le Conseil constitutionnel a rendu la décision n° 2022-004/CC du 8 février 2022 sur la dévolution des fonctions de président de la République. Au moyen de cette décision, il a constaté la démission de l'ancien président de la République par lettre du 24 janvier 2002 et affirmé que M. Paul Henri Sandaogo DAMIBA, Lieutenant-colonel des forces armées nationales est président du Faso à compter de la date de démission de M. Roch Christian Marc KABORÉ.

La juridiction constitutionnelle, semble avoir acquis une existence définitive dans l'organisation juridico-politique des États africains[301]. Considérée comme l'articulation nécessaire entre les deux éléments constitutifs de la démocratie pluraliste que sont, la règle de la majorité et les droits fondamentaux[302], la détermination de sa composition est fondamentale. Celle-ci est concrétisée par la désignation ambivalente des juges constitutionnels, eu égard à son caractère rigide et flexible. Si la rigidité tient à l'encadrement rigoureux du processus de désignation, la flexibilité quant à elle, laisse une marge de manœuvre aux autorités et organes de désignation. Ceux-ci déterminent à leur discrétion les critères de choix et de sélection des juges constitutionnels, au point de susciter un appel à la révolution dans la désignation[303].

Contrairement à l'idée selon laquelle, au procédé de sa désignation, est inhérente sa faible puissance statutaire à l'égard du pouvoir politique[304], le juge constitutionnel bénéficie de garanties statutaires de son indépendance. Conformément à son devoir d'ingratitude, il mène son office en toute neutralité et exerce son pouvoir sur les autorités et acteurs politiques, qui, pour la plupart, procèdent à sa désignation. En cela, il participe à travers son œuvre jurisprudentielle au développement progressif du droit constitutionnel et du

[301] KANTÉ (Babacar), « Les juridictions constitutionnelles et la régulation des systèmes politiques en Afrique », *op.cit.*, p. 275.
[302] ROUSSEAU (D), « Pour ou contre la limitation du pouvoir du juge constitutionnel ? », *op.cit.*, P. 204.
[303] WATTMAN (P), « Le cru 2022 des nominations au Conseil constitutionnel : en dessous du médiocre », *op.cit.*
[304] SOMA (A), « Le statut du juge constitutionnel africain », *op.cit.*, p. 460.

discours constitutionnel[305], pour une consolidation du nouveau constitutionnalisme africain, même si son activité en période électorale et pendant la transition peut amener à penser le contraire.

En outre, l'institution de la catégorie de juges constitutionnels de droit ou à vie, pourrait contribuer à remettre en cause la légitimité de la juridiction constitutionnelle. C'est pourquoi, il serait loisible de la supprimer avant toute expérimentation, car on ne sait qui pourrait prendre le relais de la juridiction constitutionnelle si elle perdait sa crédibilité. Au-delà des avancées accomplies et des innovations apportées, pour un prestige grandissant de la juridiction constitutionnelle, c'est la personne même du juge constitutionnel, sa science et sa conscience qui restent et demeurent les éléments décisifs pour des lendemains qui chantent pour la paix et la consolidation de l'État de droit en Afrique[306]. La construction et l'enracinement de la démocratie constitutionnelle en dépendent grandement.

---

305 KPODAR (A), « Quand les colloques nous font nous rencontrer ! Certaines idées fortuites sur le juge constitutionnel et le pouvoir politique en Afrique », *op.cit.*, p. 291.
306 *Ibid.*, p. 295.

LES ENJEUX DE LA POLITISATION DU SERVICE DE L'ADMINISTRATION PUBLIQUE AU CAMEROUN

Aristide M. MENGUELE MENYENGUE

Maître de conférences au Département de science politique.
Université de Douala
Membre du Groupe de recherche sur le parlementarisme
et la démocratie en Afrique (GREPDA)

Le droit de l'administration publique fait la part belle aux catégories juridiques d'égalité, d'adaptabilité et de continuité du service public. Pourtant, ces principes de fonctionnement du service public sont généralement mis à rude épreuve par les usages politiques de l'administration publique au Cameroun. La controverse théorique qui oppose les tenants de l'apolitisme de l'administration publique d'une part et les défenseurs de la nécessité d'une « juste » politisation de l'administration publique d'autre part, amène pourtant à constater que l'apolitisme du service de l'administration publique reste un mythe. Certes, il y a de grands risques de partialité de l'administration publique lorsque celle-ci est politisée car, comme le souligne un auteur, *« une administration politisée constitue par elle-même une violation du principe démocratique de l'égale admissibilité des citoyens aux emplois publics »*. Toutefois, la posture de loin la plus réaliste est celle qui permet d'intégrer dans l'analyse le fait que la politisation du service de l'administration publique est une nécessité à défaut d'être une fatalité. L'expérience camerounaise de la politisation du service de l'administration publique renseigne sur ce caractère incontournable et nécessaire des usages politiques de l'administration du service public. Sous ce rapport, l'administration du service public a vocation à être politisée.

La présente contribution rend compte des enjeux de la politisation du service de l'administration publique au Cameroun. Il s'agit de renseigner sur les différents usages politiques qui ont été faits de l'administration du service public depuis l'accession à l'indépendance. Par conséquent, la question que pose cette contribution est celle de savoir ce qui se joue dans les usages politiques, c'est-à-dire la politisation du service de l'administration publique au Cameroun. À partir d'une banque de données collectées et analysées sous le prisme de l'interactionnisme dans ses variantes symboliques et stratégiques, on peut formuler l'hypothèse selon laquelle, les usages politiques qui ont été faits du service de l'administration publique au Cameroun depuis l'accession à l'indépendance sont de deux ordres : d'une part des usages dits symboliques et d'autre part des usages stratégiques (**I**). Toutefois, les usages politiques qui sont faits de l'administration publique coproduisent et secrètent un certain nombre d'effets pervers qui peuvent expliquer les contre-performances de l'administration publique au Cameroun (**II**).

I. DES USAGES POLITIQUES DU SERVICE DE L'ADMINISTRATION PUBLIQUE

L'expérience camerounaise de la politisation du service de l'administration publique renseigne que dans l'histoire postcoloniale, deux types d'usages politiques ont été faits du service de l'administration publique. Ce sont d'une part des usages politiques symboliques (A) et d'autre part des usages politiques stratégiques (B).

A. Les usages politiques symboliques du service de l'administration publique

Les usages politiques d'ordre symbolique consistent à politiser le service public pour symboliser une situation. Il s'agit généralement de mettre à contribution la politisation du service public afin de signifier et/ou de symboliser une réalité ou de construire un imaginaire politique. C'est le cas lorsqu'on institue une politique de « camerounisation » des cadres de la fonction publique pour symboliser l'émancipation politique (1) ou lorsqu'on politise le service public pour en faire un cadre de construction de l'unité nationale (2).

1) Ce que signifie « camerouniser les cadres de la fonction publique »

La politique de *« camerounisation des cadres »* de l'administration publique camerounaise est en partie liée avec la volonté de démarcation vis-à-vis de l'administration coloniale. Selon Roger Gabriel NLEP, *« au moment de son accession à l'indépendance, le Cameroun, à l'instar de la plupart des pays africains à l'époque, hérite de l'appareil administratif légué par les colonisateurs, mais ne dispose pas de cadres en nombre suffisant pour en assurer la bonne marche [...] Le souci de parer au plus pressé bien compréhensible des dirigeants les a conduits à adopter une série de mesures dites transitoires qui ont eu pour principal résultat de promouvoir à des grades parfois quatre à cinq fois supérieurs des agents d'un niveau relativement bas ».*[1] C'est ainsi que pour symboliser l'accession à l'indépendance, les dirigeants camerounais comme la plupart des élites africaines avaient à cœur de matérialiser ce nouveau statut d'État indépendant en titularisant un personnel local dans les postes jusque-là occupés par le personnel administratif colonial. Cette politique de *« camerounisation des cadres »* n'est cependant pas une génération spontanée encore moins un long fleuve tranquille. En effet, dans son discours d'investiture comme Premier ministre le 19 février 1958, Ahmadou Ahidjo faisait déjà allusion à celle-ci à travers le constat suivant et la recommandation suivante : *« sur le plan interne, le Cameroun ne disposait pas de cadres nécessaires à la poursuite de son action, des fonctionnaires capables de l'administrer sagement, des éléments dignes de le représenter à l'extérieur [...] Le gouvernement doit tout mettre en œuvre pour*

---

[1] R. G. NLEP, *L'administration publique camerounaise : « contribution à l'étude des systèmes africains d'administration publique »*, Paris, L.G.D.J., 1986, pp. 158-159.

intensifier cet effort de camerounisation des emplois et pour que la jeunesse étudiante camerounaise, consciente de ses responsabilités devant le pays, puisse participer davantage à la vie publique de la nation »[2].

Pour le Président Ahmadou Ahidjo, « il était indispensable et naturel que les affaires camerounaises soient progressivement prises en main par des Camerounais ».[3] Et alors que ce débat s'animait dans les milieux politiques, d'autres leaders camerounais à l'instar de Paul Soppo Priso menaient bataille pour « l'africanisation des cadres » et plus précisément, « la camerounisation des cadres ». Il fallait donc accélérer « la formation des Camerounais en vue de les préparer à remplacer les Blancs dans l'administration publique »[4]. En réalité, « la camerounisation des cadres » était une option de rupture visant à liquider l'administration coloniale à travers la titularisation des nationaux à des postes de responsabilités politico-administratives pour affirmer « la volonté nationale d'indépendance »[5]. Et d'après Jean Flaubert Youbi, c'est en cela que « la camerounisation des cadres » apparaît comme « un instrument de décolonisation »[6]. C'est dans cette perspective qu'intervient « le décret du 4 mars 1977 portant création d'une Commission nationale instituée auprès du ministère du Travail et de la Prévoyance sociale. Cette commission qui avait pour rôle de rechercher et proposer au Gouvernement les voies et moyens propres à promouvoir « la camerounisation » effective des emplois » participait d'une politique générale « d'affirmation de la volonté nationale d'indépendance ».[7] C'est pourquoi « la camerounisation des cadres » est restée perçue comme « une étape emblématique de l'affirmation/consolidation de l'indépendance politique du Cameroun, représente une phase d'évolution ultime vers la liberté »[8].

Ce qui précède suggère que derrière la question de « la camerounisation des cadres », se jouaient d'autres enjeux notamment celui de la « défrancisation » et de la rupture avec l'extraversion du personnel de l'administration publique camerounaise. Ce n'est pas un hasard si elle intervient dans un contexte où « les coopérants techniques français [avaient] inondé l'administration publique camerounaise et [continuaient] à gérer le Cameroun ».[9] Au demeurant, symboliser l'accession à l'indépendance ou traduire administrativement une volonté d'indépendance à travers « la camerounisation des cadres » ne suffisait pas pour fonder et établir une administration publique socialement légitime. Il était donc impératif d'associer à « la camerounisation des cadres » une politique de construction de l'unité nationale greffée à la politisation de l'administration publique.

---

[2] A. AHIDJO, *Anthologie des discours (1957-1979)*, Paris, Les nouvelles Éditions africaines, 1980, p. 8.

[3] A. AHIDJO, *Anthologie des discours*, *op.cit.*, p. 138.

[4] *La cité* n° 89 août 2008, p. 08.

[5] J. F. YOUBI, *La problématique de la "Camerounisation des cadres".* Mémoire DESS en science politique, Université de Poitiers, 1975, p. 101.

[6] *Ibid.*, p. 101.

[7]. *Ibidem*, p. 101.

[8] M. MBENGUE NGUIME, « Académie, diplôme et marche à l'indépendance intellectuelle au Cameroun (1961-2010) », http://publication.lecames.org/index.php/hum/article/view/627, consulté le 12 novembre 2022.

[9] *La cité* n° 89 août 2008, op. cit., p. 08.

2) Le service de l'administration publique dans la construction de l'unité nationale

En règle générale, « la politisation permet d'avoir une administration démocratique, plus représentative des groupes composant la société ».[10] Dans le contexte camerounais, ceci se vérifie d'une certaine manière lorsqu'on considère l'historicité propre de l'administration publique au Cameroun et particulièrement sa fonction d'intégration politique et sa contribution à la politique de construction nationale. [11]« Le consociationalisme administratif »[12] qui se construit au Cameroun depuis les années d'indépendance est certainement une modalité d'intégration de la diversité culturelle dans l'administration publique pour produire des « effets de croyance »[13] et de « représentation miroir »[14]. Cette politisation qui consiste à intégrer la diversité culturelle et l'hétérogénéité ethnique dans l'administration publique part d'une volonté politique exprimée *urbi et orbi* dans certains discours politiques. Selon l'énonciation discursive de cette volonté de construction de l'unité nationale par et dans la politisation du service de l'administration publique, l'intégration nationale passait par le recrutement, l'intégration et l'insertion des différentes composantes sociologiques de l'État dans la fonction publique[15]. C'est à cette sorte de cosmopolitisme administratif que se réfère le Président Ahmadou Ahidjo lorsqu'il affirme que l'unité nationale est indispensable, et nous sommes à même de la réaliser grâce au sens civique, aux efforts de toutes les populations ; l'unité nationale nous la réaliserons contre vents et marées, malgré les actes des politiciens ambitieux et retardés, nous la réaliserons ensemble, que nous soyons de l'Est ou l'Ouest, avec le concours des différentes composantes sociologiques des États fédérés dans le contexte de marche vers la réunification[16]. Or, la mise à contribution de la politisation de l'administration publique à des fins d'intégration politique ou nationale devrait conduire à revoir même les principes qui jusque-là gouvernaient les mutations du personnel administratif. Comme l'explique Roger Gabriel Nlep, « le souci d'une intégration nationale véritable et immédiate devrait conduire à une ventilation territoriale des autorités administratives sans considération ethnique, de sexe ou de religion ; corrélativement, les populations d'une province, d'un département ou d'un arrondissement ne devraient poser aucun problème de principe quant à l'acceptation ou non de l'autorité appelée à diriger une unité administrative »[17].

---

[10] C. DE VISSCHER et G. LE BUSSY, « La politisation de la fonction publique : quelques réflexions d'ordre comparatif », *Pyramides* [En ligne], 3 | 2001, mis en ligne le 30 septembre 2011, consulté le 18 novembre 2022. URL : http://pyramides.revues.org/538.

[11] M. NKEMENGNE, *Contribution à l'étude de l'équilibre régional. Essai sur la répartition des postes,* thèse de doctorat 3e cycle en science politique, Université de Yaoundé, 1983.

[12] Nous nous inspirons d'A. LIJPHART « *Typologies of Democratic Systems* », *Comparative Political Studies*, 1968.

[13] P. CHAMPAGNE, *Faire opinion. Le nouveau jeu politique*, Paris, Minuit, 1990, p. 17-18.

[14] W. KYMLICKA, *La citoyenneté multiculturelle. Une théorie libérale du droit des minorités*, Paris, La Découverte, 2001, pp. 200-202, 207, 209-213.

[15] J.-P. FOGUI, *L'intégration politique au Cameroun : une analyse centre-pierre*, Paris, LGDJ, 1990, p. 102.

[16] E. C. LEKENE DONFACK, *L'expérience du fédéralisme camerounais : les causes et les enseignements d'un échec*, thèse de doctorat d'État en droit public, Université de Clermont, 1979, p. 191.

[17] R. G. NLEP, *L'administration publique camerounaise*, *op. cit.*, p. 241-242.

Les usages politiques symboliques qui consistent à faire de l'administration publique le reflet de la diversité culturelle caractéristique de l'État unitaire et/ou de l'intégration nationale ont un fondement légal et un instrument de légitimation : la politique des quotas dite équilibre régional. L'un des discours de légitimation de la politique d'équilibre régional sous Ahmadou Ahidjo est celui qu'il tint à l'occasion de l'anniversaire de l'École nationale d'administration et de magistrature (ENAM). Selon le Président Ahmadou Ahidjo, « l'État qui est le régulateur des activités économiques et sociales de la nation, se doit d'encourager, par des incitations appropriées, les régions qui, pour des raisons historiques ou sociologiques, accusent du retard [...] car notre politique de développement équilibré ne doit pas être respectée seulement au niveau de la répartition des infrastructures ou des équipements publics, elle doit l'être également au niveau de la formation des hommes »[18]. Sous ce rapport, cette politique se présente comme une forme de discrimination positive dont la finalité est de rendre possible l'identification des Camerounais, tout groupe ethnique confondu dans le personnel recruté et/ou promu dans la fonction publique. Le fait est que dans un pays comme le Cameroun, s'investir dans la *nation building* c'est faire en sorte que toutes les régions, toutes les ethnies, tous les Camerounais, sans exclusivité, « se sentent concernés par l'évolution et le destin de leur pays [...] Et notre politique d'équilibre vise justement à favoriser la coexistence harmonieuse de toutes les ethnies »[19]. C'est pourquoi, « au Cameroun, le partage ethno-régional du pouvoir est appelé équilibre régional »[20]. L'ethno-politisation s'entend ici comme « l'emprise des groupes ethniques, composantes basiques plurielles de la société camerounaise, sur les processus d'accès et de promotion dans la fonction publique »[21]. La politique d'équilibre régional dont l'objectif est de contribuer à consolider l'intégration nationale, a une base légale qui évolue en fonction de la dynamique démographique des composantes sociologiques et ethno-régionales de la République du Cameroun. Ici, « la finalité recherchée est de faire participer les différentes ethnies ou régions, leurs élites, à la gestion des affaires publiques, au partage du « gâteau national » afin de calmer les mécontentements, les frustrations, les exclusions, et de solidifier la nation »[22]. Entendue comme « la prise en compte par les pouvoirs publics, du caractère multiethnique de la société camerounaise », cette ethno-politisation de l'administration publique s'est progressivement inscrite dans les principes de recrutement et de promotion dans la fonction publique à partir de sa juridicisation. Le décret n° 2000/696/PM du 13 septembre 2000 qui fixe le régime des concours administratifs précise par ailleurs le nombre de places réservées aux ressortissants de chaque région[23].

Au niveau du recrutement à la haute administration, la recherche de l'équilibre et la légitimation identitaire du gouvernement ont toujours été réalisées à travers la

---

[18] A. AHIDJO, *Contribution à la construction nationale, op.cit,* p. 25.

[19] P. BIYA, In *Cameroon- tribune*, n° 5438 du jeudi 28 octobre, 1993, p. 3.

[20] L. SINDJOUN, *L'État ailleurs : entre noyau dur et case vide, op. cit*, p. 311

[21] M. P. ZE, *La politisation des fonctionnaires au Cameroun, op. cit.*, p. 136.

[22] S. P. AKONO EVANG, *Partis politiques, ethnies et politique d'affection dans la démocratisation au Cameroun : contribution à l'élaboration d'une sociologie de la politisation de l'ethnie*, thèse de doctorat en science politique, Université de Yaoundé II-Soa, 2004-2005, pp. 450-451.

[23] Ce texte réserve respectivement à chaque région un quota de places reparti ainsi qu'il suit Adamaoua 5 %, Centre 15 %, Est 04 %, Extrême-nord 18 %, Littoral 12 %, Nord 07 %, Nord-ouest 12 %, Ouest 13 %, Sud 04 % et Sud-Ouest 08 %.

prise en compte d'un « macro-équilibre géopolitique et des microdosages régionaux »[24]. De fait, cette « dynamique d'équilibre géopolitique national »[25] était et reste la garantie d'une politique de légitimation identitaire de l'administration publique de manière générale et du gouvernement en particulier. Manifestement, cette politique devait soutenir l'ambitieux projet de construction et d'intégration nationale que le Président Ahmadou Ahidjo, « le père de la nation », appelait de tous ses vœux. D'ailleurs, ici, comme le renseigne Pierre Flambeau Ngayap, « la recherche des grands équilibres géopolitiques a toujours été présente au moment de la composition des gouvernements Ahidjo »[26].

B. Des usages politiques stratégiques du service de l'administration publique

Si les usages politiques symboliques de l'administration du service public ont vocation à symboliser une situation de fait ou de droit fut-elle réelle ou imaginaire, les usages politiques d'ordre stratégique permettent d'instrumentaliser le service public à des fins de consolidation de l'hégémonie du parti dominant. Il en est ainsi lorsque l'administration publique devient un instrument d'échange et de transaction politique (1) ou lorsqu'elle est mise à contribution pour construire le développement (2).

1) Le service de l'administration publique au cœur de l'échange politique

Le retour du multipartisme et l'avènement de la démocratisation ont contraint littéralement les entrepreneurs politiques à construire un nouveau « marché politique » spécialisé dans l'échange des positions de pouvoir au sein de l'administration publique. Désormais, être promu ou recruté dans l'administration publique ne dépend plus seulement des quotas régionaux de chaque groupe ou composante sociologique de l'État en vertu de « l'équilibre régional ». À cette contrainte normative, il faut dorénavant prendre en compte les rapports d'affinité politique entre les différents groupes ethno-régionaux et le pouvoir. De fait, l'inscription de l'administration publique dans les jeux d'échange politique fait de la fonction publique un enjeu, un objet de transaction éminemment politique. Que des groupes ethniques expriment systématiquement leur gratitude au président de la République qui nomme aux emplois civils et militaires ceci à travers la publication des motions de soutien lorsque l'un des leurs est promu renseigne sur ce jeu de « don » et de « contre - don » qui inscrit le service de l'administration publique au cœur de l'échange politique[27]. S'il en est ainsi, c'est parce que le nouveau contexte de démocratisation « impose » désormais que les entrepreneurs politiques passent des accords ou coalisent pour gérer les affaires publiques[28].

---

[24] P. F. NGAYAP, *Cameroun : Qui gouverne, De Ahidjo à Biya, L'héritage et l'enjeu*, Paris, L'Harmattan, 1983, p. 68.
[25] *Ibid.*, p. 68
[26] *Ibidem*
[27] A. M. MENGUELE MENYENGUE, « Écriture du clientélisme, promotion du messianisme politique et légitimation du providentialisme : le contenu des motions de soutien au Cameroun », *Echanges*, *Revue de philosophie, littérature et de sciences humaines*, Dossier : *ethnicité et citoyenneté en Afrique*, n° 12, juin 2019, p. 585.
[28] TSANA NGUEGANG, *Démocratisation et échange dans la vie politique camerounaise*, Ph. D en science politique, Université de Yaoundé 2, 2 015.

Pour prétendre à une « part du gâteau national », le groupe doit s'assurer qu'il a contribué à la victoire électorale du candidat présenté par le parti dominant. Comme « la politique d'affection »[29], le « gouvernement transactionnel »[30] inscrit l'administration publique au cœur des rationalités de calcul fondé autour du « don » et du « contre-don ». Cette conception des choses a été discursivement énoncée par l'ex Premier ministre Simon ACHIDI ACHU à partir d'un propos révélateur : « politics na jangui ».[31]

Ceci permet de comprendre pourquoi, dorénavant, la dynamique gouvernementale notamment en ce qui concerne la représentation ethnique est au cœur du « don » et du « contre-don ». Ainsi par exemple, confronté en 1991 à l'expression publique du mécontentement des foulbé à l'égard de son régime, le président Paul BIYA nomme un des leurs Sadou HAYATOU au poste de Premier ministre en avril 1991. La défaite électorale du parti au pouvoir dans la province du Nord lors du scrutin de mars 1992 conduit à son limogeage[32]. L'administration publique se trouve donc au centre d'un jeu d'échange non seulement entre groupes ethno-régionaux et pouvoir central, mais aussi entre les partis d'opposition et le parti au pouvoir. D'où le recours aux coalitions ou aux alliances politiques. La banalisation contemporaine de la coalition comme art de faire la politique au Cameroun est un indicateur. Celle-ci « tend à s'imposer au Cameroun comme principe de légitimation de la politique gouvernementale. Elle traduit la prise en considération de la montée en puissance de l'opposition ».[33]

La politisation du service l'administration publique ne fait pas l'économie des coalitions de gouvernement. Elle a un double intérêt politique. Par la coalition, le parti dominant musèle littéralement les formations politiques dont les militants « fonctionnarisés » sont désormais astreints à l'obligation de réserve faisant ainsi perdre à leurs formations politiques respectives cette fonction tribunitienne qui est à l'origine de leur popularité. De plus, les coalitions renforcent l'hégémonie du parti dominant tout en donnant au régime une allure démocratique. C'est pourquoi, au plus fort de la contestation du parti au pouvoir dans les années 1990, les coalitions sont apparues comme des éléments de consolidation de l'hégémonie du parti dominant qui craignait un risque réel de déclassement. Les alliances et les coalitions négociées à travers des logiques de calculs garantissent *mutatis mutandis* des strapontins en contrepartie du soutien électoral. Mais, les strapontins ministériels et administratifs rétribués aux différents membres de la coalition pro RDPC semblaient inégaux aussi bien sur le plan quantitatif que qualitatif. Par exemple, l'UNDP qui est engagée dans une alliance politique avec le parti au pouvoir le RDPC depuis 1997 a vu certains de ses membres promus dans la haute administration. C'est ce marché politique qui « contraint » l'UNDP à battre campagne et à travailler pour la victoire du candidat du parti au pouvoir, en contrepartie, ce dernier devra garantir la promotion des cadres de l'UNDP dans la

---

29 L. SINDJOUN, *La politique d'affection en Afrique noire*, Publication du Graps, Boston, Boston University Press, 1 998.

30 M. KAMTO, *Déchéance de la politique, décrépitude morale et exigence éthique dans le gouvernement des hommes en Afrique*, Yaoundé ; Éditions Mandara, 1999.

31 Du pidjin, une sorte d'argot, ce propos traduit l'idée que : « la politique, c'est la tontine ».

32 L. SINDJOUN, *La politique d'affection en Afrique noire*, *op. cit.*, p. 21.

33 L. SINDJOUN, « Ce que s'opposer veut dire : l'économie des échanges politiques », in L. SINDJOUN (dir.), *Comment peut-on être opposant au Cameroun ? Politique parlementaire et politique autoritaire*, Dakar, CODESRIA, 2004, p. 34.

haute administration. Aussi, certains militants ont-ils été promus à l'instar de Nana Aboubakar DJALLOH (secrétaire d'État au transport à la faveur du gouvernement du 7 décembre 1997), ou des cadres comme Bello BOUBA MAÏGARI (ministre d'État ministre du Développement industriel et commercial à la faveur du gouvernement du 7 décembre 1997), HELE Pierre (ministre de l'Urbanisme et de l'Habitat à la faveur du gouvernement du 7 décembre 1997), *etc.* Dans le même ordre d'idée, l'alliance entre le RDPC et le MDR, conclue en mars 1992 aboutit à la promotion dans la haute administration de M. Dakolé DAÏSSALA au poste de ministre d'État, ministre des Postes et Télécommunications, et à la nomination de M. DAWAIROU comme secrétaire d'État à l'Agriculture à la faveur du gouvernement du 9 avril 1992. Avec l'UPC, le RDPC conclut des alliances, tour à tour, avec la tendance Augustin Frédéric KODOCK qui sera fait ministre d'État, ministre de l'Agriculture le 21 juillet 1994 alors que M. Simon MBILA est promu entre-temps ministre du Travail et de la Prévoyance sociale. Avec l'UPC tendance HOGBE NLEND, le pouvoir va « troquer » le poste de ministre de la Recherche scientifique et technique avec l'offre de soutien de cette autre formation politique de l'opposition. C'est ainsi que M. Henri HOGBE NLEND est promu au poste de ministre de la Recherche scientifique et technique le 7 décembre 1997. Au demeurant, poser la cooptation des acteurs de l'alliance pour la majorité présidentielle comme « coalition symbolique » signifie considérer cette coalition RDPC-UNDP-MDR-UPC-ANDP-FNSC comme visant surtout « à soigner l'image de marque du régime », elle « tend à s'imposer au Cameroun comme principe de légitimation de la politique gouvernementale. Elle traduit la prise en considération de la montée en puissance de l'opposition »[34]. La présence de l'UNDP, du MDR, de l'UPC, du FNSC et de l'ANDP dans une administration pro RDPC « est alors interprétée comme gage de l'ouverture du régime à l'opposition. C'est la construction de l'image du régime magnanime »[35] gage de l'administration démocratique telle que systématisée par Jacques Chevallier.[36] Au fond, ces coalitions apparaissent comme « une forme de mandarinat politique qui, à travers la cooptation des élites oppositionnelles sélectionnées au sein de la formation dirigeante et le maintien du prestige hégémonique du parti au pouvoir, exerce une fonction de stabilité »[37].

2) L'administration publique comme acteur du développement : le bras séculier de l'État

En tant que bras séculier de l'État, il revient à l'administration publique la responsabilité de mettre en application les projets de développement arrêtés par les décideurs politiques. Elle doit penser les moyens techniques et offrir l'expertise nécessaire à la réalisation des projets de développement pour satisfaire l'intérêt général. Jacques CHEVALLIER explique ce rôle joué par l'administration, en tant qu'agent et promoteur de développement en partie par « l'incapacité du secteur privé à assumer les responsabilités de développement [...] les pays en

---

[34] L. SINDLOUN, « Ce que s'opposer veut dire », *op. cit.*, p. 34.
[35] *Ibidem*, p. 33.
[36] J. CHEVALLIER, « De l'administration démocratique à la démocratie administrative », in *École nationale d'administration* (Ena), *Revue française d'administration publique*, 2011/1, n° 137-138, pp. 217-227.
[37] L. SINDJOUN, *L'État ailleurs : entre noyau dur et case vide*, *op. cit.* p. 294.

développement ne disposant pas de cette couche dynamique d'entrepreneurs qui a permis l'essor du capitalisme »[38]. Dans le contexte camerounais, cette mission de promotion et de contribution au développement pour la satisfaction de l'intérêt général assignée à l'administration publique a été historiquement définie et reprécisée en fonction des enjeux et du contexte. On pourrait donc apprécier l'historicité de la mission de développement assignée à l'administration publique dans le contexte d'« État interventionniste » d'une part et dans celui d' « État-régulateur » d'autre part.

Dans un contexte d'« État interventionniste », le rôle de l'administration en matière de promotion du développement est relativement plus étendu. L'exemple camerounais montre que la période de « l'État » interventionniste était celle où l'administration était véritablement subordonnée au projet politique du chef de l'État. Le contexte dans lequel l'administration publique était appelée à apporter sa contribution dans la promotion du développement de « l'État-interventionniste » était à lui seul un incitateur de soumission politique. De fait, en tant que « marque de l'État-providence »[39], « l'État-interventionniste » qui avait la prétention d'intervenir dans tous les secteurs pour promouvoir le développement intégral était patronné par le Président Ahmadou AHIDJO sous fond d'autoritarisme. Par conséquent, sous « l'État-interventionniste », l'administration publique s'est plus dévouée à mettre en application et à exécuter les projets de développement arrêtés par les dirigeants politiques. La politique et le tempérament autoritaires du président de la République promoteur en chef des projets de développement au Cameroun étaient à eux seuls des éléments de dissuasion. Cette variable explicative peut surévaluer l'influence du leadership politique dans la soumission ou la subordination d'une administration publique[40]. Les ordres politiques où l'administration a pris des libertés avec les projets de développement arrêtés par les autorités politiques sont généralement des ordres politiques où l'autorité ou le leadership politique est lâche, timoré ou mou d'autant plus que « la tâche de gouverner les hommes, de les commander est particulièrement malaisée »[41]. Sans doute, le fait pour le président de la République de sévir et de lutter contre l'impunité dans un contexte d'« État interventionniste » a certainement eu une influence certaine sur le comportement politique de l'administration publique dans l'animation et la promotion des projets de développement. La contribution du service de l'administration publique en matière de promotion de développement dans ce contexte d'État interventionniste rend indispensable *l'accountability*. Ici, l'obligation de rendre compte de l'usage qu'on fait des ressources à eux allouées pour l'atteinte des objectifs fixés est plus contraignante.

Par contre, au Cameroun, le basculement vers « L'État-régulateur » qui est lui-même consécutif à une conjoncture économique sans précédent a considérablement privé l'État de ses moyens d'action et d'intervention. Sous ce

---

[38] J. CHEVALLIER, *Science administrative*, Paris, Puf, 1994, p. 204

[39] J. CHEVALLIER, « L'état régulateur », *Revue française d'administration publique*, vol. 3, n° 111, 2004, p. 473.

[40] C. KENNEDY, « Rensis Likert : Styles de leadership et performance de l'entreprise », in *Toutes les théories du management, les idées essentielles des auteurs les plus cités*, Paris, Puf, 1993, pp. 121-124.

[41] F. BOURRICAUD, « La sociologie du « leadership » et son application à la théorie politique », *Revue française de science politique*, vol. 3, n°3, 1953, p. 449.

rapport, le rapport à *l'accountability* est plus lâche et la protection de la fortune publique moins concrète et efficace. L'endettement, l'incapacité de continuer à subventionner efficacement les nombreuses structures étatiques et paraétatiques qui avaient été mises en place pendant « l'âge d'or » de la croissance économique des années 1970-1980 et « les encaissements parallèles »[42] qui voient le jour après les années de rigueur et d'austérité ont contraint l'État à se désengager des secteurs productifs[43]. Inéluctablement, le désengagement de l'État préfigurait en réalité son cantonnement aux activités mieux aux missions régaliennes qui lui sont reconnues. Dans cette perspective, « la régulation signifie que l'État reste présent dans l'économie, mais de manière différente : son rôle consiste à superviser le jeu économique, en établissant certaines règles et en intervenant de manière permanente pour amortir les tensions, régler les conflits, assurer le maintien d'un équilibre d'ensemble ; par la régulation, l'État ne se pose donc plus en acteur mais en « arbitre » du jeu économique, en se bornant à poser des règles aux opérateurs et en s'efforçant d'harmoniser leurs actions »[44]. Les formules du genre « moins d'État » et « mieux d'État » viennent confirmer cette option de basculement vers « l'État-régulateur » encouragé par les bailleurs de fonds qui recommandent en même temps la réduction du train de vie de l'État. « L'État-régulateur » qui émerge dans un contexte de crise économique pour gérer plus efficacement les ressources publiques n'a pas pu permettre de concrétiser les projets de développement, ceci entre autres du fait d'une délégitimation de l'agent public consécutive aux mesures drastiques imposées sous le couvert des Programmes d'ajustement structurel (PAS). Diminuée et fragilisée, l'administration publique sous l'État-régulateur va développer une forme de résilience mâtinée de corruption, de clientélisme, de détournements des deniers publics et de néo-patrimonialisme. Ce qui renseigne sur les effets pervers de la politisation du service de l'administration publique (**II**).

II. DES EFFETS PERVERS DE LA POLITISATION DU SERVICE DE L'ADMINISTRATION PUBLIQUE

L'hyper politisation de l'administration publique ne va pas sans effets pervers. Ceux-ci sont en partie liés avec le développement insatiable des formes de hiérarchies informelles et des pouvoirs parallèles qui court-circuitent la hiérarchie officielle et coproduisent une « réseaucratie » (A) préjudiciable à la performance et à l'efficacité du service public (B).

A. Clientélisme, « réseaucratie » et développement des hiérarchies parallèles

C'est une constance : la politisation immodérée du service public entretient des formes de clientélisme qui construisent le système « réseaucratique » qui anime le système d'administration publique camerounais (1). Or, ce rapport clientéliste et « réseaucratique » au service public favorise le développement des hiérarchies

---

[42] J. CHEVALLIER, « L'état régulateur », *op. cit.*, p. 478.
[43] *Ibidem*, pp. 473-482.
[44] A. MBEMBE, *De la post-colonie, essai sur l'imagination politique dans l'Afrique contemporaine*, Paris, Karthala, 2000, p. 75.

parallèles et des pouvoirs informels qui court-circuitent l'ordonnancement officiel (2).

1) Le clientélisme et « réseaucratie » comme mode d'administration

Le clientélisme, le copinage et le népotisme sont des effets pervers d'une hyperpolitisation de la fonction publique. Ils font partie des stratégies d'acteurs dans leurs ambitions respectives d'accroître leur pouvoir et leur influence au sein de l'administration publique en tant que système au même titre que le « privilégisme »[45]. La « réseaucratie » est fille de l'hyper politisation de l'administration publique. En effet, après avoir bénéficié d'un parrainage pour intégrer ou être promus dans la fonction publique, les anciens parrainés ont souvent la prétention de se démarquer ou de s'émanciper des réseaux de parrainage qui ont contribué à les faire recruter et/ou promouvoir dans l'administration publique. Par conséquent, « bien que les acteurs soient prisonniers d'un réseau complexe de relations, ils gardent une certaine marge de manœuvre »[46].

À bien des égards, le clientélisme, le copinage comme le népotisme sont sources de rente. Non seulement ils contribuent à développer le capital social mais aussi ces pratiques sont une source non négligeable d'accumulation comme le renseigne l'adage « la chèvre broute là où elle est attachée »[47]. Dans l'administration publique camerounaise, ces pratiques participent d'une forme rebelle de néo-patrimonialisme qui a pour finalité de personnaliser les rapports au sein des structures administratives d'une part et de convertir ces rapports en une source de rentes économiques grâce à la confusion opportuniste entre biens publics et biens privés. La tentation *big-maniste* conduit à développer *pro domo* des réseaux clientélistes. Ceux-ci doivent accroître le pouvoir et l'influence du parrain du réseau au sein de l'administration publique. Pour le processus décisionnel, l'action et l'efficacité administrative, les pratiques du copinage, du clientélisme et du népotisme peuvent produire des effets de « rationalité limitée »[48].

En règle générale, chaque cadre de la fonction publique est érigé en parrain d'un réseau de recrutement et de promotion au service d'un groupe ethno-régional et/ou d'une communauté religieuse ou d'une fraternité initiatique en vertu de l'allégeance au « lien fraternel initiatique »[49]. Autour de lui se développe une interaction clientéliste qui peut se traduire par le copinage ou le népotisme. C'est par lui que passent certaines doléances ou revendications ethno-régionales. Il devient *nolens volens* le parrain idéal pour le recrutement et la promotion des coreligionnaires, des membres du même groupe ethnique et des camarades du parti au sein de l'administration publique *a fortiori* lorsqu'il est « ministre et chef de

45 D. DARBON, « « Pour une socio-anthropologie de l'administration en Afrique II ». Retour méthodologique à propos d'un article de Jean-Pierre Olivier de Sardan », *Politique africaine*, vol. 4, n° 96, 2004, p. 163-176.

46 R. TAMEKOU, « Programme national de gouvernance (2006-2010) et modernisation administrative. Le Cameroun à l'heure du nouveau management public », *op. cit.*, p. 245.

47 J-F. BAYART, *L'État en Afrique, la politique du ventre*, *op. cit.*, p. 439.

48 M. CROZIER et E. FRIEDBERG, *L'acteur et le système*, *op. cit*, p. 276.

49 A. E. AUGE, *Le recrutement des élites politiques en Afrique subsahariennes : une sociologie du pouvoir au Gabon*, Paris, L'Harmattan, 2005.

son village »[50]. Dans ce contexte, la dématérialisation et/ou la digitalisation du service public que recommande le basculement vers l'*e-administration* ne peut que connaître d'importantes résistances. La « réseaucratie » privilégie un service public de contact c'est-à-dire en présentiel et se montre réfractaire à toute forme de service public en distanciel qui compromettrait les rentes inhérentes aux rapports clientélistes[51]. Ce clientélisme est un rapport d'échange dans la mesure où, contre la promesse d'un recrutement ou d'une promotion administrative, le parrain constitue autour de lui une clientèle politiquement modulable. Dans les rapports d'échange entre acteurs politiques et gestionnaires publics, il apparaît comme un accord tacite selon lequel le gestionnaire public peut proposer ou recommander le recrutement ou la promotion des siens dans la fonction publique en contrepartie d'un soutien ou d'une adhésion de ceux-ci à une formation politique précise. Mais, qu'il s'agit du clientélisme, du copinage ou du népotisme, la capacité de production d'une « réseaucratie » au cœur du service de l'administration publique est déterminante pour court-circuiter une hiérarchie formelle grâce à la sécrétion des formes de pouvoirs parallèles (2).

2) Sécrétion continue des hiérarchies parallèles et développement des pouvoirs informels

L'administration publique s'est légitimée en se présentant *urbi et orbi* comme un bloc monolithique, mieux une organisation fortement hiérarchisée. C'est ce qui a fait son charme en tant qu'organisation. Mais, du fait de l'hyper politisation du service de l'administration publique, on assiste à une remise en cause permanente de cette caractéristique essentielle de l'administration. Une administration hyperpolitisée a le grand défaut presque congénital de court-circuiter la hiérarchie officielle banalisant ainsi le phénomène des pouvoirs parallèles qui neutralisent l'autorité du détenteur formel du pouvoir au sein de l'administration publique. Les stratégies mises en place par les acteurs du système administratif pour se soustraire à la hiérarchie officielle ou la court-circuiter sont nombreuses. Elles peuvent s'inscrire dans le cadre de la « rationalité des jeux »[52]. En général, elles concourent toutes à infléchir la structure pyramidale de l'administration publique en contribuant à développer des pouvoirs parallèles et des hiérarchies informelles et occasionnant des « dysfonctionnements bureaucratiques ». Il peut s'agir de la transposition des hiérarchies parallèles dans l'administration publique

L'hyper politisation du service de l'administration publique est donc une variable explicative de la transgression de la norme qui fait craindre une socialisation à la culture de l'impunité. La structure pyramidale de l'administration publique au Cameroun qui est fondamentalement infléchie en partie liée avec cette sécrétion insatiable des hiérarchies parallèles et des pôles de pouvoirs informels que coproduit le phénomène résilient de la politisation de l'administration publique au Cameroun. Il en est ainsi lorsqu'on cherche à étendre dans l'administration publique le pouvoir qu'on a à l'intérieur du parti pour mettre les

---

[50] E. KAMDEM, *Management et interculturalité en Afrique. Expérience camerounaise*, Québec, Presses universitaires de Laval/L'Harmattan, 2002, p. 230.

[51] A. M. MENGUELE MENYENGUE, « E-administration au Cameroun : entre agilité de l'État, modernisation du service public et résistance au changement », communication présentée au 59e Congrès de la Société québécoise de science politique du 25 au 27 mai 2022.

[52] J. G. MARCH, *Décisions et organisations*, Paris, Les Éditions d'organisation, 1991, p. 140

gestionnaires publics sous la tutelle des dirigeants du parti. Cette mise en scène de la construction et de la transposition du pouvoir parallèle dans l'administration publique s'est donnée à voir lors de la succession présidentielle des années quatre-vingt au Cameroun. Ainsi par exemple, en revendiquant *mordicus* une préséance du parti sur l'État au nom de la conception selon laquelle, c'est le parti qui définit la politique de la nation qu'applique le gouvernement ou l'État, l'ex-Président de la République Ahmadou AHIDJO s'affairait à transposer son autorité en tant que président du parti unique, UNC, dans l'État et à superviser ainsi le pouvoir du nouveau président de la République.

De fait, l'institutionnalisation du « parti-État » a contribué à socialiser cette dynamique de déconstruction structurelle du pouvoir formel par des mécanismes de sécrétion des hiérarchies parallèles. L'épisode de « la querelle de l'État et du parti »[53] qui a entretenu une sorte de « bicéphalisme » au sommet de l'État au plus fort de la crise de succession présidentielle des années 1980[54] illustre bien cette capacité de nuisance des hiérarchies informelles contre le service de l'administration publique. La neutralisation du pouvoir formel par des hiérarchies informelles est l'un des effets pervers constants de cette hyperpolitisation du service de l'administration publique. Elle débouche systématiquement sur l'effritement continu de la capacité à donner des instructions, des injonctions ou à discipliner des subordonnés qui doivent leur recrutement ou leur promotion à des réseaux. La discipline dans la fonction publique se trouve ainsi mise à rude épreuve par des coteries politiques qui imposent à des chefs d'établissements publics ou à des responsables administratifs des collaborateurs issus des divers réseaux de recrutement dont ils ont du mal à « contrôler ». L'indiscipline de l'agent public qui sait qu'il ne doit ni son recrutement, ni sa promotion à celui qui est considéré officiellement comme son chef hiérarchique s'explique donc aussi par cette hyperpolitisation du service de l'administration publique. Elle coproduit ces interminables « guerres des réseaux » qui déstructurent et paralysent le service public, des réseaux en compétition pour le monopole du pouvoir au sein des administrations publiques. Le « spectacle » qu'offrent le phénomène d'instructions et les contre-instructions dans la haute administration illustre bien cette forte cacophonie institutionnelle inhérente à cette « reseaucratie » générée par le phénomène de l'hyper politisation du service de l'administration publique[55].

La construction et la transposition de « relations de pouvoir parallèles qui peuvent se développer à l'intérieur de la ligne hiérarchique normale »[56] s'appuient sur l'appartenance commune à une société secrète, une fraternité initiatique, une obédience religieuse ou alors sur la transposition de la hiérarchie du parti au sein de l'administration publique. On a ainsi pu démontrer que dans une administration publique, le pouvoir du principal responsable peut être déprécié lorsqu'au sein de la même administration se trouve intégré son « parrain » et/ou ses aînés dans divers aspects de la vie en société. Il arrive souvent que la transposition de ce

[53] B. MOMO, « Un bicéphalisme de fait », in *Le Renouveau camerounais : certitudes et défis*, Yaoundé, Éditions ESSTI, 1983, pp. 85-98.
[54] Aristide M. MENGUELE MENYENGUE, « Les rites dans la gestion de la crise de succession présidentielle des années 1980 au Cameroun », *SEMEN, Revue de sémio-linguistique des textes et des discours*, Presses universitaires de Franche-Comté, 2017, n° 43, pp. 77-94
[55] *InfoMatin*, n° 1051 du mardi 29 mars 2022, p. 3.
[56] M. CROZIER, *Le Phénomène bureaucratique*, Paris, Seuil, 1964, p. 236

pouvoir ou de cette hiérarchie parallèle au sein de l'administration publique court-circuite la hiérarchie officielle et la mette à mal. C'est la neutralisation du pouvoir officiel par des allégeances parallèles coproductrices d'une situation d'impouvoir. Tout compte fait, la tendance et/ou la constance de la politisation du service de l'administration publique est une variable explicative de la prévalence des crimes économiques (B).

B. Le dévoiement des moyens de fonctionnement de l'administration publique

Comme la banalisation contemporaine des hiérarchies parallèles, les crimes économiques se sont particulièrement développés au sein de l'administration publique avec l'hyper politisation de la fonction publique. Il s'agit généralement de développer des sources de rentes parallèles à partir de l'opportunité que leur offre le recrutement ou la promotion au sein de l'appareil administratif. Sous ce rapport, le népotisme et le clientélisme deviennent des formes d'accumulation et de reproduction sociale qui entretiennent des affinités électives avec la corruption politique.

1) Les affinités électives entre politisation du service public et les crimes économiques

Si la rétribution du militantisme politique fait partie des données de l'échange en politique, il peut aussi être cohérent et logique de parler de la rétribution du parrainage politique. En effet, il existe des affinités électives entre politisation de l'administration publique et crimes économiques. Après avoir réussi à placer et à promouvoir leurs « protégés », les réseaux de parrainage se comportent généralement comme s'ils attendent un retour sur investissement. La vénalité des offices qu'ils contribuent à objectiver en servant d'intermédiaires entre l'impétrant et ceux qui, dans le circuit administratif sont détenteurs du pouvoir de nomination, les rend redevables d'une contrepartie qui consiste généralement à entretenir les réseaux et à le promouvoir.

Entretenir les réseaux passe généralement par des financements « occultes » au profit des parrains à qui on doit le recrutement ou la promotion dans la fonction publique. En échange de son investissement dans le recrutement ou la promotion d'un agent public, le réseau de parrainage politique, initiatique ou ethnique est désormais à mesure d'attendre de la recrue ou du promu un ensemble de service, de passe-droits ou d'avantages qui lui assurent et lui garantissent la protection du réseau dans l'exercice de ses fonctions. Tout comme l'indiscipline, les crimes économiques arrivent ainsi à se développer au sein de l'administration publique fortement politisée. En matière de parrainage politique et ethno-régional, ceci se vérifie nettement mieux. Comme le parti politique, le groupe ethnique qui a contribué à promouvoir un membre dans la fonction publique attend en retour que celui-ci se comporte désormais comme une sorte de « grand contributeur » pour aider à financer le parti politique ou œuvrer aux activités du groupe ethnique qui a contribué à le promouvoir. Ainsi, pour financer le parti politique qui a contribué à les promouvoir ou le groupe ethnique voire la fraternité initiatique qui les parraine, certains cadres de la haute fonction publique n'hésitent généralement pas à pratiquer les crimes économiques (corruption, détournement de fonds publics, abus des biens sociaux, *etc.*) pour s'acquitter de leurs obligations financières soit dans le parti politique, soit dans la confrérie initiatique ou encore dans le groupe ethno-régional qui les parraine. Dans les partis politiques où « la loi d'airain de l'oligarchie » favorise et promeut l'élitisme, « l'investiture des candidats par certains partis (RDPC, SDF notamment), est parfois monnayée à la tête du client. Les électeurs eux-mêmes, s'ils sont influents sont corrompus par l'argent… ».[57] Or, tel « un politicien entrepreneur », l'administrateur qui occupe un poste privilégié dans la fonction publique doit entretenir son ou ses réseaux de parrainage, financer son parti politique et développer l'évergétisme dans son terroir pour espérer conserver durablement sa fonction administrative voire prétendre à plus importante. De plus, « la gestion de l'emploi public s'opère sous la forme de redistribution sociale récompensant davantage la loyauté politique et personnelle que le mérite par ailleurs non défini »[58]. Conséquemment, les conflits d'intérêts s'inscrivent dans le registre de la banalité. D'où les affinités électives entre politisation de l'administration publique et crimes économiques. D'ailleurs, certains hauts fonctionnaires interpellés et inculpés dans le cadre de la campagne de lutte contre les crimes économiques n'ont pas hésité à déclarer qu'ils ont contribué financer le parti au pouvoir et des œuvres humanitaires avec les fonds détournés[59]. Le *straddling* – « le chevauchement d'une sphère à une autre »[60] - que pratiquent ces *big men* d'un autre genre les contraint souvent à tirer des rentes de leurs positions au sein de l'administration publique pour accumuler des ressources nécessaires au financement des activités du groupe ethno-régional, du parti politique, des confréries initiatiques dans lesquels ils occupent souvent des postes réservés aux élites. Aussi se construit-il systématiquement autour de ces élites administratives des réseaux clientélistes qui les introduisent peu à peu dans l'entreprise de parrainage politique pour pérenniser le réseau dont ils ont bénéficié et contribuer à leur tour à parrainer d'autres impétrants. La politisation de l'administration publique au Cameroun ne se traduit pas seulement par les effets pervers tels que la politisation des carrières, l'inflation des pratiques de corruption et de détournement de fonds publics ou encore le recours au clientélisme politique et au copinage. Politisé, patrimonialisé, clientélisé et dévoyé dans ses moyens comme dans ses missions régaliennes, le service public devient improductif ; d'où la problématique de la performance du service de l'administration publique au Cameroun (2).

[57] G. HAMAN ADJI, *De la corruption au Cameroun : le point de vue de l'homme politique*, in Pierre Titi Nwel (dir), *La corruption au Cameroun*, Yaoundé, Friedrich Ebert Stiftung Cameroun, 1999, p. 208.
[58] P.V. NGAMBO FONDJO, « l'administration publique camerounaise : forces, faiblesses et perspectives d'avenir », communication présentée en l'occasion du séminaire sur les activités de formation en éthique professionnelle, pour les fonctionnaires d'aujourd'hui, Projet CD-ROM pour l'Afrique, Centre africain de formation et de recherches administratives pour le développement, Tanger, 22 au 2 juin 2000, p. 4
[59] A.M. MENGUELE MENYENGUE, « De l'usage politique de la sanction : essai sur la politisation de la lutte contre la corruption et les détournements de fonds publics au Cameroun », *Juridis Périodique, Revue de droit et de science politique*, n° 108, octobre-novembre-décembre 2016, pp. 108-118.
[60] J-P. DALOZ, « Au-delà de l'État néo-patrimonial. Jean-François Médard et l'approche élitaire », *Revue internationale de politique comparée*, vol 13, n° 4, 2006, p. 619.

2) La problématique de la performance du service public politisé au Cameroun

Les systèmes d'administration publique en Afrique subsaharienne posent quasiment tous un problème de performance. Leur efficacité est sujette à caution et la question de leur capacité à contribuer à la construction du développement à défaut de servir et à satisfaire l'intérêt général se pose avec acuité. C'est l'une des variables explicatives de la détestation populaire de l'Administration publique en Afrique. Au Cameroun, la capacité du service public à accomplir sa mission de satisfaction de l'intérêt général est mise à rude épreuve par la satisfaction à géométrie variable de l'usager, la partialité inhérente à une administration publique politisée qui privilégie « la rétribution du militantisme politique » en accordant un traitement préférentiel aux communautés acquises au parti dominant, etc. C'est la remise en cause des principes de neutralité du service public, d'égalité des usagers du service public et de continuité du service public puisqu'en fonction des enjeux politiques, on assiste à une rupture ou *a contrario* à une continuité du service public.

C'est ici que le débat sur les enjeux de la politisation du service de l'administration publique notamment dans son rapport à la performance apparaît pertinent dans ses termes. En effet, Selon Bernard Gournay, il y a des arguments de nature politique et des arguments d'efficacité.[61] Du point de vue politique, on pense qu'« une administration composée de fonctionnaires inféodés à un parti est une menace pour les libertés publiques. Elle est portée à appliquer la loi de façon discriminatoire en favorisant les citoyens qui ont l'art de plaire au pouvoir et brimant les autres. Une administration politisée constitue par elle-même une violation du principe démocratique d'égale admissibilité des citoyens aux emplois publics sans autre distinction que celle de leur vertu et leurs talents ».[62] Du point de vue de l'efficacité, les tenants de l'apolitisme estiment que « des administrateurs nommés en fonction de critères politiques ne sont pas professionnellement compétents ou sont moins compétents que ceux des agents recrutés sur des bases objectives ; la qualité de la gestion est plus basse dans le second cas que dans le premier. D'une part, la continuité de l'action administrative risque de souffrir des changements de personnel qui se produisent lorsqu'un nouveau parti accède au gouvernement ».[63] D'autre part, le fait qu'une administration politisée recrute, promeut et distingue en fonction des affinités d'ordre politique (en s'assurant que les militants du parti au pouvoir occupent des postes stratégiques dans l'administration publique), pose un problème d'efficacité et de performance. Car, non seulement elle discrimine en fonction des affinités de tous ordres (ethniques, religieuses, confrériques, initiatiques, politique, *etc.*) entre les autorités politiques, l'administrateur et les usagers du service public, mais rompt aussi avec le principe de continuité du service public qui se trouve souvent mis à rude épreuve par les entreprises de purge politique propre au système de dépouille : le *Spoil system.* Paralysé par des conflits interminables de réseaux, dévoyé par la prévalence du néopatrimonialisme et segmenté par des pôles d'allégeances communautaires, le service public bascule dans une crise de

---

[61] B. GOURNAY, Introduction à la science administrative : Les administrations politiques dans les sociétés contemporaines, Paris, Les Presses de Sciences Po, 1978.
[62] B. GOURNAY, cité par M. P. ZE, *op. cit.*, p. 132.
[63] *Ibidem*, pp. 132-133

vocation manifeste. Pareille instrumentalisation du service public au Cameroun conduit *nolens volens* à sacrifier le mérite sur l'autel des affinités communautaires, sectaires ou politiques compromettant ainsi les perspectives de développement. Dès lors, la politisation excessive ou l'hyper politisation de l'administration publique au Cameroun produit non seulement des « dysfonctionnements bureaucratiques », mais contribue aussi à coproduire des effets pervers qui font craindre « les dangers d'une politisation excessive de la fonction publique »[64].

Si les usages politiques du service de l'administration publique sont à la fois nécessaires et indispensables, ils méritent cependant un dosage mesuré dans leur instrumentation. Le rapport à la politisation du service public doit être rigoureusement encadré pour prévenir tout excès préjudiciable à la performance de l'administration publique. Le mythe de l'apolitisme du service de l'administration publique n'en reste pas moins un dans la mesure où une administration a toujours besoin d'une impulsion politique, d'un projet de société lui-même politique ou d'une orientation politique voire idéologique pour performer. Une administration publique est nécessairement au service d'une vision politique. De ce point de vue, elle doit être politisée pour avoir un référentiel cognitif afin de se déployer. *Merit system* et *spoil system* sont parfaitement conciliables d'autant plus qu'*in fine* la différence n'est pas une différence de nature, mais de degré de politisation. De cet équilibre entre *merit system* et *spoil system* dépendent l'efficacité et la performance de l'administration publique camerounaise.

[64] J-P. LACAM, *La France, une République de mandarins ? Les hauts fonctionnaires et la politique*, Paris, Éditions Complexes, 2000, p. 81.

L'ŒUVRE CONSTITUTIONNELLE D'ÉTIENNE CHARLES LEKENE DONFACK

Éric M. NGANGO YOUMBI

Agrégé de droit public
Membre de l'Association internationale de droit constitutionnel
Université de Maroua (Cameroun)

« On ne comprend véritablement et pleinement une œuvre constitutionnelle que si on connaît les mobiles politiques de ses auteurs, les idées politiques qu'ils ont poursuivi à travers elle et par elle la réalisation[1] *».* L'auteur de ces lignes a eu le privilège de faire la connaissance du dédicataire en 2014 et d'accumuler à son égard au fil des fréquentations, un lourd passif en termes de reconnaissance. Il peut donc plus que des idées juridiques, rendre le témoignage fidèle des qualités de l'homme, qui sont des auxiliaires souvent oubliés du bon universitaire. L'on promènera donc de façon cursive le miroir magique emprunté à la reine de « Blanche Neige », du côté de la vie privée, pour donner au lecteur un miroitement de l'homme de droit dans les jardins et les salons, avant de le retourner vers la vie publique pour refléter pleinement l'œuvre constitutionnelle de cet universitaire dont les profondes valeurs humaines ne sont pas étrangères au mérite de l'œuvre.

Côté vie privée, le juriste distingué que l'on célèbre est issu d'une ascendance royale (son père fut chef de village et magistrat) ; l'on comprend qu'il manifeste sans ostentation une fierté de bon aloi et une élégance à la fois intellectuelle et vestimentaire. Sa disponibilité, son humour à la française, son goût friand de belles anecdotes et de petites galéjades escamotent les parapets protocolaires et mettent son interlocuteur en confiance ; ce qui attire vers lui un nombre impressionnant de visiteurs.

L'abandon des amphithéâtres et le travail du temps n'ont pas entamé la lucidité du professeur. Bien au contraire, il est semblable au « Château pétrus » qui se bonifie avec le temps. Il aime la controverse autour des sujets parfois complexes qu'il aborde avec une ardeur juvénile et si elle lui donne souvent raison, c'est que ses vues sont précises et aiguës. Combien n'eûmes-nous pas des débats constitutionnels souvent houleux ? Moi paré à l'époque de l'épaulette décolorée de l'assistanat, et lui, auréolé de la gloire flamboyante de l'éméritat, mais toujours habité de la certitude que l'estime et l'amitié sans feinte qu'il me porte ne sont pas tributaires des différences d'opinions, fussent-elles profondes.

---

[1] Ch. EISENMANNN, « L'organisation constitutionnelle du troisième Reich : de Weimar à Potsdam », *Bulletin mensuel jaune,* n° 9, juin 1934, p. 201.

Apprenant à ses interlocuteurs à lier la civilité la plus parfaite à l'indépendance la plus rigoureuse, il nourrit un mépris féodal pour la logique, car la logique selon lui va droit au but alors que la complexité des problèmes juridiques n'exige pas d'arriver si tôt. Il a en revanche un respect scrupuleux pour l'argument juridique, celui en particulier qui s'appuie sur la Constitution, dont il est l'intransigeant serviteur. Avec une foi inaltérable, il répand autour de lui la chaleur rayonnante de son optimisme en la société et la république qu'il a servie et continue de servir avec loyauté, conscience et une élévation morale certaine.

Côté vie publique, la carrière foisonnante du doyen de la Faculté de droit de Douala, est difficilement réductible à la simple conjugaison des maroquins ministériels et des mandats représentatifs. La figure d'universitaire semble repousser au second plan les hautes fonctions de l'État qu'il a occupées et sur lesquelles nous laissons l'honneur à d'autres contributeurs de délivrer le récit. Tout comme Louis Trotabas, Loïc Philip, Michel Bouvier… en France, le nom du dédicataire est dans la conscience du juriste africain, naturellement associé au domaine des *finances publiques*. Cette forte réputation dont il est accrédité s'explique pour au moins trois raisons : d'abord la mémorable leçon de spécialité qu'il donna en tant que candidat au concours d'agrégation en 1997 *(« Ajustement structurel et finances publiques »)* qui marqua fortement ses congénères ; il y a ensuite les enseignements dispensés dans le domaine des *finances publiques* à l'Université de Yaoundé en tant que chargé de cours et à l'Université de Douala qui habitent durablement le souvenir et le cœur des générations d'étudiants ; enfin - et cela nous semble le plus déterminant, son célèbre Précis *(Finances publiques au Cameroun*[2]*)* qui est une remarquable œuvre de doctrine laissée à la postérité[3].

Si les *Finances publiques* sont incontestablement la discipline où il a acquis la notoriété la plus grande, dans un paysage juridique africain qui fut en friche sur la question, cela ne signifie pas que l'on doit oublier celles où il a œuvré avec sans doute moins de fréquence, mais un égal bonheur. La légitime notoriété de grand financier ne doit pas de ce point de vue, faire ombrage à la casquette de constitutionnaliste qui demeure largement ignorée et constitue pourtant sa marque déposée, si l'on s'en tient à sa thèse de doctorat d'État intitulée « L'expérience du fédéralisme camerounais : les causes et les enseignements d'un échec[4] », préparée et défendue à l'Université de Clermont I en 1979 sous la férule du Professeur Jean Rorh, à ses premiers travaux qui sont un élargissement de ses réflexions doctorales[5], sa participation à la Constituante en 1993, et plus récemment au Conseil constitutionnel.

Pour celui qui a lu ou relu le Doyen, il ne peut qu'être frappé par la profonde actualité de ses vues (sur la question anglophone[6]) et l'unité d'une pensée et d'une

---

[2] E.C. LEKENE DONFACK, *Finances publiques camerounaises*, Paris, éd. Berger Levrault, 1987.

[3] V° Les contributions au présent ouvrage de S. BILOUNGA, « Le « Lekene Donfack ». À propos du bréviaire de la doctrine des finances publiques camerounaises », et celle de D. NKAKE EKONGOLO, « La contribution du Doyen Lekene aux finances publiques camerounaises ».

[4] E.C. LEKENE DONFACK, *L'expérience du fédéralisme camerounais : les causes et les enseignements d'un échec,* thèse de doctorat d'État, Université de Clermont I, 1979, 416 p.

[5] V° notamment « Le renouveau de la question fédérale au Cameroun », *Penant* n° 826,1998, p. 30-61.

[6] P. KONINGS, « Le 'problème anglophone'au Cameroun dans les années 1990 », *Politique africaine* vol. 62, 1996, pp.25-34 ; P.F. NKOT, « Le référendum du 20 mai 1972 au Cameroun : analyse de quelques tendances de doctrine », *Les Cahiers de droit,* vol. 40, n° 3, 1999, pp. 665-690 ;

action tournées vers le progrès du droit. Ce n'est pas seulement la technique juridique qui est maîtrisée, mais la recherche du perfectionnement du droit et de l'Homme dans toutes ses dimensions.

L'apport du Doyen dans le domaine constitutionnel paraît assez dense et apologétique pour mériter que l'on s'y attarde. Afin de présenter l'œuvre de ce grand constitutionnaliste camerounais, penseur impénitent du fédéralisme, qui a participé activement à la modernisation de nos institutions et à l'enracinement du pluralisme politique au Cameroun, l'on s'attachera à distinguer deux figures : celle du théoricien du droit et des idées politiques (I), celle ensuite de l'un des ouvriers de l'architecture constitutionnelle camerounaise (II).

I. LE PENSEUR CONSTITUTIONNEL

Le penseur constitutionnel se définit tout d'abord par ses œuvres de doctrine et comme l'affirme Charles Eisenmann, par les mobiles politiques qui l'animent, les idées politiques dont il a poursuivi à travers elles et par elles la réalisation[7].

La figure de penseur constitutionnel du maître de Douala nous amène à passer en revue ses écrits de droit constitutionnel (A) et les postures épistémologiques qui les traversent (B).

A. Les écrits de droit constitutionnels

Il se dégage de la littérature constitutionnelle d'Étienne Charles Lekene Donfack, une prédominance de la problématique fédérale (1), laquelle n'occulte pas les réflexions portées sur d'autres objets constitutionnels tout aussi importants (2).

1) Une prédominance de la problématique fédérale

La thèse du Doyen Lekene, rédigée dans un style sans défaut et fioritures, unissant l'érudition, la finesse et la vigueur, n'était-elle pas déjà un heureux présage d'une forte personnalité ? Attentif à la réalité sociale sans s'abandonner aux à-peu-près et autres simplifications, il soutient un point de vue audacieux, critique et résolument novateur dans un contexte particulier, fortement marqué par l'autoritarisme administratif et politique. Gérard Timsit n'affirme-t-il pas que *« la pureté de la science n'exige pas de la science qu'elle ampute les réalités de leur réalité. Elle doit au contraire les prendre en considération dans tous leurs aspects*[8] *»*.

Autour d'un intitulé polémique : *« expérience du fédéralisme camerounais : les causes et les enseignements d'un échec »*[9], il analyse l'expérience fédéraliste camerounaise et explique pourquoi elle fut un échec au triple plan territorial,

---

[7] Ch. EISENMANNN, « L'organisation constitutionnelle du troisième Reich : de Weimar à Potsdam », *op.cit.*, p. 201.

[8] G. TIMSIT, « Science juridique et science politique chez Charles Eisenmann » in *La pensée de Charles Eisenmann,* Journées d'études, Strasbourg, 27 au 28 septembre 1985, organisées par le Centre de droit public interne de Strasbourg et le Centre de philosophie du droit de Paris, Paris, Economica, 1986, p. 19

[9] E.C. LEKENE DONFACK, *L'expérience du fédéralisme camerounais : les causes et les enseignements d'un échec,* op.cit.

institutionnel et culturel. Le choix du sujet est guidé non seulement par le goût de l'auteur pour la doctrine fédéraliste sous toutes ses coutures (politique, juridique, historique, géographique, culturel), conçue comme la multiplicité de l'Homme dans ses spécificités, mais surtout le souci de proposer des solutions à des interrogations permanentes entre francophones et anglophones au Cameroun. Déclassant les écrits devanciers des auteurs africains sur cet objet, il a eu le mérite de bousculer les raisonnables certitudes et les paisibles ordonnancements.

La pensée de Lekene Donfack, s'abreuve à celle des philosophes idéologues et des théoriciens institutionnalistes de l'État fédéral. Il prend appui sur un philosophe et sociologue français du XIXe siècle, Pierre-Joseph Proudhon et ses disciples Robert Aron et Alexandre Marc[10] qui peuvent être qualifiés de révolutionnaires anarchistes, hostiles à l'autorité du gouvernement, au pouvoir sous toutes ses formes, sous tous ses masques, favorables en revanche à l'établissement de la justice entre les hommes qu'ils considèrent comme la raison d'être véritable de la société. Le seul système pouvant réaliser cette justice est selon ces auteurs, la fédération. Sa thèse s'enracine également dans le sillon des penseurs du gouvernement fédératif, tels Alexandre Hamilton proposant le dépassement de la confédération, Georges Scelle, promoteur de l'État fédéral ou encore Doudou Thiam qui fustige le fédéralisme destructif, celui qui est à la remorque de la réalisation de l'unité nationale.

Cette thèse sera prolongée par deux articles sur la question fédérale. Ainsi, à la conférence organisée du 24 au 31 décembre 1997, par l'Institut du fédéralisme de l'Université de Fribourg (Suisse) sous le thème général du *« Fédéralisme et décentralisation en Afrique : le défi multiculturel »,* le doyen de Douala fit une communication mémorable sous le thème *« Fédéralisme et protection des minorités au Cameroun ».* La thèse centrale de sa contribution est que la protection des minorités n'est pas fonction de la forme de l'État. Pour l'appuyer, il dresse d'abord le constat de la malheureuse tentative de protection de la minorité anglophone dans l'État fédéral de 1961 à 1972, pour ensuite présenter l'idée de protection des minorités dans les années 1990. L'article sur « *le Renouveau de la question fédérale au Cameroun*[11] », poursuit la réflexion en faisant un inventaire de formules de fédéralisme envisageable au Cameroun. Entre la thèse du bi-étatisme originel, celle du fédéralisme à dix et celle à quatre, il constate pour le regretter le rejet des pouvoirs publics devant ces diverses solutions. Parmi les nombreux mérites du professeur, ce n'est pas l'un des moindres que celui d'avoir réfléchi en précurseur sur un certain nombre d'objets constitutionnels.

2) Une place à d'autres objets constitutionnels

Si le « fédéralisme » est sans nul doute son principal objet d'analyse, il ne faut pas perdre de vue qu'il y a dans sa bibliographie, une place importante à d'autres objets constitutionnels, parmi lesquels trois semblent les plus significatifs : une réflexion de précurseur sur la question de la révision constitutionnelle en Afrique qui motivera d'ailleurs son implication ultérieure dans la constituante en 1993 ;

[10] J.-J. CHEVALIER, « Le fédéralisme de Proudhon et ses disciples » in *Le fédéralisme,* I, PUF, Paris, 1 956.
[11] E.C. LEKENE DONFACK, « Le renouveau de la question fédérale au Cameroun », *Penant* n° 826, op.cit.

une contribution tout aussi iconoclaste sur les *« candidatures indépendantes »* et plus récemment, une chronique de la jurisprudence du Conseil constitutionnel cosignée par l'auteur de ces pages et un jeune doctorant (E.W. Tsolefack Awafa) qui a été de fait, pendant quelques années, l'assistant du Doyen Lekene au Conseil constitutionnel.

L'article sur *« La révision des Constitutions en Afrique »* paraît à la *Revue juridique et politique*[12] en 1989, soit au seuil de la grande ouverture démocratique que connaîtra le continent africain. Cette contribution rend compte des dispositions constitutionnelles formelles encadrant la révision en Afrique (initiative, vote, limites au pouvoir de révision), ce qui lui permet de faire le constat d'un déséquilibre des attributions des organes constitutionnels en la matière, au profit du président de la République plus en concurrence avec le parti qu'avec le Parlement, mais aussi du dépassement des procédures formelles de révision par une atteinte de droit (le référendum) et une atteinte de fait (le coup d'État) dans le but essentiel qui est celui de la maîtrise du pouvoir. L'actualité constitutionnelle africaine n'accrédite-t-elle pas une telle vision des choses ?

Le penseur du fédéralisme reviendra en 1997 à la *Revue de l'École nationale d'administration,* avec un article sur *« la candidature indépendante et la liberté de suffrage en droit camerounais*[13] *»,* republié à la *Revue africaine de sciences juridiques* de Rabat en 2000. Il s'agit incontestablement d'une réflexion iconoclaste qui épouse aujourd'hui l'actualité constitutionnelle marquée par l'admission des candidatures indépendantes par certaines juridictions constitutionnelles africaines telle l'Afrique du Sud[14] ; et l'actualité politique française caractérisée par ce que l'on pourrait appeler la mort des partis politiques traditionnels, comme en témoignent les résultats catastrophiques enregistrés par la Droite et la Gauche, éliminées au premier tour de la présidentielle de 2022.

Il pose dans cette contribution la question de savoir si l'action politique peut être envisagée par le citoyen sans l'appui de l'appareil politique que constitue le parti. En considération du droit en vigueur de l'époque, le Doyen constate que si la candidature indépendante est reconnue au Cameroun à la présidentielle, elle reste soumise aux mêmes exigences minimales que le candidat présenté par un parti et le parrainage accroît l'inégalité entre les candidats. Son exclusion aux élections législatives et municipales aboutit à consacrer en ce domaine une forme de suprématie des partis politiques qui ont le pouvoir d'encadrer les candidats aux élections et de contrôler les élus. Ce qui les rend fortement dépendants. L'auteur appelle implicitement à un *aggiornamento* du régime des candidatures indépendantes afin de réaliser le plein exercice du droit de suffrage. Ces questions sont au cœur des polémiques constitutionnelles au Sénégal et au Bénin (avec notamment la question des parrainages à l'élection présidentielle).

---

[12] E.C. LEKENE DONFACK, « La révision des constitutions en Afrique », *Revue juridique et politique,* 1989, n° 1, pp. 45-71.

[13] E.C. LEKENE DONFACK, « La candidature indépendante et la liberté de suffrage en droit camerounais », Revue de l'École nationale d'administration, vol. 7, 1, 1997, pp. 15-50 ; *Revue africaine des sciences juridiques,* vol. 1, 1, 2000, pp.21 652.

[14] La Cour constitutionnelle sud-africaine a admis *« les candidatures indépendantes »* dans sa décision CCT 110/19 du 11 juin 2020, *New Nation Mouvement NPC and others vs President of South Africa and others (Council for the advancement of the South African Constitution as amicus curiae).*

La récente contribution du maître, rédigée à plusieurs mains, prend en compte les évolutions du droit constitutionnel camerounais marqué par l'avènement du Conseil constitutionnel et sa mise en place effective. L'étude intitulée « Chronique du Conseil constitutionnel camerounais (2018 à 2020) » parue en 2022 à la *Revue française de droit constitutionnel*[15], est construite sur une analyse de deux ans de jurisprudence du Conseil constitutionnel camerounais (soit du 15 mars 2018 au 14 octobre 2021), représentant une centaine de décisions et avis (97 pour être plus précis). Il s'agit d'une forme de relevé exhaustif et objectif de l'activité du Conseil constitutionnel pouvant servir de *Mémento*, essentiel à gérer les questions qui lui seront posées et d'anticiper sur de nouvelles difficultés.

La diversité des objets abordés rend difficile, mais pas impossible, toute catégorisation du maître parmi les constitutionnalistes.

B. Les postures épistémologiques du dédicataire

Il est possible de classer le Professeur Lekene parmi les constitutionnalistes – institutionnalistes. Par ailleurs, ne perdons pas de vue que le chercheur, même s'il s'interdit tout jugement de valeur au nom de la neutralité axiologique, est marqué même inconsciemment par celui – ci. De ce point de vue, le dédicataire de cette contribution peut être qualifié d'institutionnaliste – girondin.

Charles Étienne Lekene Donfack est à notre avis un constitutionnaliste – institutionnaliste (1) qui, sur l'organisation de l'État, adopte une posture proche de la pensée girondine en France (2).

1) Un constitutionnaliste - institutionnaliste

Le droit constitutionnel donne en effet l'image d'une église à plusieurs chapelles. À notre avis, trois critères au moins peuvent servir à classer les constitutionnalistes : le critère chronologique ou générationnel ; le critère objectif qui se réfère aux centres d'intérêt, aux champs scientifiques ou aux objets qu'ils étudient et le critère épistémologique ou méthodologique qui permet de distinguer dans le droit constitutionnel, les historiens, les philosophes, les sociologues, les juristes.

Louis Favoreu a tenté une catégorisation suivant le deuxième critère. Elle est certes critiquable, ce qui ne nous empêche pas de la retenir provisoirement en y apportant quelques ajustements. Il distingue entre autres : le droit constitutionnel institutionnel ; le droit constitutionnel normatif (le système des normes et les rapports entre elles) ; le droit constitutionnel relationnel ou des libertés[16]. Il convient d'y ajouter le *« droit constitutionnel jurisprudentiel »* ou processuel. Sans doute pourrait-on penser qu'il s'agit d'un courant transversal qui traverse le droit constitutionnel institutionnel, normatif ou relationnel, car le juge constitutionnel connaît aussi bien des questions liées à la structure et la dynamique des institutions, celles qui se rapportent au système des normes, celles liées aux droits fondamentaux que celles touchant aux règles de procédure. Il y a une

---

[15] E.C. LEKENE DONFACK, E.M. NGANGO YOUMBI, E. TSOLEFACK AWAFA, « Chronique de jurisprudence du Conseil constitutionnel camerounais (2018 à 2020) », *RFDC,* 2022/1, n° 129, pp. 207 à 241.

[16] L. FAVOREU, « Le droit constitutionnel, droit de la constitution et constitution du droit », *RFDC,* n° ? 1990, p. 71.

jurisprudence constitutionnelle institutionnelle, normative et des libertés. Le droit constitutionnel normatif peut être par ailleurs compris de façon large et englobant en y intégrant la jurisprudence constitutionnelle. Si la norme est le contenu d'une règle de droit, ce contenu résulte aussi bien des dispositions énonciatives que de l'interprétation donnée par le juge constitutionnel.

Le courant institutionnaliste regroupe les penseurs du pouvoir politique et de l'État. Il s'intéresse aux sujets tels le fondement du pouvoir, la souveraineté, la séparation des pouvoirs, le statut des gouvernants et le statut des gouvernés. À l'intérieur de ce courant, on a la tendance philosophique plus portée vers la théorie générale. C'est le droit constitutionnel des Adhémar Esmein, Maurice Hauriou, Léon Duguit et leur disciple Raymond Carré de Malberg. Cette tendance, majoritaire pendant les IIIe et VIe République peut se comprendre, dans la mesure où les lois constitutionnelles de 1875 et la Constitution du 27 octobre 1946 en France se bornaient à traiter des institutions et de la meilleure expression de la volonté générale des représentants régulièrement élus.

Le courant normativiste trouve ses lettres de noblesse dans la génération de Georges Vedel qui fait le pont entre les auteurs des IIIe, IVe et Ve République. La Ve République fera naître des néoinstitutionnalistes qui mettront l'accent sur le comparatisme par l'étude des régimes politiques du monde, le régime de la Ve République française selon une perspective historique (l'étude de l'histoire constitutionnelle française), dogmatique qui s'attache à décrire les normes ou le système des normes. Le courant dogmatique s'intéresse davantage à la Constitution, son élaboration, sa révision, son contenu, sa valeur juridique, sa place dans la hiérarchie des normes. L'approche sociologique ou réaliste est à la lisière de la science politique qui fait une bonne place aux réalités politiques et singulièrement à la description pratique de la Ve République. Elle a été portée par des auteurs tels Maurice Duverger, Georges Burdeau (disciple de Carré de Malberg), Jean Gicquel et Pierre Avril, Bernard Chantebout, Olivier Duhamel… Les chercheurs africains au courant des années 1990 leur ont emboîté le pas.

Le courant relationnel prend en réalité racine à partir de la seconde guerre mondiale, période au cours de laquelle l'Europe connaît une revalorisation de la notion de Constitution et l'émergence d'un discours sur les droits de l'homme. C'est ce que Louis Favoreu appelle la rejuridicisation du droit constitutionnel. L'Allemagne, l'Autriche, l'Italie ont donné le ton, ensuite la Grèce, le Portugal, l'Espagne ont suivi. La France à partir de la décision du 16 juillet 1971 dite *Liberté d'association* s'est mis à jour. Les auteurs de ce courant peuvent être qualifiés *d'hommistes* tant ils mettent l'accent sur le statut des gouvernés. Ils s'inspirent du droit administratif, notamment des travaux de Jean Rivero, Jean Morange, relatifs aux libertés publiques, pour mettre l'accent sur les droits et libertés fondamentaux. C'est le droit constitutionnel de Louis Favoreu et des auteurs qui l'ont précédé dans cette approche ou lui ont emboîté le pas…

Il y a en effet un lien consubstantiel entre la justice constitutionnelle et l'émergence des droits fondamentaux des citoyens. Le courant substantialiste n'est donc pas éloigné du courant processualiste ou contentialiste, raison pour laquelle on retrouve pratiquement les mêmes auteurs dans ces deux courants. Toutefois, l'activité du juge constitutionnel ne se résume pas à la garantie des droits. Le courant contentialiste en France prend racine à partir des travaux de Léo Hamon qui fut le premier à annoter régulièrement les 23 décisions du Conseil constitutionnel français au Dalloz et Sirey de 1959 à 1969. Ce courant qui tend à souligner l'apport du juge constitutionnel non seulement dans la définition des régimes politiques mais aussi dans la garantie des droits, compte parmi des auteurs tels François Luchaire, Léo Hamon, Bruno Genevois, Louis Favoreu et l'équipe de Marseille, Loïc Philip, Michel Fromont, Dominique Turpin, D. Rousseau et l'équipe du CERCOP, Guillaume Drago, Heny Roussillon, Élizabeth Zoller, Pascal Jan, Guillaume Tusseau, Michel Verpeaux, Bertrand Mathieu, Xavier Dupré de Boulois..., qui signent des chroniques de jurisprudence respectivement du Conseil constitutionnel, de la Cour de Karlsruhe, de la Cour suprême américaine ou des ouvrages ayant pour objet la juridiction constitutionnelle et les décisions qu'elle rend. En Afrique, quelques chercheurs parmi lesquels l'auteur de ces lignes, ont résolument emprunté ces sillons.

Soulignons qu'il est difficile d'ériger un rideau de fer entre ces différentes chapelles. Elles sont unies par un lien fort. Les décisions analysées par le contentialiste touchent forcément aux institutions, aux statuts des gouvernants et des gouvernés ; il est donc aussi un institutionnaliste et un substantialiste. Inversement, celui qui a pour centre principal les institutions ne peut faire l'économie d'une analyse du Conseil constitutionnel une institution phare du paysage juridique moderne, dans son organisation, son fonctionnement incluant les procédures suivies devant lui, il est donc en quelque sorte contentialiste.

L'analyse de l'œuvre du dédicataire montre si bien la porosité des chapelles constitutionnalistes. De par les thèmes abordés, le Doyen Lekene est d'abord et avant tout un *institutionnaliste* qui planche sur la forme de l'État. De manière subsidiaire, il pourrait être rattaché au courant *substantialiste,* car sa vision du fédéralisme est empreinte de subjectivation, c'est-à-dire un souci de faire prévaloir les droits subjectifs des citoyens sur les intérêts de l'État, notamment le droit de participation. La recherche constante de l'épanouissement de l'homme dans ses différentes dimensions et son affranchissement des excès de la puissance commandante dont il se méfie, constitue sa joyeuse obsession. On retrouve également dans ses travaux, un article qui se rattache au courant *formaliste (normativiste)* et qui traite de la révision constitutionnelle[17]. Ce goût pour la réflexion *institutionnaliste* n'a rien d'anormal et n'est que logique ; il n'est en fait qu'un remarquable héritage de son père, l'un des premiers présidents (non-magistrat de profession) de tribunal au Cameroun qui lui transmit une importante culture juridique – une ascendance qui rappelle celle de Louis Trotabas, lui aussi fils de magistrat, sans doute déterminante pour l'orientation qu'il prendra.

2) Un constitutionnaliste – girondin

Les oppositions qui ont émaillé la Constituante au Cameroun en 1993, ressemblent à celles connues en France en 1793 lors de la république naissante entre Montagnards (comportant entre autres le club des jacobins) dont les chefs de file furent Robespierre, Danton, Marat et les Girondins, certes de la même génération et du même milieu social, mais furieusement opposés sur la conception de la république.

Les Jacobins avaient à cœur la construction d'une république qui imposerait au peuple une structure et un gouvernement fort, d'une part parce que cela leur parut

[17] E.C. LEKENE DONFACK, « La révision des constitutions en Afrique », op.cit.

être un gage d'efficacité, d'autre part parce que le peuple était selon eux immature. À l'opposé, les Girondins, dont les chefs de file furent entre autres, Jacques Pierre Brissot, Jean-Marie Roland de la Platière forment un groupe politique ayant siégé à l'Assemble législative puis à la « Convention nationale » pendant la Révolution française, sont sensibles aux différences et à la variété des coutumes, furent les partisans d'une vraie décentralisation qui attribuerait aux départements les détails de l'administration intérieure pour ne réserver au centre qu'un rôle de contrôle. Ils sont partisans de la liberté politique et économique. C'est de manière schématique la dialectique entre centristes et régionalistes.

De par ses travaux, il ne fait pas de doute que le Professeur Lekene Donfack est un Girondin convaincu et impénitent. Cela se vérifie à travers les travaux sus-évoqués, qu'il s'agisse de sa thèse intitulée « Expérience du fédéralisme camerounais : les causes et les enseignements d'un échec »[18], des deux réflexions susmentionnées (« Fédéralisme et décentralisation en Afrique : le défi multiculturel » ; « Fédéralisme et protection des minorités au Cameroun ») ou même de l'article sur « le Renouveau de la question fédérale au Cameroun[19] », il y a un souci de défendre un localisme contre un trop centrisme.

Il aurait manqué au Doyen de Douala de ne pas ajouter à cette dimension théorique, les responsabilités de l'action. Ses attributs d'institutionnaliste – girondin trouveront à s'employer dans l'élaboration des textes importants parmi lesquels la Constitution.

II. L'EXPERT CONSTITUTIONNEL

L'expertise constitutionnelle du dédicataire s'est exprimée sur deux chantiers qui sont d'ailleurs complémentaires : le chantier de la rédaction de la Constitution et celui de sa garantie dans le cadre de son application ou interprétation.

Il a ainsi participé comme membre représentant les pouvoirs publics à la constituante (A) et comme professeur de droit public à la toute première équipe des membres du Conseil constitutionnel (B).

A. La participation à la constituante

Appelé à la Constituante par le Premier ministre HAYATOU, il manifesta quelques fois à l'égard de celui qui l'avait invité à cette grande œuvre historique à laquelle il contribua de manière discrète et décisive, une « vertueuse ingratitude », selon l'expression de Charles Eisenmann, et une opposition que sa sincérité ne pût dissimuler. Même si toutes les idées du professeur n'ont pas été constitutionnalisées, il semble nécessaire, de les faire savoir, à l'image d'une opinion dissidente à graver dans du marbre pour aiguillonner la conscience constitutionnelle des futurs ouvriers de l'ingénierie juridique.

Il est intéressant d'examiner dans le détail, les propositions non constitutionnalisées du professeur (1) avant de souligner son empreinte

[18] E.C. LEKENE DONFACK, *L'expérience du fédéralisme camerounais : les causes et les enseignements d'un échec,* op.cit.

[19] E.C. LEKENE DONFACK, « Le renouveau de la question fédérale au Cameroun », *Penant* n° 826, op.cit.

constitutionnelle, c'est-à-dire les dispositions qui se retrouvent aujourd'hui dans la Constitution et qui sont le résultat de son influence (2).

1) Propositions non constitutionnalisées

Le Professeur Lekene a été associé au comité technique tripartite (CTT), chargé par la Tripartite[20] de faire des propositions relatives à la réforme constitutionnelle et au comité de rédaction sur les questions constitutionnelles (11 membres) en tant que membre représentant les pouvoirs publics, aux côtés des Professeurs Joseph Owona (président du Comité), Stanislas Meloné, Joseph-Marie Bipoun-Woum et de Benjamin Itoé. Le comité travailla à l'élaboration d'un avant-projet de Constitution, du 27 novembre 1991 au 17 mai 1993, soit 18 mois[21]. Ses travaux seront consignés dans un texte de 167 articles, rendu public le 17 mai 1993.

Les propositions du Doyen de Douala s'exprimeront de manière claire dans le cadre du comité de rédaction des questions constitutionnelles (CRQC), organe hautement technique s'il en fût et relativement restreint dont les travaux feront l'objet d'un rapport clair. Présent en tant que membre du comité technique chargé du projet de révision constitutionnelle (CTPRC), son empreinte sera moins déterminante au sein de cette structure en raison de la nature éminemment politique dudit organe, de sa composition pléthorique et de son mandat, il ne fera pas partie du comité consultatif constitutionnel (CCC).

– Au sein du comité de rédaction des questions constitutionnelles

Les membres du comité ne s'entendirent pas sur la forme à donner au nouvel État, les anglophones (Simon Munzu, Sam Elad, Benjamin Itoé, Carlson Anyangwé) à qui on associera un francophone (Charles Étienne Lekene Donfack par ses points de vue doctrinaux) furent pour une structure fédérale, alors que la plupart des francophones souhaitaient un État unitaire décentralisé ou régionalisé.

Les propositions non constitutionnalisées du Professeur Lekene résultent bien évidemment des prises de parole orales tant au sein des commissions spécialisées qu'en assemblée plénière du comité, elles transparaissent surtout dans le texte du 17 mai 1993, œuvre ambitieuse comportant 167 articles et considérée par Alain Didier Olinga comme *« une pierre blanche dans le cheminement constitutionnel du pays », « le point culminant de l'incubation du nouvel ordre constitutionnel »* ; *« le reflet et le témoin de l'aspiration à la novation constitutionnelle du peuple camerounais*[22] *»*.

Le Doyen prit part à quatre commissions spécialisées : la commission réfléchissant sur le Titre VII – Du pouvoir judiciaire ; la commission spécialisée sur le Titre XI – Le Conseil d'État, la commission sur le Titre XIII – Des régions

---

[20] La Tripartite, une conférence nationale non souveraine réunissant 200 personnalités représentant les pouvoirs publics, les partis politiques et la société civile, s'est tenue du 30 octobre au 17 novembre 1991, MBOME (F. X), « Constitution du 2 juin révisée ou nouvelle Constitution ? » in *La réforme constitutionnelle du 18 janvier 1996 au Cameroun – Aspects juridiques et politiques* (dir., MELONE S., MINKOA SHE A., SINDJOUN L.), Fondation Friedrich Ebert/GRAP, 1996, p. 17.

[21] OLINGA (A. D), *La Constitution de la République du Cameroun,* PUCAC, 2e éd., revue et corrigée, Yaoundé 2013, p. 28.

[22] Ibidem, p. 29.

ou du pouvoir régional et la commission spécialisée sur le Titre XIV – De la révision.

Le texte de 1993 sera adressé au président de la République et ne sera en revanche jamais soumis à la Tripartite car elle ne fut plus convoquée et le comité de rédaction des questions constitutionnelles sera remplacé par le comité consultatif constitutionnel.

Sur le Titre VII relatif au pouvoir judiciaire, c'est à propos du contrôle des comptes qu'il s'est particulièrement démarqué. Le dédicataire a toujours été convaincu du principe qu'aucune institution, aucun ordonnateur, aucun gestionnaire public et aucun comptable ne devraient échapper au contrôle des finances publiques. Il n'y aurait donc aucun secteur de la nation bénéficiant d'une quelconque immunité financière, car il s'agit de contrôler le maniement de l'argent public, fruit des efforts de tous les Camerounais. Ainsi serait valorisé le principe du consentement à l'impôt et consacrée par voie de conséquence, la notion de redevabilité. Il a milité de façon vive pour l'institution d'une Cour des comptes aux standards modernes pour le contrôle juridictionnel des finances publiques. Le contentieux financier serait unifié au niveau de la Cour des comptes dont les justiciables seraient non seulement les comptables mais également les ordonnateurs. Cette Cour jouerait le rôle d'institution supérieure des finances publiques en lieu et place du Contrôle supérieur de l'État qui demeurera un organe administratif de contrôle des finances publiques. La reddition des comptes, le contrôle des ordonnateurs, comptables et gestionnaires de crédits, compétences dévolues à la Cour des comptes, consacrera un ordre juridictionnel financier, distinct de l'ordre administratif et judiciaire.

Ainsi, l'article 95 de l'avant-projet de Constitution de 1996 (non adopté) réduisait la Cour suprême à la portion congrue de la plus haute juridiction de l'État en matière judiciaire. Il prévoyait une Cour des comptes comme « institution supérieure des finances publiques » et garantissait son indépendance (article 110 de l'avant-projet). En plus de la fonction de jugement et de certification des comptes des comptables publics et de fait, elle était compétente pour mener des enquêtes spéciales et des études spécifiques sur des thèmes ayant des incidences sur les finances publiques de l'État.

Les travaux de la Commission sur le Titre XIII – Des régions ou du pouvoir régional ont été l'occasion pour le dédicataire, d'exposer ses vues. À défaut de fédéralisme, il a toujours été convaincu de ce que l'on devrait, dans le souci d'équilibre, d'équité et de modernisation, créer un État régional. Il s'agit d'une formule développée dans son article sur le « Renouveau de la question fédérale ». Chaque région détiendrait les institutions d'un mini-État, quasi autonome, avec des moyens de subsistance, en plus des ressources propres. L'État régional bénéficierait de la péréquation dans la répartition des ressources budgétaires. Cette option de régionalisme qui n'est pas originale (Espagne, Allemagne, Grande Bretagne…) résout le problème de proximité des services publics et d'identité culturelle. La tendance centrifuge des régions consolidera paradoxalement l'unité de l'État. Dans cette hypothèse, l'État central respecterait la diversité et les autonomies. Conséquence de cette option ; le statut spécial prévu dans la Constitution de 1996 et appliqué par le Code des CTD de 2019 aux régions du NOSO, ne serait plus d'une grande originalité puisque la spécificité de chaque région serait consacrée.

– Au sein du comité technique chargé du projet de révision constitutionnelle

L'arrêté présidentiel du 17 mai 1993 crée un comité technique chargé du projet de révision constitutionnelle composé de 29 membres parmi lesquels 11 membres du comité de rédaction des questions constitutionnelles dont le Professeur Lekene Donfack chargé dans le cadre du « Large débat » voulu par le président de la République, de plancher sur le texte préparé par le comité de rédaction. Les travaux dudit comité seraient contenus dans un texte de 62 articles[23] remis au président de la République. Le professeur est membre de ce comité consultatif constitutionnel (CCC), assemblée de 57 personnalités de toutes parts, présidée par le Premier ministre et ayant comme rapporteur le Professeur Pierre MOUKOKO MBONJO. La question constitutionnelle réapparaîtra en décembre 1994 et le projet de loi n° 590/PJL/AN portant révision de la Constitution sera finalement déposé sur le bureau de l'Assemblée nationale, le 24 novembre et voté le 23 décembre 1995.

Deux propositions non constitutionnalisées du Professeur Lekene méritent que l'on s'y attarde : l'admission des candidatures indépendantes et l'institution d'un Conseil d'État.

2) Les propositions constitutionnalisées

Les propositions constitutionnalisées du Doyen de Douala se mesurent aussi bien à l'examen du préambule de la Constitution, qu'au dispositif.

– L'empreinte sur le préambule de la Constitution

Le préambule de notre Loi constitutionnelle du 18 janvier 1996 (révisée en 2008) présente deux parties. L'une se présentant sous forme de profession de foi métaphysique et d'objectifs programmatiques ; l'autre énonçant des droits et libertés découlant de la philosophie libérale.

Sur la première partie du préambule, les idées du professeur transparaissent dès les premières lignes : *« Le Peuple camerounais, Fier de sa diversité linguistique et culturelle, élément de sa personnalité nationale qu'il contribue à enrichir... »*. N'a-t-il pas à travers son œuvre scientifique ci-dessus exposé été le fervent girondin, défenseur de la reconnaissance et de l'enrichissement de notre diversité culturelle et linguistique, au point de proposer des solutions du fédéralisme qui prendraient en compte, outre la composante linguistique, la composante ethnoculturelle ? Il s'agit en réalité d'une demi-victoire car ce fragment de phrase se poursuit par un bémol de taille qui manifeste l'empreinte des jacobins : *« mais profondément conscient de la nécessité impérieuse de parfaire son unité, proclame solennellement qu'il constitue une seule et même Nation »*.

Le troisième paragraphe du préambule traduit mieux encore la marque du Doyen de Douala : *« Résolu à exploiter ses richesses naturelles afin d'assurer le bien-être de tous en relevant le niveau de vie des populations sans aucune discrimination, affirme son droit au développement ainsi que sa volonté de consacrer tous ses efforts pour le réaliser »*. Qu'est-ce qu'un droit qui ne contribue pas au bien-être de l'homme, à son épanouissement et de manière

[23] M. MEBENGA, « La participation du citoyen à la création du droit : l'exemple du 'Large débat national sur la réforme constitutionnelle au Cameroun » in D. Darbon D. et J. Du bois de GAUDUSSON, (dir.), *La création du droit en Afrique,* Paris, Karthala, 1997, p. 205.

générale au développement de la Nation ? Il s'agit de la conception qui l'a toujours guidé, une approche finaliste et holistique de la science juridique qui ne doit pas être réduite à une fastidieuse dogmatique.

Sur la seconde partie du préambule, sans prétendre qu'il aurait directement dicté l'écriture de ce paragraphe, il reste qu'il est en parfaite conformité à ses vues. La proclamation des droits inaliénables et sacrés de l'être humain sans distinction de race, de religion, de sexe, de croyance correspond en effet à sa vision du droit. De manière plus déterminante, l'énoncé suivant lequel *« L'État assure à tous les citoyens les conditions nécessaires à leur développement ; assure la protection des minorités et préserve les droits des populations autochtones conformément à la loi »,* semble avoir été puisé à sa philosophie, en dépit de son enseignement du droit de la fonction publique, où il remettra en cause la pratique trop mécanique de l'équilibre régional certes concevable dans la recherche de l'intégration nationale, qui oblige tout de même à passer au forçat le sociologique au détriment de la plus-value d'une nation axée sur la méritocratie.

– L'empreinte sur le dispositif de la Constitution

S'agissant de son apport au dispositif constitutionnel, il s'est fait essentiellement au sein de trois commissions spécialisées. Celle relative au titre VII – Du pouvoir judiciaire, au titre XIII – Des régions ou du pouvoir régional, et enfin au titre XIV – De la révision.

Sur le titre XIII – Des régions ou du pouvoir régional qui deviendra finalement le titre X de la Constitution intitulé « Des Collectivités territoriales décentralisées », l'empreinte du professeur n'en a pas été moins importante. Aux termes de l'article 55, *« (1) - Les collectivités territoriales décentralisées de la République sont les régions et les communes. Tout autre type de collectivité territoriale décentralisée est créé par la loi. (2) Les collectivités territoriales décentralisées sont des personnes morales de droit public. Elles jouissent de l'autonomie administrative et financière pour la gestion des intérêts régionaux et locaux. Elles s'administrent librement par des conseils élus et dans les conditions fixées par la loi. »*

La consécration de la région marque en principe une avancée significative dans l'histoire de nos institutions. Il leur est reconnu en principe la personnalité juridique, l'autonomie administrative et financière, et la notion d'« intérêts régionaux » est expressément consacrée. Ces avancées sont de fait une victoire pour les Girondins qui réclamait une progression dépassant le cadre classique des communes. Le constituant prévoit par ailleurs la possibilité de créer une nouvelle CTD. Cette précision peut jouer dans un sens comme dans un autre. Elle peut contribuer à affaiblir les communes ou les régions. On ne peut que regretter, plus d'une vingtaine d'années après, l'absence de mise en œuvre effective et complète de la réforme. Plus tard, eu égard à son statut de vice-président de la commission de la décentralisation et du développement local, à l'occasion du Grand dialogue national, ses idées constitutionnelles allant dans le sens d'une plus grande attache avec le terroir ont été proposées lors des travaux avec plus ou moins de succès. Dans le giron de cette pensée constitutionnelle, le penseur ne se lasse point de dépoussiérer les arcanes de la *profondeur du droit local*[24], en dégageant de

[24] AUBY (J. B.) *et al., La profondeur du droit local, Mélanges en l'honneur de Jean Claude Douence*, Paris, Dalloz, 2006, 501 p.

substantielles prérogatives déclinées par le sens de l'article 47 (2) de la Constitution, qui donne pouvoir aux présidents des exécutifs régionaux de saisir le Conseil constitutionnel lorsque les intérêts de la région sont en cause.

Sur le Titre XIV - De la révision qui deviendra dans le texte adopté, le titre XI. Il faut se rappeler que le professeur fut l'un des premiers dans le contexte africain à mener une réflexion iconoclaste sur la révision constitutionnelle, toute réflexion entamée dans sa thèse de doctorat où l'auteur contestait la procédure de révision de la Constitution de 1972 par le défunt Président AMADOU AHIDJO qui avait ignoré l'exigence constitutionnelle de double majorité à l'Assemblée fédérale. La question revêtira une nouvelle jeunesse au Cameroun en particulier avec la révision de 1996 et en Afrique dans le contexte des révisions opportunistes de la Constitution, sous fond de troisième mandat. Beaucoup de collègues lui emboîteront le pas avec des réflexions originales sur le thème de la révision (Francisco Djedjro Meledje, Jean-Louis Atangana Amougou).

Il n'a pas été étonnant que le président de la République ait choisi, parmi les membres de notre jeune juridiction constitutionnelle, quelques gardiens de l'esprit de la Constitution tels les Professeurs J. Owona et E.C. Lekene Donfack. Les décisions se prenant à l'unanimité, les opinions dissidentes étant exclues, on peut se demander dans quelle mesure les deux professeurs de droit peuvent influencer positivement les motivations des « jugements » ?

B. La participation au Conseil constitutionnel

Il n'existe pas dans notre système de contentieux constitutionnel, des opinions séparées comme dans des juridictions constitutionnelles d'Afrique du Sud, du Liberia, du Cap-Vert ou encore du Togo[25]. Cela signifie donc que les décisions de la collégialité engagent individuellement chaque juge constitutionnel et que toutes les décisions sont le fruit du travail intellectuel de tous les juges constitutionnels, et qu'ils en récoltent les lauriers lorsque l'on exalte par une chronique leur activité jurisprudentielle[26] ou que l'on critique leur laxisme, juridisme ou méprise des notions et catégories juridiques[27].

La lecture des décisions du Conseil constitutionnel camerounais permet toutefois (sauf dans l'hypothèse où l'instruction de l'affaire n'est pas nécessaire[28],

---

[25] NGUEDIA (H), « Les opinions séparées en contentieux constitutionnel des États africains. Le cas de l'Afrique du Sud, du Cap-Vert et du Liberia », *RRJ*, 2022-1, pp. 487-510.

[26] E.C. LEKENE DONFACK, E.M. NGANGO YOUMBI, E. TSOLEFACK AWAFA, « Chronique de jurisprudence du Conseil constitutionnel camerounais (2018 à 2020) », *RFDC*, 2022/1, n° 129, pp. 207 à 241.

[27] V° par exemple :

- WANDJI (J. F), « Le juge constitutionnel, juge ordinaire dans le contentieux électoral et non juge spécial », 18 octobre 2018, inédit ;
- NGANGO YOUMBI (E), « Le Nouveau Conseil constitutionnel camerounais : la grande désillusion », *RDP*, n° 5, 2019, pp.1379-1419 ;
- ABA'A OYONO (J. C), « Leçon centrafricaine de droit constitutionnel au désert contentieux du Cameroun », 2022, inédit.

[28] Il en est ainsi du cas d'une demande de radiation d'une affaire du rôle introduite par le requérant, v° Décision n° 05/CE/CC/2018 du 15 mars 2018, *Président national de l'Union nationale pour la démocratie et le progrès (UNDP) c/ Rassemblement démocratique du peuple camerounais (R D P C), Elections Cameroon (ELECAM),* (à propos de la demande de radiation d'un recours contentieux en annulation de la décision du Conseil Électoral portant acceptation de la liste RDPC dans la Région de l'Adamaoua).

des décisions de proclamation des résultats des élections[29], ou des demandes d'avis[30]) d'identifier pour chaque décision le juge ou les juges[31] qui ont été chargés de dresser le rapport. Les visas de la décision mentionnent en effet : *« [...] Après avoir entendu le conseiller [...], rapporteur, en la lecture de son rapport [...] »,* mais également de suivre le raisonnement de ce conseiller – rapporteur, la solution proposée au litige ou à la question constitutionnelle soulevée par la demande du ou des requérants.

L'identité du conseiller-rapporteur apparaît clairement en matière de contrôle de constitutionnalité[32], de demande d'arbitrage[33], de régulation du fonctionnement des institutions[34]. Cela apparaît également dans le contentieux des élections législatives et sénatoriales. Elle s'efface en revanche curieusement dans l'ensemble des décisions relatives à l'élection présidentielle (contentieux préélectoral et électoral) où il n'est pas fait mention de l'identité du conseiller-rapporteur, avec une exception faite pour le Conseiller Paul Nchoji Nkwi[35], qui est curieusement identifié dans ce type de contentieux. Est-ce une politique raisonnée du Conseil constitutionnel qui vise à assurer la collégialité des décisions rendues en matière d'élection présidentielle afin de conforter celles-ci ou s'agit-il simplement d'un défaut de rigueur juridique conduisant à ignorer dans certaines décisions de mentionner l'identité du conseiller – rapporteur ? Si l'on opte pour la première hypothèse, il devient difficile de comprendre pourquoi il est fait mention de l'identité du Conseiller Paul Nchoji Nkwi[36]. Est-ce du fait de son appartenance passée à un parti d'opposition (le SDF) ou l'on est en présence d'une simple méprise ?

[29] Le Conseil constitutionnel se fonde dans ce type de décisions non par sur un rapport d'un conseiller, mais sur la résolution du conseil électoral portant acceptation des listes de candidats à l'élection concernée et sur le procès-verbal de la Commission nationale de recensement général des votes, v° par exemple le procès-verbal du 5 avril 2018 de proclamation des résultats de l'élection des sénateurs du 25 mars 2018 ; v° aussi Décision n° 31/CC/2018 du 22 octobre 2018 portant proclamation des résultats de l'élection présidentielle du 7 octobre 2018.

[30] Décision n° 01/CC/SG/G/SDAC du 9 juillet 2020, *Union générale des travailleurs du Cameroun, représentée par son président, Monsieur Isaac Bissala.*

[31] V° Ruling no. 31/CC /SRCER of 2 April 2020, qui a été rapportée par deux conseillers (Arrey Florence Rita et Essombé Émile).

[32] V° Décision n° 01/CC/CT DU 14 octobre 2020, Sieur Jonathan Nti, pasteur demeurant à Yaoundé c/ Le président de la République et autres (à propos d'une requête aux fins de rétablissement dans les droits constitutionnels), décision rapportée par le Conseiller Essombé Émile ; v° Décision du 7 juin 2021, Joachim Tabi Owono (Rapportée par le Conseiller Jean-Baptiste Baskouda).

[33] V° Décision du 7 septembre 2021, *Sieur Engoutou Voundi* (Rapportée par le Conseiller Ahmadou Tidjani).

[34] V° Décision du 7 septembre 2021, *Sieur Denis Emilien Atangana* (Rapportée par le Conseiller Joseph Owona).

[35] V° Ruling n° 26/SRCER/G/SG/CC/2 019 of 19 th December 2019, *Cameroon People's Democratic Movement (CPDM), Abe Michael Ndra c/ Elections Cameroon (ELECAM), NADP, Gadji Abubakar, Nsombo, Oscar Wette ;* Ruling n° 18/SRCER/G/SG/CC/2 019 of 19 th December 2019, *Cameroon People's Democratic Movement (CPDM), Abe Michael Ndra c/ Elections Cameroon (ELECAM), Social Democratic Front (SDF), Chenu Eugene Wachu, Manu Roseline Mwabe.*

[36] V° Ruling n° 26/SRCER/G/SG/CC/2 019 of 19 th December 2019, Cameroon People's Democratic Movement (CPDM), *Abe Michael Ndra c/ Elections Cameroon (ELECAM), NADP, Gadji Abubakar, Nsombo, Oscar Wette ;* Ruling n° 18/SRCER/G/SG/CC/2 019 OF 19 th December 2019, *Cameroon People's Democratic Movement (CPDM), Abe Michael Ndra c/ Elections Cameroon (ELECAM), Social Democratic Front (SDF), Chenu Eugene Wachu, Manu Roseline Mwabe.*

Quoi qu'il en soit, les décisions mentionnant l'identité du conseiller – rapporteur nous permettent, au-delà de l'action collective, d'identifier les décisions rapportées par le Professeur Étienne Lekene Donfack au Conseil constitutionnel et d'examiner le raisonnement juridique et les solutions qu'il a proposées.

Cela étant, il a contribué à systématiser et à construire les règles de recevabilité des requêtes (1), à préciser les conditions d'annulation d'une élection (2) et à déterminer les exigences de présentation des listes de candidatures par chaque parti politique dans chaque circonscription électorale (3).

1) La systématisation et la consolidation des règles de recevabilité des requêtes

Cela s'est fait particulièrement en matière de contentieux électoral où il ressort clairement de sa plume la trilogie qualité-délais-moyens, et de façon paradoxale la condition d'intérêt à agir.

– La systématisation de la trilogie qualité-délais-moyens

La décision n° 18/CC/SRCER du 24 février 2020, Dame Zoubaïnatou Salihou épse Mohamadou Bassirou, Messieurs Koulagna Abdou et Hamadou Ali Bachir (RDPC) c/ UNDP, UNIVERS, ELECAM, MINAT relative à l'annulation partielle des opérations électorales dans les arrondissements de Ngaoundéré 1er, 2e, 3e et de Nyambaka, permet au Professeur Lekene Donfack de résumer les conditions de recevabilité des élections par un jeu d'interprétation conduisant à privilégier la loi spécifique (loi portant code électoral) par rapport à la loi générale (loi organique). Il souligne en substance :

« Attendu que le contentieux de l'élection des députés à l'Assemblée nationale relève plutôt du Code Électoral et non de la loi n° 2004/004 portant organisation et fonctionnement du Conseil Constitutionnel, telle que modifiée et complétée par celle n° 2012/015 du 21 décembre 2012 ; Qu'en effet, contrairement à ce que soutiennent les parties défenderesses, l'article 45 de cette loi, dite « organique », renvoie lui-même de façon explicite le règlement du contentieux de l'élection présidentielle aux lois électorales en vigueur, désormais, les articles 132 et 133 du Code électoral, auxquels l'article 168 suivant renvoie à son tour pour l'élection parlementaire, au détriment des dispositions de la loi organique invoquées. [...] Qu'il résulte de l'ensemble de ces textes que la recevabilité de la requête obéit à trois (03) conditions seulement, en l'occurrence, avoir la qualité de la part du requérant, intervenir dans les délais prescrits et préciser les faits et les moyens de droit allégués ».

La notion d'intérêt à agir non prévue par le constituant ou le législateur est apparue dans les écrits du Professeur Lekene.

– La construction prétorienne de la notion d'« intérêt à agir »

La décision *n° 03/CE/CC/2018 du 15 mars 2018, Sieur Mgbamine Mgbamine Zacharie c/ Dame Isabelle Assouho Ndjole épse Tokpanou, RDPC, ELECAM,* le requérant faisait valoir l'inéligibilité de Madame Assouho Ndjole épse Tokpanou, candidate aux élections sénatoriales, le conseiller – rapporteur saisit l'occasion pour consacrer la notion d'intérêt à agir non prévue par les textes (qui prévoient en revanche la qualité), mais qui lui apparaît comme une condition supplémentaire devant être remplie par tout requérant devant la juridiction constitutionnelle. Il souligne en substance dans son rapport contenu dans la décision :

« Attendu que le recourant, bien qu'ayant intenté son recours dans le délai prescrit par la loi, ne parvient pas à démontrer avec conviction qu'il est une personne intéressée pour faire constater cette inéligibilité ; Qu'au sens strict du terme, l'intérêt est l'avantage pécuniaire ou moral que le requérant espère tirer d'un recours ; Qu'en plus, l'intérêt doit être personnel, certain, direct, légitime, actuel, précis et en rapport étroit avec les élections concernées, et non par rapport aux affaires de famille ou de communauté ; --Que le recourant ne donne malheureusement pas satisfaction à ces caractères pourtant substantiels à la notion d'intérêt ; --Que la projection de l'intérêt développée par le recourant renvoie davantage à la notion d'intérêt général dont la détermination et la sauvegarde sont essentiellement du ressort des pouvoirs publics ; --Que l'intérêt évoqué par le recourant à savoir que la candidate serait une mauvaise sénatrice n'est qu'une présomption ; que cet intérêt au lieu d'être personnel, certain, direct, légitime, précis et actuel, est vague et général pour être accepté dans le cas d'espèce [...] ».

Le professeur semble avoir été influencé sur ce point par le contentieux ordinaire, administratif notamment. Cet ajout est en soi critiquable, dans la mesure où il érige un obstacle nouveau dans le chemin qui mène à l'examen d'une requête au fond et conforte le statut du Conseil constitutionnel camerounais comme un *« Conseil des irrecevabilités ».*

2) La précision des conditions d'annulation d'une élection

Cette précision apparaît aussi bien en ce qui concerne l'exigence des preuves justifiant une annulation et la construction de la notion d'« influence déterminante ».

– La notion de preuve justifiant l'annulation d'une élection

Le Conseiller – rapporteur Lekene Donfack dans la décision n° 07/CC/SRCER du 24 février 2020, Babbada Moctar / ELECAM, MINAT, RDPC relative à l'annulation partielle des opérations électorales dans la circonscription électorale du Mayo Banyo estime que de simples allégations ne sauraient justifier l'annulation des élections à défaut de preuves qui les appuient. Il en va de même lorsqu'il conclut dans la décision n° 11/CC/SRCER du 24 février 2020, Sieur Zra Issiakou c/ELECAM, MINAT, RDPC, ADD lorsqu'il conclut au rejet d'une demande d'annulation totale des élections législatives dans la circonscription électorale du Mayo Tsanaga Sud (Bourha) en soulignant que « bien que le requérant ait pris part aux élections et ait déposé sa requête dans les délais, il n'a cité aucune disposition légale pour conforter ses allégations ». Il en est ainsi lorsque le requérant ne fournit nulle part les preuves de ses allégations (Décision n° 15/CC/SRCERN du 24 février 2020, Dame Maïmouna Mohaman, candidate de l'UNDP dans le Mayo-Sava c/RDPC, ELECAM, MINAT, à propos de l'annulation des opérations électorales dans le Mayo-Sava).

– La construction prétorienne de la notion d'influence déterminante

La décision n° 24/CC/SRCER du 24 février 2020, Sieur Nadjiber Daniel, candidat de l'UNDP dans le Mayo Rey c/ RDPC, ELECAM, MINAT, (à propos d'une annulation partielle des opérations électorales dans la circonscription du Mayo Rey) : « --Attendu que l'article 134 du Code électoral dispose que le Conseil constitutionnel *peut, sans instruction contradictoire préalable, rejeter, par décision motivée, les requêtes irrecevables ou ne contenant que des griefs ne pouvant avoir aucune incidence sur les résultats de l'élection ; ---que le requérant sollicite l'annulation du scrutin dans la circonscription de la Vina pour les motifs suivants : - un nombre important d'électeurs non habilités auraient pris part au vote, faussant le jeu électoral ; - le président de la Commission départementale de supervision aurait pris irrégulièrement en date du 30 janvier 2020 en lieu et place du président du tribunal de grande instance de Ngaoundéré, deux (02) ordonnances prescrivant à la commission Électorale mixte de Ngaoundéré 1er l'inscription, respectivement de 29 et de 16 personnes sur les listes électorales ; - Le président de la commission départementale de supervision serait incompétent à statuer seul en l'absence des autres membres de sa commission ; - huit cent soixante-trois (863) élèves-militaires auraient été inscrits irrégulièrement sur les listes électorales à la dernière minute, à la demande du Délégué de la Sûreté Nationale de l'Adamaoua ; --Attendu cependant qu'au regard des résultats du scrutin dans la circonscription concernée où les partis UNDP, RDPC, UNIVERS étaient en compétition, il apparaît que les suffrages exprimés en faveur du parti UNIVERS sont si faibles que l'exclusion des 908 hommes de troupe prétendument inscrits de manière irrégulière, n'aurait rien changé au résultat final [...] ».* Le recours est en conséquence rejeté.

3) La détermination des exigences des listes de candidatures des partis politiques dans chaque circonscription électorale

La décision n° 32/SRCER/G/SG/CC du 19 décembre 2019, Sieurs Baleguet Nkot Pierre, Bapooh Lipot Robert et dame Ngo Gouet Rose Yvette C/ELECAM et MINAT, relative au rejet des listes de candidatures de l'Union des populations du Cameroun (UPC) dans la circonscription du Wouri-sud et Nyong et Kellé et dans la Sanaga Maritime, a donné l'occasion au Doyen Lekene Donfack Charles Étienne, en qualité de conseiller-rapporteur, de clarifier le lien que le législateur a établi entre la circonscription électorale et les différentes candidatures aux élections législatives dans un système qui ne prévoit pas de candidatures indépendantes.

« --- Attendu que l'article 149 alinéa 1 du Code électoral dispose : « Le département constitue la circonscription électorale » ; --- Attendu que l'article 151 alinéa 2 dispose : « chaque parti politique existant légalement et désireux de prendre part à l'élection dans une circonscription présente une liste complète comportant autant de candidats choisis parmi ses membres qu'il a des sièges à pourvoir » ; --- Attendu qu'en l'espèce, l'Union des populations du Cameroun n'a présenté qu'une liste de candidats dans la circonscription du Wouri Sud ; --- Que c'est à tort que ELECTIONS CAMEROON a rejeté cette liste ; --- qu'il y a lieu en conséquence de la réhabiliter ; --- Attendu par contre que l'Union des populations du Cameroun a présenté deux listes de candidatures dans la circonscription du

Nyong et Kellé ; --- que c'est à bon droit que ELECTIONS CAMEROON a rejeté ces listes ; --- qu'il y a lieu de confirmer ce rejet ; --- Attendu que c'est en vain qu'il a été soutenu aux débats que chaque tendance de l'Union des populations du Cameroun (UPC) revendiquant la légalité et la légitimité, il revenait au Conseil constitutionnel de trancher le conflit, la Haute juridiction ne pouvant, dans le respect de sa jurisprudence constante, s'immiscer dans le fonctionnement interne d'un parti politique ; »[37].

Dans la même veine explicative, le conseiller n'a pas tenu rigueur au législateur de traiter de la circonscription électorale en oubliant la précision du constituant qui insiste sur la circonscription concernée[38].

En guise de conclusion

Le professeur Lekene a fait pendant sa carrière bien de choses qu'au moment où la communauté universitaire lui rend hommage, l'auteur de ces écrits est bien excusable d'en oublier. Sa plume et sa parole ont forgé sa réputation de grand maître en l'élevant à la célébrité juridique. À propos de sa participation à la constituante, le regretté François Xavier Mbomé qui n'était pas très généreux en compliments, souligne *« qu'il manifesta son courage, refusant catégoriquement quand besoin était, de se plier aux thèses de ceux qui l'avaient désigné[39] ».* Il s'est clairement démarqué des constitutionnalistes que le professeur Théodore Holo qualifie d'*« apôtres zélés du développementalisme »,* c'est-à-dire ceux qui aux lendemains des indépendances africaines et dans les années quatre-vingt-dix, n'ont pas hésité à sacrifier le constitutionnalisme sur l'autel illusoire des impératifs du développement[40].

L'auteur de ces quelques lignes ne voudrait pas les achever sans dire à celui à qui ces mélanges sont dédiés, combien il a de la révérence et de la reconnaissance. De cela, il fallait témoigner.

---

[37] Décision n° 32/SRCER/G/SG/CC du 19 décembre 2019, BALEGUEL NKOT Pierre, BAPOOH LIPOT Robert et Dame NGO GOUET Rose Yvette C/ ELECAM et MINAT.

[38] L'article 48 alinéa 2 de la Constitution stipule d'ailleurs qu'« en cas de contestation sur la régularité de l'une des élections prévues à l'alinéa 1 ci-dessus, le Conseil constitutionnel peut être saisi par tout candidat, tout parti politique ayant pris part à l'élection dans la circonscription concernée ou toute personne ayant qualité d'agent du Gouvernement pour cette élection ».

[39] F.X. MBOMÉ, « Constitution du 2 juin révisée ou nouvelle Constitution ? » in *La réforme constitutionnelle du 18 janvier 1996 au Cameroun – Aspects juridiques et politiques* (dir., S. MELONE, A. MINKOA SHE, L. SINDJOUN), Fondation Friedrich Ebert/GRAP, 1996, p. 19.

[40] Th. HOLO, « Les idées constitutionnelles du professeur M. Ahahanzo-Glèlè » in *La Constitution béninoise du 11 décembre 1990 : un modèle pour l'Afrique,* Mélanges en l'honneur de Maurice AHAHANZO-GLELE, l'Harmattan 2014, p. 233.

LE RÉFÉRENDUM CONSTITUTIONNEL DANS TOUTE SA SPLENDEUR : RÉFLEXIONS SUR LES DYNAMIQUES DE CRÉATION CONTINUE DE L'ÉTAT AU CAMEROUN

Marcelin NGUELE ABADA

Professeur titulaire de droit public
à l'Université de Yaoundé II

« Une authentique démocratie contemporaine exige que la voix du peuple puisse se faire spontanément entendre. Le corps électoral ne doit pas être cantonné dans un rôle d'organe consulté mais dépourvu de volonté autonome. Il doit pouvoir prendre la parole ».

Prévost (J. F)
Le peuple et son maître
Paris, Plon, 1983, p. 241.

« L'unité du fédéralisme ne doit en aucun cas être confondue au monisme puisque le fédéralisme ne rapproche, ne "totalise", n'unifie qu'en respectant la complexité de l'être qui ne peut se laisser réduire ».

Lekene Donfack (E. Ch.)
L'expérience du fédéralisme camerounais : les causes et les enseignements d'un échec,
Thèse de doctorat d'État en droit public,
Université de Clermont I, 1979, p. 89.

Éléments d'introduction

« *La meilleure manière d'appréhender le phénomène constitutionnel est de le situer dans le temps* »[1]. Cette assertion est suffisamment révélatrice de l'importance du temps dans l'analyse constitutionnelle. Au-delà de l'analogie entre le droit en général et le temps, il est important de souligner que la Constitution est fille du temps[2] et elle est appelée à évoluer avec l'écoulement du temps. À l'époque contemporaine, on peut considérer le facteur temporel comme un allié indispensable de la science constitutionnelle[3] surtout lorsqu'il est question

[1] Ondoua (A.), « La Constitution béninoise du 11 décembre 1990 : un modèle pour l'Afrique ? », in Frédéric Joël Aïvo (dir.), *La Constitution béninoise du 11 décembre 1990 : un modèle pour l'Afrique ? Mélanges en l'honneur de Maurice Ahanhanzo Glélé*, Paris, l'Harmattan, 2014, p. 792.
[2] Lavroff (D-G), « La Constitution et le temps », in, *Droit et politique à la croisée des cultures, Mélanges en l'honneur de Philippe Ardant*, Paris, LGDJ, 1999, p. 208.
[3] Baranger (D.) : « Temps et Constitution », *Droits*, n° 30, 2000, p. 56.

d'analyser l'incidence des réformes anciennes ou antérieures sur la situation actuelle du droit constitutionnel d'un État.

L'analyse de la temporalité constitutionnelle permet de se rendre compte du fait que l'histoire de la Constitution ne se limite pas à son écriture ou à son adoption[4]. Elle se prolonge aussi dans le cadre de son application et c'est à ce niveau que les options constitutionnelles peuvent être considérées comme banalisées, supprimées ou suspendues. C'est dire que l'analyse d'une Constitution ne mérite pas d'être effectuée au lendemain de son adoption. Il est important après un certain temps de relire le texte constitutionnel surtout dans un contexte où la pratique a révélé une pluralité des ratés de la mécanique constitutionnelle[5]. Au moment où la loi fondamentale du 18 janvier 1996 a atteint deux décennies et demie d'existence, il apparaît opportun voire indispensable d'analyser ses devanciers en l'occurrence, les textes de 1960, 1961 et 1972 pour saisir l'influence de son adoption sur la forme actuelle de l'État.

Il ne s'agit évidemment pas d'un texte anodin. Le texte constitutionnel du 18 janvier 1996 est bel et bien celui qui a déclenché le printemps politique et juridique dans le contexte camerounais. La volonté de rompre avec le constitutionnalisme autoritaire était palpable pendant les travaux préparatoires et les discussions ayant abouti à son adoption. Et cette volonté a été concrétisée dans son contenu du moins si l'on prend en compte ses avancées et ses innovations. Cependant, on peut valablement se demander si cette rupture n'avait pas été amorcée en 1960 avec l'adoption de la première Constitution qui a permis un processus dynamique de mutation de la forme de l'État.

Cette évolution de la Constitution de notre pays a été examinée en profondeur par le dédicataire de cette réflexion, **le Professeur Charles Étienne Lekene Donfack, maître de l'université, véritable jurisconsulte, haut commis de l'État** de qui nous tenons cette affirmation saisissante selon laquelle « *l'unité du fédéralisme ne doit en aucun cas être confondue au monisme puisque le fédéralisme ne rapproche, ne "totalise", n'unifie qu'en respectant la complexité de l'être qui ne peut se laisser réduire* »[6]. Ces lignes traduisent de la part de l'auteur, son infinie reconnaissance pour l'immense contribution du professeur au rayonnement de notre pays[7].

Dans le constitutionnalisme contemporain, le référendum est présenté comme un mode de participation directe du peuple à l'exercice du pouvoir et à la création du droit[8]. L'idée est communément admise que dans un État démocratique, le souverain[9] c'est le peuple qui, en tant que tel, a le pouvoir de créer ou de modifier

---

4 Pierré Caps (S.), « Les révisions de la Constitution de la Ve République : temps, conflits et stratégies », *RDP*, n° 2, 1998, p. 410.

5 Ségur (P.), « Temps et illusion en droit constitutionnel », Mélanges *Jean Arnaud Mazères*, Presses de l'Université de Toulouse I, 2008, p. 410.

6 In *L'expérience du fédéralisme camerounais : les causes et les enseignements d'un échec*, thèse de doctorat d'État en droit public, Université de Clermont I, 1979, p. 89.

7 Professeur titulaire- Agrégé de droit public- Doyen honoraire- Député de la Nation- Ministre- Ministre d'État, Membre du Conseil constitutionnel.

8 Laffineur (E.), *Constitution et appel du peuple*, Paris, Armand le Chevalier éditeur, 1873, p. 8.

9 On peut définir la souveraineté du peuple au sens de Benjamin Constant comme la « suprématie de la volonté générale sur toute volonté particulière », in *Cours de politique constitutionnelle*, Tome I, Paris-Genève, Slatkine, 1982, p. 7. Lire aussi : L'article 3 de la Déclaration universelle des droits de l'homme et du citoyen de 1789 fait partie de ces textes qui ont donné au peuple une place centrale

le droit en vigueur dans l'État[10]. Son intervention présente généralement deux modalités selon qu'il agit directement ou indirectement. Dans le premier cas, le peuple agit par le biais du référendum et prend part activement au processus de prise de décision. C'est d'ailleurs l'idée que soutient Alexis de Tocqueville lorsqu'il affirme qu'« *au-dessus de toutes les institutions et en dehors de toutes les formes réside un pouvoir souverain, celui du peuple, qui les détruit ou les modifie à son gré* »[11]. Le référendum devient une procédure par laquelle les citoyens sont appelés à se prononcer sur une question de caractère réel aussi bien à titre consultatif que délibératif[12].

À l'analyse, parce qu'un pouvoir ne s'exerce pas abstraitement mais concrètement[13], il arrive que le peuple soit impliqué dans la procédure constituante via le recours au référendum. C'est ainsi que le 20 mai 1972, le peuple a été associé à l'œuvre constituante depuis les indépendances. Ses interventions ont eu une incidence sur la forme de l'État et la nature du régime politique. La controverse doctrinale sur la régularité du référendum constitutionnel instituant l'État unitaire a refait jour notamment en ce qui concerne les interdictions posées par la Constitution fédérale visant à garantir la stabilité de la forme fédérale comme forme achevée insusceptible de modification.

L'écriture constitutionnelle peut connaître une mutation, mais sans changer fondamentalement le fond. En 1960 la forme unitaire de l'État avait fait l'objet d'une garantie particulière. La loi constitutionnelle de 1961 instituant le fédéralisme mettra fin à la muraille normative protégeant l'État unitaire. Le même sort sera réservé aux dispositions de la Constitution fédérale protégeant l'intégrité de la fédération moins comme forme de l'État qu'entité territoriale ayant cette dénomination.

Bien plus, il y a lieu de rappeler que les interdictions posées au pouvoir de révision sont artificielles. Si le pouvoir constituant peut se déployer en tant que pouvoir constituant originaire, donnant ainsi au peuple constituant un pouvoir absolu et illimité, il peut également revêtir la forme du pouvoir constituant dérivé auquel on pourrait opposer artificiellement les limites qui ne sont pas définitives puisqu'il peut se défaire de cette limite en modifiant l'interdiction. Le débat sur la forme de l'État n'est pas clos, loin s'en faut. Il a ressurgi lors du Grand dialogue national et reste récurrent dans les discours politiques.

---

dans l'État. En effet, ce texte énonce que : « le principe de toute souveraineté réside essentiellement dans la Nation. Nul corps, nul individu ne peut exercer d'autorité qui n'en émane expressément ».

[10] La participation du peuple à la création du droit s'opère de deux manières. Dans le premier cas, le peuple agit de manière active soit en initiant des réformes, soit en se prononçant en dernier ressort par le biais de la consultation référendaire. Dans la seconde hypothèse, la participation populaire s'opère à travers ses représentants. Il s'agit d'une modalité dont la portée est à relativiser à l'époque contemporaine du fait de la crise de la représentation. Sur la participation du peuple à la création du droit, lire utilement Cohendet (M-A), *Droit constitutionnel*, Paris, LGDJ, 2015, p. 65.

[11] De Tocqueville (A.), De *la démocratie en Amérique*, Tome I, Paris, GF-Flammarion, 1981, p. 253.

[12] Il existe une différence fondamentale entre le référendum consultatif et le référendum délibératif ou décisionnel. La différence repose essentiellement sur les conséquences des résultats de la consultation. Dans le premier cas, les pouvoirs publics ne sont pas liés par les résultats de la consultation référendaire. En revanche, dans la seconde variante, le résultat est pris en compte comme étant la décision du peuple. Lire utilement : Taillon (P.), « Pour une redéfinition du référendum consultatif », *RIDC*, n° 1, 2007, pp. 143-155 ; Lire également : Hamon (F.), *Le référendum. Étude comparative*, Paris, LGDJ, 1995, p. 15.

[13] Beaud (O.), « Le souverain », *op. cit.* p. 35.

On devrait garder à l'esprit que le pouvoir constituant, invité à se prononcer sur une réforme constitutionnelle concrétise l'exaltation espérée de la démocratie qui s'en trouve à cet égard magnifiée (I). Bien plus, par cette opération, le référendum constitutionnel s'inscrit dans la logique de résurrection continue de l'État de droit (II).

I. LE RECOURS AU RÉFÉRENDUM OU LA DÉMOCRATIE MAGNIFIÉE

Le recours à la procédure référendaire depuis les indépendances ne s'est pas fait en marge des textes ou du moins, à partir de rien. Il convient dès lors d'analyser le contexte historique de l'utilisation du référendum constitutionnel (A) avant d'analyser la procédure référendaire proprement dite (B).

A. Le contexte historique du recours au référendum constitutionnel

En procédant à l'interprétation génétique des textes constitutionnels de 1960, 1961 et de 1972, il en ressort que le choix de recourir à la procédure référendaire participait du souci de marquer une étape majeure dans la dynamique de construction du nouvel État. On peut donc ainsi relever que le référendum du 21 février 1960 venait consacrer l'existence du nouvel État dont l'indépendance est proclamée le 1er janvier 1960[14].

Par contre, la loi constitutionnelle qui consacre la République fédérale n'a pas été soumise à la procédure référendaire. Bien plus le peuple constituant a procédé au changement de la Constitution en 1972 pourtant l'évolution vers l'État unitaire a soulevé de vives controverses qui remettent en question l'autorité du pouvoir de révision. Il y a lieu de préciser que l'autorité du pouvoir constituant ne peut être remise en question notamment lorsque ce pouvoir s'est prononcé sur la réforme proposée. On aurait pu tout aussi se poser la question sur la régularité du choix de la fédération et l'opportunité de consacrer les interdictions sur une forme qui avait l'air de simple adaptation du système constitutionnel aux évolutions qui avaient été observées.

Tout compte fait, la dynamique constitutionnelle mettant en mouvement le pouvoir constituant originaire avait pour objet l'appropriation de la nouvelle société politique formée par l'État du Cameroun indépendant. Le référendum du 20 mai 1972 consacrait le retour à l'État unitaire après la parenthèse de la fédération.

1) Le référendum-appropriation de l'État nouveau

L'avènement de l'indépendance en 1960 a été opérationnalisé par l'appropriation du nouvel État par le peuple camerounais au travers de l'adoption par référendum de la nouvelle Constitution[15]. L'ordonnance du 1er février 1960 permettait l'organisation du référendum pour l'adoption de la nouvelle

[14] Le nouvel État indépendant est constitué par la partie du territoire du Cameroun sous le régime de la tutelle internationale, assurée par la France.

[15] Constitution du 4 mars 1960.

constitution[16]. Prise par le Premier ministre, chef de l'État, cette ordonnance avait pour but de permettre au peuple camerounais de se prononcer sur le texte de la Constitution[17]. Il s'agissait tout aussi pour les Camerounais ayant atteint l'âge de 21 ans et inscrits sur les listes électorales de se prononcer par oui ou par non sur le projet de texte préparé par le gouvernement[18].

Le projet de Constitution est rédigé par les conseillers français Jacques Rousseau et Paul Audat[19]. Ce projet s'inspire de la Constitution de la Ve République française[20] dans ses grandes articulations mais accentue le caractère présidentialiste du régime marqué par la forte concentration des pouvoirs entre les mains du président de la République[21]. Le référendum sera majoritairement rejeté à Yaoundé[22] et à Douala[23] au point où Jean-François Bayart indiquera que les résultats des régions du Nord auraient été fabriqués par l'administration française dès que les résultats du Sud étaient connus pour éviter le rejet du projet par le peuple[24].

Le choix populaire publié à l'issue du référendum présentait les résultats suivants en faveur de la nouvelle Constitution :

Choix exprimé	Votes	Pourcentage %
Pour	**797 498**	**60,03**
Contre	531 075	39,97
Blancs	9 605	NC
Total	**133 8 178**	**100**

Les résultats du référendum reflétaient l'état de la situation politique des indépendances marquée par une contestation forte sur les modalités d'accession à la souveraineté internationale. Le pouvoir de Yaoundé faisait face à une opposition animée par l'UPC et les autres partis d'opposition. Il a fallu le soutien de la France pour résister à la contestation en obligeant l'opposition à prendre le maquis.

La Constitution du 4 mars 1960 crée ainsi un État nouveau conformément à la législation en vigueur sous la tutelle internationale[25]. Deux dispositions de ce texte peuvent retenir notre attention. D'abord son article 49 qui dispose que « *l'initiative de la révision appartient concurremment au président de la République, le Conseil des ministres entendu, et à l'Assemblée nationale. La révision doit être votée à la majorité de deux tiers des membres composant l'Assemblée. Au cas où la loi, sans avoir été adoptée par la majorité qualifiée ci-dessus, aura cependant été votée à la*

[16] Ordonnance n° 60-6 du 1er février 1960.

[17] Cf. article 1er de l'ordonnance n° 60-6 du 1er février 1960 relative au référendum constitutionnel. J.O.C. 1960 p. 197 du Premier ministre, chef de l'État.

[18] Article 2 ibidem.

[19] Thomas Deltombe, *Manuel Domergue et Jacob Tatsita, Kamerun !* Paris, La Découverte, 2 019.

[20] Constitution du 4 octobre 1 958.

[21] Louis-Tobie Mbida, Cameroun, des années de braise aux leçons de l'histoire : Vers une dynamique nouvelle, L'harmattan, 2010.

[22] La région de Yaoundé a voté « non » à près de 90 %.

[23] La région de Douala a voté « non » à près de 95 %.

[24] Louis-Tobie Mbida, op. cit.

[25] Notamment la loi n° 59-56 du 31 octobre 1959 accordant au gouvernement le pouvoir de légiférer et de préparer la Constitution camerounaise. Cette loi découle de l'ordonnance n° 58-1 375 du 30 décembre 1958 portant Statut du Cameroun et la loi n° 59-2 du 18 février 1959 tendant à fixer le fonctionnement des pouvoirs publics.

majorité des membres composant l'Assemblée, elle est soumise au référendum populaire »[26].

De manière claire, l'article 50 précise qu'« *aucune procédure de révision ne peut être retenue si elle porte atteinte à la forme républicaine de l'État du Cameroun, à l'intégrité du territoire, aux principes démocratiques qui régissent la République* »[27].

C'est dans cette ambiance que la partie du territoire du Cameroun sous tutelle de la Grande Bretagne va vivre son printemps politique à la faveur du référendum organisé sous l'égide des Nations unies. Le référendum d'autodétermination se tient le 11 février 1961. Il s'agit bien d'un référendum d'autodétermination qui a permis aux populations locales d'opérer leur choix de s'unir soit à la République du Cameroun, soit à la Fédération du Nigeria.

À l'issue du référendum, le Cameroun septentrional votera en faveur de l'adhésion au Nigeria avec effet au 1er juin 1961[28], tandis que le Cameroun méridional votera le rattachement au Cameroun indépendant avec effet au 1er octobre 1961[29]. Les dispositions de la Constitution du 4 mars 1960 relatives au référendum n'auront jamais été mises à contribution pour apprécier la conformité des changements constitutionnels intervenus en 1961.

Après le référendum de rattachement de la partie du territoire camerounais sous administration britannique, l'occasion sera donnée aux pouvoirs publics du Cameroun oriental de procéder à une adaptation de la Constitution du 4 mars 1960[30].

Il s'agit d'une simple adaptation et non d'un changement, mais il y a une importante mutation normative dans la mesure où les dispositions de l'article 50 de la Constitution du 4 mars vont être reformulées dans le cadre du nouvel article 47 de la loi constitutionnelle du 1er octobre 1961 en ces termes : « *toute proposition de révision de la présente constitution portant atteinte à l'unité et à l'intégrité de la fédération est irrecevable. La révision doit être votée à la majorité simple des membres composant l'Assemblée fédérale à condition toutefois que cette majorité comporte la majorité des représentants à l'Assemblée fédérale de chacun des États fédérés* »[31].

En dehors de cette disposition, le référendum est évoqué simplement à l'article 2 en des termes laconiques[32]. La question qui a animé la doctrine et les acteurs politiques aura été la constitutionnalité du passage de la Fédération à l'État unitaire. Le référendum constitutionnel du 20 mai 1972 instituant l'État unitaire était-il contraire aux limitations posées par la Constitution fédérale ?

---

[26] Cf. article 49 Constitution du 4 mars 1960.

[27] Cf. article 50 Constitution, ibid.

[28] Le vote d'adhésion était évalué à 60 % suscitant une forte contestation de l'autre partie du Cameroun qui estimait que les Nations Unies avaient fait le jeu du Nigeria.

[29] Les suffrages favorables au rattachement étaient de 70,5 % s'apparentant à un vrai plébiscite.

[30] Cf. Loi n° 61-24 du 1er septembre 1961 portant révision constitutionnelle et tendant à adapter la Constitution actuelle aux nécessités du Cameroun réunifié.

[31] Article 47 C. ibid.

[32] Disposition classique qui est restée constante « *la souveraineté nationale appartient au peuple camerounais qui l'exerce, soit par ses députés à l'Assemblée fédérale, soit par voie de référendum* […] ».

Dans une étude particulièrement intéressante, Alain Didier Olinga[33] rappelle que cette controverse a été soulevée dans la Déclaration du congrès anglophone de Buéa[34]. Cette controverse qui n'aurait pas dû se développer dans la mesure où le passage de l'État unitaire à l'État fédéral bien que n'ayant pas nécessité le recours au référendum n'a pas soulevé de contestation et pourtant la Constitution du 4 mars 1960 avait quasi à l'identique consacré la forme unitaire comme la forme achevée. Bien plus, cette mutation de la forme de l'État a été opérée par l'adoption parlementaire d'une loi de révision constitutionnelle[35].

Si les auteurs de la contestation estiment que la forme fédérale était immuable, on pourrait leur opposer les dispositions de l'article 50 de la Constitution de 1960 s'agissant de la forme unitaire. En tout état de cause, les dynamiques de transformations de l'État obéissent à des logiques qui ne sauraient se réduire au formalisme juridique. Les transformations de l'État relèvent de l'autorité du pouvoir constituant[36].

Les interventions du pouvoir constituant permettent de renouveler le pacte démocratique malgré les écritures constitutionnelles. C'est sous ce rapport que la convocation du peuple pour le passage de l'État fédéral à l'État unitaire donne vie à la démocratie en magnifiant le pouvoir de suffrage. Le référendum du passage de l'État fédéral à l'État unitaire nous semble à tous égards, régulier du point de vue de l'idée de droit en vigueur.

2) Le référendum-remède aux imperfections du fédéralisme

Le fédéralisme est une modalité d'organisation du pouvoir d'un État. Il est défini par Ergec Rusen comme : « *une technique de division des pouvoirs au sein d'un même État entre le pouvoir central et les composantes de l'État de façon à doter celles-ci d'une large autonomie en les investissant des fonctions étatiques qu'elles exercent à l'abri de tout lien hiérarchique à l'égard du centre* »[37]. Alors que le fédéralisme incarne le volet philosophique, la fédération quant à elle, incarne le volet institutionnel. Elle est *« une modalité de structuration politico-institutionnelle qui offre aux éléments constitutifs des garanties explicites d'autogestion de leurs propres affaires et de cogestion de celles de l'État et qui rend cet équilibre entre centre et périphérie inhérente à la conduite de la chose publique »*[38]. L'expérience camerounaise du fédéralisme a duré une décennie et la pratique a commencé à révéler des travers qui rendaient indispensable, une réforme constitutionnelle.

La première cause de l'échec du fédéralisme camerounais que l'on pourrait même considérer comme la cause principale est le caractère coûteux de cette forme d'État[39]. En effet, l'une des incidences de l'État fédéral est la diversification

---

33 « La question anglophone dans le Cameroun d'aujourd'hui », *RJPIC*, 1994, pp. 292-308.

34 Alain Didier Olinga, ibid. p. 312

35 Loi n° 61-24 du 1er septembre 1961.

36 Pouvoirs n° 67, novembre 1993, Paris, PUF, Notamment le débat entre Georges Vedel et Louis Favoreu, Souveraineté et supra-constitutionnalité.

37 Rusen Ergec, *Les aspects juridiques du fédéralisme*, P.U.F., 1992, p. 48.

38 Alen (A) et al, *Le fédéralisme, approches politique, économique et juridique*, Centre d'étude du fédéralisme, éd., De Bock Université, 1994, p. 14.

39 Lekene Donfack (E-C), *L'expérience du fédéralisme camerounais : les causes et les enseignements d'un échec*, thèse de doctorat d'État en droit public, Université de Clermont I, 1979, p. 89.

des institutions car chaque État fédéré dispose des organes qui lui sont propres et qui nécessitent des ressources quantitativement importantes pour pouvoir fonctionner. Il devenait difficile pour un État nouvellement indépendant de booster son économie et de financer le fonctionnement à la fois des institutions fédérales et des institutions fédérées. Certes, cette raison ne fait pas toujours l'unanimité mais, elle n'est pas à banaliser à une époque où les débats autour de la forme de l'État font pignon sur rue.

Au-delà du caractère coûteux du fédéralisme, la réforme du 2 juin 1972 visait à reconfigurer les rapports entre les différents pouvoirs. À titre de rappel, pendant l'époque du fédéralisme, on a assisté à un renforcement du pouvoir présidentiel et à l'abaissement des autres pouvoirs. À titre de rappel, dans un État fédéral, les collectivités fédérées sont dotées de l'ensemble des fonctions étatiques : les fonctions législative, exécutive et juridictionnelle. Elles exercent ces différentes fonctions à la faveur de la faculté d'auto-organisation que leur reconnaît la Constitution fédérale. Guy Héraud démontrant l'autonomie qui doit guider les collectivités fédérées parle de l'auto-affirmation, l'autodéfinition et l'auto-organisation, et même l'autogestion qui caractérisent les États fédérés[40].

De ce fait et comme le remarque Étienne Charles Lekene Donfack : « *L'unité du fédéralisme ne doit en aucun cas être confondue au monisme puisque le fédéralisme ne rapproche, ne "totalise", n'unifie qu'en respectant la complexité de l'être qui ne peut se laisser réduire* »[41]. Le fédéralisme impose ainsi l'autonomie aussi bien juridictionnelle, législative et même exécutive des entités fédérées. La loi constitutionnelle du 1er septembre 1961[42] et les lois du 1er novembre[43] et 26 octobre 1961[44] consacrent un déséquilibre des pouvoirs au profit de l'exécutif fédéral. L'exécutif fédéral centralise les pouvoirs à son profit, au détriment des États fédérés qui ne jouissent plus de l'autonomie que leur confère en principe le fédéralisme. L'emprise de l'exécutif fédéral se matérialise par son intervention aussi bien dans le champ de compétences du législatif fédéré que dans le champ judiciaire, ce qui ne permettait plus aux États fédérés de se déployer librement. Une réforme constitutionnelle devenait de plus en plus indispensable.

Pour remédier aux défaillances ou travers du fédéralisme, une réforme constitutionnelle s'imposait. Non seulement, le changement ou la révision de la Constitution était indispensable, mais il fallait également qu'une telle réforme soit le reflet de la volonté populaire. C'est la raison pour laquelle la procédure référendaire a été utilisée au détriment de la voie parlementaire. L'importance de la procédure référendaire dans la production constitutionnelle en général et en période de transition en particulier est avérée. En effet, il n'est pas exagéré d'affirmer que la participation populaire par le biais du référendum conditionne

---

[40] Heraud (G), *Les principes du fédéralisme et la fédération européenne*, op. cit., p. 46.

[41] Lekene Donfack (E-Ch), *L'expérience du fédéralisme : les causes et les enseignements d'un échec*, op. cit., p. 8.

[42] Loi n° 61-24 du 1er septembre 1961 portant révision constitutionnelle et tendant à adapter la Constitution actuelle aux nécessités du Cameroun réunifié.

[43] Loi n° 61-LO-1 du 26 novembre 1961 portant Constitution de l'État fédéré du Cameroun occidental.

[44] Loi n° 61-LW-1 du 26 octobre 1961 portant Constitution de l'État fédéré du Cameroun occidental.

l'acceptation de la Constitution[45]. En effet, le référendum offre au peuple l'occasion d'agir à la fois en tant que producteurs et destinataires des normes[46]. Il favorise surtout la participation du plus grand nombre des citoyens à la prise de décision politique et les rapproche du processus de production du droit[47]. Certes, dans les États stables, le recours à ce mode d'intervention du peuple est perceptible mais, il faut souligner qu'il est récurrent ou constant en période de transition constitutionnelle.

En l'absence d'une télévision opérationnelle, le Président Ahmadou Ahidjo a valorisé les atouts du projet de Constitution par le truchement d'un discours retransmis en direct à la radio, inaugurant la campagne référendaire du 9 mai 1972. Le Président Ahmadou Ahidjo n'hésita pas à mettre en avant les atouts de "*son projet de Constitution*". Dans son discours, il affirme que : « *la République Unie du Cameroun sera, en outre, démocratique, laïque et sociale, ce qui signifie qu'elle offrira aux citoyens toutes garanties, non seulement qu'elle veillera au respect de leurs droits fondamentaux mais encore qu'elle sollicitera constamment la participation aux décisions essentielles et aura pour fin la satisfaction de leurs besoins et de leurs aspirations. Ces garanties découlent, vous vous en douter, de la souveraineté du peuple. Sur la base de ces principes, dont l'importance ne saurait échapper à personne, quelles sont, mes chers compatriotes, les structures institutionnelles proposées dans le projet de Constitution de la République Unie du Cameroun. Ce sur quoi, il faut, me semble-t-il, mettre l'accent, c'est que dépassant l'organisation fédérale de l'État, le projet de Constitution prévoit l'institution immédiate d'une République Unie et indivisible - d'un État unitaire. Ce qui veut dire que, constituant déjà un seul peuple dans une seule patrie, le peuple camerounais aura désormais un seul État, un seul gouvernement et une Assemblée. Le régime politique, demeure du type présidentiel, qui nous paraît, mieux que d'autres, symboliser l'unité nationale et capable de donner efficacité et continuité à notre volonté de progrès, comporte deux pouvoirs principaux : le président de la République et l'Assemblée nationale, tous deux élus au suffrage universel direct et secret.*

Le président de la République, chef de l'État et du gouvernement représente l'État, assure son unité et la conduite des affaires publiques. L'Assemblée nationale, composée de cent vingt députés, vote les lois.

Conformément à notre pratique nationale, à la séparation traditionnelle des pouvoirs en régime présidentiel, nous avons substitué une collaboration des deux pouvoirs afin de donner à l'expression de la volonté nationale le maximum de vigueur dans le cadre de notre lutte pour le développement.

Ainsi, l'initiative des lois appartient concurremment au président de la République et aux députés à l'Assemblée nationale. Ainsi également, le président de la République peut faire des communications à l'Assemblée et lui adresse des messages chaque fois qu'il juge nécessaire dans l'intérêt de la nation. Ainsi encore, l'Assemblée peut autoriser le président de la République, pendant un délai

[45] Pinon (S.), « La participation directe au pouvoir constituant. Regard sur le droit étranger », *RIEJ*, n° 1, Vol. 78, 2017, p. 6.

[46] Taillon (P.), *Le référendum expression directe de la souveraineté du peuple ? Essai critique sur la rationalisation de l'expression référendaire en droit comparé*, thèse de doctorat en droit public, Université Laval et Université Paris 1 Panthéon-Sorbonne, 2011, p. 11.

[47] *Idem.*

limité et sur des objets déterminés, à prendre des ordonnances ayant force de loi. Ainsi enfin, l'Assemblée peut s'informer sur l'activité gouvernementale par la voie des questions orales ou écrites et en constituant des commissions d'enquête sur des objets déterminés »[48]. Et, au Président Ahmadou Ahidjo de conclure : « *Voilà dans ses grandes lignes, l'économie du projet de Constitution que je soumets au référendum du peuple camerounais* »[49].

C'est sur la base de ce discours que sera adoptée la nouvelle Constitution. Si l'on prend à notre compte l'affirmation de Raymond Carré de Malberg, on peut conclure que : « toute Constitution nouvelle s'analyse en une sorte de nouveau contrat social »[50] et que le référendum du 20 mai 1972 symbolise la conclusion d'un nouveau contrat social surtout que son soubassement juridique est avéré.

B. La procédure référendaire et les implications du référendum

L'analyse de l'encadrement juridique de la procédure référendaire peut s'opérer sous deux angles à savoir, la procédure référendaire (1) et les implications du référendum (2).

1) La procédure référendaire

Depuis 1960, l'initiative constitutionnelle en général et référendaire en particulier fait l'objet d'un partage inégalitaire au Cameroun. L'analyse de l'activité constituante en droit constitutionnel camerounais permet de déboucher sur le constat de la prépondérance des pouvoirs publics qui interviennent de manière décisive dans quasiment toutes les phases de la procédure de la production constitutionnelle.

En effet, la prévalence de la logique représentative[51] fait que le peuple est peu ou pas pris en compte dans la production constitutionnelle et sa participation est généralement de moindre importance. Le recours à la procédure référendaire induit forcément une prise en compte du peuple dans le processus constituant. Seulement, l'intervention du peuple s'opère principalement au moment de l'adoption de la nouvelle Constitution. C'est ainsi que le texte qui régissait la procédure référendaire au moment de la tenue du référendum en 1972 a limité le pouvoir de déclenchement au président de la République et au Parlement.

On peut ainsi parler d'une exclusion de l'instance populaire qui s'étend d'ailleurs à l'époque contemporaine puisque le texte du 18 janvier 1996 attribue le droit d'initiative aux deux pouvoirs publics ci-dessus cités[52]. Il n'en est pas de même dans certains États dont les textes constitutionnels ont consacré un

---

[48] *Recueil des discours présidentiels*, op. cit, p. 329 et s.

[49] Ibid., p. 331.

[50] Carré de Malberg (R.), *Contribution à la théorie générale de l'Etat, op. cit.* p. 486.

[51] En matière de production constitutionnelle, la prévalence de la logique représentative est perceptible aussi bien en matière d'initiative des réformes que dans le cadre de l'adoption des textes constitutionnels. Dans le premier cas, les pouvoirs publics monopolisent l'initiative constitutionnelle excepté les cas de la RDC, du Burkina-Faso et du Togo en ce qui concerne l'initiative référendaire. Dans la seconde hypothèse, lorsque le référendum est facultatif, les initiateurs recourent généralement à une adoption camérale au détriment de l'adoption populaire. Sur la prévalence de la logique représentative, on peut se référer à : Duprat (J-P), « Le référendum constitutionnel dans un système français dominé par une logique représentative », *RIDC*, n° 2, 2006, p. 556.

[52] Lire dans ce sens : les articles 36 alinéa 1 et 63 alinéa 1 du 18 janvier 1996.

référendum d'initiative populaire. On peut prendre le cas de la Constitution togolaise qui dispose que : « *L'initiative du référendum appartient, concurremment, au peuple et au président de la République* »[53] et qu'« *Un référendum d'initiative populaire peut être organisé sur la demande d'au moins cinq cent mille (500 000) électeurs représentant plus de la moitié des préfectures. Plus de cinquante mille (50 000) d'entre eux ne doivent pas être inscrits sur les listes électorales d'une même préfecture. La demande devra porter sur un même texte. Sa régularité sera appréciée par la Cour Constitutionnelle* »[54].

Il faut dire que l'exclusion de l'initiative populaire n'est pas sans conséquence sur l'appropriation du nouveau texte constitutionnel[55]. Lorsque le peuple n'intervient que pour adopter le texte sans maîtriser les contours de son élaboration, il y a de fortes chances que ce dernier se prononce sur un texte dont il ignore les tenants et les aboutissants. La participation directe du peuple à la fonction constituante n'est donc envisageable qu'en matière d'adoption de la nouvelle Constitution. C'est en ce moment que ce dernier a approuvé la réforme constitutionnelle ayant modifié la forme de l'État suivant une procédure qui fait l'objet d'un encadrement juridique.

À l'analyse du texte qui régissait la procédure référendaire, celle-ci se décline en deux phases à savoir, la campagne référendaire et l'adoption de la nouvelle Constitution ou de la réforme par le peuple. À bien y regarder, le référendum du 20 mai 1972 ne s'est pas déroulé en marge de cette procédure. La campagne référendaire s'est déroulée en faveur des initiateurs de la réforme et des votants dans le respect de la réglementation en vigueur. Il est important de rappeler ici que par le truchement de la campagne référendaire, les « promoteurs » du projet de Constitution cherchent une adhésion massive du peuple au projet de Constitution, afin de pouvoir lui conférer une certaine légitimité. C'est d'ailleurs pourquoi l'on observe à cette occasion le déploiement de tant d'énergie pour convaincre le peuple d'aller massivement voter en faveur du projet de Constitution.

Ce souci est perceptible dans la démarche du Président Ahmadou Ahidjo à l'occasion de son discours de clôture de la campagne référendaire de 1972. S'adressant à la nation, il déclare ceci : « *Camerounaises, camerounais, mes chers compatriotes, approuvez-vous, dans le but de consolider l'unité nationale [...]. Telle est la question à laquelle, mes chers compatriotes, vous devez, demain, apporter une réponse claire et sans équivoque [...]. Je tiens cependant, mes chers compatriotes, à m'adresser de nouveau à vous, au moment même où vous vous apprêtez à vous rendre aux urnes. Je tiens à rappeler à chacun de vous l'importance de l'acte qu'il aura à accomplir demain afin qu'il l'accomplisse dans la lucidité, c'est-à-dire à la fois dans la pleine conscience que cet acte est un devoir pour tout citoyen et dans la pleine conscience de ses responsabilités à l'égard de la nation [...]. . Parce que vous voulez, comme moi, un Cameroun toujours plus uni, plus fort et plus prospère, parce que vous savez que notre destin national s'accomplira mieux dans le cadre et sous la conduite d'un État unitaire,*

---

[53] Article 4 de la Constitution du 14 octobre 1992.

[54] *Idem.*

[55] Du Bois de Gaudusson (J.), « Constitution sans culture constitutionnelle n'est que ruine du constitutionnalisme. Poursuite d'un dialogue sur quinze années de transition en Afrique et en Europe », In, *Démocratie et liberté : tension, dialogue, confrontation, Mélanges en l'honneur de Slobodan Milacic*, Bruxelles, Bruylant, 2008, p. 338.

je suis sûr qu'au référendum de demain vous répondrez en masse : oui à la République Unie du Cameroun »[56]. Il s'agit là de l'une des illustrations les plus décisives de la campagne référendaire de 1972.

D'un point de vue téléologique, la campagne référendaire facilite l'appropriation du projet de Constitution par le peuple. Cette appropriation populaire du projet de Constitution garantit en principe, un vote « utile ». Il est important pour les initiateurs du projet de Constitution d'expliquer aux citoyens le contenu dudit projet. Il devrait pouvoir s'installer à cette occasion, un dialogue entre les promoteurs du projet de Constitution et les citoyens. Les citoyens ayant la possibilité de poser des questions aux premiers.

En clair, ceux-ci peuvent ainsi s'approprier ledit projet par des questions afin de mieux comprendre son contenu. Ces questions peuvent être formulées à l'occasion des rencontres organisées par les initiateurs du référendum. La campagne référendaire apparaît inéluctablement comme une occasion de rapprochement du projet de Constitution auprès du peuple. Une fois la campagne référendaire achevée, le peuple se prononce donc à la question qui lui est posée. En s'appuyant sur le professeur Jean-Marie Denquin, qui définit le référendum constituant comme une « *catégorie de votation puisqu'il permet au citoyen de se prononcer sur une question de fond à la différence des élections où il se prononce sur une personne* »[57], le professeur Olivier Beaud observe que « *si l'élection est une investiture, la votation est une habilitation. C'est pourquoi il faudrait en toute rigueur parler de votation constituante* »[58].

De manière générale, la logique du vote dans le cadre du référendum constituant s'articule fondamentalement autour du choix entre deux alternatives : le « *oui* » et le « *non* ». Il ne s'agit pas pour le peuple de voter pour un homme en tant que tel, mais de se prononcer sur le contenu d'un texte, en l'occurrence, le texte constitutionnel[59]. C'est cette logique qui a prévalu sous le référendum camerounais du 20 mai 1972 et le peuple a opté pour le changement de la forme de l'État. C'est dire que le passage de la forme fédérale à la forme unitaire peut valablement être considéré comme le reflet de la volonté du peuple et constitue la principale implication du référendum du 20 mai 1972.

2) Les implications du référendum constitutionnel

Les implications du référendum sont plurielles. Mais la présente réflexion se focalisera essentiellement sur la mutation de la forme de l'État (a) et son incidence (b).

a) La mutation de la forme de l'État

Une lecture du texte constitutionnel du 2 juin 1972 permet de faire le constat de la consécration de la forme unitaire de l'État. Un choix qui n'est cependant pas intégral, car il se dégage aussi la reconduction des éléments de l'État fédéral à l'instar du fédéralisme normatif.

---

[56] *Recueil des discours présidentiels*, op. cit, p. 333 et s.

[57] J-M. Denquin, « *Référendum et plébiscite* », p. 298, cité par O. Beaud, op.cit., p. 300, note de bas de page n° 103.

[58] O. Beaud, op. cit., p. 300.

[59] Lire O. Beaud, op. cit., p. 302 et s.

S'agissant de la forme unitaire de l'État, l'histoire constitutionnelle révèle que la forme de l'État a connu des variations au Cameroun. Du fait de la variation entre la forme fédérale et l'État unitaire. Initialement, la Constitution du 4 mars 1960 a consacré un État unitaire au Cameroun[60]. Cependant, cette forme d'État ne va durer qu'une année et demie puisqu'en 1961, la loi n° 61-24 du 1er septembre 1961 va instituer le fédéralisme[61], une variante des formes d'État qui elle-même, va connaître son dénouement en 1972, avec le retour à l'État unitaire[62].

À titre de rappel, l'État unitaire peut se définir comme un État dans lequel il existe un seul ordre juridique, dominé par la norme la plus élevée en droit positif : la Constitution[63], ou encore, selon Pierre Pactet comme un État qui « sur son territoire et pour la population qui y vit ne comporte qu'une seule organisation politique et juridique, un seul appareil d'État, et… la plénitude de la souveraineté »[64]. Il en résulte que l'État unitaire se caractérise à la fois, par l'unicité de l'ordre juridique et l'unicité du pouvoir politique. En ce qui concerne l'ordre juridique, l'État unitaire ne dispose qu'un seul ordre juridique. Un ordre juridique bâti autour de la Constitution, laquelle fonde la validité des autres normes.

Pour ce qui est de l'unicité du pouvoir politique, il faut relever que l'organisation politique de l'État unitaire confie l'exercice du pouvoir politique aux seuls pouvoirs publics constitutionnels. Il n'existe donc, aucune possibilité de multiplication ou diversification[65] du pouvoir dans l'État unitaire. L'unité politique qui caractérise cette organisation concerne les trois pouvoirs que sont : l'exécutif, le législatif et le judiciaire. Ainsi, il existe un seul pouvoir exécutif au Cameroun[66] piloté par le président de la République et le Premier ministre ; il existe un seul pouvoir législatif exercé par les deux chambres du parlement que sont, l'Assemblée nationale et le Sénat[67] et un seul pouvoir judiciaire[68]. C'est donc à juste titre qu'on peut parler d'une simplification du pouvoir politique. En définitive, le référendum du 20 mai 1972 avait pour principal objectif de revoir la forme de l'État en mettant fin au fédéralisme. Cependant, à bien y regarder, il y a eu plutôt consécration de l'unité politique dans le fédéralisme normatif. C'est ce schéma qui prévaut même à l'époque contemporaine malgré la formalisation de la décentralisation.

En théorie du droit, deux techniques sont utilisables pour la gestion de la pluralité des systèmes juridiques : la juxtaposition et l'harmonisation[69]. L'harmonisation consiste à unifier les systèmes juridiques tandis que la

---

[60] Article 1er de la Constitution du 4 mars 1960 parle d'« une République unie et indivisible… ».
[61] Article 1er de la loi n° 61-24 du 1er septembre 1961.
[62] L'article 1er de la Constitution du 2 juin 1972 dispose que « La République fédérale du Cameroun, formée de l'État du Cameroun oriental et de l'État du Cameroun occidental devient à compter de l'entrée en vigueur de la présente Constitution, un État unitaire sous la dénomination de la République unie du Cameroun »
[63] Gohin (O), *Droit constitutionnel*, Litec, 2010, p.63.
[64] Pactet (P), *Institutions politiques. Droit constitutionnel*, 22e éd. Armand Colin, 2003, p. 46.
[65] Pactet (P), ibid. p 46.
[66] Titre II de la loi constitutionnelle du 18 janvier 1996.
[67] Article 14 alinéa 1er de la loi constitutionnelle du 18 janvier 1996.
[68] Titre V de la loi constitutionnelle du 18 janvier 1996.
[69] Kenfack (P-E), « La gestion de la pluralité des systèmes juridiques par les États d'Afrique noire : les enseignements de l'expérience camerounaise », *CRDF*, n° 7, 2009, p.158.

juxtaposition consiste à mettre ceux-ci côte à côte[70]. Si cette juxtaposition est l'apanage des États fédéraux, l'harmonisation sied mieux aux États unitaires[71]. Le texte constitutionnel issu du référendum consacre la juxtaposition des systèmes juridiques en vigueur à l'époque du fédéralisme. Pourtant, celle-ci n'a pas de raison d'être dans un État unitaire. Elle dénature le caractère général de la règle de droit et sur le plan politique, elle constitue une menace à l'unité et la cohésion du pays[72]. La dénaturation du caractère général de la règle de droit découle du fait que celle-ci ne s'adresse pas à tous les citoyens mais, à une catégorie d'entre eux selon la région où ils vivent. Dans ce sens, une action en vigueur dans la partie francophone ne s'applique pas toujours à ceux qui sont dans la région francophone. La cohésion sociale quant à elle est menacée par le fait que dans un État unitaire, la juxtaposition crée une sorte d'hétérogénéité de la citoyenneté.

En sonnant le glas du fédéralisme en 1972[73], le constituant a fait du Cameroun, un État unitaire. Mais, ce dernier n'a pas unifié les différents systèmes juridiques en vigueur sous le fédéralisme. L'article 38 de la Constitution de 1972 dispose alors que « *la législation résultant des lois et règlements applicables dans l'État fédéral du Cameroun et dans les États fédérés à la date de prise d'effet de la présente Constitution reste en vigueur dans ses dispositions qui ne sont pas contraires aux stipulations de celle-ci, tant qu'elle n'aura pas été modifiée par voie législative ou réglementaire* ». Autrement dit, en 1972, on a unifié les forces politiques du pays, tout en maintenant le fédéralisme normatif. C'est la même formulation qu'on retrouve à l'article 68 de la loi constitutionnelle de 1996[74].

En vertu de cette disposition, sont en vigueur au Cameroun, non seulement la législation de l'État unitaire, mais également, celles des États fédérés de l'ancien État fédéral. Car, celles-ci trouvent leur validité dans le texte constitutionnel même si elles émanent de divers systèmes juridiques. D'où la pertinence de l'idée de juxtaposition. Certes, il y a une seule loi fondamentale, mais l'existence des législations des États fédérés[75] aboutit à la conclusion de l'existence de plusieurs systèmes juridiques au Cameroun. Corroborant ainsi la thèse de l'existence d'un fédéralisme normatif, puisque l'État fédéral est un État « composite qui regroupe plusieurs ordres juridiques »[76]. C'est dire que la consécration de la forme unitaire s'est faite avec une prise en compte des données de l'État fédéral, tout ceci avec des implications sur l'évolution politique et constitutionnelle de l'État camerounais.

---

[70] Idem.

[71] Idem.

[72] Kenfack (P-E), « La gestion de la pluralité des systèmes juridiques par les États d'Afrique noire : les enseignements de l'expérience camerounaise », ibid. p. 158.

[73] La Constitution du 2 juin 1972 a mis fin au fédéralisme en faisant du Cameroun, un État unitaire. L'article 1er de ladite constitution dispose que « La République fédérale du Cameroun, formée de l'État du Cameroun oriental et de l'État du Cameroun occidental devient à compter de l'entrée en vigueur de la présente constitution, un État unitaire sous la dénomination de la République unie du Cameroun »

[74] Texte au demeurant adopté par l'Assemblée nationale.

[75] On peut citer dans ce sens un certain nombre de lois qui sont en vigueur essentiellement dans le Cameroun anglophone et qui ne s'appliquent pas à la partie francophone. Il en est ainsi de la Matrimonial causes Acts de 1973, de la Fatal accident Acts de 1846, modifié en 1864 ou encore, de la Cameroon High Court Law de 1955

[76] Gohin (O), *Droit constitutionnel.* Op. cit. p74

b) Les implications de la mutation de la forme de l'État

La mutation de la forme de l'État ne constitue pas un simple gadget juridique. D'un point de vue téléologique, ses implications sont de deux ordres à savoir, l'unicité de l'État et l'indivisibilité de la république.

D'abord, l'unicité et l'indivisibilité apparaissent dans les lois fondamentales du 4 mars 1960[77] et du 2 juin 1972[78] et non dans la loi constitutionnelle du 1er septembre 1961, car l'État fédéral s'accommode mal à ces deux exigences. Elles ne renvoient pas à l'uniformité de la république. L'unicité signifie que l'État camerounais est unique avec un droit et une souveraineté tout aussi unique. Sans être redondant, le constituant a choisi l'unicité de l'État cela signifie qu'on a répudié la pluralité d'États en vigueur à l'époque du fédéralisme. L'une des conséquences de ce choix est celle de l'harmonisation du droit en vigueur dans l'État chapeauté par la Constitution. Contrairement à l'État fédéral qui se caractérise par la juxtaposition du droit, avec le référendum du 20 mai 1972, l'option a été faite en faveur de l'unicité du droit. Cependant, ainsi que cela a été souligné, l'unicité normative est partielle, car la constitutionnalisation de la décentralisation débouche sur la prise en compte des particularismes locaux. Aussi, du fait du pouvoir réglementaire des collectivités territoriales décentralisées, on assiste à l'émergence d'un droit local.

On peut aussi déduire comme conséquence de l'unicité de l'État, l'unicité du pouvoir politique. En effet, dans l'État unitaire, le peuple en tant que détenteur du pouvoir se caractérise par son homogénéité. Il ne peut être fractionné tout comme aucune division n'est envisageable. On comprend pourquoi il est interdit à une fraction du peuple de s'approprier l'exercice de la souveraineté. D'ailleurs fort de cette considération de l'unicité, la loi constitutionnelle du 18 janvier 1996 portant révision de la Constitution du 2 juin 1972 modifiée et complétée par la loi du 14 avril 2008 est assez éloquente lorsqu'elle dispose que *« la République [...] est une et indivisible »*[79]. Cet interdit trouve son point d'ancrage dans trois considérations d'unicité politique. Tout d'abord l'unicité dans le cadre du détenteur du pouvoir politique, ensuite l'unicité des pouvoirs constitués et enfin l'unicité du territoire.

L'unicité du détenteur du pouvoir traduit le transfert du pouvoir politique à une seule entité préalablement désignée. En effet, le peuple détenteur du pouvoir originaire le délègue à une entité unique. À ce propos la loi constitutionnelle du 18 janvier 1996, que ce soit dans le préambule ou alors dans le dispositif constitutionnel présente l'État comme le détenteur du pouvoir délégué par le peuple[80]. Cet État prend une forme déterminée par le texte constitutionnel qui est celle *« décentralisée »*[81]. La traduction logique peut être doublement perçue. D'abord il n'existerait pas un État au-dessus de l'État au sein de l'espace camerounais. Ensuite, il ne saurait y avoir d'État en dessous de l'État camerounais. Si la première traduction exclut une supra constitutionnalité, la seconde en revanche met hors-la-loi le fédéralisme. L'État possède ainsi des

[77] Article 1er de la Constitution du 4 mars 1960.
[78] Article 1er de la Constitution du 2 juin 1972.
[79] Article 1er de la loi constitutionnelle du 18 janvier 1996.
[80] Voir le préambule de la loi constitutionnelle du 18 janvier 1996.
[81] Article 1er de la loi constitutionnelle du 18 janvier 1996

pouvoirs. Il a comme certains l'ont dit *« le monopole de la contrainte légitime »*. Il est constitué par un ensemble de corps constitutionnels uniques.

En effet, la théorie de la séparation des pouvoirs telle que systématisée par Montesquieu met en lumière la distinction pouvoir exécutif, pouvoir législatif et pouvoir judiciaire. L'unicité de l'État implique qu'à chacun de ces pouvoirs soit adossée une institution l'incarnant. Au sein de l'exécutif, c'est le président de la République qui exerce l'autorité de ce pouvoir par le prisme de sa fonction[82]. Au sein du législatif, l'institution représentante est le Parlement[83]. Enfin au sein du juridictionnel, même si le constituant évoque le pouvoir judiciaire, c'est à la Cour suprême qu'est dévolue la représentation du pouvoir judiciaire[84].

Ensuite, l'indivisibilité de la république prohibe l'idée de sécession dans l'État camerounais. En principe, elle s'accommode aussi mal avec l'idée du fédéralisme et est compatible avec la décentralisation. Ainsi, malgré la diversité de la population, des efforts doivent être faits en faveur de la préservation de l'unité et de l'indivisibilité du Cameroun. L'indivisibilité de la république peut être étendue à la souveraineté de l'État, au territoire et au peuple.

En droit constitutionnel, la souveraineté combinée à la personnalité juridique, permet de définir l'État au plan juridique[85]. Elle renvoie au monopole du commandement politique de l'État sur un territoire déterminé[86]. Aussi, l'institution étatique a sur le plan interne, la faculté d'élaborer des règles de droit et d'en imposer unilatéralement le respect et sur le plan externe, la faculté de s'autolimiter en s'engageant à respecter les textes juridiques qui le lient à d'autres États[87]. Dans le constitutionnalisme contemporain, l'État n'existe que s'il est souverain et sa souveraineté est susceptible d'être fragilisée lorsqu'il fait face à une attaque externe ou interne. Il est donc important que les textes constitutionnels qui affirment la souveraineté de l'État prévoient des mesures pour en assurer la préservation.

Le long cheminement de la souveraineté est, du point de vue historique, lié à la construction de l'État[88]. Si au Moyen Âge, l'idée de souveraineté de l'État est quasi inexistante[89], il faut souligner que de nos jours, elle correspond à la qualité de la puissance étatique. En effet, si l'on admet que l'État est avant tout un organisme vivant[90], il faut aussi indiquer que sans sa souveraineté, il est difficile de concevoir son existence. Ainsi que le souligne Jean Combacau, « la

[82] Pour une étude détaillée v° Abane Engolo (P. E.), Markus (J. P.) (dir.), *La fonction présidentielle au Cameroun*, Paris, L'Harmattan, 2 019.

[83] L'Article 14 (1) dispose que *« le pouvoir législatif est exercé par le parlement qui comprend deux (2) chambres »*

[84] L'article 37 (2) dispose à cet effet, *« le pouvoir judiciaire est exercé par la cour suprême, les cours d'appel, les tribunaux »*.

[85] Chagnollaud (D.), *Droit constitutionnel contemporain, Tome I, Théorie générale*, 7e éd., Paris, 2013, Dalloz, p. 11.

[86] De Villiers (M.) et Le Divellec (A.), *Dictionnaire du droit constitutionnel*, 10e éd., Paris, Sirey, 2015, p. 346.

[87] Jellinek (G.), *L'État moderne et son droit,* Paris, M. Giard et E. Brière Librairies éditeurs, 1913, p. 110. L'auteur affirme sans ambages que « la puissance étatique est identifiée avec la souveraineté ».

[88] Rigaudière (A.), « L'invention de la souveraineté », *Pouvoirs*, n° 67, 1993, p. 5.

[89] *Ibid.* p. 15.

[90] Comborthecra (X-S), *La conception juridique de l'État*, Paris, Librairie de la Société du Recueil général des lois et des arrêts et du journal du palais, 1899, p. 1.

souveraineté est un degré de la puissance de l'État, et ce degré est le plus élevé »[91]. L'attribution de la souveraineté permet ainsi à l'État d'exister et de s'émanciper dans ses rapports avec les autres États. D'ailleurs, dire qu'un État est souverain revient à indiquer que celui-ci ne peut être soumis ni à un État, ni à une organisation internationale. Mais, en rapport avec la présente communication, il faut dire que la souveraineté de l'État ne saurait être disséquée voire, fractionnée. Elle est donc essentiellement indivisible dans un État unitaire.

L'indivisibilité de la république peut aussi s'étendre au territoire. À titre de rappel, le territoire désigne le périmètre dans lequel habite la population soumise à l'autorité du gouvernement[92]. C'est surtout le périmètre à l'intérieur duquel l'État exerce sa souveraineté[93]. Le droit constitutionnel contemporain protège le territoire de façon négative et de manière positive à travers la notion d'intégrité territoriale. Par définition, la notion d'intégrité territoriale fait référence au « statut *quo* territorial permettant le jeu des changements territoriaux consentis par l'État par les voies de droit »[94]. Autrement dit, on parle d'intégrité territoriale pour désigner « une interdiction de changements territoriaux fréquents et surtout non consentis par l'État »[95]. Dans le premier cas, il est interdit de procéder à la révision de la Constitution lorsque cette opération porte atteinte à l'intégrité du territoire[96] ou alors pendant qu'il est porté atteinte à l'intégrité du territoire[97]. Cette approche peut être envisagée en dehors du dispositif de défense nationale puisqu'il s'agit en réalité des limites au pouvoir de révision[98]. Dans le second cas, la garantie de l'intégrité du territoire mobilise fondamentalement les mesures de défense nationale. Dans les deux hypothèses, les mesures de protection visent à sauvegarder et à consolider l'indivisibilité du territoire et par extension, celle de la république.

Enfin, l'indivisibilité de la république induit indivisibilité du peuple. Dans un État fédéral, il y a autant de peuples qu'il y a d'États fédérés puisque chaque État fédéré a son peuple. On comprend pourquoi les textes constitutionnels qui consacrent le fédéralisme ne consacrent pas l'indivisibilité de la république. En revanche, dans un État unitaire, la population est censée être homogène. Certes, les particularismes locaux sont pris en compte tout comme la situation des

---

91 Combacau (J.), « Pas une puissance, une liberté : la souveraineté internationale de l'État », *Pouvoirs*, n° 67, 1995, p. 49.

92 *Ibid.* p. 17.

93 Jellinek souligne à propos que le territoire est du point de vue juridique, « l'espace sur lequel le pouvoir de l'État peut déployer son activité spécifique, son activité de puissance souveraine », in *L'État moderne et son droit, op. cit.* p. 17.

94 Owona (J.), *La notion d'intégrité territoriale dans la vie et le droit constitutionnel français depuis 1789*, thèse de doctorat en droit public, Université de droit, d'économie et de sciences sociales de Paris (Paris 2), 1972, p. 47.

95 *Idem.*

96 Lire dans ce sens l'article 64 de la Constitution camerounaise du 18 janvier 1996 modifiée ; Lire également Lire l'article 4 de la Constitution togolaise du 14 octobre 1992 modifiée.

97 Cette limite fait l'objet de généralisation dans les Constitutions africaines. On peut citer respectivement : l'article 240 de la Constitution congolaise du 6 novembre 2015 ; l'article 116 de la Constitution du 21 mars 1991 modifiée ; l'article 118 de la Constitution malienne du 27 février 1992 ou encore l'article 175 de la Constitution nigérienne du 25 novembre 2010.

98 Karagianis (S.), « Les révisions impossibles. L'obstacle temps et les Constitutions ». *RDP*, N° 4, 2002, p. 1088 ; Dans le même ordre d'idées, lire : Genevois (B.) « Les limites d'ordre juridique à l'intervention du pouvoir constituant », *RFDA*, 1998, p. 910.

populations autochtones et des minorités mais, l'hypothèse d'une fragmentation du peuple est à exclure.

Le référendum constitutionnel permettant de ce qui précède, de traduire la magnificence de la démocratie, son encadrement donne la mesure de l'exigence d'assurer un véritable Lazare constitutionnel.

II. L'ADMISSION DE LA CONTESTATION DU RÉFÉRENDUM CONSTITUTIONNEL OU L'ÉTAT DE DROIT RESSUSCITÉ

Parler du référendum en termes contentieux pourrait surprendre, car il s'agirait de poser la question de la contestation de l'expression populaire[99]. Ce qui paraîtrait absurde en démocratie. Pourtant, dans une perspective d'approfondissement de l'État de droit[100], toutes les opérations juridiques sont susceptibles de générer des litiges ce qui rend indispensable, l'intervention du juge. Dans le contexte camerounais, le contentieux référendaire a largement évolué. Pour s'en convaincre, il convient de mettre en perspective la situation avant la mise en place du Conseil constitutionnel (A) et celle qui prévaut depuis cette mise en place (B).

A. Le contentieux référendaire avant la mise en place du Conseil constitutionnel

Avant la création du Conseil constitutionnel, le contentieux référendaire ne relevait pas du ressort du juge. Il était confié à une commission dénommée commission de recensement des votes qu'il convient de présenter (1) avant de mettre le curseur sur les recours dirigés contre les opérations du référendum (2).

1) L'attribution de la compétence contentieuse à la Commission de recensement des votes

L'ordonnance du 26 août 1972 crée une commission dite Commission de recensement général des côtes. Cette commission a pour mission de connaître du contentieux visant les opérations du référendum. Aux termes de l'article 7 de l'ordonnance « la commission examine et tranche définitivement toutes les réclamations… »[101]. À côté des missions contentieuses, cette commission constitue le seul organe chargé de diriger les opérations référendaires. Le rôle central joué par cette institution amène à s'intéresser à sa composition et aux différents chefs de compétences prévus pas les textes en vigueur.

La composition de la commission est prévue par l'article 6 de l'ordonnance de 1972. Elle est composée d'un président et des membres. Le président de la commission peut être soit le président de la Cour suprême, soit alors un membre de ladite Cour. Il s'agit d'un magistrat de la haute institution. Un aménagement

---

[99] Pinon (S.), « La participation directe au pouvoir constituant. Regard sur le droit étranger », *RIEJ*, n° 1, Vol. 78, 2017, p. 6.

[100] Meledje Djedjro (F.), « L'État de droit, nouveau nom du constitutionnalisme en Afrique ? Réflexions autour du voyage d'un concept symbolique », in *La Constitution béninoise du 11 décembre 1990 : Un modèle pour l'Afrique ? Mélanges en l'honneur de Maurice AHANHANZO GLELE,* Paris L'harmattan, 2014, p. 59.

[101] Article 7 alinéa 1er de l'ordonnance du 26 août 1972, op. cit.

qui tendrait à garantir la régularité et la neutralité des délibérations. Les autres membres sont constitués par quatre personnalités désignées par le président de la République[102]. Le pouvoir de nomination du président de la République est absolu ici puisque même le président de la commission, membre de la Cour Suprême est nommé par le président de la République. Un tel pouvoir n'écarte pas totalement les abus et pourrait devenir une arme de chantage au profit du président de la République. Ainsi la neutralité attendue de la commission demeure aléatoire et les risques de dérives possibles.

L'ordonnance n'impose pas de limites aux pouvoirs du président de la République en dehors de la condition de compétence et d'honorabilité[103]. Les membres sont désignés en fonction de leur qualité professionnelle et de la condition de dignité personnelle. Mais seul le président de la République a compétence d'apprécier les qualités requises. Il paraît dérisoire d'assortir son pouvoir des réserves dès lors qu'aucune action ne peut être intentée contre la composition arrêtée par le président de la République.

La question de la « compétence » paraît ambiguë. La difficulté est liée à l'appréciation de cette condition. Est-elle liée au niveau d'instruction ? Ou alors s'agit-il d'une condition qui vise les qualités professionnelles. Nous pensons raisonnablement que le président de la République peut nommer qui il veut. Sa décision n'est pas motivée. Il appellera nécessairement ses fidèles ou ses amis politiques, renforcés par l'influence qu'ils ont sur le magistrat-président de la commission. La notion d'honorabilité fait appel à la situation personnelle. Elle vise la dignité individuelle. Le président de la République ne devrait pas appeler une personnalité qui a été condamnée à une peine afflictive et infamante. Cette personnalité ne devrait pas avoir purgé une peine de prison ouvrant à la déchéance. Il reste que les commissions et autres libérations effacent les peines et pourraient conduire au rétablissement des droits même au droit à une nomination à la fonction de membre de la commission de recensement général des votes. Le pouvoir du président dans la composition des membres de cette commission est discrétionnaire. La dépendance des membres est donc établie. Cela amène à l'examen des compétences de la commission.

Aux termes de l'article 7 de l'ordonnance de 1972, « *la commission examine et tranche définitivement toutes les réclamations* ». Il s'agit des réclamations visant les procédures du référendum. Les contestations peuvent viser la campagne, et les opérations du référendum[104]. En ce qui concerne la campagne du référendum, la contestation peut toucher les affichages publics, les circulaires ou les bulletins de votes.

Le décret n° 72/DF-236 du 8 mai 1972 précise dans ses articles 3, 4, 5, 6, 7 et 8 le régime des circulaires et affichages. Aux termes de l'article 3 alinéa 2 « *les parties pourront faire établir à leurs frais des circulaires et des affichages* ». L'alinéa 3 dispose que « *le format maximum des affichages est fixé par arrêté du ministre chargé de l'Administration territoriale* »[105]. L'article 4 dispose que le texte des circulaires et des affichages devra être soumis en double exemplaire au

---

[102] Article 6 de l'ordonnance de 1972.
[103] Article 6, in fine.
[104] Voir le régime du décret n° 72- DF-236 du 8 mai 1972 notamment les titres I et II, nos analyses infra.
[105] Article 3 alinéa 2 du décret, ibidem.

visa du ministre chargé de l'Administration territoriale. Chaque parti est soumis à la formalité de dépôt[106]. Les saisies sont prévues[107] et des poursuites organisées en vue de faire respecter les dispositions légales et réglementaires[108]. La commission examine les réclamations relatives au déroulement de la campagne dans les conditions prévues par la loi[109].

En ce qui concerne les opérations du référendum, elles sont régies par les dispositions contenues dans le titre II du décret de 1972[110]. Elles visent les bureaux de votes[111], les commissions de vote, le déroulement du scrutin[112] et son dépouillement[113]. Les contestations qui pourraient s'élever à propos de ces opérations seront portées à la connaissance de la commission de recensement général des votes qui examine et décide des suites à leur donner.

L'article 22 du décret de 1972 dispose que « *la commission de vote se prononce sur toute difficulté s'élevant à propos du déroulement du scrutin. En cas de partage des voix, celle du président est prépondérante. En cas de contestation de sa décision, soit par un membre de la commission, soit par l'électeur intéressé, il est fait mention de la décision motivée et de la contestation au procès-verbal* »[114]. À propos du procès-verbal, l'article 23 précise que « *la commission dresse procès-verbal de toutes les opérations du scrutin. Le procès-verbal doit être signé par les membres de la commission. Si un ou plusieurs membres ne savent pas lire ou signer, il sera affirmé devant le sous-préfet ou le cas échéant, le chef de district dressera procès-verbal de cette formalité. Le procès-verbal d'affirmation sera alors joint au procès-verbal de la commission* ».

Les contestations qui naissent à ce niveau du processus connaissent un début de solution à cause de l'intervention de la commission des votes[115]. Mais cette

---

[106] L'article 5 du décret précise que « chaque parti devra effectuer pour chaque document ainsi imprimé un dépôt de cinquante exemplaires au ministère chargé de l'Administration territoriale et de deux exemplaires au greffe de la Cour fédérale de justice ».

[107] Aux termes de l'article 6 « tout document établi ou distribué en contravention aux dispositions des articles précédents sera saisi par l'autorité administrative ».

[108] La saisie ainsi effectuée ne fait pas préjudice des poursuites pénales pouvant être engagées contre les auteurs des violations et contre les personnes qui auront distribué des documents en contravention aux dispositions légales réglementaires. Article 6 du décret ibidem.

Voir article 9 du décret.

[109] Le déroulement de la campagne du référendum est régi par les dispositions contenues dans le titre I du décret de 1972.

Voir les articles 1 à 14 du texte qui déterminent les règles générales et particulières du déroulement de la campagne référendaire.

[110] En rappel décret n° 72-DF-236, voir journal officiel de la République fédérale du Cameroun, 8 mai 1972, pp. 1-8.

[111] Lire articles 15 et 16 dudit décret.

[112] Article 24 à 29 du texte, ibidem.

[113] Article 30 à 39 du décret, ibidem.

[114] Article 22 du décret.

L'article 23 précise que « la commission dresse procès-verbal de toutes les opérations du scrutin. Le procès-verbal doit être signé par les membres de la commission. Si un ou plusieurs membres ne savent pas lire ou signer, il sera affirmé devant le sous-préfet ou le cas échéant, le chef de district qui dressera procès-verbal de cette formalité. Le procès-verbal d'affirmation sera alors joint au procès-verbal de la commission », Article 23 in fine.

[115] Cette commission est composée de trois grandes catégories de membres

- d'un représentant de l'administration désigné par le préfet préside
- de deux assesseurs désignés par le préfet
- d'un représentant de chaque parti.

commission n'a pas un pouvoir juridictionnel puisqu'elle transmet un procès-verbal motivé à la commission de recensement général des votes. Cette dernière connaît également du contentieux visant le déroulement du scrutin. Le contentieux du déroulement du scrutin concerne la qualité d'électeur[116].

Aux termes de l'article 25 du décret « *nul ne peut être admis à voter s'il n'est inscrit sur la liste. Toutefois, seront admis au vote, quoique non-inscrits, les citoyens porteurs d'une décision de justice ordonnant leur inscription ou annulant leur radiation* »[117]. Le vote s'effectue conformément à la réglementation[118]. L'ambiguïté réside dans la formulation de l'alinéa 2 de l'article 29 qui dispose « *qu'en cas de contestation des opérations du référendum, elles sont envoyées au greffe de la cour fédérale de justice sur demande de la commission de recensement général* »[119]. La procédure de renvoi au greffe ne se justifie pas dès lors que la commission a reçu mandat de statuer définitivement à propos des réclamations et contestations[120]. Le contentieux parait dès lors cafouillé et laisse moins de chance à la manifestation régulière de l'assentiment ou du choix de l'électeur. Cette incertitude peut toucher le décompte des votes.

À ce sujet l'article 35 organise un mécanisme assez rapide de règlement des difficultés résultant du dépouillement. Le texte prévoit que « *les contestations qui pourraient être présentées par les électeurs à l'occasion du dépouillement font l'objet d'une décision de la commission de vote. Il en est fait mention au procès-verbal* »[121]. La décision ainsi visée n'est pas une décision de type juridictionnel. Il revient à la commission de recensement général des votes de statuer définitivement sur les litiges touchant les opérations du référendum le cas échéant du contentieux en annulation du scrutin. La mise en œuvre du contentieux est soumise à des conditions précises. Elle touche le problème général des procédures qui sera examiné dans le second volet de ce paragraphe.

La commission de recensement des votes connaît des recours contentieux lorsque ceux-ci ont été introduits dans les délais légaux. Les requêtes contentieuses sont recevables si elles sont introduites dans les 48 heures suivant la clôture du scrutin. Ces recours doivent être dirigés contre les « irrégularités » des opérations du référendum ou alors touchant le dépouillement du scrutin[122]. La commission ne peut faire droit qu'à tout recours introduit dans ces délais à peine de forclusion. La saisine est reconnue à tout parti ou alors au préfet de la circonscription électorale dans laquelle les irrégularités avaient été observées.

Elle est créée pour chaque bureau de vote ; v° article 17 du décret.

[116] Cette qualité est exigible à tout instant et peut être la condition de recevabilité des requêtes. La nouvelle législation résulte de la révision constitutionnelle d'avril 1991. V° nos développements (partie I titre I, chapitre II), supra.

[117] Article 25 du décret op. cit.

[118] Lire ces dispositions 24 et suivantes, régissant notamment le déroulement du scrutin.

[119] Article 29, alinéa 2 du décret ibidem.

[120] L'ambiguïté qui découle des règles dans l'ordonnance du 26 août 1972 et le décret du 8 mai de la même année peut s'expliquer par le fait que le décret a été pris en application de la loi de 1969 déjà citée mais il faut aussi reconnaître que l'ordonnance du 26 août n'a pas fondamentalement changé l'esprit des règles antérieures. Ce texte abroge les dispositions contraires or en matière de contentieux électoral, l'ambiguïté demeure.

[121] Article 35 du décret de 1972, op. cit.

[122] Il s'agit d'un contentieux réduit au processus matériel de vote, ce qui permet d'affirmer qu'avant et après les résultats ce qui est logique dans ce dernier cas, les contestations sont impossibles au regard de la loi.

L'article 41 du décret de 1972 dispose que « *tout parti peut introduire dans les 48 heures de la clôture du scrutin une réclamation concernant la régularité du scrutin ou du dépouillement. Le préfet peut adresser à la commission dans les 48 heures de la clôture du scrutin un recours contre les irrégularités des opérations du référendum telles qu'elles se sont déroulées dans sa circonscription* »[123]. La loi limite un droit de saisine à deux organes : le parti politique et l'autorité administrative territorialement compétente. Cette réglementation était favorable au parti unique en 1972. Les contestations étaient impossibles puisque le référendum était animé organisé et contrôlé par le parti unique. Dans ces conditions, les réclamations contentieuses n'avaient aucune portée. Le problème pouvait se poser dans le cadre de l'autorité habilitée à représenter le parti.

Or dans le cadre d'un parti hiérarchisé, aucun recours ne pouvait être intenté sans l'autorisation du président nationale, président de la République. Un contentieux dirigé contre les opérations référendaires et tendant à l'annulation du scrutin pouvait être interprété comme une opposition au projet du gouvernement dont le chef était le président de la République, président national du parti. Un tel recours rencontrerait une opposition fondée sur la capacité ou l'intérêt à agir pour le compte du parti. Le système favorisait donc le procédé de voir s'élever le déclinatoire de compétence et empêchait toute opposition au verdict programmé.

Le droit de saisine reconnu au chef de la circonscription électorale ressemble à un pouvoir d'avis ou de rapport très limité. Le véritable contentieux ne peut aboutir si le rapport hiérarchique qui lie les autorités administratives laisse un pouvoir discrétionnaire de nomination et de révocation aux mains au pouvoir central. Le dessaisissement plus ou moins justifié pouvait résulter d'une décision administrative mettant fin aux fonctions du préfet requérant. La capacité d'ester en justice s'apprécie *« ab initio »* et tout au long du procès. Or la révocation « *ad nutum* » enlève à l'autorité administrative le pouvoir d'ester en justice *ès qualités*.

2) La détermination des recours adressés à la Commission de recensement des votes

Avant la mise en place du Conseil constitutionnel, deux types de recours étaient prévus en vue de contester les opérations référendaires : il s'agit soit d'un recours en contestation des opérations préliminaires, soit d'un recours en annulation du scrutin.

Ainsi que cela a été souligné, la commission de recensement général des votes connaît du contentieux dirigé contre les opérations du référendum. Dans chaque circonscription électorale, sont créés des bureaux de vote dirigés par des commissions dites « commission de vote ». La commission de vote se prononce sur toute difficulté s'élevant à propos du déroulement du scrutin. Composée d'un représentant de l'administration désigné par le préfet, président, de deux assesseurs désignés par le préfet et d'un représentant de chaque parti, la commission de vote s'apparente davantage à un organe administratif qu'à une commission mixte.

En raison de sa composition, elle ne peut véritablement exercer un rôle contentieux donnant des garanties suffisantes de neutralité et d'objectivité.

[123] Article 41 alinéas 1 et 2 du décret.

Chargée d'assurer le contrôle de la régularité de la manifestation de l'assentiment, la commission prend des décisions pouvant être contestées soit par un membre soit par l'électeur intéressé[124].

Elle assure le relais en qualité d'organe de transmission des revendications et dresse un rapport motivé, accompagné des documents servant de contestation ou de réclamation. Elle reçoit les réclamations et adresse à la commission de recensement général des votes des documents pouvant lui permettre de trancher les litiges relatifs au référendum.

L'intervention pourrait également viser l'annulation du scrutin analysée dans le cadre strict des développements qui vont suivre.

Le contentieux de l'annulation est prévu à l'article 7 de l'ordonnance du 26 août 1972. Aux termes de cette disposition : « *la commission examine et tranche définitivement toutes les réclamations. Dans le cas où elle constate l'existence d'irrégularités dans le déroulement des opérations il lui appartient d'apprécier si, eu égard à la nature et à la gravité de ces irrégularités, il y a lieu soit de maintenir lesdites opérations soit de prononcer leur annulation totale ou partielle*[125] ». Le pouvoir d'examen reconnu à la commission de recensement général des votes donne à celle-ci une latitude d'apprécier toutes les réclamations sans pour autant que cela conduise à réduire la portée du procès-verbal de la commission de vote. Mais la commission de recensement général des votes prend en compte les avis des commissions des votes, les rapports motivés des chefs des circonscriptions électorales et se réserve le droit d'examiner de nouveau les réclamations des requérants. Elle a un pouvoir étendu dans le cadre des opérations générales du référendum. Pouvoir d'examiner les requêtes mais aussi pouvoir de trancher définitivement toutes les réclamations. Elle connaît du contentieux en dernier ressort et ses décisions sont définitives[126].

L'article 29 alinéa 2 du décret de 1972, pris en application de la loi n° 69/LF/15 du 10 novembre 1969[127] organisait la saisine des services de greffe de la cour fédérale de justice. Cette disposition précisait « *qu'en cas de contestation des opérations du référendum, elles sont envoyées au greffe de la cour fédérale de justice sur demande de la commission de recensement général* »[128]. Ce texte ne s'applique plus en matière de contentieux référendaire, donc la solution est entre les mains de la seule commission de recensement général des votes[129]. Celle-ci exerce un pouvoir d'appréciation des demandes et notamment des irrégularités. Elle apprécie la nature et la gravité des irrégularités alléguées. Elle décide discrétionnairement des suites à donner à ces réclamations. Elle a le choix entre soit maintenir lesdites opérations au cas où leur gravité n'est pas de nature à influencer le verdict soit alors elle prononce l'annulation totale ou partielle du scrutin.

---

[124] Article 35 du décret déjà cité.

[125] Article 7, ordonnance du 26 août 1972, op. cit.

[126] Article 7 alinéa 1er de l'ordonnance de 1972.

[127] C'est bien là que se situe le principal problème mais il faut conclure que le contentieux référendaire n'a plus à se déplacer la commission de recensement général des votes est investie des compétences juridictionnelles.

[128] Article 29 alinéa 2 de l'ordonnance de 1972.

[129] Relire l'ordonnance, notamment son article 7 déjà cité.

Dans le cas où la commission ne prononce pas l'annulation, elle proclame les résultats du référendum dans les conditions prévues par la réglementation[130]. En cas d'annulation partielle ou totale, il est fait état de la décision au président de la République, au président de l'Assemblée et au ministre de l'Administration territoriale. Le processus d'examen est prévu à l'article 43 du décret de 1972. Aux termes de cette disposition « *la commission vérifie les opérations de chaque bureau de vote, au vu des procès-verbaux et des pièces annexes et après avoir entendu les observations éventuelles des parties. Elle peut prendre en compte les bulletins annexés aux procès-verbaux qu'elle estime avoir été irrégulièrement annulés. Elle redresse également les erreurs matérielles de décompte commises par les commissions de vote. La commission statue souverainement sur les réclamations dont elle a été saisie. Dans le cas où la commission constate des irrégularités graves de nature à entacher la sincérité et à affecter le résultat d'ensemble du scrutin, elle prononce l'annulation des opérations du référendum. Le gouvernement fixe alors par décret la date du nouveau scrutin qui doit intervenir dans les vingt jours à compter de l'annulation* »[131].

Cette réglementation connaîtra un relief nouveau avec l'avènement du multipartisme. Il est évident que sous le parti unique, les contestations n'avaient aucune chance d'aboutir. Le référendum du 20 mai 1972 avait soulevé de vives critiques à propos de la légalité de procédures adoptées. Il a soulevé aussi des interrogations à propos de son objet. Car il s'agissait de la mise en place d'un État unitaire. Or la forme fédérale pouvait-elle faire l'objet d'une révision, même par le référendum ?

La question reste posée. Tout comme actuellement le retour au fédéralisme est revendiqué par certains partis d'opposition. Pourtant la constitution unitaire fait de la forme unitaire, la forme achevée de l'État[132], le retour au fédéralisme ne serait-il pas dans son objet anticonstitutionnel ?

Toutes ces interrogations montrent bien que le contentieux référendaire manque des conditions matérielles et légales de garantie de l'expression de suffrage. En dépit des angles morts, il reste que l'essentiel n'est pas assuré pour permettre l'enracinement d'un État de droit favorisant la manifestation libre et égale de l'assentiment populaire. Nous nous proposons de commencer quelques réflexions sur le problème général de ce type particulier de contentieux qui donne l'occasion d'éviter que les populations soient embarquées souvent contre leur gré, dans des choix importants, malheureusement manipulés.

---

[130] L'article 9 souligne tout simplement que « la commission proclame les résultats du référendum ». Il ne propose pas dans quelle condition cela est effectué. Le décret est plus précis. Aux termes de son article 45 « au cours d'une séance solennelle, la commission arrête et proclame les résultats du référendum au plus tard dix jours après la date du scrutin ».
L'article 9 de l'ordonnance du 26 août 1972, également l'article 45 du décret du 8 mai 1972.

[131] L'ordonnance est nouvelle en ce qui concerne l'annulation du scrutin mais le décret est plus détaillé sur ce point. Article 43 du décret précité…

[132] C'est l'esprit de l'article 37 de la constitution du 2 juin 1972 c'est également l'esprit de l'article 1er de la Constitution « la République du Cameroun est un État unitaire ». Même si cette dernière disposition n'entraîne pas automatiquement exclusion de toute réponse, il faudrait l'interpréter en intégrant l'article 37 rapporté plus haut.

B. Le contentieux référendaire depuis la mise en place du Conseil constitutionnel

C'est un truisme que de dire que la volonté populaire doit être garantie par la juridiction constitutionnelle[133]. Elle ne doit pas être laissée à la merci des gouvernants. Le contentieux référendaire doit donc avoir pour objet d'assurer le respect de la volonté du peuple. Avec le renouveau constitutionnel et l'émergence de la juridiction constitutionnelle, le juge constitutionnel est devenu une véritable figure du pouvoir[134] et revêt de plus en plus, la casquette d'un représentant du peuple[135]. Le référendum au Cameroun, après le long règne de la loi de 1969[136], relève aujourd'hui de la loi n° 2010/003 du 13 avril 2010[137]. Son organisation s'accompagne de préalable. Elle nécessite la convocation par décret présidentiel, du corps électoral[138]. Il faut préciser que le Conseil constitutionnel n'a pas compétence pour connaître de la constitutionnalité de l'acte de convocation du corps électoral, texte pouvant plutôt faire l'objet d'un contrôle de légalité devant le juge administratif. En revanche, il connaît du contentieux des opérations préalables au référendum (1) et du contentieux postréférendaire (2).

1) La prévision du contentieux des opérations préalables au référendum

Aussi surprenant que cela puisse paraître, le Conseil constitutionnel connaît dans un premier temps, du contentieux des candidatures en matière référendaire[139]. Il faut d'entrée de jeu clarifier le concept de candidature utilisé en matière référendaire. En effet, le référendum n'implique pas des candidats sollicitant un mandat électif, qui seraient soumis à de règles régissant leurs candidatures. Il suppose plutôt des participants à la campagne référendaire. Le contrôle des règles relatives aux candidatures, opéré par la haute juridiction constitutionnelle est cristallisé autour de l'examen des décisions de rejet des demandes de participation[140].

Dans le contexte camerounais, l'organisation du référendum incombe à l'administration électorale, « Elections Cameroon »[141] en l'occurrence. C'est cet organe qui gère tout le processus d'organisation d'une consultation référendaire, des inscriptions sur les listes électorales jusqu'à la production des premières

---

[133] Taillon (P.), *Le référendum expression directe de la souveraineté du peuple ? Essai critique sur la rationalisation de l'expression référendaire en droit comparé*, thèse de doctorat en droit public, Université Laval et Université Paris 1 Panthéon-Sorbonne, 2011, p. 11.

[134] Sindjoun (L.), « Les dynamiques de la justice constitutionnelle en Afrique : histoires du chêne et du roseau », In *De l'esprit du droit africain, Mélanges offerts à Paul-Gérard Pougoué*, CRDDIJ, 2015, p. 669.

[135] Brunet (P.), « Le juge constitutionnel est-il un juge comme les autres ? Réflexions méthodologiques sur la justice constitutionnelle », in Olivier Jouanjan, Constance Grewe, Éric Maulin et Patrcik Wachmann (dir.), *La notion de justice constitutionnelle*, Paris, Dalloz, 2005, p. 128.

[136] Loi n° 69-LF-15 du 10 novembre 1969 fixant les conditions et les procédures du référendum prévu à l'article 2 de la constitution du 1er septembre 1961.

[137] Loi n° 2010/003 du 13 avril 2010 fixant les procédures du référendum.

[138] Article 5, loi du 13 avril 2010.

[139] Monembou (C.), *La séparation des pouvoirs dans le constitutionnalisme camerounais. Contribution à l'étude de l'évolution constitutionnelle*, thèse de doctorat/ PhD en droit public, Université de Yaoundé 2, 2011, p. 315.

[140] *Idem.*

[141] Article 1er al. 2 Loi N° 2006/011 du 29 décembre 2006 portant création, organisation et fonctionnement d'« *Elections Cameroon* ».

tendances des résultats[142]. C'est ainsi qu'en toute logique, ELECAM a compétence pour autoriser la participation des partis politiques à la campagne référendaire. L'article 7 al. 1 de la loi du 13 avril 2010 établit expressément la liste des participants à la campagne référendaire. Il s'agit des partis politiques ayant obtenu au moins 5 % des suffrages exprimés dans au moins une circonscription au cours de la dernière élection des députés à l'Assemblée nationale.

Les demandes de participation à la campagne référendaire adressées à ELECAM doivent comporter l'adresse du parti, les noms et prénoms du représentant légal ou du mandataire du parti politique et l'indication de son domicile[143]. En outre, les demandes revêtues de la signature légalisée du représentant légal de la formation politique doivent être accompagnées de l'original du certificat de paiement au trésor public de la caution. Ces demandes doivent en définitive être déposées en double exemplaire à la direction générale des élections dans les 15 jours suivant la convocation du corps électoral. Le non-respect de ces formalités peut entraîner le rejet par ELECAM de certaines demandes de participation à la campagne référendaire.

L'article 9 al. 1 de la loi du 13 avril 2010 précise que le Conseil constitutionnel a compétence pour examiner les décisions de rejet et d'acceptation d'une demande de participation à la campagne[144]. La lecture attentive de cet article permet de tirer deux conditions relatives à la qualité pour agir devant le Conseil et aux délais de recours. S'agissant de la qualité pour agir, le législateur, en parlant de *« la demande de rejet ou d'acceptation »*, pose clairement que les recours peuvent être introduits par tout acteur ayant vu sa demande rejetée d'une part, et d'autre part par tout acteur contestant l'acceptation de la participation d'un autre acteur. Cette loi introduit ainsi une innovation fondamentale dans le contentieux électoral dès lors qu'il est possible de former un recours pour disqualification d'un autre candidat à la participation de la campagne référendaire.

Pour ce qui est des délais, la législation est assez rigoureuse en la matière[145]. Le recours devant le Conseil se fait dans un délai de 2 jours suivant la publication de la liste des acteurs autorisés à participer à la campagne référendaire et qui dispose que d'un maximum de 5 jours pour se prononcer sur le recours. L'encadrement strict des recours et de leur examen traduit la volonté du législateur d'accélérer les procédures préliminaires à la campagne référendaire[146]. Le Conseil connaît aussi, des recours relatifs à la campagne référendaire. L'article 4 de la loi du 13 avril 2010 fixant les procédures du référendum dispose clairement que les règles relatives à la campagne électorale telles que régies par la loi n° 92 du 17 décembre 1992 fixant les conditions d'élection et de suppléance à la présidence de la République modifiée et complétée par la loi n° 97/020 du 9 septembre 1997

---

[142] Lath Yédoh (S.), « Le référendum dans les systèmes constitutionnels des États d'Afrique », *La Lettre de l'IDDH*, n° 5, janvier-février-mars 2005, p. 2 ; Chapsal (J.), « Propos sur le référendum », in *Droit, institutions et systèmes politiques*, Mélanges en hommage de Maurice Duverger, PUF, 1987, p. 57,

[143] Lath Yédoh (S.), « Le référendum dans les systèmes constitutionnels des États d'Afrique », *op. cit.*, p. 57.

[144] Article 9 al.3 de la loi n° 2010/003 du 13 avril 2010 fixant les procédures du Référendum.

[145] Sénac (C-E), *L'office du juge constitutionnel. Étude du contrôle de constitutionnalité par les juridictions françaises,* Paris, LGDJ, 2015, p. 165.

[146] Berthier (L.), *La qualité de la justice*, thèse de doctorat en droit public, Université de Limoges, 2011, p. 254.

sont applicables *mutatis mutandis* aux consultations référendaires. Le juge constitutionnel camerounais est compétent pour connaître du contentieux relatif aux moyens de communication pendant la campagne et à la tenue de la campagne.

Le contrôle opéré par la juridiction constitutionnelle permet de sanctionner les atteintes au principe d'égalité électorale[147]. La rupture du principe d'égalité en matière référendaire peut résulter des violences organisées sur les acteurs, et partisans du rejet ou de la validation de la question soumise au référendum. Il peut s'agir des violences physiques ou de violences morales ou encore des pressions psychologiques et mentales.

2) L'aménagement du contentieux postréférendaire

Une fois que le référendum s'est tenu, le juge constitutionnel connaît des contestations visant sa régularité[148]. En revanche, il ne connaît pas du contentieux de lois référendaires. L'article 12 al.1 de la loi de 2010 précise que le Conseil constitutionnel a compétence pour examiner toutes les réclamations relatives aux opérations référendaires. Il s'agit de l'attribution d'un véritable pouvoir de contrôle des opérations postréférendum.

Dans le contexte camerounais, le législateur a strictement encadré la saisine du Conseil dans l'exercice de son pouvoir de contrôle. Le contrôle des opérations référendaires ne peut être mis en branle qu'après saisine du Conseil par soit par le président de la République, le président de l'Assemblée nationale ou le président du Sénat, soit par un tiers des députés ou un tiers des sénateurs[149]. La saisine du Conseil permettra l'examen des contestations et des réclamations. L'examen par le Conseil des contestations permettra éventuellement à celui-ci de sanctionner lesdites irrégularités.

À bien y regarder, l'examen de contestations et réclamations relatives aux opérations référendaires permet au Conseil constitutionnel d'assurer la régularité de l'expression référendaire. Parce que le référendum est l'expression directe du peuple, le haut juge doit s'assurer que le résultat définitif reflète la volonté réelle du peuple[150]. L'article 12 al.1 donne effectivement à la haute juridiction la compétence de trancher les litiges survenus dans le déroulement du référendum. Ces litiges peuvent résulter des irrégularités observées dans l'organisation du vote référendaire. Il peut aussi s'agir des fraudes électorales viciant la réalité de l'expression populaire.

Les réclamations peuvent par ailleurs être liées au décompte final des voix[151]. Si le Conseil constate qu'il y a un très grand écart entre le nombre de votants et les suffrages exprimés, la haute juridiction pourra par conséquent conclure qu'il y a

---

[147] Fatin-Rouge Stéfanini (M.), *Le contrôle du référendum par la justice constitutionnelle*, Paris – Aix-en-Provence, Economica, PUAM, 2004, p. 43.

[148] Brunet (P.), « Le juge constitutionnel est-il un juge comme les autres ? Réflexions méthodologiques sur la justice constitutionnelle », in Olivier Jouanjan, Constance Grewe, Éric Maulin et Patrcik Wachmann (dir.), *La notion de justice constitutionnelle*, Paris, Dalloz, 2005, p. 128.

[149] Article 13, loi n° 2010/003 du 13 avril 2010 fixant les procédures du référendum.

[150] Lire utilement : Taillon (P.), « Pour une redéfinition du référendum consultatif », *RIDC*, n° 1, 2007, pp. 143-155.

[151] Andzoka Atsimou (S.), « La participation des juridictions constitutionnelles au pouvoir constituant en Afrique », *RFDC*, n° 110, Vol. 2, 2017, pp. 279-316.

des irrégularités ayant entaché le déroulement des opérations référendaires et tirera toutes les conséquences prévues par la loi.

Sous le règne de l'ordonnance du 26 août 1972[152] une commission chargée d'examiner les irrégularités des opérations référendaires était instituée. L'article 7 de ladite ordonnance dispose que la commission de recensement général du vote, *« dans le cas où elle constate des irrégularités dans le déroulement des opérations, il lui appartient d'apprécier si eu égard à la nature et à la gravité de ces irrégularités, il y a lieu soit de maintenir lesdites opérations, soit de prononcer leur annulation totale ou partielle* ».

La loi du 13 avril 2010 fixant les procédures du référendum attribue désormais l'examen des irrégularités relatives aux opérations référendaires au Conseil constitutionnel. L'article 14 de ladite loi dispose clairement que *« dans le cas où le Conseil constitutionnel constate l'existence d'irrégularité dans le déroulement des opérations référendaires, il peut eu égard à leur incidence sur les résultats, soit maintenir lesdites opérations, soit prononcer leur annulation totale ou partielle* ». Ainsi entendue, l'organisation d'un référendum peut déboucher sur l'annulation totale ou partielle du scrutin. Cela paraîtra assez curieux dès lors qu'il est admis que le mode d'expression du peuple est sacré.

Mais *in fine*, il faut se rendre à l'évidence que le contrôle opéré par le Conseil constitutionnel vise à protéger l'expression du suffrage populaire, l'existence d'irrégularités entachant le scrutin porte, de façon certaine, atteinte à l'expression du suffrage[153]. L'annulation totale ou partielle des résultats du référendum par le Conseil constitutionnel vise à protéger l'expression du peuple et de la démocratie.

En revanche, ainsi que cela a été souligné, la juridiction constitutionnelle ne contrôle pas la loi référendaire. Elle se contente de garantir la régularité et la sincérité des opérations liées à l'expression populaire. C'est le lieu de rappeler que dans le nouveau constitutionnalisme camerounais, le contrôle de constitutionnalité a été confié au juge constitutionnel. Le texte constitutionnel dispose à titre d'illustration que « *le Conseil constitutionnel statue souverainement sur : la constitutionnalité des lois, des traités et des accords internationaux* »[154]. Si la Constitution parle des lois sans les spécifier, il faut dire que la loi référendaire ne passe pas au crible du juge constitutionnel. La principale raison de cette exclusion du contrôle est l'attribution du dernier mot au peuple. Dans le constitutionnalisme contemporain, le référendum est présenté comme un mode de participation directe du peuple à l'exercice du pouvoir et à la création du droit[155].

L'idée est communément admise que dans un État démocratique, le souverain[156] c'est le peuple et en tant que tel, ce dernier a le pouvoir de créer ou de

---

[152] Ordonnance n° 72/10 du 21 août 1972 créant une commission de recensement général de vote.

[153] Werner (A.), « Le Conseil constitutionnel et l'appropriation du pouvoir constituant », *Pouvoirs*, n° 67, 1993, p. 122.

[154] Article 47 alinéa 1 de la Constitution du 18 janvier 1996 modifiée.

[155] Laffineur (E.), *Constitution et appel du peuple*, Paris, Armand Le Chevalier éditeur, 1873, p. 8.

[156] On peut définir la souveraineté du peuple au sens de Benjamin Constant comme la « suprématie de la volonté générale sur toute volonté particulière », in *Cours de politique constitutionnelle*, Tome I, Paris-Genève, Slatkine, 1982, p. 7. Au-delà de cette définition doctrinale, il convient de souligner que nombreux sont les textes qui posent le principe de la souveraineté du peuple. L'article 3 de la Déclaration universelle des droits de l'homme et du citoyen de 1789 fait partie de ces textes qui ont donné au peuple une place centrale dans l'État. En effet, ce texte dispose que « le principe de toute souveraineté réside essentiellement dans la Nation. Nul corps, nul individu ne peut exercer d'autorité

modifier le droit en vigueur dans l'État[157]. Il a surtout le dernier mot c'est d'ailleurs l'idée que soutient Alexis de Tocqueville lorsqu'il affirme : « *au-dessus de toutes les institutions et en dehors de toutes les formes réside un pouvoir souverain, celui du peuple, qui les détruit ou les modifie à son gré* »[158]. Bien plus, le texte adopté par le peuple est couvert d'une légitimité qui pourrait justifier l'exclusion d'un tel contrôle.

On peut ainsi reprendre à notre compte, l'affirmation de Francis Hamon selon laquelle : « *la fonction légitimatrice du référendum est liée à l'idée que les représentants du peuple ne disposent que d'un mandat limité [...] ils ne sont pas habilités à trancher en dernier ressort les questions les plus importantes, notamment celles qui concernent le fondement même de leur pouvoir ou le cadre général dans lequel celui-ci s'exerce* »[159]. Admettre un éventuel contrôle, reviendrait ainsi à précariser l'expression ou la volonté populaire[160].

Parvenu au terme de cette étude, il est important de relever que le recours au référendum n'est pas anodin. D'un point de vue téléologique, sa finalité est duale à savoir, que sa mobilisation magnifie la démocratie et consolide la reconstruction de l'État de droit.

Dans le premier cas, parce que la quasi-totalité des États contemporains se réclame de la démocratie et attribue une place centrale au peuple, le recours au référendum consolide l'idée selon laquelle « *le pouvoir constituant réside essentiellement dans le peuple* »[161]. Il lui offre l'occasion d'agir à la fois en tant que producteurs et destinataires des normes. Il favorise surtout la participation du plus grand nombre des citoyens à la prise de décision politique et les rapproche du processus de production du droit.

Et lorsqu'ensuite l'opération référendaire est déclenchée et qu'elle se tient, tout se passe sous le regard du juge constitutionnel témoignant ainsi de l'attachement du Cameroun au contrôle juridictionnel et au règne de l'État de droit. On peut simplement regretter dans la pratique, la sous-utilisation de ce mode d'expression populaire qui témoigne de ce que le peuple est un souverain banalisé.

---

qui n'en émane expressément ». De nos jours, quasiment tous les États font du peuple, l'unique souverain dans l'État. On peut se référer pour s'en convaincre, à l'article 2 de la Constitution camerounaise du 18 janvier 1996 modifiée ; l'article 3 de la Constitution béninoise du 11 décembre 1990 ; l'article 3 de la Constitution congolaise du 6 novembre 2015 ou encore l'article 50 de la Constitution ivoirienne du 8 novembre 2016.

[157] La participation du peuple à la création du droit s'opère de deux manières selon qu'elle est directe ou indirecte. Dans le premier cas, le peuple agit de manière active soit en initiant des réformes, soit en se prononçant en dernier ressort par le biais de la consultation référendaire. Dans la seconde hypothèse, la participation populaire s'opère à travers ses représentants. Il s'agit d'une modalité dont la portée est à relativiser à l'époque contemporaine du fait de la crise de la représentation. Sur la participation du peuple à la création du droit, lire utilement : Beaud (O.), « Le souverain », *Pouvoirs*, n° 67, 1993, p. 34. On peut aussi se référer à Cohendet (M-A), *Droit constitutionnel*, Paris, LGDJ, 2015, p. 65.

[158] De Tocqueville (A.), *De la démocratie en Amérique*, Tome I, Paris, GF-Flammarion, 1981, p. 253.

[159] Hamon (F.), *Le référendum. Étude comparative*, *op. cit.*, p. 50.

[160] Une telle éventualité serait de nature à fragiliser dans la pratique, la volonté populaire. Or, ainsi que le souligne Benjamin Constant au sujet de la souveraineté du peuple, celle-ci signifie simplement : « *suprématie de la volonté générale sur toute volonté particulière* », in Constant (B.), *Cours de politique constitutionnelle*, Tome I, Genève, Slatkin, 1982, p. 7.

[161] Carré de Malberg (R.), *Contribution à la théorie générale de l'État*, tome II, Paris, Sirey, 1922, p. 485 ; Lire également : Beaud (O.), *La puissance de l'État*, Paris, Puf, Coll. « Léviathan », 1994, p. 404.

LA RÉFORME DE LA FONCTION PUBLIQUE : ENJEUX ET DÉFIS

NGO TONG Chantal Marie

Maître de conférences en science politique
FSJP, Université de Garoua

La réforme de la fonction publique s'inscrit dans les dynamiques des réformes administratives qui constituent un aspect de la réforme de l'État. La réforme de l'État est aujourd'hui, de l'avis de Jean FELY, « *[...] un chantier prometteur dans la recherche de l'efficacité publique [...] un élément clé de la poursuite du développement d'économies* »[1]. Le champ de cette réforme couvre l'ensemble de toutes les administrations publiques (nationales et locales) ainsi que toutes les activités qui relèvent de leurs compétences, son objectif étant d'accroître l'efficacité des actions qui se développent dans la sphère publique. À mesure que la société évolue, l'État doit s'adapter pour conserver sa légitimité à incarner l'intérêt général ; cette adaptation implique une réforme du secteur public dont l'objectif fondamental est de faire en sorte qu'il réponde mieux aux besoins des citoyens et faire mieux contribuer l'État à l'amélioration de la vie économique et sociale.

David ABOUEM à TCHOYI et Stéphane Claude M'BAFOU analysent 50 ans de réforme de l'État au Cameroun[2] depuis 1960 où les autorités de l'État du Cameroun nouvellement indépendant se sont engagées à réformer l'État né des cendres d'une administration sous tutelle de l'administration coloniale. ABOUEM revient sur la définition de la réforme de l'État tout en relevant que « *l'organisation de l'État et les performances des administrations constituent des facteurs de stabilité et de compétition qui décident de la prospérité d'une Nation* »[3]. La décentralisation et la réforme de l'État sont les deux versants d'une même montagne à déplacer pour ouvrir la voie à un développement qualitatif des services publics. Si à l'origine le lien décentralisation/réforme de l'État s'est posé comme fondamentalement politique, ce lien s'est révélé être principalement d'ordre administratif dans la pratique[4] ; et toute administration qu'elle soit

[1] J. FELY, « La réforme de l'État », *Revue Projet*, vol. 266, no. 2, 2001, pp. 63-74.

[2] D. ABOUEM à Tchoyi, S. C. M'BAFOU, *50 ans de réforme de l'État au Cameroun. Stratégies, bilans et perspectives*, Paris, L'Harmattan, 2013.

[3] D. ABOUEM à Tchoyi, « 50 ans de réforme de l'État au Cameroun. Itinéraire ondoyant, itinéraire vers l'émergence », in David Abouem à Tchoyi, Stéphane Claude M'Bafou, op. cit., pp. 15-24, spéc. p. 15.

[4] G. GUIHEUX, « Le lien décentralisation/Réforme de l'État : les modalités de la confrontation entre l'unité et la décentralisation de l'État », *Revue juridique de l'Ouest* n° 3, 2004, pp. 329-341.

nationale ou locale a besoin de réformes. La réforme touche à la fois à l'organisation de l'État et à ses modes de gestion. Les aspects concrets de la réforme concernent la recherche de l'efficacité et ne couvrent pas seulement l'État, mais toutes les administrations. Ils se résument dans la formule : "Faire plus avec moins". Faire plus avec moins implique de manière pratique, la mise en œuvre des mesures et des modes de gestion qui permettent d'accroître la productivité des administrations, et en priorité, celle des personnels. Jean FELY souligne qu'atteindre cet objectif de croissance de la productivité des administrations, nécessite de modifier la structure et le fonctionnement de l'administration notamment en procédant à la décentralisation des grandes administrations à l'instar de la fonction publique.

Carole SIMARD dans l'analyse de la réforme administrative dans le contexte français, souligne que la réforme fait partie de la vie des administrations publiques, dans la mesure où elles doivent en permanence s'ajuster et s'adapter aux exigences sans cesse croissantes et renouvelées des citoyens à l'égard des services publics[5]. L'importance des missions confiées aux administrations, qu'elles soient centrales ou territoriales exige des ressources humaines et financières dont la gestion efficiente et efficace impose une révision en profondeur du statut général des fonctionnaires. La réforme de la fonction publique est dans cette dynamique une stratégie d'appui à la décentralisation générale des services publics et des fonctions gouvernementales. La réforme de la fonction publique dans le contexte de la décentralisation implique une diffusion géographique et institutionnelle des personnels de l'État pour réaliser de meilleures prestations de service. La décentralisation de la fonction publique nécessite par conséquent, une réorganisation des structures et des procédures bureaucratiques.

Claude MOMO FOUMTHIM[6] relève que la mise en œuvre des plans d'ajustement a eu des effets marquants sur la fonction publique à telle enseigne qu'il s'est imposé une étude sur le devenir de la fonction publique dans une économie qui s'est engagée dans la voie libérale. La mise en place du Programme d'ajustement structurel (PAS) recommandé par les institutions de *Bretton Woods* pour restructurer l'économie et relancer la croissance économique en récession, a eu pour effet la déstructuration de la fonction publique : baisses drastiques des salaires des fonctionnaires, chute du stock d'emplois réguliers, croissance du taux de chômage, sous-utilisation de la force de travail disponible. Le Cameroun dans cette situation a été confronté à un dilemme : suppression massive des emplois de la fonction publique ou conservation d'un effectif bureaucratique pléthorique dont il serait difficile voire impossible de payer les salaires. Le gouvernement choisit une voie médiane réalisable sur le "moyen terme" : alléger les effectifs avec indemnisation des partants, et réduction des salaires des personnels restants. Les licenciements pour raisons économiques et les baisses de salaires seront à l'origine d'un véritable désenchantement des fonctionnaires, comme l'analyse Jean NZHIE

[5] C. SIMARD. « La réforme administrative » In M. CHEVRIER, (dir.) ; I. GUSSE, (dir.). *La France depuis de Gaulle : La Ve République en perspective*. Montréal : Presses de l'Université de Montréal, 2010, pp. 99-118 URL : http://books.openedition.org/pum/8379.

[6] C. MOMO FOUMTHIM, *Fonction publique et ajustement structurel au Cameroun : La réforme de la fonction publique en Afrique subsaharienne*, Londres, Éditions universitaires européennes, 2012.

ENGONO[7]. La décentralisation est intégrée à la réforme de l'État et donc la réforme administrative : l'objectif principal de toutes les réformes induites étant : l'adaptation de l'action publique aux évolutions de notre société. Landry NGONO après analyse de la production de l'administration camerounaise entre 2015 et 2019, relève que la réforme de cette administration est une nécessité, l'amélioration de ses performances s'impose dans la quasi-totalité des secteurs d'activité, car le constat est globalement fait d' « *une administration publique fortement inefficace et déficiente, et finalement obsolète par rapport à l'évolution de son temps, et ce, nonobstant les élans de modernisation dont elle a été bénéficiaire au fil du temps* »[8]. Ce constat interroge la volonté affichée et déclarée des autorités gouvernementales d'améliorer au maximum l'efficacité de la sphère publique. Cette volonté politique matérialisée en 2013 par la signature de la Charte africaine des valeurs et des principes du service public et de l'administration adoptée en 2011 et entrée en vigueur en 2016, est sans cesse confrontée aux résultats peu performants de l'administration camerounaise. L'un des objectifs de cette Charte est « *la modernisation de l'administration publique et le renforcement des capacités pour l'amélioration des prestations du service public* ». Les réformes institutionnelles sont une constante dans la vie des États et principalement dans l'organisation et le fonctionnement de l'administration publique. Ainsi, de nombreuses réformes et tentatives de modernisation de l'administration publique ont-elles été enregistrées dans différents contextes à travers l'histoire. Peuvent être citées en exemple et ce de manière non exhaustive, le *Planning Programming Budgeting System* (PPBS) aux États-Unis ou la rationalisation des choix budgétaires (RCB) en France. Ces réformes n'ont pu être réalisées du fait de la complexité et sont inscrites dans les annales comme des réformes inachevées du secteur public. De nos jours, le New Public Management a été X par de nombreux pays surtout ceux en voie de développement comme instrument des réformes de l'administration publique. Ce choix stratégique est mis en œuvre dans un contexte où les nouvelles technologies de l'information et de la communication imposent de nouvelles orientations dans la conduite des réformes : moderniser l'action administrative par l'utilisation généralisée des techniques modernes de communication. Comment ces différentes exigences s'appliquent-elles à la réforme de la fonction publique ? En soulignant que l'action publique exige des ressources humaines et financières qui correspondent à l'importance des missions confiées aux administrations centrales et territoriales, la présente contribution axe la réflexion sur la gestion efficiente des ressources humaines comme enjeu majeur de la réforme de la fonction publique. Dans une analyse stratégique et prospective, il est question de démontrer que l'échec d'une réforme dans la gestion du personnel de l'État entraînera l'échec de toutes les autres

---

[7] J. NZHIE ENGONO, « Les « déflatés » de la fonction publique au Cameroun : du rêve de la réussite sociale au désenchantement. Étude de cas sur l'itinéraire des "déflatés" du Minrest », in Bulletin de l'APAD [Online], 18 | 1999, URL : http://journals.openedition.org/apad/457, consulté le 4 novembre 2022.

[8] L. NGONO, "l'État au Cameroun : entre logiques de réforme et de simplification."*African Journal of Democracy and Governance*, vol. 7, no. 2, July 2020, pp. 21.
URL :
https://link.gale.com/apps/doc/A666229859/AONE?u=googlescholar&sid=googleScholar&xid=5df5f58e

réformes entreprises dans l'État malgré la pertinence des outils utilisés à l'instar du NMP (I) et des NTICs (II).

I. LE NOUVEAU MANAGEMENT PUBLIC COMME TECHNOLOGIE D'ORGANISATION DE LA FONCTION PUBLIQUE CAMEROUNAISE

Le Nouveau management public (NMP) encore appelé la Nouvelle gestion publique (NGP) est un paradigme de modernisation de l'administration publique qui implique un recours accru aux mécanismes du secteur privé dans la prestation et l'administration des services publics avec notamment les notions telles que la flexibilité, l'efficacité, l'efficience, l'évaluation. Deux principes énoncés retiennent l'attention dans le cadre de cet article : le principe 5 qui fait référence à l'adaptation du service public aux besoins des usagers et le principe 9 relatif à l'usage effectif, efficace et responsable des ressources. Et c'est justement dans ces deux principes que cet article veut analyser la réforme administrative au Cameroun : les services administratifs sont-ils adaptés ? Les ressources sont-elles efficacement gérées, plus spécifiquement les ressources humaines ? Le NMP introduit dans de nombreux pays africains dans la mise en œuvre des réformes du secteur public, prône une décentralisation de l'administration publique reposant sur l'économie, l'efficacité et l'efficience.

A. Efficacité *versus* Efficience

Les réformes de l'État suggérées par le courant néolibéral dans lesquelles s'inscrit le NMP, opposent la culture de la performance par l'efficience à la culture de l'efficacité. Les débats sont ainsi axés autour de la nécessité pour l'État moderne de surseoir à sa traditionnelle logique d'efficacité (Eloi, 2014 ; Aghion & Rouler 2011), qui a fondé jusqu'ici sa légitimité et justifié son action, pour adopter une nouvelle logique d'État performant par l'efficience. Anne Amar et Ludovic Berthier relevant les avantages du NMP relèvent que « *la conception décentralisée issue du NMP permet aux structures de gagner en autonomie, en flexibilité et en réactivité. Le partage des responsabilités gagne également en clarté* »[9]. Ce modèle de gestion de l'administration publique favorise la mise en place soit d'un système de gestion par la performance (USA) soit d'un système de gestion axée sur les résultats (Canada).

Le choix du NMP comme modèle de réforme administrative par les autorités camerounaises, s'est traduit par l'adoption d'un Programme national de gouvernance (PNG). En effet, le NMP a été introduit en Afrique à travers les programmes nationaux de gouvernance, et le Cameroun n'a pas fait exception. Son PNG adopté en 2000 et revisité en 2006 place en priorité la réforme administrative selon le modèle NMP en vue de mettre en place une administration publique véritablement au service des usagers. Raoul Tamekou s'interrogeant sur l'influence du NMP sur la structure et le fonctionnement de l'administration

---

[9] A. AMAR., L. BERTHIER., « Le nouveau management public : avantages et limites », *Gestion et Management Publics*, vol.5, décembre 2007. URL: http://www.airmap.fr/wp-content/uploads/2018/06/GMP2007_5.4._AmarBerthier.pdf, consulté le 10 octobre 2022.

publique camerounaise, relève que la réforme du Statut général de la fonction publique en 1994 avec l'introduction de la notion de "poste de travail" et la mise sur pied d'un système d'évaluation des personnels aux résultats se trouvait déjà être les prémices du NMP[10]. Le poste de travail est défini comme « *l'ensemble des tâches, attributions et responsabilités, exigeant des connaissances et aptitudes particulières* »[11]. Il faut donc concevoir le poste de travail c'est-à-dire, déterminer les tâches, attributions et responsabilités d'un fonctionnaire pour concevoir le service, ou inversement, concevoir le service et déterminer par la suite le profil du poste de travail. Cette notion importée du monde des entreprises a pour vocation d'éviter des doublons et une démultiplication des tâches identiques effectuées à différents échelons, de déterminer avec précision le travail de chaque agent et de laisser très peu de place aux conflits de compétences. Mais à l'analyse, cette notion n'a pas été convenablement implantée par les réformes successives. Récemment, le ministère de la Fonction Publique et de la Réforme administrative (MINFOPRA) a lancé une opération de cartographie des postes de travail qui est en fait, un programme de recensement en ligne intégré au programme d'assainissement du fichier solde de l'État initié en 2008 avec la création au ministère des Finances d'un service chargé de tenir à jour la masse salariale de l'État[12]. Les efforts de l'État dans ce sens ont produit au fil du temps des résultats fort mitigés. Mais depuis l'introduction du numérique et la mise en œuvre du Système intégré de gestion informatisée des personnels de l'État et de la solde (SIGIPES), des progrès notables commencent à être observés du point de vue de l'assainissement du fichier solde de l'État. Par exemple, le MINFOPRA relève que pour la seule année 2019, l'État après qu'une partie de ce nettoyage a été réalisée, a pu économiser plus de 30 milliards de F CFA[13]. L'opération de comptage physique des personnels publics (COOPE) lancée en 2018 s'est achevée en 2020 par un gain de 40 milliards FCFA sur la masse salariale après identification de 7 622 agents publics en position d'abandon de poste qui émargent indûment au fichier solde de l'État. Malgré ces opérations d'assainissement, les effectifs de la fonction publique ne cessent de gonfler, avec « *des traitements discriminatoires selon les corps et sans base rationnelle ; une quasi-absence des profils de carrière et l'intrusion de la politique* »[14]. Mais en aval des problématiques de recensement des personnels, se posent les questions de recrutements et d'affectation des personnels à des postes de travail précis pour un service public adapté aux besoins des usagers.

B. Mobilité géographique *versus* mobilité institutionnelle

La mobilité est un principe d'optimisation dans la gestion des ressources humaines publiques. David Nkolyang Sirbela analyse son insertion et sa mise en

[10] R. TAMEKOU, « Programme national de gouvernance (2006-2010) et modernisation administrative. Le Cameroun à l'heure du Nouveau management public », *Revue internationale des sciences administratives*, vol. 74, no. 2, 2008, pp. 235-252. URL : https://www.cairn.info/revue-internationale-des-sciences-administratives-2008-2-page-235.htm

[11] Décret n° 94/199 du 7 octobre 1994 portant Statut général de la fonction publique, article 4 alinéa 1.

[12] Cf. Décret no. 2008/365 du 11 août 2008 portant organisation du ministère des Finances, en son article 67

[13] https://www.cameroun.cc/fr/cartographie-minfopra-savoir-effectuer-votre-recensement-ligne/

[14] D. ABOUEM, in D. ABOUEM A TCHOYI, S. C. M'BAFOU (dir.), op. cit., p. 20

œuvre dans la fonction publique camerounaise[15]. La question de la mobilité des agents de l'État se pose dans toutes les administrations publiques. En France, une loi a été spécifiquement adoptée sur la mobilité et les parcours professionnels dans la fonction publique en 2009[16]. Joseph Kijem se penchant sur le sujet dans le contexte camerounais, y relève d'énormes insuffisances en matière de planification et de politiques de mobilité et de redéploiement du personnel de l'État. Il en arrive à parler de « *l'enfer de la mobilité et du redéploiement dans la fonction publique camerounaise* »[17] au regard de la faible si ce n'est de l'absence de rationalité dans le redéploiement des agents de l'État. Qu'il s'agisse d'affecter, de muter ou d'attacher une certaine reconnaissance spécifique à certains emplois ou de les valoriser pour les rendre plus attractifs ou compenser certaines contraintes, la question de la mobilité est un réel défi dans les réformes de la fonction publique. Émilie Biland à partir d'une analyse de la fonction publique territoriale en France distingue trois formes de mobilité : fonctionnelle, hiérarchique et spatiale[18]. La mobilité fonctionnelle est une mobilité entre services ; elle fait référence à la possibilité pour un agent au sein d'une institution de changer de services ou de poste de travail, le changement de service ou de poste de travail se traduisant souvent par une évolution des tâches, qui requiert l'acquisition de nouvelles compétences. La mobilité hiérarchique renvoie à l'ascension professionnelle d'une catégorie à une autre, une mobilité verticale où l'on peut accéder objectivement à des postes de responsabilités

La mobilité géographique des personnels de l'État est un instrument d'équilibre qui permet d'ajuster les ressources humaines disponibles avec les besoins réellement exprimés par les administrations à tous les échelons : central et local et dans tous les secteurs d'activité. Pour Étienne Maclouf et Bruno Wierzbicki, la mobilité géographique serait un moyen d'optimiser la gestion des ressources humaines de la fonction publique et pour corriger les déséquilibres des effectifs à condition d'organiser au mieux cette mobilité dans un dispositif planificateur rationnel qui prend en compte les aspirations des fonctionnaires à progresser dans leur carrière[19]. La question de mobilité géographique pose la question de ses incidences familiales au regard de ce que la ligne qui sépare la vie professionnelle de la vie personnelle est bien difficile à tracer. Le fonctionnaire bien qu'astreint à une vocation de service public, désire tout de même concilier les exigences de son emploi avec celles de sa vie privée. Des programmes de mobilité rationnels et pertinents sont nécessaires pour mieux anticiper l'évolution des besoins en emplois et en compétences.

---

[15] D. NKOLYANG SIRBELA, « Le Principe de mobilité et l'optimisation de la fonction publique camerounaise », *International Multilingual Journal of Science and Technology (IMJST)*, Vol. 6 Issue 10, octobre 2021, pp. 4344-4354. URL :
http://www.imjst.org/wp-content/uploads/2021/10/IMJSTP29120605.pdf

[16] Cf. Loi n° 2009-972 du 3 août 2009, relative à la mobilité et aux parcours professionnels dans la fonction publique

[17] J. KIJEM, *L'enfer de la mobilité et du redéploiement dans la fonction publique camerounaise*, Paris, Sciencia Scripts, 2020

[18] É. BILAND « Fonction publique territoriale : de la mobilité interne à la mobilité spatiale ? », Travail et emploi, 2011/3 (n° 127), p. 53-66. URL : https://www.cairn.info/revue-travail-et-emploi-2011-3-page-53.htm

[19] E. MACLOUF et B. WIERZBICKI, « La mobilité géographique pour optimiser la gestion des ressources humaines publiques ? », *Politiques et management public*, Vol 26 février | 2008, 53-74. URL : http://journals.openedition.org/pmp/1373

La question de la mobilité des fonctionnaires qu'elle soit géographique ou institutionnelle, met en avant la nécessité de lutter contre le déficit d'attractivité de certains territoires et de réformer le contenu de certains emplois pour les rendre plus intéressants en termes de perspectives de carrière. Un déplacement des compétences du centre vers les collectivités locales a permis la mise en place et le développement d'une fonction publique territoriale autonome et distincte.

II. LES NOUVELLES TECHNOLOGIES DE L'INFORMATION ET DE LA COMMUNICATION (NTIC) COMME OUTILS TECHNIQUES DE GESTION DE LA RÉFORME

Les progrès enregistrés depuis les années 2000 dans le domaine informatique, ont permis un important développement des systèmes d'information notamment avec le développement des applications informatiques qui permettent de disposer des bonnes informations au bon moment afin de prendre les bonnes décisions. Ces applications font de l'informatique, un outil de gestion, de contrôle et de pilotage notamment en ce qui concerne la gestion des personnels. L'intégration des NTICs dans les réformes administratives explore la perspective d'une "administration sans papier" et du "e-administration" (administration électronique) dont les procédures simplifiées accroissent l'efficacité et l'efficience dans la production des services.

A. La gestion informatique des personnels de l'État

L'engagement de l'État du Cameroun à assainir son fichier solde et à contrôler sa masse salariale s'est traduit par divers procédés de recensement physique du personnel qui demandait des efforts fastidieux à l'administration et à son personnel.

La gestion informatique du personnel est mise en œuvre à travers deux plateformes : ANTILOPE (Application nationale de traitement informatique et logistique du personnel de l'État) qui gère la solde et la pension à partir du ministère des Finances et SIGIPES (Système intégré de gestion informatisée des personnels de l'État et de la solde), qui gère quant à elle les carrières des personnels de l'État à partir de chaque département ministériel. L'utilisation simultanée des deux systèmes posait des problèmes de cohérence de référentiels à l'instar des immatriculations multiples. Pour résoudre le problème, le gouvernement s'est résolu à mettre en œuvre en 2016 SIGIPES II qui est une interface entre ANTILOPE et SIGIPES. Mais ce SIGIPES II peine jusqu'à cette date à être mis en place et exécuté. La plateforme avait pour objectif d'unifier et d'uniformiser la gestion de la carrière des fonctionnaires, de leurs soldes et pensions sur une plateforme unique. Cette approche a été expérimentée par d'autres pays africains à l'exemple du Sénégal et de Djibouti. Le gouvernement sénégalais engagé dans l'e-administration a lancé en 2017, le projet de mise en œuvre d'un fichier unifié des données du personnel de l'État (FUDPE) pour la gestion en ligne des ressources humaines de l'État avec entre autres objectifs : la maîtrise de la masse salariale, et la simplification des procédures pour le traitement des dossiers des personnels. À Djibouti, un fichier unique du personnel de l'État a été mis en œuvre. Pour les autorités de cet État, ce fichier constitue une réforme administrative majeure qui se propose de parvenir à une gestion saine et transparente des deniers publics en débarrassant du fichier paie du personnel de l'État des effectifs fictifs et d'harmoniser les charges salariales (suppression des anomalies et irrégularités tant financières qu'administratives au regard de la réglementation en vigueur). Ces exemples arbitrairement choisis ont pour finalité de révéler que la gestion du personnel de l'État et la nécessité de contrôler la masse salariale sont une préoccupation partagée des États africains. Et chaque État met en œuvre des réformes qui lui paraissent pertinentes pour trouver des solutions adéquates.

B. L'E-administration

Le développement de l'administration électronique ou e-administration est, aujourd'hui, l'une des composantes d'une politique générale de modernisation de l'administration. La E-administration se désigne dans ce cadre comme « *l'utilisation, par les administrations publiques, des technologies de l'information et de la communication pour améliorer le service rendu aux usagers du service public* »[20]. L'administration électronique recouvre, selon l'OCDE, « *l'usage des technologies de l'information et de la communication (TIC), et en particulier de l'Internet, en tant qu'outil visant à mettre en place une administration de meilleure qualité* »[21]. La solution numérique faciliterait l'exécution des agents publics qui seraient plus rapides dans l'accomplissement quotidien de leurs tâches et plus performants dans la délivrance des services aux usagers. L'e-bulletin de solde est un exemple qui démontre l'efficacité d'une administration électronique. L'usager à partir de son téléphone portable ou d'un ordinateur peut télécharger et imprimer gratuitement son bulletin de solde quel que soit le moment où il en a besoin. Par ailleurs, la fluidité de la communication au sein de l'institution via l'intranet réduit les asymétries d'information et rend accessible au personnel administratif l'ensemble des données disponibles pour le traitement d'un dossier.

L'e-administration revêt un enjeu d'efficacité et de qualité pour les services publics, mais aussi d'efficience dans la mesure où elle permet des économies d'échelle autant pour les usagers que pour l'administration. Pour des auteurs comme Francis JUBERT, Elizabeth MONTFORT, Robert STAKOWSKI, l'e-administration est un levier pour la réforme de l'État[22]. Jacqueline NYEKI BELLA analyse l'e-administration dans la gestion des ressources humaines du Cameroun, et souligne un des maillons essentiels pour la modernisation de l'administration publique camerounaise[23].

La réforme de la fonction publique est considérée par certains experts comme « *un soutien à la décentralisation générale des fonctions gouvernementales ou aux*

---

[20] O. VIBOUD, « E-administration », dans : Nicolas Kada éd., *Dictionnaire d'administration publique*. Fontaine, Presses universitaires de Grenoble, 2014, p. 177-178. URL : https://www.cairn.info/dictionnaire-d-administration-publique--9782706121371-page-177.htm, consulté le 11 octobre 2022.

[21] OCDE (2004), *L'administration électronique : un impératif, Études de l'OCDE sur l'administration électronique*, Éditions OCDE, Paris, https://doi.org/10.1787/9789264101203-fr, consulté le 11 octobre 2022.

[22] F. J., E. MONTFORT, R. STAKOWSKI (dir.), *La e-administration. Levier de la réforme de l'État*, Paris, Dunod, 2005.

[23] J. NYEKI BELLA, *L'e-administration dans la gestion des ressources humaines du Cameroun*, Mauritius, Éditions universitaires européennes, 2 019.

prestations de services»[24]. La décentralisation du service public favorise l'institutionnalisation d'un échelon de gouvernement susceptible d'offrir certaines catégories de biens et services publics de manière plus adaptée aux besoins des populations. La relation entre la décentralisation et l'offre de biens ou services publics par divers auteurs fait état de ce que la décentralisation améliore l'efficacité de l'allocation des ressources des services publics de qualité qui pourront être offerts à la population afin d'améliorer leur bien-être social.

La décentralisation s'inscrit à l'ordre du jour des réformes de l'État et du secteur public et de nombreuses recherches sont effectuées sur la relation entre la décentralisation et toutes ces réformes à l'instar du colloque sur « *la décentralisation géographique des services publics administratifs à compétence nationale* »[25] organisé par l'Institut français des sciences administratives (IFSA). Selon l'OCDE, « *la mise en œuvre d'un processus de décentralisation peut être motivée par la volonté d'améliorer l'efficacité des services publics [...] de rendre l'accès et les services plus équitables [...]* »[26]. Selon Damas HOUNSOUNON, « *en théorie, la décentralisation peut provoquer une optimisation des instruments et des politiques destinés aux pauvres par la fourniture de biens et services de qualité* »[27]. Mais compte tenu de ce que l'administration nationale reste très active sur la scène locale où elle joue un rôle de premier plan dans de nombreux domaines, il convient d'améliorer l'efficacité de l'appareil administratif déconcentré. Cette amélioration est l'objectif recherché de toutes les réformes administratives mises en œuvre depuis les indépendances.

La réforme administrative se déploie sur plusieurs aspects de la vie de l'administration publique : la gestion des ressources humaines, les relations avec les administrés, la performance du service public, l'évaluation des politiques publiques et la déconcentration. Les acteurs au cœur de cette réforme sont : les élus, les fonctionnaires, les « décideurs économiques et sociaux ». Conduite de manière pertinente et avec rationalité, elle favorise l'efficacité de l'action publique et la vitalité du corps social, et résulte sur l'existence de services publics « forts » et performants à même d'une part de contribuer à la solidarité nationale et à la cohésion territoriale, et au développement économique et social, et donc durable, du pays. Conduire une réforme de cette envergure dans le contexte politique de la décentralisation pour une efficacité plus grande des administrations publiques nationales et locales, impose des changements nécessaires dans les mentalités administratives. L'amélioration du fonctionnement de l'appareil gouvernemental et de l'administration ne peut en effet s'opérer si l'État engagé dans la réforme ne s'inscrit dans « la nécessité de transformer les administrations en "institutions apprenantes", capables de s'autocorriger à la lumière de leur propre expérience ».

---

[24] V° https://www.ciesin.columbia.edu/decentralization/French/Issues/Fonction_publique.html, consulté le 11 octobre 2022.

[25] IFSA, *La décentralisation géographique des services publics administratifs à compétence nationale : actes du colloque tenu à Paris les 30 et 31 mars 1979*, Cahiers de l'IFSA N° 20

[26] OCDE, « chapitre II. Comprendre les systèmes de décentralisation », in OCDE, Réussir la décentralisation
Manuel à l'intention des décideurs, 2 019.

[27] D. HOUNSOUNON, *Décentralisation et qualité de l'offre de services socio-publics en Afrique subsaharienne*, Working Paper N° 165, 2016. URL : https://www.afrobarometer.org/wp-content/uploads/2022/02/afropaperno165.pdf, consulté le 11 octobre 2022.

LA FONCTION LÉGISLATIVE NATIONALE À L'ÉPREUVE DE L'INTÉGRATION DES ÉTATS AFRICAINS DE LA ZONE FRANC

Arsène Landry NGUENA DJOUFACK

Maître de conférences en droit public
Université de Dschang (Cameroun)

Pour répondre aux défis de la mondialisation et s'insérer dans l'économie mondiale, les États, dans différentes zones géographiques, se sont regroupés au sein d'organisations internationales d'intégration pour agir dans un cadre commun[1]. Les États membres de ces organisations sont alors, non seulement, les acteurs de la construction commune, en ce sens que la vie de ces organisations dépend de leur volonté[2], mais aussi, des sujets du droit sécrété par ces dernières en ceci qu'ils sont tenus d'en assurer l'application[3]. Cette réalité ne saurait se concrétiser sans incidence sur les droits nationaux qui subissent, conséquemment, des transformations. Lord Denning, préfaçant en 1990 un livre, écrivait en ce sens que *« le droit communautaire est [...], un raz-de marrée qui emporte nos digues, et qui pénétrant à l'intérieur de nos terres, vient submerger nos maisons et nos champs à la consternation de tous »*[4]. C'est ainsi que l'ensemble des droits nationaux, qu'il s'agisse du droit privé[5] ou du droit public dans ses différentes variantes du droit constitutionnel[6], du droit administratif[7] etc., sont désormais sous

---

[1] M. DELMAS-MARTY, Trois *défis pour un droit mondial*, Seuil, 1998, 201 pp., M. KAMTO, « Mondialisation et droit », *Revue hellénique du droit international*, n° 53, 2000/2, pp. 549-575.

[2] M. KAMTO, *La volonté de l'État en droit international*, Académie de droit international de La Haye, Leiden-Boston, Martinus Nijhoff Publisher, 2007, 428 pp.

[3] J. RIDEAU, « Le rôle des États membres dans l'application du droit communautaire », *AFDI*, 1972, pp.864-903.

[4] Cité par G. MARCOU, (dir.), *Les mutations du droit de l'administration en Europe, pluralisme et convergences*, Paris, l'Harmattan, 1995, p. 11.

[5] E. PUTMAN, « L'incidence du droit communautaire sur le droit privé français », *RRJ/Droit prospectif*, 1997, pp. 435 et s., B. DJUIDJE CHATUE (dir.), *La réforme du droit privé en Afrique*, PUA, 2016, 513 pp.

[6] A. ONDOUA, *Étude des rapports entre le droit communautaire et la Constitution en France : l'ordre juridique constitutionnel comme guide au renforcement de l'intégration européenne*, Paris, l'Harmattan, 2001, 482 pp, M. L. NDIFFO KEMETIO, « Les bases constitutionnelles du droit d'origine externe en Afrique francophone », *Les Annales de droit* 2021, n° 15, pp. 81-108.

[7] J. SCHWARZE, *Le droit administratif sous l'influence de l'Europe : une étude sur la convergence des ordres juridiques nationaux dans l'Union Européenne*, Bruylant, Bruxelles, 1994, 845 pp., M. L. NDIFFO KEMETIO, *Droit communautaire de la CEMAC et droit administratif camerounais : contribution à l'étude de l'impact du droit communautaire sur le droit étatique*, thèse/PhD en droit public, Université de Dschang, 2016, 706 p.

l'influence du droit de l'intégration. D'où cette réflexion sur la fonction législative nationale à l'épreuve de l'intégration des États africains de la zone franc.

La fonction législative nationale[8] peut être définie comme celle qui consiste à légiférer, c'est-à-dire, à faire les lois nationales[9]. La loi, ici, est appréhendée, non pas au sens matériel, mais au sens formel. Elle est alors entendue comme un *« texte voté par le Parlement »*[10], qui incarne *« le pouvoir législatif, par opposition aux règles et actes émanant du pouvoir exécutif, c'est-à-dire des autorités chargées surtout de veiller à l'exécution des lois »*[11]. Ainsi perçue, la loi est désormais au cœur de diverses controverses[12], dont certaines sont liées à sa relation avec le droit de l'intégration[13]. L'intégration, au sens juridique, est le *« transfert de compétences juridiques étatiques d'un État à une organisation dotée de pouvoirs de décision et de compétences supranationales »*[14]. Au moins deux éléments essentiels la caractérisent donc. D'une part, le transfert de compétences juridiques étatiques à une organisation internationale qui les exerce, dans la limite de ses attributions, par le biais de ses propres organes créés. D'autre part, la reconnaissance au profit de celle-ci des pouvoirs de décisions et de compétences supranationales ; ce qui lui permet, d'édicter des règles qui s'imposent et dont l'inobservation peut faire l'objet de sanctions par les organes supranationaux.

L'intégration régionale n'est pas une aventure nouvelle en Afrique en général[15] et en Afrique francophone en particulier[16] ; elle y a toujours existé[17]. Malheureusement, elle n'y avait pas connu un destin lumineux[18] et l'une des causes était la faiblesse du droit secrété par les organisations d'intégration[19]. Avec ce constat, les États sont repartis sur de nouvelles bases à partir de la décennie

---

[8] On parle de fonction législative nationale, par opposition, à celle exercée en dehors de l'État, notamment, au sein des organisations d'intégration. Cf. C. BLUMANN, *La fonction législative communautaire,* LGDJ, 1995, 184 pp.

[9] G. CORNU (dir.), *Vocabulaire juridique*, Association Henri Capitant, Paris, PUF, 2021, 13e édition, p. 602.

[10] *Ibid.*, p. 625

[11] F. TERRE, *Introduction générale au droit*, 10e éd., Dalloz, 2015, pp. 198-199.

[12] Pouvoirs-Revue française d'études constitutionnelles et politiques, *La loi*, n° 114, Sept. 2005, 201 pp.

[13] En ce sens, cf. J. MAÏA, « La contrainte européenne sur la loi », *Pouvoirs*, n° 114, *op.cit.*, pp. 53-72.

[14] G. CORNU (dir.), *Vocabulaire juridique*, *op.cit.*, p. 561.

[15] A. LOGMO MBELECK (dir.), *L'Union africaine : entre avancées incontestables et reculs contestables*, Yaoundé, PUY, 2019, 293 pp.

[16] S. F. SOBZE, « Le régionalisme en Afrique francophone », *Revue juridique et politique des États francophones n° 1*, janv. -Mars 2018, pp. 109-132.

[17] F. WODIE, *Les groupements régionaux d'États en Afrique*, thèse, Paris, 1966, 275 pp., du même auteur, *Les institutions internationales régionales en Afrique occidentale et centrale*, LGDJ, 1970, 274 p.

[18] N. MOUELLE KOMBI, « L'intégration régionale en Afrique centrale. Entre inter-étatisme et supranationalisme », *in* H. B. HAMMOUDA, B. BEKOLO-EBE, M. TOUNA (dir.), *L'intégration régionale en Afrique centrale, bilan et perspectives*, Paris, Karthala, 2003, p. 202, A. MAHIOU, « Quelques observations sur les problèmes de l'intégration en Afrique », *in* P. MEYER (dir.), *La libération de l'économie dans le cadre de l'intégration régionale : le cas de l'UEMOA*, Actes du colloque de Ouagadougou des 16 et 17 déc. 1999, Publication de la CEEI n° 3, pp. 131-156.

[19] S. J. PRISO ESSAWE, *Intégration économique et droit en Afrique centrale, étude de la zone UDEAC*, thèse, Montpellier I, 1997, 461 pp.

1990, en faisant du droit un pilier essentiel de l'intégration[20]. Dans cette nouvelle dynamique[21], plusieurs organisations ont vu le jour en Afrique subsaharienne[22]. Les unes ont pour but l'intégration économique : c'est le cas notamment de la CEMAC[23], de la CEEAC[24], de l'UEMOA[25] et de la CEDEAO[26] qui appartiennent soit à l'Afrique centrale, soit à l'Afrique de l'Ouest. Les autres visent l'intégration juridique : c'est le cas de l'OHADA[27], de la CIMA[28], de la CIPRES[29] etc., qui regroupent à la fois les États de l'Afrique de l'Ouest et de l'Afrique centrale. La distinction entre organisations d'intégration économique et organisations d'intégration juridique ne devrait, toutefois, pas conduire à noyer la dimension juridique des premières[30]. L'ambition économique de celles-ci est nécessairement portée par l'intégration juridique[31]. En participant à ces différentes entreprises d'intégration économique et juridique, les États africains de la zone franc[32], ont accepté de transférer des compétences juridiques étatiques aux organisations ci-dessus citées, de reconnaître qu'elles puissent disposer de pouvoirs de décision propres et de compétences *supra*nationales. Les droits nationaux ne peuvent que s'en trouver affectés dans leurs différentes branches. En conséquence, les fonctions ; législative, exécutive et juridictionnelle, doivent s'adapter à la nouvelle donne qu'imposent les dynamiques d'intégration.

Si, l'influence du droit de l'intégration sur les fonctions exécutives[33] et juridictionnelle[34] a de plus en plus retenu l'attention de la doctrine, tel n'est pas le

---

[20] J. ISSA SAYEGH, « L'intégration juridique des États africains dans la Zone Franc », 1re partie, *Penant*, n° 823, janv.-avr. 1997, pp. 5-31, 2e partie, *Penant* n° 824, Mai- août 1997, pp. 125-163.

[21] J. MOUANGUE KOBILA, « Les nouvelles dynamiques de l'intégration en Afrique », *Annales de la Faculté des sciences juridiques et politiques de l'Université de Dschang*, 2011, T. 15, pp. 45-68

[22] M. FAU-NOUGARET (dir.), *La concurrence des organisations régionales en Afrique*, Paris, l'Harmattan, 2012, 456 p., A. L. NGUENA DJOUFACK, « La coordination entre les organisations d'intégration en Afrique occidentale et centrale », *Juridis périodique* oct.-nov.-déc. 2018, n° 116, pp. 151-163.

[23] Communauté économique et monétaire de l'Afrique centrale. Né des cendres de l'UDEAC, son Traité fondateur signé le 16 mars 1994 a fait l'objet de révisions, d'abord le 25 juin 2008, puis le 30 janvier 2009.

[24] Communauté économique des États de l'Afrique centrale. Traité signé le 18 octobre 1983.

[25] Union économique et monétaire ouest africaine. Née des cendres de l'Union monétaire ouest africaine (UMOA). Son Traité constitutif signé en janvier 1994 a été modifié le 29 janvier 2003.

[26] Communauté économique des États de l'Afrique de l'Ouest. Elle a été créée le 28 mai 1975. Son traité constitutif a été modifié le 24 juillet 1993.

[27] Organisation pour l'harmonisation en Afrique du droit des affaires. Signé le 17 octobre 1993, le Traité OHADA a été modifié le 17 octobre 2008.

[28] Conférence interafricaine des marchés d'assurances, instituée par un Traité signé le 10 juillet 1992.

[29] Conférence interafricaine de prévoyance sociale. Son Traité a été signé le 22 septembre 1993.

[30] E. GNIMPIEBA TONNANG, *L'ordre juridique communautaire de la CEMAC*, Yaoundé, L'Harmattan 2017, 281 pp., A. Y. SAAR, *L'intégration juridique dans l'UEMOA et dans l'OHADA*, Aix-en-Provence, PUAM, 2008, 654 pp.

[31] E. CEREXHE, « L'intégration juridique comme facteur d'intégration régionale », *Revue burkinabé de droit*, n° spécial 39-40, pp. 21-29.

[32] Sur cette zone, cf. H B. HAMMOUDA et M. KASSE, *L'avenir de la zone franc : perspectives africaines*, Éditions Karthala et Codesria, 2001, 517 pp.

[33] C. KEUTCHA TCHAPNGA, « Le droit public camerounais à l'épreuve du droit communautaire de l'UDEAC/ CEMAC ; l'exemple du contrôle de la profession d'expert-comptable et de comptable agréé », *RADIC*, 1999, pp. 474-491, M. KAMTO, « La participation des personnes morales africaines de droit public à l'arbitrage OHADA », *l'OHADA et les perspectives de l'arbitrage en Afrique*, Bruylant, Bruxelles, 2000, pp. 89-101.

cas avec la fonction législative, alors même qu'elle est une fonction essentielle de l'État[35]. En effet, dans l'ordre juridique interne, stricto sensu[36], en dessous de la Constitution se trouve la loi à laquelle l'exécutif et le judiciaire sont soumis et ne peuvent, en principe, édicter que des actes de nature infra législative. La fonction législative est, sans nul doute, au cœur de l'exercice de la souveraineté de l'État, les lois, expression de la volonté générale[37], étant considérées comme des *« actes de souveraineté »*[38]. En affectant la fonction législative, l'intégration touche donc à la sensible question de la souveraineté des États[39]. L'intérêt de l'étude est alors indéniable. Sur le plan scientifique, il s'agit d'une contribution à la compréhension des dynamiques du droit constitutionnel et du droit de l'intégration, des relations qu'ils entretiennent entre eux. L'on pourra ainsi saisir le sens et la pertinence de l'incidence de l'intégration sur l'exercice de la fonction législative nationale. Sur le plan pratique, elle permettra aux acteurs de la chaîne législative, aux justiciables pouvant invoquer la loi ou le droit de l'intégration, et au juge censé veiller sur l'application du droit, d'être édifiés sur les rapports entre la fonction législative et le droit de l'intégration.

L'étude repose alors sur la question centrale suivante : quel visage présente la fonction législative nationale à l'épreuve de l'intégration des États africains de la zone franc ? Le recours à la méthode juridique, complétée notamment par le recours au droit étranger, permet de soutenir que la fonction législative nationale est désormais soumise aux dynamiques de l'intégration économique et juridique qui entraînent inéluctablement sa transformation. Elle voit, d'une part, sa substance réaménagée (I) et, d'autre part, son encadrement renforcé (II).

I. UNE FONCTION LÉGISLATIVE À LA SUBSTANCE RÉAMÉNAGÉE

La substance de la fonction législative est de faire la loi dans les matières qui relèvent de son domaine défini par la Constitution. Même si cela n'apparaît pas, à première vue, cette substance est réaménagée, dès lors que, les États se sont engagés dans les processus d'intégration économique et juridique. Le transfert des compétences juridiques étatiques aux organisations d'intégration concerne, évidemment, la fonction législative qui se trouve de ce fait partiellement retranchée (A). Toutefois, cette réalité est relativisée par le rôle qui est reconnu aux États membres, et donc à la loi, dans la mise en œuvre du droit de

---

[34] E. GNIMPIEBA TONNANG et A. L. NGUENA DJOUFACK, « L'influence du droit communautaire de la CEMAC sur le domaine de compétence du juge administratif camerounais », *Recht in Afrika*, Cologne, 26 oct. 2011, pp. 219-239, B. M. METOU, « Le moyen de droit international devant les juridictions internes en Afrique », *Revue africaine des sciences juridiques*, Université de Yaoundé II, *FSJP*, Vol.6, n° 1, 2009, pp. 381-413.

[35] P. AVRIL, « Le Parlement législateur », *RFSP*, 31e année, n° 1, 1981, pp. 15-31.

[36] Exclusion faite donc des sources internationales qui s'insèrent dans l'ordre juridique interne. Cf. en ce sens, J. L. ATANGANA AMOUGOU (dir.), *Le Cameroun et le droit international*, Pedone, 2014, 376 p.

[37] P. BRUNET, « Que reste-t-il de la volonté générale ? », *Pouvoirs*, n° 114, *op.cit.*, pp. 5-20.

[38] M. COUDERC, « Les fonctions de la loi sous le regard du commandeur », *Pouvoirs*, n° 114, *op.cit.*, p. 24.

[39] M. L. NDIFFO KEMETIO, « Multiplication des organisations d'intégration et souveraineté des États en Afrique », *RDP*, novembre 2020, pp. 1663 et s.

l'intégration. La fonction législative se trouve alors, sous cet angle, circonstanciellement revitalisée (B).

A. Une fonction législative partiellement retranchée

C'est, à juste titre, qu'il a été observé et affirmé, que l'intégration *« retire un nombre croissant de compétences concrètes aux États membres et, partant, à leurs organes législatifs »*[40]. Des compétences en matière législative sont alors transférées par les États aux organisations créées et échappent désormais, en principe, à la sphère nationale (1). L'exercice de ces compétences transférées au sein des organisations en question influence les rapports entre le législateur et le gouvernement par une sorte de réduction du poids du premier au profit du second (2).

1) Le transfert des compétences en matière législative

Dans l'ensemble, les Constitutions des États africains de la zone franc, dans l'aménagement des rapports entre le législatif et l'exécutif, distinguent entre le domaine de la loi et le domaine réglementaire[41]. C'est en rapprochant le domaine de la loi défini par ces Constitutions des compétences qui sont attribuées aux organisations d'intégration que l'on apprécie la concurrence qui existe entre les deux. En effet, l'activité des' organisations d'intégration porte sur les matières variées qui relèvent du droit économique ou encore du droit des affaires et qui sont confiées à leurs propres organes. En ce sens, l'article 2 du Traité de l'OHADA affirme que *« Pour l'application du présent Traité, entrent dans le domaine du droit des affaires l'ensemble des règles relatives au droit des sociétés et au statut juridique des commerçants, au recouvrement des créances, aux sûretés et aux voies d'exécution, au régime du redressement des entreprises et de la liquidation judiciaire, au droit de l'arbitrage, au droit du travail, au droit comptable, au droit de la vente et des transports, et toute autre matière que le Conseil des ministres déciderait, à l'unanimité, d'y inclure [...] »*. Sur ces matières, l'OHADA adopte des actes uniformes qui définissent les règles communes pour tous les États membres[42]. De même, la CIMA définit la législation unique des assurances[43], la CIPRES, le régime commun en matière de prévoyance sociale[44] etc. Les organisations d'intégration économique (CEMAC, UEMOA...) quant à elles, envisagent l'harmonisation des dispositions législatives et réglementaires des États membres dans diverses matières[45], notamment, les règles relatives à l'immigration dans chaque État membre, aux codes de travail nationaux, aux régimes et organismes de protection sociale, à l'accès aux activités non salariées et l'exercice

---

[40] L. FAVOREU, P GAÏA, R. GHEVONTIAN, J.-L. MESTRE, O. PFERSMANN, A. ROUX et G. SCOFFONI, *Droit constitutionnel*, Paris, Dalloz, 2022, 24e éd., p. 744.

[41] Article 26 de Constitution camerounaise, 47 de la Constitution gabonaise, 127 de la Constitution tchadienne, 98 de la Constitution béninoise, 56 de la Constitution sénégalaise, 70 de la Constitution malienne etc.

[42] Article 5 à 7du Traité de l'OHADA.

[43] Article 3, 39 à 49 du Traité de la CIMA.

[44] Article 1, 2, 30 à 36 du Traité instituant la CIPRES.

[45] E. GNIMPIEBA TONNANG, *Droit matériel et intégration sous régionale en Afrique centrale (contribution à l'étude des mutations récentes du marché intérieur et du droit de la concurrence CEMAC)*, thèse de doctorat NR en droit, Université de Nice Sophia-Antipolis, 2004, 474 pp.

de celles-ci, à la législation douanière, la réglementation bancaire, monétaire et financière, la législation fiscale, la réglementation des transports etc.[46] Elles édictent à cet effet des actes tels que les règlements, les directives, les décisions, les recommandations ou les avis[47].

À la vérité, l'intégration ne peut être envisagée dans un contexte de désordre juridique. Bien que chaque État garde son propre ordre juridique, des efforts sont faits notamment dans les domaines transférés pour exclure ou au moins réduire la disparité entre les législations nationales[48]. Cela se fait par le moyen de l'intégration juridique qui vise alors à réaliser *« un ensemble juridique unique et cohérent »*[49] pour l'ensemble des États membres. Deux techniques distinctes sont utilisées par les organisations d'intégration pour réaliser cet objectif d'intégration juridique, même si une certaine confusion est souvent entretenue entre elles[50]. Il s'agit de l'harmonisation juridique et de l'uniformisation juridique[51]. Quelle que soit la technique choisie, *« le transfert de compétences des États vers les Communautés suppose que, dans un nombre sans cesse croissant de domaines, l'édiction des normes relève non plus du parlement national mais bien des institutions communautaires »*[52]. En conséquence, *« les organisations d'intégration édictent des normes communes comportant donc des dispositions qui, en droit national, auraient relevé du domaine de la loi »*[53]. Le transfert de compétences aux organisations d'intégration entraîne donc *« une amputation des pouvoirs des parlements nationaux »*[54]. Cette amputation débouche sur la réduction du son poids du parlement au profit du gouvernement.

2) La réduction du poids du parlement en matière législative

L'on peut défendre, malgré le transfert de compétences en matière législative aux organisations d'intégration, que la *« souveraineté législative »* des États n'est pas remise en cause, à partir du moment où les organes qui édictent les normes communes sont constitués des représentants des États. Mais il convient de relever qu'en réalité, ce sont, pour l'essentiel, les gouvernements des États qui forment ces organes et qui participent directement au processus d'édiction des actes. En

---

[46] Sur ces matières, voir le Traité de la CEMAC et ses Conventions subséquentes relatives à l'Union économique de l'Afrique centrale et à l'Union monétaire de l'Afrique centrale, le Traité de l'UEMOA, le Traité de la CEEAC et le Traité de la CEDEAO.

[47] Articles 40 à 45 du Traité révisé de la CEMAC, 42 à 46 du Traité révisé de l'UEMOA, 11 et 15 du Traité de la CEEAC, 9 et 12 du Traité de la CEDEAO.

[48] J. ISSA SAYEGH, « Quelques aspects techniques de l'intégration juridique : l'exemple des actes uniformes de l'OHADA », *Revue de droit uniforme*, 1999-1, p. 5.

[49] J. ISSA SAYEGH, « Intégration juridique des États Africains dans la zone franc », op.cit., p. 12.

[50] J. PAILLUSSEAU, « Le droit de l'OHADA, un droit important et original », *Jurisclasseur Périodique, n ° 5 supplément à La semaine juridique n° 44* du 28 octobre 2004, p. 2.

[51] J. BIPELE KEMFOUEDIO, « La contribution des techniques juridiques dans la consolidation de l'intégration économique en zones CEMAC et UEMOA », *Revue juridique et politique des États francophones*, n° 1, Janv.-Mars 2020, pp. 3-35.

[52] A. LAGELLE, « Le rôle des parlements nationaux dans le processus législatif européen à l'aune du traité de Lisbonne », *RFDC* 2011/3, n° 87, p. 26.

[53] J. MAÏA, « La contrainte européenne sur la loi », *Pouvoirs*, op.cit., p…

[54] J. RIDEAU, Droit institutionnel de l'Union et des Communautés européennes, Paris, LGDJ, 2006, 5e éd., p. 296.

effet, dans la structure institutionnelle des organisations d'intégration[55], lorsqu'il existe un parlement communautaire, il a des pouvoirs réduits qui ne font pas de lui le législateur de la Communauté. C'est l'organe dénommé *« Conseil des ministres »*[56], qui exerce la fonction législative[57]. Ainsi, si le processus décisionnel au sein des organisations d'intégration *« est bien fondé sur une participation des États, cette compétence est, pour l'essentiel, détenue par le Conseil des ministres, autrement dit par les exécutifs nationaux qui récupèrent, dès lors, une part des compétences perdues par les parlements »*[58]. Il y a donc, incontestablement, une modification de la répartition des pouvoirs opérée dans le cadre de la distinction entre le domaine de la loi et le domaine réglementaire, avec pour conséquence la réduction du poids du législateur au bénéfice du gouvernement. Un nombre important de textes est par conséquent, directement négocié par le gouvernement alors même que leur contenu relève du domaine de compétence du législateur. L'article 6 du Traité OHADA est particulièrement expressif, en ce sens, lorsqu'il dispose que *« les actes uniformes sont préparés par le Secrétariat permanent en concertation avec les gouvernements des États Parties. Ils sont délibérés et adoptés par le Conseil des ministres après avis de la Cour commune de justice et d'arbitrage »*[59]. Ainsi dans les processus législatifs au sein des organisations d'intégration, il n'est donc, en principe, pas expressément fait mention des parlements nationaux, *« pourtant garants de l'équilibre démocratique dans les États membres »*[60]. Le seul moyen d'intervention de ces derniers pourrait alors se situer *« en aval sous la forme de la mise en œuvre de la responsabilité politique du gouvernement. Mais ceci suppose que la décision soit déjà prise »*[61].

C'est pour chercher à compenser cette dépossession des parlements nationaux que, dans le cadre européen, les États membres ont institué à leur profit *« de nouvelles compétences de contrôle ou des obligations de consultations sinon même d'avis conforme »*[62], pour leur permettre d'intervenir, quoique de façon limitée, dans le processus législatif communautaire. Ainsi par exemple en France, depuis la révision constitutionnelle de 2003, il est fait obligation au gouvernement de soumettre à l'Assemblée nationale et au Sénat, les projets ou propositions d'actes communautaires comportant des dispositions de nature législative, chacune des deux assemblées pouvant voter des résolutions sur les textes qui lui sont soumis, mais ne peuvent ainsi lier le gouvernement[63]. En Allemagne et en Autriche, il est, par contre, prévu que le gouvernement sollicite l'avis du

[55] Cf. notamment, titre II du Traité révisé de la CEMAC, titre II du Traité révisé de l'UEMOA, titre III du Traité de la CEEAC, chapitre III du Traité de la CEDEAO, titre V du Traité de l'OHADA, titre II du Traité de la CIMA, titre II du Traité de la CIPRES, etc.
[56] On peut aussi ajouter le *« Comité ministériel »* de l'Union monétaire de l'Afrique centrale (UMAC)
[57] Articles 6 du Traité OHADA, 6 du Traité CIMA, 40 du Traité de la CEMAC, 42 du Traité de l'UEMOA etc.
[58] A. LAGELLE, « Le rôle des parlements nationaux… », *op.cit.*, p. 26.
[59] À la suite de cette disposition, l'article 7 du même Traité précise que *« les projets d'Actes uniformes sont communiqués par le Secrétariat permanent aux gouvernements des États parties, qui disposent d'un délai de quatre-vingt-dix jours à compter de la date de la réception de cette communication pour faire parvenir au Secrétariat permanent leurs observations écrites »*.
[60] A. LAGELLE, « Le rôle des parlements nationaux… », *op.cit.*, p. 25.
[61] L. FAVOREU, P GAÏA, R. GHEVONTIAN, J.-L. MESTRE, O. PFERSMANN, … *op.cit*, p. 744.
[62] *Ibid.*
[63] Article 88-4 de la Constitution française.

législateur interne et qu'il soit même lié par cet avis[64]. Par ailleurs, dans le même sens, l'Union européenne, elle-même, en tant qu'institution définit désormais le rôle des parlements nationaux en matière législative communautaire[65]. Dans les États africains de la zone franc, les mesures d'influence par les parlements nationaux du processus législatif d'intégration n'existent, en principe, ni dans les Constitutions nationales, ni dans les traités des organisations d'intégration. Néanmoins, en aval, en plus du contrôle politique de l'action communautaire du gouvernement[66]qu'ils peuvent exercer, ces parlements sont appelés à jouer un rôle dans la mise en œuvre du droit de l'intégration.

B. Une fonction législative circonstanciellement revitalisée

La mise en œuvre du droit de l'intégration ne peut entièrement être garantie par les organes créés par les organisations d'intégration. Celles-ci sont souvent obligées de se servir des institutions nationales comme relais dans les ordres juridiques internes[67]. C'est dans cette perspective que la fonction législative nationale se trouve revitalisée en ce sens que, les parlements nationaux sont appelés à apporter un appui normatif au droit de l'intégration (1). Cette réalité conduit logiquement à s'interroger sur la spécificité des lois nationales d'appui (2).

1) L'appui législatif des parlements nationaux

Il convient, au préalable, de relever l'hypothèse selon laquelle le législateur national est sollicité en amont lorsque son approbation est nécessaire pour la ratification des actes fondamentaux des organisations d'intégration. On peut lire en ce sens dans les Constitutions nationales que *« les traités et accords internationaux qui concernent le domaine de la loi... sont soumis avant ratification à l'approbation en forme législative du parlement »*[68]. Pour respecter ces formalités, les traités des organisations d'intégration, qui rentrent dans cette catégorie[69], précisent qu'ils sont *« soumis à la ratification des États signataires conformément à leurs procédures constitutionnelles »*[70]. En dehors de cette hypothèse, plus originale est l'hypothèse selon laquelle le législateur national intervient en aval pour prendre les mesures nécessaires pour permettre aux normes

---

[64] Articles 23 de la Constitution allemande, 23d et 23e de la Constitution autrichienne.

[65] Article 12 du Traité de l'UE, Protocole sur *le rôle des parlements nationaux dans l'Union européenne,* H. HAENEL, *Les parlements nationaux, un appui pour l'Europe*, Fondation R. SCHUMAN, juin 2006, 87 pp.

[66] Sur cette question, cf., notamment, B.-R. GUIMDO DONGMO, « La responsabilité politique du gouvernement dans la Constitution camerounaise », *RRJ/Droit prospectif*, n° XXXII, 2007-4, pp. 2099-2119.

[67] J. RIDEAU, « Le rôle des États membres dans l'application du droit communautaire », *op.cit.,* pp. 864-903.

[68] Articles 43 de la Constitution camerounaise, 85 de la Constitution ivoirienne, 114 de la Constitution gabonaise, 223 de la Constitution tchadienne, 145 de la Constitution béninoise, 96 de la Constitution sénégalaise etc.

[69] Ainsi, des lois d'approbation ont été régulièrement adoptées dans les États africains de la zone franc pour autoriser le président de la République à ratifier les traités de la CEMAC, de l'UEMOA, de l'OHADA etc.

[70] Article 52 du Traité de l'OHADA, articles 116 du Traité de l'UEMOA, 66 du Traité de la CEMAC etc.

dérivées des organisations d'intégration de produire leur plein effet[71]. Bien que découlant, en règle générale, de l'obligation de fidélité des États[72] posée par les traités[73], cette intervention procède parfois d'une habilitation expresse des traités ou des actes dérivés.

La première illustration que l'on peut évoquer est relative à la transposition des directives[74]. À ce sujet, il ressort des Traités de la CEMAC et de l'UEMOA notamment que, contrairement aux autres actes dérivés, *« les directives lient tout État membre destinataire quant au résultat à atteindre tout en laissant aux instances nationales leur compétence en ce qui concerne la forme et les moyens »*[75]. La directive communautaire a ceci de particulier qu'*« elle doit être considérée comme une loi-cadre, c'est-à-dire qu'il appartient aux États destinataires d'adopter les mesures adéquates pour atteindre l'objectif qu'elle fixe »*[76]. Les directives doivent donc faire l'objet de mesures nationales de transposition dans les ordres juridiques internes. Celles-ci ne consisteraient pas forcément dans la création d'un droit national de même contenu ; elles pourraient aussi exiger, simultanément, la création d'un droit national complémentaire[77]. La marge de manœuvre des États dépendra alors du caractère précis et détaillé ou non des directives.

La seconde illustration est relative au caractère incomplet des actes édictés par les organisations d'intégration qui doivent, de ce fait, être complétés par des dispositions nationales[78]. En ce sens, les textes fondamentaux de la CEMAC et de l'UEMOA prévoient que *« dans l'exercice des pouvoirs normatifs que le présent Traité leur attribue et dans la mesure compatible avec les objectifs de celui-ci, les organes de l'Union (Communauté) favorisent l'édiction de prescriptions minimales et de réglementations-cadres qu'il appartient aux États membres de compléter en tant que de besoin, conformément à leurs règles constitutionnelles respectives »*[79]. Ces dispositions posent un principe d'édiction minimale qui confère un rôle limité aux organes communautaires et invitent les États membres, lorsque cela est nécessaire, de les compléter[80]. Dans le même sens, le Traité de l'OHADA dispose que *« les actes uniformes peuvent inclure des dispositions d'incrimination pénale. Les États parties s'engagent à déterminer les sanctions*

---

[71] C. HAGUENAU, *L'application effective du droit communautaire en droit interne*, Bruylant, Bruxelles, 1995, pp. 249 et s., A. ONDOUA, « Existe-t-il un droit national de l'intégration communautaire en Afrique francophone ? », *in La fabrique du droit en Afrique, Palabres actuelles* 2013, n° 6, pp. 23-43.

[72] M. BLANQUET, *L'article 5 du Traité CEE, recherche sur les obligations de fidélité des États membres de la Communauté*, Paris, LGDJ, 1994, 502 p.

[73] Articles 4 du Traité de la CEMAC, 7 du Traité de l'UEMOA, 5 des Traités de la CEEAC et de la CEDEAO etc.

[74] G. KOUBI, « Transposition et/ou transcription des directives communautaires en droit national ? », *RRJ-Droit prospectif*, 1 995 (2), pp. 617-628.

[75] Article 41 du Traité de la CEMAC,

[76] J. P. JACQUE, *Droit institutionnel de l'Union européenne*, Paris, Dalloz 2004, 3e éd., p. 528.

[77] G. ISAAC et M. BLANQUET, *Droit communautaire général*, 8e éd., Paris, Armand Colin, 2001, p. 227.

[78] J. M. DE WILMARS, « Réflexions sur le système d'articulation du droit communautaire et du droit des États membres », *Mélanges BOULOUIS*, 1991, pp. 391-408.

[79] Articles 8 (2) et 49 de la Convention régissant l'Union Économique de l'Afrique Centrale (UEAC) du 30 janvier 2009, article 5 du Traité UEMOA.

[80] P. MEYER et L.M. IBRIGA, « La place du droit communautaire UEMOA dans le droit interne des États membres », *Revue burkinabé de droit*, 2000, n° 38, pp. 28-39

pénales encourues »[81]. On note alors un partage de compétences entre l'OHADA qui, par ses actes uniformes va déterminer les infractions et les États membres qui doivent déterminer les sanctions applicables à celles-ci.

En confiant cette mission d'appui aux États membres, les traités ne déterminent ni les structures nationales compétentes, ni les procédures qui doivent être suivies. Ils renvoient, à cet effet, au droit national, en vertu du principe de l'autonomie institutionnelle et procédurale des États. Ces mesures devraient alors, en principe, être prises *« conformément à leurs règles constitutionnelles respectives »*[82]. C'est ainsi que, par principe, les normes nationales d'appui devraient être prises en fonction de la répartition interne des compétences entre le parlement et l'exécutif, soit par voie législative, soit par voie réglementaire[83].

2) La spécificité des lois nationales d'appui

Lorsque les États membres interviennent pour prendre les mesures nationales nécessaires à l'application du droit de l'intégration, agissent-ils en tant qu'organe de leur État ou en tant qu'organe de l'organisation ? Autrement dit, exercent-ils des compétences de nature étatique ou communautaire ? Cette question, apparemment banale, s'est posée en droit communautaire européen[84] et *« on en est ~~en~~ même parfois venu à présenter les États comme des institutions communautaires »*[85] au vu de l'importance de leur rôle dans la mise en œuvre du droit communautaire. Cette position, tout à fait exagérée, est difficilement convaincante[86]. Par ailleurs, les organes nationaux ne peuvent pas non plus être considérés, ici, dans l'absolu comme exerçant leurs compétences nationales ordinaires[87]. *« Un accord assez général existe sur le caractère exécutif de leurs interventions »*[88]. Le rôle des États membres est alors comparable à celui du pouvoir exécutif adoptant les mesures d'application des lois[89]. Seulement que, dans le cas d'espèce, il ne s'agit pas seulement de l'exécutif, mais aussi du parlement qui dans l'ordre juridique interne n'exerce pas, en principe, la fonction exécutive. Ainsi, lorsque les parlements adoptent des lois d'appui du droit de l'intégration, on y voit l'exercice d'une fonction d'exécution[90]. On parle de l'*« exécution normative »* du droit de l'intégration.

Cette précision conduit à une autre préoccupation importante : celle de savoir si les actes nationaux pris dans le cadre de l'exécution du droit de l'intégration

---

[81] Article 5 (2) du Traité OHADA.

[82] Articles 8 (2) et 49 de la Convention régissant l'UEAC, article 5 du Traité UEMOA.

[83] P. H. TEITGEN, « L'application du droit communautaire par le législatif et l'exécutif français », *in La France et les Communautés européennes*, Paris, LGDJ, 1975, pp. 77 et s.

[84] A. ONDOUA, « Existe-t-il un droit national de l'intégration communautaire… ? », *op.cit.*, pp. 36-37.

[85] J. RIDEAU, « Le rôle des États… », *op.cit.*, p. 865.

[86] Cl. BLUMANN et L. DUBOUIS, *Droit institutionnel de l'Union européenne*, Paris, LexisNexis SA, 2010, 4e éd., pp. 479-491.

[87] Cf. en ce sens, G. CANIVET, « Le droit communautaire et l'office du juge national », *Droit et société*, n° 20 -21/1992, pp. 143-154, E. GNIMPIEBA TONNANG et A. L. NGUENA DJOUFACK, *op. cit.*, pp. 219-239.

[88] J. RIDEAU, « Le rôle des États… », *op.cit.*, p. 881.

[89] R. DRAGO, « Les incidences des Communautés européennes sur certaines formes d'action de l'administration française », *in Les Communautés européennes et le droit administratif français*, 1972, pp. 194-195.

[90] P. PESCATORE, *Le droit de l'intégration*, Leiden, Sijthoff 1973, p. 61.

sont du droit étatique ou du droit supranational[91]. La solution, la plus satisfaisante, consiste à ne considérer les actes nationaux d'exécution du droit de l'intégration ni comme du droit supranational, ni comme du droit national au sens strict du terme. C'est du droit national certes, mais un droit national particulier, en ce qu'il vise l'exécution du droit supranational. La conséquence en est que l'on pourrait aboutir à la distinction entre les *lois et règlements purement internes* et les *lois et règlements d'exécution du droit de l'intégration.* Comment alors identifier ces dernières ? Les États membres ne prennent pas systématiquement et à temps les mesures d'exécution. Lorsqu'ils l'ont fait, ils ne précisent pas toujours qu'il s'agit de telles mesures et qu'elles visent à assurer l'exécution de tel acte de telle organisation. Parfois même, ils peuvent laisser cours aux textes nationaux qui existaient avant l'édiction des actes des organisations d'intégration dont ils accompagneront désormais la mise en œuvre. Toutes ces réalités font qu'il devient difficile de dresser la liste précise des lois et règlements d'exécution du droit supranational.

Enfin, il pourrait se poser la question de la place des normes nationales d'exécution du droit de l'intégration dans les ordres juridiques internes. En ce sens, s'appuyant sur une décision du Conseil d'État[92], Robert Kovar a élaboré une théorie de *« l'écran communautaire »* dont la substance se résume en ces termes : *« la validité du règlement communautaire détermine celle des mesures prises pour son exécution par les autorités étatiques en leur permettant de s'affranchir du respect des normes de droit interne qui leur sont normalement supérieures »*[93]. L'on en déduit qu'un règlement national d'exécution du droit supranational peut être considéré comme valide et donc applicable alors même qu'il est en contradiction avec les dispositions d'une loi interne. De même, une loi nationale d'exécution du droit de l'intégration pourrait être valide du point de vue de ce droit d'origine externe et en contradiction avec les dispositions constitutionnelles. D'ailleurs, est-il admis, qu'un État ne peut invoquer sa propre Constitution pour se soustraire de ses obligations internationales[94] et surtout communautaires[95], même si cela n'est pas toujours accepté comme tel dans les ordres juridiques internes qui défendent la supériorité de leurs constitutions[96]. Quoi qu'il en soit, les lois et règlements d'exécution du droit de l'intégration, en raison de leur fondement supranational, semblent en quelque sorte, mis hors hiérarchie des normes nationales, avec pour conséquence une certaine déréglementation dans l'ordonnancement juridique ordinaire de l'État[97].

---

[91] N. KAKOURIS, « La relation de l'ordre juridique communautaire avec les ordres juridiques des États membres », *Liber Amicorum, P. Pescatore, Nomos-verlag, Baden Baden*, 1987, p. 319.

[92] CE, 22 décembre 1978, *Syndicat viticole des Hautes Graves de Bordeaux*, Dalloz, 1979, p. 125.

[93] R. KOVAR, « Le droit national d'exécution du droit communautaire. Essai d'une théorie de l'écran communautaire », *Mélanges en l'hommage à Jean Boulouis, L'Europe et le droit*, Paris, Dalloz, 1991, p. 345.

[94] CPJI, 4 février 1932, Avis sur *le traitement des nationaux polonais et, autres personnes d'origine ou de langue polonaise dans le territoire de Dantzig*, Série A/B, n° 44

[95] CJCE, 15 juillet 1964, *Costa*, aff. N° 6/64, Cour de Justice de l'UEMOA, Avis n° 001/2003 rendu suite à la demande d'avis de la Commission de l'UEMOA *relative à la création d'une Cour des comptes au Mali*

[96] D. ALLAND, « Consécration d'un paradoxe : primauté du droit interne sur le droit international », *RFDA*, 14 (6), 1998, pp. 1090-1104.

[97] H. TCHANTCHOU, *La supranationalité judiciaire dans le cadre de l'OHADA : étude à la lumière du système des Communautés européennes*, thèse de doctorat en droit, Poitiers, 2008, p. 265.

II. UNE FONCTION LÉGISLATIVE À L'ENCADREMENT RENFORCÉE

Dans l'ordre juridique interne, la fonction législative est encadrée par la Constitution, norme fondamentale de l'État[98] qui, au-delà de déterminer le contenu des prérogatives du législateur, circonscrit l'étendue de ses pouvoirs et fixe les modalités de contrôle de son action. À cet encadrement organisé au plan interne, il faut désormais ajouter les mécanismes d'encadrement découlant des ordres juridiques institués par les organisations d'intégration. D'une part, sur le plan normatif, on note une limitation de la fonction législative nationale par des principes caractéristiques du droit de l'intégration (A). D'autre part, sur le plan institutionnel, on assiste à l'émergence de nouveaux mécanismes de contrôle (B).

A. Une fonction législative limitée par les principes caractéristiques du droit de l'intégration

Dans tout État, l'action des pouvoirs publics et donc du législateur est encadrée par un ensemble de principes constitutionnels chers à cet État. À ceux-ci, il faut ajouter les principes caractéristiques ou existentiels du droit de l'intégration[99]. Ces principes sont au cœur de toute entreprise d'intégration et conditionnent l'effectivité de son droit dans les ordres juridiques internes, en garantissant sa supranationalité[100]. Il s'agit, notamment, des principes d'applicabilité immédiate et directe (1) et du principe de primauté (2).

1) La limitation par les principes d'applicabilité immédiate et directe

Le droit international ne règle pas lui-même les conditions dans lesquelles les dispositions des traités doivent être intégrées dans l'ordre juridique des États pour y être appliquées et abandonne cette question à chaque État qui choisit soit la conception dualiste soit la conception moniste. À la différence de ce droit, le droit de l'intégration impose la conception moniste, seule compatible avec le système d'intégration[101]. Il opte ainsi pour le principe de l'applicabilité immédiate du droit de l'intégration qui implique que la norme communautaire s'intègre automatiquement dans l'ordre juridique des États membres, et qu'elle produit des effets juridiques dans leur droit interne sans avoir recours à une loi nationale d'introduction, c'est-à-dire sans être préalablement transposée dans une loi interne à l'État membre comme ce serait le cas dans un système dualiste. Ainsi, le droit primaire ou originaire des organisations d'intégration, formé des traités, bien que soumis aux procédures classiques du droit international que sont la conclusion, la ratification et la publication, prennent place comme tel dans l'ordre juridique interne et non en tant que droit national. Ces procédures n'entraînent donc pas leur réception à travers une loi nationale[102]. Cette applicabilité immédiate est encore

---

[98] M. VERPEAUX, *La Constitution*, Paris, Dalloz, 2016, 2e édition, 160 pp.

[99] A. SOMA, « Les caractères généraux du droit communautaire », *Revue CAMES/SJP*, n° 001/ 2017, pp. 1-10

[100] D. ABARCHI, « La supranationalité de l'Organisation pour l'harmonisation en Afrique du droit des affaires (OHADA) », *Revue internationale de droit africain, EDJA*, n° 44, janvier-février-mars 2000, pp. 7 et s.

[101] G. ISAAC, M. BLANQUET, *op.cit.*, pp. 184-185.

[102] *Ibid.*

plus marquée s'agissant des actes de droit dérivé[103] dont les dispositions *« pénètrent dans l'ordre juridique interne sans le secours d'aucune mesure nationale »*[104]. Ainsi, par exemple, les actes à portée générale (actes uniformes de l'OHADA, règlements communautaires de l'UEMOA, ou de la CEMAC etc.), s'insèrent dans les ordres juridiques nationaux à la suite de leur seule publication au journal officiel de l'organisation d'intégration[105]. De même, les actes à portée individuelle (directives et décisions communautaires de l'UEMOA ou de la CEMAC etc.), s'insèrent dans les ordres juridiques nationaux à la suite de leur seule notification à leurs destinataires[106]. Il est alors rappelé en ce sens que la compétence réservée aux autorités nationales de transposer les directives communautaires *« est une compétence d'exécution et nullement de réception »*[107]. Il n'est nullement question pour le législateur national d'introduire la directive dans l'ordre juridique interne, mais plutôt de déterminer au niveau interne les modalités et les moyens d'atteindre les objectifs fixés au niveau communautaire. D'ailleurs, l'indication par les directives des délais de transposition inscrit son action dans une durée déterminée, relativisant l'autonomie procédurale du parlement[108].

S'agissant de l'applicabilité directe, exceptionnellement admise en droit international[109], elle s'impose également comme étant la règle en droit de l'intégration. Elle signifie que, s'intégrant dans l'ordre juridique national, ce droit dispose d'une capacité à y compléter le patrimoine juridique des particuliers, par la création à leur égard des droits et des obligations, tant dans leurs rapports avec d'autres particuliers que dans leurs relations avec l'État dont ils relèvent. Le droit de l'intégration a donc l'aptitude à créer des droits et des obligations au bénéfice ou à la charge des particuliers dont ceux-ci peuvent se prévaloir, à toutes fins utiles, directement devant les autorités nationales sans recours préalable à une mesure nationale d'exécution[110]. La logique de l'intégration destinant ses règles à s'adresser directement aux particuliers[111], c'est à juste titre qu'il est noté que le droit de l'intégration *« constitue un nouvel ordre juridique [...] dont les sujets sont non seulement les États membres, mais aussi leurs ressortissants »*[112]. Le principe de l'applicabilité directe est alors clairement posé par les traités des organisations d'intégration[113], même si sa mise en œuvre peut varier en fonction du type de norme[114], de son caractère juridiquement et matériellement achevé ou non[115]. Il a

[103] Ce principe est, malheureusement, souvent violé par les juridictions nationales. Cf. CA Littoral, 20 juill. 1982, n° 1006, *Ministère public et Douanes c/ Kamte Honoré et autres*.

[104] CJCE, 3 avril 1968, *Firma Molkerei*, aff. n° 28/67, Rec., 1968, p. 211.

[105] Articles 43 du Traité de la CEMAC, 45 du Traité de l'UEMOA etc.

[106] Articles 9 du Traité de l'OHADA, 43 du Traité de la CEMAC, 45 du Traité de l'UEMOA etc.

[107] G. ISAAC, M. BLANQUET, *op.cit.*, p. 187.

[108] *Ibid.* p. 227.

[109] CPJI, avis du 13 mars 1928, *Compétence des tribunaux de Danzig*, Série B, n° 15.

[110] P. MEYER et L. M. IBRIGA, « La place du droit communautaire... », *op.cit.*, p. 39.

[111] R. KOVAR, « Les rapports entre le droit communautaire et les droits nationaux », in *Trente de droit communautaire*, Bruxelles, Commission Européenne, Col. Perspectives européennes, 1981, p. 147.

[112] Arrêt *Van Gend en Loos*, 05 fév. 1 963. Dans le même sens, CJ-UEMOA, Avis n° 202/2000, du 2 février 2000.

[113] Articles 10 du Traité de l'OHADA, 41 et 44 du Traité de la CEMAC, 43 du Traité de l'UEMOA etc.

[114] J.-P. JACQUE, op.cit., pp. 567-577.

pour effet, le droit pour toute personne de demander aux autorités nationales, même législatives, de lui appliquer les dispositions communautaires ou communes. Ce principe implique aussi l'obligation pour ces autorités de faire usage de ces dispositions, quelle que soit la législation du pays dont elles relèvent[116], au besoin en leur donnant la priorité par rapport à celle-ci.

2) La limitation par le principe de primauté

En principe, immédiatement et directement applicable, dans l'ordre juridique interne des États, le droit l'intégration ne peut ne pas y rencontrer le droit national, et poser le problème de leur articulation et donc de sa place par rapport à celui-ci. Cette problématique est réglée par le principe de primauté du droit de l'intégration[117]. Alors que l'application de ce principe par rapport aux Constitutions nationales reste controversée[118], elle est aujourd'hui incontestable en ce qui concerne les lois nationales, considérées comme hiérarchiquement inférieures au droit de l'intégration primaire ou dérivé. Si le principe de primauté, par rapport aux lois nationales notamment postérieures, était autrefois discuté[119], tel n'est plus le cas[120]. Jadis recherchés dans les dispositions des constitutions nationales[121] ou dans la nature spécifique du droit de l'intégration[122], les fondements de ce principe se trouvent désormais dans les dispositions mêmes des traités[123]. L'article 10 du Traité de l'OHADA affirme en ce sens que *« les actes uniformes sont directement applicables et obligatoires dans les États parties, nonobstant toute disposition contraire de droit interne, antérieure ou postérieure »*. Les articles 44[124] du Traité de la CEMAC et 6 du Traité de l'UEMOA disposent également que, les actes adoptés par les institutions et organes de la Communauté ou de l'Union, pour la réalisation des objectifs du

---

[115] P. M. DUPUY, *Droit international*, Paris, Dalloz, 1995, 3e éd., p. 408.

[116] R. LECOURT, *l'Europe des juges*, Bruylant, Bruxelles, 1976, p. 248.

[117] G. ISAAC, « Primauté du droit communautaire », *Répertoire communautaire Dalloz*, octobre 1997, p. 2.

[118] L. DUBOUIS, « Le juge français et le conflit entre norme constitutionnelle et norme européenne », in *l'Europe et le droit, Mélanges en hommage à J. BOULOUIS,* Paris, Dalloz, 1991, pp. 205-219, J. BIPELE KEMFOUEDIO, « Droit communautaire d'Afrique centrale et Constitutions des États membres : la querelle de la primauté », *Annales de la FSJP/UDs,* tome XIII, 2009, pp. 109-134, M. L. NDIFFO KEMETIO, « Droit communautaire de la CEMAC et Constitution camerounaise : malaise dans l'ordonnancement juridique », *Revue CAMES,/SJP*, n° 001-2018, pp. 37-58.

[119] B. GENEVOIS, « Le Conseil d'État et l'ordre juridique communautaire », *EDCE*, 1979-1980, pp. 73 et s.

[120] L. DUBOUIS, « L'arrêt Nicolo et l'intégration de la norme internationale et communautaire dans l'ordre juridique français », *RFDA*, 1989, p. 1 000, J. BOULOUIS, « À propos de l'arrêt Nicolo », *RGDIP*, 1990, pp. 91 et s., J. DEHAUSSY, « La supériorité des normes internationales sur les normes internes : à propos de l'arrêt Nicolo », *JDI*, 1990, p. 5.

[121] N. MOUELLE KOMBI, « Les dispositions relatives aux conventions internationales dans les nouvelles Constitutions des États d'Afrique francophone », *AADI*, 2001, pp. 223-263.

[122] CJCE, 15 juillet 1964, Costa c/Enel, Affaire C-6/64, *Rec*., X-1964, p. 1160.

[123] Les juges communautaires vont dans le même sens : CJ-UEMOA, avis n° 001/2003, 18 mars 2003, CJ. CEMAC, Arrêt n° 010/CJ/CEMAC/CJ/09 du 13 Nov. 2009, *Sielienou Christophe et autres c/ Décision COBAC n° D-2008/52, Amity Bank Cameroon PLC, Autorité Monétaire du Cameroun*, Note, Y. R. KALIEU ELONGO, *Juridis périodique*, n° 83, Juillet-Août-Septembre 2010, pp. 25 – 41

[124] Cf. A. L. NGUENA DJOUFACK, *Commentaire de l'article 44 du Traité révisé de la CEMAC, in* Y. R. KALIEU ELONGO, *Traité révisé de la Communauté Économique et Monétaire de l'Afrique Centrale, commentaire article par article*, PUA, 2020, pp. 236-243.

Traité, *« sont appliqués dans chaque État membre nonobstant toute législation nationale contraire, antérieure ou postérieure ».* Les traités d'autres organisations contiennent des dispositions similaires.

Il en résulte que le juge national, juge de droit commun du droit de l'intégration, chargé d'assurer le respect des normes communes *« a l'obligation d'assurer le plein effet de ces normes en laissant au besoin inappliquée, de sa propre autorité, toute disposition contraire de la législation nationale, même postérieure, sans qu'il n'ait à demander ou à attendre l'élimination préalable de celle-ci par voie législative ou par tout autre procédé constitutionnel »*[125]. Aussi, *« ce rapport à la loi nationale, pour autant qu'elle soit en délicatesse avec le droit communautaire, retentit dans les relations entre les pouvoirs législatif et exécutif »*[126]. L'administration ne peut légalement prendre des mesures d'application d'une loi qui serait elle-même incompatible avec le droit de l'intégration[127] et doit chercher à donner de la loi une interprétation conforme au droit de l'intégration. Toutefois, au cas où les dispositions législatives se révéleraient incompatibles avec les règles communautaires, elles ne devraient pas *« trouver dans une telle incompatibilité un fondement juridique habilité à édicter des dispositions réglementaires qui se substitueraient à ces dispositions législatives »*[128]. À la vérité, le principe de primauté, au-delà d'exiger l'application du droit de l'intégration au détriment du droit national contraire[129], impose aux autorités nationales en général et au législateur en particulier, d'une part, d'adapter le droit national aux exigences du droit de l'intégration et, d'autre part, d'annihiler tout acte national qui leur serait contraire[130]. Sinon, il y aurait manquement de l'État à ses obligations supranationales.

B. Une fonction législative contrôlée par des nouveaux mécanismes

Dans les États africains francophones, le mécanisme classique de contrôle des lois est le contrôle de constitutionnalité[131]. En rapport avec l'ordre juridique international, l'on a souvent évoqué le contrôle de conventionalité des lois internes[132]. Avec le droit de l'intégration, l'on assiste à l'émergence de nouveaux mécanismes de contrôle juridictionnel (2) et même non juridictionnel (1).

---

125 CJCE, 9 mars 1978, 106/77, *Rec.*, p. 629.

126 J. MAÏA, « La contrainte européenne sur la loi », *op.cit.*, p. 57.

127 CE, Section, 20 mars 1992, *Seguela*, *Rec.*, p. 125

128 CE, 30 juillet 2003, *Association Avenir de la langue française.*

129 Ce principe consacré a souvent été remis en cause dans les États. Cf. A. KPODAR et C. MONEMBOU, « La pyramide des normes entre l'interne et l'externe. Quand le droit communautaire courbe l'échine devant le droit national contraire », *www.facebook.com/CourconstitutionnelleduBenin/posts/1470375966433425/.*

130 G. ALBERTON, « L'applicabilité des normes communautaires en droit interne », *RFDA*, Janv.-Févr. 2002, pp. 1-19.

131 A. KPODAR, « Réflexions sur la justice constitutionnelle à travers le contrôle de constitutionnalité de la loi dans le nouveau constitutionnalisme : les cas du Bénin, du Mali, du Sénégal et du Togo », *Revue béninoise des sciences juridiques et administratives*, n° 16, 2006, pp.104- 146, M. NGUELE ABANDA, « Le contrôle de constitutionnalité é des lois au Cameroun », *in* A. ONDOUA (dir.), *La constitution camerounaise du 18 janvier 1996 : bilan et perspectives*, Paris, Africaine d'édition, novembre 2007, pp. 45-82.

132 D. DE BECHILLON, « De quelques incidences du contrôle de conventionalité internationale des lois par le juge ordinaire », *RFDA*, Vol. n° 2, 1998, pp. 225-243, A. D. OLINGA, « Réflexions sur le

1) Les mécanismes de contrôle non juridictionnel

Comme on l'a démontré ci-dessus, le transfert de compétences en matière normative aux organisations internationales n'exclut pas l'intervention du législateur national. D'une part, il peut intervenir lorsqu'il est en présence d'une matière qui n'a pas fait l'objet de transfert de compétence. D'autre part, il peut intervenir dans les matières transférées, en cas de partage de compétences avec les organes d'intégration et plus globalement pour assurer l'exécution du droit de l'intégration. Dans ce dernier cas, particulièrement, l'autonomie institutionnelle et procédurale des États membres consacrée n'est pas absolue, le droit supranational pouvant toujours, dans l'optique de garantir son application optimale, définir des mécanismes particuliers. C'est ainsi, par exemple, que les États membres peuvent solliciter l'avis des juridictions supranationales[133] sur la conformité aux textes juridiques supranationaux des actes juridiques ou projets d'actes nationaux. En ce sens, l'article 34 paragraphe 2 de la Convention régissant la Cour de Justice de la CEMAC dispose que la Cour *« émet des avis sur la conformité aux normes juridiques de la CEMAC, des actes juridiques ou des projets d'actes initiés par un État membre [...] dans les matières relevant du Traité »*. L'article 27 de l'Acte additionnel portant Statuts de la Cour de Justice de l'UEMOA va dans le même sens en affirmant que, *« saisie par [...] un État membre, la Cour peut émettre un avis sur toute difficulté rencontrée dans l'application ou l'interprétation des actes relevant du droit communautaire »*. Aussi, l'article 14 du Traité OHADA affirme que *« la Cour peut être consultée par tout État partie [...] sur toute question entrant dans le champ [...] »* de l'interprétation ou de l'application du droit OHADA. Les juridictions supranationales peuvent ainsi, dans le cadre de leur fonction consultative, lorsqu'elles sont saisies, se prononcer sur la conformité aux normes d'intégration d'une loi ou d'un projet de loi nationale.

Telle que prévue par le droit des organisations d'intégration, la saisine des juridictions supranationales apparaît davantage comme une faculté que comme une obligation pour les États membres, ce qui relativiserait la portée de ce mécanisme de contrôle. Aussi, certaines organisations comme la CIPRES, la CIMA etc. ne disposent pas de juridictions supranationales compétentes pour procéder au contrôle de conformité des normes nationales par rapport aux règles communes. Quoi qu'il en soit, si la non-saisine des juridictions supranationales ou l'inexistence d'un contrôle de conformité entraîne la violation par le biais d'un acte national (une loi) des normes supranationales, l'État en question peut être sanctionné par le mécanisme du recours au manquement d'État, conséquence logique du principe de l'obligation de fidélité. Ce recours au manquement a un caractère politique dans les organisations qui ne disposent pas d'une juridiction supranationale. C'est ainsi que les Traités de la CIMA ou de la CIPRES donnent

---

droit international, la hiérarchie des normes et l'office du juge au Cameroun », *Juridis périodique* n° 63, juil.-août-sept. 2005, p. 11.

[133] Sur ces juridictions supranationales, cf., notamment, M. KAMTO « Les Cours de justice des Communautés et des organisations d'intégration africaines », *AADI*, Vol.6, 1998, pp. 107-150, B. BOUMAKANI, « Les juridictions communautaires en Afrique noire francophone ; la Cour commune de justice et d'arbitrage de l'OHADA, les Cours de justice de l'UEMOA et de la CEMAC », *Annales de la FSJP/UDs*, T. 3, 1999, pp. 67-86, A. SALL, *La justice de l'intégration. Réflexion sur les institutions judiciaires de la CEDEAO et de l'UEMOA*, CREDILA, L'Harmattan-Sénégal, 2018, 2e éd., 482 p.

compétence à leur organe dénommé Conseil des ministres, lorsqu'il est saisi, de *« constater qu'un État membre a manqué à l'une des obligations qui lui incombent en vertu du présent traité. Il peut mettre cet État en demeure de prendre les mesures nécessaires au rétablissement du bon ordre juridique »*[134]. Dans les organisations disposant de juridictions supranationales, ce recours au manquement a plutôt un caractère juridictionnel.

2) Les mécanismes de contrôle juridictionnel

À travers divers procédés qu'elles sont appelées à mettre en œuvre, les juridictions supranationales sont les gardiens des ordres juridiques d'intégration qui les instituent. C'est à ce titre qu'elles peuvent, sur le plan juridictionnel, contrôler l'action des États en rapport avec le droit de l'intégration. L'OHADA, par exemple, bien que n'ayant pas clairement aménagé l'action au manquement d'État à leurs engagements[135], a prévu des mécanismes qui permettent de procéder à ce contrôle. Son traité affirme que *« tout différend qui pourrait surgir entre les États Parties quant à l'interprétation ou à l'application du présent Traité et qui ne serait pas résolu à l'amiable peut être porté par un État Partie devant la Cour commune de justice et d'arbitrage »*. On en déduit que, si une loi nationale fait l'objet d'un différend entre États, ceux-ci doivent rechercher une solution à l'amiable et ne saisir la CCJA qu'en cas d'échec de cette tentative de règlement. La CCJA pourrait alors se prononcer sur la conformité aux règles communes de la loi nationale en question. Il serait également possible qu'elle procède à ce contrôle de conformité dans sa compétence de juridiction suprême des États membres dans le contentieux du droit des affaires[136]. Elle pourrait ainsi, à l'occasion, sanctionner une décision rendue par une juridiction nationale statuant en appel ou en dernier ressort ayant fait application d'une loi nationale au détriment ou en violation des actes uniformes.

D'autres organisations ont clairement consacré le recours en manquement d'État. En ce sens, le Traité de la CEMAC dispose qu'*« en cas de manquement par un État aux obligations qui lui incombent en vertu du droit communautaire, la Cour de Justice peut être saisie en vue de prononcer les sanctions [...] »*[137]. L'UEMOA aménage également cette procédure[138]. Le manquement peut résulter d'une action positive, mais aussi d'une omission de l'État. Elle peut être le fait de l'exécutif, du judiciaire ou du législatif. Quels que soient les organes en cause, *« si la Cour estime le recours fondé, elle constate le manquement. Tous les organes de l'État membre concerné ont l'obligation d'assurer, dans les domaines de leurs pouvoirs respectifs, l'exécution de l'arrêt »*[139]. La constatation du manquement n'entraîne donc aucun autre effet immédiat que celui d'imposer aux organes de

[134] Articles 46 du Traité de la CIMA, 34 du Traité de la CIPRES.

[135] C. SIETCHOUA DJUITCHOKO, « Les sources du droit de l'Organisation pour l'harmonisation en Afrique du droit des affaires (OHADA) », *Penant n° 843*, avril-juin 2003, p. 151.

[136] Articles 13 et 14 du Traité de l'OHADA.

[137] Cf. aussi les articles 23 de la Convention du 30 janvier 2009 régissant la Cour de Justice de la CEMAC et 139 de l'Acte additionnel n° 03/21-CEMAC-CJ-CCE-15 du 5 octobre 2021 portant règlement de procédure devant la Cour de Justice communautaire.

[138] Article 15 du Règlement n° 1/96/CM portant Règlement de procédure devant la Cour de Justice de l'UEMOA.

[139] Article 15 du Règlement UEMOA, *précité*.

l'État concerné de se conformer à leurs obligations. L'acte national en cause n'est pas annulé, mais les juridictions nationales tenues par la primauté du droit communautaire devront tirer les effets de la constatation tant en ce qui concerne l'application de l'acte que sur le plan de la responsabilité de l'auteur du manquement. On aboutit alors, si le manquement est le fait du législateur, non seulement à l'inapplication de la loi, mais aussi à l'inévitable question de la responsabilité de l'État du fait des lois devant les juridictions nationales, notamment administratives. L'irresponsabilité de l'État législateur[140], autrefois soutenue[141] et désormais dépassée[142], apparaît alors comme incompatible avec le développement du droit de l'intégration[143].

L'intégration régionale ou sous régionale dans laquelle se sont lancés les États africains francophones a, entre autres, pour conséquence, que leur fonction législative ne soit plus envisagée en se limitant la seule sphère nationale. Avec l'intégration des États, cette fonction est transformée, en ceci que, sa substance est réaménagée et son encadrement renforcé. Toutefois, cette transformation n'est pas nécessairement la traduction d'une crise de la loi ou de la fonction législative[144] ; elle est une adaptation inévitable de celle-ci aux exigences qu'impose l'engagement volontaire des États comme membres des organisations d'intégration, même si ces derniers ont souvent du mal à suivre le mouvement[145].

---

140 S. BILONG, « L'insaisissable responsabilité sans faute de la puissance publique au Cameroun », *Annales de la Faculté des sciences juridiques et politiques, Université de Dschang*, tome I, Vol.1, 1997, p. 95.

141 Le juge administratif camerounais l'a fait dans l'Arrêt n° 41, CFJ/apr., 28 octobre 1970, S*ociété des grands travaux de l'Est*. Il suivait, en ce sens, une vielle jurisprudence française du CE, 11 janvier 1838, *Duchatelier*.

142 CE, 14 janvier 1938, *Société des produits laitiers la fleurette*.

143 E. GNIMPIEBA TONNANG et A. L. NGUENA DJOUFACK, *op.cit.*, pp. 94-96.

144 S. T. BILOUNGA, « La crise de la loi en droit public camerounais », *Annales de droit*, 11/2017, pp. 21-56.

145 A. ONDOUA, « Le Cameroun à l'épreuve de l'intégration sous régionale en Afrique centrale », *Mélanges en l'honneur de François HERVOUET, Entre les ordres juridiques*, Paris, LGDJ, 2016, pp. 331-342.

LE JUGE CONSTITUTIONNEL AU CAMEROUN

Prosper NKOU MVONDO

Maître de conférences
Université de Ngaoundéré

« Si le tiers qui départage est le plus souvent un tiers qui fait profession de juge, désigné comme magistrat de métier, il est d'autres juges qui, pour un temps déterminé, plus ou moins long, reçoivent mandat de rendre la justice »[1] ; le juge constitutionnel camerounais est de ces juges-là.

Le terme « juge » vient du verbe « juger », une activité que tout être humain mène en permanence. Juger, c'est se faire une opinion sur une chose ou sur une personne. Au-delà de l'individu isolé, il existe, dans chaque groupe humain, des personnes instituées comme juges ; celles-ci sont appelées à évaluer les réalités selon des critères prédéfinis par l'organisation sociale, afin de se prononcer à travers une décision qui approuve, désapprouve, sanctionne ou récompense. La décision ainsi prise s'impose à tous. Le juge, ainsi défini, existe dans presque toutes les activités de la vie en société.

On retrouve généralement le juge dans le domaine des compétitions[2]. La mission du juge ici est de départager les concurrents dans une épreuve, en désignant le vainqueur de la compétition. Le juge le plus connu est incontestablement celui qui est chargé de dire le droit et de trancher les litiges dans le cadre d'une juridiction[3], que celle-ci soit étatique ou non[4]. Le juge étatique

[1] M. DE LUCA, *Le juge non-professionnel ; réflexion sur la fonction de juger,* mémoire de master en droit, Université Panthéon-Assas, Paris 2, 2011, page 8.

[2] Notamment dans les compétitions sportives. Lire : SKANDER KARAA, *Les juges de l'activité professionnelle sportive ; contribution à l'étude des relations entre pluralisme juridique et pluralisme des justices,* Paris, LGDJ, 2016, 654 pages.

[3] Pour comprendre la notion de « juge », lire G. WIEDERKEHR, « Qu'est-ce qu'un juge ? », in *Mélanges Perrot*, Paris, Dalloz, 1996, pages 575 et suivantes ; *Le juge entre deux millénaires*, Mélanges offerts à Pierre Drai, Paris, Dalloz, 2000, 70 pages. ; R. JACOB, *Le juge et le jugement dans les traditions juridiques européennes*, Paris, Librairie générale de droit et de jurisprudence, 1996, 419 pages ; L. BERTRAND, *Le juge*, Montréal, Éditions Libre expression, Northwestern University, 2006, 516 pages ; Y. LEMOINE, *La loi, le citoyen et le juge,* Paris, Flammarion, 1990, 271 pages. ; Y. MENHAMOU, *Les juges*, Paris, Dominos, Flammarion, 1996. Sur la fonction juridictionnelle, lire D. D'AMBRA, *L'objet de la fonction juridictionnelle, dire le droit et trancher les litiges,* Paris, Librairie générale de droit et de jurisprudence, Collection Thèse, tome 236, 1994, 362 pages ; M. TROPER, « Fonction juridictionnelle ou pouvoir judiciaire », *Revue Pouvoirs*, n° 16, La justice, janvier 1981, pages 5-15.

[4] Il existe bien des juridictions non étatiques, celles que révèlent les études relatives au pluralisme juridique (Voir : P. NKOU MVONDO, « La justice parallèle au Cameroun : la réponse des

connaît des appellations aussi diverses que les juridictions dans lesquelles il officie : on parlera ainsi du juge civil, du juge pénal, du juge administratif et, entre autres, du juge constitutionnel, objet de la présente étude.

Le juge constitutionnel est celui qui officie au Conseil constitutionnel, une juridiction qui voit le jour au Cameroun en 1996 à travers une loi portant révision de la Constitution de 1972[5]. Le Conseil constitutionnel est l'organe régulateur du fonctionnement des institutions publiques. Cette haute juridiction statue souverainement sur la constitutionnalité des lois, des traités et accords internationaux, les règlements intérieurs de l'Assemblée nationale et du Sénat, avant leur mise en application, quant à leur conformité à la Constitution. Le Conseil constitutionnel est compétent pour connaître des conflits d'attribution entre les institutions de l'État, des conflits entre l'État et les régions, des conflits entre les régions. Au-delà de ces compétences, le Conseil constitutionnel est aussi juge des élections au niveau national. Ainsi, selon l'article 48 de la Constitution, le Conseil constitutionnel veille à la régularité de l'élection présidentielle, des élections parlementaires, des consultations référendaires ; il en proclame les résultats.

Le juge constitutionnel est très peu connu du public au Cameroun ; ceci s'explique d'abord par le fait que ce juge n'existe théoriquement dans ce pays que depuis 1996 et réellement depuis 2018, année de la nomination des tout premiers juges constitutionnels[6]. Ceci s'explique ensuite par le fait que le juge constitutionnel est loin d'être celui-là qu'on rencontre tous les jours dans un arrondissement ou dans un département ; il n'est pas un juge de proximité ; il officie dans une juridiction qui est unique, ayant son siège à Yaoundé, la capitale du pays. Le juge constitutionnel n'est pas saisi par des citoyens ordinaires ; seule une très petite minorité de sujets de droit est justiciable du Conseil constitutionnel. Le grand public camerounais n'a d'ailleurs découvert le juge constitutionnel qu'à la télévision, ceci à l'occasion du contentieux postélectoral, suite au scrutin pour l'élection du président de la République en 2018[7].

Le juge constitutionnel camerounais n'a fait l'objet, jusqu'à ce jour, d'aucune étude scientifique, même si quelques écrits se sont intéressés à la justice constitutionnelle[8], au Conseil constitutionnel lui-même[9] ou à ses activités[10].

---

populations camerounaises à la crise de la justice de l'État », *Revue Droit et Société*, 2002/2 N°51-52, pages 369 à 381).

[5] Loi n° 96 du 18 janvier 1996, Journal officiel de la République du Cameroun, Supplément spécial, 30 janvier 1996, pages 5-30.

[6] Les onze (11) premiers juges à siéger au Conseil constitutionnel ont été nommés par décret n° 2018/105 du 7 février 2018. ATANGANA Clément, ESSOMBE Émile, BAH OUMAROU SANDA, ARREY Florence Rita, BONDE Emmanuel ; BIPOUN WOUM Marie Joseph ; LEKENE DONFACK Charles Étienne, BASKOUDA Jean Baptiste, AHMADOU TIDJANI, BAH OUMAROU SANDA, FOUMANE AKAME.

[7] En effet, pour la première fois au Cameroun, les débats devant le Conseil constitutionnel ont été télédiffusés. Mieux que lors de la télédiffusion des matchs de l'équipe nationale de football, les Camerounais étaient très nombreux devant leurs postes de télévision, applaudissant même lorsqu'ils appréciaient les échanges entre les acteurs du procès.

[8] G.-J. FOUDA, « Justice constitutionnelle : une option conceptuelle et institutionnelle d'affichage de l'État de droit » (Article en ligne), publié le 14 mars 2014 sur le site internet : www.journal-ledroit.net, consulté le 20 octobre 2022 ; J.-F. WANDJI, *La justice constitutionnelle au Cameroun*, Paris, Éditions MENAIBUC, 2015, 253 pages ; M. NGUELE ABADA, « L'indépendance des juridictions constitutionnelles dans le constitutionnalisme des États francophones post-guerre froide :

L'hommage que l'on rend à un universitaire, par ailleurs juge constitutionnel, à travers des Mélanges qui lui sont dédiés, est une opportunité pour parler du juge constitutionnel. Il s'agit alors de chercher à comprendre ce juge-non-magistrat, du début jusqu'à la fin de sa mission de juge constitutionnel. Pour tout dire, cette étude invite à la découverte du juge constitutionnel camerounais ; elle apparaît alors comme un miroir que l'on offre au dédicataire des Mélanges dans lesquels ces écrits seront insérés, afin que le juge constitutionnel qu'il est par ailleurs, puisse s'y regarder, pour voir quel est le statut (I) et quelles sont les fonctions de juge constitutionnel camerounais (II).

I. LE STATUT DE JUGE CONSTITUTIONNEL

Le « statut » est un ensemble de dispositions contractuelles, légales ou réglementaires qui définissent les règles, impersonnelles et objectives, applicables à une situation juridique déterminée[11]. Le statut du juge constitutionnel est à la fois légal et réglementaire. C'est donc de la lecture des textes normatifs que l'on est édifié sur l'acquisition (A) et la jouissance du statut de juge constitutionnel (B).

A. L'acquisition du statut de juge constitutionnel

La qualité de juge constitutionnel s'acquiert directement par voie de nomination (1). Exceptionnellement, il est permis au peuple, agissant à travers le suffrage universel[12], de désigner indirectement le juge constitutionnel (2).

1) L'acquisition du statut de juge constitutionnel par voie de nomination

De la lecture combinée de l'article 51 de la Constitution et de l'article 7 (2) de la loi de 2004 portant organisation et fonctionnement du Conseil constitutionnel, cette haute juridiction comprend onze (11) membres nommés par décret du président de la République. Trois (03) de ces membres, y compris le président du Conseil constitutionnel sont nommés discrétionnairement par le président de la République. Au-delà de ces trois (03) membres, le président de la République va encore nommer deux (02) autres juges, sur proposition du Conseil supérieur de la magistrature ; six (06) membres sont proposés par les présidents des deux (02) chambres du Parlement.

L'article 51 de la Constitution prévoit que les membres du Conseil constitutionnel sont choisis parmi les personnalités de réputation professionnelle établie. Ils doivent jouir d'une grande intégrité morale et d'une compétence reconnue. Il s'agit là des critères subjectifs, laissés à l'appréciation souveraine des

---

l'exemple du conseil constitutionnel camerounais », *Palabres Actuelles, Revue de la Fondation Raponda-Walker*, n° 4, 2010, pp. 47 -90.

9 J.-L. ATANGANA-AMOUGOU, « La constitutionnalisation du droit en Afrique : l'exemple de la création du Conseil constitutionnel camerounais », *Annuaire international de justice constitutionnelle*, 19, 2003, pages 45 et suivantes

10 Voir : E.-Ch. LEKENE DONFACK, E. NGANGO YOUMBI, E. TCHOLEFACK AWAFA, « Chronique de jurisprudence du Conseil constitutionnel camerounais », *Revue française de droit constitutionnel*, n° 129, 2022, pages 207-241.

11 G. CORNU (dir.), *Vocabulaire juridique*, Paris, PUF, coll. « Quadrige », 2021, 13e éd. page 990.

12 Pour en savoir plus sur le suffrage universel au Cameroun, lire B. NGANGO, *Le droit des élections politiques au Cameroun : suffrage universel et démocratie,* thèse, doctorat, droit, Paris 1, 2003.

autorités de proposition et/ou de nomination. Ceci permet en réalité à ces dernières de désigner, comme juge constitutionnel, qui elles veulent. Le charbonnier du quartier, à la réputation professionnelle établie et à la compétence reconnue dans son domaine, peut ainsi être nommé juge constitutionnel que nul ne trouvera à redire. Une lecture des décrets de nominations des juges constitutionnels révèle que ces derniers sont généralement choisis parmi les amis politiques du chef de l'État[13], ayant une très grande expérience dans la gestion des affaires de l'État[14], avec une préférence pour ceux qui sont juristes de formation et/ou de profession[15].

Comme on peut l'observer, l'acquisition du statut de juge constitutionnel passe en principe par une nomination. Le seul cas d'accession à cette haute juridiction par voie d'élection est celle qui passe par la présidence de la République.

2) L'acquisition du statut de juge constitutionnel par voie d'élection

Les anciens présidents de la République du Cameroun sont membres de droit du Conseil constitutionnel[16]. Or, pour devenir président de la République au Cameroun, les articles 5 et 6 de la Constitution prévoient le passage par une élection au suffrage universel[17]. Le citoyen qui veut accéder au statut de juge constitutionnel peut donc se présenter à l'élection présidentielle. S'il est élu président de la République, il exerce ses fonctions pendant sept (07) ans au moins. À la fin de son mandat de président de la République, il accède de plein droit au statut de juge constitutionnel. Évidemment, un ancien président de la République n'est pas obligé de devenir juge constitutionnel ; il est en droit d'y renoncer. En ce

---

[13] Dix (10) personnes, sur les onze (11) nommées en 2018, étaient membres du RDPC, le parti politique que dirige le président de la République depuis 1985.

[14] La cuvée des premiers juges nommés au Conseil constitutionnel était ainsi composée d'anciens ministres de la République (BONDE Emmanuel - ancien ministre de la Fonction publique, ancien ministre des Mines, de l'Industrie et du Développement technologique ; BIPOUN WOUM Marie Joseph - ancien ministre de la Culture, ancien ministre de la Jeunesse et des Sports ; LEKENE DONFACK Charles Étienne - ancien ministre de la Ville ; BASKOUDA Jean Baptiste, ancien ministre de l'Environnement et des Forêts, ancien ministre du Travail et de la Sécurité sociale ; AHMADOU TIDJANI - ancien gouverneur de région ; BAH OUMAROU SANDA- ancien ambassadeur du Cameroun à l'étranger ; FOUMANE AKAME - Conseiller technique à la présidence de la République).

[15] En effet, dans le premier décret de nomination, dix (10) personnes sur les onze (11) nommées juges constitutionnels sont des juristes de formation et pour la plupart, des juristes de profession. Le président de la République a ainsi jeté son dévolu sur deux (2) professeurs de droit constitutionnel (Les professeurs BIPOUN WOUM Joseph Marie et LEKENE DONFACK Charles Étienne), quatre (04) magistrats (ATANGANA Clément ; ARREY Florence Rita ; ESSOMBE Émile, BAH OUMAROU SANDA, FOUMANE AKAME) ; un (01) avocat, ancien magistrat (ATANGANA Clément). On y retrouve aussi deux (02) diplômés en droit ayant fait leur carrière dans la préfectorale (Monsieur AHMADOU TIDJANI). Par décret n° 2020/194 du 15 avril 2020, le président de la République va nommer comme juge constitutionnel, un autre professeur de droit constitutionnel, un de ses amis politiques, ancien ministre (OWONA Joseph).

[16] Il faut noter qu'en ce moment, il n'existe aucun ancien président de la République. Depuis son accession à la souveraineté internationale en 1960, le Cameroun n'a connu que deux (02) présidents de la République. Le premier, Ahmadou Ahidjo est décédé en 1989 ; le deuxième Paul Biya, accède au pouvoir en 1982, sans avoir été élu. Il le sera plus tard à l'occasion de plusieurs élections organisées en 1988, 1992, 1997, 2004, 2011, 2018. Il sera en poste jusqu'en 2025. Son mandat est renouvelable.

[17] Pour en savoir plus, lire B. NGANGO, *Le droit des élections politiques au Cameroun : suffrage universel et démocratie,* thèse, doctorat, droit, Paris 1, 2003.

moment, il n'existe aucun ancien président de la République au Cameroun[18]. Le Conseil constitutionnel n'est alors composé, à l'heure actuelle, que de juges nommés.

B. La jouissance du statut de juge constitutionnel

La jouissance désigne l'action de profiter ou de tirer parti de quelque chose, d'une situation ou d'un évènement. Comme tous les juges, le juge constitutionnel jouit en principe d'une indépendance (1) qui, comme ailleurs, connaît des limites (2).

1) L'indépendance théorique du juge constitutionnel

L'éminence de la fonction de juge et la gravité des décisions qu'il est appelé à prendre impliquent qu'on lui accorde une certaine indépendance d'esprit, de pensée et d'action. Comme tout juge, le juge-constitutionnel ne doit être soumis à aucune pression extérieure à soi ; il ne doit pas se retrouver dans une posture qui laisserait planer sur lui des soupçons de partialité ; il y va du crédit que l'on devrait accorder à ses décisions qui doivent être justes. Pour en arriver là, il existe des règles garantes de l'indépendance du juge constitutionnel. Certaines de ces règles sont liées à la personne du juge (a), d'autres sont liées à son activité (b).

a) Les règles garantes de l'indépendance liées à la personne du juge constitutionnel

L'indépendance du juge constitutionnel passe par sa soumission à des règles déontologiques (a-1) et par sa soumission à la loi et à sa conscience (a-2).

a-1) La soumission du juge constitutionnel aux règles déontologiques

Le juge constitutionnel est soumis à des obligations de discrétion et de réserve, d'une part (a-1-1), et à des règles relatives aux incompatibilités et aux incapacités, d'autre part (a-1-2).

a-1-1) La soumission du juge constitutionnel aux obligations de discrétion et de réserve

Les obligations de discrétion et de réserve du juge constitutionnel sont contenues dans le serment qu'il prête avant d'entrer en fonction. Ce dernier « jure [...] de garder le secret des délibérations et des votes, de ne prendre aucune position publique [...] »[19]. L'article 5 de leur statut ajoute que « les membres du Conseil constitutionnel doivent s'abstenir de tout ce qui pourrait compromettre l'indépendance et la dignité de leurs fonctions. Ils s'interdisent, en particulier pendant la durée de leur fonction, de prendre une position publique ou de consulter sur des questions ayant trait ou étant susceptibles de faire l'objet de décisions du Conseil constitutionnel, de plaider ou de participer à un arbitrage, d'occuper au sein d'un parti ou d'une formation politique, d'une association partisane ou

[18] Dans la mesure où le seul ancien président de la République, Ahmadou Ahidjo, est décédé en 1989.
[19] Article 3 de la loi n° 2004/005 du 21 avril 2004 fixant le statut des membres du Conseil constitutionnel.

syndicale, tout poste de responsabilité ou de direction et, de façon plus générale, de faire apparaître, de quelle que manière que ce soit, leur appartenance politique ou syndicale, d'exciper ou de laisser user de leur qualité dans des entreprises financières, industrielles, commerciales ou dans l'exercice des professions libérales ou autres et, d'une manière générale, d'user de leur titre pour des motifs autres que ceux relatifs à l'exercice de leur mandat ».

De par le serment, le juge constitutionnel s'engage à garder le secret des délibérations, lorsqu'il est appelé à officier dans les collégialités juridictionnelles. Mais, les obligations contenues dans le serment ne se limitent pas seulement à l'office du juge, statuant dans le cadre de son activité juridictionnelle. Le juge constitutionnel s'oblige à ne pas être un bavard qui prend la parole n'importe quand et n'importe comment ; il ne doit pas s'exposer à des polémiques qui pourraient jeter le doute ou le discrédit sur sa personne. À cet effet, il doit se départir des manifestations militantes, notamment en menant ostentatoirement des activités dans un parti politique ou dans toute autre organisation de revendication. Ces exigences de discrétion et de réserve apparaissent en filigrane dans les textes de prestation de serment du juge constitutionnel.

a-1-2) Les incompatibilités et les incapacités concernant le juge constitutionnel

L'incompatibilité est l'interdiction faite à une personne, menant déjà une activité professionnelle donnée, d'avoir une seconde activité qui porterait atteinte à la première[20]. Pour son indépendance, le juge constitutionnel est soumis à des incompatibilités ayant pour but de s'assurer qu'il sera disponible en permanence, pour exercer ses fonctions de juge, et surtout pour éviter toute subordination qui risquerait d'entraver son indépendance d'esprit et de compromettre sa liberté de jugement. Ainsi, selon l'article 8 du statut des membres du Conseil constitutionnel, « les fonctions de membre du Conseil constitutionnel sont incompatibles avec la qualité de membre du gouvernement, la qualité de membre du Conseil économique et social, la qualité de membre de la Cour suprême, l'exercice de tout mandat électif ou de tout autre emploi public, civil ou militaire et l'exercice de toute autre activité professionnelle privée pouvant affecter son honorabilité, son impartialité, son intégrité, sa neutralité et son honnêteté intellectuelle, de toute fonction de représentation nationale ».

Serge Guinchard, définit l'incapacité comme l'« état d'une personne privée par la loi de la jouissance ou de l'exercice de certains droits »[21]. L'incapacité d'exercice désigne l'inaptitude d'une personne à faire valoir par elle - même ou à exercer seule certains droits dont elle demeure titulaire. L'incapacité de jouissance désigne l'inaptitude d'une personne à devenir titulaire d'un ou de plusieurs droits. Des incapacités ont été prévues pour garantir l'indépendance du juge. Ainsi, le juge est frappé d'une incapacité de juger si son conjoint, un parent et ou un allié est simultanément membres d'un même tribunal ou d'une même cour. À l'heure actuelle, ce cas de figure ne se présente pas dans la composition du Conseil

[20] S. GUINCHARD, Th. DEBARD (dir.), *Lexique des termes juridiques*, Paris, Dalloz, 2021-2022, 29è éd., p. 558. Pour en savoir plus, lire : J. BIART, *Les incompatibilités dans la fonction publique,* thèse, doctorat, Paris, 2 015 ; D. NSHIMIYIMANA, *De l'incompatibilité de la carrière de juge et la pratique de la résolution extrajudiciaire des litiges,* Book Rix, 2016, 59 pages.

[21] S. GUINCHARD, Th. DEBARD, *Lexique des termes juridiques, op. cit.*, page 574.

constitutionnel. D'ailleurs, il y a fort à parier que l'autorité de nomination devrait s'assurer qu'il ne nomme pas simultanément des personnes incapables du fait d'un lien qu'elle pourrait avoir avec un autre membre du Conseil constitutionnel.

a-2) La soumission du juge constitutionnel à la loi et à sa conscience

L'obligation de tout juge est de trancher les litiges en appliquant les règles de droit. Ceci l'oblige à avoir une connaissance parfaite du droit existant. En réalité, il s'agit d'une présomption de connaissance du droit ; cette présomption est très forte lorsque le juge est un magistrat, recruté sur la base de ses connaissances en droit, acquises à l'université et sanctionnées par au moins un master. Avec l'ouverture des fonctions de juge constitutionnel à des personnes n'ayant pas le statut de magistrat, on se demande bien si le juge constitutionnel bénéficie de la présomption de connaissance du droit. *A priori*, on répondrait à cette question par la négative. Mais, à bien regarder, et partant de la maxime selon laquelle « nul n'est censé ignorer la loi »[22], on peut dire que même non formé à l'école du droit, le juge constitutionnel est censé connaître la loi, puisqu'il est avant tout, un citoyen et plus encore, un citoyen averti. Néanmoins, on peut observer que l'autorité de nomination s'arrange pour désigner, comme juge constitutionnel, majoritairement des juristes, bénéficiant d'une forte présomption de connaissance de la loi[23].

Il n'existe aucune disposition normative faisant référence à la conscience du juge constitutionnel, à l'instar de l'article 37 alinéa 2 de la Constitution du 18 janvier 1996 et l'article 5 du statut de la magistrature qui disent que « les magistrats de siège ne relèvent dans leurs fonctions juridictionnelles que de la loi et de leur conscience ». Quoi qu'il en soit, le juge constitutionnel n'a de compte à rendre à personne lorsqu'il se prononce dans une affaire ; il assume en conscience sa décision.

b) Les règles garantes de l'indépendance liées à l'activité du juge constitutionnel

L'inamovibilité des juges est souvent présentée comme une garantie de l'indépendance du juge. Ce dernier ne doit faire l'objet d'aucune affectation, d'aucune mutation sans son consentement[24]. Ce principe est généralement ignoré en droit camerounais[25]. Le seul texte camerounais, à l'heure actuelle, consacrant formellement l'inamovibilité du juge, est l'article 9 de la loi de 2004 portant statut des membres du Conseil constitutionnel, lequel prévoit que les membres de cette

---

[22] Lire à cet effet A. AKAM AKAM, « Libres propos sur l'adage nul n'est censé ignorer la loi », *Droit prospective*, n° 3, 2007, pages 30 et suivantes.

[23] Voir, cette première partie, A/1.

[24] Pour en savoir plus sur l'inamovibilité des juges, lire P. ESTOUP, « Indépendance et inamovibilité », *Gazette du Palais*, janvier 1990, page 22 ; A. ALASSEUR, *L'inamovibilité des juges et la constitution française,* thèse, doctorat, droit, Paris, 1903, 142 pages. La doctrine sur l'inamovibilité porte généralement sur le juge-magistrat. Ceci s'explique par le fait que les juges sont très souvent recrutés chez les magistrats. Lire BASQUIN, *L'inamovibilité de la magistrature,* thèse, doctorat, droit, Lille, 1899, 159 pages ; T. BENAZE, « L'inamovibilité de la magistrature ; son histoire, revue politique et littéraire », *Revue Bleue*, 3e série, tome III, 1882.

[25] Voir P. NKOU MVONDO, *Le juge camerounais*, Yaoundé, Presses Universitaires d'Afrique, 2022, pages 91 et suivantes.

haute juridiction sont « inamovibles ». Cette inamovibilité du juge constitutionnel est renforcée par le fait qu'il est élu pour six (06) ans, temps durant lequel il ne peut être muté comme juge ailleurs, ce d'autant plus que le Conseil constitutionnel est une juridiction unique en son genre au Cameroun.

2) Les limites de l'indépendance du juge constitutionnel

Les limites de l'indépendance du juge en général ont très souvent été dévoilées par la doctrine[26]. S'agissant du juge constitutionnel camerounais, les limites de son indépendance peuvent être décelées dans le fait qu'il est nommé par le président de la République (a) ; l'indépendance de certains juges constitutionnels peut aussi être limitée du fait de leur collaboration avec les autres juges constitutionnels (b).

a) La limite de l'indépendance du juge constitutionnel du fait de sa nomination par le président de la république

Le juge perd incontestablement de son indépendance dès lors qu'il est désigné ou nommé par les parties au procès, de qui il devient redevable. La nomination à un poste aussi important que celui de juge est généralement perçue comme une faveur[27]. Dans certains systèmes juridictionnels, notamment en matière d'arbitrage, il est permis aux parties de désigner la ou les personnes appelées à dire le droit et à trancher le litige qui les oppose[28]. Dans les systèmes étatiques de règlement des litiges, il n'appartient pas, en principe, aux parties de choisir leurs juges ; ces derniers sont nommés et désignés par des mécanismes qui échappent à la volonté du justiciable. En violation de ce principe, garant de l'indépendance du juge, le droit camerounais permet au président de la République de nommer tous les juges du Conseil constitutionnel, alors qu'il est inévitablement justiciable de cette haute juridiction. En effet, pour être président de la République, il faut passer par une élection dans laquelle intervient le juge constitutionnel, dans d'éventuels contentieux préélectoraux et/ou postélectoraux. Dans tous les cas, le juge constitutionnel est appelé à statuer et à proclamer les résultats de l'élection présidentielle qui porte un homme à la tête de l'État du Cameroun pour une période de sept (07) ans. Le mandat des juges constitutionnels quant à lui est de six (06) ans. Au regard de ces chiffres, on peut aisément constater que tout président de la République aura, au cours de son mandat, à nommer les juges constitutionnels ; pourtant ces derniers sont appelés à connaître des affaires dans lesquelles l'institution présidentielle a forcément des intérêts à défendre. Par ailleurs, si le président de la République en poste entend renouveler son mandat, il devra, pendant qu'il est en poste, nommer les juges constitutionnels devant lesquels il va comparaître, soit dans le cadre du contentieux électoral, soit lorsque

[26] F. HOURQUEBIE, « L'indépendance de la justice dans les pays francophones », *in Cahiers de la justice,* 2012 – 2, n° 2, pages 41 et suivantes.

[27] On se souvient de cette vidéo montrant le tout premier président du Conseil constitutionnel, Monsieur Atangana Clément, jubilant à l'annonce du décret du président de la République (la vidéo peut être regardée sur site internet « Cameroon-info.net »). Il va fêter l'heureux événement pendant plusieurs jours à son domicile de Yaoundé ; une cérémonie de remerciements du chef de l'État sera même organisée dans son village natal.

[28] Voir à cet effet, le Règlement de la chambre arbitrale du Comité national olympique et sportif du Cameroun et celui du Tribunal arbitral du sport (TAS), juridiction mise en place par le Comité international olympique (CIO), ayant son siège à Lausanne, en Suisse.

la haute juridiction va statuer pour proclamer les résultats de l'élection présidentielle. En ce moment, le juge constitutionnel sera soumis à une pression venant de son *for intérieur* : il ne saurait oublier qu'il doit son poste de juge à ce justiciable qui plaide devant lui : le président de la République sortant, candidat à sa propre succession. Les juges constitutionnels, nommés pour une durée déterminée, vivent en permanence avec l'espoir de voir leur mandat de juge renouvelé par l'autorité de nomination. La pression par l'intimidation consiste alors, pour l'autorité de nomination, à brandir constamment, en direction du juge, l'éventualité d'un non-renouvellement de son mandat à l'échéance. Le président de la République contrôle ainsi les juges constitutionnels[29].

b) La limite de l'indépendance du juge constitutionnel du fait de sa collaboration avec les autres juges constitutionnels

Le juge constitutionnel peut voir son indépendance remise en cause dans le cadre de sa collaboration avec le président du Conseil constitutionnel (1), ou alors dans le cadre de sa collaboration avec les autres juges constitutionnels (2).

b-1) Le juge constitutionnel dépendant du président du conseil constitutionnel

Au Conseil constitutionnel, il appartient au président de cette haute juridiction de désigner, pour chaque affaire soumise à une instruction préalable, le juge-constitutionnel qui en sera chargé. Le pouvoir de désignation des juges d'instruction par le « chef de juridiction » donne incontestablement à ce dernier l'opportunité, soit de séduire son collègue-juge, soit de l'intimider. On le sait en effet, dans le système camerounais, il a été démontré que le président de juridiction, dans un cadre purement informel, donne souvent des instructions à leurs collègues qu'il désigne comme juges dans des affaires particulières ; celui qui obéît accède aux bonnes grâces de son chef de juridiction qui lui confiera dès lors beaucoup de dossiers : on pourrait alors parler de dépendance par la séduction[30]. Le juge constitutionnel n'est pas à l'abri de ce type de séduction. Par contre, le juge constitutionnel qui entend être indépendant dans le traitement des dossiers, sans se soumettre aux éventuels desiderata du président du Conseil constitutionnel, court le risque d'être lésé dans la distribution des dossiers ; la dépendance ici passe par l'intimidation.

---

[29] S'agissant du Conseil constitutionnel, on se souvient que dans les prévisions du texte de la Constitution de 1996, les juges de cette haute juridiction étaient nommés pour une durée de neuf (09) ans non-renouvelables. Avec un mandat d'une telle durée, le président de la République aurait eu du mal à intimider un juge du Conseil constitutionnel, avec une menace de non-renouvellement de son mandat à l'échéance. Pour placer le juge constitutionnel sous la dépendance du président de la République, la réforme constitutionnelle de 2008 a prévu que désormais, le juge de cette haute juridiction sera nommé pour un mandat de six (06) ans renouvelables.

[30] Lire à cet effet, P. NKOU MVONDO, *Le juge camerounais*, Yaoundé, Presses universitaires d'Afrique, 2022, pages 100 et suivantes

b-2) Le juge constitutionnel non-juriste dépendant des juges constitutionnels juristes

Comme il a été dit plus haut[31], même un charbonnier peut être nommé juge constitutionnel. Pour tout dire, le juge constitutionnel peut ne pas être un juriste. On verra ainsi qu'en 2022, deux (02) des onze (11) juges constitutionnels sont des non-juristes[32]. Le juge-constitutionnel, sans connaissance en droit se trouve, par la force des choses, dépendant des autres juges constitutionnels juristes. En effet, la connaissance du droit par le juge est un gage de son indépendance. Le juge, pour rendre sa décision en toute indépendance, n'a pas besoin de consulter ou de s'en remettre à qui que ce soit. *A contrario,* lorsque le juge est ignorant du droit, comme peuvent l'être certains juges constitutionnels, il ne peut que s'en remettre aux autres juges, juristes de formation ou de profession, qui lui dictent ce que prévoit le droit. On pourrait donc voir des juges constitutionnels se comporter en simples figurants lors des débats à l'audience, parce qu'étant incapables de comprendre les termes et les subtilités du langage juridique. Sans doute que lorsque l'affaire est mise en délibéré, dans l'incapacité de tenir dans une discussion juridique, les juges non-juristes laissent faire leurs collègues juristes qui finalement décident seuls ; il ne reste plus aux juges non-juristes que l'apposition de leurs signatures au bas d'une décision qui leur a été imposée par les autres juges.

II. LES FONCTIONS DU JUGE CONSTITUTIONNEL

Une fonction est un rôle joué par un élément dans un ensemble. Dans la société des hommes, une fonction est le rôle joué par une personne à travers son activité, considérée en rapport avec la collectivité. Pour appréhender les fonctions du juge constitutionnel, il faut se référer aux textes législatifs et réglementaires portant organisation et fonctionnement du Conseil constitutionnel. L'étude de ces textes permet de comprendre l'exercice des fonctions du juge constitutionnel (A) et la cessation de celles-ci (B).

A. L'exercice des fonctions de juge constitutionnel

Le juge constitutionnel a vocation à ne servir qu'au Conseil constitutionnel. Y étant, il est généralement appelé à n'exercer que des fonctions purement juridictionnelles (1). Seul le président du Conseil constitutionnel exerce, en plus, des fonctions d'administration juridictionnelle (2).

1) Les fonctions purement juridictionnelles du juge constitutionnel

La fonction juridictionnelle est l'attribut essentiel de tout juge. Elle consiste en des actes par lesquels le juge dit, à l'occasion d'une affaire qui lui est soumise, quelle règle de droit abstraite et impersonnelle trouve application dans les

---

[31] Cette première partie, A/1.

[32] Il s'agit de deux (02) enseignants de profession : l'un anthropologue (Paul NHIT NKWI), l'autre historien (BONDE Emmanuel).

circonstances concrètes du cas d'espèce[33]. Au Cameroun, le juge constitutionnel exerce des fonctions juridictionnelles d'instruction (a) et de jugement (b).

a) Le juge constitutionnel : juge d'instruction

Avant que le juge de jugement ne soit saisi, le droit processuel prévoit généralement une phase d'instruction. Il s'agit de rassembler un certain nombre de données relatives au litige et de les présenter dans un dossier qui sera soumis à l'examen du juge de jugement[34]. Le procédé a le mérite de faciliter la tâche à ce dernier qui, lorsqu'il doit entendre les parties en audience, a déjà une idée du litige. Cette phase du procès est confiée à un juge d'« instruction ». Au Conseil constitutionnel, l'instruction des affaires peut être confiée à un de ses membres ; dans ce cas, comme tout juge d'instruction, le juge constitutionnel intervient comme juge d'investigation (a) et comme juge de mise en état (b).

a-1) Le juge constitutionnel : juge d'investigation

On parle d'investigation lorsque le juge met en œuvre des moyens lui permettant de réunir tous les éléments nécessaires à la manifestation de la vérité. Ainsi, le juge d'investigation peut vérifier l'authenticité des documents produits, descendre sur le terrain pour se rendre compte personnellement d'un fait. Dans le cadre de ses investigations, le juge peut ordonner des expertises, des perquisitions, faire des auditions, permettre des confrontations.

En principe, lorsque le Conseil constitutionnel statue dans le cadre de ses principales compétences[35], il n'a pas besoin d'un juge d'instruction : les juges constitutionnels étudient l'affaire qui leur est soumise en collégialité et se prononcent dans les mêmes conditions. Il en est autrement lorsque le Conseil constitutionnel est saisi en matière de contentieux électoral ou référendaire[36].

Dans ces domaines, la procédure contentieuse au Conseil constitutionnel est régie par les articles 55 et suivants de la loi de 2004. La haute juridiction est saisie

---

[33] Pour en savoir plus, lire D'AMBRA Dominique, *L'objet de la fonction juridictionnelle, dire le droit et trancher les litiges*, *op. cit.* ; BOUROPOULOS, « La notion de fonction juridictionnelle », *op. cit.*, 205 p. ; M. TROPER, « Fonction juridictionnelle ou pouvoir judiciaire », *Revue Pouvoirs*, n° 16, 1981, pages 5-15.

[34] L'instruction préparatoire est très connue dans la procédure pénale où elle est aussi souvent appelée information judiciaire. Voir : P.-G. DJESSI DJEMBA, *L'information judiciaire dans le code de procédure pénale camerounais,* thèse de doctorat, Université de Lorraine, 2004 ; SPENER YAWAGA, *L'information judiciaire dans le code de procédure pénale*, Yaoundé, Presses universitaires d'Afrique, Yaoundé, 2007, 227 pages ; NDOUNA Samuel, *Étude comparée de l'instruction préparatoire en droit français et en droit camerounais,* thèse de doctorat, Paris, 2003.

[35] Notamment sur la constitutionnalité des lois, des traités et accords internationaux, sur les règlements intérieurs de l'Assemblée nationale et du Sénat, avant leur mise en application, quant à leur conformité à la Constitution, sur les conflits d'attribution entre les institutions de l'État, sur les conflits d'attribution entre l'État et les régions, sur les conflits entre les régions.

[36] En effet, selon l'article 48 de la Constitution, le Conseil constitutionnel veille à la régularité de l'élection présidentielle, des élections parlementaires, des consultations référendaires. Il en proclame les résultats. En cas de contestation sur la régularité de l'une des élections, le Conseil constitutionnel peut être saisi par tout candidat, tout parti politique ayant pris part à l'élection dans la circonscription concernée ou toute personne ayant qualité d'agent du gouvernement pour cette élection. En cas de contestation sur la régularité d'une consultation référendaire, le Conseil constitutionnel peut être saisi par le président de la République, le président de l'Assemblée nationale ou le président du Sénat, un tiers des députés ou un tiers des sénateurs.

par une requête déposée au secrétariat général qui la transmet au président de la juridiction. Lorsque la requête est manifestement irrecevable, le Conseil constitutionnel statue par décision motivée sans instruction contradictoire préalable. Si la requête est recevable, le président du Conseil constitutionnel désigne, parmi les juges, un rapporteur chargé de l'instruction de la procédure. Le juge-constitutionnel-rapporteur s'engage dans une véritable activité d'investigation : il entend, le cas échéant les parties ; il peut également entendre toute personne dont l'audition lui paraît opportune ou solliciter par écrit des avis qu'il juge nécessaires. Il fixe aux parties des délais pour produire leurs moyens et ordonne au besoin des enquêtes ou toute autre mesure d'instruction.

a-2) Le juge constitutionnel : juge de la mise en état

La mise en état est l'étape de l'instruction au cours de laquelle sont rassemblés tous les documents permettant de se prononcer sur une affaire[37]. La phase de la mise en état est la suite logique de celle des investigations opérées par le juge désigné. Au Conseil constitutionnel, l'article 61 demande au juge-rapporteur de rédiger un rapport dans lequel il rappelle le contenu de la requête, analyse les moyens soulevés et énonce les points à trancher. Il rédige également un projet de décision à soumettre à l'appréciation des autres membres du Conseil constitutionnel : le juge constitutionnel est alors un véritable juge de mise en état.

Pour tout dire, le juge constitutionnel peut être appelé aux fonctions de juge d'instruction. Seulement, dans la très grande majorité des cas, le juge constitutionnel officie comme juge de jugement.

b) Le juge constitutionnel : juge de jugement

Le juge de jugement est celui qui, saisi d'un litige, dit le droit et tranche un litige en rendant une décision investie de l'autorité de la chose jugée[38] et susceptible d'entrée en force de chose jugée[39]. Tout juge a vocation à être juge de jugement, seul ou en collégialité. S'il est vrai que l'on peut retrouver des juges-constitutionnels statuant à juge unique dans le cadre de l'instruction des affaires, il faut admettre qu'aucun juge constitutionnel n'est habilité à statuer en juge-unique dans la phase de jugement : ils y interviennent dans des formations collégiales.

---

[37] Voir aussi S. GUINCHARD, *Lexique des termes juridiques,* op.cit., page 708.

[38] L'autorité de la chose jugée peut être définie comme une force exceptionnelle conférée par la loi aux décisions juridictionnelles qui, une fois prononcées, bénéficient du principe de l'immutabilité interdisant de remettre en cause ce qui a été définitivement jugé. Pour en savoir plus, lire A.-F. TJOUEN, « La chose jugée et la vérité dans le procès civil en droit camerounais », *Revue internationale de droit comparé*, 67/3, pages 727 et suivantes. ; J. FOYER, *De l'autorité de la chose jugée en matière civile ; Essai de définition,* op. cit., 1954 ; TOMASIN, *Essai sur l'autorité de la chose jugée en matière civile*, op.cit., 1975 ; R. PERROT, « Chose jugée », *Revue Procédures*, n° 76, page 13.

[39] Une décision de justice acquiert force de chose jugée lorsqu'elle n'est susceptible d'aucune voie de recours ordinaire ; il en sera de même lorsque les voies de recours ont été épuisées ou parce que les délais pour les exercer sont expirés.

2) Les fonctions d'administration juridictionnelle du juge constitutionnel

Le juge, dans une juridiction, n'est pas seulement appelé à dire le droit et trancher les litiges. Il exerce aussi des fonctions d'administration juridictionnelle, consistant à prendre des mesures administratives pour que la justice soit rendue dans de bonnes conditions matérielles, juridiques et morales. Au Conseil constitutionnel, seul le président est habilité à exercer des fonctions d'administration juridictionnelle : dans ce cadre, il pose des actes d'administration de l'instance juridictionnelle (a) et des actes d'administration des biens et du personnel du Conseil constitutionnel (b).

a) Le juge constitutionnel : administrateur de l'instance juridictionnelle

Au Conseil constitutionnel, le président de la juridiction se charge de la préparation du cadre de l'instance (a-1). Il se charge aussi de présider les audiences de jugement des affaires (a-2).

a-1) Le juge-président chargé de la préparation du cadre de l'instance

Dans toutes les juridictions, le président est chargé de la préparation des audiences. Il en est de même au Conseil constitutionnel. Cette préparation s'inscrit dans le cadre de ses fonctions d'administration juridictionnelle consistant, pour l'essentiel, à fixer le cadre spatial et le cadre temporel de l'instance.

a-1-1) Le juge-président chargé de la fixation du cadre spatial de l'instance

Dans les juridictions qui fonctionnent en permanence, les palais de justice servent de cadre spatial pour les audiences. Il en est de même en ce qui concerne le Conseil constitutionnel qui est détenteur des bâtiments dans lesquels est installée son administration ; ces bâtiments lui servent aussi de lieu de tenue de ses audiences de traitement des affaires[40]. Si le bâtiment en question dispose de plusieurs salles, il appartient au président de choisir celles dans laquelle l'audience va se tenir et/ou le local dans lequel les juges constitutionnels vont délibérer. Si le Conseil constitutionnel doit officier dans un cadre spatial, autre que celui de ses bâtiments habituels, il appartient toujours au président d'en décider.

a-1-2) Le juge-président chargé de la fixation du cadre temporel de l'instance

Pour le Conseil constitutionnel, il n'existe pas de calendrier d'audience préétabli, contrairement à ce que la loi a prévu pour de nombreuses juridictions étatiques[41]. Au Conseil constitutionnel, les audiences ne se tiennent pas au quotidien. Par la force du droit, le Conseil constitutionnel statue en intervalle de cinq (05) ans pour les élections parlementaires et en intervalle de sept (07) ans pour l'élection présidentielle. Dans les autres matières, le Conseil constitutionnel

[40] Le Conseil constitutionnel, n'ayant pas de bâtiment propre, est logé en ce moment au Palais des congrès de Yaoundé, dans un immeuble qu'il partage avec le Parlement.

[41] Selon l'article 12 (2) (a) de la loi de 2006, fixant organisation judiciaire : « Le ministre chargé de la justice fixe, sur proposition des chefs de cours d'appel, des présidents des juridictions inférieures des comptes et des présidents des juridictions inférieures en matière de contentieux administratif, les dates d'audience des juridictions, à l'exception de la Cour suprême ».

peut même passer plusieurs années sans avoir à connaître d'une affaire[42]. Selon l'article 11 de la loi de 2004, portant organisation et fonctionnement du Conseil constitutionnel, cette juridiction se réunit sur convocation de son président. Comme il est de tradition dans toutes les organisations, il appartient à celui qui convoque une rencontre d'en fixer la date. Pour ce faire, le président du Conseil constitutionnel n'a aucune obligation de consultation ou de concertation avec qui que ce soit, comme il est prévu pour certaines juridictions[43]. Seulement, la fixation de la date d'audience peut être encadrée par des délais prévus par la loi. Ainsi, lorsque le Conseil constitutionnel est appelé à statuer dans le cadre du contrôle de conformité d'une loi à la Constitution, à la suite d'une requête formulée par un demandeur, il doit se prononcer dans un délai de quinze (15) jours, à compter de la date d'enregistrement de la requête. Le président doit alors fixer la date d'audience dans le respect de ce délai légal. De même, en matière électorale, le Conseil constitutionnel est chargé de proclamer les résultats dans un délai maximum de quinze (15) jours à compter de la date de clôture du scrutin pour l'élection présidentielle et l'élection sénatoriale, de vingt (20) jours pour l'élection des députés à l'Assemblée nationale[44]. La fixation des dates d'audience par le président du Conseil constitutionnel doit alors tenir compte de ces délais prévus par le Code électoral[45]. Le président du Conseil constitutionnel retrouve toute sa liberté dans le cadre de la fixation de la date d'audience lorsqu'il s'agit de statuer dans les autres domaines de la compétence de la haute juridiction[46] ; il en est de même lorsque le Conseil constitutionnel doit procéder, conformément à l'article 16 de la loi de 2004, à la rectification d'une erreur matérielle contenue dans une décision qu'elle a rendue.

---

[42] En dehors des affaires électorales, le Conseil constitutionnel a déjà eu l'occasion d'être saisi par des particuliers justiciables. Il n'a d'ailleurs pas manqué de se prononcer, en dépit du caractère farfelu des actions qui y ont été introduites. Réunis le 7 septembre 2021 au Palais des congrès de Yaoundé, les juges constitutionnels ont jugé « irrecevable » la requête introduite par Denis Emilien Atangana, président du Front des démocratiques Camerounais (FDC) qui avait saisi la haute juridiction pour se plaindre du « maintien en fonction illégale de 18 directeurs généraux de sociétés publiques ».

[43] En effet, en matière pénale, à la suite d'une information judiciaire, le juge de jugement est saisi par l'ordonnance de renvoi. Dès lors qu'il envisage la tenue de la première audience, l'article 291 du Code de procédure pénale lui demande de fixer la date de cette audience, « de concert » avec le procureur de la République. Au niveau de la Cour d'appel et selon l'article 446 du Code de procédure pénale, « dès réception du dossier d'appel, le greffier [...] le transmet au président de la cour qui, après avis du procureur général, fixe la date d'audience ». Au tribunal criminel spécial, l'article 10 issu de la loi de 2012 prévoit que le président arrête, après concertation avec le procureur général, la date de l'audience qui doit être fixée trente (30) jours au plus tard après notification de l'ordonnance de renvoi. Pour la Cour suprême, il faut se référer à l'article 23 de la loi fixant l'organisation de cette haute juridiction qui prévoit que « le Premier Président fixe, par ordonnance, les date et heure des audiences ordinaires de la Cour suprême, après avis de l'assemblée générale. En cas de nécessité, il fixe, par la même voie, après avis du procureur général, la tenue d'audiences supplémentaires ».

[44] Article 137 du Code électoral pour l'élection présidentielle et article 168 pour l'élection des députés.

[45] La fixation des dates d'audience, confiée au président par l'article 62 de la loi de 2004, lorsque le Conseil constitutionnel est appelé à statuer en matière électorale, doit tenir compte des délais.

[46] Notamment lorsqu'il s'agit de régler un conflit d'attribution entre des institutions étatiques ; lorsqu'il s'agit de statuer sur la contestation portant sur la recevabilité d'un texte de loi, d'examiner la conformité à la Constitution d'un traité, d'un accord international ou d'un règlement intérieur du Parlement, en matière d'avis à formuler et en matière de constatation de vacance à la présidence de la République.

a-2) Le juge-président chargé de la police d'audience

L'audience est le moment de la procédure au cours duquel les juges de la collégialité du Conseil constitutionnel entendent les parties et les autres acteurs du procès. La police de l'audience désigne le pouvoir donné à un juge, président l'audience, de prendre toutes les mesures nécessaires au bon déroulement des débats. Lorsque le Conseil constitutionnel tient ses audiences, les débats ne sont pas publics, sauf en matière de contentieux électoral et référendaire. Dans tous les cas, les décisions du Conseil constitutionnel sont rendues en audience publique.

Que l'audience se tienne en public ou à huis clos, il appartient au président de la collégialité de donner et de retirer la parole aux autres juges, aux parties, aux témoins et à tous les autres intervenants au cours de l'audience. Le juge est chargé de rappeler à l'ordre toute personne qui adopte un mauvais comportement au cours de l'audience, même s'il s'agit d'un tiers au procès, notamment une personne faisant partie du public venu assister à l'audience. Dans les textes régissant le fonctionnement du Conseil constitutionnel, rien n'est dit par rapport aux mesures que le président est appelé à prendre lorsqu'il y a trouble d'audience, ou infraction pénale commise à l'audience. Il y a tout de même lieu de penser que le président dispose du droit de faire expulser de la salle toute personne se présentant en perturbatrice de l'audience. Aucun texte spécifique ne permet au président du Conseil constitutionnel de garder pendant 24 heures une personne qui perturbe l'audience, comme c'est le cas avec certains juges étatiques[47]. Par ailleurs, le président du Conseil constitutionnel n'étant pas un juge pénal, il ne saurait se saisir d'une infraction commise à l'audience, comme le ferait le juge-magistrat dans les autres juridictions étatiques de droit commun.

b) Le juge constitutionnel : administrateur des biens et du personnel juridictionnel

Le Conseil constitutionnel est organisé et fonctionne comme un véritable service public administratif avec à sa tête un responsable qui n'est autre que son président chargé de la gestion du personnel (b-1) et des biens affectés à l'administration de la juridiction (b-2).

b-1) Le président du conseil constitutionnel : administrateur du personnel

Alors que dans les autres juridictions étatiques, les services administratifs sont animés par les greffiers avec à leur tête un greffier-en-chef, les services administratifs du Conseil constitutionnel sont coordonnés par un secrétaire général nommé par le président de la République. Ce dernier mène ses activités sous

---

[47] C'est ainsi que pour des troubles d'audience, le juge, civil ou pénal, peut faire arrêter le perturbateur et le faire garder pendant vingt-quatre (24) heures. Selon l'alinéa 4 de l'article 49 de la loi de 2006, « si un ou plusieurs individus donnent des signes d'approbation ou de désapprobation, provoquant un tumulte de quelque manière que ce soit, et si, après avertissement du président il ne rentre pas dans l'ordre sur-le-champ, il est enjoint de se retirer ; les récalcitrants sont, sur ordre du président, saisis et déposés dans la maison d'arrêt pour vingt-quatre (24) heures » (Voir aussi l'article 28 du Code de procédure civile). La loi donne au juge la possibilité de s'autosaisir lorsqu'une infraction, qualifiée de contravention ou de délit, est commise à l'audience. Dans ce cas, le juge constate lui-même l'infraction, dresse sur-le-champ un procès-verbal d'infraction, entend la personne mise en cause, les témoins, le ministère public et statue (Article 624 du Code de procédure pénale et article 29 du Code de procédure civile).

l'autorité du président du Conseil constitutionnel. Le texte parle bien d'« autorité » que le président du Conseil constitutionnel exerce sur le secrétaire général. Il ne s'agit donc pas ici, pour le président du Conseil constitutionnel, de se contenter de contrôler ou de surveiller l'activité du secrétaire général, comme le font les présidents des autres juridictions dans leurs relations avec les greffiers : le président du Conseil constitutionnel est le supérieur hiérarchique direct du secrétaire général. Dans tous les cas, le président du Conseil constitutionnel, sous l'autorité duquel travaille le secrétaire général, se présente comme un véritable administrateur civil. Il est ainsi responsable de la gestion des ressources humaines du Conseil constitutionnel. À ce titre, il nomme les chargés d'études, les chefs de cellules, les chefs de service, les chargés d'études assistants, les chefs de sections et les chefs de bureau[48]. Le président du Conseil constitutionnel est chargé de la gestion du personnel administratif nommé par le président de la République, à savoir le secrétaire général et les chefs de divisions.

b-2) Le président du conseil constitutionnel : administrateur des biens

Le président est en charge des relations juridiques avec le bailleur, dans le cas où la haute juridiction n'est pas propriétaire des locaux qu'elle occupe ; il est responsable de l'acquisition et de l'entretien des biens meubles répartis dans les différents services administratifs du Conseil constitutionnel : division des affaires générales, division des affaires administratives et financières, greffe, cellule de communication, cellule de la traduction et de l'interprétation, service de la coopération, service de l'informatique, service de l'accueil, du courrier et de la liaison, service de la documentation et des archives. Sur le plan financier, selon l'article 18 de la loi de 2004, « les crédits nécessaires au fonctionnement du Conseil constitutionnel sont inscrits au budget de l'État. Le président du Conseil constitutionnel en est l'ordonnateur ».

En définitive, le juge constitutionnel est appelé à exercer des fonctions juridictionnelles. Celui qui occupe le poste de président exerce en plus des fonctions d'administration juridictionnelle. Quoi qu'il en soit, le juge constitutionnel est appelé un jour à cesser d'exercer ses fonctions de juge.

B. La cessation des fonctions de juge constitutionnel

Tout ce qui a un début a toujours une fin. Il en est de même des fonctions du juge constitutionnel. L'ancien président de la République est le seul juge institué à vie[49]. Le juge constitutionnel nommé bénéficie d'un mandat à durée déterminée. Ceci dit, la cessation des fonctions d'un juge constitutionnel peut être dépendante de sa volonté (1), tout comme cette cessation des fonctions peut intervenir, indépendamment de la volonté du juge (2).

1) La cessation des fonctions dépendantes de la volonté du juge constitutionnel

La liberté est le principe : nul ne peut être contraint de faire ce qu'il ne veut plus faire. Partant de ce principe, on peut dire que toute personne, ayant été désignée pour être juge constitutionnel, est libre de mettre fin aux fonctions

[48] Article 29 du décret n° 2018/104. V° *Juridis Périodique*, n° 113, janvier-février-mars, 2018, page 6.
[49] Voir supra, première partie, A/2.

qu'elle exerce. On parle alors de la démission qui peut être explicite (a) ou implicite (b).

a) La démission explicite du juge constitutionnel

En l'absence d'un texte normatif fixant les modalités de démission d'un juge constitutionnel, il y a lieu de dire que cette démission peut être verbale. Seulement, une démission présentée verbalement aura du mal à convaincre de son caractère sérieux ; l'acte verbal devra alors être confirmé par l'adoption d'une attitude qui démontre du sérieux de la démission. Pour être immédiatement prise en considération, la démission d'un juge constitutionnel devrait donc être formulée par écrit, toute chose qui montre que le démissionnaire a bien pensé son acte. Une telle démission est actée dès lors que la lettre formulant celle-ci est reçue par l'autorité de nomination, à savoir le président de la République. Le démissionnaire est en droit, dès cet instant, de cesser d'exercer comme juge constitutionnel ; il reprend sa liberté, sans avoir à attendre l'approbation de sa démission par l'autorité de désignation[50].

b) La démission implicite du juge constitutionnel

La démission d'un juge constitutionnel est implicite lorsqu'elle n'est formulée ni dans un écrit, ni par la parole ; elle est simplement déduite de l'attitude du juge, révélant sa volonté de ne plus siéger au Conseil constitutionnel. Cette attitude peut être passive (b-1) ou active (b-2).

b.1) La démission implicite déduite de l'attitude passive du juge constitutionnel

La démission d'un juge constitutionnel peut être déduite simplement de son absence constatée au siège du Conseil constitutionnel où il a un bureau, et ce depuis belle lurette. À cela devrait s'ajouter le fait qu'il ne se présente plus lorsque les membres du Conseil constitutionnel sont convoqués pour statuer dans le cadre d'une affaire. On doit évidemment, avant de penser à une démission du juge, s'assurer que les convocations lui sont effectivement parvenues et que son absence n'est pas liée à des raisons indépendantes de sa volonté.

b.2) La démission implicite déduite de l'attitude active du juge constitutionnel

La démission du juge constitutionnel peut être déduite de son attitude active. Le juge pose des actes qui révèlent qu'il n'entend plus exercer comme juge constitutionnel. Il en sera ainsi du juge constitutionnel qui se livre à l'exercice des activités incompatibles avec son statut de juge. Selon l'article 20 de la loi de 2004, « le Conseil constitutionnel constate, le cas échéant, à la majorité absolue des membres le composant, la démission d'office de celui de ses membres convaincus de l'exercice d'une activité ou qui aurait accepté une fonction, un mandat électif incompatible avec sa qualité de membre du Conseil constitutionnel [...] ». À ce sujet, il n'est même pas exigé que le juge constitutionnel exerce effectivement la

---

[50] On se souvient que s'agissant du texte portant la Haute Cour de Justice, le démissionnaire continue à exercer ses fonctions de juge tant qu'il n'a pas été pourvu à son remplacement (article 10 de l'ordonnance n° 72/7 du 26 août 1972 portant organisation de la Haute Cour de Justice).

fonction incompatible avec son statut. Ainsi, le simple fait pour le juge constitutionnel d'être candidat à une élection politique l'amène à être considéré comme démissionnaire[51]. Cette démission d'office s'explique par le fait que le juge constitutionnel est appelé à connaître du contentieux des élections politiques. S'il est lui-même candidat, il sera, lors du contentieux y relatif, juge et partie, ce qui est indécent et inadmissible.

2) La cessation des fonctions indépendantes de la volonté du juge constitutionnel

Le juge constitutionnel peut cesser d'être juge pour des raisons indépendantes de sa volonté. En effet, le juge constitutionnel, désigné pour une durée déterminée, voit ses fonctions cesser normalement à la fin de son mandat (a). Ces fonctions peuvent aussi cesser exceptionnellement avant la fin dudit mandat (b).

a) La cessation normale des fonctions du juge constitutionnel à la fin du mandat

Les fonctions du juge constitutionnel prennent fin au terme du mandat accordé au juge ; ce dernier redevient alors un citoyen ordinaire et continue à vaquer aux occupations qui étaient les siennes avant qu'il n'accède aux fonctions de juge. Avec la loi n° 96/06 du 18 janvier 1996 portant révision de la Constitution du 2 juin 1972, le mandat du juge constitutionnel était de neuf (09) ans. Ce temps de mandat a été revu à la baisse par la loi n° 2008/001 du 14 avril 2008. Désormais le juge constitutionnel est nommé pour une période de six (06) ans, éventuellement renouvelable, comme le dispose l'article 51. Si le mandat n'est pas renouvelé, le juge constitutionnel cesse d'être juge, indépendamment de sa volonté.

b) La cessation exceptionnelle des fonctions du juge constitutionnel en cours de mandat

Indépendamment de sa volonté, un juge constitutionnel peut cesser d'exercer ses fonctions pour cause d'incapacité physique, comme le dispose l'article 21 de la loi de 2004 relatif au fonctionnement et au statut des membres du Conseil constitutionnel. Ceci est naturellement valable pour tous les juges qui se trouvent dans cet état. En dehors de l'incapacité physique, la cessation exceptionnelle des fonctions d'un juge constitutionnel en cours de mandat peut intervenir comme une sanction disciplinaire (b-1) ou comme conséquence d'une sanction pénale (b-2).

b-1) La cessation des fonctions comme sanction disciplinaire

Le juge constitutionnel, avant d'entrer en fonction, prête un serment qui lui impose une certaine discipline. Les manquements aux obligations disciplinaires peuvent être sanctionnés par la cessation des fonctions de juge, prononcée par une instance disciplinaire prévue à cet effet. Selon l'article 18 de la loi de 2004, « le Conseil constitutionnel, statuant à la majorité des deux tiers de ses membres, peut d'office ou à la demande de l'autorité de désignation, mettre fin, au terme d'une

[51] Selon l'article 8 (4) de la loi de 2004, « tout membre du Conseil constitutionnel candidat à un mandat électif est considéré comme démissionnaire ».

procédure contradictoire, aux fonctions d'un membre qui aurait méconnu ses obligations, enfreint le régime des incompatibilités ou perdu la jouissance de ses droits civils et politiques, conformément aux modalités fixées par son règlement intérieur ».

b-2) La cessation des fonctions à la suite d'une sanction pénale

Il peut arriver qu'un juge constitutionnel soit condamné par une juridiction pénale, avec pour conséquence la perte de ses droits civiques[52]. Il en est ainsi, en vertu de l'article 31 du Code pénal, du juge constitutionnel condamné à l'emprisonnement à vie, de celui qui est condamné pour un crime, quelle que soit la peine infligée. En cas de condamnation pour un délit et lorsque la loi l'y autorise, le juge pénal peut, par décision motivée, prononcer contre le condamné, pour une durée n'excédant pas cinq (05) ans, les déchéances de l'article 30 du Code pénal, traduction de la perte d'un ou de plusieurs droits civiques[53]. L'article 30 en question prévoit, parmi les déchéances qui s'appliquent d'office ou qui peuvent être prononcées, la destitution et l'exclusion de toutes fonctions publiques, emplois ou offices publics ; l'incapacité d'être juré, assesseur, expert, juré-expert. Si un juge constitutionnel se trouve ainsi condamné, le président de la République est dans l'obligation de suivre la décision de justice en mettant fin aux fonctions du concerné par la sanction. D'ailleurs, on n'a même pas besoin d'un acte du président de la République : les décisions de justice s'imposant à tous, le président du Conseil constitutionnel doit s'interdire d'admettre le condamné dans sa juridiction.

Le système juridictionnel camerounais repose sur la prééminence des juges de métier, recrutés dans le corps de la magistrature. Mais, il existe au Cameroun des juges-non-magistrats, choisis parmi les citoyens ayant des connaissances particulières ou dotés d'une certaine expérience de la vie et des réalités quotidiennes. Le Conseil constitutionnel est composé exclusivement de juges-non-magistrats qui statuent soit en juges uniques lorsqu'il s'agit d'instruire une affaire, et toujours en collégialité lorsqu'il s'agit de se prononcer définitivement. À l'exception de l'ancien président de la République qui accède au poste de juge au Conseil constitutionnel par le biais d'une élection au suffrage universel, tous les autres juges constitutionnels sont nommés par un acte du pouvoir exécutif. Évidemment, la nomination de tous les juges est discrétionnaire. Cette mainmise du pouvoir exécutif sur le recrutement du juge constitutionnel amène à s'interroger sur son indépendance. Le juge constitutionnel nommé peut-il assumer son « devoir d'ingratitude »[54] vis-à-vis de celui à qui il doit son poste de juge ? Pour un juge

---

[52] Le juge constitutionnel peut en effet faire l'objet de poursuites pénales. Comme les parlementaires, il bénéficie d'une immunité pour les actes qu'il pose en sa qualité de juge. Pour les infractions commises en dehors de l'exercice de ses fonctions, il est protégé par une inviolabilité prévue par l'article 10 de la loi de 2004 qui prévoit que, « sauf cas de flagrant délit ou de condamnation définitive, aucune mesure d'arrestation ou de détention d'un membre ne peut intervenir sans autorisation du Conseil constitutionnel […] ».

[53] L'article article 135 du Code du travail prévoit expressément la déchéance de plein droit de leur mandat, les assesseurs frappés de l'une des condamnations prévues à l'article 30 alinéas (1), (2) et (3) du Code pénal.

[54] Le terme de Robert BADINTER qui, le 4 mars 1986, s'adressant à celui qui venait de la nommer, disait : « Monsieur MITTERAND, mon ami, merci de me nommer président du Conseil constitutionnel ; mais sachez que dès cet instant, envers vous, j'ai un devoir d'ingratitude ».

constitutionnel indépendant et fort, ne doit-on pas envisager sa désignation par élection au suffrage universel ? Ces questions sont posées, en premier, au dédicataire des Mélanges dans lesquels ces écrits sont insérés : le Professeur Étienne Charles LEKENE DONFACK qui est depuis de nombreuses années, juge constitutionnel, au-delà de ses casquettes d'universitaire, agrégé des facultés de droit et d'ancien ministre d'État.

DROIT CONSTITUTIONNEL ET MATHÉMATIQUE AU CAMEROUN (Hoquets d'un privatiste sur la mathématisation du droit constitutionnel)

Siméon Patrice KOUAM

Agrégé des facultés de droit
Université de Ngaoundéré

Peut-on appréhender la théorie constitutionnelle sous le prisme des mathématiques ? La question peut paraître banale et même surprenante, quand on connaît la cloison de marbre qui sépare les sciences humaines des sciences exactes. Pourtant, elle conserve toute sa pertinence.

Depuis toujours, le droit réglemente les relations sociales et humaines et puis en retour doit s'y adapter. Pour cela, tous les moyens provenant des sciences humaines mais aussi des sciences exactes sont à sa disposition, notamment les mathématiques. Que peuvent représenter les mathématiques pour les juristes ? Un outil plutôt indispensable ou bien quelque chose de franchement superflu ? Certains s'y intéressent sérieusement, parfois un peu contraints ou forcés, d'autres font preuve d'une totale allergie mêlée de temps en temps d'un brin de dérision. Or, le Doyen Jean Carbonnier reconnaissait que : *« c'est dans la recherche juridique un procédé souvent fécond et piquant en tout cas que d'épier les rencontres du droit avec les banalités de la vie profane »*[1]. Aussi l'on s'étonnera moins que des études portent sur des sujets tels que : le signe et le droit[2], la chance et le droit[3], le temps et le droit[4], le doute et le droit[5], etc. C'est dans ce sillage que s'inscrit la présente étude portant sur le droit constitutionnel et les mathématiques dont le choix est fortement dicté par la nécessité de combiner la logique juridique à la logique mathématique, afin de rendre hommage au dédicataire de ces lignes, grande figure dans notre microcosme juridique et politique.

Le droit constitutionnel s'entend généralement comme une branche du droit public qui rassemble les règles relatives à la forme de l'État, à la constitution du gouvernement et des pouvoirs publics et à la participation des citoyens à l'exercice

---

[1] CARBONNIER (J), « Préface », in, A. BENABENT, *La chance et le droit*. Paris, LGDJ 1973, p. XII.

[2] GRIDEL (J-P), *Le signe et le droit*. Paris, LGDJ, 1979, 339 p.

[3] BENABENT (A), *La chance et le droit*. Paris, LGDJ 1973, 231 p.

[4] CHEVREAU (E), *Le Temps et le droit ; la réponse de Rome à l'approche du droit privé*. thèse, Paris II, 2001, 434 p.

[5] TERRE (F), (dir.), *Le doute et le droit*. Paris, Dalloz, 1994, 125 p.

de ces pouvoirs. Il repose sur quatre notions fondamentales : la Constitution, l'État, la démocratie et les régimes politiques.

Il existe aujourd'hui un assez large consensus pour distinguer le droit constitutionnel, comme ensemble de règles juridiques positives, quelle que soit d'ailleurs la manière dont cet ensemble est défini, et d'autre part le droit constitutionnel comme discipline qui a ces règles pour objet. Mais il est aussi courant de distinguer, au sein du droit constitutionnel compris dans ce deuxième sens de la discipline, entre le droit constitutionnel proprement dit d'une part, et la théorie constitutionnelle d'autre part. À vrai dire, les critères de cette deuxième distinction sont loin d'être clairs. Elle peut correspondre d'abord à l'opposition entre langage descriptif et langage prescriptif. Le droit constitutionnel serait la discipline qui cherche à décrire le droit positif, la théorie constitutionnelle celle qui entend en exposer les fondements, c'est-à-dire aussi bien les justifications effectivement utilisées que celles qu'on pourrait leur substituer[6]. Reconnaissons que la cloison est mince et que pour les commodités de l'exposé, les deux expressions seront considérées comme synonymes.

La mathématique est la science qui étudie par le moyen du raisonnement déductif les propriétés d'êtres abstraits (nombres, figures géométriques, fonctions, espaces, etc.) ainsi que les relations qui s'établissent entre eux. Les plus grands domaines des mathématiques sont l'arithmétique et la géométrie. L'arithmétique est la partie des mathématiques qui étudie les propriétés élémentaires des nombres rationnels. C'est donc la branche des mathématiques qui correspond à la science des nombres. La géométrie est la partie des mathématiques qui a pour objet l'étude des figures dans l'espace. En droit constitutionnel, elle est plus subtile, moins apparente, diffuse, mais présente et irrigue de nombreux aspects de la matière. Très souvent, ce sont les nombres et les chiffres qui retiennent l'attention.

En effet, le droit est façonné par les chiffres de multiples manières[7], tant en droit substantiel qu'en droit processuel. L'analyse des chiffres renvoie à toutes ces évaluations arithmétiques sans lesquelles le droit serait réduit à très peu de choses. Le droit privé en est fortement marqué. Le droit du travail par exemple prévoit expressément un minimum chiffré à respecter. Alors, qu'il s'agisse du temps de travail, des délais ou des droits financiers, le droit du travail doit arriver à une évaluation chiffrée[8]. Dans le même ordre d'idées, le partage des biens communs ou successoraux requiert des qualités comptables, proches du raisonnement mathématique : on parle de mathématique des partages. Les opérations de partages sont les suivantes : liquidation des récompenses ; liquidation de la communauté avec l'actif, le passif puis la balance et donc l'actif net ; liquidation de la succession comprenant les droits de moitié de l'actif net de la communauté, plus l'actif propre, moins le passif propre et la balance ; détermination des droits des parties ; attributions ; affectation du passif à acquitter ; enfin et surtout la

---

[6] TROPER (M), « Droit constitutionnel et théorie générale de l'État », in *Traité de droit constitutionnel.* Tome I, Théorie de la constitution. *Paris, Dalloz, 2012, p. 198.*

[7] Voir, SIBONY (A-L), « Le droit, la production de chiffres et les comportements », *Les Cahiers du Chiffre et du Droit*, n° 2, 2014, pp. 5-8 ; VANNEUVILLE (R), « Le chiffre au service du droit ou le droit au service du chiffre ? », Mots. Les langages du politique, 15 décembre 2014, pp. 123-136 ; DUBOYS FRESNEY (Y), « Vagues petites notions de mathématiques perdues dans l'océan du droit », *RTD. civ.*, 2014, pp. 295-300.

[8] ANAZETPOUO (Z), « Le droit camerounais du travail en chiffres », in *Annales de la Faculté des sciences juridiques et politiques de l'Université de Dschang*, 1997, tome I, volume II, pp. 99-121.

vérification : le total des attributions plus le passif à acquitter doit être égal à l'actif net, ce point est essentiel pour l'exactitude des opérations. Ces différentes opérations sont de nature comptable avec de simples calculs arithmétiques. Bien plus, les droits ; économique, financier et bancaire utilisent fréquemment les statistiques et les probabilités ainsi que les équations différentielles, des tables financières, des calculs d'emprunt ou de rentes : on parle alors de mathématiques financières.

De la sorte, le recours aux chiffres dans l'élaboration du texte de loi est fondamental à la fois pour assurer la sécurité juridique et la fluidité des procédures. Toutefois, ces données chiffrées qui nécessitent parfois des compétences pointues en mathématiques, peuvent constituer un sérieux handicap à l'intelligibilité du langage législatif. On a tendance à croire que le législateur conçoit certains textes uniquement pour des professionnels rompus à la tâche. La doctrine a relevé pour le déplorer, la situation du contribuable face à la législation fiscale. Elle écrit *: « remplir sa déclaration de revenus, c'est traduire en chiffres, en colonnes et en additions, parfois en soustractions aussi, les différentes mesures imposées par de nombreux textes de loi regroupés dans le fameux code général des impôts ; et ce code est vraiment complexe au point qu'il est souvent utile de faire appel à un professionnel pour remplir sa déclaration »* [9]. Autant que possible, il convient pour le législateur de n'utiliser que des chiffres dont la détermination et le maniement sont faciles pour tout citoyen.

Si en droit privé, l'intérêt de recourir à l'arithmétique est incontestable, il l'est également en droit public, notamment en droit constitutionnel. D'abord du fait que symboliquement la Constitution est chiffrée de part et d'autre[10] ; ensuite et surtout, parce que l'on peut essayer une systématisation du droit constitutionnel sur la base des mathématiques. Dans certains pays comme la France où la justice constitutionnelle brille de mille feux, grâce aux nombres, les mathématiques constituent un levier irremplaçable dans les mutations de l'œuvre jurisprudentielle. Non seulement ils sont des références classiques de l'organisation constitutionnelle, mais progressivement ils sont des marqueurs de l'évolution du contrôle de proportionnalité et des modalités autonomes d'une nouvelle régulation constitutionnelle. Ce dernier aspect n'est encore qu'une expectative sous les tropiques.

Cependant il ne s'agira pas de poser des équations complexes assorties de formules savantes, ou encore de tracer des courbes dont l'interprétation n'est pas toujours familière aux juristes. Il s'agira plus modestement de déceler les éventuelles expressions de la place des mathématiques sur le terrain constitutionnel.

Suivant ce raisonnement, la géométrie occupera ainsi une place fondamentale dans la théorie constitutionnelle dès lors qu'on sortira des quatre opérations arithmétiques (addition, soustraction, multiplication, division) qui sont posées sur un socle stable, pour convoquer une logique faisant appel à des hypothèses variables avec des résultats conséquents. Mais qu'il s'agisse de l'arithmétique qui

---

[9] DUBOYS FRESNEY (Y), « Vagues petites notions de mathématiques perdues dans l'océan du droit », *RTD. civ.*, 2014, p. 300.

[10] Quatorze (14) articles sur les soixante-neuf (69) que compte la Constitution camerounaise, font appel cinquante-six (56) fois aux chiffres dans leurs énoncés. Il s'agit des articles : 1, 2, 6,15, 16, 20, 21, 30, 31, 34, 38, 47, 49, 51.

à l'analyse est stable et la géométrie variable, le fondement commun de cet essai de mathématisation reste et demeure la Constitution.

En réalité, dans la dynamique constitutionnelle du Cameroun indépendant[11], la réforme du 18 janvier 1996[12] occupe une place de choix. Elle marque un tournant décisif dans *« la sédimentation d'un État de droit, observable depuis 1990 »*[13], suite aux différents mouvements de contestation du monolithisme sur le continent et à la condition de démocratisation posée pendant le sommet de la Baule aux États africains[14]. Cependant, son importance tient moins dans la particularité du contexte[15] et des modalités[16] de son élaboration que dans les nombreuses innovations[17] qu'elle apporte par rapport à ses devancières.

---

[11] Voir, KAMTO (M), « Dynamique constitutionnelle du Cameroun indépendant », *Revue juridique africaine*, n°s 1, 2, 3, 1995, pp. 7- 49.

[12] Sur cette réforme constitutionnelle, on consultera utilement : ONDOA (M), « Commentaire de la loi n° 96/06 du 18 janvier 1996 portant révision de la Constitution du 2 juin 1972 », *Juridis Périodique*, janvier-février-mars 1996, pp. 11-14 ; « La Constitution duale : recherches sur les dispositions constitutionnelles transitoires au Cameroun », *Revue africaine de sciences juridiques*, n° 2, vol. 1, 2000, pp. 20-56 ; MBOME (F-X), « Le processus d'élaboration de la Constitution du 18 janvier 1996 », *Lex Lata*, n°s 23-24, pp. 17-20 ; NGUELE ABADA (M), « Ruptures et continuités constitutionnelles en République du Cameroun : Réflexions à propos de la réforme constitutionnelle du 18 janvier 1996 », *RADIC*, 1998, pp. 308-326 ; KAMTO (M), « Révision constitutionnelle ou écriture d'une nouvelle Constitution ? », *Lex Lata*, n° 030, février-mars 1996, pp. 17-20 ; MELONE (S), MINKOA SHE (A), L. SINDJOUN (dir.), *La réforme constitutionnelle du 18 janvier 1996 au Cameroun. Aspects juridiques et politiques*, Fondation FRIEDRICH EBERT au Cameroun, Yaoundé 1996 ; MOUANGUE KOBILA (J), « Le préambule du texte constitutionnel du 18 janvier 1996 : de l'enseigne décorative à l'étalage utilitaire », *Lex Lata*, n°s 023-024, février-mars 1996, pp. 33-38.

[13] OLINGA (A-D), « Réflexions sur le droit international, la hiérarchie des normes et l'office du juge au Cameroun », *Juridis Périodique*, n° 63, Édition spéciale, 2005, p. 4.

[14] Parmi les nombreuses études consacrées aux transitions démocratiques en Afrique, on recommandera celles de : CONAC (G) (dir.), *L'Afrique en transition vers le pluralisme politique*, Paris, Economica, 1993, 517 p. ; J.-DALLOZ (D), QUANTIN (P) (dir.), *Les transitions démocratiques africaines*, Paris, Karthala, 1997, 313 p.

[15] Comme le rapporte François Xavier MBOMÉ, « Constitution du 2 juin 1972 révisée ou nouvelle constitution ? », in, MELONE (S), MINKOA SHE (A), SINDJOUN (L) (dir.), *La réforme constitutionnelle du 18 janvier 1996 au Cameroun : Aspects juridiques et politiques*, Fondation FREDRICH EBERT au Cameroun, Yaoundé 1996, pp. 16-33, spéc., pp. 16-17 : *« De fait, la crise économique, la crise des institutions, et la crise des valeurs morales qui minent les sociétés africaines amènent alors les « justiciers » à la conclusion que seul un traitement global de toutes ces crises est à même de redonner confiance aux populations et à ceux qui sont prêts à les aider. Selon ces « justiciers », trente ans de régime monolithique ont créé dans nos pays des pratiques qui apparaissent de toute évidence incompatibles avec les exigences unanimement admises aujourd'hui d'une véritable démocratie pluraliste. Toutes ces pratiques d'incompétence et d'injustice génératrices de gâchis et d'inégalités criantes ont, selon ces « justiciers » cimenté entre les populations tellement de rancœurs, de haines, de jalousies, frustrations, de reflexes d'exclusion, de méfiance ou de vengeance qu'il apparaît indispensable pour passer de la monocratie à la démocratie, que tous les fils de chaque pays puissent d'abord s'asseoir autour d'une même table pour se réconcilier entre eux, et ensuite définir ensemble les règles d'une nouvelle vie commune, par le truchement d'une nouvelle constitution, adaptée aux exigences, et aux espérances de l'heure ».*

[16] Contrairement à un pays comme le Bénin qui a recouru à la Conférence nationale souveraine pour élaborer sa Constitution, le Cameroun a opté pour une Tripartite dont les résolutions ont été abandonnées au profit d'un projet gouvernemental qui aboutira au vote de la loi constitutionnelle de 1996. La Tripartite était une *« sorte de Conférence nationale non souveraine, réunissant quelque 200 personnalités représentant l'administration, des partis politiques, et la société civile »*. Cf. MBOME (F-X), « Constitution du 2 juin 1972 révisée ou nouvelle constitution ? », article précité, p. 17. Cette conférence qui déboucha sur la signature le 13 novembre 1991 à Yaoundé d'une Déclaration souvent appelée *« accords de la Tripartite »* avait désigné en son sein un comité technique chargé d'élaborer un avant-projet de Constitution. La Tripartite s'inscrivait ainsi dans la logique d'une Assemblée

Mais au-delà de l'euphorie suscitée par ce renouveau constitutionnel, la nécessité s'impose de recourir aux mathématiques pour comprendre sous un autre prisme, l'application réelle et subtile de cette Constitution. L'argument tend alors à démontrer que la mathématisation du droit constitutionnel au Cameroun passe par une arithmétique stable (I) et une géométrie variable (II). C'est ce que nous voulons démontrer pour rendre hommage à ce *« grand »* juriste[18] qui est un talentueux serviteur dans notre univers juridique et politique.

I. DROIT CONSTITUTIONNEL ET ARITHMÉTIQUE STABLE

La part des nombres dans l'organisation de la Cité est très ancienne. Mais l'histoire constitutionnelle démontre que c'est avec la modernité que la référence au nombre structure l'organisation des pouvoirs. Elle ordonne les institutions en termes de détermination du nombre de leurs membres aussi bien que les modalités de leur désignation. Pour cela, l'arithmétique constitutionnelle devient incontournable. L'arithmétique constitutionnelle c'est l'ensemble constitué des chiffres, des opérations, des calculs, des résultats, des combinaisons permettant l'accès et l'exercice du pouvoir dans un État.

De la sorte, en puisant la sève discursive aux racines de différents textes, de la pratique politique et de la jurisprudence constitutionnelle, on observera que la stabilité arithmétique ici se traduit d'une part dans la définition des pouvoirs au sein de l'État (A) et d'autre part dans l'expression de la démocratie (B).

---

nationale constituante, puisqu'elle ne devait pas adopter elle-même la nouvelle Constitution, mais soumettre son projet final au référendum. Cf. KAMTO (M), « Dynamique constitutionnelle du Cameroun indépendant », article précité, p. 37.

17 Au rang de ces innovations, on note la création : d'un bloc de constitutionnalité, d'un parlement bicaméral, d'un Conseil constitutionnel, des régions, tribunaux administratifs ; l'avènement d'un pouvoir judiciaire etc.

18 Nous empruntons cette expression à Philippe MALAURIE qui pense que *« les grands juristes sont ceux du passé [...] ils nous ont tout, ou presque tout, appris. Plus ils sont anciens [...] plus grande est la reconnaissance que nous leur devons ».* V° MALAURIE (P-H), « Les grands juristes », in *Mélanges Roland DRAGO, L'unité du droit, Aspects généraux et théoriques*, p. 79. Mais nous ne partageons pas ses critères *« objectifs »* (sic) de définition du grand juriste. Selon cet auteur, il s'agit des critères « qui s'attachent aux signes extérieurs de la « grandeur » : la statufication, la rue, l'abondance de la publication, la référence dans les dictionnaires de bibliographie » (p. 84). Nous ne partageons non plus ses critères « subjectifs » (sic) de définition du grand juriste. Il écrit : *« la fonction et les caractères profonds – qualités et défauts – de tous les « grands » juristes ont des constances, que l'on trouve chez leurs successeurs [...], c'est l'éphémère de la gloire qu'ont connue les « grands » juristes. C'est aussi [...] la foi qu'ils ont toujours eu »* (p. 85). Pour nous, *« le (« grand »)* juriste doit être un chef d'orchestre, apte à maîtriser et coordonner tous les instruments du droit : la solution juridique ne peut provenir du son, parfois discordant d'une disposition isolée, mais dépend pour sa compréhension, son application et sa mise en œuvre, des principes, des institutions, des concepts et des procédés techniques de l'ordre juridique général. Le (*« grand »)* juriste ne peut être ni un simple automate condamné à l'application servile d'une réglementation tatillonne, ni un apprenti-sorcier déchaînant des conséquences désordonnées et imprévues pour avoir ignoré la dépendance et l'insertion de la règle de droit dans son contexte ». Cf. BERGEL (J-L), Théorie générale du droit, Paris, Dalloz, 4e édition, 2003, p. 1. Dans cet ordre d'idées, le professeur Maurice KAMTO disait du Doyen NLEP, qu'il « *s'y serait aisément reconnu* ». *Op.cit.*, p. v.

A. L'arithmétique constitutionnelle et la définition des pouvoirs

Le droit constitutionnel est avant tout le droit de l'État. Il en fixe les conditions d'existence, la forme et les modalités essentielles de fonctionnement, notamment les règles régissant l'exercice du pouvoir politique. Depuis John Locke et Montesquieu qui ont conçu la théorie de la séparation des pouvoirs, il est acquis qu'il existe trois pouvoirs au sein de l'État : le pouvoir exécutif, le pouvoir législatif et le pouvoir judiciaire. Afin que *« par la disposition des choses, le pouvoir arrête le pouvoir »,* la norme constitutionnelle appréhende ces différents pouvoirs à l'aune de données chiffrées.

D'abord, les chiffres sont des éléments essentiels dans la mise en œuvre des rapports entre le pouvoir exécutif et le pouvoir législatif à deux niveaux, notamment dans le processus de fabrication de la loi et dans le déclenchement d'une action en responsabilité du gouvernement à travers la question de confiance et la motion de censure. Sur le premier point, la Constitution camerounaise enferme la navette législative dans des délais très précis. Les textes adoptés par l'Assemblée nationale sont aussitôt transmis au président du Sénat par le président de l'Assemblée nationale. Le Sénat, dans un délai de *dix (10)* jours à partir de la réception des textes ou dans un délai de *cinq (5)* jours pour les textes dont le gouvernement déclare l'urgence, peut adopter le texte. Dans ce cas, le président du Sénat retourne le texte adopté au président de l'Assemblée nationale qui le transmet dans les *quarante-huit (48)* heures au président de la République aux fins de promulgation[19]. Celui-ci promulgue les lois adoptées par le Parlement dans un délai de *quinze (15)* jours à compter de leur transmission, s'il ne formule aucune demande de seconde lecture ou n'en saisit le Conseil constitutionnel[20].

Sur le second point, la responsabilité du gouvernement peut être engagée devant l'Assemblée nationale soit par le Premier ministre à travers la question de confiance, soit par la chambre basse elle-même par la motion de censure. L'article 34 de la Constitution dispose : (1*) « Le Premier ministre peut après délibération du Conseil ministériel, engager devant l'Assemblée nationale la responsabilité du gouvernement sur un programme ou le cas échéant sur une déclaration de politique générale. Le vote ne peut intervenir moins de quarante-huit (48) heures après la question de confiance. (3) L'Assemblée nationale peut mettre en cause la responsabilité du gouvernement par le vote d'une motion de censure. Pour être recevable la motion de censure doit être signée par au moins un tiers des membres de l'Assemblée nationale. Le vote ne peut intervenir moins de quarante-huit (48) heures après le dépôt de la motion de censure. (4) Le Premier ministre peut, après délibération du conseil des ministres, engager devant l'Assemblée nationale la responsabilité du Gouvernement sur le vote d'un texte. Dans ce cas, ce texte est considéré comme adopté sauf si une motion de censure déposée dans les vingt-quatre (24) heures qui suivent est votée dans les conditions prévues à l'alinéa précédent ».* Comme en France, dans l'exercice des pouvoirs, selon les principes du parlementarisme, la motion de censure au Cameroun est elle-même strictement encadrée, selon une double relation au nombre, en termes de nombre de signataires et en termes d'adoption par la majorité des membres

---

[19] Article 30 de la Constitution.

[20] Article 31 alinéa 1 de la Constitution.

composant l'Assemblée. La rationalisation du parlementarisme n'a pas ainsi pu faire l'économie d'un certain calcul arithmétique ![21]

Ensuite, s'agissant de l'organisation du pouvoir législatif, la référence aux chiffres s'observe tant dans le nombre de parlementaires, les conditions d'éligibilité, la durée de leur mandat, que dans le temps de travail. Le parlement camerounais depuis la réforme constitutionnelle du 18 janvier 1996 est bicaméral, avec une Assemblée nationale et un Sénat. L'Assemblée nationale est composée de *cent quatre-vingt (180)* députés élus au suffrage universel direct pour un mandat de cinq ans. Chaque année, elle tient *trois (03)* sessions ordinaires d'une durée maximum de *trente (30)* jours chacune. Elle peut se réunir en session extraordinaire pour une durée maximum de *quinze (15)* jours sur un ordre du jour déterminé à la demande du président de la République ou d'un *tiers [60]* des députés. Le Sénat compte *cent (100)* membres. Chacune des *dix (10)* régions du Cameroun est représentée au Sénat par *dix (10)* sénateurs, dont *sept (07)* sont élus au suffrage universel indirect sur la base régionale et *trois (03)* nommés par le président de la République. Les candidats à la fonction de sénateur ainsi que les personnalités nommées à ladite fonction par le président de la République doivent avoir *quarante (40)* ans révolus à la date de l'élection ou de la nomination. La durée du mandat de sénateur est de *cinq (05)* ans. La Constitution a ainsi fixé un nombre maximal de députés et de sénateurs afin de garantir *« une stabilité du format des organes constitutionnels, dont les effectifs ne doivent pas être remis en cause en fonction des aléas politiques »*[22]. C'est sur cette base que tout le travail parlementaire prend corps. Il est par exemple permis aux partis politiques représentés à l'Assemblée nationale de se constituer en groupes parlementaires d'au moins *quinze (15)* députés, ce qui dans la pratique peut permettre de faire pencher la balance lors du vote des lois. Ainsi, en fixant le nombre de députés à *cent quatre-vingt (180)* et celui de sénateurs à *cent (100)*, le constituant camerounais garantit une stabilité du format des organes constitutionnels dont les effectifs ne doivent pas être remis en cause en fonction des aléas politiques[23].

Enfin, le pouvoir juridictionnel se définit fondamentalement par les chiffres. Outre la carte judiciaire qui en porte incontestablement la marque, l'un des exemples symptomatiques, c'est le Conseil constitutionnel, qu'il s'agisse de sa composition ou de son fonctionnement. Le Conseil constitutionnel comprend *onze (11)* membres désignés pour un mandat de *six (06)* ans éventuellement renouvelables. Il est saisi par le président de la République, le président de l'Assemblée nationale, le président du Sénat, *un tiers* des députés ou *un tiers* des sénateurs[24]. Dans les cas de session, le Conseil constitutionnel statue dans un délai

---

[21] Voir, REGOURD (C), « La gouvernance par les nombres à l'épreuve du droit constitutionnel », *Revue du droit public*, n° 3, 2019, p. 721 et s.

[22] Voir, REGOURD (C), « La gouvernance par les nombres à l'épreuve du droit constitutionnel », *Revue du droit public*, n° 3, 2019, p. 721 et s.

[23] Voir, REGOURD (C), « La gouvernance par les nombres à l'épreuve du droit constitutionnel », *Revue du droit public*, n° 3, 2019, p. 721 et s.

[24] En France, l'ouverture en 1974 de la saisine aux parlementaires a été conçue selon une logique de nombre. Cette ouverture se justifiait afin d'éviter qu'il ne soit fait de ce droit un usage abusif, tout en assurant que toute minorité importante de l'une des deux assemblées ait désormais la possibilité effective d'exercer ce droit.

de *quinze (15)* jours. Toutefois à la demande du président de la République, ce délai peut être ramené à *huit (08)* jours[25].

Cependant, en plus de la définition des pouvoirs, l'arithmétique constitutionnelle se donne également à voir dans l'expression de la démocratie.

B. L'arithmétique constitutionnelle et l'expression de la démocratie

Dans les régimes contemporains, les élections démocratiques sont présentées comme les vecteurs de la puissance et de la légitimité des gouvernants. En réalité, la démocratie repose sur la liberté individuelle et sur l'organisation d'élections libres et transparentes dont les modalités peuvent varier. La démocratie libérale s'est affirmée comme le seul modèle de gouvernement du peuple par le peuple, le seul régime qui garantisse le respect du droit et des libertés. Elle s'oppose à toutes les formes de dictatures qui font prévaloir la volonté de quelques-uns sur la volonté populaire. La démocratie doit donc assurer la liberté de l'individu, mais elle doit aussi lui donner les moyens de participer légalement, par son droit de vote et son éligibilité, aux affaires publiques. Le pluralisme des formations politiques et la liberté des citoyens d'y adhérer constituent donc un préalable. La mise en œuvre par le droit positif des exigences démocratiques se traduit par des élections libres et périodiques où des formations politiques pluralistes s'affrontent suivant des règles du jeu connues à l'avance : les modes de scrutin.

Ainsi, le choix entre les différents modes de scrutin s'inscrit dans une problématique du nombre dont il découle soit une majorité absolue, promesse de stabilité, soit une représentation plus égalitaire, proportionnelle, source de pluralisme. Les arbitrages entre ces différents modes de scrutins intègrent eux-mêmes des projections en termes de *nombre* d'élus. De la même manière, tout découpage des circonscriptions postule la projection de résultats chiffrés, voire de calculs d'utilité pour les partis politiques. Suivant cette logique, qu'il s'agisse de l'exécution du calendrier électoral, du découpage des circonscriptions électorales, des conditions d'éligibilité, des modes de scrutins ou même du contentieux électoral, le jeu démocratique s'exprime essentiellement par des données arithmétiques.

Le calendrier électoral au Cameroun donne du tournis aux différents acteurs politiques qui doivent procéder à diverses opérations arithmétiques dont les résultats sont absolument nécessaires dans la mise en œuvre de leurs stratégies. Par exemple, les sénateurs sont élus dans chaque région par un collège électoral composé des conseillers régionaux et des conseillers municipaux. Le collège électoral en vue de l'élection des sénateurs est convoqué par le président de la République, *quarante-cinq (45)* jours au moins avant la date du scrutin. Mais on sait qu'en cas de nécessité, le président de la République peut, par décret, proroger

---

[25] Voir : loi n° 2004/004 du 21 avril 2004 portant organisation et fonctionnement du Conseil constitutionnel, *in*, *Cameroon Tribune* n° 8081 du jeudi 22 avril 2004, KANKEU (J), *Droit constitutionnel*, Tome I, Théorie générale, Presses universitaires de Dschang, 2003, 263p, p. 78 ; PACTET (P), *Institutions politiques et droit constitutionnel*, Paris, Masson 12e édition, p. 464. ; MOUANGUE KOBILA (J), « *Peut-on parler d'un reflux du constitutionnalisme au Cameroun* » ? Revue africaine de sciences juridiques, n° 1, vol. 6, 2009, pp. 267- 306, spéc. p. 289. Voir aussi, GIQUEL (J), « *La mise en place du Conseil constitutionnel camerounais* », in *Mélanges en l'honneur* d'Henri JACQUOT (H), Presses universitaires d'Orléans, 2006, pp. 253-263.

ou abréger le mandat des conseillers municipaux qui est de *cinq (05)* ans, pour une durée n'excédant pas *dix-huit (18)* mois, c'est-à-dire *un (01)* an et demi. Cela donne deux résultats en termes mathématiques. En cas de prorogation du mandat des conseillers municipaux, il faudra poser différentes hypothèses de calculs pour déterminer à quel moment l'élection des sénateurs aura lieu. En cas d'abrègement du mandat des conseillers municipaux, il faudra d'abord calculer la date des élections municipales, y ajouter la durée de leur mandat avant de soustraire quarante-cinq (45) jours au moins pour connaître le jour du scrutin. Il faut reconnaître tout de même que de telles hypothèses sont plus intelligibles et plus opérationnelles lorsque les acteurs politiques les envisagent en termes d'intervalles mathématiques avec une borne inférieure et une borne supérieure.

Le découpage des circonscriptions électorales, notamment pour les élections municipales tient compte du recensement officiel de la population dont l'attribution des sièges est déterminée à son prorata. L'article 173 (1) du Code électoral dispose à cet effet que : *« Le nombre de conseillers municipaux est fixé ainsi qu'il suit : commune de moins de cinquante mille (50 000) habitants : vingt-cinq (25) conseillers ; - commune de cinquante mille (50 000) à cent mille (100 000) habitants : trente et un (31) conseillers ; commune de cent mille un (100 001) à deux cent mille (200 000) habitants : trente-cinq (35) conseillers ; commune de deux cent mille un (200 001) à trois cent mille (300 000) habitants : soixante et un conseillers ».*

Bien plus, les conditions de participation aux différentes élections sont également cristallisées autour des chiffres où l'on envisage l'âge, le nombre de pièces à fournir, le montant de la caution à payer ou encore la durée de résidence. Sur cette dernière condition, l'article 175 du Code électoral camerounais dispose par exemple que : *« (1) Peut être candidat aux élections municipales, tout citoyen camerounais [...] justifiant d'une résidence effective d'au moins six (06) mois sur le territoire de la commune concernée ; (3) L'étranger qui a acquis la nationalité camerounaise par naturalisation n'est éligible qu'à l'expiration d'un délai de dix (10) ans à compter de la date d'acquisition ».*

Les modes de scrutins participent aussi fortement à l'expression arithmétique de la démocratie. Point de rencontre entre l'électeur et le candidat, les modes de scrutin déterminent les modalités de l'élection et ont donc une influence sur les résultats. Au Cameroun, en dehors de l'élection présidentielle qui a lieu à un scrutin majoritaire à un tour, les autres se déroulent suivant un scrutin mixte à un tour, comportant un système majoritaire et un système de représentation proportionnelle. La représentation proportionnelle est celle du plus fort reste, consistant à attribuer les sièges restants aux listes disposant du plus grand nombre de voix inutilisées. C'est dans ce sens que l'article 152 alinéa 3 du Code électoral relatif à la répartition des sièges à l'issue de l'élection, dispose : *« b. dans les circonscriptions à scrutin de liste : -s i une liste obtient la majorité absolue des suffrages exprimés, elle se voit attribuer la totalité des sièges à pourvoir ; si une liste n'obtient la majorité absolue des suffrages exprimés, la répartition se fait de la manière suivante : la liste arrivée en tête se voit attribuer un nombre de sièges égal à la moitié de sièges à pourvoir, arrondi, le cas échéant, à l'entier supérieur ; en cas d'égalité des voix entre deux (02) ou plusieurs listes, ce nombre entier arrondi le cas échéant à l'entier supérieur est attribué à la liste dont les candidats ont la moyenne d'âge la plus élevée ; le restant des sièges est réparti aux autres listes par application de la représentation proportionnelle au plus fort reste ; en cas d'égalité de voix, la liste ayant la moyenne d'âge la plus élevée est privilégiée ».*

Par exemple, pour dix sièges et 220 000 suffrages exprimés, le quotient est de 220 000 : 10 = 22 000. Autant de fois une liste aura obtenu ce nombre de voix, autant elle obtiendra de sièges (sièges de quotient). La répartition se complique lorsque s'épuisent les sièges pouvant être répartis directement au quotient et que se pose la question de savoir quels droits donnent les restes des différentes listes (en dessous de 22 000 voix) pour la répartition des sièges non encore attribués (sièges de restes)[26]. En application de la méthode du plus fort reste, on aura :

Inscrits : 291 000
Votants : 224 000
Suffrages exprimés : 220 000
Nombre de sièges en compétition : 10
Quotient électoral : 220 000/10 = 22 000
Six listes étaient en compétition. Leurs résultats ont été les suivants :

Liste A : 85 000 voix
Liste B : 71 000 voix
Liste C : 34 800 voix
Liste D : 16 600 voix
Liste E : 7 900 voix
Liste F : 3 400 voix

Première opération

Répartition selon le quotient électoral
Liste A : 85 000/22 000 = 3 sièges
Liste B : 71 000/ 22 000 = 3 sièges
Liste C : 34 800/22 000 = 1 siège
Liste D : 16 600/ 22 000 = 0 siège
Liste E : 7 900/ 22 000 = 0 siège
Liste F : 3 400/ 22 000 = 0 siège

Deuxième opération

Répartition selon le plus fort reste
Liste A = 3 sièges (66 000 voix utilisées), reste : 19 500 voix
Liste B = 3 sièges (66 000 voix utilisées), reste : 5 800 voix
Liste C = 1 siège (22 000 voix utilisées), reste : 12 800 voix
Liste D = 0 siège (0 voix utilisée), reste : 16 600 voix
Liste E = 0 siège (0 voix utilisée), reste : 7 900 voix
Liste F = 0 siège (0 voix utilisée), reste : 3 400 voix

[26] Voir, DEBBASCH (R), *Droit constitutionnel*, Paris, Litec, 3e édition, 2002, pp. 66-68.

Le premier siège restant ira à la liste A (19 500 voix restantes), le deuxième à la liste D (16 600 voix restantes), la troisième à la liste C (12 800 voix restantes).

Bilan de la répartition des sièges au plus fort reste :
Liste A = 3 + 1 = **4**
Liste B = **3**
Liste C = 1 + 1 = **2**
Liste D = 0 + 1 = **1**
Liste E = 0
Liste F = 0

S'agissant du contentieux électoral, hormis la question des délais de saisine du juge, les contestations portent généralement sur des données chiffrées notamment le décompte des voix. Sous le couvert d'une demande en annulation totale ou partielle des élections, se cache très souvent une discordance sur le nombre de voix obtenues à l'issue du scrutin. La place des chiffres se trouve ainsi particulièrement importante dans ce contentieux. En droit français, on a noté qu'*« une étude proprement statistique des décisions annuelles du Conseil constitutionnel ferait même apparaître le taux prépondérant de décisions fondées sur le nombre dans ce domaine dès lors que le contrôle est mis en œuvre sur la base du critère d'un nombre significatif d'électeurs de nature à altérer la sincérité du scrutin, eu égard à l'écart des voix séparant les deux candidats présents au second tour. Il en va de même lorsque le Conseil constitutionnel est saisi par la Commission nationale des comptes de campagnes et des financements politiques pour des dépassements du plafond des dépenses électorales pouvant donner lieu à une sanction d'inéligibilité »*[27].

De tout ce qui précède, il ressort que l'arithmétique constitutionnelle est saisissable à plusieurs égards, car elle se présente de façon apparente. Il n'en est pas de même pour la géométrie, autre domaine des mathématiques qu'on perçoit de manière assez diffuse et variable, mais opérationnelle dans le champ constitutionnel.

II. DROIT CONSTITUTIONNEL ET GÉOMÉTRIE VARIABLE

L'opérationnalité de la géométrie en droit constitutionnel est un aspect très souvent inexploré. Comme le dirait Platon, *« nul n'entre ici s'il n'est géomètre »* ! Pourtant elle permet de saisir la grande partie des subtilités et des questions les plus discutées de la discipline, portant notamment sur les pouvoirs du président de la République ou encore sur la vacance de la présidence de la République. Deux aspects de la géométrie vont servir de boussole à cet effet : les fonctions (A) et les intervalles mathématiques (B).

[27] REGOURD (C), « La gouvernance par les nombres à l'épreuve du droit constitutionnel », *Revue du droit public*, n° 3, 2019, p. 721 et s.

A. La géométrie constitutionnelle et la question des fonctions

En mathématiques, *une fonction* permet de définir un résultat, le plus souvent numérique, pour chaque valeur d'un ensemble appelé domaine. Une fonction n'aura de sens et de résultat que dans un domaine précis appelé domaine de définition. Le résultat sera différent à chaque fois que la valeur de l'ensemble va changer. La valeur variable est donc ce qui donne sens à la fonction. C'est cette idée mathématique qu'on peut mobiliser en droit constitutionnel. À bien scruter la Constitution camerounaise comme celle de nombreux pays d'Afrique noire francophone, deux variables permettent dans la géométrie constitutionnelle, d'embrasser l'essentiel des pouvoirs du président de la République : la variable *« discrétion »* et la variable *« circonstance ».* Elles constituent la base de distinction entre les pouvoirs généraux du président de la République et ceux, beaucoup plus importants, qui peuvent être les siens dans les situations de crise exceptionnelle.

D'une part, s'agissant de la variable *« discrétion »*, bien qu'elle n'apparaisse pas *expressis verbis* dans la Constitution, elle constitue la base de l'exercice des pouvoirs généraux du président de la République, chef de l'État. On sait qu'il définit la politique de la nation ; veille au respect de la Constitution ; assure par son arbitrage, le fonctionnement régulier des pouvoirs publics ; est garant de l'indépendance nationale de l'intégrité du territoire de la permanence et de la continuité de l'État, du respect des traités et accords internationaux ; exerce le droit de grâce ; exerce le pouvoir réglementaire ; crée et organise les services publics de l'État ; nomme aux emplois civils et militaires ; confère des décorations et les distinctions honorifiques de la République, nomme les membres du gouvernement, etc. Si certains critères objectifs peuvent parfois être utilisés dans l'exercice de ses pouvoirs comme la conjoncture, la technocratie, le mérite ou encore l'équilibre régional, la variable *« discrétion »,* emblème suprême de la subjectivité du président de la République, l'emporte généralement. Elle peut prendre appui sur la tribu, l'amitié, la religion, le genre, le parti politique, la famille, la nature de certaines activités, les loisirs, l'humeur, l'aura, la colère, la joie, etc. Les changements de gouvernements peuvent de la sorte s'adosser sur l'une des figures de la variable *« discrétion »,* comme ils peuvent combiner plusieurs figures. On dira alors que les changements de gouvernements sont fonction des changements des figures de la variable *« discrétion ».*

En exerçant son pouvoir discrétionnaire, le président de la République fixe ainsi lui-même les grands axes de sa politique, à travers des directives d'ensemble et même davantage s'il le souhaite, s'arrogeant une sorte de droit d'évocation des sujets qui sont pour lui prioritaires. En France, ce droit d'évocation présidentielle des dossiers était pour le Général de Gaulle, sans limites : *« il doit être évidemment entendu que l'autorité indivisible de l'État est confiée tout entière au président par le peuple qui l'a élu, qu'il n'en existe aucune autre, ni ministérielle, ni civile, ni militaire, ni judiciaire qui ne soit conférée par lui... il lui appartient d'ajuster le domaine suprême qui lui est propre avec ceux dont il attribue gestion à d'autres »*[28].

---

[28] Conférence de presse du 31 janvier 1964, citée par DEBBASCH (R), *Droit constitutionnel*, Paris, Litec, 3e édition, 2002, p. 173.

19. D'autre part, s'agissant de la variable *« circonstance »,* elle figure *expressis verbis* dans deux dispositions de la constitution camerounaise. D'abord à l'article 9 qui dispose : *« (1) le président de la République peut, lorsque les circonstances l'exigent, proclamer par décret, l'état d'urgence qui lui confère des pouvoirs spéciaux dans les conditions fixées par la loi. (2) Le président de la République peut, en cas de péril grave menaçant l'intégrité du territoire, la vie, l'indépendance ou les institutions de la République proclamer par décret l'état d'exception et prendre toutes les mesures qu'il juge nécessaires. Il en informe la Nation par voie de message »*. Ensuite, l'article 15 alinéa 4 dispose : *« En cas de crise grave ou lorsque les circonstances l'exigent, le président de la République peut, après consultation du président du Conseil constitutionnel et des bureaux de l'Assemblée nationale et du Sénat, demander à l'Assemblée nationale de décider, par une loi, de proroger ou d'abréger son mandat. Dans ce cas, l'élection d'une nouvelle Assemblée a lieu quarante (40) jours au moins et cent vingt (120) jours au plus après l'expiration du délai de prorogation ou d'abrègement de mandat ».*

Dans le premier cas, le sort des libertés individuelles et collectives sera *fonction* des mesures prises en cas d'état d'urgence ou d'état d'exception. La jouissance des droits et libertés va *varier en fonction des circonstances* qui dotent le président de la République de pouvoirs tout à fait exorbitants que l'on pourrait comparer à ceux exercés dans le cadre d'une dictature. Le président de la République prend les mesures exigées par les circonstances, sans être contraint de les limiter au champ de compétence qui est constitutionnellement le sien. Il peut donc prendre des mesures qui en temps normal, relèveraient de la compétence législative. Mais ces mesures doivent tout de même faire l'objet d'un contrôle démocratique

Pour qu'il y ait matière à appliquer cet article, il faut que les institutions de la République, l'indépendance de la nation, l'intégrité de son territoire ou l'exécution de ses engagements internationaux soient menacées d'une manière grave et immédiate et que le fonctionnement régulier des pouvoirs publics constitutionnels soit interrompu. La situation visée n'est pas banale, puisqu'il s'agit d'une menace constitutionnelle, politique ou territoriale grave et immédiate ayant pour effet d'interrompre le fonctionnement régulier des pouvoirs publics. En termes mathématiques donc, *l'expression des libertés publiques avec la variable « circonstance » sera une fonction dont la courbe prendra la forme oblique ou descendante* selon la mesure prise par le président de la République. Une telle courbe peut aisément être tracée avec en abscisse les droits et libertés, en ordonnées, les mesures prises selon les circonstances exceptionnelles[29].

Dans le second cas, la variable *« circonstance »* peut déterminer le sort du mandat des députés qui peut changer de durée, soit par prorogation, soit par

[29] En France, l'article 16 de la Constitution qui traite des pouvoirs du président de la République en période de circonstances exceptionnelles n'a été mis en œuvre qu'une seule fois, entre le 23 avril et le 29 septembre 1961, par suite du putsch d'Alger à l'occasion duquel des officiers rebelles avaient séquestré des officiers civils et militaires et un ministre. Dans son avis du 23 avril 1961, le Conseil constitutionnel a estimé qu'en raison de ces actes de subversion, d'une part, les institutions de la République se trouvent menacées d'une manière grave et immédiate, d'autre part, les pouvoirs publics constitutionnels ne peuvent fonctionner de manière régulière. En conséquence, il a déclaré réunies les conditions exigées par la Constitution pour l'application de l'article 16. Le Général de Gaulle a alors décidé la création de juridictions militaires d'exception chargées de juger les crimes et délits contre la sûreté de l'État, commis en relation avec les événements d'Algérie.

abrègement. La durée du mandat des députés n'est donc jamais définitivement gravée sur du marbre. Elle est à géométrie variable, en *fonction des circonstances*. En période normale elle est de cinq ans, mais en cas de crise ou lorsque les circonstances l'exigent, elle peut être moins ou plus de cinq ans. L'utilisation de ces pouvoirs exceptionnels par le président de la République est soumise à des conditions de procédure. Il doit consulter le président du Conseil constitutionnel et des bureaux de l'Assemblée nationale et du Sénat.

À côté de la question des fonctions, celle des intervalles parachève la quadrature de la géométrie constitutionnelle.

B. La géométrie constitutionnelle et la question des intervalles

En mathématiques, *un intervalle* est un ensemble de points compris entre deux bornes, la borne inférieure à l'entrée, et la borne supérieure à la sortie. Si la question des intervalles peut être analysée en arithmétique constitutionnelle pour la détermination du calendrier électoral, elle prend un relief tout à fait particulier en géométrie où elle joue un rôle ambivalent en cas de vacance[30] à la présidence de la République depuis la fin du *« dauphin constitutionnel »*[31]. Le côté certain, apparent du contenu des premiers intervalles est relatif au *temps légal* pour combler la vacance par l'organisation des élections. Mais le côté incertain, non apparent du contenu des seconds intervalles a trait à *l'étendue des pouvoirs* du président intérimaire. C'est ce qui ressort des deux branches de l'article 6 alinéa 4 de la Constitution qui dispose : *« En cas de vacance de la présidence de la République pour cause de décès, de démission ou d'empêchement définitif constaté par le Conseil constitutionnel, le scrutin pour l'élection du nouveau président de la République doit impérativement avoir lieu vingt (20) jours au moins et cent vingt (120) jours au plus après l'ouverture de la vacance. L'intérim du président de la République est exercé de plein droit, jusqu'à l'élection du nouveau président de la République, par le président du Sénat. Et si ce dernier est à son tour empêché, par son suppléant suivant l'ordre de préséance au Sénat. Le président de la République par intérim – le président du Sénat ou son suppléant – ne peut modifier la Constitution, ni la composition du gouvernement. Il ne peut recourir au référendum. Il ne peut être candidat à l'élection organisée pour la présidence de la République ; Toutefois, en cas de nécessité liée à l'organisation de l'élection présidentielle, le président de la République par intérim peut après consultation du Conseil constitutionnel, modifier la composition du gouvernement »*.

Dans les premiers intervalles, la *borne inférieure* concerne les hypothèses de vacance. On se demande si cette borne est ouverte ou fermée. En effet, le constituant n'a visé que le décès, la démission ou l'empêchement définitif. L'hypothèse de la disparition du président de la République n'est pas envisagée comme cause de vacance. Elle n'est pas une hypothèse d'école et doit être distinguée du décès. On parle de disparition lorsqu'à la suite d'un événement

---

[30] Il faut distinguer la vacance de l'empêchement temporaire car dans ce dernier cas, l'article 10 alinéa 3 de la Constitution prévoit que *« le président de la République charge le Premier ministre ou, en cas d'empêchement de celui-ci, un autre membre du Gouvernement, d'assurer certaines de ses fonctions dans le cadre d'une délégation expresse »*.

[31] KAMTO (M), « Le Dauphin constitutionnel dans les régimes politiques africains : le cas du Cameroun et du Sénégal », *Penant*, 1983, pp. 257 et s.

présentant une certaine dangerosité comme un crash d'avion ou un tremblement de terre, on n'a plus des nouvelles d'une personne et on ne sait pas si elle est morte ou si elle est encore vivante. En pareille circonstance, les recherches peuvent prendre un certain temps. En attendant, qui assurera l'intérim et suivant quelles modalités ? On peut dire que face ce manquement, la *borne inférieure de l'intervalle doit être ouverte.*

De même, en analysant la borne supérieure relative au temps imparti pour l'organisation des élections, on se demande si elle est fermée ou ouverte, car le régime du décès qui n'est pas traité par le législateur peut y avoir un impact.

Le régime du décès comme hypothèse donnant lieu à la vacance de la présidence de la République n'a pas été envisagé par le législateur, pourtant il peut être source de nombreuses difficultés relatives à la déclaration de décès ou encore à l'organisation des obsèques. Est-ce le cabinet civil de la présidence de la République qui annoncera le décès ? Si oui par quel canal ? Par voie de message comme dans l'hypothèse de la démission ? Copie de ce message doit-elle être transmise au président du Sénat pour qu'il prenne les rênes du pouvoir et exerce l'intérim ? Doit-il prêter serment ? Si oui, devant quelle instance et suivant quels délais à partir de l'annonce du décès ? En outre, à qui incombera l'organisation des obsèques officielles du président décédé ? À l'intérimaire ou doit-on attendre l'entrée en fonction du nouveau président pour le faire ? Cette dernière question apparemment anodine est pourtant lourde de signification, parce que si l'organisation de ces obsèques doit incomber à l'intérimaire, le calendrier électoral pour l'élection du nouveau président peut prendre un coup, alors que la *borne temporelle* prévue à cet effet est *fermée* à 120 jours.

On conclut alors que la borne supérieure elle aussi sera ouverte. En signe mathématiques on écrira]: causes de vacance ; temps d'organisation des élections [(intervalle ouvert à gauche et à droite).

Dans les seconds intervalles qui concernent la *fixation des pouvoirs du président intérimaire* dans des limites précises, avec une *borne fermée à gauche et à droite*, on parlerait même du domaine de définition. Le législateur pense avoir bien défini l'étendue des pouvoirs du président intérimaire en indiquant clairement ce qu'il ne doit pas faire. A-t-il été suffisamment exhaustif pour permettre de fermer la borne supérieure ? La réponse n'est pas évidente.

Le constituant camerounais en élaborant le régime de l'intérim à la présidence de la République en cas de vacance, n'a pas entendu faire du président du Sénat, un véritable président de la République, mais un coordonnateur général pour l'élection du nouveau président. Cependant, le texte constitutionnel est rédigé de façon à créer l'incertitude principalement sur l'étendue des pouvoirs du président intérimaire. L'article 6 alinéa 4 de la Constitution évoque négativement l'étendue des pouvoirs du président de la République par intérim en citant ce qu'il ne peut pas faire, sans dire exactement si les autres pouvoirs lui sont également conférés[32].

---

[32] À titre de droit comparé, on doit noter que les articles 76 et 77 de la Constitution tchadienne, sans lever toute incertitude sur le régime de la vacance de la présidence de la République, sont quand même un peu plus précis sur la question de l'étendue des pouvoirs du président par intérim. Le premier dispose en effet qu'*« En cas de vacance de la présidence de la République pour quelle que cause que ce soit ou d'empêchement définitif constaté par le Conseil constitutionnel saisi par le Gouvernement et statuant à la majorité absolue de ses membres, les attributions du président de la République, à l'exception des pouvoirs prévus aux articles 79 (nomination du Premier ministre), 82*

Cet article dispose : *« le président de la République par intérim, -le président du Sénat ou son suppléant ne peut modifier ni la Constitution, ni la composition du gouvernement. Il ne peut recourir au référendum. Il ne peut être candidat à l'élection organisée pour la présidence de la République ; Toutefois, en cas de nécessité liée à l'organisation de l'élection présidentielle, le président de la République par intérim peut, après consultation du Conseil constitutionnel, modifier la composition du gouvernement »*.

L'interprétation *a contrario* de cette disposition permet de comprendre que cette liste est exhaustive, et par conséquent tous les autres pouvoirs du président de la République seront exercés par l'intérimaire. Le constituant camerounais aurait ainsi ouvert une boîte de Pandore au président du Sénat qui assurera l'intérim. Il peut ainsi nommer aux emplois civils et militaires, nommer les membres de la Cour suprême et du Conseil constitutionnel, définir la politique de la nation, dissoudre l'Assemblée nationale etc. De tels pouvoirs peuvent déboucher sur une véritable transition à la tête de l'État. On peut alors comprendre les inquiétudes du Professeur Alain Didier OLINGA quand il écrit que : *« si l'intérimaire jouit pratiquement de toutes les prérogatives d'un président de la République élu, il est à craindre que l'on se retrouve dans un cas de figure en présence d'un vrai faux intérimaire, un intérimaire qui dispose pratiquement de tous les moyens constitutionnels pour cesser de l'être et de devenir simplement président de la République, par-dessus la volonté populaire »* [33]. Pour cet auteur, *« il y a lieu d'avoir une vigilance particulière par rapport aux prérogatives de l'intérimaire. Car, tout l'enjeu de la [...] révision constitutionnelle (du 14 avril 2008) peut en définitive se retrouver sur cette question de l'intérim, la discussion autour de l'article 6 alinéa 2 n'ayant été en réalité qu'une discussion suscitée par les hypothèses de gestion de la transition au sommet de l'État. Si le modèle de transition choisi est celui de l'intérim, ce modèle ne devrait pas être pensé de manière à priver éventuellement le peuple de sa souveraineté quant au choix de ses dirigeants »* [34]. Ainsi, *« la Constitution doit prendre les dispositions pour que le Président par intérim soit plus intérimaire que Président, pour que son statut soit aménagé de manière qu'il ne puisse pas durer, de manière à pourvoir la fonction présidentielle d'un titulaire légitimement élu, et se retirer »* [35]. Dans cette logique, *« la durée de l'intérim doit rester courte, pour que le seul programme d'action du Président par intérim soit de conduire l'élection du nouveau Président, et non de gérer le pays, de prendre goût à l'exercice du pouvoir, et de*

(soumission d'un projet de loi au référendum), 83 (dissolution de l'Assemblée nationale) et 87 (mesures exceptionnelles en période de circonstances exceptionnelles), sont provisoirement exercées par le président de l'Assemblée nationale et, en cas d'empêchement de ce dernier, par le premier vice-président de l'Assemblée nationale ». Nous soulignons.

Le second complète en précisant que *« Dans l'intervalle (quarante-cinq jours au moins et quatre-vingt-dix jours au plus après l'ouverture de la vacance prévue pour l'élection du nouveau président de la République), le président de l'Assemblée assurant les fonctions de président de la République ne peut ni démettre le Premier ministre et son gouvernement, ni procéder à la révision de la Constitution, ni dissoudre l'Assemblée nationale »*.

[33] OLINGA (A-D), « La révision constitutionnelle du 14 avril 2008 au Cameroun », Document réalisé à la demande de l'*initiative gouvernance citoyenne*, Yaoundé, mai 2008, 35 p, spéc., p. 14. Disponible sur www.tribunalarticle53.com, consulté 10 octobre 2022.

[34] OLINGA (A-D), « La révision constitutionnelle du 14 avril 2008 au Cameroun », Document précité, p. 14.

[35] OLINGA (A-D), *ibid.*, p. 13.

prendre éventuellement, insidieusement des dispositions pour y demeurer. La période de l'intérim doit être essentiellement une période électorale, pour que l'adverbe « impérativement » de l'article 6 alinéa 4 de la Constitution ait une réelle portée. Quatre mois d'intérim, cela est une durée importante pendant laquelle l'on peut se retrouver, par la force des choses, dans une logique de gestion de l'État »[36]. Par exemple, *« la possibilité de modifier la composition du gouvernement est une prérogative importante dans un système politique et un environnement sociologique où les nominations au sein du Gouvernement ont une résonance sociopolitique particulière. Le pouvoir de nomination des ministres peut avoir une incidence capitale sur l'élection présidentielle, en redistribuant les pôles d'influence et les capacités de redistribution des moyens de l'action politique »*[37].

Dans le même ordre d'idées, le président par intérim peut avoir procédé, pour des raisons de stratégie politique, à la dissolution de l'Assemblée nationale quelques jours avant la proclamation des résultats de l'élection présidentielle. Le nouveau président de la République attendra les élections législatives avant de prêter serment[38]. La période d'une telle élection rallongera automatiquement l'intérim. La crainte d'un *« cafouillage protocolaire »*[39] à la tête de l'État n'est pas seulement éventuelle. Si l'organisation des élections législatives était faite dans l'optique d'avoir une majorité à l'Assemblée nationale pour le parti politique auquel il appartient, et qu'il ne l'a pas eue, il peut nommer trente sénateurs et avec le jeu des alliances politiques, obtenir un tiers des membres de la chambre haute, afin d'initier une procédure de révision constitutionnelle. En tout cas, en démocratie comme dans tout autre jeu, la victoire appartient à celui qui sait manier les règles. Donc la borne supérieure de cet intervalle est ouverte. On écrira en signes mathématiques : [pouvoirs du président de la République par intérim [(borne fermée à gauche et ouverte à droite).

En somme, les calculs ou plus précisément les mathématiques en droit constitutionnel comme dans d'autres branches du droit sont finalement plus importants qu'il n'y paraît ; ils ne peuvent plus être traités de façon subalterne et mineure, car ils sont souvent au cœur même de la discussion juridique et politique.

Pour ceux qui ne seraient toujours pas convaincus de l'utilité des mathématiques dans l'usage et la pratique du droit en général et du droit constitutionnel en particulier, il faudrait tout de même admettre que de nombreux points de convergence existent entre ces deux matières : la terminologie tout d'abord est proche voire identique ; et puis il y a le raisonnement : le raisonnement mathématique est tantôt déductif, tantôt inductif ou bien adductif, le raisonnement juridique procède des mêmes démarches intellectuelles ; les mathématiques comme le droit sont fondées sur des axiomes ou des postulats, font l'usage des théorèmes, obéissent à des lois, requièrent une logique et raisonnent sur un problème posé.

---

[36] OLINGA (A-D), *ibid.*, p. 12.

[37] OLINGA (A-D), *ibid.*, p. 13.

[38] L'article 7 alinéa 2 de la Constitution dispose que : « [le président de la République] prête serment devant le peuple camerounais en présence des membres du Parlement, du Conseil constitutionnel et de la Cour Suprême réunis en séance solennelle. Le serment est reçu par le président de l'Assemblée nationale ». Nous soulignons.

[39] KAMTO (M), « Dynamique constitutionnelle du Cameroun indépendant », *op. cit.*, p. 23.

D'ailleurs, les mathématiques sont consubstantielles à la création et à l'existence du monde. Il y a longtemps Severinius Boèce disait que *« tout a été créé par les nombres qui étaient le modèle exemplaire dans l'esprit du créateur »*.

LA QUESTION DE LA CONSTITUTIONNALITÉ DES JURIDICTIONS SPÉCIALES : PERSPECTIVES COMPARÉES DES HAUTES COURS DE JUSTICE ET DES TRIBUNAUX MILITAIRES EN AFRIQUE FRANCOPHONE

Kourra Félicité OWONA MFEGUE

Professeur au Département de droit international
de l'Institut des relations internationales du Cameroun (IRIC),
Université de Yaoundé II
Chercheur associé au CEDIN
(Centre européen de droit international, Université Paris X Nanterre)
Avocat (Barreaux de Paris et du Cameroun)

Entre méfiance et confiance, le service public de la justice[1] est tantôt vénéré, tantôt critiqué et parfois même déstabilisé. En Afrique francophone, la prolifération récente des juridictions dites spéciales dont les Hautes cours de justice et tribunaux militaires de certains pays suscite moult interrogations quant à leur capacité à assurer des procès équitables et à être des instances qui participent de la bonne administration de la justice. La question de leur constitutionnalité transcende le fait de leur reconnaître la nature d'une disposition constitutionnelle[2]. Elle renvoie également à la conformité à la Constitution en tant qu'acte de la société c'est-à-dire acte en vertu duquel toutes les activités et toutes les institutions de la société trouvent leurs bases dans la Constitution[3]. En outre, la constitutionnalité renvoie à toutes les variantes[4] de la conformité à l'ordre constitutionnel qu'il soit normatif, institutionnel ou substantiel.

[1] La justice en tant que service public renvoie à l'ensemble des tribunaux et de l'organisation judiciaire dans un État. Voir G. CORNU (dir.), *Vocabulaire Juridique*, Association Henri Capitant, Paris, PUF, 2021, 13e édition, p. 592.

[2]. *Ibid.* p. 254

[3] S. V. AFA'A, *L'ordre constitutionnel et l'informel en Afrique noire francophone. Entre évolution et altération,* Éditions universitaires européennes, 2022, p. 31. L'auteur relève qu'on attribue à la Constitution trois énoncés à savoir : « *la constitution, acte des gouvernés ; la constitution, acte vivant ; la constitution, acte de la société* ». En tant qu'acte des gouvernés, la Constitution est l'acte par lequel les individus définissent les conditions d'exercice du pouvoir. En tant qu'acte vivant, la Constitution est ouverte à la création continue de droits et libertés. Et en tant qu'acte de la société, la Constitution est la garantie, la charte des droits et libertés des citoyens ;

[4] Il s'agit des termes qui désignent la conformité notamment : légalité, régularité, légitimité. Voir G. CORNU (dir.), *Vocabulaire juridique*, *op. cit.*

À s'en tenir à l'Afrique francophone[5], l'observation des lois fondamentales (*Grundnorm*) donne à penser que la plupart de ces juridictions garantissent une justice dite « spéciale » tenant soit à la qualité des justiciables soit à la nature des infractions commises. Selon les réalités de chaque pays de l'espace francophone, on retrouve plusieurs types de juridictions dites spéciales selon la qualification textuelle ou doctrinale. Les cas des Hautes cours de justice et des tribunaux militaires sont les plus curieuses d'entre elles. En les taxant de juridictions spéciales ou d'exception, il serait utile d'opérer au préalable quelques clarifications notionnelles autour de cette qualification qui renvoie à une réalité juridique contrastée dans l'espace francophone.

Les juridictions spécialisées, également appelées juridictions d'exception, désignent les tribunaux dont un texte spécial prévoit la répartition des compétences. À l'inverse des juridictions de droit commun, ils ne peuvent juger que des litiges qui leur sont expressément attribués par un texte. Une juridiction est de droit commun lorsqu'elle a vocation à connaître de toutes les affaires à l'exception de celles qu'une disposition spéciale soumet à la compétence d'une autre juridiction[6].

Aux juridictions de droit commun, l'on oppose les juridictions d'attribution ou à compétence limitée. Ces juridictions, dont la principale caractéristique est de ne connaître que des infractions qui leur ont été limitativement attribuées par la Constitution ou la loi en raison de la particularité des faits ou de la qualité du justiciable, prennent l'épithète de juridictions spéciales, juridictions spécialisées, juridictions d'attribution[7] ou juridictions d'exception. Néanmoins, une doctrine savante, celle Roger MERLE et André VITU, invite au discernement en précisant que l'expression « juridiction d'exception » est le plus souvent utilisée « *dans les discussions où la passion politique l'emporte, pour viser spécialement ces tribunaux créés dans les périodes critiques en vue de faire face, avec des moyens exorbitants, à des formes de criminalité qui mettent en péril l'ordre public et l'existence même de l'État* »[8].

Frédéric DESPORTES et Laurence-LAZERGES COUSQUER ne disent pas autre chose lorsqu'ils écrivent : *« En tout cas, il importe d'éviter l'appellation de « juridiction d'exception » qui, en matière pénale, évoque le souvenir, parfois sinistre, de juridictions politiques ou militaires instituées pour jeter un voile judiciaire sur la répression politique »*[9].

À ce titre, l'article 149 (5) de la Constitution de 2006 de la République démocratique du Congo dispose : *« Il ne peut être créé des tribunaux d'exception sous quelque dénomination que ce soit ».* Le même texte prévoit plutôt la possibilité de créer des *« juridictions spécialisées ».* De même, dans la loi togolaise régissant l'organisation judiciaire, l'article 2 définit une juridiction spécialisée comme étant un *« tribunal ou cour ayant compétence pour les seules*

---

[5] Le vocable de « francophone » renvoie aux pays de succession coloniale française uniquement.

[6] Juridiction désigne tout organe institué pour exercer le pouvoir de rendre la justice par application du droit. G. CORNU (dir.), *Vocabulaire Juridique*, *op. cit.* p. 586

[7] F. DESPORTES et L. LAZERGES-COUSQUER, *Traité de procédure pénale*, Pais, Economica, 2015, 2e éd, n° 637.

[8] R. MERLE et A. VITU, *Traité de droit criminel, T.2, Procédure pénale,* Paris, Cujas, 2001, 5e éd., n° 644.

[9] Frédéric DESPORTES et Laurence LAZERGES-COUSQUER, *op.cit.*, n° 637

matières qui lui sont attribuées par un texte de loi particulier ou en vertu de la qualité du justiciable ».

Au Cameroun, le législateur s'est chargé de redorer le blason du Tribunal militaire qualifié de juridiction d'exception. En effet, selon les termes de l'article 2 de la loi n° 2017/012 du 12 juillet 2017 portant Code de justice militaire, « *les tribunaux militaires sont* ***des juridictions à compétence spéciale*** ». Comme l'a si bien affirmé la Commission africaine des droits de l'homme, « *les tribunaux militaires ne sont pas nuls et non avenus du simple fait qu'ils sont présidés par des officiers militaires. Le facteur essentiel est de savoir si le procès est juste, équitable et impartial* »[10].

Fort de ces considérations définitionnelles, il apparaît que les Hautes cours de justice et les tribunaux militaires constituent des juridictions spéciales. En effet, depuis les débuts de la transition démocratique (premières années de la décennie 1990)[11], une consécration des hautes cours de justice est observée. Considérées tantôt comme juridiction d'exception ou juridiction spéciale, les hautes cours de justice en Afrique francophone prennent le contre-pied d'une tendance alors dominante de l'irresponsabilité des hauts responsables de l'État et par ricochet de l'impunité de leurs actes.

Quant aux tribunaux militaires, en dépit de leurs origines internationales, leur mise en place au niveau national traduit la volonté d'un contrôle juridictionnel des forces de sécurité au-delà du contrôle politique d'ores et déjà inséré dans les textes constitutionnels de l'Afrique francophone plaçant l'institution militaire sous l'autorité hiérarchique du président de la République et présentant ce dernier comme « le chef des armées ». En outre, les tribunaux militaires sont une réalité complexe et variée ancrée dans un contexte historique et politique spécifique. Et ceci nous conduit à une première interrogation : ce que nous appelons « *juge militaire », est-ce vraiment un juge ou un militaire ? Un juge militaire n'est pas un militaire juge, et un constat répond à la question : l'essence du juge est son indépendance, alors que l'essence du militaire est l'obéissance, c'est-à-dire, le contraire*. Pour Georges CLÉMENCEAU, *« Il suffit d'ajouter « militaire » à un mot pour lui faire perdre sa signification originelle. Ainsi la justice militaire ne serait pas la justice, la musique militaire, pas la musique »*. Ce bon mot permet de mettre en évidence la grande polémique qui entoure la justice militaire.

Pour cette raison, bien que non citée *expressis verbis* dans le corpus constitutionnel, leur prolifération à travers l'espace francophone paraît comme une normalité éludant tout doute sur leur constitutionnalité. Dans un cas comme dans l'autre, il convient de nuancer cette impression quasi irrésistible du bien-fondé de ces juridictions dites spéciales en soulignant qu'elles ont suscité depuis leur création, des oppositions quant à leur opportunité.

---

[10] Communication n° 218/98 *Civil Liberties Organisation, Legal Defense Center, Legal Defense et Assistance Project c/ Nigeria*. Cette position a été réitérée dans la communication n° 266/03, mai 2003, aff. *Kevin Mgwanga Gunme at al c/ Cameroun*. Même si dans ce second cas, la Commission affirme que « ce qui pose problème, c'est le fait que très souvent, les tribunaux militaires sont un prolongement de l'exécutif plutôt que du judiciaire ».

[11] Le 9 novembre 1989 : le vent de l'Est souffle sur l'Afrique La chute du Mur de Berlin a été un événement planétaire. Dans certains pays africains comme le Bénin, le "vent de l'Est" a entraîné des changements radicaux. Ainsi, dès les années 1990, à la suite de la chute du mur de Berlin et de l'effondrement des pays communistes de l'ancien bloc de l'Est, on assiste à une convergence des systèmes de gouvernement africain en faveur de la démocratie libérale.

À esquisser ces critiques, la composition et la procédure suivies devant la plupart de ces juridictions semblent donner du grain à moudre à leurs pourfendeurs. Les Hautes cours de justice seraient en effet, dans bien de cas, composées de parlementaires-juges dont l'obéissance et la fidélité aux idéaux de leurs partis politiques sont souvent regardées comme une entorse à l'effectivité de leur indépendance, même s'ils siègent aux côtés des magistrats de profession.

Quant aux tribunaux militaires, ils sont pour l'essentiel constitués d'officiers ; ce qui amène à s'interroger sur l'effectivité de leur indépendance vis-à-vis de leur hiérarchie dans un régime de transition et de leur impartialité dans les poursuites. Bien plus, la question de la poursuite des civils devant les tribunaux militaires pose le problème de la capacité de ces juridictions à offrir des procès équitables.

Dès lors, interroger la constitutionnalité des juridictions spéciales notamment les Hautes cours de justice et les tribunaux militaires dans l'espace d'isomorphisme constitutionnel qu'est l'Afrique francophone dépasse la mesure d'une analyse reposant sur l'exégèse des textes constitutionnels et la vérification de leur constitutionnalisation. Cette dernière consistant dans le cas d'espèce à consacrer une institution par la règle constitutionnelle[12]. En outre, la question de la constitutionnalité implique de s'assurer si les Hautes cours de justice ainsi que les tribunaux militaires, satisfont tant dans leurs structures que dans leur office aussi bien le test de conformité constitutionnelle que le test de légitimité constitutionnelle.

À s'en tenir aux évolutions constitutionnelles assez larges pour intéresser un nombre significatif d'États d'Afrique francophone, mais en même temps assez spécifiques pour ne pas ne pas empiéter sur d'autres zones géographiques, deux hypothèses sont à mettre en évidence pour souscrire à l'analyse sur la question de la constitutionnalité des juridictions spéciales concernées. À l'aune des textes, la constitutionnalisation des deux juridictions est une réalité variée. Par ailleurs, la capacité fonctionnelle de ces juridictions à garantir des procès équitables est aux prises avec les critiques se multipliant contre elles. Dès lors, il convient de s'apercevoir que la constitutionnalité des Hautes cours de justice et des tribunaux militaires s'articule autour de la conformité constitutionnelle textuelle qui se révèle être une constitutionnalité différée d'une part **(I)**, et de la conformité constitutionnelle fonctionnelle qui s'avère être une constitutionnalité mitigée d'autre part **(II)**.

I. LA CONFORMITÉ CONSTITUTIONNELLE TEXTUELLE DES HAUTES COURS DE JUSTICE ET DES TRIBUNAUX MILITAIRES : UNE CONSTITUTIONNALITÉ DIFFÉRÉE

La constitutionnalité des Hautes cours de justice est affirmée par les constitutions de la plupart des États africains. Les tribunaux militaires considérés comme des juridictions à compétence spéciale font l'objet d'un encadrement par un texte particulier qui certes n'est pas la Constitution, mais dont le contenu lui reste soumis. Il s'établit un lien direct ou indirect entre ces juridictions et la Constitution. Effectif pour les Hautes cours de justice (A), ce lien demeure indirect pour les tribunaux militaires (B).

---

[12] G. CORNU (dir.), *Vocabulaire juridique*, *op. cit.*

A. Le primat constitutionnel des Hautes cours de justice

Un mouvement de consécration des Hautes cours de justice est observé dans la plupart des constitutions africaines (1). Malgré cette consécration formelle, la mise en place de ces juridictions semble velléitaire (2).

1) La consécration constitutionnelle des Hautes cours de justice

Le phénomène de consécration se traduit par la présence dans les constitutions, de dispositions qui fondent la création et la compétence de ces Cours. De telles juridictions ne sont pas méconnues de la pratique constitutionnelle africaine. Elles occupent une place particulière dans les lois fondamentales et sont instituées en tant que juridictions d'exception au regard de la qualité des infractions ainsi que des justiciables qui sont soumis à leur juridiction. Ceci est perceptible en Afrique noire francophone[13].

À titre illustratif, le titre VIII de la Constitution camerounaise est uniquement réservé à la Haute Cour de Justice[14]. Plus précisément en son article 53 (1), elle institue une Haute Cour de Justice et définit certaines règles qui lui sont applicables[15]. Cet article dispose que *« la haute Cour de Justice est compétente pour juger les actes accomplis dans l'exercice de leurs fonctions par : le président de la République en cas de haute trahison ; le Premier ministre, les autres membres du gouvernement et assimilés, les hauts responsables de l'administration ayant reçu délégation de pouvoirs [...] en cas de complot contre la sûreté de l'État [...]. ».* Il en est de même dans la Constitution de la République du Congo qui en son titre X crée une Haute Cour de Justice[16].

La constitution béninoise en fait pareil[17]. En ses articles 135 à 138, elle détermine la composition, la compétence et certaines règles de procédure devant la Haute Cour de Justice. Le constituant béninois comme son homologue camerounais laisse une marge de manœuvre au législateur pour déterminer les règles de fonctionnement et de procédure devant ces juridictions. Cette pratique est observée dans quasiment toutes les constitutions des pays africains, avec le renvoi aux lois fixant organisation et fonctionnement desdites juridictions tel qu'indiqué dans le tableau comparatif en annexe.

Il ressort que les hautes cours de justice sont des institutions constitutionnelles à la base, qui tirent leur fondement et légitimité des constitutions les instituant et lois organiques encadrant leur action. Seulement leur effectivité tend à susciter des questionnements.

---

[13] Il s'agit des États suivants : Togo, Bénin, Burkina Faso, Cameroun, RCA, Côte d'Ivoire, Gabon, Guinée équatoriale, Madagascar, Mali, Niger, RDC, République du Congo, République islamique de Mauritanie, Sénégal, Tchad etc.

[14] Il s'agit de la Constitution du 18 janvier 1996 en vigueur.

[15] Cet article définit non seulement les domaines de compétence de la Haute Cour de Justice et la qualité des justiciables qui peuvent être attraits devant elle, mais aussi certaines conditions liées à la saisine.

[16] Articles 191 à 195 de la Constitution de la République du Congo du 6 novembre 2015.

[17] Voir à cet effet dans la Constitution béninoise du 2 décembre 1990, le II du titre VI portant sur le pouvoir judiciaire. Ce constat est également fait dans la Constitution togolaise de la IVe République du 15 mai 2019, en son sous-titre III du titre VIII (les articles 126 à 129).

2) La mise en place velléitaire des Hautes cours de justice

La mise en place des Hautes cours de justice se fait avec difficultés et hésitations en Afrique. Il existe une disproportion temporelle entre le moment de leur création et le celui de leur mise en place effective. L'article 137 de la Constitution du 2 juin 1 991 du Burkina Faso institue une Haute Cour de Justice. Une première loi organique portant organisation et fonctionnement de la Haute cour est adoptée en 1995, modifiée en 2015, puis en août 2022. Une nouvelle loi est adoptée pour la mise en place d'une Haute Cour de Justice. Le problème ne réside pas forcément dans la quantité des textes élaborés portant sur ces Cours, mais plutôt dans leur opérationnalité. Les instruments juridiques en la matière existent, sans valeur d'être accompagnée par une mise en place effective des hautes cours de justice. Au Bénin, les juges de la Haute Cour de Justice bien qu'étant déjà nommés, n'ont pas été saisis d'affaires relevant de leurs compétences.

Par ailleurs, les Hautes cours de justice sont considérées d'une part dans certains États comme des institutions non permanentes, ce qui rend leur mise en place circonstancielle. Dans ce sens, la Constitution centrafricaine en son article 91 dispose qu'*« il est institué une juridiction non permanente dénommée la Haute Cour de Justice. »*. D'autre part pour un souci d'adaptation, l'on assiste comme au Cameroun, à une transposition ou une assimilation des Hautes cours de justice à d'autres institutions distinctes[18].

En tout état de cause, la constitutionnalisation des Hautes cours de justice est une réalité juridique bien que ce type d'organe ne connaisse pas une mise en place effective. Il n'en demeure pas moins que leur constitutionnalité est explicite pour la plupart des pays de l'espace francophone.

B. La constitutionnalisation indirecte des tribunaux militaires

Contrairement aux Hautes cours de justice, la constitutionnalisation des tribunaux militaires est indirecte. Elle est induite en période normale (1) et revitalisée en période de crise (2).

1) Une constitutionnalisation par induction en période normale

La constitutionnalisation des tribunaux militaires en période « normale » n'est perceptible que dès le moment où soit les dispositions constitutionnelles l'énoncent clairement, soit elles sont imprécises donnant la possibilité d'avoir une appréhension extensive en l'absence de conflits. Ainsi, dans le premier cas, il s'agit des lois constitutionnelles qui instituent explicitement les tribunaux militaires. Le cas le plus illustratif est celui de la Constitution tchadienne du 3 mars 1998 révisée qui réserve son titre X à la justice militaire en instituant non seulement un tribunal militaire intervenant en premier ressort et une haute cour militaire intervenant en appel et en dernier ressort sur les infractions à caractère militaire ou commis par un militaire, selon les conditions fixées par loi[19].

[18] Au Cameroun, la Haute Cour de Justice n'est pas effective. Néanmoins, au regard de l'office et de la qualité des justiciables devant le Tribunal criminel spécial, l'on peut percevoir une assimilation aux compétences dévolues à la Haute Cour de Justice.

[19] Les articles 175 à 178 de la Constitution tchadienne du 31 mars 1996 révisée.

Par ailleurs, dans le second cas il s'agit des lois constitutionnelles dont la lecture peut mener à percevoir une constitutionnalisation implicite des tribunaux militaires. Au Cameroun par exemple, l'article 37 (2) de la Constitution dispose que *« le pouvoir judiciaire est exercé par la Cour suprême, les Cours d'appel, les Tribunaux [...] »*. Il en est de même de l'article 81 de la Constitution malienne de 1992 ainsi que l'article 75 de la Constitution centrafricaine du 16 mars 2016 dont les énoncés sont identiques. Le fait pour le constituant camerounais de n'avoir pas procédé à l'énumération des tribunaux dont il est question, laisse l'occasion de ranger tous les tribunaux qu'ils soient de droit commun ou d'exception dans le champ du pouvoir judiciaire. D'où la constitutionnalisation par ricochet des tribunaux militaires du fait qu'ils entrent dans la catégorie des « tribunaux » énoncés par la Constitution.

En outre, la nouvelle Constitution tunisienne stipule uniquement que la magistrature est composée de la justice judiciaire, administrative et financière supervisée par un conseil supérieur[20].

2) Une revitalisation de la constitutionnalité des tribunaux militaires en période de crise

En période de crise, le fondement de l'action des tribunaux militaires découle des textes législatifs qui les créent. Seulement, ces textes encadrent l'intervention de ces juridictions en application des dispositions constitutionnelles relatives à l'état de crise[21] au sein d'un État. Ceci peut se justifier par le fait que c'est dans les Constitutions que sont définies les circonstances exceptionnelles au cours desquelles des pouvoirs spéciaux peuvent être conférés à certaines institutions.

S'agissant des tribunaux militaires dans la majorité des États africains, ce sont les lois organiques ou les codes fixant leur organisation et fonctionnement qui leur confèrent des pouvoirs spéciaux en période de crise. Par exemple, la loi camerounaise du 12 juillet 2017 portant Code de justice militaire dispose en son article 4 (1) : *« en cas de circonstances exceptionnelles telles que prévues par l'article 9 de la constitution, de menaces graves à l'ordre public, à la sécurité de l'État ou de terrorisme, le Tribunal militaire de Yaoundé peut exercer ses attributions sur l'ensemble du territoire national [...] »*[22]. Contrairement, en RCA c'est la Cour martiale qui est compétente pour connaître des infractions ou crimes commis par toute personne civile ou militaire en temps de guerre ou en période d'état de siège sur la totalité ou partie du territoire[23].

Dans d'autres cas, les crises mènent à des périodes de transition durant lesquelles les tribunaux militaires sont mis en place pour garantir la justice, la paix

[20] Il s'agit de la nouvelle Constitution du 17 août 2022. Il faut noter que l'ancienne Constitution tunisienne révisée disposait que les catégories de tribunaux sont créées par la loi et fondait clairement la compétence générale des tribunaux militaires pour connaître des infractions à caractère militaire.

[21] Il s'agit de l'état d'urgence et de l'état d'exception.

[22] L'article 9 de la Constitution dispose que « (1) le président de la République peut, lorsque les circonstances exceptionnelles l'exigent, proclamer par décret, l'état d'urgence qui lui confère des pouvoirs spéciaux dans les conditions fixées par la loi. (2) Le président de la République peut, en cas de péril grave menaçant l'intégrité du territoire, la vie, l'indépendance ou les institutions de la République, proclamer, par décret, l'état d'exception et prendre toutes mesures qu'il juge nécessaires. Il en informe la nation par voie de message. »

[23] Voir l'article 23 de la loi de 2017 portant Code de justice centrafricain.

et la sécurité au sein du territoire pendant cette période. C'est dans ce contexte que le Conseil national de transition au Tchad a adopté en avril 2022 le projet de loi portant code d'organisation de la justice militaire dans le but de réduire et de sanctionner les comportements des militaires qui portent atteinte à la sécurité et à la dignité humaine.

II. LA CONFORMITÉ FONCTIONNELLE DES HAUTES COURS DE JUSTICE ET DES TRIBUNAUX MILITAIRES AVEC LE DROIT À UN PROCÈS ÉQUITABLE : UNE CONSTITUTIONNALITÉ MITIGÉE

La légitimité constitutionnelle repose sur la constitutionnalité non plus de l'institution des Hautes cours de justice et des tribunaux militaires mais de leur office en tant que juridictions spéciales dont les aspects organisationnels, fonctionnels et juridiques sont propices aux *garanties d'un procès juste, équitable et impartial.* Cela implique une audience publique et équitable dans un délai raisonnable assuré par un tribunal indépendant et impartial.

Ainsi, la CADH (art.8) et la CESDH (art.6) reconnaissent en des termes très similaires le droit à un tribunal indépendant et impartial, la CESDH reconnaissant même le droit à un procès équitable. De même, les instruments régionaux de protection des droits de l'homme reconnaissent le droit à un recours effectif dans les cas où des personnes se verraient violer leurs droits fondamentaux (art. 25 CADH et 13 CESDH). Le Pacte des Nations unies de 1966 sur les droits civils et politiques reconnaît le droit à être jugé par un tribunal indépendant et impartial (article 14).

En outre, la légitimité constitutionnelle porte sur plusieurs aspects tant au niveau de la composition qu'au niveau de la conduite des instances. Les critiques portant sur ces juridictions spéciales s'articulent autour de deux considérations majeures qui poussent à interroger leur capacité à offrir des procès équitables, exigence qui constitue la pierre angulaire de la Constitution en ce qui concerne la justice. Il s'agit d'une part du doute sur l'indépendance des juges siégeant au sein de ces juridictions spéciales (A) et d'autre part, du sort des exigences procédurales du procès équitable devant ces juridictions spéciales (B).

A. Conformité avec le droit à un tribunal indépendant : le doute sur l'indépendance des juges siégeant au sein de ces juridictions spéciales

« *L'autorité judiciaire doit demeurer indépendante pour être à même d'assurer le respect des libertés essentielles telles qu'elles sont définies [dans la Constitution] [...]* »[24]. Dès lors, s'interroger sur l'indépendance des juges qui siègent au sein des Hautes cours de justice et des tribunaux militaires, revient à porter une analyse sur la prédisposition de ces juridictions et du personnel intervenant à officier sans interférence d'un autre pouvoir constitué, le but étant d'éviter des procès iniques – dont beaucoup ont conduit à l'emprisonnement d'une personne innocente.

---

[24] Loi constitutionnelle du 3 juin 1958, 4°, *in* BISSARDON (S.), *Droit et justice en citation et adages,* Paris, Litec, 2005, 2e édition, p. 9.

Ainsi, il faut principalement mettre le curseur sur la composition de ces juridictions spéciales. Cette composition présente une certaine particularité eu égard non seulement du mode de désignation, mais également des personnes désignées pour siéger. Dès lors, pour mieux apprécier l'indépendance des juges siégeant au sein de ces juridictions, il convient d'aller au-delà de la perceptibilité de cette indépendance qui repose sur les garanties d'ordre général et les garanties spécifiques reconnues à ces juges. En effet, les critiques émettent des doutes sur la réalité de cette indépendance en tenant compte du fait qu'il pèse sur les juges des Hautes cours de justice, le poids de l'allégeance politique (1) et que l'emprise de l'exécutif et le dilemme de la discipline militaire compromettent l'indépendance des magistrats militaires (2).

1) L'indépendance de la Haute Cour de Justice : Le poids de l'allégeance politique

En dehors de quelques disparités, la composition des Hautes cours de justice de l'espace d'Afrique francophone connaît une certaine convergence. À l'exclusion de la RDC[25] qui n'a pas admis l'institution des Hautes cours de justice, la composition dans les autres pays repose sur un jeu d'équilibre entre les différents pouvoirs constitués. Cet équilibre est fonction de l'importance accordée à certaines institutions au détriment d'autres. Ainsi, si la plupart des textes constitutionnels s'arriment sur les termes selon lesquels, *« les membres de la Haute Cour de Justice sont élus par leurs pairs »* et que le *« Président est un magistrat »,* les personnalités choisies sont variablement issues des pouvoirs constitués tels que la Cour constitutionnelle, la Cour suprême, la Cour des comptes, l'Assemblée nationale et le Sénat. À la lecture des Constitutions des pays tels que le Bénin (art. 135), le Sénégal (art. 86), la Guinée (art. 117), le Togo (art. 126) et Madagascar (art. 136), force est de constater qu'ils ont opté pour une composition hétérogène et avec un magistrat désigné comme président.

Un deuxième groupe de pays, comportant le Mali (95 et 96) et la République centrafricaine a opté pour une composition essentiellement constituée du corps législatif et le cas échéant ayant pour président un parlementaire soit en la personnalité du président de l'Assemblée nationale ou du Sénat. Cette configuration de la Haute Cour de Justice est de nature à compromettre l'indépendance des juges qui doivent y siéger. À ce titre et pour jeter un coup d'œil hors de l'Afrique, la Constitution de Haïti est d'une fascinante curiosité. Elle prévoit que *« Le Sénat peut s'ériger en Haute Cours de Justice. Les travaux de cette Cour sont dirigés par le Président du Sénat assisté du Président et du Vice-Président de la Cour de Cassation comme Vice-Président et Secrétaire, respectivement, sauf si des juges de la Cour de Cassation ou des Officiers du Ministère Public près de cette Cour sont impliqués dans l'accusation, auquel cas, le Président du Sénat se fera assister de deux (2) Sénateurs dont l'un sera désigné*

---

[25] La RDC attribue les compétences traditionnelles de la Haute Cour de Justice à la Cour constitutionnelle écartant ainsi, l'institution de la Haute Cour de Justice. L'article 164 de sa Constitution dispose que : « La Cour constitutionnelle est le juge pénal du président de la République et du Premier ministre pour des infractions politiques de haute trahison, d'outrage au Parlement, d'atteinte à l'honneur ou à la probité ainsi que pour les délits d'initié et pour les autres infractions de droit commun commises dans l'exercice ou à l'occasion de l'exercice de leurs fonctions. Elle est également compétente pour juger leurs co-auteurs et complices. »

par l'inculpé et les Sénateurs susvisés n'ont pas de voix délibérative. »[26] Cette manœuvre conduit à considérer inévitablement que l'institution de la Haute Cour de Justice a des soubassements politiques.

Dès lors que la composition est en partie ou en totalité constituée des autorités justifiant d'une appartenance à un bord dans le jeu politique du pays, le cérémonial de serment et d'habillage juridictionnel ne suffit pas à effacer les oripeaux liés à leur allégeance politique. De même, cette allégeance politique ne saurait être balayée du revers de la même quand bien même le président serait un magistrat assisté par ses pairs. Le germe du doute sur l'indépendance de la Haute Cour de Justice demeure. Il est accru par le fait que ces juges tantôt parlementaires tantôt magistrats seraient du même bord politique que les potentiels justiciables ou pas notamment le président de la République ou même le Premier ministre.

Le doute sur l'indépendance des Hautes cours de justice se justifie eu égard de la qualité de la justice à rendre au sein de cette juridiction dite spéciale. Qu'en est-il de l'indépendance des magistrats militaires ?

2) L'indépendance des magistrats militaires : l'emprise de l'exécutif et le dilemme de la discipline militaire

En dehors du Bénin et de la République centrafricaine, la plupart des autres pays de l'espace d'Afrique francophone connaissent la justice militaire[27]. La critique la plus virale sur les tribunaux militaires porte notamment sur l'indépendance des juges. Cette critique connaît un écho en raison de la justiciabilité des civils devant les tribunaux militaires. Il y aurait un doute sur leur indépendance fonctionnelle et institutionnelle.

Sur le plan fonctionnel, les tribunaux militaires relèvent d'une catégorie de juridiction qui se situe à califourchon entre le pouvoir exécutif et le pouvoir judiciaire avec une forte emprise de l'exécutif[28]. Cette emprise se traduit par l'amovibilité des magistrats militaires qui amoindrit leur indépendance. Ainsi, les magistrats militaires ne sont pas protégés contre l'arbitraire de l'exécutif qui peut constituer une source de moyen de pression sur eux. Dans la plupart des pays de l'espace d'Afrique francophone, les magistrats sont désignés par l'exécutif notamment le ministre de la Justice et le ministère de la Défense. Dès lors qu'un magistrat est nommé au tribunal militaire qu'il soit militaire ou civil, il n'est plus couvert par l'inamovibilité[29]. D'ailleurs, le Code de la justice militaire de Guinée prévoit que dès lors que les magistrats de l'ordre judiciaire sont nommés[30] auprès

[26] Art. 185 Constitution de 1984 de Haïti.

[27] Voir le tableau comparatif des juridictions spéciales de l'AA-HJF.

[28] Dans les codes de justice de la plupart des pays, la logique est celle de la Guinée qui prévoit que dans son Code de la justice militaire en son article 7 que la désignation des magistrats titulaires et des suppléants est faite par arrêté interministériel du ministre de la Justice, garde des Sceaux et du ministre en charge de la Défense nationale pour une durée de deux ans renouvelables.

[29] C'est une institution en vertu de laquelle les magistrats du siège ne peuvent être ni révoqués, ni suspendus, ni mis à la retraite prématurément et de manière arbitraire.

[30] Art. 6 du Code de la justice militaire de la Guinée dispose que « Les membres des tribunaux militaires sont nommés par décret du président de la République. » De même, l'art. 145 de la loi n° 022-92 du 20 août 1992 portant organisation du pouvoir judiciaire en République du Congo dispose que « Le tribunal militaire comprend des magistrats nommés par décret du président de la République sur proposition du Conseil supérieur de la magistrature après avis du ministre de la Défense »

des tribunaux militaires, ils sont en situation de détachement auprès du ministère de la Défense[31]. Il en est de même au Cameroun[32].

Malgré l'affirmation légale de l'indépendance de la magistrature assise, l'indépendance fonctionnelle des magistrats militaires peut se retrouver compromise. Le magistrat, sous l'emprise de l'exécutif peut se retrouver comprimé dans l'exercice de son pouvoir de juger en raison du poids de l'obéissance hiérarchique au cœur de la discipline militaire. Ce qui affaiblit l'indépendance institutionnelle des magistrats militaires.

Sur le plan institutionnel, l'influence de l'exécutif sur la justice militaire tire son fondement des textes constitutionnels confiant au chef de l'État en période normale ou en période de crise, les prérogatives sur les forces armées. La justice militaire qui dérive de l'armée est sous l'autorité directe du président de la République qui l'exerce à travers le ministère de la Défense. En outre, en plus du pouvoir de nomination, le pouvoir disciplinaire permet de constater la dépendance des magistrats militaires, en ce sens que ces derniers relèvent du ministre de la Défense ou du chef des forces armées et de leurs supérieurs dans leur hiérarchie propre.

Le constat amer de l'affaiblissement de l'indépendance des magistrats militaires constitue à tort ou à raison, la remise en cause de la constitutionnalité de ces juridictions. D'ailleurs la reconnaissance des prérogatives du pouvoir exécutif sur l'action publique devant les tribunaux militaires amène à s'interroger sur la capacité à offrir une justice respectueuse des exigences du procès équitable. Il en va de même des Hautes cours de justice.

B. Conformité avec le droit à un tribunal impartial

Les Hautes cours de justice ainsi que les tribunaux militaires connaissent des procédures atypiques tenant à leur statut de juridictions spéciales. Partant de la saisine, en passant par l'instruction jusqu'à la phase de jugement, la conduite de la procédure devant ces juridictions pourrait justifier leur constitutionnalité si elle est respectueuse des exigences du procès équitable. Or, à examiner de près, le cadre procédural de ces juridictions laisse observer que les garanties du procès équitable sont d'une part politisées devant les Hautes cours de Justice (1) et sont menacées devant les tribunaux militaires (2).

1) Les garanties du procès équitable en péril devant les Hautes cours de justice

Le procès équitable n'est autre que l'ensemble des garanties institutionnelles et procédurales garantissant l'équité du procès. Ce type de procès, pour rester équitable, doit répondre à certaines règles. On parle alors d'exigence au procès équitable quand on parle de tribunal impartial et d'équité devant le tribunal. Ramené aux Hautes cours de justice, peut-on véritablement parler d'impartialité et d'équité ?

---

[31] Art. 3 de la loi n° 002/CNT/2012 portant Code de la justice militaire. Les magistrats de l'ordre judiciaire énumérés à la section II du présent livre sont en position de détachement auprès du ministère de la Défense nationale.

[32] Il leur est appliqué le code de la justice militaire de 2017 et la loi n° 80/12 du 14 juillet 1980 sur le statut des militaires.

Relativement à l'impartialité, les Hautes cours de justice qui constituent un type de juridiction à vocation politique peuvent-elles s'en prévaloir ? Au-delà de l'imparité qui caractérise leur composition qui varie entre sept (7), neuf (9) membres au Bénin (art. 135), au Cameroun et onze (11) membres à Madagascar (art. 137), les garanties du procès équitable sont en péril eu égard au fait que les juges sont en partie ou en totalité des parlementaires car désignés dans le corps législatif.

Bien plus, les garanties procédurales peuvent être compromises en raison de la mise en accusation des justiciables qui sont pour l'essentiel le président de la République, en cas de haute trahison ; le Premier ministre, les autres membres du gouvernement et assimilés, les hauts responsables de l'administration ayant reçu délégation de pouvoir en cas de complot contre la sûreté de l'État[33]. Pour la Constitution de la Guinée, l'article 120 dispose que *« La mise en accusation est demandée par un dixième des députés. Elle ne peut intervenir que par un vote de l'Assemblée nationale au scrutin secret à la majorité des trois cinquièmes des membres qui la composent. »* Dans la constitution haïtienne, la Chambre des Députés, réunie à la majorité des deux tiers (2/3) de ses membres prononce la mise en accusation[34]. En outre, il revient à la chambre des députés de déclencher la procédure. Ce qui suppose qu'on a remis entre les mains d'un organe politique, l'opportunité de poursuite. L'une des inclinaisons serait l'arbitraire et la partialité dans ces procédures d'*impeachment* surtout dans le contexte africain où la justice s'apparente à un moyen d'éviction et de règlement de compte aux ennemis politiques.

L'une des garanties à ce risque de partialité serait entre autres l'option pour la plupart des pays de l'emprunt aux personnels judiciaires soit à la présidence de la Haute Cour de Justice[35] et davantage dans l'instruction de l'affaire. Au Cameroun, la Haute Cour de Justice comprend en outre une commission d'instruction (trois membres), et le ministère public est représenté par le procureur général près la Cour suprême. Il en est de même du Togo[36], de la Guinée[37] et même du Bénin[38].

En tout état de cause, si substantiellement les garanties liées au procès équitable ne peuvent être compromises, notamment le principe du contradictoire et les droits de la défense, c'est davantage en termes de garantie procédurale que les critiques sont orientées.

2) Les garanties du procès équitable menacées devant les tribunaux militaires

La création des tribunaux militaires par les pays africains a suscité une hostilité en droit africain relativement à la consécration, de la justiciabilité des civils devant

[33] Art. 136 Constitution du Bénin, art. 87 Constitution du Sénégal, art. 127 et 128 de la Constitution du Togo, art. 118 et 119 de la Constitution de la Guinée, art. 53 Constitution du Cameroun.

[34] Article 186 de la Constitution Haïtienne.

[35] Article 86 de la Constitution du Sénégal : « La Haute Cour de Justice est composée de membres élus par l'Assemblée nationale, en son sein, au début de chaque législature. Elle est présidée par un magistrat. »

[36] Article 126 : « La Haute Cour de Justice est composée du président et des présidents de chambres de la Cour suprême et de quatre députés élus par l'Assemblée nationale. »

[37] Art. 117 de la Constitution

[38] Art. 137 par. 3 : « L'instruction est menée par les magistrats de la Chambre d'accusation de la Cour d'appel ayant juridiction sur le lieu du siège de l'Assemblée nationale. »

ces juridictions qui devraient uniquement connaître des poursuites contre les personnes militaires[39]. En effet, le danger réside dans le fait que la procédure devant les tribunaux militaires est empreinte d'une certaine rigidité en termes de répression. La composition de ces tribunaux et la nature des infractions réprimées seraient à l'origine de cette considération.

D'abord les exigences d'indépendance et d'impartialité étant vérifiées à l'aune du mode de **désignation**, du mandat des membres tribunal et de la conduite personnelle d'un juge, la faible protection contre les pressions extérieures pourrait être de nature à susciter des craintes légitimes et objectivement justifiées quant aux garanties institutionnelles de procès équitable.

Sur le plan substantiel, les garanties du procès équitable sont menacées en raison de l'ingérence dans le fonctionnement de la justice militaire[40] aussi bien au niveau du déclenchement de l'action publique dans l'hypothèse où l'exécutif ou l'autorité militaire possède un intérêt spécifique pour une issue donnée dans le cadre de la procédure, au niveau de l'homologation par le pouvoir exécutif ou de l'autorité militaire en période de crise ou de transition et au niveau de l'exercice des voies de recours en ce sens qu'il existe des cas où la révision de la décision de justice ne peut se faire que sur autorisation du pouvoir exécutif ou à la discrétion de ce dernier. Certains auteurs n'hésitent pas à qualifier les juridictions militaires de véritables instruments du pouvoir militaire face au pouvoir civil. Il en est de même des droits de la défense, du droit au silence et de la présomption d'innocence qui sont menacés car les tribunaux militaires ont tendance à les outrepasser pour l'intérêt supérieur du respect des ordres des supérieurs hiérarchiques.

En définitive, les tribunaux militaires et des Hautes cours de justice se trouvent soit en marge, soit au-dessus des principes fondamentaux du procès équitable garantis aussi bien par les instruments internationaux de protection des droits de l'homme et repris par les Constitutions des pays de l'espace d'Afrique francophone. D'où la question de leur constitutionnalité pour interroger si leur création, leur organisation et leur fonctionnement sont conformes à la Constitution. Il en résulte que la constitutionnalité de ces juridictions dites spéciales obéit d'une part à une logique qui soutiendrait leur constitutionnalisation par la plupart des textes constitutionnels de ces pays bien qu'à symétrie variable et d'autre part leur conformité aux exigences du procès équitable. Ce dernier qui constitue une composante essentielle de la justice dans les sociétés et qui contribue à la réalisation effective de l'État de droit n'occupe qu'une place marginale dans le fonctionnement de ces juridictions spéciales. D'où l'urgence de reconsidérer leur constitutionnalité.

[39] F. KOUM, *La justiciabilité des civils devant les juridictions militaires et le droit international : Le cas du Cameroun,* thèse de doctorat, Université de Yaoundé II, 2013-2014, p. 92

[40] Andreu-Guzman de la Commission internationale des juristes cité par RAPOPORT (Th.) « L'appréciation du droit à un procès équitable et à un recours effectif en matière de justice militaire » in *MBDE/ Rapports droit interne et droit international ou européen,* Publication de l'Université de Paris Nanterre, le 6 avril 2009, p. 1

Annexe : tableau comparatif de la constitutionnalité des Hautes cours de justice et des tribunaux militaires dans l'Afrique francophone, octobre 2022

PAYS	DÉSIGNATIONS DE JURIDICTIONS SPÉCIALES	FONDEMENTS CONSTITUTIONNELS	TEXTES D'ORGANISATION ET DE FONCTIONNEMENT	OBSER-VATIONS
Bénin	HCJ : **Haute Cour de Justice**	Art. 135,136 et 137 de la Constitution du 11 décembre 1990 révisé	Loi organique n° 93-013 du 10 août 1999 fixant les règles de fonctionnement de la Haute Cour de Justice	
	TM : **ENS**	Art. 125 de la Constitution du Bénin révisée (Hypothétique car il n'existe pas au Bénin de tribunal militaire)	Il n'y a pas de texte régissant les TM au Bénin. À ne pas confondre avec la Cour de répression des infractions économiques et du terrorisme en abrégé **CRIET** créée conformément à la loi n° 2018-13 du 2 juillet 2018 relative à la Cour de répression des infractions économiques et du terrorisme pour poursuivre la lutte contre la corruption au Bénin	
Burkina Faso	HCJ : **Haute Cour de Justice**	Art. 137 de la Constitution du 2 juin 1 991	Adoptée en 1995, la loi organique portant organisation et fonctionnement de la Haute Cour de Justice a été modifiée en 2015. En août 2022, une nouvelle loi a été adoptée pour la mise en place de la Haute Cour de Justice	
	TM : **Tribunaux militaires**	Art. 126 de la Constitution	Loi n °044-2017/AN portant modification de la Loi n° 24/94/ADP du 24 mai 1994 portant Code de justice militaire	
Cameroun	HCJ : **Haute Cour de Justice**	Art. 53 de la loi constitutionnelle n° 96/06 du 18 janvier 1996	ENS	
	TM : **Tribunaux militaires**	Art. 37 al. 2 de la loi constitutionnelle du 18 janvier 1996	- La loi n 2006/015 du 29 décembre 2006 portant organisation judiciaire. Dans l'ordonnancement judiciaire du Cameroun, cette loi cite expressément les TM - La loi n° 2008/015 du 29 décembre 2008 portant organisation judiciaire militaire	
République centrafricaine	HCJ : **Haute Cour de Justice**	Art. 122- 127 de la Constitution du 30 mars 2016	Loi n° 09.010 du 3 août 2009 portant organisation et fonctionnement de la Haute Cour de Justice	
	TM : **ENS**	ENS dans la Constitution	Loi n° 17.012 du 24 mars 2017 portant code de la justice militaire	
Côte d'Ivoire	HCJ : **Haute Cour de Justice**	Art. 156-162 de la Constitution ivoirienne consolidée de 2020	Loi organique n° 2002-05 du 31 janvier 2002 déterminant la composition, le fonctionnement et la procédure de la Haute Cour de Justice	
	TM : **Tribunaux militaires**	ENS dans la Constitution	Loi n° 74-350 du 24 juillet 1974 relative à l'institution du Code de procédure militaire	
Gabon	HCJ : **Haute Cour de Justice**	Art.78 de la Constitution régie par la loi n° 3/9 du 26 mars 1991	Loi n° 1/9 du 18 mars 1994	

	TM :	Art.67 de la Constitution (loi n° 47/2010 du 12 janvier 2011)	Loi n° 002/CNT/2012 portant code de justice militaire	
Guinée	HCJ :	Art. 117 et 122 de la Constitution du 2 octobre 1958	Loi organique L/91 009/91 du 23 décembre 1991 portant attribution, organisation et fonctionnement de la Haute Cour de Justice et fixation de la procédure suivie devant elle	
	TM :	Art.108 de la Constitution	Loi L/2017/037/AN du 31 mai 2017, portant code de justice militaire de la République de Guinée	
Guinée	HCJ :			
	TM :			
Guinée Bissau	HCJ :			
	TM :	Art. 121 al. 2		
Haïti	HCJ :	Art. 185 à 190 de la Constitution du 1987		
	TM :	Art. 173 de la Constitution		
Madagascar	HCJ :	Art. 131 à 137 de la Constitution	La loi organique n° 2014-043 relative à la Haute Cour de Justice	
	TM :	Art. 106 de la Constitution		
Mali	HCJ :	Art.95 96 de la Constitution de 1992	Loi n° 097-001 du 13 janvier fixant la composition et les règles de fonctionnement de la Haute Cour de Justice ainsi que la procédure suivie devant elle	
	TM :	Art. 81 de la Constitution		
Niger	HCJ :	Art.142 à 145 de la Constitution de la VII$^{e\,R}$épublique	Loi n° 93-006 du 27 août 1993 fixant l'organisation, le fonctionnement et la procédure suivie devant la Haute Cour de Justice	
	TM :	Art. 116 de la Constitution	Loi n° 2003 010 du 11 mars portant code de justice militaire	
R. D. Congo	HCJ :			
	TM :	Art. 156 de la Constitution	Loi n° 023/2002 du 18 novembre 2002 portant code de justice militaire	
République du Congo	HCJ :	Art. 191 à 195 de la Constitution	Loi n° 1-99 de 1999 portant sur les attributions, l'organisation et le fonctionnement de la Haute Cour de Justice	
	TM :	Art. 166 de la Constitution	La loi n° 22-92 du 20 août 1998 portant organisation du pouvoir judiciaire	
République islamique de Mauritanie	HCJ :	Art. 92 93 de la Constitution	Loi organique n° 2020-030 du 8 décembre 2020 modifiant et complétant la loi organique n° 21-2008 du 30 avril 2008, relative à la Haute Cour de Justice	
	TM :		Ordonnance n° 2007/02/portant organisation judiciaire	

LE GENRE EN DROIT CONSTITUTIONNEL : RÉFLEXION SUR UN OBJET DU CONSTITUTIONNALISME AFRICAIN

Serge François SOBZE

Agrégé des facultés de droit
Université de Douala (Cameroun)

Le droit constitutionnel africain est-il devenu essentiellement démotique ?[1] À la suite des remarques faites par le professeur Koffi AHADZI NONOU[2] et du constat selon lequel de nombreux conflits politiques ou postélectoraux résultent souvent de l'absence de véritables prises en compte de la composition humaine des collectivités étatiques africaines[3], on comprend que le *démos*, le *substrat humain* énoncé dans les *Constitutions du renouveau démocratique africain* n'est plus simplement une question de droit, mais aussi une question de fait, *de jure* comme *de facto*. On en infère aussi avec Marcel Prélot que le droit constitutionnel africain *« civique et démotique »*[4] n'existe qu'inséré au cœur d'une société[5]. *Ubi societas, ibi jus*[6].

Sous le prisme de cette (r) évolution, le droit public en général[7] et *« l'espace constitutionnel »*[8] en particulier, s'est considérablement enrichi de nouveaux

---

[1] S. PIERRE-CAPS, « La VIe République et la notion de constitution démotique », in H. ROUSSILLON, *Demain la sixième république* ? [En ligne] Toulouse, Presses universitaire de Toulouse I, Capitole, 2007 ; « Le Conseil constitutionnel et la question du DEMOS », *Mélanges en l'honneur de Louis FAVOREU, Renouveau du droit constitutionnel,* Paris, Dalloz, 2007, p. 387 sq. Lire aussi V. CONSTANTINESCO, S. PIERRÉ-CAPS, *Droit constitutionnel*, Paris, 7e éd., 2016, p. 301 sq.

[2] K. AHADZI NONOU, « Remarque sur la constitution démotique en Afrique noire », *in* F. J. AIVO, J. du B. de GAUDUSSON, C. DESOUCHES et J. MAILA, (dir.), *Mélanges en l'honneur du Président Robert DOSSOU, L'amphithéâtre et le prétoire. Au service des droits de l'homme et de la démocratie,* Paris, L'Harmattan, 2020, pp. 100-110.

[3] A. ONDOUA, « La population en droit constitutionnel. Le cas des pays d'Afrique francophone », *Afrique contemporaine*, n° 242, 2012, p. 87- 97.

[4] L'expression « *droit constitutionnel démotique* » fut employée pour la première fois en 1963 par M. PRÉLOT, *Institutions politiques et droit constitutionnel*, Paris, Dalloz, 1963, 3e éd., p. 31.

[5] M. PRÉLOT, *Institutions politiques et droit constitutionnel*, Paris, Dalloz, 1990, 11e éd. p. 8.

[6] À chaque société, son droit. Le droit est inhérent à l'organisation sociale depuis l'origine des sociétés humaines.

[7] P. ARDANT, « L'égalité des personnes en droit public ou à la poursuite de l'insaisissable égalité réelle », in *La personne humaine, sujet de droit*, PUF, publication de la FDSS de Poitiers, 1994, p. 135.

[8] P. PACTET, « Réflexions sur le droit constitutionnel et son enseignement », *RDP*, 2010, n° 1, p. 161.

objets[9] tels que la lustration[10], la nécessité[11], l'animal[12], l'ethnie[13], la population[14], le peuple[15], la fraternité[16], les langues[17] et aujourd'hui le genre[18]. Cette transformation substantielle contemporaine[19] est bien déclinée par la doctrine qui confirme que la mutation des matières constitutionnelles a complètement changé la donne en faisant du *substrat humain* le facteur essentiel d'enracinement du *démos*[20] dans les démocraties africaines et du genre, le rempart de la consolidation du « *principe constitutionnel d'égalité* », le marqueur de *l'humanisme constitutionnel*[21] africain. Les Constitutions africaines s'offrent enfin un sens[22] comme l'aurait préconisé Pierre François Gonidec par ses propos ironiques[23].

En outre, il y a une vingtaine d'années, la doctrine relevait que les « *questions de genre sont de celles qui suscitent le plus de controverses* »[24], ou qui ne participent pas du « *domaine des objets consacrés et légitimes de la recherche en*

---

[9] S. MOUTON (dir.), *Les nouveaux objets du droit constitutionnel*, Presses de l'Université des sciences sociales de Toulouse, 2006, p. 79 -121.

[10] D. E. ADOUKI, « La lustration dans le constitutionnalisme contemporain », *Revue française de droit constitutionnel*, 2022/1, n° 129, p. 1-17.

[11] A. F. ONDOUA, « La nécessité en droit constitutionnel. Étude à partir de quelques expériences africaines », in M. ONDOA et P. E. ABANE ENGOLO, (dir.), *L'exception en droit, Mélanges en l'honneur de Joseph OWONA*, Paris, L'Harmattan, 2021, p. 57 -81.

[12] O. GOSSIOT, « L'animal, nouvel objet du droit constitutionnel », *in* H. ROUSSIGNOL, X. BIOY, S. MOUTON (dir.), *Les nouveaux objets du droit constitutionnel*, PUSS de Toulouse, 2006, p. 79-121 ; E. NGANGO YOUMBI, « La protection constitutionnelle de l'animal en Afrique du Sud », *RDP*, n° 3-2018 p. 771.

[13] H. M. NTAH A MATSAH, « L'ethnie dans les constitutions africaines : réflexion sur un objet du constitutionnalisme africain », *Annales africaines, Nouvelle série*, Vol. 1, avril 2021 n° 14, p. 333-364.

[14] A. ONDOUA, « La population en droit constitutionnel… », *op. cit.* p. 87- 97.

[15] S. KOUTSOUBINAS, *Le peuple dans la Constitution hellénique de 1975,* Presses universitaires de Nancy, 1989, p. 5 ; M. DIAKHATE, « À la recherche du Peuple dans les systèmes constitutionnels de l'Afrique subsaharienne francophone », *Afrilex*, juin 2021, 36 p.

[16] *Décision du Conseil constitutionnel français du 6 juillet 2018.*

[17] A.-M. POURHIET, « Langues et Constitutions », in *Raisons Politiques*, 2001/2, n° 2, Colloque Université de Rennes I, 8 décembre 2000, p. 207-215.

[18] R. NGANDO SANDJE, « La question du genre dans le droit électoral camerounais : d'une énonciation législative ambiguë à une nouvelle aventure pour le droit positif », *Revue juridique et politique des États francophone*, vol. 69-2, p. 176-195. Le genre n'est plus un objet isolé du droit électoral, il innerve tout le droit et en particulier le droit constitutionnel en tant que socle de construction d'égalité entre les citoyens ; P. VOUFFO, « La promotion du genre au Cameroun », *Juridis périodique*, n° 127, juillet-août-sept.2021, p. 113-123.

[19] M. ONDOA et P. E. ABANE (dir.) *Les transformations contemporaines du droit public en Afrique*, L'Harmattan, 2018, 146 p.

[20] M. VERVIN, « La question du droit constitutionnel démotique, une question actuelle », *Civitas Europa*, vol. 10, n° 9, 2002, p. 147.

[21] L'expression *humanisme constitutionnel* est déduite de « *l'humanisme juridique* » qui traduit le mouvement idéologique visant à la défense de la personne dans ses droits et destinée à la recherche de son développement moral et de son épanouissement. Lire utilement P. GILLI, « Humanisme juridique et science du droit au XVe siècle. Tentations compétitives au sein des élites lettrées et réorganisation du champ politique », *Revue de synthèse*, tome 130, 6è série, n° 4, p. 371-593.

[22] F. HOURQUEBIE, « Le sens d'une constitution vu de l'Afrique », septembre 2018, n° 1, https//www.conseil-constitutionnel.fr/publication/titre/le-sens-d'uneconstitution-vu-de-l'afrique (consulté le 14 mars 2021).

[23] P.-F. GONIDEC, « À quoi servent les constitutions africaines ? Réflexion sur le constitutionnalisme africain », *RJPIC*, n° 4, 1988, p. 849.

[24] L. DONFACK SOKENG, « Le sexe du droit au Cameroun (À propos de l'égalité juridique entre la femme et l'homme) », *Cahiers Juridiques et Politiques*, 2009, p. 171-172, (spec. p. 171).

sciences sociales dans la plupart des pays d'Afrique noire »[25]. De nos jours, le genre connaît une biographie *sociojuridique*[26]identifiable. Sa résilience contribue à faire du principe constitutionnel d'égalité une figure de l'État de droit[27]et de la subjectivité[28], une spécificité du constitutionnalisme africain.

Le genre, cet objet situé du constitutionnalisme classique est en perpétuelle situation au regard des textes et même de la jurisprudence en la matière. Il n'est plus une *« fantaisie de plus »*[29] pour le constitutionnalisme, encore moins une expression du *« politiquement correct constitutionnel »*[30]. Il est au cœur des démocraties africaines en quête *d'égalité*[31]et fait l'objet de nombreuses études en sociologie politique[32], en gouvernance[33] et politiques publiques[34].

Il importe donc de fixer un contenu acceptable aux notions de genre et de constitutionnalisme dont l'importance n'est plus à démontrer dans la science constitutionnelle.

Le genre est un concept par essence polysémique. Du latin *genus* ou *generis*, il est appréhendé comme étant une division fondée sur un ou plusieurs caractères communs[35]. Il s'agit, selon les grammairiens, d'une catégorie grammaticale fondée sur la distinction naturelle des sexes ou sur une distinction conventionnelle, de la propriété qu'ont les noms d'être masculins, féminins ou neutres ou d'un style particulier d'une forme d'art que l'on différencie par sa structure, son contenu ou

---

[25] L. SINDJOUN, *La biographie sociale du sexe, Genre, société et politique au Cameroun*, Karthala, CODESIRA, Paris, Dakar, 2000, 334p.

[26] C'est le cas du Bénin où on assiste depuis 2021 à une promulgation excessive des lois en faveur de la femme et à une succession des décisions constitutionnelles motivées par la promotion du principe d'égalité.

[27] L. DONFACK SOKENG, « L'État de droit en Afrique », in *La revue du CERDIP*, Vol.1, n° 2, juillet- décembre 2002, p. 87-125 ; voir également O. JOUANJAN, (dir.), *Les figures de l'État de droit*, Institut de recherches Carré de MALBERG, Coll. de l'Université Robert Schumann, 2001, p. 6-52 ; J. F. WANDJI K., « L'État de droit en Afrique : L'arlésienne ? », *Revue Solon*, Vol. III, n° 8, août 2014, p. 93-140.

[28] A. SOMA, *Traité de droit constitutionnel. op. cit.* p. 351. Le droit constitutionnel subjectif s'oppose au droit constitutionnel objectif, et se résume en *« obligations constitutionnelles personnelles ».* p. 351.

[29] J. DJOGBENOU, « Le Contrôle de constitutionnalité des décisions de justice : Une fantaisie de plus ? », *Afrilex*, *Revue électronique*, Avril, 2014, p. 1-27.

[30] A. ONDOUA, *op.cit.* p. 87 ; A. L. ESSOMBA, « Le statut des épouses des Chefs d'États en Afrique noire : les cas du Cameroun, du Bénin et du Nigeria », *RADP*, vol. X, n° 2024, supplément 2021, p. 93-121.

[31] Art. 26 al. 1 et 2 de la Constitution béninoise de 1991. Lire respectivement les articles 13 et 14 de la Constitution tchadienne du 14 décembre 2020 : « *Les Tchadiens des deux sexes ont les mêmes droits et les mêmes devoirs » et « [...] sont égaux devant la loi ».* « *L'État assure à tous l'égalité devant la loi sans distinction d'origine, de race, de sexe, de religion, d'opinion politique ou de position sociale ».*

[32] I. MOUICH, « Genre et commandement territorial au Cameroun », *Cahier d'étude africaines* [en ligne] 186/2007, le 31 mai 2010, URL : http://étudesafricaines. Revues.org/745, consulté le 20 juin 2022.

[33] F. J. MEDOU NGOA, « Le genre à l'épreuve de la représentation au Cameroun », *Revue camerounaise de droit et de science politique, Janus,* 9e année, n° 4, juin 2015, p. 39-72.

[34] C. COQUERY-VIDROVITCH, « Des reines mères aux épouses de Président », *Politique africaine*, 2004/3, n° 95, p. 19-31 ; P. NKOLO ASSE, « Les femmes et l'accès aux positions de pouvoir au Cameroun », *Syllabus Review* 6 (2), 2015 : 1-21 ; J. PALMIERI, « Le genre institutionnalisé, une machine antipolitique ? » Esquisses | Les Afriques dans le monde, 2018, Disponible à l'adresse : https://elam.hypotheses.org/149. Version PDF : 29 p.

[35] Cf. *Le petit Larousse illustré*, 2014, p. 537 sq.

son style[36]. Ainsi, le sexe et le genre se recoupent mais ne se recouvrent pas. Le premier est généralement biologique et donc par nature (abstraction faite de la mutation de sexe avec le phénomène de transsexualisme), tandis que le genre est conçu pour désigner « *le sexe social* » et apparaît comme culturel[37].

Nous retiendrons cette approche doctrinale selon laquelle : « *le mot genre renvoie aux rôles et aux comportements sociaux associés aux femmes et aux hommes, ainsi qu'aux attentes de la société envers eux* »[38].

Pour la notion de Constitution, on ne reviendra plus sur sa double appréhension matérielle et formelle qui difficilement reflète ses réalités actuelles essentiellement sociales ou sociétales[39]. Ce qui importe, c'est le contenu et la finalité des « *règles de procédure* » et « *règles de fond* »[40], qu'elle édicte dès lors que celles-ci ont pour vocation, d'une part, d'aménager l'organisation et le fonctionnement des pouvoirs publics[41] et, d'autre part, de garantir les droits et libertés des citoyens[42]. L'étude retiendra comme définition opératoire, cette formule de Gérard Conac, selon laquelle « *les constitutions ne sont pas seulement des techniques de l'autorité. Elles sont aussi des techniques des libertés* »[43].

Nolens volens, aborder la question du genre dans un ordre constitutionnel africain en pleine démocratisation conduit à se poser la question suivante : **quelle est la place du genre dans la compréhension et la construction du principe d'égalité dans le nouveau constitutionnalisme africain ?** À l'analyse, le genre occupe une place mitigée dans le constitutionnalisme africain en quête d'identité et d'originalité[44]. Bien que minoré par le constitutionnalisme classique, il s'épanouit dans son essence contemporaine, dans la modernité constitutionnelle. Une telle transformation revêt un double intérêt : théorique et pratique.

Sur le plan théorique, elle permet d'une part d'évaluer le niveau d'incrustation dans l'ordre constitutionnel africain du *substrat humain* sous le prisme du genre et d'autre part, de mettre à jour l'état de la doctrine constitutionnaliste et de la

---

[36] M. LESSARD et S. ZACCOUR, « Quel genre de droit ? Autopsie du séisme dans la langue juridique », *Revue de Droit de l'université de Sherbrooke*, n° 4, 2007, p. 255.

[37] D. LOCHAK, « Dualité de sexe et dualité de genre dans les normes juridiques », *in Mélanges André LAJOIE : le droit, une variable dépendante,* Québec, Thémis, 2008, p. 663 ; L. D. SOKENG, « Le sexe du droit… », *op. cit.* Pour ce dernier, « *si le sexe désigne principalement les composantes biologiques de la division sexuée de l'espèce humaine, le genre quant à lui porte sur les éléments culturels de cette distinction* ».

[38] M. ELIZABETH KING, D. ANDREW MASON, *Genre et développement économique. Vers l'égalité des sexes dans les droits, les ressources et la participation* (Rapport de la Banque mondiale sur les politiques de développement), Québec Éditions Saint-Martin, 2003, p. 1.

[39] La Constitution est à la fois un produit politique et social. Politique, car elle est la transcription en droit d'un ensemble de revendications pertinentes et réalistes au regard de l'évolution de la société. Sociale, car le droit – et le droit constitutionnel particulièrement – a une fonction sociale. Lire utilement M. HAURIOU, Précis de droit constitutionnel, Paris, Sirey, 1929, p. 614-735.

[40] H. KELSEN, « La garantie juridictionnelle de la constitution », *RDP*, 1928, t. 45e, p. 206.

[41] P. PACTECT, F. MERLIN-SOUCRAMANIEN, *Droit constitutionnel*, 35e éd. Sirey, 2017, p. 440-442.

[42] G. BURDEAU, *Traité de science politique, op. cit ;* B.-R. GUIMDO, « Les constitutions des États d'Afrique noire francophone à l'épreuve de la démocratie », *RADP*, vol. IV, n° 18bis, spécial, 1er septembre 2020, p. 7-38.

[43] G. CONAC, « Les constitutions des États d'Afrique et leur effectivité », in *Dynamiques et finalités des droits africains*, Paris, Economica, 1980, p. 391.

[44] G. ROSSATANGA-RIGNAULT et F. ENONGOUE, *L'Afrique existe-t-elle ? À propos d'un malentendu persistant sur l'identité,* Édition Dianoïa, avril 2006, 127 p.

jurisprudence en rapport avec la question d'égalité dans cet espace juridique. Elle contribue à apprivoiser l'ambivalence qui caractérise l'égalité et l'exigence des composantes sociologiques[45] et à faire de la centralité dont bénéficie le genre, la figure humaine de l'État de droit en Afrique[46].

Sur le plan pratique, l'étude permet d'inscrire la question d'égalité entre l'homme et la femme au cœur de la conscience citoyenne en relevant ses tenants et ses aboutissants dans un continent où les femmes ne laissent plus faire et ne se laissent plus faire, comme en témoigne leur dynamisme actuel[47]. Elle contribue à une représentation matérialiste de l'égalité, en évoquant la protection particulière à accorder à certaines catégories telles la femme[48], la mère et l'enfant, les personnes handicapées et les personnes âgées[49]. C'est l'amorce d'une égalité des conditions, d'une égalité des chances voire d'une égalité complète.

Dans la perspective d'apporter les éléments de réponse à l'interrogation formulée, l'approche du positivisme qui commande par principe une analyse reposant sur l'exégèse[50], mais aussi de la « sociologie des normes »[51] donnerait à l'analyse une part de sa complétude.

Les expériences tirées du Bénin, du Burkina Faso, d'Afrique du Sud et du Cameroun sont à cet égard illustratives[52], car elles témoignent sous le prisme du genre, « *le passage à la démocratie* »[53] *consociationnelle*[54] ou *consociative*[55] dans les États d'Afrique considérés.

---

[45] A.- D. OLINGA, « L'exigence de la prise en compte des *composantes sociologiques de la circonscription* en droit électoral camerounais », *Juridis Périodique*, n° 28, 1996, pp. 67-72 ; J. MOUANGUE KOBILA, « Droit de la participation politique des minorités et des populations autochtones. L'application de l'exigence constitutionnelle de la prise en compte des composantes sociologiques de la circonscription dans la constitution des listes électorales au Cameroun », *RFDC*, n° 75, 2008, pp. 629-664.

[46] O. JOUANJOUAN, (dir.), *Les figures de l'État de droit*, Institut de recherches Carré de MALBERG, Coll. de l'Université Robert Schumann, 2001, p. 6-52.

[47] Au Bénin, la reconnaissance de la polygamie masculine a été paralysée par un recours en inconstitutionnalité exercé par la députée H. Rosine VIEYRA-SOGLO, pour non-conformité du projet de Code des personnes et de la famille avec le principe d'égalité homme-femme figurant à l'article 26, al. 2 de la Constitution. Il en est de même du grief soulevé par Eucharistie KOTOUNOU, en raison de la violation par les articles 6 et 12 du Code, de la Constitution en leurs dispositions consacrant l'égalité entre l'homme et la femme. V. J. DJOGBENOU, « Les personnes et la famille en République du Bénin : de la réalité sociale à l'actualité juridique », in *La personne, la famille et le droit en République du Bénin : Contribution à l'étude du Code des personnes et de la famille,* éd. Juris Ouanilo, fév. 2007, p. 1 3.

[48] La question est en débat. L. BERENI, E. LEPINARD, « Les femmes ne sont pas une catégorie, les stratégies de légitimation de la parité en France », *Revue française de science politique,* 2004/1 (Vol. 54), pp. 71-98.

[49] J. P. BRANLARD, *Le sexe et l'état des personnes. Aspects historiques, sociologique et juridique.* Th. LGDJ 1993, p. 3.

[50] H. KELSEN, *Théorie pure du droit*, Paris, Dalloz, 1062 ; P. REMY, « Le rôle de l'exégèse dans l'enseignement du droit au dix-neuvième siècle », *Annales d'histoire des facultés de droit et de la science juridique*, 1985, n° 2, p. 91-105 ; P. REMY, « Éloge de l'exégèse », *Droits*, 1985, n° 1, p. 115-123.

[51] J. CHEVALIER, « Pour une sociologie du droit constitutionnel », *op. cit.* p. 281-297.

[52] Une analyse cursive des constitutions et des jurisprudences constitutionnelles des États considérés permet de comprendre la centralité de la place qu'occupe le genre dans leurs ordres constitutionnels.

[53] G. HERMET, *Le passage à la démocratie,* Paris, Presses de sciences Po. 1996, 127 p.

[54] A. LIJPHART, *Democracy in plural societies. A Comparative Exploration,* New Haven, Yale University Press, 1997, p. 7.

À l'analyse, le genre n'est plus un tabou[56] pour le constitutionnalisme africain contemporain[57] mû par l'objectif de consolidation du « *principe constitutionnel d'égalité* ». S'il demeure un objet minoré du constitutionnalisme classique **(I)**, il faut dire qu'il se trouve célébré par le constitutionnalisme africain contemporain **(II)**.

I. LE GENRE, UN OBJET MINORÉ PAR LE CONSTITUTIONNALISME CLASSIQUE

Le genre s'incruste-t-il pertinemment dans les nouvelles tendances du constitutionnalisme africain ?[58] Sa prise en compte constitutionnelle, bien qu'encore lacunaire dans ses déclinaisons **(A)** et embryonnaire dans sa portée **(B)**, atteste de l'adaptation de l'ordre constitutionnel africain à *l'utilitarisme*[59] qu'impose le nouveau constitutionnalisme.

A. Les déclinaisons constitutionnelles lacunaires

Dans le constitutionnalisme classique africain, le genre souffre du chaud et du froid. En effet, il est victime si ce n'est d'un vide juridique, du moins d'une consécration avide inhérente à la clarté (1) prononcée d'une part et, au clair-obscur observé d'autre part (2).

1) La clarté

Le silence est une caractéristique primordiale de l'œuvre originelle des constituants en Afrique noire[60]. Les expressions « *clarté* » ou encore « *clair-obscur* » employé dans la présente réflexion renvoient tantôt à une déclinaison claire, tantôt au silence ou au flou qu'organisent les constituants et relatif à l'énoncé du genre dans leurs dispositifs normatifs.

À titre d'illustration, dans l'espace constitutionnel du Faso, le constituant va procéder à une prise en compte linéaire et extensive. L'exemple du Burkina Faso est à ce propos pédagogique, le préambule disposant que le peuple souverain reconnaît que « *la promotion du genre est un facteur de réalisation de l'égalité de droit entre hommes et femmes au Burkina Faso* ».[61]

---

[55] J. LACABANNE, *La démocratie consociative, Les éditions Persée*, 2 015 ; D. SINARDET, « Le fédéralisme *consociatif* belge : vecteur d'instabilité ? », *Pouvoirs*, 2011/1, n° 136, p. 33.

[56] J. DU BOIS DE GAUDUSSON, « Les tabous du constitutionnalisme en Afrique. Introduction thématique », in Afrique contemporaine, Vol. 2, n° 242, 2012, p. 53-58.

[57] L'étude se concentrera sur le constitutionnalisme des années 1990 et au-delà.

[58] K. AHADZI-NONOU, « Les nouvelles tendances du constitutionnalisme africain : le cas des États d'Afrique noire francophone », *La revue du CERDIP,* volume I, n° 2, juillet-décembre 2002, p. 35 ; F.-J. AÏVO « Les tendances émergentes du nouvel ordre constitutionnel en Afrique », *Revue du Conseil constitutionnel d'Algérie*, n° 4, 2014, p. 289-309.

[59] S. STUART MILL, *L'utilitarisme,* 2e édition revue, Paris, 1889. Ce traité de John Stuart Mill a été publié en 1863. IL s'inspire de la morale de Jeremy Bentham, fondateur de l'utilitarisme à la toute fin du XVIIIe siècle qui partait du principe que le plaisir est l'unique but de l'existence.

[60] F. J. AÏVO, « Le silence des constitutions en Afrique », Communication au colloque sur *« L'Afrique et l'internationalisation du constitutionnalisme : actrice ou spectatrice ? »*, Lomé, les 16 et 17 juin 2010, p. 1-29.

[61] Préambule de la Constitution du Burkina Faso *op. cit.*

Dans ce pays, la prise en compte du genre ou de la parité homme/femme occupe une place remarquable aussi bien dans les dispositifs constitutionnels que législatifs. À ce titre, de nombreuses interrogations qui se posent dans d'autres ordres juridiques y trouvent des solutions. Il s'agit de la question de l'égale répartition des sièges en termes de parité moitié hommes/moitié femmes[62], de la gestion des quotas ou du seuil minimum dans le discours électoral, ou enfin, celle de la formation du couple titulaire-suppléant aux élections des députés à l'Assemblée nationale dans une répartition concurrentielle femme-homme[63].

Le législateur burkinabé propose des réponses dans deux lois, l'une portant fixation de quotas aux élections législatives et municipales[64], l'autre portant fixation de quotas et modalités de positionnement des candidates et des candidats aux élections législatives et municipales[65]. La philosophie générale est posée par le législateur en ces termes : « *La fixation du quota est une mesure positive visant à permettre à l'un ou à l'autre sexe, sans discrimination aucune, de prendre part à la direction des affaires publiques par l'intermédiaire de représentants élus* »[66]. C'est l'article 3 de cette loi qui tranche le problème en relevant que : « *Toute liste de candidatures présentée par un parti politique ou regroupement de partis politiques, lors des élections législatives et municipales, doit comporter au moins 30 % de candidatures au profit de l'un et de l'autre sexe* ».

Le législateur de 2020 se veut encore plus expressif lorsqu'il mentionne à son article 3 que : « *les listes de candidatures présentées par chaque parti politique, ou regroupement de partis politiques [...] où il est en compétition, comporte en tête de liste titulaire, au moins 30 % de l'un et de l'autre sexe* »[67]. Par ailleurs, « *Chaque liste de candidatures présentée à l'occasion des élections législatives ou municipales doit être alternée femme-homme ou homme-femme* »[68]. Les dispositions de l'article 5 devraient être une source d'inspiration pour d'autres législateurs africains en quête d'alternance[69]. On peut y lire : « *Le positionnement alterné s'applique aussi bien à la liste des titulaires qu'à celle des suppléants. En aucun cas la tête de liste des titulaires et celle des suppléants ne doivent être du même sexe* »[70].

Par ailleurs, les mêmes précisions peuvent être tirées des dispositions de la Constitution sud-africaine de 1996. En effet, intitulé « *Bill of Rights* », le chapitre II de cette Charte fondamentale prend en compte l'égalité et le genre. Aussi dispose-t-il : « *Eveyone is equal before the law and has the right to equal protection end benefit of the law* ». « *The state may not unfairly discriminate*

---

[62] D. TURPIN, « La question des minorités en France », *in* : *Territoires et libertés, Mél. Yves Madiot*, Bruxelles, Bruylant, 2000, p. 498 et s.

[63] Cette dernière question que pose l'article 153 du Code électoral camerounais est au cœur du débat qu'insuffle la prise en compte du genre dans la constitution des listes de candidats.

[64] Loi n° 010-2009/AN portant fixation de quotas aux élections législatives et municipales.

[65] Loi n° 003-2020 /AN portant fixation de quotas et modalités de positionnement des candidates et des candidats aux élections législatives et municipales.

[66] Article 2 de la loi n° 010-2009/AN portant fixation de quotas aux élections législatives et municipales.

[67] Article 3 de la loi n° 003-2020 /AN, *op. cit.*

[68] Article 4 de la loi n° 003-2020 /AN, *op. cit.*

[69] Une liste alternée est une liste sur laquelle le positionnement d'un candidat d'un sexe donné est immédiatement suivi du positionnement d'un candidat de l'autre sexe. Cf. Art. 4 de la loi burkinabée de 2009.

[70] Article 5 de la loi n° 003-2020 /AN, *op. cit.*

directly or indirectly against anyone on one or more grounds, including race, gender, sex, pregnancy, marital status, ethnic or social origin, colour, sexual orientation, age, disability, religion, conscience, belief, culture, language and birth ». Cette reconnaissance se veut plus explicite, en ce qu'elle procède à un mélange de genres en interdisant toute discrimination basée sur *le genre, le sexe et l'orientation sexuelle.*

Le genre trouve une place aménagée au cœur du constitutionnalisme démocratique africain[71]. En revanche, dans certains ordres constitutionnels, on assiste à une consécration en clair-obscur où l'obscur flirte avec la clarté, certes, mais où la pénombre et le flou dominent.

2) Le clair-obscur

Le genre, perçu ici comme un nouvel objet du nouveau constitutionnalisme africain demeure un *impératif constitutionnel*[72] et nécessite, pour le besoin de la qualité du droit, une consécration explicite.

En revanche, le monème « *genre* » a connu une entrée timide dans l'univers du juriste, d'où la difficulté d'être classé parmi les catégories juridiques[73]. Cette reconnaissance fluctuante qui est perceptible dans la majorité des Constitutions des États africains est inspirée des Constitutions françaises et plus précisément de celle du 4 octobre 1958 qui, en son article 1er[74], rend bien compte du principe d'égalité de tous les citoyens devant la loi, mais ignore complètement la discrimination basée sur le sexe.

Dès lors, pour ce qui est de la parité hommes-femmes, et dans l'optique de favoriser la place des femmes dans la vie politique, le législateur français va instaurer en 1982, un « *quota* » minimal de 25 % de femmes sur les listes pour les élections municipales. Cette mesure sera jugée contraire à la Constitution par le Conseil constitutionnel, car elle méconnaît le principe d'égalité qui s'applique tant aux électeurs qu'aux candidats[75]. C'est la loi constitutionnelle du 8 juillet 1999 qui viendra poser le principe de l'égal accès et renvoyer à la loi le soin de déterminer les moyens de le mettre en œuvre.

En Afrique et précisément dans l'espace constitutionnel béninois, si le constituant procède de façon générique à la consécration du genre, *« l'homme et la femme sont égaux en droit »*[76], il faut recourir à *l'esprit dahoméen*[77] et à la politique jurisprudentielle offensive du juge constitutionnel pour comprendre que

---

[71] A.-D. OLINGA, « L'aménagement des droits et libertés dans la Constitution camerounaise révisée », *Revue universelle des droits de l'homme,* 1996, vol. 8, n° 4-7, p. 116-126.

[72] A. KPODAR, « L'impératif constitutionnel », *Revue Constitution et Consolidation*, n° spécial 001/semestre 1, Actes du colloque « La cour constitutionnelle béninoise, rupture et continuité », 2019, p. 101-125.

[73] M. VIRALLY, « Le phénomène juridique », *Revue de droit public et de la science politique en France et à l'étranger*, Vol. 82, 1996, p. 10.

[74] Article susvisé : « *La France est une République indivisible, laïque, démocratique et sociale. Elle assure l'égalité devant la loi de tous les citoyens sans distinction d'origine, de race ou de religion. Elle respecte toutes les croyances. Son organisation est décentralisée* ».

[75] Conseil constitutionnel français, *Décision du 18 novembre 1982.*

[76] Article 26 de la Constitution béninoise de 1990.

[77] Cf. Préambule : « *Affirmons notre volonté de coopérer dans la paix et l'amitié avec tous les peuples qui partagent nos idéaux de liberté, de justice, de solidarité humaine, sur la base d [u] principe d'égalité [...] ».*

l'égalité est une valeur de civilisation culturelle, philosophique et spirituelle, non sans être le fondement existentiel de la Constitution, le juge étant le garant. Le constituant camerounais lui emboîtera le pas.

La Constitution camerounaise du 18 janvier 1996 ne consacre pas *expressis verbis* le genre[78], mais laisse le soin au Code électoral[79] d'en préciser la clarté et, c'est précisément la loi n° 2012-001 portant Code électoral[80] qui en son article 151-3, exige une prise en compte du genre dans la constitution des listes de candidats et proscrit dans le même contexte en ses articles 156 et 175, toute discrimination fondée sur un élément spécificateur tel que le sexe[81].

Cette consécration a fait l'objet des critiques, car pour un auteur contemporain, la prise en compte du genre déroge formellement au droit positif du moment où elle requiert une division catégorielle dans un contexte marqué par l'unité du corps politique[82].

Cette analyse, en dépit de sa pertinence garde une certaine fébrilité, car la reconnaissance constitutionnelle du genre participe foncièrement à la recherche de l'égalité voire de la parité dans la construction de l'unité du corps politique. Un corps politique unique et non inique qui respecte l'équité et la représentativité démocratique. Par exemple, la laïcité de la république, qui a été consacrée par la loi de séparation des Églises et de l'État[83], est aujourd'hui à rapprocher de « *l'égalité de tous les citoyens sans distinction de religion* » et du respect de « *toutes les croyances* » s'assimilant à la liberté de conscience.

Le Code pénal camerounais ainsi que le Statut général de la fonction publique[84] s'inscrivent aussi dans cette logique rationnelle d'extension du principe d'égalité de genre.

En raison de son ancrage constitutionnel à géométrie variable, le genre, cet objet insaisissable connaît une portée constitutionnelle en demi-teinte, tantôt généreuse, tantôt douteuse.

B. La portée constitutionnelle embryonnaire

L'optimisme constitutionnel du genre est encore porteur des vices parce que revêtu d'une certaine ambivalence. S'il contribue à travers sa dynamique

---

[78] Cf. Préambule : *« l'État garantit à tous les citoyens de l'un et de l'autre sexe, les droits et libertés énumérés au préambule de la Constitution »*.

[79] La question du genre est une exigence pour la validation des listes de candidatures aux élections plurinominales. En droit électoral camerounais, elle puise sa source dans la loi n° 2012-001 portant code électoral et précisément en ses articles 151-3 et 156. L'un exigeant la prise en compte du genre dans la constitution des listes de candidats, et l'autre proscrivant dans le même contexte, toute discrimination fondée sur le sexe.

[80] Loi n° 2012/001 du 19 avril 2012 portant Code électoral, modifiée et complétée par la loi n° 2012 / 017 du 21 décembre 2012.

[81] Les dispositions des articles 151-3, 171-3, 218-3 ou 246-1 du Code exigent *une prise en compte du genre dans la constitution des listes de candidats*. Elles participent à la construction d'une *égalité électorale* au Cameroun.

[82] R. NGANDO SANDJE, « La question du genre dans le droit électoral camerounais », *op. cit.* p. 176-195.

[83] Promulguée le 9 décembre 1905, la loi concernant la séparation des Églises et de l'État est l'aboutissement d'un long processus de laïcisation et de sécularisation engagé depuis la révolution française.

[84] Décret n° 94/199 du 7 octobre 1994 portant Statut général de la fonction publique de l'État modifié et complété par le décret n° 2000/287 du 12 octobre 2000.

normative à insuffler une certaine discrimination positive (1), il faut dire qu'il peine à faire de la prise en compte du genre un instrument d'*objectivation* du constitutionnalisme africain en nette (r) évolution[85] (2).

1) La normation généreuse de la discrimination positive

Le genre occupe une place importante dans « *l'échelle de normativité* »[86] constitutionnelle en ce qu'il participe au renforcement de la suprématie du droit constitutionnel relationnel ou subjectif. Sa *normation*[87] selon l'heureuse expression du professeur Abdoulaye SOMA est généreuse en ce qu'elle facilite l'insertion de *la discrimination positive* dans l'espace juridique et plus précisément constitutionnel.

La discrimination positive, prise ici comme une mesure étatique permettant de mettre en œuvre le principe d'égalité garantie par la Constitution[88] impose l'adoption des mesures compensatoires visant certaines couches spécifiques de la société.

Les mesures compensatoires des inégalités contribuent au maintien d'une certaine cohérence et de l'harmonie parmi les citoyens, en dépit des revendications au traitement égalitaire[89]. L'État est de ce fait, tenu de recourir à la discrimination positive[90]encore appelée *affirmative action*[91]. Par exemple, aux États-Unis d'Amérique, en dépit de l'existence d'une clause dite de la protection égale dans le 14e amendement, la Cour suprême rendra des arrêts permettant la mise en œuvre de « *l'affirmative action* », c'est-à-dire d'une politique de préférence à l'égard des individus ressortissant des groupes (qui ont été historiquement opprimés ou qui se sont vus refuser l'égalité d'opportunité) en vue de l'affirmation de la diversité[92]. En revanche, elle rejettera l'utilisation des quotas raciaux dans des arrêts restés célèbres[93]. Avec le système américain, la protection du principe d'égalité rend

[85] Le constitutionnalisme révolutionnaire ayant pour but de « *donner forme normative à la nation* ». L'expression est de J. HUMMEL, *Essai sur la destinée de l'art constitutionnel*, Paris, Michel HOUDIARD, 2010, p. 46.

[86] A. KPODAR, « L'échelle de normativité du droit international public », *in* F. Merlin-SOUCRAMANIEN (dir.), *Mélanges en l'honneur de Jean du Bois de GAUDUSSON, Espaces du service public,* tome I, *Presses universitaire de Bordeaux*, 2013, p. 379- 402.

[87] A. SOMA, « L'utilité comme critère normatif du droit », *Revue CADI*, n° 018/ décembre, 2021, p. 1-32.

[88] A. LEVADE, « Discrimination positive et principe d'égalité en droit français », *Pouvoirs*, n° 11, 2004, *La discrimination positive*, p. 55 sq. (spéc. p. 69).

[89] B. M. METOU, « Autodétermination et principes d'unité et d'indivisibilité de l'État en droit constitutionnel des États africains francophone », *RRJ*, 2011-2, p. 1013.

[90] C. GWENAELE, *La discrimination positive*, Paris, PUF, Coll. *QSJ ?* 2004, p. 7-57.

[91] L'expression « affirmative action » désigne aux États-Unis un programme obligatoire de distribution préférentielle d'un bien ou d'une prestation (emploi public, marché public ; place d'université, etc.) aux membres d'une minorité ou d'un groupe social défavorisé en vue de compenser l'inégalité sociale existante. Lire G. CALVES, *L'affirmative action dans la jurisprudence de la cour suprême des États-Unis*, Paris, LGDJ, 1 998.

[92] L. SINDJOUN, *Les grandes décisions de la justice constitutionnelle africaine, Droit constitutionnel jurisprudentiel et politiques constitutionnelles au prisme des systèmes politiques africains*, Bruxelles, Bruylant, 2009, 596 p. (spéc. p. 433).

[93] *Arrêts Meredidth v. Jefferson County Board of Education* du 28 juin 2007 et *Gratz v. Bollinger* du 23 juin 2003.

compte de la promotion de la discrimination positive créant ainsi l'égalité d'opportunités[94].

Les discriminatives positives[95] relèvent donc *« d'une volonté de corriger une situation sociale jugée inégale au départ »*[96]. Si la notion de discrimination positive constitue cependant « *un des meilleurs exemples de ces expressions qui, bien qu'utilisées couramment, n'ont jamais fait l'objet d'un effort de définition* »[97], il faut dire qu'elle s'identifie selon la doctrine, à un véritable « *serpent de mer juridique tentant de louvoyer entre les différentes conceptions égalitaires »*[98]. Elle contribue, en dépit de nombreuses controverses[99], à l'effritement des inégalités de droit et à l'enracinement d'une égalité dans les faits[100].

De la constitutionnalité du principe d'égalité[101] se dégage implicitement une égalité de genre. L'égalité qui suppose *« l'existence d'un système juridique comportant des normes générales énonçant des distinctions autorisées et celles discriminatoires »*[102], est devenue la pierre angulaire de la jurisprudence constitutionnelle des États d'Afrique.

À ce sujet, la législation béninoise connaît une densification perceptible. On peut citer la promulgation en décembre 2021 de la loi modifiant et complétant la loi relative à la santé sexuelle et à la reproduction et, la loi portant dispositions spéciales de répression des infractions commises à raison du sexe des personnes et de protection de la femme en République du Bénin[103].

---

[94] J. BOUGRAB, *Les discriminations positives*, Paris, Dalloz, 2007, citée par L. SINDJOUN, *op. cit.* p. 433.

[95] Encore appelée *« action positive », « affirmative action » (États-Unis), « azioni positive » (Italie), « inégalité compensatrice », « promotion positive » (États-Unis), (Suisse), « mesures spéciales et concrètes », « non-discrimination active », « prise en compte des composantes sociologiques »,* la discrimination positive se rapproche de l'*« équilibre régionale »*, cristallisée par l'al. 4 de l'article 57 de la constitution camerounaise du 18 janv. 1996. J. M. KOBILA, *La protection des minorités et des peuples autochtones au Cameroun. Entre reconnaissance interne contrastée et consécration universelle réaffirmée*, Paris, Dianïoa 2009, 295 p.

[96] M. DEMEUSE, *La politique de discrimination positive en communauté française de Belgique : une méthode d'attribution des moyens supplémentaires basée sur des indicateurs objectifs*, *Cahiers du service de pédagogie expérimentale, Université de liège*, 01. 2001. p. 115.

[97] L. INGBER, *De l'égalité à la dignité en droit : de la forme au contenu, in Mélanges offerts à Pierre Van OMMESLAGHE*, Bruylant, 1 984.

[98] D. THARAUD, *Contribution à une théorie générale des discriminations positives*, thèse de doctorat, Université de Limoges, novembre 2006, 622 p (spéc. p. 4.).

[99] F. STASSE, *Pour les discriminations positives, Pouvoirs*, n° 111, 2004, p. 119 ; A.-G. SLAMA, *Contre la discrimination positive. La liberté insupportable, Pouvoirs*, n° 111, 2004.

[100] F. MERLIN-SOUCRAMANIEN, « Les adaptations du principe d'égalité à la diversité du territoire », *RFDA*, 1997, p. 911.

[101] F. MICLO, *Le principe d'égalité et la constitutionnalité des lois*, AJDA, 1982, p. 115.

[102] T. ATANGANA MALONGUE, « Le principe d'égalité en droit camerounais de la famille », *Revue internationale de droit comparé*, vol. 58, n° 3, 2006, p. 835.

[103] Cependant avec la coutume africaine en général et béninoise en particulièrement dominée par le règne du patriarcat, comment confronter ces potentielles discriminations positives avec les réformes constitutionnelles et législatives qui s'ensuivent ?

En dépit de leurs diversités, ces ensembles normatifs participent bien que timidement, à la rationalisation ce que le juge constitutionnel malgache a appelé « *les nécessités objectives de l'ordre social* »[104].

2) L'objectivation douteuse du genre dans le nouveau constitutionnalisme

En dépit des monographies existantes sur la question, le genre contribue encore timidement et de façon équivoque à la restauration de l'égalité.

La présente étude se propose d'interroger les mécanismes juridiques et *a-juridiques* permettant de rendre l'égalité de genre saisissable[105] et stable[106]. Aussi s'interroge-t-elle sur la pertinence des fondements juridiques visant à garantir cette égalité dans les ordres constitutionnels[107] considérés comme le « *réceptacle* »[108] d'expression du principe constitutionnel d'égalité. Tout comme la biographie sociale, la biographie *juridique* du genre peut désormais être comprise comme une entreprise de construction de la parité mise en échec par la domination masculine[109].

Dès lors, il faut partir du postulat selon lequel le principe d'égalité est consacré dans la plupart des Constitutions africaines[110] qui ne procèdent aucunement de la distinction qu'opérait Hans Kelsen entre l'égalité devant la loi et l'égalité dans la loi. La consécration du principe d'égalité vise à éliminer toute forme de discrimination dont peut être victime une communauté bien identifiée dans un État et empêche la stigmatisation des couches de population vulnérables[111].

En revanche, l'ancrage constitutionnel du principe d'égalité peine à objectiver l'égalité souhaitée.

Tout d'abord, l'objectivation du genre dans l'ordre social questionne et se questionne à l'aune des problématiques liées à la mutation ou à la transformation sexuelle en Afrique[112] et ailleurs. La détermination du statut juridique d'une transsexuelle opérée et passée d'un sexe masculin au sexe féminin reste un objectif pertinent. À ce titre, la Cour européenne des droits de l'homme dans *l'affaire*

---

[104] Selon la Haute Cour constitutionnelle malgache, « la légitimité de la transition est fondée sur les nécessités objectives de l'ordre social ». *Avis n° 02-HCC/av. du 31 juillet 2009 sur l'interprétation de l'article 53 de la Constitution.*

[105] P. ARDANT, « L'égalité des personnes en droit public ou à la poursuite de l'insaisissable égalité réelle », *op. cit.* p. 135.

[106] P. VOUFFO, « La promotion juridique du genre au Cameroun », *op. cit.* p. 115.

[107] S. P. KOUAM, « Comprendre les fondements juridiques et historiques de l'égalité de genre et de la participation politique des femmes », in Justine DIFFO TCHUNKAM (dir.), *Genre, Leadership et participation politique au Cameroun (1931-2013). Le Cameroun sur le chemin de la Parité,* 1re éd. Colorix, 2014, p. 89-107.

[108] J. HUMMEL, *Essai sur la destinée de l'art constitutionnel*, Paris, M. HOUDIARD, Éditeur, 2010, p. 32.

[109] L. SINDJOUN, *La biographie sociale du sexe… op.cit.*

[110] Le préambule de la constitution camerounaise dispose que : « *Tous les hommes sont égaux en droits et en devoirs* » et en son article 1 (2), que la République du Cameroun « *assure l'égalité de tous les citoyens devant la loi* ». On retrouvera les mêmes dispositions dans les articles 29 de la constitution algérienne, 26 de la constitution béninoise, 1er de la constitution du Burkina Faso, 11 de la constitution de la République du Congo, 7 de la constitution sénégalaise, 2 de la constitution malienne et 21 de la constitution togolaise.

[111] B. M. METOU, « Autodétermination et principes d'unité et d'indivisibilité de l'État en droit constitutionnel des États africains francophones », *RRJ*, 2011-2, p. 1003- 1031, (spéc. p. 1013).

[112] En Afrique, la pratique n'est pas encore généralisée et relève encore de la marge nationale d'appréciation.

Christine GOODWIN c. Royaume-Uni, constatera que la non-reconnaissance juridique d'une nouvelle identité sexuelle et du statut juridique des transsexuels à la requérante[113] qui a subi une conversion sexuelle est une atteinte au principe d'égalité, une violation du droit à la différence et une atteinte à sa dignité humaine[114]. Il y a violation de ses droits dans *les domaines de l'emploi, de la sécurité sociale et conjugale.*

Ensuite, la jurisprudence de la Cour africaine des droits de l'homme relative à la coalition des lesbiennes africaines marque une étape supplémentaire dans l'entreprise d'objectivation de la société africaine sous le prisme du genre[115]. La coalition en question se présente comme un réseau d'organisations engagées pour l'égalité des lesbiennes en Afrique, le but de ses actions étant de contribuer à la transformation de l'Afrique en un continent dans lequel les femmes, dans toutes leurs diversités, y compris les lesbiennes, jouissent de l'ensemble des droits humains et sont reconnues comme citoyennes à part entière.

Malgré la reconnaissance internationale de leurs actions, la Cour déboutera le Centre et la coalition dans leurs prétentions, motifs pris de ce que même si elles sont des organisations africaines au sens de l'article 4 (1) du Protocole à la Cour africaine[116], elles ne remplissent pas la deuxième condition nécessaire édictée par cette disposition comme fondement d'une compétence de la Cour, à savoir « *être reconnues par l'Union africaine* ». Par ces motifs, la Cour, à l'unanimité, s'opposera à l'avis consultatif qui lui a été demandé[117].

Il faut rappeler que si l'organisation puise son fondement juridique de la Constitution sud-africaine[118], elle s'inspire aussi des précédents jurisprudentiels et plus précisément des arrêts de 2005 par lesquels le juge constitutionnel sud-africain invalidait d'une part, la définition hétérosexuelle du mariage et de la famille et procédait à la reconnaissance du droit des homosexuels au mariage[119]. D'autre part, dans *l'arrêt Minister of Home Affairs and Another v. Fourie and Others*, le juge Albie SACHS, dans une décision unanime de la Cour constitutionnelle sud-africaine, déclarait la non-conformité, à la Constitution, de la loi et de la *Common law* qui méconnaissent le principe de l'égalité et le droit à l'orientation sexuelle[120].

---

[113] Ressortissante britannique née en 1973, Christine Goodwin, est une transsexuelle opérée passée du sexe masculin au sexe féminin.

[114] Arrêt de grande chambre dans *l'affaire Christine Goodwin c. Royaume-Uni,* rendu à Strasbourg le 11 juillet 2002 par la CEDH.

[115] Cour africaine des droits de l'homme, Demande d'avis consultatif introduite par le centre des droits de l'homme de l'Université de Pretoria (CHR) et la coalition des lesbiennes africaines, 28 septembre 2017.

[116] Article 4 (1) du Protocole relatif à la Charte africaine des droits de l'homme et des peuples portant création d'une Cour africaine des droits de l'homme et des peuples.

[117] Cf. Paragraphes 57 et 58 de la décision.

[118] La coalition a été créée en 2003 et enregistrée en Afrique du Sud en tant qu'organisation non gouvernementale dont le secrétariat est basé à Johannesburg. Elle puise son fondement juridique des dispositions du chapitre II de la Constitution sud-africaine intitulé « *Bill of Rights* ». Selon la constitution, "*The state may not unfairly discriminate directly or indirectly against anyone on one or more grounds, including race, gender, sex, pregnancy, [...], sexual orientation [...]*".

[119] *Arrêt de la Cour constitutionnelle d'Afrique du Sud du 1er déc. 2005.* Le juge constitutionnel se pose comme un juge des droits de l'homme dans le cadre de l'application des dispositions pertinentes de la constitution.

[120] Cour constitutionnelle sud-africaine, *arrêt Minister of Home Affairs and Another v. Fourie and Others* du 11 décembre 2005.

Cependant, la réalisation de cette égalité reste un vœu pieux, car l'hétérogénéité qui caractérise le couple homme/femme vient fragiliser l'homogénéité souhaitée sous le prisme du genre[121]. Au bord de cette cosmogonie, la prise en compte enthousiasmée du genre qu'incarne le constitutionnalisme contemporain africain fait figure d'interface entre le constitutionnalisme démocratique ou démotique et les limbes du droit.

II. LE GENRE, UN OBJET CÉLÉBRÉ PAR LE CONSTITUTIONNALISME CONTEMPORAIN

Le genre est au constitutionnalisme contemporain ce qu'est le numérique au droit, c'est-à-dire, un objet à ancrage matériel légèrement éprouvé **(A)** mais qui connaît un ancrage organique quasiment approuvé **(B).**

A. L'ancrage matériel éprouvé

Si le genre dans le constitutionnalisme africain contemporain est encore mis à l'épreuve de la modernité, c'est parce qu'il puise son fondement des expressions dont le contenu n'a pas été explicitement décliné par le législateur à l'exemple de la prise en compte des composantes sociologiques d'une part (1), et du réalisme dont souffre encore « *le principe constitutionnel d'égalité* », d'autre part (2).

1) L'affirmation ambiguë de la prise en compte des composantes sociologiques

L'exigence des composantes sociologiques s'illustre aujourd'hui comme la dorsale normative du contentieux électoral camerounais[122]. Son ambiguïté s'explique par le fait qu'en dépit des exigences d'intelligibilité et d'accessibilité[123] qu'imposent la qualité du droit[124] et la confection de la loi[125], l'exigence des composantes sociologiques fait encore partie des notions que Jean-Louis BERGEL qualifie de *notion à contenu variable, flou, indéterminé*[126], ou *d'arme redoutable entre les mains [du juge constitutionnel]*[127].

---

[121] S. PIERRE-CAPS, « Le conseil constitutionnel et la question du DEMOS », *Mélanges Louis FAVOREU*, Paris, Dalloz, 2007, p. 387.

[122] A.-D. OLINGA, « L'exigence de la prise en compte des composantes sociologiques de la circonscription en droit électoral camerounais », *Juridis Périodique*, n° 28, octobre-Décembre 1996, p. 67-72.

[123] *Décision de la Haute cour constitutionnelle malgache de 2015* qui fait du principe d'intelligibilité un objectif de valeur constitutionnel imposable au juge et au législateur, *Décision du 20 juillet 2021 de la cour constitutionnelle sénégalaise* qui fait du principe d'intelligibilité, un objectif de valeur constitutionnelle et une composante de la sécurité juridique. En droit français, l'intelligibilité et l'accessibilité de la norme sont déduites des articles 4, 5, 6 et 16 de la Déclaration française des droits de l'homme de 1789. Cf. *Décision du Conseil constitutionnel du 16 décembre 1999 et Décision de la CEDH du 26 avril 1979, Sunday time c. Royaume-Uni.*

[124] P. E. ABANE ENGOLO, « La notion de qualité du droit », *RADSP*, vol.1, 2013, p. 87-110.

[125] L. A. BOUVIER, *Le Conseil d'État et la confection de la loi*, LGDJ, Lextenso éditions, 2015, 148 p ; R. DRAGO, (dir.), *La confection de la loi*, PUF, 2005.

[126] J.-L. BERGEL, *Méthodes du droit, Théorie général du droit*, Paris, Dalloz, 1989, 2e éd. p. 109.

[127] B.-R. GUIMDO, *Le juge administratif camerounais et l'urgence. Recherches sur la place de l'urgence dans le contentieux administratif camerounais,* thèse en droit public, Université de Yaoundé II, 2004, p. 316.

En effet, si au regard de certaines décisions, le juge constitutionnel faisant office d'interprétation restrictive[128] a considéré que l'identité féminine était le critérium nécessaire de validation d'une liste électorale, la question des minorités telles que les handicapés, celle des identités ethniques, linguistiques, culturelles et même cultuelles qui sont aussi des composantes sociologiques, demeure. Il s'agit d'un vrai *casse-tête* pour le juge électoral[129].

Par ailleurs, la notion de composantes sociologiques illustre, dans la loi électorale ce que la doctrine camerounaise qualifie de « *sociation affective* »[130]. Le ton a été donné par la loi n° 91/020 du 16 décembre 1991 fixant les conditions d'élection des députés à l'Assemblée nationale qui dispose à son article 5 alinéa 4 que : « *la constitution de chaque liste doit tenir compte des différentes composantes sociologiques de la circonscription* »[131]. Cette formule sera reprise par le constituant de 1996 qui dans l'article 57 (2) martèle que : « *Le Conseil régional doit refléter les différentes composantes sociologiques de la région... »*[132].

Cette disposition bien qu'apportant une solution aux nombreuses discriminations dont sont victimes les couches fragilisées et précisément les femmes, a été critiquée par la doctrine togolaise du fait de sa limitation à la seule administration territoriale[133]. Le constituant aurait pu, selon le professeur Koffi AHADZI NONOU, l'étendre aux institutions nationales telles que le gouvernement, le parlement, l'administration générale, *etc.*[134].

En outre, même si au regard de l'article 151-3 du Code électoral camerounais, on peut en déduire que l'exigence de la prise en compte *des composantes sociologiques* trouve une certaine sécurité juridique ou tout simplement son « *lit de justice* »[135], il faut dire que pour la doctrine camerounaise, *« la disposition*

---

[128] Le juge constitutionnel considère cette méthode comme une voie opportune pour combler les lacunes de la constitution et assurer la continuité de l'État. Lire B. KANTÉ, « Les méthodes et techniques d'interprétation de la constitution : l'exemple des pays d'Afrique occidental francophone », *in* F. Merlin-Soucramanien (dir.), *L'interprétation constitutionnelle,* Paris, Dalloz, 2001, p. 156.

[129] A. NJIKAM NJIFOTHE, « La notion de composantes sociologiques en droit électoral camerounais », *RADP*, vol. IX, n° 18, 2020, p. 316 ; J. F. KANKEU, « Cameroun-Genre et composantes sociologiques : un casse-tête pour les juges de la Cour suprême », *Le Messager*, Douala, 2013.

[130] A. D. OLINGA, *La Constitution de la République du Cameroun,* Yaoundé, PUCAC/TA, 2006, p. 298-299.

[131] Cf. Article 5 alinéa 4 de la loi n° 91/020 du 16 décembre 1991 fixant les conditions d'élection des députés à l'Assemblée nationale. Elle sera modifiée et complétée par les lois n° 97/13 du 19 mars 1997 et n° 2006/009 du 29 décembre 2006 ; n° 92/002 du 14 août 1992 fixant les conditions d'élection des conseillers municipaux, modifiée et complétée par la loi n° 2006/010 du 19 décembre 2006 ; n° 2006/004 du 14 juillet 2006 fixant le mode d'élection des conseillers régionaux ou encore n° 2006/006 du 14 juillet 2006 fixant les conditions d'élection des Sénateurs.

[132] *Cf.* Article 57 (2) de la Constitution camerounaise du 18 janvier 1996.

[133] K. AHADZI NONOU, « Remarques sur la constitution démotique en Afrique noire », *in* F. J. AÏVO, J. du B. de GAUDUSSON, C. DESOUCHES et J. MAILA, (dir.), *L'amphithéâtre et le prétoire. Au service des droits de l'homme et de la démocratie, Mélanges en l'honneur du Président Robert DOSSOU*, L'Harmattan, 2020, p. 101-110.

[134] *Ibidem*, p. 107.

[135] La théorie du « *lit de justice* » est systématisée par le doyen Vedel. G. VEDEL, « Schengen et Maastricht. À propos de la décision n° 91-294 DC du Conseil constitutionnel du 25 juillet 1991 », *RFDA*, 1992, p. 173. « Si le juge ne gouverne pas, [dit l'auteur], c'est parce qu'à tout moment, le

[relative à la prise en compte des différentes composantes sociologiques dans la constitution des listes de candidats] est complexe et susceptible de poser de sérieux problèmes de mise en œuvre [...] »[136].

Son effectuation au plan juridictionnel, cause enfin quelques ambiguïtés d'où la timidité et l'audace qui habitent le juge camerounais. En effet, saisi pour connaître de la non-conformité des listes à l'exigence de la prise en compte des composantes sociologiques dans *l'affaire Enandjoum Bwanga et autres c/ État du Cameroun* (MINAT)[137], le juge dira que la liste du Social Democratic Front (SDF) ne se conforme pas à l'exigence ; *que « toutes les tribus ne sont pas représentées notamment les Banéka alors que l'ensemble de la commune a pour ressort territorial la zone rurale du canton banéka ».* Par la suite, il se déclarera incompétent pour vice de procédure[138]. Ce manque d'audace se poursuivra dans les *affaires EPALE Roger Delore*[139], *NGUEYONG MOUSSA*[140] ou encore *SDF et autres c/ État du Cameroun*[141].

Il faut attendre l'année 2007 pour voir le juge se débarrasser de sa camisole défensive et devenir un véritable gardien de la démocratie électorale au Cameroun. En s'inspirant des dispositions de l'article 189 du Code électoral[142] selon lesquelles, le contentieux des listes ressortit désormais, directement, de la compétence du juge, ce dernier disqualifiera dans *l'affaire Ngoh Ajong Dobgima*[143], la liste SDF dans laquelle aucun membre de la communauté Bamiléké (Bawocks) ne figurait parmi les 33 conseillers municipaux en compétition. Le juge sous le prisme du principe constitutionnel d'égalité, procède selon la doctrine camerounaise, à la prise en compte de toutes les communautés nationales dans la constitution des listes y compris celles considérées comme numériquement importantes[144].

---

souverain, à la condition de paraitre en majesté comme constituant peut, dans une sorte de lit de justice, briser leurs arrêts ».

[136] A.-D. OLINGA, « L'exigence de la prise en compte des "composantes sociologiques de la circonscription" en droit électoral camerounais », *Juridis Périodique,* n° 28, oct.-nov.-déc. 1996. Lire utilement D. BISAY BI SOL, *Les difficultés liées à la notion de composantes sociologiques des listes électorales dans les élections locales en droit camerounais,* mémoire de Master 2, Université de Yaoundé II, 2020, 88 p.

[137] Jugement n° 39/95-96/CS-CA, 9 mai 1996.

[138] Il sera évoqué ici le non-respect des dispositions de l'art. 12-2 de la Loi du 14 août 1992 fixant les conditions d'élection des conseillers municipaux qui requiert en matière du contentieux des listes, la saisine préalable de la commission communale de supervision des élections.

[139] CS/CA, Jugement n° 59/95-96, du 18 juillet 1996.

[140] CS/CA, Jugement n° 60/95-96, du 18 juillet 1996.

[141] CE, Arrêt n° 29, du 17 juillet 2002.

[142] Il y est écrit : « La décision d'acceptation ou de rejet d'une liste de candidats peut faire l'objet d'un recours devant la juridiction administrative compétence par un candidat, le mandataire de la liste intéressée ou de toute autre liste et par tout électeur inscrit sur une liste électorale de la commune concernée ».

[143] *Judgment n° 026/06-07/CE, 12 th june 2007.*

[144] J. MOUANGUE KOBILA, « Droit de la participation politique des minorités et des populations autochtones au Cameroun. L'application de l'exigence constitutionnelle de la prise en compte des composantes sociologiques de la circonscription dans la constitution des listes de candidats aux élections au Cameroun », *RFDC,* n° 75, 2008, p. 642.

2) La construction continue du « principe constitutionnel d'égalité »

Le principe constitutionnel d'égalité est par essence constitutionnel[145]et l'égalité de tous devant la loi sans distinction de sexe est un droit justiciable[146].

Les Constitutions africaines en général l'ont confirmé lorsqu'elles assurent l'égalité de tous les citoyens devant la loi[147]. C'est dire qu'au nom de l'égalité, « *tous les hommes doivent être équitablement traités par la loi et dans l'application de celle-ci* »[148], ce qui implique qu'ils aient les mêmes droits et les mêmes obligations et pas nécessairement les mêmes devoirs. Le constituant procédera à une consécration duale, c'est-à-dire à une consécration-énumération ou institution et, à une consécration-adhésion ou réception.

S'agissant de la *consécration-énumération*, le constituant béninois procède à une construction extensive marquant ainsi une entrée remarquable des droits catégoriels dans le jargon constitutionnel.

En effet, aux termes de l'article 26 de la Constitution béninoise du 11 décembre 1990, on peut lire : *« L'État assure à tous l'égalité devant la loi sans distinction d'origine, de race, de sexe, de religion, d'opinion politique ou de position sociale. L'homme et la femme sont égaux en droit ».* Cette consécration est assortie d'une discrimination positive en faveur des couches vulnérables telles la femme, l'enfant, les handicapés et les personnes âgées. Aussi précise-t-il : *« Toutefois, la loi peut fixer des dispositions spéciales d'amélioration de la représentation du peuple par les femmes. L'État protège la famille et particulièrement la mère et l'enfant. Il veille sur les handicapés et les personnes âgées ».*

Cette disposition rappelle l'ambivalence qui caractérise le principe d'égalité tel que consacré par le constituant. Ce dernier garantit l'égalité formelle de tous devant la loi et dans la loi et, consacre par la même disposition une discrimination potentielle, manifestation d'une différenciation, d'un traitement inégalitaire. Ce reflet de l'égalité dans l'absolu réaffirmé entre l'homme et la femme est une manifestation de la représentation matérialiste de l'égalité. Le genre se trouve ainsi sanctuarisé et même sacralisé dans les ordres constitutionnels africains en quête de démocratie participative.

Pour ce qui est de la *consécration-réception*, le principe de l'égalité entre l'homme et la femme se pose et s'impose dans les instruments internationaux[149], régionaux[150] et même communautaires[151] de protection des droits fondamentaux.

---

[145] F. LUCHAIRE, *La protection constitutionnelle des droits et des libertés*, Parsi, Economica, 1987, p. 221.

[146] Décision du Conseil constitutionnel du Sénégal de 2007, *Affaire n° 1/C/2007, Mme Aminata Mbengue Ndiaye et autres ; requêtes tendant à faire déclarer inconstitutionnelle la loi n° 23 /2007 du 27 mars 2007.*

[147] Article 1 (2) de la Constitution camerounaise du 18 janvier 1996 révisée.

[148] A. N. GBAGUIDI, « Égalité des époux, Égalité des enfants et le projet de code de la famille et des personnes du Bénin », *Revue béninoise des sciences juridiques et administratives*, n° spécial, octobre 1995, p. 3.

[149] V. Convention internationale sur l'élimination de toutes les formes de discriminations sociales de 1979.

[150] Préambule de la Charte africaine des droits de l'homme et des peuples adoptée à Nairobi en juin 1981.

[151] Le traité CEMAC, dispose en ses articles 4, 5 et 22 que : « Le États membres apportent leurs concours à la réalisation des objectifs de la communauté en adoptant toutes mesures générales ou particulières propres à assurer l'exécution des obligations découlant du présent traité ».

Cette reconnaissance qui prend naissance dans la Charte des Nations unies, notamment en son préambule où le peuple des nations proclame sa foi « *dans l'égalité des hommes et des femmes »,* sera entérinée par les Pactes des Nations unies de 1966. Il s'agit de l'article 26 du Pacte des Nations unies relatifs aux droits civils et politiques qui dispose que : *« [...] À cet égard, la loi doit interdire toute discrimination, et garantir à toutes les personnes une protection égale contre toute discrimination, notamment [...] de sexe [...] »,* et du Pacte relatif aux droits économiques, sociaux et culturels qui en ses articles 2 al. 2, et 3 prescrit aux États de garantir, d'une part, l'exercice des droits y énoncés, *« sans discrimination aucune fondée sur la race, la couleur, le sexe [...]* et, d'autre part, *« à assurer le droit égal qu'ont l'homme et la femme au bénéfice de tous les droits économiques, sociaux et culturels ».*

Elle se consolide par le biais de la Déclaration universelle des droits de l'homme, reprise par les Constitutions considérées qui dispose que : *« tous les êtres humains naissent libres et égaux en dignité et en droit... ».* Il en est de même des dispositions des articles 2 et 3 où on peut lire respectivement : *« chacun peut se prévaloir de tous les droits et de toutes les libertés proclamées dans la présente Déclaration, sans distinction aucune, notamment [...] de sexe »* ; *« toutes les personnes bénéficient d'une totale égalité devant la loi ».*

Sur le plan régional, la Charte africaine des droits de l'homme et des peuples énonce, en son article 3 que « *toutes les personnes bénéficient d'une totale égalité devant la loi* » et « *[...] ont droit à une égale protection de la loi* ». L'article 18, alinéa 3, de la même Charte rappelle que « *l'État a le devoir de veiller à l'élimination de toutes discriminations contre la femme et d'assurer la protection des droits de la femme et de l'enfant tels que stipulés dans les déclarations et conventions internationales* ». Elle sera suivie par son protocole et autres instruments connexes notamment, le Protocole à la Charte africaine des droits de l'homme et des peuples relatif aux droits des femmes[152], la Déclaration solennelle sur l'égalité entre les hommes et les femmes de 2004 dans laquelle les États réaffirment leur engagement au principe de l'égalité entre les hommes et les femmes, tel qu'énoncé dans l'article 4 (1) de l'acte constitutif de l'Union africaine[153]. La Charte africaine de la démocratie, des élections et de la gouvernance adoptée en 2003 se veut plus explicite lorsqu'elle dispose que : « *Les États parties reconnaissent le rôle vital des femmes dans la promotion et le renforcement de la démocratie* », qu'ils « *créent les conditions nécessaires pour assurer la participation pleine et entière des femmes aux processus et structures de prise de décisions à tous les niveaux, en tant qu'élément essentiel de la promotion et de la protection d'une culture démocratique* » ou qu'ils « *prennent les mesures susceptibles d'encourager la pleine participation des femmes dans le processus électoral et l'équilibre entre l'homme et la femme dans la représentation à tous les niveaux y compris au niveau des corps législatifs* »[154].

---

[152] S. F. SOBZE, *La dignité humaine dans l'ordre juridique africain*, thèse de doctorat, Université de Yaoundé, 2013, 559 p.
[153] Préambule de la Déclaration solennelle sur l'égalité entre les hommes et les femmes de 2004.
[154] Article 29 al. 1 et 2 de la Charte africaine de la démocratie, des élections et de la gouvernance.

Cette extension du genre au-delà de l'espace constitutionnel lui accorde une certaine légitimité internationale[155] et une justiciabilité interne certaine[156].

B. L'ancrage organique approuvé

Si l'objet de la constitutionnalisation du genre est de consacrer un élément objectif et matériel garantissant l'égalité, il faut préciser que d'autres organes participent aussi à sa rationalisation. Il s'agit des dispositifs *a-juridictionnels* (1) et juridictionnels (2) qui interviennent tant pour soutenir l'ordre constitutionnel que pour assurer à l'égalité de genre une garantie juridictionnelle[157].

1) L'institution des organes a-juridictionnels de promotion du genre

L'espace constitutionnel africain est un cadre de promotion de l'égalité de genre. Les institutions juridictionnelles ne pouvant toutes seules assurer une protection efficiente des droits et libertés fondamentaux, l'institutionnalisation des organes « *a-juridictionnels* »[158] s'avérait judicieuse. Ces organes bien que dépourvus de force contraignante, contribuent, à la promotion, c'est-à-dire à la sensibilisation, à la vulgarisation et non à la vulgarité des instruments garantissant les droits fondamentaux et, donc le principe d'égalité ou l'interdiction des discriminations notamment celles fondées sur le sexe. Ils sont dotés d'une personnalité juridique et jouissent d'une autotomie financière. On peut citer en général le rôle actif joué par les administrations[159] et, pour ce qui est du Cameroun, la place de la Commission des droits de l'homme[160] et du *Public Independent Conciliator* dans la construction de l'égalité et de la *paix sociale.*

La Commission a pour fonction principale la promotion et la protection des droits de l'homme et contribue selon les dispositions de l'article 4 de la loi portant création, au développement d'une culture des droits de l'homme fondée sur les idéaux de paix, d'égalité en droits et en devoirs. Elle reçoit toute dénonciation portant sur les droits et diligente des requêtes y relatives. À ce titre, elle sensibilise la société sur les problématiques sensibles telles que l'égalité de genre, la surpopulation carcérale et le droit de tous à l'éducation et à la santé. Ses missions s'apparentent mais ne se confondent pas à celles du Défenseur des droits en

---

[155] V. CHAMPEIL-DESPLATS, « La théorie générale de l'État est aussi une théorie des libertés fondamentales », *Jus politicum*, n° 8. 10 ; D. LOCHACK, « Droit des femmes, droits universels », *Hommes et Libertés*, n° 167, 2014, p. 41-43.

[156] Cour africaine des droits de l'homme, *Affaire Association pour le progrès et la défense des droits des femmes maliennes et Institute for Human Rights and Developpment in Africa contre l'État malien* de 2018. L. BOURGORGUE-LARSEN et G. F. NTWARI, « Chronique de jurisprudence de la cour africaine des droits de l'homme et des peuples (2018) », *Revue trimestrielle des droits de l'homme,* n° 120, 2019, p. 878.

[157] M.-J. REDOR, « Garantie juridictionnelle et droits fondamentaux », *Centre de recherche sur les droits fondamentaux, n° 2002,* p. 93.

[158] L'expression est empruntée à L. ROULET, « Pratique du tri et de la collégialité dans le cadre des référés-libertés « Covid-19 » : l'écueil d'une « *a-justice* » administrative ? », *Revue du droit public* - n° 3, 2022, p. 757.

[159] Cf. Avant-projet de texte portant régime de l'intégration du genre dans les politiques nationales de croissance et de l'emploi qui met l'accent sur les acteurs de la mise en œuvre de l'institutionnalisation du genre et sur la promotion du genre dans l'accès à l'éducation, la formation professionnelle, l'emploi et la santé au Cameroun.

[160] Née des cendres de la Commission nationale des droits de l'homme et des libertés, la Commission des droits de l'homme est créée par la loi n° 2019/014 du 19 juillet 2019.

France[161], du Médiateur de la république du Sénégal[162] ou du Médiateur du Faso[163] qualifié par le constituant burkinabé d'organe intercesseur gracieux entre l'administration publique et les citoyens[164]. Les décisions prises par ces institutions sont de nature plurielle, certaines ayant un caractère décisoire (délibérations), et d'autres, un caractère non décisoire (avis et recommandations).

Le *Public Independent Conciliator*[165] dont le champ d'expression est circonscrit aux régions du Nord-Ouest et du sud-ouest du Cameroun en raison du régime spécial[166]dont elles bénéficient[167], est une innovation de la réforme du droit des collectivités territoriales décentralisées[168] chargé d'examiner et de régler à l'amiable les litiges opposant les usagers à l'administration régionale et communale. Il a pour mission de défendre les droits et libertés dans le cadre des relations entre les citoyens et la région ou les communes de la région.

Il s'agit donc d'une autorité politique en charge de régulation de la société et plus précisément de construction de l'égalité et de lutte contre les discriminations au sein de la population anglophone[169]. Il est tenu « *de concevoir et de mettre en œuvre les mesures de prévention et de lutte contre les discriminations, directes ou indirectes dont pourraient être victimes les usagers des services régionaux et communaux* »[170]. À ce titre, il peut être saisi par toute personne qui s'estime victime d'une discrimination directe ou indirecte, prohibée par la loi ou par un engagement international régulièrement ratifié ou approuvé par le Cameroun. Il n'est pas un organe détenteur d'un pouvoir de décision[171] mais davantage un *aiguilleur*[172].

---

[161] H. ROSE, « Le défenseur des droits et la protection sociale », *Regards*, vol. 1, n° 47, p. 138.

[162] Le 4 octobre 2021, est entré en fonction le nouveau Médiateur de la République du Sénégal.

[163] Cf. Titre XIV bis, de la Constitution du Faso du 2 juin 1991 (Loi n° 033-2012/AN du 11 juin 2012- art. 1er). Contrairement aux Médiateurs dont la mission est de chercher et de proposer des solutions aux parties, le *Public Independant Conciliator* a pour fonction de concilier les parties en les amenant à trouver de commun accord une solution à leur différend, il est davantage un éclaireur, un aiguilleur. B.-R. GUIMDO DONGMO *op. cit.* p. 98.

[164] Art. 160-1 de la Constitution du Burkina Faso du 2 juin 1991.

[165] Article E367 du Code général des collectivités territoriales décentralisées du Cameroun : *« Il est institué auprès des Régions du Nord-Ouest et du Sud-Ouest un Public Independent Conciliator »*.

[166] R. NGANDO S., *L'indivisibilité de l'État et revendications identitaires au Cameroun*, mémoire de DEA de droit public, FSJP/UD, 2005-2006, 158 p. Selon l'auteur, « *la reconnaissance d'un statut spécial à certaines régions du Cameroun est née du fait que l'unité nationale était en proie à de nombreuses turbulences* ».

[167] Art. 62 (2) alinéa 2 de la Constitution du 18 janvier 1996 : « *sans préjudice des dispositions prévues au présent titre, la loi peut tenir compte des spécificités de certaines régions dans leurs organisations et leur fonctionnement* ». V. aussi l'article 366 du Code précité où on peut lire : *« Les règles relatives à l'administration régionale, conformément aux dispositions des articles 323 et 324 [...], s'appliquent aux régions du Nord-Ouest et du Sud-Ouest »*. Mais c'est lors du Grand dialogue national (GDN) tenu en 2019, que les recommandations ont été faites relativement à l'instauration d'un statut spécial pour certaines régions notamment celles de la partie anglophone.

[168] S. ALIYOU, « La réforme du droit des collectivités territoriales décentralisées au Cameroun », *Revue africaine et malgache de recherches scientifiques*, n° 2 juillet 2020, p. 122.

[169] A.-D. OLINGA, « La « question anglophone » dans le Cameroun d'aujourd'hui », *RJPIC*, n° 3, octobre-décembre, 1994, p. 292-308.

[170] *Ibid.* Article E367 (3).

[171] B.-R. GUIMDO DONGMO « La région en droit public camerounais : Quel « *janus* » juridique ? », *Juridis périodique*, n° 129, janvier-février-mars 2022, p. 90-98.

[172] L'expression est empruntée à L. FAVOREU, « Le pouvoir constituant et le juge constitutionnel », *Mélanges Jacques ROBERT*, Paris, Montchrestien, 1998, p. 135.

Les organes *a-juridictionnels* de protection des droits de l'homme ne prennent pas des actes décisoires, mais leurs recommandations peuvent positivement influencer les organes politiques et juridictionnels dans leur prise de décisions.

2) L'émancipation des organes juridictionnels de protection du genre

« L'impact du pouvoir exercé par les juges constitutionnels n'a rien d'automatique. Il découle d'efforts, parfois de hautes luttes, de leur part »[173]. La garantie juridictionnelle de l'égalité de genre dans l'espace constitutionnel africain en est une illustration parfaite, elle est l'œuvre de l'office offensif des juges constitutionnels africains. La doctrine se veut plus explicite lorsqu'elle rappelle que : « *la protection de l'égalité et de la non-discrimination par le juge constitutionnel recouvre plusieurs matières : tantôt, il s'agit de protéger l'égalité contre la parité, tantôt il s'agit de protéger l'égalité en refusant les discriminations faites aux homosexuels, tantôt il s'agit de protéger l'égal accès des citoyens au juge »*[174].

À ce titre, l'ordre juridictionnel béninois se présente comme le terrain de prédilection et même de prédication[175] en raison des décisions audacieuses dégagées par son juge constitutionnel. Cette (r) évolution judiciaire est l'œuvre de la Conférence des forces de la Nation, « *d'états généraux de la démocratie »*[176] convoquée en février 1990 pour guérir le Bénin de près de deux décennies de négation des droits de l'homme[177].

Les décisions qu'il importe de présenter dans cette étude attestent de ce que l'État de droit judiciaire a vu son état[178] amélioré dans l'ordre constitutionnel béninois, ou tout au moins, démis de l'Arlésien[179]qui le caractérisait. Elles participent à « *l'émancipation de la femme béninoise* [*par le canal du juge constitutionnel*] »[180].

En dehors des décisions visant la promotion de l'égalité[181], le juge constitutionnel béninois, s'est érigé en un gardien incontesté de l'approche genre. C'est ce que nous révèlent les décisions « *polygamie* »[182] du 23 décembre 2002 et « *adultère* »[183] du 30 juillet 2009.

---

[173] G. TUSSEAU, « Le pouvoir des juges constitutionnels », in M. TROPER, D. CHAGNOLLAUD, (dir.), *Traité international de droit constitutionnel*, t. 3, *Suprématie de la Constitution*, Paris, Dalloz, 2012, p. 108.

[174] L. SINDJOUN, *Les grandes décisions de la justice constitutionnelle africaine, op. cit.* p. 430.

[175] En effet, la célébration de la liberté, de l'égalité avait imprégné les travaux de la Conférence nationale comme un mouvement de fond auquel le vaudou béninois n'a pu rester indifférent.

[176] A. BOURGI, « Les États généraux de la démocratie », *Jeune Afrique*, n° 1591 du 26 juillet 1991, p. 26-27.

[177] F.-J. AÏVO, « Contribution à l'étude de la garantie juridictionnelle des droits fondamentaux », *op. cit.* p. 9.

[178] E. KENFACK TEMFACK, « L'état du droit en Afrique : maux et mots de la constitution », *RASJ*, n° 2, 2016, p. 267- 301.

[179] J. F. WANDJI. K. « L'État de droit en Afrique : l'Arlésien ? », *Revue de la recherche juridique Droit prospectif, (RRJ)*, 2013/2, p. 1001-1036.

[180] S. BOLLÉ, « L'émancipation de la femme béninoise par la Constitution ? », *La Voix de l'intégration juridique et judiciaire africaine*, 2005, nos 5 & 6, p. 6.

[181] *Décision DCC 18-94 du 3 juin 1994.*

[182] *Décision DCC 02-144 du 23 décembre 2002.* Pour la doctrine, il s'agit d'une *déclaration d'inconstitutionnalité la plus spectaculaire [qui] frappe la polygamie, déclarée contraire à l'égalité*

En effet, en opérant le contrôle de constitutionnalité du code des personnes et de la famille, la Cour, sur le fondement de l'article 26 de la Constitution[184], rappelle aux parlementaires ce qui suit : « *il y a traitement inégal entre l'homme et la femme en ce que l'option prévue au 5e tiret de l'article 74 permet à l'homme d'être polygame, alors que la femme ne peut être que monogame [...] il découle de tout ce qui précède que l'article 74 sous examen est contraire à la Constitution* ». Cette décision fera l'objet de sévères critiques de la part de la doctrine conservatrice qui pense que bien que concourant à la préservation des principes constitutionnalisés, la décision de la Cour se trouve en décalage avec les us et coutumes des Béninois, « *elle sonne comme une provocation du juge, un gros pavé jeté dans le jardin non pas seulement des parlementaires, mais aussi d'une société renvoyée à ses paradoxes* »[185].

Le juge enfoncera le clou en 2009 dans la décision « *adultère* » par laquelle elle censure les articles 336 et 339 du Code pénal réprimant l'adultère et l'abandon du domicile conjugal.

Il poursuivra cette audace au besoin par un revirement de sa propre jurisprudence rendue en 2004[186], en luttant contre les inégalités entre l'homme et la femme dans les effets familiaux du nom par une décision relative au recours en inconstitutionnalité contre les articles 6 et 12 de la loi n° 2002-2007 du 24 août 2004 portant Code des personnes et de la famille en République du Bénin[187].

Ces décisions en dépit de leurs célébrités, seront contrariées par la Cour suprême des États-Unis dans sa décision du 24 juin 2022. Ce dernier, par un revirement historique, va annuler l'arrêt *Roe vs Wade*[188] relatif au *droit constitutionnel de la femme à l'avortement,* ouvrant ainsi la voie à des États individuels pour interdire ou restreindre sévèrement la possibilité pour les femmes enceintes de se faire avorter[189].

Ces décisions deux poids deux mesures, remettent sous les feux du projecteur la problématique de l'universalité des droits subjectifs[190], et surtout celle du sort

---

entre l'homme et la femme, v° S. BOLLÉ, « L'émancipation de la femme béninoise par la Constitution ? », La Voix de l'intégration juridique et judiciaire africaine, 2005, nos 5 & 6, p. 1.

183 *Décision DCC 09-081 du 30 juillet 2009.*

184 Art. 26 de la Constitution : *« L'homme et la femme sont égaux en droit. L'État protège la famille et particulièrement la mère et l'enfant. Il veille sur les handicapés et les personnes âgées ».*

185 F.-J. AÏVO, « Contribution à l'étude de la garantie juridictionnelle des droits fondamentaux », *op. cit.* p. 15.

186 *DCC n° 04-083 du 20 août 2004.* La Cour constitutionnelle béninoise revient sur la constitutionnalité d'une loi qu'elle a préalablement déclarée conforme.

187 A. DABO, « L'inégalité entre l'homme et la femme dans les effets familiaux du nom récusée par la Cour constitutionnelle béninoise. *Décision de la Cour constitutionnelle n° 21-269 du 21 octobre 2021* », *Afrilex*, 2022, 23 p, http :// afrilex.u-bordeaux.fr, consulté le 5 novembre 2021.

188 Il s'agit d'une décision historique rendue par la Cour suprême des États-Unis en 1973 sur la question de la constitutionnalité des lois qui criminalisent ou restreignent l'accès à l'avortement.

189 Dans *l'affaire Roe vs Wade*, la Cour avait statué que les femmes enceintes avaient droit à un avortement pendant les trois premiers mois de leur grossesse, tout en autorisant des restrictions et des interdictions légales au cours des deuxième et troisième trimestres

190 S. SOBZE, « Les usages du doit en Afrique à l'épreuve de l'universalité des droits fondamentaux », RASJ, n° 1/2016, l'Harmattan, p. 297-327.

réservé à *l'effet cliquet*[191] comme mécanisme constitutionnel de sauvegarde des droits acquis[192].

La Constitution n'est certainement pas une « *tente dressée pour le sommeil* » comme le ravisait Royer Collard[193]. La réflexion relative au genre aurait permis de *« jauger les constitutions »*[194] africaines sur leur adaptabilité à la société moderne en quête de parité et d'équité et sur leur conformité au « *principe constitutionnel d'égalité* » qui insuffle au droit constitutionnel sa dynamique. Le genre n'est donc plus *un mot qui sent la poudre* ni *un artifice mouillé*[195], mais un stimulateur des facteurs tels que l'égalité, le respect de l'intimité et des normes de genre[196], la justice et la parité qui sont des « *instruments privilégiés de l'édification de l'État de droit* »[197].

Le genre est au constitutionnalisme africain ce qu'est le peuple à la représentation démocratique, c'est-à-dire un [objet] impérieux et insaisissable[198]. Plongeant donc ses racines dans le terreau du mythe, *le principe constitutionnel d'égalité de genre* en retire son aura sacrée. Sa prise en compte postule l'existence d'un discours et d'une pensée mythique située au fondement de l'ordre juridique[199] et de l'institution étatique. Son étude aurait permis de se départir d'une *égalité naturée* encore introuvable, pour une *égalité juridique* plus saisissable et propulsée par les nécessités du droit. Ce n'est qu'à cette condition que le genre peut contribuer à une meilleure compréhension des rapports qu'entretient le droit avec les faits et que le droit constitutionnel contemporain peut participer à « *façonner des identités « genrées » malgré son apparente neutralité* »[200].

---

[191] L'effet cliquet ou effet de cliquet est un phénomène ou procédé énoncé par James Duesenberry dans *Income, Saving and the Theory Consumer Behavior* (1949), qui empêche le retour en arrière d'un processus une fois un certain stade dépassé.

[192] P. TULEJA et K. WOJTYCEK, « La protection des droits acquis élément constitutif de l'État de droit ? Remarques sur la jurisprudence constitutionnelle polonaise », *RIDC*, 1995, 47-3, p. 737-762 ; P. A. COTE, *Le juge et les droits acquis en droit public canadien, Les Cahiers de droit,* vol. 30 N°2,1989, 437 p.

[193] Cité par J. WALINE, « Les révisions de la Constitution de 1958 », in *Droit et politique à la croisée des cultures, Mélanges en l'honneur de Philippe Ardant*, Paris, 1999, p. 235.

[194] M. BLEOU, « La Constitution et les crises en Afrique : la Constitution jaugée », in A. SALL et I. M. FALL, *Actualités du droit public et de la science politique en Afrique, Mélanges en l'honneur de Babacar Kanté*, Dakar, L'Harmattan, 2017, p. 59-72.

[195] R. PONSARD, « Question de principe sur "l'autorité de la chose interprétée par le conseil constitutionnel": normativité et pragmatisme », *L'autorité des décisions du Conseil constitutionnel*, Paris, Dalloz, 2010, p. 43.

[196] F. HERGON, « Contrôle de l'intimité et normes de genre : la qualification d'un comportement suspect et sa contestation dans le cadre de perquisitions et d'assignations à résidence pendant l'état d'urgence », *Genre, sexualité & société* [En ligne], 26 | Automne 2021, consulté le 23 août 2022, 20 p.

[197] Th. HOLO, « Émergence de la justice constitutionnelle », in *Pouvoirs* n° 129, 2009, p. 101-114 ; Lire utilement J. RIVERO, « État de droit et état de droit », *in Mélange BRAIBANT*, Paris, Dalloz, 1996, p. 609.

[198] P. ROSANVALLON, *Le peuple introuvable. Histoire de la représentation démocratique en France,* Paris, Gallimard, 1998, p. 12. L'auteur disait : « *Le peuple est un maître qui est à la fois impérieux et insaisissable* ».

[199] S. GOYARD-FABRE, *Les fondements de l'ordre juridique*, Paris, PUF, coll. « L'interrogation philosophique », 1992, p. 371.

[200] C. ACHIN, L. BERENI, (dir.), *Dictionnaire genre & sciences politiques - concepts, objets, problèmes, Presses de Sciences Po*, 2013.

LA DURÉE DU MANDAT ET LA PROTECTION DE L'INDÉPENDANCE DE LA JUSTICE CONSTITUTIONNELLE AU CAMEROUN

Zulandice ZANKIA

Ph. D en droit public[1]
Maître de conférences, Université de Dschang

Le Conseil constitutionnel est un organe fondamental qui régule, encadre, contrôle, stabilise et garantit l'ordre constitutionnel au sein de l'État. C'est du moins ce qui ressort de la philosophie du constitutionnalisme depuis le début du XXe siècle. Pour Louis FAVOREU, une Cour constitutionnelle[2] est, en particulier, un organe chargé de manière concentrée et exclusive, du contrôle de constitutionnalité des lois, disposant d'un statut constitutionnel, distinct et détaché de l'appareil juridictionnel ordinaire, dont les décisions ont un effet *erga omnes*[3]. Ce qui permet à la juridiction en charge de rendre la justice constitutionnelle d'être libre et indépendante dans la prise de ses décisions. Au Cameroun, depuis la Constitution de 1996, le Conseil constitutionnel est l'organe suprême en charge de la justice constitutionnelle. On peut entendre par justice constitutionnelle, « *l'ensemble des institutions et techniques grâce auxquelles est assurée, sans restriction, la suprématie de la Constitution* »[4]. Dans la plupart des États, à l'opposé du modèle américain, le contentieux constitutionnel[5] est dévolu à un organe juridictionnel spécial appelé *Cour constitutionnelle* ou *Conseil constitutionnel.*

En réalité, il est un organe clé dans la conception et la refondation de la notion d'État de droit, c'est-à-dire un État dans lequel le respect de la norme juridique passe non seulement par la soumission des normes inférieures aux normes

---

[1] Membre de l'Unité de recherche en droit, institutions et intégration communautaire (URDIIC, Université de Dschang – Cameroun), de l'Association africaine pour le droit international (AADI, Section camerounaise), du Centre de recherche et d'études en droit (CRED, Yaoundé).

[2] Le Doyen FAVOREU assimile le Conseil constitutionnel à une Cour constitutionnelle dans le mode de nomination des membres, des modalités de saisine et des méthodes de jugement.

[3] L. FAVOREU, « Modèle américain et modèle européen de justice constitutionnelle », *Annuaire international de justice constitutionnelle*, n° IV, 1988, pp. 57-61.

[4] L. FAVOREU, P. GAÏA, R. GHEVONTIAN et *al.*, *Droit constitutionnel*, Paris, 21e éd., Dalloz, 2019, p. 249.

[5] D. ROUSSEAU, P-Y. GAHDOUN et J. BONNET, *Droit du contentieux constitutionnel*, Paris, 11e éd., LGDJ, Lextenso éditions, 2016, 870 p.

supérieures, « *la consolidation de la séparation des pouvoirs* »[6], mais alors par la protection de la violation de la norme au plus haut degré par un organe spécial et indépendant des pouvoirs politiques (exécutif, législatif et judiciaire). En effet, comme le souligne si bien la doctrine, « *L'institution d'un contrôle juridictionnel de constitutionnalité est le second élément décisif de développement de l'État de droit au Cameroun dans la mesure où la garantie des droits et libertés nécessite la sanction juridique de leur violation* »[7].

Selon la philosophie actuelle de l'État de droit, l'organe suprême en charge de la régulation de la vie démocratique dans un État[8] doit être indépendant dans l'exercice de ses missions. Le Conseil constitutionnel est l'organe à qui, le constituant camerounais de 1996 a confié cette tâche. La doctrine camerounaise a une vision partagée sur la nature de son indépendance. Si certains pensent que ce Conseil a une indépendance statutaire projetée[9] et assurée[10], ou bien une indépendance matérielle assurée[11] ; d'autre part contre trouvent que cet organe a une indépendance relative[12] ou alors, que cette instance ne jouit pas d'une autonomie suffisante pour exprimer son indépendance. Avec la mise en place du Conseil constitutionnel en 2018, on espère que cet organe exercera l'ensemble de ses attributions et contribuera de manière indépendante à une meilleure régulation de l'État et ses institutions au Cameroun.

Le Conseil constitutionnel camerounais exerce plusieurs chefs de compétence. À ce sujet, l'article 47 de la Constitution précise son champ d'action et dispose qu'il statue souverainement sur le contrôle de constitutionnalité des lois, des traités et accords internationaux, des règlements intérieurs de l'Assemblée nationale et du Sénat avant leur mise en application. Il tranche la question de conflit de compétence entre les institutions de l'État, entre l'État et les régions et entre les régions. L'article 48 de cette Constitution lui permet de connaître du contrôle de la régularité des élections présidentielles, législatives, sénatoriales et référendaires.

Dans la théorie générale de droit constitutionnel, on distingue deux modèles de contrôle de constitutionnalité : le modèle américain et le modèle européen desquels a émergé le système mixte de contrôle de constitutionnalité. D'origine américaine, le premier modèle issu de l'affaire MARBURY v. MADISON (1 803) devant la Cour suprême des USA est concret et diffus. À l'opposé du modèle américain, le modèle européen issu des travaux de la doctrine européenne (Hans KELSEN) se caractérise par son abstraction et sa concentration par un organe

---

6 P. E. ABANE ENGOLO, « Les figures de la Constitution matérielle en Afrique », *in* O. NAREY (dir.), *La Constitution : Actes du Séminaire Scientifique tenu à Niamey du 24 au 26 octobre 2018*, Sénégal, L'Harmattan, 2018, p. 216.

7 J. F. WANDJI K., *La justice constitutionnelle au Cameroun*, Paris, MENAIBUC, 2015, p. 19.

8 Zulandice ZANKIA, « Le rôle du Conseil constitutionnel transitoire dans la régulation démocratique de l'État au Cameroun », *Revue africaine de sciences politiques et sociales,* no 31, avril 2021, pp. 76-94.

9 M. NGUELE ABADA, « La naissance d'un contre-pouvoir : réflexions sur la loi portant organisation et fonctionnement du Conseil constitutionnel camerounais », *R.R.J.* 2005-4 (II), p. 2469.

10 M. NGUELE ABADA, « L'indépendance des juridictions constitutionnelles dans le constitutionnalisme des États francophones post-guerre froide : l'exemple du Conseil constitutionnel camerounais », p. 3, inédit.

11 C. MOMO, « Heurs et malheurs de la justice constitutionnelle au Cameroun », *Juridis Périodique*, n° 64, octobre-novembre- décembre 2005, p. 52.

12 J. F. WANDJI K., ouvrage précité, pp. 63-64 ; A. D. OLINGA, *La Constitution de la République du Cameroun*, Yaoundé, Presses de l'UCAC, 2006, p. 151.

spécial. De la synthèse des deux, ont émergé les « systèmes mixtes »[13] de contrôle de constitutionnalité qui, en fonction de chaque État, allient les caractères concentré et diffus ou *a priori* et *a posteriori*. Le constituant camerounais de 1996 a opté pour le modèle européen pur, abstrait, confus et *a priori* par voie d'action. Comme le souligne un auteur, « *L'institution d'un contrôle juridictionnel de constitutionnalité est le second élément décisif de développement de l'État de droit au Cameroun dans la mesure où la garantie des droits et libertés nécessite la sanction juridique de leur violation* »[14].

Il est certain que « *La confiance du public dans la justice constitutionnelle* »[15] est de nos jours, un élément nécessaire à prendre en compte pour légitimer les décisions du juge constitutionnel. Cependant, l'analyse historique des organes en charge de rendre la justice constitutionnelle montre qu'une institution peut être limitée par ses moyens statutaires et s'affirmer de manière indépendante par son mode de fonctionnement. L'analyse des textes constitutionnels camerounais de 1972, de 1996 avec sa révision de 2008, des lois de 2004 relatives à son statut, à l'organisation et fonctionnement de cet organe ; l'étude de la jurisprudence de la Cour suprême statuant comme Conseil constitutionnel jusqu'en 2018 et de sa propre jurisprudence, permettent de comprendre aisément cette ambiguïté. Comme le relève si bien Gérard CONAC, « *L'exégèse des textes constitutionnels africains ne peut jamais le dispenser de vérifier l'usage qui en est fait sur place*[16] ».

La présente étude permettra de scruter minutieusement l'ensemble des normes juridiques encadrant le régime juridique de la durée du mandat des personnes ayant reçu pour mission de s'occuper de la justice constitutionnelle. Cette recherche permettra également de revisiter les différentes révisions ou réformes constitutionnelles avec leur incidence sur l'indépendance de la justice constitutionnelle depuis l'accession du Cameroun à l'indépendance. Cette réflexion aura enfin pour finalité de systématiser la durée du mandat du juge constitutionnel en dissociant le temps de la stabilité de celui de l'instabilité de l'indépendance de la justice constitutionnelle à partir de l'expérience camerounaise.

Ainsi, l'étude combinée de ces textes juridiques et de la pratique jurisprudentielle camerounaise de la justice constitutionnelle, permet de comprendre l'influence que la durée du mandat d'un juge ou mieux du juge constitutionnel peut avoir non seulement sur son indépendance, mais alors sur l'indépendance de la justice constitutionnelle dans l'ensemble. De ce fait, peut-on avoir une justice constitutionnelle indépendante lorsque la durée du mandat du juge constitutionnel n'est pas stable ? Quel que soit le modèle de justice constitutionnel choisi par un État, la durée du mandat du juge constitutionnel influence fondamentalement sur son indépendance selon que son mandat est court, long, renouvelable ou non renouvelable. Il est difficile d'avoir une justice constitutionnelle indépendante lorsque la durée du mandat de ses juges n'est pas

---

[13] L. FAVOREU, P. GAÏA, R. GHEVONTIAN et *al.*, ouvrage précité, pp. 250-251.

[14] J. F. WANDJI K., *La justice constitutionnelle au Cameroun*, ouvrage précité, 2015, p. 19.

[15] M-C. PONTHOREAU, « La confiance du public dans la justice constitutionnelle à l'ère du populisme : piste de réflexion », *Annuaire international de justice constitutionnelle*, XXXV-2019, pp. 15-20.

[16] G. CONAC, cité par A. S. OULD BOUBOUTT, « Les juridictions constitutionnelles en Afrique : évolution et enjeux », *AIJC*, 1999, p. 32.

stable. L'étude de la protection de l'indépendance de la justice constitutionnelle par la durée du mandat des juges à travers la dogmatique, la casuistique et l'histoire constitutionnelle camerounaise, présente une situation ambivalente. D'une part, l'instabilité ambiante du mandat dans la protection de l'indépendance de la justice constitutionnelle par la Cour Suprême (I) et d'autre part, la stabilité ambivalente du mandat dans la protection de l'indépendance de la justice constitutionnelle par le Conseil constitutionnel (II).

I. L'INSTABILITÉ AMBIANTE DU MANDAT DANS LA PROTECTION DE L'INDÉPENDANCE DE LA JUSTICE CONSTITUTIONNELLE PAR LA COUR SUPRÊME

Dans la plupart des États d'Afrique subsaharienne d'expression française, la justice constitutionnelle fut, dans un premier temps, confiée à la Cour suprême[17] qui a pendant longtemps officié comme juge constitutionnel même après la mise en place effective de la Cour constitutionnelle ou du Conseil constitutionnel (A). Cette situation a négativement joué en défaveur de l'indépendance de la justice constitutionnelle dans la majorité des États parmi lesquels le Cameroun (B).

A. La longévité du mandat des juges de la Cour suprême statuant comme juge constitutionnel

La Cour suprême camerounaise a pendant plusieurs décennies assuré les missions de la justice constitutionnelle. Elle était constituée dans l'ensemble, des magistrats de l'ordre judiciaire. Elle a à la fois statué comme juge constitutionnel de plein droit (1) et comme juge constitutionnel transitoire (2).

1) La Cour suprême, juge constitutionnel de plein droit

Le Conseil constitutionnel camerounais est une innovation de la Constitution de 1996, car des trois précédents textes constitutionnels, celui du 4 mars 1960 n'avait pas prévu d'organe particulier en charge du contrôle de constitutionnalité. Les textes constitutionnels du 1er septembre 1961 et du 2 juin 1972 avaient opté pour l'institution d'une Chambre constitutionnelle au sein de la Cour suprême, chargée de veiller à la justice constitutionnelle[18]. C'est ainsi que, avant l'année 1996, la Cour suprême qui assumait la mission de juge constitutionnel (article 33 de la Constitution du 2 juin 1972), pouvait être saisie de manière facultative par le président de la République[19]. En effet, l'opportunité de la saisine de la Chambre constitutionnelle de la Cour suprême était soumise à la seule volonté discrétionnaire du chef de l'État. C'est en cela que la réforme constitutionnelle de 1996 était salutaire pour avoir institué un organe séparé du pouvoir judiciaire.

---

[17] BOUBACAR BA, « De la Cour suprême au Conseil constitutionnel : ruptures et continuités », *in* NDIAW DIOUF (dir.), *Le Conseil constitutionnel sénégalais dans un contexte d'intégration régionale : passé, présent, devenir*, Dakar, L'Harmattan-Sénégal, 2021, p. 45.

[18] J. F. WANDJI K., Ouvrage précité, pp. 20-21.

[19] C. KEUTCHA TCHAPNGA, « Note sous Cour suprême statuant comme Conseil constitutionnel, décision n° 001/CC/02-03 du 28 novembre 2002 (relative au contrôle du règlement intérieur de l'Assemblée nationale du Cameroun) », *Juridis Périodique*, n° 53, janvier-février-mars, 2003, pp. 61-66.

Cependant, cette réforme est restée lettre morte pendant 22 ans, car durant cette période, c'est la Cour suprême qui statuait comme Conseil constitutionnel transitoire depuis janvier 1996 jusqu'en février 2018, date de la désignation des premiers juges (Décret n° 2018/105 du 7 février 2018)[20] et de la mise en œuvre du Conseil constitutionnel (Décret n° 2018/104 du 7 février 2018 portant organisation et fonctionnement du secrétariat général du Conseil constitutionnel).

On note qu'avant 1996, l'organe suprême en charge de la justice constitutionnelle était entièrement inféodé dans l'appareil judiciaire ordinaire placé sous la supervision de l'autorité judiciaire en l'absence du pouvoir judiciaire qui a été consacré pour la première fois en droit positif camerounais par le constituant de 1996. Texte qui crée le Conseil constitutionnel dont les fonctions ont pendant longtemps été exercées par la Cour suprême à titre transitoire.

2) La Cour suprême, juge constitutionnel transitoire

Au Cameroun, le processus de démocratisation qui a pris corps dans la dernière décennie du XXe siècle, a abouti à la refondation de l'État camerounais à travers la remise en cause de la Constitution du 2 juin 1972 et l'adoption d'une nouvelle Constitution le 18 janvier 1996 sous la forme d'une loi[21]. Au vu de la réforme des institutions centrales et de la consécration de nouveaux organes de l'État, on aurait pu conclure au dépérissement de l'État légal au profit de l'État de droit au Cameroun. Malheureusement, le principe de progressivité consacré par l'alinéa premier de l'article 67 de ladite Constitution qui prévoit : « *Les nouvelles institutions de la République prévues par la présente Constitution seront progressivement mises en place* », a complètement biaisé cette réforme au point où certaines institutions créées, au sens du Doyen Maurice HAURIOU[22], n'avaient toujours pas été mises en place après 22 ans[23]. Ce fut le cas du Conseil constitutionnel qui, créé en 1996, n'a été mis en place qu'en 2018 et pendant ce temps, ses fonctions étaient exercées par la Cour suprême statuant comme Conseil constitutionnel transitoire.

---

[20] Un organe dont certains membres y compris son président, ont été récusés sans succès pendant le contentieux de l'élection présidentielle du 7 octobre 2018. Les motifs avancés sont connus : dans sa requête en récusation, le parti MRC dénonce le fait que la femme du président du Conseil constitutionnel soit députée RDPC (parti au pouvoir) avec certains membres restés membres du comité central du RDPC depuis leur nomination. Arguments repris par le candidat du parti UNIVERS en ajoutant le fait qu'un des membres soit un ancien conseiller spécial du Président Paul BIYA du RDPC au pouvoir depuis 38 ans (voir STV, émission télévisée du 18 octobre 2018 rediffusée le 28 octobre entre 21 heures et 22 heures).

[21] Loi n° 96/06 du 18 janvier 1996 portant révision de la Constitution du 2 juin 1972.

[22] À savoir : institution comme règle de droit et institution comme personne ou organe. Cet auteur fait une distinction entre les « *institutions-choses* » qu'il définit comme relevant « *de la catégorie des choses inertes* » telles que la règle de droit et ses prescriptions diverses ; et les « *institutions-corps* » ou « institutions-personnes » qu'il définit comme « *des éléments de l'organisation sociale et non pas seulement des moyens de la technique du droit* », M. HAURIOU, *Principe de droit public*, 1910, p. 126, cité par J-L. BERGEL, *Théorie générale du droit*, Paris, Dalloz, 2e éd, 1989, p. 180. De cette construction, le Professeur Jean-Louis BERGEL tirera une conclusion en faisant une classification des institutions dérivées du modèle du Doyen HAURIOU en distinguant les « *institutions-mécanismes* » des « *institutions-organismes* », J.-L. BERGEL, *op. cit.*, p. 181.

[23] On peut relever à ce sujet, l'absence de la mise en place des régions prévues par les articles 55 à 62 de la Constitution devant faire du Cameroun, un véritable État unitaire décentralisé.

Deux décennies après sa consécration, c'est la Cour suprême qui a officié au Cameroun comme Conseil constitutionnel. Statuant comme Conseil constitutionnel transitoire, la Cour suprême siégeait en chambres réunies et était composée ainsi qu'il suit : un président (le président de la Cour suprême) ; plusieurs membres, les présidents de la chambre administrative, de la chambre judiciaire, de la chambre des comptes et les présidents des sections (12) ; trois conseillers à la Cour ; le procureur général et le greffier en chef auprès de cette Cour[24]. Cependant, comme indiqué ci-dessus, le Conseil constitutionnel transitoire était constitué de 21 membres, contrairement aux 11 membres qui sont prévus par la Constitution pour le Conseil constitutionnel. Ces 21 membres étant entièrement soumis au statut de la magistrature, donc dépendant du pouvoir judiciaire. Ce qui affaiblit considérablement leur indépendance.

Le Conseil constitutionnel transitoire fut rarement saisi pour les questions relatives au contrôle de constitutionnalité. En effet, quantitativement, en 22 ans, la Cour suprême faisant office de Conseil constitutionnel aura rendu 4 décisions de constitutionnalité (abstraction faite du contrôle de constitutionnalité par voie d'exception, exercé par exemple à l'occasion de l'élection présidentielle de 1997, dans l'affaire *Titus EDZOA*, objet de l'arrêt du 3 octobre 1997) et émit deux avis relatifs à la constitutionnalité des règlements intérieurs des assemblées parlementaires. Dans le fond, elle a rendu des décisions visant à protéger la Constitution. Il en est ainsi de sa décision du 20 février 1997, dans l'affaire Tiers des députés à l'Assemblée nationale contre président de l'Assemblée nationale, en déclarant la proposition de loi portant création, organisation et fonctionnement de la CENA contraire à la Constitution ; de sa décision du 28 novembre 2002 déclarant contraire à la Constitution l'opération de validation des mandats des députés à l'Assemblée nationale[25] ; de sa décision du 17 avril 2008 déclarant irrecevable le recours de l'Action pour la méritocratie et l'égalité des chances (AMEC), tendant à l'annulation du projet de loi portant révision de la Constitution du 18 janvier 1996, irrecevable pour défaut de qualité et d'objet[26].

---

[24] Cour suprême siégeant comme Conseil constitutionnel, Décision n° 13/CEP/2011 du 20 septembre 2011, affaire *BENZ ENOW BATE (CDP) c/ Elections Cameroon (ELECAM)* ; Décision n° 03/CEP/2011 du 20 septembre 2011, affaire *EGONO Valentin (UCDI) c/ Elections Cameroon (ELECAM)*.

[25] Sur ce point voir : C. KEUTCHA TCHAPNGA, « Note sous Cour suprême statuant comme Conseil constitutionnel, décision n° 001/CC/02-03 du 28 novembre 2002 », *Juridis Périodique*, n° 53, janvier-février-mars, 2003, pp. 61-66 ; M. NGUELE ABADA, « La réforme du règlement intérieur de l'Assemblée nationale du Cameroun », *RASJ*, vol. 1, n° 3, 2003, pp. 20-56 ; M. NGUELE ABADA, « Commentaire de la décision n° 001/CC/02-03 du 28 novembre 2002 à propos du Règlement de l'Assemblée nationale », *Petites Affiches*, n° 154, 3 août, 2004, pp. 15-22 ; Issa ABIABAG, « De l'inconstitutionnalité de la validation des mandats parlementaires », *RCDSP*, 2e année, n° 2, janvier, 2007, pp. 51-70.

[26] G. H. MFOYOUOM, « L'urgence de la mise en place du Conseil constitutionnel issu de la Loi constitutionnelle du 18 janvier 1996 », Communication présentée à l'occasion de la journée d'études du Département de droit public de l'Université de Douala sur « *Les 20 ans de la Constitution camerounaise de 1996* », 9 mars 2016, p. 9. Inédit.

B. L'affaiblissement des garanties d'indépendance de la Cour suprême, juge constitutionnel

Contrairement au Conseil constitutionnel, la Cour suprême statuant comme juge assurant la justice constitutionnelle n'avait pas de garantie suffisante protégeant son indépendance. Ceci était dû à sa dépendance statutaire du corps des fonctionnaires de la magistrature (1) qui constituait à son égard un handicap pour une politique jurisprudentielle désintéressée (2).

1) La dépendance statutaire des membres du corps de la magistrature

Que ce soit l'époque où la Cour suprême statuait à titre principal ou à titre transitoire sur la justice constitutionnelle, l'ensemble de ses membres étaient soumis au statut du corps de la magistrature. Comme tout autre magistrat, leur carrière est régie par ce statut. Il s'agit de l'entrée en fonction, de la gestion de carrière, du régime récompenses, du régime disciplinaire jusqu'au départ à la retraite avec possibilité de prolongation renouvelable de leur mandat ou fonctions. Le Conseil supérieur de la magistrature, organe suprême du pouvoir judiciaire était l'instance où se prenait la quasi-totalité des décisions relatives à leur maintien ou pas en fonction. La justice constitutionnelle n'était pas autonome puisqu'inféodée dans le pouvoir judiciaire. Le magistrat de la Cour suprême pouvait dans certaines circonstances être confronté à un dilemme : protéger sa carrière ou la justice constitutionnelle. Ce qui pouvait fragiliser considérablement son indépendance à certains moments de sa prise de décisions en matière constitutionnelle préjugeant ainsi la neutralité de sa politique jurisprudentielle à cette époque de l'histoire constitutionnelle du Cameroun.

2) La difficulté d'une politique jurisprudentielle désintéressée

Le Conseil constitutionnel camerounais exerce plusieurs chefs de compétences. À ce sujet, l'article 47 de la Constitution précise son champ d'action et dispose qu'il statue souverainement sur le contrôle de constitutionnalité des lois, des traités et accords internationaux, des règlements intérieurs de l'Assemblée nationale et du Sénat avant leur mise en application. Il tranche la question de conflit de compétence entre les institutions de l'État, entre l'État et les régions et entre les régions. L'article 48 lui permet de connaître du contrôle de la régularité des élections : présidentielle, législative sénatoriale et référendaire. Après 22 ans d'activités, la Cour Suprême statuant comme Conseil constitutionnel, n'a exercé que deux des attributions du Conseil. La constitutionnalité des règlements intérieurs de l'Assemblée nationale et du Sénat où il a été défié par le pouvoir politique (1) et le contrôle de la régularité des élections présidentielles et législatives où il garde une politique jurisprudentielle réductrice de son indépendance (2).

Malgré la force exécutoire reconnue par la Constitution aux décisions rendues par le Conseil constitutionnel, le pouvoir exécutif a méconnu l'autorité définitive de la chose jugée attachée à la décision du 28 novembre 2002. En effet, pas plus tard que le 2 décembre 2002, le chef de l'État camerounais avait promulgué ledit règlement intérieur en l'état, balayant ainsi du revers de la main, la décision du juge constitutionnel sur violation flagrante de l'article 50 alinéa 2 de la Constitution qui dispose que : « *Une décision déclarée inconstitutionnelle ne peut être ni promulguée ni mise en application* ». Par ce choix, il a fait entrer en vigueur une loi déclarée inconstitutionnelle par le Conseil constitutionnel. Cette décision du président de la République du Cameroun fut discutée par la doctrine camerounaise. Pour certains auteurs, la décision du Conseil constitutionnel transitoire n'était qu'un avis et non un jugement. Argument contesté par la doctrine majoritaire pour qui, la décision du 28 novembre 2002 était et reste un véritable jugement[27] ayant "*autorité absolue de la chose jugée*"[28]. Ce qui se présente comme une sorte de mise en garde des membres du Conseil. Ceci pouvant véritablement affecter l'indépendance de ses membres dans l'exercice de leurs missions constitutionnelles.

Sur les sentiers de la régulation des élections, le Conseil constitutionnel est compétent en vertu de l'article 48 alinéa premier pour connaître du contrôle de la régularité des élections présidentielle, parlementaires (les députions et sénatoriales) et des consultations référendaires. De l'année 1996 à l'année 2018, la Cour suprême statuant comme Conseil constitutionnel transitoire n'a pas eu à connaître de la régulation des consultations référendaires et a statué une fois (en 2013) sur la régulation des élections sénatoriales. Par contre, il a fortement régulé plusieurs élections législatives[29] (des députés) et présidentielles entre 1997 et 2013.

La politique jurisprudentielle du Conseil constitutionnel transitoire statuant en matière de régulation des opérations électorales depuis les élections législatives de 1997 fait ressortir deux tendances majeures : la recherche permanente des motifs d'irrecevabilité ou de rejet des recours contentieux et l'exigence de la gravité des faits susceptibles de faire annuler une élection. Cette politique jurisprudentielle restrictive quant à la nature des faits pouvant altérer une élection fait perdre au juge constitutionnel sa légitimité démocratique puisqu'en censurant uniquement certaines illégalités électorales, il laisse subsister d'autres illégalités. Ce qui heurte profondément les vertus démocratiques de l'État de droit. Une bonne partie de la doctrine s'est insurgée contre cette *politique de gravité des faits*. On note parmi ces auteurs : les Professeurs ROUSSEAU, Dominique CHAGNOLLAUD, Jacques ROBERT et Célestin KEUTCHA TCHAPNGA[30].

La mise en place du Conseil constitutionnel 2018, a permis de restituer au juge constitutionnel camerounais, la quasi-totalité des leviers de la garantie de son indépendance à travers la formule du mandat et de sa durée. Ce qui participe à la stabilisation de la durée du mandat dans la protection de l'indépendance de la justice constitutionnelle au Cameroun.

---

[27] C. MOMO, « Heurs et malheurs de la justice constitutionnelle au Cameroun », *op.cit.*, p. 59.

[28] M. NGUELE ABADA, « L'indépendance des juridictions constitutionnelles dans le constitutionnalisme des États francophones postguerre froide : l'exemple du Conseil constitutionnel camerounais », pp. 2 et 8, inédit.

[29] Expression utilisée pendant longtemps pour qualifier l'élection des députés au Cameroun.

[30] C. KEUTCHA TCHAPNGA, Note sous Cour Suprême, Affaire *KWEMO*, précitée, p. 42.

II. LA STABILITÉ AMBIVALENTE DU MANDAT DANS LA PROTECTION DE L'INDÉPENDANCE DE LA JUSTICE CONSTITUTIONNELLE PAR LE CONSEIL CONSTITUTIONNEL

Le passage de la justice constitutionnelle rendue par la Cour suprême à la justice constitutionnelle assurée par un organe spécialisé est la preuve qu'en Afrique, « *La justice constitutionnelle devenait ainsi autonome*[31] ». Ce qui concourt à la stabilisation de la durée du mandat et de l'indépendance du Conseil constitutionnel (A) même si cette indépendance peut aussi être éprouvée par l'effet du temps (B).

A. La stabilisation consolidée de l'indépendance du juge constitutionnel par la durée de son mandat en 1996

Le constituant camerounais de 1996 a voulu consolider l'indépendance de la justice constitutionnelle en stabilisant la durée du mandat des juges. À cet effet, le constituant a opté pour la formule du mandat unique (1), le renforcement de l'autorité de la décision prise par le Conseil constitutionnel (2) et l'inamovibilité du mandat des juges (3).

1) La consécration du mandat unique

D'après l'article 51, alinéa premier de la Constitution, le Conseil constitutionnel camerounais est constitué de onze (11) membres choisis parmi les personnalités de réputation professionnelle établie. Ceux-ci devant jouir d'une grande intégrité morale et d'une compétence reconnue. À ses onze (11) membres, il faut y ajouter les anciens présidents de la République qui sont de droit, membres à vie du Conseil ; quoique la présence de ces derniers soit de plus en plus remise en cause par les hommes politiques et la doctrine. C'est ainsi que, le comité Balladur en 2007, la commission Jospin en 2012 et le Président F. Hollande ont estimé qu'il est temps de mettre fin à l'existence de cette catégorie de membres. Ce courant de pensée est soutenu par certains auteurs pour qui : « *La présence des anciens présidents de la République peut être jugée, aujourd'hui, inadaptée à ce qu'est devenue la juridiction constitutionnelle*[32] ». Les onze membres du Conseil sont nommés par le président de la République et désignés à raison de : trois parmi lesquels le président du Conseil, choisi par le président de la République ; trois par le président de l'Assemblée nationale après avis du bureau ; trois par le président du Sénat après avis du bureau et deux par le Conseil supérieur de la magistrature que préside le président de la République.

Il s'agit là d'une évolution remarquable au regard du pouvoir de nomination solitaire jadis reconnu au chef de l'État qui a cédé place au système de partage plus ou moins ouvert[33]. Ce qui donne plus de légitimité au juge constitutionnel africain, mais ne le dédouane pas de ses velléités de servir plus la volonté d'un homme (le chef de l'État) que tout un peuple au regard du contexte et de la nature

---

[31] BABACAR KANTÉ, « Propos introductifs », *in* NDIAW DIOUF (dir.), *Le Conseil constitutionnel sénégalais dans un contexte d'intégration régionale : passé, présent, devenir*, Dakar, L'Harmattan-Sénégal, 2021, p. 28.
[32] P. ARDANT et B. MATHIEU, *op. cit.*, p. 114.
[33] A. S. BOUBOUTH, article précité, p. 37.

relative de la démocratie et de l'État de droit dans la plupart des pays africains dont le Cameroun ne peut échapper. La réalité camerounaise est la suivante : le chef de l'État à lui seul nomme cinq (5) membres, dont trois (3) en tant que président de la République et deux (2) en tant que président du Conseil supérieur de la magistrature. De l'avis d'un auteur, le chef de l'État « *dispose d'un pouvoir d'avis conforme sur la désignation opérée par les parlementaires, d'abord en sa qualité de chef du parti majoritaire et donc leader de la majorité à l'Assemblée nationale et ensuite du fait qu'il nomme les 1/3 des membres du Sénat soit 30 sur 100, cela lui permet de disposer d'une minorité de blocage, pouvant influer sur le choix des conseillers* »[34]. Sans oublier qu'en cas d'égalité de voix des membres, la voix du président du Conseil choisi par le président de la République est prépondérante. Tout a été huilé pour que le chef de l'État soit le moins inquiété par le Conseil constitutionnel. Il en est de même de la destitution du membre du Conseil constitutionnel à la demande de l'autorité de désignation prévue par la loi de 2004 sur le statut de ses membres[35]. Ce qui « *paraît quelque peu équivoque, dans la mesure où elle crée une allégeance inattendue de la personne désignée vis-à-vis de ladite autorité* »[36] et contribue ainsi à une réduction considérable de l'indépendance du Conseil constitutionnel.

Il s'agit là d'un mode de désignation des juges constitutionnels inspiré du modèle français. Cependant, à la différence du modèle camerounais, le président du Conseil est désigné par le chef de l'État, mais pas nécessairement parmi les membres qu'il désigne. Avec la réforme constitutionnelle française de 2008, la nomination des membres du Conseil par le président de la République, le président du Sénat et le président de l'Assemblée nationale est désormais soumise à la procédure d'avis des commissions parlementaires sur les propositions des autorités compétentes. Cette procédure a été mise en œuvre pour la première fois en mars 2010[37]. C'est là, un mode désignation des juges constitutionnels qui confère plus de liberté et de garantie d'indépendance à ces derniers que le modèle camerounais. Mais ce juge a conservé la puissance de son pouvoir de décision.

2) L'autorité rattachée à son pouvoir de décision pendant le mandat

Comme l'indique l'article 49 de la Constitution, le Conseil constitutionnel statue dans un délai de 15 jours quel que soit le cas de sa saisine ; sauf en cas d'urgence où le président de la République peut ramener ledit délai à 8 jours. Pour valablement siéger et prendre des décisions, à défaut d'être tous présents, les membres doivent atteindre un quorum et les majorités fixées par l'article 13 de la loi de 2004-2004 portant organisation et fonctionnement du Conseil constitutionnel. Le Conseil constitutionnel se réunit sur convocation de son président, ou à défaut sur convocation du conseiller-doyen d'âge en cas d'empêchement temporaire du président[38]. Le nombre minimum des conseillers

---

[34] M. NGUELE ABADA, « L'indépendance des juridictions constitutionnelles dans le constitutionnalisme des États francophones postguerre froide : l'exemple du Conseil constitutionnel camerounais », p. 12, inédit.

[35] V° article 18 de la loi n° 2004/05.

[36] A. D. OLINGA, ouvrage précité, p. 151.

[37] P. ARDANT et B. MATHIEU, *Droit constitutionnel et institutions politiques*, 27e éd., Ouvrage précité, p. 114.

[38] V° article 11 de la loi de 2004-2004

requis pour la délibération est de 9 membres. Toutefois, comme le souligne bien un auteur sur la base de l'interprétation de l'alinéa 2 de l'article 13 de la loi 2004-2004, « *on peut déduire que de façon exceptionnelle, les décisions et autres avis du Conseil constitutionnel peuvent être rendus sans que ce quorum soit atteint seulement à la condition d'un empêchement ou d'un cas de force majeure dûment constatée au procès-verbal de séance et obligatoirement signé par le président du Conseil et le secrétaire général* »[39]. L'alinéa 4 du même texte prévoit que : les décisions du Conseil sont prises à la majorité simple des conseillers présents. Tout conseiller étant tenu de prendre part au vote, car l'abstention n'est pas permise et en cas de partage des voix, celle du président est prépondérante. On se rend bien compte que le Conseil constitutionnel prend ses décisions en toute liberté, lesquelles sont obligatoires dans tous ses éléments.

Le constituant camerounais de 1996 a consacré avec clarté et précision, la force obligatoire attachée aux décisions prises par le Conseil constitutionnel. Ceci ressort clairement de la lecture de l'article 50 de la Constitution et de l'article 15 al 4 de la loi de 2004-2004. En effet, l'article 50 de la Constitution dispose que : les décisions du Conseil constitutionnel ne sont susceptibles d'aucun recours. Elles s'imposent aux pouvoirs publics et à toutes les autorités administratives, militaires et juridictionnelles ainsi qu'à toute personne physique ou morale. En tout état de cause, une décision déclarée inconstitutionnelle ne peut être ni promulguée, ni mise en application. Il s'agit là d'une protection certaine de l'indépendance du Conseil constitutionnel par son pouvoir de décision. De manière générale et en s'inspirant du droit étranger, cette « *autorité s'attache au dispositif des décisions, mais aussi aux motifs qui en sont le soutien nécessaire et en constituent le fondement* »[40].

Comme l'a si bien relevé Charles EISENMANN, les différentes décisions du Conseil constitutionnel sont définitives et souveraines. Par conséquent, elles bénéficient d'une autorité irréfragable[41]. Cette leçon a été assimilée par le législateur de 2004, qui parachevant l'œuvre du constituant de 1996, a prévu à l'article 15 alinéa 4 de la loi n° 2004/04 que les décisions du Conseil constitutionnel « *doivent être exécutées sans délai* ».

Interprétant *a contrario*, la force exécutoire rattachée aux décisions du Conseil constitutionnel, un auteur estime que : « *la décision du Conseil a une autorité totale et universelle sur l'ensemble des composantes de la nation...* ». Le même auteur poursuit en affirmant que : « *ce que le Conseil a jugé non conforme à la Constitution ne s'impose à personne parce que cela est réputé juridiquement inexistant dans l'ordre constitutionnel* »[42].

Par ses décisions, le Conseil constitutionnel camerounais dispose d'une grande marge de manœuvre protégeant son indépendance et renforcée par l'inamovibilité du juge constitutionnel.

[39] J. F. WANDJI K., ouvrage précité, p. 176.
[40] V° P. AVRIL et J. GICQUEL, ouvrage précité, p. 100 ; dans le même sens, Voir M. NGUELE ABADA, « L'indépendance des juridictions constitutionnelles dans le constitutionnalisme des États francophones post-guerre froide : l'exemple du Conseil constitutionnel camerounais », p. 9, inédit.
[41] Cité par J. F. WANDJI K., ouvrage précité, p. 188.
[42] A. D. OLINGA, ouvrage précité, p. 168.

3) Le maintien de l'inamovibilité du juge constitutionnel pendant son mandat

L'inamovibilité du juge constitutionnel signifie de manière générale que les membres du Conseil ou d'une Cour constitutionnelle ne peuvent être révoqués de leur fonction. Ils ne peuvent être inquiétés, ni par le pouvoir exécutif, ni par le pouvoir législatif[43] ou judiciaire selon les pays. Comme le souligne si bien un auteur : « *Il s'agit d'un verrou important qui ne peut que garantir l'indépendance des conseillers* »[44].

Le constituant camerounais de 1996 n'a pas manifestement consacré cette protection au juge constitutionnel, mais le législateur de 2004, chez qui, il a renvoyé la détermination du statut des membres du Conseil y consacre tout un chapitre.[45] Le régime de l'inamovibilité des membres du Conseil constitutionnel fixé par ledit chapitre ne prévoit la fin de la mission d'un conseiller constitutionnel en cours de mandat qu'en présence de certaines circonstances. Il s'agit de la démission de l'intéressé, du décès d'un membre (articles 19 et 21), d'incapacité physique permanente dûment constatée par un collège médical désigné par le Conseil constitutionnel (article 21) ou d'exclusion d'un membre pour violation grave de ses obligations, de ses incompatibilités ou à la demande de l'autorité de nomination [46] ou d'office (article 18).

S'agissant particulièrement de la démission, celle-ci peut être volontaire ou provoquée. Elle est dite volontaire lorsque le membre concerné quitte librement ses fonctions pour une raison de convenance personnelle en dehors de toute incompatibilité. Elle est provoquée quand les circonstances troubles de la vie privée ou publique du membre peuvent donner lieu à un doute sur sa probité à assurer la mission d'intérêt général qui est confiée au Conseil constitutionnel. Ce fut le cas le 1er mars 2000 de Monsieur Roland Dumas, président du Conseil constitutionnel français. En effet, suite à sa mise « *en examen pour complicité d'abus de biens sociaux dans l'affaire des détournements de fonds de l'entreprise publique Elf Aquitaine, Roland Dumas avait dans un premier temps refusé de démissionner tout en décidant le 24 mars 1999 de suspendre l'exercice de ses fonctions jusqu'à ce que les poursuites engagées contre lui soient terminées. Cette décision avait entraîné de graves complications, le Conseil était obligé de siéger avec 8 membres au lieu de 9 et sous la présidence de son doyen d'âge. La démission était la seule mesure permettant de rétablir un fonctionnement normal de l'institution* [47] ».

Dans le système américain, « *les juges bénéficient de l'inamovibilité : ni le président, ni le Congrès ne peuvent les obliger à démissionner. Leur révocation ne peut intervenir qu'à la suite d'une procédure d'impeachment, au cas où ils seraient reconnus coupables de trahison, de corruption, d'autres grands crimes ou délits (article II, section IV de la Constitution). Mais dans toute l'histoire des États-Unis, aucun membre de la Cour suprême n'a jamais été destitué. Ce statut confère évidemment à la Cour, une très large indépendance vis-à-vis du Président*

---

[43] F. HAMON et C. WIENER, *La justice constitutionnelle. Présentation générale, France, États-Unis*, La documentation française, précité, p. 17.

[44] A. D. OLINGA, *op. cit.* p. 153.

[45] Articles 18 à 24 de la loi 2004-2005.

[46] Une hypothèse que la doctrine camerounaise considère comme lacunaire et rétrograde, Voir A. D. OLINGA, ouvrage précité, p. 153 ; J. F. WANDJI K., ouvrage précité, p. 71.

[47] F. HAMON et C. WIENER, *op. cit.*, p. 7.

et du Congrès et selon un dicton populaire, un juge à la Cour suprême ne démissionne jamais et meurt rarement [48] ».

Au regard de ces garanties statutaires du juge constitutionnel camerounais, on serait tenté de dire que ce dernier est indépendant ou bien qu'il a une « *protection statutaire assurée* »[49]. Que non, il ne l'est pas totalement, car nombreux sont des éléments qui fragilisent cette indépendance. En effet, « *L'indépendance et l'impartialité projetées du Conseil constitutionnel* »[50] jusqu'en 2004 ont été fragilisées par la réforme constitutionnelle d'avril 2008.

B. La stabilisation éprouvée de l'indépendance du juge constitutionnel par la durée de son mandat après 2008

En droit et contentieux constitutionnel, la durée du mandat est un critère déterminant dans l'appréciation de l'indépendance du juge constitutionnel. Lorsqu'un membre a un mandat fixe, stable et non renouvelable, il est plus libre dans l'exercice de ses fonctions que ledit mandat soit court, long ou à vie. *A contrario*, lorsque le juge constitutionnel a conscience du fait que son mandat dans l'exercice de cette fonction prestigieuse et honorable de l'État est renouvelable et soumis à la volonté d'un individu, il est plus enclin aux caprices de cette autorité en charge de sa désignation.

En droit comparé, trois formules permettent d'apprécier et de consolider l'indépendance des juridictions constitutionnelles. Il s'agit de la nomination à vie, de la nomination pour un mandat long non renouvelable et la formule intermédiaire ou de synthèse consistant à la nomination des juges pour un mandat non renouvelable encadré par l'âge maximum mettant fin au mandat des juges[51]. La plupart des États ont opté pour la formule du mandat unique non renouvelable qui assure une meilleure indépendance au juge constitutionnel (République Fédérale d'Allemagne : 12 ans, Portugal : 9 ans, France : 9 ans) ou à vie (Belgique ; États-Unis). Dans l'espace européen, les juges constitutionnels, s'ils ne sont pas nommés à vie sont généralement désignés pour une période comprise entre neuf (09) et douze (12) ans non renouvelables et il est juridiquement impossible de les destituer sauf en cas de faute extrêmement grave[52].

Le constituant camerounais de 1996 avait cru bon de protéger l'indépendance du Conseil constitutionnel par la fixation de la durée du mandat de ses membres à neuf (09) ans non renouvelables. Aucun juge constitutionnel camerounais n'aura bénéficié de cette mesure, puisque, avant même la mise en place effective dudit Conseil, les pouvoirs institués ont légalement et sans légitimité suffisante, modifié l'article 51 alinéa premier de la Constitution qui avait prévu un mandat unique non

---

[48] *Ibidem*, p. 37.

[49] M. NGUELE ABADA., « L'indépendance des juridictions constitutionnelles dans le constitutionnalisme des États francophones postguerre froide : l'exemple du Conseil constitutionnel camerounais », p. 3, inédit.

[50] M. NGUELE ABADA, « La naissance d'un contre-pouvoir : réflexions sur la loi portant organisation et fonctionnement du Conseil constitutionnel camerounais », article précité, p. 2469.

[51] L. FAVOREU, P. GAÏA et al., *Droit constitutionnel*, 12e éd., Paris, Dalloz, 2009, p. 260.

[52] F. HAMON et M. TROPER, *Droit constitutionnel*, 34e éd., Paris, LGDJ, Lextenso éditions, 2013, p. 66.

renouvelable. La réforme constitutionnelle de 2008[53] a curieusement et de manière silencieuse sonné le glas à la longévité et le caractère non renouvelable du mandat des membres du Conseil constitutionnel. À ce sujet, la nouvelle rédaction de l'article 51 alinéa premier, issue de la révision de 2008 fragilise l'indépendance du juge constitutionnel camerounais en prévoyant que les membres du Conseil constitutionnel sont désignés pour un mandat de six (06) ans éventuellement renouvelables. Pourtant, comme le soulignent certains auteurs, « *le caractère non renouvelable est [...] un élément essentiel [...] acquis dans la totalité de cas. L'exception portugaise – mandat de six ans renouvelable – a disparu depuis 1998* »[54]. On peut aisément comprendre cet auteur pour qui : « *La révision constitutionnelle intervenue le 14 avril 2008 a donc fragilisé le statut des conseillers constitutionnels qui seront jugés par le président de la République à l'aune de leur degré d'allégeance à son égard pour espérer un éventuel renouvellement de leur mandat* »[55].

À l'issue de cette révision, non seulement la durée du mandat se trouve réduite de 09 ans à 06 ans, mais alors son mandat devient renouvelable. Ce qui fragilise considérablement l'indépendance de ses membres tout en permettant à l'autorité politique d'avoir plus de franchises à l'égard du Conseil constitutionnel au détriment de la garantie de la suprématie constitutionnelle et de l'effort de construction de l'État de droit au Cameroun.

Il en est de même de **l'hypothèse de l'exclusion d'un membre à la demande de l'autorité de nomination[56] de l'article 18 de la loi de 2004-2005** portant statut des membres du Conseil constitutionnel au Cameroun. Ainsi, le mandat d'un juge constitutionnel peut être écourté à la demande de l'autorité qui l'a désigné. Dans cette circonstance, le mandat de six (06) ans n'est pas une garantie absolue pour le juge constitutionnel. Ce qui peut négativement impacter sur son indépendance.

En définitive, l'étude de l'histoire de la justice constitutionnelle camerounaise sous le prisme de la durée du mandat et de l'indépendance du juge ne donne pas lieu à une constante. À la question de savoir si on peut avoir une justice constitutionnelle indépendante lorsque la durée du mandat de juge constitutionnel n'est pas stable, il est clair que, quel que soit le modèle de justice constitutionnelle choisi par un État, la durée du mandat du juge constitutionnel influence fondamentalement sur son indépendance selon que son mandat soit court, long, renouvelable ou non. Il est difficile d'avoir une justice constitutionnelle indépendante lorsque la durée du mandat de ses juges est instable. L'étude de l'histoire constitutionnelle camerounaise a permis de distinguer deux périodes caractérisées par l'instabilité ambiante de la durée du mandat des juges en charge de la justice constitutionnelle protégeant négativement leur indépendance et la stabilité ambivalente par le mandat dans la protection de l'indépendance de la justice constitutionnelle.

---

[53] Loi n° 2008/001 du 14 avril 2008 modifiant et complétant certaines dispositions de la loi n° 96/06 du 18 janvier 1996 portant révision de la Constitution du 2 juin 1972.

[54] L. FAVOREU, P. GAÏA, et *al, op. cit.*, p. 261.

[55] B-R. GUIMDO DONGMO, « Constitution et démocratie dans les États francophones d'Afrique », *op. cit.* p. 190.

[56] Une hypothèse que la doctrine camerounaise considère comme lacunaire et rétrograde, Voir A. D. OLINGA, ouvrage précité, p. 153 ; J. F. WANDJI K., ouvrage précité, p. 71.

OÙ EN EST L'INTERDICTION DES CHANGEMENTS ANTICONSTITUTIONNELS DE GOUVERNEMENT EN AFRIQUE ?

Émile-Derlin KEMFOUET KENGNY*

Docteur en droit international de l'environnement (Université de Limoges)
Lecturer in Public Law, University of Buea
Avocat au barreau de Paris

La question de l'exercice du pouvoir a toujours été au centre des préoccupations des individus vivant en société. Ce dernier a toujours attisé les convoitises et généré des conflits opposant d'un côté ceux qui le détiennent et veulent le conserver à tout prix, et de l'autre, ceux qui en sont privés et cherchent à s'en approprier, parfois par tous les moyens. On l'aura compris *« les changements anticonstitutionnels de gouvernement ont toujours existé [...] L'histoire nous en fournit des exemples multiples en nombre diversifié en forme et en dénomination. On parle ainsi de putsch, de coup d'État, de pronunciamiento, de sédition, de mutinerie, d'insurrection ».*[1]

Cette pratique jadis répandue dans le monde, est devenue au fil des ans une marque de fabrique du continent africain, et ce dès le lendemain des indépendances. Les statistiques sont effarantes. Ainsi de 1960 à 1990, l'Afrique a connu soixante-dix-huit (78) coups d'État, vingt-huit (28) de 1991 à 2001[2] et une vingtaine depuis 2001. Bref, comme l'ont observé certains analystes[3], sur les 486 coups d'États réussis ou ratés dans le monde depuis 1950, 214 (donc 106 réussis) ont eu lieu en Afrique. Ce qui en fait le continent qui bat les records mondiaux de coup de force. Si on ajoute à cela, les modes non violents de changements anticonstitutionnels de gouvernement dont le nombre ne se compte plus, on convient aisément que si l'Afrique souffre de quelque chose, c'est plus que de la manière dont beaucoup d'ensembles étrangers s'intéressent à elle. *« Aujourd'hui plus que jamais, c'est elle-même que l'Afrique doit examiner. C'est la nature du pouvoir politique dans bien des pays d'Afrique, de même que les conséquences –*

---

* L'auteur a notamment publié *Les juridictions des organisations d'intégration économique en Afrique*, Paris LGDJ, 2018, 416 p.

[1] BEN ACHOUR (R), « Rapport introductif », in BEN ACHOUR (R), dir., *Les changements anticonstitutionnels de gouvernement. Approches de droit constitutionnel et de droit international*, Presses universitaires d'Aix Marseille (PUAM), 2014, pp. 11-25, p. 11.

[2] MASSINA (P), « Le coup d'État entre déshonneur et bienveillance », *Afrilex*, 2016, 34 p.

[3] Il s'agit de Jonathan Powell et Clayton Thyne ; cités par DUZOE (M) & WILLIAMSON (B), « Les coups d'État en Afrique », https://projects.voanews.com/african-coups/french.html, consulté le 4 janvier 2023.

réelles ou perçues comme telles- de la prise du pouvoir et du maintien de celui-ci, qui est une source majeure de conflit sur le continent ».[4]

Il était donc temps que l'Afrique, à travers des normes contraignantes, condamnât cette pratique qui jusqu'alors, n'avait fait que l'objet sinon d'une indifférence[5], du moins d'une réglementation dépourvue de force obligatoire[6]. Aujourd'hui c'est chose faite et la construction d'un régime juridique a été progressive, allant du droit mou au droit contraignant. Ainsi, après s'être prononcés de manière informelle sur les changements anticonstitutionnels de régime à Harare en 1997, et rappelé leur volonté de promouvoir des *« institutions fortes et démocratiques »* dans la Déclaration d'Alger en 1999, les pays membres de l'Union africaine ont par la Déclaration de Lomé de juillet 2000 sur le cadre des réponses de l'OUA aux changements anticonstitutionnels de gouvernement, réaffirmé leur volonté de rejeter catégoriquement les changements anticonstitutionnels de gouvernement. La Déclaration de Lomé retient quatre situations dont l'occurrence constitue le changement anticonstitutionnel de gouvernement interdit. Il s'agit notamment : *« 1. un coup d'État militaire contre un gouvernement issu d'élections démocratiques ; 2. une intervention des mercenaires pour renverser un gouvernement issu d'élections démocratiques ; 3. une intervention des groupes dissidents armés et de mouvements rebelles pour renverser un gouvernement issu d'élections démocratiques ; 4. le refus d'un gouvernement en place de remettre le pouvoir au parti vainqueur à l'issue d'élections libres, justes et régulières »*.

Cette orientation a été consacrée par la suite dans l'Acte constitutif de l'Union africaine et le Protocole relatif à la création du Conseil de paix et de sécurité de l'Union africaine[7]. Adopté paradoxalement par *« une majorité de chefs d'États issus des changements non constitutionnels sinon inconstitutionnels »*[8], le 11 juillet 2000 à Lomé, « une capitale qui excelle dans [la] pratique [des changements anticonstitutionnels de gouvernements][9] », l'Acte constitutif sonne l'alerte contre les régimes prétoriens et fait de l'interdiction des changements anticonstitutionnels de gouvernement un des principes de l'UA[10] ; qui plus est, le Règlement intérieur de la conférence de l'Union reprend en ses articles 37 (2) et 37 (3) la nomenclature des situations constitutives de changement

---

[4] ANNAN (K), *Les causes des conflits et la promotion d'une paix et d'un développement durables en Afrique*, A/52/871/-S/1 998/318, 13 avril 1998, § 12.

[5] Le droit international ne s'est-il pas pendant longtemps montré indifférent à l'égard de tels phénomènes au motif qu'il s'agissait de simples faits relevant de la compétence de chaque État ?

[6] On peut citer la *Résolution sur les régimes militaires* adoptée en 1994 par la Commission africaine des droits de l'homme et des peuples, la *Résolution sur la situation des droits de l'homme en Afrique* qui condamne « la planification ou l'exécution de coup d'État et toute tentative d'accéder au pouvoir par des moyens non démocratiques » ; la *Déclaration de Harare de 1997,* la *Décision d'Alger de 1999 sur le rejet des changements anticonstitutionnels de gouvernement et la promotion de la démocratie en Afrique,* la *Déclaration relative à la Conférence sur la sécurité, la stabilité, le développement et la coopération en Afrique (*2000), la *Déclaration de Lomé sur le cadre des réponses de l'OUA aux changements anticonstitutionnels de gouvernement* (2000), Sur toute cette évolution normative, voir TEHINDRAZANARIVELO (D-L), « Les sanctions de l'Union africaine contre les coups d'État et autres changements anticonstitutionnels de gouvernement : potentialités et mesures de renforcement », *AYBIL.*, vol. 12, 2004, pp. 255-308.

[7] Adopté le 9 juillet 2002 et entré en vigueur le 26 décembre 2003.

[8] BULA-BULA (S), « Les fondements de l'Union africaine », *AYBIL*, vol. 9, 2001, pp. 39-74, p. 63.

[9] *Ibid.*.

[10] Art. 4 (p) de l'Acte constitutif de l'Union africaine.

anticonstitutionnel de gouvernement retenues par la Déclaration de Lomé en y ajoutant *« le renversement ou le remplacement d'un gouvernement démocratiquement élu par des éléments, avec l'aide des mercenaires »*.

Enfin, vient la Charte africaine de la démocratie des élections et de la gouvernance. Adoptée à Addis Abeba le 30 janvier 2007, cette charte dont *« le contenu révolutionnaire [a laissé] planer sur elle l'ombre de grandes méfiances susceptibles d'affecter son entrée en vigueur »*[11] est finalement entrée en vigueur le 15 février 2012. Ce *« texte conventionnel [...] très dense »*[12] comporte un chapitre VIII intitulé *« Des sanctions en cas de changement anticonstitutionnel de gouvernement »* et qui se décline en quatre articles notamment les articles 23, 24, 25 et 26. Énumérant les situations considérées comme changement anticonstitutionnel de gouvernement, l'article 23 confirme les acquis de la Déclaration de Lomé et ajoute une cinquième situation à savoir *« Tout amendement ou toute révision des Constitutions ou des instruments juridiques qui porte atteinte aux principes de l'alternance démocratique »*. Cette charte qui se veut le *« bréviaire de la vie politique »*[13] et met en avant les élections comme modalité exclusive d'accession au pouvoir en répugnant les changements anticonstitutionnels de gouvernement contribue ainsi à graver leur interdiction dans le marbre. Elle constitue à date, *« le mécanisme plus complet au niveau de l'Union africaine en matière de rejet des changements anticonstitutionnels dans la mesure où elle englobe dans un même corpus normatif des dispositions contenues dans les différents instruments déclaratoires ou conventionnels précédents »*[14].

Comme on peut le constater, *« la mise hors-la-loi des gouvernements anticonstitutionnels »*[15] *est sinon un acquis, du moins le « cheval de bataille »*[16] de l'Union africaine.

Dans un continent qui détient la Palme d'or des coups de force, la répudiation formelle des pouvoirs qui ne sont pas conformes à la constitution apparaît comme un événement exceptionnel et se présente comme un fascinant objet d'étude pour tout chercheur soucieux d'observer et d'analyser les dynamiques constitutionnelles et politiques en cours.

L'occasion que représentent ces mélanges offerts à M. le Doyen Étienne Charles Lekene Donfack dont nous fûmes l'un de ses innombrables étudiants[17], nous donne la possibilité de nous intéresser à cette question, objet pendant des années d'une relative indifférence, mais qui s'inscrit parfaitement dans les champs de recherche du dédicataire de ces lignes.

---

[11] TCHEUWA (J-C), « L'Union africaine et les changements anticonstitutionnels de gouvernement », *RRJ*, 2009/2, pp. 995-1022, p. 1008.

[12] TCHICAYA (B), « La Charte africaine de la démocratie, des élections et de la gouvernance », *AFDI*, 2008, pp. 515-528, p. 517.

[13] TCHICAYA (B), « La Charte africaine de la démocratie, des élections et de la gouvernance », *AFDI*, 2008, pp. 515-528, p. 525.

[14] KAZADI MPIANA (J), « L'Union africaine face à la gestion des changements anticonstitutionnels de gouvernement », *RQDI*, 2012, 25.2, pp. 101-138, p. 110.

[15] BULA-BULA (S), « Mise hors-la-loi ou mise en quarantaine des gouvernements anticonstitutionnels par l'Union africaine », *AYBIL*, vol. 11, 2003, pp. 23-78, p. 23.

[16] KAZADI MPIANA (J), op. cit., p. 101.

[17] Monsieur le Professeur LÉKÉNÉ DONFACK m'a dispensé le cours de finances publiques en 1995-1996 à la Faculté des sciences juridiques et politiques de l'Université de Dschang.

En effet, M. Lekene Donfack jouit d'une double casquette de théoricien et de praticien du droit constitutionnel. En tant que théoricien, l'intéressé en sa qualité de Professeur d'Université a contribué à sa manière à la doctrine du droit constitutionnel et des institutions politiques. Si l'évocation de son nom fait penser immédiatement aux finances publiques en raison de son désormais classique ouvrage intitulé *Finances Publiques camerounaises…*, paru en France, aux éditions Berger Levrault en 1987, il n'a jamais coupé les liens avec le droit constitutionnel à travers ses contributions dont certaines, malgré le temps demeurent d'une étonnante actualité. Qu'on pense à sa thèse de doctorat sur le *« fédéralisme camerounais »*[18], cette question tellement sensible qu'elle divise encore nos compatriotes comme le soulignait le dédicataire de ces lignes[19] ; ou encore à son article sur « La révision des constitutions en Afrique »[20], ce phénomène au cœur des changements anticonstitutionnels de gouvernement.

De par sa position privilégiée de juge constitutionnel, M. Lekene Donfack est un praticien et doit en tant que tel, faire vivre le droit constitutionnel. Une mission délicate dans le contexte camerounais et africain en général où l'intervention du juge constitutionnel est de plus en plus sollicitée *« pour fixer les règles du jeu, prévenir les conflits et les régler tant en matière d'accession au pouvoir que de dévolution du pouvoir »*[21]. M. le juge ne s'est pas dérobé de sa tâche qu'il a vite fait de remettre ses lunettes professorales pour en rendre compte dans une retentissante chronique parue à la revue française de droit constitutionnel[22]. Si l'épreuve de la pratique a eu raison sur la force des idées[23] chez M. le juge Lekene Donfack au regard des positions qu'il a défendues dans le contentieux de l'élection présidentielle, notamment dans l'affaire Maurice Kamto et dont son ancien étudiant auteur de ces lignes est loin de partager, sa contribution à la naissance d'une jurisprudence constitutionnelle au Cameroun restera gravée dans les annales judiciaires.

Le rejet des changements anticonstitutionnels de gouvernement est formellement établi par l'Union africaine. Fini le temps où les questions de constitutionnalité ou d'inconstitutionnalité d'un gouvernement relevaient du domaine réservé de l'État au nom de la règle de non-ingérence dans les affaires intérieures des États et son corollaire, celle de l'autonomie constitutionnelle qui énonce, pour reprendre les termes de M. Maurice Kamto, que *« chaque peuple a le libre choix des règles fondamentales de son organisation politique »*[24].

---

[18] LÉKÉNÉ DONFACK (E-C), *L'expérience du fédéralisme camerounais : les causes et les enseignements d'un échec*, thèse pour le doctorat d'État en droit public, Université de Clermont Ferrand 1, 1979.

[19] *Ibid.* p. 1.

[20] LÉKÉNÉ DONFACK (E-C), « La révision des constitutions en Afrique », *RJPIC*, 1989/1, pp. 45-71.

[21] KANTÉ (B), « Les juridictions constitutionnelles et la régulation des systèmes politiques en Afrique » in *Mélanges en l'honneur de Jean Gicquel. Constitutions et pouvoirs*, Paris, Montchrestien, Lextenso, 2008, pp. 265-276, p. 267.

[22] LÉKÉNÉ DONFACK (E-C) et al, « Chronique de jurisprudence du Conseil constitutionnel camerounais (2018 à 2020) », *RFDC,* 2022/1, pp. 207-241.

[23] AÏVO (F-J), « Les constitutionnalistes et le pouvoir politique en Afrique », *RFDC*, n° 104, 2015, pp. 771-800.

[24] KAMTO (M), « Constitution et principe de l'autonomie constitutionnelle » in *Constitution et droit international*, Recueil des cours de l'Académie internationale de droit constitutionnel, n° 8, Tunis, Centre des publications universitaires, 2000, p. 127.

La présente étude s'attachera donc à vérifier l'effectivité de cette interdiction inédite. Dit autrement, il s'agira de s'assurer que l'arsenal législatif et les mécanismes mis en place pour lutter contre le fléau des changements anticonstitutionnels de gouvernement en Afrique participent tout simplement d'un décor de jeu scénique (ou d'une rhétorique politique revêtant les habits policés du droit) ou si au contraire, on se trouve en présence de véritables règles de droit, donc la violation est sanctionnée. Si sanctions, il y a, il faudra également s'interroger sur leur efficacité.

Puisque le droit court après les faits et que *« c'est dans la tension née de l'application du droit à la réalité que l'adéquation de la norme à la situation sociale censée régir s'apprécie »*[25], ce travail s'appuiera sur des cas pratiques. C'est donc à une sorte de bilan que le propos va se livrer depuis que l'ordre juridique de l'Union africaine a fait de l'interdiction des changements anticonstitutionnels de gouvernement son credo. L'exercice révèle que l'interdiction à défaut d'être relativement ignorée (**I**) est curieusement contournée (**II**).

I. UNE INTERDICTION RELATIVEMENT IGNORÉE

L'idéal incarné par la consécration formelle dans des textes de nature conventionnelle de l'interdiction des changements anticonstitutionnels de gouvernement en Afrique a vite cédé la place à la désillusion. *« Les réalités africaines n'ont pas attendu que [ces textes] acquièrent la solidité granitique pour [les] soumettre à rude épreuve »*[26]. C'est ainsi qu'à la récurrence des formes violentes de changement anticonstitutionnel de gouvernement (**A**), s'est greffé l'affinement des méthodes douces poursuivant les mêmes fins (**B**).

A. La récurrence des formes violentes de changement anticonstitutionnel de gouvernement

Les changements par la violence renvoient incontestablement aux coups d'État ou putschs. Quiconque aurait pensé qu'en légiférant contre ce fléau, l'Afrique se débarrassait de ses vieux démons et prenait enfin le train de la démocratie se serait trompé. Alors qu'on croyait les militaires avisés de ce que « la tenue vestimentaire et le port de l'arme blanche ou à feu offerts par l'État aux frais du contribuable national [ne] leur confèrent pas des titres juridiques afin de faire ou de défaire, avec ou sans le soutien des puissances étrangères, notamment des États non africains, des gouvernements issus des urnes de manière régulière, libre, transparente et démocratique[27] », les voici de nouveau par effraction devant la scène politique.

Point n'est besoin de retracer l'histoire. En effet, depuis les indépendances jusqu'au début des années 1990, la prise du pouvoir par les militaires sur le

[25] BULA-BULA (S), *op. cit.*, p. 26.
[26] BULA-BULA (S), *op. cit.*, p. 25.
[27] BULA-BULA (S.), *op. cit.*, p. 33.

continent était monnaie courante[28]. *« un peu partout les prétoriens se sont emparés du pouvoir, un peu partout en Afrique […], on assista à la militarisation de la vie politique »*[29]. L'éclaircie apparue au milieu de ce sombre tableau au courant des années 1990 et ayant laissé entrevoir l'espoir d'un bannissement de la violence dans les relations sociales n'a duré que le temps d'une rose[30]. La seule année 1999, fin du XXe siècle a enregistré des coups de force en Côte d'Ivoire, en Sierra Léone, au Niger et en Guinée Bissau.

Les années 2000 sont arrivées et rien n'a changé ; ni l'Acte constitutif de l'Union africaine, ni la Charte africaine de la démocratie, des élections et de la gouvernance n'ont pu infléchir la tendance et les coups d'État ont repris de plus belle sur le continent. Leur nombre impressionnant contraste avec la volonté affichée par l'Afrique d'interdire et de sanctionner cette pratique. De la signature du traité constitutif de l'Union à l'entrée en vigueur de la Charte, soient du 12 juillet 2000 au 15 février 2012, ce ne sont pas moins de huit (08) coups d'État qui ont été recensés[31]. Le décompte macabre se poursuit avec au moins quatorze (14) coups de force recensés de 2012 à cette date[32]. L'Afrique est donc malheureusement devenue la terre des coups d'État sinon où poser le regard sur la carte du continent sans voir l'irruption des hommes armés sur la scène politique ? L'espoir de la fin des coups d'État n'est donc pas pour demain.

La pérennité de cette tare nécessite une analyse permettant de définir les causes et la signification. Cependant le cadre limité du propos nous oblige à différer une telle étude. On ne se livrera donc pas à l'exercice fort connu de typologie[33] consistant à distinguer les bons coups d'État, c'est-à-dire ceux qui sont considérés comme salutaires ou salvateurs, parce qu'étant au service de la démocratie, de ceux-là jugés *« diaboliques et dont l'objectif est de remplacer un gouvernement civil, légitime, par un gouvernement militaire »*[34], bref ces atteintes contre la démocratie perpétrées par l'armée.

Faisons tout simplement remarquer qu'un rapide survol de ces coups d'État débouche sur un double constat. Le coup peut être organisé soit par l'armée en tant que *« corps homogène agissant dans le respect des règles qui l'organisent sous*

[28] BENGHEMANE (M), *Les coups d'État en Afrique*, Paris, Publisud, 1983 ; MARTIN (M-L), *Le soldat africain et le politique : essai sur le militarisme et l'État prétorien au sud du Sahara*, Toulouse, Presses de l'IEP, 1990.

[29] YAKEMTCHOUK (R), « Les coups d'État militaires en Afrique dans leurs incidences internationales », *Studia Diplomatica*, Vol. 38, 1985/1, pp. 43-108.

[30] VIGNON (Y), « Le coup d'État en Afrique noire francophone », in *Les voyages du droit. Mélanges Dominique Breillat*, Paris, LGDJ, 2011, pp. 613-620.

[31] République centrafricaine (15 mars 2003), Sao Tomé et Principe (16 juillet 2003), Guinée-Bissau (14 septembre 2003), Mauritanie (3 août 2005), Mauritanie (6 août 2008), Guinée (24 décembre 2008), Guinée-Bissau (2 mars 2009), Niger (18 février 2010), Lybie (2011).

[32] Mali (22 mars 2012), Guinée-Bissau (12 avril 2012), République centrafricaine (24 mars 2013), Égypte (3 juillet 2013), Burkina-Faso (16 septembre 2015), Zimbabwe (21 novembre 2017), Soudan (11 avril 2019), Mali (18 août 2020), Tchad (20 avril 2021), Mali (24 mai 2021), Guinée (5 septembre 2021), Soudan (25 octobre 2021), Burkina Faso (24 janvier 2022), Burkina-Faso (30 sept. 2022)

[33] LAVROFF (D-G), « Essai de typologie de la prise du pouvoir par les militaires en Afrique noire », *RADIC*, 1989/1, pp. 533-550.

[34] KPODAR (A), « Bilan sur un demi-siècle de constitutionnalisme en Afrique noire francophone » in *La constitution béninoise du 11 décembre 1990 : un modèle pour l'Afrique ? Mélanges en l'honneur de Maurice Ahanhanzo-Glélé*, Paris l'Harmattan, 2014, pp. 89 et ss, p. 103.

l'autorité de ses Chefs institutionnels »[35] ou alors être l'œuvre d'un groupe de militaires agissant de leur propre initiative et sans engager l'armée tout entière. Cette seconde hypothèse rentre dans la nomenclature de l'article 23 (3) de la Charte africaine qui fait référence aux groupes dissidents armés et aux mouvements rebelles. Ces derniers, constitués généralement outre des militaires qui ont déserté les casernes et des civils qui ont pris des armes pour lutter contre le pouvoir en place font appel à des mercenaires. On se retrouve là dans le cas prévu à l'article 23 (2) de la Charte. Le mercenariat est en effet une pratique très ancienne. Si ses origines remontent depuis l'Antiquité[36], il a connu une évolution fulgurante et le droit international n'a cessé de se préoccuper de la question[37]. En Afrique particulièrement où le phénomène a trouvé une terre d'élection, un traité a également été adopté : la *Convention de l'OUA sur l'élimination du mercenariat en Afrique*[38]. Le mercenaire est celui-là qui va en guerre pour son propre intérêt. En d'autres termes, c'est *« un individu qui est essentiellement attiré par la perspective d'un salaire, qui prend part à un combat dans l'unique but d'obtenir une rémunération, et qui est étranger par rapport à la Partie qui l'emploie »*[39]. Si la cause du combat auquel il prend part lui importe peu, elle est au moins connue dans le cas de la Charte : le renversement d'un *« gouvernement démocratiquement élu ».*

En somme, tous les coups de force ci-dessus répertoriés et intervenus en Afrique relèvent de la nomenclature de l'article 23 paragraphes 1 à 3 de la Charte qui considère comme, changement anticonstitutionnel de gouvernement et passible de sanction de la part de l'Union africaine, *« 1. Tout putsch ou coup d'État contre un gouvernement démocratiquement élu. 2. Toute intervention des mercenaires pour renverser un gouvernement démocratiquement élu.*

3. Toute intervention de groupes dissidents armés ou de mouvements rebelles pour renverser un gouvernement démocratiquement élu [...] ».

Les autres situations prévues aux paragraphes 4 et 5 du même article n'en sont pas moins des changements anticonstitutionnels de gouvernement, mais procèdent par des méthodes douces.

---

[35] LAVROFF (D-G), *op. cit.*, p. 544. La vie politique africaine n'est pas avare d'exemples de putschs qui sont l'œuvre de l'armée en tant que corps. Il n'est qu'à penser aux coups de force intervenus au Zaïre le 25 novembre 1965, en RCA le 1er janvier 1966, au Ghana le 24 février 1966, au Togo le 13 janvier 1966, au Niger du 15 avril 1974…

[36] ARANYOSSY, *Mercenaires,* Encyclopaedia Universalis. Organum, p. 429 et s.

[37] Protocole I additionnel du 8 juin 1977 de la Convention de Genève de 1949, notamment en son article 47. 2. L'ONU a également légiféré sur la question à travers l'adoption le 4 décembre 1989 de la Convention internationale contre le recrutement, l'utilisation, le financement et l'instruction des mercenaires, entrée en vigueur le 20 octobre 2001. Cf. TERCINET (J), « Les mercenaires et le droit international », *AFDI,* 1977, pp. 269-293 ; DAVID (E), « Les mercenaires en droit international-Nouveaux développements », *RBDI.,* 1977, pp. 197-237 ; *Mercenaires et volontaires internationaux en droit des gens,* Bruxelles, Éd. de l'Université de Bruxelles, 1978, 459 p. KINSEY (C), « Le droit international et le contrôle des mercenaires et des compagnies militaires privées », *Culture et conflits,* n° 52, 2003, pp. 91-116.

[38] Adoptée à Libreville le 3 juillet 1977 et entrée en vigueur le 24 avril de la même année.

[39] TERCINET (J), *op. cit.*, p. 272.

B. les formes douces

Ici, le propos voudrait en réalité désigner le *« maintien anticonstitutionnel de gouvernement »*[40] qui n'en reste pas moins une atteinte à la règle de l'interdiction des changements anticonstitutionnels de gouvernement. Cette pratique encore largement répandue en Afrique emprunte généralement deux voies : le refus de l'alternance démocratique (**1**) et les révisions à tête chercheuse de la constitution et d'autres textes juridiques (**2**).

1) Le refus de l'alternance démocratique

Il se manifeste principalement par la fraude électorale et son corollaire le refus de l'alternance suite à une défaite électorale. Canal permettant *« aux peuples, au moyen d'un système méthodique, transparent et non violent, d'élire leurs représentants au gouvernement et de leur fournir la légitimité de gouverner pour une période déterminée jusqu'à ce qu'ils soient soumis au verdict du peuple par le biais de nouvelles élections »*[41], l'élection s'est imposée de nos jours comme le procédé de droit commun en matière de désignation et de révocation de gouvernants et de légitimation du pouvoir[42]. Seulement en Afrique, l'euphorie des années 1990 consécutive à l'introduction du multipartisme et l'organisation des élections libres et transparentes débouchant souvent sur une alternance au sommet de l'État ont cédé place à la désillusion ; l'élection n'est qu'une parodie et rythme aujourd'hui avec les fraudes. Certes, les fraudes électorales ne sont pas uniquement l'apanage de l'Afrique ; mais si elles sont *« de tous les temps et tous les pays avec des formes jamais figées qui montrent la surprenante habileté des acteurs du jeu politique à découvrir de nouvelles techniques propres à décourager le plus subtil des censeurs*[43] *». En Afrique, elles se manifestent à « l'état frustre, grossier ».*[44] Pour reprendre les propos de M. Francisco Djedjro Meledje, elles sont même une *« gangrène »* pour le continent et l'ampleur du phénomène est telle que les élections sont toujours sans risque et les surprises électorales d'une rareté extrême, les résultats étant connus d'avance[45]. Les techniques de fraude usitées sont bien connues[46]. En amont du vote, elles consistent généralement en une manipulation du fichier électoral : inscription d'électeurs fantômes, recensement tronqué dans les zones favorables à l'opposition, inscription dans des bureaux

---

[40] OULD BOUBOUTT (A-S), « L'Union africaine et les changements anticonstitutionnels de gouvernement. Libres propos sur certains aspects de la Charte africaine de la démocratie, des élections et de la gouvernance du 30 janvier 2007 », in *Mélanges en l'honneur de Babacar KANTÉ. Actualités du droit public et de la science politique en Afrique*, Dakar, L'Harmattan Sénégal, 2017, pp. 685-695, p. 687.

[41] VON MEIJENPELDT (R), « L'observation des élections », Rapport d'un atelier de l'ECDPM, Arnold Bergstrasse, Institut Maastricht 1 995.

[42] GICQUEL (J), *Droit constitutionnel et institutions politiques*, Paris, Montchrestien, 1999, p. 177

[43] EMERY (C), « Élections et référendums » in Madeleine Grawitz et Jean Leca, dir., *Traité de science politique,* vol. 2 : *Les régimes politiques contemporains*, Paris, PUF, 1985, p. 320.

[44] DJEDJRO MELEDJE (F), « Fraudes électorales et constitutionnalisme en Afrique », in VETTOVAGLIA (J-P) et *al.*, éd., *Prévention des crises et promotion de la paix.* Vol. 2. *Démocratie et élection dans l'espace francophone*, Bruxelles, Bruylant, 2010, pp. 785-815, p. 788. « Le contentieux électoral en Afrique » in *La démocratie en Afrique, Pouvoirs*, vol. 129, 2009, pp. 139-155.

[45] Ibid., p. 796.

[46] P. JACQUEMOT, « Les élections en Afrique, marché de dupes ou apprentissage de la démocratie ? », *Revue internationale et stratégique*, 2 019/2 (n° 114), pp. 52-64.

éloignés de l'habitation, recensement de mineurs ou d'étrangers de pays voisins, mauvaise distribution des cartes électorales. Le jour du vote, elles se déclinent par les actes suivants : ouverture tardive des bureaux de votes, achats de voix, bourrages d'urnes, vote d'électeurs décédés, assistance aux handicapés et aux aveugles jusque dans l'isoloir, oubli de tremper son doigt dans l'encre indélébile, édition de faux bulletins de vote ou absence de bulletins de vote pour les opposants, bureaux de votes inconnus des électeurs, report au dernier moment la date du scrutin (République démocratique du Congo en 2018, Nigeria en 2019), accréditation de faux observateurs internationaux (Cameroun en 2018). Enfin, en aval, la falsification des procès-verbaux et donc le détournement pur et simple des suffrages au profit du candidat sortant.

Si les élections, notamment la présidentielle, conduisent parfois à l'échec du sortant et à de véritables alternances[47], elles demeurent relativement limitées. Ce qu'on tient dans la plupart de temps pour alternance n'est en réalité que la victoire, au sein d'un parti dominant, d'une faction contre l'autre comme c'est le cas dans la quasi-totalité des pays de l'Afrique australe et orientale dont certains sont faussement présentés comme des modèles de démocratie en Afrique à l'instar de l'Afrique du Sud postapartheid, la Namibie et le Botswana. Il est vrai que ces pays sont à bien d'égards des *« démocraties fonctionnelles »* ainsi que l'attestent l'organisation régulière des élections libres, l'existence des contre-pouvoirs, de la liberté d'opinion et de presse, *« mais l'ancrage de la démocratie y sera véritablement mis à l'épreuve lorsque les partis dominants seront mis en difficulté électoralement par des partis d'opposition capables d'accéder au pouvoir »*[48].

Rarement le candidat sortant ou à tout au moins le candidat du parti au pouvoir perdra donc. *« On n'organise pas les élections pour les perdre ! »* Cette leçon professée par l'ancien président congolais, Pascal Lissouba[49] demeure d'actualité. L'élection présidentielle semble ainsi être devenue *« une simple formalité administrative »*[50], destinée à maintenir l'opposition à l'écart du pouvoir et conforter des régimes autoritaires en place depuis déjà longtemps. Qu'on en juge par ce tableau non exhaustif :

[47] On entend par là l'arrivée au pouvoir d'un nouveau parti politique comme ce fut le cas au Bénin (1996 et 2006), Cap Vert (2011), Gambie (2016), Ghana (2000, 2016), Kenya (2002), Malawi (2014 et 2020), Madagascar (2018), Nigeria (2 015), Sénégal (2000 et 2012), Sierra Leone (2018), Zambie (2021).

[48] MAGNAGNI et T. VIRCOULON (V), « Vers un retour de l'autoritarisme en Afrique ? », *Politique étrangère*, 2 019/2, pp 11-23, p. 17.

[49] Cité par DODZI KOKOROKO, « Les élections disputées : réussites et échecs », in *La démocratie en Afrique, Pouvoirs*, vol. 129, 2009, pp. 115-125.

[50] GUEYE (B), « Démocratie en Afrique : succès et résistances », in *La démocratie en Afrique, Pouvoirs*, vol. 129, 2009, pp. 5-26, p. 23.

Pays	Chef de l'État	Dernière élection	Au pouvoir depuis
Cameroun	Paul Biya	2018	1982
Congo	Denis Sassou-Nguesso	2016	1979-1992, puis 1 997
Djibouti	Hassan Gouled Aptidon, puis son neveu Ismaël Omar Guelleh	2016	1977 1999
Gabon	Omar Bongo, puis son fils Ali Bongo	2016	1967 2009
Guinée équatoriale	Teodoro Obiang Nguema	2022	1979
Ouganda	Yoweri Museveni	2016	1986
Rwanda	Paul Kagame	2017	2000
Tchad	Idriss Déby, puis son fils Mahamat Idriss Déby	2021	1990 2021
Togo	Gnassingbé Eyadema, puis son fils Faure Eyadema	2020	1967 2005
Angola	Agostino Neto, puis Eduardo Dos Santos, et Joao Louvenco	1975-1979 1979-2017 Depuis 2017	2022
Mozambique	Samora Machel, Joaquin Chissano Armando Guebuza Filipe Nyusi	1975-1986 1986-2005 2005-2015 2 015	2019

Finalement, ces exécutifs en place se réclamant des élections prétendument démocratiques qui en réalité relèvent d'un *« banditisme électoral plutôt qu'à une compétition loyale »*[51], matérialisant ainsi le temps de la dictature sous lequel croule l'Afrique et qui est *« marqué par une détermination inouïe des dirigeants en place à combattre le principe de l'alternance par le recours à la fraude électorale pour assurer leur pérennité au pouvoir »*[52]. Même le juge constitutionnel vers qui tous les regards sont tournés parce que supposé être le *« chien de garde »* du jeu électoral semble s'être écarté de sa mission pour s'ériger en un *« agent électoral supplémentaire du pouvoir »*[53]. La lecture des motifs de décision de rejet donne parfois à penser que ce juge a délibérément choisi une solution défavorable à l'opposition. Est illustrative de ce travers, l'attitude du conseil constitutionnel camerounais qui a rechigné à annuler les résultats de l'élection présidentielle de 2018. En effet, sans jamais entrer dans les profondeurs de la question controversée des 32 procès-verbaux falsifiés soulevée par le candidat Maurice Kamto, le Conseil s'est contenté à l'unanimité de ses membres de rejeter sa *« requête car non justifiée »*[54]. Or, un juge sérieux et conscient de sa délicate mission aurait dû exiger la production de la preuve contraire auprès d'ELECAM, ou à tout au moins lui demander de s'expliquer sur les différences formelles des procès-verbaux, en vue, le cas échéant, de dissiper la suspicion créée par la production des procès-verbaux prétendument irréguliers. Cette

[51] KASSOUM (T), « Les structures de gestion des opérations électorales : le cas de la CENI au Mali », article en ligne.

[52] KOKOROKO (D), *op. cit.*, p. 120.

[53] KEMFOUET KENGNY (E-D), *Le contentieux des élections présidentielles et législatives au Cameroun et au Gabon*, mémoire de DEA en droit communautaire et comparé, Université de Dschang, 2001, p. 194.

[54] CC, 18 oct. 2018, Maurice Kamto c. Elecam, inédit.

« complaisance coupable »[55] du juge de l'élection présidentielle n'est pas un fait nouveau en Afrique et s'inscrit malheureusement dans une tradition[56]. On se souvient qu'en 1992, la Cour suprême statuant sur le contentieux de l'élection présidentielle a jugé ne pas être habilitée par la loi à apprécier les observations et réclamations relatives aux irrégularités à ladite élection et les sanctionner le cas échéant[57]. Une position qui a déclenché l'ire de la doctrine, faisant dire à un commentateur que *« refuser d'annuler le scrutin après en avoir constaté d'innombrables irrégularités dont il est entaché peut apparaître sous le régime de Biya, comme la moins mauvaise des solutions même si c'est au détriment des intérêts du peuple et de la loi ou de l'honneur de la Cour »*[58].

Dans cette atmosphère de transaction collusive entre le juge constitutionnel et le pouvoir en place, relève de l'exploit, l'annulation d'une élection présidentielle. À ce jour, le *« coup le plus retentissant »* demeure l'œuvre de la Cour suprême kenyane qui a annulé l'élection présidentielle de 2017 alors que le Président sortant M. Uhuru Kenyatta avait été donné vainqueur par la *Independent Electoral and Boundaries Commission* (IEBC)[59]. *« Sanctionnant la violation des principes électoraux légaux tels que la transparence (transmission des procès-verbaux) et l'égalité (décompte et validité des suffrages), le juge électoral brise un tabou en annulant, pour la première fois, l'élection d'un président sortant en Afrique »*[60].

Outre ces mascarades électorales, le maintien anticonstitutionnel de gouvernement passe par une révision à tête chercheuse de la constitution et d'autres instruments juridiques.

---

[55] GATSI (E-A-T) « Heurs et malheurs du contentieux électoral en Afrique : étude comparée du droit électoral processuel africain », *Les cahiers de droit*, Vol. 60, n° 4, déc. 2019, pp. 937 – 990, p. 982.

[56] Au Gabon, la Cour constitutionnelle a rechigné à annuler les résultats de l'élection présidentielle de 2016 en dépit des irrégularités l'ayant entachée. Décision n° 050/CC du 23 sept 2016.

Saisi d'une requête en annulation de l'élection présidentielle de 200, le Conseil constitutionnel tchadien s'est borné à constater que les plaignants n'avaient pas rapporté la preuve de leurs allégations et a validé l'élection du président sortant.

Au Kenya, après l'élection de Daniel Arap Moi lors de la présidentielle de 1997, la requête de MwaiKibaki a été déclarée irrecevable faute d'avoir adressé une copie de la requête au défendeur, comme la loi l'exigeait, alors que celui-ci n'avait pas fourni les détails nécessaires pour procéder à ces formalités, RailaAmoloOdinga and another v. IEBC & and others, (PresidentialPetition No. 1 of 2017).

En Namibie, après les élections générales de 2009, la requête du Rally for Democracy and Progress and others tendant à annuler les résultats de la présidentielle déposée le jour du dies ad quem à 16 heures a été rejetée pour avoir été déposée hors délais, sur la base d'une règle interne qui interdisait l'enregistrement de toute requête après 15 heures, alors même que l'Electoral Act, 1992 ne fixait pas de telles limites (*Rally for Democracy and Progress and others v. Electoral Commission of Namibia and others, [2010] NASC 8*).

Du côté de la Sierra Leone, la requête contestant la victoire d'Ernest Bai Koroma après la présidentielle de 2012 a été rejetée pour avoir précisé l'adresse des avocats dans la requête et non sur une feuille distincte, comme le prévoyait une règle de la Cour (*John Opong Benjamin and others v. National Electoral Commission and others, no 2/2012*).

[57] NLEP (R-G), « L'organisation générale des contentieux en matière électorale. Le cas du Cameroun » in OIF, *Aspects du contentieux électoral en Afrique,* Agence intergouvernementale de la francophonie, 2000, pp. 19 et s.

[58] SINTAT MPOUMA (L) « La compétence de la Cour suprême du Cameroun depuis la loi du 17 septembre 1992 (À propos de la proclamation des résultats de l'élection présidentielle) », *Juridis Info*, n° 15, juillet-août-sept. 1993, pp. 58-62, p. 62.

[59] Raila Amolo Odinga and another v. IEBC & and others, (Presidential Petition No. 1 of 2017).

[60]. GATSI (E.-A. T), *op.cit.*, p. 988.

2) Une révision à tête chercheuse de la constitution et d'autres instruments juridiques

Une autre astuce courante en Afrique et permettant la pérennité des pouvoirs en place consiste en une révision opportune des instruments juridiques susceptibles de favoriser une alternance en tête desquels la constitution.

Point n'est besoin de retracer l'histoire du constitutionnalisme africain dont l'âge d'or se situe dans la décennie 1990 considérée *« comme le vecteur par excellence d'un constitutionnalisme nouveau en nette démarcation de l'ancien »*[61]. On se souvient justement que l'avènement du multipartisme au début de cette période avec les fameuses conférences nationales[62] a donné lieu à une *« création révolutionnaire des constitutions »*[63] tenant compte des aspirations des peuples longtemps opprimés et désormais assoiffés de liberté et de démocratie. Les conditions d'éligibilité à la présidence ont par exemple été revues, la séparation des pouvoirs assurée, la limitation du nombre de mandats présidentiels consacrée[64]… Bref de véritables constitutions adaptées aux exigences nouvelles[65], c'est-à-dire à *« l'état de la société »*[66]. On a d'ailleurs vu dans ces réformes, notamment la clause relative à la limitation du nombre des mandats présidentiels, la pierre angulaire du néoconstitutionnalisme[67] africain ou encore une des garanties de sûreté démocratique des régimes politiques du continent[68].

Mais à quoi n'a-t-on pas assisté une fois, adoptées ces constitutions consacrant les règles de l'alternance démocratique et s'affirmant comme le *« dernier rempart contre les dérives présidentialistes »*[69]? Des constitutions désormais perçues avec une désinvolture par les pouvoirs en place et considérées sinon comme de simples *« chiffons de papiers »*[70], du moins comme le *« jouet des politiques »*[71] maniables à merci. L'Afrique s'est donc abîmée dans une fièvre[72] de révisions constitutionnelles pour la plupart *« pirates »*[73] et se résumant essentiellement à la

---

[61] B. BA « L'évolution constitutionnelle des pays africains de succession française », in *Annales Africaines*, Nouvelle série, vol.2, déc. 2020, n° 13, pp. 1-59, p. 7.

[62] BOULAGA (F), *Les conférences nationales en Afrique noire-Une affaire à suivre*, Paris, Karthala, 1 993.

[63] KAMTO (M), « Les conférences nationales africaines ou la création révolutionnaire des constitutions » in J.-D. de GAUDUSSON (J-B) et DARBON (D), dir., *La création du droit en Afrique*, Paris, Karthala, 1997, pp. 177-195.

[64] LOADA (A), « La limitation du nombre de mandats présidentiels en Afrique francophone », *Afrilex*, n° 3, 2003, pp. 139-174.

[65] MELEDJE (F-D), « Les révisions des constitutions dans les États africains francophones. Esquisse de bilan », *RDP*, 1992/1, pp. 111-134, p. 113.

[66] LAVROFF (D-G), « La Constitution et le Temps » in *Droit et politique à la croisée des cultures, Mélanges Philippe Ardant*, Paris, LGDJ, 1999, pp. 211-212.

[67] AHADZI (K), « Les nouvelles tendances du constitutionnalisme africain. Le cas des États d'Afrique noire francophone », *Afrique juridique et politique*, vol. 1, 2002/2, p. 40.

[68] *Les défis de l'alternance démocratique en Afrique*, Actes de la conférence internationale de Cotonou organisé par l'Institut des droits de l'homme, Cotonou, IDH, FNUAD, 2010, 274 p.

[69] BOURGUI (A), « L'évolution du constitutionnaliste en Afrique : du formalisme à l'effectivité », *RFDC*, n° 52, 2002, pp. 720-748, p. 721.

[70] *Ibid.*, p. 725.

[71] BOLLE (S), « Des constitutions "made in" Afrique », article consultable en ligne.

[72] GLÉLÉ (M), « La Constitution ou loi fondamentale », *Encyclopédie juridique de l'Afrique*, t. 1, Abidjan, Dakar, Lomé, Nouvelles Éditions Africaines, 1982, p. 31.

[73] AHADZI (K), « Les nouvelles tendances du constitutionnalisme africain. Le cas des États d'Afrique noire francophone », *Afrique juridique et politique*, vol. 1, 2002/2, p. 40.

mise en place des *« remblais, des digues et des barrages, pour s'assurer qu'aucun des pouvoirs ne sorte de son lit pour submerger les autres »*[74]. Bref, un *« minutieux travail de sape »*[75] de l'édifice précédemment mis en place, afin d'empêcher toute alternance démocratique au sommet de l'État : re-constitutionnalisation de *« certains instruments du présidentialisme déconstitutionnalisés au début de la décennie 1990 pour en introduire de nouveaux [de nature à pérenniser le statut quo], retour en force du monocentrisme présidentiel [couplé à la] résurrection de la figure d'un président-démiurge »*[76], mise à mal du pouvoir législatif à travers la création d'une seconde chambre aux mains de l'exécutif et surtout la levée de la limitation des mandats présidentiels en faveur d'une *« restauration autoritaire de l'éligibilité indéfinie »*[77] pour reprendre une expression chère à M. Augustin Loada. À citer les pays africains ayant fait usage des artifices qui viennent d'être décrits, on se perdrait d'où l'actualité de la question qu'un auteur se posait déjà de savoir *« [à] quoi servent les constitutions africaines ? »*[78].

Certes, les textes constitutionnels ne sont pas des *« tentes dressées pour le sommeil »*[79] et chaque constitution en Afrique renferme sa propre procédure de révision[80]. Mais comment ne pas s'étonner que la disposition la plus visée par cette révision concerne la clause instituant la limitation des mandats présidentiels ? À titre indicatif, cette clause a été supprimée au Burkina Faso en 1997, au Sénégal en 1998, en Namibie en 1998, en Guinée en 2001, en 2002 au Gabon, 2003 au Togo, en 2005 au Tchad, 2006 en Ouganda, en 2008 au Cameroun, au Djibouti en 2011, au Congo et en 2020 en Côte d'Ivoire. Finalement, les soi-disant révisions constitutionnelles auxquelles on assiste relèvent simplement d'une savante entreprise d'émasculation du nouveau constitutionnalisme africain[81] destinée à pérenniser l'ordre ancien et à permettre au chef de l'État en exercice de s'éterniser au pouvoir[82]. On l'aura compris, la révision de la constitution à travers la levée du verrou de limitation du nombre de mandats présidentiels est devenue une technique juridique pour éviter toute alternance politique.

Outre les révisions constitutionnelles de complaisance en vue de pérenniser l'ordre ancien, c'est également au tripatouillage d'autres instruments juridiques et qui porte atteinte aux principes de l'alternance démocratique qu'on assiste. Est concerné en premier chef le code électoral, notamment la loi fixant les conditions

---

[74] HOLO (T), « La présidence impériale : du Potomac au Sahel », *Revue béninoise de sciences juridiques et administratives*, n° 9- décembre 1987, p. 5.
[75] BOLLE (S), *op. cit.*
[76] *Ibid.*
[77] LOADA (A), *op. cit.*, p. 163.
[78] GONIDEC (P-F), « À quoi servent les constitutions africaines ? Réflexion sur le constitutionnalisme africain », *R.J.P.I.C.*, oct-déc. 1988, n° 4, p. 849.
[79] Cette expression est de Royer-Collard, cité par F. GUIZOT, in *Du gouvernement de la France depuis la Restauration*, Paris, Ladvocat, 1821, p. 77.
[80] LÉKÉNÉ DONFACK (E-C), « La révision des constitutions en Afrique », *RJPIC*, 1989/1, pp. 45-71.
[81] HOLO (T), « Démocratie revitalisée ou démocratie émasculée ? Les constitutions du renouveau démocratique dans les États de l'espace francophone africain : régime juridique et système politique », *RBSJA*, 2006, pp 17-18.
[82] CABANIS (A) et MARTIN (M-L), « La pérennisation du chef de l'État : l'enjeu actuel pour les constitutions d'Afrique francophone », *Mélanges en l'honneur de Slobodan Milacic. Démocratie et liberté : tension, dialogue, confrontation*, Bruxelles, Bruylant, 2008, pp. 349-380.

d'éligibilité à la présidence de la République, objet de modifications fréquentes de manière à favoriser le parti au pouvoir et le président sortant en éliminant d'emblée les rivaux gênants. Les astuces ne manquent pas pour parvenir à cette fin : obligation de résidence[83], condition de nationalité, limite d'âge…

Semble donc relever d'une pure incantation, la disposition l'article 23 al 5 de la Charte visant « *Tout amendement ou toute révision des Constitutions ou des instruments juridiques qui porte atteinte aux principes de l'alternance démocratique* ».

Au regard de ce qui précède, on peut aisément avancer que les dispositions normatives proclamant hors-la-loi les changements anticonstitutionnels de gouvernement demeurent relativement ignorées quand elles ne sont pas tout simplement contournées.

II. UNE INTERDICTION SAVAMMENT CONTOURNÉE

Pour être effective, la lutte contre les changements anticonstitutionnels de gouvernement passe nécessairement par l'adoption des mesures appropriées sinon pour les prévenir du moins pour les réprimer. Seulement, la réalité pratique déçoit et montre à suffisance que lorsque surviennent des changements anticonstitutionnels de gouvernement, les règles consacrant leur interdiction sont savamment contournées par le recours aux instruments politiques (**A**) au détriment des sanctions prévues (**B**).

A. par le recours aux instruments politiques

La fréquence avec laquelle les changements anticonstitutionnels de gouvernement interviennent en Afrique étonne. Mais ce qui étonne encore davantage est l'ingénierie mise en place à travers des instruments politiques affublés d'appellations diverses pour légaliser voire légitimer ces prises de pouvoir par la force ou ces maintiens anticonstitutionnels de gouvernement via des farces électorales. Tantôt on parle d'accords politiques de sortie de crise[84], d'accord de paix ou de chartes de transition. Bref, il s'agit de tous ces *« arrangements a-constitutionnels »*[85] à la nature juridique incertaine et donc la finalité est la *« dénégation de la primauté constitutionnelle »*[86], assortie d'une *« remise en cause du primat de l'ordonnancement juridique sur l'ordonnancement politique »*[87]. Les accords politiques de sortie de crise et/ou accords de paix *« s'entendent de tout*

---

[83] Au Togo par exemple, la Constitution de 1992 a été révisée par une loi constitutionnelle votée le 31 déc. 2002 et entrée en vigueur le 7 février 2003, laquelle définit une condition nouvelle de candidature à la magistrature suprême : l'obligation de résidence de 12 mois sur le territoire national. Cette révision visait tout simplement à écarter la candidature de M. Gilchrist Olympio, en exil depuis plusieurs années, à la présidentielle de 2003.

[84] SINDJOUN (L), « Le gouvernement de transition : éléments pour une théorie politico-constitutionnelle de l'État en crise ou en reconstruction », in *Mélanges Slobodan Milacic*, *op. cit.*, pp. 967-1011.

[85] AÏVO (F-J), « La crise de normativité de la Constitution en Afrique », *RDP* 2012/1, pp. 141-180, p. 166.

[86] MAMBO (P), « Les rapports entre la constitution et les accords politiques dans les États africains : Réflexion sur la légalité constitutionnelle en période de crise », *McGill Law Journal / Revue de droit de McGill*, 2012, 57 (4), pp. 921 – 952, p. 932.

[87] *Ibid.* p. 928.

accord conclu entre les protagonistes d'une crise politique interne ayant pour but de la résorber »[88]. Quant aux chartes de transition, soulignons qu'elles ont pour objet de définir un régime constitutionnel de transition qui entérine le passage d'un régime institutionnel à un autre.

La prolifération de ces instruments politiques se situe dans un contexte général de résurgence des crises et des foyers de tensions en Afrique. Ces situations étant dans bien de cas, la conséquence d'un changement anticonstitutionnel de gouvernement. En effet, une nouvelle tendance se dégage désormais en Afrique. C'est que les auteurs des changements anticonstitutionnels de gouvernement, notamment les militaires, après avoir commis leur forfait, cherchent rapidement à lui accorder une assise légale par le biais des instruments politiques qui viennent d'être cités et dont certains comme les chartes de transition réalisent une véritable constitution à titre provisoire. La liste des pays africains qui se sont pliés à cet exercice est longue. Si l'on prend pour référence l'année 2000, on peut citer quelques pays ayant signé des accords politiques ou de paix. À l'instar du Burundi[89]et la RDC en 2002[90], le Soudan en 2005[91], la Côte d'Ivoire entre 2003 et 2007[92], le Togo en 2006[93], le Zimbabwe en 2008, Madagascar en 2009.

Quant aux chartes de transition, force est de constater qu'après le Burkina Faso en 2014, elles ont essaimé en Centrafrique (2 015), au Soudan (2 019), et ces derniers mois au Mali, au Tchad et en Guinée.

La particularité de ces instruments très à la mode et devenus de véritables sources de l'exercice du pouvoir d'État[94] est leur propension à vouloir *« conférer une légalité constitutionnelle aux coups de force »*[95], et à procéder comme si ces derniers n'avaient jamais existé. Qu'on en juge par le contenu de la charte malienne : dès les premiers considérants de ladite charte, ses auteurs saluent *« le caractère patriotique des événements du 18 août 2020 ayant conduit à la démission libre et volontaire du Président de la République Monsieur Ibrahim Boubacar KEITA, précédée de la dissolution de l'Assemblée Nationale et de la démission du Gouvernement ».* Ainsi, les termes de ce premier considérant donnent à croire qu'il n'y a pas eu coup de force le 18 août 2020 ! Or, l'armée avait procédé à l'arrestation du président à sa résidence de Sébéninkoro pour le conduire au camp militaire de Kati d'où il rendra sa démission quelques jours plus tard. Pouvait-on dans un pareil contexte évoquer comme le dispose le préambule de la charte, une *« démission libre et volontaire »* ? La réponse négative saute aux yeux et traduit la volonté de ses auteurs *« de blanchir le coup de force militaire »*[96].

---

[88] ATANGANA AMOUGOU (J-L), « Les accords de paix dans l'ordre juridique interne en Afrique », *RRJ*, 2008/3, pp. 1723-1745.
[89] Accord de paix et réconciliation d'Arusha du 28 août 2000.
[90] Accord global et inclusif de Sun city du 17 déc. 2002.
[91] Accord global du 9 janvier 2005.
[92] Voir successivement sur le même conflit, l'accord de Linas Marcoussis du 23 janv. 2003, les accords d'Accra du 7 mars 2003, l'accord de Pretoria du 6 avril 2005, l'accord de Ouagadougou du 4 mars 2007.
[93] Accord politique global de Ouagadougou du 20 août 2006.
[94] D. ROUSSEAU, « Question de Constitution » in *Le nouveau constitutionnalisme : Mélanges en l'honneur de Gérard Conac*, Paris, Economica, 2001, p. 13.
[95] S.-M. OUEDRAOGO et D. OUEDRAOGO, « Propos inquiets sur la dissémination des régimes de transition constitutionnelle en Afrique », *Afrilex* 2020.
[96] Ibid.

Les choses n'en sont pas moins différentes en Guinée où le préambule de la charte de transition s'attelle dès son premier considérant à montrer le caractère légitime du coup d'État du 5 septembre 2021 au regard *« de l'adhésion populaire qui en a résulté »*.

Finalement, ces instruments politiques conclus à l'aulne des intérêts partisans d'acteurs non qualifiés matérialisent, comme l'a si bien observé M. Frédéric Joël Aïvo, *« la capture du droit par le politique »*[97]. En effet, quand ce ne sont pas des *« acteurs non institutionnels, parfois des rebelles projetés au-devant de la scène du pouvoir par la violence politique qui imposent les orientations constitutionnelles, la réorganisation des pouvoirs publics, la redistribution des charges de l'État, ainsi que le sens, le rythme et l'agenda de leur aménagement »*[98]. C'est l'opposition dépitée au sortir d'une parodie d'élection présidentielle consacrant le maintien anticonstitutionnel de l'ancien pouvoir qui est invité au partage des dépouilles à travers la participation au gouvernement. Comme ce fut le cas au Kenya en 2008 et au Zimbabwe en 2009 où les chefs de l'opposition Raila Odinga et Morgan Tsvangirai sont devenus Premiers ministres dans leur pays respectif au sortir d'un scrutin présidentiel des plus contestés. Idem au Togo en 2010 où un accord politique a consacré l'entrée de sept ministres de l'opposition au gouvernement. Au Burundi, on a curieusement assisté à une rotation du pouvoir sans élections entre Pierre Buyoya et Domitien Ndayizeye suite à l'accord d'Arusha du 28 août 2000. En effet, après avoir exercé la fonction présidentielle pendant dix-huit mois, Pierre Buyoya a cédé pacifiquement le pouvoir à M. Ndayizeye, en dehors de toute élection. Autorisé à occuper cette fonction jusqu'au 1er novembre 2004, date prévue pour la tenue d'élections générales, M. Ndayizeye a vu son mandat se prolonger jusqu'en août 2005, date d'élection du nouveau Président, Pierre Nkurunziza.

Toute cette ingénierie mise en place pour contourner l'interdiction des changements anticonstitutionnels de gouvernement se déploie malheureusement au mépris des sanctions en vigueur.

B. Au détriment des sanctions en vigueur

La place des sanctions dans le droit africain de la lutte contre les changements anticonstitutionnels de gouvernement n'est plus à souligner. C'est d'abord aux articles 30 de l'Acte constitutif de l'UA et 24 -25 de la Charte africaine de la démocratie, des élections et la gouvernance qu'il faut recourir. L'article 30 dispose : *« les gouvernements qui accèdent au pouvoir par des moyens anticonstitutionnels ne sont pas admis à participer aux activités de l'Union »*. L'article 24 de la Charte quant à lui dispose : *« au cas où il survient, dans un État partie, une situation susceptible de compromettre l'évolution de son processus politique et institutionnel démocratique où l'exercice légitime du pouvoir, le Conseil de paix et de sécurité exerce ses responsabilités pour maintenir l'ordre constitutionnel conformément aux dispositions pertinentes du Protocole relatif à la création du Conseil de paix et de sécurité [...] »*. Par le truchement de cette norme, un organe qui fait l'originalité de l'Union africaine se trouve propulsé au-devant de la scène à travers d'importants pouvoirs de sanction qui lui sont

[97] F.-J. AÏVO, « La crise de normativité de la Constitution en Afrique », op. cit., p. 171.
[98] *Ibid.*

reconnus comme gardien de la légalité et de la légitimité constitutionnelles : le Conseil de paix et de sécurité (CPS).

L'article 25, pour sa part, se veut encore plus incisif. Il dispose en son paragraphe 1 que : « si le Conseil de paix et de sécurité constate qu'il y a eu un changement anticonstitutionnel de gouvernement dans un État partie, et que les initiatives diplomatiques ont échoué, il prend la décision de suspendre les droits de participation de l'État partie concerné aux activités de l'Union ». Cette suspension prend immédiatement effet. Le même article définit par ailleurs, dans ses paragraphes 2 et 3 les conséquences de la suspension à savoir que l'État visé est tenu de continuer à honorer ses obligations vis-à-vis de l'Union, en particulier celles relatives au respect des droits de l'homme et que nonobstant la suspension de l'État partie concerné, l'Union maintient ses relations diplomatiques et prend toutes initiatives afin de rétablir la démocratie dans ledit État partie. Le paragraphe 4 de l'article se veut encore plus clair en précisant que *« les auteurs de changement anticonstitutionnel de gouvernement ne doivent ni participer aux élections organisées pour la restitution de l'ordre démocratique, ni occuper des postes de responsabilité dans les institutions politiques de leur état »*. En outre, ces auteurs, ajoute le paragraphe 5, *« peuvent être traduits devant la juridiction compétente de l'Union »*. Les paragraphes 6 et 7 donnent respectivement le pouvoir à la Conférence d'imposer *« des sanctions à l'encontre de tout État partie qui fomente ou soutient un changement anticonstitutionnel de gouvernement dans un autre État »*, et de *« décider d'appliquer d'autres formes de sanctions à l'encontre des auteurs de changement anticonstitutionnel de gouvernement, y compris des sanctions économiques »*. *« Les États parties ne doivent ni accueillir ni accorder l'asile aux auteurs de changement anticonstitutionnel de gouvernement »*, nous rappelle le paragraphe 8. En outre, ces États *« jugent les auteurs de changement anticonstitutionnel de gouvernement ou prennent les mesures qui s'imposent en vue de leur extradition effective »* comme le prévoit le paragraphe 9, au même titre qu'ils *« encouragent la signature d'accords bilatéraux ainsi que l'adoption d'instruments juridiques sur l'extradition et l'entraide judiciaire »* ainsi qu'il ressort du paragraphe 10.

Le cadre juridique ainsi balisé, le traitement de tout changement anticonstitutionnel de gouvernement ne saurait en principe se concevoir en dehors. Seulement, la réalité pratique déçoit : ce cadre et son paquet de sanctions ont sinon toujours été ignorés, du moins se sont révélés inefficaces.

Ainsi, respectivement depuis les épisodes heureux du Sao Tomé et Principe en 2003 où renversé par un coup d'État le 16 juillet alors qu'il était en déplacement au Nigeria, le Président démocratiquement élu, M. Fradique de Menezes a pu retrouver son fauteuil des Comores en 2008 grâce à l'intervention du CPS auprès des forces gouvernementales comoriennes à Anjouan en mars, malgré les vives critiques qu'elle a suscitées a été couronnée de succès. Idem la Gambie en 2016 où les velléités de refus de transfert de pouvoir du chef de l'État sortant Yaya Djameh au nouveau Président élu Adama Barrow ont été stoppées. Jamais un changement anticonstitutionnel de gouvernement n'a été réprimé avec succès. Rarement un chef d'État éjecté de son fauteuil l'aura retrouvé. Les exemples pullulant et les contraintes formelles de notre texte obligeant, nous nous limiterons à ces quelques cas : République centrafricaine (2003 et 2013), Mauritanie (2005 et 2008), Madagascar (2009), Niger (2010), Guinée Bissau (2012), Égypte (2013), Burkina

Faso (2 015 et 2022), Mali (2012, 2020 et 2021), Guinée (2008 et 2021), Tchad (2021), Soudan (2021).

L'arsenal répressif ainsi prévu s'apparente davantage à un simple décor scénique, car jamais mis en œuvre. Alors que les auteurs des changements anticonstitutionnels de gouvernement ne devraient pas participer aux élections organisées pour la restauration de l'ordre démocratique comme prévu à l'article 25 § 4 de la Charte, on a vu Mohamed Ould Abdel Aziz l'auteur du putsch de 2008 en Mauritanie être élu en 2009 sur la base de l'accord de Dakar parrainé par l'Union africaine et la communauté internationale ; idem en Égypte où Abdel Fattah Al-Sissi parvenu au pouvoir par force en 2013 a été élu en 2014 à l'issue d'un scrutin *« validé »* par la mission d'observation électorale de l'Union africaine. Pire encore, les occurrences où l'Union africaine a confié la gestion d'une crise post-coup d'État à un chef d'État africain porté au pouvoir par un putsch ou élu non pas par son peuple, mais *« par les urnes invisibles des bailleurs de fonds bilatéraux ou multilatéraux [tenant] en otage »* le pays ne se comptent plus[99]. Quid du jugement des auteurs de changement anticonstitutionnel de gouvernement préconisé au paragraphe 5 de l'article 25 de la Charte et de l'interdiction faite par le paragraphe 8 du même article aux États africains de les accueillir et/ou de leur accorder l'asile ? Rien de concret.

Ainsi les appels empressés au *« retour à l'ordre constitutionnel »* entendus immanquablement après l'annonce de chaque changement anticonstitutionnel de gouvernement en Afrique participent de simples *« pétitions de principes »*, car ils *« ne visent pas en réalité la restauration du pouvoir politique indûment confisqué. Leurs auteurs, États ou organisations internationales, se contentent voire encouragent après une période plus ou moins longue de "transition", de nouvelles élections. Celles-ci, censées être organisées selon la Charte pour la [restauration] "de l'ordre démocratique" constituent en fait une sorte de bénédiction du putsch car elles aboutissent souvent à l'exclusion du président renversé qui se trouve contraint à la démission, à l'exil ou à l'emprisonnement, si toutefois il a eu l'heur de survivre au coup de force ! »* [100].

En tout état de cause, pour reprendre les propos de M. Ahmed Salem Ould Bouboutt, *« les sanctions jusqu'ici appliquées ou qui peuvent l'être, paraissent dérisoires face aux ambitions des putschistes : à ce titre et comme on le voit, [...] ni les restrictions aux déplacements dans les pays africains, ni le gel des avoirs des putschistes, ni la suspension du pays des activités de l'Union ni même les sanctions économiques (arrêt de l'aide au développement) que peuvent prendre les pays contributeurs, ne semblent constituer des menaces de nature à refréner l'ardeur des auteurs des changements anticonstitutionnels en Afrique, avides de pouvoir. Ces sanctions, qui posent plus de problèmes à l'État et aux populations qu'aux putschistes eux-mêmes sont considérées par ces derniers au pire comme un mauvais moment à passer et qui finira par passer »*[101].

---

[99] BULA-BULA (S), « Mise hors-la-loi ou mise en quarantaine des gouvernements anticonstitutionnels par l'Union africaine », *op.cit.* p. 33.

[100] OULD BOUBOUTT (A-S), « L'Union africaine et les changements anticonstitutionnels de gouvernement. Libres propos sur certains aspects de la Charte africaine de la démocratie, des élections et de la gouvernance du 30 janvier 2007 », *op.cit.*, p. 693.

[101] *Ibid.*

Que dire en guise de conclusion ? Sans doute, comme l'a si bien souligné M. Maurice Kamto, que *« l'Afrique est le continent des incertitudes et des espoirs perpétuellement déçus »*[102]. Mettre hors-la-loi des régimes anticonstitutionnels, voilà pour reprendre les mots de M. Sayeman Bula-Bula, une *« proclamation qui vaut son pesant d'or [et] que nul ne s'offusquerait tout de même de voir l'ordre convenu s'instaurer dans la case commune africaine, [car] il y va du développement politique, économique, social et culturel des peuples africains »*[103].

Mais, comment ne pas s'étonner de l'échec de l'Union qui *« assiste aujourd'hui, médusée et impuissante à des processus ouverts de changements anticonstitutionnels, consommés ou en devenir [...] à travers des réformes constitutionnelles "forcées" ou des élections engagées par les dirigeants en place pour durer au pouvoir »*[104]? Les gouvernements anticonstitutionnels ont le vent en poupe et sont davantage mis en quarantaine plutôt que hors-la-loi. Gardons-nous cependant d'émettre un jugement définitif et sans appel sur la question. Formulons le vœu que cette interdiction devienne un jour effective grâce entre autres, à l'appui du juge constitutionnel et que Monsieur le juge Lekene Donfack ne manquera pas d'apporter sa pierre à la construction de l'édifice à la prochaine occurrence contentieuse.

---

[102] KAMTO (M), *Pouvoir et droit en Afrique noire, Essai sur les fondements du constitutionnalisme dans les États d'Afrique noire francophone*, Paris, LGDJ, 1987, p. 491.

[103] BULA-BULA (S), op. cit., p. 74.

[104] OULD BOUBOUTT (A-S), *op. cit.*, p. 694.

LE *PROCESS TRACING* DES ESPACES D'INTERACTIONS POLITIQUES AU CAMEROUN : LA TRIPARTITE ET LE GRAND DIALOGUE NATIONAL

Paul Amour Destin MBEGUELE

Chargé de cours
Université de Maroua/Département de science politique

Le vent de la démocratisation qui a soufflé en Afrique depuis les années 1990 demeure. Le dynamisme de l'espace politique augure son intensification et son bel avenir. La difficulté à trouver un consensus en tant qu'entente minimale autour de certaines règles de fonctionnement politique au Cameroun renvoie les acteurs dans les instances conjoncturelles de concertation. La Tripartite et le Grand dialogue national (GDN) offrent l'occasion d'interroger la plus-value de la consolidation de la démocratie au Cameroun.

L'émergence de ces deux systèmes d'interdépendance s'est faite à la suite du vent de l'Est et le desserrement de l'étau autoritariste au Cameroun. Dès lors, les acteurs ont surfé sur la conjoncture pour *« forcer »* le régime à accéder à la demande de concertation. Ces instances puisent largement leur naissance dans l'histoire politique agitée du Cameroun, surtout celle de la réunification et montrent à suffisance qu'elles sont liées aux revendications de la partie anglophone assorties de vagues de violence. Ainsi, le *Social Democratic Front* (SDF) a joué un « *rôle prépondérant dans les villes mortes entre mai et décembre 1991 en préconisant fermement la tenue d'une conférence souveraine nationale comme point de décollage pour la transition du système de parti unique vers le multipartisme*[1] ». De même, une flopée d'organisations s'est emparée des revendications de la société civile anglophone pour faire rejaillir le projet de sécession.

La Tripartite et le GDN constituent deux moments forts pouvant permettre de jauger le niveau d'approfondissement de la démocratie au Cameroun. Ils n'échappent pas au débat en cours entre la transitologie et la consolidologie et doivent être perçus « *non pas comme l'agrégation d'une multitude de choix (à travers lesquels les acteurs politiques accepteraient les nouvelles règles) mais comme un effet engendré par l'existence même de nouvelles règles et*

[1] DELANCEY (M-D), NEH MBUH (R) ET DELANCEY (M-W), *Historical Dictionary of the Republic of Cameroon*, Plymouth, The Scarecrow Press, Fourth Édition, 2010, pp.343-344.

institutions[2] ». Ces instances sont révélatrices d'un malaise qui a consisté à adopter la lettre et en rejeter l'esprit[3] dans l'appropriation de la démocratie en Afrique subsaharienne.

L'espace d'interactions politiques est une configuration qui combine donc « *à la fois une mise en relation qui engage des systèmes d'attente réciproque et une production de sens*[4] » en vue de la conservation ou de la conquête du pouvoir. La Tripartite est une réponse gouvernementale aux appels répétés de la tenue d'une conférence souveraine nationale. C'est une instance de débats entre le (parti au) pouvoir, l'opposition et la société civile. Le GDN est aussi une configuration de débat, sur une forme nouvelle entre l'État, les séparatistes anglophones et les forces politiques en général. Le *process tracing* ou méthode de traçage de processus est un outil conceptuel, théorique et méthodologique qui aide à saisir la complexité de la causalité dans la démarche scientifique.

La structuration de la démocratie dans les instances de concertation au Cameroun met l'accent sur le rapport entre l'émergence de l'espace public et la pratique politique au Cameroun[5]. Ce rapport se traduit par des aménagements récurrents des techniques de gouvernement qui sont réalistes ou machiavéliens[6], c'est-à-dire qui s'inscrivent dans le jeu politique de la conservation du pouvoir ou de la domination du champ politique[7]. Les pratiques démocratiques[8] au Cameroun actuel mettent en scène la relation au pouvoir[9]. La Tripartite et le GDN ont été générés pour répondre aux réalités d'un système en transition.

Aussi peut-on se poser la question de savoir quels sont les mécanismes causaux qui expliquent comment les crises et revendications structurent-elles les espaces d'interactions au Cameroun. Il y a lieu de postuler que les revendications sont des mécanismes causaux qui expliquent comment la Tripartite et le GDN sont des espaces de concertation dans lesquels des solutions sont proposées/apportées pour éviter les cycles de violence et de crises politiques.

Le *process tracing* est une méthode qui permet de saisir la complexité de la causalité[10] et de mieux comprendre le changement politique et ses trajectoires au Cameroun. Étant donné qu'il repose sur une conception particulière de la

---

[2] GUILHOT (N) ET SCHMITTER (P-C), « De la transition à la consolidation. Une lecture rétrospective des *democratization studies* », *Revue française de science politique*, n° 4-5, 2000, 50e année, p. 619.

[3] MBEGUELE (P-A-D), « La démocratie en Afrique subsaharienne depuis 1990 : adoption de la lettre et rejet de l'esprit », *Revue UMa Lex*, n° 2, Semestre 1, 2021, pp. 935-952

[4] DOLLO (C), LAMBERT (J-R) ET PARAYRE (S), *Lexique de sociologie*, Paris, Dalloz, 5e édition, 2017, p. 382.

[5] ABÉ (C), « Espace public et recompositions de la pratique politique au Cameroun », *Polis/RCSP/CPSR, Vol. 13,* Numéro 1 - 2, 2006 pp.26-53.

[6] SINDJOUN (L), *Science politique réflexive et savoirs sur les pratiques politiques en Afrique noire*, Dakar, CODESRIA, 1999.

[7] CHOUALA (Y-A), « Introduction : Une science politique des transformations sociopolitiques », *Polis/RCSP/CPSR, Vol. 13,* Numéro 1 - 2, 2006, pp.7-10.

[8] MBENGUÉ NGUIMÈ (M), « Pratiques démocratiques au Cameroun actuel : étude comparée avec la période de l'accession à l'indépendance », *Outre-mer*, tome 97, n° 368-369, 2e semestre 2010, Cinquante ans d'indépendances africaines, pp.115-135.

[9] AGENOR NJIMENI NJIOTANG (C), *Le discours de Paul BIYA à l'ère du multipartisme au Cameroun : mises en scène argumentatives et relation au pouvoir*, thèse de doctorat, Université Bordeaux Montaigne, 2018.

[10] COMAN (R), CRESPY (A) et AL., *Méthodes de la science politique. De la question de départ à l'analyse des données*, Louvain-la-Neuve, De Boeck Supérieur, 2e édition, 2022, p. 287.

causalité, son objectif ne consiste pas à établir que les revendications politiques sont la cause de la tenue des assises, mais d'examiner comment les revendications (variable indépendante) politiques produisent des effets sur la décision de l'organisation de la Tripartite et du GND (la variable dépendante). L'idée est ainsi d'observer la structuration des espaces d'interactions démocratiques par les revendications politiques. Le choix de cette méthode consiste à dire par le biais du traçage de processus qu'on peut mieux identifier les origines du changement et donc mieux comprendre les liens de causalité entre les revendications et la tenue de la Tripartite et du GND. C'est ainsi qu'on partira de 1991 à 2022 pour tracer l'évolution des tendances démocratiques à l'aune de ces deux arènes.

C'est en mobilisant le néoinstitutionnalisme discursif qu'il apparaît aisé d'expliquer la légitimation et le changement politiques simultanément par les facteurs idéels-discursifs et institutionnels sur la portée de la tenue de ces espaces de concertation. Du point de vue idéel, cette approche théorique est fondée sur une double conceptualisation du discours : il s'agit d'étudier non seulement le contenu substantiel des idées[11], mais aussi le discours en tant que mode d'interaction entre acteurs politiques et sociaux par lequel les idées sont véhiculées[12]. En ce qui concerne son côté institutionnel, on considère que la capacité des acteurs à articuler des discours dépend largement des configurations institutionnelles particulières dans lesquelles ils agissent[13]. Aussi Crespy et Schmidt pensent-ils qu'en considérant le discours comme constitutif du fait politique, cette théorie se concentre d'une part sur le rôle des idées dans la (re) construction des intérêts et des valeurs, l'importance cruciale de la légitimation en démocratie et, d'autre part, le contexte institutionnel dans lequel émergent les discours est tout aussi important pour expliquer l'avènement et l'évolution des espaces d'interactions politiques au Cameroun. Il faudra donc décrire les mécanismes causaux dans l'optique de mettre en relief les acteurs et leurs actions au centre de l'analyse (I). L'ambition consistera aussi à vérifier en s'appuyant sur les types d'interactions, si les résolutions prises à l'occasion de ces joutes sont effectivement mises en œuvre (II).

I. LES MÉCANISMES CAUSAUX DES ESPACES D'INTERACTION : UNE COMBINATOIRE DES CRISES ET REVENDICATIONS

Le traçage du processus de la démocratie au Cameroun permet de rendre compte des processus multicausaux dans lesquels le temps et le contexte font partie intégrante. Par ce procédé, l'analyse s'attèle à trouver ou valider l'existence de mécanismes causaux qui relient les variables explicatives aux variables expliquées : elle vise à analyser les processus qui rattachent les variables

---

[11] CAMPBELL (J-L) et PEDERSEN (O), « Introduction », *in* Campbell et Pedersen (eds), *The Rise of Neo-Liberalism and Institutional Analysis*, Princeton (N. J.), Princeton University Press, 2001, pp.1-23.

[12] CRESPY (A) et SCHMIDT (V-A), « Néo-institutionnalisme discursif », *in* Boussaguet, Jacquot et Ravinet (dir.), *Dictionnaire des politiques publiques*, Paris, Presses de sciences Po, 5e édition, 2019, pp.355-362.

[13] *Ibid.*, p. 365

indépendantes aux variables dépendantes[14]. La compréhension des interactions entre les différents phénomènes se trouve donc au cœur de l'analyse. Le mouvement de démocratisation devenu difficile à contrôler, a entraîné une libération des énergies dans le champ politique au Cameroun. Le pouvoir a semblé être surpris par ce contexte dont les signaux s'annonçaient depuis l'Europe.

Le rencontre entre les *« conservateurs »* et *« libéraux »* a créé un choc qui s'est traduit par l'émergence des crises et revendications. En tant que variables indépendantes, celles-ci vont structurer la démocratie camerounaise dans des instances de parlementarisation de la vie politique au Cameroun. Cette démocratie, mi-directe et mi-indirecte, se moule dans la Tripartite et le GDN. Décrire les mécanismes causaux des espaces d'interactions implique leur décomposition séquentielle (A) et la description de leur structure spécifique (B).

A. La décomposition séquentielle des espaces d'interactions

La Tripartite est le premier espace d'interactions politiques de l'ère de la libéralisation au Cameroun. Les revendications des libertés et villes mortes qui ont donné lieu à la Tripartite ont structuré l'espace démocratique. La lumière est mise ici sur les contingences et engrenages, les trajectoires et les systèmes d'interactions entre les crises et revendications, la tenue de la conférence et la démocratie. Le processus de formation de la démocratie au Cameroun est fait de violence, de défiance, de tensions, de résistance, d'arrestations, d'emprisonnement et de dialogue entre le pouvoir et les autres parties prenantes. Il s'observe également par la violation des dispositions juridiques internationales et nationales relatives à la tenue des réunions et la formation des associations. Il se constitue donc une fracture entre les adjuvants et les opposants à la démocratie. La séparation d'avec la période autoritaire est une équation difficile à résoudre. L'affaire dite Yondo Black, dans laquelle l'ancien Bâtonnier éponyme et d'autres manifestants sont soupçonnés d'avoir voulu créer un parti politique et accusés de subversion met en exergue l'émergence difficile du changement au Cameroun.

L'enjeu de cette affaire paraissait « *évident pour tout le monde : le retour au multipartisme*[15] ». Pour justifier l'action de Yondo Black et ses coaccusés, Bernard Muna estimait qu'« *au Cameroun au cours des 25 dernières années, les citoyens qui ont osé exercer leurs droits ont été arrêtés, torturés et emprisonnés*[16] ». Face à ce mouvement dont l'ampleur fut ressentie jusqu'au sommet de l'État, le pouvoir organisa de nombreuses marches approuvant l'arrestation de Yondo Black et de ses camarades. Pour preuve, le maire de la capitale, Basile Émah réunit dans un meeting de nombreux responsables du RDPC avec un slogan *: « Non au multipartisme précipité ! ».* Cette résistance n'arrêtera pas la dynamique démocratique enclenchée. Aussi le multipartisme prendra-t-il forme dans la violence.

L'affaire Yondo Black a posé les balises de la démocratie puisqu'elle « *a mis sur la place publique le débat sur le multipartisme et montré que le régime n'était*

---

[14] PALIER (B) et TRAMPUSCH (C), « Comment retracer les mécanismes causaux ? », *Revue française de science politique*, 68 (6), 2018, p. 967-990.

[15] PIGEAUD (F), *Au Cameroun de Paul Biya*, Paris, Karthala, 2011, p. 46.

[16] Cité par DIBUSSI TANDE, v° www.dibussi.com/2010/02/the-yondo-blackaffair.html, consulté le 20 juillet 2023.

plus aussi fort qu'auparavant[17] ». De même, la naissance ou le lancement du SDF le 26 mai 1990 à Bamenda, dans la région du Nord-Ouest, dans une présence militaire massive, illustre bien cette tension entre la construction conflictuelle et la construction pacifique. En tenant compte des circonstances dans lesquelles ce parti est né, le meurtre de six jeunes par les forces de sécurité, malgré la consécration juridique de l'existence des partis politiques, le processus de construction démocratique au Cameroun est une succession des périodes de troubles et de paix.

Ces *« années de braise »* ne laissèrent point le clergé indifférent. Le 3 juin 1990, la Conférence des évêques du Cameroun fit une sortie au cours de laquelle elle publia une *« lettre pastorale »*. En substance l'on pouvait lire : « *nous sommes bien obligés de constater, de jour en jour, autour de nous, des violations de plus en plus flagrantes des droits de l'homme : des pauvres, des faibles sans défense, sont livrés à l'arbitraire de fonctionnaires sans scrupule, d'agents des forces de l'ordre ou même de personnages aux attributions mal définies, couverts soit du manteau du Parti, soit d'une mystérieuse impunité qui fait scandale* ». Sentant que le rapport de force lui était défavorable, tant sur le plan national qu'international, le pouvoir indiqua lors du « Congrès de la liberté et de la démocratie » tenu du 28 au 30 juin 1990, que « *le RDPC doit se préparer désormais à une concurrence éventuelle*[18] ».

Le résultat immédiat de ces interactions entre les acteurs du champ politique camerounais fut la libération de Yondo Black et tous ses compagnons emprisonnés. Plus significativement, intervinrent : l'abrogation en novembre par l'Assemblée nationale de l'ordonnance du 12 mars 1962 portant répression de la subversion ; la création d'un Comité chargé des droits de l'homme. Le 19 décembre, la promulgation de nouvelles lois sur les libertés dont une loi sur la « communication sociale » marquant la fin de la censure, et une loi sur la liberté d'association donnant la possibilité de créer des partis politiques complétèrent cette liste des résultats obtenus. Cependant, le 27 décembre de la même année, le journal privé *Le Messager* publia une lettre ouverte de Célestin Monga adressée au président de la République. Cette dernière raviva les tensions entre les camps en opposition. C'est bien ce continuum d'interactions qui donnèrent lieu à la Tripartite.

La crise dans les régions anglophones du Nord-Ouest et du Sud-Ouest, quant à elle, apparaît comme une réminiscence des années de braise. Le contexte a bien changé, car le pouvoir s'est consolidé entre les mains du RDPC après cinq scrutins présidentiels, six élections législatives et l'entrée en scène du Sénat et des régions. La vie politique au Cameroun en contexte démocratique est marquée par l'émergence des crises identitaires. Les régions anglophones du pays utilisent cette variable identitaire pour poser certains préalables. Ce qui est spécifique au processus ayant conduit au Grand dialogue national, ce n'est pas tant que ces régions sont lésées par rapport à d'autres. C'est l'escalade de violence et la volonté d'atteinte à l'intégrité du pays qui ont envenimé la crise.

Les signaux devant aboutir à cette grand-messe politique ont commencé à sonner la cote d'alerte avec la montée en puissance de la violence. Au départ

[17] PIGEAUD (F), *op.cit.*, p. 47.
[18] Discours de Paul Biya au 1er congrès ordinaire du RDPC baptisé « Congrès de la liberté et de la démocratie ».

simple revendication des meilleures conditions de travail et de bien-être, de respect des spécificités de la *Common Law*, ce mouvement corporatiste a rapidement subi la mutation en exigences politiques face à l'hésitation des pouvoirs publics. Mais le traçage du processus ayant conduit au GDN peut être situé à la Conférence de Foumban qui eut lieu du 17 au 21 juillet 1961, au cours de laquelle les parties s'accordèrent sur le « mariage » entre les deux Cameroun ; mais davantage à la Conférence tripartite de Yaoundé tenue du 02 au 7 août 1961 et qui formalisa le consensus de Foumban[19]. Aussi, « *souvent méconnu de la partie francophone, le problème dit anglophone existe au Cameroun depuis les indépendances. Une réunification mal conduite, fondée sur un projet centraliste et assimilationniste, a mené à un sentiment de marginalisation économique et politique de la minorité anglophone et à une prise en compte défectueuse de sa différence culturelle*[20] ». Les racines du GDN sont anciennes et profondes, à telle enseigne que les mouvements identitaires ont connu une forte résurgence qu'on n'a plus connue depuis les années 1970 et exigent le retour au modèle fédéral existant entre 1961 et 1972.

La crise anglophone, génératrice immédiate du GDN, a commencé par un mouvement social dans les régions anglophones. En effet, elle commence le 11 octobre 2016 à Bamenda par une grève des avocats de ces deux régions. Dans leurs récriminations figurent : le non-respect de la *Common Law* dans ces régions ; la traduction en anglais du Code de l'Organisation pour l'harmonisation en Afrique du droit des affaires (OHADA) et d'autres textes de lois ; la dénonciation de la francophonisation des juridictions de la *Common Law*[21]. Cette exigence du respect des spécificités culturelles de ces régions se renforce le 8 novembre de la même année par la demande du fédéralisme. Le 21 novembre marque l'entrée en scène des enseignants dont le rassemblement a pour fondements : le manque d'enseignants anglophones, l'affectation d'enseignants ne maîtrisant pas l'anglais et le non-respect du caractère *« anglo-saxon »* des écoles et universités de la zone anglophone. La situation se complexifie davantage puisque de milliers de personnes avec diverses revendications liées à l'absence de routes dans le Nord-Ouest, à la marginalisation des anglophones, rejoindront la manifestation. Le mouvement devient donc plus politique que corporatiste. Il donne l'apparence d'une suite logique de ces manifestations aux revendications non résolues des années de braise.

B. La structure spécifique de la Tripartite et du GDN

La configuration des espaces d'interactions politiques au Cameroun met simultanément en jeu les stratégies individuelles et les structures sociales organisées. La Tripartite et le GDN décrivent et expliquent comment les revendications et les crises produisent des effets sur la démocratie (démocratisation) au Cameroun. Un mécanisme causal a par conséquent une

---

[19] Bamenda Provincial Episcopal Conference, *Memorandum on the current situation of unrest in the northwest and southwest regions of Cameroon*, Bamenda, 22 décembre 2016, 14p.

[20] International Crisis Group, *Cameroun : la crise anglophone à la croisée des chemins*, Rapport Afrique n° 250, Bruxelles, 2 août 2017, p.i.

[21] Qui se traduit par l'affectation en zone anglophone de magistrats francophones ne maîtrisant ni la *Common Law*, ni l'anglais, et par l'affectation de notaires, alors que cette fonction est exercée par les avocats dans le système de la *Common Law*.

structure spécifique, c'est-à-dire qu'il met au centre les acteurs et leurs actions. La Tripartite et le GDN ont mis en exergue une hétérogénéité d'acteurs, ce qui donne au champ politique camerounais une configuration dynamique. Manifestement, « *cet état de choses participe d'une coaction passive et active des gouvernants et des gouvernés*[22] ». Il semble pertinent de rendre compte de la structure spécifique de ces espaces en identifiant leurs acteurs et leurs modes d'actions.

Le premier constat à faire lorsqu'on aborde la structure des acteurs en interactions dans le cadre de la Tripartie et du GDN est son caractère interdépendant. Il renforce et valide l'hypothèse que les liens sociaux sont des relations de pouvoir car les rapports entre les hommes ont toujours été et demeurent, aux yeux de Norbert Elias, des *« épreuves de force ».* Grâce au concept d'interdépendance, il « *montre que l'on peut envisager le pouvoir comme une relation fonctionnelle entre des individus qui occupent une position dominante et d'autres qui occupent une position dominée, les premiers ne pouvant pas exister sans les seconds et réciproquement*[23] ». Une troisième catégorie qui ne relève ni des dominants, ni des dominés est aussi présente dans cette configuration.

Le premier groupe d'acteurs de ces deux espaces est celui des dominants, ceux qui possèdent le pouvoir et veulent le conserver. C'est l'approche institutionnaliste prônée par Braud et qui intègre l'État, le gouvernement et les pouvoirs publics ou l'administration. Ensuite se pointe le groupe de ceux qui revendiquent ou manifestent, c'est-à-dire l'opposition. Le troisième groupe que l'on désigne sous le vocable société civile est constitué de ceux qui ne prennent pas activement part aux affrontements mais qui sont intéressés et attentifs à l'évolution de la situation. La Tripartite et le GDN ont été précédés par des moments de violence à la fois physique et symbolique. Plus concrètement, l'État à travers son chef, le président de la République, le gouvernement, l'administration, et leur instrument de dissuasion : les forces de maintien de l'ordre de toutes les catégories, certains universitaires et le rassemblement démocratique du peuple camerounais (RDPC) se sont activés. Le groupe des gouvernés, celui du changement est composé des partis politiques de l'opposition (radicale et modérée), des mouvements corporatistes, des associations d'étudiants[24], des avocats, les sécessionnistes, les groupes militaires plus ou moins organisés et la diaspora.

Sans vouloir aller à l'encontre de Chabal et Dalloz qui estiment qu'*« il n'y a pas de société civile possible en Afrique pour la simple raison qu'État et société ne se sont jamais différenciés et donc n'ont jamais libéré l'espace particulier pour une société civile distincte et autonome*[25] », celle-ci fait partie intégrante des acteurs clés des espaces d'interactions politiques au Cameroun. Dans ce chapitre, on retrouve à titre indicatif, les organisations non gouvernementales, les associations religieuses, les organismes de défense des droits de l'homme et humanitaires. La compression autoritaire entamée en 1966 et la décompression intervenue au début des années 1990 ont remis les acteurs du champ politique camerounais à l'école de l'apprentissage démocratique qui s'est manifesté par des dérives et des avancées.

---

[22] NJOYA (J), « Démocratisation, divergences ethniques et politisation de la pluralité au Cameroun », *Canadian Journal of African Studies/La Revue canadienne des études africaines*, 36 : 2, 2002, p. 240.
[23] NOIRIEL (G), *Introduction à la socio-histoire*, Paris, La Découverte, 2006, p. 30.
[24] Comme l'University of Buea Student Union (UBSU).
[25] Cité par PIROTTE (G), *La notion de société civile*, Paris, La Découverte, 2007, p. 88.

Les actions qui ont été à l'origine de l'élaboration de la Tripartite et du GDN peuvent être repérées dans la participation des acteurs à travers les revendications, marches, affrontements, villes mortes, coalition, boycott. Leur catégorisation permet de ressortir deux groupes : les actions violentes et les actions pacifiques. L'intérêt étant d'indiquer que le passage d'une catégorie à l'autre est le résultat des rapports de force et de la perception de la situation. Les actions véritablement pacifiques sont celles qui sont liées aux élections ou aux assises de ces instances de structuration de la vie politique. On peut également retenir les coalitions entre structures ou individus. Les plus en vue s'établissent entre le pouvoir et ses alliés ; la coalition ayant échappé aux forces du changement aux termes des élections législatives de 1992 et de la candidature unique à la présidentielle de 2004. Or, les coalitions « *participent dans une large mesure de la dynamique du jeu politique, de la confrontation des intérêts divergents*[26] ». Le boycott traduit aussi une catégorie d'action liée à la contestation des règles du jeu au sein et en dehors des instances d'interactions politiques. Le SDF en a fait son action en 1992 lors des législatives et le Mouvement pour la renaissance du Cameroun (MRC) en 2019 dans le cadre du GDN et en 2020 pour ce qui est des élections législatives et municipales. Pourtant, c'est de manière pluraliste que se construit le référentiel multipartisan ou concurrentiel[27].

Les manifestations, en ce qui les concerne se sont achevées pour la plupart, dans les affrontements, la répression et les morts. Il y a une sorte de gradation de la violence dans les revendications. L'escalade de la violence anté-tripartite et anté-dialogue national illustre à souhait cette évolution. L'une des confrontations les plus violentes a eu lieu le 8 décembre à Bamenda lorsque le RDPC a tenté d'organiser un rassemblement pour exhiber la popularité du gouvernement dans les régions anglophones. La foule en colère a empêché la tenue du rassemblement et de violents affrontements avec les forces de sécurité ont fait au moins quatre morts et plusieurs blessés par balle ; une cinquantaine de personnes ont été arrêtées ; un commissariat de police, des édifices et des véhicules administratifs incendiés. Ces scènes de violences, physiques et symboliques, se déclinent en menaces, arrestations, répressions, emprisonnements, interdictions de manifester, etc.[28]. Ces actions sont dénoncées par les organisations des droits de l'homme et la société civile. Pour preuve, le 14 février 2017, la Commission nationale des droits de l'homme et des libertés (CNDHL) dénonçait « *le non-respect de la liberté d'expression, de réunion et de manifestation, l'interruption de l'accès au réseau internet, le recours disproportionné à la force, des actes de torture, la détention de mineurs, le recours abusif à la garde à vue administrative et à la loi sur le terrorisme* ». Les villes mortes constituent quant à elles, la modalité de défiance la plus expressive de l'État par les groupes opposés. Elles ont accompagné la

[26] BAYART (J-F), *Contre le culturalisme. Le chassé-croisé des traditions.* Rapport Présenté au Cinquième Congrès De L'A.F.S.P., 26 avril 1996.

[27] SINDJOUN (L), « Élections et Politique au Cameroun : concurrence déloyale, coalitions de stabilité hégémonique et politique d'affection », *African Journal of Political Science*, Vol. 2, n° 1, 1997, pp.100-101.

[28] 17 janvier 2017 : Interdiction du Cameroon Anglophone Civil Society Consortium et du SCNC par le gouvernement. Échec des négociations, arrestation de plusieurs militants anglophones et suspension d'Internet dans les régions du Nord-Ouest et du Sud-Ouest ; 20 janvier 2017 : communiqué du Conseil national de la communication menaçant de suspension les médias soupçonnés de *« faire l'apologie du fédéralisme et de la sécession »*.

dynamique démocratique anté-tripartite et sont également présentes dans la crise anglophone. Le résultat de ces tentatives d'affaiblissement de l'autorité de l'État s'illustre à travers les affrontements, des échanges de tirs et des morts de part et d'autre.

II. LES TYPES D'INTERACTIONS ET LA MISE EN ŒUVRE DES RÉSOLUTIONS

Les crises et revendications ont permis la mise en place de la Tripartite et du GDN comme espaces de définition du cadre de l'action et du sens de l'interaction. Ils forment d'une part une mise en relation qui engage des systèmes d'attente réciproques, et, d'autre part, une production de sens par les acteurs. Dans ce système d'action concret, il se noue un ensemble d'interactions qui permettent de classer le comportement des acteurs. Ces instances d'échanges moulent les acteurs et permettent d'observer des attitudes diversifiées (A). Elles font ressortir un ensemble de décisions « consensuelles » qui constituent leurs résolutions. Leur mise en œuvre est un marqueur important pour le traçage de ce processus (B) de pacification et de *fair-play* politique au Cameroun.

A. La typologie interactionniste de la Tripartite et du GDN

La Tripartite et le GDN s'inscrivent dans une série d'interactions symboliques et stratégiques qui correspondent aux intérêts, attentes et représentations que se font les acteurs de ces espaces. Ils combinent des postures très diversifiées qu'adoptent les protagonistes dans leurs processus d'influence. De la même façon que les acteurs ont voulu configurer ces assises selon leurs intérêts, attentes et perceptions, ces espaces ont en retour eu des effets sur les acteurs. Les interactions observées s'avèrent à l'examen conflictuelles, coopératives, voire consensuelles.

Ces différents types d'interactions existent entre les individus mais aussi entre les agents et/ou les structures prenant part aux assises. Les rencontres de 1991 et 2019 ont donné lieu à de multiples attitudes des acteurs que l'on regroupe en deux séries. Du point de vue constructiviste premièrement, la Tripartite et le GDN sont apparus comme des espaces de socialisation, d'apprentissage, d'émancipation ou d'émulation. Relativement à la socialisation politique, elle est un processus par lequel les individus acquièrent les normes, les valeurs et les comportements propres au champ politique. Pour Philippe Braud, tout pouvoir politique repose sur une combinaison plus ou moins stable de la contrainte et de la légitimité. Et la socialisation politique entretient un rapport direct avec la construction de cette légitimité. Elle se vérifie dans le cadre des instances de dialogue politique au Cameroun dans sa double dimension verticale et horizontale, c'est-à-dire qu'elle « *se définit en effet comme un processus d'inculcation de croyances et représentations relatives au pouvoir et aux groupes d'appartenance*[29] ». Les croyances relatives au changement, à la démocratie, à la liberté sont véhiculées dans ces arènes pour diminuer la violence et apporter des réponses aux crises et revendications.

---

[29] BRAUD (P), *Sociologie politique*, Paris, LGDJ, 2016, 12e édition, p. 299.

Cependant, les avis sont restés divergents, surtout dans le cadre de la Tripartite, démontrant par là même le dynamisme de l'espace politique. 300 représentants des partis politiques, des pouvoirs publics et de la société civile engagèrent, le 30 octobre 1991, des échanges sur l'ordre du jour arrêté par le gouvernement. Le Premier ministre Sadou Hayatou présidait les travaux, malgré l'opposition de la Coordination qui réclamait la présidence de la Tripartite par une personnalité neutre. Le pouvoir n'entendait pas perdre le contrôle de cette instance en la laissant aux mains d'un autre camp parce que le processus de socialisation répond à une double exigence : à la fois du point de vue des gouvernants et du point de vue des gouvernés. Ainsi, « *les gouvernants, tout d'abord, ont besoin que soient imposées des croyances qui justifient l'exercice de leur pouvoir et renforcent la cohésion de la société qu'ils dirigent. Le processus d'intériorisation des croyances fondatrices de l'ordre social et politique répond aussi à une exigence des gouvernés. Une socialisation efficace facilite psychologiquement l'acceptation des contraintes*[30] ». Cette exigence ne semble pas avoir été intériorisée par les acteurs de cette instance. C'est pour cette raison que sur 21 partis qui formaient la Coordination au départ, 14 seulement signeront les accords de la Tripartite le 13 novembre 1991 à cause de nombreuses divergences[31]. Deux illusions sont alors à éviter pour comprendre ce que signifie l'opposition : celle de l'unité entretenue par la définition de l'opposition comme renvoyant à la position et à l'action des partis politiques dominés dans le champ politique ; celle du pluralisme, nourrie par le constat objectif de l'éparpillement partisan de l'opposition et de l'âpreté des luttes entre les entreprises politiques[32].

Cette absence de consensus induit directement un besoin d'apprentissage de la démocratie de part et d'autre. Parce que le fait que les acteurs ne s'accordent pas, même minimalement sur les règles de fonctionnement entraîne des situations de violence. Si le GDN est revenu avec les mêmes dysfonctionnements c'est à cause du besoin de démocratie. Or, Norbert Élias, analysant les processus historiques qui ont abouti à l'émergence des sociétés contemporaines en Europe montre que l'un des piliers de cette construction aura été la substitution progressive d'une autocontrainte, largement acceptée, à l'assujettissement des individus ou des peuples à la seule violence physique[33]. Le GDN, suite logique de la Tripartite, présidé toujours par le pouvoir a suscité des actions d'émancipation et d'émulation. Le refus de l'un des partis les plus influents de l'opposition d'y prendre activement part, au regard de l'ordre du jour et de la situation de ses membres a laissé émerger de nouvelles forces politiques.

Deuxièmement, du point de vue de la rationalité des acteurs, la Tripartite et le GDN représentent des lieux ou moments de coercition, de persuasion, d'incitation et d'autonomisation. Cette constatation peut être vérifiée dans l'annonce de ces rassemblements et dans l'ordre du jour arrêté. Dans son discours convoquant la

---

[30] *Ibid.*, p. 299.

[31] Parmi les non-signataires se trouvent : Ni John Fru Ndi, Hameni Bieleu, Jean Jacques Ekindi, Yondo Black et Gustave Essaka.

[32] SINDJOUN (L), « Ce que s'opposer veut dire : L'économie des échanges politiques », *in* SINDJOUN (dir.), *Comment peut-on être opposant au Cameroun ? Politique parlementaire et politique autoritaire*, Dakar, Codesria, 2004, pp.8-9.

[33] ÉLIAS (N), *La Dynamique de l'Occident* (1 939), Trad., Calmann-Lévy, rééd. Agora, 1990, pp.195-196.

rencontre Tripartite, le chef de l'État précisera que *« les décisions de cette rencontre s'imposeront à tous »*. Cela signifie qu'aussi bien les sujets à débattre que les résolutions sont une forme de contrainte à laquelle les acteurs vont se soumettre. L'ordre du jour de la Tripartite était axé sur *« le débat sur le code électoral et sur l'accès des partis politiques aux médias publics »*. De même, après moult appels au dialogue, Yaoundé a finalement cédé en convoquant le GDN.

Le 10 septembre 2019, en faisant le constat que les régions anglophones du pays sont en proie à une crise qui met en péril la sécurité et le bien-être des populations qui y vivent mais a également de profondes conséquences sur l'ensemble de la communauté nationale, Paul Biya fixa son cadre. Il contraint les acteurs à examiner les voies et moyens de répondre aux aspirations profondes des populations du Nord-Ouest et du Sud-Ouest, mais aussi de toutes les autres composantes de la Nation. Son ordre du jour concerne *« principalement la situation dans les régions du Nord-Ouest et du Sud-Ouest. Mais il est évident qu'en cela même qu'il touchera à des questions d'intérêt national, telles que l'unité nationale, l'intégration nationale, le vivre-ensemble*[34] ». On peut donc se rendre à l'évidence que la structure des institutions politiques façonne l'action du gouvernement et sa stratégie. La structure historique des institutions politiques au Cameroun est à l'œuvre dans cette entreprise de coercition.

Cependant, ce modèle de coercition est contrebalancé par celui de l'autonomisation. À côté de l'ordre du jour adopté par le gouvernement, les autres catégories d'acteurs, opposition et société civile ont réussi à faire inscrire d'autres points parmi les sujets à débattre. La rationalité des acteurs met en relief les objectifs et préférences qu'ils cherchent à déterminer et le meilleur moyen pour parvenir à leurs fins. Or, la Tripartite et le GDN inscrivent les participants dans une configuration de rationalité limitée. La prise en compte du rôle des institutions est capitale en ce sens que *« les acteurs agissent de manière d'autant plus rationnelle qu'ils sont incités par le contexte institutionnel à répéter les mêmes comportements et donc à apprendre de leurs erreurs*[35] ». En addition de ce que les institutions étatiques avaient prévu comme ordre du jour, les autres acteurs sont parvenus à faire inscrire la réforme de la Constitution dans le cadre de la Tripartite et la forme de l'État pour ce qui est du GDN dans les sujets à débattre.

Ces interactions stratégiques informent sur la force de persuasion et d'incitation dont sont symboliquement porteuses ces instances politiques. Les discours appelant au dialogue et à la concertation ont fini par convaincre les sceptiques du pouvoir, de la société civile, des partis politiques ou de la cause ambazonienne de l'utilité de la tenue d'une rencontre d'échanges politiques. Ce tropisme discursif dont le but est de convaincre et d'inciter les acteurs à l'abandon des stratégies violentes ou inhibitrices des activités socio-économiques de part et d'autre, crée l'intimité entre l'État de droit et la démocratie[36] parce que *« la démocratie, c'est la transposition politique de l'État de droit et l'État de droit la*

---

[34] BIYA (P), *Message à la nation*, Yaoundé, 10 septembre 2019.

[35] V° OSTROM (E), « Institutional Rational Choice : An Assessment of the Institutional Analysis and Development Framework », *in* Sabatier (ed.), *Theories of the Policy Process*, Boulder (Colo.), Westview Press, 1999.

[36] SINDJOUN (L), « Brèves réflexion sur une question sans fin », *in* Maugenest et Pougoué (dir.), Colloque de Yaoundé sur *Droits de l'homme en Afrique centrale*, Yaoundé, UCAC-Karthala, 1994, p. 95.

traduction juridique de la démocratie[37] ». La Tripartite et le GDN constituent dans l'histoire politique et dans la construction de la démocratie au Cameroun, des plateformes de canalisation et d'atténuation de la violence (politique), même s'il faut aussi y voir « *une stratégie de légitimation historique du pouvoir et de conservation du système de domination politique*[38] ».

Le rôle des élites politiques à ce niveau, qui forment une classe de gouvernants qui monopolise le pouvoir dans les sociétés modernes[39] est une équation rationnelle visant l'accès ou la préservation des positions de pouvoir dans le champ politique. La conviction ou l'incitation au dialogue connaît dans les deux espaces des défenseurs et des opposants. Finalement, dans une logique de contrôle de la situation, le gouvernement accepte des configurations taillées à la mesure de ses intérêts. Les crises et revendications sont apparues comme des « *processus sociaux aboutissant, ou susceptibles d'aboutir, à des ruptures dans le fonctionnement des institutions politiques, pas nécessairement légitimes, propres à un système social et paraissant menacer la persistance de ces institutions*[40] ». La Tripartite et le GDN, par leurs vertus persuasives et incitatives ont conduit à la réinsertion systématique de l'activité tactique des protagonistes des crises et revendications. Ces interactions ont abouti à des résolutions qui connaissent déjà un début de mise en œuvre.

B. La mise en œuvre des résolutions de la Tripartite et du GDN

Les deux espaces politiques majeurs de concertation qui ont eu lieu depuis 1990 ont abouti à un ensemble de résolutions visant à pacifier et à civiliser durablement les interactions politiques au Cameroun. Une observation retient cependant l'attention. Elle est relative à la configuration des relations de pouvoir dans les deux temps. La Tripartite se tient dans un contexte monolithique mais fortement influencé par un pluralisme de fait, constitué de l'opposition et une partie de la société civile. Le GDN, quant à lui, a lieu dans un contexte de pluralisme du champ politique mais dominé cette fois-ci par la majorité au pouvoir. Une constante marque toutefois les deux espaces d'interactions : le GDN découle des questions non débattues, des échecs, des insatisfactions et des modifications unilatérales de certaines résolutions de la Tripartite. Le suivi de ces instances de concertation est rendu possible par les résolutions qui y ont été respectivement adoptées.

Relativement à la Tripartite, des résolutions ont été prises. Elles mettent en relief la capacité d'influence de toutes les parties prenantes et visent la décrispation de la météorologie politique. Elles se déclinent en : la levée du mot d'ordre appelant aux *« villes mortes »* et la libération des personnes arrêtées ; l'ouverture du débat sur le code électoral, sur l'accès des partis politiques aux médias publics et sur la réforme de la Constitution. Dans cette veine, le comité de rédaction sur les questions constitutionnelles avait proposé l'instauration d'un régime semi-présidentiel, la limitation du mandat présidentiel à cinq ans

[37] CONAC (G) (dir.), *L'Afrique en transition vers le pluralisme politique*, Paris Economica, 1993, p. 485.
[38] SINDJOUN (L), « Brèves réflexion sur une question sans fin », *op.cit.*, p. 93.
[39] MOSCA (G), *Elementi di scienzapolitica*. Rome, Fratelli Bocca, 1896.
[40] DOBRY (M), *Sociologie des crises politiques. La dynamique des mobilisations multisectorielles*, Paris, Presses de sciences Po, 2009, p. 1.

renouvelable une seule fois, la création d'organes constitutionnels tels que la Cour des comptes, le Conseil constitutionnel, le Sénat, une haute autorité de la communication, une haute autorité de la fonction publique[41], ainsi que la définition d'un statut de leaders de l'opposition et le renforcement de l'immutabilité de la Constitution[42]. Ces résolutions apparaîtront à quelques nuances près, dans la loi portant révision de la constitution en 1996[43].

Force est quand même de constater que le pouvoir a procédé par incréments pour mettre en œuvre ces résolutions. Un manque d'entrain dans l'exécution de ces résolutions a conduit à l'exaspération des acteurs politiques dont certains ont eu l'idée d'actionner la fibre identitaire nationale et locale pour fragiliser l'État. L'activisme du pouvoir s'est révélé dans la dynamique de la conservation et de « l'atomisation de l'opposition politique[44] ». Parti de la majorité relative en 1992 avec 88 sièges, la domination du pouvoir actuellement est absolue, obèse et écrasante, aussi bien dans les deux chambres du Parlement (152 députés et 87 sénateurs) que dans les municipalités (316 maires sur 360). La destruction unilatérale en 2008 de l'élément consensuel découlant de la Constitution issue des résolutions de la Tripartite, à savoir la limitation des mandats, a contribué à concentrer et à raviver les tensions. Le début de mise en œuvre de certaines résolutions de 1991 après le déclenchement de la crise anglophone valide l'hypothèse de la continuation de la Tripartite dans le cadre du GDN.

En ce qui concerne le GDN, s'il est vrai qu'il reprend à son compte les revendications ayant entraîné la Tripartite, il est singulier dans la mesure où il découle d'une crise qui s'attaque aux fondements ou à l'énergie de l'État[45]. Dès lors, le contrôle de l'État du Cameroun constitue l'objectif du pouvoir[46] avant toute autre considération. Démarche logique dans toute situation d'interactions. Mais la conservation du pouvoir devient un problème à partir du moment où elle est réfractaire aux réformes démocratiques, car la démocratie ne peut plus se comprendre en mettant en avant la majorité au parlement mais par la prise en compte des avis ou suggestions des forces politiques et de l'opinion.

Avant la tenue du GDN, deux mesures palliatives ont été prises par le gouvernement pour juguler la crise anglophone. Or celle-ci n'est que la face visible d'un malaise démocratique généralisé traduisant le manque de dialogue entre les parties. Bien évidemment, le GDN ne fut pas un échange entre anglophones et francophones, mais entre les acteurs des trois sphères. Ainsi, en 2017, a été créée la Commission nationale pour la promotion du bilinguisme et du multiculturalisme (CNPBM) dont l'objectif est « *d'œuvrer à la promotion du bilinguisme, du multiculturalisme au Cameroun, dans l'optique de maintenir la*

---

[41] Cf. le journal *Mutations* du 31 octobre 2011.

[42] Sur le plan institutionnel, bien qu'ayant pris un peu trop de temps, pratiquement tous les organes sont mis en place. Mais sur le plan stratégique, c'est-à-dire le Code électoral consensuel avec bulletin unique et le statut de l'opposition restent attendus.

[43] Loi n° 96/06 du 18 janvier 1996 portant révision de la constitution du 2 juin 1972.

[44] ONDOUA (A), *Sociologie du corps militaire en Afrique noire : le cas du Cameroun*, thèse de doctorat, Université de Rennes 1, 2013, p. 239.

[45] BAYART (J-F), *L'énergie de l'État. Pour une sociologie historique et comparée du politique*, Paris, La Découverte, 2022.

[46] NOAH EDZIMBI (F-X), « La gestion de la crise anglophone au Cameroun : Désaffection populaire et renforcement de la démocrature », *Revue espace géographique et société marocaine*, n° 41/42, novembre 2020, p. 293.

paix, de consolider l'unité nationale du pays et de renforcer la volonté et la pratique quotidienne du vivre ensemble de ses populations[47] ». Dans une posture de réconciliation ou de réhabilitation d'anciens combattants, le Comité national de désarmement, de démobilisation et de réintégration a vu le jour en 2018. En considérant l'offre de paix formulée dans le discours d'investiture du président de la République du 6 novembre 2018, « *le Comité a pour mission d'organiser, d'encadrer et de gérer le désarmement, la démobilisation et la réintégration des ex-combattants du Boko Haram et des groupes armés des Régions du Nord-Ouest et du Sud-Ouest désireux*[48] » de déposer les armes. Ces organes sont sous l'autorité exclusive et souveraine du président de la République et du gouvernement, ce qui inhibe le processus de paix.

La résolution majeure du GDN est la génération du Code général des collectivités territoriales décentralisées. La décentralisation a en effet ravi la vedette aux autres préoccupations des acteurs politiques. Instituée dans la constitution, c'est en 2019 que cette disposition recevra un vent nouveau en pleine crise sécuritaire et identitaire. Le noyau dur de ce code qui ne s'éloigne pas fondamentalement des lois d'orientation de la décentralisation de 2004 est le statut spécial accordé aux régions du Nord-ouest et du Sud-ouest. À la lecture de celui-ci, les Régions du Nord-Ouest et du Sud-Ouest bénéficient d'un statut spécial fondé sur leur spécificité linguistique et leur héritage historique. Le statut spécial ci-dessus se traduit au plan de la décentralisation, par des spécificités dans l'organisation et le fonctionnement de ces deux régions aussi que par le respect des particularités du système éducatif anglophone et la prise en compte de spécificités du système judiciaire anglo-saxon basé sur la *Common Law*[49].

Ces *« innovations »* qui ne concernent que l'organisation et le fonctionnement de ces structures ont tout de même le mérite d'impulser la démocratie locale par la participation à l'élaboration des politiques, la création et la gestion des missions régionales de développement, la participation à l'élaboration du statut de la chefferie traditionnelle par le truchement de l'assemblée régionale et le conseil exécutif régional.

Conclusion

Le *process tracing* des espaces d'interactions politiques se pose finalement en sociohistoire de la démocratie au Cameroun parce qu'il ne faut pas « *oublier que tout fait politique est aussi un fait historique et réciproquement*[50] ». Il fait appel « *aux processus de changement et aux contraintes que le passé et la dépendance aux sentiers institutionnels empruntés*[51] » peuvent provoquer sur l'avenir de la démocratie. Il permet de préciser le regard et d'entrer dans une étude des types

[47] Article 3 du décret n° 2017/013 du 23 janvier 2017 portant création, organisation et fonctionnement de la Commission nationale pour la promotion du bilinguisme et du multiculturalisme.

[48] Article 2 du décret n° 2018/719 du 30 novembre 2018 portant création du Comité national de désarmement, de démobilisation et de réintégration.

[49] Article 3 de la loi 2 019/024 du 24 décembre 2019 portant Code général des collectivités territoriales décentralisées.

[50] DÉLOYE (Y), *Sociologie historique du politique*, Paris, La Découverte, 1996, p. 21.

[51] PAYRE (R) et POLLET (G), « Approches sociohistoriques », *in* BOUSSAGUET et al., *Dictionnaire des politiques publiques*, Paris, Presses de sciences Po, 2014, p. 101.

d'interaction qui sous-tendent les formes de dialogue au Cameroun. Mais, un regard profondément historique et ouvert à d'autres expériences vécues ailleurs est nécessaire parce que « *l'enfermement dans le temps présent entraîne des contraintes théoriques et politiques. Non seulement il appauvrit la portée de la réflexion sociologique, mais il limite l'imagination de ce qu'ont été d'autres mondes que le nôtre*[52] ».

La Tripartite et le GDN font de la démocratie au Cameroun une réalité assez baroque qui n'avance que par crises et revendications. Cette curialisation de l'espace politique remet au jour le débat sur la culture démocratique. Même si les relations entre les acteurs sont inégales, ces arènes politiques prouvent que si le pouvoir a une marge d'action supérieure aux autres acteurs de la société camerounaise, il ne peut faire tout ce qu'il veut parce qu'il est aussi pris dans le réseau d'interdépendance propre à cette configuration.

La figure du chef de l'État dans la convocation, l'organisation et la mise en œuvre des résolutions issues de la Tripartite et du GDN le présentent comme le stabilisateur du champ politique dans la mesure où le sort des manifestations, revendications et crises est suspendu à son discours et à son action. La convocation et la tenue de ces joutes traduisent une mise à l'épreuve de la démocratie en Afrique qui est condamnée à migrer de la démocratie procédurale à la démocratie substantielle, c'est-à-dire « *celle qui ajoute les libertés qui lui donnent du sens, des sources d'information variées et des institutions permettant de faire en sorte que les politiques gouvernementales s'ajustent sur les préférences exprimées par les citoyens*[53] ». Sinon une autre situation d'interactions politiques doit déjà être envisagée.

[52] DUFOUR (F-G), *La sociologie historique : traditions, trajectoires et débats*, Québec, Presses de l'Université de Québec, 2015, p. 2.
[53] P. JACQUEMOT, *Afrique. La démocratie à l'épreuve*, Paris, Éditions de l'Aube, 2022, p. 7.

LA JUSTICE CONSTITUTIONNELLE ET LA PROTECTION DES DROITS ET LIBERTÉS FONDAMENTAUX AU CAMEROUN

Thérèse Dieudonnée OLOMO BELINGA née BESSOMO

Docteur en droit
Chargée de cours, Université de Yaoundé 2
Chargée de cours associée à l'Université catholique d'Afrique centrale
Chef de la Division des affaires juridiques du Conseil constitutionnel

La pertinence de l'État de droit réside non seulement dans sa capacité de soumission de toutes les institutions étatiques au droit, mais aussi dans son aptitude à assurer la protection et la garantie des droits et libertés fondamentaux. Dans ce sens, la justice constitutionnelle envisagée comme marqueur de l'État au droit est revêtue d'enjeux de diverses natures[1].

En faisant l'économie des controverses qui existent sur la notion de droits et libertés fondamentaux, on les envisagera ici comme l'ensemble des droits de la personne, reconnus, consacrés, protégés et garantis par les pouvoirs publics.

Paradigme des temps modernes, la justice constitutionnelle, au regard de sa légitimité, est perçue comme un levier de régulation de la vie des institutions publiques avec pour vocation l'unification et l'harmonisation de l'ordre juridique, l'arbitrage des institutions étatiques, le contrôle de l'expression des suffrages. Son émergence dans de nombreux États d'Afrique, à l'instar du Cameroun, participe de la redynamisation de l'architecture institutionnelle au sein de ces États.

Revêtue de différentes appellations au sein de ces États[2], la justice constitutionnelle tend à désigner dans son acception la plus large, une institution chargée de régler les différends relatifs ou émanant de la Constitution. Les fonctions de la justice constitutionnelle tout comme ses missions sont tributaires de l'orientation idéologique que lui assignent ses concepteurs.

Classiquement et en théorie, le contrôle constitutionnalité des lois s'opère suivant deux modalités, le contrôle *a priori*, et le contrôle *a posteriori* auxquels s'ajoute aujourd'hui, le contrôle mixte. Le contrôle *a posteriori* est celui qui s'exerce après l'entrée en vigueur de la loi. C'est un contrôle diffus qui peut être exercé par n'importe quelle juridiction. Ses effets sont inter partes, c'est-à-dire entre les parties. C'est donc un contrôle par voie d'exception. Il consiste à

---

[1] A. G. BESSALA, « Le Contrôle de constitutionnalité de la norme publique financière d'origine législative en droit public financier camerounais », *Revue juridique et politique des États francophones*, 2017-n°3, pp. 390 et s.

[2] Conseil constitutionnel, Cour constitutionnelle, Cour suprême.

soulever devant n'importe quel juge ce que l'on appelle une exception d'inconstitutionnalité. Le contrôle *a posteriori* est plus pratiqué dans les États d'Amérique du Nord d'où son qualificatif de modèle américain.

Le contrôle *a priori* est, quant à lui, exercé avant l'entrée en vigueur de la loi. Les pays comme la France ont dans un premier temps opté pour le contrôle *a priori*, mais une certaine évolution a conduit à l'adoption d'un contrôle *a posteriori*.

Le Cameroun, pour protéger sa Constitution, a opté en la faveur d'un contrôle *a priori* ; c'est-à-dire celui qui s'opère avant l'entrée en vigueur de la loi et qui consiste à contrôler la conformité d'une loi à la Constitution bien avant son entrée en vigueur. Encore appelé contrôle par voie d'action, ce mécanisme de contrôle présente l'avantage de n'être opéré que par un juge spécialisé. Ses effets sont *erga omnes*.

Historiquement, au Cameroun, l'idée de soumettre la loi à la sanction d'un juge apparaît avec la constitution fédérale du 1er septembre 1961[3] et est reprise par la constitution de 1972[4]. Mais l'hostilité manifestée par l'exécutif à l'égard de l'autorité judiciaire a fortement compromis l'essor de la justice constitutionnelle exercée par la Cour fédérale de justice et de la Cour suprême tel que prévu par lesdites constitutions. Il a donc fallu attendre la loi n⁰ 96/016 du 18 janvier 1996 portant révision de la Constitution de 1972 auréolée par les vents de démocratisation pour voir la création d'une juridiction constitutionnelle autonome. Cette révision constitutionnelle instaure ainsi une justice constitutionnelle et un contrôle juridictionnel de constitutionnalité des lois. La loi n⁰ 2004/004 du 21 avril 2004, modifiée et complétée par la loi n⁰ 2012/015 du 21 décembre 2012 viendra en fixer l'organisation ainsi que le fonctionnement.

Le constituant Camerounais a ainsi mis en place un modèle adapté à l'évolution sociopolitique du pays dans le but d'assurer la neutralité et la transparence de l'institution. Il a opté pour une politique idéologique centrée sur la protection des institutions. Tel est d'ailleurs le sens de l'état de droit[5].

---

[3] Constitution du 1er septembre 1961 :
Article 14 : Le président de la République Fédérale saisit la Cour suprême de justice dans les conditions prévues à l'article 34 lorsqu'il estime qu'une loi fédérale est contraire à la présente constitution ou qu'une loi de l'un des États fédérés est prise en violation des dispositions de la Constitution ou de la loi fédérale.
Article 29 (4) : En cas de doute ou de litige sur la recevabilité d'un texte le président de l'Assemblée ou le président de la République Fédérale saisit la Cour fédérale de justice qui décide de la recevabilité.

[4] Constitution de 2 juin 1972 :
Article 10 : Le président de la République saisit la Cour suprême dans les conditions déterminées par la loi (article 29), lorsqu'il estime qu'une loi est contraire à la présente constitution.
Article 27 (4) : En cas de doute ou de litige sur la recevabilité d'un texte le président de l'Assemblée nationale ou le président de la République saisit la Cour suprême qui décide de la recevabilité…

[5] La situation politique de certains États africains a conduit à la mise en place d'une juridiction neutre, chargée de régler et d'arbitrer les conflits politiques, entre les organes institués au sein de l'État et aussi entre les différents acteurs du jeu politique. Cette juridiction se voulait ainsi neutre afin d'avoir une perception neutre du jeu et des acteurs politiques.

Le Conseil constitutionnel est opérationnel depuis le 7 février 2018 à la faveur de trois décrets du président de la République[6] complétés par celui du 23 février 2018[7].

Avatar de l'avènement de l'État de droit au Cameroun, l'une des questions cruciales qui mérite une réponse du droit est celle de savoir comment le juge constitutionnel garantit-il la protection des droits et libertés fondamentaux ?

Ce questionnement nous situe au cœur des enjeux politiques, économiques, juridiques et socioculturels du niveau d'intégration de l'État de droit. Il permet ainsi de vérifier si la justice constitutionnelle conduit convenablement la fonction de protection des droits fondamentaux.

Dans sa finalité, la justice constitutionnelle doit assurer la sécurité de l'ordre juridique et par ricochet des citoyens. Dans cette dynamique, il paraît loisible d'apprécier son efficacité à travers les notions de qualité et d'efficience. Si selon HANS KELSEN une norme efficace est une norme valide, il est possible d'admettre qu'une norme efficace est aussi une norme de qualité.

Cette déclinaison de la théorie de HANS KELSEN permet d'assurer la sacralité et la primauté de l'ordre juridique dans la dynamique de l'État de droit.

La nécessité d'opérer une réflexion purement juridique au Cameroun apparaît à cet égard comme digne d'intérêt en ce qu'elle permet de fournir une information assez claire sur le fonctionnement de cette institution charnière après une abondante doctrine aux opinions diverses[8] sur son fonctionnement, ses missions, et la consistance de la fonction contentieuse[9]. L'appréciation de l'activité de la juridiction constitutionnelle sous le prisme de la protection des droits et libertés fondamentaux se veut d'abord juridique procédant ainsi de la confrontation des textes et de la jurisprudence.

Il conviendra ainsi de démontrer que la saisine limitée de la justice constitutionnelle est l'expression de la garantie des droits de l'homme et la protection de la force de la Constitution d'une part (I) et d'autre part l'effectivité de l'office du juge constitue un gage de protection des droits fondamentaux (II).

---

[6] Décrets n° 2018/104 portant organisation et fonctionnement du Secrétariat général du Conseil constitutionnel, n° 2018/105 portant nomination des membres du Conseil constitutionnel et n° 2018/106 portant nomination du président du Conseil constitutionnel.

[7] Décrets n° 2018/170 du 23 février 2018 portant nomination du Secrétaire général du Conseil constitutionnel.

[8] E. C. LEKENE DONFACK, Éric M. NGANGO YOUMBI, Érysthe W. TSOLEFACK AWAFA : « Chronique de jurisprudence du Conseil constitutionnel camerounais (2018 à 2020) », *Revue française de droit constitutionnel* 2022/1 N° 12, page 208, note 5.

[9] A. D. OLINGA, « Contentieux électoral et État de droit au Cameroun » *in Juridis Périodique, 41, Jan – mars 2000, p 35 et s. ;* J.-L. ATANGANA AMOUGOU, « La constitutionnalisation du droit en Afrique : l'exemple de la création du Conseil constitutionnel camerounais », *in Annuaire international de justice constitutionnelle, 19-2003, 2004. Constitution et élections – La loi. pp. 45-63 ;* S. S. TCHIDJO, « La fonction contentieuse du Conseil constitutionnel du Cameroun : une fonction binaire et mitigée » *in Village de la Justice - Communauté des métiers du droit, par Legi Team, juillet 2016 ;* D. J. ZAMBO ZAMBO, « Protection des droits fondamentaux et droit à la jurisdictio constitutionnelle au Cameroun : continuité et ruptures », *in La Revue des droits de l'homme Revue du Centre de recherches et d'études sur les droits fondamentaux,* 15|2 019 Varia. URL : *http :// journals.openedition.org/revdh/5847 ; DOI : 10.4000/revdh. 5847, consulté le 10 octobre 2022.*

I. LA SAISINE LIMITÉE DE LA JUSTICE CONSTITUTIONNELLE COMME EXPRESSION DE LA PROTECTION DES DROITS FONDAMENTAUX

L'évocation du caractère limité de la saisine de la justice constitutionnelle comme gage de la garantie des droits fondamentaux pourrait paraître assez étonnante pour toute personne au parfum des questions constitutionnelles. Cette inquiétude est pertinente au regard de la prise en compte du droit constitutionnel de chaque citoyen d'ester en justice.

Littéralement, la saisine est un terme juridique utilisé en matière de procédure. Elle désigne l'action qu'accomplit un requérant lorsqu'il saisit une juridiction et lui demande de trancher un litige pour lequel il estime que ses droits ont été violés[10]. Il existe donc une corrélation entre l'accès à la justice et la qualité de la justice. Une justice accessible est donc avant tout une justice de qualité, une justice moderne, la qualité étant un attribut de modernité. Pour tout dire, l'accès est consubstantiel à la qualité de la justice[11]. Ainsi, une justice accessible est non seulement une justice rapprochée de ses citoyens, mais aussi une justice aux décisions irréprochables et jouissant de la légitimité populaire.

De ce qui précède, l'on pourrait s'interroger sur le fait de savoir si la saisine constitue un droit ou une simple faculté. La réponse pourrait paraître nuancée. Le développement et l'évolution des droits de l'homme dans le monde ont fait de la saisine un droit reconnu à tout citoyen de faire entendre sa cause devant les juridictions qu'elles soient nationales ou internationales.

Le droit de saisine est un droit reconnu à tout citoyen de faire entendre sa cause devant les juridictions, qu'elles soient nationales ou internationales. Il rentre dans la catégorie des droits fondamentaux à un procès juste et équitable reconnu à tous les citoyens. Son organisation et son régime juridique sont déterminés par les États en fonction des politiques idéologiques et des orientations politiques auxquelles ils souscrivent[12]. La constitution camerounaise précise à cet effet que la loi assure à tous les hommes le droit de se faire rendre justice[13].

Il convient dès lors de distinguer en théorie, le droit d'accès au juge constitutionnel de l'accès au juge constitutionnel. Pour la présente analyse, il est question de se pencher sur l'accès au juge constitutionnel.

---

[10] La saisine peut intervenir de différentes manières : assignation, requête conjointe… Une fois saisie, la juridiction détermine si la demande est recevable ou non. Dans le cas où elle est déclarée recevable, la saisine donne lieu à un jugement pouvant prendre différentes dénominations selon la juridiction concernée (arrêt, décision, sentence arbitrale…).

[11] En tout état de cause, il existe ainsi une relation de cause à effet entre l'accès à une institution et sa qualité. En effet, sur un plan fonctionnel, l'accès constitue un référentiel qui permet d'apprécier la qualité. Dans ce sens, la notion de qualité fait entrer en jeu des éléments objectifs et des éléments subjectifs. On pourra ainsi parler de la bonne ou de la mauvaise qualité en fonction des cibles, des indicateurs et des objectifs prescrits. La notion de qualité devient ainsi une construction juridique située qui pour certains pourrait être perçue comme un principe ; une exigence ou encore, pour d'autres, une norme de référence Ainsi, l'accès peut revêtir deux acceptions : une dimension formelle qui renvoie ou fait allusion aux conditions formelles définies par le constituant, et une dimension matérielle adossée à l'activité de la justice constitutionnelle, à l'effectivité de celle-ci.

[12] Le droit de saisine pourrait ainsi rentrer dans la catégorie des droits à un procès juste et équitable. La constitution camerounaise dresse dans son préambule, une liste des droits fondamentaux. De ce qui précède, la saisine apparaît comme un droit reconnu à chaque citoyen.

[13] Même si la plupart des instruments juridiques sont muets quant à son étendue, l'on pourrait penser qu'il s'agit d'un droit illimité à condition de se conformer aux exigences normatives.

Cette réflexion repose sur l'idée suivant laquelle en encadrant strictement l'accès à la justice constitutionnelle, le constituant assure non seulement la suprématie de la Constitution, mais aussi garantie la stabilité de l'ordre juridique.

En tout état de cause, la saisine limitée de l'institution a pour finalité de *protéger la force de la Constitution d'une part* (A) et de *garantir des droits fondamentaux* (B), au moyen de la protection de la sécurité juridique.

A. La saisine limitée de la juridiction constitutionnelle, expression de la protection de la suprématie de la Constitution

La limitation du droit d'accès paraît se justifier en ce sens que le législateur a été guidé par le souci de préserver l'équilibre entre les différents organes constitutionnels.

D'une manière générale, aux termes de l'article 47 alinéa 2 de la Constitution, le Conseil constitutionnel est saisi par le président de la République, le président de l'Assemblée nationale, le président du Sénat, un tiers de députés, ou un tiers des sénateurs. Les présidents des exécutifs régionaux peuvent saisir Le Conseil constitutionnel lorsque les intérêts de leur région sont en cause.

Ainsi, en ce qui concerne le contrôle de leur constitutionnalité, aux termes de l'alinéa 3 du susdit article, les lois, les traités et accords internationaux peuvent être déférés au Conseil constitutionnel avant leur promulgation par le président de la République, le président de l'Assemblée nationale, le président du Sénat, un tiers de députés, ou un tiers des sénateurs, les présidents des exécutifs régionaux lorsque les intérêts de leur région sont en cause.

Il ressort de l'interprétation des dispositions de l'article 47 de la Constitution que le constituant camerounais établit un lien de cause à effet entre les personnes habilitées à saisir la justice constitutionnelle et le mode de contrôle de la constitutionnalité des lois qu'il a adopté (contrôle *a priori*), c'est-à-dire avant l'entrée en vigueur des lois.

En effet, par l'adoption du modèle *a priori* de contrôle de constitutionnalité des lois, le constituant camerounais a voulu protéger efficacement la Constitution et par conséquent les droits fondamentaux contre toutes formes d'atteintes. Ainsi, la saisine limitée du juge constitutionnel permet-elle d'assurer le respect des principes de séparation et d'équilibre des pouvoirs (1) ainsi que la stabilité de la norme constitutionnelle (2).

1) Le caractère limité de la saisine du juge constitutionnel comme vecteur de protection du principe de la séparation et d'équilibre des pouvoirs

Conformément à la théorie de Montesquieu sur la séparation des pouvoirs, le constituant camerounais distingue le pouvoir législatif, le pouvoir exécutif et le pouvoir judiciaire. Or, de la lecture des dispositions des articles 37 et suivants de la Constitution qui régissent le pouvoir judiciaire, le Conseil constitutionnel n'y figure pas. Mais, la même Constitution lui consacre tout le titre VII.

Cette distinction constitutionnelle de cette Institution des juridictions qui relèvent du pouvoir judiciaire est tributaire de sa nature juridique et des missions qui lui sont conférées. Aussi, son fonctionnement suscite des confusions laissant certains le considérer comme une juridiction d'exception et d'autres comme un organe politique.

En tout état de cause, à travers cette démarcation entre le pouvoir judiciaire et le Conseil constitutionnel, le constituant établit une frontière intangible concourant à la protection de la force de la Constitution. Cette séparation permet de garantir la protection de l'intégrité de la Constitution en évitant les conflits de compétence entre la juridiction constitutionnelle et les autres juridictions relevant du pouvoir judiciaire[14].

Si cette séparation est centrée sur la protection de l'ordre juridique contre d'éventuels dysfonctionnements, il est constant que la protection des droits fondamentaux constitue un objectif de premier plan dont le juge devrait veiller à la saine application.

De ce fait, la clarification des compétences entre les différentes institutions qui exercent au Cameroun la plénitude des fonctions juridictionnelles, dans quelque domaine que ce soit, a pour but de garantir le fonctionnement harmonieux de l'appareil judiciaire.

Par ailleurs, le constituant énumère les personnes habilitées à saisir le Conseil constitutionnel. Cette limitation de la saisine, controversée, est considérée par la quasi-majorité de la doctrine comme une entrave à la garantie des droits fondamentaux. Mais à l'évidence, il convient de rappeler que c'est à l'État qu'incombe l'encadrement juridique de la faculté de saisir une juridiction afin de faire entendre sa cause.

2) Le caractère limité de la saisine du juge constitutionnel, vecteur de la stabilité de la norme constitutionnelle

En limitant la saisine du juge constitutionnel à une catégorie d'acteurs, le constituant est avant tout guidé par le souci d'assurer la stabilité de la norme constitutionnelle. Ainsi, contrairement à une opinion malencontreusement répandue, la juridiction constitutionnelle ne saurait être considérée comme une juridiction d'élites.

Si le prétoire est bel et bien ouvert en matière électorale au peuple qui peut agir soit directement, soit indirectement au moyen de ses représentants dans les conditions fixées par la loi[15], l'ouverture d'un accès direct et personnel au prétoire

---

[14] N° 02/G/SCA/CC/2018 du 5 juillet 2018, affaire KOUNGOU Pierre/C État du Cameroun DGSN.

[15] Loi n° 2004/004 du 21 avril 2004 portant organisation et fonctionnement du Conseil constitutionnel, modifiée et complétée par la loi n° 2012/015 du 21 décembre 2012 en ce qui concerne l'élection présidentielle dispose : « *article 43.- Le Conseil constitutionnel est juge de l'éligibilité à la présidence de la République. Toute personne dont la candidature n'a pas été retenue est habilitée à contester la décision de rejet devant le Conseil constitutionnel dans les conditions prévues par les lois électorales en vigueur. Article 44.- Tout candidat, tout parti politique intéressé à l'élection ou toute personne ayant qualité d'agent du gouvernement pour ladite élection, peur saisir le Conseil constitutionnel pour des contestations ou réclamations relatives à la couleur, au sigle ou au symbole adoptés par un candidat. Article 45.- Tout candidat, tout parti politique ayant pris part à l'élection ou toute personne ayant qualité d'agent du gouvernement pour l'élection, peut saisir le Conseil constitutionnel en annulation totale ou partielle des opérations électorales dans les conditions prévues par les lois électorales en vigueur. » En ce qui concerne l'élection des membres du Parlement : « Article 47.- Le Conseil constitutionnel est juge de l'éligibilité à l'Assemblée nationale et au Sénat. Tout électeur inscrit sur les listes électorales, tout candidat ou tout mandataire de la liste intéressée peut attaquer devant le Conseil constitutionnel et dans les conditions prévues par les lois électorales en vigueur, toute décision d'acceptation ou de rejet d'une candidature ou d'une liste de candidats. Article 48.- (1) En cas de contestation de la régularité de l'élection des membres du Parlement, le Conseil constitutionnel peut être saisi par tout*

à tous les citoyens aurait pour effet de fragiliser la portée de la Constitution, et par conséquent, sa stabilité.

Au demeurant, la limitation de la saisine de juge constitutionnel garantit efficacement la suprématie de la Constitution. Cette garantie s'étend aussi à la protection de la sécurité juridique[16].

B. La limitation de l'accès au juge constitutionnel, vecteur de la consolidation de la sécurité juridique

La sécurité juridique apparaît comme l'un des corollaires de l'État de droit. Elle est en effet l'instrument censé en donner une portée effective. Dans ce sens, elle permet la cohésion et la stabilité de l'ordre normatif et garantit la protection des droits fondamentaux en freinant l'insertion et le maintien dans l'ordre juridique des normes tendant à porter atteinte aux droits fondamentaux.

La limitation de l'accès au juge constitutionnel concourt ainsi à la protection de l'État de droit, au maintien de la sécurité juridique afin d'éviter des dysfonctionnements résultant d'une inflation non contrôlée de règles juridiques au sein de l'État de droit. La sécurité juridique permet de revêtir la Constitution d'une pérennité et d'une intangibilité et, par ricochet, du côté des citoyens, elle participe de la consolidation des droits acquis.

Elle implique le respect des droits et libertés fondamentaux garantis dans le texte constitutionnel d'une part (1) et le respect du droit d'accès aux juridictions ordinaires d'autre part (2).

1) La consolidation des droits et libertés fondamentaux contenus dans le texte constitutionnel

La restriction de l'accès au juge constitutionnel doit concourir à l'intangibilité et à la protection des droits des libertés fondamentales garantis et proclamés dans le texte constitutionnel.

Ces droits et libertés fondamentaux apparaissent pour emprunter une expression d'usage dans le langage civiliste comme des droits acquis. En raison de leur consécration constitutionnelle, ils sont revêtus d'une intangibilité découlant de leur nature. La stabilité de l'ordre juridique commande la consolidation de ces droits. En élargissant le spectre de la saisine de la juridiction constitutionnelle, la stabilité de ces droits pourrait être soumise à rude épreuve au gré des émotions des requérants quelque peu tumultueux. L'État de droit postule la sécurité des droits des citoyens contre une inflation législative ou normative tendant à la remise en cause de leurs droits acquis.

---

candidat, tout parti politique ayant pris part à l'élection dans la circonscription concernée et toute personne ayant qualité d'agent du Gouvernement pour cette élection. »

[16] Décision n° 03/CC/CCT DU 17 mai 2022, Rigobert AMINOU GABAN MIDANHAC/président de la République, président du Sénat, président de l'Assemblée nationale. Dans cette décision par exemple, le requérant sollicitait la réforme constitutionnelle des institutions par la réécriture d'une nouvelle loi suprême de la troisième République du Cameroun émergeant à l'horizon 2035.

2) La consolidation du droit d'accès aux juridictions ordinaires

Les caractères sélectif et exceptionnel de la juridiction constitutionnelle impliquent l'obligation faite aux justiciables de recourir aux juridictions ordinaires compétentes.

L'analyse des faits permet de constater ces dernières années la récurrence de l'instrumentalisation de la justice constitutionnelle à travers la saisine de ladite juridiction. Certains justiciables ont pensé contourner les juridictions ordinaires dans l'espoir que par la saisine de l'auguste juridiction, leur cause serait plus facilement entendue. Une autre tendance consiste à saisir le Conseil constitutionnel sans en avoir la qualité[17]. Tous ces recours ont été éloquemment sanctionnés par le juge constitutionnel qui a eu à rejeter, pour défaut de qualité, plusieurs recours présentés par des citoyens qui avaient sollicité le contrôle de constitutionnalité sous le couvert de chefs divers, tels que la non-exécution d'un acte administratif par un fonctionnaire[18], l'annulation d'une campagne sanitaire organisée par le Gouvernement, le rétablissement des droits constitutionnels[19], l'arbitrage sur la constitutionnalité d'une loi[20] de l'annulation de la campagne de

---

[17] Décision n° 27/SR/CER/G/SG/CC du 19 décembre 2019, *Sieur Ndoup Prévost c/RDPC, MINAT et ELECAM*

[18] Décision n° 01/SCA/G/SG/CC du 27 février 2019, MBA Gibson NJEY TEGHA C/ président de la République, président de l'Assemblée nationale, président du Sénat, État du Cameroun (ministère des Domaines, du Cadastre et des Affaires foncières).*Refus de l'exécution par le Conservateur Foncier du Wouri « A » de l'Arrêt n° 153/COM rendu le 17 novembre 2017 par la Cour d'Appel du Littoral ordonnant la mutation du titre foncier n° 13317/W au profit du requérant ;* Décision n° 02/SCA/G/SG/CC du 27 février 2019, MVONDO ZENG Bertin C/ Président de la République, président de l'Assemblée nationale, président du Sénat, État du Cameroun (ministère des Domaines, du Cadastre et des Affaires foncières). *Refus de l'exécution par le conservateur Foncier du Wouri « A » de l'arrêt n° 156/COM rendu le 17 novembre 2017 par la Cour d'appel du Littoral ordonnant la mutation du titre foncier n° 13315/W au profit du requérant ;* Décision n° 03/SCA/G/SG/CC du 27 février 2019, NNOMO Joachim C/ président de la République, président de l'Assemblée nationale, président du Sénat, État du Cameroun (ministère des Domaines, du Cadastre et des Affaires foncières). *Refus de l'exécution par le Conservateur Foncier du Wouri « A » de l'Arrêt n° 155 /COM rendu le 17 novembre 2017 par la Cour d'Appel du Littoral ordonnant la mutation du titre foncier n° 13460/W au profit du requérant ;* Décision n° 04/SCA/G/SG/CC du 27 février 2019, Dame BIKIE Jeannine C/ président de la République, président de l'Assemblée nationale, président du Sénat, État du Cameroun (ministère des Domaines, du Cadastre et des Affaires foncières). *Refus de l'exécution par le Conservateur Foncier du Wouri « A » de l'Arrêt n° 154 /COM rendu le 17 novembre 2017 par la Cour d'Appel du Littoral ordonnant la mutation du titre foncier n° 13461/W au profit du requérant.*

[19] Décision n° 01/CC/CT du 14 octobre 2020, Jonathan NTI, pasteur demeurant à Yaoundé C/ Le président de la République et autres, *Requête aux fins de rétablissement dans les droits constitutionnels. Dans cette espèce,* Sieur Jonathan NTI, pasteur et demeurant à Yaoundé avait saisi par le Conseil constitutionnel dans le but de voir ses droits constitutionnels rétablis. S'appuyant sur la base de son lien de nationalité et de la jouissance de toutes ses facultés et ses droits, il s'était fondé sur le préambule de Constitution et énumère un certain nombre de droits (droit à la propriété, etc.). Il soutient que les dispositions du préambule énumérées ont été violées ; voilà pourquoi il demande rétablissement de ses droits en l'occurrence réintégration de son domicile et dédommagement à hauteur de plusieurs milliards.

Toutefois, la requête de sieur Jonathan NTI sera déclarée irrecevable pour défaut de qualité sur la base de l'article 47 alinéa 2 de la Constitution qui énumère déjà l'ensemble d'autorités ayant qualité pour saisir le Conseil constitutionnel. Sieur NTI ne se retrouve dans aucune catégorie parmi les autorités ayant la qualité à saisir le conseil constitutionnel.

[20] Décision n° 04/CC/CCT du 28 décembre 2021, ENGOULOU VOUNDI Vincent, président de l'association « DECAVIE » C/ président de la République, président du Sénat, président de l'Assemblée nationale, *Demande d'arbitrage sur la constitutionnalité de la loi des finances de l'année 2022 et autres griefs*

vaccination contre le corona virus[21], la sanction de certaines dispositions du Code pénal[22].

II. L'EFFECTIVITÉ DE L'OFFICE DU JUGE CONSTITUTIONNEL COMME GAGE DE PROTECTION DES DROITS FONDAMENTAUX

Le principe de juridicité prône la soumission de l'ordre juridique ainsi que toutes les structures et institutions étatiques au droit. Le juge constitutionnel apparaît dans cette optique comme régulateur du fonctionnement des institutions étatiques conformément au principe de l'État de droit.

Au Cameroun, depuis son entrée en scène et son opérationnalité en 2018, le juge constitutionnel concourt suffisamment à la protection des droits fondamentaux en veillant à ce que les lois inconstitutionnelles par nature ne se maintiennent ou ne s'infiltrent dans l'ordre juridique.

Dans ce sens, il veille à la protection aussi bien des droits individuels que des droits collectifs. Il connaît de ce fait non seulement du contentieux électoral conformément aux dispositions des articles 47 et suivants de la constitution, 40 et suivants de la loi n^0 2004/004 et aux dispositions du Code électoral, mais aussi du contentieux relatif au contrôle de constitutionnalité des lois, des traités et accords internationaux.

L'effectivité de l'office du juge constitutionnel au Cameroun est à plus d'un titre perçue comme salutaire. En tout état de cause, les privilèges ainsi que les garanties d'indépendance et d'impartialité qui lui sont conférés le crédibilisent quant à la qualité des décisions rendues.

Ces privilèges attachés à son statut lui permettent d'assurer la maîtrise et la direction du procès constitutionnel.

À cet effet, le nombre de décisions rendues par l'auguste juridiction est tributaire du processus de mise en place de l'État de droit au Cameroun. À date, le juge constitutionnel a eu à se prononcer en toute indépendance dans divers domaines, qu'il s'agisse des élections, du contrôle de constitutionnalité des lois et des avis.

Cette effectivité qui vise à assurer la préservation des droits fondamentaux est perceptible aussi bien à travers le respect des garanties procédurales d'accès au juge (A) que dans la conduite du procès constitutionnel (B).

A. Le respect des garanties procédurales d'accès au juge constitutionnel

Le juge constitutionnel garantit les droits fondamentaux au moyen de son office en ce sens qu'il détient la maîtrise du procès constitutionnel. À ce titre, il

[21] Décision n° 01/CCT/CC du 7 juin 2021, Joachim TABI OWONO, président national de l'AMEC C/ Le président de la République et autres, *Recours en annulation de la campagne de vaccination contre le corona virus en cours et pour la condamnation du Premier ministre Joseph DION NGUTE, le ministre de la Santé publique Malachie MANAOUDA, le ministre des Transports Jean Ernest MASSENA NGALLE BIBEHE pour tentative de génocide, violation de la Constitution et coup d'État constitutionnel.*

[22] Décision n° 01/SCCL/G/SG/CC du 10 janvier 2019, EKOUDA Darius Mesmin C/ le président de la République et autres, objet : *Contrôle de la constitutionnalité des dispositions de l'article 322-1 de la loi n° 2016/007 du 12 juillet 2016 portant Code pénal applicable au Cameroun.*

statue aussi bien sur les droits électoraux que sur divers autres droits fondamentaux reconnus à la personne. En plus de ses fonctions normatives, il garantit les droits fondamentaux à travers ses fonctions d'arbitrage et ses fonctions consultatives.

La constitution, la loi n° 2004/004 et le Code électoral[23] fixent les conditions d'accès au juge constitutionnel.

Dès lors, les conditions que doivent remplir les requérants pour que leurs requêtes puissent être reçues par ce juge constitutionnel sont généralement liées à la qualité, à l'intérêt et à la véracité des motifs de droit et de faits qui y sont soulevés.

À cet effet, le juge constitutionnel, sous sa casquette de juge électoral, veille au respect scrupuleux des exigences de forme liées à l'introduction de l'instance et à la recevabilité des requêtes aussi bien en ce qui concerne les droits électoraux (1) que les autres droits (2).

1) Le respect scrupuleux des conditions liées à l'instance et à la recevabilité des requêtes dans le contentieux électoral

Divers textes organisent les modalités de saisine de la juridiction constitutionnelle dans le cadre du contentieux électoral.

Dans sa mission de contrôle de la régularité des élections nationales[24], l'article 48 (2) de la constitution précise qu'« *En cas de contestation sur la régularité de l'une des élections prévues à l'alinéa (1) ci-dessus, le Conseil constitutionnel peut être saisi par tout candidat, tout parti politique ayant pris part à l'élection dans la circonscription concernée ou toute personne ayant qualité d'agent du Gouvernement pour cette élection* ».

Fixant les modalités de saisine, l'article 55 (1) de la loi n° 2004/004 précise que le Conseil est saisi par une requête datée et signée du requérant. Cette requête doit être motivée et comporter un exposé sommaire des moyens de fait de droit qui la fondent.

Ainsi, en tout état de cause, préalablement à l'examen au fond de la requête dont il est saisi, le juge constitutionnel contrôle systématiquement le respect des conditions sus-évoquées pour décider de sa recevabilité ou de son rejet.

C'est ainsi qu'en matière électorale, il est souvent amené à prononcer le rejet de la requête sous divers motifs. Il a eu à évoquer le caractère prématuré ou tardif de la requête, du défaut de qualité[25], du défaut de moyens. Parfois aussi, le juge constitutionnel s'est déclaré incompétent[26].

---

[23] La loi n° 2012/001 du 19 avril 2012 portant Code électoral, modifiée et complétée par la loi n° 2019/005 du 25 avril 2019.

[24] Aux termes de l'article 48 al (1) de la Constitution de 1996, *« Le Conseil constitutionnel veille à la régularité de l'élection présidentielle, des élections parlementaires, des consultations référendaires. Il en proclame les résultats »*.

[25] Dans le contentieux électoral concernant la régularité de l'élection législative du 9 février 2020, le juge constitutionnel, juge électoral a été très regardant sur cette exigence. Les décisions suivantes sont suffisamment éloquentes à ce propos. Décision n° 05/CC/SRCER du 24 février 2020, Dame AMINA BELO c/ RDPC, SDF, ELECAM, MINAT ; Décision n° 06/CC/SRCER du 24 février 2020, ANDP c/RDPC, SDF, ELECAM, MINAT ; Décision n° 017/CC/SRCER du 25 février 2020, Hon. MBAH-NDAM JOSEPH NJANG c/ ELECAM, RDPC, MINAT

[26] Décision n° 08/CC/SRCER du 24 février 2020, TERDE RIDAI (RDPC) c/ UNDP, ELECAM, MINAT ; Décision n° 21/CC/SRCER du 25 février 2020, EMBOLA ROBERT EMBELLE c/

D'une manière générale, lorsqu'il statue au fond, le rejet peut être fondé sur le défaut de base juridique ou l'absence de preuves de faits allégués. Ces hypothèses étant fréquentes dans le contentieux des élections nationales dont il assure la régularité et la sincérité, le juge constitutionnel, juge électoral, procède à la vérification des conditions y relatives, aussi bien à la phase électorale que post-électorale.

C'est ainsi que dans le contentieux préélectoral des élections sénatoriales de 2018, il a eu à sanctionner de nombreuses requêtes soit par leur irrecevabilité[27], soit par leur rejet motif pris de ce que celles-ci étaient non conformes à l'exigence de qualité ou de l'intérêt à agir, qu'elles étaient prématurées[28] ou tardives[29], ou encore que les motifs n'étaient pas justifiés[30].

Dans certaines espèces, il a eu à déclarer la requête non justifiée. Ainsi, dans le contentieux post-électoral des mêmes élections sénatoriales, les requêtes du Sieur NJENJE Valentin KLEBER et de sieur MBEM Jean Delors avaient été jugées irrecevables respectivement pour défaut de qualité[31] et pour forclusion[32].

Le contentieux préélectoral de l'élection présidentielle a également amené le juge constitutionnel à s'exprimer, que ce soit sur le fond que sur la forme, en statuant sur les mêmes motifs qui ont fondé ses décisions de rejet ou d'irrecevabilité.

Ainsi dans le cadre du contentieux préélectoral, il a rejeté la candidature du requérant pour défaut de qualité dans l'affaire Aboubacar KAMALDINE[33]

ELECAM-MINAT-RDPC ; Décision n° 026/CC/SRCER du 25 février 2020, FRITE NGEKA ETORE c/ RDPC-ELECAM-MINAT ; Décision n° 04/CC/SRCER du 24 février 2020, PEKEUHO TCHOFFO ERNEST (BRIC) c/ RDPC-ELECAM-MINAT-UDP-SDF.

[27] Décision n° 04/CE/CC/2018 du 15 mars 2018, AHMADOU AHIDJO c/ -Rassemblement démocratique du peuple camerounais (RDPC), Elections Cameroon (ELECAM) ; Décision n° 01/CC/SRCER DU 4 février 2020, FSNC C/ ELECAM, MINAT, ANDP ; Décision n° 02/CC/SRCER du 24 février 2020, WANTOU SIANTOU Lucien (RDPC) c/ ELECAM, MINAT, UMS ; Décision n° 09/CC/SRCER du 24 février 2020, affaire Sieur OTTOU DIMI CANDPI c/ ELECAM, MINAT, RDPC ; Décision n° 012/CC/SRCER du 24 février 2020, affaire KINGUE Paul Éric (MPCN) c/ ELECAM, MINAT ; Décision n° 027/CC/SRCER du 25 janvier 2020, affaire Sieur MBAH NDAM JOSEPH NJANG c/ ELECAM-REDPC-MINAT.

[28] Décision n° 23/CE/CC/2018 du 13 septembre 2018, Sieur KISOB Bertin c/ -ELECAM ÉTAT DU CAMEROUN (PRÉSIDENCE DE LA RÉPUBLIQUE ET MINISTèRE DE LA JUSTICE). Dans cette affaire, le juge constitutionnel… a déclaré la demande d'annulation de l'élection du président de la république du 7 octobre 2018, irrecevable pour recours prématuré.

[29] Décision n° 001/CE/CC/2018 du 15 mars 2018, Dame SAKI LAMINE (RDPC) c/ Rassemblement Démocratique du Peuple Camerounais (RDPC), Elections Cameroon (ELECAM).

[30] Décision n° 02/CC/2018 du 15 mars 2018. Dans sa requête du 8 mars 2018, dirigée contre ELECAM-RDPC, UNDP-UPC, FSNPC-SDF, UDC-UDP, ANDP-UMS, le requérant demandait aussi bien ; l'annulation de l'acceptation par ELECAM aux élections Sénatoriales du 25 mars 2018, des listes des partis politiques RDPC, UNDP-UPC, FSNPC-SDF, UDC-UDP, ANDP-UMS, que l'annulation de la décision de rejet par ELECAM d'autres listes. Cette requête sera sanctionnée par l'irrecevabilité.

[31] Decision n° 008/CE/CC/2018 of 03rd April 2018, between N. NJENJE valentin kleber (SDF) Petitioner, and -Elections Cameroon (ELECAM), Cameroon People's Democratic Movement (CPDM), -ANDP, -UNDP… Respondents.

[32] Décision n° 10/CE/CC/2018 du 3 avril 2018, MBEM Jean Delors, président du parti politique ESDC c/ ELECAM, RDPC, SDF, UNDP, UDC, FSNC, UPC, UMS, ANDP, UDP.

[33] Décision n°11/CE/CC/2018 du 17 août 2018. Dans cette espèce, le candidat à l'élection présidentielle du 7 octobre 2018, a vu sa candidature rejetée par ELECAM en ce que celle-ci ne satisfaisait pas aux exigences légales. En contestation à cette décision, le requérant avait saisi l'auguste juridiction qui l'a déclaré irrecevable pour défaut de qualité.

Statuant également sur le fond, les « *Sages du Palais des Congrès* »[34] ont eu dans de nombreuses espèces à rejeter les recours en ce que ceux-ci étaient non justifiés, alors que les requérants, candidats à l'élection concernée, sollicitaient diversement du juge la validation[35], la réhabilitation[36], la requalification[37], l'annulation de la décision de rejet[38] de leurs candidatures ou encore l'invalidation de la candidature de BIYA Paul[39].

Dans les autres espèces, le juge s'est tout simplement déclaré incompétent lorsque les requérants lui demandaient soit de prononcer le report de l'élection présidentielle à 2021 d'une part, et dans le même sens, la modification du calendrier électoral pour l'aligner sur la période 2018-2021[40], soit de décider de l'annulation du décret de convocation du corps électoral, d'une part, et, d'autre part, de déclarer la demande d'annulation de l'élection du président de la République du 7 octobre 2018[41].

Pour justifier sa position au sujet de la demande de modification du calendrier électoral, le juge constitutionnel a excipé du fait qu'en s'adressant à la Cour constitutionnelle, M. NDEMANOU a saisi une institution inexistante de ce fait, sa saisine a été jugée irrégulière dès lors que la requête avait été déposée au Conseil constitutionnel. Et que, surtout, ni le report de l'élection présidentielle, ni le remaniement du gouvernement ne rentrent dans aucune des compétences reconnues au Conseil constitutionnel par les dispositions combinées des articles 46 à 48 de la Constitution.

Le contentieux de l'élection législative du 9 février 2020 fournit un cadre expressif de l'action déterminante du juge constitutionnel dans son office. En effet, saisi de plusieurs recours tendant à la contestation desdites élections, le juge a procédé à un examen minutieux au fond desdites requêtes afin d'en déterminer le bien-fondé. Si par moments il a eu à juger, en la forme, de la recevabilité de certaines requêtes, il n'a pas hésité à les rejeter dans le fond dès lors que celles-ci paraissent infondées ou non justifiées[42].

---

[34] Étienne C. LEKENE DONFACK, et al, op. cit., p. 209.

[35] Décision n°13/CE/CC/2018 du 17 août 2018, Vincent Sosthène FOUDA ESSOMBA c/ Elections Cameroon (ELECAM).

Décision n° 19/CE/CC/2018 du 17 août 2018, EGONO VALENTIN c/ Elections Cameroon (ELECAM).

[36] Décision n °16/CE/CC/2018 Décision n °13/CE/CC/2018 du 17 août 2018, BILE Olivier Anicet (Union pour la Fraternité et la Prospérité UPF) c/ Elections Cameroon (ELECAM).

[37] Décision n° 14/CE/CC/2018 du 17 août 2018, GABAN MIDANHA Rigobert AMINOU C/ - Elections Cameroon (ELECAM).

[38] Décision n° 020/CE/CC/2018 du 17 août 2018, Bertin KISOB c/ Elections Cameroon (ELECAM).

[39] Décision n° 18/CE/CC/2018 du 17 août 2018, NDJOUMOU Léopold Stèves c/ Elections Cameroon (ELECAM), - Rassemblement démocratique du peuple camerounais (RDPC).

[40] Décision n °22/CE/CC/2018 du 6 septembre 2018. Antoine NDEMANOU,

[41] Décision n° 23/CE/CC/2018 du 13 septembre 2018, Sieur KISOB Bertin c/ -ELECAM ÉTAT DU CAMEROUN (PRÉSIDENCE DE LA RÉPUBLIQUE ET MINISTèRE DE LA JUSTICE).

[42] Décision n° 07/CC/SRCER du 24 février 2020, BABBADA MOCTAR c/ ELECAM, MINAT, RDPC ; Décision n° 10/CC/SRCER du 24 février 2020, DOUVA OUISSA AISSA HAMADI c/ ELECAM, MINAT, RDPC, FSNC ; Décision n° 011/CC/SRCER du 24 février 2020, ZRA ISSIAKOU c/ ELECAM, MINAT, RDPC, ADD ; Décision n° 013/CC/SRCER du 24 février 2020, OFFRE ORANGE représenté par Sieur TAGNE c/ELECAM, MINAT, RDPC ; Décision n° 014/CC/SRCER du 24 février 2020, GWODOCK KOUANG PARFAIT (RDPC), c/ PCRN, ELECAM-MINAT ; Décision n° 015/CC/SRCER du 24 février 2020, Dame MAIMOUN MOHAMAN, (UNDP) c/ RDPC-ELECAM-MINAT ; Décision N° 016/CC/SRCER du 24 février

Dans le contentieux post-électoral de l'élection présidentielle d'octobre 2018, le juge constitutionnel a sanctionné systématiquement le défaut de qualité des requérants qui soit sollicitaient la récusation de certains membres du Conseil constitutionnel et leur renvoi pour cause de suspension légitime, mettant ainsi la juridiction constitutionnelle au banc des accusés [43], soit relevaient l'incompétence du Conseil constitutionnel, et sollicitaient la suspension de l'équipe dirigeante d'ELECAM et du Rassemblement démocratique du peuple camerounais (RDPC)[44], soit encore demandaient l'annulation totale de l'élection présidentielle du 7 octobre 2018[45].

2) Le respect par le juge des conditions de recevabilité dans le cadre des autres contentieux

Le juge constitutionnel respecte les exigences liées à la recevabilité de la requête et à l'introduction de l'instance dans le cadre du contrôle de constitutionnalité (a) que dans ses fonctions non contentieuses (b).

a) L'exigence de la qualité et de l'intérêt à agir et les autres conditions subséquentes dans le contentieux de la constitutionnalité des lois

De façon constante, le juge constitutionnel marque un intérêt au respect par les requérants des règles de forme qui justifient leur qualité ou leur intérêt pour solliciter son office.

Dès lors, le défaut de qualité a conduit à l'irrecevabilité de certains recours en inconstitutionnalité lorsque le requérant a sollicité de l'auguste chambre, l'examen de la proposition de rédaction d'une nouvelle Constitution à soumettre au référendum par le président de la République et l'annulation de l'intitulé « Constitution du Cameroun de 1996 issue de la révision constitutionnelle de 2 juin 1972 »[46].

2020, Me Serge Espoir MATOMBA c/ RDPC, UNDP, SDF, UFDC, ELECAM, MINAT ; Décision n° 18/CC/SRCER du 24 février 2020, Dame ZOUBAÎNATOU SALIHOU épse MOHAMADOU BASSIROU, Messieurs KOULAGNA ABDOU et HAMADOU ALI BACHIR (RDPC) c/ UNDP-UNIVERS-ELECAM-MINAT ; Décision n° 019/CC/SRCER du 24 février 2020, MBANG SUFFER GILBERT c/ RDPC-SDF-ELECAM-MINAT ;

Décision n° 20/CC/SRCER du 24 février 2020, Sieur NSOUNCHIAT FIT MAMA c/ UDC-ELECAM-MINAT ; Décision n° 022/CC/SRCER du 24 février 2020, affaire Sieur NKOU MVOUNDO PROSPER c/ RDPC-UNDP-PCRC-ELECAM ;

Décision n° 23/CC/SRCER du 24 février 2020, sieur NKOU MVONDO PROSPER (UNIVERS) c/ ELECAM-MINAT-UNDP-RDPC ; Décision n° 24/CC/SRCER du 24 février 2020, affaire sieur MADJIBER DANIEL (UNDP) c/ RDPC-ELECAM-MINAT ;

Décision n° 025/CC/SRCER du 24 février 2020, affaire Sieur KWEMO PIERRE (UMS) c/ RDPC-SDF-ELECAM-MINAT ; Décision n° 30/CC/SRCER du 24 février 2020, affaire sieur OWONA PAUL CHRISTOPHE (RNDD) c/ RDPC-ELECAM-MINAT ; Décision n° 03/CC/SRCER du 24 février 2020, affaire Sieur TOUELI ANGELO (PCRN) c/ ELECAM-MINAT-RDPC.

[43] Décision n° 024/CE/CC/2018 du 16 octobre 2018, KAMTO Maurice c/ le Conseil constitutionnel.

[44] Décision n° 26/CE/CC/2018 du 16 octobre 2018, Bertin KISOB c/ RDPC, ELECAM.

[45] Décision n° 28/CE/CC/2018, du 16 octobre 2018, LIBII LI NGUE NGUE Cabral (Union nationale pour l'intégration vers la solidarité) UNIVERS c/ ELECAM, RDPC, ADD, PURS, FDP, UDC.

[46] Décision n° 01/CC/2018 du 14 juin 2018, ENGOULOU VOUNDI Vincent c/ Qui de droit.

Le même raisonnement avait justifié l'irrecevabilité de l'action introduite par Sieur Charles EPIE SONE AJANG qui sollicitait du Conseil l'application du paragraphe 3 du préambule de la Constitution de 1996 [47].

Par contre, dans l'affaire opposant sieur KOUNGOU Pierre à l'État du Cameroun[48] le requérant avait sollicité la reconstitution de sa carrière par le pouvoir exécutif avec effet rétroactif et l'indemnité de réparation pour le préjudice subi. Le requérant fondait son argumentation sur l'existence d'un conflit d'attribution en les décrets n° 2001/061 du 12 mars 2001 et n° 2012/539 du 19 novembre 2012.

Le conflit d'attribution réglementaire concernait deux décrets à savoir celui qui s'appliquait normalement et celui qui était rétroactif. Une lecture attentive de cette décision confirme le respect par le juge constitutionnel de son mandat qui s'enferme dans sa compétence attributive, et ne va pas au-delà des attributions que lui donnent la Constitution et les autres instruments juridiques[49].

Dans cette espèce, il n'a pas voulu prendre le risque de statuer dans le fond pour régler le conflit des textes réglementaires dans le temps dont les impacts se révèlent de plus en plus préjudiciables pour les citoyens ou les administrés lésés.

Au demeurant, le juge constitutionnel reste maître du procès constitutionnel.

b) L'exigence de la qualité et de l'intérêt à agir et les autres conditions subséquentes dans les fonctions non contentieuses du juge constitutionnel

Dans ses missions régaliennes, le Conseil constitutionnel est appelé à émettre les avis[50]. Il est souvent interpellé par les citoyens camerounais pour émettre des avis. C'est à ce titre que

Sieur ISSAAC BISSALA, en sa qualité de président d'un syndicat des travailleurs, a consulté le Conseil constitutionnel pour avoir son avis sur l'interprétation de la loi n° 2017/010 du 12 juillet 2017 portant statut général des établissements publics et ses décrets d'application et sur l'application du principe des avantages acquis qui fait ressortir l'épineux problème de l'application du principe de la non-rétroactivité de la loi[51].

Toutefois, sur le fondement de l'ensemble des instruments juridiques qui fixent ses compétences[52] le Conseil constitutionnel s'est focalisé sur la vérification de la recevabilité de la demande par rapport à ces articles sans avoir besoin toutefois d'en envisager l'examen au fond.

La réponse est connue, à savoir l'irrecevabilité de ladite demande pour défaut de qualité de M. BISSALA. Selon les fondements mobilisés par le juge, M. BISSALA ne rentre dans aucune catégorie des autorités ayant la qualité pour saisir le Conseil constitutionnel.

---

[47] Décision n° 03/2018 of 18 th June 2018, Charles EPIE SONE AJANG.

[48] Décision n ° 02/G/SCA/CC/2018 du 7 juillet 2018.

[49] É. C. LEKENE DONFACK, et al, *op. cit.*, p. 210 et s.

[50] Aux termes de l'article 47 (4) de la Constitution de 1996, « *Le Conseil constitutionnel donne des avis sur les matières relevant de sa compétence* ». Cette compétence est réaffirmée par l'article 3 (3) de la loi n° 2004/004 du 21 avril 2004 portant organisation et fonctionnement du Conseil constitutionnel, modifiée et complétée par la loi n° 2012/015 du 21 décembre 2012 et en vertu duquel le Conseil Constitutionnel « *émet des avis sur les matières relevant de sa compétence* ».

[51] Décision n° 01/CC/SAAC du 9 juillet 2020, affaire ISAAC BISSALA, président UGTC.

[52] Article 47 alinéas 2 et 4 de la Constitution ; article 59 alinéas (1) et (2) de la loi n° 2004.

B. La conduite et la maîtrise du procès constitutionnel : garantie irréfutable de préservation des droits fondamentaux

L'effectivité de l'action du juge constitutionnel, en ce qui concerne les droits et libertés fondamentaux est perceptible aussi bien à travers les droits individuels qu'à travers les droits collectifs. Cette action réside déjà dans les normes de référence et essentiellement dans le préambule de la Constitution qui doit permettre au Conseil, par son contrôle *a priori*, d'être un organe clé de protection des droits et libertés fondamentales.

Au Cameroun, puisque la protection des droits fondamentaux est assurée essentiellement par le contrôle *a priori*, sur saisine des autorités désignées, la protection des droits et libertés publiques[53] n'intervient qu'à travers la loi, qui continue à être considérée en conséquence comme la garantie réelle desdits droits et, d'une certaine manière, leur source réelle, dès lors que, face à elle, ni le citoyen, ni le juge ne peuvent rien[54].

Ainsi, outre les questions électorales, le juge constitutionnel veille aussi à la préservation des autres droits individuels qui sont patrimoniaux ou extrapatrimoniaux. En tout état de cause, son champ d'action a été également élargi à la protection des autres droits collectifs. La garantie constitutionnelle de tous ces droits est consacrée dans le préambule de la Constitution.

Dans l'exercice de ses missions, il dispose de nombreux pouvoirs d'autant plus que ses décisions sont insusceptibles de tout recours[55]. Ces pouvoirs lui sont également conférés dans le cadre de la conduite des instances. Ainsi, aux termes de l'article 59 alinéa 1 de la loi de n° 2004/004, « *Lorsque la requête est manifestement irrecevable le juge constitutionnel a la possibilité de statuer par décision motivée sans instruction contradictoire préalable...* ».

De ce fait, le juge constitutionnel dispose du pouvoir d'instruction qui l'amène à procéder à la vérification des faits allégués par les requérants.

Même lorsque les exigences relatives au respect de la forme ont été prises en compte par le requérant, il rejette les requêtes motif pris de ce que celles-ci sont non justifiées. Généralement, il se fonde sur les dispositions de l'article 130 (4) du Code électoral qui précise que, « sous peine d'irrecevabilité, la requête doit préciser les faits et les moyens allégués ». Aussi, dans l'affaire TCHATCHOUANG Paul, le juge constitutionnel s'est limité aux faits et moyens développés dans l'acte de saisine et a exclu tout moyen nouveau ne figurant pas dans la requête introductive d'instance[56]. Et dans l'espèce YOUMO KOUPIT Adamou, le collège des Sages s'est abstenu d'annuler les élections, en s'appuyant sur le fait que les irrégularités soulevées n'avaient pas d'incidence ni sur la régularité, ni sur la sincérité du vote en cause et par conséquent sur le résultat du scrutin[57].

---

[53] J. L. ESSAMBO, *op. cit*, pp 319 et s., p. 345.
[54] L. FAVOREU, « Légalité et constitutionnalité », 1997, p 295.
[55] Article 51 alinéa 1 de la Constitution.
[56] Décision n° 06/ADD/CE/CC/2018 du 19 mars 2018, TCHATCHOUANG Paul (Sénateur SDF) c/ Rassemblement démocratique du peuple camerounais (RDPC) Elections Cameroon (ELECAM) ; Décision n° 07/CE/CC/2018 du 19 mars 2018, TCHATCHOUANG Paul (Sénateur SDF) c/ Rassemblement démocratique du peuple camerounais (RDPC) Elections Cameroon (ELECAM)
[57] N° 08 /CE/CC/2018 du 19 mars 2018.

Quelle leçon faut-il retenir de cet écrit de plus, mais pas de trop ? Dans un contexte de construction de l'État de droit, le système de justice constitutionnelle du Cameroun doit se construire progressivement.

Pour l'heure, en matière de contrôle de constitutionnalité des lois et autres instruments juridiques, le Conseil constitutionnel opère un contrôle a *priori* en ce sens qu'il ne peut être saisi qu'entre le vote définitif de la loi et sa promulgation. Une fois la loi promulguée, sa constitutionnalité ne peut plus être mise en cause à l'occasion de l'application qui en est faite aux citoyens[58]. Il ne s'aventure donc pas à porter une appréciation sur la constitutionnalité des dispositions d'une loi antérieure.

Tel qu'il fonctionne actuellement, le Conseil constitutionnel semble répondre à un ensemble de données homogènes qui instituent une certaine idée de consolidation de l'État de droit, de garantie des droits fondamentaux et de construction de la démocratie[59].

Si une réforme de ses compétences est souhaitée dans le sens d'une attribution d'une compétence en matière de droits fondamentaux[60], il convient de relever que dans une perspective de perfectibilité des missions du Conseil constitutionnel, la question de l'ouverture de son prétoire[61] a toujours occupé le premier rang.

Si cette question peut sembler pertinente à première vue, elle appelle une retenue certaine quant à la solution à envisager.

La restriction d'accès peut à cet effet, avoir pour première explication l'existence de plusieurs catégories de juridictions qui sont appelées à statuer.

Une ouverture brusque serait susceptible de troubler l'équilibre des institutions juridictionnelles déjà acquis, en créant par exemple des conflits de compétence entre la juridiction constitutionnelle et les juridictions ordinaires compétentes pour toutes les autres questions.

Toutefois, les méthodes et les procédures seront appelées à évoluer en vue de lui permettre de jouer pleinement le rôle qui lui revient dans un État de droit conforme aux valeurs et principes fondamentaux des démocraties pluralistes. Cette évolution devrait être accompagnée de mesures de filtrage appelées à garantir la force de la Constitution et la stabilité des instruments juridiques.

---

[58] La protection des droits fondamentaux par le juge constitutionnel, DDJ, Doc du Juriste, https://www.doc-du-juriste.com/droit-public-et-internation, consulté le 18 janvier 2023.

[59] Comme annoncé, les activités du Conseil constitutionnel ont pris de l'envol. Il s'apprête à écrire une nouvelle page de son histoire avec la prochaine élection des sénateurs qui va voir l'entrée en scène des conseillers régionaux.

[60] É. C. LEKENE DONFACK… *op. cit.*, p. 241.

[61] O. PFERSMANN, « Le recours direct entre protection juridique et constitutionnalité objective », *in Cahiers du Conseil constitutionnel* n° 10 (Dossier : L'accès des personnes à la justice constitutionnelle) - mai 2001, p. 1.

LE FONCTIONNEMENT DU GOUVERNEMENT AU CAMEROUN : RÉFLEXIONS SUR LE DROIT GOUVERNEMENTAL EN AFRIQUE NOIRE FRANCOPHONE

Franck Landry OWONA NDOUGUESSA

Docteur/PhD en droit public
Chargé de cours à la Faculté des sciences juridiques et politiques
de l'Université de Yaoundé II

Selon le Doyen Maurice HAURIOU, *« ce sont les institutions qui font les règles de droit, ce ne sont pas les règles de droit qui font les institutions »*[1]. En effet, comme institution, le gouvernement secrète un *« droit gouvernemental »*[2] régissant tant son organisation que son fonctionnement. C'est sous ce second abord, en lien avec les présents Mélanges offerts au Doyen LEKENE DONFACK sur le thème *"Droit et service public"*, qu'un angle de vue autorise une réflexion singulière sur le fonctionnement du gouvernement au Cameroun.

Le terme gouvernement apparaît au XIIe siècle et dérive étymologiquement du mot grec *kubernare*, géniteur du verbe latin *gurbernare*[3] qui signifie tenir le gouvernail. Dans le langage courant, le gouvernement désigne le pouvoir qui gouverne un État[4]. Dans la sphère juridique, le gouvernement revêt deux acceptions[5]. La première acception est matérielle, en ce sens que le gouvernement est l'action échue à la puissance publique de bien administrer un État par l'exercice du pouvoir. Dans cette acception, le gouvernement se conçoit comme l'activité d'administration de l'État[6]. Cette signification est tributaire de la Constitution française du 4 octobre 1 958 qui énonce que *« le Gouvernement dispose de l'administration »*[7]. C'est à ce propos que le Doyen Charles DEBBASCH déclarait que *« le pouvoir politique commande ; l'administration obéit »*[8]. La seconde acception est organique, en ce que le gouvernement est un

---

[1] M. HAURIOU, *Aux sources du droit : le pouvoir de l'ordre et de la liberté*, Paris, URA-CNRS, 1986, p. 98.
[2] M. CARON, *Le droit gouvernemental*, Paris, LGDJ, 2020, p. 15.
[3] E. DECAHORS, *Dictionnaire français-latin*, Paris, Hatier, 1957, p. 444.
[4] A. REY (dir.), *Le Robert : dictionnaire de la langue française*, Paris, Éditions Le Robert, 2006, p. 619.
[5] M. TOUZEIL-DIVINA, *Dictionnaire de droit public interne*, Paris, LexisNexis, 2017, p. 208.
[6] P. GERARD, *L'administration de l'État*, Paris, LexisNexis, 5e éd., 2022, p. 15.
[7] Article 20 alinéa 2.
[8] C. DEBBASCH, « Administration et pouvoir politique sur un couple uni », in *Le pouvoir, Mélanges offerts à Georges BURDEAU*, Paris, LGDJ, 1977, p. 149.

ensemble de ministres caractérisant tout ou partie du pouvoir dit exécutif. C'est au fondement de cette seconde acception que le gouvernement est défini comme *« l'ensemble formé par les ministres et les secrétaires d'État, à l'exclusion du chef de l'État »*[9]. Au Cameroun, la conception du gouvernement est organiquement duale. Selon une conception stricte fondée sur la loi constitutionnelle du 18 janvier 1996[10], le gouvernement désigne l'ensemble des organes que sont les ministres et le Premier ministre qui est leur chef. En complément, selon une conception large, le gouvernement inclut des membres par assimilation, tels que collaborateurs directs du président de la République[11] et du Premier ministre[12]. Sur la base de cette conception large, le décret n° 2011/408 du 9 décembre 2011 portant organisation du gouvernement énumère que le celui-ci comprend : *« le Premier ministre chef du gouvernement, les vices-Premiers ministres le cas échéant, les ministres d'État le cas échéant, les ministres, les ministres Chargés de mission, les ministres sans portefeuille le cas échéant, les ministres délégués, les Secrétaires d'État »*[13]. Organiquement, l'acception du gouvernement retenue dans notre étude est celle de l'ensemble formé par les organes du pouvoir exécutif que sont le Premier ministre et les ministres par définition ou assimilation.

Ainsi compris, le gouvernement est l'objet d'un fonctionnement. De sa racine latine tirée du verbe *fungi*[14], signifiant ce dont on s'acquitte, le fonctionnement est couramment défini comme la manière dont tel élément d'un système exerce sa fonction[15]. Juridiquement, la règle de droit est consubstantielle au fonctionnement social en raison de *« l'ampleur des enjeux dont le droit est porteur dans le fonctionnement des sociétés »*[16]. Par conséquent, le fonctionnement est un vocable qui essaime le droit positif et la doctrine. À la lecture du droit positif camerounais, la loi constitutionnelle du 18 janvier 1996 attribue au législateur le soin de fixer les *« règles de fonctionnement »* de l'Assemblée nationale[17], du Sénat[18], du Conseil supérieur de la magistrature[19], du Conseil constitutionnel[20]. En doctrine, le fonctionnement est un angle d'analyse du droit sous l'aspect institutionnel, tel que l'illustre Georges BURDEAU en affirmant que *« le fonctionnement régulier des institutions désigne la collaboration entre les pouvoirs publics »*[21]. Dans le même sens, la corrélation entre le fonctionnement et les institutions est systématisée par le Doyen Alain Franklin ONDOUA sous l'expression *« fonctionnement*

---

[9] J. GICQUEL, *Droit constitutionnel et institutions politiques*, Paris, Montchrestien, 1988, p. 678.
[10] Articles 11, 12, et 13.
[11] Les collaborateurs du président de la République considérés comme membres du gouvernement par extension sont : le Secrétaire général de la présidence de la République, les secrétaires généraux-adjoints de la présidence de la République, le Directeur du cabinet civil, les conseillers spéciaux, les ministres Chargés de missions, les ministres sans portefeuille.
[12] Quant aux collaborateurs du Premier ministre considérés comme membres du gouvernement par extension, l'on peut citer : le Secrétaire général des services du Premier ministre, le Secrétaire général-adjoint des services du Premier ministre, le Directeur de cabinet du Premier ministre, et les conseillers spéciaux du Premier ministre.
[13] Article 1 alinéa 2.
[14] E. DECAHORS, *Dictionnaire français-latin*, op.cit., p. 419.
[15] A. REY (dir.), *Le Robert : dictionnaire de la langue française*, op.cit., p. 568.
[16] J. COMAILLE, *À quoi nous sert le droit ?* Paris, Gallimard, 2015, p. 17.
[17] Article 17 alinéa 2.
[18] Article 22 alinéa 2.
[19] Article 37 alinéa 3.
[20] Article 52.
[21] G. BURDEAU, *Droit constitutionnel et institutions politiques*, Paris, LGDJ, 1959, p. 274.

institutionnel »[22]. Pour le Professeur Abdoulaye SOMA, le fonctionnement est une grille d'analyse utile à la théorie générale de l'État. Ainsi, *« le fonctionnement de l'État est instruit par une mécanique intrinsèque et extrinsèque qui lui permet d'agir et de poursuivre les objectifs de son existence »*[23]. Appliqué à notre étude, le fonctionnement du gouvernement désigne la manière dont les organes du pouvoir exécutif que sont le Premier ministre et les ministres par définition ou assimilation, exercent leurs attributions aussi bien directement, que par le truchement de leurs représentants.

Historiquement, le fonctionnement du gouvernement au Cameroun a connu une trajectoire alliant rupture formelle et continuité substantielle. La rupture formelle résulte des variations constitutionnelles de ce fonctionnement, au gré des configurations monocéphale et bicéphale du pouvoir exécutif. À partir de la proclamation de l'indépendance du Cameroun le 1er janvier 1960, le pouvoir exécutif a revêtu une forme bicéphale consacrée par la Constitution du 4 mars 1960[24]. Cette configuration bicéphale sera prolongée avec l'avènement de la République Fédérale du Cameroun telle que formalisée par la loi constitutionnelle n° 61-24 du 01er septembre 1961[25]. Toutefois, suite à l'échec du fédéralisme camerounais dont le dédicataire des présentes lignes d'écriture a systématisé les causes et enseignements[26], le référendum du 20 mai 1972 a approuvé la forme unitaire de l'État telle que normée dans la Constitution du 2 juin 1972. L'incidence du retour de l'État unitaire sur le fonctionnement du gouvernement au Cameroun est perceptible dans l'affirmation d'un exécutif monocéphale, le président de la République étant cumulativement chef de l'État et chef du gouvernement. Cette configuration sera reconduite, malgré les révisions constitutionnelles du 9 mai 1975[27] et du 9 juin 1979[28]. En effet, ces lois constitutionnelles réintroduisent le poste de Premier ministre sans que le titulaire soit érigé en chef du gouvernement. Le monocéphalisme de l'exécutif sera radicalisé par la loi de révision constitutionnelle n° 84-1 du 4 février 1 984[29] qui supprime le poste de Premier ministre de l'ordonnancement constitutionnel au Cameroun. Ce n'est qu'à la faveur de la loi constitutionnelle n° 91/001 du 23 avril 1991[30] que le bicéphalisme de l'exécutif est remis au goût du jour, par une bipartition des fonctions. Par

---

[22] A.-F. ONDOUA, « Rapport de synthèse », in A.-F. ONDOUA (dir.), *La Constitution camerounaise du 18 janvier 1996 : bilan et perspectives*, Yaoundé, Afrédit, 2007, p. 223.

[23] A. SOMA, *Traité de droit constitutionnel général : philosophie, théorie, ius positivum*, Ouagadougou, Éditions LIBES, Tome I, 2022, p. 124.

[24] Consécutivement à la Constitution du 4 mars 1960, la configuration bicéphale du pouvoir exécutif s'articulait comme suit : Monsieur Ahmadou Barbatoure AHIDJO dans la fonction de président de la République, et Monsieur Charles ASSALE dans la fonction de Premier ministre nommé par décret le 14 mai 1960.

[25] À partir de 1961, le pouvoir exécutif en République Fédérale du Cameroun est exercé par : le président de la République et le Vice-président de la République de l'État Fédéral d'une part, et les Premiers ministres respectifs des États fédérés des Cameroun Oriental et Occidental d'autre part.

[26] E.C. LEKENE DONFACK, *L'expérience du fédéralisme camerounais : les causes et les enseignements d'un échec*, thèse de doctorat d'État, Université de Clermont I, 1979, p. 13.

[27] Loi n° 75-1 du 9 mai 1975 portant modification de la Constitution du 2 juin 1972.

[28] L'article 7 de la loi constitutionnelle du 9 juin 1979 érige le Premier ministre en dauphin constitutionnel du président de la République.

[29] La révision constitutionnelle du 4 février 1 984 abroge les dispositions constitutionnelles concernant le Premier ministre en ses articles 5, 7, 8, 26, et 34 (nouveaux).

[30] L'article 9 de cette loi constitutionnelle dispose que le Premier ministre est le chef du Gouvernement, et dirige l'action de celui-ci.

reconduction dans la loi constitutionnelle n° 96/06 du 18 janvier 1996 portant révision de la Constitution du 2 juin 1972, telle que modifiée et complétée par la loi n° 2008/001 du 14 avril 2008, le président de la République est le chef de l'État[31] tandis que le Premier ministre est le chef du gouvernement[32]. Pour autant, ce bicéphalisme ne doit pas être confondu à une dyarchie au sein du pouvoir exécutif. Cette absence de confusion induit une continuité substantielle dans le fonctionnement du gouvernement au Cameroun, implicitement influencé par *« la prééminence institutionnelle du président de la République »*[33]. Malgré les configurations cycliques du pouvoir exécutif, la prééminence sus-évoquée est une constante dans l'histoire constitutionnelle de l'État camerounais dans le passé et le présent. Dans un article ancien, le Professeur Jean GICQUEL faisait observer que les membres du gouvernement *« sont nommés selon un équilibre ethnique, et révoqués ad nutum par le président »*[34]. Dans un ouvrage récent, le Professeur Alain Didier OLINGA souligne que *« dans son rapport avec le gouvernement et le Premier ministre, le président de la République a un pouvoir total : il est le maître de leur existence, de leur orientation et de leur fin de parcours »*[35].

Motif pris de cet ancrage historique, le fonctionnement du gouvernement au Cameroun s'avère un objet d'étude attractif pour deux raisons. La première raison se fonde sur la sporadicité des études s'intéressant à ce fonctionnement. Cette sporadicité est justifiée par l'orientation des études constitutionnelles vers le droit normatif[36] au détriment du droit institutionnel. En effet, *« le droit constitutionnel institutionnel est délaissé à tort, depuis peu, par le droit constitutionnel substantiel »*[37]. En Afrique noire francophone en général, et au Cameroun en particulier, rares sont les études juridiques portant sur le fonctionnement du gouvernement. En effet, *« le Gouvernement n'est pas un objet d'étude prisé par les universitaires ou les praticiens de l'administration publique »*[38]. Par conséquent, la seconde raison attractive de l'étude est inférée par la curiosité qu'exerce le fonctionnement gouvernemental. Cette curiosité se perçoit par des questionnements conduisant à se demander *« comment le gouvernement fonctionne-t-il ? [...] avec quelles méthodes de travail ? »*[39]. Le motif de ces questionnements découle de l'opacité du fonctionnement gouvernemental. En droit français, les Professeurs Pierre AVRIL et Jean GICQUEL constatent que *« les sommets de l'État restent dans le même temps enveloppés d'un hautain mystère que ne percent que les rumeurs et les indiscrétions des journalistes, mais qui demeurent opaques aux universitaires »*[40]. Ce constat d'opacité se prolonge au

---

[31] Article 5 alinéa 1.

[32] Article 12.

[33] F.J. AIVO, *Le président de la République en Afrique noire francophone : genèse, mutation, et avenir de la fonction*, Paris, L'harmatttan, 2007, p. 136.

[34] J. GICQUEL, « Le présidentialisme négro-africain : l'exemple camerounais », in *Le pouvoir, Mélanges offerts à Georges BURDEAU*, Paris, LGDJ, 1977, p. 707.

[35] A.D. OLINGA, *La Constitution de la République du Cameroun*, Yaoundé, PUCAC, 2e éd., 2013, p. 67.

[36] R. BEN ACHOUR, *Le droit constitutionnel normatif : développements récents*, Bruxelles, Bruylant, 2009, 242 p.

[37] Préface à M. CARON, *Le droit gouvernemental*, op.cit., p. 10.

[38] F. EBONGUE MAKOLLE, *Le travail gouvernemental au Cameroun*, Yaoundé, Afrédit, 2019, p. 10.

[39] J. FOURNIER, *Le travail gouvernemental*, Paris, Dalloz/FNSP, 1987, p. 13.

[40] Préface à M. CARON, *Le droit gouvernemental*, op.cit., p. 7.

Cameroun où *« tout ce qui se passe dans la boîte noire gouvernementale continue d'être entouré d'un halo de mystères, qui laissent généralement interrogateurs les citoyens pourtant avides d'informations sur le fonctionnement de l'État »*[41].

Fort de cet attrait mystérieux, le fonctionnement du gouvernement au Cameroun postule une problématique sur l'efficacité. Sous l'angle de la théorie du droit, *« une politique ou une norme sont efficaces si les résultats correspondent à leurs objectifs »*[42]. C'est en ce sens que pour Hans KELSEN : *« l'efficacité de l'ordre juridique est une condition de sa validité »*[43]. Par conséquent, l'efficacité est une réflexion sur la concordance entre les objectifs poursuivis et les résultats obtenus par une norme ou une institution. Ainsi, l'efficacité ne doit pas être confondue avec l'effectivité qui en est une composante. En effet, *« l'efficacité d'un ordre juridique se mesure à partir de l'application effective des règles de droit de cet ordre »*[44]. En clair, l'efficacité désigne globalement le degré d'effectivité qui correspond aux objectifs visés. En règle générale, s'interroger sur l'efficacité consiste à se demander si les effets correspondent aux objectifs visés par une norme ou une institution. Contextuellement appliquée au droit institutionnel, l'efficacité est un angle de questionnement du fonctionnement gouvernemental au Cameroun. Concrètement, *« la problématique de l'efficacité gouvernementale au Cameroun a pris de l'ampleur à l'aube du XXIe siècle. À l'insatisfaction des usagers s'est ajouté depuis les années 2000, un mécontentement récurrent du Président de la République qui n'a de cesse de décrier l'inertie administrative et gouvernementale »*[45]. Eu égard à ce constat, la question de droit formulée dans la présente étude se décline comme suit : ***au Cameroun, le fonctionnement du gouvernement est-il efficace ?***

La réponse à cette question est capitale parce que *« l'amélioration de l'efficacité de l'État doit ainsi constituer une exigence pour chacun d'entre nous, théoricien, praticien, évaluateur ou bénéficiaire de l'action publique »*[46]. Au titre de l'hypothèse de recherche, la réponse à la question de droit est qu'au Cameroun, le fonctionnement du gouvernement est d'une efficacité contrastée. Se fondant sur la méthode du positivisme juridique dans son versant institutionnaliste[47], cette réponse se propose d'analyser le fonctionnement du gouvernement au Cameroun par des approches formelle et factuelle. En effet, *« l'approche factuelle, si elle ne doit pas être totalement condamnée en tant qu'approche complémentaire à l'approche juridique apporte une information sur l'efficacité du droit »*[48]. Inspirée du droit constitutionnel institutionnaliste dans ses versants classique[49] et

---

[41] F. EBONGUE MAKOLLE, *Le travail gouvernemental au Cameroun*, op.cit., p. 9.

[42] A. FLUCKIGER, « L'évaluation législative ou comment mesurer l'efficacité des lois », *RESS*, n° 138, 2007, p. 86.

[43] H. KELSEN, *Théorie pure du droit*, Paris, Dalloz, 2e éd., 1962, p. 286.

[44] X. MAGNON, *Théorie (s) du droit*, Paris, Ellipses, 2008, p. 66.

[45] F. EBONGUE MAKOLLE, op. cit., p. 135.

[46] D. ABOUEM à TCHOYI, « L'efficacité de l'État en questions », in D. ABOUEM A TCHOYI, S.C. MBAFOU (dir.), *Améliorer l'efficacité de l'État au Cameroun*, Paris, L'Harmattan, 2020, p. 619.

[47] C. GRZEGORCZYK, F. MICHAUT, M. TROPER (dir.), *Le positivisme juridique*, Paris, PUF, 1992, p. 523.

[48] X. MAGNON, *Théorie (s) du droit*, op.cit., p. 66.

[49] M. PRELOT, J. BOULOUIS, *Institutions politiques et droit constitutionnel*, Paris, Dalloz, 2e éd., 1975, p. 32.

contemporain[50], l'approche factuelle sied particulièrement pour étudier le fonctionnement du gouvernement, sous le prisme du droit gouvernemental qui *« regroupe à la fois les pratiques, et les coutumes gouvernementales, de même que les conventions de la Constitution »*[51].

Par conséquent, au fondement du positivisme juridique dans son orientation institutionnaliste[52], l'idée générale rendant compte de ce que le fonctionnement du gouvernement qui est d'une efficacité contrastée résulte de la correspondance imparfaite entre les objectifs théoriquement poursuivis, et les résultats empiriquement atteints. Dans le premier axe se rapportant aux objectifs théoriques, il est loisible de constater que l'efficacité du gouvernement est recherchée par un fonctionnement formellement perceptible **(I)**. Au demeurant, dans le second axe traitant des résultats empiriques, l'efficacité du gouvernement est relativisée par un fonctionnement matériellement perfectible **(II)**.

I. UN FONCTIONNEMENT FORMELLEMENT PERCEPTIBLE

Au Cameroun, l'observation de l'ordonnancement juridique en vigueur atteste de l'existence formelle d'un fonctionnement du gouvernement. Dans sa formalisation, l'efficacité du fonctionnement gouvernemental est théoriquement recherchée. Sous cet abord, l'efficacité se perçoit à l'aune des objectifs assignés aux organes gouvernementaux, en observance des principes établis dans des cadres dédiés, sous la férule des contrôles. Formellement, le fonctionnement du gouvernement est structuré selon une articulation **(A)** et matérialisé par son opérationnalisation **(B)**.

A. L'articulation du fonctionnement

Le Gouvernement camerounais donne à observer un fonctionnement dont l'articulation est duale. En effet, ce fonctionnement incombe à des organes **(1)**, dans l'observance des principes établis **(2)**.

1) Les organes du fonctionnement

Les organes qui œuvrent au fonctionnement du gouvernement en sont les membres, classés par ordre d'influence variable. Ainsi, il sied d'opérer une distinction entre les organes d'impulsion, et les organes d'implémentation.

S'agissant des organes d'impulsion du fonctionnement gouvernemental, ils sont répartis en deux catégories. La première catégorie d'organes relève de la présidence de la République, à deux titres. D'une part, le Secrétaire général de la présidence de la République est un organe de répercussion des instructions du président de la République auprès du gouvernement. Au fondement du décret n° 2011/412 du 9 décembre 2011 portant réorganisation de la présidence de la République[53], le Secrétaire général reçoit du président de la République toutes directives relatives à la définition de la politique de la Nation au sujet de laquelle,

---

[50] J. OWONA, *Droits constitutionnels et institutions politiques du monde contemporain : étude comparative*, Paris, L'Harmattan, 2010, p. 71.
[51] M. CARON, *Le droit gouvernemental*, op. cit., p. 22.
[52] C. SCHMITT, *Théorie de la Constitution*, Paris, PUF, 1993, p. 67.
[53] Article 3 alinéa 1.

le Doyen Alain Franklin ONDOUA note *« qu'il n'existe pas de véritable autonomie pour le gouvernement »*[54]. Concernant les dossiers soumis au président de la République, comme le souligne Roger Gabriel NLEP, le Secrétaire général *« est chargé de l'instruction de toutes les affaires soumises à la sanction du chef de l'État et assure l'exécution des décisions prises par ce dernier »*[55]. Par ailleurs, le Secrétaire général de la présidence de la République veille à la réalisation des programmes d'action approuvés par le président de la République, et impartis aux chefs de départements ministériels relevant de la présidence. Il prépare les concertations présidentielles et assure la mise en forme des projets de loi à soumettre au Parlement, en liaison avec les services du Premier ministre ou les ministres concernés. D'autre part, se fondant sur le décret n° 2011/412 du 9 décembre 2011 susvisé, le directeur du cabinet civil impulse le fonctionnement du gouvernement, en sa qualité de ministre. En apparence, l'on peut penser que l'action gouvernementale du directeur du cabinet civil se limite au protocole d'État et aux affaires réservées, de même qu'à la communication du président de la République[56]. En réalité, la participation du cabinet civil est perceptible lors de la commémoration des évènements de portée nationale. À titre illustratif, en 2010, le directeur du cabinet civil a présidé le comité d'organisation de la célébration du cinquantenaire de l'indépendance et de la réunification du Cameroun qui regroupait une vingtaine de ministères. La seconde catégorie d'organes d'impulsion du fonctionnement gouvernemental relève des services du Premier ministre, sous deux abords. *Primo*, à la lecture de la loi constitutionnelle n° 96/006 du 18 janvier 1996 portant révision de la Constitution du 2 juin 1972, le Premier ministre *« est le chef du gouvernement et dirige l'action de celui-ci »*[57]. À ce titre, le décret n° 92/089 du 4 mai 1992 portant attributions du Premier ministre lui synthétise trois fonctions[58]. D'abord, une fonction de veille[59]. Ensuite, une fonction de coordination[60]. Enfin, une fonction de concertation[61]. *Secundo*, sur la base du décret n° 92/088 du 4 mai 1992 portant organisation des services du Premier ministre, le Secrétaire général desdits services impulse le fonctionnement du gouvernement par deux fonctions de coordination[62]. Sur le plan formel, la fonction de coordination du Secrétaire général des services du Premier ministre s'exerce dans des domaines juridiques[63]. Sur le plan matériel, la fonction de

[54] A.-F. ONDOUA, « Rapport de synthèse », in A.-F. ONDOUA (dir.), *La Constitution camerounaise du 18 janvier 1996 : bilan et perspectives*, op.cit., p. 220.

[55] R.G. NLEP, *L'administration publique camerounaise : contribution à l'étude des systèmes africains d'administration publique*, Paris, LGDJ, 1986, p. 49.

[56] Article 38.

[57] Article 12.

[58] Article 1.

[59] Le Premier ministre veille cumulativement à la réalisation des programmes d'action des départements ministériels, et au respect de la légalité des décisions gouvernementales.

[60] Le Premier ministre exerce sa fonction de coordination aux plans légistique (préparation des actes législatifs et réglementaires à soumettre au président de la République), communicationnel (animation et suivi de la politique de communication des départements ministériels), et administratif (coordination des services placés sous son autorité suivant l'orientation du président de la République).

[61] Le Premier ministre exerce sa fonction de concertation en ce qu'il préside les conseils de cabinet, les réunions interministérielles, ainsi que les comités et conseils spéciaux.

[62] Article 2 alinéa 2.

[63] La coordination formelle exercée par le Secrétaire général des services du Premier ministre s'applique aux domaines tels que : la légistique pour ce qui est de l'élaboration des lois et règlements ;

coordination du Secrétaire général des services du Premier ministre s'applique à trois domaines technocratiques[64].

S'agissant des organes d'implémentation du fonctionnement gouvernemental, ils désignent les ministres dont la typologie est duale. Concernant les ministres placés sous la coordination du Premier ministre, ils sont classés en deux catégories. En premier lieu, certains ministres sont chargés de secteurs permanents[65] d'activité. À titre de droit comparé, l'histoire du droit français renseigne sur la permanence des fonctions cardinales dans un gouvernement. À ce sujet, le Professeur Patrick GERARD résume l'exercice de ces fonctions par la formule des *« six départements ministériels régaliens »*[66]. Cette formule remonte à la Révolution française de 1789 qui, abolissant les secrétariats d'État de la Monarchie, a consacré la dénomination de ministre[67]. Cette nomenclature ministérielle a inspiré le Cameroun, en raison de son influence par la tradition juridique française. C'est à ce titre que depuis l'accession du Cameroun au régime de l'autonomie interne en 1958, l'on note la constance des départements ministériels dans les secteurs d'activité concernant : l'administration du territoire, l'économie et/ou les finances, la santé, les travaux publics, la justice et les relations extérieures. À l'époque contemporaine, le Premier ministre coordonne les activités de ces départements ministériels en sa qualité de chef du gouvernement. En second lieu, la coordination primatoriale s'exerce sur les ministres chargés de secteurs d'activité émergents[68]. Ces secteurs d'activité donnent lieu à la création de nouveaux ministères permettant d'*« assurer de manière adéquate la prise en charge des problématiques émergentes »*[69]. Au Cameroun, les secteurs sus-évoqués fluctuent au gré des décrets portant organisation du gouvernement[70]. Concernant les ministres rattachés au président de la République, il convient d'opérer une nuance entre deux types de membres du gouvernement. Le premier type se rapporte aux membres du gouvernement dotés d'un portefeuille ministériel rattaché à la présidence de la République. Par définition, le décret portant organisation du gouvernement précise que certains

---

la consultance, en tant que conseiller juridique du gouvernement dans les matières relevant de la compétence du Premier ministre ; et, l'arbitrage, en ce qu'il prépare les décisions du Premier ministre s'y rapportant.

[64] Les trois domaines managériaux de coordination du Secrétaire général des services du Premier ministre sont : le suivi managérial de l'exécution des programmes gouvernementaux et de l'exécution des décisions du Premier ministre ; la préparation et le suivi des concertations gouvernementales ; et l'exécution des lois et règlements.

[65] L'élément de permanence de ces secteurs s'explique par l'apport constant de ces départements ministériels au fonctionnement gouvernemental, au gré du changement des décrets portant organisation du gouvernement au Cameroun.

[66] P. GERARD, *L'administration de l'État*, op.cit., p. 15.

[67] Par conséquent, l'Assemblée constituante prescrira le décret du 27 avril-25 mai 1791 relatif à l'organisation des ministères. Ce décret dispose que *« les ministres seront au nombre de six, à savoir : le ministre de la Justice, le ministre de l'Intérieur, le ministre des Contributions et des Revenus publics, le ministre de la Guerre, celui de la Marine, et celui des Affaires étrangères »*.

[68] Afin d'apporter des solutions aux doléances sociales sans cesse en mutation, l'organisation du travail gouvernemental doit s'adapter aux nouveaux secteurs d'activité par la création des ministères dédiés.

[69] F. EBONGUE MAKOLLE, *Le travail gouvernemental au Cameroun*, op.cit., p. 24.

[70] C'est ainsi qu'en 1992, le ministère en charge des questions environnementales a été créé ; en 2004, ce fut l'apparition du ministère en charge de Petites et moyennes entreprises ; en 2018, l'émergence d'un ministère en charge de la décentralisation.

chefs de départements ministériels sont délégataires du président de la République[71]. Par extension, le rattachement spécifique des départements ministériels à la présidence de la République s'explique par des usages respectueux du domaine réservé du président de la République. En effet, ce domaine réservé est *« la résultante des coutumes politico-administratives qui, traditionnellement mettent hors de la portée du chef du gouvernement les questions se rapportant à la sécurité intérieure, la défense, la justice, et les affaires étrangères »*[72]. Le second type de membres du gouvernement est rattaché au président de la République, sans toutefois diriger un département ministériel. À ce propos, le décret n° 2011/412 du 9 décembre 2011 portant réorganisation de la présidence de la République dispose que *« les ministres chargés de Mission, les ministres sans portefeuille, les conseillers spéciaux et les ambassadeurs itinérants effectuent tous les travaux et missions qui leur sont confiés par le président de la République »*[73].

Quel que soit leur niveau hiérarchique au sein du gouvernement, les organes précédemment présentés sont tenus à l'observance des certains usages. Ces usages constituent les principes du fonctionnement gouvernemental.

2) Les principes du fonctionnement

Au Cameroun, l'exercice de la fonction de membre du gouvernement incline à respecter des prescriptions de comportement érigées en principes organiques et fonctionnels.

Les principes organiques se rapportent respectivement à la collégialité et à la solidarité. Concernant le principe de collégialité, son explication est duale. Dans son premier versant, la collégialité postule une unité corporatiste, en ce que les membres du gouvernement doivent être habités par l'esprit d'appartenance à un même corps. C'est ce sens que dans l'instruction relative à l'organisation du travail gouvernemental du 01er octobre 2002, le président de la République exhorte les membres du gouvernement à faire preuve d'*« esprit de coopération et de travail en équipe »*. En effet, le recours à la métaphore de l'équipe traduit l'idée de collectivité qui a pour corollaire la collégialité. Dans son second versant, la collégialité infère l'unité décisionnelle du gouvernement. Cette unité trouve son explication en ce que *« chaque ministre doit faire siennes les décisions prises quelles que soient ses attributions et quelle qu'ait été sa position dans leur préparation »*. Par ailleurs, le principe de collégialité dégage deux implications. La première implication se rapporte à l'unité de regroupement des instances gouvernementales. Ces instances sont collégiales telles qu'attestées par le conseil des ministres, les conseils restreints, le conseil de cabinet. La seconde implication renvoie à l'unité de responsabilité. L'idée de collégialité imprègne la mise en jeu de la responsabilité politique devant le Parlement[74], en raison de la démission collective du gouvernement. Concernant le principe de solidarité, son essence est

---

[71] Il s'agit des ministres délégués à la présidence de la République chargés de secteurs d'activité tels que : la défense, les relations avec les Assemblées, le contrôle supérieur de l'État et les marchés publics.

[72] F. EBONGUE MAKOLLE, op.cit., p. 85.

[73] Article 50 alinéa 1.

[74] B.R. GUIMDO DONGMO, « La responsabilité politique du gouvernement dans la Constitution camerounaise », *RRJ/Droit prospectif*, n° 04, 2007, pp. 2099-2119.

dévoilée par deux critères. Selon le critère déontologique, la solidarité est un devoir. C'est précisément sous ce vocable que le président de la République a formalisé la circulaire n° 002/CAB/Pr du 27 avril 2001 relative au devoir de solidarité gouvernementale[75]. Selon le critère politique, la solidarité désigne l'interdépendance des ministres dans la mise en œuvre de l'action gouvernementale. Dans le cas contraire, tout membre du gouvernement en rupture de ban est logiquement conduit à démissionner[76]. En outre, la solidarité revêt des incidences. L'incidence verticale de la solidarité se traduit par la déférence du gouvernement tant au président de la République qu'au Premier ministre. Quant à l'incidence horizontale de la solidarité, elle suppose le soutien mutuel entre les ministres indépendamment de leurs appartenances partisanes[77], dans l'hypothèse d'un gouvernement de coalition intégrant des ministres issus de l'opposition. Selon l'instruction relative à l'organisation du travail gouvernemental du 01er octobre 2002, le soutien entre les membres du gouvernement infère que *« chaque ministre doit se sentir engagé dans les prises de position de ses pairs et doit savoir défendre, partout où besoin est, les options du gouvernement »*. À ce sujet, le Professeur Salomon BILONG fait remarquer que la solidarité implique *« l'engagement de toutes les parties prenantes aux options fondamentales »*[78].

Quant aux principes fonctionnels, ils sont classiques et contemporains. Les principes classiques sont binaires. Le premier principe classique est celui de l'intérêt général dont les fondements varient. Ce principe se fonde sur la circulaire n° 002/CAB/Pr du 27 avril 2001 relative au devoir de solidarité gouvernementale. À cet effet, le signataire de la circulaire a opposé l'intérêt général à des pratiques telles que *« le clientélisme ou le népotisme »*. Dans le même registre, l'instruction générale du 01er octobre 2002 relative à l'organisation du travail gouvernemental énonce que *« les questions précises d'intérêt général sont abordées en conseil de cabinet »*. Dans ses modalités, l'intérêt général commande que la prise de décision, par un membre du gouvernement tienne compte des intérêts de la collectivité nationale. Par conséquent, au nom de l'intérêt général, un membre du gouvernement doit faire fi de sa famille, de sa région, ou de sa confession religieuse. Cette conséquence est d'autant plus justifiée que comme l'a constaté le président de la République à l'occasion du discours à la Nation le 31 décembre 2013, *« nous sommes un peuple d'individualistes, plus préoccupés de réussite personnelle que d'intérêt général »*. Le second principe classique est celui de continuité. Au sens de la loi constitutionnelle du 18 janvier 1996, *« le président de*

---

[75] Par cette circulaire, le devoir de solidarité est une obligation d'adhésion des ministres à la politique gouvernementale définie par le président de la République.

[76] Les démissions de la fonction de ministre sont sporadiques au Cameroun. L'on peut citer les cas de : Monsieur Vroumsia TCHINAYE démissionnaire du poste de ministre de la Fonction publique ; Monsieur Garga HAMAN ADJI démissionnaire du poste de ministre de la Fonction publique et du Contrôle supérieur de l'État ; Monsieur Titus EDZOA démissionnaire du poste de ministre de la Santé publique et Monsieur Maurice KAMTO démissionnaire du poste de ministre délégué auprès du ministre de la Justice.

[77] À ce sujet, la circulaire susmentionnée dispose qu'*« il est notamment inconcevable que des critiques se fassent jour dans la presse, à l'égard de l'action gouvernementale ou d'une décision ministérielle de la part des membres du gouvernement »*.

[78] S. BILONG, « La structure du pouvoir de l'État au Cameroun : à propos de la circulaire présidentielle n° 002/CAB/Pr du 27 avril 2001 relatif au devoir de solidarité gouvernementale (une analyse sociojuridique) », *Juridis Périodique*, n° 48, octobre-novembre-décembre 2001, p. 94.

la République est garant de la permanence et de la continuité de l'État »[79]. Comme principe du travail gouvernemental, la continuité est un corollaire de la continuité du service public. Pour les membres du gouvernement, la continuité suppose une disponibilité temporelle et des contraintes dans le régime de déplacement[80]. Relativement aux principes contemporains, ils sont de deux ordres. Le premier principe est celui de transparence entendue comme une prescription de comportement *« imposant aux autorités un faisceau d'obligations et procédures appelées à garantir les exigences de vérité, de publicité, de sincérité, et de responsabilité dans le cadre de la gestion des affaires publiques »*[81]. Ce principe investit plusieurs domaines : financier, politique, économique, électoral. Toutefois, la transparence est tempérée par l'exigence de confidentialité gouvernementale qui recouvre tant l'élaboration des actes normatifs du gouvernement, que l'exercice de la fonction ministérielle qui est tenue par l'obligation de réserve même après la sortie du gouvernement. Le second principe est celui d'efficacité qui comporte deux dimensions. D'une part, la dimension managériale du principe d'efficacité se perçoit par les aptitudes d'un membre du gouvernement à définir des objectifs, à articuler leur stratégie de mise en œuvre, pour l'obtention des résultats au titre de l'action gouvernementale. D'autre part, la dimension politique du principe d'efficacité désigne la capacité d'un ministre à mobiliser la base électorale de sa circonscription d'origine, au profit de la formation partisane au pouvoir. C'est à l'aune de cette efficacité que dépend politiquement le maintien de ce ministre au sein l'équipe gouvernementale. Complémentaire à son articulation, l'opérationnalisation du fonctionnement gouvernemental constitue la séquence de mise en œuvre de la politique de la Nation par le gouvernement.

B. L'opérationnalisation du fonctionnement

Le gouvernement camerounais déploie son fonctionnement selon un mode opératoire qui en est l'opérationnalisation. Celle-ci correspond à deux séquences que sont la concrétisation du fonctionnement en amont **(1)**, et son contrôle en aval **(2)**.

1) La concrétisation du fonctionnement

La concrétisation du fonctionnement gouvernemental au Cameroun se déroule lors de la tenue d'instances dédiées au moyen d'outils précis.

Les instances de concrétisation du fonctionnement gouvernemental sont de deux types. Les premières instances œuvrent à la coordination gouvernementale et varient selon les périodes. En période normale, la coordination gouvernementale est binaire. Premièrement, cette coordination est générique. À ce titre, le conseil ministériel est présidé en principe par le président de la République[82] et à titre exceptionnel par le Premier ministre, chef du gouvernement sur le fondement du

[79] V° article 5.

[80] Le déplacement d'un membre du gouvernement hors de la ville de Yaoundé est conditionné par l'autorisation de sortie du Premier ministre, tandis que pour l'étranger cette autorisation est délivrée par la présidence de la République.

[81] C.G.I. ANGUE, « La transparence dans la vie publique au Cameroun », in A.D. OLINGA (Dir.), *La réforme constitutionnelle du 18 janvier 1996*, Yaoundé, Afrédit, 2021, p. 371.

[82] Article 10 de la loi constitutionnelle du 18 janvier 1996.

décret n° 92/089 du 4 mai 1992 portant attributions du Premier ministre[83]. Le conseil ministériel est *« un haut lieu de concertation et de délibération sur les grands dossiers de l'État »*[84]. Cette instance de coordination est d'autant plus névralgique qu'au fondement de la loi constitutionnelle n° 96/006 du 18 janvier 1996 portant révision de la Constitution du 2 juin 1972[85], elle est consultée par le Premier ministre, préalablement à l'engagement de la responsabilité politique du gouvernement devant le Parlement. En revanche, bien qu'absent de la Constitution, *« le conseil de cabinet est présidé par le Premier ministre ; il se tient périodiquement pour débattre des questions précises d'intérêt général »*[86]. Deuxièmement, la coordination gouvernementale s'avère spécifique à deux niveaux. Au niveau stratégique, la spécificité de cette coordination est attestée par les conseils restreints présidés par le chef de l'État. Aux termes de l'instruction du 01er octobre 2002 relative à l'organisation du travail gouvernemental, il ressort que *« les conseils restreints sont motivés par l'importance particulière d'une affaire d'État ou par des nécessités conjoncturelles »*. À l'échelle interministérielle, la spécificité ressort du séminaire gouvernemental présidé par le Premier ministre, en vue de renforcer les capacités des membres du gouvernement sur une thématique transversale. Au niveau opérationnel, la spécificité de la coordination résulte des concertations interministérielles convoquées par tout membre du gouvernement. L'instruction susvisée dispose que *« tout membre du gouvernement peut, sur instruction du président de la République ou du Premier ministre, ou en cas de besoin, convoquer et présider des séances de travail interministérielles, sans préjudice de la hiérarchie au sein du gouvernement »*. En période de crise, les instances de coordination gouvernementale sont justifiées par la rupture de l'ordre, de la sécurité, et de la santé publics. Par conséquent, si la crise est de portée nationale, les instances de coordination sont convoquées soit par le président de la République, soit par le Premier ministre. À l'inverse, si la crise est de portée locale, la coordination incombe au ministre chargé du secteur d'activité en cause[87]. Les secondes instances de concrétisation traitent de l'arbitrage gouvernemental, dévolu à deux organes. Le premier organe arbitral, c'est le président de la République[88]dont la loi constitutionnelle du 18 janvier 1996 précise qu'il *« assure par son arbitrage, le fonctionnement régulier des services publics »*[89]. À l'issue des réunions préparatoires à l'arbitrage tenues par le Secrétaire général de la présidence de la République, la décision d'arbitrage est prise par le président de la République et s'impose aux membres du gouvernement confrontés à des divergences de vues. Le second organe arbitral, c'est le Premier ministre dont les décisions d'arbitrage sont, sur le fondement du décret n° 92/088 du 4 mai 1992 portant organisation des services du Premier ministre, préparées par le secrétaire

---

[83] Article 7.
[84] Instruction du 01er octobre 2002 relative à l'organisation du travail gouvernemental.
[85] Article 34.
[86] Instruction susvisée.
[87] À titre d'exemple, la crise provoquée par les revendications des professeurs de lycée regroupés dans le mouvement OTS (On a trop souffert), a donné lieu à la tenue d'un point de presse regroupant les ministres des Enseignements Secondaires, et de l'Éducation de base.
[88] BEGNI BAGAGNA, « Recherches sur la fonction arbitrale du président de la République », *Juridis Périodique*, n° 110, avril-mai-juin 2017, pp.81-92.
[89] Article 5 alinéa 2.

général de ces services[90]. À l'occasion du conseil de cabinet, la fonction arbitrale du Premier ministre s'exerce génériquement, et spécifiquement pour l'allocation des enveloppes budgétaires entre les départements ministériels[91].

Les outils de concrétisation du fonctionnement gouvernemental sont binaires. *Primo*, les outils de formalisation du fonctionnement gouvernemental sont respectivement normatifs et programmatiques. Pour ce qui est des outils normatifs, ils sont de deux ordres. Premièrement, la normativité gouvernementale se sert d'outils légistiques. La légistique[92] permet d'élaborer des lois qui orientent le travail gouvernemental aussi bien dans le stade technocratique des avant-projets de loi initiés par les départements ministériels, que dans la phase politique des projets de lois déposés par la présidence de la République au Parlement. En complément, les outils légistiques sont prolongés par les actes décisoires dont la compétence est dévolue aux organes du pouvoir exécutif, tel que normé par la loi constitutionnelle du 18 janvier 1996 dans les domaines réglementaires respectifs du président de la République[93] et du Premier ministre[94]. Deuxièmement, la normativité gouvernementale s'appuie sur des outils contractuels dont la géométrie est variable. Certains outils contractuels sont encadrés, à l'exemple des contrats sur la commande publique[95], de même que les contrats de partenariat[96]. Par contre, d'autres contrats relèvent du contractualisme *sui generis*, à savoir : les délégations de service public sur le fondement du décret n° 2018/366 du 20 juin 2018 portant Code des marchés publics[97] ; les actes contractuels collaboratifs[98], coopératifs, et préparatoires. Pour ce qui est des outils programmatiques, ils regroupent deux documents. En premier lieu, les documents de stratégie permettent au gouvernement de programmer le développement. Par le passé, la planification économique[99] a pris la forme des plans quinquennaux de développement, aussi bien à l'époque de l'État fédéral qu'à celle de l'État unitaire. Dans la période contemporaine, les expériences respectives du document de stratégie pour la réduction de la pauvreté, et celle du document de stratégie pour la croissance et l'emploi, ont été remplacées par l'avènement de la stratégie nationale de développement à l'horizon 2 030. En second lieu, les documents de planification ont une portée globale au niveau primatorial à l'occasion de la présentation du programme économique, financier, social et culturel du gouvernement[100], ou une

---

[90] Article 4.

[91] Article 12 alinéa 5 de la loi n° 2018/012 du 11 juillet 2018 portant régime financier de l'État et des autres entités publiques.

[92] P. ASSANE TOURE, *La légistique*, Dakar, Harmattan-Sénégal, 2018, p. 25.

[93] Article 8 alinéa 8.

[94] Article 12.

[95] Décret n° 2018/366 du 20 juin 2018 portant Code des marchés publics.

[96] La loi n° 2006/012 du 29 décembre 2006 fixant le régime général des contrats de partenariat.

[97] Article 41.

[98] Ces actes collaboratifs ont des appellations variées : les protocoles d'entente ; les protocoles d'accord ; les *"Mémorandum of Understanding"* ; les conventions de partenariat.

[99] H. JACQUOT, « La planification économique au Cameroun », *RCD*, n° 05, janvier-juin 1974, p. 16.

[100] À ce propos, l'article 34 de la loi constitutionnelle du 18 janvier 1996 dispose que *« lors de la session au cours de laquelle le projet de loi de finances est examiné, le Premier ministre présente à l'Assemblée nationale, le programme économique, financier, social et culturel du gouvernement »*.

portée sectorielle par les feuilles de route ministérielle[101]. *Secundo,* les outils de communication, quant à eux sont essentiels au fonctionnement gouvernemental. En effet, la communication gouvernementale comporte une typologie, et se déploie par des moyens. La typologie de la communication gouvernementale dégage deux variantes. La première variante est celle de la communication ordinaire. Cette communication peut être interne au gouvernement sous trois angles. Le premier angle est celui de la communication des directives par les organes d'impulsion du fonctionnement gouvernemental aux organes d'implémentation[102]. Le deuxième angle est celui de la remontée d'information par les organes d'implémentation du fonctionnement gouvernemental auprès des organes d'impulsion, sur le fondement de la circulaire n° 005/CAB/PM du 27 décembre 1993 relative à l'obligation d'information des membres du gouvernement[103]. Le troisième angle se rapporte à l'échange d'information entre organes d'implémentation[104]. En outre, la communication ordinaire peut être externe au gouvernement, lorsque l'opinion publique nationale et internationale est informée de l'action gouvernementale[105]. La seconde variante est celle la communication de crise. Dans une telle hypothèse, la prise de parole permettant de calmer la crise est fonction de sa gravité[106]. En cas de crise mettant en péril la Nation, le chef de l'État communique pour informer ses compatriotes par la voix la plus autorisée. Quant aux moyens de la communication gouvernementale, ils se rapportent tant aux supports qu'aux langues d'expression. Au titre des supports, ils recouvrent une gamme variée comprenant la communication écrite, la communication audiovisuelle, et les outils de communication électronique. Au titre des langues d'expression, la communication gouvernementale se fonde sur le bilinguisme[107] encadré par la loi constitutionnelle du 18 janvier 1996 qui dispose que *« la République du Cameroun adopte l'anglais et le français comme langues officielles d'égale valeur »*[108].

Au terme de sa concrétisation par les membres du gouvernement, le fonctionnement gouvernemental donne lieu à une variété de contrôles.

---

[101] Circulaire n° 007/PM du 22 juillet 2010 fixant les modalités d'élaboration, d'exécution et d'évaluation des feuilles de route ministérielles.

[102] À ce niveau, la communication gouvernementale est adressée par des lettres. En effet, lorsque la présidence de la République ou les services du Premier ministre communiquent à l'endroit des départements ministériels, les lettres sont signées par le Secrétaire général de la présidence de la République, le directeur du cabinet civil, le Secrétaire général des services du Premier ministre et le directeur de cabinet du Premier ministre.

[103] Lorsque les départements ministériels communiquent à l'endroit de la présidence de la République et des services du Premier ministre, le recours aux lettres s'accompagne du rapport en cas de reddition des comptes, ou d'une note afin d'aborder des sujets importants, délicats, sensibles, ou confidentiels.

[104] La communication interne à un département ministériel s'effectue par notes, tandis qu'entre les départements ministériels la communication est adressée par lettres.

[105] Cette communication est adressée par des communiqués radio-presse, de même qu'au moyen des conférences de presse.

[106] La communication du Président Paul BIYA a permis de ramener le calme sur l'ensemble du territoire national après le putsch manqué du 6 avril 1 984. Dans le même sens, la parole du président est intervenue le 27 février 2008, après les émeutes survenues dans certaines localités du Cameroun, en raison de la gravité des évènements.

[107] G.T. FOUMENA, « Considérations sur le bilinguisme et les normes juridiques au Cameroun », *RADSP*, n° 10, vol.5, juillet-décembre 2017, pp.97-118.

[108] Article 1er alinéa 3.

2) Le contrôle du fonctionnement

Le contrôle du fonctionnement gouvernemental au Cameroun revêt deux dimensions interne et externe à l'administration publique.

Le contrôle interne à l'administration publique est effectué par deux catégories d'organes. La première catégorie désigne les organes présidentiels de contrôle dont l'office repose sur des fondements, et comporte des modalités. Au titre des fondements, le décret n° 2013/287 du 4 septembre 2013 portant organisation des services du contrôle supérieur de l'État prévoit que, placés sous l'autorité d'un ministre délégué à la présidence de la République, les services susmentionnés sont chargés de l'audit externe[109]. Au titre des modalités du contrôle, outre le fait que les organes présidentiels puissent exercer un contrôle sur les institutions publiques, ils peuvent également contrôler les structures privées lorsque celles-ci bénéficient de fonds publics ou revêtent un caractère stratégique pour la Nation ou la défense nationale. La seconde catégorie désigne les organes ministériels de contrôle. Le premier organe ministériel, c'est le contrôleur financier. En effet, *« le contrôleur financier est chargé des contrôles a priori par l'apposition d'un visa préalable des opérations budgétaires »*[110]. Le second organe de contrôle se rapporte aux inspections générales ministérielles ou de services, dont l'office ressort de l'expression *« contrôle interne »*[111] perceptible dans la loi n° 2018/011 du 11 juillet 2018 portant Code de transparence et de bonne gouvernance dans la gestion des finances publiques. En effet, *« en vue de la rationalisation de la gestion financière, les inspections générales ministérielles veillent au rendement des services, et à la mise en œuvre d'une stratégie de lutte contre la corruption afin de sauvegarder la fortune publique »*[112].

Quant au contrôle externe à l'administration publique, il est national et international. Sur le plan national, le fonctionnement gouvernemental est doublement contrôlé. Le premier contrôle national est juridictionnel. L'habilitation au contrôle du fonctionnement gouvernemental par la justice, érigée en pouvoir est consacrée par la loi constitutionnelle du 18 janvier 1996[113]. S'inspirant de la tradition juridique française, cette habilitation bénéficie aux organes juridictionnels structurés par « *les juridictions judiciaires et administratives composant les branches ordinaires, les juridictions constitutionnelles composant la branche constitutionnelle* »[114]. Le second contrôle du fonctionnement gouvernemental revêt un caractère non juridictionnel, sous deux abords. Le premier abord du contrôle est endogène au Parlement comme l'atteste la vérification de l'action gouvernementale à l'occasion des questions orales et écrites[115], de même que les commissions d'enquêtes parlementaires[116]. Le second abord du contrôle non juridictionnel est exogène au Parlement par les prérogatives

---

[109] Article 2 alinéa 1.

[110] Article 70 alinéa 2.

[111] Article 46.

[112] H. EYEBE AYISSI, *La protection de la fortune publique au Cameroun*, Yaoundé, EDLK, 2013, p. 178.

[113] Article 37 alinéa 2.

[114] F. HOURQUEBIE, *Le pouvoir juridictionnel en France*, Paris, LGDJ, 2010, p. 47.

[115] L'article 35 de la loi constitutionnelle du 18 janvier 1996 énonce que *« le Parlement contrôle l'action gouvernementale par voie des questions orales ou écrites »*.

[116] L'article 85 alinéa 4 de loi de 2018 susmentionnée prévoit que *« le Parlement peut désigner des commissions d'enquête sur un sujet intéressant les finances publiques »*.

de l'Agence nationale d'investigations financières, dont le rôle est de lutter contre le blanchiment de capitaux et le financement du terrorisme[117]. Ce contrôle est complété par une Commission nationale anti-corruption[118], placée sous l'autorité du président de la République. Sur le plan international, le fonctionnement gouvernemental fait l'objet de contrôles articulés en deux axes. Le premier axe se rapporte au contrôle par les institutions permanentes. Globalement, ces contrôles sont de deux types. Le premier type de contrôle résulte des conventions signées par l'État camerounais en contrepartie de l'assistance financière[119]. Ainsi, le législateur camerounais prévoit que la gestion des fonds octroyés par les partenaires au développement fasse l'objet d'un audit spécifique[120]. Le second type de contrôle incombe aux institutions communautaires. À cet effet, la Communauté économique et monétaire d'Afrique centrale (CEMAC) concourt au contrôle des États membres grâce au système de surveillance multilatérale[121]. En outre, le contrôle du fonctionnement gouvernemental au Cameroun se prolonge à l'échelle communautaire par la Convention du 30 janvier 2009 régissant la Cour des comptes de la CEMAC qui dispose que *« la Cour vérifie la gestion des concours financiers accordés par la Communauté aux États »*[122]. Le second axe international se densifie dans le contrôle par les institutions émergentes classées en deux catégories : la première catégorie se rapporte aux agences de notation qui contrôlent les États par l'émission d'opinions ; la seconde catégorie concerne les organisations non gouvernementales participant au contrôle de l'État du Cameroun par émission d'indices de perception. L'incidence vertueuse de ces indices résulte du bénéfice que l'État du Cameroun tire d'une perception favorable de ses finances publiques, du fait de l'appel d'air aux bailleurs de fonds et investisseurs. Toutefois, l'incidence vicieuse découle de l'image négative que peut renvoyer l'État du Cameroun consécutivement aux indices de perception péjoratifs[123].

Cependant, pour perceptible que soit formellement le fonctionnement du gouvernement au Cameroun, force est de constater certaines pesanteurs. Par conséquent, ce fonctionnement est matériellement perfectible.

II. UN FONCTIONNEMENT MATÉRIELLEMENT PERFECTIBLE

Dans sa matérialisation au Cameroun, le fonctionnement du gouvernement est d'une efficacité relativisée à l'aune des résultats. En effet, l'action

---

[117] Cette Agence a été créée par le décret n° 2005/187 du 31 mai 2005 portant organisation et fonctionnement de l'ANIF. Elle poursuit la lutte contre le blanchiment de capitaux, et procède de l'Acte additionnel n° 09/00/CEMAC-086-CCE 02 du 14 décembre 2000 portant création du Groupe d'action contre le blanchiment des capitaux en Afrique centrale (GABAC). Fort de cette création, de dispositif national s'est enrichi de l'Agence nationale d'investigation financière.

[118] Article 2 alinéa 1 du décret n° 2006/0088 du 11 mars 2006 portant création, organisation et fonctionnement de la CONAC.

[119] À titre illustratif, l'on peut citer le contrat de désendettement pour le développement signé entre le Cameroun et la France.

[120] Article 82 alinéa 1 (quatrième tiret) de la loi susmentionnée.

[121] Article 53 de la Convention du 25 juin 2008 régissant l'Union économique et monétaire d'Afrique centrale.

[122] Article 33.

[123] En 1997, *Transparency International* en a offert l'exemple par le classement du Cameroun au rang des pays les plus corrompus du monde.

gouvernementale est empiriquement confrontée à des aléas. C'est à ce titre que l'on perçoit des heurts dans le fonctionnement du gouvernement **(A)**. Au demeurant, remettant sans cesse l'ouvrage sur le métier, des perspectives d'amélioration augurent des lueurs dans le fonctionnement gouvernemental **(B)**.

A. Les heurts du fonctionnement

Au Cameroun, le fonctionnement gouvernemental est quelquefois heurté, en raison des désaccords ou des conflits inhérents à toute institution. Par conséquent, des heurts surviennent occasionnellement entre les organes du fonctionnement susmentionné, de même que lors de l'exercice de leurs attributions. Il convient donc de distinguer les heurts organiques **(1)** et les heurts fonctionnels **(2)**.

1) Les heurts organiques

Au niveau organique, le fonctionnement gouvernemental est caractérisé par deux catégories de heurts.

D'une part, les heurts entre les organes endogènes au pouvoir exécutif résultent de trois cas de tensions. En premier lieu, des tensions peuvent survenir entre les autorités politiques au sein d'un département ministériel. Au Cameroun, la spécialisation du travail gouvernemental a conduit à affiner les attributions au sein des ministères. Par conséquent, les décrets portant organisation du gouvernement prévoient certains ministères comprenant plusieurs autorités politiques dont le chef du département ministériel, des ministres délégués ou des Secrétaires d'État. En pratique, au sein d'un ministère, la cohabitation entre ces autorités politiques n'est pas toujours un long fleuve tranquille. Par conséquent, *« on peut se demander si la présence d'un ministre délégué ou d'un Secrétaire d'État dans une administration est source d'efficacité ou est, au contraire, génératrice de pesanteurs ou même de dysfonctionnements inhérents à toute situation de bicéphalisme »*[124]. En deuxième lieu, les tensions peuvent survenir avec les autorités administratives. Dans cas de figure, *« il n'est pas rare que des conflits de compétence naissent entre le ministre et son Secrétaire général »*[125]. En pareille situation, ces tensions sont préjudiciables au fonctionnement gouvernemental, étant donné que le Secrétaire général est cumulativement le principal collaborateur du ministre, et la cheville ouvrière de la chaîne administrative allant de l'administration centrale aux services déconcentrés. En troisième lieu, des tensions peuvent survenir entre le Premier ministre, et le Secrétaire général de la présidence de la République. La loi constitutionnelle du 18 janvier 1996 attribue au Premier ministre la coordination de l'action gouvernementale, tandis que le décret n° 2011/412 du 9 décembre 2011 portant réorganisation de la présidence de la République attribue au Secrétaire général de la présidence de la République la coordination des administrations placées sous l'autorité du président de la République. Il ressort donc que le Premier ministre est un organe constitutionnel, tandis que le Secrétaire général de la présidence de la République est un organe administratif. Toutefois, force est de remarquer que *« l'administration du Secrétariat général de la présidence de la République semble doublonner avec les services du Premier ministre, et même les*

[124] F. EBONGUE MAKOLLE, *Le travail gouvernemental au Cameroun*, op.cit., p. 105.
[125] *Cameroon-Tribune*, 22 septembre 2010, p. 9.

surplomber. Ce qui aboutit à brimer une institution constitutionnelle par un rouage administratif certes important, mais inconnu de la loi fondamentale »[126].

D'autre part, les heurts organiques du fonctionnement gouvernemental se prolongent dans les rapports de l'exécutif avec les pouvoirs constitués. Ces heurts sont respectivement patents et latents. S'agissant des heurts patents, ils résultent formellement des tensions entre le pouvoir exécutif et le pouvoir législatif, lors de la mise en jeu de la responsabilité politique du gouvernement[127] devant le Parlement. En effet, au fondement de la loi constitutionnelle du 18 janvier 1996, *« l'Assemblée nationale peut mettre en cause la responsabilité du gouvernement par le vote d'une motion de censure »*[128]. La finalité de la motion de censure est de paralyser le fonctionnement gouvernemental, en désavouant *« la politique d'ensemble du gouvernement ou l'attitude de celui-ci face à un évènement particulier d'importance nationale »*[129]. S'agissant des heurts latents, ils découlent de l'ascendance du pouvoir exécutif sur le pouvoir judiciaire. Cette ascendance se fonde sur la loi constitutionnelle du 18 janvier 1996 qui dispose que *« le président de la République est garant de l'indépendance du pouvoir judiciaire »*[130]. À ce sujet, les avis sont divergents entre les partisans de l'indépendance du pouvoir judiciaire et ceux de son inféodation. Cyrille MONEMBOU défend la thèse de l'indépendance du pouvoir judiciaire en soutenant que *« l'érection de l'autorité judiciaire en pouvoir judiciaire [...] tient au fait que les acteurs de la justice ne peuvent plus se sentir comme des subordonnés de l'exécutif, mais plutôt comme des acteurs d'une institution ayant reçu l'onction suprême de la norme suprême »*[131]. Toutefois, le Professeur Alain Didier OLINGA tempère la position précédente, en fustigeant l'ascendant du pouvoir exécutif sur le pouvoir judiciaire. Selon lui, *« il est difficilement compréhensible qu'un pouvoir indépendant des deux autres voit son indépendance garantie par l'un de ces derniers »*[132]. Ce constat est illustré par les situations ambiguës du fonctionnement gouvernemental où le ministre de la Justice, faisant partie du pouvoir exécutif en sa qualité de membre du gouvernement, instruit les juridictions considérées comme des institutions du pouvoir judiciaire. De telles situations ambiguës sont contraires à la loi constitutionnelle du 18 janvier 1996 qui énonce que *« les magistrats du siège ne relèvent dans leurs fonctions juridictionnelles que de la loi et de leur conscience »*[133]. Car, il faut garder à l'esprit que *« les juges n'ont pas à être subordonnés au politique. Il faut que naisse chez ceux-ci la prise de conscience*

[126] A.D. OLINGA, *La Constitution de la République du Cameroun,* op.cit., p. 69.
[127] B.R. GUIMDO, « Les rapports entre pouvoirs dans le régime politique camerounais », in M. ONDOA, P.E. ABANE ENGOLO (dir.), *L'exception en droit, Mélanges en l'honneur de Joseph OWONA*, Paris, L'Harmattan, 2021, p. 102.
[128] Article 34 alinéa 3.
[129] P.F. NGAYAP, *Le droit parlementaire au Cameroun*, Paris, L'Harmattan, 2017, p. 199.
[130] Article 37 alinéa 3 (paragraphe 1).
[131] C. MONEMBOU, *La séparation des pouvoirs dans le constitutionnalisme camerounais : contribution à l'étude de l'évolution constitutionnelle,* thèse de doctorat/ PhD, Université de Yaoundé II, 2011, p. 310.
[132] A.D. OLINGA, *La Constitution de la République du Cameroun,* Yaoundé, PUCAC, 2013, 2e édition, p. 147.
[133] Article 37 alinéa 2.

qu'ils ne sont pas au service d'une volonté politique, mais qu'ils sont bien le bras séculier qui permet à l'État d'assurer le respect et l'effectivité des lois »[134].

En complément des heurts organiques, le fonctionnement gouvernemental est impacté par des heurts fonctionnels.

2) Les heurts fonctionnels

Sur le plan fonctionnel, les heurts du fonctionnement gouvernemental sont perceptibles aux niveaux central et déconcentré de l'État.

Au niveau central, des heurts affectent directement le fonctionnement gouvernemental, à deux titres. Premièrement, au titre des heurts dans la coordination de l'action gouvernementale, leur constatation est faite par la voix la plus autorisée de l'État. À l'occasion du discours à la Nation le 31 décembre 2013, le chef de l'État camerounais a relevé que *« la plupart de nos grands projets mettent en jeu à un stade ou à un autre de leur mise en œuvre, les compétences de divers services. Je ne suis pas sûr que l'indispensable coordination entre ceux-ci ait toujours lieu »*. Cette constatation présidentielle renseigne sur la nécessité d'une coordination optimale de l'action gouvernementale, afin d'atteindre l'efficacité traduite par des résultats probants dans l'achèvement des projets structurants. *A contrario*, les dysfonctionnements dans la coordination de cette action sont révélateurs de l'inefficacité dans le suivi et l'évaluation des politiques publiques[135]. À la réflexion, la remarque du résident de la République ne vise pas à démontrer l'incurie des organes chargés de la coordination, mais à dévoiler que quelquefois la fonction coordonnatrice n'est pas effective. En clair, cette remarque présidentielle est destinée à l'organe primatorial chargé de coordonner l'action gouvernementale, parce que *« c'est finalement à l'aune de ses résultats en matière de coordination qu'il est évalué, les impairs y relatifs pouvant lui être fatals »*[136]. Deuxièmement, au titre des heurts dans l'exécution de l'action gouvernementale, ils se rapportent à la mise en œuvre de la politique du gouvernement par les départements ministériels. À ce sujet, le président de la République du Cameroun a établi un canevas méthodologique à l'endroit des ministres. C'est ainsi qu'à l'occasion du conseil ministériel du 15 décembre 2011, le chef de l'État a déclaré : *« je demande instamment que chaque membre du gouvernement établisse, dans un délai d'un mois et demi, la feuille de route de son département, mentionnant les objectifs, les échéances, et les besoins éventuels en ressources humaines »*. Toutefois, en pratique, le respect des échéanciers contenus dans les feuilles de route ministérielles a connu des fortunes diverses. Par conséquent, il y a lieu d'identifier les raisons de ces aléas dans l'exécution de l'action gouvernementale. Pour le Professeur Alain Didier OLINGA, la raison pourrait résider dans l'inertie et le manque d'initiative : *« chacun attendant les Hautes et même Très Hautes instructions de la Hiérarchie, y compris dans les domaines relevant de sa compétence »*[137]. Cette inertie est pourtant contraire aux directives présidentielles

---

[134] A. AKAM AKAM, *Les deux visages de la juridicité : écrits sur le droit et la justice en Afrique*, Paris, L'harmattan, 2020, p. 340.

[135] A. KAYO SIKOMBE, « L'institutionnalisation de l'évaluation dans l'administration publique camerounaise », in D. ABOUEM A TCHOYI, S.C. MBAFOU (dir.), *50 ans de réforme de l'État au Cameroun*, op.cit., p. 296.

[136] F. EBONGUE MAKOLLE, *Le travail gouvernemental au Cameroun*, op.cit., p. 145.

[137] A. D. OLINGA, *Propos sur l'inertie*, Yaoundé, CLE, 2009, p. 33.

demandant *« aux membres du gouvernement d'agir dans un esprit de solidarité, et de faire preuve d'initiative »*[138]. En réalité, cette initiative trouve son ancrage dans les décrets organiques des départements ministériels qui rappellent, en articles liminaires, que le ministre est chargé de l'élaboration et de la mise en œuvre de la politique du gouvernement dans un secteur précis. Mais, à la vérité, *« les ministres n'agissent véritablement en toute confiance qu'après avoir reçu, sous une forme ou une autre, l'imprimatur du président de la République »*[139].

Au niveau déconcentré, des heurts éprouvent indirectement le fonctionnement gouvernemental. La raison de ces heurts réside dans le contraste entre la dévolution de l'autorité de l'État, aux chefs de circonscriptions administratives et la nuance de l'emprise de ces chefs de circonscriptions sur les services déconcentrés des départements ministériels. À la lecture du décret n° 2008/377 du 12 novembre 2008 fixant les attributions des chefs de circonscriptions administratives et portant organisation et fonctionnement de leurs services, l'autorité de l'État est doublement dévolue aux chefs de circonscriptions administratives. Le gouverneur et le préfet sont dans la région et le département, respectivement représentants du président de la République, du gouvernement et de chacun des ministres[140]. Quant au sous-préfet, il est dans l'arrondissement, le représentant du gouvernement et de chacun des ministres[141]. Toutefois, le décret susvisé nuance l'emprise du gouverneur et du préfet sur les services déconcentrés des départements ministériels, à deux titres. Premièrement, en raison du principe de la séparation de la justice et de l'administration active, les services déconcentrés de la justice ne sont pas sous l'emprise des gouverneurs[142] et préfets[143]. Deuxièmement, la supervision générale, la coordination et le contrôle de l'activité des services déconcentrés des ministères sont effectués sous l'autorité du ministre compétent, tant pour le gouverneur[144] que pour le préfet[145]. Sous ce second abord, le fonctionnement gouvernemental court le risque d'être heurté par l'affirmation de l'autorité de l'État dans la circonscription administrative au profit du gouverneur, du préfet et la conservation de l'autorité des ministres sur les services déconcentrés de leurs départements ministériels. Fort de ce constat, l'expression des heurts du fonctionnement gouvernemental au niveau déconcentré est binaire. *Primo*, l'autorité des chefs de circonscriptions administratives est relativisée au niveau central par les ministères. Car, *« les départements ministériels continuent de fonctionner en vase clos à travers leurs délégations régionales et départementales »*[146]. *Secundo*, l'autorité des chefs de circonscriptions administratives est infirmée en périphérie par les services déconcentrés. En effet, *« si la coordination des autorités du commandement préfectoral s'exerçait de manière optimale, seules ces autorités seraient associées*

---

[138] Communiqué à l'issue du conseil ministériel du 22 décembre 2004.
[139] F. EBONGUE MAKOLLE, op.cit., p. 143.
[140] Article 3 alinéa 1.
[141] Article 3 alinéa 2.
[142] Article 5.
[143] Article 37 alinéa 1.
[144] Article 5.
[145] Article 37 alinéa 1.
[146] L. NGONO TSIMI, « Les mutations de l'organisation administrative décentralisée au Cameroun », in D. ABOUEM A TCHOYI, S.C. MBAFOU (dir.), *50 ans de réforme de l'État au Cameroun : stratégies, bilans, et perspectives*, Paris, L'Harmattan, 2020, p. 619.

au fonctionnement gouvernemental »[147]. Il en va de même pour l'infirmation ubuesque et illégale de la préséance des chefs de circonscriptions administratives par les maires de certaines communes d'arrondissement de l'arrière-pays. Cette infirmation est symboliquement porteuse d'une signification connotant des conflits à ciel ouvert entre déconcentration et décentralisation. Au demeurant, pour que force reste à la loi constitutionnelle du 18 janvier 1996, ces maires frondeurs doivent se souvenir, avec crainte et tremblements, qu'en République du Cameroun, pour décentralisé que soit l'État, il n'en demeure pas moins unitaire.

En réaction à ces heurts organiques et fonctionnels, des mesures mélioratives pourraient contribuer à envisager des lueurs dans le fonctionnement gouvernemental au Cameroun.

B. Les lueurs du fonctionnement

Loin de critiquer le fonctionnement gouvernemental au Cameroun, il importe de suggérer ses voies d'amélioration. Pour ce faire, des éclairages sont susceptibles d'apporter des lueurs dans l'action gouvernementale. Ces lueurs émanent tant de l'élaboration de l'action gouvernementale **(1)** que de l'exécution de l'action gouvernementale **(2)**.

1) Les lueurs dans l'élaboration de l'action gouvernementale

Les lueurs dans l'élaboration de l'action gouvernementale recouvrent deux catégories de suggestions.

La première suggestion réside dans le recours éclairé aux concertations tant au sein des structures gouvernementales, qu'avec les personnes privées. S'agissant de la concertation au sein des structures gouvernementales, elle est capitale à la prise de décision. S'il est acquis que l'administration est essentiellement écrite, la résolution des problématiques posées par les usagers dans le cadre du travail gouvernemental ne saurait exclusivement trouver des solutions par échanges épistolaires entre les départements ministériels. En effet, les difficultés de compréhension des problématiques susmentionnées peuvent être résolues oralement lors des concertations interministérielles. Ainsi, les échanges de vues et d'informations entre les départements ministériels sont davantage effectifs à l'occasion des réunions, qui offrent l'opportunité d'un partage d'expériences fondé sur le vécu technocratique des participants. Il arrive qu'en croisant les points de vue entre les participants, la solution aux problématiques inscrites à l'ordre du jour des concertations puisse paradoxalement être apportée par le représentant d'une administration autre que celle initiatrice ou porteuse du dossier en examen. Par ailleurs, si la participation aux réunions interministérielles est traditionnellement conditionnée par le critère de la fonction administrative du représentant d'un ministère et à la longévité de ce dernier, force est de plaider pour que cette participation implique davantage les jeunes fonctionnaires et agents de l'État. En ce qu'elle impulse une force de propositions, la présence des jeunes aux concertations interministérielles peut apporter une compréhension lumineuse des problématiques du travail gouvernemental et inspirer des solutions contextuellement adaptées aux enjeux contemporains. S'agissant de la

[147] F. EBONGUE MAKOLLE, *Le travail gouvernemental au Cameroun*, op.cit., p. 114.

concertation entre les institutions publiques et celles privées, elle est utile à la captation du ressenti des particuliers, et à la prévention les difficultés d'adhésion de ces derniers à l'action gouvernementale. En fonction des thématiques constituant l'objet d'élaboration de l'action gouvernementale, les particuliers potentiellement conviés recouvrent : le secteur privé, la société civile, la diaspora et les divers partenaires de l'État. La consultation des particuliers est indispensable dans la procédure normative. En effet, *« la procédure normative doit s'assurer qu'une règle de droit n'est pas inadéquatement et insensiblement imposée et greffée à une société qui ne la veut pas, ni ne l'attend »*[148]. Car, comme le souligne Monsieur David ABOUEM A TCHOYI, « *des acteurs non étatiques pertinents peuvent avoir de meilleures idées et de meilleures compétences que l'État »*[149]. Au demeurant, la consultation des particuliers doit se limiter à l'écoute de leurs propositions pour en faire un usage stratégique dans l'élaboration de l'action gouvernementale. Ainsi, la conservation du mystère de l'État prévaut toujours *« quand bien même l'administration associe le secteur privé ou la société civile au processus décisionnel, le principe de confidentialité ne subit véritablement qu'une légère inflexion »*[150].

La seconde suggestion porte sur une culture de la prospective respectivement articulée dans la maturation des projets, et la stratification des politiques publiques. Concernant la maturation des projets, force est de constater le décalage entre les textes et les faits. Sur le plan textuel, le décret n° 2018/4992/PM du 21 juillet 2018 fixant les règles régissant le processus de maturation des projets d'investissement public définit la maturation comme un *« processus au cours duquel un projet est conçu, développé, planifié et bien exécuté tout en assurant sa pérennité [...] »*[151]. Le projet, quant à lui, s'entend de *« l'ensemble d'activités orientées vers un ou plusieurs objectifs »*[152]. Selon l'article 4 alinéa 2 du décret sus-évoqué, la maturation des projets est constituée de cinq étapes, à savoir : la conception du projet, la préparation de l'exécution du budget du projet, la préparation de l'exploitation du projet d'investissement public, la préparation de la maintenance du produit d'un investissement public, et le retour d'expérience. Toutefois, sur le plan factuel, la maturation des projets n'est pas toujours optimale, telle qu'attestée par la problématique lancinante sur la sous-consommation des crédits du budget d'investissement public. À ce sujet, le 31 décembre 2013, lors du discours à la Nation, le propos du chef de l'État s'est voulu alarmant : *« comment expliquer qu'aucune région de notre territoire ne puisse afficher un taux d'exécution du budget d'investissement public supérieur à 50 % ? »*. À titre de proposition pour l'efficacité de la maturation des projets, il est suggéré de créer, en complément du dispositif institutionnel prévu dans l'organigramme du ministère en charge des investissements publics, une division des études et grands projets au niveau du secrétariat général des services du Premier ministre. Cette division pourrait coordonner l'action gouvernementale dans la conception technique des projets structurants afin d'en garantir la maturation, à charge pour la

[148] A. SOMA, « L'utilité comme critère normatif du droit », *RRC*, n° 015, novembre 2021, p. 11.
[149] D. ABOUEM à TCHOYI, « L'efficacité de l'État en question », in D. ABOUEM à TCHOYI, S.C. MBAFOU (dir.), *Améliorer l'efficacité de l'État au Cameroun*, Paris, L'Harmattan, 2020, p. 555.
[150] F. EBONGUE MAKOLLE, *Le travail gouvernemental au Cameroun*, op.cit., p. 128.
[151] Article 2 du décret susmentionné.
[152] Ibid.

division du suivi du secrétariat général desdits services d'évaluer le niveau d'exécution desdits projets. La création de cette division des études et des grands projets aurait comme avantages de recourir à l'ingénierie du secteur public en limitant le coût des études produites par les cabinets privés, et d'assurer la lisibilité entre la conception des projets structurants au niveau primatorial, et leur opérationnalisation aux niveaux ministériels. Concernant la stratification des politiques publiques, la proposition consiste à les séquencer en une trilogie : d'abord, les politiques de structuration de l'esprit des citoyens ; ensuite, les politiques d'acquisition des moyens de vie ; enfin, les politiques d'amélioration du cadre de vie. Pour ce qui est de la structuration de l'esprit des citoyens, l'action gouvernementale peut être renforcée dans le secteur éducatif[153] en vue de bonifier le capital humain dans les trois variantes des enseignements ; primaire, secondaire, et supérieur. En outre, la structuration de l'esprit des citoyens se prolonge au secteur de la culture, de l'éducation civique, de même qu'à celui de la protection de l'environnement. Pour ce qui est des politiques d'acquisition des moyens de vie, l'action gouvernementale pourrait être orientée vers des projets agricoles réduisant l'importation des biens de consommation de première nécessité et la structuration des industries locales afin de concrétiser l'import-substitution par la réduction du déséquilibre de la balance commerciale du Cameroun. L'acquisition des moyens de vie pourrait également résulter de l'attractivité des sites touristiques dont la mise en valeur serait génératrice de recettes pour l'État et d'emplois pour les populations riveraines. Pour ce qui est des politiques publiques d'amélioration du cadre de vie des citoyens, l'action gouvernementale serait optimale par la garantie de la sécurité des personnes et des biens, et la construction d'infrastructures aussi bien de transport urbain et interurbain pour faciliter les déplacements, que d'habitat pour accroître l'offre en logements sociaux. Cette amélioration du cadre de vie se ramifie dans l'accès à l'eau potable et à l'énergie électrique sur l'ensemble du territoire, la densification du plateau technique des formations sanitaires des chefs-lieux de régions, et les stratégies de protection des couches fragiles et minoritaires de la société[154]. En complément de l'amélioration du cadre de vie, des projections seraient salutaires pour planifier l'urbanisation galopante et garantir une sécurité foncière par l'accès rationalisé des terres au profit des générations futures. Ces suggestions de perfectibilité dans sa séquence d'élaboration des politiques publiques sont complétées par des lueurs lors de l'exécution de l'action gouvernementale.

2) Les lueurs dans l'exécution de l'action gouvernementale

Les lueurs dans l'exécution de l'action gouvernementale portent sur des propositions articulées en deux axes.

---

[153] E.M. ASSIGA ATEBA (dir.), Le *rôle du système éducatif dans le développement du Cameroun*, Yaoundé, Afrédit, 2022, 505 p.

[154] Inscrivant certaines rubriques de son propos dans le registre prospectif de l'action gouvernementale, à l'occasion du discours à la Nation prononcé le 31 décembre 2022, le Président Paul BIYA a projeté la réalisation des actions d'amélioration du cadre de vie des citoyens au titre de l'année 2023.

Premièrement, la dématérialisation de l'action gouvernementale[155] doit satisfaire à des conditions préalables, pour en escompter les effets induits. S'agissant des conditions, elles sont juridiques et techniques. Juridiquement, la première condition réside dans la protection des données personnelles des usagers[156]. Les plateformes numériques offrent à l'État la possibilité d'avoir accès aux données personnelles des citoyens, en dressant le profil de leurs habitudes de navigation. Au demeurant, la protection de ces données est partielle. Bien que régie tant dans l'interdiction de stocker les données sans le consentement préalable de leur propriétaire, que dans les obligations de sécurité mises à la charge des opérateurs et fournisseurs de réseaux de communication électronique et système d'information[157], la protection des données personnelles demeure lacunaire du fait de l'absence d'une législation sur leur collecte, leur traitement et leur utilisation. En réaction, le législateur camerounais pourrait codifier la protection des données à caractère personnel, à la suite de ses homologues africains[158]. La seconde condition juridique réside dans la sécurisation de l'accès aux plateformes et données numériques de l'action gouvernementale par l'usage de l'intranet pour éviter la piraterie informatique par l'internet. En l'absence de l'intranet, l'action gouvernementale est confrontée aux risques suivants : la circulation des informations gouvernementales dans les plateformes publiques d'internet et l'usage des messageries privées pour la transmission des informations administratives, en l'absence de messagerie professionnelle. Techniquement, la dématérialisation de l'action gouvernementale est conditionnée au maillage du territoire national par une logistique de communication électronique, comprise comme la transmission de l'information par des signaux électroniques à travers un réseau filaire ou aérien. En plus, la dématérialisation sus-évoquée est techniquement conditionnée par une couverture du réseau électrique sur l'ensemble du territoire national. Cette couverture pourrait être suppléée soit par des parcs à éoliennes dans les zones montagneuses propices aux vents, soit par des panneaux photovoltaïques dans les zones sahéliennes à fort ensoleillement, sous réserve préalable des études d'impact environnemental sur les populations riveraines. En conséquence, les effets induits de la dématérialisation de l'action gouvernementale sont divers. Quantitativement, cette dématérialisation permet l'économie des moyens de transport aux citoyens habitant les zones rurales qui peuvent trouver les offres de service du gouvernement par voie électronique ainsi que la limitation de la corruption grâce à l'absence d'interaction humaine avec les usagers. Qualitativement, la dématérialisation de l'action gouvernementale permet

---

[155] Au Cameroun, l'impulsion de la dématérialisation incombe à l'Agence nationale des technologies de l'information et de la communication (ANTIC) créée en 2008 et rattachée à la présidence de la République.

[156] J.A. BATOUAN BOUYOM, « La protection de la vie privée du consommateur des TIC », M. A. MOUTHIEU (dir.), *Le consommateur des technologies de l'information et de la communication en Afrique noire francophone*, Paris, L'harmattan, 2021, p. 381.

[157] Article 46 alinéa 2 de la loi n° 2010/012 du 21 décembre 2010 relative à la cybersécurité et à la cybercriminalité au Cameroun.

[158] En juin 2022, l'on pouvait dénombrer 37 pays africains qui ont respectivement adopté des textes régissant spécifiquement la protection des données à caractère personnel : Maroc, Tunisie, Algérie, Mauritanie, Égypte, Mali, Niger, Tchad, Sénégal, Burkina Faso, Guinée-Bissau, Côte d'Ivoire, Ghana, Togo, Bénin, Nigeria, Gabon, Guinée équatoriale, République du Congo, Ouganda, Kenya, Rwanda, Angola, Zambie, Mozambique, Zimbabwe, Namibie, Botswana, Madagascar, Afrique du Sud, Lesotho, Seychelles, Comores, Iles Maurice, Sao Tome et Principe, Cap Vert, Mswati.

la célérité des offres de service de l'administration publique aux usagers, en réduisant les lenteurs administratives.

Deuxièmement, l'exécution de l'action gouvernementale peut être améliorée par la décongestion binaire des pôles centraux de décisions. D'une part, les actions gouvernementales promotrices de la décentralisation territoriale s'articulent en deux axes. Le premier axe consiste en l'évitement des conflits de compétences entre les représentants de l'État et les organes dirigeants des collectivités territoriales décentralisées. À cet effet, la loi constitutionnelle du 18 janvier 1996 énonce que les transferts de compétence aux collectivités territoriales décentralisées portent sur les matières nécessaires au développement économique, social, sanitaire, éducatif, culturel, et sportif[159]. Au fondement de cette disposition constitutionnelle, la loi n° 2019/024 du 24 décembre 2019 portant Code général des collectivités territoriales décentralisées, le législateur affirme que les collectivités territoriales exercent à titre exclusif, les compétences transférées par l'État[160]. Au demeurant, des conflits de compétences peuvent survenir lorsqu'en application des principes de subsidiarité et de complémentarité[161], l'État interfère dans les compétences dévolues aux régions et communes. Le second axe promoteur de la décentralisation territoriale consisterait en l'autonomisation financière des collectivités territoriales décentralisées par l'État. D'un point de vue politique, à l'occasion du discours à la Nation prononcé le 31 décembre 2022, le Président Paul BIYA a affirmé que *« le processus de décentralisation avance de manière méthodique »*[162]. Toutefois, d'un point de vue juridique, la loi susvisée prévoit que tout transfert de compétence à une collectivité territoriale s'accompagne du transfert par l'État à celle-ci des ressources et moyens nécessaires à l'exercice effectif de la compétence transférée[163]. Au demeurant, sous l'angle financier, les collectivités territoriales décentralisées sont dépendantes de l'État qui est pourvoyeur d'une dotation générale à la décentralisation[164]. En outre, sous l'angle de la fiscalité locale, force est de constater que *« la précarisation du pouvoir fiscal des collectivités territoriales décentralisées est le renforcement de leur dépendance à l'égard de l'État »*[165]. D'autre part, les actions gouvernementales rénovatrices de la déconcentration étatique sont duales. En premier lieu, la rénovation de la déconcentration étatique porte sur l'adaptation de la fonction préfectorale aux enjeux contemporains[166]. De façon classique, les chefs de circonscriptions administratives ont toujours été perçus selon le paradigme du commandement caractérisé par le maintien de l'ordre public, la tutelle et contrôle des collectivités territoriales décentralisées. Or, à la faveur du décret n° 2008/377 du 12 novembre 2008 fixant les attributions des chefs de circonscriptions

---

[159] Article 56 alinéa 1.
[160] Article 18 alinéa 1.
[161] Article 20 alinéa 1.
[162] *Cameroon-Tribune*, 3 janvier 2023, p. 3.
[163] Article 21.
[164] Article 25 alinéa 1.
[165] J.-M. BIKORO, « L'idée de décentralisation en Afrique noire francophone », in P. E, ABANE ENGOLO (dir.), *La décentralisation : (re) présentation, financement et évolutions récentes*, Paris, L'Harmattan-Cameroun, 2022, p. 619.
[166] C. NANGA, « La fonction préfectorale face à la décentralisation », *Administration et citoyenneté : Bulletin d'analyse et débats de l'Association des anciens élèves camerounais de l'Ena de France*, SCAC-Cameroun, p. 22.

administratives et portant organisation et fonctionnement de leurs services, la fonction préfectorale est désormais portée vers le paradigme du développement aux niveaux des régions, des départements et des arrondissements. Au fondement du décret susvisé, les services du gouverneur comportent une division du développement régional chargée de l'appui au développement institutionnel des régions et de ses établissements, du suivi et de l'élaboration des plans régionaux et communaux de développement, et des plans régionaux d'aménagement du territoire[167]. Quant aux préfectures, elles comprennent un service du développement local chargé de l'aménagement du territoire au niveau départemental, du suivi et de la promotion des initiatives de développement local[168]. Enfin, le paradigme développementaliste dans les sous-préfectures incombe à un bureau du développement local chargé de coordonner les activités de développement dans les arrondissements[169]. En second lieu, la rénovation de la déconcentration étatique peut prendre la forme d'un regroupement fonctionnel des services déconcentrés des départements ministériels. En l'état actuel de l'organisation des ministères, leurs services déconcentrés sont configurés en délégations régionales et départementales. Une telle organisation entraîne la démultiplication des postes de travail des départements ministériels en régions, avec pour corollaire la construction des locaux abritant les délégations de chaque ministère. En guise de proposition, il est suggéré qu'en concordance avec la fonction de coordination régionale et départementale dévolue aux chefs de circonscriptions administratives par le décret n° 2008/377 du 12 novembre 2008 susvisé, les services déconcentrés des ministères soient regroupés en deux entités : les centres régionaux des services déconcentrés placés sous la coordination administrative des gouverneurs de régions, et les centres départementaux des services déconcentrés placés sous la coordination administrative des préfets. Cette proposition vise cumulativement à : regrouper géographiquement les services déconcentrés en un seul site, et faciliter la cohérence de la coordination gouvernementale par les gouverneurs et préfets, en vertu de leurs qualités respectives de représentants du président de la République, du gouvernement et de chacun des ministres.

Au terme de cette étude sur le fonctionnement du gouvernement au Cameroun, il s'en dégage deux considérations déclinées objectivement et subjectivement.

Objectivement, le fonctionnement du gouvernement au Cameroun autorise le constat de son efficacité contrastée. En effet, le fonctionnement du gouvernement est perceptible tant dans son articulation que par son opérationnalisation. Toutefois, force est de constater que ce fonctionnement est perfectible parce que confronté à des heurts organiques et fonctionnels, et laissant transparaître des lueurs dans l'élaboration et l'exécution de l'action gouvernementale. Par conséquent, cette étude invite à densifier les champs d'analyse en droit constitutionnel, sous l'abord particulier du droit gouvernemental. À ce propos, *« la science du droit gouvernemental ambitionne précisément de mieux saisir la réalité du pouvoir gouvernemental »*[170].

---

[167] Article 34.
[168] Article 50.
[169] Article 61.
[170] M. CARON, *Le droit gouvernemental*, op.cit., p. 15.

Subjectivement, le dédicataire des présentes lignes se reconnaîtrait dans cette approche institutionnaliste de l'étude du droit constitutionnel, à deux titres. D'une part, le Doyen LEKENE DONFACK y verrait sa trajectoire passée d'acteur du fonctionnement gouvernemental. En ses qualités successives de conseiller technique du président de la République du Cameroun dans le domaine légistique, et de ministre d'État au sein du gouvernement[171], le susnommé a contribué de façon décisive à la conception et à l'application du droit gouvernemental. D'autre part, au regard de son statut actuel de régulateur des institutions comme membre du Conseil constitutionnel, le Doyen LEKENE DONFACK prendrait assurément du recul, de la distance et de la hauteur pour formuler des avis[172] utiles pour le fonctionnement du gouvernement au Cameroun.

[171] F.J., AIVO, « Les constitutionnalistes et le pouvoir politique en Afrique », *RFDC*, n° 104, 2015, p. 795.

[172] J.-M. BIKORO, *La fonction consultative des juridictions constitutionnelles en Afrique noire francophone*, Paris, L'Harmattan, 2021, p. 51.

LA « DOCTRINE AFRICAINE » DU DROIT DES PEUPLES À L'AUTODÉTERMINATION

Rodrigue NGANDO SANDJE

Docteur de l'Université de Dijon
Membre associé du CREDESPO
Chargé de cours
Université de Ngaoundéré

Le droit à l'autodétermination tel qu'il a été appliqué aux territoires coloniaux à la fin de la décennie 1950, émane d'un acte unilatéral des Nations unies qui exprime dans la réalité la volonté de l'État colonisateur et, dans le meilleur des cas, un compromis des politiques[1]. On l'a ainsi qualifié, à juste titre, de direction politique prédéterminée[2] du droit à disposer des autres[3]. *« Souhaitez-vous réaliser votre indépendance en rejoignant la fédération indépendante du Nigeria ? »* ou *« la République indépendante du Cameroun ? »,* peut-on lire, à titre illustratif, dans la Résolution 1352 (XIV). Cette adresse au peuple du territoire camerounais administré par le Royaume-Uni a fait dire au Fon Achirimbi II, Roi des Bafut (Région du Nord-ouest) et acteur politique, que le peuple en cause était prédestiné à un nouveau maître[4]. D'évidence, le droit à l'autodétermination n'induisait pas, pour toutes les situations, un droit à l'indépendance et la levée de boucliers qu'il a suscitée – c'est peu dire – établit que sa formulation ne satisfaisait pas l'opinion publique africaine[5]. L'idée d'une doctrine africaine sur la question n'est dès lors pas superflue.

Trois éléments caractérisent cette recherche : la doctrine, le droit à l'autodétermination et les peuples. D'un point de vue général, la doctrine renvoie à ce qui est théorique – *doctrina*, dérivé de *docere* – par opposition à la pratique

---

[1] GONIDEC (P-F), « Le processus de formation des États nouveaux » dans Encyclopédie juridique de l'Afrique, T. II : *Droit international et relations internationales*, Paris, Les Nouvelles éditions Africaines, 1982, p. 31.

[2] NGANDO SANDJE (R), *État et nation dans le constitutionnalisme africain : étude thématique*, Rennes, Ed. Thèse à la carte (ANRT), 2021, pp. 503 et s.

[3] DONFACK SOKENG (L), « Bonne gouvernance, État de droit et développement. Approche critique de la réforme de l'État en Afrique », *RTDAE*, n° 2, 2007, pp. 256 et s.

[4] NGOH (V-J), *Le Cameroun 1884-1985 : cent ans d'histoire*, Yaoundé, CEPER, 1990, p. 181.

[5] J. BINYOUM, « Droit des peuples, mouvements de libération, discrimination raciale » dans *Encyclopédie juridique de l'Afrique T. II (Droit international et relations internationales),* Paris, Les Nouvelles Éditions africaines, 1982, pp. 344 et s.

(*natura*, *usus*)[6]. La doctrine correspond ainsi aux enseignements des auteurs et, en droit international spécifiquement, aux opinions des hommes politiques sur les points controversés de droit devant servir de ligne de conduite à leur gouvernement[7]. On parle de la doctrine de Monroë pour les engagements envers la paix, de la doctrine Estrada, de la doctrine Hallstein, de la doctrine Tobar, de la doctrine Stimson ou encore de la doctrine Wilson relativement à la question de la reconnaissance en droit international. L'opinion constitue-t-elle, en elle-même, une doctrine ? C'est la dialectique entre le contenant et le contenu. Est-ce le contenu qui s'impose ou alors le contenant qui l'impose ? Pourrait-on se demander. On peut en tirer plus d'une conséquence. L'opinion ne constitue une doctrine que pour autant qu'elle est véhiculée par une règle du droit positif. Aussi, le propos de James Monroë, extrait du discours prononcé le 2 décembre 1823 devant le Congrès américain, n'aurait revêtu ses attributs qu'à la faveur de son inscription à l'article 21 du Pacte de la SDN

Le rapport met en avant l'autorité de la doctrine, au gré de la source juridique qui la porte. Mais l'évidence est telle que la doctrine se construit à travers divers outils (ouvrages, notes de jurisprudence ou de simple discours) totalement méconnus du droit positif. L'on doit à Kelsen une kyrielle d'idées (théorie pure du droit, hiérarchie des normes, entre autres) véhiculées dans les ouvrages et complètement absentes des décisions de la Cour constitutionnelle d'Autriche dont il a été membre jusqu'en 1929. Il suit de ce qui précède que la doctrine est une opinion ayant acquis le caractère de point de référence pour une question donnée. Elle forme, en relation avec l'évolution législative et jurisprudentielle, « la pensée juridique »[8]. Eu égard à cela, la doctrine pourrait renvoyer à la politique législative, à une ligne jurisprudentielle ou encore à une pratique dominante[9]. C'est le sens qu'on emploiera dans cette dissertation, précisément, les aspects saillants, théoriques et pratiques, par lesquels la question d'autodétermination est traitée en Afrique.

Dans ce contexte, le droit à l'autodétermination se présente sous deux aspects : un aspect international dans le cadre de la décolonisation, et un aspect national au gré des différentes phases du renouvellement de l'identité du peuple. Le sujet est mutant, ambivalent, au point où toute recherche sur la question est susceptible de s'évanouir du jour au lendemain. Il est tout aussi lointain. On le situe au moment « de la révolution de 1 848 qui consacra le réveil des nationalités opprimées »[10]. À la faveur des déclarations du président Woodrow Wilson (devant le Congrès américain et à la Conférence de paix), le sujet devient une règle de droit positif, un droit d'exception[11].

Au moment de la décolonisation, il est inscrit à la Charte des Nations unies, comme une condition des relations amicales entre les Nations (art. 1-2). La

---

[6] BEAUD (O), « Doctrine » dans D. Alland et S. Rials (dir.), *Dictionnaire de la culture juridique*, Paris, PUF, 2003, p. 384.

[7] SALMON (J) (dir.), *Dictionnaire de droit international public*, Bruxelles, Bruylant, 2001, p. 353.

[8] BEAUD (O), « Doctrine », *op.cit.*, p. 386.

[9] On parle, à titre d'exemple, de « La doctrine européenne et l'intervention en Iraq », M. IOVANE (M) et de VITTOR (F), *AFDI*, vol. 49, 2003, pp. 17-31 ; ou encore de « La doctrine italienne et le développement du droit international dans l'après-guerre : entre continuité et discontinuité » (CANNIZZARO (E), AFDI, vol. 50, 2004, p. 1-23).

[10] BINYOUM (J), « Droits des peuples… », *op. cit.*, p. 344.

[11] *Idem*, p. 344.

Résolution 1514 (XV) du 14 décembre 1960 intitulée « *Déclaration sur l'octroi de l'indépendance aux pays et aux peuples coloniaux* » précisera : « *Tous les peuples ont le droit à la libre détermination ; en vertu de ce droit, ils déterminent librement leur statut politique et poursuivent librement leur développement économique, social et culturel [...] Des mesures immédiates seront prises [...] afin de leur permettre de jouir d'une indépendance et d'une liberté complètes* » (Para. 2 et 5). Le texte promeut une indépendance et une liberté complètes qui peuvent se réaliser dans un cadre territorial propre ou au sein du territoire d'un État indépendant. En effet, la Résolution 1541 (XV) du 15 décembre 1960 pose trois modalités relatives au principe. *On peut dire qu'un territoire non autonome a atteint la pleine autonomie : a. Quand il est devenu État indépendant et souverain ; b. Quand il s'est librement associé à un État indépendant ; ou c. Quand il s'est intégré à un État indépendant* (Principe VI). Quoi qu'il en soit, au moment des indépendances des territoires coloniaux, l'autodétermination consiste, pour chaque peuple, à sortir du cadre colonial et à déterminer librement son statut politique, économique, social et culturel, au terme d'un processus démocratique.

L'autodétermination est donc, par définition, assimilée à un « principe de nature politique d'inspiration démocratique désignant la vocation des peuples à s'administrer librement ».[12] On y rattache au moins deux conséquences : le droit à l'indépendance, conception appliquée aux peuples non-souverains soumis à une force étrangère et l'autonomie constitutionnelle dans le cadre d'un peuple constitué en État devant conduire ses affaires sans ingérence extérieure. Jean Salmon qualifiait l'autodétermination de concept-valise « *dans lequel chacun pouvait essayer d'introduire ce qu'il voulait lorsqu'il ouvrait la valise* »[13]. Michel Troper précise qu'il n'en découle « *aucune proposition précise, aucune injonction précise adressée à tel ou tel et portant sur telle situation concrète* »[14]. Le droit à l'autodétermination est donc circonstanciel et lié aux contingences. Le contexte de l'Afrique indépendante l'atteste à suffisance.

C'est dans une dialectique entre le droit à l'indépendance et le respect de l'intégrité du territoire des États indépendants, instituée par la Résolution 2625 (XXV) en 1970 qu'il faut rechercher son sens aujourd'hui. Aucun cas de figure n'y est attaché et *a fortiori* le droit à l'indépendance. Jean-Pierre Colin conclut de cette dialectique que « l'autodétermination se heurte à un principe supérieur ».[15]La Charte africaine des droits de l'homme et des peuples (CADHP) la rattache au cadre national. C'est du moins ce qui suit l'interprétation juridique de ses articles 20, 21 et 29 par la Commission africaine des droits de l'homme et des peuples (ComADHP). Interprétation juridique, il convient de le souligner, puisqu'une autre analyse pourrait aboutir, en rapprochant les concepts d'autodétermination et d'auto-disposition, à un résultat autre. L'auto-disposition qu'on doit au droit révolutionnaire américain ouvre, aux peuples et aux

---

[12] SALMON (J) (dir.) : *Dictionnaire de droit international public*, *op. cit.*, p. 379.

[13] Dans (Discussion) : *Réalités du droit international contemporain (Force obligatoire et sujets de droit) II*, Reims, *CERI*, 1978, p. 144.

[14] « La notion de peuple et les catégories classiques du droit international » dans : *Réalités du droit international contemporain (Force obligatoire et sujets de droit) II*, Reims, *CERI*, 1976, p. 140.

[15] « L'apparition de nouveau principes de légitimité face aux procédures d'autodétermination » dans : *Réalités du droit international contemporain (Force obligatoire et sujets de droit) II*, Reims, *CERI*, 1978, p. 160.

communautés qui le composent, la perspective de *« dissoudre les liens politiques qui l'attachent à un autre voir à un gouvernement ».*[16] L'auto-disposition et la rupture (le droit de se détacher de) se distinguent ainsi de l'autodétermination. La première est une situation de fait, proche des mouvements indépendantistes et des luttes de libération[17]. La seconde est tirée du droit démocratique[18]. La première pourrait toutefois engendrer un ordre juridique nouveau auquel son auteur qualifié, le peuple, en serait le sujet et le titulaire.

Il semble bien que la notion de peuple trouve son essence tout au long du chemin escarpé du droit à l'autodétermination ou des différentes situations qui l'appellent. Il s'agit ainsi d'une collectivité humaine unie *« par un lien de solidarité pouvant consister en des phénomènes divers »*[19]. L'homogénéité des populations qui constituent le peuple n'est donc acquise qu'en rapport avec un problème que sa référence est censée résoudre[20]. Dès lors, le peuple peut renvoyer à l'ensemble des ressortissants d'un même territoire ou à ceux ayant des traditions et des croyances communes, mêmes s'ils sont répartis sur plusieurs territoires. Il peut s'agir des populations établies *« sur un territoire qui ne constitue pas un État »*[21] ou sur le territoire d'un État indépendant, *« mais qui aspirent à devenir des États séparés »*[22]. *C'est aussi le cas des collectivités non-souveraines à qui « le Droit International reconnaît des droits divers »*[23]. Le peuple désigne au plan national, l'ensemble des citoyens juridiquement *« aptes à être représentés auprès des assemblées démocratiques élues »*[24].

À l'image du droit à l'autodétermination, la notion de peuple varie d'une situation à une autre. La relation entre les deux est telle que, quels que soient le sens et la circonstance qui gouvernent l'un, l'autre en ressort reconfiguré. Ainsi, à titre illustratif, le droit à l'indépendance ne peut avoir pour titulaire qu'une collectivité établie *« sur un territoire qui ne constitue pas un État »*, une collectivité non-souveraine et, quelque peu, une collectivité à qui *« le droit international reconnaît des droits divers »*. Dans le cas où il n'induit pas le droit à l'indépendance, hypothèse ouverte par le VIe principe de la Résolution 1541 (XV), le droit à l'autodétermination a pour sujet une collectivité qui, dans la détermination de son identité, se considère comme autonome de l'État-parent. Dans tous les cas de figure, c'est l'exercice du droit à l'autodétermination qui détermine le peuple, indépendamment de sa composition. Au revers, le statut du peuple permet de catégoriser le type d'autodétermination.

La CIJ admet implicitement, en 1975, l'idée d'un peuple sarhaoui sans remettre en cause la souveraineté du Maroc sur le territoire qu'il habite[25]. Il s'en révèle que

---

[16] V. CONSTANTINESCO et S. PIERRÉ-CAPS, *Droit constitutionnel*, 5e éd., mise à jour, PUF, coll. « Thémis droit », 2011, p. 71.

[17] Elle est en cela considérée comme un acte illicite. Voir, PELLET (A), « L'analyse du phénomène de libération nationale » dans : *Réalités du droit international contemporain (Discours juridique sur l'agression et la réalité internationale) IV*, Reims, *CERI*, 1978, p. 122.

[18] CIJ, Avis consultatif du 16 octobre 1975, affaire du Sahara Occidental, *Rec*. Para 59.

[19] SALMON (J), *Dictionnaire de droit international public, op.cit.*, p. 827.

[20] DUHAMEL (O) ET MENY (Y), *Dictionnaire constitutionnel*, PUF, 1992, p. 751.

[21] SALMON (J), *Dictionnaire de droit international public, op.cit.*, p. 827.

[22] *Idem*, p. 827.

[23] *Idem*, p. 828.

[24] *Idem*, p. 827.

[25] TCHIKAYA (B), *Mémento de la jurisprudence du droit international public*, 6e éd., Paris, Hachette, 2015, p. 99.

les sarhaoui sont dans la situation d'un peuple non-souverain qui pourrait bénéficier d'une indépendance solitaire, d'une association ou d'une intégration au sens de la Résolution 1541 (XV). Ce versant du droit à l'autodétermination n'est pas ignoré, mais il sera occulté[26]. Occulté pour les peuples africains puisque la France aura essayé le rattachement à la communauté par des consultations d'autodétermination. On se souvient que la Guinée y a répondu par la négative en 1958. La situation du Cabinda, proche de celle de l'Érythrée, atteste que le contexte de la décolonisation pourrait encore être mobilisé en Afrique. D'ailleurs, en 2004, l'Union africaine (UA) a contesté l'occupation des territoires africains par les puissances occidentales 45 ans après la fin du régime de la tutelle internationale : les Îles Canaries, Ceuta et Melilla (occupés par l'Espagne) ; Açores et les Îles Madère (occupés par le Portugal) ; Mayotte et La Réunion (occupés par la France) ; l'Archipel des Chagos et l'Île Sainte-Hélène (occupés par le Royaume-Uni)[27]. En 2011, le sud du Soudan s'est détaché de l'ensemble national, à l'issue d'une autodétermination réalisée dans le cadre d'un État constitué. En 2009, Kevin MGWANGA GUNME et autres[28], au nom du "peuple anglophone" du Cameroun, ont saisi la ComADHP pour contester ce qu'ils considèrent comme une annexion des régions du Nord-ouest et du Sud-ouest, territoire associé[29], à la République du Cameroun. La liste n'est pas exhaustive. Elle n'atteste pas moins de ce que le droit à l'autodétermination interpelle les Africains au point où il n'est pas vain de se demander : quelle est la pensée juridique africaine sur la question du droit des peuples à l'autodétermination ?

Lors de l'examen de la requête de sieur Kevin MGWANGA GUNME et autres, la ComADHP rejette *les prétentions séparatistes*[30] consignées dans la communication. Elle exhorte toutefois le gouvernement camerounais à abolir toutes les formes de discrimination pratiquées contre le « peuple » du Nord-ouest et du Sud-ouest (13e paragraphe de la décision). Stéphane PIERRÉ-CAPS estime que la Commission réfute l'idée d'une autodétermination susceptible d'aboutir à la création d'un État et admet l'idée de la coexistence de plusieurs titulaires du droit à l'autodétermination dans le cadre national. L'auteur parle d'un principe de création de l'État à un principe de constitution de l'État[31]. Il résume parfaitement la pensée africaine à ce propos : l'autodétermination correspond dans cette perspective au droit à ne pas constituer un État (I), mais aussi au droit à participer, avec les autres, à la vie nationale (II).

[26] ROULAND (N) (dir.), PIERRE-CAPS (S) et POUMAREDE (J), *Droit des minorités et des peuples autochtones*, PUF, coll. « Droit fondamental », 1996, p. 206.
[27] Plan stratégique de l'Union africaine, mai 2004, p. 44.
[28] Doc. EX.CL/529 (XV), Annexe n° 4 du Rapport de la 15e session ordinaire du conseil exécutif de l'Union africaine (UA).
[29] NGANDO SANDJE (R), « Le statut des régions anglophones du Cameroun : chronique d'une exigence de l'Assemblée générale des Nations Unies », *Civitas Europa*, n° 44, 2020, pp. 186 et s.
[30] C'est en ces termes que le porte-parole du gouvernement camerounais a présenté la décision de la Commission dans un communiqué paru au quotidien proche du gouvernement *Cameroon-Tribune* dans son édition du 2 octobre 2009.
[31] Précisément, « L'autodétermination : d'un principe de création de l'État à un principe de constitution de l'État », *in* AUDEOUD (O), MOUTON (J.-D) et PIERRE-CAPS (S) (dir.), *L'État multinational et l'Europe*, PUN, 1 997.

I. NE PAS CONSTITUER UN ÉTAT

C'est la position constante développée par les pères fondateurs (A) à laquelle l'article 39 de la Constitution éthiopienne apporte une exception (B).

A. La doctrine des pères fondateurs

On distingue la position adoptée à la Conférence panafricaine de 1958 au Ghana, du principe promu dans le cadre de l'OUA et de l'UA. Pour la première, les pères africains demandent le dépassement de l'État colonial afin de réaliser l'unité de la nation africaine (1), mais en 1963, les fondateurs de l'organisation interétatique obligent le respect des frontières coloniales (2).

1) Dépasser l'État-nation au nom de l'unité de la « nation africaine »

La colonisation a été pensée à l'insu des *« peuples qui composent la "nation africaine" »,* disait Joseph Binyoum[32]. À l'inverse, un groupe de penseurs africains, pour la plupart, a contribué à la réflexion sur les modalités d'autodétermination. Réunis autour du mouvement panafricaniste, leurs travaux constituent une doctrine : l'unité socioculturelle et donc politique de l'Afrique. La réflexion a été entamée en marge de la Conférence de paix de Versailles, lors des congrès organisés sous l'impulsion de WEB Dubois en 1919 à Paris, en 1921 et 1923 à Londres et en 1927 à New York. Le panafricanisme correspond de ce point de vue, à un instrument de lutte contre la domination coloniale.

Il défend trois idées : l'unité africaine à l'échelle continentale, un regroupement des activités des nations africaines et *« un abandon des souverainetés en faveur d'un organisme supranational »*[33]. Le mouvement exalte l'idée d'une *« patrie africaine »*[34] et d'une unité socioculturelle qui cache à peine la revendication d'une nation insoluble dans les frontières tracées lors de la Conférence internationale de Berlin (1884-1885). L'idée de nation apparaît dans le sentiment d'unité et d'appartenance qu'exprimait régulièrement l'ancien Président du Ghana KWAME NKRUMAH[35]. SÉKOU TOURÉ ancien Président de la Guinée disait : *« Nous considérons l'Afrique comme un corps humain, si on lui coupe un doigt, ce ne sera pas seulement ce doigt qui sentira la douleur, mais plutôt le corps tout entier »*. Le sentiment d'appartenance est un élément subjectif de la définition de la nation. Il a été forgé au cours d'une histoire troublante, la traite négrière et plus tard le joug de la colonisation.

Le panafricanisme défend ainsi l'idée d'une indépendance des peuples qui aboutirait à l'unité de l'Afrique au sein d'un ensemble fédérateur, un État fédéral. C'est dans ce sens que le Président Nkrumah propose *« un gouvernement d'union pour l'Afrique »* et clairement la création d'un *« État africain »*[36]. Cette pensée s'inscrit au rebours de l'État colonial, euclidien, issue du morcellement territorial et humain de l'Afrique. Malheureusement, la doctrine panafricaniste n'a pas

---

[32] « Droit des peuples… », *op.cit.*, p. 343.

[33] KWAM KOUASSI (E), « Les organisations interafricaines », dans *Encyclopédie juridique de l'Afrique T. II (Droit international et relations internationales),* Paris, Les Nouvelles Éditions Africaines, 1982, p. 177.

[34] *Idem*, p. 176.

[35] *Idem*, p. 176.

[36] *Idem*, p. 177.

prospéré. Tout au plus pourrait-on voir son essor au sein des unités politiques régionales qui font la promotion de la société civile, à défaut d'une nation. La Charte d'Addis Abeba qui entend *« renforcer la compréhension entre [les] peuples et la coopération entre [les] États, afin de répondre aux aspirations [des] populations vers la consolidation d'une fraternité et d'une solidarité intégrées au sein d'une unité plus vaste qui transcende les divergences ethniques et nationales »*, en porte d'ailleurs la marque.

C'est une occurrence insuffisamment promue qui sera néanmoins réaffirmée lors de la création de l'UA. On parle du renforcement de l'intégration des peuples dans de grandes aires culturelles par un soutien constant à la politique communautaire des sous-régions[37]. On lira notamment dans Plan stratégique de l'UA de 2004 ce qui suit : *« En créant l'UA par l'Acte constitutif de juillet 2000, les chefs d'États africains ont explicitement reconnu la nécessité de dépasser [le] compromis de 1963, et sur biens des points l'UA s'éloigne radicalement de l'OUA [...]. Derrière ces changements, il y a huit idées-forces qui découlent de l'Acte constitutif. La première idée-force est que l'intégration politique doit être la raison d'être de l'UA, l'objectif étant d'arriver à terme aux États-Unis d'Afrique (fédération ou confédération). Cette idée-force se situe dans la droite ligne des thèses en faveur de l'intégration politique, minoritaires en 1963 et dont le Président Nkrumah s'était fait le défenseur le plus acharné »*[38]. L'UA ambitionne ainsi d'évincer les principes d'intégrité et d'intangibilité des frontières, du moins tels qu'on les a connus sous l'OUA.

2) Ne pas s'affranchir de l'État colonial au nom d'un uti possidetis juris africain

Jean-Pierre COLIN disait du droit à l'autodétermination qu'il se heurte à deux principes supérieurs *: « l'unité africaine et l'uti possidetis juris africain ».* Les deux principes semblent d'ailleurs être liés, tant il est vrai que le second a été promu par le premier. Ils ne sont pas moins contradictoires. On le verra par la suite. L'auteur parle d'un « *uti possidetis juris* africain ». Un concept tropicalisé. L'expression est pourtant d'origine latine : *uti possidetis, ita possideatis*. On la traduit ainsi : *« comme si tu possèdes, continue de posséder »*[39]. Cette traduction ne sied pas au contexte, puisque l'Afrique ne possède pas, bien au contraire, c'est elle qui est possédée. On pourrait alors dire, « possession coloniale, demeure ainsi ».

On le sait, *uti possidetis juris* désigne une situation stable, un *statu quo* territorial qui correspond *de facto* une négation du principe des nationalités[40]. Le *statut quo* naît d'une obligation contractuelle, le respect d'un accord. Il s'adresse donc d'abord aux puissances occidentales, relativement aux recommandations de la Conférence de Berlin. En Afrique, il naît d'une doctrine opposée à l'unité du

---

[37] ASIWAJU (A. I) « Fragmentation ou intégration : quel avenir pour les frontières africaines ? » dans : *Des frontières en Afrique du XIIe au XXe siècle*, Paris, Unesco, 2005, pp. 78 et s.,

[38] *Plan stratégique de l'Union africaine, op.cit.*, p. 25-26.

[39] CHEMILLIER (M) GENDREAU et D. ROSENBERG (D), « L'espace national » dans *Encyclopédie juridique de l'Afrique T. II (Droit international et relations internationales),* Paris, Les Nouvelles Éditions Africaines, 1982, p. 73.

[40] DEBBASCH (CH), PONTIER (J.-M), BOURDON (J) ET RICCI (J.-CL), *Droit constitutionnel et institutions politiques*, 4e éd., Paris, Economica, 2001, p. 26.

continent. La doctrine du *statu quo* des possessions coloniales est inscrite à l'article 3 de la Charte d'Addis Abeba qui a validé les frontières coloniales. L'article 4-b de l'Acte constitutif de l'UA ne dit pas autre chose : l'Union africaine fonctionne conformément au principe de *« respect des frontières existant au moment de l'accession à l'indépendance »*. La doctrine vise la consolidation de l'intégrité des États issus de la décolonisation de sorte que toute prétention d'un énoncé juridique de la sécession soit effectivement exclue[41]. Elle aboutit à la division contemporaine de l'Afrique en plus de cinquante États souverains,[42] à partir de la notion de frontière, que Sékéné MODY CISSOKO définit à juste titre, comme « une ligne de séparation entre les pays voisins ».[43] Cette définition moderne qui diffère du sens traditionnel africain,[44] n'aura donc pas été remise en cause, malgré la proclamation en fanfare des engagements pour la libération[45]. Martin Zachary NJEUMA écrit : *« Les assauts contre "les frontières artificielles, tracées par des puissances impérialistes avides" lors de la Conférence panafricaine qui s'est tenue à Accra en décembre 1958 ont été de courte durée ».*[46] Elle est, cette définition, fortement conflictogène. Elle ne permet de reconstruire ni la société africaine ni des familles morcelées sans ménagement par les accords entre puissances occidentales. Elle maintient l'image de l'empire colonial avec des solidarités créées de toutes pièces. Surtout, elle ne permet pas d'achever le processus de décolonisation, pour certains peuples et territoires, puisqu'elle s'oppose au droit à l'indépendance.

La communauté anglophone rattachée en 1961 à la partie administrée par la France conteste la dilution de son identité dans l'ensemble camerounais, si ce n'est simplement l'annexion de son territoire. Le sort du Cabinda abandonné par les mêmes maladresses du droit de la décolonisation à l'Angola reste en suspens. Il faut même dire à la suite de Raymond GOY que l'OUA a fait ombrage à une intervention de l'ONU sur cette question, celle-ci ne voulant heurter celle-là et principalement ses dogmes d'intangibilité des frontières et de non-ingérence dans les affaires nationales.[47] Que dire du Sahara occidental, de l'Érythrée, du nord de la Somalie, etc. ? L'avenir nous en dira davantage.

Le maintien de la République arabe sahraouie démocratique comme membre de l'UA, malgré l'inconsistance de son statut juridique, est déjà un indicateur. Le Soudan du Sud, après avoir bravé en 2011 le principe de l'intangibilité des frontières en se séparant définitivement du Nord musulman au nom du droit à

---

[41] Expression empruntée à PEREZ CALVO (A), « Le concept de nation dans la Constitution espagnole de 1978 », *RFDC*, n° 41, 2000, p. 8.

[42] MODY CISSOKO (S), « La notion de frontière dans le Soudan-Mali du XVIIe au XIXe siècle », *in* : *Des frontières en Afrique du XIIe au XXe siècle*, Paris, Unesco, 2005, p. 239.

[43] *Idem*, p. 239.

[44] *Idem*, pp. 239-240.

[45] On peut notamment lire dans la Constitution algérienne de 1963 que : *Le peuple algérien a livré en permanence, pendant plus d'un siècle, une lutte armée, morale et politique contre l'envahisseur et toutes ses formes d'oppression, après l'agression de 1830 contre l'État Algérien et l'occupation du pays par les forces colonialistes françaises [...] En recouvrant sa souveraineté, après 132 années de domination coloniale et de régime féodal, l'Algérie se donnait de nouvelles institutions politiques nationales.*

[46] « Contributions diplomatiques et administratives à la paix sur la frontière entre le Cameroun et le Nigeria (1885-1992) », *in* : *Des frontières en Afrique du XIIe au XXe siècle*, Paris, Unesco, 2005, p. 160.

[47] « Cabinda, un Congo lusophone », *RDIDC*, vol. 88, 2011-2, p. 210.

l'autodétermination, est reconnu par la même UA qui l'a d'ailleurs accompagné dans son entreprise[48]. Doit-on en espérer le développement d'un droit démocratique à la sécession ? Rien ne l'interdit. Le renouveau du droit des peuples, qui a suivi le vent d'Est, apporte d'autres logiques. C'est ainsi que certains États, à l'instar de l'Éthiopie, ouvre la perspective d'un droit à l'autodétermination et de sécession. On y verra une exception à la doctrine majoritaire.

B. L'exception éthiopienne

Une lecture de l'article 39 de la Constitution de 1994 de cet État ouvre la perspective d'un droit démocratique à l'autodétermination et à la sécession (1). La réalité est toute autre (2).

1) L'article 39 de la Constitution ou l'énoncé d'un droit démocratique à l'autodétermination et à la sécession

Le texte mérite d'être présenté dans tout son relief :

Every Nation, Nationality and People in Ethiopia has an unconditional right to self-determination, including the right to secession [...] (4) The right to self-determination, including secession, of every Nation, Nationality and People shall come into effect : (a) When a demand for secession has been approved by a two-thirds majority of the members of the Legislative Council of the Nation, Nationality or People concerned ; (b) When the Federal Government has organized a referendum which must take place within three years from the time it received the concerned council's decision for secession ; (c) When the demand for secession is supported by majority vote in the referendum ; (d) When the Federal Government will have transferred its powers to the council of the Nation, Nationality or People who has voted to secede ; and (e) When the division of assets is effected in a manner prescribed by law.

On en retient que chaque nation, nationalité et peuple en Éthiopie jouit d'un droit inconditionnel à l'autodétermination y compris le droit de faire sécession, c'est-à-dire de se séparer de l'ensemble national. Le moins qu'on puisse dire est que le texte appelle un profond questionnement des problématiques territoriales contemporaines en formulant l'idée d'un droit démocratique à la sécession. En cela, l'Éthiopie, membre de l'UA, apporte une exception à la doctrine du *statu quo* territorial, l'intégrité et l'intangibilité des frontières coloniales, promues par cette organisation.

L'énoncé suscité décrit deux phénomènes : l'autodétermination et la sécession. Les deux ne se confondent pas. Le premier pourrait se réaliser dans le cadre national alors que le second induit le détachement. On pourrait même dire que l'Éthiopie, État ayant réalisé une fédération à base ethnique a, par la même occasion, déterminé le statut politique, social et culturel de ses composantes. La sécession quant à elle oblige une modification des frontières. L'expérience tchécoslovaque en apporte l'évidence[49]. L'idée d'un droit démocratique à la

[48] Après avoir veillé sur l'accord de paix signé en juillet 2002 à Machakos (Kenya) et consolidé en janvier 2005, l'UA a reconnu le Soudan du Sud comme le 54e État membre.

[49] La séparation pacifique de la Tchécoslovaquie en 1992 apparut pourtant comme une référence. Elle représentait même *« pour nombre de Flamands, Écossais, Gallois, Catalans, Lombards ou Québécois*

sécession pourrait être déduite des dispositions de l'article 114 de la Constitution du Gabon, de l'article 10 de la Constitution des Comores, de l'article 138 de la Constitution du Togo ou encore de l'article 115 de la Constitution du Mali qui appellent, au même titre que l'article 53 de la Constitution française, *« un droit démocratique de sécession »*[50] *fondé sur le « consentement des populations »* en cas de cession, d'échange ou d'adjonction du territoire. Mais comme dans le dernier contexte (art. 53 de la Constitution française de 1958), les prévisions constitutionnelles s'annulent (théoriquement du moins) par l'inconstitutionnalité de toute procédure de révision portant atteinte au principe d'intégrité territoriale (art. 116 de la Constitution du Gabon, art. 37 de la Constitution des Comores, 144 du Togo ou encore 118 de la Constitution du Mali). La réalité est telle que, chaque fois que le droit à la sécession est mis en concurrence avec l'unité de l'État, c'est la seconde qui l'emporte.

En octobre 1999, la Commission de Venise a mené une importante étude sur la question de l'autodétermination et la sécession en droit constitutionnel. Elle a présenté à l'issue de ses travaux, un Rapport synthétique (ci-après *« le Rapport »)* tiré de 40 États : membres du Conseil de l'Europe ; États candidats audit Conseil, l'Afrique du Sud et le Kirghizistan. Il en ressort que la scission d'un État, si elle n'est pas formellement prohibée, est tout au moins un obstacle à la réalisation de son unité. On ne saurait dès lors y déroger sans réelles difficultés procédurales. Le Conseil constitutionnel français a rappelé en 1991, le sens de l'unité de l'État en déclarant contraire à la Constitution l'idée d'une spécificité corse. Cette position est quelque peu relativisée aujourd'hui depuis 1998 avec les accords de Nouméa. En Espagne, l'autonomie des nationalités ne suppose pas une Nation catalogne. Ainsi en a décidé, le 28 juillet 2010, le Tribunal constitutionnel espagnol. En Belgique, le Conseil constitutionnel réfute la scission de l'État tout en affirmant régulièrement l'autonomie des Communautés.[51]Le juge constitutionnel israélien considère le caractère juif de la Nation comme le fondement de l'unité de l'État.[52] La Cour constitutionnelle d'Ankara a, quant à elle, prononcé la dissolution de certains partis politiques considérés comme "nocifs" pour l'intégrité de l'État. Il en est ainsi du Parti du travail du pays (HEP), du Parti de la démocratie (DEP)[53] ; sans oublier le Parti des travailleurs du Kurdistan (PKK) d'Abdullah Öcalan[54] qui revendique depuis sa création en 1978, l'autonomie de la nation kurde et l'indépendance du Kurdistan. Dans un avis particulièrement souple, le juge canadien laisse présager la formalisation d'un droit démocratique de la sécession

---

un événement très encourageant ». À ce jour, on la présente sous le signe d'un nationalisme « erroné ». PITHART (P), « L'asymétrie de la séparation tchécoslovaque » *in*. RUPNIK (J) (dir.), *Le déchirement des nations*, Paris, Seuil, 1995, pp. 158 et 179.

[50] Thèse défendue par CAPITANT (R). GRÜNDLER (T), « La République française une et indivisible ? », *RDP*, n° 2, 2007, pp. 449 et s.

[51] Arrêt n° 65/2010 du 27 mai 2010 affirme par exemple le caractère constitutionnel de l'usage des langues communautaires.

[52] KLEIN (CL), « Du bon usage d'un modèle : l'État-nation et le cas de l'État d'Israël » dans BECHILLON (D) et *al.* (dir.) : *L'architecture du droit, Mél. M. Troper*, Paris, Economica, pp. 575 et s.

[53] Le Rapport de la Commission de Venise, p. 7.

[54] BENZIMRA-HAZAN (J), « L'affaire ÖCALAN devant la Cour européenne des droits de l'homme », *Droits fondamentaux n° 1*, juillet-décembre 2001, p. 191.

et trace, pour ainsi dire, une trajectoire dont les axes présentent le problème sous l'angle d'un complexe compromis juridique.

L'avenir du "droit à la sécession" reste donc incertain. Vlad CONSTANTINESCO et Stéphane PIERRÉ-CAPS parlent d'un *« processus démocratique accepté permettant la libre expression de la volonté des citoyens intéressés »* avant de conclure à la difficulté de sa mise en accord[55].

2) Un énoncé desservi par la réalité

À voir de près le paysage politique éthiopien, le droit à l'autodétermination vise plus l'autonomie d'une communauté que son indépendance. La communauté Sidima dans le Sud a ainsi exprimé démocratiquement son droit à l'autonomie à l'égard des peuples, nations et nationalités du Sud, en novembre 2019. Le 18 juin 2020, elle accède au statut de région en se détachant des zones du Sud. Pour l'Éthiopie du Sud-ouest, c'est le 23 novembre 2021 qu'elle a acquis le même statut. La Fédération éthiopienne est constituée de régions et chaque région est administrativement subdivisée en zones. L'autodétermination se meut dans cet ensemble et permet aux communautés d'accéder à l'autonomie. Ainsi, une zone communautaire pourrait parvenir au statut de région autonome au terme d'une procédure d'autodétermination réglée par l'article 39 de la Constitution. Le texte exige une demande d'autodétermination approuvée par une majorité de 2/3 des membres de l'Assemblée locale, un référendum organisé par le gouvernement fédéral, dans les trois ans qui suivent l'approbation de la demande, référendum qui doit obtenir la majorité des votes exprimés, puis s'ensuivra un transfert de compétences du gouvernement fédéral et enfin une loi consacrant les arrangements entre les parties prenantes. Si la question d'autonomie est en quelque sorte en conformité avec la nature ethnique de la Fédération éthiopienne, il en va autrement de l'autodétermination-sécession. Le cas de l'Érythrée est illustratif.

L'Érythrée est une colonie italienne qui, en 1952, puis en 1962, intègre l'ensemble éthiopien en qualité de composante autonome au sens du VIe principe de la Résolution 1 541 (XV). Son statut n'a pas été réglé par la décolonisation et depuis 1958, l'Érythrée est en lutte pour l'indépendance. Son vœu d'indépendance se heurte à une procédure maîtrisée par l'État-parent. L'exemple du Tigré est illustratif à ce titre. Le 9 septembre 2020, le TPLF (Front de libération du peuple Tigré) organise unilatéralement et remporte un référendum d'autodétermination. En octobre 2020, le pouvoir central qui juge la consultation illégale, annonce une réduction des frais fédéraux alloués à la région à titre de représailles. Le 4 novembre 2020, le gouvernement du Premier ministre Abiy Ahmed ouvre une opération militaire contre les dirigeants du Tigré. La réalité est que la procédure de sécession est un chemin tortueux qui dépend de l'appréciation des autorités de l'État-parent. Quelques exemples en droit comparé confortent cette conclusion. C'est le cas de la province du Québec au Canada ou encore de la Nouvelle Calédonie en France.

Dans un avis rendu le 20 août 1998, la Cour suprême du Canada dit pour droit que la répudiation de l'ordre constitutionnel impose *« une obligation réciproque pour toutes les parties formant la confédération de négocier des modifications*

[55] *Droit constitutionnel, op. cit.*, p. 14.

constitutionnelles en vue de répondre au désir exprimé […] ».[56] Il est question de faire respecter la procédure de l'unanimité[57] qui requiert la *« décision d'une majorité claire de la population du Québec en faveur de la sécession, en réponse à une question claire »*, et une claire majorité de l'ensemble du Canada favorable au même projet[58]. La complexité de la formule se résume dans l'interprétation de l'épithète *claire (« réponse claire à une question claire »* ou dans *« claire majorité »)* qui n'a pas pu être clarifiée par la loi fédérale adoptée en juin 2000.[59] José Woehrling a raison que *« le texte est […] conçu pour tenter de décourager les partisans de la sécession en augmentant les difficultés du processus référendaire et celles des négociations qui suivraient un éventuel référendum victorieux sur la souveraineté ».*[60] Les mêmes difficultés se sont révélées dans la pratique du droit à l'autodétermination en France.

Il est préalablement autorisé par une loi référendaire[61] ou ordinaire[62] que devrait confirmer un référendum organisé localement auprès des populations intéressées[63] ; référendum devant lui-même *« satisfaire à la double exigence de loyauté et de clarté »*[64]. On croirait, à y voir de loin, qu'une simple volonté suffirait pour se séparer de la République française. Tant s'en faut. L'expérience de la Corse est assez explicite. La Nouvelle-Calédonie, une collectivité d'Outre-Mer, après avoir exprimé sa volonté d'indépendance en 1987 a vu son projet manquer de légitimité à la faveur d'une troisième consultation organisée le 12 décembre 2021 qui marque la fin de la période transitoire de 20 ans. L'évidence est que la procédure légale en vue de l'obtention d'une indépendance à l'intérieur d'un État n'est pas une sinécure.

Le principe d'effectivité souvent présenté pour l'entreprise se trouve être inopportun puisqu'il constitue *« un fait politique pour lequel il est impossible d'établir un fondement purement juridique […] »*[65]. L'indépendance autoproclamée du Somaliland en 1991 n'est toujours pas reconnue. La reconnaissance, procédure politique et diplomatique, n'est donc plus, elle-même, un phénomène a-juridique. L'avis[66] de la CIJ du 22 juillet 2010 relative à la déclaration de l'indépendance du Kosovo, le 17 février 2008, est éloquent à cet égard. En somme, l'observation de la pratique en Éthiopie où les peuples, nations

---

[56] Le para. 88 du Renvoi.

[57] WOEHRLING (J), « L'avis de la Cour suprême du Canada sur la sécession du Québec », *RFDC*, n° 37, 1999, p. 6.

[58] Le para. 93 du renvoi.

[59] Loi de clarification 2000, ch. 26.

[60] WOEHRLING (J), « La loi sur les droits fondamentaux du Québec », *RFDC*, n° 48, 2001, p. 849.

[61] Cas de l'Algérie, le 8 janvier 1961 et 8 avril 1962 ou de la Nouvelle-Calédonie, le 6 novembre 1988.

[62] Cas du Djibouti, des Comores ou de la Nouvelle-Calédonie par les lois des 23 août 1985 et du 17 juillet 1987.

[63] Art. 53 de la Constitution de 1958.

[64] TURPIN (D), « La question des minorités en France » dans : *Territoire et minorité, Mél. Yves Madiot,* Bruxelles, Bruylant, 2000, p. 506.

[65] WADE (H.W.R), *The basis of legal Sovereignty*, [1 995] *Camb.* L.J. 172, p. 196, cité et traduit par la Cour suprême Canadienne, v. le Renvoi, para. 142.

[66] La CIJ a en effet rendu son avis le 22 juillet 2010. Par 10 voix contre 4, les juges ont *conclu « que l'adoption de la déclaration d'indépendance du 17 février 2008 n'a violé ni le droit international général, ni la résolution 1244 (1999) du Conseil de sécurité, ni le cadre constitutionnel. En conséquence, l'adoption de ladite déclaration n'a violé aucune règle applicable du droit international »* (Para. 122 de l'avis).

et nationalités peuvent aisément accéder à l'autonomie au sein d'une région, enseigne que la pensée dominante en Afrique fait du droit à l'autodétermination, un droit de dimension nationale.

II. PARTICIPER À LA VIE NATIONALE

Le principe d'autodétermination s'entend ici dans les limites du cadre constitutionnel,[67] et suppose à cet égard, dirait Philipe ARDANT, *« le choix de se fondre dans un ensemble multinational où la communauté de culture et d'intérêts paraît se prêter mieux à l'épanouissement de chacun »*[68]. Cette redéfinition du principe des nationalités est entretenue par la ComADHP (A). Elle se heurte à la doctrine souverainiste (B).

A. La ligne directrice de la ComADHP

Dans deux cas illustratifs, la ComADHP ramène le droit à l'autodétermination au seuil du droit national (1), la conséquence étant une dévaluation de la notion de peuple (2).

1) Une « internisation » du droit à l'autodétermination

Les deux affaires sont communes par leur demande. De même, elles se rejoignent dans les termes de la décision de l'instance africaine qui rejoint la pensée dominante et fait la part belle au principe de l'intégrité des territoires coloniaux.

La Commission soutient, dans l'affaire Congrès du peuple du Katanga c/ Zaïre (Communication 75/92) : *« le Katanga est tenu d'user d'une forme d'autodétermination compatible avec la souveraineté et l'intégrité territoriale du Zaïre ».* Elle établit que l'autodétermination peut s'entendre comme ouvrant la voie à l'une des formes intra-étatiques suivantes : *« autogouvernement, gouvernement local, fédéralisme, confédéralisme [...] »* (Para. 4). Dans l'affaire Kevin MGWANGA GUNME et autres c/ État du Cameroun tranchée lors des travaux de la 45e session ordinaire de la Commission tenue à Banjul (Gambie) du 13 au 27 mai 2009, elle exhorte les requérants à abandonner leurs prétentions séparatistes, les invite à se constituer en partis politiques et à ouvrir des débats inclusifs avec le gouvernement du Cameroun. Dans tous les cas, la ComADHP se réfère aux nouvelles figures du *self-government*[69]. On l'aura compris, la Commission est restée fidèle à la position de principe en ce qui concerne l'intégrité territoriale. Le seul droit à l'autodétermination qui subsiste dans cette perspective est celui consacré par les articles 20 à 22 de la CADHP.

---

[67] PIERRÉ-CAPS (S) parle du *droit à ne pas devenir un État.* « L'autodétermination : d'un principe de création de l'État à un principe de constitution de l'État » dans AUDEOUD (O) et al. (dir.) : *L'État multinational et l'Europe,* PUN, 1997, pp. 33 et s.

[68] « Que reste-t-il du droit des peuples à disposer d'eux-mêmes ? », *Pouvoirs*, n° 57, 1991, p. 53.

[69] Parmi les modèles réussis nous comptons l'Italie et l'Espagne. Élie M.-P., « L'Italie, un État fédéral ? À propos des lois constitutionnelles n° 1 du 22 novembre 1999 et n° 3 du 18 octobre 2001 », *RFDC*, n° 52, 2002/4 ; Subra de Bieusses P., « Un État unitaire ultra-fédéral », *Pouvoirs*, n° 124, 20048. *Contra.* Roca D., « Vers la fin de l'État des autonomies en Espagne », *RFDC*, n° 72, 2007/4.

Les peuples ont la libre disposition de leurs richesses et de leurs ressources naturelles. Ce droit s'exerce dans l'intérêt exclusif des populations. En aucun cas, un peuple ne peut en être privé. En cas de spoliation, le peuple spolié a droit à la légitime récupération de ses biens ainsi qu'à une indemnisation adéquate. La libre disposition des richesses et des ressources naturelles s'exerce sans préjudice de l'obligation de promouvoir une coopération économique internationale fondée sur le respect mutuel, l'échange équitable, et les principes du droit international. Les États parties à la présente Charte s'engagent, tant individuellement que collectivement, à exercer le droit de libre disposition de leurs richesses et de leurs ressources naturelles, en vue de renforcer l'unité et la solidarité africaines. Les États, parties à la présente Charte, s'engagent à éliminer toutes les formes d'exploitation économique étrangère, notamment celle qui est pratiquée par des monopoles internationaux, afin de permettre à la population de chaque pays de bénéficier pleinement des avantages provenant de ses ressources nationales[70].

Et encore : *« Tous les peuples ont droit à leur développement économique, social et culturel, dans le respect strict de leur liberté et de leur identité, et à la jouissance égale du patrimoine commun de l'humanité. Les États ont le devoir, séparément ou en coopération, d'assurer l'exercice du droit au développement »*[71]. Cette autodétermination interne ne va pour autant pas de soi, et les réponses de la Commission ne sont guère à la hauteur des aspirations. Nous avons vu plus haut que le Katanga est tenu d'user d'une forme d'autodétermination compatible avec la souveraineté et l'intégrité territoriale du Zaïre. La solution peut mieux se lire aujourd'hui dans la Constitution de la RDC : La République démocratique du Congo est, dans ses frontières du 30 juin 1960, un État de droit, indépendant, souverain, uni et indivisible, social, démocratique et laïc […] La République démocratique du Congo est composée de la ville de Kinshasa et de 25 provinces dotées de la personnalité juridique (art. 1 et 2). Dans cet ensemble, le Haut-Katanga – la Province et non le peuple – autant que les 24 autres exerce des compétences de proximité énumérées dans la […] Constitution. Il bénéficie en plus de ces compétences et de celles exercées en partage avec le pouvoir central du produit des recettes nationales à hauteur de 40 % (exposé des motifs de la Constitution du 18 janv. 2006). Cette solution qui reprend, non sans en dévaluer le sens, la position de la Commission déroge à la logique d'intégration prévue par la Résolution 1 541 qui entend promouvoir la citoyenneté plurielle (principe VIII) par la mise en place d'une Constitution autonome pour chaque peuple ou Nation (principe VII-b).

En général, les solutions préconisées consistent à simplement couper la poire. L'actualité au Soudan, au Delta du Nigeria, est révélatrice de l'insatisfaction des "peuples" dans le cadre national. La véritable question est donc celle d'une éventuelle compatibilité de la "citoyenneté katangaise" à l'ensemble congolais. Une citoyenneté katangaise comme en Nouvelle Calédonie avec les Kanaks. Une prophétie ? Une vraisemblance pour l'instant ; puisque, l'article 14 de la Constitution de la RDC dispose que : *« Tous les groupes ethniques et nationalités dont les personnes et le territoire constituaient ce qui est devenu le Congo (présentement la République démocratique du Congo) à l'indépendance, doivent*

[70] Art. 20.
[71] Art. 21.

bénéficier de l'égalité des droits et de la protection aux termes de la loi en tant que citoyens. La nationalité congolaise est une et exclusive. Elle ne peut être détenue concurremment avec une autre nationalité ». Il en ressort que, en ramenant le droit des peuples au niveau national, la ComADHP dévalue la notion de peuple qui, de plus, rentre en concurrence avec celle de la citoyenneté.

2) Une reconfiguration de la notion de peuple

La grande interrogation qui suit l'énoncé de l'article 20-1 de la CADHP réside ainsi dans une reconfiguration de la notion de peuple conséquente à sa doctrine du droit à l'autodétermination : *« Tout peuple a droit à l'existence. Tout peuple a un droit imprescriptible et inaliénable à l'autodétermination. Il détermine librement son statut politique et assure son développement économique et social selon la voie qu'il a librement choisie »*[72]. Dans la Communication 276/03 *Centre of Minority Rights Development (Kenya) and Minority Rights Group (on behalf of Endorois Welfare Council)/ Kenya*, la ComADHP établit le rapport entre peuples et les droits collectifs consacrés par la CADHP. Elle estime qu'il s'agit des droits que tous les peuples peuvent réclamer en tant que tels, c'est-à-dire des collectivités (para. 150). Partant de là, elle pose des critères d'identification des peuples dans le contexte africain : *« une tradition historique commune, une identité raciale ou ethnique, une homogénéité culturelle, une unité linguistique, des affinités religieuses et idéologiques, une liaison territoriale [...] »* (para. 151). Ces critères sont à proprement parler applicables à tous les groupes d'individus : des anglophones du Cameroun aux populations katangaises en passant par l'ensemble du Cabinda. La doctrine par de *« populations africaines »*, de *« population d'un État africain »* et *« groupes humains infra-étatiques »*[73]. À l'évidence cette typographie enlève le régime de la notion de peuple : le droit à l'indépendance. Tout au plus pourrait-elle donner lieu à des réparations qui visent à préserver l'identité de ses bénéficiaires. C'est le cas de l'espèce où la ComADHP reconnaît le droit à l'intégrité du peuple Endorois. Un droit qui se résume à l'idée d'une culture autonome, mais aussi d'une émancipation socio-économique (para. 298).

Dans la Communication 155/96 (affaire *Social and Economic Rights Action Center and Center of Economic and Social Rights vs. Nigeria*), la ComADHP utilise indifféremment les dénominations « peuple Ogoni » (para. 69), « société ogoni », « communauté Ogoni » (para. 67) et « communautés Ogoni » (para. 66). La variété de termes traduit la dimension nationale du droit à l'autodétermination. Au sein des États, c'est la grande prudence. Au Cameroun par exemple, l'expression populations autochtones (préambule de la Constitution) est préférée, certainement pour contourner le projet séparatiste anglophone, à celle de peuples autochtones utilisée en droit international. Jean Njoya dira du séparatisme, qu'il est une hantise rémanente dans les États subsahariens où le constituant par *« peur adopte très souvent une attitude prudente à l'égard des notions anthropologiques jugées éminemment sensibles »*[74].

---

[72] Commentaire, AMADOU (H), dans KAMTO (M) (dir.) : *La CADHP et le Protocole y relatif portant création de la CourADH, commentaire article par article*, Bruxelles, Bruylant, 2011, pp. 452-487.

[73] AMADOU (H), « Article, alinéa 20-1 », *op.cit.*, p. 453.

[74] « États, peuples et minorités en Afrique Sub-saharienne », *Janus*, vol. 5, 2011-3, p. 5-6.

La dévaluation de la notion peuple traduit aussi la possibilité de faire cohabiter plusieurs "peuples", quel que soit le sens qu'on lui donne, dans un même territoire, et la notion de peuple mérite d'être mise entre guillemets vu qu'elle est dénuée de son confort habituel : une constitution par exemple[75]. C'est la vision imposée, mais pas prévue, ainsi que nous pouvons le lire dans la Résolution 15 141 (principe VIII). C'est la vision retenue dans la "jurisprudence" de la Commission, ainsi qu'il apparaît dans le cas camerounais où il faut désormais voir un "peuple" anglophone distinct d'un "peuple" francophone sous une même Constitution. Il est donc à se demander si la CADHP promeut des États d'autonomie. Sans directement répondre à la question, Franck Moderne[76]quant à lui préfère la notion de *peuple multinational*[77] qui permet d'éviter les conséquences liées à la coexistence d'une multitude de peuples au sein d'un État.

Cette coexistence requiert autant de constitutions que de peuples dans un ensemble national et véhicule le spectre du séparatisme. Le peuple multinational induit un État dans lequel la nation est le reflet de plusieurs cultures consignées dans la même Constitution. Dans de telles conditions, les différentes nations qui y cohabitent n'ont besoin que d'autonomie. *« [S] i [les communautés nationales] peuvent invoquer le droit d'autodétermination, ce ne peut être comme fondement d'un droit à l'indépendance »,* disait Hélène Ruiz-Fabri dans ce sens[78]. C'est là une déformation de la troisième voie, du principe des nationalités, tracée par la Résolution 1 541. *« Dès lors que l'État décolonisé s'identifie au peuple colonisé, le peuple ne peut plus concurrencer l'État comme un autre sujet du droit international et redevient un simple élément de l'État »,* précisaient pour le dénoncer Norbert Rouland, Stéphane Pierré-Caps et Jacques Poumarède[79]. Cette perspective suppose chez certains auteurs que le concept de peuple repose sur la notion *fondamentale* de citoyen[80] qui ramène le droit à l'autodétermination au seuil des contingences liées au dogme de la souveraineté.

B. Les contingences liées à la doctrine souverainiste

La ComADHP ramène le droit à l'autodétermination dans l'ordre juridique national, un ordre juridique qui méconnait au nom du dogme de la souveraineté, la présence immédiate du peuple en droit (1). Le renouveau du droit des peuples oblige une reconfiguration de ce principe (2).

1) Le dogme et l'anéantissement

En indiquant que le Katanga est tenu d'user d'une forme d'autodétermination compatible avec la souveraineté et l'intégrité territoriale du Zaïre, la ComADHP a émis une proposition dont la normativité est incertaine. L'article 5 de la Constitution de la RDC dispose en effet que le peuple exerce directement le

[75]*[L]a Constitution est fondée sur le principe de la souveraineté populaire*, disait par exemple Michel Troper : *Pour une théorie juridique de l'État,* PUF, coll. « Léviathan », 1994, p. 329.
[76]« L'état des autonomies dans "l'État des autonomies" », *RFDC*, 1990. Cité par ROULAND (N) (dir.) et al., *Droits des minorités et des peuples autochtones,* Paris, PUF, 1996, p. 279.
[77] ROULAND (N) (dir.) et *al., Droits des minorités..., op.cit.*, p. 279.
[78]« Genèse et aspiration de l'État à l'époque contemporaine », *AFDI*, 1992, p. 160. Cité par Rouland N. (dir.) et *al., Droits des minorités..., op.cit.*, p. 206.
[79] *Droits des minorités..., op.cit.*, p. 205-206.
[80] CHEVALLIER (J), « L'État-Nation », *RDP,* n° 4, 1980, p. 1277.

pouvoir souverain par voie de référendum ou d'élections et indirectement par ses représentants. Bien plus : *« Aucune fraction du peuple ni aucun individu ne peuvent s'en attribuer l'exercice »*. Le peuple du Katanga ne peut donc exercer une forme d'autodétermination sans heurter le principe ainsi énoncé. François Luchaire rappelait fort opportunément qu'il *« n'y a pas plusieurs principes de la souveraineté nationale, il n'y en a qu'un »*[81]. Le principe d'une souveraineté indivisible traduit, disons-le ainsi, une tension permanente entre le peuple et l'État ou précisément ses organes, le président de la République et les membres du Parlement qui subsistent en tant que pouvoirs concurrents[82]. Il va de soi qu'il requiert, au regard de la formation d'*un peuple multinational*, qui suit la dimension interne du droit à l'autodétermination, une reformulation pure et simple. Le paradoxe de l'énoncé réside dans la précision apportée par le dernier fragment du texte ; *aucune fraction du peuple...* qui inscrit – en admettant bon gré mal gré[83] que le président de la République et les membres du Parlement ne forment pas des fractions du peuple – l'exercice de la souveraineté nationale *dans l'inassignable*[84]. De toute évidence, l'énoncé de l'article 5 de la Constitution de la RDC oblige deux observations.

D'une part, le "peuple du Katanga" est confondu dans l'ensemble des citoyens congolais et en ce sens, il n'existe pas en tant qu'en entité autonome. Il ne possède aucune existence du point de vue du droit. Jacques Chevallier disait *: « Dans le Peuple [...] ce n'est jamais l'homme, avec ses préoccupations égoïstes et ses ressources inégales, qui est présent, mais le citoyen, dépouillé de ses attaches, éclairé par la Raison, et capable de ce fait de concourir librement et également à l'exercice de la souveraineté »*[85]. Johann-Gaspar Bluntschli concluait ainsi : « Dans le domaine du droit, la nation l'emporte sur le peuple ; les différences particulières plient devant l'unité de la loi et de la jurisprudence ; l'égalité des citoyens devant la loi est préférée à la diversité des coutumes locales »[86].

D'autre part, le "peuple du Katanga" disparaît derrière la figure de la représentation nationale. C'est là une conséquence de l'indivisibilité de la souveraineté. Elle est au cœur de la théorie de la personnalité juridique de l'État selon laquelle, *« l'État est la personnification juridique de la Nation »*[87]. Raymond Carré de Malberg[88], un de ses promoteurs, disait dans ces circonstances que « la

---

[81] « La souveraineté », *RFDC*, n° 43, 2000, p. 451 ; aussi BEAUD (O), « Le Souverain », *Pouvoirs*, n° 67, 1993, p. 36.

[82] Un auteur parle *de sérieux concurrents* dans la revendication tout à la fois de l'origine et de l'exercice de la souveraineté. Rigaudière A., « L'invention de la souveraineté », *Pouvoirs*, n° 67, 1993, p. 18.

[83] RIGAUDIERE (A) parle dans tous les cas d'une souveraineté partagée entre les organes de l'État. *Idem*, p. 18. Il est même démontré que *"les députés constituent une fraction du peuple et ne peuvent en tant que tel s'arroger le droit de confisquer cette souveraineté"*. La Décision DCC n° 06-074 du 8 juillet 2006, *Cons. 8* du Conseil constitutionnel du Bénin. OLINGA (A-D) parle quant à lui de dépositaires « d'une parcelle de souveraineté du peuple ». *La Constitution de la République du Cameroun*, Yaoundé, PUCAC/TA, 2006, p. 18.

[84] FŒSSEL (M), « La souveraineté ou la part de l'irréductible », *Esprit*, jan. 2002, p. 163.

[85] « L'État-Nation », *op.cit.*, p. 1277.

[86] *Théorie générale de l'État*, trad. DE RIEDMAN (A), Pub. BiblioBazaar, 2010, p. 79.

[87] ESMEIN (A), *Éléments de droit constitutionnel français et comparé*, 7e éd., t. I : *La liberté moderne – Principes et institutions*, Paris, Sirey, 1921, p. 1.

[88] *Contribution à la théorie générale de l'État*, t. I, Paris, Sirey, 1920, rééd. Présentée avec une préface de Maulin É., Paris, Dalloz, 2003, p. 11-64.

nation et, *a fortiori*, ses différentes composantes n'existent que dans les limites du cadre des organes constitués »[89]. Ainsi, le "peuple du Katanga" ne saurait jouir d'un droit à l'autodétermination qui se situerait au-delà du pouvoir souverain des représentants de toute la Nation congolaise ou de la personnalité juridique et de l'autonomie constituée de la province du Haut-Katanga.

La doctrine souverainiste ôte ainsi au peuple toute existence en dehors du droit en vigueur. Toutefois, les problématiques postmodernes[90], et notamment le renouveau du droit des peuples ont imposé une logique autre. Il va sans dire que le principe d'indivisibilité de la souveraineté qui suit celui de l'unité du corps social est à reconfigurer, au regard de la promotion constitutionnelle de la diversité, *"subside"* de l'autonomie découlant du droit à l'autodétermination.

2) Le renouveau du droit des peuples et la nécessaire reconfiguration du principe

La survivance de la formule d'une souveraineté une et indivisible en temps de cosmopolitisme social mérite une étude soutenue. Elle entretient une forte contradiction, ainsi qu'il parait d'une exégèse de la Constitution camerounaise par exemple. Son article 2 proclame, dans le domaine politique, un droit électoral indifférencié[91] au nom du principe de l'unité de la Nation et de l'indivisibilité de la souveraineté pendant que l'article 57-3 promeut un droit électoral différentiel qui déroge de cet avis aux dispositions de l'article 2 sus-évoqué. L'évidente contradiction nourrit logiquement le débat camerounais sur la protection des minorités[92]. Le Doyen Léopold Donfack Sokeng en conclut que l'identité démocratique camerounaise est ambiguë[93]. Si de fait, un trait d'union peut parfaitement être tracé entre les deux textes à partir d'une lecture réaliste du principe d'égalité[94], il n'en demeure pas moins vrai que la formule d'une souveraineté nationale *"désincarnée"* (art. 2) maintient la question du droit des seuls autochtones à présider le conseil régional (art. 57-3). Or, la promotion constitutionnelle (préambule) de la diversité nationale autorise une telle approche. Le principe de la souveraineté nationale n'étant d'ailleurs pas opposé, ainsi qu'on

---

[89] MAULIN (E) en conclut que, *le pouvoir dont est maintenant titulaire la nation se trouve immédiatement subordonné à la constitution qui organise l'État et donne compétence aux organes pour formuler la volonté nationale*. « Carré de Malberg et le droit constitutionnel de la Révolution française », *AHRF*, n° 328, 2002, p. 9.

[90] On peut noter que le libéralisme politique et le principe de la légitimité démocratique opposent la souveraineté étatique aux droits fondamentaux et à l'ordre public international. KOKOROKO (D), « Souveraineté étatique et principe de légitimité démocratique », *RQDI*, 2003-2016.1, p. 43 et s.

[91] L'al. 3 du texte dispose spécifiquement : *Le vote est égal et secret [...]*.

[92] NGANDO SANDJE (R), *Le principe de l'indivisibilité de la République et les revendications identitaires au Cameroun*, mémoire de DEA, Université de Douala, (inédit), 2009, pp. 104 et s.

[93] « Existe-t-il une identité démocratique camerounaise ? La spécificité camerounaise à l'épreuve de l'universalité des droits fondamentaux », http : //www.polis.sciencespobordeaux.fr/vol1 ns/article 3.*html* (consulté le 27 octobre 2007).

[94] On parle d'égalité différentielle (Ngando Sandjè R., *L'indivisibilité de l'État et les revendications identitaires au Cameroun, op.cit.*, p. 107 et s.) qui, suivant PIERRE-CAPS (S), *autorise la prise en compte des particularismes, dans la mesure où il s'agit de reconnaître l'application de règles juridiques différentes à des situations particulières objectivement constatées*. « Constitution, nation et minorités », *in* : *Droit constitutionnel et minorités*, *RCAIDC*, vol. XII, 2002, p. 427, note 76.

peut le constater en Espagne[95] par exemple à une telle perspective ; pourvu que la mention "inutile" – *aucune fraction du peuple*... – soit revue et corrigée. L'exemple du Burkina Faso est à ce propos pédagogique : *« La souveraineté nationale appartient au peuple qui l'exerce dans les conditions prévues par la présente Constitution et par la loi »*[96]. L'article 8 de la Constitution éthiopienne du 8 décembre 1994 l'est davantage : « *All sovereign power resides in the Nations, Nationalities and Peoples of Ethiopia. This Constitution is an expression of their sovereignty. Their sovereignty shall be expressed through their representatives elected in accordance with this Constitution and through their direct democratic participation* ».

Le renouveau du droit des peuples nécessite en somme une sémantique plus pratique ou tout au moins éloignée des formules du droit public de la révolution française qui reste, lui, à la quête de nouvelles synthèses[97]. La capacité des formules du droit révolutionnaire à entretenir les paradoxes n'est même plus à démontrer[98]. On sait qu'en France par exemple, l'indivisibilité de la République signifie pour les Corses et Néo-calédoniens une chose et son contraire. Elle renvoie pour les premiers à l'interdiction de toute spécificité[99] alors que les seconds bénéficient dans le cadre de cette République indivisible d'un statut constitutionnel particulier dont l'importance se mesure à l'exercice d'un pouvoir normatif initial[100]. De même, la reconnaissance des minorités[101] et de la parité en politique[102] cohabite "*mystérieusement*", dans un rapport *"manichéen",* avec le principe d'une souveraineté nationale désincorporée. Or, il paraît clairement que dans une telle perspective, c'est toute la littérature autour du concept d'État-nation qui mérite d'être revue.

On remarquera déjà la nécessaire inclinaison du principe d'une souveraineté nationale une et indivisible suite à la revalorisation de la conception classique du droit public. Celui-ci intègre désormais les droits subjectifs dans la théorie juridique de l'État et donne un vivant écho aux travaux de Georg Jellinek[103]. Il ne serait pas à ce propos inutile de consulter des auteurs tels que Stéphane Pierré-

---

[95] COMELLA (F), « Souveraineté nationale et intégration européenne dans le droit constitutionnel espagnol », *Cah. Cons. Const.*, n° 9, 2000, p. 155. On sait que *l'article 2 de la Constitution prévoit que l'Espagne est une nation mais composée des nationalités des régions*. Perez-Calvo A., « L'avenir de l'État au sein de l'union européenne » dans O. Audéoud O. et *al.* (dir.) : *L'État multinational et l'Europe*, PUN, 1997, p. 197.

[96] Art. 32 de la Constitution du 22 janv. 2002.

[97] LEQUETTE (Y), « Réflexions sur la nationalité française », *Cah. Cons. const.*, n° 23, 2007, p. 76.

[98] LE POURHIET (A.-M) parlait de la spécificité Néo-Calédonienne en termes de mésaventure pour le positivisme. « Nouvelle-Calédonie : la nouvelle mésaventure du positivisme », *RDP*, n° 1, 1999.

[99] LUCHAIRE (F), « La Corse et le Conseil constitutionnel : à propos de la décision du 17 janvier 2002 », *RDP*, n° 3, 2002, pp. 887 et s.

[100] MOYRAND (A), « Les pays d'outre-mer transforment la République française en un État autonomique Brèves réflexions sur la création d'une nouvelle catégorie de collectivités publiques étatiques » dans FAVOREU (L) (préf.) et LEBRETON (G) (avant-propos) : *Droit constitutionnel, Mél. Patrice Gélard*, Paris, Montchrestien, 2000, p. 194.

[101] Art. 23 de la Loi constitutionnelle du 23 juillet 2008.

[102] Art. 1er de la Loi constitutionnelle du 23 juillet 2008.

[103] JOUANJAN (O), « Sur les fondements de la théorie des droits publics subjectifs dans la pensée de Georg Jellinek », *in Droits de l'homme, Human Rights, Grundrechte*, Actes du Colloque du Centre Marc Bloch, Berlin, 2002, copie de l'auteur, 13 p.

Caps[104] qui se trouvent être des promoteurs contemporains de la pensée du juriste allemand. Le droit en général s'entend lui-même aujourd'hui non seulement comme un médiateur[105] entre les différents *« souverains »,* médiats ou immédiats, dans l'État[106], mais aussi comme un vaste ensemble de valeurs méconnues du droit constitutionnel révolutionnaire[107]. Dans la même lancée, le continuum souveraineté-droit explique, sous l'angle des sciences juridiques du moins, le paradigme de la diversité cher à Norbert Rouland[108]. Il est désormais question pour chaque *"souverain"* de trouver dans le droit, national ou supranational, la satisfaction *« de ses besoins et aspirations »*[109]. La personnalité juridique de l'État se recherche dès lors dans un profond questionnement de cette République proclamée à la fois démocratique et sociale[110]qui tire sa noblesse du *« degré de diversité que ses lois et ses pratiques peuvent accepter »*[111]. On redécouvre, sous un manteau de cuir, la Constitution sociale dans la théorie juridique de l'État[112] : le droit constitutionnel devient foncièrement démotique[113]. L'exercice des droits souverains pourrait dès lors mobiliser toutes les composantes du peuple. William Crane disait : « *The nation is in structure a fusion and expansion of a series of units, which were originally little sovereignties and which in their new relations as departments, or counties, or municipalities, retain portions of their old sovereign powers* »[114].

Un tour rapide de l'état de la doctrine africaine sur la question du droit des peuples à l'autodétermination permet de comprendre qu'à ce jour, ce droit n'ouvre pas, pour une communauté, au sein d'un État indépendant, la perspective d'un détachement, y compris dans les cas de sécession-remède[115], alors même que le

---

[104] « Le principe de l'autonomie personnelle et l'aménagement constitutionnel du pluralisme national. L'exemple Hongrois », *RDP*, n° 1, 1994, pp. 404 et s.

[105] BEAUD (O), « Le Souverain », *op.cit.*, p. 36.

[106] *Le droit fixe la valeur des buts individuels des membres de chaque communauté en les mesurant à la valeur du général,* disait MANDELSTAM (A), *La protection internationale des droits de l'homme, RCADI,* 1 931-IV (38), p. 180.

[107] La souveraineté correspond dans ce sens à un ensemble d'attributs juridiques – qui puisent abondamment dans le droit commun des droits de l'homme – que le citoyen peut réclamer devant les juridictions nationales et, c'est le plus important, supranationales. Jean Combacau dirait de la sorte que la souveraineté ne correspond pas à *un degré de la puissance mais [à] des compétences, des pouvoirs, des droits..., des attributs juridiques quels qu'ils soient, dont quelqu'un peut être titulaire [...].* « Pas une puissance, une liberté : la souveraineté internationale de l'État », *Pouvoirs,* n° 67, 1993, p. 49.

[108] ROULAND (N), « À propos des droits de l'homme : un regard anthropologique », *Droits fondamentaux,* n° 3, jan.-déc. 2003, p. 151.

[109] ROSENFELD (M), « Le principe d'égalité appliqué aux femmes dans la jurisprudence de la Cour suprême américaine », *Cah. Cons. const.*, n° 5, 1998, p. 84.

[110] Art. 1 de la Constitution camerounaise. Il est question d'une *société fondée sur le principe de solidarité [...] la sollicitude à l'égard des catégories vulnérables [...].* OLINGA (A-D), *La Constitution de la République du Cameroun, op.cit.*, p. 295.

[111] ROULAND (N), « À propos des droits de l'homme : un regard anthropologique », *op.cit.,* p. 151.

[112] SABETE (W), « Quelle théorie de la science juridique ? Réflexion sur la représentation scientifique du droit public », *RDP,* n° 5, 2000, p. 1306.

[113] C'est la question de l'organisation collective des personnes que l'État reconnaît pour ses nationaux en *nation* ou en *peuple*. CONSTANTINESCO (V) et PIERRE-CAPS (S), *Droit constitutionnel, op. cit.*, p. 261.

[114] *An Introduction to the Study of Comparative Constitutional Law,* New York/London, G. P Putnam's sons, 1884, p. 63. Italiques ajoutés.

[115] ROCH (F), « Réflexions sur l'évolution de la positivité du droit des peuples à disposer d'eux-mêmes en dehors des situations de décolonisation », *RQDI,* 2002-2015.1, pp. 88 et s.

droit à l'autodétermination semble avoir été conçu comme *« une arme de lutte contre l'oppression »*[116]. Le cas érythréen – dans le contexte éthiopien qu'on pourrait pourtant présenter comme une exception au principe de l'intangibilité des frontières – démontre que dans les contextes où le droit à la sécession est formellement établi, il ne va néanmoins pas de soi. Les situations qui appellent la décolonisation (Sahara occidental, Cabinda, etc.) sont elles-mêmes sans suite. L'écho du principe de l'intégrité territoriale vibre en Afrique, plus haut que celui du principe des nationalités. Pourrait-on conclure en empruntant à la Cour suprême du Canada qui indique que *« le droit international attache une grande importance à l'intégrité territoriale des États Nations »*[117] *?* Le droit à l'autodétermination reste ainsi au stade de *« la contradiction primitive »* par laquelle Charles Chaumont[118] analyse le passage du fait au droit. Le fait pourrait être une révolution réussie (autodétermination) qui se traduit juridiquement par l'idée d'un droit ouvert à tout peuple, communauté ou même simple à un groupe d'individus opprimés. *« Lorsqu'une longue suite d'abus et d'usurpations, tendant invariablement au même but, marque le dessein de les (peuple, communautés, individus) soumettre au despotisme absolu, il est de leur droit, il est de leur devoir de rejeter un tel gouvernement et de pourvoir, par de nouvelles sauvegardes, à leur sécurité future »*, enseignent à cet égard les révolutionnaires américains[119].

---

[116] LAGHMANI (S), « Droit international et droits internes : vers un renouveau du *jus gentium* ? » dans BEN ACHOUR (R) et AL. (dir.) : *Droit international et droits internes, développements récents,* Paris, Pédone, 1998, pp. 31-32.

[117] Le Renvoi, para. 112.

[118] « À la recherche du fondement du caractère obligatoire du droit international » dans *Réalité du droit international contemporain (Force obligatoire et sujets de droit) I*, Reims, 1976, p. 5.

[119] *La Déclaration d'indépendance des États-Unis d'Amérique*, 4 juillet 1776, § 3, Texte original, trad. française de JEFFERSON (T), *United States Information Agency*, Ambassade du Cameroun.

LE CONTRÔLE DES NORMES JURIDIQUES DEVANT LE CONSEIL CONSTITUTIONNEL CAMEROUNAIS : UN SERVICE DE SISYPHE ?

Axel WANDJI KEMAJOU

Docteur en droit public de l'Université de Poitiers, France
Chargé de cours à la Faculté des sciences juridiques
et politiques de l'Université de Dschang
Maître-assistant CAMES

22 ans[1], c'est le temps qu'aura mis le Conseil constitutionnel camerounais pour accéder à la vie en tant qu'institution. Pourtant, sa consécration inédite à la faveur de la réforme constitutionnelle du 18 janvier 1996 sous l'influence du constitutionnalisme d'inspiration libérale était saluée de façon quasi unanime comme une avancée significative pour la démocratie et l'État de droit. Autant dire que la toute première juridiction constitutionnelle camerounaise attitrée a connu une gestation particulièrement difficile. Le diagnostic de cette parturition laborieuse révèle qu'il s'est agi moins du sentiment d'inutilité qui aurait nourri une certaine adversité à l'égard de l'organe que d'un usage instrumental du droit par les acteurs politiques, ce qui est d'ailleurs symptomatique de la crise du constitutionnalisme de la troisième génération que traversent la plupart des pays d'Afrique d'expression française où le droit peine à se débarrasser des mailles de la politique.

En effet, la consécration du principe de progressivité dans la mise en place des institutions nouvellement créées dans l'urgence et destinées davantage à satisfaire les aspirations des bailleurs de fonds internationaux s'est révélée suicidaire pour la vitalité de l'ordre constitutionnel camerounais soumis à une espèce « d'autoflagellation constitutionnelle ». Ce dernier demeure largement influencé par les vicissitudes de la vie politique que le droit constitutionnel transitoire aurait pu résoudre si le principe de progressivité faisait l'objet d'un encadrement rigoureux de nature à réduire la marge de discrétionnarité du chef de l'État dans l'appréciation du timing de l'opérationnalisation des institutions créées. Mieux vaut tard que jamais ! Maintenant qu'un Conseil constitutionnel existe et est déjà en activité avec ses membres désignés au rang desquels figure l'illustre dédicataire[2] des présents mélanges, on peut s'autoriser un pronostic au regard du

[1] Il convient de rappeler que le Conseil constitutionnel a été institué pour la première fois à la faveur de la révision constitutionnelle du 18 janvier 1996.

[2] Il convient de rappeler que le Professeur Charles Étienne LEKENE DONFACK fait partir des 11 membres du Conseil constitutionnel nommés par décret présidentiel n° 2018/105 du 7 février 2018, pour un mandat de six (6) éventuellement renouvelable.

cadre normatif existant destiné à évaluer l'efficacité de son rôle dans la promotion de l'État de droit au Cameroun à l'aune du contentieux des normes juridiques porté devant la juridiction. Pour ce faire, quelques clarifications conceptuelles s'imposent.

En instituant un Conseil constitutionnel que Louis FAVOREU définit au même titre que les Cours constitutionnelles comme des *« juridictions créées pour connaître spécialement et exclusivement du contentieux constitutionnel, situées hors de l'appareil juridictionnel ordinaire et indépendantes de celui-ci comme des pouvoirs publics »*[3] le Cameroun, comme d'ailleurs la quasi-totalité des États d'Afrique noire francophone a marqué son adhésion au modèle européen ou concentré de justice constitutionnelle[4]. Ce modèle, dont on attribue la paternité aux travaux de Hans KELSEN[5] repose sur une remise en question du système américain ou du *judicial review*[6] et postule qu'il faut confier le monopole de l'appréciation de la constitutionnalité à un organe unique, spécialisé en la matière qui rendrait des décisions produisant des effets *erga omnes* et plus seulement *inter partes*.

Pour KELSEN, les juges ordinaires sont incompétents pour apprécier, en soi, la conformité d'une norme législative à la Constitution. Leur rôle est d'appliquer la loi et non d'en vérifier la constitutionnalité si ce n'est de manière indirecte puisqu'ils ne peuvent examiner un litige constitutionnel *ab initio*. C'est pour cette raison que la juridiction constitutionnelle au sens kelsénien ne doit pas être un organe, une chambre ou section d'un organe de l'appareil juridictionnel ordinaire comme cela était le cas au Cameroun jusqu'au parachèvement de la mise en place du Conseil constitutionnel où on observe que la Cour suprême dans sa formation des chambres réunies statuait provisoirement comme juge constitutionnel. En bref, le Conseil constitutionnel apparaît au Cameroun comme l'organe au service de la justice constitutionnelle dont la fonction est « d'assurer, sans restriction, la suprématie de la Constitution »[7].

---

[3] L. FAVOREU, « Cours constitutionnelles », in, O. DUHAMEL et Y. MENY (sous la direction de), *Dictionnaire constitutionnel*, Paris, PUF, 1992, p. 255 ; L. FAVOREU, « Modèle américain et modèle européen de justice constitutionnelle », *A.I.J.C*, Vol IV, 1988, pp. 51-66

[4] M. FROMONT, *La justice constitutionnelle dans le monde*, Paris, Dalloz, 1996, pp.2 et 3 ; D. ROUSSEAU, *La justice constitutionnelle en Europe*, 3e édition, Paris, Montchrestien, 1998, pp. 13-29 ; F. HAMON et C. WIENER, *La justice constitutionnelle : Présentation générale, France, États – Unis*, Paris, La documentation française, N° 1.15, 2006, pp. 37-60 ;

[5] H. KELSEN, « La garantie juridictionnelle de la Constitution (La justice constitutionnelle) », *R.D.P.*, pp. 197-257 ; du même auteur, « Le contrôle de constitutionnalité des lois. Une étude comparative des constitutions autrichienne et américaine », *R.F.D.C*, 1990, I, pp. 17-30.

[6] Le système américain est une création jurisprudentielle du *Chief Justice Marschall* dans sa décision *Marbury v/ Madison* de 1803. V. F. HAMON et C. WIENER, *La justice constitutionnelle. Présentation générale, France, États – Unis*, Paris, La documentation française, N° 1.15, 2006, pp. 37-60 ; E. ZOLLER, « Présentation de la Cour suprême des États Unis », *Cahiers du Conseil constitutionnel*, N° 5, pp. 40-52. Précision que dans le modèle américain, tout juge, fédéral ou étatique, saisi d'une affaire même en première instance dispose d'une plénitude de juridiction pour se prononcer sur une question de constitutionnalité soulevée à l'occasion d'un litige pour lequel il est saisi. Pour KELSEN, le modèle diffus ou décentralisé manque d'unité et peut être source d'insécurité juridique en raison de l'éventualité des divergences de jurisprudence due au caractère relatif de l'autorité de la chose jugée qui se limite dans le système américain aux parties.

[7] L. FAVOREU, « Justice constitutionnelle », op. cit., pp. 556 et 557.

C'est à ce titre qu'il statue sur le contentieux des normes juridiques. Par norme[8] juridique, il faut entendre la signification prescriptive d'un acte de volonté[9] qui s'insère dans un ordre juridiquement valide et globalement efficace[10]. Cet acte est celui « *par lequel une conduite est soit prescrite, soit permise et en particulier habilitée* »[11] selon le critère de la validité juridique qui permet d'exclure de l'étude, les normes morales ou religieuses.

La norme est ainsi envisagée dans le cadre de cette étude comme l'expression d'un « devoir être ». Pour Hans Kelsen, la norme signifie « *que quelque chose doit être ou avoir lieu* ». Il s'agit d'un acte « *dirigé vers le comportement d'autrui* »[12]. La signification de cet acte « *est qu'une personne (ou d'autres personnes) doit se comporter d'une manière déterminée* »[13]. Ainsi, dans l'optique normativiste que nous partageons ici, « *une norme consiste à modéliser des actions par l'obligation, la permission ou l'interdiction. Elle décrit un monde idéal, non le monde réel* »[14] dans le cadre d'un système normatif et obligatoire dans ce système selon les exigences de la validité.

Si la notion de contentieux est difficile à saisir en raison de son rattachement à l'idée de juridiction ou à celle de litige, de contestation ou de réclamation, on convient au-delà des controverses riches et stimulantes qu'elle soulève[15] avec le Doyen HAURIOU que le contentieux se rapporte à une « *contestation que les parties ont accepté de soumettre à un juge public, afin que celui-ci y trouve une solution pacifique* »[16]. Cette contestation peut porter sur un droit subjectif et on parlera alors de contentieux subjectif comme il peut concerner le droit objectif au sens du contentieux objectif. À ce titre, même si la dichotomie contentieux

---

[8] En effet, tiré du latin *norma*, qui exprime l'idée de « règle », le terme « norme » peut être rapproché d'un ordre, d'une prescription.

[9] H. KELSEN, *Théorie générale des normes*, (1979), Léviathan, PUF, 1996, p.

[10] Cette définition de la norme semble recueillir l'accord du courant normativiste comme de celui réaliste. V. E. MILLARD, « Qu'est-ce qu'une norme juridique ? », CCC, n° 21, 2006, p. 59. Pour le normativisme, norme renvoie à un « *énoncé impératif ou prescriptif appartenant à un ordre ou système normatif, et obligatoire dans ce système* ». La validité de la norme implique ici nécessairement son caractère obligatoire, ce qui n'est pas le cas pour les réalistes. De plus, norme et énoncé sont confondus. Dans une optique réaliste, elle est la « *signification prescriptive d'un énoncé, quelle que soit sa forme, et en général de tout acte humain, au regard d'un certain ordre ou système normatif* ». La norme est ici distinguée de l'énoncé qui n'en est que le support. Seule constitue une norme la signification de cet énoncé, laquelle résulte de la volonté de l'interprète. V. A.-J. ARNAUD (dir.), *Dictionnaire encyclopédique de théorie et de sociologie du droit*, 1re éd., LGDJ, 1988, p. 267

[11] H. KELSEN, *Théorie pure du droit*, 2e éd., (1960), trad. Ch. Eisenmann, LGDJ Bruylant, 1999, p. 13.

[12] H. KELSEN, *Théorie générale des normes*, (1979), Léviathan, PUF, 1996, p. 2.

[13] Idem.

[14] Otto PFERSMANN, Entrée « norme », in D. ALLAND et S. RIALS (dir.), *Dictionnaire de la culture juridique*, PUF, 2003, p. 1080 et s. ; E. MILLARD, « Qu'est-ce qu'une norme juridique ? », op. cit., p. 59 et s.

[15] Lire dans ce sens, L. DUGUIT, « L'acte administratif et l'acte juridictionnel », *RDP*, 1906, pp. 413 à 471 ici p. 450 ; G. JEZE, « L'acte juridictionnel et la classification des recours contentieux », *RDP*, 1909, pp. 667 à 695, ici p. 668 ; du même auteur « De la force de vérité légale attachée par la loi à l'acte juridictionnel », *R.D.P.* 1913, pp. 437 à 502, ici p. 437 ; R. BONNARD, « La conception matérielle de la fonction juridictionnelle », in Mélanges R. CARRE DE MALBERG, Paris, Sirey, 1933, pp. 3 à 29

[16] M. HAURIOU, « Les éléments du contentieux », *Rec. de législation de Toulouse*, 1905, pp. 1 à 98

objectif/contentieux subjectif est parfois contestée[17], il faut considérer le contentieux objectif comme « *un moyen de redressement du droit objectif, et ceci par le biais d'un "procès fait à un acte" dans l'intérêt premier de l'ordonnancement juridique [...]. C'est donc l'intérêt général qui est au cœur du contentieux objectif, ce qui [explique] le rôle secondaire des parties dans ce type de contentieux* »[18]. C'est sous ce prisme que l'on envisage la présente étude en parlant du contentieux des normes juridiques devant le Conseil constitutionnel.

À ce stade de la réflexion, la question qui se dégage est celle de savoir si le corpus juridique encadrant la résolution des litiges de constitutionnalité par le Conseil constitutionnel camerounais est de nature à favoriser l'enracinement de l'État de droit ? En d'autres termes, la mission confiée au Conseil constitutionnel camerounais de contrôler les normes ne se mue-t-elle au véritable *« service de Sisyphe » ?*

Le questionnement n'est pas dénué de toute pertinence dans la mesure où l'avènement du Conseil constitutionnel inscrit le Cameroun dans l'ère du constitutionnalisme libéral moderne qui ne se réduit pas seulement à l'adhésion diffuse au texte constitutionnel ; mais, mieux encore suppose que la suprématie déclarée de la Constitution soit juridiquement garantie. Le contrôle normatif institué est de ce fait inspiré d'une merveilleuse idée, celle de garantir la suprématie de la norme suprême. Il s'appuie sur l'idée selon laquelle la volonté du peuple souverain, directement et solennellement exprimée par lui à travers la Constitution, est supérieure à la volonté de ses représentants ordinairement exprimée par la loi[19]. En raison de cette hiérarchie, la loi ne sera l'expression raisonnable et authentique de la volonté générale qu'autant qu'elle sera conforme à la norme fondamentale. Si sur la forme l'idée est intéressante, sur le fond il convient de rechercher si un tel objectif, en l'état du droit positif camerounais est réalisable sans possibilité de formuler au regard de la pratique en droit comparé des réserves. Pour notre part et compte tenu de l'évolution de la justice constitutionnelle dans le monde, ce contentieux est globalement perçu de façon minimaliste, donnant l'allure d'un véritable service de « *Sisyphe* » en raison d'une part de la restriction des normes contrôlées (I) et de la politisation excessive de la saisine de l'institution (II).

I. LE CONTRÔLE DES NORMES JURIDIQUES, INDICATEUR D'UN SERVICE DE *« SISYPHE »* À TRAVERS LA RESTRICTION DES NORMES CONTRÔLÉES

Lorsqu'on scrute les normes juridiques susceptibles de faire l'objet d'un contrôle de constitutionnalité au Cameroun, on peut affirmer sans grand risque de se tromper, les compétences du Conseil constitutionnel étant d'attribution, que le constituant camerounais a raté l'occasion d'entrer dans l'histoire. En effet, soucieux de s'arrimer un constitutionnalisme libéral devenu quasi universel, il ne

[17] Lire à cet effet M. FROMONT, *La justice constitutionnelle dans le monde*, Dalloz, Coll. Connaissance du droit, 1996, p. 41 et s. ; T. SANTOLINI, « Les parties dans le procès constitutionnel en droit comparé », *Cahiers du Conseil constitutionnel*, n° 24, 2008, p. 122

[18] T. DI MANNO, *Le Conseil constitutionnel et les moyens et conclusions soulevés d'office*, Economica PUAM, 1997, p. 41

[19] T. HOLO, « Émergence de la justice constitutionnelle », *Pouvoirs* 2009/2 (n° 129), p. 103

pouvait manquer de marquer son attachement à la justice constitutionnelle, indispensable pour la consolidation de l'État de droit. Seulement les orientations en la matière peut-on le dire, sont en deçà des standards contemporains car le constituant n'a pas voulu faire preuve d'une grande ouverture en entretenant une ambiguïté certaine au sujet du contrôle des lois constitutionnelles (A) et un silence coupable à propos du contrôle des actes réglementaires (B).

A. L'ambiguïté à propos du contrôle des lois constitutionnelles

En disposant en son article 46 que « *le Conseil constitutionnel [...] statue sur la constitutionnalité des lois [...] »*, et en son article 47 alinéa 1 qu' *« il statue souverainement sur la constitutionnalité des lois, des traités et accords internationaux, les règlements intérieurs de l'Assemblée nationale et du Sénat avant leur mise en application, quant à leur conformité à la Constitution* », il apparaît que le constituant n'a pas fait preuve de précision au sujet de la possibilité d'un examen de la constitutionnalité des lois constitutionnelles. L'option pour une « *qualification ambiguë* » relativement à la nature des lois susceptibles de faire l'objet du contrôle montre à suffisance que le constituant, volontairement ou non, a manqué de se conformer à l'exigence de prévisibilité qui est au cœur du principe devenu incontournable de sécurité juridique (1). Ce faisant, il n'a pas clairement pris position, à tort d'ailleurs, à propos de la controverse sur le contrôle ou non des lois constitutionnelles qui nous semble pourtant souhaitable dans la perspective d'un renforcement de l'État de droit (2).

1) L'indétermination de la nature des lois contrôlées, un manquement à l'exigence de prévisibilité des normes

« *Il importe tellement à la loi qu'elle soit certaine que, sans cette condition, elle ne peut pas même être juste* »[20]. Ces propos de Francis BACON montrent à quel point la loi, en tant qu'acte du langage, se trouve confrontée au défi de la communication. En effet, s'il est certain qu'entre l'intention de l'émetteur et ce qui sera effectivement compris par le récepteur, il existe une « *zone de flottement* »[21], on doit reconnaître que cet espace incompressible d'indétermination d'un texte est un problème majeur en droit dans la mesure où il porte atteinte à un impératif de sécurité juridique et rend plus ou moins incertains les effets à venir de la règle de droit.

Lorsque le constituant camerounais affirme que « *le Conseil constitutionnel [...] statue sur la constitutionnalité des lois [...]* », il pèche par défaut de précision en ne déterminant pas la nature des lois susceptibles de faire l'objet d'un contrôle de constitutionnalité. Il s'agit là d'un manquement à l'exigence de prévisibilité de la norme en ce que la « *zone flottement* » laissé par le constituant lorsqu'il est silencieux sur la nature des lois susceptibles de contrôle de constitutionnalité laisse libre cours à toutes formes d'interprétation qu'il aurait pu éviter en intégrant l'idée selon laquelle l'exigence de prévisibilité doit guider les légistes en matière de production normative. La règle de droit n'assure sa fonction protectrice que

[20] F. BACON, *Œuvres,* Tome I, Livre VIII, « La certitude est la première dignité des lois », éd. Charpentier, Paris, 1845, p. 424

[21] Idem

lorsqu'elle est claire et précise. Or, le constituant camerounais, optant pour une qualification vague des lois susceptibles de faire l'objet d'un contrôle de constitutionnalité semble avoir choisi la voie de la complexité et de la flexibilité qui rendent difficile la prédictibilité des effets de la norme constitutionnelle. En fait, la tendance au développement d'un droit irrigué de « *notions floues* »[22] rend difficile la sauvegarde de la sécurité juridique.

La recherche de la prévisibilité de la norme ne passe pas très aisément chez une partie de la doctrine qui considère que le sens d'une prescription légale n'est jamais certain *a priori*. Paul RICOEUR formulait ce principe de manière générale par cette affirmation : « *le sens d'un texte n'est pas derrière le texte, mais devant lui* »[23]. HART mettra en exergue la notion d'« *open texture* » pour désigner le caractère incertain de la règle de droit[24]. En effet, la formulation du constituant ne permet pas de déterminer si la contestation de la constitutionnalité d'une loi constitutionnelle serait une interprétation hors-cadre. Or un énoncé plus clair et plus précis constituerait à n'en point douter des contraintes[25] de nature à limiter le plus certainement l'interprète de la norme. Face à des intentions clairement formulées, excluant explicitement telle ou telle interprétation, l'interprète se trouve confronté à une contrainte qui sera difficile mais pas impossible à surmonter si tant est que le postulat demeure celui de sa liberté.

Ainsi, pour une plus grande prévisibilité des normes, il est souhaitable de resserrer l'espace entre le texte (l'intention normative) et sa signification (la norme). Pour reprendre les notions forgées par G. Timsit[26], les qualités formelles permettraient de renforcer la « *prédétermination* » du sens de la loi et de réduire corrélativement l'espace de « *codétermination* ». C.-A. Morand, reprenant ces notions de prédétermination et de codétermination explique que « *le rôle de la légistique est de faire en sorte que la prédétermination soit la meilleure et la plus adéquate possible, en tenant compte du fait qu'il y a une part inévitable et nécessaire de codétermination par l'administration et le juge* »[27]. Les mots dans le monde du droit ont la force de produire des effets notamment d'une nature contraignante. Cette singularité du langage juridique rend d'autant plus impérieuse l'exigence de prévisibilité qui apparaît comme étant destinée à la protection des sujets de droit.

Le respect de l'exigence de prévisibilité souhaité du constituant camerounais résulte du fait qu'elle est intrinsèquement liée au phénomène juridique dès lors qu'on considère que le langage du droit se caractérise par ses effets « performatifs ». Les qualités formelles de la loi ne sont recherchées qu'au regard de ce qu'elles permettent d'obtenir *in fine* : la sécurité juridique. La « *zone de*

---

[22] M. DELMAS-MARTY, *Le flou du droit*, Paris, *PUF*, 1986.

[23] Cité par M. VAN DE KERCHOVE, « La théorie des actes de langage et la théorie de l'interprétation juridique », in P. AMSELEK (dir.), *Théorie des actes de langage, éthique et droit*, Paris, PUF, 1986, p. 240.

[24] H.L.A HART, *Le concept de droit*, trad. M. Van de Kerchove, Bruxelles, Fac. Univ. Saint-Louis, 1976, spécialement p. 155-168.

[25] V. M. TROPER, V. CHAMPEIL-DESPLATS et C. GRZEGORCZYK (dir.), *Théorie des contraintes juridiques*, Bruylant, LGDJ, coll. La pensée juridique, Paris, 2005.

[26] G. TIMSIT, *Les noms de la loi*, Paris, PUF, coll. Les voies du droit, 1 991.

[27] C.-A. MORAND, « Éléments de légistiques formelle et matérielle », op. cit., p. 20. « La légistique formelle de son côté analyse le système de communication et fournit des principes destinés à améliorer la compréhension des textes législatifs… ». *Ibid.* p. 19.

flottement » entre le texte et le sens qui lui est conféré doit alors être réduite le plus possible afin d'éviter qu'une incertitude trop grande affecte la règle de droit. Il s'agit alors tout à la fois de garantir l'égalité et la liberté des sujets de droit.

On peut d'une manière générale, considérer que la sécurité juridique est destinée à préserver de manière transversale l'ensemble des droits et libertés dans la mesure où il s'agit de permettre aux sujets de droit, de savoir ce qui est permis et ce qui ne l'est pas, et de régler en conséquence leurs comportements. Au regard de ce qui précède, et parce que les lois, avait dit Montesquieu « *sont faites pour des gens de médiocre entendement* »[28], le flou du constituant au sujet d'un possible contrôle de constitutionnalité des lois constitutionnelles nous invite à suggérer que le juge constitutionnel, par une interprétation constructive, élabore une jurisprudence favorable à un tel contrôle pour une meilleure garantie de l'État de droit.

2) La proposition d'un contrôle des lois constitutionnelles, une perspective souhaitable

Le Conseil constitutionnel camerounais peut-il statuer sur la conformité d'une loi constitutionnelle à la Constitution ? Autrement dit, les lois constitutionnelles sont-elles justiciables devant le conseil constitutionnel au Cameroun ?[29] Peut-on ranger les lois constitutionnelles dans la catégorie des normes contrôlables ? La question ainsi posée peut paraître inopportune voire inutile pour un pays qui connaît un volume de contentieux de constitutionnalité des lois sinon nul du moins particulièrement insignifiant. En 22 ans d'existence, le juge constitutionnel camerounais n'a statué qu'une seule fois sur la conformité du règlement intérieur de l'Assemblée nationale à la Constitution et ce pour censurer certaines dispositions de ce texte sur la validation du mandat des parlementaires[30], la Constitution faisant désormais de lui le seul juge de la régularité des élections présidentielle, parlementaires et des consultations référendaires. Cette jurisprudence restée isolée, c'est à titre de droit prospectif que le problème du contrôle de la constitutionnalité d'une loi constitutionnelle est ici posé.

Le problème a connu des solutions différentes, car si ce contrôle est possible dans les pays comme l'Allemagne et le Bénin pour ne citer que ces exemples, en France dont le modèle de justice constitutionnelle a fortement inspiré celui camerounais, le Conseil constitutionnel s'est toujours refusé de contrôler au fond la conformité d'une loi constitutionnelle à la Constitution[31].

---

[28] Montesquieu, *De l'esprit des lois*, LXXIX, ch. 16.

[29] Lire que la question L. FAVOREU, « L'injusticiabilité des lois constitutionnelles », *RFDA*, n° 4, 2003, pp. 794-795 ; J.-E. SCHOETTL, « Le Conseil constitutionnel peut-il contrôler une loi constitutionnelle ? » *Petites affiches*, 8 avril 2003, n° 70, pp. 21-22.

[30] Voir CS, Décision n° 001/CC/02-03 du 28 novembre 2002.

[31] V. La décision du Conseil constitutionnel 2003-469 D.C. du 26 mars 2003, loi constitutionnelle relative à l'organisation décentralisée de la République qui semble clore le débat sur la question mais bien avant cela la célèbre décision 62-20 D.C., Loi référendaire, du 6 novembre 1962 relatif à la réforme par la voie de l'article 11 du mode de désignation du président de la République, Cons. const., 6 novembre 1962, déc. no 62-20 D.C., Rec., p. 27, *Recueil de jurisprudence constitutionnelle* (L. FAVOREU) (*RJC*) I-11. V. L. FAVOREU et L. PHILIP, *Les grandes décisions du Conseil constitutionnel (GDCC)*, 11e éd., Paris, Dalloz, 2001, no 14 et la décision 92-313 D.C., Maastricht III, du 23 septembre 1992, Rec., p. 94, Recueil de jurisprudence constitutionnelle (L. Favoreu) (R.J.C.) I-

Par une interprétation restrictive de sa compétence, le juge constitutionnel français milite en faveur de ce que le Professeur RABAULT qualifie de « *l'unité du pouvoir constituant* »[32] dès lors que du point de vue de la théorie constitutionnelle, l'interprétation opérée par celui-ci aboutit à l'idée d'une identité entre pouvoir constituant originaire et pouvoir constituant dérivé. Dans la fameuse décision 62-20 D.C., Loi référendaire, du 6 novembre 1962 sur la réforme par la voie de l'article 11 du mode de désignation du président de la République, le juge se considéra comme incompétent pour contrôler la constitutionnalité des lois référendaires. Selon lui, « *il résulte de l'esprit de la Constitution qui a fait du Conseil constitutionnel un organe régulateur de l'activité des pouvoirs publics que les lois que la Constitution a entendu viser dans son article 61 sont uniquement les lois votées par le Parlement et non point celles qui, adoptées par le peuple à la suite d'un référendum, constituent l'expression directe de la souveraineté nationale* ».

En effet, admettre la justiciabilité d'une loi constitutionnelle au Cameroun peut reposer sur un double fondement théorique. D'une part, on peut considérer qu'un acquis du positivisme juridique est l'affirmation selon laquelle aucune norme n'a d'existence juridique si elle est dépourvue de sanctions[33]. C'est pourquoi on ne saurait concevoir de validité effective des dispositions intangibles de la Constitution sans un contrôle juridictionnel assurant son respect. C'est sur cette base que les juridictions constitutionnelles peuvent admettre la possibilité du contrôle de constitutionnalité des lois de révision constitutionnelle. Sous l'angle des méthodes d'interprétation, l'analyse s'apparente à la doctrine de l'effet utile en droit communautaire : le juge ne saurait laisser des dispositions positives sans conséquences[34]. Cependant, cela n'interdit pas de distinguer nettement la nature du contrôle de constitutionnalité quant à ce type de lois. Nécessairement restrictif, il permet néanmoins d'assurer la validité juridique du principe d'intangibilité constitutionnelle. S'il est vrai que l'effectivité du droit constitutionnel paraît moindre en comparaison d'autres branches du droit[35], sa juridicité croissante, son ambition de saisir la politique militent en faveur d'une justiciabilité. Au surplus, faut-il rappeler que l'un des critères du droit tient justement dans ce qu'il fait l'objet de sanctions[36] ? Encore que la justiciabilité n'implique pas nécessairement une sanction, la mission du juge pouvant s'arrêter au simple constat de contrariété[37].

---

11. V. L. FAVOREU et L. PHILIP, *Les grandes décisions du Conseil constitutionnel (GDCC),* 11e éd., Dalloz, Paris, 2001, n° 45.

[32] H. RABAULT, « La clause d'éternité : la recevabilité des recours contre les lois de révision constitutionnelle », *Petites affiches*, 30 août 2004, n° 173, p. 2

[33] H. Kelsen, Théorie pure du droit (1960), Paris, Dalloz, 1962, p. 46 et s.

[34] Sur la fonction de ce type de technique d'interprétation, v. H. RABAULT, L'interprétation des normes : l'objectivité de la méthode herméneutique, L'Harmattan, Paris, 1997, p. 172 et s.

[35] O. BEAUD, « La responsabilité pénale du président de la République. Pour une autre interprétation de l'article 68 de la Constitution », *Vers de nouvelles normes en droit de la responsabilité publique*, Les colloques du Sénat, organisé par l'Université Paris 13, les 11 au 12 mai 2001, p. 200, voir aussi *RFDA*, 2001, n° 6, p. 1193

[36] Sur ce critère et sa critique : F. TERRÉ, *Introduction générale au droit*, Dalloz, 2006, 7° éd., p. 43, n° 45.

[37] P. MOUZET, « Le rapport de constitutionnalité. Les enseignements de la Ve République », *RDP*, 2007, n° 4, p. 977.

D'autre part, en considérant avec Carl SCHMITT que le pouvoir de révision constitutionnelle est subordonné au pouvoir constitutionnel de fondation[38], on aboutit fatalement à la conclusion selon laquelle la validité formelle et matérielle des lois constitutionnelles dépend nécessairement de sa conformité à la Constitution, même si les normes ont toutes les deux un objet constitutionnel. Il existe alors de ce point de vue, une hiérarchie entre les normes de la Constitution. Les dispositions de la Constitution relevant de la compétence du pouvoir constituant originaire ne peuvent pas être révisées par le pouvoir constituant dérivé. Par conséquent, elles occupent une place supérieure à d'autres normes de la Constitution qui peuvent être révisées par le pouvoir constituant dérivé[39].

Le raisonnement du juge saisi de cette question, pourrait en conséquence être selon les propos de Kemal GÖZLER, inspirés de l'argumentation utilisée par John Marshall, *Chief Justice*, dans la fameuse décision *Marbury v. Madison* de la Cour suprême des États-Unis, établissant le contrôle de la constitutionnalité des lois pour résoudre le conflit entre une loi constitutionnelle et la Constitution. À ce propos, le juge constitutionnel béninois a rendu une décision annulant une loi constitutionnelle pour violation de la Constitution qui fera date dans l'histoire du constitutionnalisme moderne[40]. Dans un raisonnement subtil et audacieux, la haute instance béninoise a jugé que la révision constitutionnelle du 23 juin 2006 était invalide ; car, elle violait non seulement certaines dispositions spécifiques de la Constitution, mais aussi le consensus national qui émerge dès lors comme principe à valeur constitutionnelle. Par cette prise de position, il confirme que l'interprétation de la constitution exige des méthodes d'interprétation spécifiques[41]. En admettant ainsi que les lois constitutionnelles doivent être conformes à la Constitution, le juge béninois s'affirme comme valeureux protecteur de l'acte fondamental de la nation qui constitue un ordre de valeurs dont la lettre et l'esprit ne sauraient être altérés. C'est le triomphe souhaité de tous nos vœux de la démocratie constitutionnelle au Cameroun [42], même si ce rêve est encore loin en raison du silence gardé par le constituant à propos du contrôle de constitutionnalité des actes réglementaires.

---

[38] C. SCHMITT, *Théorie de la Constitution*, Paris, PUF, 1993, p. 241 à 250 ;

[39] Sur cette question, lire avec intérêt K. GÖZLER, Le pouvoir de révision constitutionnelle, Villeneuve d'Ascq, Presses universitaires du Septentrion, 1997, 2 volumes, 774 p (www.anayasa.gen.tr/these.htm).

[40] A. SOMA, « Le contrôle de constitutionnalité des normes supra législatives : note sous Cour Constitutionnelle, décision DCC 06-074 du 8 juillet 2006, loi constitutionnelle de prorogation du mandat des députés », in *Annuaire béninois de justice constitutionnelle,* Dossier spécial, 21 ans de jurisprudence de la Cour constitutionnelle du Bénin (1991-2012), Presses universitaires du Bénin, 2013, pp. 97 et ss.

[41] P. BRUNET, « Le juge constitutionnel est-il un juge comme les autres ? Réflexions méthodologiques sur la justice constitutionnelle », in O. JOUANJAN, C. GREWE, E. MAULIN ET P. WATTMAN, (dir.), *La notion de justice constitutionnelle,* Dalloz, Paris, 2005, pp.115-135

[42] L. KLEIN, « Démocratie constitutionnelle et constitutionnalisme démocratique : essai de classification des théories juridiques de la démocratie », consultable sur http://www.cairn.info.ressources.univ-poitiers.fr/article_p.php?ID_ARTICLE=RFDC_109_0121, 24 p., consulté le 20 juin 2020.

B. Le silence à propos du contrôle des actes réglementaires

L'instauration explicite du contrôle de constitutionnalité des actes réglementaires (2) rendrait plus performante la mission du Conseil constitutionnel au Cameroun, le silence entretenu à propos étant manifestement critiquable (1).

1) Un silence critiquable

La Constitution camerounaise aurait dû accorder au Conseil constitutionnel la possibilité de contrôler la constitutionnalité des actes réglementaires. Cette solution de bon sens devait avoir un effet dissuasif sur le juge administratif dont la frilosité en la matière a toujours été établie. La capacité du juge administratif à satisfaire l'attente des justiciables dans sa fonction contentieuse était constamment mise en doute, si l'on en juge par les critiques de plus en plus nombreuses sur son inefficacité à protéger les droits des justiciables et la mauvaise exécution de ses décisions. S'assimilant au juge de la légalité et non de la constitutionnalité, il a très souvent utilisé la technique de l'écran législatif pour refuser le contrôle d'un acte réglementaire directement avec la Constitution, lorsque cet acte est conforme à une loi inconstitutionnelle.

Bien plus, les difficultés d'accès au juge administratif[43] ajouté au juridisme excessif des règles de procédures et l'éloignement de l'institution par rapport à la population[44], justifient la recherche d'un refuge plus confortable auprès du juge constitutionnel dans le cadre d'une procédure moins coûteuse, plus rapide et plus efficace en raison de l'autorité de ses décisions. Le développement de nombreuses immunités juridictionnelles devant le juge administratif pourrait justifier l'intervention du juge constitutionnel tout au moins pour vérifier la constitutionnalité de ces actes susceptibles de violer les droits fondamentaux.

2) L'intervention souhaitée du juge constitutionnel en matière de contrôle de constitutionnalité des actes réglementaires

Un juge constitutionnel appelé désormais à intervenir dans des domaines où les décisions administratives notamment sont en cause, serait salutaire au Cameroun. Celui-ci apparaîtrait comme un acteur plus solide dans la posture de pourfendeur valeureux des abus de l'administration[45]. Les constituants béninois et gabonais l'ont certainement compris un peu plus tôt, en habilitant le juge constitutionnel à statuer obligatoirement sur « […] *la constitutionnalité des actes réglementaires*

---

[43] Lenteurs, le coût élevé, la centralisation de la juridiction, le défaut de spécialisation des juges et les difficultés d'exécution de ses décisions. V. C. KEUTCHA TCHAPNGA, « La réforme du contentieux du contentieux administratif au Cameroun : à propos de la loi n° 2006/022 du 29 décembre 2006 fixant l'organisation et le fonctionnement des Tribunaux administratifs », *Juridis périodique* n° 70, avril mai juin 2007, pp 24-29 ; B-R GUIMDO DONGMO, « Le droit d'accès à la juridiction administrative au Cameroun : Contribution à l'étude d'un droit fondamental », *RRJ, Droit prospectif,* n° 121, 2008-1, pp 453-498.

[44] J. du BOIS DEGAUDUSSON, « Le statut de la justice dans les États d'Afrique Noire Francophone », in G. CONAC et J. du BOIS DEGAUDUSSON, *La justice en Afrique, Afrique contemporaine,* n° 156, 1990, p. 6-12.

[45] V. C. KEUTCHA TCHAPNGA, « Le juge constitutionnel, juge administratif au Bénin et au Gabon ? », *RFDC,* n° 75, 2008/3, p. 557.

censés porter atteinte aux droits fondamentaux de la personne »[46], tout en conférant aux individus, à travers le recours constitutionnel[47], et/ ou l'exception d'inconstitutionnalité[48], le pouvoir de faire respecter effectivement leurs droits et libertés fondamentaux et de participer de ce fait au « *combat pour le droit* »[49] dans le domaine du droit constitutionnel[50].

L'intérêt d'une telle réforme tient au renforcement de la garantie des droits fondamentaux dans le système juridique. Examinant l'exemple béninois, un auteur souligne à juste titre : « *si le juge administratif béninois n'a joué dans le passé qu'un rôle limité au regard des droits fondamentaux, ce rôle s'est aujourd'hui estompé au profit du juge constitutionnel* »[51]. Ce constat se vérifie aussi au Gabon et pourrait servir de modèle d'inspiration pour le constituant camerounais dans sa mission de « constitutionnalisation du droit ». En effet, il est clair que « *la jurisprudence du juge constitutionnel produit un effet d'accroissement de visibilité des droits fondamentaux en leur donnant véritablement corps et l'interprétation qui se dégage a naturellement vocation à imprégner l'ensemble des raisonnements des diverses juridictions, en raison de l'autorité attachée à ses décisions* »[52].

En outre, l'extension des compétences du Conseil constitutionnel camerounais à la constitutionnalité des actes réglementaires, participerait à l'entreprise de reconstruction du système des sources du droit autour de l'axe constitutionnel. Et il convient de préciser que cette reconstruction du système des sources du droit autour de l'axe constitutionnel « *accroît le degré de contraintes qui pèse sur les autorités dotées d'un pouvoir normatif et contribue de la sorte, de manière significative et surtout efficace par le contrôle de constitutionnalité à limiter le pouvoir des gouvernants* »[53].

Au-delà de la restriction des normes à contrôler, le pronostic d'une inefficacité certaine du contrôle des normes juridiques devant le Conseil constitutionnel se dégage aussi de la politisation excessive qui émaille la saisine de cette auguste institution.

II. LE CONTRÔLE DES NORMES JURIDIQUES, MARQUEUR D'UN SERVICE DE *SISYPHE* EN RAISON DE LA POLITISATION DE LA SAISINE DU CONSEIL CONSTITUTIONNEL

La question du mode d'introduction de la procédure devant le tribunal constitutionnel a une importance primordiale : c'est de sa solution que dépend

[46] En ce sens, lecture combinée des articles 3, 117, 121 de la loi n° 90/32 du 11 décembre 1990 portant Constitution du Bénin ; et les articles 84, 85 et 86 de la loi n° 3/91du 26 mars 1991 portant Constitution de la République du Gabon.

[47] Article 85 al. 2 de la Constitution du Gabon et Article 3 al.3 de la Constitution du Bénin.

[48] Article 86 de la Constitution du Gabon.

[49] R. Von IHERING, cité par A. DITTMAN, « Le recours constitutionnel en droit allemand » in *les Cahiers du Conseil constitutionnel,* n° 10, pp. 1-17

[50] C. KEUTCHA TCHAPNGA, « Le juge constitutionnel, juge administratif au Bénin et au Gabon ? », *op.cit.*, p. 552.

[51] G. ALAYE, « le juge administratif béninois et la liberté » in *Cour suprême de la République du Bénin, Bulletin de droit et d'information,* n° 5, 1998, p. 4.

[52] V. MORALES, « La protection juridictionnelle des droits fondamentaux : révélation d'une entente conceptuelle », VI e Congrès français de droit constitutionnel, Montpellier 9,10 et 11 juin 2005.

[53] L. FAVOREU et autres, *Droit constitutionnel,* 4e édition, Paris, Dalloz, 2001, p. 136.

principalement la mesure dans laquelle le tribunal constitutionnel pourra remplir sa mission de garant de la Constitution[54]. Au Cameroun, la saisine du Conseil constitutionnel est organisée par l'article 47 de la Constitution du 18 janvier 1996 qui dispose en son alinéa 2 que : « *le Conseil constitutionnel est saisi par le président de la République, le président de l'Assemblée nationale, le président du Sénat, un tiers des députés ou un tiers des sénateurs. Les présidents des exécutifs régionaux peuvent saisir le Conseil constitutionnel lorsque les intérêts de leur région sont en cause* ». Il se dégage le constat d'une forte politisation de la saisine du Conseil constitutionnel pour la vérification de la conformité des lois à la Constitution. Car ce droit de saisine n'est réservé qu'à quelques autorités publiques d'essence politique. Cette restriction du droit de saisine bien que justifiée, demeure critiquable (A) d'où la proposition de la réformer (B).

A. Une limitation justifiée mais critiquable

Le constituant du 18 janvier 1996, en prenant ses distances avec la "mono-saisine" présidentielle[55] de la juridiction constitutionnelle, ne s'est pas détourné du critère élitiste dans la détermination des titulaires du droit de saisine du Conseil constitutionnel qu'il venait d'instaurer[56]. Il s'agit donc d'une saisine fermée qui repose certes sur quelques justifications (1), mais recèle aussi un certain nombre de risques (2).

1) La reconnaissance des mérites de la saisine fermée

La saisine « élitiste » du Conseil constitutionnel camerounais, comme cela est le cas dans plusieurs États d'Afrique noire d'expression française[57], met en évidence un contrôle concentré, préventif et abstrait qui doit respecter des conditions de recevabilité strictes, mais dont les modalités d'exercice sont quand même souples. Alors, le fait que seules les autorités politiques peuvent saisir le Conseil constitutionnel, ne nuirait pas pour autant à « *la professionnalisation de la saisine et aussi et surtout l'étendue des pouvoirs du juge* »[58]. De même, l'institutionnalisation d'une saisine réservée au président de la République, au président de l'Assemblée nationale, au président du Sénat, au tiers des députés et au tiers des sénateurs, s'accommode aisément au choix du modèle de justice constitutionnelle opéré par le Cameroun. Le professeur Denys DE BECHILLON faisait en effet valoir dans ce sens que : « *le fait que la saisine du Conseil*

[54] H. KELSEN, « La garantie juridictionnelle de la Constitution (la justice constitutionnelle) », *RDP*, 1928, p. 245.

[55] Il convient de rappeler que sous l'empire de la Constitution du 1er septembre 1961, seul le président de la République pouvait déférer une loi soupçonnée d'inconstitutionnalité devant la Cour fédérale de justice qui faisait office de juridiction constitutionnelle. Cf. article 14 de la Constitution camerounaise du 1er septembre 1961.

[56] Lire dans ce sens, D. J. ZAMBO ZAMBO, « Protection des droits fondamentaux et droit à la *jurisdictio* constitutionnelle au Cameroun : continuité et ruptures », *La Revue des droits de l'homme,* 36 p., notamment p. 6, [En ligne], consulté le 15 janvier 2019.

[57] La majorité des États d'Afrique noire d'expression française ont adhéré à ce modèle de contrôle de constitutionnalité.

[58] F. DELPEREE et F. FOURCHER (dir.), *La saisine du juge constitutionnel – Aspects de droit comparé,* Bruxelles, Bruylant, 1998, 201 p.

constitutionnel s'analyse en un acte politique réservé à des autorités politiques n'est rien d'autre que la résultante d'un choix constitutionnel... »[59].

Aussi, l'extension du droit de saisine aux présidents des conseils régionaux[60], mérite d'être saluée, car cela permettrait aux autorités ayant reçu mandat des populations locales de défendre les intérêts de ces derniers devant le juge constitutionnel. Le professeur Jean Louis ATANGANA AMOUGOU faisait observer dans ce sens que : « *un point positif est à relever en ce qui concerne l'extension de la saisine du conseil aux présidents des exécutifs régionaux. Cela est d'une importance capitale car elle démocratise la saisine qui ne sera pas réservée aux seules personnalités de premier plan. »*[61]. Cependant, les régions n'étant pas encore fonctionnelles, nous objectons que les présidents des conseils régionaux prochainement élus, sauront tirer profit de cette prévision constitutionnelle, en vue de préserver les droits fondamentaux des citoyens locaux.

Hormis ce point de mérite relevé, la saisine fermée du Conseil constitutionnel camerounais laisse plus de place à la critique.

2) La mise en perspective des risques de la saisine fermée

Réserver le droit de saisine du Conseil constitutionnel en matière de contrôle de constitutionnalité exclusivement aux autorités politiques, comme c'est le cas au Cameroun, présente des risques à plusieurs égards.

Tout d'abord, lorsqu'il n'est pas permis à toute personne de saisir directement la juridiction constitutionnelle pour assurer la défense de ses droits fondamentaux qu'il considère comme atteints par une loi ou même parfois par une décision des autorités administratives ou judiciaires, il y a un fort risque de fragilisation de ces droits. D'ailleurs, il est bien connu qu'en matière de justice constitutionnelle, la capacité des individus à accéder à une juridiction compétente détermine le degré d'efficacité dans la protection des droits de l'homme et des libertés fondamentales. De même, cet accès est d'une importance cruciale pour les acteurs et intérêts politiques, car il contribue à garantir le respect des règles du jeu politique, de l'exercice de l'autorité publique et des limites de celle-ci[62].

Ces autorités investies par l'article 47 (3) ont souvent manqué à leur devoir de déférer des lois méconnaissant certains droits fondamentaux devant le Conseil. L'exemple de la loi n° 2014/028 du 23 décembre 2014 portant répression des actes de terrorisme, qui aurait pu avant sa promulgation, au regard de la polémique soulevée dans son projet, être déférée devant le juge constitutionnel afin qu'il vérifie que le législateur a respecté des droits garantis aux citoyens, notamment ceux pénalement mis en cause[63], est assez illustratif à cet effet. L'on peut à

---

[59] D. DE BECHILLON, « Élargir la saisine du conseil constitutionnel », *Revue Pouvoirs 105,* 2003, pp. 104-105.
[60] Voir article 47 (2) de la Constitution camerounaise du 18 janvier 1996 précité.
[61] J. L. ATANGANA AMOUGOU, « La constitutionnalisation du droit en Afrique : l'exemple de la création du conseil constitutionnel camerounais », *Annuaire international de justice constitutionnelle,* 2004, p. 58.
[62] B. KANTÉ et H. K. PREMPEH, « La saisine des juridictions compétentes en matière de contrôle de constitutionnalité », in M. BOCKENFORDE, B. KANTÉ, Y. NGENGE, K. PREMPEH, *Les juridictions constitutionnelles en Afrique de l'Ouest, Analyse comparée,* IDEA, Fondation Hanns Seidel, 2016, p. 128.
[63] Pour plus de précisions, lire D. J. ZAMBO ZAMBO, « Protection des droits fondamentaux et droit à la *jurisdictio* constitutionnelle au Cameroun : continuité et ruptures », op.cit., pp. 9-10.

l'évidence s'interroger sur ce manquement : relève-t-il de la méconnaissance par les titulaires du droit de saisine de l'étendue de leurs propres compétences ? Ou simplement d'un refus volontaire de ces derniers ?

En prenant en compte le contexte politique, la seconde hypothèse nous paraît la plus plausible et relève de ce que la doctrine a souvent qualifié de « blocage politique »[64]. Le Doyen Henri ROUSSILLON évoquant le cas français des années 1974 à 1986, faisait remarquer que : « *réserver le droit de saisine à ces autorités constitutionnelles présentait un grand risque de blocage puisqu'il était possible qu'elles appartiennent à la même tendance politique...* »[65].

Le blocage politique induit de la saisine fermée du Conseil constitutionnel est assez perceptible au Cameroun où, de manière constante, les autorités habilitées à saisir la juridiction constitutionnelle appartiennent tous en fait au Rassemblement démocratique du peuple camerounais (RDPC), parti politique détenteur de l'écrasante majorité à l'Assemblée nationale et au Sénat, trente sénateurs sur cent étant d'ailleurs nommés par le président de la République (chef du parti dominant). Cette position parlementaire dominante du Rassemblement démocratique du peuple camerounais fait qu'en dépit du caractère pluraliste du Parlement camerounais, les députés et les sénateurs de l'opposition parlementaire n'atteignent généralement pas le nombre requis[66] pour saisir le Conseil constitutionnel.

Comme conséquence de ce qui précède, les lois votées étant en l'état actuel, soient des projets de loi initiés par l'exécutif, soient des propositions de loi issues, en théorie, de la majorité parlementaire, il serait donc difficile de voir une loi portant atteinte aux droits fondamentaux et votée par les majorités être déférée au Conseil constitutionnel, les autorités habilitées à saisir la haute juridiction étant, à tous points de vue, les seuls auteurs médiats ou immédiats de la loi. Il ne serait donc pas excessif de penser à la suite d'un éminent juriste que : « *l'acte de saisine du Conseil constitutionnel a été forgé, par le constituant, comme un accessoire du statut des principaux acteurs de la vie des institutions politiques, dans la majorité, puis dans l'opposition. Il n'y a donc pas lieu de s'étonner que ces acteurs fassent, de l'instrument qui leur a été donné, l'usage tactique que l'on fait en politique des instruments dont on dispose* »[67].

Au regard des considérations sus-évoquées, il serait judicieux d'envisager une thérapie au mode actuel d'accès à la haute juridiction camerounaise notamment en matière de contrôle de constitutionnalité. La saisine du Conseil constitutionnel camerounais doit donc être réexaminée.

---

[64] Les hypothèses de blocage politique ont généralement lieu, lorsque tous les titulaires du droit de saisine appartiennent au même parti politique.

[65] H. ROUSSILLON, « La saisine du conseil constitutionnel : contribution à un débat », *RIDC*, vol. 54, 2, 2002, p. 491.

[66] Le Conseil constitutionnel en vertu de l'article 47 (3) précité, ne peut être saisi que par un tiers des députés ou un tiers des sénateurs. Or au Cameroun, sur 180 députés, le parti au pouvoir RDPC en compte 148. Soit 32 de l'opposition alors qu'il faut 60 députés pour saisir le Conseil. De même sur 100 sénateurs, le RDPC en compte 89. Soit 11 de l'opposition, insuffisant pour saisir la juridiction constitutionnelle.

[67] D. DE BECHILLON, « Élargir la saisine du conseil constitutionnel », op.cit., p. 105.

B. Une limitation à réformer

Toute réforme constitutionnelle est évidemment le fruit d'un rapport de force et des préoccupations dominantes à un moment donné[68]. La nécessité d'y recourir s'impose indéniablement au Cameroun. Deux pistes de réformes nous semblent opportunes, dans la perspective de rendre plus performante la justice constitutionnelle au Cameroun. La première réforme consiste à une ouverture mesurée du prétoire constitutionnel **(1).** La seconde quant à elle, vise à l'institutionnalisation d'une autosaisine du juge constitutionnel **(2).**

1) L'ouverture mesurée du prétoire constitutionnel

Dans la quête d'une meilleure efficacité des solutions juridictionnelles en matière de contrôle de constitutionnalité des lois et d'une meilleure protection des droits fondamentaux au Cameroun, il serait judicieux d'ouvrir le prétoire constitutionnel aux citoyens et aux minorités politiques.

Cependant, il convient de rappeler que le citoyen camerounais n'est pas aussi éloigné du juge constitutionnel. Mais ce dernier n'a qu'un accès limité et spécifique en matière électorale ; notamment à l'occasion de l'élection présidentielle, des élections parlementaires et des consultations référendaires[69]. Ainsi, le citoyen ne peut se mouvoir dans ce cadre que s'il est candidat à l'une des « compétitions électorales » susmentionnées.

Se pose de façon plus fondamentale la question de l'accès du citoyen en tant que justiciable dans un litige portant sur le contrôle de constitutionnalité des lois. À cet effet, rien n'interdit au constituant camerounais d'instituer un contrôle de la norme après promulgation de la loi. Cela permettrait à tout justiciable de saisir le Conseil constitutionnel par la voie de l'exception d'inconstitutionnalité.

La saisine du Conseil par la voie d'exception d'inconstitutionnalité constituerait une véritable révolution juridique par rapport au système actuel. Car, le citoyen devra pouvoir s'adresser sans intermédiaire, à l'organe chargé par la Constitution de garantir ses droits fondamentaux face au législateur suspecté, à tort ou à raison, d'un penchant liberticide. La capacité des citoyens camerounais à accéder à la juridiction constitutionnelle déterminera le degré d'efficacité dans la protection des droits et libertés fondamentaux. On pourrait logiquement conclure à cet égard que le Cameroun gagnerait à inscrire le citoyen parmi les titulaires du droit de saisine du Conseil constitutionnel en matière de contrôle de constitutionnalité des lois.

L'ouverture du prétoire constitutionnel devrait en outre être accordée aux partis politiques d'opposition. En effet, en accordant au tiers donc 60 sur 180 députés et au 1/3 des sénateurs en raison de 33 sur 100, le droit de saisine du Conseil constitutionnel en matière de contrôle de constitutionnalité des lois au Cameroun, le constituant a bloqué toute possibilité aux partis politiques de pouvoir contester

---

[68] A. BOCKEL, « la réforme constitutionnelle en Turquie : la démocratie à la dérive », *RFDC*, 2 019/3, n° 119, p 121.

[69] Cf. article 48 de la Constitution camerounaise du 18 janvier 1996. Il dispose que : « *Le Conseil constitutionnel veille à la régularité de l'élection présidentielle, des élections parlementaires, des consultations référendaires. Il en proclame les résultats. (2) En cas de contestation sur la régularité de l'une des élections prévues à l'alinéa 1 ci - dessus, le Conseil Constitutionnel peut être saisi par tout candidat, par tout parti politique ayant pris part à l'élection dans la circonscription concernée ou toute personne ayant qualité d'agent du gouvernement pour cette élection.* »

les lois qu'ils estiment inconstitutionnelles. Le parti du président de la République, comme nous l'avons précédemment souligné, est ultra-majoritaire dans les deux chambres du Parlement. Par conséquent, seuls les projets au détriment des propositions sont finalement votés comme loi au sein des deux chambres. Et, on voit mal comment le tiers dans les deux chambres acquises à la majorité, pourrait déférer les lois votées devant le Conseil constitutionnel pour vérification de leur conformité à la Constitution.

À cet effet, il serait plus intéressant de permettre à l'opposition de pouvoir provoquer le contrôle de constitutionnalité sur des lois qu'ils estiment non conformes. Cela permettrait comme dans la première proposition suggérée, de densifier l'activité du Conseil en matière de contrôle de la norme, mais aussi et surtout de garantir les droits et libertés fondamentaux. Aussi, l'ouverture de la saisine à l'opposition constituera une avancée salutaire pour la démocratie camerounaise.

Cette réforme à n'en point douter, intensifiera l'activité juridictionnelle de contrôle de conformité des normes inférieures à la Constitution. Cette tâche serait davantage plus aisée si la possibilité était offerte au Conseil constitutionnel camerounais de s'autosaisir.

2) L'autosaisine souhaitée du Conseil constitutionnel camerounais

S'il a longtemps été admis que « *l'autosaisine d'un organe juridictionnel est, en principe, impossible car contraire à la logique de sa fonction qui est d'intervenir à la base du droit et à la demande de l'une ou l'autre des parties* », force est de reconnaître qu'elle constitue aujourd'hui une véritable arme pour combattre les violations des droits fondamentaux. Il est donc tout à fait logique pour tout État de droit, de conférer un tel pouvoir au juge constitutionnel en matière de contrôle de conformité des normes inférieures à la Constitution.

Ainsi, l'efficacité des solutions juridictionnelles du Conseil constitutionnel camerounais, devrait sans doute passer par l'enrichissement de son office. La haute juridiction devrait pouvoir s'autosaisir sur les questions de constitutionnalité. Cela dit, il pourra se déployer même en l'absence de saisine des autorités originellement habilitées. De manière pratique, cette réforme implique que si le Conseil constitutionnel soupçonne une loi votée par le parlement d'inconstitutionnelle, il pourra se saisir lui-même afin de trancher sur cette loi avant sa promulgation par le président de la République.

Pour mieux cerner l'importance d'une telle réforme, il suffit de se référer à d'autres expériences réussies d'autosaisine du juge constitutionnel en Afrique, notamment en Afrique de l'ouest. Il en est ainsi par exemple du Bénin[70] où la Cour constitutionnelle se prononce d'office sur la constitutionnalité des lois et sur tout acte réglementaire censés porter atteinte aux droits fondamentaux de la personne. Bien plus, l'article 22 du règlement de cette institution lui permet également de se saisir d'office d'une affaire pour rectifier toute erreur matérielle dans l'une de ses décisions[71]. En vertu de son pouvoir de saisine d'office, la Cour constitutionnelle béninoise a déjà eu à se prononcer malgré le désistement du requérant. En principe, elle aurait dû lui donner acte de son désistement. L'affaire est relative à

[70] V° dans ce sens l'article 121 alinéa 2 de la Constitution béninoise.
[71] Décision DCC 03-135 du 21 août 2003.

une requête déposée le 10 décembre 2007 concernant une violation de domicile et un trafic d'influence contre des agents des forces de sécurité. Par une décision DCC 09 -006 du 5 février 2009, la Cour, prenant acte du désistement en vertu de l'article 121 alinéa 2 de la Constitution, a statué au motif qu'il y avait l'existence d'une atteinte aux droits de la personne[72].

De même, en vertu de l'article 157 alinéa 3 de la Constitution du Burkina Faso, le Conseil constitutionnel est autorisé à se saisir de toutes questions relevant de sa compétence s'il le juge nécessaire. Au Liberia aussi, la Cour suprême peut appliquer une procédure de saisine d'office sans initiative préalable d'un requérant si elle considère qu'une loi porte atteinte à l'indépendance de la justice. Elle peut ensuite décider que cette loi est contraire à la Constitution afin de protéger le pouvoir judiciaire.

L'auto saisine permettra au Conseil constitutionnel camerounais de remplir sa mission de gardien de la Constitution. À travers cette technique, le Conseil pourra remédier à des situations de non-saisine qui auraient mérité d'être portées devant son instance. En outre, Cela suscitera une lueur d'espoir pour les citoyens souvent trop ignorés dans le système de contrôle a priori de constitutionnalité des lois.

Le Conseil constitutionnel camerounais se rapprocherait dans ce sens de son homologue français qui depuis lors, « *a acquis ses lettres de noblesse, au point d'être présenté comme étant, avec le recul, l'innovation majeure de la Ve République et d'être conçu comme le gardien ultime des droits et libertés* »[73]. Cet éclat du Conseil constitutionnel français a poussé certains auteurs à relever que : « *alors qu'aux origines de la Ve République, le Conseil n'était conçu comme un instrument de parlementarisme rationalisé, il est devenu une juridiction à part entière au point de faire craindre à certains qu'il ne devienne une Cour suprême* »[74].

En définitive, On mesure bien l'immensité et la complexité du chantier constitutionnel qu'imposent la refonte de l'activité juridictionnelle du Conseil et ses implications tant sur l'institution que sur le procès. En cela, il reviendrait aussi au juge constitutionnel, acteur clé de ce processus de faire preuve d'audace. C'est par là que disparaîtra la politisation du contrôle juridictionnel de la loi qui ne répond pas souvent aux exigences accrues de protection des droits et libertés fondamentaux. Car, il est venu le temps que le juge constitutionnel camerounais se construise une nouvelle identité qui devra accroître son autorité et sa légitimité[75]. C'est également à ce prix, que le justiciable se sentira mieux protégé et pourrait ainsi prétendre au statut de majeur constitutionnel[76].

[72] Voir également, DCC 05-19 du 3 mars 2005, DCC 05-020 du 3 mars 2005 ; DCC 05-043 du 26 mai 2005

[73] M. VERPAUX, « Le Conseil constitutionnel une juridiction pas comme les autres », *Revue politique et parlementaire,* n° 13, juillet 2018.

[74] *Ibid.*

[75] P. JAN, « Le Conseil constitutionnel », *Pouvoirs* 2001/4 (n° 99), p. 75.

[76] Il s'agit de tout justiciable disposant des moyens de défendre ses droits contre la loi, comme c'est le cas des justiciables de la question prioritaire de constitutionnalité en France. Lire dans ce sens, E. CARTIER et autres, *Les justiciables de la QPC. Identification et mobilisation d'un outil processuel sui generis,* consultable sur www.conseil-constitutionnel.fr, consulté le 7 décembre 2022.

L'ARMÉE, UNE INSTITUTION DÉMOCRATIQUE ?

Guy-Fabrice HOLO

Université de Paris I Panthéon-Sorbonne (France)
Avocat au barreau de Paris (France)

Le rôle de l'armée dans certains pays d'Afrique est fondamental dans l'apparition de l'État, où elle a un impact important dans la vie politique, intervenant à un moment ou à un autre, de façon ponctuelle ou dans la durée, avec plus ou moins de succès[1]. Ces interventions se sont traduites par des incursions incessantes de l'armée sur la scène politique, pour *« rectifier »*[2] la gouvernance menée par les civils. Or, *« lorsque les appareils d'État bénéficient d'une telle autonomie par rapport au Gouvernement, ce dernier « gouverne » peut-être, mais il ne détient certainement pas le pouvoir »*[3]. À cet égard, dans la pratique, depuis les indépendances, les militaires ont dirigé l'État plus longtemps que les civils dans certains pays du continent. Que son intervention soit un succès ou non, l'armée reste un protagoniste majeur du jeu politique et son mode d'action privilégié, le coup d'État, reste une menace lancinante. En cela, l'histoire du continent nous enseigne que l'intervention politique de l'armée peut être démocraticide, quand elle met fin à un processus de démocratisation en cours ou empêche qu'il puisse advenir, ou démocratisante, quand son action vise à instituer la démocratie ou rectifier le processus de démocratisation en cours. Si le coup d'État peut conduire à l'instauration d'un régime autoritaire, comme au Soudan, l'intervention des militaires n'est pas toujours contraire à la démocratie. Certaines de ces interventions sont justifiées par la volonté d'accélérer un processus de démocratisation ou d'alternance, qui peine à advenir par les urnes. Les transitions des années 1990 semblaient avoir marqué durablement le désengagement de l'armée de la vie politique. Les récents événements en Afrique de l'Ouest nous ont rappelé des figures d'un autre temps : celui du rôle politique de l'armée. Il apparaît alors utile d'analyser le rôle de l'armée en tant qu'entité politique. Son action

---

[1] Il est en cela comparable à celui de l'armée turque au début du XXe siècle : *« Couronnée par son succès lors de la guerre d'indépendance (1919-1923) et unifiée par la nouvelle idéologie du nationalisme turc, après l'instauration de la République, l'armée devient la première institution du jeune État turc [...] »* (ÜNSALDI (L), « Du rôle politique de l'armée en Turquie », *Revue du Tiers-monde*, n° 194, 2008/2, p. 261).

[2] Il n'y a que peu de pays qui y ont échappé, comme le Cameroun. Le Gabon a vécu une intervention des militaires dans la vie politique en février 1964, mais elle n'a duré que quarante-huit heures, avant que ne soit rétablie la légalité constitutionnelle.

[3] BENCHENANE (M), *Les coups d'État en Afrique*, Paris, Ed. Publisud, 1983, p. 87.

semble se diviser entre les deux options évoquées ci-avant : instituer/soutenir la démocratisation ou la rectifier. Il s'agira, tout d'abord d'analyser l'inadéquation entre l'armée et la démocratie (I) puis le rôle de l'armée dans le processus de démocratisation (II).

I. TRENTE ANS D'INADÉQUATION ENTRE ARMÉE ET DÉMOCRATIE ENTRE 1960 ET 1990

De nombreux et importants travaux leur ont été consacrés[4], on s'en tiendra par conséquent à quelques rappels indispensables, préalables à l'exposé de développements nouveaux.

Face à ce qu'ils ont considéré comme des dérives de la société politique et l'absence de réaction de la société civile, l'armée, que personne n'imaginait dans ce rôle au moment des indépendances, est intervenue sur le terrain politique. D'ailleurs en 1963 au Togo, quand les récriminations de soldats contre le régime du Président Sylvanus Olympio les conduisent à le renverser, le pouvoir est rapidement donné à un autre civil. Les militaires, dans un premier temps, n'exercent pas le pouvoir[5]. Ils vont le faire par la suite (A), ce qui aura pour conséquence un phénomène de militarisation du régime (B).

A. L'arrivée de l'armée au pouvoir

Selon les professeurs André Cabanis et Michel Louis Martin, il y a une *« insubordination politique des forces armées »*[6]. C'est un élément qui ne peut être ignoré dans l'analyse des régimes politiques africains depuis les indépendances. Il y a au départ une intervention ponctuelle de l'armée (1), qui s'étend par la suite dans la durée (2).

1) L'intervention ponctuelle de l'armée

Auteur de l'un des premiers coups d'État africains après les indépendances[7], le chef d'état-major de l'armée dahoméenne (actuel Bénin), le général Christophe

---

[4] BANGOURA (D) et DABEZIES (P), *Les armées africaines (1960-1990)*, Paris, La Documentation française, coll. « Notes africaines, asiatiques et caraïbes », 1992, 190 p. ; BANGOURA (D), « Armées et défis démocratiques en Afrique », *Afrique 2000*, n° 12, 1993, pp. 111-122 ; CHOUALA (Y-A), « Contribution des armées au jeu démocratique en Afrique », *RJPEA*, n° 4, 2004, pp. 548-574 ; ESSONO OVONO (A), « Armée et démocratie en Afrique, une relation ambivalente à normaliser », *Afrique contemporaine*, n° 242, 2012/2, pp. 120-121 ; DIAMOND (L) et PLATTNER (M) (dir.), *Le rôle de l'armée en démocratie*, Nouveaux Horizons, 1999, 242 p.

[5] La revendication est là d'ordre purement corporatif. Des soldats togolais, démobilisés de l'armée coloniale française demandaient leur intégration dans la toute jeune armée togolaise, ce à quoi s'opposait le Président Olympio. Il n'y avait pas de dérive dictatoriale ni d'accusations de corruption à l'encontre du chef de l'État, ce qui peut également expliquer que les militaires n'aient pas gardé le pouvoir comme ils le feront plus tard quand une crise éclatera entre le président et le vice-président.

[6] CABANIS (A) et MARTIN (M-L), *Le constitutionnalisme de la troisième vague en Afrique francophone*, Louvain-la-Neuve, Academia-Bruylant, coll., « Publications de l'Institut Universitaire André Ryckmans » n° 4, 2010, p. 121.

[7] Dès octobre 1963 même si comme l'explique Pierre Dabezies, « Il arrive aussi que le chef des armées ramasse le pouvoir plus qu'il ne le prend en se trouvant promu au rôle de dictateur sans l'avoir demandé : tel fut le cas au Pakistan, en Birmanie et au Soudan en 1958 ; de même au Dahomey, en

Soglo, déclarait en décembre 1965, après un nouveau coup d'État, qu'il avait pris le pouvoir afin d'éviter que les querelles internes entre politiciens ne mènent le pays à l'anarchie. S'il reconnaissait que ce n'était pas le rôle des militaires d'intervenir dans la vie politique, il précisait que cette intervention était motivée par l'incapacité des civils à gérer sainement les affaires de l'État. Ajoutant qu'*« appelés par le peuple, ils (les militaires) étaient obligés d'intervenir pour remettre de l'ordre dans le pays »*[8]. En effet, en étant *« en contact permanent avec les masses, l'armée a gagné cette légitimité qui faisait tant défaut au pouvoir civil. Aussi est-ce avec grande facilité, qu'elle a pu s'emparer du pouvoir »*[9]. Le but était de rendre le pouvoir aux civils lorsque la situation se serait améliorée. Les arguments ne sont pas différents aujourd'hui. Cependant, l'armée arrivant au pouvoir décide d'y rester.

2) L'installation de l'armée au pouvoir

Avec l'armée au pouvoir, il y a l'émergence d'une catégorie de militaires-politiciens. Même lorsqu'il y a une civilisation du régime, elle reste l'organe dominant du pouvoir. Au Dahomey, les Constitutions de 1968 et de 1977 en font l'instrument privilégié de défense du régime[10]. Les chefs d'État béninois, burkinabé, congolais, togolais, malien ou nigérien, avant le déclenchement du processus de transition des années 1990 sont tous des officiers supérieurs de l'armée. Leur présence à la tête de l'État a pour conséquence une surreprésentation des militaires et des membres des forces de défense et de sécurité dans les organes dirigeants du parti et dans les autres institutions étatiques.

Après l'indépendance obtenue par la Haute Volta en 1960 (actuel Burkina-Faso), le régime civil est remplacé par le régime militaire du général Sangoulé Lamizana à partir de janvier 1966 qui gouverne jusqu'en 1970 avec le Conseil supérieur des forces armées (CSFA). Il promet de rendre le pouvoir aux civils au bout de quatre ans. Si, en 1970 est effectivement adoptée une nouvelle Constitution, c'est toujours le général Lamizana qui dirige le pays. Il reste au pouvoir jusqu'en 1980 avant d'être à son tour renversé par un coup d'État du colonel Saye Zerbo en novembre 1980. Ce dernier dirige le Comité militaire de redressement pour le progrès national (CMRPN). Son régime est remplacé le 7 novembre 1982 quand le commandant Jean-Baptiste Ouédraogo prend sa place et crée le Comité de salut public (CSP). Il sera à son tour renversé par le capitaine Thomas Sankara le 4 août 1983. Les pouvoirs seront remis au Comité national de la révolution (CNR) qu'il dirige[11]. Le 15 octobre 1987, il est renversé par le capitaine Blaise Compaoré, président du Front populaire (FP), qui gardera le pouvoir jusqu'au soulèvement du 31 octobre 2014. À l'exception de la période

---

1963 » *in* DABEZIES (P), « L'alternance dans les dictatures militaires du Tiers-Monde », *Pouvoirs*, dossier L'alternance, n° 1, avr. 1977 (juin 1984), p. 113-117.

[8] Christophe SOGLO, interview enregistrée à la suite du coup d'État du 22 décembre 1965 (disponible en ligne via l'URL : https://www.youtube.com/, consulté le 10 janvier 2023).

[9] ASSO (B), *Le Chef de l'État africain : l'expérience des États africains de succession française*, Université de Nice, thèse dact., 1974., p. 407.

[10] HOLO (T), « Constitution et nouvel ordre politique au Bénin », *RBSJA*, n° 13, déc. 1989, p. 10.

[11] MOUKOKO MBONJO (V-P), *Démilitarisation et démocratisation sous tutelle militaire. Les expériences du Nigeria, du Ghana et du Burkina Faso (ex-Haute Volta)*, Université de Paris I, thèse dact., 1985, vol. 1, 329 p.

allant de 1960 à 1966 où le pays était dirigé par Maurice Yaméogo, père de l'indépendance voltaïque, et depuis la chute de Blaise Compaoré en 2014 et l'élection de Roch Marc Christian Kaboré en décembre 2015, le pays a été uniquement dirigé par des militaires. Cela n'aura d'ailleurs été qu'un intermède puisqu'il est renversé en janvier 2022 par l'armée.

En République du Congo, après les régimes civils de Fulbert Youlou de novembre 1959 à août 1963[12] et de son successeur Alphonse Massamba-Débat qui dirige le pays de 1963 à septembre 1968[13], c'est le Premier ministre de ce dernier, le Général Alfred Raoul qui assure l'intérim de septembre 1968 à janvier 1969[14]. La capitaine Marien Ngouabi prend ensuite le pouvoir en créant le Conseil national de la révolution (CNR)[15]. Il le garde jusqu'à son assassinat en mars 1977. À la suite d'un court intérim assuré par le Comité militaire du parti congolais du travail (CMPCT), le colonel Joachim Yhombi-Opango est désigné président de la République en avril 1977, en tant que numéro un du Comité militaire. Il est remplacé au sommet de l'État par le colonel Denis Sassou-Nguesso en février 1979[16]. À la suite de la transition démocratique, ce dernier perd l'élection présidentielle face à Pascal Lissouba en août 1992[17], mais il redevient président de la République en octobre 1997 à la faveur d'une guerre civile. Il a été réélu en 2021 pour un mandat de cinq ans[18].

Enfin, au Niger, après avoir renversé le père de l'indépendance, Hamani Diori, en avril 1975, le lieutenant-colonel Seyni Koutché dirige le pays en tant que chef du Comité militaire suprême jusqu'à sa mort en novembre 1987. Il est remplacé par son chef d'État-major, Ali Saibou qui perd le pouvoir à la suite de la transition démocratique et l'élection en avril 1993 de Mahamane Ousmane[19]. Le régime civil ne dure pas longtemps puisque dès janvier 1996, le colonel Ibrahim Baré Maïnassara prend le pouvoir à la suite d'un coup d'État. À sa mort, en avril 1999, le commandant Daouda Malam Wanké le remplace en tant que président du

---

[12] Constitution du 2 mars 1961 qui instaure un régime de type « présidentialiste » (disponible en ligne via l'URL : http://cour-constitutionnelle.cg/, consulté le 10 janvier 2023).

[13] Constitution du 8 décembre 1963 qui instaure un régime de type parlementaire, comparable à celui de la Ve République française. D'ailleurs, l'article 23 reprend la formule de l'article 5 français *« Il assure par son arbitrage le fonctionnement régulier des pouvoirs publics et la continuité de l'État ».* (disponible en ligne via l'URL :http://cour-constitutionnelle.cg/, consulté le 10 janvier 2023).

[14] Ce qui est en violation avec l'article 25 de la Constitution de 1963 qui dispose qu *« En cas de vacance de la présidence de la République pour quelque cause que ce soit constatée par une déclaration de la Cour suprême, les fonctions de président de la République sont exercées par le président de l'Assemblée nationale. Celui-ci ne peut toutefois exercer les pouvoirs prévus aux articles 32 et 33 et il ne peut être fait application durant cette période des articles 52 et 81 ».*

[15] Acte fondamental du 1er janvier 1969 et la Constitution du 31 décembre 1969 qui instaure le parti unique (disponible en ligne via l'URL : http://cour-constitutionnelle.cg/, consulté le 10 janvier 2023). Puis est adoptée la Constitution du 24 juin 1973 (disponible en ligne via l'URL : http://cour-constitutionnelle.cg/, consulté le 10 janvier 2023).

[16] Acte fondamental du 5 avril 1977 (disponible en ligne via l'URL : http://cour-constitutionnelle.cg/, consulté le 10 janvier 2023). Puis est adoptée la Constitution de la République populaire du Congo du 8 juillet 1979, (disponible en ligne via l'URL : http://cour-constitutionnelle.cg/, consulté le 10 janvier 2023).

[17] Constitution de la République du Congo du 15 mars 1992, (disponible en ligne via l'URL : http://cour-constitutionnelle.cg/, consulté le 10 janvier 2023).

[18] Constitution de la République du Congo du 25 octobre 2015 (disponible en ligne via l'URL : http://cour-constitutionnelle.cg/, consulté le 10 janvier 2023).

[19] Élu le 27 mars 1993.

Conseil de réconciliation nationale (CRN). La même année, il organise des élections et laisse le pouvoir aux civils dès le mois de décembre 1999. C'est un ancien militaire, le lieutenant-colonel Mamadou Tandja qui gagne les élections et prend ses fonctions le 22 décembre 1999. Voulant modifier la Constitution pour rester au pouvoir, il est victime d'un coup d'État mené en février 2010 par le commandant Salou Djibo. Ce dernier est désigné président du Conseil suprême pour la restauration de la démocratie au Niger (CSRDN) et s'est engagé à redonner le pouvoir aux civils[20]. L'élection puis la prestation de serment de Mahamadou Issoufou, le 7 avril 2011, ont marqué la fin de la présence des militaires au sommet de l'État nigérien.

Aux interventions ponctuelles a fait place une *« installation »* des régimes militaires.

B. L'installation des régimes militaires

L'arrivée des militaires au pouvoir a donné lieu à la constitutionnalisation des régimes militaires[21]. Ils établissent des textes constitutionnels grâce auxquels ils essayent de transformer le régime et de donner une légitimité autre que celle des armes à leur pouvoir. Les nouvelles Constitutions reflètent d'ailleurs ce transfert de pouvoir[22], sans pour autant, marquer de véritables changements dans le personnel gouvernemental. C'est d'ailleurs un trait caractéristique selon Dmitri Georges Lavroff pour qui *« le maintien au pouvoir du personnel gouvernemental en place est la conséquence habituelle de la constitutionnalisation des régimes militaires africains »*[23]. Ce phénomène est assez bien illustré par la Constitution malienne de 1974 qui prévoit dans les dispositions transitoires (titre XV), à l'article 79 *que « pendant une période de cinq ans, le Comité militaire de libération nationale définira et conduira la politique de l'État »*[24], bien qu'il y ait

[20] Ordonnance du 22 février 2010 organisant les pouvoirs publics pendant la transition.

[21] LAVROFF (D-G), « La constitutionnalisation des régimes militaires en Afrique noire », *in* SEURIN (J-L) (dir.), *Le constitutionnalisme aujourd'hui,* Paris, Economica, 1984, p. 202 ; HOLO (T), *Étude d'un régime militaire : le cas du Dahomey (Bénin) (1972-1977)*, Université Paris 1 Panthéon Sorbonne, thèse dact., 1979, 494 p.

[22] En République populaire du Bénin, les institutions révolutionnaires remplacent le gouvernement militaire révolutionnaire (articles 158 et 159) ; au Mali, Constitution du Mali, les dispositions transitoires (titre XV), à l'article 79 disposent *« Pendant une période de cinq ans, le Comité Militaire de Libération Nationale définira et conduira la politique de l'État »,* malgré l'adoption de la nouvelle Constitution ; *« la Constitution a toujours un contenu idéologique dans la mesure où elle définit les buts poursuivis par la société politique, les relations qui s'établissent entre les citoyens et le pouvoir et les principes qui doivent, en conséquence, commander la structure et les compétences des organes institués »*, LAVROFF (D-G), « La constitutionnalisation des régimes militaires en Afrique noire », *op. cit*., p. 204.

[23] *Ibid*., p. 210.

[24] La comparaison est tentante avec l'Amérique latine qui a connu, à la même période, l'installation de régimes militaires au pouvoir. Comme dans les Constitutions d'Amérique latine, les dispositions constitutionnelles en Afrique consacraient le statut particulier de l'armée dans le régime. En effet, dans certaines Constitutions, il y avait un titre consacré aux forces armées nationales : c'était le cas au Niger ou au Congo par exemple. Ils en faisaient des institutions constitutionnelles, tout au moins en ce qu'elles étaient mentionnées dans la Constitution. Certaines dispositions prévoyaient et régissaient la participation de l'armée dans la vie politique, voire son intervention dans des fonctions plus inattendues. Ainsi, aux termes de l'article 112 de la Constitution de la République populaire du Congo du 8 juillet 1979 *« L'Armée populaire nationale participe au développement économique, culturel et social du pays [...] » ;* article 78 de la Constitution nigérienne du 24 septembre 1989 : « Les Forces

un président, chargé de définir la politique de la Nation, et un Parlement. L'armée apparaît ainsi comme un organe qui va longtemps dominer la vie politique (1), avant de se désengager (2).

1) L'armée, un organe politique

L'influence de l'armée est due à son rôle central dans la société « car la puissance militaire en Afrique est le seul signe de l'existence étatique »[25]. Partant, le rôle de l'armée se confond avec les différentes fonctions de l'État. Elle aide le parti à mettre en œuvre sa politique et participe à la direction de l'État.

Dans les régimes de parti unique, l'armée est placée sous le contrôle du parti et surtout de son chef. Elle est absorbée par le parti comme le sont les autres organismes dans l'État. Ainsi, il est précisé à l'article 10 de la Constitution populaire béninoise de 1977 que les forces armées populaires de la République populaire du Bénin *« sont dirigées par le parti de la Révolution populaire du Bénin et lui doivent fidélité »*[26]. Outre leur rôle traditionnel qui est de défendre l'intégrité territoriale et la sécurité du pays[27], les forces armées ont d'autres missions. Elles ont une fonction sociale. En effet, *« les Forces armées populaires de la République populaire du Bénin, tout en restant spécifiquement un corps de sécurité, de défense et de combat, doivent être en même temps un corps de production »*[28] et doivent défendre *« la liberté et le bonheur du peuple »*[29].

La République du Congo présente sur ce point des similitudes avec la République populaire du Bénin. L'armée y dispose même d'un chapitre dédié dans la Constitution : *« titre VII de l'Armée Populaire Nationale »*. Aux missions traditionnelles de l'armée qui sont de *« sauvegarder l'indépendance et la souveraineté nationale »*[30], s'ajoute—la participation « au développement économique, culturel et social du pays en vue de l'édification d'une société socialiste »[31]. L'armée devient un acteur important de la vie sociale, elle n'est pas en dehors de la société.

Le Niger également fait de ses forces armées nationales une force sociale. Après les missions traditionnelles[32], l'article 78 de la Constitution de septembre 1989 dispose que : *« les Forces armées nationales prennent une part active aux tâches de développement, notamment la production agricole, la lutte contre la désertification, la construction d'infrastructures économiques et*

Armées Nationales prennent une part active aux tâches de développement, notamment la production agricole, la lutte contre la désertification, la construction d'infrastructures économiques et sociales ».

[25] Il cite ensuite « DIORI HAMANI ne disait-il pas : "*l'armée est le seul signe visible de notre indépendance politique*" tandis que OLYMPIO (S) affirmait : "*nous ne pouvons être une Nation Indépendante sans armée*" », ASSO (B), *Le Chef de l'État africain : l'expérience des États africains de succession française*, *op.cit.*, p. 383.

[26] Article 10 de la Constitution de la République populaire du Bénin du 9 septembre 1977 *« Le Président du Comité Central du Parti de la Révolution Populaire du Bénin, Président de la République, assume le commandement suprême de toutes les Forces Armées de la République Populaire du Bénin. Il est le Président de la Commission de la Défense Nationale de la République Populaire du Bénin »*.

[27] *Ibid.*

[28] Article 10 de la Constitution de la République populaire du Bénin du 9 septembre 1977.

[29] *Ibid.*

[30] Article 112 de la Constitution de la République populaire du Congo du 8 juillet 1979.

[31] *Ibid.*

[32] Article 77 de la Constitution du Niger du 24 septembre 1989.

sociales ». L'armée semble être un corps social supérieur aux autres en ce que *« les Forces armées nationales veillent constamment à la sauvegarde des intérêts matériels et moraux des populations et participent à leur éducation civique et militaire »*[33]. L'éducation civique de la population est confiée à l'armée à cause de son rôle politique[34]. En effet, aux termes de l'article 79 de la Constitution : *« intégrées à tous les secteurs de la vie publique, les Forces armées nationales exercent au même titre que les autres composantes de la Nation des responsabilités politiques et administratives »*. Ainsi, en République populaire du Bénin, les représentants des forces armées populaires siègent à l'Assemblée nationale révolutionnaire *ès* qualités et les forces armées sont également représentées au niveau des collectivités locales.

Au Mali par exemple, dans le dernier gouvernement du Président Moussa Traoré, les postes de ministre de la Défense et de l'Intérieur étaient occupés par des militaires : le Général d'aviation Mamadou Coulibaly, à la Défense, et le Général Sékou Ly, à l'Intérieur[35]. En République populaire du Bénin aussi, les militaires étaient membres du gouvernement, que ce soit à des postes « civils » comme le colonel Martin Azonhiho qui occupait le ministère de l'Équipement et des Transports ou à des postes régaliens. Il y a toujours, en Afrique, cette volonté d'associer l'armée à l'exercice du pouvoir, même quand elle ne l'exerce pas directement.

La période de transition et les tensions internes qu'elle provoque[36], marquent le désengagement de l'armée de la vie politique.

2) Le désengagement de l'armée de la vie politique

Le désengagement des militaires s'explique de plusieurs façons. Il peut arriver qu'à la suite du renversement d'un régime militaire, l'on entame la marche vers la démocratisation (Mali en 1991). Parfois, les dirigeants militaires ont été contraints de céder le pouvoir à la suite d'une Conférence nationale souveraine (Niger en 1991[37]), où ils ont perdu le pouvoir à la suite d'élections présidentielles libres et transparentes (Bénin en 1991, Congo en 1992). Inversement, certains dirigeants militaires ont réussi à garder le pouvoir à la suite d'élections qualifiées de justes et équitables en se revêtant d'un nouveau sceau de la légitimité démocratique (Togo en 1993, Burkina-Faso en 1991). M. Pierre Moukoko Mbonjo établit une typologie expliquant les motivations et les conditions du désengagement militaire de la vie politique[38].

---

[33] *Ibid.*

[34] Préambule de la Constitution du Niger du 24 septembre 1989 : *« Au lendemain des événements historiques du 15 avril 1974 qui mirent fin à la première République, les Forces Armées Nationales invitèrent l'ensemble du peuple nigérien à rechercher une voie nigérienne de développement »*.

[35] DIARRA (V), *Démocratie et droit constitutionnel dans les pays francophones d'Afrique noire, le cas du Mali depuis 1960*, Paris, Karthala, coll. « Hommes et sociétés », 2010, p. 155.

[36] Il y a des tensions internes qui minent la cohésion de l'armée. Ainsi, durant l'année 1989, en République populaire du Bénin, le chef de l'État, le Général Mathieu Kérékou a échappé, en l'espace de trois mois, à quatre coups d'État militaires, venant, bien souvent, de proches collaborateurs.

[37] La Conférence nationale a interdit aux militaires de prendre part au processus électoral subséquent

[38] MOUKOKO MBONJO (P), « Régime militaire et transition démocratique en Afrique : à la recherche d'un cadre d'analyse théorique », *Afrique 2000,* n° 13, avril-juin, 1993, p. 43

Parmi les motivations relevées, il y a la *« croyance en la suprématie civile »*[39], *la « menace contre la cohésion (de l'institution militaire) »*[40] et *« l'absence de confiance en soi »*[41]. Ces motivations ne sont pas complémentaires.

La croyance en la suprématie civile ne motive le désengagement militaire que dans quelques cas. C'est cette croyance qui pousse les militaires qui s'emparaient du pouvoir à le rendre aux civils après avoir assaini le jeu politique et organisé des élections démocratiques. C'est surtout le cas du Niger en 2011 ou encore du Burkina-Faso en 2015.

Ensuite, il y a la menace contre la cohésion institutionnelle de l'armée dont l'unité est fragilisée par l'apparition de factions, ce qui a pour conséquence les tentatives de coups d'État contre l'officier occupant le poste de chef de l'État. Cela se rapproche plus de l'expérience béninoise de 1989, mais qui n'a pas abouti. Cette menace apparaît également lorsqu'il est ordonné aux soldats de tirer sur des civils et que ces derniers ne sont pas prêts à obéir. C'est le cas de l'armée malienne en 1991. Il y a un basculement à partir du moment où l'armée rejoint le camp des manifestants. Ce type de phénomène s'observe également dans d'autres régions du monde, où le gouvernement s'appuie sur l'armée pour asseoir son pouvoir[42].

Enfin, il y a, comme motivation au désengagement militaire, d'après l'auteur, le critère de *« l'absence de confiance en soi »* qui se traduit par les difficultés politiques rencontrées par le régime. Pourtant, aucun chef d'État militaire n'a déclaré : *« Je ne me sens pas apte à diriger l'État, je laisse cette tâche aux civils ! »*. Ce cas ne semble avoir motivé aucune transition démocratique à moins de considérer qu'il s'agit là d'une dépossession du pouvoir par la Conférence nationale. Ce serait alors le cas du Bénin, du Congo, voire du Togo.

Aux motivations, s'ajoutent des défis internes et des facteurs externes. Les facteurs externes ayant poussé au désengagement des militaires sont relativement connus, surtout pour les transitions des années 1990. Il y a bien sûr les programmes d'ajustement structurel imposés par le Fonds monétaire international et la Banque mondiale. Il y a également la fin de l'opposition entre le bloc communiste et le bloc occidental avec les transitions en Europe de l'Est et la dislocation de l'URSS et enfin, les conséquences pratiques du discours de la Baule du Président Mitterrand qui ont lié le versement de l'aide au développement par les institutions internationales à l'accomplissement de certains progrès démocratiques par les États bénéficiaires. Il faut également prendre en compte que dans certains pays qui entament leur démocratisation à partir de 1991, l'expérience de la conférence des forces vives de la Nation du Bénin de février 1990, a joué un rôle de modèle et de catalyseur.

[39] *Loc. cit.*
[40] *Loc. cit.*
[41] *Loc. cit.*
[42] Ce fut le cas en Ukraine lors de la révolution orange en 2004 ou en Tunisie et en Égypte lors des printemps arabes en 2011 où les soldats, chargés de maintenir l'ordre ont laissé les manifestations se poursuivre en n'intervenant pas ou ont activement pris part à ces dernières après les avoir réprimées dans un premier temps.

II. L'ARMÉE EN TANT QU'INSTITUTION DÉMOCRATISANT

La période de transition des années 1990 a permis de découvrir l'armée sous un nouveau rôle, celle d'institution démocratisant. Par une action décisive, comme au Mali, ou passive comme au Congo, les militaires ont activement permis, ou à tout le moins, ont protégé, le processus de démocratisation entamé à la suite des conférences nationales[43]. Elles interviennent aussi pour corriger les ratés du processus de démocratisation. Il semblait alors acquis que l'armée, se désengagerait durablement et laisserait aux civils la gestion de l'État. Toutefois, les fruits n'ont pas tenu les promesses des fleurs. Le Mali et le Burkina-Faso représentent à ce titre une nouvelle possibilité d'intervention de l'armée. En effet dans ces pays, le président alors en exercice, a été élu à la suite d'un processus électoral, globalement ouvert et compétitif. S'il est contesté, il n'est pas considéré comme ayant sapé la dynamique de démocratisation en cours, dont la seule issue serait le coup d'État militaire. À ce titre, ils représentent une nouvelle hypothèse d'intervention (A) dont la conclusion reste à écrire (B).

A. Le coup de force dans la démocratie

Les exemples burkinabé et malien représentent un sujet d'étude intéressant, car les élections de Roch Marc Christian Kaboré ou d'Ibrahim Boubacar Keïta ne souffrent d'aucune contestation populaire. Aucune accusation de fraude à grande échelle, courante ailleurs, n'est portée avec conviction par les acteurs politiques locaux de ces pays. Cependant, ils ont été victimes d'un désengagement manqué de l'armée (1) et d'un environnement sociopolitique propice à cette intervention (2).

1) L'échec du désengagement de la vie politique

Les conditions du désengagement de l'armée de la vie politique à la suite des transitions des années 1990 n'ont pas abouti à un retrait définitif de l'armée de la vie politique. Les conditions nécessaires à ce désengagement n'étaient pas nécessairement réunies, notamment l'existence d'un *« consensus interne »* aux forces armées pour se retirer du pouvoir et l'existence d'une organisation civile à qui les militaires pouvaient transférer le pouvoir. L'absence de ces éléments explique le retour de l'armée au pouvoir, après l'avoir rendu aux civils. Les mêmes causes produisant les mêmes effets – *dans des proportions différentes* – l'armée est redevenue un acteur politique majeur, notamment au Burkina-Faso et au Mali.

Notons que l'armée, dans ces États, notamment au Mali, jouissait d'un certain prestige, pour son action décisive dans le processus de démocratisation. Dans ce pays, un groupe de jeunes officiers décident d'arrêter le chef de l'État, le Président Moussa Traoré. De ce fait, les militaires maliens participeront à côté des civils au gouvernement de transition *« qui travaillera à l'abolition de toutes les lois d'exception et des procédures d'urgence sur lesquelles s'appuyait la répression*

---

[43] Pour CHOUALA (Y-A), le processus de démocratisation a permis de… *« dans cette situation particulière, les armées africaines s'avèrent de véritables forces d'institution et de promotion des démocraties »* CHOUALA (Y-A), « Contribution des armées au jeu démocratique en Afrique », *RJPEA*, n° 4, 2004, p. 555 ; Ce type d'intervention militaire s'est développée sur le continent : il y a eu la Guinée-Bissau en septembre 2003 et la Mauritanie en août 2005.

menée par le gouvernement déchu »[44]. C'est d'ailleurs un officier de l'armée, Amadou Toumani Touré, qui dirigera la transition. Il présidera également la Conférence nationale souveraine du 29 juillet au 12 août 1991 au terme de laquelle Alpha Oumar Konaré sera élu président de la République en avril 1992. C'est jouissant de ce prestige, que le même Amadou Toumani Touré, sera élu président de la République en 2002.

Cependant, dès 2012, l'armée malienne revient au pouvoir suite au coup d'État d'Amadou Haya Sanogo, président du Comité national pour le redressement de la démocratie et la restauration de l'État. Cette nouvelle intervention de l'armée marque l'échec de son désengagement. C'est la première illustration du coup de force dans la démocratie. À l'époque du coup d'État, Amadou Toumani Touré s'apprête à terminer son second mandat et n'est pas candidat à sa succession. L'intervention de l'armée ne s'inscrit donc pas dans le cadre d'un processus de démocratisation ou de rectification de la démocratie. Il est purement corporatiste puisque c'est le manque d'équipements des membres des forces armées appelés à combattre l'insurrection que connaît le nord du pays à cette époque et le manque de soutien du pouvoir civil, qui sont la première motivation de ce coup d'État.

Au Burkina-Faso, le mouvement de démocratisation est entamé par les manifestations de l'opposition et de la société civile, mais ils sont rejoints par les militaires lorsqu'ils refusent l'ordre qui leur est donné d'ouvrir le feu sur la population. Quand le Président Blaise Compaoré qui a perdu le soutien de l'armée démissionne, les militaires s'emparent du pouvoir au nom du peuple et participent au gouvernement de transition, dans une formule similaire à celle du Mali en 1991. Cependant, cette transition est perturbée par un coup de force, illustrant les limites du désengagement de l'armée. Cette intervention *« démocraticide »* a été l'œuvre du régiment de sécurité présidentielle qui a mené une tentative de coup d'État manqué. Assez étrangement, les militaires burkinabés l'ont fait, disaient-ils, au nom de la démocratie. C'est pour protester contre l'exclusion d'un certain nombre de candidats à l'élection présidentielle qu'ils se saisissent du pouvoir le 16 septembre 2015 en arrêtant le Président de la transition, Michel Kafando et son Premier ministre, Isaac Zida[45]. Mais, cette action s'analyse plutôt comme un refus de la démocratisation engagée depuis peu. En effet, les candidats exclus de la course à l'élection présidentielle le sont du fait de leur appartenance au Congrès pour la démocratie et le progrès (CDP), le parti de l'ancien président de la République. Par ailleurs, le régiment de sécurité présidentielle, était, depuis la chute du régime précédent, sous la menace d'une dissolution. Le Premier ministre de transition, Isaac Zida, l'avait déjà accusé de vouloir déstabiliser la transition[46].

---

[44] CHOUALA (Y-A), « Contribution des armées au jeu démocratique en Afrique », *op. cit.*, p. 554.

[45] V. Décision de la Cour de Justice de la Communauté économique des États de l'Afrique de l'Ouest, *Congrès pour la démocratie et le Congrès (CDP) & autres, c. État du Burkina-Faso*, 13 juillet 2015, n° ECW/CCJ/JUG/16/15 (disponible en ligne via l'URL : http://www.courtecowas.org/, consulté le 10 janvier 2023).

[46] « Une nouvelle crise oppose le régiment de sécurité présidentielle (RSP) au Premier ministre de transition. Cette fois, c'est l'interpellation de trois officiers de la garde présidentielle, suspectés d'avoir voulu arrêter Zida à son retour de Taïwan, qui a failli mettre le feu aux poudres […] Le scénario exact de ce « vrai faux » complot contre ZIDA est encore méconnu. Un capitaine du RSP aurait prévenu le chef de sécurité du Premier ministre, avant leur départ de Taïwan, d'une rumeur d'arrestation du chef du gouvernement à son retour au Burkina. En conflit ouvert avec son ancien régiment pour avoir envisagé sa dissolution au début de la transition, ce dernier atterrit finalement

Son intervention dans le processus de transition s'analyse donc comme un mouvement de défense corporatif. Il faudra l'intervention de l'armée régulière pour rétablir la légalité transitionnelle. C'est ce gouvernement de transition qui organise les élections du 29 novembre 2015 qui font de Roch Marc Christian Kaboré le nouveau président de la République. Il est donc possible de considérer que l'action de l'armée, à l'exception de la tentative sus-évoquée, est institutrice ou permet un approfondissement de la démocratisation. De cet affrontement entre corps, transparaît l'une des limites du désengagement de l'armée au Burkina-Faso, prémisse à une autre intervention.

Le désengagement de l'armée n'a donc pas été définitif puisqu'elle est revenue au pouvoir.

2) L'absence de croyance en la suprématie civile

La dégradation de la situation sécuritaire a exacerbé, tant aux yeux de la population que des militaires, l'absence de croyance en la suprématie civile. En se présentant comme les véritables et seuls garants de l'intégrité nationale, comme l'explique Bernard Asso, *« par leur action, les militaires ont détourné leur puissance de son objet légal »* en substituant *« à leur fonction de substructure de soutien, d'appui du pouvoir, un rôle de superstructure de commandement »*[47]. C'est notamment là qu'il faut rechercher les causes des récents événements.

Ce retournement est d'ailleurs paradoxal, car les transitions démocratiques en Afrique subsaharienne se sont traduites par une remise en cause du rôle politique de l'armée. *« Le discrédit politique et social de l'armée est tel que la responsabilité de la conduite des processus de transition lui sera refusée par les forces politiques en éveil »*[48]. La transition s'avère être *« le temps de la grande déperdition de la légitimité politique et sociale des comités militaires de "redressement" de "réconciliation" ou de "salut public" qui occupent les sommets des États »*[49]. Il lui est demandé de retourner à ses missions traditionnelles que sont la défense du territoire et la sauvegarde de la sécurité nationale ; car ayant échoué à remplacer les civils dans la gestion de l'État[50]. L'appartenance à l'armée ne peut plus être la condition de la détention du pouvoir.

Cependant, les coups d'État militaires récents sur le continent et la période de transition entamée à leur suite, ne cessent de nous interpeller puisqu'ils font, à nouveau, de l'appartenance à l'armée, la condition de la détention du pouvoir. Le Mali et le Burkina-Faso présentent une autre particularité. Roch Marc Christian

---

sans problème, mais sur la piste militaire de l'aéroport de Ouagadougou. Le lendemain, les trois meneurs présumés, dont le lieutenant-colonel COULIBALY, sont interpellés par les gendarmes » extraits de « Burkina : ZIDA, le RSP et les rumeurs de complots contre la transition », JA, 1er juillet 2015, modifié le 22 juillet 2015, (disponible en ligne via l'URL : http://www.jeuneafrique.com/, consulté le 10 janvier 2023).

[47] ASSO (B), *Le Chef de l'État africain : l'expérience des États africains de succession française*, *op. cit.*, p. 434.

[48] CHOUALA (Y-A), « Contribution des armées au jeu démocratique en Afrique », *RJPEA*, n° 4, 2004, p. 550.

[49] *Loc. cit.*

[50] *« Or, chargés de défendre l'ordre établi, les militaires africains se sont identifiés peu à peu à cet ordre. Ils se sont considérés comme la meilleure garantie de l'État-Nation naissant, ou en tout cas, ils ont essayé de le faire croire »*, ASSO (B), *Le Chef de l'État africain : l'expérience des États africains de succession française*, *op.cit.*, p. 451.

Kaboré et Ibrahim Boubacar Keita ont été élus à la suite d'un processus de transition, mené ou suscité par l'armée, son action entraînera leur chute. En cela, l'action de l'armée au Burkina-Faso et au Mali ne s'inscrit pas dans un schéma conventionnel : instituer le processus de démocratisation ou le rectifier[51].

Au-delà des premières déclarations des militaires justifiant leur coup de force, et qui reprennent les mêmes éléments de langage, déjà entendus ailleurs, il faut être attentif aux motivations profondes du discours de légitimation de l'action de l'armée. Cela a des répercussions sur le fonctionnement du régime de transition qu'ils instaurent.

L'analyse montre qu'auparavant, arrivés au pouvoir, à la suite d'un coup d'État et manquant de légitimité, les militaires appliquaient le schéma : rassurer, édicter, partager, s'effacer. D'abord, ils rassuraient sur leurs intentions et promettaient la tenue rapide d'élections libres, voire la tenue d'un dialogue national. Ensuite, pour inscrire le régime dans la légalité, ils édictaient et adoptaient une charte de transition, censée éviter une rupture de l'ordre constitutionnel. Puis, ils partageaient le pouvoir avec les civils en nommant un Premier ministre et un gouvernement de transition. Cela permettait d'offrir au régime les attributs d'un système démocratique, le caractère bicéphale de l'exécutif donnant l'illusion d'une division du pouvoir, à la différence du régime autoritaire. Enfin, ils s'effaçaient après une courte période de transition, en rendant le pouvoir aux civils.

Présentement, les apparences sont à peine respectées. Si les nouveaux dirigeants de ces pays ont, comme leurs prédécesseurs, adopté les éléments du "schéma rassurer, édicter, partager", il est difficile d'imaginer qu'ils s'effaceront. La situation actuelle représente une évolution dans l'observation du rôle politique de l'armée, qui est profondément liée à une transformation des discours de légitimation des putschistes.

Avant, les militaires prenaient le pouvoir pour instaurer la démocratie, maintenant ils le font pour garantir la sécurité des populations ainsi que l'intégrité du territoire national. L'œuvre est louable et difficilement critiquable. Les membres du Comité national pour le salut du peuple comme ceux du Mouvement patriotique pour la sauvegarde et la restauration reprochaient au régime précédent son incapacité à empêcher la violence djihadiste. L'idée portée par leur intervention est qu'avec l'armée au pouvoir, cette mission sera enfin menée à bien. L'exemple burkinabé, du coup d'État dans le coup d'État, où les néoputschistes reprochent à leurs devanciers de s'être trop occupés de politique et pas assez de combattre l'insurrection djihadiste, est à ce titre assez illustratif de cette nouvelle dynamique. Elle est toutefois illustratrice d'un retour durable des militaires au sommet du pouvoir, les différentes factions de l'armée, ne s'accordant pas nécessairement.

[51] L'intervention rectificative de l'armée pour sauver la démocratisation correspond surtout au cas nigérien. L'armée nigérienne est intervenue deux fois pour rectifier le processus démocratique. Une fois par le Commandant Daouda MalamWanké, parce que le processus était *« paralysé »,* l'autre fois, le Chef d'escadron Salou Djibo pour sanctionner un passage en force du président de la République, Mamadou Tandja, qui voulait se maintenir au pouvoir au-delà du terme de son mandat.

B. Un retour durable de l'ère des prétoriens

Une fois passé le coup d'État, se repose avec acuité la question de la rupture de la légalité constitutionnelle et de son rétablissement. Les organisations internationales telles que la CEDEAO, garantes d'une certaine idée de l'ordre constitutionnel, s'opposent farouchement à l'installation des putschistes au pouvoir (1) mais la résistance accrue des putschistes à cet ordre supra étatique fait craindre une installation durable des militaires au pouvoir (2).

1) Le coup d'État à l'épreuve de l'ordre supra étatique

Les acteurs externes de la transition ont un rôle qui peut être qualifié d'actif ou de passif. Le rôle actif sera entendu dans le sens où l'organisation s'investit et tente de trouver une solution ou passif lorsqu'elle se contente de prendre des mesures de sanction ou de rétorsion sans s'engager plus avant. Les organisations supra étatiques disposent d'un éventail d'outils leur permettant de mener des types d'actions variés et d'intervenir de la façon qu'elles considèrent la plus adéquate. Ces actions peuvent aller d'une incitation financière vis-à-vis des États[52] à une incitation politique, voire, une intervention armée dans les cas extrêmes.

L'Union Africaine tire sa possibilité d'intervenir dans le règlement des conflits, du chapitre VIII de la Charte des Nations unies[53] et de ses dispositions internes. L'article 30 de l'Acte constitutif de l'Union, adopté le 11 juillet 2000 dispose que : *« les Gouvernements qui accèdent au pouvoir par des moyens anticonstitutionnels ne sont pas admis à participer aux activités de l'Union »*. C'est pourquoi, en juin 2021, quand les militaires prennent le pouvoir à la suite d'un coup d'État, l'UA annonce la suspension du Mali des instances de l'organisation puisqu'en agissant ainsi, ils perturbent le processus de transition démocratique qui était en cours[54]. La même sanction a été appliquée en janvier 2022 au Burkina-Faso, suite au coup d'État du lieutenant-colonel Paul-Henri Sandaogo Damiba.

Concrètement, ces sanctions n'ont pas pour unique conséquence de laisser une place vacante pendant les réunions de l'Organisation, mais elles ont un impact économique concret. Ainsi, en 2010, quand l'Union africaine décide de sanctionner Madagascar en la suspendant de l'instance panafricaine, c'est sur le champ économique que les conséquences se sont fait sentir. Comme le remarque

---

[52] C'est le cas des financements internationaux, indexé sur les indices démocratiques et de respect des droits de l'homme.

[53] *« Ainsi le chapitre VIII de la Charte de l'Organisation des Nations unies (ONU) va déterminer les modalités et les conditions de la participation de l'Union africaine en tant qu'organisme régional de règlement des différends et du maintien de la paix et de la sécurité internationale... De la lecture du Chapitre VIII, il en ressort deux attributions fondamentales en matière de répartition des compétences ; le règlement pacifique des différends d'ordre local par les organismes régionaux et la responsabilité du Conseil de sécurité pour le maintien de la paix et de la sécurité internationales »* (ASSOUGBA (J), *Les acteurs internationaux dans la crise ivoirienne*, Paris, L'Harmattan - Côte d'Ivoire, p. 158).

[54] Ce fut le cas auparavant, au Burkina-Faso, v. sur ce point le *« Communiqué de la 544e réunion du CPS sur la situation au Burkina Faso »* : *« Le Conseil de paix et de sécurité de l'Union africaine (UA), en sa 544e réunion tenue le 18 septembre 2015, a adopté la décision qui suit sur la situation au Burkina Faso [...] Décide de suspendre, avec effet immédiat, la participation du Burkina Faso à toutes les activités de l'UA, conformément aux dispositions pertinentes de l'Acte constitutif de l'UA et de la Charte africaine de la démocratie, des élections et de la gouvernance »* (disponible en ligne via l'URL : http://www.peaceau.org/), consulté le 10 janvier 2023.

un observateur, *« [...] en revanche, l'économie malgache pourrait en pâtir. La suspension de Madagascar des instances de l'Union africaine et par conséquent des programmes d'aide au développement ont affecté le pays »*[55]. L'argument financier peut donc être un outil dans le processus de rétablissement de la légalité constitutionnelle. Cependant, les montants considérés n'étant pas importants, cet élément reste, tout au plus, une incitation. À l'incitation financière, il faut ajouter l'incitation politique.

L'adoption du protocole A/SP1/12/01 de la CEDEAO *sur la démocratie et la bonne gouvernance, additionnel au protocole relatif au mécanisme de prévention, de gestion, de règlement des conflits, de maintien de la paix et de la sécurité* marque un tournant. C'est sur la base de l'article 45 que l'organisation sous-régionale va adopter des sanctions dans les cas de *« rupture de la démocratie »* ou de violation massive des droits de l'homme. Aux termes de l'alinéa premier dudit article : *« en cas de rupture de la démocratie par quelque procédé que ce soit et en cas de violation massive des droits de la personne dans un État membre, la CEDEAO peut prononcer à l'encontre de l'État concerné des sanctions ».*

Pour le Professeur Maurice Kamto, *« en ratifiant l'Acte constitutif de l'UA, les États membres ont accepté, sur la base des articles 4 et 30, que la question de l'accession au pouvoir d'État ne fait pas plus partie des questions relevant de leurs affaires intérieures »*[56]. Cette analyse est tout aussi valable pour la CEDEAO. Il y a un mouvement de transfert de compétences, une sorte de contrôle exercé par l'institution régionale. Aussi, l'Union africaine comme la CEDEAO peut donc s'ingérer dans ce domaine et contraindre les putschistes à suivre ses décisions.

L'analyse de l'action de ces institutions, montre cependant les limites du droit international, et du primat de la politique sur le droit. En 2015, l'accord trouvé par la CEDEAO, à la suite de la tentative de coup d'État du régiment de sécurité présidentielle avait été vivement critiqué par les organisations de la société civile et les partis d'opposition burkinabée[57]. Il a même été qualifié de *« prime au coup d'État qui va contre les principes de la Communauté économique d'États de l'Afrique de l'Ouest »*[58] par le professeur Luc Marius Ibriga. En effet, en vertu du Protocole A/SP1/12/01 *sur la bonne gouvernance*, des sanctions auraient dû être prises contre les auteurs du coup d'État. Il leur a plutôt été proposé une loi d'amnistie. Beaucoup trop décrié, l'accord n'a pas été appliqué. Les exemples

---

[55] LESAFFRE (P), « Madagascar sanctionnée par l'Union africaine », *L'Express*, 16 mars 2010 (disponible en ligne via l'URL : http://www.lexpress.fr/, consulté le 10 janvier 2023.).

[56] KAMTO (M), *Droit international de la gouvernance,* Paris, A. Pedone, 2013., p. 124.

[57] Pendant le déroulement de la transition, un coup d'État a été organisé par une faction de l'armée. L'UA a décidé de suspendre immédiatement le pays, quand la CEDEAO a entamé une médiation. Elle était menée par Macky Sall, Président du Sénégal et président en exercice de la CEDEAO – qui avait déjà joué un rôle de facilitateur lors de la rédaction de la charte de transition. Il était accompagné du Président du Bénin, Thomas Boni Yayi. L'organisation entame sur place une mission de médiation pour rencontrer tous les acteurs de la crise : la société civile, les partis politiques, les autorités de la transition et les putschistes. De ces négociations est né un *« projet d'accord politique de sortie de crise »* en douze points qui prévoyait, entre autres, un retour à l'ordre constitutionnel en rétablissant dans ses fonctions Michel Kafando, président de Transition, le vote d'une loi d'amnistie pour les putschistes et la possibilité pour les membres du parti de l'ancien président de la République, exclus par la loi électorale, de pouvoir se présenter aux prochaines élections.

[58] « Burkina, l'accord de la CEDEAO décrié », *BBC*, 21 septembre 2015, disponible en ligne via l'URL : http://www.bbc.com/, consulté le 17 mai 2023.

récents des cas malien et burkinabé illustrent la montée en puissance de l'organisation sous-régionale dans ce domaine. Dès l'annonce du coup d'État, une position ferme a été adoptée par lesdites organisations et leurs membres, des sanctions ciblées ont été adoptées, reconduites, élargies, tant pour condamner le coup d'État que pour contraindre ses auteurs à définir une durée acceptable de transition. Cette nouvelle posture, adoptée par l'Union africaine et la CEDEAO, visant à donner une ligne plus claire à l'organisation et à ses principes fondateurs, ont vocation à en faire de véritables acteurs du processus de renforcement de la démocratie et de ses principes sur le continent.

2) Le retour de l'armée au pouvoir

Les difficultés de la CEDEAO à obtenir un chronogramme clair de la durée de la transition au Mali et au Burkina Faso illustrent l'écart entre les transitions pour la démocratie et les transitions dans la démocratie. À cet égard, il apparaît que les causes de l'intervention des militaires dans le champ politique sont en grande partie responsables de la résistance accrue qu'ils rencontrent, tant des organisations internationales, que de la société civile.

Cette résistance naît du décalage existant entre leur discours de légitimation et leur soumission au schéma traditionnel du régime de transition. En adhérant audit schéma, ils devraient œuvrer à rendre rapidement le pouvoir aux civils. Néanmoins, leur discours illustre l'absence de croyance en la suprématie civile et l'idée que le salut de la nation ne peut être que le fruit d'une institution : l'armée. Les motivations et les conditions du désengagement évoquées ci-avant étaient absentes, elles remettent en cause le caractère transitoire du régime militaire. L'armée est de retour au pouvoir, et elle compte l'exercer.

Ces transitions dans la démocratie qui voient s'arrêter un processus globalement compétitif et s'ouvrir une nouvelle période de transition, expliquent les préventions de la communauté internationale. Le fait que le Conseil national de transition malien entérine jusqu'à cinq ans de transition, soit la durée d'un mandat électoral avant la tenue d'élections, finit de convaincre sur le changement de paradigme. Il est d'ailleurs frappant de constater que le choix de cette durée, est décorrélé de la mission que l'institution s'est confiée en arrivant au pouvoir c'est-à-dire, rétablir l'intégrité du territoire. On peut accepter qu'une transition de quelques mois se mette en place et conduise à des élections libres au sortir d'un régime politique fermé ; on l'accepte moins quand c'est un président élu qui est renversé et que ses vainqueurs se donnent comme mission de refonder l'État ou de lutter contre le terrorisme, sans mandat électoral.

L'installation dans la durée des régimes burkinabé et malien appelle à une réflexion profonde sur l'État et la démocratie en Afrique de l'Ouest. La multiplication des interventions militaires ne doit pas être traitée comme une tare ou un défaut du système, mais analysée à l'aune des mécanismes intrinsèques de fonctionnement des États africains. Le départ de l'armée du pouvoir à la suite des transitions des années 1990, n'a occulté en rien sa fonction légitimante, car elle apparaît toujours pour certains, comme un recours, en ce qu'elle est l'un des signes importants de l'existence étatique[59].

---

[59] ASSO (B), *Le Chef de l'État africain : l'expérience des États africains de succession française*, *op. cit.* p. 383.

LA DÉMOBILISATION POLITIQUE AU CAMEROUN : UN ACTE DE LÉGITIMATION DE L'ORDRE DIRIGEANT

Jean de Dieu MOMO

Docteur/Ph. D. en science politique
Ministre délégué auprès du ministre de la Justice,
garde des Sceaux (Cameroun)

La démobilisation politique peut être définie comme un instrument d'expression de l'indocilité politique. Elle sert souvent de prétexte à certains acteurs politiques pour délégitimer et contester l'ordre politique. Ils considèrent généralement et systématiquement celle-ci comme un indicateur fiable de l'impopularité d'un ordre gouvernant, incapable d'intéresser les populations à la chose politique du fait de son inaptitude à satisfaire les besoins élémentaires de celles-ci. Cette interprétation populaire de la démobilisation politique est vectrice d'une certaine socialisation apathique à la démocratie. Elle suggère que le peuple qui boycotte et/ou s'abstient dans le jeu politique et met en hibernation sa capacité d'influencer, de participer au processus décisionnel à travers les modes conventionnels ou non-conventionnels de participation politique, exprime de ce fait même un ras-le-bol contre l'élite politique.

Mais une observation et une analyse serrées et croisées, nourries par les faits conduisent à une autre réalité : contrairement aux apparences, la démobilisation politique participe de la légitimation de l'ordre dirigeant. Ceci est démontré à travers deux axes : d'une part, la démobilisation comme réalité de l'incompétence politique des masses (I) ; et d'autre part, les dynamiques et logiques de préservation de la légitimité de l'ordre dirigeant qui nous plongent au cœur de la mobilisation contre la démobilisation politique (II).

I. LA DÉMOBILISATION POLITIQUE COMME RÉALITÉ DE L'INCOMPÉTENCE POLITIQUE DES MASSES/CITOYENS ORDINAIRES

L'incompétence politique des masses qui structurent la démobilisation politique, crédibilise et légitime les gouvernants dans l'exercice du pouvoir ou la conduite des affaires publiques. Cette manière de saisir la démobilisation politique est une construction scientifique historique qui résiste à l'épreuve du temps et des sociétés politiques. Ce qui en fait une tradition (A) dont la valorisation dans le contexte camerounais donne à voir des effets contextués (B).

A. L'incompétence politique comme une tradition politique

En termes de tradition politique, il s'agit de voir comment l'incompétence politique qui caractérise les masses se routinise en regard des analyses (A), crée et renforce un comportement démobilisant favorable en réalité à l'ordre dirigeant (B).

1) La routinisation de l'incompétence politique

En recourant à Pierre Bourdieu, la routinisation traduit le durcissement d'une pratique du fait de son intériorisation durable par les individus en termes d'*« habitus »*, c'est-à-dire un ensemble de dispositions psychologiques relativement stables acquises sous la nécessité de s'adapter à des situations déterminées[1]. Même s'il n'y a pas un travail de socialisation explicite de transmission de l'incompétence politique, il appert néanmoins que les masses sont influencées, au regard des travaux de nombreux auteurs, quelles que soient les époques et les sociétés politiques. L'appréhension de la continuité moderne de l'incompétence politique des masses (b) s'origine depuis l'antiquité de la gouvernance démocratique occidentale (a).

a. Aux origines d'une pratique

Il faut remonter aux travaux de certains auteurs d'avant la période moderne, entre autres PLATON et MACHIAVEL pour saisir la réalité de l'incompétence politique des masses[2].

Pour PLATON et ARISTOTE, c'est la nature même des choses, c'est-à-dire l'ordre naturel qui justifie la compétence ou l'incompétence des masses ou du citoyen ordinaire en politique. Platon écrit : *« La nature n'a pas précisément donné à chacun de nous les mêmes dispositions, mais elle a différencié les caractères et fait l'un pour une chose, l'autre pour une autre »*[3]. En conséquence, même s'il reconnaît que le citoyen ordinaire peut être compétent à son niveau en fonction de sa tempérance, il est en réalité incompétent car il est *« philodoxe »* au lieu d'être philosophe[4]. Dans *La République* de PLATON, il s'agit d'une incompétence radicale, révélatrice d'un corps civique composé essentiellement de citoyens *« passifs »*[5]. Seuls les philosophes sont intelligents à comprendre la politique : *« Les raffinés ne peuvent expliquer au vulgaire ce que c'est que l'intelligence et qu'à la fin ils sont réduits à dire que c'est l'intelligence du bien »*[6]. C'est donc dire que ce qui fait la compétence du citoyen ordinaire, c'est l'acceptation de son incompétence qui est *« déterminante à la réalisation de la Cité comme un Tout, puisque le peuple en représente la partie majoritaire en terme numérique... »*[7].

---

[1] BOURDIEU (P), *Le sens pratique*, Paris, Minuit, 1 980 ; du même auteur, *Esquisse d'une théorie de la pratique*, Genève, Paris, Droz, 1972.

[2] MINEUR (D) et VERON (T), La *compétence ou l'incompétence politique du citoyen ordinaire chez Platon, Aristote, Machiavel, Montesquieu et Rousseau,* Séminaire *: Théorie et pratique des grands enjeux contemporains, Science Po Rennes, 2015-2016.*

[3] PLATON, *La République*, Collections Tel. Gallimard, 1972, II, 11, p. 63.

[4] C'est-à-dire de manière littérale, *« ami de l'opinion ».*

[5] MINEUR (D) et VERON (T), *op. cit*., p. 35.

[6] PLATON, *op.cit*., VII, 17. MINEUR (D) et VERON (T), *op.cit*., p. 35.

[7] MINEUR (D) et VERON (T), *op.cit*., p. 36.

Par cette incompétence procédant de l'ordre naturel, l'indifférence, et partant la démobilisation politique des citoyens ordinaires, en réalité, les masses, sont compréhensibles quels que soient les autres raisons et mécanismes. Subséquemment, la politique devient alors une activité réservée à une catégorie particulière de citoyens, même si pour ARISTOTE, un peuple caractérisé par l'égalité est compétent. *Il est donc juste que la masse décide souverainement des questions plus importantes, puisque c'est d'un grand nombre d'individus que se compose le « peuple »*[8]. Or, MACHIAVEL rejoint PLATON sur l'idée de l'incompétence, en dépit de la différenciation des ressources.

Didier MINEUR et Thomas VERON écrivent, à propos de MACHIAVEL : « *Dans sa globalité, les discours véhiculent une image péjorative du peuple* »[9]. Dans des situations de conjoncture critique, même si le peuple ne manque pas souvent d'arguments pour répondre, il lui manque souvent quelqu'un pour le faire. *« Ce qui montre justement l'inutilité d'une multitude sans chef »*[10]. Il s'agit de la plèbe. Certes libre, mais en fait incompétente dans la mesure où elle a besoin de représentants pour s'exprimer[11]. D'où son indifférence, son apathie en politique.

Ici et là, l'on retient que cette incompétence politique qui a des racines historiques, légitime l'action politique des autres acteurs de la société politique dans un continuum historique.

b. La continuité moderne de la pratique

Que l'on parle d'incompétence, d'indifférence, d'impuissance ou d'apathie politique des citoyens, la réalité est la même. Celle de la faible participation de ceux-ci à la vie politique, qu'il s'agisse de la participation conventionnelle ou non conventionnelle. Cette observation traverse de part en part les sociétés politiques modernes.

Samuel HUNTINGTON, à la suite de Joseph SCHUMPETER, pense que toute société démocratique exige pour fonctionner correctement, une large apathie de la part des citoyens, dans la mesure où l'excès de participation pourrait entraîner un blocage partiel ou total du processus de démocratisation[12]. L'on comprend ainsi certains politologues et néoconservateurs qui ont souligné que *« le problème de la démocratie »* est de gérer des sociétés envahies par les participants, et non pas de trouver des moyens pour accroître la participation des citoyens à la vie politique[13]. Samuel HUNTINGTON encourage alors l'indifférence politique des citoyens afin de limiter l'excès de démocratie. Il écrit à ce sujet : *« Pour fonctionner efficacement, le système démocratique exige une certaine apathie et un certain désengagement des individus et des groupes »*[14]. Une population dotée d'un haut

[8] ARISTOTE, *Politique*, Collection tel. Gallimard, 1993, IV, 15 ; MINEUR (D) et VERON (T), *op.cit.*, p. 42.
[9] MINEUR (D) et VERON (T), *op.cit.*, p. 44. ; Voir MACHIAVEL, *Discours sur la première décade de Tite-Live*. Bibliothèque de Philosophie, 2004, 575, I, 44.
[10] MACHIAVEL, *op.cit.*, I. 44.
[11] MINEUR (D) et VERON (T), *op.cit.*, p. 44.
[12] HUNTINGTON (S) cité par SCHUDSON (M), *Le pouvoir des médias. Journalisme et démocratie*, traduit de l'américain par Monique BERRY, Nouveaux Horizons, 1995, p. 257.
[13] SCHUDSON (M), *Le pouvoir des médias. Journalisme et démocratie*, *op.cit.*, p. 257.
[14] HUNTINGTON (S) cité par SCHUDSON (M), *op.cit.*, p. 271.

niveau d'éducation risque, selon lui, de paralyser l'action des organes gouvernementaux en voulant participer trop activement au processus politique.

En réalité, ces propositions de Samuel HUNTINGTON s'alimentent et renforcent l'idée de l'incompétence politique des masses qui sont en même temps incapables de s'organiser elles-mêmes et de s'autogouverner[15]. C'est donc dire que la démobilisation politique qui fait sens ici et là, notamment au Cameroun participe, en dépit des critiques, de la légitimation des actions de l'ordre dirigeant du fait de la disqualification des masses qui ne comprennent pas les enjeux et les problèmes politiques.

Dans ce contexte de démobilisation politique, Gérard GRUNBERT souligne que l'apparition d'un citoyen *« apathique »*, c'est-à-dire peu concerné et peu informé, a consacré deux types d'analyses et de théories dans la science politique, à savoir l'aspect positif et fonctionnel de l'apathie politique et la mise en cause du mécanisme même de la représentation[16]. En convoquant Nonna MAYER et Pascal PERRINEAU, la première analyse révèle que *« le mélange d'un noyau de citoyens actifs et la masse de citoyens indifférents »* participent de la stabilité des démocraties représentatives[17]. Gabriel ALMOND et Sidney VERBA pensent que l'activité et la passivité se partagent à la fois chez chaque individu, mais que certains groupes d'individus estiment être compétents et d'autres incompétents ; le sentiment de compétence étant lié au degré d'activité lui-même[18]. On peut ainsi comprendre MONTESQUIEU lorsqu'il écrit que : *« [...] la plupart des citoyens, qui ont assez de [compétence] pour élire, n'en ont pas assez pour être élus »*[19]. Ceci veut clairement dire que si le citoyen a compétence pour choisir ses représentants, il est incompétent à être éligible. La seconde analyse critique *« le mécanisme même de la représentation qui exclurait en réalité la majeure partie des citoyens du contrôle réel des gouvernants »*[20]. À cela s'ajoute le manque de maturité politique du peuple souligné par Jean-Jacques ROUSSEAU pour justifier son incompétence : *« Il est pour les Nations comme pour les hommes un temps de maturité qu'il faut attendre avant de les soumettre à des lois »*[21].

La démobilisation politique des citoyens camerounais traduit dans une certaine mesure leur incompétence politique en regard même des exigences liées à la professionnalisation de l'activité politique, qui expliquerait ainsi leur concentration sur certaines activités.

2) La diversification et l'orientation stratégiques des activités et loisirs

L'idée développée ici est simple : si les citoyens se démobilisent ou sont démobilisés politiquement, ils s'orientent ou sont orientés stratégiquement vers

---

[15] MICHELS (R), *Les partis politiques*, Paris, Flammarion, 1971.

[16] GRUNBERT (G), « Acteurs et comportement politiques. La participation politique », *Découverte de la science politique*, *Cahiers français*, n° 276, *La Documentation française*, 1996, p. 33.

[17] MAYER (N) et PERRINEAU (P), *Les comportements politiques*, Paris, Armand Colin, coll. "cursus", 1992, p. 8.

[18] ALMOND (G) et VERBA (S), *The Civic Culture*, Boston, Little Brown Company, 1965, p. 338.

[19] MONTESQUIEU, *De l'Esprit des lois. I,* Folio Essais, Gallimard, 1995, I, 2 ; MINEUR (D) et VERON (T), *op.cit.*, p. 38.

[20] MAYER (N) et PERRINEAU (P), *Les comportements politiques*, Paris, Armand Colin, coll. "cursus", 1992, p. 8.

[21] ROUSSEAU (J-J), *Du contrat social*, GF Flammarion, Flammarion, 2012, I, 2 ; MINEUR (D) et VERON (T), *op.cit.*, p. 29.

d'autres activités qui, non seulement les éloignent davantage de l'activité politique, mais aussi et surtout entretiennent leur incompétence politique. L'observation et la pratique donnent à voir la diversification des loisirs publics et l'orientation stratégique vers des activités apolitiques.

L'une des technologies de conservation du pouvoir que MACHIAVEL propose au Prince c'est de savoir amuser le peuple par l'organisation des spectacles publics en temps difficile. Il s'agit de distraire les citoyens par des réflexions de fêtes et de jeux qui les éloignent des réflexions sur les enjeux politiques. Pensée dans une perspective d'unité, cette technologie de pouvoir participe en réalité, d'une certaine manière, à distraire les citoyens afin qu'ils ne s'intéressent pas à la politique, à la prise des décisions politiques. Ce qui, à tort ou à raison, renforcerait leur incompétence politique, et partant leur démobilisation politique déjà manifeste.

L'observation de la scène politique camerounaise donne à voir que le pouvoir amuse bien le peuple par la montée et la diversification en puissance des spectacles publics. Nous convoquons, entre autres exemples, les jeux universitaires et certains spectacles publics.

L'encouragement des jeunes à mener de nombreuses activités autres que politiques, agricoles notamment ou vers les activités du secteur informel, c'est aussi une stratégie politique et politicienne de les disqualifier en politique. Cet encouragement à ne pas s'occuper de la politique leur est manifesté dès leurs études secondaires et universitaires : *« L'école aux écoliers et la politique aux politiciens »*[22]. Par une sorte de *« violence symbolique »*[23], il y a production d'un habitus d'incompétence politique pour une bonne partie de Camerounais, alors élèves et étudiants.

Ces activités n'ayant généralement pas de repos, les débrouillards préfèrent parfois ne pas voter ou mener telle ou telle activité politique. Ce faisant, préoccupés par la recherche du pain quotidien, ils se rendent eux-mêmes politiquement incompétents et consacrent explicitement et implicitement une minorité à décider à leur place.

B. Les effets aboutissants

L'incompétence politique entretenue à la fois par l'ordre dirigeant et les masses elles-mêmes produit à ce niveau des analyses des effets de réalité. Il y a l'hypothèse de la légitimation implicite (1), la réalité d'une élite dirigeante et la ritualisation de l'élection (2).

1) La légitimation implicite

Le désintéressement politique des citoyens du fait de leur incompétence politique conduit à la démobilisation politique, qui, elle-même, entraîne la non-participation. Ceci veut dire que ces derniers ne choisissent pas, ne se prononcent pas politiquement. Or, la logique de *« Qui ne dit mot consent »* circule et fait sens dans le champ politique (a). Dans le même temps, l'éventuelle contestation des

[22] Extrait du discours du Président Paul BIYA

[23] BOURDIEU (P), *Le sens pratique*, Paris, Minuit, 1980, p. 19.

choix, des opinions des actifs politiques amène l'État à se légitimer par la violence qui constitue l'un de ses attributs essentiels (b).

a. La logique de « Qui ne dit mot consent »

Le contexte camerounais de la pratique de la démocratie valorise la logique du *« Qui ne dit mot consent »* comme la plupart des démocraties modernes. Dans le cadre d'une élection par exemple, lorsqu'un candidat est déclaré élu sur la base des *« mathématiques électorales »*[24], il devient non seulement l'élu de ceux qui ont voté en sa faveur, mais aussi de ceux qui n'ont même pas voté. Il en est ainsi dans la mesure où, s'ils avaient pris part à l'élection, leurs votes pouvaient dans une certaine mesure changer le résultat. Il s'agit en réalité d'un refus de participer ou de voter qui peut s'assimiler à un *« silence complice »*.

Qu'ils soient politiquement compétents ou incompétents, les citoyens ou les masses donnent implicitement leur consentement en s'abstenant de s'exprimer. La logique du *« Qui ne dit mot consent »* participe dans une certaine mesure à la légitimation de l'ordre dirigeant qui, de temps en temps, fait valoir l'un des attributs essentiels de l'État, à savoir la violence légitime, afin de réprimer les « fauteurs de trouble ».

b. La valorisation étatique de la violence légitime

Le recours à la violence sous toutes ses formes aide l'État à se légitimer tout en préservant et maintenant l'ordre public. Dans un contexte de démobilisation politique, l'ordre public est généralement menacé par les acteurs et agents de la démobilisation. En effet, en refusant parfois d'agir, de s'exprimer politiquement, les agents de la démobilisation empêchent ou tentent d'empêcher les autres citoyens d'agir, de s'exprimer, par des menaces, des intimidations, et parfois par le recours à la force ou la violence physique. L'on assiste conséquemment à l'émergence de foyers de tension périphériques visant à créer le trouble, l'instabilité ou l'impasse, et partant saper l'autorité et la base de l'État.

Or, seul l'État a le droit de recourir à la force dans son action. En ce sens, l'ordre dirigeant, détenteur du pouvoir central, va se donner à voir, éventuellement, par l'exercice de la violence symbolique et surtout de la violence physique légitime au sens de Marx Weber[25]. La violence est symbolique dans la mesure où elle est *« une violence douce, invisible, méconnue comme telle, choisie autant que subie »*[26]. Par la violence physique, l'État recourt à la force physique contre les personnes ou contre les biens, porte atteinte à l'intégrité corporelle, aux droits de propriété[27].

---

[24] MOMO (J-D), *De la démocratie récréative*, 2e édition, Yaoundé, D & L, 2019, pp. 53-62.

[25] WEBER (M) *Le savant et le politique* (1919), préface de ARON (R), Plon, 1959.

[26] BOURDIEU (P), *Le sens pratique*, Paris, Minuit, 1980, p. 19 ; BRAUD (P), « Violence symbolique, violence physique : Éléments de problématisation », in J. HANNOYER (sous la coordination de), *Guerres civiles. Économie de la violence. Dimensions de la civilité*, Paris, Karthala/Cermoc, 1999, pp. 33-45.

[27] BRAUD (P), « Violence symbolique, violence physique : Éléments de problématisation », *op.cit.*, p. 40.

2) La réalité d'une élite dirigeante et la ritualisation de l'élection

Le contexte camerounais de la démobilisation politique justifiée, entre autres, par l'incompétence et qui interroge en même temps la gouvernance de l'ordre politique, confirme deux réalités : d'une part, la formation et la domination d'une élite dirigeante, et la ritualisation de l'élection d'autre part.

Le travail de Roberto MICHELS, la *« loi d'airain de l'oligarchie »*[28] aide à saisir la diversité des facteurs de la formation d'une catégorie d'élites au-delà de l'incompétence des masses. Pour le résumer, il existe plusieurs causes déterminantes qui expliquent l'existence des chefs dans les organisations politiques : les causes d'ordre technique et administratif, les causes d'ordre psychologique et les facteurs intellectuels.

Au Cameroun, aussi bien qu'ailleurs, les partis politiques concourent à l'expression du suffrage[29]. Et c'est à travers cette fonction que se matérialisent par la formation et la sélection des candidats qui deviennent le personnel politique et administratif des partis politiques et de l'appareil administratif et politique de l'État. Les rétributions du militantisme[30], les résultats de la compétition intra et interpartisane pour l'occupation des postes électifs et nominatifs produisent une élite dirigeante[31]. La concurrence et la compétition politiques et électorales de la démocratisation au Cameroun confirment la formation d'une élite dirigeante qui occupe constamment les positions étatiques et partisanes de pouvoir. Cette réalité est un continuum historique.

Roberto MICHELS soutient en effet qu'*« en plus de l'indifférence politique des masses et de leur besoin d'être dirigées et guidées, un autre facteur d'une qualité morale plus relevée, contribue à asseoir la suprématie des chefs : c'est la reconnaissance des foules pour les personnalités qui parlent et écrivent en leur nom »*[32]. La scène politique camerounaise renseigne constamment sur ces réalités à travers les motions et les marches de soutien[33].

Dans un contexte de démocratisation, l'élection est consacrée et pratiquée dans les sociétés politiques comme un acte, une modalité idéale de désignation et de légitimation des représentants. Il en est ainsi parce que les citoyens délèguent temporairement leur pourvoir ou leur souveraineté à ces derniers afin d'agir en leur lieu et place par la *« magie »* de la délégation[34], même s'il arrive parfois que leurs intérêts ne soient pas pris en compte.

---

[28] MICHELS (R), *op.cit.*

[29] Article 3 de la Constitution du 18 janvier 1996 du Cameroun.

[30] GAXIE (D), « Économie des partis et rétributions du militantisme », *Revue française de science politique*, n° 1, 1977, pp. 123-154. Sur les rétributions partisanes au Cameroun, lire AKONO EVANG (S-P), *Partis politiques, ethnies et politique d'affection dans la démocratisation au Cameroun (1990-2004) : contribution à l'élaboration d'une sociologie de la politisation de l'ethnicité*, thèse de doctorat/PhD en science politique, Université de Yaoundé II, 2005, pp. 405-412.

[31] Sur la compétition électorale au Cameroun, voir KAPTCHOUANG TCHEJIP (C), *Partis politiques et démocratie locale au Cameroun : une analyse de la compétition locale à l'ère du pluralisme*, thèse de doctorat/Ph D en science politique, Université de Yaoundé II, 2004 ; AKONO EVANG (S-P), *op.cit.*, pp. 473-482.

[32] *Ibid.*, p. 57.

[33] Ces marches et motions de soutien sont organisées et signées par les élites des différentes localités au nom des populations pour soutenir l'ordre dirigeant.

[34] BOURDIEU (P), *op.cit.*

Depuis l'enclenchement de la démocratisation, et partant l'organisation, il y a une réalité constante : toutes les élections sont contestées, à tort ou à raison. L'on en vient alors à se demander si tous les acteurs ont foi aux élections ou croient en celles-ci. Or au Cameroun, il n'y a pas de compétition électorale dans toutes les circonscriptions électorales. Le Rassemblement démocratique du peuple camerounais (RDPC) qui jouit du don d'ubiquité électorale[35], est le seul parti politique qui investit les candidats dans toutes les circonscriptions électorales. Il en est ainsi tant du fait de sa plus-value comme l'ex-parti unique[36], comme une *« machine électorale »*[37] que de la faible *« capacité de projection périphérique »* électorale des partis d'opposition[38] qui donne à voir la stato-nationalisation du parti au pouvoir[39]. En effet, en dehors des élections présidentielles, et ce depuis 1992, date des premières élections de la démocratisation, le RDPC est le seul parti qui présente des candidatures dans toutes les circonscriptions électorales. Il se retrouve souvent seul dans certaines circonscriptions électorales. Par conséquent, les candidats investis par ce parti politique sont déjà élus avant même la tenue de l'élection puisqu'ils sont seuls en lice. Le jour de l'élection et la publication des résultats ne constituent que des formalités d'officialisation des investitures préalables démocratiques ou non démocratiques.

Ce qui précède ne veut pas dire que les élections sont inutiles. Au contraire, saisir les élections comme rituel de légitimation, c'est en même temps souligner leur importance en contexte de démocratisation ; contexte dans et travers lequel l'ordre dirigeant n'a de cesse de préserver sa légitimité.

II. LES LOGIQUES ET DYNAMIQUES DE PRÉSERVATION DE LA LÉGITIMITÉ DE L'ORDRE DIRIGEANT : UNE RÉALITÉ DE LA MOBILISATION CONTRE LA DÉMOBILISATION POLITIQUE

L'ordre dirigeant travaille de manière constante à préserver sa légitimité contestée, à tort ou à raison, par les acteurs et agents de la démobilisation

---

[35] À ce sujet, lire SINDJOUN (L), « Le paradigme de la compétition électorale dans la vie politique : entre tradition de monopole politique, État parlementaire et État seigneurial », op.cit. ; OWONA NGUINI (E-M), *La sociogenèse de l'ordre politique au Cameroun entre autoritarisme et démocratie, 1978-1996 : Les régimes politiques et économiques de l'État au gré des conjonctures et des configurations sociohistoriques*, thèse de doctorat en science politique, Université de Bordeaux IV ; AKONO EVANG (S-P), *Partis politiques, ethnies et politique d'affection dans la démocratisation au Cameroun (1990-2004) : contribution à l'élaboration d'une sociologie de la politisation de l'ethnicité*, thèse de doctorat/PhD en science politique, *op.cit.*, p. 277. Du même auteur, *L'élection des sénateurs. Regards sociopolitiques sur le scrutin sénatorial du 13 avril 2014*, Paris, L'Harmattan, 2017.

[36] AKONO EVANG (S-P), *L'élection des sénateurs au Cameroun. Regards sociopolitiques sur le scrutin sénatorial du 13 avril 2014, op.cit.*

[37] OSTROGORSKI (M), *La démocratie et les partis politiques, op.cit.*

[38] SINDJOUN (L), « Le paradigme de la compétition électorale dans la vie politique : entre tradition de monopole politique, État parlementaire et État seigneurial », op.cit., p. 307.

[39] OWONA NGUINI (E-M), *La sociogenèse de l'ordre politique au Cameroun entre autoritarisme et démocratie, 1978-1996 : les régimes politiques et économiques de l'État au gré des conjonctures et des configurations sociohistoriques, op.cit.* ; AKONO EVANG (S-P), *Partis politiques, ethnies et politique d'affection dans la démocratisation au Cameroun (1990-2004) : contribution à l'élaboration d'une sociologie de la politisation de l'ethnicité, op.cit.*, pp. 275-281.

politique. En effet, le régime ainsi que ceux qui le rallient, développent une synergie de mobilisation contre la démobilisation politique afin de faire accepter le régime, le légitimer davantage, aussi bien à l'intérieur qu'au-delà des frontières nationales. Il s'ensuit alors un ensemble de logiques et de dynamiques révélatrices de discours et de pratiques participant de la production d'une telle réalité sociopolitique. Ce qui y est de mise, c'est l'élargissement et la fédération de/autour de l'ordre dirigeant (A) et l'opérationnalisation de politiques et politiques publiques (B).

A. L'élargissement et la fédération autour de l'ordre dirigeant

Saisir l'élargissement et la fédération autour de l'ordre dirigeant, c'est voir comment une diversité d'acteurs préserve et consolide (1) et renforce la légitimité de cet ordre (2).

1) La préservation et la consolidation du régime

Au cœur de ces activités, il y a le noyau dur constitué du parti au pouvoir dont le soutien au régime est indéfectible (a). Il y a aussi les chefs traditionnels qui lui restent fidèles (b).

a. Le soutien indéfectible du Rassemblement démocratique du peuple camerounais

Le Rassemblement démocratique du peuple camerounais (RDPC) apporte au régime un capital humain important. D'abord, en tant que parti politique, celui-ci participe de l'encadrement, la formation et la sélection du personnel politique en disposant d'une masse critique de membres, notamment les militants, les adhérents et sympathisants. Il s'agit en temps opportun d'une mobilisation électorale lors des différentes consultations électorales. Un tel soutien vient du fait de sa forte capacité de projection légitime de l'ordre dirigeant sur toute l'étendue du territoire national. Ensuite, le RDPC est un réservoir du personnel administratif et politique de l'État. En effet, par leurs compétences académiques, techniques et politiques, les membres de ce parti occupent les postes électifs et nominatifs de pouvoir qui assurent le fonctionnement quotidien de l'État et de ses institutions. Ce sont les membres du RDPC qui sont majoritairement les membres du gouvernement, secrétaires généraux, directeurs de l'administration centrale, directeurs généraux de sociétés, gouverneurs, tous nommés par le président de la République, président du RDPC. Ce sont aussi les membres du RDPC qui occupent la majorité des postes électifs de pouvoir : députés, sénateurs, présidents des régions, conseillers régionaux, maires, conseillers municipaux. Enfin, la plupart des autorités traditionnelles sont membres de ce parti politique.

Le RDPC apporte aussi à l'ordre dirigeant le capital financier. Par leurs cotisations et contributions, les membres du RDPC permettent à l'ordre dirigeant de mener aisément les activités politiques en battant campagne, en organisant les meetings, en finançant certaines activités sociales, caritatives, etc.

Le soutien indéfectible du RDPC se traduit également par la stabilité politique du régime en place. En dépit des fortes secousses du vent démocratique de la transition démocratique, ce parti politique a apporté au régime les majorités politiques successives favorables à la stabilité politique du régime et de la société politique.

b. La fidélisation des chefs traditionnels

En termes de fidélisation, il s'agit de souligner que les autorités traditionnelles ne sont pas seulement des auxiliaires de l'administration, des pouvoirs publics. Elles apportent aussi un soutien symbolique et politique qui participe de la stabilisation, et partant de la légitimation de l'ordre dirigeant. Il en est ainsi dans la mesure où les autorités traditionnelles qui disposent de nombreuses ressources exercent une influence considérable sur les populations relevant de leur territoire de commandement traditionnel. Les chefs traditionnels qui soutiennent l'opposition sont une goutte d'eau dans l'océan, si l'on prend en compte les prises de position publiques et les scores des partis politiques et de leurs candidats à l'issue des différentes élections[40].

2) Le renforcement de la légitimité de l'ordre dirigeant par les autres acteurs sociopolitiques

À ce niveau d'analyse, il y a lieu de souligner que les citoyens, partis politiques alliés et la société civile (a) aussi bien que certains acteurs internationaux (b) participent de la légitimation de l'ordre dirigeant à travers leurs actions et les soutiens qu'ils lui apportent.

a. Le soutien des citoyens, des partis politiques alliés et de la société civile

David EASTON, dans son analyse du système politique, aide à saisir les soutiens que l'environnement dans lequel se trouvent immergés ces acteurs, apporte au système politique[41]. Selon lui, *les soutiens* sont des ressources symboliques, psychologiques, matérielles et financières que l'environnement apporte au système politique pour sa survie. Il s'agit des sentiments de soutien ou d'affection, les sentiments contraires ou de désaffection[42]. Les soutiens sont visibles (payer l'impôt ou les droits universitaires), tacites (sens du devoir ou patriotisme), spécifiques (motions de soutien), diffus (croyance à la légitimité du régime et des autorités)[43].

Intéressons-nous ici aux partis alliés qui décident de soutenir ou de rallier le parti au pouvoir en fonction des contextes et des enjeux dans une logique de pragmatisme de situation. C'est ainsi que depuis la démocratisation au Cameroun, notamment en période électorale, de nombreux partis politiques se rallient au RDPC, (parti au pouvoir). À l'issue des élections législatives de 1992, lorsque le parti présidentiel n'a pas pu obtenir la majorité parlementaire (seulement 88 députés sur les 180), il y a eu la construction des alliances politiques RDPC-

---

[40] Idem.

[41] EASTON (D), *The political system*, New York, KNOPF (A-A), 1953 ; EASTON (D), *L'analyse du système politique,* Paris, Armand Colin 1974 ; du même auteur, *A Framework for Political Analysis*, Englewood Cliffs, Prentice Hall, 1996 ; « Catégories *pour l'analyse systémique du politique* », dans BIRNBAUM (P) et CHAZEL (F), *Sociologie Politique*, tome I, Paris, Armand Colin, 1972, pp. 84-104.

[42] Idem.

[43] Idem.

MDR[44] (6 députés), RDPC-UPC[45] (18 députés) pour permettre au RDPC d'éviter l'instabilité politique en constituant une majorité parlementaire.

Par la suite, il y a des alliances pour soutenir le candidat du parti au pouvoir lors des élections présidentielles. De ce fait, les présidents de certains partis politiques ne se déclarent pas candidats à l'élection présidentielle pour battre campagne en faveur du Président Paul BIYA. C'est le cas de Monsieur Maïgari BELLO BOUBA, qui, après avoir été candidat à l'élection présidentielle du 9 octobre 1992, ne s'est plus jamais présenté et soutient la candidature du Président Paul BIYA. Il en est de même de l'ensemble des vingt partis politiques de l'opposition connus sous l'appellation du G20 d'où ont émergé les leaders tels que Messieurs Jean de Dieu MOMO (PADDEC)[46], Fritz NGO (MEC)[47], Joachim TABI OWONO (AMEC)[48]. Robert BAPOOH LIPOT (UPC)[49], il y a des personnalités qui ne se sont jamais déclaré candidats, mais qui soutiennent le candidat du RDPC : MM. DAKOLE DAÏSSALA, Ahmadou MOUSTAPHA, Bakari ISSA TCHIROMA, etc.

Il importe de souligner que le soutien que ces responsables de partis politiques et leurs membres et sympathisants apportent dans la stabilisation et la légitimation de l'ordre dirigeant est d'une grande importance au regard des enjeux de la compétition politique et électorale. C'est ce qui explique que certains soient promus à de hautes responsabilités gouvernementales et administratives : MM. Augustin Frédéric KODOCK, Maïgari BELLO BOUBA, DAKOLE DAÏSSALA, Ahmadou MOUSTAPHA, Jean de Dieu MOMO, Robert BAPOOH LIPOT etc.

b. Le soutien de quelques acteurs internationaux

Le Cameroun, comme tout autre État est un acteur de la communauté et de la société internationales qui s'inscrit dans la dynamique des relations internationales. Avec chaque acteur, le Cameroun entretien des relations ou une coopération en fonction des différents domaines d'activité. Ce vaste champ de la coopération avec tous ces acteurs contribue à légitimer l'ordre dirigeant tant au niveau national qu'à l'échelle internationale.

B. politiques et politiques publiques de légitimation constante de l'ordre dirigeant

Au nombre de ces politiques et politiques publiques, nous soulignons d'une part, la politique de l'équilibre régional et l'organisation régulière des élections (1) ; et d'autre part, l'implémentation louable des politiques des *« grandes réalisations »* et des *« grandes opportunités »* (2).

[44] Mouvement démocratique pour la défense de la république présidé par Monsieur DAKOLE DAÏSSALA.
[45] L'Union des populations du Cameroun.
[46] Les Patriotes démocrates pour le développement du Cameroun.
[47] Mouvement des Écologistes.
[48] Action pour la méritocratie et l'égalité des chances.
[49] Union des populations du Cameroun.

1) L'équilibre régional et l'organisation régulière des élections

En dépit des controverses dont elles font l'objet, la politique de l'équilibre régional (1) et l'option d'organiser régulièrement les élections (2), constituent des politiques pertinentes de légitimation de l'ordre dirigeant au Cameroun.

a. L'équilibre régional comme politique de préservation de la paix et de l'intégration nationale

Le Cameroun comme la plupart des sociétés politiques, est une société polyethnique dont la gestion est complexe et nécessite des technologies de gouvernance spécifiques et appropriées[50]. C'est ainsi que la politique de l'équilibre régional produite, fait l'objet d'application constante en dépit de changement de régimes, de gouvernants[51]. Elle est devenue une institution dans la mesure où elle résiste à l'épreuve du temps, des critiques. De manière concrète, la politique de l'équilibre régional participe de l'atténuation des crises ethno-identitaires ; elle favorise la cohabitation ethnique dans le cadre d'une même communauté politique[52]. L'équilibre régional, par la représentation politico-administrative des segments de la société, des groupes ethno-régionaux dans les institutions de l'État, qu'il favorise, est une politique de paix, d'unité nationale et d'intégration nationale[53].

À travers cette politique, le président de la République doit tenir compte de la composition ethno-régionale de l'État dans la répartition des charges, l'attribution des postes, des avantages, des honneurs[54]. Il importe de souligner que cette technologie de la gouvernance politique est à la fois contestée et acceptée par la communauté politico-scientifique[55].

En dépit de cette *« figure impropre »*, la politique de l'équilibre régional est pertinente parce qu'elle participe de l'implication des groupes sociaux à la gestion

---

[50] AKOULOUZE (R), « Ethnies et régionalisation », in Collectif Changer le Cameroun, *Ethnies et Développement national*, Yaoundé, Édition C3, 1993, p. 261.

[51] KONTCHOU KOUOMEGNI (A), *Les remaniements ministériels au Cameroun*, Mémoire de D.E.S., Université de Paris II, 1970 ; P. F. NGAYAP, *Cameroun. Qui gouverne. De Ahidjo à Biya, l'héritage et l'enjeu*, Paris, L'Harmattan, 1983 ; NKEMEGNI N., 1 991 *Contribution à l'étude de l'équilibre régional.* thèse de doctorat de 3e cycle en science politique, Université de Yaoundé ; SINDJOUN (L), *La politique d'affection en Afrique noire, Société de parenté, « Société d'État et libéralisation politique au Cameroun »*, Monographie, Boston/Yaoundé, Boston University/GRAPS, 1 998 ; SINDJOUN (L), *Construction et déconstruction locales de l'ordre politique au Cameroun. La sociogenèse de l'État*, thèse de doctorat d'État en science politique, Université de Yaoundé II, 1993-1996-4 ; OWONA NGUINI (E-M), *Remaniements ministériels au Cameroun : une dimension de la régulation politique*, Mémoire de DEA d'études africaines, Université de Bordeaux I, 1990-1991 ; OWONA NGUINI (E-M), *La sociogenèse de l'ordre politique au Cameroun entre autoritarisme et démocratie, 1978-1996 : Les régimes politiques et économiques de l'État au gré des conjonctures et des configurations sociohistoriques, op.cit.* ; AKONO EVANG (S-P), *Partis politiques, ethnies et politique d'affection dans la démocratisation au Cameroun (1990-2004) : contribution à l'élaboration d'une sociologie de la politisation de l'ethnicité, op. cit.*

[52] Idem.

[53] Idem.

[54] PROUZET (M), *Le Cameroun*, Paris, LGDJ, 1974, p. 297.

[55] Ibidem. Lire également, MOUICHE (I), « La question nationale, l'ethnicité et l'État en Afrique : le cas du Cameroun », *Law and Politics in Africa, Asia and Latin America*, avril 2000, p. 216.

du pouvoir, et partant, limite les crises et favorise l'intégration nationale[56]. Il s'agit donc de sa *« figure vertueuse »*[57]. En ce sens, le Président Paul BIYA affirme qu'il faut *« assurer la participation de toutes les composantes du pays à cette œuvre. Dans un pays comme le Cameroun, c'est faire en sorte que toutes les régions, toutes les ethnies, tous les Camerounais, sans exclusive, se sentent concernés par l'évolution et le destin de leur pays. Chaque ethnie a son importance, sa place, sa valeur qui ne sont pas forcément fonction du poids démographique. Et notre politique d'équilibre vise justement à favoriser la coexistence harmonieuse de toutes les ethnies en sauvegardant particulièrement les droits et le génie des minorités ».*

Selon le Professeur Luc SINDJOUN, la notion d'équilibre régional comme *« mythe d'action politique »* est *« pertinente »*, *« car elle renvoie à l'incorporation gouvernementale des localités et à la légitimation du pouvoir »*, malgré le sentiment d'exclusion de certains groupes sociaux, la « paroissialisation » de la fonction ministérielle ou gouvernementale, la politisation maximale des identités ethno-régionales[58]. L'analyse de Mathias-Éric OWONA NGUINI ne « *souligne pas moins les efforts d'intégration repérables à travers l'équilibre régional gouvernemental, entre autres situations, dans le domaine de l'attribution des postes ministériels. C'est la difficulté et la répartition inégalitaire, mais changeante des avantages historiques régionaux qui font voir l'équilibre régional comme simple particularisme »*[59]. Or, *« Par ce moyen, les autorités s'efforcent de réduire les situations d'exclusion »*[60].

Une telle finalité est aussi déductible par l'organisation des élections.

b. L'organisation régulière des élections, révélatrice de la pacification et stabilisation de la société politique

D'une manière générale, les élections en Afrique sont de plus en plus pensées comme des moments d'incivilité et de violence. En effet, la plupart d'élections sont structurées par la violence, parfois avant, pendant et après. Mais, une telle posture ne doit pas être absolutisée si l'on prend en compte l'historicité de chaque société politique africaine. En ce sens, il y a *« l'exceptionnalité camerounaise »*[61], parce qu'en dehors de quelques secousses électorales, le Cameroun organise régulièrement les élections, qui contribuent à la pacification et à la stabilisation de la société politique[62]. Ce qui légitime indéniablement l'ordre dirigeant.

---

[56] AKONO EVANG (S-P), « À propos de la gestion de la question anglophone au Cameroun : réflexions sur l'équilibre régional comme technologie gouvernante au service de l'intégration nationale », *Cahiers africains d'administration publique*, n° 82, *op.cit.*

[57] Idem.

[58] SINDJOUN (L), *Construction et déconstruction locales de l'ordre politique au Cameroun. La sociogenèse de l'État*, op. cit., p. 553.

[59] OWONA NGUINI (E-M), *Les remaniements ministériels au Cameroun : une dimension de la régulation politique.*

[60] *Ibid.*, p. 142.

[61] AKONO EVANG (S-P), *L'élection des sénateurs au Cameroun. Regards sociopolitiques sur le scrutin du 14 avril 2013*, Paris, L'Harmattan, 2017, p. 15.

[62] À la suite du professeur AKONO EVANG (S-P), nous pouvons souligner que, dans la démocratisation, le Cameroun a déjà organisé plusieurs vagues d'élections in, AKONO EVANG (S-P), *L'élection des sénateurs au Cameroun.* La première vague est celle des élections législatives du 1er mars 1992 et l'élection présidentielle du 11 octobre 1992 ; la deuxième vague concerne les

2) L'implémentation louable de la politique des « grandes réalisations »

Au Cameroun de la démobilisation politique, l'ordre dirigeant ne ménage aucun effort, malgré les difficultés, pour améliorer les conditions de vie politique, institutionnelle, économique, technologique, sociale, culturelle, etc., des citoyens. Le Président de la République Paul BIYA en a défini le cap avec les politiques publiques des *« grandes réalisations »* qui offrent des *« grandes opportunités »,* mises en œuvre par les pouvoirs publics et le concours des autres acteurs nationaux et internationaux (2). En ce sens, les intérêts du Cameroun doivent nécessairement être sauvegardés (1).

a. La sauvegarde des intérêts des Camerounais

L'une des plus-values à mettre à l'actif de l'ordre dirigeant sous la conduite du Président Paul BIYA, c'est effectivement la sauvegarde des intérêts du Cameroun par les décisions et actions menées. Il s'est agi de la protection du territoire camerounais, de l'indivisibilité du Cameroun et des Camerounais. C'est à travers les dispositions constitutionnelles que l'on peut comprendre et justifier la politique de sauvegarde des intérêts des Camerounais par le Président Paul Biya.

On peut remonter à la protection de l'intégrité du territoire camerounais lorsque le Nigeria a envahi la presqu'île de Bakassi. Face à cette invasion, le Président Paul BIYA, au lieu de s'engager et de s'inscrire durablement dans la logique de la guerre, a opté pour le règlement pacifique de ce différend frontalier afin de protéger l'intégrité du territoire aussi bien que les ressources qu'il regorge[63].

Également, la guerre contre Boko Haram dans la région du grand Nord et la lutte contre les sécessionnistes dans les régions anglophones du Nord-Ouest et du Sud-Ouest donnent aussi à voir comment l'ordre dirigeant protège efficacement l'unité et l'intégrité territoriales du Cameroun, partant les intérêts des Camerounais. Il s'agit là d'une compétence constitutionnelle effectivement et efficacement remplie : *« (1) Le président de la République représente l'État dans tous les actes de la vie publique (2). Il est le chef des forces armées. (3) Il veille à la sécurité intérieure et extérieure de la République »*[64].

Ce qui précède participe de la stabilité du pays qui est favorable à la réalisation de politiques publiques de développement.

b. Les Grandes réalisations légitimantes

Comme précédemment indiqué, la démobilisation politique est souvent présentée comme une réalité de délégitimation de l'ordre dirigeant incapable de

élections municipales du 21 janvier 1996 ; la troisième vague porte sur les élections législatives des 17 et 31 août 1997 et l'élection présidentielle du 12 octobre 1997 ; la quatrième vague est celle des élections municipales du 30 juin 2002 et des législatives des 30 juin et 15 septembre 2002 ; la cinquième vague est l'élection présidentielle du 11 octobre 2004 ; la sixième vague renvoie aux élections législatives et municipales du 22 juillet 2007 ; la septième vague est l'élection présidentielle du 9 octobre 2011 ; la huitième vague concerne les élections législatives et municipales du 30 septembre 2013 ; la neuvième vague est celle des élections sénatoriales et de l'élection présidentielle du 7 octobre 2018 ; la dixième vague porte sur les élections législatives et municipales du 9 février 2020 et les élections régionales de 2020.

[63] Cet espace du territoire est riche en ressources pétrolières et halieutiques.

[64] Article 8 de la Constitution du 18 janvier 1996.

réaliser les politiques de développement. Or, même s'il y a encore des efforts à faire, on ne peut pas balayer du revers de la main ce que cette réalité nous fournit en termes de réalisations gouvernementales. En effet, dans un document d'une importance capitale[65], le gouvernement camerounais y présente ses réalisations de 2013 à 2019. Malgré les effets néfastes de la crise, de la dévaluation et des programmes d'ajustement structurel, et récemment du Covid-19, le Cameroun a réalisé de nombreuses et grandes avancées sur tous les plans, dans tous les domaines, aux niveaux national et local.

Les *« Réalisations du gouvernement sur le plan national »* sont saisies à travers trois axes : l'Axe I sur les réalisations aux plans institutionnel, politique, diplomatique et sécuritaire [66]; l'axe II portant sur les réalisations économiques et infrastructurelles[67], et l'axe III sur les grandes réalisations sociales, culturelles, sanitaires, éducatives et sportives[68]. Ces différentes actions réalisées soulignent à suffisance la dynamique économique participant de la légitimation de l'ordre dirigeant au Cameroun.

Ainsi qu'il vient d'être démontré, les usages politiques de la démobilisation politique ont partie liée avec les stratégies de contestation de l'ordre gouvernant. C'est une fonction manifeste, alternative de la démobilisation politique qui consiste à avoir recours à la démobilisation politique et au riche répertoire d'actions qu'elle offre pour contester non seulement la gouvernance politique, mais aussi l'élite aux affaires que l'on présente dès lors comme illégitime, mal élue, impopulaire et contestée. La défection populaire qui se traduit et s'objective par/dans le boycott d'une échéance électorale et/ou la propagande anti-régime de l'abstention, participe alors selon les entrepreneurs de la démobilisation politique d'une stratégie ultime de contestation politique qui vise à enlever au pouvoir toute forme de légitimité électorale pour mieux donner à voir son caractère autoritariste[69].

Mais cette défection politique construite par les acteurs électoraux pour délégitimer l'ordre dirigeant est vaine puisque la démobilisation politique, menée pour délégitimer l'ordre dirigeant, participe, au contraire, et en réalité, à sa légitimation. Ce qui est considéré comme démobilisation politique, désintérêt des populations pour la chose politique, son 'désamour'visant la délégitimation de l'ordre dirigeant, est en réalité un silence approbateur ; un soutien *« muet »,* un acte de légitimation de celui-ci, car la démobilisation politique qui traduit l'incompétence politique des citoyens ordinaires, les masses, favorise la production des logiques et dynamiques politiques ayant pour finalité de légitimer l'ordre dirigeant dans un contexte de démocratisation.

---

[65] *Les réalisations du Gouvernement, 2013 – 2 019.*

[66] *Ibid.,* pp. 14-30.

[67] *Ibid.*, pp. 31-59.

[68] *Ibid.*, pp. 60-67.

[69] MORELLE (M) et PLANEL (S), « Appréhender des « situations autoritaires ». Lectures croisées à partir du Cameroun et de l'Éthiopie », *L'Espace politique* [En ligne], 35 | 2018-2, mis en ligne le 29 octobre 2018, consulté le 10 février 2021 ; v°URL : http://journals.openedition.org/espacepolitique/4902, consulté le 10 janvier 2023 ; www. https://doi.org/10.4000/espacepolitique.4902, consulté le 10 janvier 2023.

LE DEVOIR DE VIGILANCE DES ENTREPRISES EN MATIÈRE DES DROITS DE L'HOMME ET DE L'ENVIRONNEMENT DANS LE SECTEUR MINIER AU CAMEROUN

Rodrigue Anicet TAYO

Magistrat*

La notion de vigilance raisonnable est avant tout un principe de droit international public, en vertu duquel la responsabilité de l'État peut être engagée non seulement s'il porte atteinte au droit d'un autre État ou des ressortissants d'un autre État, mais aussi si par sa passivité il a rendu possible cette atteinte sur son territoire, fut-il par un acteur privé[1]. Elle a été étendue aux entreprises à la suite des travaux de John Ruggie[2]. Il ressort des principes *Ruggie* que les entreprises doivent respecter les droits de l'homme et prévenir les atteintes aux droits de l'homme. Cette obligation est formulée au principe 11 en ces termes : « les entreprises devraient respecter les droits de l'homme. Cela signifie qu'elles devraient éviter de porter atteinte aux droits de l'homme d'autrui et remédier aux incidences négatives sur les droits de l'homme dans lesquelles elles ont une part »[3]. Dans la perspective de *John Ruggie*, le devoir de vigilance apparaît comme l'une des modalités pour les entreprises de remplir leur obligation de

---

Juge et juge d'instruction près les Tribunaux de Tibati, Vice-président du Tribunal militaire de Ngaoundéré. Les opinions émises dans ce texte sont strictement personnelles à l'auteur. Cet article est le fruit d'un travail de recherche mené à l'initiative d'Élise GROULX-DIGGS. Il développe donc certains points que l'on retrouvera, de manière générale, dans une publication à paraitre dans une autre revue.

[1] M. NIOCHE, « Responsabilité sociétale des entreprises et compétence civile extraterritoriale », dans A. MIRON et B. TAXIL, dir., Société française pour le droit international, colloque d'Angers, *Extraterritorialités et droit international,* Paris, Pedone, 2020, p 235 ; G. MARAIN, « Le devoir de vigilance : approche notionnelle », dans S. SCHILLER, dir., *Le devoir de vigilance*, Paris, LexisNexis, 2019, pp. 69-81 ; B. DELZANGLES, « L'obligation de protéger les droits de l'homme contre les atteintes commises par les entreprises », dans S. SCHILLER, dir., *Le devoir de vigilance*, Paris, LexisNexis, 2019, pp. 83-96.

[2] J. RUGGIE, *Rapport du représentant spécial du Secrétaire général chargé de la question des droits de l'homme et des sociétés transnationales et autres entreprises*, Doc off CDH NU, 17e sess. 2011, Doc NU/A/HRC/17/31 (2011), p. 15.

[3] Le principe 11 de J. RUGGIE doit être lu conjointement avec le principe 13 qui indique que l'obligation de respecter les droits de l'homme exige des entreprises qu'elles évitent d'avoir des incidences négatives sur les droits de l'homme et qu'elles s'efforcent de prévenir ou d'atténuer les incidences négatives sur les droits de l'homme.

respecter les droits de l'homme[4]. Le devoir de vigilance vise à rendre les entreprises responsables en matière des droits de l'homme et de l'environnement en leur imposant l'identification, la connaissance et la prévention des risques sur l'ensemble de la chaîne de valeur, ainsi que l'accès des victimes à la justice en cas de défaillance. Le devoir de vigilance en matière des droits de l'homme est un ensemble de mesures prises par une entreprise pour à la fois identifier et agir en cas d'atteintes réelles et potentielles portées aux droits de l'homme[5].

Si le devoir de vigilance connaît un développement remarquable depuis 2011 et une actualité renouvelée au niveau international ces dernières années, reste que la notion de vigilance constitue un objet de débat ancien à l'échelle internationale. En effet, les prémices du concept de devoir de vigilance remontent au cours des années 1970. On les retrouve notamment dans les principes de l'Organisation pour la coopération et le développement économique (ci-après OCDE) en 1976[6], révisés les 27 juin 2000 et 25 mai 2011[7], la déclaration de principes tripartite sur les entreprises multinationales et la politique sociale de l'Organisation internationale du travail (ci-après OIT) en 1977, amendée en 2000 et 2006 puis révisée en 2017, le Pacte mondial des Nations unies lancé en 2000 par Kofi Annan à destination des entreprises. La notion de vigilance connaît une actualité nouvelle depuis le tournant des années 2010 avec l'adoption des principes *Ruggie*[8].

Le devoir de vigilance des entreprises a été au départ formulé dans les instruments juridiques dépourvus de portée contraignante, apparaissant ainsi comme un droit souple[9] de par son caractère déclaratif[10]. Il s'est agi alors pour les entreprises multinationales de faire le choix de l'autorégulation pour s'affranchir le plus possible d'une réglementation imposée par les pouvoirs publics et pour ces derniers d'encourager les multinationales à s'autoréguler[11]. En dépit de cette avancée, il s'est avéré nécessaire de passer d'un engagement de type volontariste à une obligation de nature contraignante par l'effet de « magnétisme incontournable » du droit dur[12]. Dans cette perspective, plusieurs pays ont adopté des législations spécifiques au devoir de vigilance. Le Royaume-Uni a adopté en 2015 une loi sur l'esclavage moderne pour créer plus de transparence dans toutes

[4] En effet le principe 15 énonce qu'« afin de s'acquitter de leur responsabilité en matière de respect des droits de l'homme, les entreprises doivent avoir en place des politiques et des procédures en rapport avec leur taille et leurs particularités, y compris […] une procédure de diligence raisonnable en matière des droits de l'homme pour identifier leurs incidences sur les droits de l'homme, prévenir ces incidences et en atténuer les effets, et rendre compte de la manière dont elles y remédient » ; voir RUGGIE, *supra* note 2, p 17.

[5] Voir dans ce sens L. D'AMBROSIO, « Le devoir de vigilance : une innovation juridique entre continuités et ruptures », *Droit et société*, 2020/3 (106), pp. 633-635.

[6] Déclaration de l'Organisation de coopération et de développement économiques sur l'investissement international et les entreprises multinationales, adoptée le 21 juin 1976

[7] OCDE, *Principes directeurs de l'OCDE à l'intention des entreprises multinationales,* édition 2011

[8] RUGGIE, *supra* note 2.

[9] Sur la notion de droit souple, voir Conseil d'État, Le droit souple, Étude annuelle, La Documentation française, 2013

[10] Bien que relevant de la soft law, ces règles formulées dans de tels instruments s'imposent de plus en plus aux entreprises, v° dans ce sens, E. GROULX-DIGGS, M. REGAN et B. PARANCE, " Business and human rights as a galaxy of norms", (2 019) 50 : 2 *Georgetown Journal of International Law* 309.

[11] NIOCHE, *supra* note 1, p 234.

[12] M. GREGOIRE, « Propos introductifs : le droit souple défie-t-il ou sert-il le souverain ? », dans S. CASSELA, V. LASSERRE, B. LECOURT, dir., *Le droit souple démasqué*, Paris, Pedone, 2018, pp 19-26.

les chaînes d'approvisionnement, la France a suivi en 2017 avec une loi sur le devoir de vigilance des sociétés mères et des entreprises donneuses d'ordre[13], les Pays-Bas la loi du 13 novembre 2019 relative au devoir de vigilance lié au travail des enfants[14], l'Allemagne celle du 11 juin 2021 sur le devoir de diligence des entreprises visant à éviter les violations des droits de l'Homme dans les chaînes d'approvisionnement[15]. La Commission européenne a publié le 23 février 2022 une proposition de directive sur le devoir de vigilance des entreprises en matière de durabilité[16]. D'autres initiatives législatives parlementaires sont en cours à l'échelle européenne[17].

Le concept de devoir de vigilance n'est pas étranger dans l'ordre juridique africain. Bien qu'il n'existe pas à l'échelle africaine une convention générale relative au devoir de vigilance en matière des droits de l'homme et de l'environnement[18], la diligence raisonnable est circonscrite dans certains secteurs et instruments juridiques africains. Le secteur minier a été l'un des premiers champs au sein desquels un « devoir de diligence » a été évoqué de manière express[19]. Dans ce contexte, plusieurs initiatives impliquant l'Afrique ont émergé en lien direct : le guide de l'OCDE sur le devoir de diligence pour des chaînes d'approvisionnement responsables en minerais provenant de zones de conflit ou à haut risque[20], le règlement de l'Union européenne dit « minerais de sang »[21] ; et indirect : l'Initiative pour la transparence dans les industries extractives[22] (ITIE), le processus de Kimberley[23], la vision minière africaine[24], la

---

[13] Loi n° 2017-399 du 27 mars 2017 relative au devoir de vigilance des sociétés mères et des entreprises donneuses d'ordre.

[14] Cette loi est entrée en vigueur en 2022.

[15] Cette loi est censée être entrée en vigueur le 1er janvier 2023.

[16] Cette proposition est consultable à l'adresse : https://ec.europa.eu/info/publications/proposal-directive-corporate-sustainabledue-diligence-and-annex, consulté le 10 janvier 2023.

[17] Sur l'ampleur de ces initiatives, se référer utilement à Assemblée nationale française, *Rapport d'information déposé par la Commission des affaires européennes relatif au devoir de vigilance des multinationales*, 15 décembre 2021, p. 17.

[18] Le projet d'une convention africaine sur les entreprises et les droits de l'homme est en débat au niveau de l'Union africaine. La question a été débattue récemment à Accra lors du *Africa Forum on Business and Human Rights* organisé du 12 au 13 octobre 2022 par le PNUD. Certains participants ont émis le vœu que la problématique des entreprises et des droits de l'homme soit intégrée dans le projet de la Zone de libre-échange continentale africaine.

[19] V° dans ce sens la résolution 1952 du Conseil de sécurité des Nations unies du 29 novembre 2010, Doc off CS NU 6432e sess. Doc NU S/RES/1952 (2010) par laquelle le Conseil de sécurité des Nations unies mande le Groupe d'experts sur la République démocratique du Congo pour proposer des recommandations sur le devoir de diligence des entreprises impliquées en aval de l'extraction de minerais dans le pays afin de limiter le soutien indirect au conflit.

[20] OCDE, Guide OCDE sur le devoir de diligence pour des chaînes d'approvisionnement responsables en minerais provenant de zones de conflit ou à haut risque, troisième édition, 2016 https://www.oecd.org/fr/daf/inv/mne/Guide-OCDE-Devoir-Diligence-Minerais-%20Edition3.pdf, consulté le 2 janvier 2023.

[21] CE, Règlement (UE) 2017/821 du Parlement européen et du Conseil du 17 mai 2017 fixant des obligations liées au devoir de diligence à l'égard de la chaîne d'approvisionnement pour les importateurs de l'Union qui importent de l'étain, du tantale et du tungstène, leurs minerais et de l'or provenant de zones de conflit ou à haut risque (2017), JO, L130/1. Spécialement l'article 3.

[22] V° dans ce sens les principes de l'ITIE adoptés à Londres en 2003, ils sont disponibles à l'adresse : www.eiti.org, consulté le 2 janvier 2023.

[23] Le Processus de Kimberley rassemble des administrations, des sociétés civiles et industrielles dans le but de réduire l'existence des diamants de conflits partout dans le monde grâce à son système de certification. Se référer à www.kimberleyprocess.com, consulté le 2 janvier 2023.

stratégie de promotion de la responsabilité sociale des entreprises pour les sociétés extractives canadiennes présentes à l'étranger[25] (Affaires Mondiales Canada, 2014), le *Dodd Franck Act* aux États-Unis[26].

La Commission africaine des droits de l'homme et des peuples, instituée par la Charte africaine des droits de l'homme et des peuples[27], a développé en vertu de son mandat[28], une intense activité aussi bien réglementaire que jurisprudentielle dans le sens des obligations de diligence et de protection des droits de l'homme et de l'environnement par les entreprises. Toutes ces dynamiques montrent qu'aujourd'hui plus qu'hier, les entreprises ont des obligations au même titre que l'État, en matière de protection des droits de l'homme et de l'environnement.

Le secteur minier, en tant que secteur dans lequel opèrent des entreprises multinationales, présente un risque potentiel d'atteinte aux droits de l'homme et à l'environnement. Conscient de cet état de fait, le Cameroun a adopté en 2016 son code minier[29] dans le but d'améliorer la gouvernance dans ce secteur et de l'arrimer aux standards internationaux en la matière. Bien que le devoir de vigilance ne figure pas *expressis verbis* dans ce texte, on y retrouve des règles qui s'apparentent à son régime. Il se pose alors la question de savoir si les exigences du devoir de vigilance en matière des droits de l'homme et de l'environnement s'appliquent au secteur minier camerounais. En d'autres termes, les entreprises opérant dans le secteur minier au Cameroun sont-elles soumises aux exigences du devoir de vigilance ?

À la vérité, les exigences du devoir de vigilance sont formulées de manière indicative en termes d'obligation générale de protection des droits de l'homme et de l'environnement (I) et de manière impérative en termes d'obligation spécifique au regard des engagements internationaux du Cameroun (II).

I. DE LA FORMULATION INDICATIVE D'UNE OBLIGATION GÉNÉRALE…

Bien que le devoir de vigilance ne figure pas *expressis verbis* dans le code minier du Cameroun[30], on y retrouve des règles qui s'apparentent à son régime. En

---

[24] Union africaine, *Vision du régime minier de l'Afrique (2009)*, AU/EXP/CAMRMRD/2 (1). Ce document a été adopté en février 2009 par les chefs d'État et de gouvernement de l'Union africaine ; il est disponible en ligne à l'adresse : www.au.int/30995-doc-africaminingvisionfrench, consulté le 10 janvier 2023.

[25] Pour une présentation détaillée de cette stratégie, lire utilement G. GOYETTE-COTE, « Responsabilité sociale des entreprises dans le secteur minier, quelle contribution pour le développement ? », dans B. CAMPBELL et M. LAFORCE, dir., *La responsabilité sociale des entreprises dans le secteur minier. Réponse ou obstacle aux enjeux de légitimité et de développement en Afrique ?* Québec, Presses de l'Université du Québec, 2016, p. 21.

[26] V° Dodd-Frank Wall Street Reform and Consumer Protection Act du 21 juillet 2010.

[27] Charte africaine des droits de l'homme et des peuples, 27 juin 1981, 1 520 RTNU 217 (entrée en vigueur : 21 octobre 1986).

[28] Selon l'article 45 (1) b de la *Charte africaine des droits de l'homme et des peuples*, la Commission est chargée « de formuler et d'élaborer des principes et règles qui permettent de résoudre les problèmes juridiques relatifs à la jouissance des droits de l'homme et des peuples et des libertés fondamentales sur lesquels les gouvernements africains peuvent fonder leur législation ». En application de ce texte, la Commission a un pouvoir d'interprétation évolutive de ce texte régional.

[29] Loi n° 2016/017 du 14 décembre 2016 portant code minier.

[30] Loi n° 2016/017 du 14 décembre 2016 portant code minier.

effet, le code minier, sans parler du devoir de vigilance, institue une obligation générale à la charge des entreprises opérant dans le secteur minier de protéger les droits de l'homme (A) et l'environnement (B).

A. Les obligations des entreprises minières en matière des droits de l'homme

Le code minier du Cameroun, à l'instar de la plupart des législations minières des États africains, édicte à l'encontre des entreprises opérant dans le secteur l'obligation de respecter les droits de l'homme. Ainsi l'article 5 du code minier du Gabon[31] dispose *« la politique nationale du secteur minier a pour fondement entre autres [...] le respect des droits de l'homme impactés par les activités minières, la responsabilité sociale des opérateurs »*. Le code minier du Sénégal[32] indique en des termes quasi identiques que « tout titulaire de titre minier a l'obligation de respecter et de protéger les droits humains dans les zones affectées par les opérations minières »[33]. Le contenu des obligations des entreprises en matière de droits de l'homme est singulier (1). En tout état de cause, la législation minière instaure un mécanisme de surveillance et de contrôle particulier (2).

1) Le contenu des obligations des entreprises minières

Le code minier du Cameroun met un accent particulier sur la protection des droits sociaux. En d'autres termes, la législation minière camerounaise oblige les entreprises opérant dans le secteur à veiller au respect des droits des employés de la mine. Au-delà des droits sociaux, le code oblige les entreprises du secteur à respecter les droits des populations locales.

Le souci de protéger les droits sociaux des employés de la mine est au cœur de la législation minière nationale. Il s'agit non seulement de la protection de leur emploi, de leur intégrité physique, mais également de la protection de leur environnement de travail. D'après l'article 44 alinéa 3 du code minier, les éléments de la convention minière comprennent les dispositions relatives à l'emploi et la protection de la main-d'œuvre camerounaise, les obligations en matière de prévention et de réparation des risques professionnels notamment en ce qui concerne les accidents de travail et de maladies professionnelles, les obligations en matière de santé publique, sécurité, hygiène, de sûreté des installations. Les entreprises opérant dans le secteur minier sont tenues de mener leurs travaux d'exploration et d'exploitation suivant les règles de l'art de manière à garantir la santé, la sécurité et l'hygiène des travailleurs de la mine. Les règles de santé, de sécurité et d'hygiène à respecter sont naturellement les règles camerounaises. Toutefois dans le souci de faire bénéficier aux travailleurs camerounais des dispositions similaires plus favorables d'après des législations étrangères, l'article 133 alinéa 3 du code minier dispose que lorsque les normes prévues par la législation et la réglementation en vigueur sont inférieures à celles respectées par le titulaire du permis dans d'autres pays où il exerce la même activité, ces dernières prévalent.

[31] Loi n° 037/2018 du 11 juin 2019 portant réglementation du secteur minier en République gabonaise.
[32] Loi n° 2016-32 du 8 novembre 2016 portant code minier.
[33] Article 94.

Les entreprises opérant dans le secteur minier au Cameroun sont tenues de respecter les droits des populations locales. L'article 44 prévoit à ce titre que la convention minière comprend des dispositions relatives aux projets sociaux destinés au développement des populations riveraines ou autochtones, les obligations en matière de protection du patrimoine culturel.

2) La surveillance des obligations des entreprises minières

À l'instar de la plupart des législations minières africaines, le code minier du Cameroun recourt au mécanisme de surveillance administrative pour assurer le respect par les entreprises des règles édictées en la matière et prévoit des sanctions essentiellement pénales. Les systèmes miniers africains définissent les règles relatives au contrôle et à la surveillance de l'exploitation des mines[34]. L'exploitation minière ne fait pas souvent l'objet d'un contrôle des autorités locales, mais celui des autorités centrales[35]. Au Cameroun, la surveillance et le contrôle des activités minières sont assurés par les fonctionnaires, les inspecteurs et inspecteurs adjoints assermentés du ministère en charge des mines et les autres administrations compétentes ou de tout organisme dûment mandaté[36]. Les autorités administratives ainsi désignées ont le pouvoir de transiger avec les entreprises minières auteurs de la violation de certaines dispositions de la législation minière[37]. La transaction intervenue en cas de manquement à la législation minière cohabite avec l'instauration des sanctions pénales dans certains cas[38]. Dans cette perspective, le code minier du Cameroun consacre la responsabilité pénale des personnes morales[39].

Comme on le voit, la surveillance administrative et répressive des industries extractives constitue un pilier du droit minier camerounais.

B. Les obligations des entreprises minières en matière d'environnement

Les entreprises opérant dans le secteur minier ont l'obligation de protéger l'environnement. Le souci de la protection de l'environnement est au cœur de la plupart des législations minières des pays africains. Les obligations des entreprises minières en matière de l'environnement existent avant le début de l'activité minière (1) et s'achèvent à la fin de l'activité minière (2).

1) Les obligations des entreprises minières avant le début de l'activité minière

Le code minier du Cameroun édicte à l'encontre des entreprises minières l'obligation de respecter des règles de l'environnement avant le début de l'activité minière. À cet égard, l'article 135 alinéa 1 dispose que toute activité minière et des

---

[34] S. BANDOKI, *Le droit minier et pétrolier en Afrique*, Paris, Éditions APARIS, 2008, p. 61.

[35] Ibid., p. 63.

[36] Article 196 du code minier du Cameroun ; une disposition quasi similaire se trouve à l'article 60 du code minier du Sénégal.

[37] Voir dans ce sens l'article 204 du code minier du Cameroun ; article 243 du code minier du Gabon.

[38] Voir l'article 224 du code minier du Cameroun qui prévoit un emprisonnement de six mois à trois ans et une amende de 500 000 F à 10 000 000 F contre le titulaire d'un titre ou d'une autorisation d'exploitation qui ne se conforme pas aux règles relatives à la sécurité, à l'hygiène.

[39] Article 217 du code minier du Cameroun ; article 138 du code minier du Sénégal ; article 202 du code minier du Burkina Faso.

carrières entreprises doivent respecter la législation et la réglementation en vigueur en matière de protection et de gestion durable de l'environnement. Ainsi, l'exploitation des ressources minières est subordonnée à des études d'impact environnemental, une étude de dangers et des risques et un plan de gestion environnementale et sociale pour la fin de l'exploitation[40]. L'article 91 alinéa 2 du même code dispose que le titulaire du permis d'exploitation d'une carrière industrielle est astreint à la présentation d'un certificat de conformité environnementale délivré par l'Administration en charge de l'environnement. Il convient d'indiquer que ces règles ne s'appliquent pas dans le cadre de l'exploitation artisanale et des carrières artisanales.

2) Les obligations des entreprises minières à la fin de l'activité minière

Les entreprises minières ont une obligation générale de réhabilitation, de restauration et de fermeture des sites miniers à la fin de l'activité[41]. Ces opérations impliquent l'enlèvement par l'opérateur de toutes les installations, y compris toute usine d'exploitation se trouvant sur le terrain[42]. L'objectif des opérations de réhabilitation, de restauration est de permettre aux anciens sites miniers et de carrières de retrouver leur état stable et sécurisant antérieur[43]. Il s'agit aussi pour ces sites de retrouver des conditions de productivité agro-sylvo-pastorale et d'aspects visuels proches de leur état d'origine ou propices à tout nouvel aménagement de façon durable[44]. En tout état de cause, le constat de la bonne remise en état et de la restauration doit être fait par les administrations chargées des mines, de l'environnement et de toute autre administration concernée, il donne lieu à la délivrance d'un quitus libératoire[45].

Les entreprises minières sont tenues de contribuer annuellement au fonds de restauration, de réhabilitation et de fermeture des sites miniers et des carrières. Ce fonds est destiné à financer les activités de mise en œuvre du programme de préservation et de réhabilitation de l'environnement affecté par la réalisation des projets miniers[46].

Comme on le voit, le code minier du Cameroun contient des dispositions obligeant les entreprises à respecter les droits de l'homme et l'environnement, lesquels s'apparentent aux exigences du devoir de vigilance. Au regard des engagements internationaux du Cameroun, le respect des exigences du devoir de vigilance des entreprises en matière des droits de l'homme et l'environnement sont un impératif.

---

[40] Article 135 et suivants du code minier du Cameroun ; article 51 du code minier du Sénégal ; articles 66, 121 du code minier du Gabon ; article 54 du code minier de la Guinée ; article 41 du code minier du Burkina Faso.

[41] Article 136 alinéa 1 du Code minier du Cameroun.

[42] Article 136 alinéa 2 du Code minier du Cameroun.

[43] Voir à titre comparatif les articles 153 et suivants du code minier du Gabon ; article 144 du code minier de la Guinée.

[44] Article 136 alinéa 3 du Code minier du Cameroun.

[45] Article 136 alinéa 5 du Code minier du Cameroun.

[46] Article 235 alinéa 1 du Code minier du Cameroun.

II... À LA FORMULATION IMPÉRATIVE D'UNE OBLIGATION SPÉCIFIQUE

L'article 142 du code minier du Cameroun dispose de manière expresse que les titulaires des titres miniers qui exercent leurs activités au Cameroun sont astreints à se conformer aux engagements internationaux pris par l'État et applicables à leurs activités. Dans la perspective du devoir de vigilance, cet article implique que les entreprises opérant dans le secteur minier doivent respecter les exigences propres à ce concept, en application des obligations du Cameroun découlant des instruments juridiques à caractère universel (A) et régional (B).

A. Le respect du devoir de vigilance découlant des instruments juridiques à caractère universel

Les entreprises opérant dans le secteur minier au Cameroun sont tenues de respecter les exigences du devoir de vigilance au regard des obligations internationales du Cameroun découlant des instruments juridiques à caractère universel. Ces instruments sont de deux ordres. Les instruments de droit souple (1) et les instruments de droit positif (2).

1) Les instruments de droit souple

D'un point de vue général, le devoir de vigilance des entreprises a été au départ formulé dans les instruments juridiques dépourvus de portée contraignante. Il s'est agi alors pour les entreprises multinationales de faire le choix de l'autorégulation pour s'affranchir le plus possible d'une réglementation imposée par les pouvoirs publics et pour ces derniers d'encourager les multinationales à s'autoréguler[47]. En tout état de cause, les instruments juridiques de droit souple relatifs au devoir de vigilance des entreprises ont posé les jalons d'une responsabilité des entreprises pour les atteintes aux droits de l'homme dans leur chaîne de valeur.

Bien que ces instruments de droit souple soient dépourvus de caractère contraignant, le contenu des règles qu'elles contiennent a une portée non négligeable en termes de réputation et d'obligation morale pour les entreprises qui ne se conforment pas aux exigences du devoir de vigilance. Au rang des instruments juridiques de droit souple relatifs au devoir de vigilance opposables aux entreprises du secteur minier au Cameroun, se trouvent les principes de l'Organisation pour la coopération et le développement économique en 1976[48], révisés le 27 juin 2000, puis le 25 mai 2011[49], la déclaration de principes tripartite sur les entreprises multinationales et la politique sociale de l'Organisation internationale du travail en 1977, amendée en 2000 et 2006 puis révisée en 2017, puis le Pacte mondial des Nations unies lancé en 2000 par Kofi Annan à destination des entreprises, le guide de l'OCDE sur le devoir de diligence pour des chaînes d'approvisionnement responsables en minerais provenant de zones de conflit ou à haut risque[50], les principes *Ruggie*[51].

---

[47] NIOCHE, *supra* note 1, p. 234.

[48] V° la Déclaration de l'Organisation de coopération et de développement économiques sur l'investissement international et les entreprises multinationales, adoptée le 21 juin 1976.

[49] OCDE, Principes directeurs de l'OCDE à l'intention des entreprises multinationales, édition 2011.

[50] OCDE, Guide OCDE sur le devoir de diligence pour des chaînes d'approvisionnement responsables en minerais provenant de zones de conflit ou à haut risque, troisième édition, 2016

De tous ces instruments, les principes Ruggie ont le plus détaillé les exigences du devoir de vigilance. En effet, il ressort de ces principes que les entreprises doivent respecter les droits de l'homme et prévenir les atteintes auxdits droits. Le devoir de vigilance vise à rendre les entreprises responsables en matière des droits de l'homme et de l'environnement en leur imposant l'identification, la connaissance et la prévention des risques sur l'ensemble de la chaîne de valeur, ainsi que l'accès des victimes à la justice en cas de défaillance. Les principes Ruggie ont été adoptés à l'unanimité des membres du Conseil des droits de l'homme des Nations unies. De ce point de vue, leur portée normative n'est pas à mésestimer. Les principes Ruggie constituent un cadre de référence internationalement accepté pour l'amélioration des normes et pratiques relatives aux entreprises et les droits de l'homme. De ce point de vue, les entreprises opérant dans le secteur minier au Cameroun sont tenues de respecter les exigences du devoir de vigilance en matière des droits de l'homme et de l'environnement telles que systématisées dans les principes Ruggie.

2) Les instruments de droit positif

Certains instruments juridiques de droit positif à caractère universel liant le Cameroun contiennent des règles relatives aux exigences du devoir de vigilance. À cet égard, les entreprises opérant dans le secteur minier sont tenues de les respecter. L'article 142 du code minier mentionne expressément le processus de Kimberley et l'Initiative pour la transparence dans les industries extractives (ITIE) et confère de ce point de vue aux règles édictées dans ces initiatives internationales, une valeur juridique forte dans l'ordre juridique national. Le processus de Kimberley et l'ITIE contiennent deux règles importantes correspondant peu ou prou aux exigences du devoir de vigilance. La première a trait à la diligence en matière de chaîne d'approvisionnement et la seconde est relative à la transparence.

En application de la première règle, les entreprises opérant dans le secteur minier au Cameroun, notamment celles titulaires des permis de recherche ou d'exploitation du diamant ou de l'or sont soumises aux exigences de traçabilité ; lesquelles impliquent une diligence accrue dans la chaîne de traitement et de commercialisation de ces substances. L'exigence de la diligence dans la chaîne d'approvisionnement vise non seulement à protéger les droits de l'homme, mais aussi et surtout à réduire l'existence des minerais de sang qui alimentent généralement des conflits dramatiquement désastreux sur les droits humains et l'environnement.

La règle de la transparence à laquelle sont soumises les entreprises opérant dans le secteur minier au titre des engagements internationaux, se rapproche peu ou prou de l'obligation de reporting, une des exigences du devoir de vigilance. Le principe de la transparence dans le secteur minier est prégnant dans la législation minière camerounaise. À ce titre, l'article 142 du code minier indique que tout titulaire de titre minier ou d'autorisation, tout intervenant dans la commercialisation sont tenus de se conformer aux engagements internationaux

---

https://www.oecd.org/fr/daf/inv/mne/Guide-OCDE-Devoir-Diligence-Minerais-%20Edition3.pdf, consulté le 8 août 2022.

[51] RUGGIE, *supra* note 2.

pris par l'État et applicables à leurs activités pour l'amélioration de la gouvernance dans le secteur minier. Autrement dit, la règle de la transparence s'applique à toute la chaîne de valeur de la gestion minière.

Les entreprises opérant dans le secteur minier sont donc soumises au respect des exigences du devoir de vigilance consacrées dans des instruments juridiques internationaux imposant des obligations au Cameroun. Les instruments à caractère régional contiennent les mêmes vertus.

B. Le respect du devoir de vigilance découlant des instruments juridiques à caractère régional

Les entreprises opérant dans le secteur minier sont tenues de respecter les exigences relatives au devoir de vigilance au regard des engagements internationaux du Cameroun découlant des instruments juridiques à caractère régional. Il s'agit essentiellement des instruments juridiques adoptés au niveau de l'Union africaine. La Commission africaine des droits de l'homme et des peuples, instituée par la Charte africaine des droits de l'homme et des peuples[52] a développé, en vertu de son mandat[53], une intense activité aussi bien réglementaire (1) que jurisprudentielle (2) dans le sens des obligations de diligence et de protection des droits de l'homme et de l'environnement par les entreprises.

1) L'activité réglementaire de la Commission africaine des droits de l'homme et des peuples

L'activité réglementaire de la Commission africaine des droits de l'homme et des peuples en lien avec le devoir de vigilance est de deux ordres : les résolutions, les projets et études.

En première considération, plusieurs résolutions ayant un lien direct ou indirect avec le devoir de vigilance ont été adoptées par la Commission à l'instar de : la résolution sur l'élaboration des Lignes directrices pour la soumission de rapports d'État en ce qui concerne les industries extractives (Rés. 364)[54], la résolution relative à la Déclaration de Niamey visant à garantir le respect de la Charte africaine dans le secteur des industries extractives (Rés. 367)[55], la résolution sur la

---

[52] Charte africaine des droits de l'homme et des peuples, 27 juin 1981, 1 520 RTNU 217 (entrée en vigueur : 21 octobre 1986).

[53] Selon l'article 45 (1) b de la Charte africaine des droits de l'homme et des peuples, la Commission est chargée « de formuler et d'élaborer des principes et règles qui permettent de résoudre les problèmes juridiques relatifs à la jouissance des droits de l'homme et des peuples et des libertés fondamentales sur lesquels les gouvernements africains peuvent fonder leur législation ». En application de ce texte, la Commission a un pouvoir d'interprétation évolutive de ce texte régional.

[54] Commission africaine des droits de l'homme et des peuples, *Résolution sur l'élaboration des Lignes Directrices pour la soumission de rapports d'État en ce qui concerne les industries extractives*, CADHP/Rés. 364 (LIX) 2016. Elle édicte les principes de l'établissement des rapports d'État en vertu des articles 21 et 24 de la Charte africaine des droits de l'homme et des peuples relatifs aux industries extractives, les droits de l'homme et l'environnement. Elle impose des obligations aux entreprises en matière des droits de l'homme et de l'environnement

[55] Commission africaine des droits de l'homme et des peuples, *Résolution relative à la Déclaration de Niamey visant à garantir le respect de la Charte africaine dans le secteur des industries extractives*, CADHP/Rés. 367 (LX) 2017. Cette résolution a été adoptée à la 60e session ordinaire de la Commission tenue du 08 au 22 mai 2017 à Niamey dans la perspective des Principes directeurs des Nations Unies relatifs aux entreprises et aux droits de l'homme. Elle met l'accent sur l'idée que les

nécessité d'élaborer des normes relatives aux obligations des États de réguler les acteurs privés intervenant dans la fourniture de services sociaux (Rés.434)[56], la résolution sur les industries extractives et les droits fonciers des populations communautés autochtones en Afrique (Rés. 490)[57].

La résolution 364 édicte les principes de l'établissement des rapports d'État en vertu des articles 21 et 24 de la Charte africaine des droits de l'homme et des peuples relatifs aux industries extractives, les droits de l'homme et l'environnement[58]. La résolution 367 a été adoptée dans la perspective des Principes directeurs des Nations unies relatifs aux entreprises et aux droits de l'homme. Elle met l'accent sur l'idée que les entreprises ont des obligations de diligence et de protection élevées en matière des droits de l'homme en application des articles 21, 27 et 29 de la Charte africaine des droits de l'homme et des peuples[59]. D'après cette résolution, les entreprises opérant dans les industries extractives ont l'obligation juridique de respecter les droits énoncés dans la Charte africaine des droits de l'homme et des peuples. Dans le cadre de la résolution 434, la Commission africaine des droits de l'homme et des peuples a lancé un projet relatif à l'observation générale sur les obligations des États de réguler les acteurs privés intervenant dans la fourniture de services sociaux. Bien que l'observation générale soit encore au stade de la consultation publique, la note explicative issue de la première phase du processus de rédaction souligne d'emblée que la diligence raisonnable obligatoire en matière des droits de l'homme est devenue de plus en plus l'épine dorsale de la conformité des acteurs privés au droit international relatif aux droits de l'homme. L'obligation de diligence raisonnable en matière des droits de l'homme y fait l'objet d'un développement particulier. La résolution 490 met l'accent sur quatre points novateurs dans le champ juridique africain relativement aux industries extractives. Elle sauvegarde les droits ancestraux des

---

entreprises ont des obligations de diligence et de protection élevées en matière des droits de l'homme en application des articles 21, 27 et 29 de la Charte africaine des droits de l'homme et des peuples.

[56] Commission africaine des droits de l'homme et des peuples, *Résolution* sur la nécessité d'élaborer des normes relatives aux obligations des États de réguler les acteurs privés intervenant dans la fourniture de services sociaux, CADHP/Rés. 434 (XXVI1) 2020. Elle a été adoptée à la 27e session extraordinaire tenue à Banjul du 14 février au 4 mars 2020. Dans le contexte de cette résolution, la Commission mène une étude conformément à son mandat sur « L'observation générale de la CADHP sur les obligations des États de réguler les acteurs privés intervenant dans la fourniture des services sociaux ». Cette observation générale est disponible en ligne à l'adresse : www.achpr.org, consulté le 01er janvier 2023.

[57] Commission africaine des droits de l'homme et des peuples, *Résolution sur les industries extractives et les droits fonciers des populations communautés autochtones en Afrique,* CADHP/Rés. 490 (LXIX) 2021. Elle a été adoptée à la 69e session ordinaire organisée virtuellement du 15 novembre au 5 décembre 2021.

[58] La résolution 364 (LIX) 2016, *supra* note 54 impose des obligations aux entreprises en matière des droits de l'homme et de l'environnement. Ces obligations pour la plupart « concernent les responsabilités fiscales et les obligations de transparence, le devoir d'informer convenablement et de consulter personnellement les personnes touchées, de leurs activités ou leurs décisions, qui pourraient sérieusement affecter les personnes, ainsi que de l'obligation des entreprises de contribuer aux besoins de développement des communautés hôtes, et pas seulement dans le cadre de la responsabilité sociale, mais aussi dans le sens d'une obligation légale ». *Bulletin d'information du Groupe de travail sur les industries extractives, l'environnement et les violations des droits de l'homme*, n° 1, octobre 2018, p 6.

[59] *Ibid.*, p 7.

peuples autochtones qui ailleurs font l'objet d'une constitutionnalisation[60], institue l'obligation de consultation des communautés autochtones[61], étend le champ de l'évaluation d'impact[62], améliore l'accès des victimes au recours[63].

En seconde considération, plusieurs projets et études en cours au sein de la Commission ont trait au devoir de vigilance. Tel est le cas du projet du plan décennal (2020-2030) sur l'éradication du travail des enfants, du travail forcé, de la traite des êtres humains et de l'esclavage moderne en Afrique[64], la note consultative au Groupe des pays africains à Genève sur l'instrument juridiquement contraignant visant à réglementer le droit international des droits de l'homme, les activités des sociétés transnationales et autres entreprises[65]. Le projet de plan décennal a identifié 10 principes directeurs[66] dont le 10e a trait à la diligence raisonnable. En vertu de ce principe « les parties prenantes du monde des affaires veillent à observer le principe de la diligence raisonnable en matière de droits de l'homme afin d'éviter tout impact négatif sur les droits de l'homme du fait de leurs activités ou pouvant être directement liés aux produits ou services de leurs

---

[60] Sur la question de la constitutionnalisation des droits ancestraux des peuples autochtones au Canada, lire utilement, J. P. LACASSE, « Régime minier et droits ancestraux : une conciliation encore difficile », dans C. KROLIK, dir., *Le droit des ressources naturelles et de l'énergie. Où en sommes-nous ? Où allons-nous ?* Montréal, LexisNexis, 2017, p.135. La résolution 490 exhorte les États à adopter des politiques et des lois qui sauvegardent les droits des populations/communautés autochtones à la propriété et au contrôle coutumier de leurs terres et reconnaissent le mode de vie des populations autochtones

[61] Cette résolution exhorte les États à veiller à ce que le principe de la consultation et de consentement libre, préalable et éclairci soit compris dans la législation régissant l'octroi des concessions.

[62] La résolution 490 ne limite pas une telle étude uniquement à l'impact environnemental. De fait, elle étend le champ de cette étude. De ce point de vue, une évaluation de l'impact social, culturel, économique et sur les droits de l'homme doit être menée avant la mise en œuvre de toute activité extractive sur les terres des communautés autochtones. La résolution 490 indique qu'une telle évaluation doit être participative.

[63] La Commission cherche à faciliter l'accès des peuples autochtones à la justice de deux manières. D'abord, elle exhorte les États à consacrer des ressources humaines, financières et techniques adéquates aux institutions nationales de défense des droits de l'homme et à accroître leur capacité à surveiller et à prendre en charge efficacement les impacts des activités des industries extractives sur les droits des populations/communautés autochtones. Ensuite, elle exhorte les États à mener des campagnes de sensibilisation, en collaboration avec les parties prenantes concernées, afin d'accroitre la capacité des populations/communautés autochtones à accéder aux recours juridiques et non juridiques à leur disposition.

[64] V° projet de plan décennal 2020-2030 sur l'éradication du travail des enfants, du travail forcé, de la traite des êtres humains et de l'esclavage moderne en Afrique : Agenda 2063 – Cible 8.7 des ODD, en ligne à l'adresse : www.au.int, consulté le 5 janvier 2023. Il s'agit d'un plan d'action conçu dans le cadre de la mise en œuvre de l'agenda 2063. Il vise à aider toutes les parties prenantes à l'échelle du continent africain à déployer des efforts pour la réalisation de l'Objectif de développement durable 8.7. La cible 8.7 appelle tous les pays à « prendre des mesures immédiates et efficaces pour supprimer le travail forcé, mettre fin à l'esclavage moderne et à la traite des êtres humains, interdire et éliminer le travail des enfants sous toutes ses formes, y compris le recrutement et l'utilisation d'enfants soldats, et d'ici à 2025, mettre fin au travail des enfants sous toutes ses formes ».

[65] Cette note a été élaborée par le Groupe de travail sur les industries extractives crée par la Commission en 2009. Elle est consultable sur le site : www.achpr.org/fr.news, consulté le 10 janvier 2023.

[66] V° projet de plan décennal 2020-2030 sur l'éradication du travail des enfants, du travail forcé, de la traite des êtres humains et de l'esclavage moderne en Afrique, *supra*, note 64 aux pp 19-20. Il s'agit de l'approche axée sur les droits, l'intérêt supérieur de l'enfant, l'approche tenant compte de la dimension genre et des enfants, la non-discrimination, la responsabilité partagée solidarité, la participation et coopération ouverte, le leadership et responsabilité, la consultation et coordination, la subsidiarité, la diligence raisonnable dans les partenariats public-privé.

relations commerciales. Les gouvernements doivent définir des obligations en matière de diligence raisonnable afin de s'assurer que les sociétés privées agissent conformément aux Principes directeurs relatifs aux entreprises et aux droits de l'homme des Nations unies ou à d'autres instruments internationaux »[67]. La note consultative au Groupe des pays africains à Genève sur l'instrument juridiquement contraignant a été élaborée par le Groupe de travail sur les industries extractives qui a reçu de la Commission, la mission d'entreprendre des recherches sur l'impact des industries extractives en Afrique dans le contexte de la Charte africaine des droits de l'homme et des peuples. La note indique que " *While it is the duty and primary responsibility of States to protect human rights and ensure that companies do not violate them, it is also the responsibility of business enterprises, as entities whose operations carry major social, economic and environmental impacts, to put in place measures that ensure respect for human rights and to contribute positively to the realization of the right to development* ".

2) L'activité jurisprudentielle de la Commission africaine des droits de l'homme et des peuples

La Commission africaine des droits de l'homme et des peuples a développé une jurisprudence en lien avec le devoir de vigilance. À cet égard, la Commission est d'avis que la Charte africaine des droits de l'homme et des peuples en ses articles 21, 24, 27, 28, 29 impose des obligations contraignantes de diligence raisonnable aux entreprises en matière des droits de l'homme et des peuples et de l'environnement. Elle a amorcé sa jurisprudence sur les obligations des entreprises en matière des droits de l'homme et des peuples découlant de la *Charte africaine des droits de l'homme et des peuples* dans l'affaire *SERAC*[68]. Elle a développé et consolidé cette position dans l'affaire *Kilwa*[69].

Dans l'affaire *SERAC*, la plainte exposait que le gouvernement du Nigeria était directement impliqué dans l'exploitation du pétrole par le biais d'une société d'État, le *Nigeria National Petroleum Company*, laquelle était actionnaire majoritaire dans un consortium avec *Shell Petroleum Development Corporation* et que les activités de ce consortium avaient causé de graves dommages à l'environnement et des problèmes de santé au sein de la population Ogoni du fait de la contamination de l'environnement[70]. La Commission a indiqué que « les gouvernements ont le devoir de protéger leurs citoyens, non seulement en adoptant des législations appropriées et en les appliquant effectivement, mais également en protégeant lesdits citoyens d'activités préjudiciables qui peuvent être perpétrées par les parties privées »[71]. La Commission a reconnu expressément que les compagnies pétrolières avaient affecté de manière considérable le bien-être des

[67] *Ibid.*, p. 20.

[68] Commission africaine des droits de l'homme et des peuples, *Communication 155/96 : Social and EconomicRights Action Center (SERAC) and Center for Economic and Social Rights (CESR)/ Nigeria*, 13 au 27 octobre 2001.

[69] Commission africaine des droits de l'homme et des peuples, *Communication 393/10 : Institute for Human Rights and Development in Africa and Others/RDC*, 9 au 18 juin 2016. Cette décision est disponible en ligne à l'adresse https://ihrda.uwazi.io/api/files/16137308748968a4a351z2us.pdf, consultée le 14 septembre 2022.

[70] *Affaire SERAC*, *supra* note 68 au para 1.

[71] *Ibid.*, au para 57.

Ogoni en violation des obligations de la Charte africaine des droits de l'homme et des peuples et des principes internationalement reconnus[72] et a exhorté le gouvernement nigérian à s'assurer qu'une compensation adéquate soit versée aux victimes des violations des droits ainsi allégués.

Dans l'affaire *Kilwa*, un groupe du « Mouvement révolutionnaire de libération du Katanga » est entré dans la ville de *Kilwa* en République démocratique du Congo, ne s'est pas livré à une confrontation armée avec les militaires et les membres de la police locale car ces derniers n'ont opposé aucune résistance. Cependant, la société *Anvil Mining* (société de droit australien) soucieuse de protéger ses intérêts dans la ville a mis à la disposition de la 62e brigade d'infanterie des forces armées de la RDC stationnées à Pweto, du matériel logistique, des vivres ainsi que de l'argent pour les aider à déloger le mouvement insurrectionnel. Au cours d'une offensive lancée par ces forces de défense, de graves violations des droits de l'homme ont été commises[73]. La Commission a indiqué, sur le rôle de la société minière, qu'il est nécessaire et impératif juridiquement que les entités engagées dans les industries extractives entreprennent leurs activités en tenant dûment compte des droits des communautés d'accueil en évitant de se livrer à des activités qui violent les droits des membres des communautés dans leurs zones d'opérations, cela comprend la non-participation ou le non-soutien à la perpétration de violations des droits de l'homme et des peuples[74]. Dans les recommandations de la Commission dans cette affaire, il est explicitement demandé au gouvernement de la RDC de tenir la société *Amvil Mining* pour responsable et de réparer les violations subies du fait de ses agissements. La référence explicite dans cette affaire à la responsabilité des entreprises pour violation des droits garantis par la *Charte africaine des droits de l'homme et des peuples* marque clairement un développement positif[75].

Au regard de l'activité réglementaire et jurisprudentielle de la Commission africaine des droits de l'homme et des peuples, les entreprises opérant dans le secteur minier au Cameroun sont tenues de respecter les exigences du devoir de vigilance.

Les entreprises opérant dans le secteur minier au Cameroun sont-elles soumises aux exigences du devoir de vigilance en matière des droits de l'homme et de l'environnement ? Telle était la question centrale de la présente étude. Parvenu à son terme il convient de souligner que le code minier du Cameroun bien que ne contenant pas expressément des dispositions relatives au devoir de vigilance, contient des dispositions qui s'en apparentent. De ce point de vue, la législation minière camerounaise oblige les entreprises du secteur à respecter des droits de l'homme particuliers notamment les droits sociaux des travailleurs de la mine et les droits de la population locale. Elle oblige également les entreprises du secteur à respecter l'environnement en vue d'assurer le développement durable du pays. Au-delà du code minier, les entreprises opérant dans le secteur sont tenues de respecter les exigences du devoir de vigilance au regard des engagements internationaux du Cameroun. À cet égard les principes consacrés dans le processus de Kimberley et l'ITIE sont opposables à ces entreprises. Dans le même sens, les

---

[72] *Ibid.*, au para 58.
[73] *Affaire Kilwa*, *supra* note 69 aux paras 3-6.
[74] *Ibid.*, au para 101.
[75] *Bulletin d'information*, *supra* note 58, p 12.

principes relatifs au devoir de vigilance élaborés par la Commission africaine des droits de l'homme et des peuples dans son activité réglementaire et jurisprudentielle sont opposables aux entreprises opérant dans le secteur minier au Cameroun. Même si ces principes ne sont pas encore en l'état formulés dans une convention contraignante, les entreprises sont moralement tenues de les respecter car leur réputation en dépend.

LE DROIT D'ACCES AUX SOINS DE SANTÉ : CAS DES MÉDICAMENTS GÉNÉRIQUES AU CAMEROUN

Dr Judith LEKENE DOUALA

Pharmacienne

Du fait de la pauvreté d'une part et de l'absence de protection sociale d'autre part, un tiers de la population dans les pays en voie de développement ne dispose pas d'un pouvoir d'achat conséquent pour se procurer les médicaments pour leurs soins de santé. Dès lors l'apparition de politiques publiques encourageant l'utilisation des médicaments génériques moins couteux comparés aux princeps est l'un des moyens auxquels recourent les pouvoirs publics afin de contenir les coûts de la santé.

Le médicament générique se distingue du médicament princeps par son coût. En effet, l'histoire d'un médicament commence par la découverte de sa substance active qui est dès lors protégée par un brevet d'une durée moyenne de 20 ans. Pendant cette période, le laboratoire titulaire du brevet détient l'exclusivité de la commercialisation de la spécialité correspondante qui est alors qualifiée de princeps ou spécialité de référence. À l'échéance du brevet d'invention et du certificat complémentaire de protection (CCP) dans certains cas, d'autres laboratoires ont le droit de procéder en toute légalité à la fabrication et la commercialisation des copies du princeps, que l'on surnomme médicaments génériques.

Le Code de la santé publique français entend par « spécialité générique d'une spécialité de référence, celle qui a la même composition qualitative et quantitative en principe actif, la même forme pharmaceutique et dont la bioéquivalence avec la spécialité de référence est démontrée par des études de biodisponibilité appropriées ». L'équivalence avérée entre le médicament générique et le princeps, la perpétuelle course à la minimisation du coût des soins de santé et des médicaments en particulier, sont à l'origine du développement des politiques de substitution permettant le remplacement d'un médicament par un autre. C'est ainsi que pour promouvoir le médicament générique, l'État du Cameroun a, par l'arrêté n° 0019A/MSP/CAB du 8 mars 2001, conféré le droit de substitution aux pharmaciens. En effet la « substitution » consiste, pour le pharmacien, à délivrer un médicament générique en lieu et place du médicament princeps. Le principe étant posé que, tout pharmacien d'officine « peut délivrer par substitution à la spécialité prescrite une spécialité du même groupe générique à condition que le prescripteur n'ait pas exclu cette possibilité, pour des raisons particulières tenant au patient, par une mention expresse portée sur la prescription ».

Toutefois malgré ce qui précède, une série de questionnements freinent le développement du marché des médicaments génériques, en particulier le doute de l'équivalence entre le générique et son princeps ; de la qualité, l'efficacité et la sécurité des médicaments génériques. De même, la mise en avant d'effets indésirables et de l'attachement des patients aux apparences et aux habitudes du médicament original est autant de références souvent éloignées des arguments scientifiques. De plus, les médias et même certains personnels de santé pointent du doigt les médicaments génériques comme étant des médicaments de moins bonne qualité, voire contrefaits, en ce sens qu'ils sont moins chers. On entend souvent épiloguer sur la diminution de l'efficacité ou encore de problème de tolérance avec ces médicaments que l'on pourrait assimiler à tort aux médicaments de la rue. Les campagnes de communication mises en place pour augmenter la confiance envers les médicaments génériques sont souvent menées par des laboratoires pharmaceutiques, toutes choses tendant à diminuer l'impact et la valeur objective de l'information.

Peu d'études permettant d'analyser les problèmes susmentionnés, dans les pays en voie de développement et particulièrement au Cameroun sont disponibles dans la littérature. Quand bien même elles sont disponibles, elles ne prennent pas toujours en compte les points de vue des principaux acteurs de la relation de soins que sont : les prescripteurs ; les dispensateurs et les patients. Cet état de choses m'a poussée à rédiger ma thèse de doctorat en pharmacie sur le thème : « connaissance du médicament générique et pratique du droit de substitution dans la ville de Yaoundé ». S'il semble évident de déduire que le médicament générique renvoie à un produit disposant du même dosage en principe actif que le médicament princeps, quid de la substitution ? Que disent le droit et la pratique à ce sujet.

Après une analyse des textes en vigueur et une enquête de terrain menée auprès de 50 pharmacies, 50 médecins et 410 patients, l'étude m'a permis de ressortir un certain nombre de constats (I) et de problèmes (II).

I. CONSTATS SUR LA SUBSTITUTION

A. Le droit de substitution au Cameroun

Au Cameroun, le droit de substitution n'est applicable par les pharmaciens que si : le médicament délivré par substitution a le(s) mêmes principe(s) actif(s) ; la dose et la voie d'administration proposée en substitution permettent d'atteindre l'effet thérapeutique recherché ; le coût du traitement proposé est inférieur à celui du traitement prescrit.

De plus, le droit de substitution souligne la responsabilité du médecin, détenteur du monopole de la prescription, la responsabilité du pharmacien, détenteur du monopole de la délivrance des médicaments et, la responsabilité du patient, utilisateur final.

Ainsi, le médecin, bien que libre de ses prescriptions, doit, sans négliger son devoir d'assistance morale, limiter ses prescriptions et ses actes à ce qui est nécessaire à la qualité, à la sécurité et à l'efficacité des soins. En outre, il a une obligation de moyens vis-à-vis de son patient qu'il doit traiter selon les données acquises de la science. Enfin, il doit tenir compte des raisons personnelles et psychologiques du malade sans prendre en compte les demandes du patient non fondées sur une analyse objective des paramètres de décision.

La responsabilité du pharmacien s'appuie sur l'« entretien pharmaceutique » au cours duquel la bonne observance du traitement par le patient, l'optimisation des dispensations par le pharmacien et le bon usage des médicaments génériques par le patient sont vérifiés. Sur la base de cet entretien, le pharmacien se réserve le droit de refuser la délivrance d'un médicament. Lors du refus, le pharmacien est tenu d'en informer le médecin et d'attirer son attention sur les risques de la prescription. Si l'ordonnance est maintenue en dépit des observations du pharmacien ou si du fait de la non-mention « non substituable » le pharmacien substitue un médicament par un générique et que le patient estime qu'il a subi des effets indésirables ou qu'il est en échec thérapeutique, la responsabilité du pharmacien n'est pas engagée. Cependant, si le pharmacien délivre un générique sans se référer au répertoire des groupes génériques, sa responsabilité est engagée en cas de manifestations néfastes sur le patient.

Quant au patient, la substitution n'est faite qu'avec son accord. Néanmoins, s'il choisit d'utiliser un médicament princeps alors que des génériques moins chers sont disponibles, il doit en assumer les conséquences financières.

B. La perception psychosociale du médicament générique

1) Niveau de connaissance du médicament générique

Il ressort des données collectées que 89,76 % des patients interrogés affirment connaître le médicament générique. Cependant, les échanges effectués avec les patients au cours de l'entretien montrent qu'ils ne font pas une réelle différence entre le princeps et le générique. En effet, ils considèrent le médicament prescrit par le médecin comme princeps du fait de la confiance accordée à celui-ci alors que tout autre médicament qui leur est proposé en pharmacie est considéré comme générique.

Concernant les médecins et les pharmaciens, respectivement 12,78 % et 3,64 % de ceux-ci n'ont pas pu donner une définition exacte du médicament générique, car très peu ont souligné la similitude des formes pharmaceutiques entre le princeps et le générique. Une telle attitude constitue un point négatif à mentionner parce que les professionnels de santé sont la principale source d'information pour 76,54 % des patients. Ils devraient donc avoir une parfaite connaissance du médicament générique afin d'apporter des réponses adéquates aux diverses préoccupations des patients concernant la composition (23,78 %), l'efficacité (37,54 %) et le coût (17,25 %) des médicaments génériques.

2) Confiance en l'équivalence princeps /générique

S'agissant de la similitude entre princeps et génériques, un peu plus de la moitié des patients (52,65 %) questionnés trouvent le princeps aussi efficace que le générique, tandis que 62,50 % des médecins et 89,58 % de pharmaciens s'accordent à dire que tous les génériques d'un princeps ne sont pas toujours équivalents. Des chiffres similaires au Nigeria tendent à démontrer qu'il s'agirait d'une défiance africaine. En effet, moins de 10 % des praticiens français sont méfiants à l'endroit des génériques. Une différence qui pourrait s'expliquer par le fait que les mesures de contrôle des médicaments génériques seraient plus strictes en France que dans ces pays africains, ce qui permettrait d'avoir des génériques de meilleure qualité et donc une plus grande confiance des praticiens pour ces médicaments.

3) Satisfaction liée à l'utilisation du médicament générique

La satisfaction du patient à la suite de l'utilisation d'un médicament est aussi bien déterminée par son efficacité que par ses effets indésirables. Ainsi pour 46 % des patients, les génériques ont plus d'effets indésirables que les princeps. Dans son étude de 2014 relative au marché des médicaments génériques menée en France [5], Great rapporte que 12 % de patients pensent que le médicament générique a plus d'effets indésirables que le princeps. L'on pourrait donc se demander si le fait que les patients allient une plus grande fréquence de survenue des effets indésirables aux génériques ne serait pas dû au faible coût de ces derniers. S'agissant des appréhensions de ces derniers, notre enquête a révélé que 58,93 % des pharmaciens en ont vis-à-vis des médicaments génériques notamment en ce qui concerne leur qualité. Ces résultats vont dans le sens de ceux obtenus par Rebois en 2012 qui a montré dans une étude que 69 % des pharmaciens avaient des réticences vis-à-vis des médicaments génériques [28]. Ce problème n'est pas le propre des pharmaciens, car mes résultats révèlent également que 63,04 % de médecins partagent ces mêmes réticences. Ces doutes pourraient découler de l'expérience de ces derniers dans l'utilisation des génériques. En effet, 63,33 % des médecins enquêtés affirment que l'image qu'ils ont des médicaments génériques a été négativement modifiée au fil des années ($P = 0,0632$). En général, aussi bien pour les pharmaciens que pour les médecins, certains génériques ont des origines douteuses. En effet, en pratique il apparaît que les génériques fabriqués dans certains laboratoires seraient de moins bonne qualité que d'autres.

II. DIFFICULTÉS ET PERSPECTIVES SUR LA SUBSTITUTION

A. L'information et la connaissance

1) Problèmes et inquiétudes face à l'utilisation des médicaments génériques

Alors que plus des trois quarts des pharmaciens (84,91 %) font facilement la distinction entre princeps et génériques, seule la moitié des médecins y parvient. Cette grande différence peut s'expliquer par la proximité naturelle des pharmaciens aux médicaments et leur meilleure maîtrise de la nomenclature des génériques. De plus, cette différence d'informations est une potentielle source de discorde notamment au moment de la substitution par les pharmaciens car leur arsenal thérapeutique n'est pas toujours connu des médecins. Il serait donc important de mettre à la disposition du personnel de santé un répertoire de médicaments génériques homologués au Cameroun. En effet 80,44 % des médecins et 92,73 % des pharmaciens se sont prononcés en faveur de la mise en place d'un répertoire régulièrement actualisé qui leur permettrait de distinguer plus facilement les princeps et les médicaments génériques commercialisés sur le marché camerounais. Ce document permettra au personnel de la santé d'avoir des informations plus fiables sur les médicaments génériques et surtout sur leur coût. Il permettra aussi de rassurer les prescripteurs et dispensateurs car le laboratoire fabriquant constitue le premier critère de sélection des génériques. En outre Lagarce et d'autres auteurs, prouvent lors d'une enquête que 55 % des médecins craignent pour la sécurité de leurs patients lors de l'utilisation des génériques [29]. Il existe un grand nombre de médicaments qui ne sont pas uniformément connus par les prescripteurs et les dispensateurs, ce qui crée une confusion et des craintes quant à l'utilisation de ces produits de santé qui selon les praticiens, augmenteraient la survenue d'effets néfastes.

2) Informations relatives aux médicaments génériques

Les informations destinées aux professionnels de santé sont satisfaisantes pour 28,57 % de pharmaciens et 27 % de médecins. En effet, 40,07 % de pharmaciens utilisent internet comme principale source d'information tandis que 44,43 % de médecins préfèrent le Vidal. Pour une proportion non négligeable des pharmaciens (11,12 %) et médecins (18,81 %), les visiteurs médicaux constituent également une source d'information. L'on pourrait alors se poser des questions sur la qualité de ces informations susceptibles d'être plus subjectives qu'objectives étant donné que le but premier de ces visiteurs est la promotion des médicaments de leurs laboratoires. Bien qu'en général les médecins prétendent que leurs habitudes de prescription ne sont pas influencées par les visiteurs médicaux, il faut tout de même considérer le fait que ces derniers constituent la principale source d'information pour au moins un quart de médecins. L'ascendance des visiteurs médicaux ne saurait ainsi être totalement exclue. Pour ce qui concerne internet, c'est une source d'information importante, mais il reste à savoir si ces personnels de santé y trouvent la bonne information. Surtout quand on sait que les algorithmes des moteurs de recherche orientent les résultats auxquels un individu peut avoir accès.

3) Niveau de connaissance du droit de substitution et niveau de satisfaction

La grande majorité des sujets de notre étude savent que le droit de substitution existe. Alors que la majorité des patients (76,30 %) et des pharmaciens (98,74 %) connaissent l'existence du droit de substitution, seulement la moitié des médecins reconnaissent en avoir entendu parler. Ce pourcentage élevé s'agissant des pharmaciens peut s'expliquer par l'étroite relation qu'entretiennent patients et pharmaciens. Au demeurant pour 92,86 % des pharmaciens, la pratique de la substitution a transformé positivement la relation pharmacien-patient résultant des échanges réciproques.

Une partie importante des patients (65,84 %) pense que le pharmacien a le droit de changer le médicament prescrit. Parmi les patients, 36,82 % ont déjà de leur propre initiative demandée que l'on change des médicaments qui leur ont été prescrits. Néanmoins, près de la moitié (47,46 %) refuse un médicament générique « parce que le médecin a prescrit le princeps et non le générique ». On serait donc tenté de croire que le patient fait plus confiance au médecin, ce qui constituerait un frein à l'exercice du droit de substitution du pharmacien.

Alors que 12 % de médecins et 51 % de pharmaciens pensent que le droit de substitution est une bonne loi facilement applicable, 60 % de médecins et 42,59 %

de pharmaciens disent qu'il s'agit d'une pratique difficilement applicable. En somme à peu près la moitié des médecins et pharmaciens partagent l'idée selon laquelle l'application du droit de substitution est problématique. À mon humble avis, les divergences d'appréciation observées pourraient résider dans le manque d'échanges entre pharmaciens et médecins.

4) Médicaments non substituables et problème de la substitution

Bien que la prescription en spécialité constitue un réel frein à la substitution, mes résultats font ressortir que dans 80,43 % des cas, les médecins prescrivent tout de même un nom de marque. En effet, le pharmacien a plus de mal à convaincre le patient avec un nom de spécialité, la plupart du temps il est très souvent obligé de montrer que la DCI est la même. Malheureusement, cet échange se solde régulièrement par un refus ou par le recours au médecin traitant dont les coordonnées ne sont pas toujours disponibles. Le malade perd alors énormément de temps à la recherche du médicament surtout en cas de rupture de stock. S'agissant des médicaments pouvant être substitués, médecins (89,74 %) et pharmaciens (96,46 %) conviennent que tous les médicaments ne sont pas substituables. Pour corroborer cette assertion, on pourrait mentionner les médicaments qui portent généralement les mentions « non-substituables » et « je dis bien », qui sont des médicaments particulièrement sensibles, à savoir les psychotropes, les antihypertenseurs, les antibiotiques, les anticancéreux et les antiglaucomateux.

En ce qui concerne les limites à la substitution, la mauvaise compréhension de la substitution et le doute sur la qualité des génériques sont les principaux obstacles soulevés respectivement par 44,25 % des pharmaciens et par 47,06 % des médecins.

B. analyse réglementaire et perspectives

1) Analyse réglementaire : l'enquête à la lumière de l'arrêté sur la substitution

D'après l'arrêté n° 0019 du 8 mars 2001, la substitution peut être pratiquée par le pharmacien dès lors qu'il n'y a pas de mention « je dis bien ». Par conséquent, contrairement à ce que pensent 54 % des médecins, le pharmacien a le droit de substituer.

Alors que l'arrêté exige que la mention « je dis bien » soit écrite sur l'ordonnance, la plupart des médecins enquêtés (71,43 %) exigent la non-substitution oralement. De surcroît, bien que cela ne soit pas mentionné par la législation camerounaise, 18,64 % des pharmaciens prétendent avoir vu sur les ordonnances la mention « non substituable ». Cela provient probablement du Code de la santé publique français exporté dans de nombreux pays francophones où les médecins camerounais ont pu se former. Aussi, au vu de son importance, il serait judicieux que cette notion soit intégrée dans les textes camerounais.

« Le pharmacien doit informer le patient » : on pourrait se demander si c'est une faculté ou une obligation. Cette information n'entraîne pas une obligation, elle laisse le libre choix au patient soit de prendre le médicament prescrit, soit de prendre le médicament proposé par le pharmacien et qui comporte donc obligatoirement le(s) même(s) principe(s) actif(s) et au moindre coût. Il serait souhaitable par souci de traçabilité que le pharmacien qui procède ainsi à la substitution, écrive formellement sur l'ordonnance le produit proposé au patient avec certification (cachet et signature). De mon étude il ressort à 98,18 % que les pharmaciens précisent le médicament substitué et la posologie :

- à 68,52 %, par écrit ;
- à 20, 37 % oralement ;
- à 11,11 % par écrit et oralement.

Le texte camerounais parle des « médicaments essentiels et des médicaments à bas prix » : on peut se demander si le texte fait référence aux médicaments essentiels ou aux médicaments génériques. En effet d'après l'OMS, le médicament essentiel répond aux besoins de santé primaire en fonction de la prévalence des maladies dans un pays. Ils ont un bon rapport qualité prix. Néanmoins, tous les médicaments essentiels ne sont pas des génériques et tous les génériques ne sont pas essentiels. Aussi sous peine de confusion, le texte camerounais doit établir clairement cette nuance ; tout médicament moins cher n'est pas générique.

« Ledit produit soit composé des mêmes principes actifs »

Le générique est connu du personnel de santé interrogé. En effet 87,22 % de médecins et 96,36 % de pharmaciens disent connaître le médicament générique. Près de 64,18 % de médecins et 67,35 % de pharmaciens affirment que le médicament générique doit avoir le(s) même(s) principe(s) actif (s) que la spécialité. On peut cependant remarquer que les contraintes de formes et d'excipients ne font pas partie de cette définition. L'arrêté ne précise pas si la substitution doit se faire entre princeps et générique ou entre générique et générique. Par ailleurs, le code de la santé n'a pas défini le médicament générique au Cameroun.

« Le coût du générique doit être bas » : à la lecture, le texte ne précise pas de combien par rapport à la spécialité, ce qui peut expliquer la variabilité des prix de vente des médicaments. À titre d'exemple :

- L'oméprazole avec spécialité MOPRALR coûte 9 800 FCFA, ses génériques ont des prix qui varient de 1 150 FCFA pour IPEPRAZOLR à 8 800 FCFA pour OMPRANYTR ;
- L'amoxicilline acide clavulanique (500-62,5 mg) avec pour spécialité AUGMENTINR 16 comprimés 4 450 FCFA avec un générique de ses CLAVUMOCIDR 3 700 FCFA pour 12 comprimés (ce qui reviendrait à 4 935 FCFA pour 16 cp) dans cas, le générique coûte plus cher que la spécialité.

En cette occurrence il devient difficile de convaincre le patient sur l'efficacité du générique.

2) Perspectives

Au Cameroun, le nombre de médicaments génériques est sans cesse croissant et l'utilisation de ces médicaments a été renforcée par la publication d'un arrêté régissant le droit de substitution. Toutefois, des doutes persistent tant sur ces produits que sur cette pratique. C'est dans le but de pallier ces insuffisances que j'ai décidé de produire une réflexion sur le sujet. C'est ainsi que j'ai pu conclure que :

- bien que la majorité des participants à cette étude prétendent connaître le médicament générique et le droit de substitution, ils ne sont cependant pas capables de donner leur définition ;

- plusieurs facteurs entravent l'utilisation du médicament générique et la pratique de la substitution. Ce sont principalement le doute sur la qualité des génériques et le défaut de compréhension de la substitution. ;

- l'absence de mesures incitatives à la prescription et à la dispensation des médicaments génériques ainsi que le manque de formation et d'informations sur le médicament générique rendent difficile la pratique de la substitution.

- les partenaires de la relation de soin souhaitent avoir des informations claires, objectives et scientifiques sur le médicament générique. Ils espèrent particulièrement voir élucider les mécanismes de la substitution et connaître le rôle des différents acteurs. C'est dans ce sens que médecins et pharmaciens réclament un document homologué qui leur permettrait d'être informés sur l'ensemble des médicaments génériques disponibles sur le marché camerounais.

En 2016, j'ai préconisé que mon étude soit dupliquée au niveau national.

Le ministère de la Santé publique

- Veille à l'approvisionnement en génériques de qualité : conditionnement, informations cohérentes et lisibles.

- Mette à la disposition des prescripteurs et dispensateurs, un répertoire national de médicaments homologués.

- Sensibilise et forme en continu les professionnels de santé et la population sur le recours aux médicaments génériques ainsi que sur la possibilité de la substitution.

- Réglemente la qualité des informations et les mesures incitatives à la prescription et à la dispensation délivrées par les laboratoires fabricant notamment en ce qui concerne les visiteurs médicaux.

- Revisite la réglementation qui encadre la substitution au Cameroun.

- Réglemente l'utilisation des nouvelles technologies dans la prescription et la dispensation des médicaments (sms, courriels, applications de messagerie instantanée).

Les médecins

- Mentionnent hors de la prescription la possibilité de substitution au patient et le sensibiliser positivement.

- Prescrivent en dénomination commune internationale (DCI).

- Entretiennent des relations plus conviviales avec les pharmaciens.

Les pharmaciens

- Expliquent aux patients l'acte de substitution lors de la délivrance des médicaments et d'adapter ces explications aux circonstances (maladie aiguë ou chronique, première substitution) et à la situation personnelle du malade (en prenant en compte son niveau et état intellectuel).

- Prennent soin d'informer les tierces personnes lors d'une délivrance afin que celles-ci transmettent fidèlement leurs conseils.

- Mentionnent systématiquement par écrit le nom du produit substitué.

- S'assurent de la présence d'au moins un pharmacien dans leurs officines, car elle conditionne la bonne substitution.

Les patients

- Fassent confiance aux professionnels de santé que sont dans le cas d'espèce les médecins et les pharmaciens.

- Viennent si possible personnellement à la pharmacie ou se fassent représenter par des personnes qui peuvent faire un compte rendu fidèle des échanges avec le pharmacien.

L'ACCÈS DES PERSONNES HANDICAPÉES AU SERVICE PUBLIC EN DROIT CAMEROUNAIS

Sali ALIYOU

Docteur/Ph. D en droit public
Chargé de cours
Université de Dschang

La publication de la loi du 13 avril 2010[1] marque un tournant majeur en matière de protection et de promotion des droits des personnes handicapées au Cameroun. En effet, ce texte juridique, pris en application de la Constitution de 1996[2], garantit l'accès des personnes handicapées à tous les secteurs de la vie publique, notamment au service public. Complétée par d'autres normes juridiques, elle précise les modalités permettant à cette catégorie de personnes vulnérables d'accéder à l'action administrative. La détermination et l'évaluation de ces dernières constituent l'objet de la présente réflexion intitulée : « L'accès des personnes handicapées au service public en droit camerounais ».

Étant entendu que les définitions sont « *un élément fondamental dans la construction du droit*[3] », il convient au préalable de clarifier les termes essentiels du sujet pour donner une orientation à cette étude. Théoriquement, la notion de service public fut la question la plus embrouillée et la plus confuse du droit administratif[4]. En effet, la crise qu'elle a connue à sa naissance a affecté tout autant la notion elle-même que le régime juridique qui était censé lui correspondre.

Après de nombreux débats idéologiques, la doctrine avait admis que le service public pouvait être défini de manière approximative à travers trois (03) éléments : un élément finaliste, un élément organique et un élément matériel. Ces critères classiques, dégagés par les écoles de Bordeaux et de Toulouse et surtout de l'accélération de l'histoire au XXe siècle, irriguent la définition moderne du service public.

---

[1] Loi n° 2010/002 du 13 avril 2010 portant protection et promotion des personnes handicapées. Celle-ci abroge la loi n° 83/13 du 21 juillet 1983 relative à la protection et la promotion des personnes handicapées et son décret d'application n° 90-1516 du 26 novembre 1990.

[2] Loi n° 96/06 du 18 janvier 1996 portant révision de la Constitution du 2 juin 1972 modifiée par la loi n° 2008/001 du 14 avril 2008. Le 17e tiret du préambule de cette constitution énonce clairement que « *La nation protège et encourage la famille, base naturelle de la société humaine. Elle protège la femme, les jeunes, les personnes âgées et les personnes handicapées* ».

[3] J. Y. CHEROT, « Les définitions dans les textes du droit administratif économique », *RRJ-Droit prospectif*, n° 4, 1986, p. 67.

[4] B. MOMO, *Droit administratif*, cours polycopié, Faculté de droit et des sciences économiques, Université de Yaoundé, 2e année de Licence, année académique 1986-1987, p. 222.

Aujourd'hui, le service public peut sommairement être défini comme une activité d'intérêt général gérée par une personne publique ou sur son contrôle, suivant un régime exorbitant du droit commun[5]. Selon CHAPUS, l'expression a deux (02) acceptions. Autant elle désigne une activité, elle désigne aussi un organisme, une structure[6]. Ainsi, si on veut bien ne pas confondre ce qui est définition et ce qui est diagnostic, on doit reconnaître qu'il est possible de définir le service public, à condition que deux (02) données soient de façon égale prises en considération : l'une (souvent négligée, ou insuffisamment retenue) est le critère organique de l'activité à qualifier ; l'autre est la raison d'être de cette activité, l'objectif en vue duquel elle est exercée. Très simplement, *« une activité constitue un service public quand elle est assurée ou assumée par une personne publique en vue d'un intérêt général*[7] *»*. Cette définition aussi simple et claire que possible, est celle qui est retenue car toutes les autres données ou considérations sont indifférentes.

Pour ce qui est de l'expression personne handicapée, elle désigne « *toute personne dans l'incapacité d'assurer par elle-même tout ou partie des nécessités d'une vie individuelle ou sociale normale du fait d'une déficience physique ou mentale, congénitale ou non*[8] ». Ce qui caractérise cette personne est le « *handicap* », c'est-à-dire « *toute limitation des possibilités de pleine participation d'une personne présentant une déficience à une activité dans un environnement donné*[9] ». C'est une notion à la fois médicale et sociale qui désigne « *la limitation des possibilités d'interaction d'un individu avec son environnement en termes d'accessibilité, d'expression, de compréhension ou d'appréhension* [10] ». Cette limitation, due à une déficience provoquant une incapacité, permanente ou non, menant à un stress et à des difficultés morales, intellectuelles, sociales et/ou physiques[11], justifie les complications d'accès des personnes handicapées au service public.

Le terme « accès » peut être appréhendé dans un double sens : premièrement, il signifie bénéficier de quelque chose, d'un service ou d'une activité. Secondement, il veut dire pouvoir entrer ou pénétrer dans une structure. Quant à l'accès au service public, il est le fait de bénéficier d'un service public[12]. Il s'agit alors de l'accès à l'activité de service public et aussi à l'organisme chargé de son accomplissement.

Il faut désormais observer que la prise en compte de l'accès des personnes handicapées au service public est une obligation qui incombe à l'État, aux collectivités territoriales décentralisées, aux établissements publics mais aussi et

---

[5] Y. GAUDEMET, *Droit administratif*, Paris, LGDJ, Lextenso, 21e édition, 2015, p. 41.

[66] R. CHAPUS, *Droit administratif général*, Paris, Montchrestien, 15e éd., 2011, p. 578.

[7] *Ibid.*, p. 579.

[8] Article 2 de la loi du 13 avril 2010.

[9] *Ibidem.*

[10] S. NKO'O AMVENE et al. « Le handicap : un problème insuffisamment étudié dans nos sociétés », *Health Sci. Dis* : n° 1, Vol. 15. *April-May-June* 2014, p. 1.

[11] *Ibidem.*

[12] C. MORIO, « L'accès au service public », *in Dictionnaire d'administration publique*, N. KADA et M. MATHIEU (dir.), Grenoble, PUG, Col. Droit et action publique, 2014, pp.18.

surtout aux organismes privés accueillant le public. Le manquement à cette prescription entraîne des sanctions administratives[13] et pénales[14].

L'originalité de cette recherche est liée à sa globalité. En fait, elle traite de deux notions qui ont été étudiées séparément. En réalité, les travaux existant au Cameroun se sont intéressés soit au (x) service (s) public (s)[15], soit aux personnes handicapées[16], mais aucun d'entre eux n'a eu pour objet les deux. Théoriquement, le sujet évalue l'efficacité de l'action administrative en faveur des personnes handicapées. Pratiquement, c'est un sujet actuel[17] qui pose le problème des difficultés d'accès des personnes handicapées au service public au Cameroun, lesquelles semblent résulter des lacunes des normes juridiques régissant leur protection. Pour le résoudre, l'on s'est posé la question de savoir : Comment le droit camerounais organise l'accès des personnes handicapées au service public ? L'analyse des textes juridiques traitant directement ou indirectement des personnes handicapées ainsi que la lecture des travaux de la doctrine camerounaise et l'exploitation des documents techniques[18] sur les personnes handicapées révèlent que le droit camerounais organise l'accès des personnes handicapées au service public de façon disproportionnée.

En effet, à l'analyse, il existe une disparité entre les modalités qui garantissent l'accès des personnes handicapées au service public matériel et celles qui facilitent leur accès au service public organique. En d'autres termes, l'accès au service public matériel est plus facile parce qu'il est considérablement ouvert **(I)** alors que l'accès au service public organique est plus difficile parce qu'encore relativement fermé **(II).**

---

[13] Elles sont prévues contre les responsables des centres de formation professionnelle par l'article 50 de la loi n° 2018/010 du 11 juillet 2018 régissant la formation professionnelle au Cameroun.

[14] Voir les articles 43 à 46 de la loi du 13 avril 2010, 242, 315 du Code pénal.

[15] J. BIAKAN, « Le critère du service public en droit administratif camerounais », *in* M. ONDOA et P. E. ABANE ENGOLO (dir.), *Les fondements du droit administratif camerounais*, Paris, L'Harmattan, CERCAF, 2016, pp. 143-163 et G. M. PEKASSA NDAM, « La consolidation de l'idéologie libérale dans le domaine des services publics au Cameroun », M. ONDOA et P. E. ABANE ENGOLO (dir.), *Les fondements du droit administratif camerounais*, *ibid.*, pp. 165-189.

[16] On peut citer entre autres : S. ALIYOU, « Les entraves juridiques à la garantie des droits à l'éducation et à la formation professionnelle des personnes handicapées au Cameroun », *RIDSP*, vol. 1, n° 3, novembre 2021, pp. 1-24 ; F. N. DJAME, « L'approche handicap et le principe d'égal accès à la fonction publique. Constat et éléments de perspectives en droit camerounais », Juridis *Périodique,* n° 115, juillet-août-septembre 2018, pp. 99-110.
pp. 1-25 et F. ABANDA et P.-I. BILIGHA, « Citoyenneté et vulnérabilité : le cas du citoyen handicapé et politiques d'aménagement de l'espace public immobilier au Cameroun », *STUDIA UBB, EUROPAEA, LIX*, 1, 2014, pp.321-334.

[17] Cette actualité est marquée par la ratification, le 28 décembre 2021, de la Convention des Nations unies sur les droits des personnes handicapées, du protocole à la Charte africaine des droits de l'homme et des peuples relatif aux droits des personnes handicapées, adopté le 29 janvier 2018 à Addis Abeba et la publication de l'arrêté n° 040/PM du 19 mai 2022 fixant les modalités d'octroi de la dispense d'âge aux personnes handicapées lors des concours administratifs et des recrutements dans la fonction publique de l'État.

[18] Il s'agit des rapports, des études et des guides et sur les personnes handicapées au Cameroun.

I. UN ACCÈS LARGEMENT OUVERT AU SERVICE PUBLIC MATÉRIEL

Le souci de promouvoir, protéger et garantir la pleine jouissance des droits humains aux personnes handicapées, ainsi que le respect de leur dignité intrinsèque, a constitué une préoccupation constante du droit camerounais depuis 1996. Cela implique que l'accès aux activités d'intérêt général que l'administration entend assumer[19] soit ouvert autant que possible aux personnes handicapées.

Le respect de cette exigence fait peser sur l'État et les autres personnes morales chargées des missions de service public, plusieurs obligations[20] favorisant la prise en compte des personnes handicapées dans leurs actions. Celles-ci s'appuient sur de nombreux principes permettant de sauvegarder l'intérêt des personnes handicapées dans l'action administrative **(A)** et se matérialisent par la prise des mesures diversifiées facilitant leur accès à l'action publique **(B).**

A. La pluralité des principes sauvegardant l'intérêt des personnes handicapées dans l'action administrative

Le droit administratif est avant tout le droit de l'action administrative ; il est destiné à permettre à l'administration d'agir, parce que cette action est conditionnée par une finalité unique, à savoir l'intérêt général[21]. L'administration peut agir, et doit agir, mais en respectant certaines règles qui garantissent la sauvegarde de l'intérêt général dans ses deux aspects, notamment l'intérêt de la collectivité et la satisfaction des besoins individuels que les activités privées ne peuvent suffire à assurer[22]. À celles-ci, s'ajoutent quelques principes généraux **(1)** et spécifiques **(2)** essentiels communs à tous les services et inhérents à la qualification de service public dont la finalité est de préserver l'intérêt des personnes handicapées.

1) Les principes généraux

L'organisation du service public relève toujours du droit public et est soumise aux principes qui garantissent que l'institution est réellement au service du public. Ces principes, encore appelés « *lois du service public* », constituent « *le cœur du système, l'armature du service public, sa légitimité même*[23] » et imposent à l'administration qu'elle réponde effectivement aux besoins collectifs. Toutefois, seuls les principes invocables par les usagers, constituant les « *lois parfaites* » ou « *complètent*[24] » du service public préservent indirectement l'intérêt des personnes

---

[19] J. RIVERO et J. WALINE, *Droit administratif*, Paris, Dalloz, 18e édition, 2000, p. 439.

[20] Il s'agit de l'obligation générale de solidarité nationale, de l'obligation d'aménagement raisonnable et d'autres prévues par l'article 4 de la Convention des Nations unies.

[21] J.-M. PONTIER, *Droit administratif 1 : l'action administrative* (cours archivé), cours.unjf.fr, disponible sur le site internet https://cours.unjf.fr, consulté le 25 novembre 2022 à 18 h 10 minutes.

[22] J. RIVERO et J. WALINE, *Droit administratif, op., cit.*, p. 447.

[23] P.-L. FRIER et J. PETIT, *Précis de droit administratif*, Paris, Montchrestien, 6e édition, 2010, p. 236.

[24] P. GONOD, F. MELLERAY et Ph. YOLKA (dir.), *Traité de droit administratif*, Paris, Dalloz, tome II, 2011, p. 96.

handicapées à l'action publique à travers les principes d'égalité et de participation au service public[25].

Le principe d'égalité devant le service public constitue la seconde « *loi* » du service public après le principe de continuité et joue un rôle particulier dans l'ensemble de l'action administrative[26]. En effet, dès lors que le service public concourt à la solidarité nationale, il ne saurait provoquer des privilèges au profit de certains administrés ; cela serait une dénaturation de l'idéal républicain d'égalité dont se nourrit la notion de service public[27]. Il apparaît aussi comme le complément nécessaire de celui de l'égalité devant la loi[28]. Il se décline à tous les niveaux de la hiérarchie des normes et s'impose à l'administration soit directement comme principe à valeur constitutionnelle[29], soit comme principe général du droit[30].

Posé en des termes généraux par le préambule de la Constitution camerounaise[31], le principe d'égalité interdit toute discrimination injustifiée notamment celle fondée sur le handicap. Les règlements d'organisation du service public ainsi que les actes administratifs individuels qui violent cette prescription encourent une annulation par le juge de l'excès de pouvoir et engage la responsabilité de leur auteur[32].

Il convient cependant de préciser que le principe d'égalité devant le service public ne se confond pas avec l'égalitarisme. En d'autres termes, il n'implique pas un traitement uniformisé des administrés. En effet, il ne s'oppose pas à ce que l'autorité investie du pouvoir réglementaire règle de façon différente des situations différentes ni à ce qu'elle déroge à l'égalité pour des raisons d'intérêt général, pourvu que la différence de traitement qui en résulte, soit dans l'un comme dans l'autre cas, en rapport avec l'objet de la norme qui l'établit et ne soit pas manifestement disproportionnée au regard des différences de situation susceptibles de la justifier[33]. Si donc les usagers du service public ont droit aux mêmes prestations lorsqu'ils se trouvent dans la même situation, il est permis d'instituer des dérogations au profit de certaines catégories de personnes telles que les personnes handicapées[34]. Les discriminations ainsi autorisées[35] leur permettent de participer au service public.

---

[25] Parmi les autres « *lois complètes* » se rangent aujourd'hui le principe de continuité du service public, le principe de neutralité du service public et le principe de juste prix du service public.

[26] Qu'il s'agisse de police au sens strict ou des services publics.

[27] C. NICOLET, *L'idée républicaine en France*, Paris, Gallimard, 1982.

[28] Le principe de l'égalité devant la loi est consacré au Cameroun par l'article premier alinéa 2 *in fine* de la Constitution de 1996 qui prévoit que : « *Elle (la République du Cameroun) assure l'égalité de tous les citoyens devant la loi* ».

[29] Cons. Const. n° 79-107 DC 12 juill. 1979, relative à la loi sur les ouvrages d'art, RD, 1979, note L. Favoreu.

[30] CE, sect., 9 mars 1951, Sté des Concerts du Conservatoire, Lebon 151, *GAJA*, n° 65.

[31] Ce préambule prévoit que « *Tous les hommes sont égaux en droits et en devoirs. L'État assure à tous les citoyens les conditions nécessaires à leur développement* ».

[32] P. GONOD, F. MELLERAY et Ph. YOLKA (dir.), *Traité de droit administratif*, *op., cit.* p. 99.

[33] *Ibid.*, pp. 99-100.

[34] On peut citer à titre d'illustration, les dérogations instituées permettant l'accès de certaines catégories de personnes à la fonction publique et aux emplois publics à travers le principe d'égal accès. Pour en savoir plus, lire M. KENGNE FOTSO, *L'égal accès à la fonction publique au Cameroun*, mémoire de master recherche en droit public, Université de Dschang, 2019, p. 95 et G. I. DIFFOUO, « Le principe d'égal accès aux emplois publics et fonction publique à l'épreuve de la tribalité positive au Cameroun », *Juridis Périodique*, n° 79, juillet-août septembre, 2009, pp. 88 et ss.

Le principe de participation au service public est une conséquence du principe d'égalité devant le service public. Il trouve son fondement en droit de l'environnement évoqué pour la première fois dans le plan d'action issu de la Conférence de Stockholm[36]. L'énoncé de la participation se fera plus tard dans la Charte de la nature en 1982[37] puis dans la Conférence de Rio de 1992[38]. Ce principe général du droit de l'environnement, repris dans presque tous les secteurs de l'action administrative, permet aux personnes handicapées de participer à la vie publique dans sa globalité[39].

La participation des personnes handicapées aux affaires publiques est posée en principe général par l'article 4 alinéa 3 de la Convention des Nations unies et est mise en œuvre par plusieurs autres consacrés explicitement dans la Convention, en l'occurrence le principe de participation à la vie politique et publique[40] et le principe de participation à la vie culturelle et récréative, aux loisirs et aux sports[41]. Ce dernier principe vise à réduire l'isolement des personnes en situation de handicap et à améliorer la qualité de leur participation à la gouvernance locale[42].

En tout état de cause, le principe d'égalité devant le service public et son corollaire le principe de participation, sont des principes généraux qui sauvegardent l'intérêt des personnes handicapées dans l'action administrative et leur permettent d'accéder facilement au service public. Ils s'appuient sur d'autres principes spécifiques.

2) Les principes spécifiques

Les mutations du droit administratif, liées aux exigences de l'organisation du territoire et des formes juridiques d'intervention de l'administration[43], ont entraîné l'évolution du service public et les principes qui le régissent au Cameroun. Aux principes classiques, se sont ajoutés d'autres spécifiques[44] aux personnes handicapées visant à promouvoir leur accès aux activités de service public. Ils visent à assurer, respecter, protéger, promouvoir et réaliser les droits et la dignité

---

[35] Le principe de cette forme de discrimination est posé par le Conseil d'État dans la jurisprudence Duvignères (CE, sect., 18 déc. 2022, n° 233618, Lebon 463, concl. P. Fombeur, CAJA, n° 112), rénovant la formule consacrée dans par l'arrêt Sieurs Denoyez et Chorques (CE, sect., 10 mai 1974, n° 880332, Lebon 274).

[36] Recommandation 97 du Plan d'Action 109 sur la personne handicapée de l'Unesco.

[37] Charte mondiale de la nature du 28 octobre 1982.

[38] Les revendications concernant la participation sont réitérées dans la Convention d'Aarhus qui demande à toutes les parties de prendre des dispositions pour assurer l'implication du public. Lire F. ABANDA et P.-I. BILIGHA, « Citoyenneté et vulnérabilité : le cas du citoyen handicapé et politiques d'aménagement de l'espace public immobilier au Cameroun », *op., cit.*, p. 328.

[39] Par exemple, le Code électoral encourage les personnes handicapées à postuler aux fonctions électives à travers le principe de la prise en compte de la composante sociologique et en interdisant toutes formes de discriminations ou restrictions à l'exercice du droit de vote. Voir Article 45 de la loi n° 2012/001 du 19 avril 2012 portant Code électoral.

[40] Article 29 de la Convention des Nations unies.

[41] Article 30 de la Convention des Nations unies.

[42] N. BOUCHER, P. VINCENT, P. GEISER, et P. FOUGEYROLLAS, « Participation des personnes en situation de handicap à la gouvernance locale : présentation d'un projet visant à mesurer l'impact des stratégies de développement local inclusif », *ALTER, European Journal of Disability Research*, n° 9, 2015, p. 53.

[43] C. KEUTCHA TCHAPNGA, « Les mutations récentes du droit administratif camerounais », *AFRILEX*, n° 1, 2000, p. 23.

[44] Voir les articles 3 de la Convention des Nations unies et 3 du Protocole de la Charte africaine.

des personnes handicapées, sans discrimination fondée sur le handicap[45]. Le principe de non-discrimination est un principe fondamental du droit et emporte des obligations négatives qui consistent à ne pas discriminer, et celles positives, tendant à protéger certaines catégories de personnes contre les exclusions et les faire disparaître[46]. Il interdit les différences de traitement entre les habitants d'une cité. Malgré la dose d'incertitude qui l'entoure, le principe de non-discrimination, du point de vue juridique, postule une action dans le but d'éviter l'inégalité de traitement arbitraire et illégale. Vu sous cet angle, il se rapproche du principe d'égalité de traitement avec lequel il a tendance à se confondre[47].

De toute évidence, le principe de discrimination irrigue toute la législation camerounaise pour permettre aux personnes handicapées de bénéficier de l'action administrative dans tous les secteurs de la vie publique. Par exemple, s'inspirant des dispositions du Statut général de la fonction publique de l'État[48], la loi du 13 avril 2010 interdit que le handicap ou la discrimination constitue le motif de rejet de candidature à l'accès à un emploi public[49]. Le principe de non-discrimination vise à prendre en compte la participation des personnes handicapées aux politiques publiques nationales et locales. Il est garanti par le législateur camerounais à travers l'institution des sanctions à l'encontre des responsables des services publics coupables de discriminations contre les personnes handicapées[50]. Le législateur interdit donc toutes les discriminations fondées sur le handicap et garantit aux personnes handicapées une égale et effective protection juridique contre toute discrimination, quel qu'en soit le fondement. Il invite d'éliminer la discrimination en prenant des mesures appropriées pour faire en sorte que des aménagements raisonnables soient adoptés. Ces mesures spécifiques qui facilitent l'accès des personnes handicapées à l'action publique et qui sont nécessaires pour accélérer ou assurer l'égalité *de facto* des personnes handicapées ne constituent pas une discrimination au sens de la Convention des Nations unies relative aux personnes handicapées[51].

B. La diversité des mesures facilitant l'accès des personnes handicapées à l'action publique

L'une des missions fondamentales que s'est assignée l'État du Cameroun à l'issue du droit colonial[52] est la prestation de services publics aux citoyens par le

[45] La discrimination fondée sur le handicap est définie par l'article 1er du Protocole à la Charte africaine.

[46] L. POTVIN-SOLIS, « La liaison entre le principe de non-discrimination et les libertés et droits fondamentaux des personnes dans les jurisprudences européennes », *Revue trimestrielle des droits de l'homme*, n° 80, 2009, p. 968.

[47] F. N. DJAME, « L'approche handicap et le principe d'égal accès à la fonction publique. Constat et éléments de perspectives en droit camerounais », *op., cit.*, pp. 101-102.

[48] Article 12 alinéa 1 du Statut général de la fonction publique de l'État. Pour plus de détails sur la fonction publique camerounaise, lire J. OWONA, *Droit de la fonction publique camerounaise*, Paris, L'Harmattan, 2011, 256 pp. et C. SIETCHOUA DJUITCHOKO, « Morose anniversaire : le statut général de la fonction publique au Cameroun dix 10 ans après (1994-2004) », *Revue juridique et politique*, n° 4, 2004, pp. 575-628.

[49] Article 38 alinéa 3 de la loi du 13 avril 2010.

[50] Voir à ce sujet, les articles 45 et 46 de la loi du 13 avril 2010.

[51] Article 5 alinéa 4 de la Convention des Nations unies.

[52] J. MARQUET, « Droit coutumier et colonial en Afrique centrale, bibliographie commentée », *Journal de la Société des africanistes*, n° 2, Vol.35, 1995, pp. 411-418.

biais de son administration publique. Par ces prestations, l'État réalise ses objectifs de redistribution sociale et le respect des droits fondamentaux de l'homme tel que précisé dans la Déclaration universelle des droits de l'homme et dans la Constitution[53]. Pour y arriver, il place la satisfaction des besoins des citoyens au cœur de l'action publique dont la mise en œuvre est confiée désormais aux établissements publics administratifs et aux sociétés à capitaux publics[54]. Ces personnes morales de droit public et les personnes morales de droit privé associées à la gestion des services publics[55], ont l'obligation de prendre des mesures soutenant l'accès des personnes handicapées au service public administratif **(1)** et socio-économique **(2).**

1) Les mesures favorisant l'accès au service public administratif

Communément, le service public administratif est défini par opposition au service public industriel et commercial. Il est entendu comme un service pris directement en charge par une personne publique et qui est presque entièrement soumis aux règles de droit public[56]. Contrairement à cette définition généralement admise, on entend par service public administratif les activités d'intérêt général ou ouvertes au public indépendamment de la nature de leurs auteurs autres que les activités sociales et économiques. Ce sont les activités dont l'objet est l'amélioration des conditions et du cadre de vie des citoyens. De cette définition, il faut retenir que le service public administratif regroupe les services publics de l'éducation[57] et de la formation professionnelle, de la santé, des informations et des activités culturelles et du sport et des loisirs.

Les mesures pour l'accès à l'éducation et à la formation professionnelle s'articulent autour de la prise en charge matérielle et financière, l'appui pédagogique[58] et la prise en charge des dépenses d'enseignement et de première formation professionnelle des élèves et étudiants handicapés[59]. Exceptionnellement, certaines personnes handicapées[60] peuvent bénéficier d'une éducation spéciale[61]. Dans le domaine de la santé, ces personnes bénéficient des mesures de prévention du handicap[62] qui comprennent la prévention médicale[63], la

---

[53] J. BIAKAN, « Le critère du service public en droit administratif camerounais », *op., cit.*, p. 145.

[54] Il en est ainsi parce que le législateur a supprimé la catégorie des services publics industriels et commerciaux en 1995, J. BIAKAN, « Les innovations fondamentales de l'ordonnance du 17 août 1995 portant statut général des entreprises du secteur public et parapublic au Cameroun », *RJPIC*, n° 2, mai-août, 1996, pp. 169 et suivants.

[55] G. M. PEKASSA NDAM, « La consolidation de l'idéologie libérale dans le domaine des services publics au Cameroun », *op. cit.*, pp. 177-189.

[56] G. KOUBI, « Service public administratif (SPA) », dans N. KADA et M. MATHIEU (dir.), *Dictionnaire d'Administration Publique*, *op., cit.* pp. 466-467.

[57] Pour les mesures prises en matière d'éducation, lire le *Guide pratique sur l'accessibilité des personnes handicapées à l'éducation*, janvier 2010, 106 pp.

[58] Article 28 de la loi du 13 avril 2010.

[59] Cette prise en charge consiste à l'exemption totale ou partielle des frais scolaires et universitaires et l'octroi des bourses. Article 29 alinéa 1 de la loi du 13 avril 2010.

[60] Il s'agit des handicapés physiques, sensoriels, mentaux et polyhandicapés.

[61] Articles 24 à 26 de la loi du 13 avril 2010.

[62] C'est toute action visant à empêcher la survenance des déficiences motrices, sensorielles et/ou mentales ou à réduire la limitation fonctionnelle.

[63] Cette prévention comprend : les mesures de lutte contre les maladies endémiques ; les visites médicales prénuptiales, prénatales et postnatales ; les visites médicales dans les établissements

réadaptation médicale et la rééducation fonctionnelle[64]. S'agissant des informations et des activités culturelles, les mesures visent à faciliter l'accès des personnes handicapées aux technologies de l'information et de la communication, leur participation aux productions et aux créations artistiques[65]. Dans le même ordre d'idées, des dispositions utiles doivent être prises pour promouvoir le sport et les loisirs pour personnes handicapées et organiser leur participation aux compétitions internationales[66]. À cet effet, un programme d'éducation physique et sportive pour personnes handicapées doit figurer dans les systèmes scolaires et universitaires[67].

En bref, le législateur camerounais a prévu de nombreuses mesures pour faciliter l'accès des personnes handicapées au service public administratif. Des mesures similaires ont été pensées pour assurer leur accès au service public socio - économique.

2) Les mesures assurant l'accès au service public socio-économique

Le service public socio-économique s'entend comme les activités mises en œuvre en vue d'assurer le bien-être social des citoyens d'une part, et d'autre part, les activités génératrices de revenus et de lutte contre le chômage.

Les premières, ayant une vocation sociale[68], sont constituées des missions à fort contenu social, qui ne touchent pas aux prérogatives de l'État, mais sont en rapport avec le vécu quotidien des populations, c'est-à-dire un ensemble de fonctions pourvoyeuses de légitimité[69]. Les établissements chargés de leur réalisation sont des services traditionnels d'action sociale et d'aide sociale et se retrouvent surtout à l'échelon local[70]. La loi régissant la protection et la promotion des personnes handicapées les regroupe autour de la prévention sociale[71], la réadaptation de la personne handicapée[72] et son accompagnement psychosocial[73].

Les secondes ont une vocation économique et s'articulent autour de l'intégration socio-économique et de l'accès à l'emploi. L'intégration socio-économique concerne toutes les mesures sociales et économiques qui garantissent la pleine participation des personnes handicapées à la vie sociale. Leur intégration

scolaires et universitaires et les visites médicales en milieu professionnel. Article 7 de la loi du 13 avril 2010.

64 Articles 20 à 23 de la loi du 13 avril 2010.

65 Article 22 de la loi du 13 avril 2010.

66 Article 36 alinéa 1 de la loi du 13 avril 2010.

67 V° article 36 alinéa 2 de la loi du 13 avril 2010.

68 F. R. CHUITON TENE, « Les compétences matérielles des collectivités territoriales décentralisées au Cameroun : le cas du service public local », *in* P. E. ABANE ENGOLO (dir.), *La décentralisation, (Re) présentation, financement et évolutions récentes*, Paris, L'Harmattan,- Cameroun, 2022, p. 250.

69 A.D. OLINGA, *La Constitution de la République du Cameroun,* Yaoundé, Presses de l'UCAC, 2006, p. 285.

70 J.-M. PONTIER, *Les services publics,* Paris, Hachette, 1996, p. 25.

71 La prévention sociale comprend des mesures prévues aux articles 12 à 15 de la loi du 13 avril 2010.

72 Les mesures visant la réadaptation de la personne handicapée sont régies par l'article 16 de la loi du 13 avril 2010.

73 Les mesures traitant de l'accompagnement psychosocial sont déterminées par les articles 17 à 19 de la loi du 13 avril 2010.

comprend l'accès à plusieurs activités de service public[74]. Quant à l'accès à l'emploi, les personnes handicapées justifiant d'une formation professionnelle ou scolaire bénéficient des mesures préférentielles notamment la dispense d'âge lors des recrutements aux emplois publics[75] et privés par rapport aux personnes valides, lorsque le poste est compatible avec leur état et plusieurs autres avantages[76]. Elles bénéficient des mesures supplémentaires pour l'accès à la fonction publique et aux emplois publics en vertu du principe d'égal accès consacré par le législateur de 1994[77].

Le contenu des mesures favorisant l'accès des personnes handicapées aux différents secteurs de l'action publique et les modalités de leur mise en œuvre est précisé par le pouvoir réglementaire[78] qui à son tour, dans certains cas, prévoit des mesures additionnelles.

À tout prendre, le législateur camerounais a défini les mesures quantitativement importantes pour faciliter l'accès des personnes handicapées à l'action publique et des principes variés pour favoriser leur accès à l'action administrative. Ensemble, ces moyens ouvrent largement l'accès de ces personnes vulnérables au service public matériel. Ce qui n'est pas le cas pour le service public organique dont l'accès demeure relativement fermé.

II. UN ACCÈS RELATIVEMENT FERMÉ AU SERVICE PUBLIC ORGANIQUE

La définition organique du service public fait référence aux organes qui assurent l'activité considérée. Définir organiquement le service public c'est donc évoquer les structures administratives dans leur aspect le plus visible (bâtiments, par exemple les écoles) comme dans leur aspect parfois moins visible (les services)[79]. Mais l'approche organique ne signifie pas que le service public soit toujours une structure publique. Elle signale que l'activité à définir relève d'une structure qui dépend, pour une part, d'une collectivité publique. Le trait dominant du service public aujourd'hui est l'activité d'intérêt général même si celle-ci est

---

[74] Notamment l'accès à l'éducation et à la formation professionnelle ; l'accès à l'information et aux activités culturelles ; l'accès aux infrastructures, à l'habitat et au transport ; l'accès aux sports et aux loisirs et l'accès à l'emploi, v° l'article 27 alinéa 3 de la loi du 13 avril 2010.

[75] Pour les détails concernant cette dispense, lire l'arrêté n° 040/PM du 19 mai 2022 fixant les modalités d'octroi de la dispense d'âge aux personnes handicapées lors des concours administratifs et des recrutements dans la fonction publique de l'État, précité.

[76] Pour en savoir plus, lire les articles 38 à 40 de la loi du 13 avril 2010.

[77] Il convient de préciser que le principe de l'égal accès de toute personne de nationalité camerounaise, sans discrimination n'est ni nouveau, ni strictement camerounais selon le Professeur LEKENE DONFACK. *In* LEKENE DONFACK, « Réflexions sur le nouveau statut général de la fonction publique (à propos du décret n° 94/199 du 7 octobre 1994) », *Juridis info*, n° 20, octobre-novembre-décembre 1994, p. 34 ; même auteur, « Une réforme fondamentale sous influence : le nouveau statut général de la fonction publique du Cameroun », *Revue juridique africaine*, 1994, pp. 63-64.

[78] Il s'agit principalement du décret n° 2018/6 233/PM du 26 juillet 2018 fixant les modalités d'application de la loi n° 2010/002 du 13 avril 2010 portant protection et promotion des personnes handicapées.

[79] J.-M. PONTIER, *Les services publics, op., cit.*, p. 13.

prise en charge par une personne privée[80]. Ceci étant dit, il convient de préciser que les transformations contemporaines du droit public en Afrique[81] et même ailleurs oblige les États à faire des aménagements raisonnables pour permettre aux personnes handicapées d'avoir accès aux structures chargées des missions d'intérêt général ou ouvertes au public.

Au Cameroun, les réformes de l'administration publique[82] ont intégré cette nouvelle exigence mais n'ont pas abouti à une ouverture totale des services publics aux personnes handicapées. Même les mutations des services publics[83] n'ont pas permis d'atteindre cet objectif car leur accès, pour cette catégorie de personnes, demeure relativement fermé. Il en est ainsi parce que les textes juridiques régissant les services publics énumèrent restrictivement les infrastructures accessibles aux personnes handicapées **(A)** et précisent succinctement les dispositions qui doivent être prises afin de faciliter leur accès aux services qu'elles offrent **(B).**

A. L'énumération circonscrite des infrastructures accessibles aux personnes handicapées

L'accès au service public veut que chacun soit à même de bénéficier des prestations de service public sans se trouver en position d'infériorité en raison de son handicap. C'est dans cette perspective que la Convention des Nations unies relative aux droits des personnes handicapées[84], puis le protocole de la Charte africaine des droits de l'homme et des peuples relatif aux droits des personnes handicapées en Afrique[85], oblige les États à prendre les mesures efficaces et appropriées pour assurer aux personnes handicapées, sur la base de l'égalité avec les autres, l'accès à l'environnement physique, aux transports, à l'information et à la communication, y compris aux systèmes et technologies de l'information et de la communication, et aux autres équipements et services ouverts au public, tant dans les zones urbaines que rurales[86].

Le législateur camerounais respecte cette obligation prescrite en faveur des personnes handicapées. Mais seulement, il limite les infrastructures qui leur sont accessibles aux édifices bâtis **(1)** et à certaines installations et services ouverts ou fournis au public **(2).**

---

[80] J. BIAKAN, « Le critère du service public en droit administratif camerounais », *op., cit.*, pp. 147-148.

[81] M. ONDOA et P. E. ABANE ENGOLO (dir.), *Les transformations contemporaines du droit public en Afrique,* Paris, L'Harmattan, CERCAF, 2018, 216p.

[82] M. ONDOA (dir.), *L'administration publique camerounaise à l'heure des réformes*, Paris, L'Harmattan Cameroun, 2010, 318 pp.

[83] Ch. YOUM YONGA, *Les mutations des services publics au Cameroun*, mémoire de Master recherche en droit public, Université de Dschang, juillet 2018, 138 pp.

[84] Article 9 de la Convention des Nations unies.

[85] Article 15 du Protocole de la Charte africaine.

[86] Ces mesures s'appliquent aux bâtiments, aux voiries, aux transports et autres équipements intérieurs ou extérieurs, y compris les écoles, les logements, les installations médicales, les lieux de travail, aux services de l'information, de communication et autres services y compris les services électroniques et les services d'urgence. Article 9 alinéa 1 (a) et (b) de la Convention et article 15 alinéa 2 (b) et (c) du Protocole de la Charte africaine.

1) Les édifices bâtis

Généralement, le service public est rendu dans les édifices. Selon le Dictionnaire français Larousse[87], c'est un ouvrage d'architecture de proportions importantes, pouvant comporter plusieurs corps de bâtiments. L'expression est synonyme de construction, d'immeuble ou de bâtiment. Lorsqu'on lui adjoint l'adjectif « *public* », il devient un bâtiment destiné au public ou à usage administratif. C'est donc un ouvrage public[88] consécutif à un travail public[89]. Juridiquement, il renvoie à l'environnement bâti ou à l'espace public immobilier. Selon la loi du 13 avril 2010, les édifices bâtis accessibles aux personnes handicapées sont des bâtiments et des institutions publics et privés ouverts au public mais aussi l'habitat social.

Les institutions publiques sont des structures administratives. Une structure administrative fait référence à une organisation sociale créée par un pouvoir et dotée d'un pouvoir. *« C'est une partie de l'appareil d'État chargée de la mise en œuvre des principes arrêtés au niveau politique*[90] ». Elle peut être personnelle ou impersonnelle, nationale ou locale. Elle met en exergue le critère juridique susceptible de correspondre à la réalité. Il s'agit de la personnalité morale, de sa mission et de ses moyens[91].

Déterminées comme étant des organes, elles s'appréhendent en deux blocs. Il y a d'une part les institutions classiques, et d'autre part, les institutions spécialisées. Pour les premières, il s'agit des institutions dites d'État auxquelles peuvent être associées les institutions territorialement décentralisées. Elles sont classiques parce qu'elles sont les premières à être apparues. Elles ont une vocation de compétence générale[92], contrairement aux institutions spécialisées[93]. Pour les secondes, ce sont des institutions administratives qui ont la personnalité morale de droit public qui se démarquent des précédentes. Les édifices qui abritent ses structures sont des bâtiments publics.

Quant aux institutions privées ouvertes au public, ce sont des personnes morales de droit privé qui participent à la réalisation des missions de service public. Leur intervention dans l'action administrative est en principe nécessairement subordonnée à une habilitation préalable par une personne publique[94]. On peut ranger dans cette catégorie les structures privées de formation ou d'orientation professionnelle habilitées par l'État suivant les modalités

---

[87] Disponible sur le site internet https://larousse.fr, consulté le 1er décembre 2022 à 14 h 05.

[88] C'est un bien immobilier réalisé des mains d'homme et affecté à un intérêt général. (TC, 10 juillet 1963, Sté Entreprise Peyrot).

[89] C'est un travail exécuté dans un but d'intérêt général par une personne publique ou pour son compte (CE., 10 juin 1921, Commune de Monségur, GAJA n° 131).

[90] R.-G. NLEP, *L'administration publique camerounaise « contribution à l'étude des systèmes africains d'administration publique »*, Paris, LGDJ, Tome XLI, 1986, p. 3.

[91] P. E. ABANE ENGOLO, *Traité de droit administratif du Cameroun, Théorie générale et droit administratif spécial,* Paris, L'Harmattan, 2019, p. 55.

[92] Au niveau central, on a la présidence de la République, les services du Premier ministre et les ministères. Au niveau local on a les services du gouverneur, les préfectures, les sous-préfectures, les services déconcentrés de l'État, les services du président du conseil régional, les services du président du conseil exécutif régional, les mairies et les mairies de la ville.

[93] P. E. ABANE ENGOLO, *Traité de droit administratif du Cameroun, Théorie générale et droit administratif spécial, op., cit.*, p. 57.

[94] J.-P. NEGRIN, *L'intervention des personnes morales de droit privé dans l'action administrative*, Paris, LGDJ, 1971, pp. 51-64.

déterminées par voie réglementaire[95] et les instituts privés d'enseignement supérieur (IPES) dont la création est subordonnée à l'obtention de l'accord préalable du ministre chargé de l'Enseignement supérieur, après avis de la Commission nationale de l'enseignement supérieur privé[96]. Les structures qui logent les services de ces personnes sont des bâtiments privés.

L'habitat social ou logement social n'obéit pas à une définition stricte. Prosaïquement, c'est un logement construit avec l'aide de l'État et qui est soumis à des règles de construction, de gestion et d'attributions précises. Les loyers sont également réglementés et l'accès au logement conditionné à des ressources maximales. Il est destiné à des personnes qui ont des difficultés à se loger, le plus souvent pour des raisons financières. La finalité de l'habitat social est la lutte contre le « mal-logement », « *l'habitat-indigne* » et les exclusions surtout des personnes vulnérables notamment les personnes handicapées[97].

En bref, les édifices bâtis accessibles aux personnes handicapées sont constitués des institutions publiques et privées ouvertes au public, et les bâtiments destinés à l'habitat social. Leurs responsables sont tenus de prendre des dispositions pour faciliter l'accès des personnes handicapées à ces structures. Cette exigence s'applique également en ce qui concerne l'accès de ces personnes aux installations et services ouverts ou fournis au public.

2) Les installations et services ouverts ou fournis au public

Le handicap ou plus largement le problème de mobilité s'appréhende en fonction de l'environnement qui concerne toute la chaîne de déplacement car un environnement inaccessible est un frein pour l'accomplissement des actes simples de la vie quotidienne[98]. Il est donc nécessaire d'adapter l'environnement aux besoins des personnes handicapées afin d'assurer la pleine participation de ces dernières à la vie de la société et à toutes les activités de développement[99]. Le souci de réaliser cette mission justifie l'extension de l'accessibilité des personnes handicapées aux installations et services ouverts ou fournis au public, notamment les transports, la communication et l'information.

Le décret du 26 juillet 2018 fixant les modalités d'application de la loi du 13 avril 2010 cantonne l'accès des personnes handicapées au transport dans les entreprises publiques ou privées de transport commun[100], réduit l'accès à la communication et à l'information aux procédés audiovisuels, les télécommunications et les supports divers[101]. Les moyens de transport, publics et privés, revêtent un grand intérêt pour de nombreuses personnes handicapées qui en dépendent souvent pour pouvoir se déplacer entre les différentes parties de

---

[95] Article 43 de la loi n° 2018/010 du 11 juillet 2018 régissant la formation professionnelle au Cameroun.

[96] Article 3 de l'arrêté n° 01/0096/MINESUP du 07 2001 fixant les conditions de création et de fonctionnement des institutions privées d'enseignement supérieur.

[97] J. DAMON, « Logement social et question sociale », *Revue Projet,* n° 294, 2006/5, p. 33.

[98] C. BAKANG MBOCK, ministre des Affaires, Préface, *L'accessibilité des personnes handicapées aux infrastructures et édifices publics ou ouverts au public, Guide Pratique et mode d'emploi,* Yaoundé, juillet 2008, p. 4.

[99] *Ibid., p. 10.*

[100] Article 20 alinéa 1 du décret du 26 juillet 2018.

[101] Article 22 alinéa 1 du décret du 26 juillet 2018.

l'environnement et participer à la vie de la société. Il est donc, pour elles, une importance extrême d'avoir accès à des moyens de transport et de pouvoir s'en servir[102]. Les installations visées sont celles du transport routier, en l'occurrence les autobus, arrêts d'autobus et ferroviaires précisément les panneaux d'informations. Par conséquent, sont exclus les autres moyens de transport tels que le transport aérien, maritime et le transport routier autre que celui qui se fait par autobus (le taxi, les minibus ou cars de transport).

Somme toute, les personnes handicapées bénéficient de possibilités assurant leur accessibilité à certaines infrastructures expressément énumérées par le législateur et le pouvoir réglementaire. Elles jouissent également des dispositions précisées succinctement pour faciliter l'accessibilité de ces personnes aux services que rendent ces infrastructures.

B. La précision succincte des dispositions encourageant l'accessibilité des personnes handicapées aux services

Le principe d'accessibilité est un principe moderne issu des réformes de l'État intervenues ces cinquante dernières années[103]. En droit du service public, il rend compte de l'adaptation des normes générales du service public aux situations particulières que connaissent certains citoyens[104]. Sa mise en œuvre prescrit aux États de prévoir des aménagements raisonnables facilitant l'accessibilité des personnes handicapées à tous les services qui les concernent. Le législateur camerounais, à ce propos, énumère succinctement les dispositions à prendre pour faciliter l'accessibilité des personnes handicapées aux services des espaces bâtis **(1)** publics ou privés ouverts au public et des services ouverts ou fournis dans les domaines des aménagements publics et équipements collectifs **(2).**

1) Les dispositions simplifiant l'accessibilité aux services dans les espaces bâtis

L'aménagement de l'espace public dans le monde est une préoccupation fort ancienne. La ville a été principalement pensée à partir du bâti, créant des vides qui s'articulent avec plus ou moins de bonheur. Le XXe siècle est marqué par une spécialisation et une rationalisation de l'espace. Des éléments pour régulariser la circulation des véhicules et des personnes sont inventés : les feux tricolores, les dispositifs de signalisation routière, les panneaux de signalisation en tout genre font leur apparition. Mais les infrastructures et bâtiments publics ou ouverts au public ont été très souvent conçus sans tenir compte de l'accessibilité[105] de

[102] *L'accessibilité des personnes handicapées aux infrastructures et édifices publics ou ouverts au public, Guide pratique et mode d'emploi, op., cit. p. 47.*

[103] D. ABOUEM à TCHOYI et S. C. MBAFOU (dir.), *50 ans de réforme de l'État au Cameroun. Stratégies, bilan et perspectives,* Paris, L'Harmattan-Cameroun, 2013, pp. 526.

[104] Il s'agit des personnes âgées ou vulnérables ; les personnes en situation de précarité ou relevant des catégories sociales dites défavorisées ; les familles nombreuses, recomposées ou monoparentales, les enfants et les jeunes et les personnes handicapées, G.J. GUGLIEMI et G. KOUBI, *Droit du service public*, Paris, LGDJ, Montchrestien, 3e édition, 2011, pp. 674-675.

[105] Portes, passages, couloirs, revêtement des sols, rampes d'accès, toilettes, ascenseurs, escaliers, marches, etc.

certaines catégories de personnes, notamment les personnes handicapées[106]. Pour prendre en considération les préoccupations spécifiques liées à l'accessibilité des personnes handicapées, le législateur camerounais exige que les bâtiments et institutions publics et privés ouverts au public soient conçus de façon à faciliter l'accès et l'usage aux personnes handicapées[107]. Ces infrastructures doivent, lors de leur rénovation ou transformation importante, être aménagées de façon à faciliter l'accès et l'usage aux personnes handicapées[108]. De même, l'autorisation de les construire ou de les exploiter est subordonnée au respect de ces prescriptions[109].

En ce qui concerne particulièrement l'accès à l'habitat social, les personnes handicapées bénéficient de mesures préférentielles[110]. Par exemple, en cas de disponibilité de deux logements sociaux situés à différents niveaux dans un immeuble bâti, il est attribué à la personne handicapée le logement situé à l'étage le plus bas[111]. Dans le même ordre d'idées, les personnes handicapées jouissent de l'aide à l'habitat notamment la baisse des loyers dans les logements publics, la réduction des taux d'intérêt pour les crédits octroyés par les organismes publics et destinés à l'achat d'immeubles non bâtis ou à la construction de logements individuels et l'attribution en priorité de logements sociaux, lorsqu'il y a une concurrence entre une personne handicapée et une personne valide[112].

Pour garantir le respect des dispositions au profit des personnes handicapées, un guide[113] a été élaboré à l'intention des maîtres d'ouvrage et maîtres d'ouvrage délégués, cabinets d'architectures, bureaux d'études techniques, entreprises et décideurs divers. En substance, les prescriptions et normes techniques à respecter aussi bien dans la phase de conception que lors de l'exécution desdits ouvrages, concernent spécifiquement les rampes d'accès aux édifices, l'accessibilité aux portes, ascenseurs et sanitaires, les largeurs des couloirs, les revêtements de sol, les toilettes, les trottoirs et autres voies de circulation, les plaques signalétiques ou sonores, etc. Ce document qui détermine les clauses techniques particulières dans le domaine des bâtiments[114] contient également des dispositions aidant l'accessibilité des personnes handicapées aux services ouverts ou fournis dans les domaines des aménagements publics et équipements collectifs.

2) Les dispositions aidant l'accessibilité aux services ouverts ou fournis dans les domaines des aménagements publics et équipements collectifs

L'exigence des dispositions préférentielles pour faciliter l'accessibilité aux services ouverts ou fournis dans les domaines des aménagements publics et

---

[106] *L'accessibilité des personnes handicapées aux infrastructures et édifices publics ou ouverts au public, Guide Pratique et mode d'emploi, op., cit,* p. 10.

[107] Article 33 alinéa 1 de la loi du 13 avril 2010.

[108] Article 33 alinéa 2 de la loi du 13 avril 2010.

[109] Article 33 alinéa 3 de la loi du 13 avril 2010.

[110] Article 34 de la loi du 13 avril 2010.

[111] Article 18 du décret du décret 26 juillet 2018.

[112] Article 19 alinéa 1 du 28 juillet 2018.

[113] *Guide sur l'accessibilité des personnes handicapées aux infrastructures et édifices publics ou ouverts au public, op., cit.* 83 pp.

[114] V° pp. 50- 54.

équipements collectifs est posée par la Convention des Nations unies relative aux droits des personnes handicapées[115].

En droite ligne de cette Convention, le législateur institue des dispositions favorables aux personnes handicapées dans la construction des voies de communication qui doit prendre en compte des aménagements réservés aux personnes handicapées[116] et des mesures préférentielles telles que la réduction de tarifs, la priorité à l'embarquement et au débarquement et les places réservées[117]. Elles bénéficient aussi de l'aide au transport dans les entreprises publiques ou privées de transport en commun[118].

Les domaines publics et équipements collectifs devant être aménagés pour faciliter l'accessibilité aux personnes handicapées comprennent les ouvrages composés de lacs, les parkings, les jardins publics, les marchés, les complexes sportifs, les sites touristiques, les aéroports, les gares ferroviaires et tout autre espace recevant du public. Les aménagements s'appliquent aux entrées, aux rampes, aux escaliers et marches, mains courantes, dispositifs de commande sanitaires et électriques, panneaux d'informations, arrêts d'autobus, au stationnement des véhicules, aux parcours piétonniers, bordures de trottoir et mobiliers de rue[119]. À ces aménagements, il faut ajouter ceux qui existent dans le domaine des voiries[120].

Le constat qui se dégage, au terme de cette étude, est que l'accès des personnes handicapées au service public est disproportionné. En effet, l'accès au service public organique demeure relativement fermé en raison de l'énumération circonscrite des infrastructures accessibles aux personnes handicapées et la précision succincte des dispositions encourageant leur accessibilité aux services rendus. L'accès au service public matériel quant à lui est largement ouvert grâce à la pluralité des principes qui sauvegardent les intérêts des personnes handicapées à l'action administrative et la diversité des mesures qui facilitent leur accès à l'action publique. Dans l'un comme dans l'autre cas, la loi a institué des mesures pour assurer une égalité de chance en favorisant l'expression des droits des citoyens handicapés et en leur garantissant une équité de traitement et des moyens de sanctions en cas de non-respect des exigences légales. Mais malgré les précautions prises, dans la pratique, les personnes handicapées sont reléguées au second plan dans plusieurs domaines dont l'emploi[121], l'éducation[122],

---

[115] Article 9 alinéa 1 (b). Les dispositions de cet article sont reprises par l'article 15 alinéa 2 (c) du protocole de la Charte africaine.

[116] Article 33 à alinéa 4 de la loi du 13 avril 2010. L'accès des personnes handicapées à la communication et à l'information se fait par l'étiquetage en braille et en caractère agrandis sur les produits de consommation courante ; la sensibilisation au langage de la canne blanche et à la langue des signes ; l'équipement des grandes salles publiques en boucles magnétiques ; l'interprétation en langue des signes des émissions et des spots télévisés et le sous-titrage intégral et de qualité à la télévision ou de toutes les œuvres audiovisuelles.

[117] Article 35 alinéa 1 de la loi du 13 avril 2010.

[118] Pour en savoir plus, lire l'article 20 alinéa 2 du décret du 26 juillet 2018.

[119] *L'accessibilité des personnes handicapées aux infrastructures et édifices publics ou ouverts au public, Guide Pratique et mode d'emploi, op., cit.*, p. 55-59.

[120] *Ibid.*, pp. 60-61.

[121] Pour plus de détail, lire F. N. DJAME, « L'approche handicap et le principe d'égal accès à la fonction public. Constat et éléments de perspectives en droit camerounais », *op. cit.*, pp. 99-110 ; S. ISSA, « La réforme des institutions de formation des agents publics au Cameroun », *IMJST*, vol. 7,

l'environnement, la santé, les infrastructures[123], etc. Cela explique les rappels incessants[124] au respect des mesures au profit des personnes handicapées dans la mise en œuvre des politiques et programmes qui englobent le handicap[125]. Pour ouvrir davantage le service public, il faudrait prendre des dispositions afin qu'il soit accessible à tous. Cela suppose donc d'agir sur les moyens nécessaires à mettre en œuvre pour que sans exclusion ni discrimination, tout citoyen qui se trouve en situation de handicap, définitive ou momentanée, puisse avoir la liberté de se déplacer et d'accéder à un lieu, à un espace ou à un service en toute autonomie[126].

Issue 7, July 2022, pp. 5133-5135 et G. I. DIFFOUO, « Le principe d'égal accès aux emplois publics et fonction publique à l'épreuve de la tribalité positive au Cameroun », *op., cit.*, p. 88 et ss.

[122] Voir B. H. KAMGANG TEKOUA, *La contribution des communes à la préservation du droit à l'éducation des personnes handicapées au Cameroun : le cas de la Commune de Bafoussam 1er*, mémoire de Master professionnel en droits de l'homme, droit pénal international et droit international humanitaire, Université de Dschang, juillet 2021, pp. 82-112 et A. B. NGUEDIA KENDJIO (A. B.), *La contribution des universités d'État à la préservation du droit à l'éducation des étudiants handicapés au Cameroun : le cas de l'Université de Dschang*, mémoire de Master professionnel en droits de l'homme, droit pénal international et droit international humanitaire, juillet 2019, 75 pp.

[123] J. EVA ETONGUE MAYER, Rapport de l'étude sur les droits des personnes handicapées au Cameroun, août 2007, p. 35.

[124] Ces rappels sont faits dans les circulaires ministérielles. À titre d'illustration on peut citer entre autres : la lettre circulaire conjointe n° 08/0006/LC/MINESUP/MINAS du 9 juillet 2008 relative au renforcement de l'amélioration des conditions d'accueil et d'encadrement des étudiants handicapés ou vulnérables dans les universités d'État du Cameroun ; la lettre circulaire conjointe n° 34/06/LC/MINESEC/MINAS du 2 août 2006 relative à l'admission des enfants handicapés et ceux nés des parents handicapés indigents dans les établissements publics d'enseignement secondaire ; la lettre circulaire conjointe n° 283/07/LC/MINESEC/MINAS du 14 août 2007 relative à l'identification des enfants handicapés et ceux nés de parents handicapés indigents inscrits dans les établissements publics d'enseignement secondaire et à leur participation aux examens officiels et la lettre circulaire conjointe n° 002/LCC/MINMAP/MINTP/MINHDUH/MINAS du 16 juillet 2013 relative à la facilitation de l'accessibilité des personnes handicapées ou à mobilité réduite dans l'environnement bâti.

[125] C. TCHUDJO et J. OMBE, « Cameroun », *African Disability Rights Yearbook*, 2013, p. 199.

[126] C. BAKANG MBOCK, ministre des Affaires, Préface, *L'accessibilité des personnes handicapées aux infrastructures et édifices publics ou ouverts au public, Guide Pratique et mode d'emploi, op., cit.*, p. 4.

LA PROTECTION DES ADMINISTRÉS PAR LE DROIT DE L'UNION AFRICAINE : LE CAS DE LA CHARTE AFRICAINE SUR LE SERVICE PUBLIC

Olivier FANDJIP

Chargé de cours (Université de Dschang, Cameroun)
Dr en droit public, ancien boursier et ATER,
chercheur et enseignant associé,
(Université Clermont Auvergne-UPR 4 232-France)
Diplôme d'avocat de l'École de Montpellier

Successeur de l'Unité africaine[1], l'Union africaine, d'une manière générale, s'est fixée pour objectif de construire une Afrique intégrée, prospère[2] et vivant dans la paix[3]. Ainsi que le souligne un observateur, l'Union africaine *« [...] représente l'espoir de l'intégration et du développement du continent [...] »*[4]. Pour atteindre cet objectif, plusieurs domaines[5], au rang desquels l'encadrement du service public, est mis à profit. C'est dans cette perspective que s'inscrit la protection des administrés avec l'adoption de la Charte africaine sur les valeurs et les principes du service public et de l'administration.

Il faut dire, au préalable, que la protection est une notion empruntée du latin « *protectio* » qui lui-même dérive de « *protectum* ». À la lumière du *Dictionnaire de l'Académie française*, c'est « *l'action de protéger, de défendre contre les menaces, les dangers, de veiller* »[6] sur une chose. Ainsi parle-t-on en droit civil, par exemple, de la protection des majeurs[7]. L'étude est ainsi consacrée à la

---

[1] Plus amplement voir : ABDALLAA ELABADI, *L'évaluation de l'Union africaine par rapport à l'Union européenne (comme un modèle de régulation juridique internationale d'excellence) : étude comparative*, thèse, droit, université d'Auvergne, 2015, p. 64 et ss.

[2] En ce sens, G. TOPPE, *L'Union africaine et le développement de l'Afrique*, Paris, L'Harmattan, coll., « Études africaines », 2010, p. 12 et s.

[3] En ce sens, D. BANGOURA, « Introduction générale », *in* D. Bangoura, *L'Union africaine face aux enjeux de paix, de sécurité et de défense*, Paris, L'Harmattan, coll., « Société africaine et diaspora », 2003, p. 17.

[4] Plus amplement, lire : G. MVELLE, *L'Union africaine. Fondements, organes, programmes et actions*, Paris, L'Harmattan, coll., « Études africaines », 2007, 466 p.

[5] G. MVELLE, *L'Union africaine. ...*, *op. cit.*, p. 18.

[6] *Dictionnaire de l'Académie française*, 9e éd., (dictionnaire-academie.fr). En ligne. Consulté le 18 décembre 2022 à 6 heures.

[7] S. GUINCHARD, T. DEBARD, et al (dir.), *Lexique des termes juridiques*, Paris, Dalloz, 25e éd., 2017-2018, p. 1658.

sauvegarde des droits, c'est-à-dire des prérogatives des administrés, par les normes sécrétées au sein de l'Union africaine à l'instar de la Charte sur le service public.

La notion d'administré convoque celle d'administration. L'Administration s'entend comme « *une activité d'intérêt général exercée par des autorités publiques ou des personnes privées étroitement liées à celles-là hors des fonctions législatives et juridictionnelles* », ou encore comme « *l'ensemble des organes publics qui exercent une telle activité* [...] »[8]. Cette définition rejoint celle de la Charte susvisée. Selon elle, l'Administration s'entend comme « *toute institution ou organisation aux niveaux ; continental, régional, national et local qui applique des politiques publiques ou exerce des missions de service public* »[9]. Si telle est la définition de l'Administration, celle de l'administré est synonyme de l'usager c'est-à-dire le destinataire de l'action administrative. Dans la Charte africaine sur les valeurs et les principes du service public et de l'Administration, c'est la notion d'usager qui est adoptée. La raison est certainement que la notion d'administré est davantage un « *vestige de la conception monarchique et napoléonienne ayant longtemps marqué les relations fortement inégalitaires, entre les individus* »[10].

La Charte africaine sur le service public[11] fait partie de la législation sécrétée par cette organisation[12]. Ladite Charte a été adoptée le 31 janvier 2011 et est en vigueur depuis le 23 juillet 2016. Elle fixe, d'une part, les obligations du service et de l'Administration publique, et, d'autre part, un code de conduite applicable aux agents publics. C'est un texte qui a fait l'objet, jusqu'à ce moment, d'une signature, d'une ratification et d'un dépôt par plusieurs pays. Il s'agit des États suivants : Burkina Faso, Cameroun, Côte d'Ivoire, Congo, Mali, les Comores, Algérie, Burundi, Rwanda, Kenya, Malawi, Mozambique, Mauritanie, Namibie, Afrique du Sud, Sao Tome et Principe, Tanzanie et Zambie[13]. Cela contribue à son entrée en vigueur dans ces différents États et marque certainement l'intérêt de l'étude[14].

L'intérêt de cette étude est non seulement scientifique mais aussi pratique. Sur le premier point, il découle de ce que les liens entre l'Administration et les administrés sont au centre de l'action administrative. La question ne se pose pas seulement dans les pays africains. Elle est également d'actualité en Europe. Lors d'une étude récente portant sur le droit administratif français, le professeur Jean-Marie Pontier avait souligné l'idée que « *toute administration dans le monde aime*

[8] M. FROMONT, *Droit administratif des États européens*, Paris, PUF, coll., « Thémis », 2006, p. 103.
[9] Art. 1 alinéa 3.
[10] S. GUINCHARD, T. DEBARD, et al. (dir.), *Lexique des termes juridiques*, *op. cit.*, p. 109.
[11] Le Traité fondateur de l'Union a été signé le 11 juillet 2000 à Lomé au Togo, il est en vigueur depuis le 26 mai 2001. Sur les textes de l'organisation voir : https://au.int/fr/treaties, consulté le 17 décembre 2022 à 16 h 30 min.
[12] L'on peut citer aussi : la Charte africaine des valeurs et principes de la décentralisation, de la gouvernance locale et du développement local (27 juin 2014) ; la Charte africaine de la démocratie, des élections et de la gouvernance (30 janvier 2007) ; la Convention de l'Union africaine sur la prévention et la lutte contre la corruption (11 juillet 2003).
[13] Voir le site : https://au.int/fr/treaties/charte-africaine-des-valeurs-et-principes-de-la-fonction-publique-et-de-ladministration. Consulté le 17 décembre 2022 à 16 h 30 min.
[14] L'étude se focalisera davantage sur le cas des pays d'Afrique francophone, à l'instar du Mali, du Gabon, du Cameroun, dans la mesure où, en ce qui concerne les rapports Administration et usagers, la Charte s'est de plus en plus démarquée du droit interne de ces États.

le secret » donc « *n'aime pas que l'administré sache comment elle fonctionne* »[15]. Par cette assertion, l'auteur tentait d'introduire son propos sur les évolutions de la législation française au sujet des rapports entre l'Administration et les administrés. À cet égard, on peut bien constater au regard de l'évolution des législations en la matière, que ce mode de fonctionnement de l'administration marqué par le secret, est en voie de disparition. La transparence dans l'administration publique fait de plus en plus partie des défis portés par la mondialisation[16]. En France, par exemple, cela s'est traduit par l'adoption des règles relatives à la communication des documents administratifs. L'adoption d'un Code des relations entre le public et l'administration, recadrant l'ensemble des textes et la jurisprudence en la matière, en est une illustration. L'étude permet ainsi de comprendre les évolutions du droit dans le cadre des relations entre l'Administration et les usagers en Afrique, de manière générale, et dans les pays francophones en particulier. Dans de nombreux pays d'Afrique francophone, les réformes visant à clarifier les relations entre l'Administration et les usagers n'ont pas la même orientation qu'en droit français. Il est possible d'avoir une idée sur cette question au regard, par exemple, de cette étude réalisée récemment au Cameroun qui a relevé que l'Administration semble se réduire à penser que sa « *mission est de servir le gouvernement* »[17] donc pas nécessairement les usagers. L'un des points de rencontre entre l'Administration et les usagers, permettant ainsi d'analyser les relations entre l'Administration et les usagers, plus précisément les droits des usagers face à l'Administration, c'est la demande administrative. En effet, les demandes formulées auprès de l'Administration[18], dans la plupart des États d'Afrique francophone, sont des recours dits administratifs. Il s'agit d'une condition presque impérative pour la recevabilité des actions en justice. La doctrine relève à ce sujet qu'un tour d'horizon des législations africaines montre que « *l'incitation à la réparation amiable* »[19] y apparaît comme étant « *une technique généralisée* […] »[20]. En d'autres termes, dans ces ordres juridiques, les recours administratifs sont généralement des formalités dites précontentieuses, c'est-à-dire des préalables administratifs qui, sauf dispositions contraires, sont toujours nécessaires pour lier le contentieux[21]. Ceci montre l'importance des

[15] J.-M. PONTIER, « Le droit administratif français », *in* C.-A. Dubreuil (dir.), *L'évolution du droit administratif en France et en Russie*, Paris, PUF, coll., « Thémis droit », 2016, p. 15.

[16] Comme le faisait observer le professeur Didier Truchet, la mondialisation est l'un des défis auquel le droit public, en général et le droit administratif en particulier, doit faire face. La mondialisation a cette particularité de contraindre les pays à rendre uniforme les manières avec lesquelles ils exercent le droit ; ce qui débouche vers une union mondiale sur le plan du droit (D. TRUCHET, *Le droit public*, Paris, PUF, coll., « Que sais-je ? », 2e éd., 2010, p. 122).

[17] *Droit d'accès à l'information et transparence administrative au Cameroun : étendue et limites du cadre normatif et institutionnel.* Initiative de gouvernance citoyenne, Yaoundé, Imprimerie Saint-Paul, 2010, p. 22.

[18] La demande renvoie aux recours administratifs, aux réclamations ou même aux recours dits gracieux (administratifs ou hiérarchiques), formulés auprès de l'Administration pour solliciter un service ou remettre en cause une décision administrative.

[19] M. ONDOA, *Le droit de la responsabilité publique dans les États en développement. Contribution à l'étude de l'originalité des droits africains postcoloniaux*, Paris, L'Harmattan, 2010, p. 98, 105 et 147.

[20] *Ibid.*

[21] Les exemples sont nombreux. On peut citer plusieurs exemples : en droit ivoirien, selon l'article 59 de la loi du 16 août 1994, modifiant celle du 5 août 1978 relative à la Cour suprême ivoirienne, « *tout recours administratif, hiérarchique ou gracieux dont l'auteur justifie avoir saisi l'administration et*

demandes en tant que point de rencontre entre l'Administration et l'usager[22]. On y voit donc l'intérêt de ces recours dans ces différents systèmes en tant que point

---

auquel il n'a pas été répondu par cette dernière dans un délai de quatre (04) mois est réputé rejeté à la date d'expiration de ce délai. Si l'autorité administrative est un corps délibérant, le délai de quatre (04) mois est prolongé, le cas échéant, jusqu'à la fin de la première session légale qui suit le dépôt de la demande ». Cette disposition reprend l'article 76 de la loi n° 61/201 du 2 juin 1961, déterminant la composition, l'organisation et le fonctionnement de la Cour suprême, modifiée. Elle montre qu'en droit ivoirien, le recours administratif préalable reste une formalité obligatoire en matière d'excès de pouvoir.

Au Mali, l'article 15 de la loi du 10 mars 1994, relative aux tribunaux administratifs, prévoit une durée de quatre (04) mois afin que l'administration puisse se prononcer sur la réclamation préalable de l'usager, le recours contentieux exercé avant le terme de ce délai est considéré comme prématuré.

En droit tunisien, le justiciable qui opte pour l'introduction d'un recours gracieux, devra observer un temps permettant à l'administration de donner une suite à sa demande. Cela ressort de l'alinéa 2 de l'article 37 (nouveau) et alinéa 3 de l'article 35 (nouveau) de la loi n° 72/40 du 1er juin 1972, relative aux tribunaux administratifs.

Pareil pour le droit algérien car « *le silence gardé par l'autorité administrative saisie, pendant deux mois, sur une réclamation, vaut décision de rejet* » (Art. 830, Code de procédure civile et administrative).

En droit burkinabé, selon les alinéas 2 des articles 17 de la loi du 19 mai 1995, relative aux tribunaux administratifs et 25 de celle du 23 mai 2000, relative au Conseil d'État, « *dans les affaires contentieuses qui ne peuvent être introduites que sous forme de requête contre une décision administrative, lorsqu'un délai de quatre (04) mois s'est écoulé depuis la demande sans qu'aucune décision administrative ne soit intervenue, les parties intéressées doivent la considérer comme rejetée ; elles peuvent dès lors saisir le tribunal administratif dans les deux mois qui suivent l'expiration du délai de quatre (04) mois* ».

Il en est de même au Bénin (Art. 827, alinéa 3, loi du 28 févr. 2011, portant Code de procédure civile), au Sénégal (Art. 38 et 39, loi du 7 août 2008 relative à la Cour suprême), en Guinée (Art. 63, loi du 23 déc. 1991 relative à la Cour suprême).

Au Congo Brazzaville, la décision implicite de rejet suite à la réclamation de l'usager intervient dans un délai de quatre (04) mois (Art. 409, alinéa 1, loi du 21 avril 1983 portant Code de procédure civile commerciale administratif et financier).

En République démocratique du Congo, selon les alinéas premiers des articles 89 et 96 de l'ordonnance-loi du 31 mars 1982 relative à la Cour suprême de justice, « *le défaut de décision de l'administration après trois mois à compter du jour du dépôt à la poste du pli recommandé portant réclamation vaut rejet de celle-ci* ».

La législation centrafricaine n'est pas en reste. La Chambre administrative de la Cour suprême le rappelle dans l'affaire *Pounzi Ferdinand c/ ministère de l'Économie* lorsqu'elle relève qu'« *à la lumière des prescriptions légales* […] *le silence gardé sur* [*des*] *réclamations présentées le 7 novembre 1992 par* [*des*] *requérants ne vaudrait une décision implicite de rejet que le 7 mars 1993 ; que c'est donc à partir du 8 mars 1993 que serait ouvert au profit de ces derniers le délai du recours contentieux* […] » (CS/CA, 6 août 1994, *Recueil des arrêts de la Chambre administrative de la Cour suprême*, *Année judiciaire 1982-1995*, Paris éd., Giraf, 2000, n° 163).

Au Cameroun, « *le recours devant le tribunal administratif n'est recevable qu'après rejet d'un recours gracieux adressé l'autorité auteur de l'acte attaqué ou à celle statutairement habilitée à représenter la collectivité publique ou l'établissement public en cause* ». Par ailleurs, est considéré comme un recours gracieux, « *le silence gardé par l'autorité pendant un délai de trois mois sur une demande ou réclamation qui lui est adressée. Ce délai court à compter de la notification du recours gracieux* » (Art. 17, alinéa 1 et 2, loi n° 2006/022 du 29 décembre 2006 relative aux tribunaux administratifs). Il en est de même au Gabon (Art. 42, Code des juridictions administratives).

[22] De nombreux auteurs trouvent en cette exigence l'idée de conciliation encore très présente en Afrique (Y. BRARD, « Réflexions sur le code gabonais des juridictions administratives. (Loi n° 1784 du 29 décembre 1984) », *RJPEF*, n° 3-4/1985, p. 925). Pour ces observateurs, ils correspondent à « *l'esprit de solidarité communautaire* » (G. CONAC, « Les politiques juridiques des États d'Afrique francophone au lendemain des indépendances », *in Mélanges en l'honneur du professeur Gustave Peiser*, Grenoble, Presses universitaires de Grenoble, coll., « Droit public », 1995, p. 156) qui singularise le droit traditionnel en Afrique (T. RAMBAUD, *Introduction au droit comparé. Les*

focal d'une étude sur la protection des usagers face à l'Administration. D'un point de vue pratique, la réflexion permet aux usagers non seulement de cerner les mécanismes d'accès à l'administration mais aussi les droits à eux reconnus.

Ainsi se pose la question de savoir quelle est la protection accordée aux administrés par la législation de l'Union africaine à l'instar de la Charte africaine sur les valeurs et les principes du service public et de l'Administration ? Par exemple, en quoi les obligations de l'Administration, lorsqu'elle est saisie d'un recours, sont-elles, au regard de ladite Charte, organisées de manière à protéger les usagers ? Il s'agit essentiellement des pays d'Afrique francophone qui ont ratifié cette Charte et dont les droits nationaux ont dans une certaine mesure porté sur les droits des administrés[23].

La réponse à cette question exige l'adoption d'une hypothèse. Cette hypothèse est que la Charte africaine sur les principes et les valeurs du service public et de l'Administration est, à plusieurs titres, protectrice des usagers face à l'Administration.

Il est également important de préciser la méthode de travail[24]. S'agissant précisément de la méthode juridique, alors que la casuistique se focalise sur l'étude de l'application des normes et plus précisément sur la jurisprudence, c'est-à-dire l'étude des cas[25], l'approche dogmatique, quant à elle, est basée sur l'exégèse des textes. Ces deux moyens seront mobilisés ici, même si la dogmatique sera plus importante en raison de la rareté des applications jurisprudentielles, car ils permettent de systématiser du droit légiféré à partir des règles existantes pour en comprendre la cohérence ou les incohérences. Aussi, il sera intéressant de songer à ce que Jean Carbonnier a appelé les « *sciences collatérales du droit* »[26] à savoir la comparaison, l'histoire[27], la sociologie, la science administrative et l'anthropologie[28]. La comparaison, notamment avec le

---

grandes traditions juridiques dans le monde, Paris, PUF, coll., « Quadrige, manuels », 2014, p. 215 et s).

[23] À titre de rappel, c'est le cas, par exemple, du Cameroun, du Mali ou encore du Gabon.

[24] V° J.-L. BERGEL, *Théorie générale du droit*, Paris, Dalloz, coll., « Méthodes du droit », 5e éd., 2012, p. 225 ; M. GRAVITZ, *Méthodes des sciences sociales*, Paris, Dalloz, 10e éd., 1996, p. 34 ; J. CARBONNIER, *Droit civil Introduction*, Paris, PUF, coll., « Thémis droit privé », 27e éd., 2002, p. 66.

[25] En ce sens C. ATIAS, *Épistémologie juridique*, Paris, PUF, coll., « Droit fondamental », 1985, p. 91 et s.

[26] J. CARBONNIER, *Droit civil Introduction*, *op. cit.*, p. 71.

[27] En ce sens J. BOUDON, « La méthode juridique selon Adhémar Esmein », *in* N. Hakim et F. Melleray (Études réunies par), *Le renouveau de la doctrine française. Les grands auteurs de la pensée juridique au tournant du XXe siècle*, Paris, Dalloz, coll., « Méthodes du droit », 2009, p. 263.

[28] En effet, le professeur Jacques Chevallier fait observer que « *les juristes ne peuvent se désintéresser des processus sociaux et politiques de production et d'application du droit* [...], *ils ne peuvent se désintéresser des valeurs sous-jacentes à l'ordre juridique et qui déterminent la légitimité de la norme juridique* » (J. CHEVALLIER, « Pour une sociologie du droit constitutionnel », *in L'architecture du droit, Mélanges en l'honneur de Michel Troper*, Paris, Economica, 2006, p. 283). Jean Carbonnier soutient aussi cette approche. Selon lui, il faut mettre un bémol à l'approche soutenue par Hans Kelsen qui circonscrit le droit à un examen des normes, à une exégèse des textes. De son point de vue, « *le droit aspire à saisir, par-delà les textes, les phénomènes juridiques* » (J. CARBONNIER, *Flexible droit, Pour une sociologie du droit sans rigueur*, Paris, LGDJ, 10e éd., 2001, p. 257) qui sont principalement des phénomènes collectifs et, ensuite, des phénomènes sociaux et individuels. Le droit « *aspire à devenir* [...] *science de l'observation, voire de l'expérimentation* », (*ibid.*).

droit français, sera utile[29]. L'on n'oubliera pas les techniques d'étude à l'instar de la technique documentaire.

Il sera intéressant de démontrer que, notamment dans les pays d'Afrique francophone, la Charte africaine sur les valeurs et les principes du service public et de l'Administration est protectrice des administrés tant au stade de la saisine de l'Administration (I) qu'en ce qui concerne l'édiction des décisions par cette dernière (II).

I. LA PROTECTION DES ADMINISTRÉS AU STADE DE LA SAISINE DE L'ADMINISTRATION

Une demande introduite auprès de l'Administration doit faire l'objet d'un accusé de réception. Sur ce point, la Charte africaine sur les valeurs et les principes du service public et de l'Administration protège les usagers lorsqu'elle met en place, d'une part, l'exigence de professionnalisme (A), et d'autre part, le droit d'accéder aux procédures et formalités liées au service public (B).

A. La protection par l'exigence de professionnalisme des agents publics

Avec l'adoption de la Charte africaine sur les valeurs et les principes du service public et de l'Administration[30], le caractère lacunaire, par exemple, du régime de l'accusé de réception, défavorable aux usagers, tel qu'on peut l'observer dans les textes nationaux, est en voie de disparition. L'encadrement de la règle de l'accusé de réception qui renforce les droits des usagers ressort de l'analyse de plusieurs dispositions de ladite Charte.

En effet, les États africains s'étant engagés à « *renforcer le professionnalisme et l'éthique dans le service public* »[31] ainsi qu'à promouvoir les valeurs et principes relatifs à la bonne gouvernance, la démocratie, les droits de l'homme et le droit au développement[32], la suite ne pouvait être que la consécration d'un code de conduite applicable aux agents du service public. Au regard de l'article 9 alinéas 1 et 2 de cette Charte, les agents du service public doivent faire preuve de professionnalisme. Il s'agit pour ces derniers d'agir, non seulement dans la

---

[29] J. VANDERLINDEN, « Le droit comparé et la théorie juridique », *in* Jean du Bois de Gaudusson (dir.), *Le devenir du droit comparé en France*, Aix-Marseille, PUAM, 2004, p. 36 ; Flauss-Diem, *Introduction au droit comparé*, Cours, Faculté internationale de droit comparé, Université de Strasbourg, Session de printemps 2012, 1er cycle, Dactylographié ; J. MALAURIE, « Droit et logique coloniale », *in* M. Doucet, J. Vanderlinden (dir.), *La réception des systèmes juridiques : implantation et destin*, Bruxelles, Bruylant, 1994, p. 449.

[30] Il est important de préciser que l'adhésion de ces États à cette Charte repose également sur des exigences constitutionnelles. Ainsi, selon le préambule de la Constitution gabonaise du 26 mars 1991, le peuple « *affirme solennellement son attachement aux droits de l'homme et aux libertés fondamentales, tels qu'ils résultent de la Déclaration des droits de l'homme et du citoyen de 1789 et de la Déclaration universelle des droits de l'homme de 1948, consacrés par la Charte africaine des droits de l'homme et des peuples de 1981 et par la Charte nationale des libertés de 1990* ». Il en est de même au Cameroun. Le préambule de la Constitution du 18 janvier 1996 dispose que le « *peuple camerounais* […] *affirme son attachement aux libertés fondamentales inscrites dans la Déclaration universelle des droits de l'Homme, la Charte des Nations unies, la Charte africaine des droits de l'Homme et des peuples et toutes les conventions internationales y relatives et dûment ratifiées* […] ».

[31] Voir points 1 et 2 du préambule de la Charte.

[32] *Ibid.*

transparence, mais aussi à travers l'innovation[33]. La transparence est une notion régulièrement invoquée lorsqu'on parle de l'Administration. Cela est lié aux critiques très souvent adressées à celle-ci. L'Administration est souvent taxée d'être opaque, de fonctionner dans le secret, ou encore d'être très bureaucratique. C'est certainement pour répondre à ces critiques qu'est né le principe de transparence dans l'Administration en tant que moyen devant permettre aux usagers d'avoir accès aux informations qui leur sont utiles ; qui touchent leurs intérêts ou alors qui leur permettent de comprendre la démarche de l'Administration et de pouvoir exercer des contestations si nécessaires. Autrement dit, cette exigence désigne une Administration accessible aux usagers qui sont les destinataires de son action. L'innovation, quant à elle, traduit une discontinuité fondamentale avec ce qui existait avant. Ainsi distingue-t-on « *les innovations de procédé* (*songez au développement d'un guichet unique dans une municipalité ou aux différentes innovations technologiques*) »[34] des « *innovations de produit ou de service* »[35] ou encore les « *innovations dans la gouvernance, comme le fait de laisser au citoyen plus d'autonomie dans le choix de l'établissement où il souhaite se faire hospitaliser* »[36] des « *innovations conceptuelles, comme le fait de prendre en considération la capacité de travailler d'une personne, et non son incapacité* »[37]. L'innovation invite ainsi les agents publics à faire preuve de créativité en vue d'accroître leurs performances, donc d'être davantage utiles à ses destinataires. Ainsi que le précise un observateur, « *la culture bureaucratique provoque une érosion des mécanismes de différenciation dans les administrations mais grâce à la détermination "scientifique" de la sélectivité des règles de gestion, la performance individuelle doit pouvoir être mise au service de la performance des politiques publiques. Individualisation de la relation de travail, de la rémunération et des carrières orientées par l'évaluation des performances individuelles sont des principes de base du new public management* »[38].

Dans le cadre de la réception d'une demande, l'Administration, au regard de cette exigence de professionnalisme, devrait permettre à l'usager d'obtenir un accusé de réception qui renseigne parfaitement sur les enjeux de sa demande. En droit comparé, l'analyse du droit français par rapport à certains textes nationaux des pays africains, donc sans prendre en compte la Charte africaine susvisée, montre que l'exigence de l'accusé de réception expose moins les justiciables aux sanctions liées, par exemple, au non-respect des délais en cas de recours contentieux. En France, en effet, la règle de l'accusé de réception dépasse le cadre d'une simple information que l'usager pourrait obtenir à partir d'un « *accusé de*

[33] Art. 9 alinéas 1 et 2 de la Charte.
[34] V° BEKKERS, LARS TUMMER, « L'innovation dans le secteur public : vers une approche ouverte et collaborative », *Revue internationale des sciences administratives* n° 2, 2018, vol., 84, p. 216.
[35] *Ibid.*
[36] *Ibid.*
[37] *Ibid.*
[38] A. TAILLEFAIT, « Sélectivité et performance de la fonction publique », *in* N. Albert (dir.), *Performance et droit administratif*, Paris, LexisNexis, Litec, coll., « Colloques et débats », 2010, p. 176.

réception postal »[39]. Cette exigence permet donc de justifier et de contester à temps la décision administrative qui interviendra.

Contrairement donc à la France, les textes nationaux dans de nombreux pays africains n'ont pas rigoureusement encadré l'accusé de réception[40]. On peut citer l'exemple de quelques textes camerounais. L'article 4 de la loi n° 90/056 du 19 décembre 1990 relative aux partis politiques dispose que « *la demande de création d'un parti politique se fait par le dépôt d'un dossier complet auprès des services du gouverneur territorialement compétent. Une décharge mentionnant le numéro et la date d'enregistrement du dossier est délivrée au déposant* ».

La déclaration relative à la création d'une association, selon l'article 7 alinéa 1 de la loi n° 90/053 sur la liberté d'association, « *est faite par les fondateurs de l'association à la préfecture du département où celle-ci a son siège. Un récépissé leur est délivré dès que le dossier est complet si l'association n'est pas frappée de nullité* ». La loi n° 90/052 du 19 décembre 1990 sur la liberté de communication sociale, en son article 7 (nouveau), dispose que « *toute personne physique ou morale désireuse de publier un organe de presse est tenue préalablement à la première parution, d'en faire la déclaration contre décharge au préfet territorialement compétent* ». Au Gabon, « *la date de dépôt du recours administratif préalable adressé à l'autorité intéressée constatée par tous moyens, doit être établie à l'appui de la requête* »[41] introduite devant la juridiction administrative. Formulée ainsi, l'obligation d'accuser réception n'apparaît pas. Au Mali, les articles 20 et 21 de la loi du 24 novembre 1997 régissant les rapports entre l'Administration et les usagers disposent que « *chaque administration assure en son sein les informations utiles sur les procédures et formalités nécessaires à l'obtention des prestations qu'elle fournit* ». Dė même, « *l'administration est tenue de donner suite, par écrit, à une demande écrite d'un usager dans un délai maximum de trente jours, sans préjudice de l'application d'autres délais institués par des textes particuliers* ». Cette autre formulation n'est ni claire ni précise s'agissant de l'obligation d'accuser réception des demandes[42].

Dans les cas ci-dessus énumérés, il convient d'observer qu'aucun formalisme permettant à l'usager d'évaluer, par exemple, le délai dont il dispose pour exercer un recours contentieux à la suite de ce recours administratif n'est observable. L'accusé de réception dans ces différents cas semble se limiter « *à faire savoir qu'un envoi a été reçu* »[43]. Cela n'est pas suffisant.

Ainsi, cette absence d'accusé de réception pénalise l'administré puisque le juge administratif va déclarer irrecevable le recours contentieux parce que le requérant ne pourra pas rapporter la preuve de l'exercice de son recours administratif

---

[39] C. FOULQUIER, « La certification de la date d'accomplissement d'une formalité administrative », *in* S. Saunier (dir.), *La loi du 12 avril 2000… dix ans après*, Paris, LGDJ, Presses de l'université Toulouse 1 Capitole, 2012, p. 206.

[40] Voir amplement : O. FANDJIP, « Les obligations de l'administration face à une demande. Contribution à l'étude des tendances du droit administratif des États d'Afrique francophone », *RDP* n° 3, 2019, p. 806-827.

[41] Art. 44 du Code des juridictions administratives.

[42] Voir aussi, B. FISCHER, *Les relations entre l'administration et les administrés au Mali : contribution à l'étude du droit administratif des États d'Afrique subsaharienne de tradition juridique française*, Thèse droit, université de Grenoble, 2011, 480p.

[43] B. MUGNIER, *L'accusé de réception dans la procédure administrative non contentieuse*, Mémoire de DEA, université de Lille 2, 2002, p. 53.

préalable. Pourtant, comme le relève un observateur, en France, c'est ce caractère gravissime des « *conséquences de l'expiration du délai de recours* » qui « *a toujours incité le juge* » administratif « *à se montrer particulièrement exigeant pour éviter que l'administration par des manœuvres dilatoires, des notifications ou des publications imparfaites ou irrégulières empêche l'administré de former un recours en temps utile* [...] »[44]. L'auteur conclura que « *compte tenu de l'inégalité considérable qui existe entre administrations et administrés, il est essentiel qu'en cette matière le juge se montre aussi rigoureux à l'égard de la première que libéral à l'égard des seconds* »[45].

À la lumière donc des textes nationaux en vigueur dans certains pays africains, l'encadrement de l'accusé de réception conforte l'Administration. Dans ce contexte, le juge se contente souvent de rechercher la preuve de la saisine préalable de l'Administration sans s'interroger sur le formalisme qui peut entourer une telle demande. Dès lors qu'il constate que le recours n'a pas été précédé d'un recours administratif, il ne juge pas nécessaire d'examiner la requête au fond[46]. En effet, ce n'est qu'à la suite du recours administratif que le recours contentieux est souvent ouvert[47]. Afin de vérifier le respect de cette formalité préalable, le juge recherche simplement les traces d'une demande. Ainsi, un simple accusé réception serait la preuve matérielle de ce recours administratif préalable. Un tel régime de l'accusé réception ne « *contribue* [pas] *au respect des droits de la défense* »[48]. Il ne permet pas de mettre à la disposition des usagers une somme importante d'« *informations permettant d'organiser une stratégie contentieuse* »[49] suite à la réponse de l'Administration.

C'est dire qu'avec l'avènement du code de conduite applicable aux agents publics par la Charte africaine sur les valeurs et les principes du service public et de l'Administration, les droits des usagers face à l'Administration ont été protégés. Ceci est certainement l'expression de la prise de conscience par les pays africains de l'idée que la sauvegarde des valeurs essentielles du service public ainsi que la promotion d'une culture administrative qui repose sur le respect des usagers font partie des missions du service public et de l'Administration[50]. Cette protection des administrés par le droit de l'Union africaine est également soutenable compte tenu de la consécration du droit des usagers d'accéder aux procédures et formalités relatives au service.

---

[44] MM. CABANES, LEGER, « Chronique de jurisprudence sous CE, 22 nov. 1972, Sieur Deboise », *AJDA*, 1975, p. 135, cité par A. CLAEYS, *L'évolution de la protection juridictionnelle de l'administré au moyen du recours pour excès de pouvoir*, Thèse, université de Poitiers, 2005, p. 270.
[45] *Ibid.*
[46] V° au Gabon, TA, Libreville, 27 juin 2002, *Bissaka Madeleine*, rep., n° 17/2001-2002.
[47] Lire amplement : O. FANDJIP, *Les mutations récentes de la justice administrative en Afrique francophone Étude critique à partir du modèle camerounais*, Paris, L'Harmattan, coll., « Études africaines Série droit », 2019, p. 41 et s.
[48] B. MUGNIER, *L'accusé de réception dans la procédure administrative non contentieuse... op. cit.*, p. 53.
[49] *Ibid.*
[50] V° point 3 du préambule de la Charte.

B. La protection par le droit d'accès des administrés aux procédures et formalités liées au service public

Le stade de l'introduction d'une demande auprès de l'Administration est aussi encadré par la Charte de manière à reconnaître aux usagers le droit d'accéder aux informations sur les formalités et les procédures relatives au service public. En effet, au-delà de l'exigence de professionnalisme et d'innovation, la Charte africaine sur les valeurs et les principes du service public et de l'Administration met en place des obligations du service et de l'Administration. À ce niveau, selon l'article 7 alinéa 1 de la Charte, l'Administration se doit, non seulement, d'être efficace et de qualité, c'est-à-dire que ses prestations doivent être offertes de la « *manière la plus effective, efficace et économique et être de la meilleure qualité possible* »[51], mais aussi favoriser l'accès des usagers à l'information. En matière d'information, en effet, l'alinéa 1er de l'article 6 de la Charte dispose que toute Administration à l'obligation de « *mettre à la disposition de ses usagers des informations sur les procédures et formalités afférentes aux prestations du service public* ».

À l'analyse, ces différentes dispositions sont aussi applicables au niveau de la réception des demandes. Ainsi, par exemple, l'accusé de réception d'une demande doit fournir à l'usager toutes les informations nécessaires à l'appréciation de ses droits. En guise de comparaison, en France, cela s'est traduit, d'une part, par la délimitation du domaine de l'accusé de réception, et, d'autre part, par son insertion tant dans les procédures administratives non dématérialisées que celles dites dématérialisées. Dans ces conditions, l'obligation d'accuser réception permet de garantir l'accès au juge. Ainsi, l'Administration, destinataire d'une demande initiée par l'usager, doit porter à la connaissance de celui-ci un document faisant état de son entrée en possession de ladite demande. L'inobservation de cette règle entraîne des sanctions[52]. Cette demande introduite par l'usager peut être entachée de vice. C'est le cas lorsqu'elle est incomplète. Dans ce cas, l'accusé de réception doit attirer l'attention de l'administré sur les pièces manquantes et nécessaires à l'étude de sa demande. Celui-ci devra alors être invité à les produire. Cette exigence corrobore l'idée de la protection des droits des usagers dans le cadre des procédures administratives non contentieuses comme notamment « *la règle de la communication* [...] *des griefs déterminants sur la base du principe des droits de la défense* »[53].

L'accusé de réception devra ainsi indiquer un délai pour la production de tous ces documents, à l'expiration duquel commence à courir le délai au terme duquel,

---

[51] Art 7 alinéa 1 de la Charte.

[52] En l'absence de cette formalité, aucun délai de recours n'est déclenché, notamment pour les actes implicites de rejet. Cette obligation existait déjà à l'aune du décret du 28 novembre 1983 relatif aux relations entre l'Administration et les usagers. L'article 5 de ce texte disposait que « *les délais opposables à l'auteur d'une demande adressée à l'administration courent de la date de la transmission, à l'auteur de cette demande, d'un accusé de réception* […] ». La notion de demande au sens de ce texte n'était pas précisée. C'est la loi du 12 avril 2000, reprise par le récent code qui lui a donné un sens concret mettant ainsi fin à une interprétation limitative issue de la jurisprudence du Conseil d'État.

[53] VASSILIKI KAPSALI, *Les droits des administrés dans la procédure administrative non contentieuse. Étude comparée des droits français et grec*, Paris, LGDJ, coll., « Bibl., de droit public », t. 291, 2015, n° 529.

à défaut de décision expresse, la demande est réputée acceptée ou rejetée[54]. C'est dire qu'en droit français, la règle de l'accusé réception apparaît clairement comme un moyen permettant aux usagers de développer sereinement une stratégie contentieuse. Cela relève sans doute de l'exigence d'information des usagers sur les procédures et les prestations du service public.

En ce qui concerne le droit de l'Union africaine, en consacrant la mise « *à la disposition de ses usagers des informations sur les procédures et formalités afférentes aux prestations du service public* », la Charte africaine vient protéger les usagers face à l'Administration. Il s'agit notamment de leur droit à l'information ; informations sur le fonctionnement du service public et ses diverses prestations. Il reste, toutefois, à voir si cette protection sera efficace compte tenu des nombreux maux dont souffre l'Administration en Afrique. Comme le relevait, par exemple, Olivier de Sardan, « *diverses régulations informelles, tacites ou latentes* [...] *non conformes aux normes officielles ou formelles* [...] *sous-tendent les pratiques des acteurs* »[55] sur le continent africain. L'auteur met ainsi en exergue les actes de corruption et diverses manœuvres irrégulières qui entravent le bon fonctionnement de l'Administration dans les États africains. Dans ces pays, en effet, les questions relatives à la gouvernance sont toujours présentes. La doctrine souligne à ce sujet que ces questions « *comprennent un paradigme autoritaire/patrimonial prédominant, y compris des violations des droits de l'homme, un clientélisme systématique, la corruption et le mauvais usage des ressources de l'État, la détérioration du domaine public, comme l'illustrent la petite corruption des bureaucrates de base ainsi que la corruption à grande échelle de nombreux responsables* »[56]. C'est dire que la protection des usagers face à l'Administration ne doit pas nier ces difficultés qui sont, dans une certaine mesure, indéniables en Afrique. La corruption pour la survie peut ainsi être un obstacle à la bonne mise en œuvre de ces mesures car, compte tenu du contexte souvent difficile du point de vue économique, « *rien ne motive les agents de l'État* [...] *à devenir de bons gestionnaires. Lorsqu'ils sont honnêtes, efficaces et qu'ils restent dans le secteur public,* [*ils*] *ne sont pas suffisamment rémunérés pour se reproduire (c'est-à-dire pour élever leurs enfants de manière à leur permettre d'occuper à l'avenir des postes équivalents dans la société)* »[57].

En dehors du stade de l'introduction d'une demande auprès de l'Administration, il est également possible d'observer dans la Charte africaine sur les valeurs et les principes du service public et de l'Administration une protection des administrés au stade du traitement desdites demandes.

---

[54] Aussi, « *le délai mentionné au même article au terme duquel, à défaut de décision expresse, la demande est réputée rejetée est suspendu pendant le délai imparti pour produire les pièces et informations requises. Toutefois, la production de ces pièces et informations avant l'expiration du délai fixé met fin à cette suspension* ». Art. L. 114-5-6, Code des relations entre le public et l'administration.

[55] J-P. OLIVIER DE SARDAN, « Développement, modes de gouvernance et normes pratiques (une approche socioanthropologique) », *Canadian Journal of Development Studies/Revue canadienne d'études du développement* n° 31 (1-2), p. 12.

[56] R. CAMERON, « *L'administration publique en Afrique. Introduction* », *Revue internationale des sciences administratives* n° 4, 2010, vol., 76, p. 637.

[57] *Ibid.*

II. LA PROTECTION DES ADMINISTRÉS AU STADE DE L'ÉDICTION DES DÉCISIONS

Au stade de l'adoption des décisions, la Charte africaine sur les valeurs et les principes du service public et de l'Administration a songé à la protection des usagers du service public à travers la consécration d'un droit à l'information desdits administrés. Cette protection touche non seulement à l'existence de la décision adoptée (A), mais aussi aux possibilités de contestation qui sont offertes aux usagers contre ladite décision (B).

A. La protection par le droit des administrés à la notification des décisions édictées

Lorsque l'Administration est saisie d'une demande, elle doit en assurer le traitement de manière à aboutir à l'adoption d'une décision. Cette décision peut être explicite ou implicite[58]. Conformément aux dispositions de la Charte africaine, la décision édictée par l'Administration doit être portée à la connaissance de l'administré. Bien que cela soit admis par les textes nationaux, la Charte africaine sur les valeurs et les principes du service public et de l'Administration vient réitérer cette règle.

En effet, l'article 6 alinéas 1 et 2 de cette convention dispose que l'Administration a, non seulement, l'obligation de « *mettre à la disposition de ses usagers des informations sur les procédures et formalités afférentes aux prestations du service public* », mais aussi l'obligation de porter à la connaissance de ceux-ci « *toute décision les concernant* [...] ». La Charte renforce ainsi l'exigence de publicité ou de notification des décisions. Porter une décision à la connaissance de l'usager est une étape nécessaire à son application car cela donne un sens à la maxime « *nul n'est censé ignoré la loi* », d'une part, et, d'autre part, permet de légitimer les actions de la puissance publique. Cette information marque même le point de départ de l'opposabilité de l'acte. Elle donne la possibilité à l'usager de mieux être situé par rapport à une éventuelle phase contentieuse. Cela traduit, comme le rappelle le préambule de la Charte, une prise de conscience de la « *nécessité de préserver la légitimité du service public et d'adapter les services publics africains aux besoins émergents sur le continent* »[59].

Mais la question reste de savoir si cette consécration est suffisante pour résoudre l'opacité souvent très présente entre l'Administration et ses usagers en Afrique. Il existe un certain mépris de la part de l'Administration à l'égard de ses usagers. Au Cameroun, par exemple, le juge administratif a eu l'occasion de relever le refus de la part de l'Administration de prendre en compte certains droits de l'usager. Ainsi a-t-il eu à affirmer dans une affaire que le fait pour l'Administration de refuser de procéder au calcul des droits d'un agent public, conformément à la réglementation en vigueur, cause un préjudice sérieux à l'agent. Que ce préjudice est d'autant plus important que cette même Administration, qui est une institution étatique, se soit farouchement opposée à l'agent lorsqu'il s'est présenté auprès d'elle pour déposer sa réclamation. Elle a notamment refusé de recevoir la requête obligeant ainsi l'agent public à recourir

[58] Plus amplement voir : R. MBALLA OWONA, *La notion d'acte administratif unilatéral au Cameroun*, Thèse droit, université de Yaoundé 2-Soa, 2010, p. 69 et 189.

[59] V° point 5 du préambule de la Charte.

aux services de la poste pour faire décharger la requête par courrier recommandé[60]. L'on observe ainsi des comportements très souvent déplorés par les administrés. C'est dans le même sens qu'un observateur a pu affirmer qu'« *on a l'impression que, profitant du caractère impératif des délais, l'administration par sa lenteur, empêche les justiciables de revendiquer leurs droits* »[61]. Tout ceci amène à s'interroger sur l'efficacité de cette protection accordée aux usagers du service public par la Charte africaine. Il est clair que l'entrée en vigueur de cette Charte la rend obligatoire à l'égard des pays. L'on se sert souvent ainsi de la reconnaissance de la Charte africaine des droits de l'homme et des peuples par l'ensemble des pays ainsi que l'ensemble des textes secrétés au sein de l'Union africaine. On peut évoquer quelques cas : la Constitution congolaise déclare partie intégrante d'elle les « *principes fondamentaux proclamés et garantis par la Charte africaine des droits de l'Homme et des peuples* ». Le préambule de la Constitution camerounaise dispose que le « *peuple camerounais affirme son attachement aux droits et libertés fondamentales inscrites dans la Charte Africaine des Droits de l'Homme et des Peuples* ». Selon le préambule de la Constitution burkinabé, « *le peuple souverain réaffirme* » de manière solennelle son « *engagement vis-à-vis de la Charte Africaine des Droits de l'Homme et des Peuples* »[62]. Compte tenu de l'importance de ce texte ainsi que de l'intérêt de son contenu, des sanctions peuvent être adoptées face au non-respect de ces droits de l'usager par l'Administration. Il s'agira, par exemple, de l'absence de délai de recours en cas de violation desdits droits. L'administré pourra, par exemple, introduire son recours contentieux sans condition de délai lorsque l'Administration s'abstient de s'astreindre aux obligations de professionnalisme et de transparence telles que consacrées par la Charte africaine sur les valeurs et les principes du service public et de l'Administration.

Il y a, malgré ces interrogations, une protection accordée par la Charte aux usagers face à certaines pratiques administratives consistant à ignorer les demandes des usagers. C'est donc une garantie offerte aux usagers s'agissant, par exemple, de l'identification du point de départ des délais de recours contentieux[63]. En matière de traitement des demandes, au-delà du droit de l'usager à la notification des actes adoptés, la Charte africaine sur les valeurs et les principes du service public et de l'Administration exige également que l'Administration puisse indiquer à l'usager les voies de recours possibles contre la décision édictée.

B. La protection par le droit des administrés à la notification des voies de recours contre la décision édictée

À la lumière des textes nationaux en vigueur dans certains pays d'Afrique, indiquer les voies de recours contre une décision administrative n'est

[60] TA/ADD, Bafoussam, ord., sursis, n° 03, 8 mai 2014, *Tassé Pierre c/ État du Cameroun* (*Minesec*).

[61] B. MOMO, « Le problème des délais en contentieux administratif camerounais », *Annales de la faculté des sciences juridiques et politiques de l'université de Dschang*, 1997, t.1, vol., 1, p. 159.

[62] La Constitution togolaise est aussi très explicite sur la question : Selon son article 50, font partie intégrante de la Constitution, les « *droits et devoirs, énoncés dans les instruments internationaux relatifs aux droits de l'homme, ratifiés* ».

[63] Vo O. FANDJIP, « Les obstacles à la publicité des actes administratifs dans les États d'Afrique francophone : l'exemple du Cameroun », *Revue juridique Thémis de l'université de Montréal* n° 2 et 3, vol., 41, 2017, p. 471.

généralement pas une obligation pour l'Administration. Au Cameroun, par exemple, le législateur n'a consacré l'obligation de mentionner les voies de recours, et même les délais, que dans le cas des décisions de justice. En matière d'opposition, par exemple, « *la notification de la décision doit, à peine de nullité, mentionner : le délai dont dispose la partie défaillante pour former opposition ; qu'à l'expiration de ce délai, la décision devient définitive* »[64]. On peut évoquer, en revanche, le cas du droit algérien qui consacre l'obligation de mentionner les délais de recours dans la décision administrative. En effet, dans le cadre du contentieux administratif algérien, l'article 829 du Code de procédure civile, commerciale et administrative dispose que « *le délai de recours devant le tribunal administratif est de quatre (4) mois à compter de la date de la notification à personne d'une copie de l'acte administratif individuel ou de la publication de l'acte administratif collectif ou réglementaire* »[65]. Et l'article 831 du même Code précise que ce délai « *n'est opposable qu'à la condition d'avoir été mentionné dans la notification de l'acte attaqué* »[66]. Il y a donc une obligation de mentionner les délais mais pas les voies de recours[67].

Dans tous ces cas, les administrés ne sont pas suffisamment en mesure d'envisager sereinement une procédure contentieuse. C'est sans doute cette limite que la Charte africaine sur les valeurs et les principes du service public et de l'Administration vient corriger en consacrant l'obligation pour l'Administration de préciser à l'usager les voies de recours dont il dispose contre la décision prise. Selon l'article 6 alinéa 1 et 2 de la Charte, l'Administration a non seulement l'obligation de « *mettre à la disposition de ses usagers des informations sur les procédures et formalités afférentes aux prestations du service public* », mais aussi l'obligation de porter à la connaissance des usagers « *toute décision les concernant et en indiquer les motifs ainsi que les voies de recours dont ils disposent en cas de contestation* »[68]. C'est dire que la Charte africaine sur le service public réitère, d'abord, l'obligation pour l'Administration d'informer l'usager sur la décision qu'elle a adoptée, notamment par la publication ou la notification[69], ensuite, celle de préciser les fondements de fait et de droit de la décision, c'est-à-dire la motivation[70], et, enfin et surtout, consacre l'obligation de préciser les voies de recours offertes à l'usager contre la décision.

Il s'agit certainement des recours administratifs et même juridictionnels à la disposition de l'administré contre la décision édictée. À cet égard, on doit rappeler que la garantie de la légalité des actes de l'Administration peut être assurée par un contrôle administratif et juridictionnel. Pour le premier cas, la violation de la légalité est sanctionnée par l'Administration elle-même. Ce contrôle peut être

---

[64] Art.111, loi n° 2006/022 portant organisation et fonctionnement des tribunaux administratifs.

[65] Art. 829, Code de procédure civile commerciale et administrative.

[66] Art. 831, Code de procédure civile commerciale et administrative.

[67] Il faut rappeler que les 14 juillet et 11 décembre 2012, ainsi que le 28 février 2013, l'Algérie a procédé, respectivement, à la signature à la ratification et au dépôt de la Charte africaine susvisée.

[68] Article 6 alinéas 1 et 2 de la Charte.

[69] V° O. FANDJIP, « Les obstacles à la publicité des actes administratifs dans les États d'Afrique francophone : l'exemple du Cameroun », *op. cit.*, p. 465-486.

[70] En ce sens voir : O. FANDJIP, « Vers un droit d'agir en faveur du tiers à l'acte administratif unilatéral ? Notes sous Tribunal Administratif de Clermont-Ferrand, 14 mars 2012, *MM c/ Préfet de la Haute Loire* », *Publication du Centre de recherche Michel de L'Hospital, École de droit* (*EA 4 232*). *http://droit.u-clermont1.fr/le-tribunal-administratif.html*. 2013. En ligne.

exercé par le supérieur hiérarchique à l'égard des actes de son subordonné ou par l'auteur de l'acte lui-même[71]. Il peut aussi être l'œuvre de l'autorité qui assure la tutelle[72] de l'auteur de la décision en cause. Pour le second cas, le contrôle est exercé par le juge administratif. Cela rejoint l'idée de la transparence administrative et du droit au recours. En consacrant cette obligation, la Charte africaine sur le service public s'inscrit dans la mouvance de l'évolution que connaissent les recours administratifs en tant que moyens visant à harmoniser les relations entre l'Administration et les administrés. De plus en plus, notamment dans des pays d'Europe, on assiste à la mise en place d'un dialogue entre Administration et usagers. Le passage de « *l'administration consultative, dispensatrice d'avis à l'administration active* » permet d'« *écouter les administrés, soit par le canal de représentants stricto sensu, soit par le canal de compétences* »[73]. Dans cette perspective, la Charte africaine participe à consolider le droit au recours des justiciables. Le droit au recours étant un droit consacré tant par les sources nationales que conventionnelles. Il suffit de rappeler, par exemple, la Charte africaine des droits de l'Homme et des peuples qui dispose que « *toute personne a droit à ce que sa cause soit entendue. Ce droit comprend : a. le droit de saisir les juridictions nationales compétentes de tout acte violant les droits fondamentaux qui lui sont reconnus et garantis par les conventions, les lois, les règlements et coutumes en vigueur ; b. le droit à la présomption d'innocence, jusqu'à ce que sa culpabilité soit établie par une juridiction compétente ; c. le droit à la défense, y compris celui de se faire assister par un défenseur de son choix ; d. le droit d'être jugé dans un délai raisonnable par une juridiction impartiale* »[74]. Le législateur africain admet ainsi que les voies de recours sont nécessaires à indiquer aux usagers afin de leur donner la possibilité « *d'obtenir un nouvel examen* »[75] de la décision ou de « *faire valoir les irrégularités observées dans le déroulement de la procédure* »[76] qui a conduit à son adoption. Par ailleurs, comme le souligne Sébastien Jeannard, l'obligation pour l'Administration d'indiquer, dans la décision qu'elle édicte, les voies de recours « *témoignent d'une volonté de sécuriser les relations administratives* [...] »[77]. Ainsi, « *en contraignant l'administration à informer ses usagers de leur possibilité d'exercer un recours administratif puis un éventuel recours juridictionnel dans les délais et les formes impartis* »[78], l'on protège les justiciables contre les erreurs qu'ils peuvent commettre en ce qui concerne les règles de procédure administrative contentieuse. La transparence administrative ici prend donc en compte toutes ces règles qui

[71] En ce sens voir : O. FANDJIP, « Les citations directes en droit camerounais du contentieux administratif », *Jurisdoctoria*, Université Paris 1, Panthéon Sorbonne n° 8, 2012, p. 133-157.

[72] En ce sens voir : O. FANDJIP, « Le recours de tutelle dans le contentieux des actes des autorités municipales au Cameroun : entre consécration législative et incertitudes jurisprudentielles », *Les Annales de droit*, presses universitaires de Rouen et du Havre n° 7, 2013, p. 96-109.

[73] A. MESTRE, « La démocratie administrative », *in Mélanges Paul Couzinet*, université des sciences sociales de Toulouse, 1974, p. 568.

[74] Article 7 la Charte africaine des droits de l'Homme et des peuples.

[75] S. GUINCHARD, T. DEBARD, et al. (dir.), *Lexique des termes juridiques*, *op. cit.*, p. 2116.

[76] *Ibid.*

[77] S. JEANNARD, *Le recours administratif dans le système juridique français*, Paris, LGDJ, coll., 2013, p. 93.

[78] *Ibid.*

favorisent le droit d'accès au juge. Ce formalisme apporte une garantie aux droits des usagers[79].

À titre de droit comparé, la Charte africaine sur le service public se rapproche du droit français. En droit administratif français, l'accusé de réception comporte la date de réception de la demande et la date à laquelle, à défaut d'une décision expresse, celle-ci sera réputée acceptée ou rejetée, la désignation, l'adresse postale et, le cas échéant, électronique, ainsi que le numéro de téléphone du service chargé du dossier. Il indique aussi si la demande est susceptible de donner lieu à une décision implicite de rejet ou à une décision implicite d'acceptation. Dans le premier cas, l'accusé réception mentionne les délais et les voies de recours à l'encontre de la décision[80]. Cette exigence n'est donc pas applicable seulement en matière de décision explicite. De même, dans la notification de sa décision, l'Administration doit aussi observer cette règle de la mention des délais et voies de recours dont dispose l'usager contre son acte. En effet, l'article R. 421-5 du Code de justice administrative prévoit que « *les délais de recours contre une décision administrative ne sont opposables qu'à la condition d'avoir été mentionnés, ainsi que les voies de recours, dans la notification de la décision* ». En donnant une réponse à la demande dont elle a été saisie, l'Administration est tenue d'y indiquer le temps imparti au bénéficiaire de l'acte pour un éventuel recours contentieux de même que les différents recours dont il dispose contre cette décision[81]. En ce qui concerne les voies de recours, lorsque la décision prise fait l'objet d'un recours administratif, la règle de la mention des délais et voies de recours s'applique. Elle doit apparaître sur la notification de la première décision ou sur celle qui a été adoptée à la suite du recours administratif[82].

Depuis la solution adoptée par le Conseil d'État dans l'affaire *Czabaj*, l'absence de la mention des délais et voies de recours donne droit, non plus à un recours contentieux sans condition de délai[83], mais dans un délai d'un an[84] ou de trois ans[85], selon le cas[86]. L'inobservation de ces exigences n'entraîne donc plus la

[79] En ce sens, S. SAUNIER, *Recherche sur la notion de formalisme en droit administratif français*, Aix-Marseille, PUAM, 2007, t. 2, p. 773.

[80] Article L.111-3 et R. 112-5 du Code des relations entre le public et l'Administration.

[81] CE, 8 avr. 1998, *Lahrache*, n° 171548.

[82] CE, 7 oct. 1988, *Association nationale de réadaptation sociale*, *Rec.*, p. 949 ; CE, 15 nov. 2006, *Toquet*, n° 264636.

[83] Une illustration de cette exigence apparaît dans la jurisprudence du Conseil d'État. Le juge administratif a souligné en ce sens qu'une décision de licenciement d'un employé « [...] *qui n'a été notifiée qu'à l'employeur, auteur de la demande, n'a pu faire courir de délai à l'encontre* [*du requérant*] ». En l'espèce, par un recours gracieux en date du 18 juin 1987, l'employé avait demandé à l'inspecteur du travail le retrait de sa décision du 17 avril 1985, recours qui avait été rejeté par « *une décision en date du 10 juillet 1987, comportant des indications erronées relatives au délai dans lequel l'intéressé pouvait former un recours contentieux* ». De ce fait, la « *demande enregistrée au greffe du tribunal administratif* [...] *le 1er février 1988, à la suite du rejet, par une décision du 3 décembre 1987, confirmée le 25 janvier 1988, des recours hiérarchiques adressés au ministre du travail* [...] *n'était pas tardive* », CE, 8 janv. 1992, *Masses*, *Rec.*, p. 1204 ; CE, 24 janv. 1996, *Blancard*, *Droit administratif*, n° 105/1996.

[84] CE, ass., 13 juil. 2016, *M. A. c/ Ministre de l'économie et des finances*, n° 387763.

[85] CE 29 nov. 2019, req. n° 411145, 426 372, 429 248, *AJDA* 2019, p. 2461.

[86] Sur cette évolution voir : O. FANDJIP, « Le nouveau visage de la décision préalable en contentieux administratif français », *Les Annales de droit*, Presses universitaires de Rouen et du Havre n° 12, 2018, p. 141-152 ; « La régularisation des recours introduits en l'absence d'une décision préalable et l'avis du Conseil d'État du 27 mars 2019 », *RRJ* n° 2, 2019, p. 725-732.

possibilité d'introduire le recours contentieux sans condition de délai. L'autre conséquence de cette règle sur les délais concerne la durée des procédures, avec les lenteurs judiciaires pouvant en résulter.

Revenant sur la Charte africaine sur le service public, il convient de noter qu'elle ne consacre pas l'obligation de fixer les délais relatifs à ces recours. Pourtant, avec ces délais les potentiels justiciables, face à une Administration devenue de plus en plus complexe, pourraient prendre la bonne mesure des délais de recours contentieux. En effet, la stabilité des situations juridiques fait partie, à côté de l'intelligibilité et de l'accessibilité des normes, du principe de sécurité juridique. À cet égard, la doctrine relève que « *l'exigence de sécurité juridique retient plus encore l'attention lorsque l'on s'intéresse aujourd'hui* »[87] au juge administratif. C'est pour cette raison que Raymond Odent précise que le délai pour introduire une action devant le juge administratif repose, d'une part, sur le fait qu'« *il faut laisser aux justiciables un laps de temps qui leur permette* [...] *de réfléchir, de se renseigner, de se faire une opinion sérieuse sur la valeur juridique* [*d'une décision*] *et sur les chances qu'ils peuvent avoir d'en obtenir la réformation ou l'annulation.* [...] »[88] et, d'autre part, sur l'idée que « *l'intérêt général exige que la stabilité des situations administratives ne puisse être discutée que pendant un bref délai* [...] »[89]. Eu égard à l'article 7 (d) de la Charte africaine des droits de l'Homme et des peuples, précitée, cette exigence est consacrée. C'est dire que l'obligation de préciser un délai de recours serait également utile pour les usagers de l'Administration en Afrique. Il est déjà louable que l'obligation de préciser les voies de recours ait été consacrée.

Entrée en vigueur dans de nombreux pays africains, la Charte africaine sur les valeurs et les principes du service public et de l'Administration est protectrice des administrés. Il en est ainsi au niveau du formalisme de l'accusé réception et au niveau du traitement des demandes. Cette situation se rapproche du droit français où, comme l'avait souligné Antoine Claeys, l'un des moyens ayant sérieusement « *permis de compenser la rigueur des délais* », notamment dans la procédure administrative contentieuse, a été « *le renforcement des mesures de transparence* »[90]. Ces mesures de transparence ont également porté sur les obligations de l'Administration saisie d'un recours c'est-à-dire, celle d'en accuser réception, de la transmettre à l'Administration compétente au cas où elle est saisie par erreur ou encore d'indiquer les voies de recours et les délais contre les décisions qu'elle édicte. Ainsi, en France, contrairement aux textes nationaux de certains États d'Afrique, comme le Cameroun, le régime juridique de l'accusé de réception, pour ne citer que cet exemple, dépasse le cadre d'un « *simple reçu* »[91]. Il offre à l'usager l'occasion de préparer une éventuelle phase contentieuse. Tout ceci montre que le droit administratif français a évolué en se tournant vers la protection des usagers alors que dans l'autre cas, il est essentiellement orienté vers la garantie de l'efficacité de l'action administrative. Mais la Charte africaine sur

---

[87] B. SEILLER, « Sécurité juridique et office du juge administratif », *RDP* n° 3/2016, p. 765.
[88] R. ODENT, *Contentieux administratif, Les cours de droit*, Paris, IEP, 1970-1971, p. 821.
[89] *Ibid.*
[90] A. CLAEYS, *L'évolution de la protection juridictionnelle de l'administré au moyen du recours pour excès de pouvoir*, *op. cit.*, p. 269.
[91] B. MUGNIER, *L'accusé de réception dans la procédure administrative non contentieuse*, *op. cit.*, *Ibid.*

les valeurs et les principes du service public et de l'Administration, en prenant davantage en compte les droits des usagers, a apporté un infléchissement à cette orientation observée dans les pays africains.

LA RETRAITITUDE DANS LA FONCTION PUBLIQUE CAMEROUNAISE : ÉLÉMENTS THÉORIQUES ET DÉCLINAISONS PRATIQUES

Dr Pierre Vincent NGAMBO FONDJO

Commission nationale pour la promotion
du bilinguisme et du multiculturalisme

La retraititude est au confluent d'un triple enjeu.

Enjeu de ritualisme : qu'est-ce que la retraite ? Quand intervient-elle ? Quels sont les modes opératoires de son attrait ou de son rejet ?

Enjeu de résilience : comment les retraités s'adaptent-ils à leur nouvelle situation ?

Enjeu pédagogique : comment réussir sa retraite ?

Après avoir analysé les aspects théoriques de la problématique de la retraite et de l'émergence du concept de la retraititude, le présent article décline son opérationnalisation dans la fonction publique camerounaise.

I. ÉLÉMENTS THÉORIQUES : PROBLÉMATIQUE, HYPOTHÈSES, MÉTHODOLOGIE ET CLARIFICATIONS CONCEPTUELLES

Cet article s'interroge sur le vécu socioanthropologique du fonctionnaire retraitable et celui retraité. De manière spécifique, quelle est la vision du fonctionnariat camerounais relativement à la retraite ? Un tel questionnement augure une problématique qui tire son essence à la fois dans *« la construction, la déconstruction et la reconstruction de l'identité individuelle et collective, tant de la personne retraitée que du fonctionnaire en préretraite au Cameroun »*.

Dans cette perspective, la méthode hypothéticodéductive est mobilisée, induisant ainsi une question principale et trois questions secondaires.

La question principale se libelle ainsi qu'il suit :

Quels facteurs et logiques structurent les représentations plurielles, complexes et mitigées que les acteurs institutionnels, les fonctionnaires préretraités et retraités camerounais construisent autour du phénomène de la retraite ?

La question principale s'accompagne de trois questions secondaires :

- Premièrement, les dynamiques institutionnelles d'encadrement de la retraite au Cameroun répondent-elles aux exigences sociales ?

- Deuxièmement, quelles sont les représentations/constructions sociales que les fonctionnaires préretraités et retraités développent autour de la retraite ?

- Troisièmement, quelles sont les stratégies ou les ripostes mobilisées par les retraités pour répondre aux exigences/contraintes liées à la cessation d'activité et quelles en sont les limites ?

À cette question centrale, une réponse provisoire, tenant lieu d'hypothèse principale :

L'hypothèse principale stipule que la complexité des dispositions institutionnelles et du contexte social camerounais fait de la retraite un phénomène mitigé différemment perçu ou construit par une multitude d'acteurs aux logiques plurielles et divergentes.

Pour mieux saisir les différentes ramifications de cette hypothèse principale, trois hypothèses secondaires sont envisagées :

En premier lieu, il y a lieu d'estimer que les dynamiques institutionnelles d'encadrement de la retraite au Cameroun ne répondent pas toujours aux aspirations individuelles et collectives des acteurs en préretraite ou en retraite.

En second lieu, il importe de souligner que les représentations socialement construites sur la retraite sont plurielles et divergentes, dans une vision positive et naufragée.

Et en troisième lieu, on peut penser que les retraités camerounais développent une résilience à travers diverses ripostes ou stratégies de reconversion qui, malgré leurs intérêts ou enjeux, restent influencées par des contraintes naturelles et structurelles.

S'agissant de la méthodologie, elle est plurielle et consiste en une définition des unités d'observation, des techniques de collecte et d'analyse des données. Elle intègre aussi un cadre théorique qui permet une compréhension totale du réel.

Pour couvrir les différents niveaux d'analyse, l'observation sur le terrain a été conduite auprès de plusieurs catégories d'acteurs : les acteurs institutionnels constitués notamment des responsables des services ministériels impliqués dans la gestion des questions de retraite, les fonctionnaires en phase de préretraite, les retraités et les responsables syndicaux.

La collecte des données a essentiellement reposé sur la méthode de triangulation. Ainsi, ont été convoqués pour cette collecte : l'entretien, l'observation directe, les récits de vie, les discussions informelles et la photographie.

L'observation documentaire a été une arme par excellence, car elle a permis de découvrir la substance des travaux antérieurs, de mieux déblayer le chemin et surtout de préciser l'originalité de l'analyse.

Les différents entretiens ont permis de discuter avec les participants de leurs divergences d'opinions au sujet de la retraite, comment les acteurs institutionnels, les préretraités et les retraités questionnent le phénomène de retraite, formulent les problèmes y afférents, expriment leurs inquiétudes et leurs aspirations ? À côté des entretiens individuels ont été conduits aussi des entretiens de groupes, plus connus sous le nom *« Focus Group Discussion »*. Ceux-ci ont permis de réunir des retraités autour d'une même table pour glaner des informations sur leurs différents vécus socioanthropologiques.

L'observation directe a consisté en l'utilisation spontanée des sens pour appréhender le comportement des fonctionnaires en phase de préretraite ou de retraite.

L'observation participante découle de l'analyse des attitudes au quotidien des fonctionnaires en fin d'activité ou déjà retraités. Cette observation participante a été rendue possible grâce à mon statut antérieur de fonctionnaire et surtout à mes responsabilités au MINFOPRA, acteur institutionnel majeur dans la gestion des questions de retraite.

La méthode des récits de vie a permis de rencontrer des retraités pour comprendre leur vécu socioanthropologique.

Le choix de l'approche d'analyse qualitative résulte de ce qu'elle a l'avantage de saisir le réel dans sa profondeur, son ipséité et sa totalité.

Le cadre théorique qui structure cette analyse est pluriel et découle notamment des paradigmes constructivistes, de la théorie de la représentation sociale et de la théorie du désengagement.

Il s'est agi à cet égard, de convoquer dans la « galaxie constructiviste » deux modèles à savoir : l'approche stratégique et l'ethnométhodologie. L'approche stratégique empruntée à Crozier et Friedberg permet d'analyser les construits ou la rationalité des logiques développées par les acteurs dans un système. Dans un contexte où la retraite apparaît comme une réalité non acceptée par tous, il importe de capter les stratégies que les fonctionnaires développent au quotidien pour prolonger leur séjour dans la fonction publique ou pour s'adapter aux contraintes imposées par la retraite.

L'approche ethnométhodologique est déterminante dans la production de cette analyse. Cette théorie permet de questionner les méthodes utilisées par les individus pour donner sens à leur action et leurs tâches de tous les jours.

L'ethnométhodologie permet avant tout de donner la parole aux acteurs ciblés, afin de saisir leurs « ethnométhodes » et de les confronter les unes aux autres.

La seconde théorie pose la représentation comme un processus d'élaboration perceptive de la réalité qui transforme les objets sociaux en catégories symboliques. Concrètement, la théorie de la représentation sociale permet de comprendre comment les fonctionnaires camerounais perçoivent et construisent la retraite. Elle rend possible la saisie des connaissances, appréhensions, attitudes, préjugés, croyances socialement construites par les serviteurs de l'État et qui influencent leurs comportements.

La théorie du désengagement, quant à elle, considère que l'individu se trouve défini par les rôles sociaux associés aux positions statuaires qu'il occupe.

Dans une telle optique, la retraite qui s'accompagne de poids du vieillissement, se caractérise par une perte de rôles à la fois professionnels, sociaux et familiaux. La théorie du désengagement met également en exergue la baisse des interactions sociales ou un changement dans la nature des relations construites par les retraités. Cette approche d'analyse aide à comprendre la pyramide des effectifs dans la fonction publique ainsi que la réaction des personnes retraitées face à la perte de leurs rôles et statuts.

S'agissant des clarifications conceptuelles de manière générale, la retraite désigne le fait pour une personne de se retirer du monde des affaires, de mettre un terme à sa vie active.

Pour mieux clarifier ce concept, il est nécessaire de revisiter les travaux spécialisés produits par Attias-Donfut (1989), Caradec (2004), Chindji-Kouleu (2006), Turner et Hevin (2011).

La substance des travaux de ces auteurs permet de présenter globalement la retraite comme le retrait de la vie professionnelle, en raison de la limite d'âge.

Du point de vue de la fonction publique camerounaise, l'admission à la retraite marque la fin normale de la carrière du fonctionnaire et lui ouvre droit à une pension payée par le Trésor public ou toute autre caisse de retraite.

La retraite intervient d'office lorsque le fonctionnaire est atteint par la limite d'âge, quelle que soit la fonction administrative qu'il peut exercer en vertu d'un acte individuel ou collectif. Elle peut également s'opérer par anticipation à la demande du fonctionnaire.

La fertilisation de la problématique de la retraite liée aux dispositions institutionnelles, aux représentations et aux vécus socioanthropologiques des retraités fonde l'émergence du concept de « retraititude ».

La retraititude est un ensemble de valeurs, d'attitudes et d'aptitudes ou tout simplement le logiciel de la retraite. Ce logiciel retrace dans une vision idyllique ou naufragée, la fin d'un cycle et le début d'une nouvelle étape de vie. La retraititude constitue un véritable jeu de gains et de pertes où les acteurs sociaux dans un champ social remanié, opèrent un retissage de leur rapport au monde dans la perspective d'une reconnaissance et d'une utilité sociales au service du maillage intergénérationnel. (Ngambo, 2 015).

II. DÉCLINAISONS PRATIQUES : ITINÉRAIRES, CARTOGRAPHIE DE RECONVERSION ET PRÉCEPTES

L'opérationnalisation des aspects théoriques de la problématique de la retraite et de l'émergence subséquente du concept de la retraititude permet d'obtenir les résultats dont voici la quintessence.

La retraite est un véritable phénomène social total construit tant à l'échelle internationale que nationale. Que l'on se retrouve dans les pays du Nord ou dans ceux du Sud, les questions de retraite se mondialisent. Elles suscitent désormais d'importants débats aussi bien sur les âges et les conditions de départ, que sur les rites de passage, d'acclimatation et de reconversion.

La retraite est un enjeu planétaire et son analyse nécessite une approche holistique et contextualisée.

La retraite n'est pas une rivière tranquille. Elle se décline comme une transition majeure vécue comme une crise, un « parcours du combattant », « une dévitalisation du serviteur de l'État » et davantage « une machine à exclure ».

L'exclusion s'opère par le vocabulaire. Le fonctionnaire est « radié ou rayé des effectifs. Ses droits sont liquidés, s'il n'est pas liquidé lui-même ».

Une exclusion par l'âge. « Coupable » de son âge légal, au détriment de l'âge idéal, le fonctionnaire est désormais dans ce brouillage des âges, handicapé et disqualifié pour continuer de séjourner dans la fonction publique.

L'exclusion est également administrative. La retraite marque la fin de la carrière, moment de rupture d'identité professionnelle et d'exclusion du marché du travail. Il s'agit d'une véritable « guillotine institutionnelle ».

L'exclusion administrative s'accompagne de l'exclusion alimentaire par la modicité du revenu de remplacement qu'est la pension, l'érosion du pouvoir d'achat consécutive à la disparition des avantages divers, notamment ceux liés à « l'article 2 », entraînant ainsi une précarité économique. Le retraité ne peut dès lors satisfaire ses propres besoins, encore moins ceux de sa famille. Il s'ensuit l'exclusion sociale par la perte de son statut et des rôles sociaux attenants préparatoire à l'oubli social et à l'exclusion ultime qui est la mort.

L'exclusion est enfin intergénérationnelle dans un contexte où le jeunisme ambiant est sublimé au détriment du modèle gérontocratique d'une république ridée dont les acteurs sont irrémédiablement poussés vers la sortie.

Cette machine à exclure entraîne une « retraite-retrait » analysée par GUILLEMARD et conduit nombre de retraités à une véritable « mort sociale ». Les retraités sont ainsi visualisés comme un groupe vulnérable, n'ayant pas bien préparé leur départ à la retraite. Nombre d'entre eux vivent dans un état de déstabilisation pitoyable. Ils ont des difficultés d'accès aux soins de santé, de logement, d'épanouissement socioculturel et économique. Ils connaissent des problèmes administratifs caractérisés par la méconnaissance des règles, la lenteur et la lourdeur manifeste et un système corrompu qui ignore le service après-vente.

En donnant la parole à une pluralité d'acteurs sociaux camerounais, il s'observe que ceux-ci, pour la plupart, manifestent plutôt une résistance vis-à-vis de cette échéance. Ils ont la difficulté d'admettre que la retraite est l'avenir objectif de tous, un fait social programmé et constitue de ce fait le passage implacable car inéluctable, universel et naturel qui doit devenir un moyen de réaliser de nouveaux projets de vie et être acceptée comme une évidence et non comme un accident.

Toutefois, certains acteurs ont aussi permis de constater que dans les représentations collectives, la retraite bien qu'étant un événement « traumatique » pour la plupart, n'est pas totalement négative. Dans une vision idyllique, bien des retraités, moins fatalistes, manifestent une « réelle joie » d'avoir atteint l'étape de la retraite. En attirant l'attention sur le cas de nombreux collègues sortis pour diverses raisons du système ou qui sont décédés sans avoir atteint l'âge requis pour la retraite, certains retraités présentent cette phase de vie comme « une grâce », un « repos mérité », « une récompense », « une période de bien-être et de liberté », propice aux nouvelles initiatives.

Globalement, en faisant une lecture approfondie des représentations et des comportements des retraités camerounais, l'analyse donne l'occasion de revisiter les grands types de réactions et de comportements observés chez les retraités. En effet, il a été noté que lorsque survient la retraite, nombre de fonctionnaires entrent avec regret et tristesse dans cette phase de vie. La vision misérabiliste qui en découle entraîne la retraite « effondrement » qui ressemble à une période de « deuil » ou l'individu ne manifeste aucun esprit d'entreprise ou aucune volonté de renaître à travers de nouvelles activités. Sans se retrouver entièrement dans cette situation d'« effondrement », certains retraités interrogés ont laissé voir plutôt des comportements de retraite « repliement » qui s'expriment non pas par la rupture totale des relations sociales mais par leur diminution.

Par ailleurs, il existe des retraités qui ont accru leurs activités de loisirs, leurs relations amicales, familiales et sociales, etc. Ces acteurs ont ainsi réussi à construire une retraite « réanimation » qui, chez certains, les a conduits à une véritable retraite « épanouissement ». Ces retraités épanouis, font un fort investissement dans les domaines de vie personnelle, de couple et aux plans familial et social. Ils connaissent dans la dignité et l'honneur une satisfaction, neutralisant ainsi leurs regrets et désolation. Pendant leur temps de retraite, ils sont davantage portés vers des stratégies de reconversion. Ils deviennent de véritables entrepreneurs, capables de réaliser des projets de vie encore plus importants. Il a été ainsi observé que nombre de retraités se sont reconvertis dans de multiples activités dont le commerce, l'agriculture, la politique, la vie associative, etc.

Ces stratégies de reconversion sont déterminées chez les uns et les autres par une volonté d'assurer la survie. Elles s'accompagnent des tentatives de maintien de leurs catégories professionnelles.

Ceux qui ont eu la possibilité d'accumuler d'importantes ressources en période d'activité entreprennent des actions de reconversion qui absorbent aussi un important capital financier. C'est le cas d'acquisition de fermes, plantations, grandes boutiques, etc.

De même, bien des acteurs ont procédé à une reconversion en politique, véritable pouvoir gris, pour s'assurer la reconquête sociale ou opérer une quête de notabilités traditionnelles. Ils sont ainsi devenus, selon le cas, maires, députés, sénateurs, chefs de communautés, etc.

Toutefois, dans la plupart des cas, les retraités se trouvent rattrapés par des contraintes multiples telles que le poids de l'âge, les problèmes récurrents de santé, les nombreuses charges sociales.

Au total, des différents points d'analyse sus-revisités, il ressort effectivement que la retraite, vécue sereinement par certains et péniblement par d'autres impose à tous un recours à différentes options managériales, psychologiques, relationnelles et occupationnelles. Les fonctionnaires préretraités ou retraités ne constituent pas un groupe homogène. Chaque acteur a sa propre trajectoire résultant de ses ressources spécifiques adossées aux menaces et opportunités selon le niveau de préparation ou selon l'espace et le temps qu'occupaient la place et le rôle du travail dans sa vie.

La retraite au Cameroun est bel et bien un phénomène complexe et mitigé impliquant une multitude d'acteurs aux logiques plurielles et divergentes. Le passage à la retraite est une bascule d'un monde à l'autre. Il entraîne un ensemble de conséquences identitaires, économiques et sociales, vecteur de l'inadaptation ou de l'adaptation. Malgré le caractère inéluctable de la retraite, des acteurs sociaux y arrivent peu ou mal préparés. Les représentations plurielles et contrastées construites par les acteurs ciblés attestent d'une réelle inadéquation entre les mécanismes de protection sociale au Cameroun et les aspirations des serviteurs de l'État. Face à un système de retraite asymétrique et en l'absence d'un service après-vente, les retraités camerounais développent maintes stratégies de reconversion qui, pour certaines, restent précaires au regard des contraintes naturelles et structurelles.

Est-il besoin de rappeler que la question de l'harmonisation des âges de départ à la retraite au Cameroun est apparue comme un point de tensions chez la plupart des fonctionnaires ? À travers des revendications ouvertes, ils ont contesté les « départs à plusieurs vitesses ». En effet, pendant longtemps, les âges de départ à la retraite oscillaient entre 50, 55, 60, 65 ans. Ceux qui allaient à la retraite à 50 ou 55 ans estimaient que sans promouvoir une fonction publique ridée le fait de quitter la fonction publique « tôt », « bon pied, bon œil », alors que certains y séjournaient jusqu'à « 60 ou 65 ans » relevait d'une injustice sociale à corriger. On peut dès lors se féliciter d'un début d'harmonisation par la récente option de porter l'âge de départ à la retraite à 60 ans pour le personnel des catégories A et B et à 55 ans pour le personnel des catégories C et D.

Par ailleurs, il convient de s'interroger sur l'adéquation du ratio entre les départs à la retraite et les nouvelles recrues. Il se trouve qu'en ce moment, malgré les recrutements de ces dernières années, le ratio entre les départs et les entrées reste bien déséquilibré. Avec le départ permanent des retraités et le non-renouvellement rapide des recrutements, le ratio actifs/pensionnés est passé de 8 actifs pour 1 pensionné en 1990 à 2 actifs pour 1 pensionné depuis 2008.

Cette chute critique du ratio actifs/pensionnés est susceptible d'influencer négativement la solidarité intergénérationnelle.

À l'issue de cette analyse et à l'aune des indicateurs de bien-être à la retraite et des contraintes divers, vingt préceptes peuvent être déclinés tant en direction des retraitables et retraités que des pouvoirs publics sous la forme du kit du retraité.

Ce kit propose en direction des premiers :

- Conserver les éléments pertinents du parcours professionnel : acte d'intégration, contrat de travail, avancement, bulletins de solde, etc.

L'administration dont le système d'archivage performant demeure une conquête pourrait, à la fin de la carrière, les réclamer ;

- Accepter la retraite comme une norme sociale et administrative, universelle et naturelle et la préparer pendant la vie active pour anticiper l'inéluctable changement d'existence. Ce faisant, savoir quitter son bureau sans se retourner, sans regret ni mélancolie ;

- Promouvoir une retraite active en s'assurant une occupation non contraignante en termes de seconde carrière pour meubler le temps libre et éviter ainsi l'ennui, voire le vice ;

- Avoir de manière volontariste et positive une hygiène de vie adéquate, pour une retraite captivante, par la pratique régulière du sport, des loisirs, un suivi médical approprié et une alimentation saine ;

- Assurer une cohabitation réussie et un équilibre affectif dans le couple et généralement dans la sphère familiale en évitant entre autres de stresser sa/son partenaire par une présence envahissante et une transposition inadéquate de l'autorité exercée dans le cadre de la gouvernance publique vers le cercle familial ;

- Proscrire les vocables du style « je suis retraité », « je ne suis plus rien » facteurs de retraite émotionnelle et d'affaissement du logiciel mental, induisant des interrogations stigmatisantes et nostalgiques qui font le lit de la dépression et de la crise identitaire ;

- Disposer en sus de sa pension de retraite, de ressources financières additionnelles permettant d'assurer une sécurité économique ;

- Avoir un havre de sécurité par la possession d'une résidence de retraite, soit au domicile habituel, soit au village ;

- Envisager une épargne individuelle dès sa prise de service dans la fonction publique. L'avenir se construit au quotidien ;

- Privilégier les petits-enfants de la retraite au détriment des enfants de la retraite, dans la perspective d'une paternité et d'une maternité responsables au service de l'art d'être grands-parents.

En direction des seconds :

- Éviter aux retraités, un retrait brutal de la vie professionnelle par une déconnexion administrative progressive pour l'aider à s'investir sereinement dans une nouvelle activité dans un domaine maîtrisé ;

- Accompagner les retraités dans une veille informationnelle par la quête et la maîtrise d'informations sur les droits à la retraite et la cartographie de la reconversion ;

- Opérer un reprofilage de cadre juridique pour humaniser la gestion des retraités actuels et futurs ;

- Assurer le service après-vente par l'encadrement psychologique et opérationnel des futurs retraités et des retraités, la préparation des projets, l'instauration d'un programme de formation ou de recyclage pour l'acquisition des connaissances nouvelles dans la perspective d'un éventuel redéploiement ;

- Revaloriser le montant de la pension de retraite qui est un droit acquis et une reconnaissance de l'État envers ses serviteurs, véritables athlètes de l'administration qui ne doivent pas apparaître comme les « oubliés de la croissance » ;

- Mettre plus largement en place un système de pension inclusive au service de la promotion d'une société de moyenne aisance et qui ne laisse personne au bord de la route dans le cadre de la promotion du vivre ensemble harmonieux ;

- Instaurer le statut de fonctionnaire émérite dans les différents corps de la fonction publique ;

- Diversifier l'offre étatique en matière de retraite par la mise en place d'une retraite complémentaire et un accompagnement par la mobilisation des réseaux bancaires et des compagnies d'assurances ;

- Promouvoir un mécanisme de transmission de l'expérience et l'expertise des retraités aux jeunes dans le cadre de la solidarité intergénérationnelle ;

- Reformuler plus élégamment le vocabulaire dévalorisant de l'acte qui sanctionne la mise à la retraite du fonctionnaire pour lui conférer toute sa dignité en fin de carrière.

Il ressort de cet article que la retraite se traduit par une double représentation : naufragée et idyllique.

Dans le cadre de la représentation naufragée, les fonctionnaires retraitables et retraités camerounais construisent des clichés qui présentent cette phase de vie comme le début d'un calvaire. Ils visualisent cette échéance comme une exclusion, un moment de perte de notabilité sociale et d'identité professionnelle. Ils sont ainsi confrontés à une triple vulnérabilité : vulnérabilité structurelle au niveau des manquements dans le système social de prise en charge des retraités, vulnérabilité économique liée à la chute du pouvoir d'achat, vulnérabilité relationnelle en raison de la fragilisation des liens familiaux et amicaux.

La représentation idyllique induit une retraite qui s'apparente à une grâce, à un repos mérité se traduisant par une « retraite épanouissement ». Pendant cette période, les retraités développent des stratégies de reconversion, de résilience et de reconquête sociale.

La fertilisation croisée de la représentation naufragée et celle idyllique conduit à l'émergence du concept de retraititude, véritable logiciel de la retraite. La retraititude se décline ainsi comme l'ensemble des représentations des acteurs et la perception qu'ils ont de la retraite.

L'ACCÈS AU SERVICE PUBLIC DE SANTÉ MATERNELLE ET INFANTILE AU CAMEROUN

Jean-Baptiste CHOUAMO

Docteur en droit public
Chargé de cours à la FSJP de l'université de Douala

La femme et les enfants en bonne santé constituent un socle pour le développement des familles, des communautés et partant, pour l'édification de la nation[1]. Le préambule de la constitution de l'OMS signé en 1946 affirme que « la possession du meilleur état de santé qu'il est capable d'atteindre constitue l'un des droits fondamentaux de tout être humain… ». Ce préambule signifie aux États membres que la santé relève avant tout de la responsabilité des États en ces termes : « Les gouvernants ont la responsabilité de la santé de leur peuple ; ils ne peuvent y faire face qu'en prenant les mesures sanitaires et sociales appropriées ». Il n'est pas surprenant que la nation garantisse à la mère et à l'enfant, la protection de la santé qui a un enjeu primordial au sein de la société. Il existe donc un lien indéfectible entre la protection de la santé maternelle et infantile et la nation qui doit garantir celle-ci sur l'ensemble du territoire. Améliorer l'accès au service public de santé maternelle et infantile (SPSMI) est une préoccupation majeure du gouvernement camerounais clairement mise en évidence dans les documents cadres d'orientation des stratégies de développement tels le Document stratégique de croissance et l'Emploi (DSCE) Horizon 2035. La Stratégie sectorielle de santé 2016-2027 en interne et l'engagement international à atteindre la couverture santé universelle (CSU) d'ici 2030. L'État demeure l'acteur principal de régulation du service public de santé[2]. Cette notion de service public est forte de sens parce qu'elle porte une activité d'intérêt général au service des usagers. Il s'agit en effet d'un service ou un ensemble de prestation de biens offert au public et considéré comme nécessaire à la satisfaction de l'intérêt général. Le service public est devenu le symbole d'un État garant d'un certain degré de solidarité dans la société en ce sens que l'accessibilité à ce bien d'intérêt général ne saurait être interdite à une couche de la population[3]. La protection de la SMI fonde de manière irréversible la nécessité d'une intervention publique afin de satisfaire l'intérêt général. Tous les acteurs du système de santé ont une responsabilité envers les

---

[1] *Programme national multisectoriel de lutte contre la mortalité maternelle, néonatale et infanto-juvénile au Cameroun, Plan stratégique* 2014-2020.

[2] A. DECOSTANZI, *Le service public de santé de proximité*, thèse, Université d'Aix-Provence, 2019, p. 1.

[3] D. SEFANOVA, *Le rôle de la notion de service public dans l'organisation du système de santé en droit français,* thèse, Université de Bordeaux, 2020, p. 14.

usagers. Il s'agit de garantir aux patients, l'égal accès aux soins de manière neutre, à travers une prise en charge systématique au tarif conventionnel. En matière de santé tout comme dans le domaine de l'éducation au Cameroun. Il peut ne pas avoir de coïncidence entre l'activité de service public et l'organisme public gestionnaire. En dehors de la prise en charge directe sous forme de monopole dans la gestion de l'activité, l'établissement public peut intervenir en concurrence avec des organismes privés mais seulement, l'État conserve un large pouvoir de contrôle sur l'organisation et le fonctionnement de ces services à travers ses représentants dans les aires de santé. Bien qu'il y ait une hétérogénéité des acteurs et des missions du SPSMI, leur acte est inséré dans un système de santé qui tend à se confondre au service public de santé[4].

La santé constitue un « état de complet bien-être physique, mental et social et ne constitue pas une absence de maladie ou d'infirmité »[5]. Selon Michel Belanger, « c'est l'accès à la santé qui est un véritable droit, le droit à la santé n'étant qu'un programme, un objectif »[6]. Le droit à la protection de la SMI mérite d'être mieux garanti parce que les atteintes qui lui sont portées constituent une menace pour la vie[7] de cette couche vulnérable de la population. La bonne santé et la survie des enfants dépendent directement de la survie et de la bonne santé de leur mère. Si la mère est en bonne santé, son nouveau-né a de bonnes chances de survivre et de bien assurer sa croissance. À l'inverse, une maman malade peut transférer sa maladie et ses carences à l'enfant que ce soit pendant la grossesse, au cours et après l'accouchement[8].

Le service public se définit par rapport à l'usager comme un ensemble de services dus. Les services de SMI dus à des usagers correspondent à la facilité d'accès aux soins, à l'accompagnement, la prise en charge holistique (globale), complète, continue, l'accessibilité sans discrimination, la cohérence, la visibilité et la description connue d'avance. Ce service doit obéir aux principes de disponibilité, d'accessibilité, de neutralité, d'acceptabilité et de qualité. Le service public hospitalier fait partie intégrante de ce SPSMI au sens organique. L'accès au SPSMI est la faculté d'une personne de bénéficier de ce service de santé lorsque son état le rend nécessaire. L'accès désignerait donc la voie qui permet d'atteindre un lieu ou encore la possibilité d'obtenir une chose ou un service[9] comme celui de soins en cas de maladie. Suivant l'enquête démographique et de santé au Cameroun (EDSC-V) le taux de mortalité maternelle et infantile ne diminue que lentement alors que la grande majorité des décès pourraient être évités[10]. Le

---

[4] J. HARDY, « Le système de santé vu du droit : une réalité confuse, un régime juridique complexe », *Revue de droit sanitaire social*, n° 2, p. 229.

[5] Voir préambule de la Constitution de l'OMS adopté à New York en 1946. Dans son acception traditionnelle, la santé désigne l'« état d'une personne non atteinte de maladie ou d'imperfection organique ou fonctionnelle susceptible de limiter son activité physique ou mentale » Voir AUBY Jean-Marie, *Le droit à la santé,* Paris, PUF, 1981, p. 11.

[6] M. BÉLANGER, « Origine et historique du concept de santé en tant que droit de la personne », *Journal international de bioéthique*, Vol. 9, n° 3, 1998, p. 59.

[7] T. GRUNDLER, « Le droit à la protection de la santé », *Revue droit de l'Homme,* juin 2012, p. 221.

[8] *Santé maternelle et infantile*, Unicef (France) WWW. My Unicef.fr

[9] B-R. GUIMDO DONGMO, « L'accès aux juridictions administratives dans les États d'Afrique noire francophone : Une réflexion sur son évolution récente à partir du cas du Cameroun », *Juridis Périodique*, n° 130, avril-mai-juin 2022, p. 125.

[10] Le risque de décès entre la naissance et le cinquième anniversaire diminue lentement passant de 15 % en 1998 à 80 % en 2018. Malgré cette lenteur, il faudra fournir des efforts pour atteindre d'ici

système de protection de la SMI au Cameroun ou le service public y relatif offre-t-il une garantie optimale d'accès à ses usagers ? L'enjeu de la préoccupation relève tant de la capacité de pilotage du système de santé que dans la possibilité d'une structuration de l'offre sanitaire et médico-sociale au sein d'un véritable service public de santé susceptible de satisfaire les besoins de santé maternelle et infantile sur l'ensemble du territoire dans la logique de proximité et surtout d'accessibilité[11]. Pour le moment, l'accès aux soins de SMI est encore loin d'être optimale dans l'ensemble du territoire à cause des pesanteurs à la fois humaines et infrastructurelles. On comprend pourquoi l'Objectif du millénaire pour le développement (OMD) 4 et 5 qui est axé sur la SMI, peine toujours à être atteint. Pour mesurer le progrès accompli, on s'appuie sur le degré effectif d'accès au SPSMI qui est un élément essentiel au droit à la santé de la mère et de l'enfant. Tous ces derniers appartenant à différentes communautés dans le triangle national devraient bénéficier d'un accès au SMI promotif, curatif, réadaptatif ou palliatif de haute qualité dont ils ont besoin. Il ne s'agit pas de faire un bilan des réalisations en la matière, mais d'évaluer une dynamique encore en gestation pour qu'on puisse arriver à une couverture sanitaire mieux maîtrisée. Il s'agira d'opérer une analyse des différentes stratégies nationales à travers l'évaluation de la mise en œuvre du système interne de protection de la SMI. Cela nous permet de comprendre que l'État a frayé les conditions relativement favorables à l'accès au SPSMI (I). Cependant, cet état de fait mérite un redéploiement pluridimensionnel afin que les objectifs soient atteints dans le domaine ; ce qui rend les efforts étatiques en ce sens, perfectibles (II).

I. LES CONDITIONS D'ACCÈS RELATIVEMENT FAVORABLES

La satisfaction de l'intérêt général interpelle la capacité du pouvoir public à opérer une structuration de l'offre des soins de SMI au profit du citoyen, véritable usager du service public. On assiste à une multiplication des infrastructures de santé pour que les enfants naissent dans un environnement sain et favorable à leur survie et leur croissance. La réduction de la mortalité maternelle et néonatale représente un défi important dans la mesure où on remarque aussi bien un réel effort dans la prise en charge collective et structurelle des besoins sanitaires de la mère et de l'enfant (A) que dans sa dimension individuelle et conjoncturelle (B).

A. La dimension collective et structurelle de l'accès

Les possibilités offertes pour la résolution des problèmes de SMI au Cameroun semblent relever toutes de la capacité de pilotage du système de santé que dans l'opportunité d'une structuration de l'offre sanitaire et médico-sociale au sein d'un véritable SPSMI susceptible de satisfaire les besoins de santé des usagers sur

---

2030 le risque 3.2 des ODD fixé à moins de 25 décès pour mille naissances vivantes. Sur la même période, le quotient de mortalité infantile est passé de 77 % à 48 % et celui de mortalité néonatale de 37 % à 28 %. Les efforts doivent être faits pour atteindre d'ici 2030 la cible 3.2 des ODD fixant à 12 %, le risque de mortalité néonatale. Voir Institut National de la Statistique (INS) et ICF, EDSC-V, 2020, p. 157.

[11] C. FOE NDI, *La mise en œuvre du droit à la santé au Cameroun,* thèse, Université d'Avignon, 2019, p. 27.

l'ensemble du territoire dans la logique de proximité[12]. L'accessibilité au service public de SMI est visible grâce aux efforts structurels et matériels que l'État met en œuvre pour faire reculer le taux de mortalité maternelle et néonatale.

1) Les efforts structurels

Le droit à la protection de la santé est dû sur l'ensemble du territoire. La distance jusqu'à l'établissement de santé est un indicateur de l'offre. La difficulté d'accès du fait de son éloignement peut dissuader la femme enceinte qui devrait honorer à ses visites. L'ensemble des citoyens répartis sur l'ensemble du territoire connaissent un état de santé égal au minimum comparable et ont besoin de solliciter le service. Ainsi, l'accès au SPSMI doit être garanti par une juste et équitable répartition de l'offre de soin sur le territoire à tel point que les citoyens ont à leur disposition des ressources sanitaires comparables[13]. L'ensemble de la population devrait avoir à disposition des ressources sanitaires comparables. Le Cameroun dispose une carte sanitaire qui est un document de planification hospitalière permettant le maillage du territoire par un réseau hospitalier qui mérite d'être densifié.

Les lieux de prestation sont des formations sanitaires publiques, les formations sanitaires privées, laïques et confessionnelles, les établissements de sécurité sociale et entreprises, les établissements sanitaires des forces armées, police et établissements pénitentiaires. Sur le plan opérationnel, on peut voir à l'œuvre les hôpitaux de district (HD), les centres médicaux d'arrondissement (CMA), les centres de santé intégrés (CSI) et les centres de santé (CS). Au niveau intermédiaire, on rencontre les hôpitaux régionaux et assimilés et au niveau central des hôpitaux centraux, les hôpitaux généraux et les centres hospitaliers universitaires (CHU). Le centre hospitalier de recherche et d'application en chirurgie endoscopique et reproduction humaine (CHRACERH) de Yaoundé est depuis 2016, le nouveau-né qui vient à la rescousse, pour lutter contre l'infertilité grâce à sa spécialisation en matière de procréation médicalement assistée. Il existe des schémas régionaux d'organisation sanitaire et des territoires de santé. Cependant la diversité des territoires ne permet pas de manière suffisante, de satisfaire le problème de la SMI dans toutes ses dimensions. Le nombre de structure de soins obstétricaux et néonataux d'urgence (SONU) permet par exemple d'évaluer la capacité de l'offre par rapport aux besoins. Le minimum acceptable est de 5 établissements offrant des services SONU dont au moins un soin obstétrical et néonatal d'urgence complète (SONUC) pour 500 000 habitants. Ce processus de décentralisation du système sanitaire pourrait être encouragé si on y ajoute un suivi et un contrôle pour l'harmonisation des pratiques tout en réduisant les inégalités sociospatiales des dotations en infrastructures. La structure offrant les soins de SMI doit être entretenue et confortable. Leur accès est généralement favorable nonobstant quelques difficultés liées par exemple à la vulnérabilité de l'usager, sa précarité sociale ou son handicap physique[14].

---

[12] A. DECOSTANZI, *Le service public de santé de proximité,* Thèse, Université d'Aix-Marseille, 2019, p. 5.

[13] B. FEUILLET, « L'accès aux soins entre promesse et réalité », *Revue droit sanitaire social*, n° 4, 2008, p. 713.

[14] *Le service public hospitalier*, https://www.legifrance.gouv.fr/codes/section_, consulté le 12 janvier 2023.

Une pléthore de programmes d'origine nationale et internationale se succède et se chevauche, visant la lutte contre ou la réduction de mortalité maternelle néonatale et infanto-juvénile qui pourrait être évitée si les soins obstétricaux et postnataux étaient fournis en temps opportun et si les accouchements et urgences étaient gérés de manière appropriée en cas de complication[15] par les spécialistes consciencieux qui maîtrisent l'utilisation du matériel disponible.

2) Les efforts matériels

L'organisation de l'offre de SMI ne saurait admettre de barrière matérielle à l'accès aux soins sans être un facteur de renoncement. Les SPSMI font un effort pour utiliser des équipements et matériels adéquats tout comme la date de péremption est quelque peu respectée. Ces structures de santé publique s'efforcent à être capables de surveillance pendant la grossesse, de procéder aux examens physiques c'est-à-dire la mesure du poids, la tension artérielle, la bandelette urinaire, l'examen obstétrical, l'échographie obstétricale, administrer le traitement préventif intermittent de paludisme et de pouvoir dépister les infections sexuellement transmissibles (IST). La plupart des établissements disposent des antibiotiques et des antipaludéens pour traiter certaines infections courantes et autres parasites qui peuvent affecter l'issue de la grossesse. Il s'agit des médicaments prophylactiques de routine.

Les établissements publics hospitaliers essaient de se prémunir des équipements suivants pour répondre aux nombreux besoins de SMI : une horloge avec trotteuse, un extracteur d'oxygène, la petite bouteille d'oxygène de transport manodétendeur à oxygène, la barboteuse à oxygène, le ballon d'oxygène pour nouveau-né en silicone (250 ml-500 ml), la canule de Guidel ou de mayo, l'aspirateur électrique des mucosités, le stéthoscope, la lunette nasale pour nouveau-né, l'appareil de photothérapie, la table avec lampe chauffante, le ballon de ventilation avec masque, la couveuse, le berceau, le chariot de soin, le pèse-bébé mécanique, thermique ou électrique. Si certains hôpitaux ne disposent pas de certains matériels, d'autres pour qui ils existent ne sont pas fonctionnels. Il y a une relative disponibilité des médicaments consommables par niveau tel le fer et l'acide folique, le sel de quinine injectable, la pénicilline sodique ou injectable et l'acide clavulanique. Le service veille à la vaccination antitétanique, la fourniture de moustiquaires imprégnées. Il en est de même de l'administration systématique des vaccins tels le BCG, oral polio, et le vaccin contre l'hépatite B à la naissance. En ce qui concerne la transmission du VIH de la mère à l'enfant, de nombreux efforts sont faits pour l'accessibilité des antirétroviraux (ARV) aussi bien pour les enfants exposés que pour leur maman enceinte dépistée séropositive[16]. Presque tous les centres de santé ont les moyens d'effectuer le test de protéine dans les urines et celui de l'anémie.

La distribution des carnets de SMI a permis d'améliorer les indicateurs de SMI comme le taux de vaccination, l'utilisation de la contraception, la morbidité

---

[15] *La santé des femmes et enfants, le rôle de l'OCs vers sa réalisation,* Publication du Conseil Œcuménique des Églises, Contact, 2012, p. 4.

[16] *Ministère de la santé du Cameroun, Stratégie sectorielle de la santé* 2016-2027, p. 45.

palustre et la mortalité des moins de 5 ans[17]. À ces mesures à la fois collectives et structurelles, viennent se greffer les mesures d'ordre individuel et conjoncturel.

B. La dimension individuelle et conjoncturelle de l'accès

L'accès aux soins est employé dans son acception négative à travers le prisme des inégalités sociales et territoriales. L'approche essentiellement fonctionnelle qui prévaut en matière de SPSMI implique de procéder à l'aménagement des missions de ce service au sein du système de santé[18]. Cet aménagement intègre l'essentiel des prérequis de chaque service public à savoir la permanence et la continuité du service et la qualité des rapports entre l'usager et le service.

1) La permanence et la continuité du service

Le SPSMI comporte la prise en charge, les soins, et l'accompagnement. Pour être efficace, le soin prénatal doit être effectué à un stade précoce de la grossesse et doit se poursuivre avec une certaine régularité jusqu'à l'accouchement. L'OMS recommande au moins 4 visites prénatales à intervalle régulier tout au long de la grossesse. Il doit toujours exister une faculté de revenir au point de prestation en cas d'inquiétude avant la date du rendez-vous de contrôle qui doit être communiqué à la patiente. Le prestataire du SPSMI doit d'ailleurs encourager la femme enceinte à revenir à la formation sanitaire chaque fois qu'elle ressent un signe de danger. La surveillance permanente de la femme enceinte doit aider cette dernière à mener sa grossesse jusqu'à son terme dans de bonnes conditions et d'assurer le bon déroulement de l'accouchement. La mère doit être informée sur les maladies évitables et les risques de transmission du virus du SIDA de la mère à l'enfant. L'assistance pendant l'accouchement influence le résultat de l'opération ainsi que l'état de santé de la mère et du nouveau-né pendant et après l'accouchement. Cette surveillance permanente doit être poursuivie à l'accouchement et *post-partum.* Le nouveau-né qui voit le jour dans un centre hospitalier ne saurait être renvoyé dans les premières 24 heures. L'accès doit être garanti aux consultations postnatales du nouveau-né, à ses soins et à sa prise en charge lorsqu'il est prématuré ou de faible poids à la naissance. La fréquence des visites *post-partum* doit obéir à la règle de trois 6 à savoir la sixième heure, au sixième jour et à la sixième semaine. Ces soins visent à prévenir les complications immédiates, précoces et tardives de suite des couches et garantir le retour à l'état antérieur à la grossesse de la femme. Les soins obstétricaux et néonataux d'urgence (SONU) doivent être assurés ainsi que des soins postavortement.

Le service public hospitalier souvent organisé en permanence rotative permet de gérer les complications et la mise en observation du patient. Il ne saurait y avoir augmentation ni de réduction de la durée du séjour dans le service en dehors de toute considération clinique. Puisqu'on ne sait ni le jour où l'on tombera malade ni la date et l'heure exactes de l'accouchement, le service public de SMI plus que

---

[17] G. ALAKE MBAMBOLE « Sauver la vie des mères et des enfants : l'action du Cameroun pour promouvoir le carnet de santé maternelle et infantile », https://www.jica.go.jp/french/publications/jica_world/c8h0vm00009se5r6-att/1601_07.pdf du 20 novembre 2020, consulté le 12 janvier 2023.

[18] D. SEFANOVA, *le rôle de la notion de service public dans l'organisation du système de santé en droit français, op.cit., p. 27.*

d'autres services, a intérêt à demeurer permanent et continu même le week-end et jours fériés. Ce service doit œuvrer à faciliter autant que faire se peut, l'accès permanent, continu et égal à ses usagers.

Pour assurer la continuité des prestations, le SPSMI doit avoir un personnel disponible ainsi que du matériel et produit adéquat en quantité suffisante et surtout installer un climat de paix, d'harmonie et de confiance entre les prestataires de services et les usagers.

2) Le rapport usagers-service

Le service public emporte en lui-même les conséquences fondamentales quant au régime juridique avec le rapport avec les usagers notamment l'égalité, l'adaptation, la constance et la continuité. La prise en charge du patient nécessite une adaptation au cas par cas en fonction des circonstances locales. L'accès aux soins de SMI est censé être garanti, par la nation. Il repose nécessairement sur la participation de l'ensemble des acteurs du système de santé. Les clients à la santé maternelle et infantile ont droit à l'information, à l'accès au service de son choix, à la sécurité, à l'intimité, à la confidentialité, à la dignité, au confort raisonnable, et à la continuité du service. Deux cas patents ont contribué à entretenir un climat de méfiance à l'égard des centres hospitaliers au Cameroun. Il s'agit des cas Vanessa TCHATCHOU[19] et Monique KOUMATEKE[20] qui n'ont pas forcément abouti à une réparation du dysfonctionnement institutionnel du dispositif d'accueil des patients dans les hôpitaux publics mais, au simple limogeage-sanction des responsables de ces hôpitaux[21]. L'accès au SPSMI ne doit souffrir d'aucune discrimination ni de favoritisme. Certains obstacles sont écartés par le principe de neutralité. Ce principe veut que soit exclue toute prise en considération des origines ou des opinions de la personne mais aussi que les agents du service observent une stricte neutralité.

Les inégalités dans l'accès aux soins de SMI résultent d'une hybridation de différents facteurs. On peut pointer le doigt accusateur sur le facteur socio culturel avec les pratiques culturelles et coutumières défavorables, le faible niveau d'instruction et l'ignorance constituent des facteurs différentiels importants. La méconnaissance des droits et devoirs vis-à-vis de la santé, le scepticisme à l'égard de la vaccination et la pauvreté constituent des freins à l'accès universel au SPSMI au Cameroun. La sous-scolarisation, l'absence de sécurité sociale, le retard dans la décision d'aller se faire consulter dans un service public de santé seraient en partie à l'origine du taux élevé de mortalité maternelle et infantile. Même lorsque la distance géographique semble réduite, le facteur inhérent à la qualité d'accueil peut contribuer à maintenir la population loin du centre agrée de soin. Il en est ainsi de la longue attente. En effet, il ressort de l'ECAM 3 que la durée moyenne

---

[19] Après sa naissance, le bébé prématuré d'une jeune femme de 17 ans la nommée Vanessa TCHATCHOU disparait sans trace de l'hôpital gynéco-obstétrique et pédiatrique de Ngousso à Yaoundé le 20 août 2011.

[20] Le 12 mars 2016, devant la maternité de l'hôpital Laquintinie de Douala, la nommée Monique KOUMATEKE porteuse d'une grossesse gémellaire est éventrée par son amie qui selon elle tentait désespérément de sauver les bébés alors que la mère était déclarée morte par les infirmières de garde.

[21] F. AFOM, « Les scandales Vanessa TCHATCHOU et Monique KOUMATEKE, La constitution d'un espace public oppositionnel en ligne au Cameroun », *La découverte, Réseaux*, n° 216, 2 019/4, p. 241.

d'attente avant d'être consulté par le service public de SMI/PF est de 101 minutes. Cette durée est moins longue dans les secteurs privés confessionnels (116 minutes) que dans les hôpitaux de référence (126 minutes).

Le coût des SMI peut avoir un impact sur l'indice de la mortalité maternelle et infantile. L'offre des services plus ou moins onéreuse à l'intention des usagers peut le rendre accessible ou non à la bourse des pauvres[22]. Le paiement des soins par l'utilisateur apporterait des fonds supplémentaires nécessaires à l'amélioration du service, mais pourrait à l'opposé constituer un frein à l'utilisation du service. L'accessibilité de la couche de population encore financièrement vulnérable est encore hypothétique. L'accessibilité au service public de santé sexuelle et de reproduction semble encore être tributaire du niveau de vie. La proportion de fréquence des consultations prénatales est élevée chez les femmes non pauvres et cette différence avec les femmes pauvres est remarquable sur les lieux d'accouchement. L'accès aux soins de SMI devient sous ces entrefaites, moins celui que semble impliquer la notion de service public qu'une sorte de contrainte imposée à des gestionnaires d'activités auxquelles on demande d'abord d'être rentables. L'inscription de ce service public dans la logique de rentabilité est difficilement conciliable avec ce que l'on peut attendre du service public hospitalier qui devrait plutôt rendre les conditions d'accès perfectibles.

II. LES CONDITIONS D'ACCÈS PERFECTIBLES

L'accès aux soins de santé en général et aux soins de SMI en particulier bute sur des pesanteurs multiples se situant souvent au niveau géographique, socioculturel, financier et administratif. Ces obstacles à l'accès peuvent se retrouver aussi bien du côté des usagers que du côté du service public qui peine à fournir des soins de qualité dans un espace de temps nécessaire et opportun. Cela implique la mise en place d'une véritable politique préventive et curative sociosanitaire dans laquelle la protection de la SMI occupe une place déterminante car placée au début du parcours de vie. Les obstacles à l'accès au SPSMI (A) ne sont pas une fatalité, car on peut toujours y remédier en explorant quelques pistes d'améliorations (B).

A. Les obstacles à l'accès

Le véritable destinataire du service public c'est l'usager. Dans le même sens, on peut affirmer que la raison d'être du service public de SMI c'est la bonne santé de la mère et de l'enfant. Lorsque ces derniers éprouvent des difficultés à y accéder, le service ne saurait remplir pleinement la mission pour laquelle il a été créé. Les obstacles à l'accès sont de divers ordres. Ils sont tantôt liés à la disponibilité du service, tantôt liés à la qualité de service.

1) Les obstacles liés à la disponibilité du service

Le système de SMI s'entend de l'ensemble des personnels intervenants, des établissements publics et privés et autres réseaux de santé y relatifs, des

[22] P.B. ELOUNDOU MESSI, H. WAIBAI YAYE, « Contraintes aux soins de santé maternelle dans la ville de Maroua », *The IJES*, 2017, p. 13.

organismes d'assurance maladie, ainsi que tous les autres organismes participant à la prévention et aux soins, les autorités sanitaires et les usagers. Ce système est chargé de rendre effectif le droit à la santé de la mère et de l'enfant et les objectifs de la politique de SMI sur l'ensemble du territoire national. Ces différents acteurs sont garants de l'accès aux soins au côté de l'État qui agit en première ligne[23]. Les juristes admettent qu'une activité d'intérêt général puisse être gérée par une personne de droit privé suivant les procédés de droit privé. La fracture entre l'établissement de santé publique et privé ne favorise pas la prise en charge adéquate des patients alors que si l'on invoque le principe de non-concurrence à l'intérieur du service public de SMI, la coopération est acceptable si elle peut concourir à améliorer le parcours de l'usager. On peut dès lors noter un faible niveau d'inter-sectorialité en matière de gestion intégrée des régions de santé alors que la protection de la SMI nécessite au-delà de l'intervention publique, l'action coordonnée de tous les acteurs du système. L'objectif devrait être de créer une communauté professionnelle territoriale de santé qui insère tous les établissements de santé dans un environnement et cela dans une démarche respectueuse de la place de l'ensemble des acteurs.

Bien qu'il ne soit pas l'élément exclusif, l'accès aux soins est considéré comme l'élément essentiel de la protection de la santé[24]. Il représente un droit pour le citoyen à voir naître une action positive des pouvoirs publics. Cependant, l'offre de service en matière de SMI est caractérisée par sa faiblesse et son insuffisance. Le plateau technique vétuste et parfois en voie de dégradation, une infrastructure insuffisante et surtout inégalement répartie sur l'ensemble du territoire. Le milieu urbain semble mieux loti en termes d'infrastructures au détriment du milieu rural quelque peu lésé. En effet, la proportion des ménages qui résident à moins de 5 kilomètres d'une structure sanitaire est de 69,3 % en milieu rural contre 99,3 % en milieu urbain. L'accessibilité physique aux infrastructures de SMI pose moins de problèmes au Cameroun puisqu'en moyenne 84,4 % des populations sont situées à moins de 5 kilomètres d'une structure sanitaire. La disparité persiste suivant le type de formation sanitaire. S'agissant des centres de santé intégrés qui sont des structures élémentaires de santé, la distance qui sépare le ménage de ceux-ci est de 5,6 kilomètres, mais si l'on prend en compte le milieu de résidence, cette distance sera de 7,8 en zone rurale contre 2, 3 en milieu urbain[25]. La couverture géographique en formation sanitaire (FS), infrastructure essentielle pour la SMI est loin de répondre au minimum requis dans toutes les régions du pays avec près de 3 formations sanitaires pour 500 000 habitants.

Les mamans et nouveau-nés meurent encore dans les communautés à cause de la sous-scolarisation, de l'enclavement, de l'éloignement de ces structures sanitaires et de la pauvreté. Les questions de SMI nécessitent la promptitude d'intervention des spécialistes or, en prenant en compte le temps mis pour se rendre dans une structure sanitaire la plus proche, il est possible de constater par

---

[23] X. BIOY, « Le droit d'accès aux soins en droit fondamental » in I. POIROT-MAZERES (dir.) *L'accès aux soins, principes et réalité, Acte du Colloque de l'IFR*, 2010, pp. 37-71.

[24] B. FEUILLET, « l'accès aux soins entre promesse et réalité », *revue de droit sanitaire et sociale*, 2008, n° 4, p. 713.

[25] V.N. YINGER et i. e. RANSOM, *Pourquoi invertir dans la santé des nouveau-nés ? https://www.prb.org/wp-content/uploads/2003/04/WhyInvestNewborn_French.pdf* p. 23. Consulté le 21 décembre 2022.

exemple que l'accessibilité au centre de santé intégré est de 28, 1 minute en moyenne au niveau national. Une disparité persiste suivant le lieu de résidence et la région. Ce temps est élevé chez les pauvres (48, 8 minutes) qui ont une faible accessibilité aux ambulances et autres moyens de transport moderne que chez les non pauvres (41,9 min)[26].

L'accès suppose une équipe pluridisciplinaire centrée sur le couple mère-enfant : le gynécologue obstétricien, le pédiatre généraliste, le pédiatre néonatalogiste, le médecin généraliste, la sage-femme ou maïeuticien, un anesthésiste réanimateur, le psychologue et l'agent de santé communautaire, l'aide-soignant infirmier. Cependant, le personnel qualifié est en nombre insuffisant malgré les vagues de recrutement déjà organisé. Par rapport à la norme OMS, la couverture de la population en personnel médical ne cesse de se dégrader en dépit des efforts de recrutement déployés par le gouvernement avec l'appui des partenaires. Le ratio professionnel de santé est de 0,63 pour 1 000 habitants contre 2,3 en norme internationale. Les spécialistes encore plus rares se retrouvent beaucoup plus dans de grandes agglomérations. Autrement dit, le milieu rural demeure sinistré en ce qui concerne les médecins spécialistes. Ces prestataires habiletés et tellement sollicités limitent le nombre de consultation par jour. D'autres ne reçoivent que sur rendez-vous tracassier de nature à décourager le patient. De nos jours, le nombre et la catégorie du personnel sont intimement tributaires de la localisation urbaine ou rurale, de l'importance du service à offrir en rapport avec le niveau de l'institution. Cette insuffisance qualitative et quantitative parfois criarde des ressources humaines côtoie les obstacles culturels. Le pourcentage d'accouchement assisté par les parents et amis est plus élevé dans les trois régions du septentrion (Adamaoua 20 % ; Extrême Nord 40,5 %, Nord 42,9 %) au détriment de l'assistance par les prestataires qualifiés et formés à cet effet. Il s'agit d'une justification du fait que le contexte culturel qui continue d'influencer les comportements malgré les campagnes de sensibilisation exposant ainsi les parturientes à un risque élevé au moment de l'accouchement[27].

Pour garantir le bénéfice du soin approprié, les services de soins prénatals doivent être disponibles et suffisamment outillés pour répondre aux besoins de la femme enceinte. Le matériel tel le partogramme doit être disponible dans tous les centres hospitaliers pour la détection précoce et la prise en charge rapide des anomalies du travail. Malheureusement il arrive qu'on en accuse constamment la vétusté et même la défectuosité du matériel, si ce n'est la rupture de stock des médicaments dans les pharmacies. Si l'on considère que les femmes qui ont accouché dans les communautés doivent être référées dans les formations sanitaires les plus proches et que certains cas d'urgence méritent d'être transférés, il demeure difficilement accessible, le registre de transfert et le service ambulancier médicalisé. Ces multiples obstacles liés à la disponibilité du personnel et à l'équipement déteignent sur la qualité du service.

---

[26] *Ibid.*, p. 26.

[27] *Profil sanitaire analytique, Cameroun, 2016*, https://www.minsante.cm/site/?q=fr/content/profil-sanitaire-analytique-du-cameroun-2016, p. 94, consulté le 25 octobre 2022.

2) Les obstacles liés à la qualité du service

Le résultat escompté en matière de SMI restera insuffisant si le service public y relatif n'offre pas les soins de qualité à ses usagers. Plus la qualité des prestations est faible, plus le taux de létalité intra hospitalière due aux causes obstétricales directes est élevé. On peut d'ailleurs déplorer la non-maîtrise des causes les plus fréquentes de décès maternels dans les formations sanitaires que sont : l'hémorragie, la dystocie et la prééclampsie pour un taux de létalité *intra-partum* et néonatale de 3,4 % dans les FS. Les fonctions signalétiques manquantes sont respectivement l'accouchement instrumental par voie basse, la réanimation néonatale, et l'administration des anticonvulsivants par voie parentérale.

Alors que ce qui devrait caractériser le service public de SMI c'est sa technicité, sa compétence et son équipement, on a de la peine à savoir que certains FS tergiversent encore à prendre en charge adéquatement la souffrance fœtale aiguë soit parce que la formation du médecin traitant a été au rabais soit pour défaut d'équipement adéquat. La conscience professionnelle a pris un coup à cause de la forte propension déplorable à la rentabilité économique des formations sanitaires publiques et privées. Il est curieux de constater que dans la quasi-totalité des FS, la toute première orientation du patient ou son garde malade c'est toujours à la caisse où il doit d'ailleurs s'aligner. On peut noter une absence totale d'humanisation des soins visant à réduire les inégalités sociales. Le recours à ce service public pourrait s'apparenter à un véritable parcours de combattant pour les uns et un exercice de routine pour les autres. C'est le cas de l'exigence catégorique de paiement d'une caution avant une césarienne qui commande une urgence. L'efficacité du service demeure plombée par trois retards qui seraient au moins le signe d'un dysfonctionnement caractérisé : le retard dans la prise de décision de recourir au service public de santé, le retard d'acheminement vers les services publics de santé appropriés et le retard de prise en charge dans le service de santé.

Malgré l'affichage du protocole d'accès et de l'itinéraire du patient dans les FS, ces services qui ne sont pas exempts de la corruption et du favoritisme ambiant dans plusieurs autres secteurs plombent encore la fluidité du parcours et impacte sur la qualité des soins. Cette dernière peut aussi dépendre du plateau technique et de la qualité du personnel disponible or, non seulement les efforts d'équipement sont insuffisants à cause de leur cherté et du défaut d'entretien de ceux existant mais aussi, la libéralisation des centres de formation aux métiers de santé ne semble pas avoir résolu le problème de la qualité du personnel. Le peu qui maîtrise est archi sollicité et malgré la discipline de leur emploi de temps partagé entre hôpital public et clinique privée, il ne pourra disposer du temps nécessaire pour mieux examiner un bon nombre de patients qui se lassent dans la file d'attente. Alors que le travail bien fait attire la clientèle et le patient ne pense qu'à repartir à l'hôpital chaque fois que le besoin se fait sentir, le travail mal fait ne peut que contribuer à éloigner le patient qui n'est pas satisfait et se méfie des erreurs médicales qui sont souvent fatales.

Découragés par les péripéties qu'implique l'accès aux soins de santé moderne, certains vont se ruer à la médecine traditionnelle qui a désormais pignon sur rue et qui pullulent dans les agglomérations sans qu'on ne puisse distinguer clairement le bon grain de l'ivraie. En effet, l'absence de régulation du secteur de la médecine traditionnelle serait source de libertinage préjudiciable à la santé et à la sérénité des patients en quête de guérison. Ce potentiel de la médecine traditionnelle africaine devrait cesser d'exister en concurrence avec la médecine moderne, mais de connivence avec cette dernière pour une possible amélioration de la garantie d'accès aux soins de qualité.

B. Une possible amélioration de l'accès

La réalisation des objectifs du millénaire pour le développement (OMD 4 et 5) nécessite une innovation en matière de prestation de service et de création de partenariat ouvert. Jusqu'ici, les indicateurs de SMI sont en inadéquation avec les ressources disponibles. Il existerait sûrement un fort potentiel d'amélioration qu'on peut expérimenter à travers le respect scrupuleux de la norme en la matière et la redynamisation de l'idée de service public de SMI.

1) Le respect scrupuleux de la norme en la matière

Le protocole standard camerounais en matière de SMI est arrimé aux prescriptions de l'OMS. Le Cameroun s'est joint aux autres États africains pour lancer la campagne pour l'accélération de la réduction de la mortalité maternelle en Afrique (CARMMA) en 2010. Bien que ces normes relatives à l'équipement des formations sanitaire aient été fixées en 2009, 2011 et 2018, la plupart d'entre elles tardent encore à être respectées. Le programme national multisectoriel de lutte contre la mortalité maternelle, néonatale et infanto-juvénile[28] n'a pas pu juguler le fléau. Depuis 2016, le Cameroun s'est doté d'une nouvelle stratégie sectorielle de santé. Il a également souscrit aux objectifs de développement durable (ODD) et adopté des nouvelles recommandations de l'OMS en santé de reproduction, maternelle, néonatale et infantile. Il a ainsi actualisé sa norme en matière de SMI. Ces normes standards, contrairement à celles de 2011, prennent véritablement en charge la santé du nouveau-né et les consultations préscolaires. La stratégie sectorielle de santé au Cameroun (2016-2027) induit la revue des documents cadres de santé qui précisent le niveau minimum acceptable de performance attendue de chaque composante du SPSMI.

La norme définit les activités qui doivent être exécutées de bonne foi par chaque catégorie de prestataire de services et à chaque niveau de la pyramide sanitaire pour offrir des prestations de qualité à la mère et à l'enfant. Ils comprennent outre la consultation prénatale (CPN), la surveillance du travail, l'accouchement, les soins postnataux, les SONU, la PF, PEC et fistules obstétricales. Ces services qui permettent de prévenir, de dépister et de prendre en charge doivent être offerts selon les techniques approuvées et les directives spécifiques pour chaque niveau. Les services de santé périnatale et néonatale doivent être accessibles, disponibles et respectant la norme de qualité. Le circuit de la mère et du nouveau-né doit être organisé dans chaque structure en prenant en compte la communication, l'accueil et l'orientation. Pour que l'accès soit favorable aux usagers, la norme prévoit les infrastructures suivantes par exemple pour le centre médical d'arrondissement (CMA) : Une salle d'attente servant de lieu de causerie, la salle de consultation, la salle de soin, les salles d'hospitalisation, le vidoir, l'incinérateur, la salle de soin maternelle kangourou, la

[28] *Arrêté n° 095/CAB/PM du 11 novembre 2013.*

salle de garde pour le personnel, la salle de toilette pour les malades[29]. Pour être attrayante, la norme exige par exemple qu'à la maternité de l'hôpital régional, on puisse retrouver la salle servant de lieu de causerie, la salle de soin et d'injection, la salle de garde pour le personnel, la toilette pour personnel et toilette pour malade, le bureau pour médecin, le bureau pour pédiatre, le service de néonatologie avec unité de réanimation néonatale, 4 bureaux dont un pour maîtresse sage-femme, et 3 pour responsables d'unité (grossesse, pathologie, suites de couche, travail etc.…), le bureau pour anesthésiste, la banque de sang, l'unité de soin kangourou avec une salle d'adaptation hospitalière et une salle de suivi ambulatoire[30].

En dehors de l'adoption d'un carnet de santé comme outil permettant d'optimiser le suivi de la SMI, le Cameroun suit conformément aux recommandations de l'OMS, un programme élargi de vaccination (PEV). Un enfant est complètement vacciné lorsqu'il a reçu le BCG, le vaccin contre la rougeole et 3 doses de vaccination contre la polio et DTCoq (diphtérie, tétanos et la coqueluche). D'après le calendrier vaccinal, tous ces vaccins doivent être administrés avant un an. Le programme de « maternité sans risque » a récemment mis un accent particulier sur l'importance des examens postnatals en recommandant que toutes les femmes fassent une visite postnatale dans les 2 jours qui suivent l'accouchement.

2) La redynamisation de l'idée de service public de santé maternelle et infantile

Le développement de la politique nationale de promotion de la SMI pourrait passer par une approche sectorielle adossée sur un concours qualité nécessaire à la promotion de la bonne gouvernance sanitaire. Une révision de la stratégie sectorielle de santé de reproduction axée sur la redynamisation des districts et centres de santé (CS) est envisageable pour corroborer à l'atteinte des objectifs du millénaire du développement (OMD). Jusqu'ici, les programmes de SMI mis en place par le gouvernement et ses partenaires au développement se sont révélés inadaptés ou insuffisants comme solution efficace à la dégradation de la santé de la mère et de l'enfant au Cameroun. Néanmoins, il y a lieu d'encourager ce type de coopération qui peut continuer à accroître le taux de couverture d'intervention essentielle de haute qualité fondé sur la preuve afin de réduire la mortalité maternelle due à l'hémorragie du *post-partum* (HPP), la prééclampsie, l'éclampsie et la septicémie maternelle ou améliorer le résultat sanitaire du nouveau-né et la prise en charge adéquate des prématurés. En dehors des hôpitaux gynéco obstétriques et pédiatriques qui sont le fruit de la coopération sino camerounaise et autres assistances des organes des Nations unies, on peut également encourager l'action du gouvernement japonais à travers le JICA qui dans le domaine d'aide public au développement, a soutenu l'impression des carnets de SMI grâce à l'appui technique de ses volontaires. La stratégie mondiale pour la santé des femmes et des enfants lancée par l'ONU en 2010 fournit une liste des mesures à

[29] *Normes standards en SR/PF au Cameroun, MINSANTE, mars 2018,* https://www.prb.org/wp-content/uploads/2020/06/Normes-Standards-en-SR-PF-au-Cameroun.pdf, consulté le 26 décembre 2022.

[30] *Norme standards en SR/PF au Cameroun, MINSANTE mars 2018, ibid.*,

prendre afin d'augmenter la mise à disposition efficiente des prestations. Cette liste recommande aux donateurs bilatéraux et multilatéraux, des efforts concertés pour l'alignement des priorités et l'accroissement des engagements envers les femmes et les enfants[31]. En effet, les partenaires doivent appuyer les plans nationaux de santé existant pour améliorer l'accès universel aux prestations notamment l'information et les services en matière de planification familiale, les SONU, l'encouragement de l'allaitement maternel exclusif jusqu'à l'âge de 6 mois, la thérapie de réhydratation orale et la supplémentation en zinc pour traiter la diarrhée et l'administration du complément nutritionnel telle la vitamine A.

La meilleure couverture sanitaire de cette couche vulnérable implique l'accroissement du budget alloué au secteur de santé notamment les 15 % du budget suivant la déclaration d'Abuja de 2001. Ainsi, on pourrait expérimenter avec succès la gratuité du traitement préventif intermittent du paludisme chez les femmes enceintes et pour les enfants de moins de 5 ans, la gratuité des programmes de vaccination élargie pour les enfants de moins de 5 ans, la distribution gratuite des moustiquaires imprégnées aux femmes enceintes[32] et l'accès gratuit aux antirétroviraux pour les malades du SIDA. L'amélioration de l'accès primaire aux soins de SMI commande la subvention de l'État dans ce domaine qui implique la réduction des coûts des médicaments essentiels dans les FS, l'allègement des frais à payer pour recevoir les soins et la mise en place des pharmacies communautaires pour privilégier la proximité et réduire l'exode dû à l'éloignement du service public de santé. L'adoption d'une souplesse en matière tarifaire permet l'atténuation des inégalités sociales d'accès aux soins. Une politique de réduction du coût des soins maternels est mise en œuvre à travers les kits obstétricaux, les chèques santé et la subvention des contraceptifs. Les charges financières liées aux consultations, aux médicaments, au matériel médical, à l'expertise médicale et à chaque service reçu au sein de l'établissement de santé sont énormes et peuvent repousser le patient moins nanti alors que le financement obligatoire de la collectivité semble mieux correspondre à l'objectif « santé pour tous » décidé par l'OMS en 1977[33].

Étant donné que la plupart des décès d'enfants sont évitables, l'État est tenu de revitaliser ses efforts en mettant en place des actions globales et intégrées destinées à lutter contre les principales maladies responsables de la mortalité infantile telles que la rougeole, la pneumonie, la diarrhée, et le paludisme[34]. L'État gagnerait à refonder le système de fonctionnement des services publics hospitaliers de manière à les rendre aptes à répondre efficacement aux attentes de la population en matière d'accès aux soins de santé quel que soit le caractère

---

[31] OMS, *Global Strategy for Women's and Children's Heath,* WWW.Who.int., http://www.who.int./pmnch/topics/maternal/201009_globalstrategy_wch/en/index.html, 2010, consulté le 5 janvier 2023.

[32] *Minsanté du Cameroun, profil pharmaceutique du pays,* Minsanté/OMS, Yaoundé 2011, p. 22.

[33] G.B. NKOUMO NGOA, « Gratuité des soins et utilisation des services de santé maternelle, Une analyse d'impact au Sénégal », *Actualité économique- Revue d'Analyse Économique,* vol.96, n° 2, juin 2020, p. 160.

[34] Pourquoi investir dans la santé de reproduction au Cameroun ? https://esaro.unfpa.org/sites/default/files/pub-pdf/Pourquoi%20investir%20la%20sante%20de%20la%20reproduction%20au%20Cameroun.pdf, consulté le 20 décembre 2022.

public ou privé de l'établissement[35] de santé. Cette démarche doit s'effectuer dans le cadre du renforcement du système de SMI de manière à garantir à la mère ainsi qu'à sa progéniture, la prise en charge équitable et adéquate dans la logique de continuité, d'adaptabilité de neutralité et de transparence. La démarche à adopter doit être celle d'une organisation apprenante caractérisée par un monitorage continu afin qu'il soit permis d'adopter régulièrement les stratégies et activités en fonction du contexte local et des résultats obtenus[36]. Les efforts doivent être coordonnés avec ceux qui mènent les activités dans d'autres secteurs pour traiter des questions ayant une incidence sur la santé tels l'assainissement, l'accès à l'eau et aux autres boissons salubres, la malnutrition, l'égalité de sexe et l'autonomisation de la femme[37]. On peut également suggérer la multiplication des séminaires de renforcement des capacités du personnel et le privilège qui doit désormais être accordé à la spécialisation dans le métier de la santé de reproduction[38]. Une répartition équitable au prorata de l'importance de la population des ressources matérielles et humaines disponibles pourrait donner lieu à une utilisation efficace dans l'optique de l'effectivité de la protection de la SMI.

L'accès au service public de santé maternelle et infantile demeure préoccupant au Cameroun. Cela permet de relever que les programmes gouvernementaux mis en place et soutenus par les partenaires au développement peinent à faire reculer rapidement le taux de mortalité maternelle, néonatale et infanto-juvénile ciblé dans le cadre de l'objectif du développement durable (ODD) d'ici 2030. Le faible accès au service public de SMI qui interpelle toutes les parties prenantes doit être remédié en tenant compte des déterminants sociaux, environnementaux et économiques afin d'optimiser la couverture sanitaire dans ce domaine déjà inégalement réparti dans le triangle national. L'accessibilité à ce service pourrait être construite sur des acquis mais aussi sur certaines réformes en profondeur pour assurer la couverture de santé universelle et mieux répondre aux attentes de l'OMS.

---

[35] POIROT-MAZERES ISABELLE, « Du service public hospitalier en ses contradictions », *JDA,* 2017, p. 198.

[36] *Profil sanitaire analytique, Cameroun, 2016, op.cit.* p. 116.

[37] *Stratégie Mondiale pour la Santé de la Femme, de l'Enfant* et de l'adolescent, http://crowd360.org/wp-content/uploads/2014/10/Global-Strategy-briefing-Consultation-French.pdf p. 7, consulté le 15 novembre 2022

[38] D. KONDJI KONDJI, « Améliorer l'accès aux soins et service de santé au Cameroun », *Rencontre sur les inégalités sociales Santé,* Québec, 2008, v° https://www.inspq.qc.ca/sites/default/files/jasp/archives/2008/15_50_Dominique_Kondji.pdf du 19 décembre 2022, consulté le 4 mai 2023.

FINANCEMENT DE L'UNION AFRICAINE : RADIOSCOPIE ET TRAJECTOIRE D'UNE RÉFORME INACHEVÉE

Yanic KENHOUNG

PhD en science politique, Université de Dschang
Administrateur civil, ministère des Finances, Cameroun

Bien plus que jamais, les finances publiques ne sont plus les seules finances de l'État et des collectivités territoriales. Désormais, elles sont aussi celles des organisations internationales[1]. Les difficultés des États à honorer leurs obligations financières à l'égard des organisations internationales dont ils sont membres et les contraintes grandissantes de ces organisations conduisent celles-ci à agir dans un environnement budgétairement contraint. Autant les organisations internationales sont amenées à repenser leurs activités en diversifiant les sources de financement[2], autant elles sont appelées à restructurer les mécanismes de contributions des États membres[3]. Progressivement, les conceptions budgétaires traditionnelles des États et des organisations internationales ont été affectées par la consécration des thématiques du *New Public Management*[4] et leurs exigences de performance et de plus grande transparence[5].

L'Union africaine (UA) n'est pas restée en marge des dynamiques des finances publiques impulsées par ses États membres. En effet, constatant la forte dépendance vis-à-vis des partenaires et les difficultés financières de l'organisation panafricaine, les dirigeants africains ont décidé que la réforme du financement de l'UA s'avère urgente et nécessaire. L'institution est censée jouer un rôle essentiel dans la réalisation de la vision de l'Agenda 2063 de l'Afrique qui vise à assurer

---

[1] G. ORSONI (dir.), *Finances Publiques - Dictionnaire Encyclopédique,* Marseille, Economica, 2e édition, 2017, p. 2.

[2] A.- T. NORODOM, F. BIN, « Propos introductifs », *in* A.- T. NORODOM, F. BIN (dir.), *Les finances des organisations internationales*, Paris, Pedone, 2022, pp. 8-9.

[3] Les États membres de l'Union africaine ont par exemple adopté le mécanisme de financement à partir de la taxe de 0,2 % sur les importations hors d'Afrique pour alléger le poids de leurs contributions sur les budgets nationaux.

[4] Le *New Public Management* est une innovation de la gestion axée sur les résultats et qui rime avec efficacité et efficience. Il représente davantage un levier qui déplace le « bon ordre » de l'administration, en s'appuyant sur la légitimité utilitaire du savoir managérial. Il en capte la force disciplinaire au moyen d'un étalonnage des performances, qui conjugue l'art de gouverner sur le mode impératif de la compétitivité. Lire Y. PESQUEUX, « *New Public Management (NPM)* et Nouvelle Gestion Publique (NGP) », thèse de doctorat en science de gestion, Université Paris-Sorbonne, 2020, p. 42.

[5] G. ORSONI, *op. cit.* p. 2.

une croissance économique forte et un développement inclusif[6]. Pour réaliser ses ambitions et assurer une mise en œuvre efficace et effective de ses missions, l'UA a engagé une réforme financière durable pour ses programmes et la réduction de la dépendance financière excessive vis-à-vis des partenaires au développement. Cette réforme inspirée des avancées du droit public financier interne de plusieurs États membres[7] vise l'autonomie financière et la gestion budgétaire axée sur les résultats[8]. Eu égard à ces ambitions fortes, cette réforme qui connaît des limites d'ordre conceptuel et opérationnel mérite d'être réajustée.

L'analyse scientifique sur le financement de l'UA est rare. Si les thématiques sur les finances de l'État, des collectivités locales et de la sécurité sociale font l'objet d'un intérêt soutenu chez les chercheurs en finances publiques, les finances des organisations internationales ne sont pas toujours l'objet de la même attention. Or les ponctions des budgets nationaux au profit de ces organisations, la manière dont sont gérés ces fonds et l'utilisation qui en est faite doivent désormais nourrir la réflexion en finances publiques[9]. D'après Edmond JOUVE, ils doivent sortir d'une approche nationale ou « localiste » pour intégrer la proximité, la présence, l'influence des questions internationales dans l'espace national ou local[10]. La présente réflexion vise à pallier ce manquement en utilisant les méthodes empirique et analytique pour questionner la réforme financière de l'UA. La réquisition de ces méthodes permet d'observer la réforme, tout en prenant en compte les données réelles actualisées, de même que l'intentionnalité des acteurs qui l'animent.

L'ensemble des aspects de cette thématique qui interroge les ressorts, la structuration et les contraintes de la réforme financière de l'UA sera discuté à partir de l'hypothèse suivant laquelle ladite réforme ambitieuse est timidement mise en œuvre. Elle connaît des entraves de divers ordres pouvant être levées par des mesures correctives pour une pleine autonomie financière de l'institution panafricaine.

La discussion de cette hypothèse va s'inscrire dans le cadre théorique de l'institutionnalisme sociologique qui dans son fondement, cherche à expliquer « *comment les institutions structurent les processus sociaux et politiques, influencent leur aboutissement et provoquent des mutations* »[11]. Cette perspective

---

[6] Adopté lors du Sommet de juin 2015, l'Agenda 2063 est un cadre stratégique purement africain pour la transformation du continent au cours des 50 prochaines années, et qui a pour fondement la croissance inclusive et le développement durable. Il sert de base à l'élaboration des plans de développement à moyen terme des États membres, des communautés économiques régionales et des organes de l'UA.

[7] F. NGOUNMEDJE, « Le budget des organisations internationales à l'aune de la performance : contribution à l'étude du budget des organisations africaines d'intégration », *in Revue africaine de finances publiques (RAFIP)*, n° 9, premier semestre 2021, pp. 451-489.

[8] Cette réforme est encadrée par la décision de la Conférence Assembly/AU/Dec.605 (XXVII) de Kigali, juillet 2016, modifiée et complétée par les décisions Assembly/AU/Dec.635 (XXVIII), Assembly/AU/Dec.687 (XXX) et EX. CL/Dec.916 (XXVIII) ; les décisions Assembly/ AU/Dec.561 (XXIV) d'Addis Abeba, janvier 2015, et Assembly/AU/Dec.577 (XXV) et Assembly/AU/Dec.578 (XXV) de Johannesburg, juin 2015.

[9] M. BOUVIER, « le financement des organisations internationales », *in Revue française de finances publiques*, vol. 52, 1995, p. 3.

[10] E. JOUVE, « le financement des organisations internationales et ses implications politiques », *in Revue française de finances publiques*, vol. 52, 1995, p. 37.

[11] P. J. DIMAGGIO et W. POWELL, « Introduction », *in* W. POWELL, P. J. DIMAGGIO (eds), *The New Institutionalism in Organizational Analysis,* Chicago, University of Chicago Press, 1991, p. 1-38.

analytique permet de s'intéresser à la manière dont les institutions socialisent les acteurs, modifient leur manière de penser et défendent leurs intérêts et points de vue[12]. La plus-value de ce choix théorique réside dans la facilitation de l'observation d'une pluralité d'acteurs aux rôles multiples posant des actions allant dans le sens ou pas de l'appropriation de la feuille de route de la réforme financière de l'UA. Il convient alors de mettre en exergue la genèse de cette réforme ambitieuse (I) qui s'opère dans un environnement organisationnel traversé par des contraintes multiples (II).

I. LA GENÈSE D'UNE RÉFORME AMBITIEUSE

Les ressources financières constituent le cœur de toute organisation, sans lesquelles aucune institution ne peut fonctionner si elle en est dépourvue[13]. Pendant longtemps, le financement des activités de l'UA a reposé sur le système de contributions à partir des budgets des États membres et des partenaires extérieurs. Ceci a exposé les ressources financières de cette institution à la volatilité des finances publiques des États membres, renforçant ainsi l'image d'une organisation faible, sans programmes de développement et sans ressources financières stables. Conscient de ces défis et de ce que « *le changement dans les organisations internationales repose fondamentalement sur le besoin de légitimation des acteurs* »,[14] plusieurs figures de la renaissance africaine ont entrepris diverses initiatives (A) qui ont abouti à une réforme financière au contenu audacieux (B).

A. Les grandes figures de la réforme et leurs initiatives

Bien qu'elles soient globalement sous-financées en comparaison avec les moyens financiers des États membres et de plusieurs sociétés transnationales, les organisations internationales contemporaines qu'elles soient à vocation universelle ou régionale, doivent assumer une série de dépenses incontournables : dépenses du personnel, frais associés à la tenue des réunions ordinaires et aux sessions des travaux des organes délibérants, dépenses locatives et de logistique, etc.[15]. Pour l'UA, le développement spectaculaire de certaines activités opérationnelles dans les dernières décennies a eu un impact majeur sur ses besoins grandissants de financement, notamment les opérations de maintien de la paix, l'assistance humanitaire, les activités liées aux programmes de développement, le suivi et monitoring dans le domaine des droits de l'homme, etc.[16].

---

[12] S. SAURUGGER, *Théories et concepts de l'intégration européenne*, Paris, PFNSP, 2e édition mise à jour et augmentée, 2020, pp. 127-154 ; M. GAZIBO, J. JENSON, la *politique comparée : fondement, enjeux et approches théoriques*, Montréal, PUM, 2004, p. 203.

[13] M. HAURIOU, *Principes de droit public*, Paris, Larose & Tenin, 1er éd., 1910.

[14] S. SAURUGGER, *op. cit.* p. 127.

[15] M. DIEZ DE VALESCO VALEDJO, *Les organisations internationales*, Paris, Economica, 2002, p. 97.

[16] F. ROCH, D. F. NYAMABO, « Quelques réflexions sur les enjeux entourant les contributions volontaires et Le sous-financement des organisations internationales au sein du système des Nations Unies », *in* A.- T. NORODOM, F. BIN (dir.), *Les finances des organisations internationales*, Paris, Pedone, 2022, pp. 26 et 27.

Historiquement, l'Organisation de l'unité africaine (OUA) a été largement tributaire des contributions statutaires des États membres pour financer ses activités qui, pour la plupart sont des fonctions d'ordre administratif. La création de l'UA a accru les besoins opérationnels, rendant impérieuse l'identification d'autres sources de financement requises non seulement pour faire fonctionner les différents organes de l'Union, mais également pour mettre en œuvre ses programmes continentaux de l'Agenda 2063.

Suite à la transition vers l'UA au tournant du millénaire[17], plusieurs propositions ont été faites pour la mise en place d'un mécanisme de financement fiable, efficace et prévisible pour l'Union. Plusieurs initiatives ont ainsi été prises, conduisant à la désignation des *leaders* de haut niveau appelés à mener des réflexions sur le financement de l'organisation. Successivement, les Présidents Abdoulaye WADE du Sénégal, OLUSEGUN OBASANJO du Nigeria et Paul KAGAME du Rwanda ont influencé l'aboutissement de la réforme et provoqué la mutation au sens de Sabine Saurugger[18].

1) Abdoulaye WADE : les prélèvements sur les importations les primes d'assurance

Précurseur et défenseur du Nouveau partenariat pour le développement de l'Afrique (NEPAD)[19], Abdoulaye WADE est convaincu de l'urgente nécessité de réduire la pauvreté et de mettre en place un plan de développement pour l'Afrique, Il a tôt fait de penser que cette vision ne peut devenir réalité que si l'UA est en mesure de mobiliser les ressources nécessaires pour son autofinancement. Il va ainsi proposer deux sources de financement, notamment les prélèvements sur les importations et sur les primes d'assurance[20].

S'agissant du prélèvement sur les importations, il a proposé de prélever 0,2 % sur la valeur de toutes les importations de biens de consommation, à l'exception des dons et des exemptions payables par l'importateur. Ce prélèvement est considéré comme une partie des droits de douane collectés au profit de l'Union par les services des douanes des États membres et transféré au compte bancaire de l'UA via les banques nationales[21].

En ce qui concerne la proposition de prélever sur les primes d'assurance, le principe consistait à prélever 0,2 pourcent ou plus sur les primes d'assurance au moment de son paiement par les citoyens africains et les entreprises opérant sur le continent[22].

En 2005, ces propositions de nouveaux mécanismes de financement ont été soumises à l'examen des États membres. Les réserves formulées par les pays comme le Burundi, la Gambie, le Ghana, le Kenya, la Namibie, la Tunisie et la Zambie ne vont pas faciliter l'opérationnalisation desdits mécanismes. Plus tard en 2009, le panel de haut niveau sur les sources alternatives de financement de l'UA

---

[17] L'UA a été officiellement créée en 2002 à Durban en Afrique du Sud sous les cendres de l'Organisation de l'unité africaine (OUA).

[18] S. SAURUGGER, op. cit. p. 127.

[19] Agence de développement de l'UA fondée en 2001.

[20] Union africaine, Rapport intérimaire sur les sources alternatives de financement de l'Union africaine, Khartoum au Soudan, 16 au 21 janvier 2005, p. 2.

[21] Ibid.

[22] Ibid., p. 3.

sera mis en place sous l'égide de OLUSEGUN OBASANJO, ex-président de la République Fédérale du Nigeria.

2) Olusegun Obasanjo : les taxes de solidarité et d'hospitalité

Le panel sur les sources alternatives de financement de l'UA dirigé par OLUSEGUN OBASANJO, était composé de Edem KODJO, ancien Secrétaire général de l'OUA et Luisa DIOGO, ancien Premier ministre et ministre des Finances du Mozambique. Les conclusions de leurs travaux ont relevé la non-viabilité du système de financement de l'UA[23].

Le panel s'est fondé sur un certain nombre de contraintes de financement de l'Union, notamment d'importants arriérés de paiement de la part de certains États membres, la forte dépendance vis-à-vis des partenaires au développement, l'inadéquation entre les contributions statutaires et le budget programme de l'UA pour proposer les taxes d'hospitalité et sur les billets d'avion comme deux mécanismes devant permettre à l'Afrique de prendre en charge elle-même le financement de son développement, et assurer de façon responsable le processus d'intégration dans lequel elle s'est engagée depuis des décennies[24].

La taxe de solidarité est un prélèvement de 10 dollars E. U opéré sur les billets d'avion pour les vols en partance ou à destination de l'Afrique. La taxe d'hospitalité quant à elle, est un prélèvement de 2 dollars supporté par les touristes lors de leurs séjours dans les hôtels en Afrique. Ces taxes sont collectées par les pays membres et reversées à l'organisation pour lui permettre progressivement de supprimer les contributions statutaires et assurer son autonomie en ressources propres dans sa quête d'intégration du continent[25].

Au cours de la 21e session de la conférence des chefs d'État et de gouvernement en mai 2013 à Addis Abeba marquant le cinquantenaire de la création de l'OUA/UA, OLUSEGUN OBASANJO a présenté son rapport. La conférence après avoir examiné les différentes propositions[26], a adopté le rapport ainsi que les deux options proposées comme les sources alternatives de financement de l'UA. Elle a par la suite confié la réflexion sur les modalités de mise en œuvre aux ministres des Finances et de la Planification économique[27].

Entre 2014 et 2016, les travaux du panel vont inspirer les réflexions sur les sources alternatives de financement de l'Union sous le leadership de Paul KAGAME.

3) Paul Kagamé et la réforme structurelle adossée à la taxe sur les importations hors d'Afrique

Sous le *leadership* de Paul KAGAME, Président de la République du Rwanda, la réforme financière de l'UA a connu un tournant décisif. Outre les sources de

---

[23] Union africaine, Modalités de mise en œuvre des deux options retenues par la conférence des chefs d'État et de gouvernement de l'Union africaine sur les sources alternatives de financement de l'Union africaine, Addis Abeba en Éthiopie, 2013, p. 5.

[24] Ibid. p. 15.

[25] Ibid., pp. 11 et 12.

[26] La République du Cap-Vert a formulé une réserve à la proposition faite par le panel.

[27] Décision *Assembly/AU/Dec.486 (XXI)* sur les sources alternatives de financement de l'Union africaine, 27 mai 2013.

financement, la réforme s'est étendue à la définition d'un barème de contribution revu sur la base d'autres critères comme la capacité à payer, la solidarité et le partage équitable de la charge. Elle a aussi couvert le Fonds pour la paix, les modalités de mise en œuvre d'une source alternative de financement, la gestion des ressources et les sanctions en cas de retard dans le paiement des contributions.

Pour conduire le processus, Paul KAGAME, accompagné par Idriss DEBY ITNO, Président de la République du Tchad et Alpha CONDE, Président de la République de Guinée[28], a mis sur pied une équipe consultative panafricaine constituée de : Donald KABERUKA, ancien président de la Banque africaine de développement, Cristina DUARTE, ancienne ministre des Finances du Cap-Vert, Acha Leke, associé principal, *McKinsey & Company*, Carlos LOPES, ancien Secrétaire exécutif de la Commission économique des Nations unies pour l'Afrique, Strive MASIYWA, fondateur *ECONET Wireless*, Tito MBOWENI, ancien gouverneur de la *South African Reserve Ban,* Amina MOHAMMED, ministre de l'Environnement du Nigeria, Mariam MAHAMAT NOUR, ministre de l'Économie et de la Coopération internationale du Tchad, Vera SONGWE, directrice régionale pour l'Afrique centrale et de l'Ouest de la Société financière internationale[29].

En juillet 2016, la Commission de l'UA et le président dédié ont organisé une « retraite sur le financement de l'Union » en marge du 27e sommet tenu à Kigali au Rwanda. 30 chefs d'État et de gouvernement, des ministres des Affaires étrangères, des ministres des Finances et autres représentants des États membres y ont pris part. À l'issue de cette retraite au cours de laquelle l'équipe de la réforme a livré ses conclusions, la conférence a adopté la décision ordonnant à tous les États membres de mettre en œuvre un prélèvement de 0,2 % sur les importations hors d'Afrique à partir du 1er janvier 2017[30]. L'objectif ici est de fournir un financement fiable et prévisible pour la paix et la sécurité continentales par le biais du Fonds pour la paix, fournir une source de financement équitable et prévisible pour l'Union en vue de réduire la dépendance vis-à-vis des fonds des partenaires pour la mise en œuvre des programmes de développement et d'intégration continentaux, et soulager la pression sur les trésoreries nationales en ce qui concerne le respect des obligations nationales de paiement des contributions fixées.

Depuis lors, les travaux de l'équipe du Président KAGAME ont structuré profondément le paysage financier de l'UA.

B. La structuration et les avancées de la réforme financière de l'UA

Partant de ce qu'une action structurée est rendue possible par un système partagé de règles qui contraignent et rendent possible les capacités des agents à agir[31], l'UA a pris son destin en main. En introduisant dans ses finances la logique

---

[28] *Decision Assembly/AU/Dec.635 (XXVIII) on the outcome of the retreat of the assembly of the African Union on the institutional reform of the African Union, Addis Ababa in Ethiopia, January 2017.*

[29] Décision *Assembly/AU/Dec.605 (XXVII)* sur les conclusions de la retraite de la Conférence de l'UA, Kigali au Rwanda, 18 juillet 2016.

[30] Ibid.

[31] P. J. DIMAGGIO et W. POWELL, « Introduction », *in* W. POWELL, P. J. DIMAGGIO (eds), *op. cit.* pp.1-38.

de performance, l'organisation panafricaine s'arrime à la modernité financière au sens de ce que le Professeur Michel BOUVIER appelle la « *gouvernance financière publique d'excellence* »[32]. Pour ce faire, l'Union agit sur les leviers du financement et de la gestion budgétaire d'une part (1), du mécanisme de surveillance et de responsabilité financière d'autre part (2).

1) Le financement et les règles de gestion budgétaire

La décision historique adoptée à Kigali en juin 2016 institue un prélèvement de 0,2 % sur les importations hors d'Afrique en vue du financement du budget de l'UA. D'après cette décision, les sommes perçues du prélèvement sont automatiquement versées par l'administration nationale dans un compte ouvert pour l'Union auprès des banques centrales de chaque État membre[33]. En 2022, seuls 17 États membres sur 55 ont domestiqué le prélèvement de la taxe de 0,2 % sur les importations hors d'Afrique[34].

En effet, au cœur de l'élan des réformes budgétaires et financières en cours, se trouve le désir des États membres de parvenir à une Union axée sous leur responsabilité et financièrement adossée aux ressources autonomes, prévisibles, durables et équitables. À cette fin, la conférence a engagé les États membres à financer 100 % du budget de fonctionnement, 75 % du budget programme et 25 % du budget des opérations de soutien à la paix. Ces objectifs devaient être atteints sur une période de cinq ans à compter de janvier 2016[35]. Les États membres ont assumé l'entière responsabilité des besoins opérationnels de l'Union en atteignant l'objectif de 100 % en 2019, après avoir culminé à 45 % dans les années antérieures. Les contributions au budget programme ont enregistré une tendance à la baisse pour atteindre un creux de 21 % en 2021[36]. C'est ainsi qu'à la suite d'une évaluation qui a révélé des progrès lents vers la réalisation des objectifs, notamment en ce qui concerne le financement du budget programme, l'Assemblée a prolongé la mise en œuvre de cette décision pour cinq années supplémentaires jusqu'en 2025[37].

Bien plus, la réforme financière de l'Union prévoit une dotation de 400 (quatre cent) millions de dollars, répartie entre les cinq (5) régions, destinée au financement des opérations de la paix en Afrique. Ce fonds vise à mettre en œuvre

---

[32] M. BOUVIER, « Nouvelle gouvernance financière publique et transformations du pouvoir politique », *in Réformes des finances publiques et modernisation de l'Administration, Mélanges en l'honneur de Robert Hertzog*, Paris, Economica, 2010, pp. 57 et s.

[33] Décision *Assembly/AU/Dec.605 (XXVII)* sur le financement de l'Union, Kigali au Rwanda, juin 2016.

[34] Union africaine, Rapport du progrès dans la mise en œuvre des décisions sur les réformes budgétaires et financières : « Vers une Union africaine financièrement viable et autonome », 13 au 14 juin 2022, Rabat au Maroc, p. 12. Il s'agit de : Kenya, Gambie, Congo, Gabon, Rwanda, Cameroun, Tchad, Sierra Leone, Djibouti, Côte d'Ivoire, Guinée, Bénin, Soudan, Ghana, Mali, Togo et Nigeria.

[35] Décision *Assembly/AU/Dec.578 (XXV)* sur le barème des contributions et les sources alternatives de financement de l'Union africaine, Johannesburg en Afrique du Sud, 15 juin 2015.

[36] Union africaine, Rapport du progrès dans la mise en œuvre des décisions sur les réformes budgétaires et financières : « Vers une Union Africaine financièrement viable et autonome », *op. cit.* p. 5.

[37] Decision EX. CL/Dec.1119 (XXXVIII) on the report of the joint-sitting of the ministerial committee on scale of assessment and contributions and the committee of fifteen ministers of finance (f15), Addis Ababa en Ethiopia, 04 February 2021.

de mécanismes permettant de relever les défis régionaux spécifiques à la paix et à la sécurité sur le continent. Il est alimenté par le prélèvement de 0,2 % sur les importations éligibles hors d'Afrique[38]. Ce fonds pour la paix revitalisé est un mécanisme qui, une fois pleinement opérationnel, contribuera jusqu'à 25 % des besoins budgétaires des opérations de soutien à la paix, entre autres activités de paix et de sécurité. À la mi-2022 et en dépit des réticences de certains principaux contributeurs[39], les collectes cumulées du fonds s'élevaient à un peu plus de deux cent soixante (260) millions de dollars EU contre la dotation complète de 400 (quatre cent) millions de dollars EU à atteindre d'ici 2023[40], toute chose qui démontre la force des résolutions et des capacités collectives africaines.

Outre cette ambition, la réforme a intégré la formulation d'un barème triennal des contributions tenant compte des principes de capacité de paiement, de solidarité et de partage équitable de la charge afin d'éviter la concentration des risques[41]. Il est conçu dans l'intention d'améliorer le partage général de la charge du budget et garantir que l'Union soit financée de manière prévisible, durable, équitable et responsable avec la pleine propriété de ses États membres. Lors de la 32e session ordinaire de la conférence tenue les 10 et 11 février 2019 à Addis Abeba en Éthiopie, le premier barème reformulé de l'UA pour la période allant de 2020 à 2022 a été adopté. Il s'appuie sur une méthodologie à plusieurs niveaux : tous les pays dont le PIB est supérieur à 4 % sont logés au niveau 1 ; tous les pays dont le PIB est supérieur à 1 %, mais inférieur à 4 % sont au niveau 2 ; tous les pays dont le PIB est inférieur ou égal à 1 % figurent au niveau 3. Cette méthodologie configure les contributions des États de la manière suivante : pays du niveau 1 h 45.151 % ; pays du niveau 2 h 32.749 % ; pays du niveau 3 h 22.100 %[42]. Ce barème a été reconduit pour l'année 2023 et les travaux pour la définition du barème 2024-2026 sont en cours.

Pour rendre cette démarche contraignante, la conférence a bien avant renforcé le régime de sanctions au défaut de contribution, portant ainsi de 2 ans à 6 mois le délai dans lequel un État membre sera considéré comme étant défaillant[43]. Le

---

[38] Décision *Assembly/AU/Dec.605 (XXVII)* sur le financement de l'Union, Kigali au Rwanda, juin 2016.

[39] B. AUGE, F. DJILO, « Nouvelle commission de l'Union africaine (2021-2025). Défis et enjeux après la réforme initiée par Paul Kagamé », *Briefings de l'Ifri*, Ifri, décembre 2021, p. 6.

[40] Union Africaine, Rapport du progrès dans la mise en œuvre des décisions sur les réformes budgétaires et financières : « Vers une Union Africaine financièrement viable et autonome », *op. cit*, p. 7.

[41] *Decision Assembly/AU/Dec.635 (XXVIII) on the outcome of the retreat of the assembly of the African Union on the institutional reform of the African Union, Addis Ababa in Ethiopia, January 2017.*

[42] Décision *Assembly/AU/Dec.734 (XXXII)* sur le barème de contributions statutaires pour le budget ordinaire et le Fonds pour la paix, Addis Abeba en Éthiopie, 11 février 2019.

[43] Ces sanctions sont articulées ainsi qu'il suit : a. les États membres qui ne s'acquittent pas de leurs obligations et qui n'ont pas versé au moins 50 % de leurs contributions statutaires à la fin du deuxième trimestre (6 mois) de chaque exercice financier pour lequel la contribution est due, sont réputés être en arriéré de contribution, en fonction des cycles budgétaires des États membres ; b. la période au terme de laquelle les États membres sont considérés en arriérés de contribution est de six (6) mois pour le court terme, d'un (1) an pour la période intermédiaire et de deux (2) ans pour le long terme ; c. les sanctions sont appliquées en trois étapes, à savoir : des sanctions d'avertissement pour les arriérés à court terme, des sanctions intermédiaires pour les arriérés à moyen terme et des sanctions complètes pour les arriérés à long terme ; d. les sanctions d'avertissement, qui privent les États membres de leur droit à la parole au cours des réunions de l'UA, sont appliquées à ceux qui

nouveau régime de sanctions met l'accent sur le respect des obligations en introduisant une application progressive des sanctions en cas de défaillance[44]. Il est applicable et plusieurs pays sont déjà tombés sous le coup desdites sanctions.

Par ailleurs, outre la prise en compte dans l'exercice de leurs missions et d'impératif de gestion axée sur les résultats, les organisations internationales tendent à reproduire en leur sein la budgétisation axée sur les résultats[45]. La rationalisation budgétaire adosse l'élaboration du budget de l'UA à l'atteinte des objectifs et son exécution aux exigences de performances depuis l'adoption et le basculement vers le paradigme du budget programme. De 2015 à 2022, Le budget programme de l'UA a été élaboré et exécuté dans le cadre des programmes et projets phares d'importance à l'échelle continentale, ainsi que la mise en œuvre des directives et décisions des organes délibérants[46].

À cet effet, pour normaliser ses actions par un ensemble de mécanismes de surveillance, de correction et de redressement au sens de Michel FOUCAULT[47], l'UA a adopté le paradigme du budget programme, lequel permet de construire ses interventions sur des actions adossées aux objectifs précis et des indicateurs de résultats mesurables[48]. La budgétisation axée sur les résultats vise à effectuer des choix judicieux d'allocation des ressources entre les objectifs prioritaires du développement, tenant en compte la performance, l'efficacité, l'efficience, l'économie et l'impact[49]. Cette normalisation s'étend aussi sur les mécanismes de surveillance et de responsabilité financière qui sont prévus afin de s'assurer que les organes chargés de prévoir le contenu des budgets respectent des normes préétablies et les bonnes pratiques budgétaires[50].

---

accusent des arriérés de paiement à court terme ; e. les sanctions intermédiaires comprennent toutes les sanctions prévues à l'article 23 (1) de l'Acte constitutif, aux articles 5, 26, 35 (2.a) du règlement intérieur de la Conférence, à l'article 78 (6) du règlement financier de l'UA et à l'article 18 (8) des Statuts de la Commission, et la suspension du droit des États membres à : i.être membre d'un bureau de tout organe de l'Union, ii. accueillir tout organe, institution ou bureau de l'Union, iii. avoir leurs ressortissants désignés membres des missions d'observation électorale, des missions d'observation des droits de l'homme, ou être invités à toute réunion organisée par l'Union, iv. avoir leurs ressortissants recrutés comme personnel élu et non-élu y compris les consultants, les volontaires, les stagiaires, etc. ; f. les sanctions complètes comprennent toutes les sanctions prévues aux paragraphes (c) et (d) sus-indiqués, celles énoncées à l'article 35 (2.b) du règlement intérieur de la conférence et ainsi que la suspension du droit de ces États membres à prendre part aux réunions de l'Union.

[44] Décision Ext/Assembly/AU/Dec.3 (XI) sur le nouveau régime des sanctions de l'Union africaine pour non-paiement des contributions, Addis Abeba en Éthiopie, 18 novembre 2018.

[45] G. BASTID-BURDEAU, « Les finances de l'organisation », *in* E. LAGRANDE, J.-M. SOREL (dir.) *Droit des organisations internationales*, Paris, LGDJ, 2014, pp. 582-588.

[46] Union africaine, Rapport du progrès dans la mise en œuvre des décisions sur les réformes budgétaires et financières : « Vers une Union Africaine financièrement viable et autonome », *op, cit.* p. 3.

[47] M. FOUCAULT, J. DERRIDA, G. DELEUZE (dir.), *Pensées rebelles.*, Paris, éd. Sciences humaines, coll. « Petite bibliothèque de sciences humaines », 2013, p. 55.

[48] Décision *Assembly/AU/Dec.578 (XXV)* sur le barème des contributions et les sources alternatives de financement de l'Union Africaine, Johannesburg en Afrique du Sud, 15 juin 2015 ; *Decision Assembly/AU/Dec.635 (XXVIII) on the outcome of the retreat of the assembly of the African Union on the institutional reform of the African Union, Addis Abeba, Ethiopia, January 2017.*

[49] F. NGOUNMEDJE, *op. cit.*, pp. 451-489.

[50] V. NDIOR, « La généralisation des recours de l'audit financier au sein des organisations internationales », *in* A.- T. NORODOM, F. Bin (dir.), *Les finances des organisations internationales*, Paris, Pedone, 2022, p. 243

2) Les mécanismes de surveillance et de responsabilité financière

L'institution des mécanismes de surveillance et de responsabilité apparaît incontournable dans un contexte international marqué par la multiplication des attaques portées à l'encontre du multilatéralisme et de ses institutions. En effet, « *Plusieurs organisations internationales sont régulièrement accusées d'exploiter les contributions financières des États membres de façon inégalitaire ou à mauvais escient, justifiant le choix des États membres de paralyser leur fonctionnement ou de s'en retirer* »[51]. La réforme financière de l'UA a institué les mécanismes de surveillance et de responsabilité à travers les « Règles d'Or », ainsi que le contrôle par les représentants des États membres.

Les « Règles d'Or » de bonne gestion et de reddition des comptes sont des principes de base à respecter pour établir un budget crédible et une gestion financière efficace. Elles ont été instituées pour guider les gestionnaires de l'Union[52]. Il s'agit d'un ensemble de neufs (09) principes budgétaires calqués sur le droit budgétaire interne et qui, en dépit du caractère spécifique des finances des organisations internationales, concourent à la rationalisation des choix budgétaires de l'Union[53]. Ces « Règles d'Or » au sein de l'UA sont articulées ainsi qu'il suit : les contributions des États membres doivent couvrir un seuil minimal du budget (100 % du budget de fonctionnement, 75 % du budget programmes et 25 % du budget paix et sécurité d'ici 2020) ; les revenus doivent être prévisibles ; les budgets doivent être crédibles ; les plafonds de dépenses doivent être fixés ; toutes les dépenses doivent être autorisées ; les flux de ressources et les transactions doivent être fiables et efficaces ; la mise en œuvre de la responsabilité institutionnelle ; les rapports doivent faire partie intégrante du processus de gestion financière ; la mise en œuvre d'un processus centralisé pour la mobilisation des ressources des partenaires[54]. La mise en œuvre des « Règles d'Or » a induit des améliorations voulues par la réforme, notamment la rationalisation des budgets annuels successifs de l'Union, la focalisation sur les résultats et l'alignement sur les priorités.

D'un point de vue institutionnel, l'instauration des « Règles d'Or », a renforcé les pouvoirs du sous-comité du comité de représentants permanents (COREP) sur la supervision générale et la coordination des questions budgétaires, financières et administratives, ainsi qu'un comité des quinze ministres des Finances (Comité F15) en tant que mécanismes de contrôle et de responsabilisation solides pour l'utilisation efficace et prudente des ressources[55]. Ces organes sont institués pour examiner les priorités, les propositions budgétaires et soumettre leurs recommandations aux organes délibérants de l'UA. Depuis 2018, ces organes ont

---

[51] Ibid., p. 244.

[52] Décision Assembly/AU/Dec.687 (XXX) sur le rapport d'avancement sur la mise en œuvre de la Décision de la conférence Assembly/AU/Dec.635 (XXVIII) sur la réforme institutionnelle de l'Union africaine et son additif, Addis Abeba, 29 janvier 2018.

[53] G. ORSONI, « Quels principes budgétaires pour les organisations internationales ? L'impossible rationalisation budgétaire », *in* A.- T. NORODOM, Fabrice Bin (dir.), *Les finances des organisations internationales*, Paris, Pedone, 2022, p. 203.

[54] Décision Assembly/AU/Dec.687 (XXX) sur le rapport d'avancement sur la mise en œuvre de la décision de la Conférence Assembly/AU/Dec.635 (XXVIII) sur la réforme institutionnelle de l'Union africaine et son additif, Addis Abeba, 29 janvier 2018.

[55] Décisions Assembly/ AU/Dec.605 (XXVII), Assembly/AU/Dec.635 (XXVIII), Assembly/AU/Dec.687 (XXX), *op. cit.*

permis dans le cadre de leur mandat de surveillance, de participer au processus budgétaire en veillant à ce que les allocations financières soient proportionnelles aux besoins opérationnels et programmatiques, à l'application rigoureuse des principes de gestion financière, budgétaire et de responsabilité de l'Union[56].

Cependant, cette réforme qui structure les actes d'administration et de gestion des responsables de l'UA par le canal des schémas formels qui se répètent jusqu'à se transformer en pratiques routinières intériorisées comme telles[57], connaît des contraintes, c'est-à-dire tout ce qui se dresse contre elle et qu'elle doit affronter[58].

II. UNE RÉFORME IRRÉVERSIBLE TRAVERSÉE PAR DES CONTRAINTES MULTIPLES

Une organisation ou une action organisée, par elle-même, peut expliquer par ses contraintes, les apparentes irrationalités du comportement de l'acteur[59]. La réforme financière de l'UA est un processus complexe de changement qui intervient sous l'effet des multiples contraintes au sens de Laurence DUMOULIN et Sabine SAURUGGER[60]. Elle est certes irréversiblement à parfaire (B), mais connaît diverses entraves (A). L'UA ne semble pas échapper aux problèmes financiers des organisations traversées par des facteurs politiques et sociaux qui leur sont inextricables[61].

A. Les contraintes de la réforme financière de l'UA

Les contraintes, qu'elles soient intrinsèques ou externes, sont « *des éléments de fait et de données qui sont défavorables à l'atteinte des objectifs* »[62]. Celles liées au financement de l'UA sont à la fois d'ordre intrinsèque (1) et opérationnel (2).

1) Les contraintes intrinsèques

Les contraintes intrinsèques sont celles liées à la structuration de la réforme sur le plan juridique, du financement proprement dit et de la gestion budgétaire.

À l'analyse, de la déclinaison historique, il ressort que le contenu de la réforme financière de l'UA *supra* n'a pas été juridiquement bien structuré. En effet, les différents instruments juridiques de la réforme sont intervenus coup par coup, et ont connu une inflation de 2015 à 2019[63]. La réforme s'est ainsi opérée en cascade à travers un corpus juridique sécrété sans une réelle cohérence holistique, allant de la décision sur le financement à celle sur le barème de contributions, en passant par les décisions sur le régime de sanctions, sur les « Règles d'Or » de gestion

---

[56] Union africaine, Financement de l'Union, Rapport d'étape présenté lors du 4e comité technique spécialise sur les finances, les affaires monétaires, la planification économique et l'intégration, réunion virtuelle des experts 19 mai 2021, p. 9.

[57] S. SAURUGGER, *op. cit.* pp.127-128.

[58] J. ROJOT, *Théorie des organisations*, Paris, Éditions ESKA, 2003, p. 220.

[59] M. CROZIER, E. FRIEDBERG, *L'acteur et le Système*, Paris, Seuil, 1977, p. 230.

[60] L. DUMOULIN, S. SAURUGGER, « Les *policy transfer studies.* Analyse critique et perspectives », *in Critique internationale*, n° 48, 2010, pp. 9-24.

[61] G. JèZE, *Cours de finances publiques : 1931-1932*, Paris, M. Giard, 1932, p. 312.

[62] J. ROJOT, pp. 219-220.

[63] De 2015 à 2022, plus d'une dizaine de décisions ont été prises dans le cadre de la réforme financière de l'UA.

financière, la création et le renforcement du rôle du comité F15. Cette inflation des instruments juridiques de la réforme édictés par l'Union ne facilite pas l'appropriation par les acteurs de sa mise en œuvre. À cet égard, l'on note que la révision du règlement financier pour intégrer les éléments de la réforme engagée depuis 2019 est toujours en cours[64]. En outre, l'alignement du règlement financier qui est considéré comme la « constitution financière » de l'Union devait être un préalable. Cela aurait facilité l'appropriation et l'implémentation de la réforme par la centralisation de tous les instruments juridiques de la réforme.

Pour ce qui est du financement proprement dit de l'Union, la réforme a cloisonné pour l'essentiel, les ressources à la taxe de 0,2 % sur les importations hors du continent, laquelle est collectée par les États et reversée à concurrence de leur barème de contribution. Ce mécanisme en lui-même semble limitatif au regard des besoins de financement de l'UA et des derniers développements de la doctrine sur l'autonomie financière des organisations internationales. En effet, cette autonomie passe non seulement par les contributions des États membres, mais désormais par l'accroissement des ressources propres ne dépendant pas des États membres, notamment les prélèvements fiscaux sur différents systèmes d'enregistrement internationaux et les financements privés[65]. La réforme n'a pas pris ces derniers aspects en compte, toute chose qui est préjudiciable à l'autonomie financière de l'UA.

Sur le plan de la gestion budgétaire, la réforme n'a pas suffisamment élaboré sur certains fondamentaux du budget programme en ce qui concerne le calendrier budgétaire, l'unité budgétaire et l'exigence de la performance. En effet, l'absence d'un calendrier budgétaire formel est préjudiciable au processus budgétaire de l'UA en ce sens où les acteurs ne sont pas astreints au respect des délais formels dans le processus de préparation et d'exécution du budget. Cette situation est souvent à l'origine non seulement des retards observés lors de la soumission du budget annuel aux organes délibérants, mais aussi du décalage entre les dépenses, les flux de fonds et les besoins de la trésorerie de l'Union[66]. En outre, la réforme a consacré dans la décision *Assembly/AU/Dec.605 (XXVII),* la « pluralité budgétaire »[67] au détriment du principe de l'unité budgétaire. Cette règle institue trois budgets pour l'Union, notamment, le budget de fonctionnement, le budget-programme et le budget des opérations de soutien à la paix[68]. Cette absence d'unité du budget porte atteinte à l'unité organisationnelle de l'UA et à la logique d'interdépendance des missions qui lui sont confiées pour réaliser les buts qui lui ont été statutairement fixés[69].

Sur le plan managérial, la réforme financière de l'UA n'a pas suffisamment élaboré sur la culture de la performance, laquelle induit la planification stratégique pluriannuelle du budget et les mécanismes opérationnels de la chaîne planification, programmation, budgétisation, suivi-évaluation (PPBS). Ces éléments importants

---

[64] Décision EX. CL/ Dec.1168-1188 (XLI) du conseil exécutif sur les rapports des sous-comités du comité des représentants permanents (COREP), Quarante et unième session ordinaire du conseil exécutif, Lusaka en Zambie, 15 juillet 2022.
[65] A.- T. NORODOM, F. BIN (dir.), *op. cit.* pp. 18-19.
[66] Union africaine, Financement de l'Union, *op. cit.* p. 12.
[67] A.- T. NORODOM, F. BIN (dir.), *op. cit.* p. 12.
[68] Décision *Assembly/AU/Dec.605 (XXVII)* sur les conclusions de la retraite de la Conférence de L'UA, Kigali au Rwanda, 18 juillet 2016.
[69] A- T. NORODOM, F. BIN (dir.), *op. cit.* p. 13.

de la gestion budgétaire axée sur les résultats ne figurent pas dans le corpus juridique de la réforme. Alors qu'ils auraient contribué à affiner le processus budgétaire de l'Union, en établissant un lien entre les stratégies à moyen ou long terme et le budget annuel, ils auraient également pu définir ainsi le cheminement pour atteindre les objectifs des plans et des stratégies de l'agenda 2063 en encadrant les adaptations du budget nécessaires à leur mise en œuvre[70]. Ces outils de rationalisation des choix budgétaires auraient permis aux décideurs de disposer du temps nécessaire pour réaliser une politique, aux gestionnaires de disposer d'une visibilité pour agir, traduisant ainsi l'arrimage « *avec une logique économique, une logique de gestion, porteuse d'une culture de la performance* »[71].

Au total, les contraintes intrinsèques revêtent certains éléments structurels manquants, lesquels impactent considérablement la réforme financière de l'UA et sont pour l'essentiel à l'origine de certains écueils opérationnels.

2) Les contraintes opérationnelles

L'ordre multilatéral au sein de l'UA est structuré par les stratégies des acteurs et les relations de pouvoir qu'il traduit[72]. L'on assiste à la délicate immutabilité de l'ordre multilatéral décrite par Guillaume Devin pour qui, « *le multilatéralisme se construit lentement, il se reforme difficilement. Comme toute entreprise complexe, les changements sont délicats*, [...] *la délibération à plusieurs pour agir ensemble est trop sensible aux différences de position et d'intérêt pour se fixer dans une forme irréversible* »[73]. L'opérationnalisation des décisions sur les questions de la réforme du financement de l'UA suit cette logique en ce qui concerne la mise en œuvre du prélèvement de la taxe de 0,2 %, le paiement des contributions ordinaires, le fonds pour la paix, l'instauration des « Règles d'Or » et la mise en œuvre du budget programme.

Dans le cadre de l'application de la décision relative au financement de l'Union par la taxe de 0,2 % sur les importations hors du continent, il est à relever que seuls 17 États membres sur 55 s'y sont soumis. En l'absence de mécanisme contraignant permettant de s'assurer que les fonds collectés soient effectivement transférés, plusieurs pays bien que collectant ladite taxe, ne la reversent pas à temps et à hauteur de leurs contributions[74]. L'opérationnalisation de la décision *Assembly/AU/Dec.605 (XXVII)* sur le financement de l'UA est aussi entravée par certains États qui suggèrent sa flexibilité du fait de leurs engagements internationaux et souhaitent constituer une provision budgétaire pour payer leur contribution. Ces derniers ont la crainte d'une violation des engagements pris dans le cadre des systèmes commerciaux multilatéraux, en particulier l'OMC et divers accords de partenariat économique. Certains pays évoquent leur Constitution

---

[70] F. NGOUNMEDJE, « Le budget des organisations internationales à l'aune de la performance : contribution à l'étude du budget des organisations africaines d'intégration », *op. cit.* pp. 467-469.

[71] M. BOUVIER, M.-C. ECSLASSAN, J.-P. LASSALE, *Finances Publiques*, Paris, LGDJ, 19e édition, coll. Manuel, 2020-2021, p. 23.

[72] G. DEVIN, M-C. SMOUTS, *Les organisations internationales*, Paris, Armand Colin, 2011, p. 16.

[73] G. DEVIN, « Le multilatéralisme est-il fonctionnel ? », *in* B. BADIE et G. DEVIN, (dir.), *Le multilatéralisme : nouvelles formes d'action internationale*. Paris, La Découverte, 2007, pp. 151-155.

[74] Union africaine, Rapport du progrès dans la mise en œuvre des décisions sur les réformes budgétaires et financières : « Vers une Union africaine financièrement viable et autonome », *op. cit.* p. 12.

nationale qui empêche la création d'un compte séquestre auprès des banques centrales. Les petits États insulaires quant à eux, relèvent qu'une augmentation des droits de douane sur la petite quantité d'importations pourrait potentiellement affaiblir leurs petites économies non diversifiées qui dépendent principalement du tourisme[75].

Relativement au fonds pour la paix redynamisé en 2016 à travers la décision *Assembly/AU/Dec.605 (XXVII)* sur le financement de l'Union, son implémentation révèle un certain nombre de blocages. Cette décision de la conférence stipule que les États membres verseront au fonds pour la paix un montant de 325 millions de dollars EU en 2017. Cette contribution sera portée à 400 millions EU de dollars d'ici 2021 à hauteur de 80 millions de dollars EU par région. Toutefois, en raison de l'imprécision de la décision sur les modalités de répartition entre les États membres de chacune des régions, la date butoir de dotation du fonds a été prorogée de 24 mois[76], afin de permettre à Donald KABERUKA, haut représentant de l'UA pour le financement de l'Union et du fonds pour la Paix, de mener des consultations régionales sur l'évaluation dudit fonds. Rendue à fin 2022, la dotation du fonds n'est pas atteinte et son barème des contributions toujours pas défini. Pour atteindre la contribution d'un peu plus de 360 millions de dollars EU en 2022, la Commission de l'UA a appliqué le barème général des contributions pour déterminer les contributions des États membres. Une telle approche est contestée par les pays de la région du Nord qui évoquent le poids financier qui pèse sur eux et la concentration des risques[77].

Pour ce qui est de la mise en œuvre des « Règles d'Or » et du budget programme au sein de l'Union pour rationaliser le budget, le focaliser sur les résultats et l'aligner sur les priorités, il est apparu la difficulté du capital humain à même de cerner les enjeux, la non opérationnalité de certains points des « Règles d'Or » du fait de l'inadéquation des logiciels de gestion budgétaire (SAP et AMERT) et du non-alignement au règlement financier. Au cours des dernières années, l'exécution du budget de l'Union a été confrontée à l'absence d'interfaçage des systèmes SAP et AMERT, rendant ainsi inopérantes certaines « Règles d'Or »[78]. À cet effet, le Conseil exécutif a souvent exprimé sa vive inquiétude quant à la violation de certaines « Règles d'Or » par le personnel de l'Union[79].

Outre le déséquilibre budgétaire permanent, l'imprévisibilité des dépenses et la résistance à la performance qui caractérisent en général les organisations africaines

---

[75] Union africaine, Rapport sur la taxe de 0,2 % et des propositions pour accélérer sa mise en œuvre, Retraite du comité des quinze ministres des Finances (F15), Rabat-Maroc, 13 au 14 juin 2022, pp. 8-12.

[76] Décision EX. CL/Dec.1061 (XXXV) sur le rapport du haut représentant de l'UA pour le financement de l'Union et du Fonds pour la Paix relatif aux résultats des consultations régionales sur l'évaluation du Fonds pour la Paix de l'UA, Niamey au Niger, 5 juillet 2019.

[77] Union africaine, financement de l'Union, Rapport d'étape présenté lors du 4e comité technique spécialise sur les finances, les affaires monétaires, la planification économique et l'intégration, *op. cit.* pp. 6-7.

[78] Union africaine, financement de l'Union, Rapport d'étape présenté lors du 4e Comité technique spécialisé sur les finances, les affaires monétaires, la planification économique et l'intégration, *op. cit.* pp. 7-8.

[79] Décision *EX. CL/Dec.1069 (XXXV)* sur le budget de l'Union africaine pour l'exercice financier 2020, 35e session ordinaire du Conseil exécutif, Niamey au Niger, 4 au 5 juillet 2 019.

d'intégration régionale[80], l'examen des projets de budget successifs 2019, 2020, 2021 et 2022 révèle une « pluralité budgétaire » et une absence de programmes définis en fonction des objectifs, des actions et des indicateurs de résultats. Ces budgets successifs entretiennent de graves confusions entre le budget programme censé être opérationnel et le budget de moyens. Entre autres anomalies constatées, il est relevé le faible taux d'exécution des budgets antérieurs, le chevauchement des mandats au sein des structures de la Commission, le poids important des dépenses pour voyages et réunions par ailleurs source de gaspillage et la faible productivité du personnel qui n'est pas astreint à l'obligation de résultat. Plus grave est le déphasage entre ces différents budgets de l'Union avec les aspirations et les objectifs de l'Agenda 2063.

Bien plus, plusieurs écueils ont été relevés par le comité des quinze ministres des Finances de l'UA en charge de la supervision de la réforme financière à l'occasion de son intervention dans le processus budgétaire 2022, notamment la présentation d'un budget déséquilibré en violation du principe fondamental de l'équilibre budgétaire, le financement excessif d'activités stratégiques par les partenaires en violation de la « Règles d'Or » n° 1, l'absence d'un cadre budgétaire crédible qui oriente le budget, l'absence d'une politique de mobilisation, de centralisation et d'alignement des ressources des partenaires internationaux sur le cycle de planification et de budgétisation, l'absence d'un calendrier budgétaire crédible, une structure des coûts davantage axée sur les activités de fonctionnement que sur les activités ayant un impact sur la réalisation des objectifs de l'Agenda 2063.[81]

Au total, les contraintes à la réforme financière de l'UA relèvent de l'hypothèse de l'équilibre précaire qui caractérise les organisations multilatérales. Cet équilibre est toujours plus ou moins contestable et se doit d'être un processus d'ajustement permanent, car l'ordre ne surgit pas de lui-même, mais doit être construit[82]. Bien plus, les institutions ne sont pas seulement traversées par les contraintes, elles établissent le critère fondamental au travers duquel les acteurs découvrent leurs préférences, « *elles sont des schémas cognitifs et les modèles moraux qui fournissent les cadres de signification guidant l'action humaine* »[83].

B. Une réforme irréversible à parfaire

Les contrastes révélés dans la conception et la mise en œuvre de la réforme financière de l'UA nécessitent de prendre des mesures correctives afin d'éviter ce que Michel BOUVIER appelle « *l'illusion de la réforme* »[84]. Outre les mesures correctives à apporter pour lever les contraintes sus-évoquées peuvent être proposés en vue du parachèvement de la réforme, l'émergence d'un financement

[80] F. NGOUNMEDJE, *op. cit.* pp. 477-487.

[81] Décision EX. CL/ Dec.1 168 (XLI) sur les rapports des sous-Comités du Comité des Représentants Permanents (COREP), 41e session ordinaire du Conseil exécutif, Lusaka en Zambie, 14 au 15 juillet 2022.

[82] G. DEVIN, « Le multilatéralisme est-il fonctionnel ? », *in* B. BADIE et G. DEVIN, (dir.), p. 161.

[83] S. SAURUGGER, *op. cit.* pp.127-132.

[84] M. BOUVIER, « La conduite de la réforme budgétaire dans les pays en développement : réflexion méthodologique », *in Actes de la IIIe Université de printemps de finances publiques du Groupement européen de recherches en finances publiques (GERFIP)*, Paris, LGDJ, 2007, p. 129.

transnational de l'UA (1) et l'alignement de la pratique budgétaire aux exigences du budget programme axé sur les résultats (2).

1) Vers l'émergence d'un financement transnational de l'UA

L'élargissement des missions des organisations internationales requiert plus de ressources et un budget adapté. Le paradoxe financier de l'efficacité des organisations internationales repose sur l'idée qu'une organisation internationale plus performante doit s'émanciper des États tout en restant constitutivement leur « chose », puisque sa création comme son fonctionnement reposent sur le traité constitutif. Les finances des organisations internationales ne peuvent s'entendre qu'au regard de leur autonomie fonctionnelle, laquelle nécessite de repenser les modes de financement de leurs activités en diversifiant les sources voire en modifiant leur structure de fonctionnement[85]. L'autonomie financière de l'UA est un impératif central et stratégique. Le grand défi est alors celui de l'adoption d'un nouveau modèle de financement propre à enrayer la dépendance de son budget tributaire à plus de 60 % de l'apport extérieur[86], et des contributions des États empreintes d'incertitudes[87].

Si l'UA est encore fortement tributaire des fonds des partenaires, des contributions obligatoires et volontaires des États, les contributions des acteurs non étatiques peuvent aujourd'hui être essentielles au développement d'une meilleure capacité financière dans une approche coordonnée[88]. Il s'agit par exemple d'associer les acteurs du monde des affaires dans une cible d'objectifs réfléchis sur le long terme, de développer des plateformes de rencontre adaptables et efficaces entre le capital issu des investissements privés et l'Union, pour un financement innovant et coordonné[89]. L'idée est celle de favoriser l'établissement d'une coopération financière plus durable et transparente, en fonction des objectifs et avantages de l'UA, couplés avec ceux de l'initiative privée, tout en évitant les éventuels conflits d'intérêts pouvant nuire à la crédibilité de l'organisation[90].

Le financement transnational en vue d'une autonomie financière réelle de l'UA pourrait aussi être mis en œuvre à travers la mobilisation, l'accroissement et la diversification des ressources propres[91], lesquelles sont encore globalement très peu développées par les organisations internationales. Il s'agit des ressources qui ne dépendent pas des États membres, en l'occurrence les produits venant d'autres

[85] A- T. NORODOM, F. BIN (dir.), *op. cit.* pp. 10-12.

[86] B. AUGE, F. DJILO, « Nouvelle Commission de l'Union africaine (2021-2025). Défis et enjeux après la réforme initiée par Paul Kagamé », *op. cit.* p. 7.

[87] N. CLARENC BICUDO, « L'obligation de contribution des États membres et les conséquences de son inexécution », *in* A- T. NORODOM, F. BIN (dir.), *op. cit.* pp. 170-204.

[88] C. REGIS, M. STANTON-JEAN (dir.), *Les organisations internationales en transformation*, Montréal, PUM, 2021, p. 31.

[89] P. RICARD, « Les financements d'une organisation internationale hybride : l'exemple de l'Union internationale pour la conservation de la nature », *in* A- T. NORODOM, F. BIN (dir.), *op. cit.*, pp. 111-131 ; M. C. RUNAVOT, « L'accès à des financements diversifiés et l'innovation institutionnelle : l'exemple du partenariat public-privé : GAVI », *in* A- T. NORODOM, F. BIN (dir.), *op. cit.* pp. 132-152.

[90] D. DREYSSE, « Les financements privés : l'exemple de l'OMS », *in* A- T. NORODOM, F. BIN (dir.), *op. cit.* pp. 43-69.

[91] G. BASTID-BURDEAU, *op. cit.* p. 582.

activités, les services fournis aux autres entités, les ressources propres fiscales basées sur des actes de coopération négociés et juridiquement formalisés, etc.[92].

La mobilisation de ces ressources transnationales au profit de l'UA suppose l'élaboration d'un droit financier transnational spécifique et mieux adapté à ses besoins. Cette perspective de financement associée aux contributions statutaires et volontaires des États est ainsi à situer dans le paradigme de la « turbulence » de James ROSENAU[93] qui distingue deux mondes : le monde des États et le monde multicentré[94]. Le financement de l'organisation panafricaine serait alors une totalité qui abriterait une pluralité d'acteurs et de stratégies se situant à la croisée de l'interétatique et du transnational favorisant non seulement la levée du niveau suffisant de ressources, mais exigerait davantage une pratique budgétaire en adéquation avec les ambitions de l'organisation.

2) Une pratique budgétaire alignée aux exigences du budget programme

Le budget est un instrument de normalisation du comportement des acteurs dans les organisations. Il est la traduction financière de la vie, le vecteur de la normalisation, de la performance et de la conformité de l'organisation[95]. L'UA qui s'est fixé cette ambition à travers le budget programme doit pouvoir aligner sa pratique budgétaire à ce paradigme, lequel exige la budgétisation par programme, axée sur les actions à entreprendre et sur les objectifs en vue desquels elles doivent être entreprises tout en mettant l'accent sur les buts à atteindre[96].

Dans cette perspective, la pratique budgétaire de l'UA pour être performante doit intégrer l'exigence de la planification stratégique pluriannuelle du budget. Il s'agit d'un document cadre ou stratégique servant de lien entre les politiques générales et le budget annuel sur une période donnée. C'est un document prospectif et prévisionnel basé sur un projet à long terme dans le cadre de la réalisation des aspirations de l'Agenda 2063 et ses plans décanaux de mise en œuvre. Pour être efficace, cette planification doit associer : la prévision et l'évaluation des actions ; la rationalisation et l'optimisation des choix budgétaires ; la réalisation du contrôle par l'induction de la logique de résultat[97].

Il est question aussi de manière plus pratique comme l'a suggéré le comité des quinze ministres des Finances de l'UA de l'application des « Règles d'Or » sur la gestion crédible et transparente du budget, de la fixation des critères du plafonnement pour chaque cycle budgétaire, du respect des principes fondamentaux de l'unité et de l'équilibre, de l'élaboration d'un calendrier budgétaire crédible pour donner une lisibilité au processus budgétaire, de la définition d'un cadre de crédibilité et de prévisibilité des ressources issues des partenaires, de la fixation des priorités dans les dépenses budgétaires en mettant l'accent sur les programmes et projets de développement autres que les missions, les voyages et les réunions, de la définition des programmes et la nomenclature

---

[92] L. STANKIEWICZ, « Les ressources propres des organisations internationales : évolutions budgétaires et fiscales », *in* A- T. NORODOM, F. BIN (dir.), *op. cit.*, pp. 85-107.

[93] J. ROSENAU, *Turbulence in World politics*, Princeton, Princeton University Press, 1990.

[94] Le monde des États renvoie à une configuration régionale interétatique tandis que le monde multi centré fait référence à la transnationalisation.

[95] M. FOUCAULT, J. DERRIDA, G. DELEUZE (dir.), *op. cit.*, p. 55.

[96] F. NGOUNMEDJE, *op. cit.* pp. 453-464.

[97] *Ibid.*, pp. 467-477.

budgétaire de l'Union et leurs revues au cours de chaque cycle budgétaire, de l'opérationnalisation de l'ensemble des mécanismes de contrôle[98]. La mise en œuvre de ces propositions permet de consolider la réforme budgétaire de l'UA, notamment par le renforcement de l'efficacité et l'efficience de ses dépenses, la bonne visibilité des politiques de développement et la programmation appropriée des crédits[99].

Les dynamiques économiques, politiques et géostratégiques actuelles centrées sur les grands ensembles régionaux annoncent une reconfiguration de l'ordre international dans lequel l'Afrique est appelée à jouer un rôle important à travers l'UA. Érigée de plus en plus comme l'interlocutrice du continent, l'UA reste confrontée aux problèmes financiers pour la réalisation de son agenda transformationnel. Elle a à cet effet engagé une réforme financière pour prendre son destin en main et garantir l'appropriation de ses propres ressources.

Cette analyse faite dans un contexte de rareté des travaux scientifiques sur le financement de l'organisation panafricaine est un éclairage sur la réforme financière engagée, laquelle a une longue traversée historique qui lui a permis d'opérer un contenu dense et ambitieux. Toutefois, avec l'élargissement des interventions de l'UA, les contraintes inhérentes et opérationnelles de toute action organisée, cette réforme connaît un bilan contrasté et s'inscrit dans la durée, surtout si l'on songe à la formule du baron LOUIS, père des principes budgétaires « *Faites-moi de bonne politique, je vous ferai de bonnes finances* »[100].

Dans un monde en pleine mutation et aux relents réalistes qui exigent une pleine autonomie de l'UA, des pistes de solutions sont proposées pour rendre cette réforme financière plus performante. En l'occurrence, il s'agit de la migration vers un financement transnational et l'alignement de la pratique budgétaire aux exigences du budget programme axé sur les résultats. Comme KWAME N'KRUMAH, il s'agit à travers ces suggestions d'envisager le futur possible de l'indépendance financière de l'Union pour « *créer une société moderne qui donnera à notre peuple la possibilité de vivre une vie pleine et satisfaisante [...]* »[101]

---

[98] Décision EX. CL/ Dec.1 168 (XLI) sur les rapports des Sous-Comités du Comité des Représentants Permanents (COREP), 41e session ordinaire du Conseil exécutif, Lusaka en Zambie, 14 au 15 juillet 2022.

[99] A. LARHILD, « L'apport de la programmation budgétaire pluriannuelle dans la modernisation de l'État », OCDE, article disponible sur www.institudesfinances.gov.ib, consulté le 10 décembre 2022, à 4 heures, p. 4.

[100] G. ORSONI, op. cit. p. 212.

[101] K. N'KRUMAH, *L'Afrique doit s'unir*, Paris, Présence africaine, 1994, pp. 197-254.

RECHERCHE DES PRINCIPES DIRECTEURS DU DROIT À LA RÉMUNÉRATION EN DROIT DE LA FONCTION PUBLIQUE

Suzie Esther TEMTIA NOUMEMBE

Maître-assistant CAMES, Chargée de cours,
Université de Douala

Comme tous les autres droits fondamentaux reconnus aux citoyens, la rémunération en est un. Le statut général de la fonction publique camerounaise en ses articles 27 à 30, présente la rémunération d'abord comme étant un droit comprenant un traitement indiciaire, des prestations familiales obligatoires et éventuellement, des indemnités et primes diverses. Un droit érigé en principe ayant valeur constitutionnelle, voire législative et réglementaire, puisque l'objectif de l'État est d'assurer le bonheur et le bien-être de tous. Ceci passe par le droit au travail, le droit de concourir à un emploi public[1]. Ainsi, après service fait, la rémunération doit être un droit pour tout agent.

De manière générale, exercer une fonction publique consiste à assurer une tâche d'intérêt public, c'est-à-dire, politique, technique, administrative et judiciaire dans le cadre d'une collectivité publique[2]. En fait, il s'agit plus concrètement, de définir le droit de la fonction publique comme un droit applicable à l'activité professionnelle des personnels des administrations publiques. Sont concernés ainsi par le droit à la rémunération dans la fonction publique, tous les agents publics de l'État, à savoir tous ceux qui sont régis par le statut de la fonction publique de l'État, les statuts spéciaux et les statuts particuliers. On peut citer les fonctionnaires, les contractuels…

La rémunération est une contrepartie du travail ou de la disponibilité du travailleur fixe ou variable, calculée au temps ou au rendement, fixée en argent ou pour partie en nature[3]. Elle comporte à cet effet, non seulement le salaire et ses accessoires (primes, gratification, indemnités, pourboires), mais également l'ensemble des avantages accordés au travailleur en vue de lui permettre de satisfaire à ses besoins. À travers cette définition donnée par le *Vocabulaire juridique*, on peut dire que la rémunération est un ensemble d'éléments en argent et en nature qui, réunis, permettent de satisfaire aux besoins et bien-être de l'agent

[1] Cf. article 6 de la Déclaration des droits de l'Homme et du citoyen du 26 août 1789 et article 13 de la Charte africaine des droits de l'homme et des peuples. Ces deux textes internationaux sont reconnus par la plupart des constitutions africaines.

[2] D. ALLAND et S. RIALS, dir., *Dictionnaire de la culture juridique,* Paris, PUF, 2003, p. 729.

[3] CORNU (G), *Vocabulaire juridique*, Paris, PUF, 2022

comme énoncé par les textes constitutionnels dans la plupart des pays. Il est ici question de rechercher les principes qui soutiennent le droit à la rémunération, dans la fonction publique, de manière générale.

L'usage de principe est synonyme de commencement à l'origine. Ce qui traduit l'idée d'habitude, de répétition. Pour les juristes, le principe s'appréhende de deux manières, d'abord pour exprimer l'idée d'une règle établie voire particulière qui produit un raisonnement inductif, enfin peut s'entendre comme un corps de règles issues d'une élaboration méthodique, réfléchie, disposées dans un ordre systématique[4]. C'est un ensemble de règles qui inspirent à la construction d'un droit : on a alors les principes généraux, les principes fondamentaux…

Ainsi, on parle de principes généraux de droit qui peuvent être écrits ou non. BERGEL distingue deux dérives des principes généraux à savoir les principes directeurs qui dépendent en fait de l'ordre social, et les principes correcteurs qui les corrigent.[5] Il renchérit son argumentaire en s'inspirant du vocabulaire philosophique, en le considérant comme « l'ensemble des propositions directrices auxquelles tout le développement ultérieur est subordonné ».

Les principes directeurs du droit à la rémunération regroupent alors tous les éléments qui permettent de rassembler ou de constituer de près ou de loin cette rémunération. La politique du gouvernement en la matière consiste à adapter le niveau des salaires au coût de la vie ; car l'objectif est d'améliorer les conditions de vie du fonctionnaire. Le Cameroun n'est pas loin de cette démarche.

La réflexion sur la recherche des principes directeurs du droit à la rémunération, va nous permettre de comprendre pourquoi nous sommes arrivés à faire de cela un droit entièrement à part, et surtout les mécanismes et les techniques d'aboutissement au traitement proprement dit. Ainsi la préoccupation majeure sera : quels sont les principes directeurs qui gouvernent le droit à la rémunération dans la fonction publique ? Dans une démarche essentiellement juridique, l'analyse des principes régissant le droit à la rémunération est guidée par des principes fondateurs (I) et des principes réducteurs (II).

I. LES PRINCIPES FONDATEURS DU DROIT À LA RÉMUNÉRATION

Les droits fondamentaux occupent une place prépondérante dans le constitutionnalisme actuel[6]. L'un des textes fondateurs est celui de la Déclaration de 1789, qui en même temps instruit aux États d'avoir une constitution où ces droits sont reconnus. Un nombre de principes et de valeurs y sont alors énoncés, à l'instar des droits sociaux et économiques (comme le droit à la santé, le droit à un logement, le droit à un emploi…). Ainsi dans le traitement du fonctionnaire, ces principes et droits sont pris en compte de manière implicite. Cependant il aurait fallu que ces principes soient consacrés directement dans le statut général de la fonction publique de l'État. AUBIN et FAILLEFAIT l'ont souligné pour ce qui est du Code général de la fonction publique française récemment adopté. Pour ces

[4] D. ALLAND et S. RIALS, dir., *op. cit.*

[5] BERGEL (J-L), *Méthodes du droit, Théorie générale du droit*, 2e édition, Dalloz, 1989, p. 99.

[6] ARDANT (P) et MATHIEU (B), *Droit constitutionnel et institutions politiques*, Paris, LGDJ, 31e édition 2020, p. 143 et s

auteurs, aurait dû être inscrit dans le Livre I, l'ensemble des principes, droits, obligations et valeurs applicables à tous les agents publics.

Presque toutes les constitutions francophones sont précédées d'un préambule qui pose des principes généraux affirmant les finalités de l'État, et quelquefois même contient une liste de droits reconnus. Oui, dans la plupart des constitutions à l'instar de celles africaines, un certain nombre de droits et libertés sont énoncés.

Le droit à la rémunération prend en compte les principes à valeur constitutionnelle et internationale, notamment, la participation aux charges publiques et l'annualité budgétaire de manière explicite, mais l'on s'attardera sur les principes implicites de ces textes, jugés essentiels dans la rémunération (A) et, dans un second temps et plus précisément, les principes budgétaires et comptables sont respectés de manière rigoureuse (B).

A. La prise en compte de certains des principes constitutionnels et internationaux

Originellement, les principes tirés des sources constitutionnelles peuvent se ranger en deux catégories. Ceux qu'on retrouve dans le préambule et ceux qu'on retrouve dans le texte même de la Constitution. La Constitution du 18 janvier 1996 du Cameroun, par exemple, a bel et bien consacré les éléments fondant la rémunération d'un citoyen, principalement dans le préambule et implicitement dans le dispositif, notamment par la reconnaissance de l'autorité réglementaire, par la constitution de certains domaines propres et conférés au gouvernement[7]. Aussi l'article 16 alinéa 2 (b)[8] consacre-t-il expressément le principe de l'annualité budgétaire et ses dérogations[9].

Dans le préambule par contre, la philosophie générale de la politique de l'État accompagnée des conventions, traités et textes internationaux auxquels l'État a adhéré consacre les droits et libertés reconnus aux citoyens. Philippe Ardant[10] les qualifie de droits et libertés ayant valeurs constitutionnelles, faisant partie intégrante de celle-ci et s'imposant aux normes inférieures, au législateur et à l'exécutif.

Bien que l'ensemble des auteurs parle plutôt des principes budgétaires et des charges publiques consacrés par la Constitution et la Déclaration, l'on se penchera sur l'aspect social (1) l'attachement à l'égalité et à la non-discrimination des citoyens (2) comme fondant implicitement le droit à la rémunération.

1) Le pan social

La rémunération du fonctionnaire obéit à un ensemble d'éléments liés à l'environnement économique et politique de l'État d'où les différences que l'on observe sur le montant d'un État par rapport à l'autre. À niveau égal et

---

[7] Article 27 de la Constitution de 1996 du Cameroun « les matières autres que celles qui sont du domaine de la loi ressortissent au pouvoir réglementaire ».

[8] On peut lire dans cet article que *« Chaque année [...] Au cours de l'une des sessions, l'Assemblée nationale vote le budget de l'État. Au cas où le budget n'aurait pas été adopté avant la fin de l'année budgétaire en cours, le président de la République est habilité à reconduire, par douzième, le budget de l'exercice précédent jusqu'à l'adoption du nouveau budget ».*

[9] BIAKAN (J), « La constitution et les finances publiques au Cameroun », *RAFIP*, n° 2, 2017, p. 23.

[10] ARDANT (P), « Les constitutions et les libertés », *Pouvoirs*, n° 84, janvier 1998, La Liberté, p. 67.

fonctionnaire identique, le montant n'est pas le même. Mais il faut dire également que la rémunération du fonctionnaire a beaucoup plus un caractère social. C'est la raison pour laquelle a été institué un salaire minimum au plus petit fonctionnaire. Au Cameroun ce montant a été revalorisé plusieurs fois et est actuellement à 28 216,00 F Ceci a pour souci de préserver la dignité humaine à travers un salaire convenable[11]. Ainsi aucune rémunération ne peut être en deçà du SMIG (Salaire minimum interprofessionnel garanti). La fixation de la rémunération dans la fonction publique est fonction de la qualification de l'agent lors de son recrutement qui correspond généralement à son niveau d'études ou aux diplômes. De même, il peut être fonction du poste de travail, du grade, du cadre et du corps auquel appartient l'agent. Il revient à l'État de fixer les principes généraux applicables à la rémunération notamment par voie réglementaire ou législative. Il faut dire qu'au fil des années, l'évolution et les résistances politiques ont mené à une dégradation des conditions d'emploi et de rémunération. La rémunération dans la fonction publique camerounaise a évolué en « dents de scie », tantôt la revalorisation[12], tantôt la réduction[13] ceci en fonction de la conjoncture sociale et économique.

Selon André de Laubadère et Yves Gaudemet[14], la rémunération du fonctionnaire a un caractère complexe, car elle correspond beaucoup plus à un but social qu'à une contrepartie du travail fait comme en droit de travail. Ceci répond en fait à cette reconnaissance que prévoient les Constitutions vis-à-vis de ces citoyens, c'est-à-dire leur bien-être. La rémunération permet ainsi au fonctionnaire de vivre, car la détermination du traitement est insaisissable et y sont inclus les indemnités familiales, le logement (résidence). Tel est l'objectif que défendent les États en les inscrivant dans leur Constitution comme valeur essentielle. On peut lire dans certains préambules que l'État a pour but de s'assurer le bien-être et le développement des citoyens. Le caractère social de la rémunération du fonctionnaire rentre dans cette perspective.

C'est également dans ce sillage que René CHAPUS[15] quant à lui caractérise la rémunération des fonctionnaires comme ayant un « caractère alimentaire » car elle a pour objectif de satisfaire les besoins de l'existence de ces derniers. L'inscription de ce caractère social dans les Constitutions et les textes internationaux consacre ainsi la rémunération comme un principe essentiel. De même, ces textes énumèrent de manière éparse les principes d'égalité et de non-discrimination qui méritent d'être analysés.

2) La reconnaissance du principe d'égalité et de la non-discrimination

L'un des principes que le droit à la rémunération respecte bien est celui de l'égalité et de la non-discrimination. Bien que le montant dépende de plusieurs variables, toute discrimination est interdite entre fonctionnaires de même niveau

---

[11] ANAZERPOUO ZAKARI, « La recherche d'un salariat décent ou la revalorisation du smig par le décret n° 2115/PM du 24 juin 2008 », *Juridis périodique*, n° 77, jan-fév.-mars 2009, p. 119.

[12] Décret n° 81/486 du 20 novembre 1981 ou décret n° 82/1 579 ou celui de 2008.

[13] Décret n° 91/324 du 9 juillet 1 991.

[14] DE LAUBADERE (A), GAUDEMET (Y), *Traité de droit administratif*, tome V, 11e édition, LGDJ, 1998, p. 138.

[15] CHAPUS (R), *Droit administratif général*, tome II, 15e édition, Montchrestien, 2001, P 312

ou de même catégorie. Tous sont dans une position égalitaire[16]. La grille indiciaire est commune à tous les fonctionnaires[17]. La détermination de la rémunération se fait sur la base des textes en vigueur, ce qui assure son objectivité et sa stabilité car le texte prévoit tous les éléments et accessoires du traitement. La fixation des rémunérations est alors établie de manière que chaque agent connaît clairement à l'avance le montant de son traitement de base[18].

En se référant à Rousseau avec sa théorie du Contrat social, il faut dire que la norme doit s'appliquer à chacun, sans créer de statut particulier. Il prône ainsi la philosophie de l'égalité et de la réciprocité[19] de tous et de chacun. C'est pour cela que la rémunération doit être respectée pour des agents de même niveau sans discrimination. L'égalité étant prise ici comme une égalité absolue[20]. Principe que l'on retrouve dans les préambules des constitutions. René CHAPUS[21] l'a retenu comme principe que l'on doit respecter dans le déroulement de la carrière des fonctionnaires d'un même corps en se référant à la constitution française. On peut lire ainsi « la nation assure à l'individu et à la famille les conditions nécessaires à leur développement[22] ».

La jurisprudence du Conseil d'État l'a également posé et l'a considéré comme un principe général de droit que les fonctionnaires d'un même corps doivent être traités de manière égale dans toutes les faces et étapes de leur carrière (disposition commune, avancement...)[23].

Plusieurs cas de situation discriminatoire entre fonctionnaire de même niveau ont été réparés. Nous pouvons citer le cas CE du 8 mars 1912 Lafage Rec., 348 Canel Pichard sur la privation de certains avantages pécuniaires ou refus des avantages pécuniaires aux agents publics[24].

La rémunération du fonctionnaire varie également en fonction de la liberté qu'il possède soit de changer de grade ou de cadre voire de corps. Le fonctionnaire dispose de ce droit et cette liberté reconnue par divers textes, de voir majorée ou minorée sa rémunération au fil de sa carrière.

B. L'application des principes budgétaires et comptables

Le droit budgétaire est l'ensemble des règles encadrant l'adoption et la mise en œuvre du budget, c'est-à-dire l'acte de prévision et d'autorisation financière pour

---

[16] LONG (M), WEIL (P) et BRAIBANT (G), *Les grands arrêts de la jurisprudence administrative*, Paris, 8e éd., Sirey 1988, Lire les décisions de justice : CE du 8 mars 1912 Lafage Rec., 348 conel Pichard sur la privation de certains avantages pécuniaires et le refus des avantages pécuniaires aux agents publics, p. 103-5. Aussi CE 7 avril 1933 DEBERLES, Rec 439, qui soutient que le requérant en l'absence de service fait ne peut prétendre au rappel de son traitement

[17] *Op. cit*, p. 313.

[18] BRETON (J-M), *Droit de la fonction publique des États d'Afrique francophone*, Edicef, 1990, p. 148.

[19] Lire SLAMA (A-G), « Contre la discrimination positive », *Pouvoirs* n° 3, novembre 2004, p. 135.

[20] LEVADE (A), « Discrimination positive et le principe d'égalité en droit français », *Pouvoirs* n° 3, novembre 2004, p 56.

[21] CHAPUS (R), *Droit administratif général*, Tome I, 15e édition, Montchrestien, p. 49.

[22] Cité par ROUAULT (M-C), *L'essentiel du droit administratif général*, 6e éd., Les Carrés, Gualino éditeur, 2007, p. 17, lorsqu'il invoque les sources du droit administratif notamment le contenu du préambule de la constitution française de 1958

[23] AYOUB (E), *La fonction publique en vingt principes*, Paris, Frison-Roche, 1994, p. 165

[24] M. LONG, P. WEIL, G. BRAIBANT, *Les grands arrêts de la jurisprudence administrative*, 8e édition, Sirey 1988, p. 103.

l'exercice à venir[25]. Et La comptabilité publique est l'ensemble des règles régissant l'encaissement et le décaissement de l'argent public, la tenue des comptes publics, et, d'une façon générale, les techniques de gestion publique[26].

Avant tout engagement budgétaire et financier, il y a un préalable. Le paiement des agents publics de l'État comporte également cette exigence. Le budget est annuel. Il s'agit d'un principe de finance publique qui a fait son apparition avec la Pétition des Droits (Petition of Rights) du 7 juin 1628. Le principe d'annualité fait tout d'abord implicitement son apparition et réaffirmé en 1822 au même titre que le consentement à l'impôt[27], puis avec la Déclaration des droits de l'homme et du citoyen du 26 août 1789 en son article 15 qui fonde le droit budgétaire. C'est sous Louis XVIII avec l'aide de deux ministres des Finances, le baron Louis et le comte de Villèle et un directeur de la comptabilité générale des finances, le marquis d'Audiffret, qui vont poser les bases du système budgétaire et comptable français.

La rémunération des agents de l'État est consacrée annuellement dans le budget de l'État (1) et suit une procédure comptable précise (2).

1) La consécration annuelle de la rémunération

Tout recrutement doit être budgétisé chaque année dans le budget de l'État voté par le Parlement. Les dépenses budgétaires de l'État sont présentées en dépenses du personnel comme les traitements et salaires, primes et indemnités, cotisation sociale et autres[28]. Il fait l'objet d'une rubrique dans la loi de finance adoptée chaque année. Il se fait sur la base de l'effectif de la masse salariale de tous les agents publics et cependant douze mois. De manière générale, les dépenses du personnel sont croissantes au fil des années. Ce qui permet de dire qu'elles occupent une place importante dans le budget de l'État.

Les dépenses de personnel représentent l'une des caractéristiques du budget de l'État. C'est pour cette raison que même le recrutement au sein de la fonction publique de l'État doit être planifié et les postes de travail disponibles avant tout processus de recrutement. Les principes budgétaires regroupent ainsi l'ensemble des droits relatifs à l'exécution des dépenses, au recouvrement des recettes, à l'exercice des contrôles. Il est question ici pour ce qui est du droit à la rémunération d'une exécution des dépenses bien que dans le traitement des fonctionnaires et agents de l'État des retenues à la source soient faites.

Le paiement des agents publics fait partie des dépenses courantes de l'État. Il ressort de l'instruction générale sur la comptabilité de l'État[29] que les dépenses de traitement des agents de l'État sont alors émises au niveau central à partir d'un système informatisé « Antilope ». Le bordereau général des émissions (BGE) de solde comportant les codes auxquels correspondent les imputations comptables des divers postes de la solde et des retenues est transmis par la Direction générale du Budget au Payeur général du Trésor qui passe les écritures après contrôle des bulletins de solde[30].

---

[25] Franck WASERMAN, *Les finances publiques*, Paris, 8e éd, La documentation française, p. 9
[26] *Ibid.*
[27] Droit budgétaire et comptable, p. 13.
[28] Article 28 de la loi n° 2018 du 11 juillet 2018 portant régime financier de l'État et des autres entités publiques.
[29] Instruction générale sur la comptabilité de l'État de 2009.
[30] *Ibid.*

En l'état actuel de la réglementation camerounaise, les dépenses courantes sont constituées d'un ensemble d'éléments au rang desquels la consommation des biens et services, des salaires et bien d'autres. Il ressort de la loi de finances[31] que les salaires sont constitués des traitements bruts du personnel du statut général de la fonction publique, du statut particulier de la fonction publique, des élèves en formation, du personnel à solde globale, du personnel hors statut, des primes gratifications et autres indemnités hors solde, des rémunérations du personnel hors solde, rémunérations du personnel temporaire et autres dépenses de personnel[32]. Le traitement se fait sur la base de l'indiciaire, élément principal[33] du calcul de la rémunération. Il faut dire que c'est un montant stable calculé en fonction du grade, de sa classe et de son échelon servi au fonctionnaire appelé solde de base[34] et suivant une comptabilité bien précise.

2) La précision de l'exécution comptable du traitement

L'État tient une comptabilité budgétaire destinée à vérifier le respect par le Gouvernement de l'autorisation parlementaire et une comptabilité générale destinée à mesurer l'évolution du patrimoine de l'État[35]. Ainsi, la comptabilité budgétaire retrace les opérations d'exécution du budget de la phase d'engagement à la phase de paiement[36]. La comptabilité camerounaise fonctionne en principe selon le système de l'exercice pour ce qui est des dépenses. Une instruction générale[37] réglemente ainsi la comptabilité publique. Elle a pour objectif d'organiser le traitement comptable des opérations, de définir les techniques d'enregistrement et les modalités de présentation aux fins d'information, de contrôle et de présentation de résultats. En matière de comptabilité publique, le service fait est une prestation exécutée par le créancier de l'administration et qui doit être justifiée pour permettre le paiement des dépenses publiques[38].

Ainsi, « la règle du service fait joue un rôle important dans l'exécution du budget, et plus particulièrement dans l'exécution des dépenses publiques »[39]. Le décret n° 2020/375 du 7 juillet 2020 portant règlement général de la comptabilité publique au Cameroun fixe les règles fondamentales régissant l'exécution des budgets publics et la comptabilité[40]. Il s'agit du texte qui consacre la comptabilité publique au Cameroun. Les principes budgétaires tendent à s'affirmer de plus en plus, et avec une valeur juridique très importante, sous leur volet comptable ; c'est ainsi que les principes de sincérité des comptes ou d'équilibre des comptes[41] ont

---

[31] Loi de finances en vigueur au Cameroun.

[32] Code 6 et libellé opérations courantes de la loi de finances au chapitre deuxième sur les évaluations des charges du budget de l'État.

[33] AUBY (J.-M.), AUBY (J.-B.), TAILLEFAIT (A.), *Droit de la fonction publique, op. cit.*, p. 229.

[34] OWONA (J.), *Droit de la fonction publique camerounaise, op. cit.*, p. 165.

[35] Article 73 (1) de la loi portant régime financier de l'État et des autres entités publiques de 2018.

[36] Article 74 (1) de la loi portant régime financier de l'État et des autres entités publiques de 2018.

[37] Voir par exemple l'Instruction générale sur la comptabilité de l'État de 2009.

[38] CORNU (G), *Vocabulaire juridique*, Paris, PUF, 12e édition 2018, p. 2022.

[39] LEKENE DONFACK (E), *Finances publiques camerounaises*, Paris, Berger-Levrault, 1987, p. 446.

[40] Article 1er du décret n° 2020/375 du 7 juillet 2020 portant règlement général de la comptabilité publique

[41] CATTEAU (D), *Droit budgétaire et comptabilité publique,* 3e éd., 2016, Les fondamentaux, Hachette, p. 49.

été régis par les textes juridiques et doivent être respectés. En matière de comptabilité, il faut bien dissocier l'exécution et la comptabilité.

Pour ce qui est des opérations d'exécution du budget, notamment les dépenses qui sont prévues et autorisées par les lois de finances de l'État, une procédure est établie notamment l'engagement, la liquidation, l'ordonnancement et le paiement à quelques exceptions près[42]. S'agissant du mode de règlement des dépenses de manière générale et des dépenses du personnel en particulier, il est fait soit en numéraires pour des faibles montants, soit par virement ou par tout autre moyen de paiement. Pour la catégorie de dépenses de la rémunération du personnel de l'État, c'est le mode par régies d'avance[43] qui est utilisé par le ministère des finances.

Les opérations de trésoreries et de financement sont des mouvements de numéraires, de valeurs mobilisables, de comptes de dépôts, de comptes courants et de comptes de créances et de dettes à court, moyen et long termes[44]. Chaque agent public dispose d'un compte et d'une banque ou d'un poste de trésorerie où sa rémunération est versée chaque mois.

Au préalable, une vérification du service fait est nécessaire. Il s'agit en langage juridique, de « la certification du service fait, par laquelle l'ordonnateur atteste la conformité à l'engagement de la livraison ou de la prestation » ; l'administration ne peut donc, en principe, liquider puis payer qu'après avoir constaté et vérifié la dette[45]. Ainsi, pour que la constatation d'une dette soit légale, il faut que soient réunies deux conditions : il faut, d'abord, et en principe, qu'un « service » ait été effectivement et préalablement rendu et ensuite, qu'il ait été accompli conformément à l'acte d'engagement et, de manière plus générale, conformément aux textes applicables[46]. La règle du service fait est une règle impérative en matière comptable, lorsque l'agent est dénoncé par l'administration pour non-accomplissement du service, le comptable s'assure alors de bloquer tout paiement. C'est ce qui entrave le droit à la rémunération.

II. LES PRINCIPES RÉDUCTEURS DU DROIT À LA RÉMUNÉRATION

réglementer des actes juridiques, fixer leur régime juridique, c'est déterminer ce qu'ils peuvent être, ou éventuellement, doivent être, quelles conséquences ils entraînent par eux-mêmes ou sont susceptibles d'entraîner éventuellement[47]. L'administration prévoit bel et bien une rémunération qui apparaît comme une contrepartie et elle court à compter de la date de prise effective de service[48]. Sauf que ce droit peut être réducteur.

Les principes réducteurs sont de principes qui interviennent lorsque l'agent public n'entre pas en totalité de sa rémunération. Comme toute règle de droit, le droit à la rémunération a des exceptions dues des situations ou circonstances particulières. Telles les situations d'indisciplines ou de fautes constatées et

---

[42] Article 61 du décret 2020 précité.
[43] Article 78 et suivant du décret n° 2020 précité.
[44] Article 81 *op. cit.*
[45] CATTEAU (D), *Droit budgétaire et comptabilité publique*, *op. cit.*, p. 153.
[46] *Ibid.*
[47] EISENMANN (C), *Cours de droit administratif*, tome II, LGDJ, 1982, p. 426.
[48] ZE (M-P), *Éléments de droit public* I, PUL, p. 105.

empêchant ainsi l'accomplissement du service. Pourtant la règle du service fait est un principe fondamental en matière de rémunération des fonctionnaires[49]. Ainsi des retenues sur salaire peuvent intervenir en cas d'insuffisance de service fait ou de service mal fait ou en cas d'absence de service fait. On a alors le principe de responsabilité pour faute disciplinaire et le principe du non-accomplissement du service. L'on s'attardera sur la faute (A) et l'absence de service fait (B) comme atténuation au droit à la rémunération.

A. L'atténuation du droit à la rémunération : la faute

L'absence de service fait, tout comme la faute pour quelque motif que ce soit, est sanctionnée par la réglementation en vigueur. Au Cameroun, l'on retient principalement deux cas de figure de faute, absence irrégulière de l'agent et la détention. En droit français, l'absence de service fait peut être établie lorsque l'agent participe à une grève ou bien que présent sur les lieux du service, ne s'est acquitté d'aucune de ses obligations[50].

Le fonctionnaire est soumis ainsi à un ensemble de règles et d'obligations dont la violation constitue une faute et l'expose à une sanction disciplinaire[51]. On distingue la faute professionnelle ou extraprofessionnelle[52]. La faute professionnelle est notamment un manquement par action, inaction ou négligence, aux devoirs et obligations auxquels est assujetti le fonctionnaire[53]. En cas de faute, l'administration dispose à l'encontre de son agent d'un certain nombre de moyens de rétorsion. Il est utile d'identifier les fautes qui réduisent en fait la rémunération de l'agent public (1) et les mesures conservatoires prises dans ce cas (2).

1) La faute comme fait générateur

La faute est tout manquement à une obligation préexistante, tout agissement ou abstention répréhensible, de nature à engager la responsabilité de son auteur[54]. Il ne s'agit pas ici de la faute qui engage la responsabilité de l'administration devant le juge mais d'une faute disciplinaire.

La faute est constatée par le supérieur hiérarchique de l'agent et est transmise au ministre utilisateur pour sanction. En cas de mauvaise conduite de l'agent, le supérieur hiérarchique peut procéder à son exclusion temporaire. L'exclusion temporaire est celle qui mettant l'agent dans l'impossibilité d'exercer, ne le prive pas définitivement de la possibilité de travailler. Cette exclusion permettra à l'agent fautif de prendre conscience de son erreur et de la rectifier. Cette cessation momentanée se justifie par le comportement fautif de l'agent vis-à-vis d'un autre agent ou vis-à-vis d'un usager.

---

[49] KAMTO (M), « Regard sur le nouveau statut général de la fonction publique », 2e partie, p. 11.
[50] AYOUB (E), La fonction publique en vingt principes, *op. cit.*, p. 121
[51] V° article 92 SGFP.
[52] V° article 93 (1) a.
[53] V° article 93 (2).
[54] VAN LANG (A), GONDOUIN (G) et INSERGUET-BRISSET (V), *Dictionnaire de droit administratif*, Paris, Armand Colin, 4e éd., 2005, p. 156.

Il peut s'agir d'une suspension[55] provisoire ou temporaire. Ce dernier est notifié et son dossier disciplinaire est transmis au ministre des finances pour suspension également de sa solde.

Elle peut même être décidée en cas de présomptions sérieuses[56] de manquement à des obligations professionnelles constitutif d'une faute grave. La continuité satisfaisante du service public est à ce prix[57]. Cependant cette continuité ne saurait autoriser l'autorité disciplinaire à ne pas faire preuve de diligence dans l'examen de la situation du fonctionnaire. C'est pourquoi le fonctionnaire suspendu est en droit d'attendre que sa situation soit définitivement réglée dans un délai de quatre mois. À défaut, il doit obligatoirement être réintégré. Ce rétablissement du fonctionnaire à l'expiration du délai peut cependant être écarté, d'une part lorsque sa situation a été entre-temps réglée et, d'autre part, s'il est l'objet de poursuites pénales au moment où le délai expire. Cette prolongation de la suspension au-delà de quatre mois en raison de poursuites pénales n'est pas sans soulever des difficultés.

En effet relativement à la suspension d'un fonctionnaire faisant l'objet de poursuites pénales plusieurs hypothèses sont envisageables. D'abord, lorsque l'agent fait l'objet de poursuites pénales sans être emprisonné, l'administration a le pouvoir d'apprécier si une mesure de suspension s'impose conformément à l'article 108 du statut général de la fonction publique. Cet article dispose : « En cas de faute grave commise par un fonctionnaire, qu'il s'agisse d'un manquement aux obligations professionnelles ou d'une infraction de droit commun ou d'une atteinte à l'éthique et à la déontologie professionnelle, l'auteur de cette faute peut être provisoirement suspendu de ses fonctions pour une durée n'excédant pas quatre (4) mois par le ministre utilisateur. Ce dernier en informe sans délai le Ministre chargé de la fonction publique et lui transmet le dossier disciplinaire constitué à l'encontre du mis en cause dans un délai maximal d'un mois »[58].

La perte de la rémunération arrive lorsqu'il y a arrêt de travail. C'est la conséquence de la règle du service fait. Il peut intervenir en cas de faute. Cette perte de rémunération n'est pas considérée comme une sanction[59]. Il ressort de la

---

[55] TA Châlons-en-Champagne, 6 juillet 1999, *M.C. c/ La Poste et M.R. c/ ministre de la Justice*, *AJFP* janv. 2000, p. 42, à propos de malversations commises par des agents de la poste et de l'administration pénitentiaire dans la gestion d'associations administratives.

[56] La présomption doit être sérieuse et ne peut pas par exemple reposer sur un seul indice. Démentit rapidement après les faits : CAA Lyon 19 juin 2001, m*inistère de l'Éducation nationale c/ Olivieri,* req. n° 99LYO2140, *RFDA* 2000, p. 1368, AJFP mars 2002, p. 40 concl. J. Berthoud.

[57] À ce propos, v° TA de Dijon 30 mars 1999, *M. F.*, req. n° 98-5 505 ; Lettre d'information juridique du ministre de l'Éducation nationale n° 36/99, à propos d'un professeur légalement suspendu pour présomption sérieuse de fautes qui (bien que n'ayant pas fait l'objet d'une sanction disciplinaire ou d'une action pénale) ressortaient à la fois de plaintes diverses d'élèves et de parents d'élèves, d'une enquête du médecin de la prévention et du rapport de l'inspecteur d'académie. TA Lille 13 janvier 2000, *M. S.* req. n° 98- 1557, *Cahiers de l'éducation* n° 9/ 2000, p. 34 ; TA Nice 29 Oct. 1999, *Mme Meissonnier c/ Recteur de l'académie de Nice*, *AJFP* mars 2000, p. 38 ; où le juge, de façon isolée pour l'instant, reconnaît « qu'en vertu d'un principe général du droit, l'autorité chargée d'assurer la continuité du service public de l'éducation nationale peut aussi, en cas d'urgence et dans l'intérêt des enfants, suspendre de manière provisoire, et préalablement à sa mutation d'office ou sa mise en congé d'office ou à sa mise en congé maladie, un enseignant dont le maintien en poste serait susceptible de porter atteinte à l'ordre public »

[58] Article 108 (1) SGFP.

[59] CHAPUS (R), Droit administratif général, Tome II, Paris, Montchrestien, 2001, 15e édition, Montchrestien, p. 276.

réglementation camerounaise que deux catégories de fautes restreignent ainsi la rémunération de l'agent public notamment la cessation temporaire de service et la suspension.

La cessation temporaire de service est la situation du fonctionnaire qui est en absence irrégulière ou en détention[60]. L'absence irrégulière est un manquement à l'obligation de présence effective au poste de travail, pour des motifs autres que ceux prévus par le présent statut, sauf cas de force majeure dûment justifié[61]. Elle est constatée par le ministre chargé de la fonction publique, le ministre utilisateur ou le cas échéant par tout supérieur hiérarchique direct. Et l'absence irrégulière est constatée à compter du jour où le fonctionnaire a cessé de se présenter à son poste de travail ou ne l'a pas rejoint après une affectation soit pendant une durée d'au moins trente (30) jours consécutifs[62].

L'absence irrégulière a été confirmée par le Juge administratif camerounais dans l'affaire YOUMBI André[63] ce qui a justifié la suspension du paiement de ses soldes et indemnités pour la durée de son absence irrégulière[64]. Le juge administratif Camerounais qualifie une absence au poste de travail comme une faute professionnelle de l'agent[65]. Toute absence à son poste de travail doit être justifiée, de même qu'une permission. En cas de maladie dûment constatée, l'agent doit se faire délivrer un certificat d'absence régulière. Ainsi, « *sans même qu'il ait lieu pour l'Administration de porter une appréciation sur sa conduite professionnelle, le simple fait matériel de l'absence à son poste de travail pendant les heures de service équivaut à une absence de service ».*[66]

La cessation pour détention marque la prise en compte de la détention comme mode de cessation d'activité. Deux hypothèses conviennent d'être prises en compte à savoir, la détention avec possibilité pour l'agent de reprendre ou celle ne permettant plus à ce dernier d'exercer. La différence réside dans les effets. Pour ce qui est du premier cas, l'établissement de la culpabilité de l'agent peut entraîner sa radiation[67] ou son expulsion définitive de la fonction publique. Celle-ci aura certainement pour motif la durée de la détention (période de plus de six mois), mais aussi la mauvaise moralité ou le défaut de probité. La cessation temporaire de service consécutive à une détention est constatée par décision du ministre chargé de la fonction publique qui en saisit le ministre des Finances.

---

[60] Article 104 SGFP.

[61] Article 105 (1) SGFP.

[62] Article 105 SGFP.

[63] Arrêt n° 2/A, 8 novembre 1973, YOUMBI André contre République fédérale du Cameroun.

[64] MBOUYOM (F-X), *Recueil des grands arrêts de la jurisprudence administrative de la Cour suprême du Cameroun 1970-1975,* 105.

[65] CS/CA, jugement N° 13/81-82 du 28 janvier 1982, Njembelle Ekalle Piddy c/État du Cameroun (MINFOPRA).

[66] AMSELEK (P.), « Une institution financière en clair-obscur : la règle du service fait », *op. cit.*, p. 444.

[67] V. Radiation des cadres « *Mesure marquant par elle-même la fin de l'appartenance aux cadres de l'administration, dans la fonction publique, dans la fonction publique civile, correspond, désigne plus particulièrement la mesure prise, sans accomplissement des formalités prescrites en matière disciplinaires, à l'encontre du fonctionnaire coupable d'un abandon de poste, et qui équivaut à une révocation ou à un licenciement. Dans la fonction publique, militaire, correspond soit à une mesure disciplinaire, soit à la situation de personnel qui, par suite d'inaptitude physique ou d'infirmités incurables, ne peuvent plus rester en activité.* ».

La constatation du service fait est une des opérations de la procédure d'exécution de ces dépenses[68] d'où la prise en compte immédiate des mesures conservatoires.

2) Les mesures conservatoires

Le vocabulaire juridique définit une mesure conservatoire comme une mesure d'urgence prise pour la sauvegarde d'un droit ou d'une chose[69]. Les mesures conservatoires[70] sont prises au niveau des finances en cas de cessation temporaire de service à la suite d'une détention par exemple ou d'une absence irrégulière. Ce qui conduit à une suspension du traitement de l'agent fautif[71]. La suspension de fonction est une mesure conservatoire qui ne produit d'effet définitif qu'à la suite d'une sanction prononcée par l'autorité compétente[72]. Elle a pour conséquence immédiate l'interdiction du mis en cause de se présenter à son lieu de service jusqu'à la fin du délai de suspension. Et après il est réintégré de plein droit à son emploi.

De même comme la suspension, la cessation temporaire de service entraîne une mesure conservatoire immédiatement prise par les ministres concernés. Elle intervient soit pour absence irrégulière, soit pour détention. La cessation temporaire de service consécutive à une détention est constatée par décision du Ministre chargé de la Fonction Publique qui en saisit le Ministre des Finances. Ce dernier prend aussitôt les mesures conservatoires qui s'imposent[73]. Ainsi, pendant la durée de la détention, le fonctionnaire dont la cessation temporaire de service a été constatée, perd le droit à la solde indiciaire et aux indemnités et primes diverses, mais conserve, le cas échéant, l'intégralité de ses allocations familiales[74]. De même que le fonctionnaire suspendu perd droit à la rémunération de base. Il conserve, s'il y a lieu, la totalité des allocations familiales[75] et dont la solde est suspendue par mesure conservatoire conserve, le cas échéant, l'intégralité de ses allocations familiales[76].

Déjà le conseil d'État l'avait souligné[77]. Le juge administratif camerounais l'a réitéré dans l'Affaire BABA YOUSSOUFA contre État du Cameroun que « le fonctionnaire n'a droit au paiement intégral de son traitement qu'en contrepartie de son service effectif »[78]. De même le droit à la rémunération n'est pas respecté en cas de non-accomplissement effectif du service fait.

---

[68] CORNU (G), Vocabulaire juridique, *op. cit.*, 2022.
[69] Ibid., P 1398
[70] KAMTO (M), « Regard sur le nouveau statut général de la fonction publique », 2e partie, p. 10.
[71] *Ibid.*
[72] Article 108 (2) SGFP.
[73] Article 106 al 1 SGFP camerounaise.
[74] Article 106 al 3 SGFP camerounaise.
[75] Article 109 SGFP.
[76] Article 107 SGFP.
[77] CE, 7 avril 1933 DBERLES, Rec 439, qui soutient que le requérant en l'absence de service fait ne peut prétendre au rappel de son traitement, in les grands arrêts de la jurisprudence administrative, *op. cit.*, p. 211.
[78] CFJ 31 mars 1971, BABA YOUSSOUFA contre État du Cameroun

B. L'atténuation du droit à la rémunération en cas du non-accomplissement du service fait

Le droit à la rémunération est effrité ou restreint dans les cas où le service n'est pas totalement exécuté ou fait par l'agent d'où l'exigence et le contrôle du respect du service fait (1) et cela a pour conséquence le fractionnement du traitement (2).

1) Les exigences du service fait

La règle du service fait est une règle qui veut se rassurer de l'effectivité de l'agent public non seulement à son poste de travail, mais surtout qu'il effectue les tâches qui lui sont confiées. C'est une exigence pour bénéficier d'une rémunération quelconque. L'agent public a l'obligation de servir et de se consacrer au service ceci a pour corollaire la responsabilité de l'agent, celui-ci est personnellement responsable de tout manquement et doit faire montre de bonne moralité[79]. L'exigence du service fait est prouvée par une occupation effective au poste de travail par l'agent public. Dans la fonction publique, il est réglementé un temps de travail précis qui correspond à une heure d'arrivée et de départ par jour et cependant cinq jours de la semaine. Ainsi, il doit être ponctuel, assidu au travail et surtout être productif.

La présence au poste de travail tous les jours ne suffit pas toujours. Encore faut-il qu'il soit appliqué dans l'exécution des tâches à lui confiées par sa hiérarchie[80]. Réellement que l'évaluation de son travail par son supérieur hiérarchique soit satisfaisant. Le Conseil d'État juge que la présence de l'agent dans les lieux de travail n'équivaut pas à l'accomplissement du service, même quand il est demeuré pendant la totalité de ses heures de service, si restant les « bras croisés », il ne s'est en rien acquitté de ses obligations[81].

Ceci se matérialise par la preuve d'une présentation ou l'établissement d'une présence effective. Document qui certifie que l'agent travaille réellement et occupe les fonctions au sein de son administration. Il est demandé régulièrement dans les dossiers administratifs et surtout financiers afin de traquer les agents publics qui ne sont pas réguliers à leur poste de travail. C'est donc un document important.

Le droit français retient la grève illicite et l'insuffisance du service fait comme entravant la rémunération de l'agent. Ainsi par exemple, il ressort de *l'arrêt Deberles*[82] que l'agent n'a pas droit au versement des traitements qu'il aurait perçus s'il avait effectivement exercé ses fonctions. Mais il faut relever que sur ce point, cet Arrêt a mis fin à la jurisprudence antérieure, qui ouvrait un tel droit au nom du principe de l'effet rétroactif de l'annulation ou du retrait ? En conséquence

---

[79] Statut général de la Fonction Publique modifié en 2000 Op.cit. « *Le fonctionnaire est tenu d'assurer personnellement le service public à lui confié et de s'y consacrer en toutes circonstances avec diligence, probité, respect de la chose publique et sens de la responsabilité*, (2) *Il est également tenu de satisfaire aux demandes d'information du public, soit de sa propre initiative, soit pour répondre à la demande des usagers, dans le respect des règles relatives aux obligations de réserve et de discrétion professionnelle prévues aux articles 40 et 41 du présent décret.* »

[80] Vigouroux (C.), *Déontologie des fonctions publiques*, Paris, Dalloz, Coll. « Connaissance du droit », 1995, p. 27.

[81] CHAPUS (R), Droit administratif général, Tome II, op. cit., p. 319 ; CE 15 février 1980, Mme JONOT, ou 11 mars 1983, Mme REYNAUD, DA 1983, N° 167.

[82] CHAPUS (R), ibid., p. 237.

de cette jurisprudence, ce principe cède devant les règles du service fait, qui subordonne toute rémunération à l'exercice réel des fonctions.

Ainsi, la règle du service fait signifie en fait que l'agent public n'a droit à son traitement que si et dans la mesure où il a assuré son service[83]. C'est alors de façon générale la condition de tout droit à paiement. En principe, l'État ne paie pas d'avance, il paie seulement lorsque son créancier a exécuté le service ou la prestation qui était à sa charge[84]. Un fonctionnaire n'est payé qu'à la fin du mois[85]. Le non-accomplissement des fonctions pour quelques prétextes que ce soient et le non-respect des obligations de service conduisent à la réduction du traitement.

2) Le fractionnement[86] du traitement

La règle du fractionnement du traitement intervient lorsque le service fait n'est pas respecté. C'est l'accomplissement ou la réalisation effective du service qui donne droit à la rémunération de l'agent. *L'« absence de service fait équivaut donc à une absence de droit au traitement »*[87]. Ainsi, en Droit français par exemple, s'il n'y a pas eu service fait, l'administration est en droit ou, plus exactement est tenue dans les limites de la saisissabilité de pratiquer des retenues sur la rémunération du mois dans lequel se situe l'arrêt du travail ou sur celle d'un mois ultérieur. Le montant des retenues est déterminé sur la base de la rémunération afférente au mois pendant lequel le service n'a pas été fait[88]. Ce qui implique la perte du droit à la rémunération. Dans le droit de la fonction publique camerounaise par contre, la procédure est un peu plus longue et est moins sévère sur ce point car, l'agent fautif perd droit à la rémunération de base mais conserve tout de même la totalité des allocations familiales[89]. Il ne perçoit pas de rémunération pendant les mois de sa suspension ou de sa cessation temporaire.

Il revient au ministre en charge des finances de déterminer des retenues de traitement, calculées sur la base de l'ensemble de la rémunération mensuelle, seront alors pratiquées par l'administration[90]. L'absence de service fait[91] pour une fraction quelconque donne lieu à une retenue dont le montant est égal à la fraction du traitement indiciaire frappé d'indivisibilité.

En principe, comme il ressort de l'article 28 du SGFP « *à l'exclusion des cas de prélèvement obligatoire [...] il ne peut être fait retenue sur la rémunération du fonctionnaire que par saisie-arrêt ou cession volontaire, conformément aux textes en vigueur* ». Pour dire qu'exception faite des prélèvements obligatoires[92], il ne

---

[83] CHAPUS (R), *op. cit., p.* 316.
[84] LEKENE DONFACK (E), *Finances publiques camerounaises*, *op. cit.*, p. 446.
[85] Ibid.
[86] KAMTO (M) « Regard sur le nouveau statut général de la fonction publique », 2e partie
[87] AUBY (J.-M.), AUBY (J.-B.), JEAN-PIERRE (D.), TAILLEFAIT (A.), *Droit de la fonction publique, op. cit.*, p. 241.
[88] CHAPUS (R), *op. cit.*, p. 318.
[89] Article 107 et 108 SGFP.
[90] CHAPUS (R), *op. cit*, p. 276.
[91] Article 29 alinéa 2 *« il n'y a pas de service fait : a. Lorsque le fonctionnaire s'abstient d'effectuer tout ou partie de ses heures de service* ; b. *Lorsque le fonctionnaire, bien qu'effectuant ses heures de service, n'exécute pas tout ou partie des obligations de service qui s'attachent à son poste de travail telles qu'elles sont définies dans leur nature et leurs modalités par l'autorité compétente, dans le cadre des lois et règlements. »*
[92] Les impôts et taxes assimilées, la cotisation pour la constitution des droits à pension.

peut être fait de retenue sur la rémunération du fonctionnaire que par saisie-arrêt ou cession volontaire conformément aux textes en vigueur. Mais la quotité saisissable ou cessible ne peut excéder le tiers de la rémunération du fonctionnaire concerné article alinéa 2.

Le droit à la rémunération dans la fonction publique est régi par un ensemble de principes. Principes fondamentaux du droit que l'on retrouve dans la constitution, les textes internationaux, principes qui sont respectés par l'État dans le budget et la comptabilité de l'État, principes du respect de la règle du service fait qui sont contrôlés et dont le non accomplissement restreint en quelque sorte ce droit à la rémunération.

Le droit à la rémunération respecte tout d'abord le principe de son caractère social que préservent la constitution et le respect de l'égalité de tous les citoyens devant une norme de droit. Il est inclus dans le budget de l'État et est présent dans la loi de finances de chaque année. L'on ne saurait parler du droit à la rémunération sans s'attarder comme l'ensemble des doctrinaires sur la question de la règle du service fait comme élément de base. C'est tous ces principes qui donnent un sens à la valeur qu'un État accorde à ses agents, puisqu'il faut le dire pendant la colonisation, elle était perçue comme un acompte, une indemnité forfaitaire c'est après les indépendances qu'elle est devenue un droit réel.

SERVICES PUBLICS ET DROIT DE LA CONCURRENCE EN AFRIQUE SUBSAHARIENNE FRANCOPHONE

Marien Ludovic NDIFFO KEMETIO

Maître assistant CAMES/Chargé de cours de droit public
Université de Dschang, Cameroun

L'un des enseignements tirés des travaux du Doyen Étienne Charles Lekene Donfack, dédicataire de ces lignes, est que le juriste doit être attentif aux dynamiques et, surtout, aux logiques des droits africains face aux évolutions politiques, sociales et économiques de son époque[1]. C'est en ayant à l'esprit cette *« leçon »* que l'on se propose de penser les services publics dans leur rapport avec le droit de la concurrence en Afrique subsaharienne francophone. Mais au moment d'accomplir cette tâche non moins aisée, surgit immédiatement une interrogation : y a-t-il quelque pertinence à analyser un sujet dont les deux thèmes qui le constituent, service public[2] et droit de la concurrence[3], ont déjà été analysés par la doctrine juridique africaine ? On a la faiblesse de répondre, avec précipitation, par l'affirmative. Car si l'on décide de traiter de la thématique, c'est qu'en dépit de quelques écrits et discours dont chacune des deux expressions a fait l'objet, la relation qui les unit n'a certainement pas encore été mise en valeur comme problématique centrale. Elle justifie par conséquent une réflexion que l'actualité nourrit et dont on voudrait esquisser et développer les lignes.

Le phénomène étudié est somme toute un aspect de ces évolutions libérales du droit public survenues en Afrique[4] au cours des dernières décennies et qui tendent particulièrement à faire régresser le champ ainsi que l'exorbitance de ce dernier[5].

---

[1] On peut le percevoir dans les lignes de l'étude suivante : É. Ch. LEKENE DONFACK, « Le renouveau de la question fédérale au Cameroun », *Penant*, n° 826, 1998, pp. 30-61, spéc. p. 61.

[2] G. CONAC, (dir.), *Les grands services publics dans les États francophones d'Afrique noire*, Paris, Economica, 1984, 412 p. ; B. D. COULIBALEY, « Sur le service public en Afrique : déclin et utilité d'une institution », *Annales de la FSJP de l'Université de Dschang*, tome VII, 2003, pp. 165-191 ; E. SOSSOU AHOUANKA, « Réflexion sur la crise du service public en Afrique de l'ouest francophone » *RBSJA*, n° 16, 2006, pp. 50 et s.

[3] A. KANTE, « Réflexions sur le droit de la concurrence et la protection des consommateurs dans l'UÉMOA : l'exemple du Sénégal », *Nouvelles Annales Africaines*, n° 1, 2009, pp. 273 et s. ; S.-J. PRISO-ESSAWE, « L'émergence d'un droit communautaire africain de la concurrence », *RIDC*, n° 2, 2004, pp. 329 et s.

[4] M. ONDOA et P. E. ABANE ENGOLO (dir.), *Les transformations contemporaines du droit public en Afrique*, Paris, L'Harmattan, 2018, 216 p.

[5] A. A. DABA KEBE, « Le déclin de l'exorbitance du droit administratif sénégalais sous l'effet du droit communautaire », *Afrilex*, mai 2015, pp. 1-28.

Trahissant la persistance de la problématique du droit et du développement en Afrique[6], il renvoie précisément aux réformes juridiques opérées dans le domaine des services publics en vue d'améliorer la qualité de l'État[7], la performance du service public afin de satisfaire aux exigences toujours élevées des administrés, d'attirer les investisseurs économiques et d'enclencher le développement socio-économique dans les pays africains.

Évoquer l'évolution du service public et de son droit en Afrique au XXIe siècle se heurte d'emblée à une difficulté grande : qu'entendre par service public ? L'expression est utilisée au minimum dans deux sens sous la plume de tous les auteurs. À côté du sens organique qui voit dans le service public un organe, une structure, composante de l'appareil administratif de l'État ou des collectivités territoriales, il existe un sens matériel qui le considère comme une activité assurée par une personne privée ou publique - assumée dans tous les cas par cette dernière - en vue d'un intérêt public[8]. Cette seconde approche, qui prévaut dans la définition contemporaine du service public, sera utilisée de manière prédominante mais non-exclusive. Cela dit, on peut soutenir que le service public évoque donc, plus simplement, l'existence dans toute société d'un ensemble d'activités, à caractère administratif ou bien industriel et commercial, considérées comme étant d'intérêt commun et devant être à ce titre prises en charge par la collectivité[9]. En un mot, le service public renvoie à l'existence d'une sphère de fonctions collectives[10].

L'Afrique francophone a hérité de la spécificité française du service public ; celui-ci a connu, dans une dynamique de tropicalisation rythmée par des contraintes économiques, politiques et idéologiques, une évolution dans sa conception, sa délimitation et sa réalisation. En effet, confrontés au sous-développement et à l'absence du secteur privé, les pays africains se sont, dès les indépendances, attribué d'importantes responsabilités dans le processus de développement économique et social. Les services publics, perçus comme les ressorts profonds de la modernisation et du développement, se sont dès lors multipliés au point d'assurer le contrôle de l'État sur de larges secteurs de l'économie[11]. La logique de l'État providence[12] a conduit à la mise en place d'un service public fort et étendu, chargé de mettre un certain nombre de biens essentiels à la portée de tous et bénéficiant du statut monopolistique ou soustrait à ce titre au jeu des mécanismes de marché[13]. La crise de l'État interventionniste[14]

---

[6] K. MBAYE, « Droit et développement en Afrique francophone de l'Ouest », *RSD*, n° 1, 1967, pp. 23-81.

[7] B. BOUMAKANI, « La « bonne gouvernance » et l'État en Afrique », *RJPEF*, n° 4, 2002, n° 1, vol. 56, pp. 21-45.

[8] R. CHAPUS, *Droit administratif général*, tome I, 15e éd., Paris, Montchrestien, 2010, p. 579 ; P.-L. FRIER et J. PETIT, *Précis de droit administratif*, 5e éd., Paris, Montchrestien, 2008, p. 179 ; S. BRACONNIER, *Droit des services publics*, 2e éd., Paris, PUF, 2007, p. 156 ; J.-F. LACHAUME, *Grands services publics*, Paris, Masson, 1989, p. 17.

[9] L. DUGUIT, *Traité de droit constitutionnel*, tome III, 3e éd., Paris, Fontemoing, 1927, p. 61.

[10] J. CHEVALLIER, *Le service public*, Paris, PUF, 2010, p. 2.

[11] G. CONAC, « Le développement administratif des États d'Afrique noire », in *Les institutions administratives des États francophones d'Afrique noire*, Paris, Economica, 1979, 314 p.

[12] F. X. MERRIER, *L'État providence*, Paris, PUF, 2000, p. 102.

[13] J. D. B. DE GAUDUSSON, « L'État et les entreprises publiques en Afrique noire », *RFAP*, n° 32, 1984, pp. 35 et s.

va porter un coup sévère à cette conception du service public qui s'est épanouie pendant plus de deux décennies et semblait à l'abri de toute contestation. Le changement de perspective trouve son origine dans la situation de crise sévère que vont traverser les économies africaines dans les années quatre-vingt[15]. Alertés par les défauts de l'appareil d'État, du secteur public[16] et contraints de recourir à l'aide internationale, les pays africains vont être soumis au cours de la décennie 90 à des programmes d'ajustement structurel[17] se traduisant par un freinage des interventions étatiques et un désengagement de l'État des secteurs productifs avec le développement des politiques de déréglementation et de privatisation touchant les fleurons essentiels du secteur public, souvent chargés de missions de service public[18]. De telles mesures se sont inscrites dans le cadre plus général d'une révision du rôle de l'État, d'une valorisation de l'entreprise ou du secteur privé et du rôle du marché ; et corrélativement d'une contestation de la position centrale conquise par le service public. Ce qui va susciter l'idée de crise[19], de déclin[20] du service public en Afrique car en même temps que le service public voit son étendue circonscrite, sa gestion déléguée[21] notamment aux entreprises privées[22], on assiste à une remise en cause de privilèges, notamment celui d'exclusivité dont il bénéficiait jusqu'alors dans le secteur marchand ; le service public économique étant désormais invité à se plier à la nouvelle loi de la concurrence[23].

Expression dérivée du mot latin *« concurrere »*, la concurrence signifie courir avec les autres. Sous un tel angle, elle est une compétition économique, l'offre par plusieurs entreprises distinctes et rivales, de produits ou de services qui tendent à satisfaire les besoins équivalents avec, pour les entreprises une chance réciproque de gagner ou de perdre les faveurs de la clientèle[24]. Elle apporte des gains de productivité se traduisant par des bénéfices tant pour l'État, l'entreprise que les consommateurs[25]. La concurrence appliquée dans le domaine des services publics renvoie à la libéralisation des services publics et commande que certaines activités de service public, historiquement exercées en monopole, puissent désormais être également assurées par d'autres entreprises, notamment privées. C'est le cas des

[14] J. D. B. DE GAUDUSSON, « Crise de l'État interventionniste et libéralisation de l'économie en Afrique », *RJPIC*, tome 38, n° 1, 1984, pp. 1-11.

[15] TOUNA MAMA (dir.), *Crise économique et politique de déréglementation au Cameroun*, Paris, L'Harmattan, 1996, p. 9.

[16] D. DARBON, « Réformer un inexistant désiré ou supprimer un inopportun incontournable ? Le service public confronté à l'État et aux sociétés projetées en Afrique », *Télescope, Revue d'analyse comparée en administration publique*, vol. 4, n° 1, 2007-2008, p. 102.

[17] M. ONDOA, « Le droit public des États africains sous ajustement structurel : l'exemple du Cameroun », *RASJ*, Vol. 2, n° 1, 2001, pp. 105 et s.

[18] M. SAMB, « Privatisation des services publics en Afrique subsaharienne. À l'heure des bilans », *Afrilex*, 2009, pp. 1 et s.

[19] E. SOSSOU AHOUANKA, « Réflexion sur la crise du service public en Afrique… », *op. cit.*

[20] B. D. COULIBALEY, « Sur le service public en Afrique : déclin et utilité d'une institution », *op. cit.*

[21] BIAKAN (J.), « La délégation des services publics en droit camerounais », *RASJ*, vol. 7, n° 1, 2010, pp. 219-236.

[22] L. RICHER, « Remarques sur les entreprises privées de service public », *AJDA*, n° spécial, 1997, pp. 103-112.

[23] B. BOUMAKANI, « La régulation des services publics en Afrique », *in Espaces du service public*, Mélanges en l'honneur de Jean du Bois de Gaudusson, tome I, Bordeaux, PUB, 2013, p. 71.

[24] G. CORNU, *Vocabulaire juridique*, 10e éd., Paris, PUF, 2014, p. 225.

[25] M. PICARD, « Concurrence », *Répertoire contentieux administratif Dalloz*, 2003, p. 3.

télécommunications, des transports aériens, de l'électricité, de l'eau entre autres. Mais la libre concurrence doit être contrôlée, régulée. Elle est encadrée par un ensemble de règles impératives, contraignantes ; celles-ci, édictées par les États africains individuellement[26] et collectivement[27] dans le cadre des organisations communautaires telles que la Communauté économique et monétaire de l'Afrique centrale (CÉMAC)[28], l'Union économique et monétaire ouest africaine (UÉMOA)[29] et la Communauté économique des États de l'Afrique de l'Ouest (CÉDÉAO)[30], formalisent l'idée que tous les opérateurs publics et privés doivent être placés dans des conditions égales, mais surtout que les opérateurs publics ne disposent pas de privilèges de nature à fausser le jeu de la concurrence. Le droit de la concurrence, d'origine interne et communautaire, apparaît ainsi comme le garant de l'ordre du marché[31].

Il convient, à ce stade, d'indiquer que travailler sur les services publics en relation avec le droit de la concurrence, c'est rendre compte de l'évolution du droit positif concernant les relations entre l'État et le marché[32] ou plus clairement entre l'État, ses services publics et le droit interne et communautaire de la concurrence[33]. Il s'agit donc de placer la focale sur les avancées du droit public économique[34] ou des affaires[35] en Afrique au cours du dernier quart de siècle. Cette évolution résulte des progrès de l'économie de marché et, par conséquent du droit de la concurrence[36]. Ceux-ci contraignent les entreprises publiques et privées, mais également les États, en particulier dans leurs relations avec les opérateurs économiques, à plus de publicité et d'objectivité et par conséquent à moins d'arbitraire ou de discriminations dans les prescriptions et les prestations. Ils provoquent un recul du pouvoir discrétionnaire dans l'expression de la puissance publique et des situations dérogatoires, sous des formes de régimes exorbitants ou d'exception. Ils incitent également à une plus grande efficacité des contrôles, par la transparence des procédures, l'appréciation de la proportionnalité des moyens -

---

26 Voir par exemple A. KANTE, « Réflexions sur le droit de la concurrence et la protection des consommateurs dans l'UÉMOA : l'exemple du Sénégal », *op. cit.*, pp. 273 et s.

27 S.-J. PRISO-ESSAWE, « L'émergence d'un droit communautaire africain de la concurrence », *op. cit.*, pp. 329 et s. ; R. NJEUFACK TEMGWA, *La protection de la concurrence dans la CÉMAC*, Thèse de droit privé, Université de Dschang-Cameroun, 2005, 379 p ; A. S. COULIBALY, « Le droit de la concurrence de l'Union Economique et Monétaire Ouest Africaine », *RBD*, n° 43-44, 1er et 2e semestres, 2003.

28 Instituée par le Traité du 16 mars 1994, révisé le 25 juin 2008 puis le 30 janvier 2009.

29 Instituée par le Traité signé en janvier 1994 puis modifié le 29 janvier 2003.

30 Instituée par le Traité du 28 mai 1978 puis modifié le 24 juillet 1993.

31 J. CHEVALLIER, « Ordre juridique et logique de marché », *in* S. DORMOND et T. PERROUD (dir.), *Droit et marché*, Paris, LGDJ, 2015, p. XV.

32 B. BELLON, G. CAIRE, L. CARTELLIER, J.-P. FAUGERE, C. VOISIN (Coordonné par), *L'État et le marché*, Paris, Economica, 1994, 243p. ; D. TRUCHET, « État et marché », *APD*, n° 40, 1995, pp. 314-325.

33 M. A FRISON-ROCHE, « L'État, le marché et les principes du droit interne et communautaire de la concurrence », *Les Petites Affiches*, n° 59, 1995, pp. 4-7.

34 A. DE LAUBADERE et P. DELVOLVE, *Droit public économique*, 5e éd., Paris, Dalloz, 1988, 901 p. ; P. DELVOLVE, *Droit public de l'économie*, Paris, Dalloz, 1998, 806 p. ; J.-P. COLSON, P. IDOUX, *Droit public économique*, 9e éd., Paris, LGDJ, 2018, 828 p ; D. LINOTTE, D. PIETTE, R. ROMI, *Droit public économique*, 9e éd., Paris, LGDJ, 2022, 510 p.

35 G. ECKERT, *Droit public des affaires*, 2e éd., Paris, Montchrestien, 2013, 208 p. ; S. NICINSKI, *Droit public des affaires*, Paris, Montchrestien, 2010, 720 p.

36 S. NICINSKY, « Les évolutions du droit public de la concurrence », *AJDA*, 2004, pp. 751 et s.

les mesures prises - aux fins - la protection de l'intérêt public -[37]. Sous l'effet de la crise économique, au contact de l'économie et de la vie des affaires, le droit administratif[38] ou le droit public[39] selon certains se modifie donc considérablement en Afrique dans la mesure où ce droit était naguère fortement marqué par ses origines essentiellement nationales, le poids déterminant de l'État et de ses prérogatives exorbitantes du droit commun dans l'économie.

Mener une étude sur les services publics et le droit de la concurrence en Afrique conduit à l'interrogation sur la relation s'établissant entre les deux objets juridiques. Une telle interrogation revêt un double intérêt théorique et pratique. L'intérêt théorique est justifié tant par la rareté de la littérature juridique africaine y relative que par les perspectives qu'elle ouvre sur la systématisation des nouvelles tendances du droit public économique en Afrique. Sur le plan pratique, la question permet d'attirer l'attention des gouvernants sur la modestie des performances économiques et sociales des services publics dans la plupart des pays africains en dépit des réformes juridiques opérées ; de leur proposer, par la suite, des solutions pour une amélioration des prestations et de la qualité des services rendus aux usagers-clients.

Le positivisme est l'ancrage méthodologique mobilisé par l'étude. Il appelle à analyser les textes juridiques pertinents des communautés économiques (CÉMAC, UÉMOA et CÉDÉAO) et des États de l'Afrique subsaharienne francophone. En s'appuyant sur cette démarche méthodologique, l'on peut postuler l'idée qu'en Afrique, services publics et droit de la concurrence se situent, non plus dans un rapport d'opposition, mais, désormais, dans un rapport de conciliation, traduisant ainsi une dynamique d'évolution. En effet, en conférant dorénavant une place centrale à l'ouverture des marchés et au principe de libre concurrence, les États africains ont fait leur, dans les droits positifs, la démarche libérale selon laquelle le marché, loin d'être antagoniste de l'intérêt général, peut activement y contribuer, notamment en permettant d'obtenir le prix le plus compétitif pour une meilleure qualité de service. Le rapport de conciliation du service public et du droit de la concurrence prend essentiellement deux formes complémentaires. D'un côté, manifestant la prise en compte des exigences du marché dans les interventions économiques des personnes publiques, les services publics sont, par principe, soumis au droit de la concurrence (I). De l'autre, les objectifs spécifiques d'intérêt général poursuivis par les États, expression des valeurs de solidarité et de cohésion sociale, sont pris en compte dans le droit de la concurrence, justifiant ainsi une dérogation à l'application de ce dernier si leur accomplissement est compromis (II).

---

[37] L. RAPP, P. TERNEYRE (dir.), *Le lamy droit public des affaires*, Paris, Wolters Kluwer, 2018, p. VIII.

[38] A. DE LAUBADERE, « Existe-t-il un droit administratif économique ? », *RRJ-Droit prospectif*, 1976, pp. 1 et s.

[39] G. VLACHOS, « Le droit public économique, branche du droit public », *RRJ-Droit prospectif*, 1999, pp. 1293 et s.

I. LES SERVICES PUBLICS SOUMIS PAR PRINCIPE AU DROIT DE LA CONCURRENCE

Traditionnellement, les interventions économiques de l'État sont considérées comme une terre d'élection de privilèges[40] : on pense notamment au pouvoir discrétionnaire et au monopole dont bénéficient les services publics. La pénétration de la logique concurrentielle dans l'État en vue de la recherche de l'efficacité économique, en modifiant cet état du droit, s'est matérialisée par la soumission au droit de la concurrence des services publics, qu'ils soient perçus au sens institutionnel ou matériel. La déclinaison extensive (A) de cette soumission est chargée d'une signification particulière qu'il sied de mettre en lumière (B).

A. Une déclinaison extensive

La pénétration de l'ordre concurrentiel dans la sphère publique va au-delà de la soumission des activités de service public à la loi de la concurrence (1). Le droit de la concurrence tend en effet à imposer des contraintes diverses qui infléchissent clairement les modes d'action de l'État ou des services publics pris au sens organique (2).

1) La soumission des « services publics-activités »

C'est désormais acquis en droit positif que, dès qu'ils adoptent un comportement d'entreprise, les services publics doivent respecter, comme les autres entités du secteur privé, les dispositions du droit de la concurrence, et spécialement celles prohibant les pratiques anticoncurrentielles. Celles-ci renvoient aux ententes et à l'abus de position dominante.

La solution a été reconnue par les droits internes africains qui, influencés récemment par les droits communautaires africains de la concurrence, se sont inspirés largement du droit français[41] plutôt. Ainsi, l'article 2 alinéa 1 de la loi camerounaise n° 98/013 du 14 juillet 1998 relative à la concurrence dispose que *« [l] es dispositions de la présente loi sont applicables à tous les secteurs de l'économie nationale, à toutes les opérations de production et/ou de commercialisation des produits et services réalisés sur le territoire national par des personnes physiques ou morales, publiques, parapubliques ou privées »*. Cette règle existe également dans le droit de la concurrence du Burkina Faso[42], du Congo[43], de la Côte d'Ivoire[44], du Mali[45], du Niger[46] et du Tchad[47] notamment. Elle repose sur une approche matérielle et non organique du droit de la concurrence. Le champ d'application de la règle nationale de la concurrence est clairement déterminé par les activités exercées - de service public ou non - et non par les personnes - privées ou publiques - qui les assurent ou les assument. À partir de là, on peut déduire que si les activités, notamment de service public,

---

[40] A. DE LAUBADERE et P. DELVOLVE, *Droit public économique*, op. cit., p. 2.
[41] L. IDOT, « La liberté de concurrence en France », *LPA*, n° 59, 2000, pp. 4 et s.
[42] Article 3 de la loi n° 016-2017/PAN portant organisation de la concurrence.
[43] Article 2 de la loi n° 18/020 du 9 juillet 2018 relative à la liberté des prix et à la concurrence.
[44] Article 43 de l'ordonnance n° 2013-662 du 20 septembre 2013.
[45] Article 2 de la loi n° 2016-006 du 24 février 2016 portant organisation de la concurrence.
[46] Article 2 de la loi n° 2019-56 du 22 novembre 2019 portant organisation de la concurrence.
[47] Article 4 de la loi n° 043/Pr du 24 décembre 2014 relative à la concurrence.

exercées hors de la sphère marchande échappent aux disciplines de la concurrence, les services publics économiques sont en principe tenus, comme les entreprises privées, de respecter les contraintes de l'univers concurrentiel dans lequel ils sont immergés. Cela n'est pas très nouveau car la théorie du service public industriel et commercial[48] répondait déjà à cette logique, en postulant l'application du droit privé - considéré comme le droit *« naturel »* des activités industrielles et commerciales - à ces services publics, même gérés par une personne publique[49].

La même logique fondamentalement unitaire et égalitaire, plus explicitement formulée cette fois, vaut dans les ordres communautaires africains. Dans la zone CÉMAC, par exemple, la soumission des services publics économiques au droit de la concurrence découle des dispositions des articles 1er du règlement n° 1/99/UÉAC/CM-639 du 25 juin portant réglementation des pratiques commerciales anticoncurrentielles et 8 du règlement n° 4/99/UÉAC-CM-639 du 18 août 1999 portant réglementation des pratiques étatiques affectant la concurrence. Le premier indique que les règles qu'il définit s'appliquent à *« toute personne physique ou morale du secteur public ou privé exerçant une activité à but lucratif »* ; et le second prévoit que : « *les entreprises en situation de monopole légal ou de fait sont soumises aux règles régissant les pratiques anticoncurrentielles et notamment à celles relatives à l'abus de position dominante »*. Ils doivent s'abstenir particulièrement de pratiquer des ventes liées, d'imposer des conditions de vente discriminatoires injustifiées, de procéder à un refus de vente, de pratiquer des ruptures injustifiées des relations commerciales, d'utiliser les recettes qu'ils tirent de leurs activités soumises à monopole pour subventionner leurs ventes dans d'autres secteurs[50]. Le paragraphe 2 de cet article 8 détermine ce qu'il faut entendre par monopole légal en ces termes : *« [u] n monopole est dit légal lorsque l'État accorde des droits exclusifs à une entreprise privée ou publique pour exploiter un service public ou pour produire des biens et services »*. L'article 8 ne s'oppose donc pas à l'existence d'un monopole, apanage du service public[51], c'est l'exploitation abusive d'un tel monopole qui est interdite.

Dans les espaces de la CÉDÉAO et de l'UÉMOA, la mise en concurrence des services publics économiques passe par une formule quasiment identique, sensiblement éloignée de celle de la CÉMAC mais très proche de celle de l'Union européenne[52]. Ainsi, l'article 6 alinéa 2 du règlement n° 02/2002/CM/UÉMOA du 23 mai 2002 sur les pratiques commerciales anticoncurrentielles dispose que *« les entreprises chargées de la gestion des services d'intérêt économique général ou présentant le caractère de monopole fiscal sont soumises aux règles du traité relatives à la concurrence »*. Une telle règle est formulée dans des termes sinon strictement identiques, du moins très proches, à l'article 9 alinéa 2 de l'acte additionnel A/SA. 1er décembre 2008 du 19 décembre 2008 portant adoption des règles communautaires de la concurrence et de leurs modalités d'application au

---

[48] A. S. MESCHERIAKOFF, « L'arrêt du Bac d'Eloka. Légende et réalité d'une gestion privée de la puissance publique », *RDP*, 1988, pp.1059 et s.
[49] D. TRUCHET, « État et marché », op. cit., p. 319.
[50] Paragraphe 4 de l'article 8 précité.
[51] F. HAMON, « Les monopoles de services publics français face au droit communautaire : le cas d'EDF et GDF », *Recueil Dalloz Sirey*, 1993, p. 91.
[52] C. GRYNFOGEL, *Droit communautaire de la concurrence*, 2e éd., Paris, LGDJ, 2000, 141 p.

sein de la CÉDÉAO. À la lecture de ces dispositions, il paraît exister une certaine parenté entre la notion de service d'intérêt économique général et celle de service public industriel et commercial ; celle-ci est fondée sur la notion de service marchand. Toutefois, le rapprochement fait n'est guère absolu : la notion communautaire semble plus large puisque la notion d'entreprise est susceptible de s'appliquer à des services que les droits internes qualifient d'administratifs. Il est justement utile de préciser que l'annexe n° 1 du règlement n° 3/2002 de l'UÉMOA du 23 mai 2002 sur la procédure applicable aux ententes et abus de position dominante définit l'entreprise comme « *une organisation unitaire d'éléments personnels, matériels et immatériels, exerçant une activité économique, à titre onéreux, de manière durable, indépendamment de son statut juridique, public ou privé, et de son mode de financement, et jouissant d'une autonomie de décision* ». L'opposition qu'opèrent les droits communautaires africains entre services d'intérêt général marchands et non marchands pour préciser le champ de la concurrence se superpose à la distinction des droits internes service public administratif-service public industriel et commercial sans la recouvrir exactement[53].

En tout état de cause, pour le *jurislateur* africain, la logique concurrentielle ne peut être effective que si les opérateurs publics et privés sont placés dans des conditions égales, que si les premiers ne disposent pas de privilèges de nature à fausser le jeu de la concurrence. Au principe traditionnel de non-concurrence entre activités publiques et privées tend ainsi à se substituer un principe d'égale concurrence entre les opérateurs économiques intervenant sur le marché, quel que soit leur statut public ou privé[54]. Ce principe d'égalité de la concurrence, qui oblige à un effort de compétitivité, n'implique pas que tous les opérateurs soient placés dans des conditions d'exploitation identiques, mais seulement qu'ils ne bénéficient pas de facilités de nature à fausser le jeu de la concurrence[55]. Cette idée a également justifié l'assujettissement aux règles de la concurrence de l'État ou des services publics pris au sens organique cette fois, quand ils exercent une action dans la sphère des activités économiques.

2) La soumission des « services publics-institutions »

L'ordre concurrentiel tend à s'appliquer à des services publics traditionnellement placés hors marché mais qui, par leurs interventions économiques, peuvent ériger des obstacles au développement sur le marché d'une compétition par le mérite. Il s'agit des services publics pris au sens organique ; ils renvoient à l'institution administrative qui est constituée d'*« un ensemble d'organes »*, mieux d'une série de personnes morales de droit public : l'État, collectivité publique à dimension nationale, les collectivités infra-étatiques et les institutions spécialisées de droit public[56]. On s'aperçoit que non seulement l'État a perdu son emprise ancienne sur l'ordre concurrentiel – avec l'émergence du droit de la concurrence au niveau communautaire ou mondial –, mais encore cet ordre

---

[53] B. SEILLER, « L'érosion de la distinction SPA-SPIC », *AJDA*, 2005, p. 421.

[54] J. CHEVALLIER, « État et ordre concurrentiel. Rapport introductif », *in L'ordre concurrentiel, Mélanges Antoine Pirovano,* Paris, éd. Frison-Roche, 2003, p. 71.

[55] G. ECKERT, « L'égalité de concurrence entre opérateurs publics et privés sur le marché », *in Gouverner, administrer, juger, Mélanges Waline,* Paris, Dalloz, 2002, pp. 207 et s.

[56] P.-L. FRIER, J. PETIT, *Précis de droit administratif, op. cit.,* p. 12.

tend à s'imposer à lui, en modelant sa configuration et en infléchissant ses modes d'action. Tout se passe comme si l'État était désormais traversé de part en part par l'ordre concurrentiel qui pèse sur lui comme une contrainte[57]. L'encadrement juridique de l'action de l'État ou des services publics sur l'économie[58] se ramène à la définition des principes d'action et d'abstention ou à la détermination précise des instruments dont ils peuvent ou ne peuvent pas faire usage.

Le principe d'action impose aux collectivités publiques l'accomplissement du devoir d'assurer la libre concurrence. Il passe d'abord par l'obligation d'adoption d'une réglementation économique au sens large. Cette réglementation peut prendre la forme de dispositifs d'application et de mise en œuvre des règles de la concurrence. C'est dans cette perspective qu'au niveau communautaire, l'article 13 alinéa 6 de l'acte additionnel A/SA. 1er décembre 2008 du 19 décembre 2008 portant adoption des règles communautaires de la concurrence et de leurs modalités d'application au sein de la CÉDÉAO précise qu'*« [a] ux fins de l'application des règles de concurrence de la Communauté, les États membres adoptent toutes les mesures qu'ils jugent appropriées à condition qu'elles ne soient pas en contradiction avec les dispositions du présent Acte additionnel ».* Cette exigence qui met en exergue la figure de l'État prescripteur a justement abouti à des révisions et adaptations des législations nationales de la concurrence des pays comme le Bénin, le Burkina Faso, le Mali et le Niger. Le principe d'action s'exprime ensuite par la création d'institutions - autorités administratives indépendantes[59] - chargées d'assurer cette libre concurrence et d'en sanctionner les pratiques illicites[60] en application des exigences communautaires. L'article 14, paragraphe 4 du règlement n° 17/99/CÉMAC-020-CM-03 du 17 décembre 1999 relatif à la Charte des investissements de la CÉMAC a par exemple clairement imposé ce devoir aux États en ces termes : « *quand un service public fait naître un monopole naturel, les États [doivent mettre] en place des moyens de régulation de ce monopole. Le cas échéant, ils créent un organe de régulation avec la participation du secteur privé et de la société civile* ». C'est de cette disposition, qu'a alors émergé la figure de l'État régulateur[61].

Le principe d'abstention, quant à lui, signifie que la libre compétition entre les entreprises qui offrent, sur un marché déterminé, des produits et des services ne doit être entravée ni par des prescriptions ni par des prestations exorbitantes du droit commun provenant des personnes morales de droit public ou assimilées. Son fondement juridique se trouve à l'article 6 alinéa 1 du règlement n° 02/2002/CM/UÉMOA du 23 mai 2002 sur les pratiques commerciales anticoncurrentielles qui précise que *« [...] les États membres s'abstiennent de toutes mesures susceptibles de faire obstacle à l'application du présent règlement et des textes subséquents. Ils s'interdisent notamment d'édicter ou de maintenir, en ce qui concerne les entreprises publiques et les entreprises auxquelles ils*

[57] J. CHEVALLIER, « État et ordre concurrentiel. Rapport introductif », *op. cit.*, p. 68.
[58] A. S. MESCHERIAKOFF, « Le droit applicable aux interventions économiques de l'État », *Revue Concurrence Consommation*, n° 96, 1997, pp.40-43.
[59] A. DIARRA, « Les autorités administratives indépendantes dans les États francophones d'Afrique – cas du Mali, du Sénégal et du Bénin », *Afrilex*, janvier 2000, 1-25.
[60] J. CHEVALLIER, « Les autorités administratives indépendantes et la régulation des marchés », *Justice et Économie*, n° 1, 1995, pp. 81-90.
[61] J. CHEVALLIER, « L'État régulateur », *RFAP*, 2004/3, n° 111, pp. 473-482 ; Cl. MOMO, « La régulation économique au Cameroun », *RRJ-Droit prospectif*, n° 118, p. 968.

accordent des droits spéciaux et exclusifs, quelque mesure contraire aux règles [de la concurrence] prévues à l'article 88 paragraphes (a) et (b) du Traité de l'Union ». Une telle obligation d'abstention, prise en compte par certaines législations nationales de la concurrence[62], figure également dans l'espace de la CÉDÉAO, précisément à l'article 9 de l'acte additionnel A/SA. 1er décembre 2008 du 19 décembre 2008 portant adoption des règles communautaires de la concurrence et de leurs modalités d'application. On doit également mentionner l'interdiction faite aux États membres d'accorder des aides, notamment au moyen des ressources de l'État, sous quelque forme que ce soit, lorsqu'elles faussent ou sont susceptibles de fausser la concurrence en favorisant certaines entreprises ou certaines productions[63]. Cette obligation, qui figure dans la CÉDÉAO[64], l'UÉMOA[65] et la CÉMAC[66], a été reprise dans les législations nationales de la concurrence du Burkina Faso[67], Mali[68] et du Niger[69]. Son efficacité a été recherchée dans l'espace communautaire de l'UÉMOA par l'édification d'un régime de la transparence des relations financières entre les États membres et les entreprises publiques[70].

Finalement, le droit public économique, bâti sur les principes d'action et d'abstention tend à être un droit des contraintes, enserrant de plus en plus étroitement l'action publique dans des règles de fond et de forme[71]. Le premier principe est fondé sur deux objectifs : d'une part, il s'agit de diriger, orienter, inciter l'action des opérateurs économiques et, d'autre part, prendre toute mesure pour préserver et protéger le bon fonctionnement du marché. Le second, quant à lui, est guidé par le souci de ne pas déséquilibrer les rapports de force du marché qui doivent pouvoir jouer librement, sans intervention extérieure[72]. Tous les deux principes contribuent concomitamment à dessiner la figure actuelle d'un État soumis à l'ordre concurrentiel. L'émergence de cette figure étatique n'est pas dépourvue de signification.

B. Une signification flexible

La soumission des services publics au droit de la concurrence délivre un message flexible, parce qu'autorisant deux interprétations en fonction des points de lecture : à partir du marché et de l'ordre concurrentiel, c'est la consolidation de

[62] Au Burkina-Faso, par exemple, voir article 25 de la loi de 2017 précitée.
[63] A. MARTIN-SERF, « Aides publiques nationales et droit de la concurrence », *RJC*, 2000, pp. 97-101.
[64] Article 8 de l'acte additionnel A/SA. 1er décembre 2008 du 19 décembre 2008.
[65] Règlement n° 04/2002/CM/UÉMOA du 23 mai 2002 relatif aux aides d'État à l'intérieur de l'Union économique et monétaire ouest africaine et aux modalités d'application de l'article 88 (c) du Traité.
[66] Articles 2-7 du règlement n° 4/99/UÉAC-CM-639 du 18 août 1999 précité.
[67] Articles 22-24 de la loi de 2017 précitée.
[68] Articles 9 -11 de loi n° 2016-006 du 24 février 2016 précitée.
[69] Articles 12 et 13 de la loi de 2019 précitée.
[70] Directive n° 01/2002/CM/UÉMOA relative à la transparence des relations financières d'une part entre les États membres et les entreprises publiques, et d'autre part entre les États membres et les organisations internationales ou étrangères.
[71] J. CAILLOSSE, « Personnes publiques et concurrence : quels enjeux théoriques ? », *AJDA*, n° 14, 2016, p. 763.
[72] S. NICINSKY, *Droit public des affaires*, *op. cit.*, p. 3.

l'État de droit qui s'affirme (2) ; à partir de l'État et de ses services publics, on peut lire la tendance à leur banalisation (1).

1) La banalisation des services publics

La première interprétation du message délivré par la soumission des services publics à l'ordre concurrentiel est la banalisation du service public et de son droit.

En effet, le fait que la sphère publique ne soit plus soustraite de la logique concurrentielle, qu'elle y soit même désormais soumise, comme la sphère privée, conduit à admettre que la pensée économique dominante imprime une évolution tendant à considérer les services rendus par les services publics comme des marchandises, des produits identiques à ceux des entreprises ordinaires sans tenir compte des spécificités ni des besoins sociaux auxquels ils répondent. L'idée est certainement d'améliorer en permanence leur qualité. Du coup, toutes les activités sont saisies en fonction des considérations économiques. Dans cette perspective, le droit de la concurrence procède d'une vision économique et non pas juridique ; matérielle et non organique des activités des personnes publiques[73]. D'une part, en effet, il a du mal à utiliser le terme *« service public »* ; il préfère plutôt l'appréhender par des termes économiques tels qu'*« entreprise »*, *« activités de production, de distribution et de services »*, *« activité à but lucratif »*, *« entreprises chargées de la gestion des services d'intérêt économique général »*. D'autre part, pour conclure à l'unité du droit applicable, il se fonde sur l'identité d'objet des activités administratives et des activités privées, c'est-à-dire sur un critère économique. La combinaison de tous ces ingrédients peut donner le sentiment d'effacement progressif de l'intérêt général[74].

La solution fournie par le droit positif, illustrative de la banalisation des activités *« entrepreneuriales »* publiques[75], est le reflet de la doctrine professée par les économistes libéraux. En procédant à une réévaluation de l'intervention publique en matière économique[76], elle postule que l'État idéal est un État minimum qui se cantonne à ses activités naturelles. Toute intervention en dehors de cette sphère est accidentelle et doit demeurer résiduelle ; elle n'est au surplus acceptable qu'à la condition de respecter la règle de jeu économique, c'est-à-dire le droit commun pour ne pas fausser la concurrence. La logique du droit de la concurrence apparaît ainsi fondamentalement unitaire[77], transcendante du dualisme juridique[78]. Elle tend à l'institution d'un droit unique, s'appliquant de manière uniforme aux personnes publiques et aux personnes privées, sous le contrôle d'une juridiction également unique, qui est le juge judiciaire dans les ordres nationaux et le juge communautaire dans les ordres supranationaux. La singularité des rapports noués par les personnes publiques avec les tiers, qui a

[73] F. LLORENS, P. SOLER-COUTEAUX, « La soumission des personnes publiques au droit de la concurrence », *Dalloz Sirey*, 1989, p. 67.

[74] J.-M. PONTIER, « L'intérêt général existe-t-il encore ? », *Recueil Dalloz*, 1998, p. 327.

[75] D. TRUCHET, « État et marché », *op. cit.*, p. 319.

[76] V. Michel BAZEX, « Le droit public économique », *RFDA*, Juillet - Août, 1998, p. 781.

[77] F. LLORENS, P. SOLER-COUTEAUX, « La soumission des personnes publiques au droit de la concurrence », op. cit., p. 67.

[78] D. TRUCHET, « La distinction du droit public et du droit privé dans le droit économique » *in* M. FREEDLAND et J.-B. AUBY (dir.), *The Public Law/Private Law divide. Une entente assez cordiale ?* Hart Publishing, 2006, pp. 49-59.

justifié qu'elles échappent aux règles et à la juridiction des particuliers comme l'exprimait l'arrêt *Blanco*[79], est ainsi largement remise en cause. L'élargissement du champ d'application du droit privé par l'application du droit commun de la concurrence à l'administration, indissociable des transformations plus générales qui affectent la société et l'État[80], s'inscrit incontestablement dans le vaste mouvement de banalisation des rapports administratifs ou du droit des personnes publiques[81]. Finalement, cette réalité donne l'impression que le droit privé est le seul *« vrai Droit »*[82] permettant d'optimiser la performance économique des activités, qu'elles soient publiques ou privées, et toutes les atteintes à la libre concurrence sont suspectes. On peut par ailleurs légitimement s'interroger sur le point de savoir si le droit administratif est encore un droit dérogatoire au droit commun[83] ou encore si le droit administratif est attentatoire à la performance publique[84] ou économique. Quoi qu'il en soit, il est loisible de déceler dans la soumission des services publics au droit de la concurrence les symptômes d'une figure de l'État postmoderne : l'État banalisé[85]. Mais, cette soumission véhicule également une autre interprétation, à savoir la valorisation de la sécurité juridique - qui est une composante de l'État de droit - dans le monde économique.

2) La consolidation de l'État de droit

L'édification ou la consolidation de l'État de droit en matière économique apparaît comme la seconde interprétation du message délivré par la figure de l'État soumis au droit de la concurrence. On sait que la théorie de l'État de droit repose d'abord, aujourd'hui comme hier, sur une confiance absolue placée dans le droit, sur lequel on compte pour limiter un État dont, au contraire, on se méfie[86]. Cette confiance dans le droit favorise la création et l'élargissement du champ de la juridicité car tous les rapports politiques, sociaux et économiques doivent être soumis au droit afin de marquer un recul de l'arbitraire. En Afrique sur le terrain économique, la crise de l'État providence, loin d'entraîner un reflux, a au contraire provoqué un mouvement de *juridicisation* croissante des rapports marchands, activant le thème de l'État de droit[87]. Ce n'est donc pas un fait du hasard si par la suite, les marchés nationaux et communautaires ont été construits à travers l'édiction d'un ensemble de règles juridiques nationales et supranationales garantissant notamment le jeu de la concurrence[88]. Apparaissant comme la

[79] T.C. 8 février 1873, observations *in* M. LONG, P. WEIL, P. DELVOLVE et B. GENEVOIS, *Les grands arrêts de la jurisprudence administrative*, 19e édition, Paris, Dalloz, 2013, 1033p., pp. 1 et s.
[80] J.-B. AUBY, *La globalisation, le droit et l'État*, Paris, Montchrestien, 2003, p. 136.
[81] J.-B. AUBY, « Le mouvement de banalisation du droit des personnes publiques et ses limites », *in Études offertes à Jean-Marie Auby*, Paris, Dalloz, 1992, pp. 3 et s.
[82] J. CAILLOSSE, « L'Administration française doit-elle s'évader du droit administratif pour relever le défi de l'efficience ? », *Politiques et Management public,* vol. 7, n° 2, 1989, p. 176.
[83] Ch. DEBBASCH, « Le droit administratif, droit dérogatoire au droit commun ? », *Mélanges René Chapus,* Paris, *Montchrestien*, 1992, pp. 127 et s.
[84] J. CAILLOSSE, « Le droit administratif contre la performance publique ? », *AJDA*, 1999, pp. 195 et s.
[85] J. CHEVALLIER, *L'État post-moderne*, 2e éd., Paris, LGDJ, 2004, p. 68.
[86] J. CHEVALLIER, *L'État de droit*, Paris, Montchrestien, 1994, p. 64.
[87] L. DONFACK SOKENG, « L'État de droit en Afrique », *AJP, La Revue du CERDIP*, vol. 1 ; n° 2 ; 2002, pp. 87-125.
[88] S.-J. PRISO-ESSAWE, « L'émergence d'un droit communautaire africain de la concurrence », *op. cit.,* pp. 329 et s.

garantie suprême pour mettre hors d'atteinte le principe de libre concurrence, stabiliser la vie économique, encadrer les comportements des personnes publiques et privées, le droit public économique[89] mis sur pied est considéré comme une garantie et une protection assurant la sécurité et la stabilité de la société économique et des rapports marchands[90]. Cette fonction pacificatrice et stabilisatrice du droit[91], matérialisée par la limitation de l'influence et de la puissance de l'État sur le marché par le droit de la concurrence, est fondamentalement au cœur de l'État de droit.

Sur cette couche formelle de l'État de droit dans le monde économique, se constitue une dimension substantielle qui repose sur une certaine vision de l'État dans la vie économique, une vision du droit perçu comme exprimant l'idéal de *« justice »* et la limitation du pouvoir par la référence aux libertés individuelles[92]. En Afrique, la réhabilitation du marché à la suite de la crise de l'État interventionniste est venue briser l'hégémonie exercée naguère par l'État sur la vie économique, en donnant à la société économique ou au secteur privé une existence propre face à l'État. Ce qui a impliqué une stricte délimitation du rôle imparti à l'État dans la vie économique[93] : pour tout ce qui concerne les activités économiques, il doit désormais laisser libre cours à l'initiative privée, en s'abstenant de toute action qui risquerait de fausser le fonctionnement du marché. Il y a donc eu une répartition rigoureuse des tâches entre public et privé, et ce dernier dispose de garanties juridiques et juridictionnelles pour contester et corriger tout empiétement du premier sur le domaine qui lui est réservé en propre[94]. Cette conception s'inspire d'une évidente méfiance vis-à-vis de l'État ou du service public dont l'expansionnisme a été perçu comme une menace permanente pour les libertés individuelles[95]. Pour Jacques Chevallier[96], en dessinant la figure de l'État *minimal* respectueux de l'initiative privée, cette réalité paraît indissociable de l'État de droit : le principe de la liberté du commerce et de l'industrie, devenu liberté de la concurrence[97] apparaît ainsi comme un élément constitutif de l'État de droit, en traduisant en termes juridiques le dogme du caractère subsidiaire de l'intervention étatique. En recherchant le progrès, la justice et l'équité dans la vie et la société économiques, l'émergence et la cohabitation des principes fondateurs et fondamentaux de la liberté économique[98]

---

[89] A. S. MESCHERIAKOFF, *Droit public économique*, Paris, PUF, 1996, p. 44.

[90] J.-J. SUEUR, « La sécurité juridique en droit public économique », *in* L. BOY, J.-B. RACINE, F. SIIRIAINEN (dir.), *Sécurité juridique et droit économique*, Bruxelles, Larcier, 2008, p. 452.

[91] J. CHEVALLIER, « Le droit économique : insécurité juridique ou nouvelle sécurité juridique », *in* L. BOY, J.-B. RACINE, F. SIIRIAINEN (dir.), *Sécurité juridique et droit économique*, *op. cit.*, p. 573.

[92] J. CHEVALLIER, *L'État de droit*, *op. cit.*, p. 54.

[93] J. D. B. DE GAUDUSSON, « Crise de l'État interventionniste et libéralisation de l'économie en Afrique », *op. cit.*, p. 8.

[94] Y. R. KALIEU ELONGO, « La Cour de Justice de la CÉMAC et le contrôle des pratiques anticoncurrentielles », *in Actes du séminaire sous régional de sensibilisation au droit communautaire et à l'intégration dans la zone CEMAC*, Ed. GIRAF, Libreville-Gabon, 2 au 6 novembre 2004, pp. 45-50.

[95] P. DELVOLVE, « Service public et libertés publiques », *RFDA*, 1985, p. 1.

[96] J. CHEVALLIER, « L'État de droit », *RDP*, n° 2, 1988, p. 371.

[97] Y. GAUDEMET, « Concurrence et régulation : entre liberté et contrainte », *RDP*, n° 4, 2022, p. 985.

[98] P. DELVOLVE, « Les libertés économiques », *RFDA*, 2017, p. 33.

et d'égalité de traitement des personnes publiques et privées[99] - qui limitent clairement l'interventionnisme économique de la puissance publique -, constituent l'expression éclatante des valeurs d'inspiration libérale ancrées dans le droit public économique africain. Mais l'Afrique n'a pas conçu un droit public économique structuré seulement par des principes libéraux[100] et coupé des nécessités sociales fort nombreuses, celui-ci comporte également des principes *« interventionnistes »* ou *« socialisants »*, justifiant une action positive des personnes publiques, et limitative du droit de la concurrence, pour des motifs d'intérêt général.

II. Les services publics, motif dérogatoire au droit de la concurrence

La relation entre le service public et le droit de la concurrence est bijective. Elle va au-delà de la soumission du premier au second et prend aussi la forme d'une inflexion du second du fait de la force des exigences du premier ; le motif du service public apparaissant alors comme une dérogation à l'application du droit de la concurrence. Il s'agit, en d'autres termes, de la reconnaissance de la licéité ou de la légitimité des services publics en tant que motif dérogatoire au droit de la concurrence. En Afrique, cette légitimation marquée d'un fort trait de singularité, de maîtrise, dans sa formulation (A) peut toutefois être dangereuse pour la liberté économique. C'est pourquoi elle est fortement encadrée (B).

A. Une légitimation singulièrement formulée

Les droits internes africains de la concurrence n'offrent pas de justification fondée sur le texte pour défendre les exigences du service public. Ce sont les droits communautaires de la concurrence qui, en s'intégrant de plein droit dans les droits nationaux avec une prévalence sur ces derniers, prennent en compte les préoccupations du service public. Cette prise en compte se fait par de formules approchantes propres variables dont la teneur (1) renvoie à une redéfinition de la place, voire de la valeur, du service public par rapport au marché (2).

1) La teneur propre variable

Dans une démarche particulière, la production normative des communautés africaines en matière de concurrence appréhende l'intérêt général pris comme motif dérogatoire aux règles de la concurrence par de nouveaux concepts qui varient d'une Communauté à une autre.

Ainsi, le *« service d'intérêt économique général »* est un concept posant les bases d'un régime juridique spécifique à certaines activités de service public.

L'article 6 du règlement de l'UÉMOA du 23 mai 2002 précité portant sur les pratiques commerciales anticoncurrentielles, tout en soumettant les entreprises chargées de la gestion de services d'intérêt économique général aux règles de la concurrence, leur reconnaît la possibilité d'une dérogation *« [...] dans l'hypothèse*

---

[99] D. LINOTTE, « Principes d'égalité, de liberté du commerce et de l'industrie et droit de la concurrence », in J.-M. RAINAUD et R. CRISTINI (dir.), *Droit public de la concurrence*, Paris, Economica, 1987, pp. 9-20.

[100] G. M. PEKASSA NDAM, « La consolidation de l'idéologie libérale dans le domaine des services publics au Cameroun », *in* M. ONDOA et P. E. ABANE ENGOLO (dir.), *Les fondements du droit administratif camerounais,* Paris, L'Harmattan, 2016, p. 165.

où l'application de ces règles fait échec à l'accomplissement en droit ou en fait de la mission particulière qui leur a été impartie [...] ». La formule de la CÉDÉAO, proche de celle en vigueur dans l'Union européenne[101], est légèrement différente de celle de l'UÉMOA. Elle figure à l'article 9 alinéa 2 de l'acte additionnel du 19 décembre 2008 précité portant adoption des règles communautaires de la concurrence et de leurs modalités d'application au sein de la CÉDÉAO qui dispose que *« les entreprises chargées de la prestation des services d'intérêt général économique [...] sont soumises aux règles [de la concurrence] dans la mesure où lesdites règles ne font pas obstacle, de jure ou de fait, à l'exécution des tâches qui leur sont assignées [...] »*. La précision de la notion de service d'intérêt économique général par les autorités communautaires africaines est encore attendue. Dans l'Union européenne, elle l'a déjà été et on peut constater que les obligations de service public sont la caractéristique majeure de cette notion de service d'intérêt économique général[102].

La notion de *« service universel »* et l'expression *« obligations de service public »* ont également été mobilisées par certaines communautés africaines pour établir un régime juridique propre aux activités de service public. La notion de service universel, empruntée à la législation américaine et développée par les institutions européennes dans le domaine des télécommunications et de la poste[103], est en vigueur dans l'UÉMOA. La directive n° 04/2006/CM/UÉMOA relative au service universel et aux obligations de performance du réseau le définit comme un *« ensemble minimal »* d'exigences d'intérêt général auxquelles doivent se soumettre, dans toute la Communauté, certaines entreprises fournissant les activités de télécommunications. Les obligations qui en découlent visent à assurer partout l'accès de tous à certaines prestations essentielles de bonne qualité et à des conditions tarifaires abordables. Le coût net du service universel pour les entreprises désignées comme fournisseurs est évidemment indemnisé par une méthode de calcul appliquée par les autorités nationales de régulation[104]. La compensation des sujétions exorbitantes du droit commun[105], expression de la légitimation de certaines aides d'État, vise à rétablir l'égalité sur le marché, à résoudre une partie au moins du problème de la coexistence du service public et des forces du marché[106]. Le service universel s'inscrit donc dans une optique concurrentielle en tentant de corriger les effets d'une libre concurrence tournée vers la rentabilité financière au détriment d'impératifs économiques et sociaux indispensables à la cohésion sociale[107]. L'expression *« obligations de service*

---

[101] Voir B. DE WITTE, « L'encadrement communautaire des services publics : le chevauchement des notions d'État et d'entreprise », in G. MARCOU (dir.), *Les mutations du droit de l'administration en Europe : pluralisme et convergence*, Paris, L'Harmattan, 1995, p. 310.

[102] R. KOVAR, « La Cour de Justice et les entreprises chargées de la gestion d'un service d'intérêt économique général. Un pas dans le bon sens vers une dérégulation réglée », *Europe*, juillet 1994 (Chronique, première partie) et août 1994 (Chronique, seconde partie).

[103] A. LYON-CAEN, « Les services publics et l'Europe : quelle union », *AJDA*, 1997, pp. 36 et s.

[104] Article 7 et 8 de la directive.

[105] V. DUFAU, Les sujétions exorbitantes du droit commun en droit administratif. L'administration sous contrainte, Paris, L'Harmattan, 2000, 414 p.

[106] D. FLACHER, « Ouverture à la concurrence et service universel : avancées ou reculs du service public ? », Regards croisés sur l'économie, 2007/2, n° 2, p. 78.

[107] S. GARCERIES, « Service public et droit communautaire », *Sociétés contemporaines*, n° 32, 1998, p. 44.

public » préférée par la CÉDÉAO dans le domaine du transport aérien[108] est animée par la même logique.

Dans la CÉMAC, le concept approchant de l'intérêt général brille par son originalité : les entreprises en situation de monopole légal ou de fait, qui sont des entreprises privées ou publiques auxquelles l'État accorde droits exclusifs pour exploiter un service public ou pour produire des biens et services, sont soumises au droit de la concurrence *« [...] sous réserve de limitations justifiées par des raisons d'ordre public, de sécurité publique et de santé publique »*[109]. La détermination de la signification par les autorités communautaires des notions *« d'ordre public, de sécurité publique et de santé publique »* est encore attendue. Théoriquement, l'ordre public exprime un contenu axiologique, c'est-à-dire des valeurs quelquefois subjectives, changeantes, évolutives, bref innombrables, donc peu définissables *ne varietur*[110]. Sa généralité rend la notion finalement voisine de celle d'intérêt public ou d'intérêt général[111]. Les notions *« d'ordre public, de sécurité publique et de santé publique »* expriment certainement un aménagement, par dérogation, d'un espace d'expression du droit national.

En Afrique, il apparaît donc que l'extension du champ d'application du droit de la concurrence aux services publics économiques ne conduit pas à une remise en cause des objectifs d'intérêt général. La préservation de la solidarité ou de la cohésion sociale poursuivie par la puissance publique, objectif cher au doyen Léon Duguit, devient même légitime aux yeux des organismes communautaires africains. Mais ces derniers utilisent un nouveau vocabulaire pour le faire. L'absence d'unité terminologique, tout comme la différence terminologique, présuppose une démarche propre : c'est une manière pour le droit communautaire de refuser toute référence aux systèmes existants dans toute leur diversité au sein des États membres ; c'est surtout une manière de revendiquer son autonomie, la maîtrise sémantique et d'ouvrir la matière à de nouvelles conceptions[112]. Dans cette perspective, les principes du marché se combinent avec les objectifs d'intérêt général pour créer les conditions d'un nouvel équilibre dans le fonctionnement des services publics[113]. Cette situation est considérée comme juste car l'inégalité des fins ne saurait s'accommoder à une absolue égalité des moyens[114]. Aussi, l'utilité publique que présente une activité, l'incapacité d'être assurée dans les conditions du marché doivent permettre aux services publics de bénéficier d'une dérogation au droit de la concurrence et corrélativement d'une application d'un régime spécifique, celui de droit public[115]. Ce qui traduit une part irréductible d'exorbitance dans le droit des services publics[116], accréditant ainsi l'idée de la

[108] Acte additionnel A/SA.8 février 2012 du 17 février 2012 fixant les règles communes relatives aux conditions d'accès aux marchés du transport aérien dans les États membres de la CÉDEAO.

[109] Article 8 paragraphe 1 du règlement n° 4/99 précité.

[110] C. VIMBERT, « L'ordre public dans la jurisprudence du Conseil constitutionnel », RDP, 1994, p. 701.

[111] S. POILLOT PERUZZETTO, « Ordre public et droit communautaire », Dalloz Sirey, 1993, p. 180.

[112] S. GARCERIES, « Service public et droit communautaire », *op. cit.*, p. 44.

[113] EDCE, *L'intérêt général*, n° 50, 1999, p. 352.

[114] G. ECKERT, « L'égalité des opérateurs publics et privés sur le marché », *op. cit.*, p. 219.

[115] B. STIRN, « Droit public et droit de la concurrence », *Mélanges Champaud*, Paris, Dalloz, 1997, pp. 56 et s.

[116] C. BOITEAU, « L'exorbitance du droit des services publics », *in* F. MELLERAY (Études réunies par), *L'exorbitance du droit administratif en question(s)*, Paris, LGDJ, 2004, p. 181.

nécessité du droit administratif[117], voire de la pérennité du droit public en économie de marché[118] ou encore celle de l'interdiction de la totale relégation du droit administratif hors du champ de l'économie[119]. Mais la spécificité maintenue du droit administratif, plus que résiduelle[120], n'exprime pas moins la dévaluation, la perte de la puissance évocatrice du service public.

2) La valeur réduite stable

Matérialisant les relations d'interdépendance qui existent entre les membres du corps social, les services publics constituent un élément fondamental d'intégration et de cohésion sociale[121]. En Afrique, en dépit du mouvement de repli consécutif à la crise de l'État-providence, ils restent indispensables en tant que vecteurs de production du lien social. On a vu que le rôle essentiel joué par les services publics sur le plan de la cohésion sociale est reconnu, même au niveau communautaire, dans le droit de la concurrence, confirmant ainsi la pertinence de l'idée du doyen Georges Vedel selon laquelle *« certaines prestations sont indispensables à la nation ou à ses collectivités composantes. Elles ne peuvent donc être abandonnées, même dans un État libéral, aux incertitudes de l'initiative privée et du marché »*[122]. Sauf que, si elle ne signifie pas la fin du service public, dans la mesure où celui-ci, entendu au sens large, est inhérent à l'existence de toute société, l'évolution en cours n'en implique pas moins une redéfinition en profondeur de la manière dont cette sphère d'activités est conçue et délimitée. Une approche communautaire stable d'un service public économique au périmètre réduit et à la valeur diminuée tend à s'imposer, contestant du même coup la place centrale que celui-ci avait dans l'État-providence.

En effet, les droits africains de la concurrence abordent de manière constante et invariable la question des services publics en termes d'équilibre entre concurrence et intérêt général, la première étant la règle, la seconde la dérogation. L'approche tend précisément à effectuer un nouveau partage de rôle, à établir une nouvelle hiérarchie de valeur entre le service public et la liberté économique. Elle s'inscrit nettement dans la critique du *« trop d'État »* et conduit à soupçonner le service public de liberticide, appliquant ainsi l'idée de Pierre Delvolvé d'après laquelle *« si les libertés publiques ne sont pas un rempart contre le service public, il faut remettre les libertés publiques avant le service public »*[123]. Cette pensée libérale a exercé une influence en Afrique, faisant désormais apparaître les services publics économiques comme un complément aux lois du marché. Dépouillés de toute idée de supériorité, ils se présentent alors comme un moyen adéquat destiné à suppléer

[117] D. TRUCHET, « Avons-nous encore besoin du droit administratif ? », *in Mélanges J.-F. Lachaume*, Paris, Dalloz, 2007, p. 1052.
[118] G. CLAMOUR, *Intérêt général et concurrence. Essai sur la pérennité du droit public en économie de marché*, Paris, Dalloz, 2006, 1 043 p.
[119] J. CHEVALLIER, « Les fondements du droit administratif à l'épreuve de l'Europe », *in* Ph. RAIMBAULT (dir.), *La puissance publique à l'heure européenne*, Paris, Dalloz, p. 47.
[120] Ch. DEBBASCH, « Le droit administratif, droit dérogatoire au droit commun ? », *op. cit.*, p. 131.
[121] J. CHEVALLIER, « Les nouvelles frontières du service public », *Regards croisés sur l'économie*, 2007/2, n° 2, p. 18.
[122] G. VEDEL, « Service public « à la française » ? Oui. Mais lequel ? », *Le Monde*, 22 décembre 1995, cité par C. BOITEAU, « L'exorbitance du droit des services publics », p. 188.
[123] P. DELVOLVE, « Service public et libertés publiques », *op. cit.*, p. 1.

les défaillances du marché dès lors que celles-ci ne sont plus à même de servir de manière efficiente le bien-être de la collectivité[124].

On assiste donc à un déplacement, mieux à un renversement des priorités, voire à un bouleversement théorique des normes de droit administratif économique en Afrique. Hier encore, l'État et les services publics économiques s'imposaient et étaient entourés d'une certaine légitimité. La question posée était alors la suivante : le marché et la liberté économique peuvent-ils faire aussi bien ? C'était au marché, à la liberté et à leurs acteurs ou détenteurs de le démontrer. Aujourd'hui, la face des choses a changé. Le primat est désormais accordé à la liberté économique et à la loi du marché. Dans cette perspective nouvelle, l'État et les services publics apparaissent, selon l'expression d'Anne-Marie Frison-Roche, comme *« un chien dans un jeu de quilles »*[125]. C'est à leur tour d'être empêtré et ce sont eux qui doivent aller à contre-courant du modèle. Ainsi, la charge de prouver leur légitimité, au regard du modèle qui n'a pas besoin d'eux, voire les évince, repose sur eux. La question se renverse alors et devient : l'État et les services publics font-ils mieux que les libertés et le marché concurrentiel ? Alors, c'est aux premiers de le prouver, évidemment dans le respect du cadre juridique fixé.

B. Une légitimation fortement maîtrisée

Dans le monde économique contemporain, c'est peu de dire que le rapport de force entre le marché et les services publics assumés par puissance publique est défavorable aux derniers. Puisque la puissance et le service publics peuvent constituer une entrave à l'ordre concurrentiel, le droit économique tend en effet à soumettre la légitimation de ces derniers à un ensemble de contraintes normatives (1) dont le respect est garanti par divers acteurs (2).

1) La pluralité des normes d'encadrement

La reconnaissance de la légitimité des services publics pris comme motif dérogatoire à l'application des règles de la concurrence est-elle automatique, sans conditions ? La réponse à cette question est donnée par les textes communautaires africains. Ainsi, l'article 9 alinéa 2 de l'acte additionnel du 19 décembre 2008 précité portant adoption des règles communautaires de la concurrence et de leurs modalités d'application au sein de la CÉDÉAO dispose que *« les entreprises chargées de la prestation des services d'intérêt général économique [...] sont soumises aux règles [de la concurrence] dans la mesure où lesdites règles ne font pas obstacle, de jure ou de fait, à l'exécution des tâches qui leur sont assignées. Le développement du commerce ne doit pas être affecté dans une mesure qui aille à l'encontre des intérêts de la Communauté de la CÉDÉAO »*. Une telle disposition qui existe également dans les espaces de la CÉMAC[126] et de l'UÉMOA[127], vise à moduler[128] plutôt qu'à écarter mécaniquement, l'application des règles de la concurrence aux entreprises chargées de la prestation des services

[124] D. BERLIN, « Droit communautaire et régimes exorbitants du droit commun », *AJDA*, 1996, p. 54.
[125] M.-A. FRISON-ROCHE, « L'État, le marché et les principes du droit interne et communautaire de la concurrence », *op. cit.*, p. 5.
[126] Article 8 du règlement n° 4/99 précité.
[127] Article 6 alinéa 2 du règlement n° 2/2002 précité.
[128] L. GYSELEN, « Service public », *Répertoire communautaire Dalloz*, septembre 1998, p. 5.

d'intérêt général économique. Autrement dit, elle tend à indiquer que la légitimation du service public contraire au droit de la concurrence n'est guère automatique, inconditionnée. Aussi, il n'existe pas de motif automatiquement dérogatoire au droit de la concurrence. En effet, pour être en mesure de ne pas se voir appliquer les règles de la concurrence, le service public à caractère économique doit satisfaire à trois *« normes-conditions »*.

La première *norme-condition* à respecter est relative à l'existence d'une mission de service public. En effet, l'entreprise doit démontrer qu'elle s'est vue expressément et effectivement confier une mission de service public par un acte de puissance publique. Cette obligation légale imposée par l'État et incombant à cette entreprise peut découler d'une loi, d'une réglementation, d'une concession, d'un cahier de charges ou d'une combinaison de ces actes.

La deuxième *norme-condition* renvoie à la satisfaction du test de nécessité et de proportionnalité : le service public n'est licite que s'il est nécessaire et proportionné aux objectifs légitimes poursuivis. En effet, l'entreprise doit être en mesure de démontrer que l'application des règles de concurrence constituerait un obstacle ou alors ferait échec à l'accomplissement en fait ou en droit de la mission de service public à elle impartie. Au-delà du principe de nécessité, l'application du principe de proportionnalité ressort du libellé même des dispositions des textes communautaires ; ce dernier principe signifiant que, lorsqu'un État membre invoque un intérêt public pour justifier une dérogation aux règles de concurrence, il doit prouver non seulement que la dérogation permet effectivement d'atteindre l'objectif recherché, mais aussi qu'il ne serait pas possible d'atteindre ce même objectif en utilisant un procédé plus respectueux des lois de l'économie de marché[129].

La troisième et dernière *norme-condition* renvoie à l'idée que le motif dérogatoire ne s'appliquera que si le *« développement du commerce »* n'est pas affecté *« dans une mesure qui aille à l'encontre des intérêts de la Communauté »*. Cette condition met en lumière l'intérêt communautaire qui devra être mis en balance avec l'intérêt national du service public. Elle limite certainement l'action et le droit des États membres de maintenir unilatéralement des entités ou des réglementations faisant obstacle à l'intégration communautaire sans aller pour autant jusqu'à le leur interdire. Le contrôle de proportionnalité qui devra être mis en œuvre par les autorités compétentes paraît être pour le moins subjectif. Il n'est pas pour autant étranger à la nature même du droit de la concurrence, à la fois droit du compromis et droit en mouvement, qui permet ainsi au service public non seulement de s'intégrer au jeu de la concurrence en tenant compte de ses spécificités, mais aussi de renouveler ses sources de financement[130].

Toutes ces normes qui conditionnent la reconnaissance de la licéité du service public sont liées entre elles : il s'agit de placer le service public sur la défensive. Les doutes sur l'efficacité de l'intervention publique, mis en évidence dans le droit de la concurrence, conduisent à lui tracer de nouvelles frontières[131], à lui reconnaître un caractère subsidiaire et subordonné par rapport au marché. Dans ce

[129] F. HAMON, « Les monopoles de services publics français face au droit communautaire… », *op. cit.*, p. 92.
[130] S. RODRIGUES, « La régulation communautaire des services publics de réseaux. Vers une théorie de la « concurrence régulée » ? », *Flux*, n° 44/45, 2001, p. 86.
[131] J. CHEVALLIER, « Les nouvelles frontières du service public », *op. cit.*, p. 14.

cadre, la personne publique n'est légitime à intervenir que si elle démontre, non seulement que son action répond à un besoin d'intérêt général, mais encore qu'elle est la mieux placée pour en assurer la charge. La soumission du service public économique à cet ensemble de normes est une illustration topique de l'évolution survenue ces dernières décennies dans le droit public économique : ce dernier qui était naguère un droit des pouvoirs et de la protection des personnes publiques, tend à devenir un droit de contraintes de l'action publique[132]. Au-delà d'être normatives, ces contraintes sont institutionnelles.

2) La diversité des institutions d'encadrement

Dans la théorie des systèmes juridiques, comme dans le mode social, l'existence de contraintes est avant tout, mais pas exclusivement, liée à l'existence d'une pluralité d'acteurs avec lesquels il est nécessaire de composer. Ces acteurs disposent de moyens d'agir les uns contre les autres et ont la volonté de voir leurs décisions respectées[133]. Le monde économique est également animé par cette logique. En effet, dans ce monde régi par l'ordre concurrentiel, les entreprises chargées d'une mission de service public et les États sont tenus de tenir compte des moyens que cet ordre attribue à certains acteurs de régulation et de contrôle du bon fonctionnement du marché. En particulier, il est prévu que les normes qui conditionnent la reconnaissance de la licéité du service public comme motif dérogatoire aux règles de la concurrence soient appliquées, appréciées et garanties par au moins deux acteurs de nature différente, l'un juridictionnel, l'autre non juridictionnel. Les communautés africaines contiennent en leur sein de tels dispositifs institutionnels d'encadrement de la légitimation du service public économique.

Dans l'UÉMOA, par exemple, de manière générale, l'article 90 du traité fondateur dispose que la *« Commission est chargée, sous le contrôle de la Cour de Justice, de l'application des règles de la concurrence »*. En application des dispositions de cet article, l'article 6 alinéas 3 et 4 du règlement n° 2/2002 précité sur les pratiques commerciales anticoncurrentielles commande que la *« Commission veille à l'application des dispositions »* dudit article ; celui-ci encadre les pratiques anticoncurrentielles imputables aux États membres de manière générale et, en particulier, la reconnaissance des services publics comme motif dérogatoire à l'application des règles de la concurrence. Il revient donc à la Commission de l'UÉMOA, en vertu de ces dispositions, d'apprécier l'ensemble des conditions de la légitimation du service public, notamment l'existence d'un intérêt économique général, la nécessité et la proportionnalité de la dérogation au regard de la mission de l'entreprise et les exigences de l'intérêt communautaire. Pour procéder à cet examen, outre la possibilité de sanctionner par des décisions individuelles les comportements anticoncurrentiels des États et/ou des entreprises, la Commission a reçu de l'alinéa 3 de l'article 6 du règlement n° 2/2002 précité de véritables compétences plus ou moins normatives. Aussi peut-elle *« adresse [r] aux États membres [...] des avis et recommandations relatifs à tous projets de*

---

[132] G. ECKERT, « Droit administratif et droit civil », *in* P. GONOD, F. MELLERAY, Ph. YOLKA (dir.), *Traité de droit administratif*, tome I, Paris, Dalloz, 2011, p. 646.

[133] V. CHAMPEIL-DESPLATS, M. TROPER, « Introduction », *in* M. TROPER, V. CHAMPEIL-DESPLATS, Ch. GRZEGORCZYK, (dir.), *Théorie des contraintes*, Paris, LGDJ, 2005, p. 3.

législation nationale [...] susceptibles d'affecter la concurrence à l'intérieur de l'Union, en proposant les modifications opportunes ».

Si l'État membre ne se conforme pas à ses décisions, *« la Commission peut saisir la Cour de Justice de l'UÉMOA »*[134] afin que cette dernière, dans un arrêt, constate le manquement aux obligations de l'État concerné et l'oblige à prendre les mesures requises. En cas d'abstention de l'État membre dont le manquement a été constaté par la Cour, la Commission a la faculté de saisir la Conférence des chefs d'État et de gouvernement afin que cette dernière, à son tour, invite l'État membre défaillant à s'exécuter[135].

Un dispositif institutionnel quasiment similaire d'encadrement de la légitimation du service public en tant que motif dérogatoire aux règles de la concurrence est érigé dans les autres communautés africaines. Dans la CÉMAC, il est mis en marche par la Commission de la CÉMAC et la Cour de Justice[136] ; dans la CÉDÉAO, ce sont l'Autorité régionale de la concurrence[137] et la Cour de Justice qui sont les pièces constitutives de la machine.

L'institution d'une diversité d'institutions de contrôle de la légitimation du service public vise à faire application du droit économique en vigueur, à assurer le respect des règles du jeu, à contraindre les personnes publiques à adopter un certain comportement, à sanctionner les comportements non conformes et à arbitrer entre les intérêts nationaux et communautaires[138]. La conjugaison de pouvoir, de fixer, d'orienter, d'appliquer les règles du jeu et de réprimer les écarts de conduite des personnes publiques confère aux institutions du droit de la concurrence une capacité d'emprise remarquable sur les destinataires, notamment les États et les services publics. L'émergence de ces garde-fous institutionnels ne peut que témoigner de la modification des termes de la relation du service public avec l'environnement économique en Afrique. En se fondant dans un mouvement global de remise en cause des privilèges dont bénéficiaient naguère les services publics économiques, elle exprime clairement une philosophie juridique fondée sur le primat du libre jeu des forces du marché et sur une forte suspicion des interventions de l'État.

En définitive, quelles leçons tirer de l'analyse du rapport des services publics au droit de la concurrence en Afrique ? On peut en dégager deux types.

La première, d'ordre pratique, conduit à constater qu'en Afrique, de manière générale, malgré la réhabilitation du marché et l'édification de l'ordre concurrentiel, les performances économiques et surtout sociales des services publics marchands sont encore, dans la plupart des pays, largement modestes[139]. La qualité des services offerts aux populations est sans doute en deçà des espérances et on peut observer au quotidien des défaillances variables, d'un secteur à un autre et d'un pays à un autre, dans la satisfaction des besoins vitaux

---

[134] Article 6 alinéa 4 du règlement n° 2/2002 précité.

[135] Conformément aux dispositions des articles 5 et 6 du Protocole Additionnel n° 1 relatif aux organes de contrôle de l'UÉMOA.

[136] Voir Y. R. KALIEU ELONGO, « La Cour de Justice de la CÉMAC et le contrôle des pratiques anticoncurrentielles », *op. cit.*, pp. 45-50.

[137] Acte additionnel A/SA.2 décembre 2008 du 19 décembre 2008 portant création, attributions et fonctionnement de l'Autorité régionale de la concurrence de la CÉDEAO.

[138] Th. HAMONIAUX, *L'intérêt général et le juge communautaire*, Paris, LGDJ, 2001, 179 p.

[139] D. DARBON, « Réformer un inexistant désiré ou supprimer un inopportun incontournable ? Le service public confronté à l'État et aux sociétés projetées en Afrique », *op. cit.*, p. 102.

en eau, énergie, transports et télécommunications notamment. Cette situation déplorable qui plombe directement le développement social et économique des pays, trouve l'une de ses justifications importantes dans le fait que dans certains de ces secteurs - eau, énergie notamment -, la concurrence tant souhaitée est encore limitée. C'est encore le lieu de prédilection des monopoles privés et publics[140]. La solution pourrait passer par une ouverture plus grande des services publics à la concurrence, en faisant alors disparaître les monopoles et en imposant un respect strict sous l'œil vigilant du régulateur et même des usagers-clients, du cahier de charges des entreprises chargées de la gestion de ces services publics.

La seconde, d'ordre théorique, consiste à relever que sous l'influence des mutations économiques, sociales et idéologiques, la vitalité des droits positifs africains - précisément ceux concernant les rapports entre l'État, ses services publics et le droit de la concurrence - est alimentée par des idéaux universels et des traits de singularité. En Afrique, la lutte contre la crise économique de la fin du XXe siècle a commandé l'élaboration d'un droit public économique de crise[141] qui se consolide et se développe même au fil du temps. Celui-ci, en dépassant l'opposition traditionnelle entre la logique de l'État et celle du marché, établit désormais une conciliation entre les services publics et l'ordre concurrentiel. À l'heure actuelle, on peut distinguer deux figures de la relation entre les services publics et le droit de la concurrence qui se combinent : au-delà de la figure des services publics soumis par principe au droit de la concurrence en vue d'une amélioration de leur efficacité économique, on a vu se dessiner la figure des services publics dérogeant au droit de la concurrence lorsque l'accomplissement des objectifs spécifiques d'intérêt général poursuivis par les États est compromis. Droit du compromis, le droit de crise ainsi conçu, en traçant les nouvelles frontières du service public, est porteur d'un intérêt général contemporain qui, en dépassant celui traditionnel, est supposé servir tout à la fois le développement ou la performance économique d'une part et la cohésion ou la solidarité sociale d'autre part. Matérialisant l'idée qu'il ne faut sacrifier aucun intérêt, ce droit peut être vu comme un site où s'opère la conciliation de valeurs nouvelles marchandes, libérales et traditionnelles non marchandes, socialisantes. On peut dire qu'il est structuré par une sorte de *« libéralisme-social »*[142]. Ce trait caractéristique ne traduit-il pas de façon remarquable la finalité économique et humaniste des règles fondamentales des droits positifs africains ?

---

[140] B. BOUMAKANI, « La régulation des services publics en Afrique », *op. cit.*, pp. 98 et s.

[141] Sur la problématique du droit et de la crise, lire utilement l'ouvrage intitulé *Droit de la crise : crise du droit ? Les incidences de la crise économique sur l'évolution du système juridique*. Travaux des cinquièmes journées René Savatier (Poitiers, 5 et 6 octobre 1995), Paris, PUF, 1997, 236 p.

[142] S. BRACONNIER, « Exorbitance du droit administratif et droit européen », *in* F. MELLERAY (Études réunies par), *L'exorbitance du droit administratif en question(s)*, *op. cit.*, p. 106.

Structures éditoriales du groupe L'Harmattan

L'Harmattan Italie
Via degli Artisti, 15
10124 Torino
harmattan.italia@gmail.com

L'Harmattan Hongrie
Kossuth l. u. 14-16.
1053 Budapest
harmattan@harmattan.hu

L'Harmattan Sénégal
10 VDN en face Mermoz
BP 45034 Dakar-Fann
senharmattan@gmail.com

L'Harmattan Cameroun
TSINGA/FECAFOOT
BP 11486 Yaoundé
inkoukam@gmail.com

L'Harmattan Burkina Faso
Achille Somé – tengnule@hotmail.fr

L'Harmattan Guinée
Almamya, rue KA 028 OKB Agency
BP 3470 Conakry
harmattanguinee@yahoo.fr

L'Harmattan RDC
185, avenue Nyangwe
Commune de Lingwala – Kinshasa
matangilamusadila@yahoo.fr

L'Harmattan Congo
219, avenue Nelson Mandela
BP 2874 Brazzaville
harmattan.congo@yahoo.fr

L'Harmattan Mali
ACI 2000 - Immeuble Mgr Jean Marie Cisse
Bureau 10
BP 145 Bamako-Mali
mali@harmattan.fr

L'Harmattan Togo
Djidjole – Lomé
Maison Amela
face EPP BATOME
ddamela@aol.com

L'Harmattan Côte d'Ivoire
Résidence Karl – Cité des Arts
Abidjan-Cocody
03 BP 1588 Abidjan
espace_harmattan.ci@hotmail.fr

Nos librairies en France

Librairie internationale
16, rue des Écoles
75005 Paris
librairie.internationale@harmattan.fr
01 40 46 79 11
www.librairieharmattan.com

Librairie des savoirs
21, rue des Écoles
75005 Paris
librairie.sh@harmattan.fr
01 46 34 13 71
www.librairieharmattansh.com

Librairie Le Lucernaire
53, rue Notre-Dame-des-Champs
75006 Paris
librairie@lucernaire.fr
01 42 22 67 13

www.ingramcontent.com/pod-product-compliance
Lightning Source LLC
LaVergne TN
LVHW011213061026
849535LV00001BA/8
* 9 7 8 2 1 4 0 4 9 9 7 9 1 *